DER GÄRTNER
1

Grundlagen des Gartenbaues

Herausgegeben von
OStR Ulrich Sachweh, Oldenburg

unter Mitarbeit von
H. Appel, H. Bott, A. Fiedler, H. Fischer,
H.-R. Rohlfing, S. Scholz, H. Störmer,
H.-H. Witt, W. Wohanka

2., durchgesehene Auflage
94 Farbfotos
472 Zeichnungen und Schwarzweißfotos
132 Tabellen

Verlag Eugen Ulmer Stuttgart

DER GÄRTNER
Lehr- und Arbeitsbuch in vier Bänden

Band 1 Grundlagen des Gartenbaues (Fachstufe I)
Band 2 Zierpflanzenbau – Staudengärtnerei – Friedhofsgärtnerei (Fachstufe II)
Band 3 Gemüsebau – Baumschule – Obstbau – Pflanzenzüchtung und Samenbau (Fachstufe II)
Band 4 Garten-, Landschafts- und Sportplatzbau (Fachstufe II)

ISBN 3-8001-1134-9

Wollgrasweg 41, 7000 Stuttgart 70 (Hohenheim)
Printed in Germany
Zeichnungen: Rainer Benz, Sabine Laib, Ena Lindenbaur, Stuttgart
Satz: Setzerei Lihs, Ludwigsburg
Druck und Bindung: Friedrich Pustet, Regensburg

Vorwort

In den letzten Jahren sind in der Berufsausbildung zum Gärtner entscheidende Änderungen eingetreten. Es erwies sich als unerläßlich, unter Beachtung der einschlägigen Gesetze und Verordnungen, ein völlig neues Werk für den Schulgebrauch zu konzipieren.
Der hier vorliegende Band 1 des Lehr- und Arbeitsbuches »Der Gärtner«, der die Nachfolge von Band 1 der »Gartenbaulichen Berufsschule« von Bernhard Berg antritt, beinhaltet die spartenübergreifenden Grundlagen der Fachstufe I für den Ausbildungsberuf Gärtner. Insbesondere berücksichtigt die Abfassung dieses Bandes die Empfehlungen für den Unterricht an Gartenbaulichen Berufsschulen, das Curriculum für die Fachstufe I, herausgegeben vom Zentralverband Gartenbau.
Gruppen von Auszubildenden und Junggärtnern mehrerer Bundesländer haben während der Entstehungsphase Entwürfe zu diesem Band gelesen. Ihre Anregungen und Änderungsvorschläge waren sehr wertvoll, so daß ein schülergerechtes Lehr- und Arbeitsbuch entstehen konnte.
Alle Mitarbeiter legen Wert auf viele Beispiele aus den verschiedenen Sparten des Gartenbaues, um den Inhalt praxisbetont zu gestalten. Die Abbildungen, Tabellen und farbigen Bilder sowie die Fragen zur Kontrolle und Vertiefung sollen dieses Buch den jungen Gärtnern zu einem wertvollen Begleiter durch ihre Ausbildung werden lassen.
Ich danke allen, die mit Engagement gearbeitet haben, damit dieses Buch in der vorliegenden Form erscheinen konnte.

Bad Zwischenahn, im Juli 1984 Ulrich Sachweh

Die Mitarbeiter an diesem Werk

StD Hans Appel
Berufliche Schulen des Landkreises
Kassel, Kassel-Oberzwehren

OStR Hans Bott
Berufsbildende Schule 14, Köln

StR z.A. Andreas Fiedler
Berufliche Schulen am Schützenpark
– Sozialwirtschaft –, Kiel

StR Heinz Fischer
Philipp-Holzmann-Schule, Frankfurt

Hans-Reinhard Rohlfing
Spezialberater für Arbeitswirtschaft
Landes-Lehr- und Versuchsanstalt, Oppenheim

Dir. Dr. Siegfried Scholz
Bildungsstätte des deutschen Gartenbaues,
Grünberg

Hartmut Störmer, Münster

Ldw. Dir. Dr. Horst-Herbert Witt
Lehr- und Versuchsanstalt für Gartenbau,
Bad Zwischenahn-Rostrup

WR Dr. Walter Wohanka
Forschungsanstalt Geisenheim

Inhaltsverzeichnis

A Grundlagen des Pflanzenwachstums

1 Bau und Leben der Pflanzen

1.1 Lebenserscheinungen

Das »Arbeitsmaterial« des Gärtners sind lebende Pflanzen. Nur die genaue Kenntnis ihres Baus, ihrer Lebensweise und ihrer Ansprüche ermöglicht es dem Gärtner, sie optimal zu kultivieren. Obwohl tote und lebende Materie nach ihrem stofflichen Aufbau an die auf der Erde vorhandenen Elemente gebunden sind, unterscheidet sich die lebende Materie durch deutliche Äußerungen von der toten Materie. Diese Äußerungen, die ein Kennzeichen des Lebendigen sind, werden als **Lebenserscheinungen** bezeichnet. Dazu zählen Stoffwechsel, Wachstum, Fortpflanzung und Reizbarkeit.
Wenn alle Lebenserscheinungen zum Stillstand kommen, stirbt die Pflanze. Offenbar ist es ein natürlicher Vorgang, daß die Lebewesen altern und nach allerdings sehr unterschiedlicher Lebensdauer schließlich der Tod eintritt.

1.1.1 Stoffwechsel

In lebenden Organismen findet ein ständiger Auf- und Abbau von organischen Stoffen statt, der zur Erhaltung der Lebensvorgänge notwendig ist, z. B. bei Photosynthese und Atmung. Neben dem **Betriebsstoffwechsel**, der der Erhaltung der Lebensvorgänge dient, findet ein **Baustoffwechsel** statt, der organische Verbindungen auf- und abbaut, die den Pflanzenkörper bilden. Die wichtigsten Verbindungen, die im Pflanzenstoffwechsel auftreten, sind:
Eiweiße (Proteine). Sie sind z. B. wichtiger Bestandteil des Zellplasmas und bestehen aus langen Ketten von Aminosäuren. **Fette** sind Verbindungen des Alkohols Glyzerin mit verschiedenen Fettsäuren. Sie dienen meist als Reservestoffe.
Kohlenhydrate sind Verbindungen des Kohlenstoffs mit Wasser. Zu den Kohlenhydraten gehören neben verschiedenen Zuckern auch Stärke und Zellulose, die aus vielen Traubenzuckermolekülen zu langen Ketten verknüpft sind. Zellulose ist ein Bestandteil der Zellwand; Stärke und Zucker dienen als Reservestoffe.

1.1.2 Wachstum

Lebende Wesen vergrößern und verändern sich, sie wachsen. Wachstum ist eine mit Formveränderung verbundene, nicht mehr umkehrbare Volumenzunahme des Pflanzenkörpers. Wachstum kann darin bestehen, daß sich die Zellen teilen, es kommt somit zu einer Zellvermehrung. Die neugebildeten Zellen wiederum strecken sich im Laufe der Entwicklung, durch Wasseraufnahme nimmt das Volumen weiter zu.
Im vegetativen Wachstumsabschnitt wird die Pflanze größer. Sie bildet z. B. neue Blätter und Seitentriebe. Mit Eintritt der Blütenbildung beginnt dann das generative Wachstum.

1.1.3 Fortpflanzung

Für den Weiterbestand der Art ist das Auftreten von Nachkommen notwendig. Bei den im Gartenbau wichtigen Pflanzen gibt es zum einen die **ungeschlechtliche Vermehrung,** d. h. Nachkommen entstehen aus abgelösten Teilen des elterlichen Organismus. Das können sein: Ausläufer (Erdbeere), Teile von Wurzelstöcken (Iris), Stecklinge (Azaleen, Fuchsien), Zwiebeln (Lilien, Tulpen), Knollen (Freesien) u. a.

Bei der **geschlechtlichen Vermehrung** werden Samen gebildet, aus denen eine neue Generation von Pflanzen aufwächst, die die Eigenschaften beider Elternteile enthält. Durch Samen vermehrt werden z. B. Cyclamen, Stiefmütterchen, Sommerblumen und fast alle Gemüsearten.

1.1.4 Reizbarkeit

Als solche bezeichnet man die Reaktion lebender Wesen auf einen äußeren Reiz, z. B. Lichtwendigkeit von Pflanzen oder das Öffnen und Schließen der Blüten je nach Licht und Temperaturverhältnissen. Die Bewegungen, die als Reizreaktion auftreten, sind bei Pflanzen meist Wachstumsbewegungen und damit ziemlich langsam.

Kontrolle und Vertiefung

1. Messen Sie die tägliche Längenzunahme bei jungen Gurkenpflanzen.
2. Welche Vermehrungsarten werden bei den in Ihrem Ausbildungsbetrieb kultivierten Pflanzen angewendet?

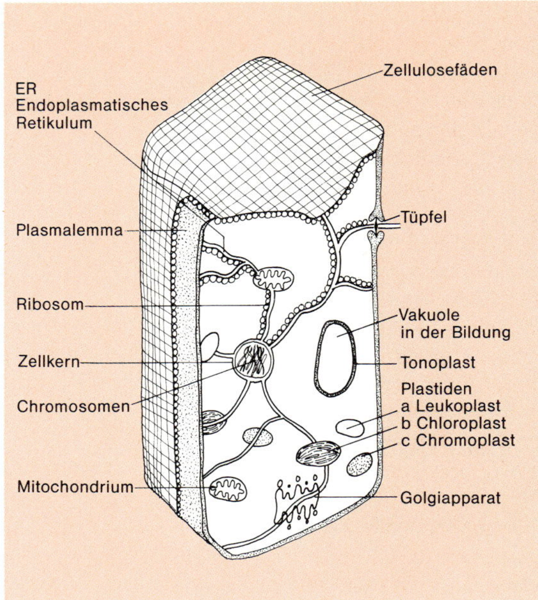

Abb. A1. Die Zelle.

1.2 Zelle und Gewebe

Bei einzelligen Lebewesen spielen sich alle Lebenserscheinungen in einer einzigen Zelle ab. Im folgenden soll auf die Zelle und ihre Bestandteile näher eingegangen werden, weil anhand der Zellbestandteile und deren Aufgaben die Vorgänge im Gesamtorganismus leichter verständlich sind.
Mehrzellige Organismen haben zu einer Arbeitsteilung zwischen den ihren Aufgaben entsprechend ausgerüsteten Zellverbänden gefunden. Deshalb ist die Pflanzenzelle sehr vielgestaltig in Form und Größe. Kleinste Zellen mit einem Zelldurchmesser von 0,2μm (1 Mikrometer = $\frac{1}{1000}$ mm), also 0,0002 mm, finden wir bei den Bakterien. Faserzellen erreichen Längen von einigen Zentimetern, z. B. bis zu 40 cm bei der Ramiefaser.

1.2.1 Bestandteile der Zelle

Die Pflanzenzelle ist von einer festen Hülle, der Zellwand, umgeben, der lebende Zellinhalt, das Zytoplasma, ist eine zähflüssige Masse, in die der Zellkern eingebettet ist (Abb. A1).

Zellwand
Die Zellwand besteht überwiegend aus **Zellulose** und zu einem geringeren Anteil aus einer kittartigen Substanz, den **Pektinen.** Da die Riesenmoleküle der Zellulose ein fädiges Geflecht bilden, bleibt die Zellwand durchlässig für Wasser und Nährstoffe. Bei älteren Zellen wird die Zellwand nach und nach durch weitere Zelluloseauflagerungen verstärkt. Zusätzlich können in die Hohlräume des Zellulosegeflechtes Stoffe eingelagert werden, die die Zellwand festigen und wasserundurchlässig machen, wie **Lignin** (Holzstoff), **Suberin** (Korksubstanz), sowie **Gerbstoffe.** Die Zellen des Hautgewebes (Epidermis) (s. Kap. A1.3.4) sind durch eine wachsartige Schicht, die Kutikula, gegen übermäßige Wasserverdunstung geschützt.
Für den notwendigen Stoffaustausch zwischen den Zellen sorgen Plasmabrücken **(Plasmodesmen).** Bei jungen Pflanzenzellen durchziehen die Plasmafäden die dünnen Zellwände, bei älteren Zellen bleiben bestimmte Stellen der Zellwand unverdickt, die **Tüpfel** genannt werden.

Zytoplasma
Der Träger allen Lebens ist das Zytoplasma, ein Gemisch aus festen und gelösten Stoffen, das sich in einer ständig strömenden Bewegung befindet. Che-

misch gesehen besteht es überwiegend aus Wasser, Eiweißen, Fetten, Ölen und Kohlenhydraten. Im Zytoplasma sind verschiedene, teilweise nur mit dem Elektronenmikroskop erkennbare Einschlüsse, sog. Zellorganelle, mit deren Hilfe die verschiedenen Stoffwechselprozesse ablaufen.

Um die Tätigkeit der einzelnen Zellorganellen miteinander in Einklang zu bringen, ist eine zentrale Schaltstelle notwendig. Die Aufgabe der Steuerung der Lebensvorgänge hat der **Zellkern.** Im Zellkern befinden sich die Chromosomen, auf ihnen sind die Befehle aufgereiht, die das gesamte Leben der Pflanze bis in alle Einzelheiten bestimmen: äußere Form und innerer Bau, Stoffwechsel, Wachstum, Vermehrung usw. Hierzu gehören selbstverständlich auch z. B. die Ausbildung besonderer Geschmacksstoffe bei Früchten oder die Bildung von speziellen Verdauungsstoffen insektenfressender Pflanzen.

Ausgehend vom Zellkern werden sämtliche Informationen durch ein feinverzweigtes Netzwerk weitergeleitet. Das **endoplasmatische Retikulum** durchzieht das gesamte Plasma und auch die Plasmafäden, die die Zellen miteinander verbinden. An diesem endoplasmatischen Retikulum befinden sich kugelförmige Gebilde, die **Ribosomen,** in denen die Eiweißsynthese stattfindet. **Mitochondrien** sind langgestreckte oder auch rundliche doppelwandige Membransysteme, sie enthalten die Atmungsenzyme. Der **Golgi-Apparat** besteht aus tröpfchenförmigen Gebilden und produziert wichtige Zellwandstoffe und Sekrete.

Die unter dem Sammelbegriff **Plastiden** zusammengefaßten Zellorgane sind mit dem Lichtmikroskop schon erkennbar. Die **Chloroplasten** haben eine linsenförmige Gestalt und enthalten Chlorophyll (Blattgrün). Das Chlorophyll ist Voraussetzung für die Photosynthese (s. Kap. A1.4.3), da es in der Lage ist, die Lichtenergie zu binden. Chloroplasten findet man nur in Pflanzenteilen, die dem Licht ausgesetzt sind, weil sich das Chlorophyll im allgemeinen nur im Licht ausbildet.

Die **Chromoplasten** sind gelb-orange gefärbt und enthalten als Farbstoffe die orange-roten Karotinoide und die gelben Xanthophylle. Diese Plastiden sind nicht an der Photosynthese beteiligt und treten überwiegend in Blüten (Stiefmütterchen) und Früchten (Tomaten, Paprika, Hagebutten) auf. Aber auch unterirdische Speicherorgane, wie Möhren und Kohlrüben, enthalten Chromoplasten. Chromoplasten bilden sich entweder direkt aus den Proplastiden, das sind Vorstufen der Plastiden, oder durch Umwandlung aus grünen Chloroplasten. Bei der Reife werden grüne Tomaten rot, knospige Tulpen sind noch grün, und die Farbe der Blütenblätter bildet sich erst beim Aufblühen.

Mit Hilfe der Karotinoide nimmt die Pflanze die Tageslänge wahr. Diese Lichtreize haben bei einigen Pflanzen Auswirkungen auf die Blütenbildung (Photoperiodismus) (s. Kap. A1.5.1).

Leukoplasten sind farblos; in ihrem Aufbau ähneln sie den Chloroplasten. Wenn sie dem Licht ausgesetzt werden, können sie ergrünen. Bei unsachgemäß gelagerten Kartoffelknollen kann man dies sehr gut beobachten.

Leukoplasten befinden sich überwiegend in unterirdischen Pflanzenteilen und Speicherorganen, wie Rhizomen und Knollen, sowie im Mark. Sie bauen Zucker zu Stärke um und speichern diese.

In jungen Zellen füllt das Zytoplasma den gesamten Zellraum aus. Mit dem Wachstum der Zelle und dem Stoffwechsel bilden sich im Plasma zuerst kleine Bereiche, die mit Zellsaft gefüllt sind. Diese **Vakuolen** fließen später zu wenigen großen Vakuolen zusammen. Das Plasma ist dann meist nur noch als dünner wandständiger Belag erkennbar. Als Abgrenzung des Plasmas zur Zellwand und zur Vakuole hin sind feine Membranen vorhanden, die als **Plasmalemma** (Plasma ↔ Zellwand) und als **Tonoplast** (Plasma ↔ Vakuole) bezeichnet werden (Abb.A2).

Der **Zellsaft** in den Vakuolen ist eine wäßrige Lösung von sehr unterschiedlicher Zusammensetzung. Neben organischen Säuren enthält er Salze, zum Teil in Kristallform, Aminosäuren, verschiedene Zuckerarten, Alkaloide und auch Farbstoffe, z. B. Anthozyane und Flavone (Abb. A3).

Je nach Säuregrad des Zellsaftes erscheint **Anthozyan** rot, violett oder blau. Es findet sich in vielen Blütenblättern (Rittersporn, Fuchsie) und auch in

Abb. A 2. Zellverband.
Links alte Zellen, rechts junge Zellen.

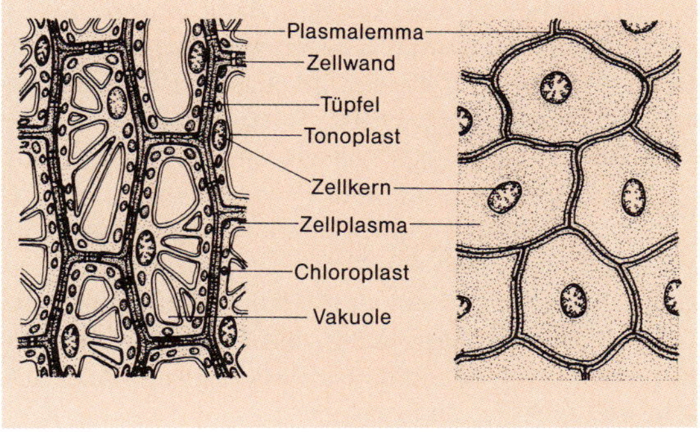

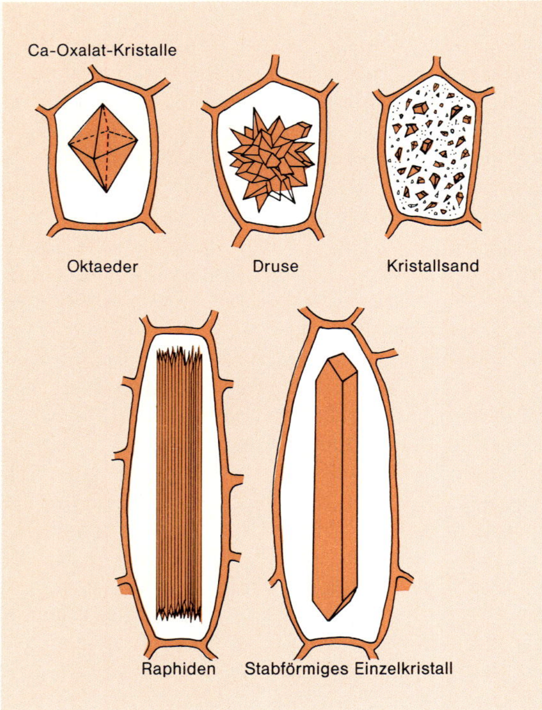

Abb. A 3. Verschiedene Kristallformen in der Zelle.

stark färbendem Saft von Früchten, wie z. B. von Heidelbeeren, Sauerkirschen und Holunder. Bei rotlaubigen Gehölzen (Blutbuche, Bluthasel) überdeckt das Anthozyan das Chlorophyll.
Flavone sind gelbe Farbstoffe, die z. B. in den Blütenblättern von Dahlien und Löwenmäulchen vorkommen.

1.2.2 Gewebe der Pflanzen

Wir kennen das Informationssystem der Zelle und wissen, daß auch eine »Verständigung« der Zellen untereinander stattfindet; damit wird ein geordnetes Zusammenleben erst möglich. Einen Verband von Einzelzellen gleicher Funktion bezeichnet man als Gewebe. Nicht zu verwechseln ist ein Gewebe mit einer Zellkolonie. Diese besteht aus einer großen Zahl von Zellen, die nebeneinander angeordnet sind und ein voneinander unabhängiges Leben führen.
Man unterscheidet bei den pflanzlichen Geweben zwischen den Dauergeweben, die bestimmte Aufgaben im Rahmen der Arbeitsteilung übernommen haben, und den Bildungsgeweben.

Dauergewebe
Haut- und Abschlußgewebe. Es schützt die Pflanzen vor übermäßiger Wasserverdunstung und gegen andere Umwelteinflüsse. Die Kutikula und Haarbildungen als Ausstülpungen der Epidermis schützen vor zu großem Wasserverlust und starker Sonneneinstrahlung. Brennhaare und Drüsenhaare werden als Schutz gegen Verbiß durch Tiere ausgebildet. Bei holzigen Pflanzen wird die dünne Oberhaut später durch ein vielschichtiges Korkgewebe ersetzt.

Leitgewebe. Es übernimmt den Wasser- und Stofftransport innerhalb der Pflanze. Zur Wasserleitung haben die Pflanzen Röhren ausgebildet, die als **Gefäße** oder **Tracheen** bezeichnet werden. Dabei werden die Querwände der Zellen aufgelöst und der Zellinhalt stirbt ab. Die stark verholzten Zellwände weisen besondere Verstärkungen auf.
Nadelgehölze mit ihrem engporigen Holz besitzen als Wasserleitungsbahnen **Tracheiden.** Sie haben einen geringeren Durchmesser als die Tracheen. Ihre Querwände sind nicht aufgelöst, sondern mit vielen Tüpfeln versehen.
Der Transport der Assimilate erfolgt in den **Siebröhren.** Diese Zellen sind mit Plasma gefüllt, also lebendig und haben eine Vielzahl von Poren in den Querwänden, um den Saftstrom möglichst ungehindert fließen zu lassen.
Die Leitungsbahnen kommen im Pflanzenkörper nicht vereinzelt vor, sondern sie sind zu **Leitbündeln** zusammengefaßt. Jedes Leitbündel enthält den **Holzteil (Xylem)** für den Wassertransport und den **Siebteil (Phloëm)** für den Transport der Assimilate.

Stütz- und Festigungsgewebe. Pflanzen und Pflanzenteile müssen eine gewisse Festigkeit besitzen, um Umwelteinflüssen – Regen, Schnee, Wind usw. – standzuhalten. Ein Stamm z. B. muß tragfest sein, eine Wurzel zugfest, Früchte und Samen druckfest. Ein Teil des Innengewebes größerer Landpflanzen ist deshalb in Festigungsgewebe umgewandelt.
Kollenchymzellen haben nur teilweise verstärkte Zellwände, der Zellinhalt ist lebendig. Bei den **Sklerenchymzellen** sind alle Wände einer Zelle verdickt, der Zellinhalt stirbt ab. Langgestreckte **Sklerenchymfasern** befinden sich im Holz- und Bastteil. Die Wände der Kirsch- und Pflaumenkerne bestehen überwiegend aus kugeligen bis würfeligen **Steinzellen.**
Grundgewebe. Grundgewebe oder **Parenchym** ist ein Gewebe ohne besondere Differenzierung. Es besteht aus dünnwandigen, lebenden Zellen und

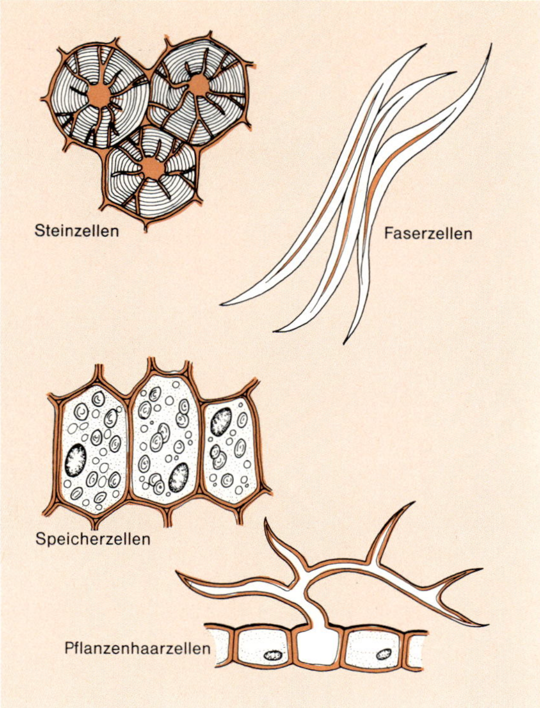

Abb. A 4. Verschiedene Zellarten.

macht bei krautigen Pflanzen den Hauptanteil des Pflanzenkörpers aus. Während der Entwicklung des Grundgewebes bilden sich mehr oder weniger große Zwischenräume zwischen den benachbarten Zellwänden, die Interzellularen genannt werden. Diese **Interzellularen** durchziehen den gesamten Pflanzenkörper als Durchlüftungssystem. Sie stehen auch über die Spaltöffnungen mit der Außenluft in Verbindung und ermöglichen damit den nötigen Gasaustausch.
Das Grundgewebe übernimmt bei einigen Pflanzenteilen, z. B. Knollen, Rüben, Rhizomen, die Aufgabe der Reservestoffspeicherung, es wird zu **Speichergewebe** (Abb. A 4).

Bildungsgewebe

Das Bildungsgewebe ist der Ort der Zellvermehrung. Diese Orte der Zellteilung, auch Vegetationspunkte oder **Meristeme** genannt, befinden sich bei höheren Pflanzen an der Sproßspitze, den Seitenknospen, den Wurzelspitzen und bei zweikeimblättrigen Pflanzen auch im Kambium (s. Kap. A 1.3.2). Teilungsfähiges Gewebe besteht aus kleinen, undifferenzierten Zellen, die ganz mit Plasma gefüllt sind und auch noch sehr dünne Zellwände haben. An der Sproßspitze ist es durch junge Blattanlagen und an der Wurzelspitze durch die Wurzelhaube geschützt (Abb. A 5).
Im Gegensatz zu diesen primären Meristemen, die von Beginn an teilungsfähig waren, können **sekundäre Meristeme** als Neubildungen aus bereits differenzierten Dauerzellen entstehen, die ihre Teilungsfähigkeit zurückgewinnen. Sekundäre Meristeme sind z. B. die Korkkambien, die bei holzigen Pflanzen das korkige Abschlußgewebe bilden. Bei Verletzungen schließt Kallusgewebe die Wunde, und bei Stecklingen entwickeln sich in der Nähe der Schnittfläche neue Wurzeln.

Abb. A 5. Bildungsgewebe an der Sproßspitze (a), Bildungsgewebe an der Wurzelspitze (b).

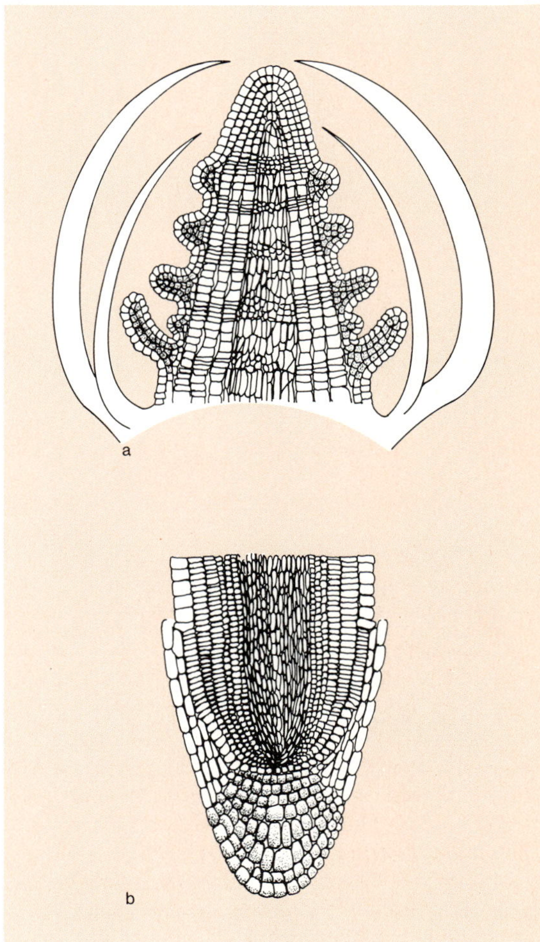

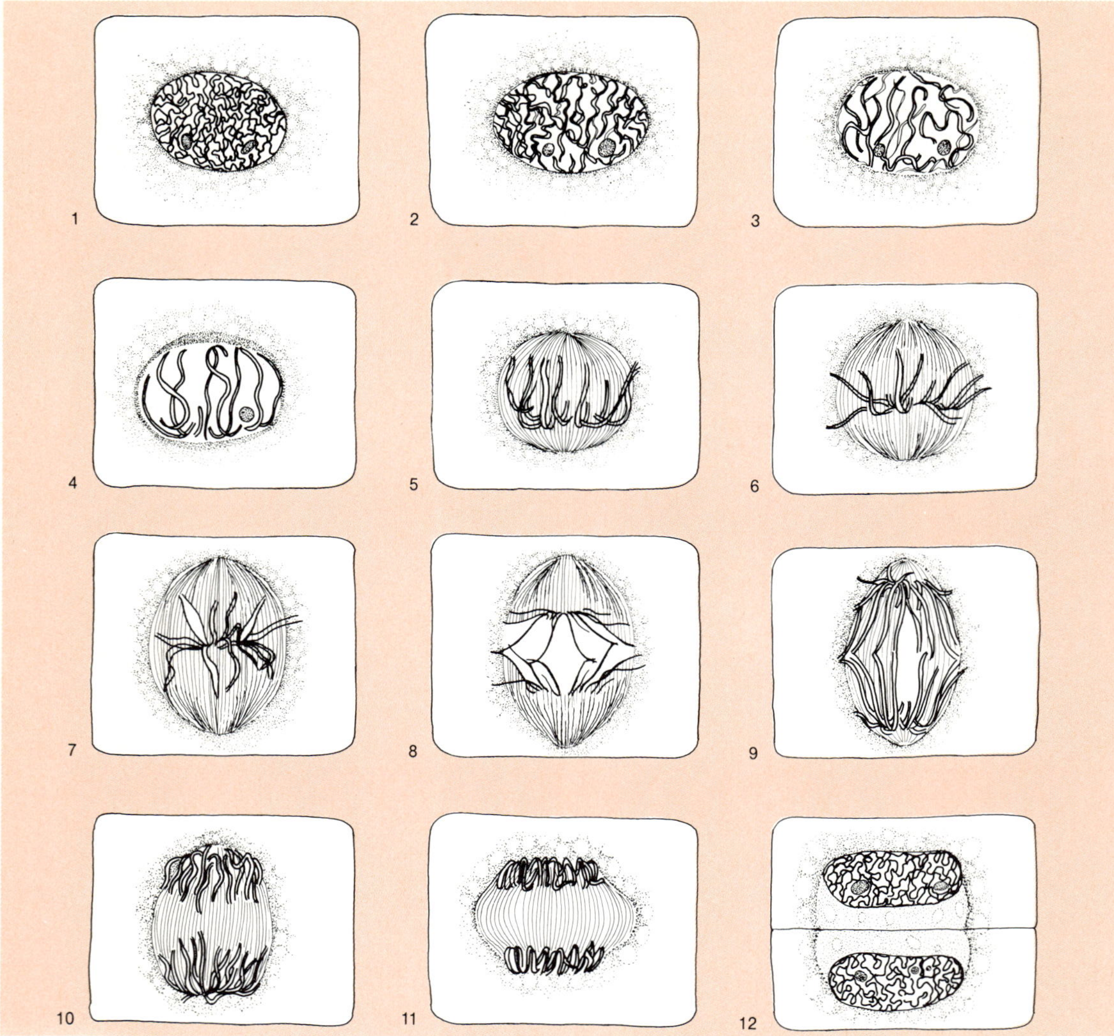

Abb. A 6. Mitose und Zellteilung einer embryonalen Zelle aus der Wurzelspitze. 1 = Interphasekern, 2, 3, 4 = Prophase, 5 = Übergang zur Metaphase, 6 = Metaphase, 7, 8, 9 = Anaphase, 10, 11 = Übergänge zur Telophase, 12 = Telophase.

1.2.3 Zellteilung

Pflanzen werden, so lange sie sich in der vegetativen Phase und unter günstigen Wachstumsbedingungen befinden, immer größer. Sie haben im Gegensatz zu Mensch und Tier kein begrenztes Größenwachstum. Wachstum bei Pflanzen ist nur möglich durch Bildung neuer Zellen und deren anschließende Streckung bzw. Vergrößerung. An der Sproßspitze und an der Wurzelspitze werden durch Zellteilung ständig neue Zellen gebildet. Hier sind die Vegetationspunkte der Pflanze. Den Vorgang, bei dem neue Körperzellen gebildet werden, bezeichnet man als **Mitose.**

Bedeutung der Mitose

Der Zellkern als Schaltzentrale und Träger der Erbinformationen ist der Bestandteil der Zelle, dem bei der Mitose die Hauptbedeutung zufällt. Bei einer Zellteilung muß nämlich sichergestellt sein, daß alle neuen Zellen die gleiche Ausstattung mit Erbinformationen für den inneren und äußeren Bau der Pflanze sowie für deren Stoffwechselvorgänge erhalten. Die Chromosomen als Träger der Erbinformationen müssen in allen Zellen in gleicher Zahl und Gestalt vorhanden sein. Daneben sind für die Funktion der Zelle auch alle übrigen Zellbestandteile erforderlich. Bei der Mitose müssen aus einer Ausgangszelle Tochterzellen entstehen, die in allen wesentlichen Teilen identisch sind.

Ablauf der Mitose
Die Mitose ist ein stetig ablaufender Prozeß. Um aber die wesentlichen Schritte bei der Verteilung der Erbinformationen auf die Tochterzellen zu begreifen, werden vier typische Phasen des Teilungsvorganges beschrieben (Abb. A 6).

Prophase. Zu Beginn der Zellteilung löst sich die Kernmembran, ein Häutchen, das den Zellkern umgibt, auf. In Körperzellen, in denen Stoffwechselvorgänge ablaufen, liegen die Chromosomen im Zellkern als lange Fäden vor und erscheinen als gleichmäßige Masse, auch als **Chromatingerüst** bezeichnet. Bei beginnender Zellteilung rollen sich die Chromosomen schraubig auf und werden unter dem Mikroskop einzeln sichtbar.
Jedes höhere Lebewesen besitzt einen in Anzahl und Gestalt der Chromosomen typischen **Chromosomensatz** (n), z. B. der Mensch n = 23; *Íris reticuláta* n = 10; Maiglöckchen (*Convallária*) n = 19. In Körperzellen ist dieser Chromosomensatz normalerweise doppelt vorhanden, sie sind also **diploid** (2n).

Metaphase. In diesem Abschnitt wandern die aufgerollten Chromosomen in die Mitte der Zelle. Die Mitte wird auch Äquatorialebene genannt. Jedes Chromosom wird der Länge nach in zwei Hälften gespalten, die aber noch beieinanderbleiben. An den Polkappen bildet sich der **Spindelapparat.**

Anaphase. Mit Hilfe von Fäden, auch Kernspindel genannt, werden die Chromosomenhälften nun getrennt und zum Zentrum der neu entstehenden Tochterzelle transportiert.

Telophase. Um die neu entstandene Chromosomenansammlung bildet sich wieder eine Kernmembran. Die Chromosomen entspiralisieren sich und nehmen wieder Fadenform an. Eine Trennwand bildet sich zwischen den neuen Zellkernen; dabei werden die übrigen Zellbestandteile auf die beiden Tochterzellen verteilt.
Die jungen Zellen bleiben einige Zeit teilungsfähig. Mit wachsender Entfernung vom Vegetationspunkt läßt die Teilungsfähigkeit nach, es setzt die Differenzierung der Zellen gemäß ihren Aufgaben im Pflanzenkörper ein.

Kontrolle und Vertiefung

1. Betrachten Sie unter einem einfachen Mikroskop Hautgewebe von Zwiebelschalen und zeichnen Sie den Zellverband sowie deutlich erkennbare Zellbestandteile.
2. Beträufeln Sie Rotkohlblätter mit etwas Essig oder schwacher Salzsäure. Erklären Sie den zu beobachtenden Farbwechsel.
3. Nennen Sie Pflanzen mit
   - besonders stark ausgebildeter Kutikula
   - auffällig dichter Behaarung.

   An welchen Standorten findet man solche Pflanzen?
4. Wie reagiert eine Pflanze, wenn ihr durch Stutzen das Meristem an der Sproßspitze entfernt wird?
5. In welchem Abschnitt der Zellteilung wird sichergestellt, daß die Zahl der Chromosomen für die Tochterzellen gleich groß ist wie in der Ausgangszelle?

1.3 Pflanzenorgane – ihr Bau und ihre Funktion

1.3.1 Die Wurzel

Die Wurzel gehört neben Blatt und Sproßachse zu den Grundorganen der Pflanze. Schon im Keimling des Samens ist die Stelle vorbestimmt, an der sich die Wurzel entwickeln wird, am Ende der Keimachse. Von Ausnahmen abgesehen befinden sich die Wurzeln im Boden und wachsen zum Erdmittelpunkt hin.

Äußere Gestalt der Wurzel
Da die Wurzeln unterirdisch wachsende Pflanzenorgane sind, haben sie einige typische Kennzeichen:

- Sie sind fast immer chlorophyllfrei und meist weiß bis gelblich gefärbt.
- Wurzeln sind nicht durch Knoten (Nodien) in Abschnitte gegliedert wie die Sproßachse und besitzen keine Blätter.

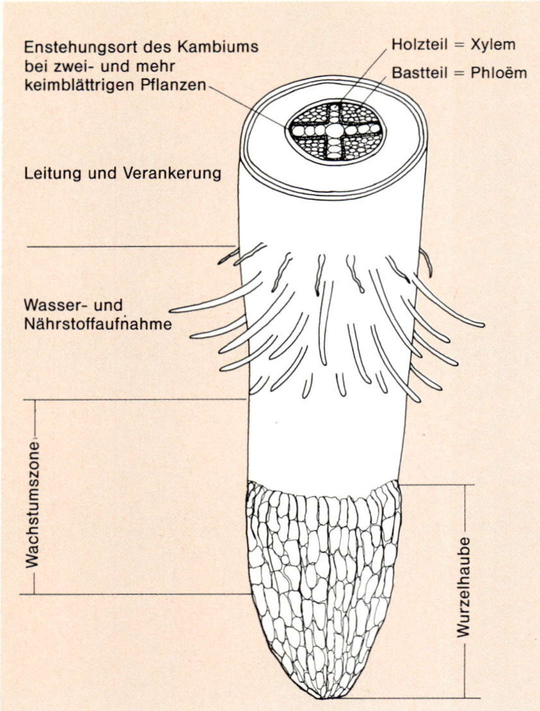

Abb. A 7. Bau und Aufgabe der Wurzel.

- Als unterirdische Organe brauchen sie keinen Verdunstungsschutz, also haben Wurzeln keine Kutikula auf ihrer Oberhaut. Ebenso fehlen die Spaltöffnungen.

Die **Keimwurzel** bohrt sich bei ihrem Wachstum in das Erdreich ein. Die zarten Zellen des Wurzelvegetationspunktes sind, um gegen Verletzungen geschützt zu sein, von einem lockeren Zellverband, der **Wurzelhaube,** umgeben. Die Wände der Wurzelhaubenzellen verschleimen und erleichtern so der Keimwurzel das Eindringen in den Boden.
Hinter dem Vegetationskegel, in dem sämtliche Zellen teilungsfähig sind, schließt sich die nur wenige Millimeter lange **Streckungszone** an. Hier strecken sich die neugebildeten Zellen, wodurch die Wurzeln verlängert werden.
Der auf die Streckungszone folgende Abschnitt ist reich mit Wurzelhaaren besetzt. Sie sind einzellige Ausstülpungen der Oberhautzellen. Wurzelhaare haben nur eine Lebenszeit von wenigen Tagen. Nach der Wurzelspitze zu entstehen aber ständig neue Wurzelhaare, so daß die **Wurzelhaarzone** entsprechend dem Längenwachstum der Wurzel stets im gleichen Abstand von der Spitze zu finden ist (Abb. A 7).
Im weiteren Wachstumsverlauf verdickt sich bei zweikeimblättrigen Pflanzen (s. Kap. A 1.3.4) und Nadelhölzern die ursprüngliche Keimwurzel und bildet Seitenwurzeln, die als weitverzweigtes System den Boden durchziehen. Entwickelt sich die Hauptwurzel deutlich stärker als die untergeordneten Seitenwurzeln, wie z. B. bei der Kiefer, beim Salat und beim Löwenzahn, so bezeichnet man diese Wurzelform als **Pfahlwurzeln.** Sie sind angepaßt an Böden mit tiefem Grundwasserstand. Pflanzen mit Pfahlwurzeln werden **Tiefwurzler** genannt. Bei **Flachwurzlern** entwickeln sich die Seitenwurzeln gleich kräftig wie die Hauptwurzel. Sie durchziehen die obere Bodenschicht nach allen Seiten und verankern die Pflanzen im Boden ähnlich fest wie eine weit nach unten reichende Pfahlwurzel. Typische Flachwurzler sind Fichten, Rhododendren und Himbeeren. Diese Wurzelform findet man überwiegend auf schweren Böden mit hohem Grundwasserstand oder auf flachgründigen Böden.

Abb. A 8. Wurzelformen.

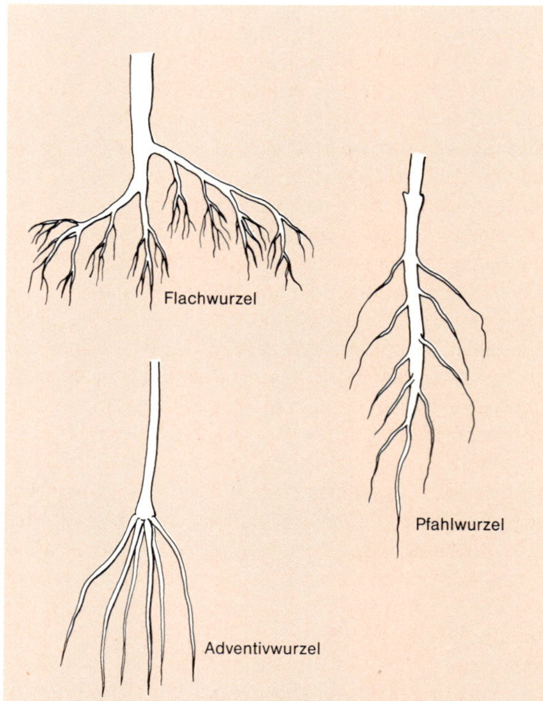

Bei einkeimblättrigen Pflanzen (s. Kap. A1.3.4) stellt die Keimwurzel ihr Wachstum bald ein. Dafür bilden sich aus dem unteren Teil der Sproßachse viele sogenannte sproßbürtige Wurzeln oder **Adventivwurzeln.** Da ein Kambium fehlt, ist auch kein Dickenwachstum dieser Wurzeln möglich. Sie sind alle etwa gleich stark ausgebildet; sterben alte Wurzeln ab, werden aus dem Sproß wieder neue gebildet (Abb. A8).

Aufgaben der Wurzel

Der aufrechte Wuchs der Pflanzen im Konkurrenzkampf um das Licht macht die ausreichende **Verankerung** im Standort notwendig. Die Verankerung des Sprosses im Boden übernehmen hauptsächlich die älteren Wurzeln. Je nach Bodenart und Wasserverhältnissen haben sich dabei unterschiedliche Formen entwickelt (Tief- und Flachwurzler). Die jungen Wurzeln und feinen Seitenwurzeln dienen in erster Linie der **Wasser- und Mineralstoffaufnahme.** Zur bestmöglichen Versorgung der Pflanzen mit Wasser und Nährstoffen ist eine intensive Durchwurzelung des Bodens mit feinsten Wurzeln nötig. Die Oberfläche der Wurzel und damit die Aufnahmefläche wird enorm vergrößert durch die Wurzelhaare an den jungen Wurzelspitzen.

Bei einigen Pflanzen wird die Aufgabe der Nährstoffaufnahme noch verbessert durch eine **Symbiose** (Lebensgemeinschaft) zwischen der höheren Pflanze und einem Pilz. Die Pilzfäden (Hyphen) umgeben bzw. durchdringen teilweise das Wurzelgewebe und erhöhen dadurch die Wasser- und Nährstoffaufnahmefläche um ein Vielfaches. Die Lebensgemeinschaft zwischen Pilz und höherer Pflanze wird als **Mykorrhiza** bezeichnet. Da eine Symbiose aus Geben und Nehmen besteht, erhalten die Pilze als Gegenleistung für ihre Wasser- und Mineralstofflieferung von den höheren Pflanzen Kohlenhydrate und z. T. auch Vitamine. Mykorrhiza findet man u. a. bei Birken, Fichten, vielen Erikengewächsen und Orchideen.

Wurzeln sind gegen Kälte und Trockenheit im Boden ziemlich gut geschützt. Damit sind sie besonders geeignet zur **Speicherung von Reservestoffen.** Bei einigen Pflanzen sind die Wurzeln zu speziellen Speicherorganen umgebildet (s. Wurzelmetamorphosen Kap. A1.3.1).

Innerer Bau der Wurzel

Den verschiedenen Aufgaben ist die Wurzel in ihrem Aufbau angepaßt. Ein Schnitt durch die junge Wurzel (Abb. A9) zeigt die Anordnung der verschiedenen Gewebe mit ihren unterschiedlichen Aufgaben.

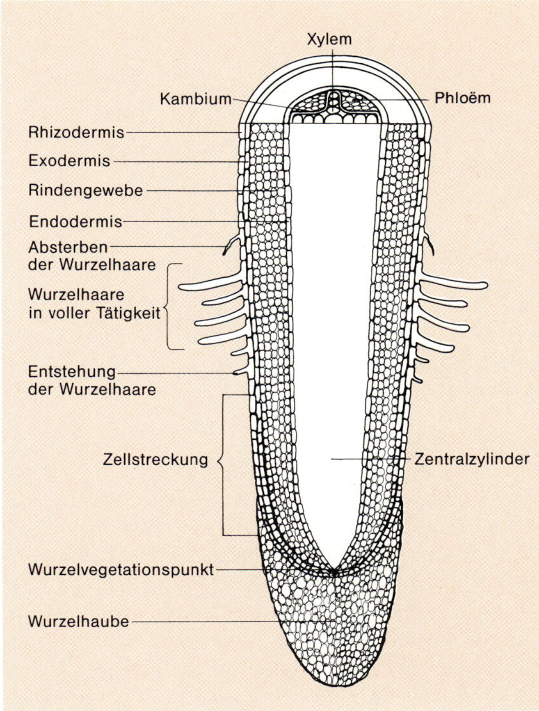

Abb. A 9. Feinbau der Wurzel.

Die Wurzeloberhaut oder **Rhizodermis** besteht aus dünnwandigen Zellen, sie besitzt keine Spaltöffnungen und keine Kutikula. Teilweise sind die Zellen der Rhizodermis zu Wurzelhaaren ausgewachsen. Unter der Rhizodermis liegt die **Exodermis,** die nach dem Absterben der Rhizodermis das Abschlußgewebe bildet.

Daran schließt das **Rindengewebe** an, ein mehrschichtiges Gewebe, das der Reservestoffspeicherung dient und bei einigen Pflanzen stark entwickelt sein kann.

Die **Endodermis** wird noch zur Rinde gerechnet und ist die letzte Zellschicht vor dem Zentralzylinder. Die Zellwände der Endodermis sind teilweise verdickt und undurchlässig für Wasser und Nährstoffe. Diese gelangen nur über die unverstärkten Durchlaßzellen zu den weiter innen liegenden Leitungsbahnen. Die Seitenwurzeln entwickeln sich aus Endodermiszellen und tiefer liegenden Zellen (Abb. A10).

Alles Gewebe, das sich innerhalb der Endodermis befindet, bildet den **Zentralzylinder** der Wurzel. In

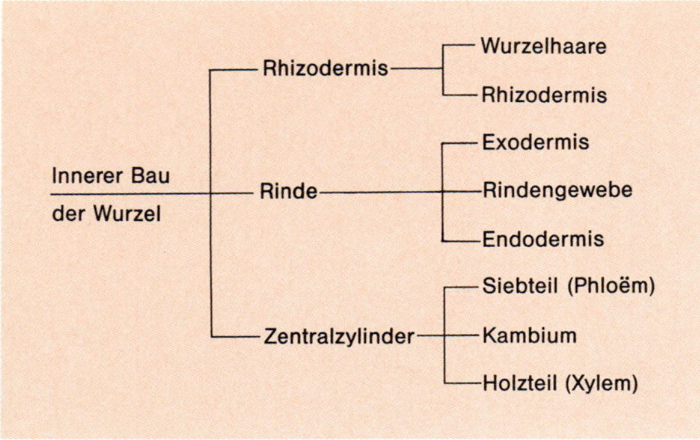

Abb. A10. Innerer Bau der Wurzel. Schematische Übersicht.

diesem liegt, in Grundgewebe eingebettet, das **radiäre Leitbündel.** Der Holzteil (Xylem) ist strahlenförmig wie die Speichen eines Rades angeordnet, die Anzahl der Strahlen ist je nach Pflanzenart unterschiedlich. In den Lücken der Xylemstrahlen liegt der Bastteil (Phloëm). Bei zweikeimblättrigen Pflanzen bildet sich zwischen Phloëm und Xylem das **Kambium,** das als teilungsfähiges Gewebe für das Dickenwachstum der Wurzel sorgt. Die zunächst sternförmig verlaufende Kambiumschicht bildet nach innen neue Xylemzellen und nach außen neue Phloëmzellen. Durch verstärkte Tätigkeit der weiter innen liegenden Kambiumabschnitte nimmt es im Laufe der Zeit eine ringförmige Anordnung an.

Wurzelmetamorphosen

In Anpassung an verschiedene Standorte und Wachstumsbedingungen können Wurzeln neben ihren normalen Aufgaben noch weitere erfüllen. Übernimmt die Wurzel Speicherungsaufgaben, so ist das Rindengewebe stark entwickelt. Ist die Hauptwurzel verdickt, so bezeichnet man diese Wurzel als **Rübe,** z. B. Möhre, Schwarzwurzel. Teilweise kann auch noch das Hypokotyl (s. Kap. A1.3.2 und A1.3.7) an der Rübenbildung beteiligt sein wie beim Rettich. Sind die Seitenwurzeln verdickt, nennt man sie **Wurzelknollen,** typisch bei der Dahlie zu sehen. Bei tropischen Pflanzen, z. B. viele Orchideen, *Mónstera,* Ficusarten, die sich als Aufsitzer (Epiphyten) in Konkurrenz um das Licht auf Wirtsbäumen angesiedelt haben, findet man **Luftwurzeln.** Sie sind meist unverzweigt und können Wasser und Nährstoffe aus der Luft aufnehmen. Als oberirdische Pflanzenorgane haben Luftwurzeln einen Verdunstungsschutz in Form von Schleimabsonderungen. Sobald Luftwurzeln in den Boden gelangen, verzweigen sie sich und gehen in die für die jeweilige Pflanzenart typische Wurzelform über. Pflanzenteile mit Luftwurzeln können also sofort getopft und normal weiterkultiviert werden.

Oberirdisch dem Sproß entspringende kurze **Haftwurzeln** ermöglichen dem Efeu und dem Kletter-Ficus *(Fícus púmila)* das Klettern an Stämmen und auch an Mauern.

Die Sumpfzypresse *(Taxódium dístichum)* wächst an sumpfigen Stellen, an denen im Laufe des Jahres

Abb. A11. Wurzelmetamorphosen.

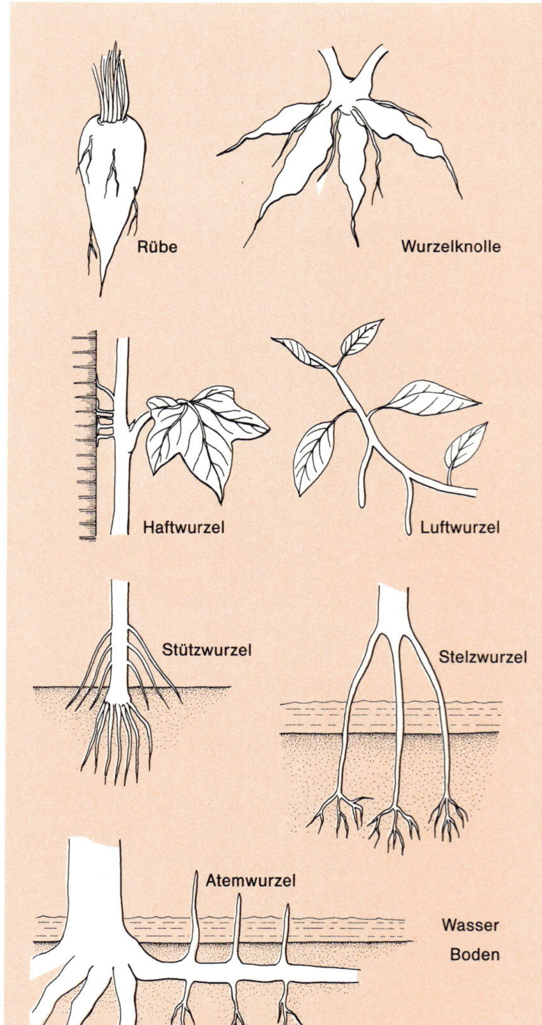

längere Zeit eine schlechte Sauerstoffversorgung auftritt. Die Wurzeln, die der Verankerung dienen, können deshalb im staunassen Boden leben, weil deren Sauerstoffversorgung über **Atemwurzeln,** das sind über die Bodenoberfläche herausragende »Wurzelkniee«, sichergestellt wird.

Stelzwurzeln ermöglichen der Mangrove Sproß und Blätter über die Schlickregionen oder die Wasseroberfläche zu erheben. Die Mangroven können dadurch also Lebensräume besiedeln, die anderen Pflanzen versagt bleiben, deren Wurzeln im sauerstoffarmen Substrat absterben würden.

Der Mais als einkeimblättrige Pflanze hat für die Verankerung und die Wasser- und Nährstoffaufnahme Adventivwurzeln. Da der Sproß im Verhältnis zur Wurzel sehr lang wird, werden vom Sproß aus schräg nach unten Adventivwurzeln gebildet, die die Standfestigkeit der Pflanze erhöhen. Dieser Wurzeltyp wird als **Stützwurzel** bezeichnet (Abb. A11).

Saugorgane – Haustorien sind wurzelähnliche Gebilde, wie sie von Parasiten ausgebildet werden. Gut zu beobachten ist dies bei der Mistel, die als Halbparasit der Wirtspflanze nur Wasser und darin gelöste Nährstoffe entzieht. Die Bildung von organischer Substanz wird von ihr selbst übernommen. Diese Haustorien dringen bis in den Holzteil ein, durchdringen diesen und dienen auch der Verankerung (Abb. A12).

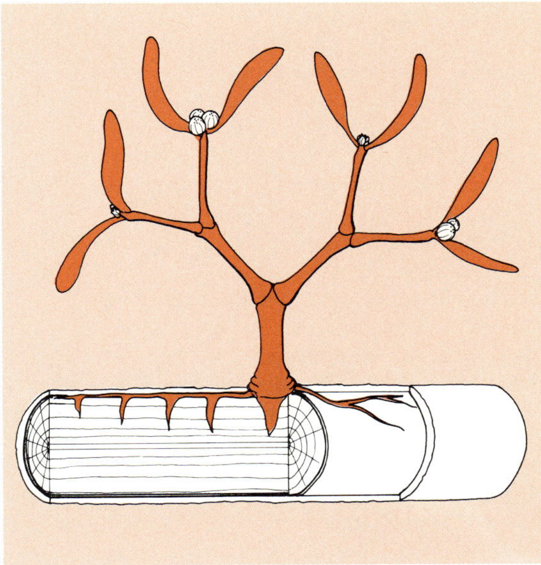

Abb. A12. Mistel mit Haustorien.

Förderung der Wurzelbildung

Da die Wurzeln durch die Wasser- und Nährstoffaufnahme eine wichtige Grundlage für das Wachstum der Pflanzen bilden, ist der Gärtner bemüht, eine schnelle Wurzelbildung zu erreichen und diese dem weiteren Verwendungszweck der Pflanze entsprechend zu gestalten.

Bei Pflanzenteilen, die noch keine Wurzeln haben, wie es bei Stecklingen der Fall ist, wählt man ein nährstoffarmes, bzw. ein nährstofffreies Substrat. Der Grund hierfür liegt in Untersuchungen, die gezeigt haben, daß nährstoffarme Substrate gegenüber ausreichend mit Nährstoffen versorgten Substraten die Wurzelbildung fördern. Aus diesem Grund enthalten auch industriell gefertigte Anzuchtsubstrate eine geringere Menge an Nährstoffen.

Durch das **Pikieren** von Sämlingen auf weitere Abstände werden die Wurzeln eingekürzt, was deren Verzweigung und damit eine dichtere Ballenbildung fördert. Der gleiche Effekt wird in der Baumschule beim Verpflanzen durch einen Wurzelschnitt erreicht. Im Freilandanbau erreichen Gehölze oft eine Größe, die ein **Verpflanzen** zu einem sehr arbeitsaufwendigen und fast unmöglichen Vorgang macht. In diesen Fällen werden die Pflanzen umstochen oder mit einem Unterschneidepflug unterschnitten, um sie in einem verpflanzfähigen Zustand zu halten und das Wurzelwachstum anzuregen.

Im Gemüsebau wird durch **Anhäufeln** von Gurken, Tomaten u. a. die Wurzelbildung gefördert, da an Sproßteilen, die von Erde bedeckt sind, die Adventivwurzelbildung angeregt wird.

Bei einkeimblättrigen Pflanzen ist das Anhäufeln von besonderer Bedeutung, da bei diesen die Keimwurzel bald durch zahlreiche sproßbürtige Wurzeln ersetzt wird. Die Zahl dieser Wurzeln wird durch das Anhäufeln erhöht.

1.3.2 Der Sproß

Entwicklungsgeschichtlich älter als die Blütenpflanzen sind die **Lagerpflanzen,** die Thallophyten. Sie liegen dem Substrat mehr oder weniger flach auf, weil ihnen die Sproßachse fehlt. Zu den Lagerpflanzen gehören Algen, Flechten, Pilze und Moose. Ein typischer Thallophyt ist das Lebermoos, das als Unkraut unter Hochglas und im Freiland in Containerkulturen häufig vorkommt.

Durch die Gliederung in Wurzel und Sproßachse mit Blättern sind die höheren Pflanzen den Thallophyten im Konkurrenzkampf um das Licht überlegen.

Aufgaben der Sproßachse

Die aufrechte Sproßachse ermöglicht den Pflanzen **optimale Lichtausnutzung** durch eine günstige Stellung im Raum. Außerdem können die Sproßpflanzen im Gegensatz zu den Lagerpflanzen eine weitaus größere Zahl Blätter bilden, die alle in eine gute Position zum Sonnenlicht gebracht werden können (s. Kap. A 1.3.4).

Hohe Lichteinstrahlung führt allerdings auch zu einer Erhitzung des Pflanzengewebes. Eine stärkere Transpiration zur notwendigen Kühlung wird durch die freie Stellung im Luftraum unterstützt. Im Sproß muß auch die **Stoffleitung** zwischen Wurzel und Blättern erfolgen. Von den Wurzeln in die Blätter werden Wasser und gelöste Mineralstoffe geleitet, die von den Blättern gebildeten Assimilate werden wiederum zu den Wurzeln und den Wachstumszentren transportiert. Außerdem bietet die Sproßachse die Möglichkeit einen Teil der **Reservestoffe zu speichern.**

Der äußere Bau der Sproßachse

Wie bei der Wurzel geht das Spitzenwachstum vom Vegetationspunkt aus. An der Spitze der Sproßachse werden auch die Blattanlagen gebildet. An den Ansatzstellen der Blätter, den Knoten oder **Nodien,** ist die Sproßachse oft mehr oder weniger verdickt. Die zwischen zwei Knoten liegenden Zwischenknotenstücke werden als **Internodien** bezeichnet (Abb. A 13). Der zuerst angelegte Knoten trägt die Keimblätter, der Sproßabschnitt zwischen Wurzel und Keimblättern wird **Hypokotyl** genannt.

Abb. A 13. Sproßachse.

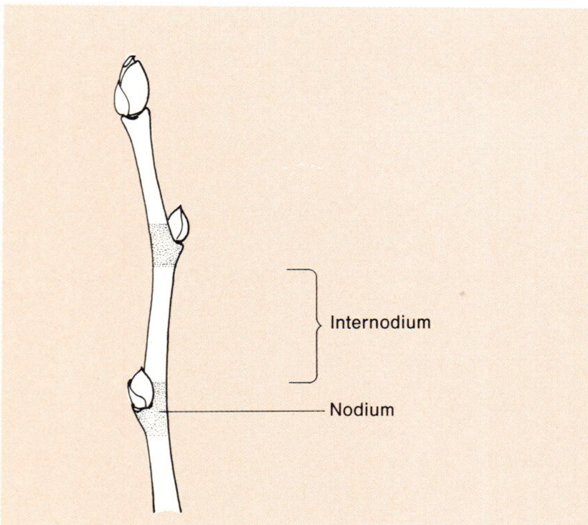

Bei Pflanzen mit **Rosettenwuchs,** z. B. *Sempervívum, Echevéria, Saintpaulia* ist die Sproßachse so stark gestaucht, daß die Blätter scheinbar aus der Basis entspringen.

Die **Sproßformen** sind äußerst vielgestaltig. Grundsätzlich unterscheidet man krautige und holzige Sprosse. Zu Pflanzen mit **krautigen** Sprossen zählen sowohl ein- und zweijährige als auch mehrjährige Pflanzen.

Einjährige (annuelle) Pflanzen sind z. B. die Sommerblumen, wie *Sálvia spléndens, Lobélia erínus, Antirrhínum május,* also Pflanzen, die nach ihrer Aussaat im Frühjahr noch in der gleichen Vegetationsperiode zur Blüte und Samenreife gelangen und danach absterben.

Zweijährige (bienne) Pflanzen sind *Myosótis, Cheiránthus cheírii,* Wintergetreide, Kopfkohl u. a. Diese Pflanzen werden im Sommer oder Herbst ausgesät und entwickeln sich in dieser ersten Vegetationsperiode nur vegetativ, bilden also Blattmasse. Nach der Winterruhe, in der durch tiefere Temperaturen die Umstimmung zur Blütenbildung erfolgt, entwickeln sich im Frühjahr, also in der zweiten Vegetationsperiode, die Blüten. Nach der Samenbildung sterben bienne Pflanzen ebenfalls ab.

Ausdauernde (perenne) Pflanzen können ebenfalls einen krautigen Sproß haben, wie z. B. die Stauden *Delphínium, Gypsóphila, Erígeron* u. a. Jedes Jahr bilden sie neue oberirdische Sprosse und Blüten und überwintern mit unterirdischen Organen, wie Knollen, Rhizomen u. ä.

Die krautigen Sprosse können folgende Formen haben (Abb. A 14):

Stengel. Die Sproßachse ist verzweigt und beblättert, z. B. *Chrysánthemum, Diánthus, Áster* u. a.

Schaft. Aus einer Blattrosette wächst eine unverzweigte und blattlose Sproßachse, die Blüten und oft auch Hochblätter trägt, z. B. *Anthúrium, Hippeástrum, Prímula.*

Halm. Als Halm bezeichnet man die Sproßachse der Gräser. Er ist beblättert aber unverzweigt. Kennzeichnend ist die deutliche Gliederung des Halmes durch Knoten, die Scheidewände enthalten. In der Regel wird der Halm vom Blattgrund umschlossen.

Halbsträucher wie *Teucrium* und *Lavándula* sind dadurch gekennzeichnet, daß die jüngeren Sprosse krautig bleiben, während früher im Jahr gebildete Sproßteile ausreichend verholzen. Die krautigen Teile können im Winter zurückfrieren.

Bei Pflanzen mit **holzigen** Sprossen unterscheidet man zwischen Bäumen und Sträuchern. **Bäume** ha-

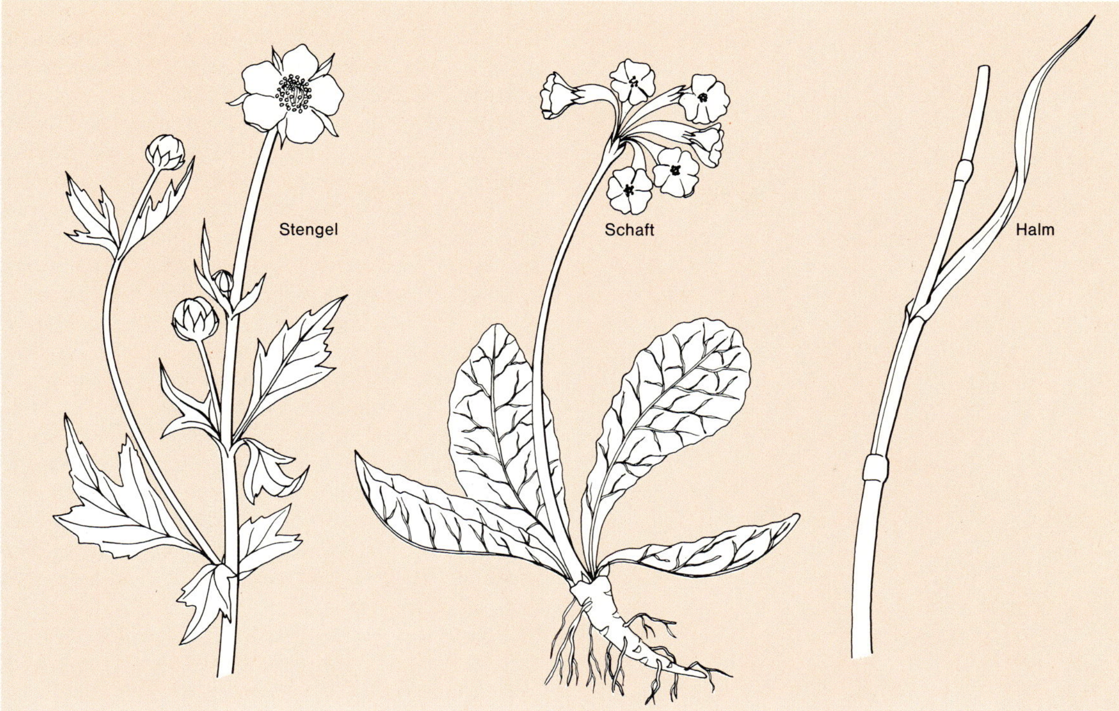

Abb. A 14. Krautige Sproßformen.
Abb. A 15. Wuchsformen von Bäumen und Sträuchern.

ben einen Stamm, der eine aus starken Ästen und dünnen Zweigen gebildete Krone trägt. Es kommt zu dieser Gliederung in Stamm und Krone, weil die höher am Sproß angelegten Knospen kräftiger austreiben als die tiefer sitzenden. Beim **Strauch** dagegen treiben die Knospen an der Basis und im mittleren Sproßbereich kräftiger aus als die oberen Knospen (Abb. A 15).
Das Sproßsystem der Holzgewächse besteht aus Lang- und Kurztrieben. **Langtriebe** haben lange Internodien und tragen meist keine Blüten. Bei Obstbäumen z. B. sind sie für den Kronenaufbau verantwortlich. **Kurztriebe** mit gestauchten Internodien als Seitentriebe an Langtrieben tragen neben Blättern meist Blüten und Früchte. Bei Obstbäumen werden die Kurztriebe als Fruchtholz bezeichnet. Nadelhölzer wie *Lárix, Cédrus atlántica* und *Pínus* weisen typische Kurztriebbildung auf. (Abb. A 16) Die nadelartigen Blätter sitzen büschelweise an gestauchten Kurztrieben, bei der Kiefer trägt ein Kurztrieb je nach Art nur 2, 3 oder 5 Nadeln.

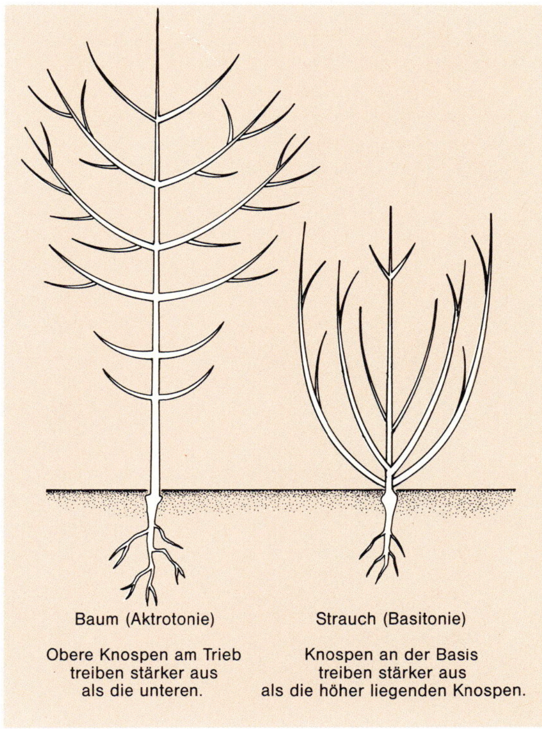

Abb. A 16. Lang- und Kurztriebe bei der Lärche *(Lárix)*. A = Langtrieb mit benadelten Kurztrieben, k = Kurztriebe, B = Langtrieb mit benadelten Kurztrieben (k), aber an Stelle einiger vegetativer Kurztriebe ♂ und ♀ Blüten.

Der innere Bau der Sproßachse

Im inneren Bau der Sproßachse gibt es deutlich sichtbare Unterschiede zwischen den einkeimblättrigen und den zweikeimblättrigen Pflanzen. Nach außen wird der Sproß von der einschichtigen **Epidermis** umgeben, darunter liegt das mehrschichtige **Rindengewebe,** ein lockerer Zellverband, der auch Reservestoffe einlagern kann. Noch weiter nach innen schließt sich dann der **Zentralzylinder** an. In dem Rindengewebe und im Zentralzylinder können Festigungsgewebe aus Kollenchymzellen oder Sklerenchymfasern eingelagert sein, um der Sproßachse die notwendige Stabilität zu verleihen.

Bei zweikeimblättrigen Pflanzen sind die Leitbündel im Zentralzylinder ringförmig um das innen liegende **Mark** angeordnet. Seitlich sind die Leitbündel durch **Markstrahlen** von einander getrennt. Diese bestehen aus Grundgewebe und stellen eine Verbindung zwischen Mark und Rinde her. Das **Kambium** ist im Querschnitt als Ring sichtbar und trennt den innen liegenden Holzteil (**Xylem**) vom außen liegenden Siebteil (**Phloëm**).

Im Sproß der einkeimblättrigen Pflanzen sind die Leitbündel, in Grundgewebe eingebettet, über den ganzen Querschnitt verstreut angeordnet. Ein Kambium ist nicht vorhanden, also liegen Holz- und Siebteil unmittelbar nebeneinander im Leitbündel (Abb. A 17).

Im Laufe der Entwicklung vom Keimling zur ausgewachsenen Pflanze nimmt die Sproßachse erheblich an Dicke zu. Die Einkeimblättrigen haben ein ein-

Abb. A 17. Querschnitt durch die Sproßachse.

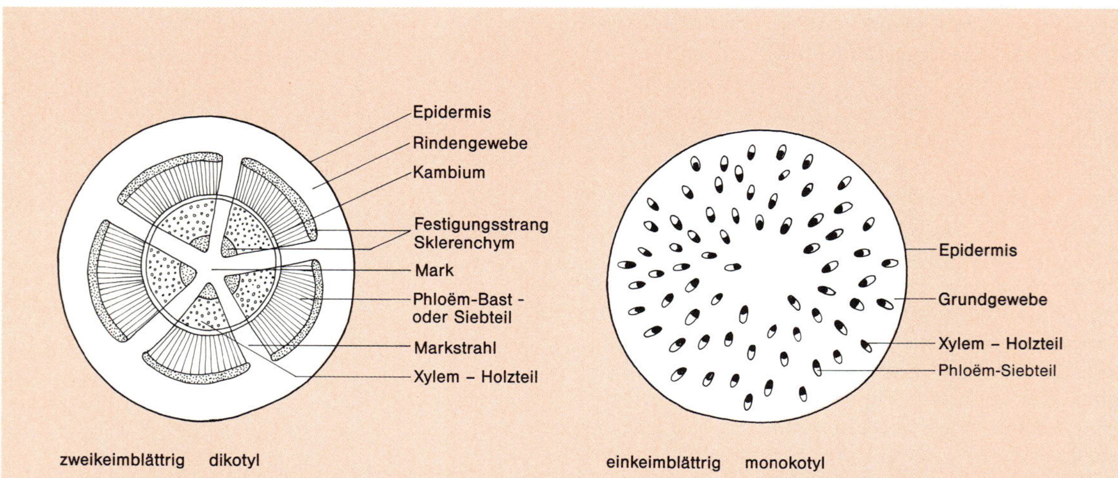

Abb. A 18. Sekundäres Dickenwachstum.
Links Eiche: Konischer Stamm durch sekundäres Dickenwachstum. Rechts Palme: Die Kambiumschicht fehlt, kein sekundäres Dickenwachstum, der Stamm bleibt gleichmäßig schlank.

maliges anfängliches **Dickenwachstum** der Sproßachse, später erfolgt nur noch deren Streckung. Zweikeimblättrige haben ein sekundäres Dickenwachstum. Bei holzigen Pflanzen ist das sekundäre Dickenwachstum deutlich erkennbar (Abb. A 18). Dieses geht vom Kambium aus, dem teilungsfähigen Bildungsgewebe zwischen Holz- und Siebteil. Alle vom Kambium nach innen gebildeten neuen Zellen vergrößern den Holzteil zu einem im Laufe der Jahre kompakten Holzkörper. Die neuen Zellen entwickeln sich je nach Lage zu Leitungsbahnen, Holzparenchym- oder Markstrahlzellen. Die vom Kambium nach außen gebildeten Zellen werden zu Siebteilzellen.

Mit fortschreitendem Dickenwachstum vergrößert sich der Holzkörper immer mehr und das Kambium, das durch Querteilung ebenfalls an Umfang gewonnen hat, verlagert sich nach außen. Der jährliche Holzzuwachs ist deutlich als **Jahresring** im Stammquerschnitt erkennbar. Im Frühjahr beim Austrieb muß die oberirdische Pflanzenmasse verstärkt mit Wasser und mineralischen Nährstoffen versorgt werden. Die in diesem Zeitabschnitt gebildeten neuen Holzzellen haben deshalb einen größeren Durchmesser, das Holz ist grobporiger und wird als **Frühholz** bezeichnet. Später im Jahr werden Holzzellen mit einem geringeren Durchmesser gebildet, die überwiegend der Festigung dienen. Dieses feinporig erscheinende Holz wird **Spätholz** genannt. Das meist hellere, weiche Frühholz und das dunklere, dichte Spätholz ergeben zusammen einen Jahresring. Anhand der Breite und Entwicklung der Jahresringe kann man Rückschlüsse auf den jeweiligen Witterungsverlauf des Jahres ziehen, in trockenen Jahren ist der Holzzuwachs geringer als in regenreichen (Abb. A 19).

Betrachtet man Stammquerschnitte z. B. von Weide und Eiche, fällt auf, daß bei der Eiche die Jahresringe im Zentrum dunkler gefärbt sind als die außen liegenden Jahresringe. Bei Weiden fehlt dagegen ein

Abb. A 19. Querschnitt durch einen Stammausschnitt.

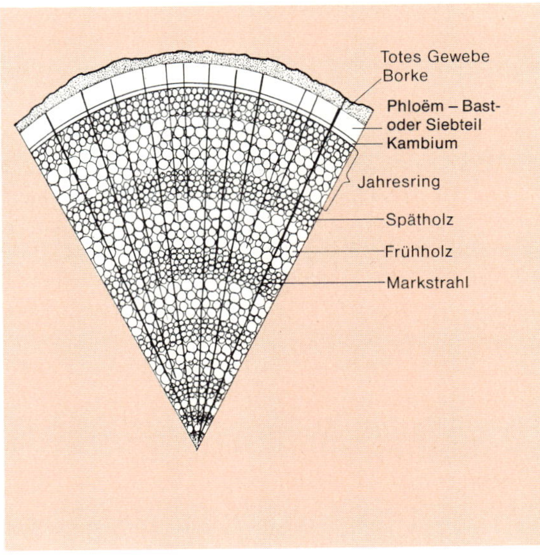

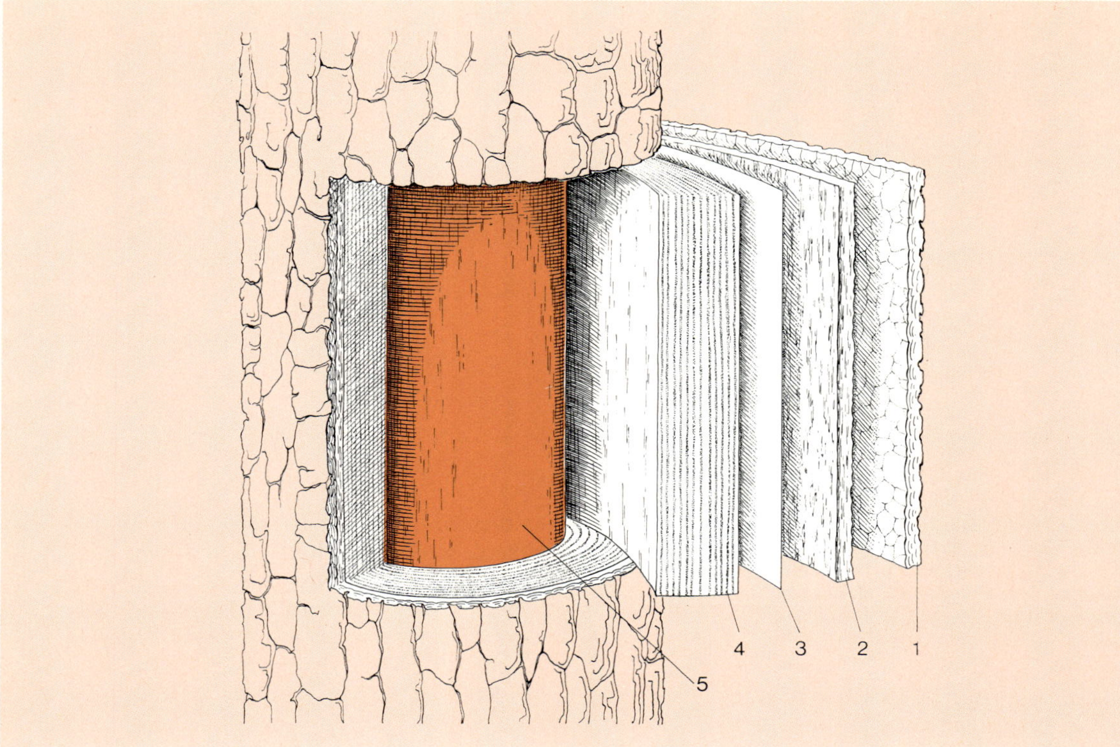

Abb. A 20. Schnittbild eines Baumstammes. 1 = Äußere Rinde (Borke). 2 = Im Bast vollzieht sich der Transport der Assimilate von den Blättern zu den übrigen Teilen des Baumes. 3 = Die äußerst dünne Zellschicht des Kambiums, die zwischen Rinde und Holz liegt, ist der eigentlich wachsende Teil des Stammes. 4 = Im Splintholz wird das Wasser mit den Nährstoffen von den Wurzeln in den Kronenraum transportiert. 5 = Kernholz, die zentrale und stützende Säule des Baumes.

dunklerer Kern. Bei vielen Holzgewächsen werden die älteren Holzteile im Kern durch Einlagerungen verstopft und konserviert. Dadurch wird das Holz, **Kernholz** genannt, stabiler und ist gegen das Eindringen und die zerstörerische Wirkung von Mikroorganismen besser geschützt. Das Kernholz dient nur noch der Festigung, während die Wasserleitungsaufgabe von den Holzzellen der außen liegenden jungen Jahresringe übernommen wird. Das helle junge Holz wird **Splintholz** genannt. Die Jahresringe mit ihrem unregelmäßigen Wachstum, die Seitenäste und die unterschiedliche Färbung von Kern- und Splintholz machen den Reiz der Holzmaserung aus.

Das Wachstum des Holzkörpers übersteigt bald die Dehnungsfähigkeit der Rinde und der Epidermis, sie zerreißen. Um aber das notwendige Abschlußgewebe zu erhalten, entwickelt sich im Rindengewebe das **Korkkambium** als sekundäres Meristem. Alle Zellen außerhalb des Korkkambiums sterben ab und werden nach und nach als **Borke** abgestoßen (Abb. A 20).

Abb. A 21. Lentizelle des Holunders.

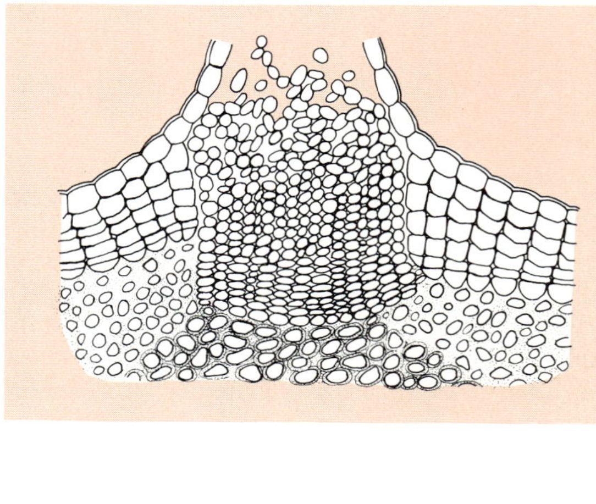

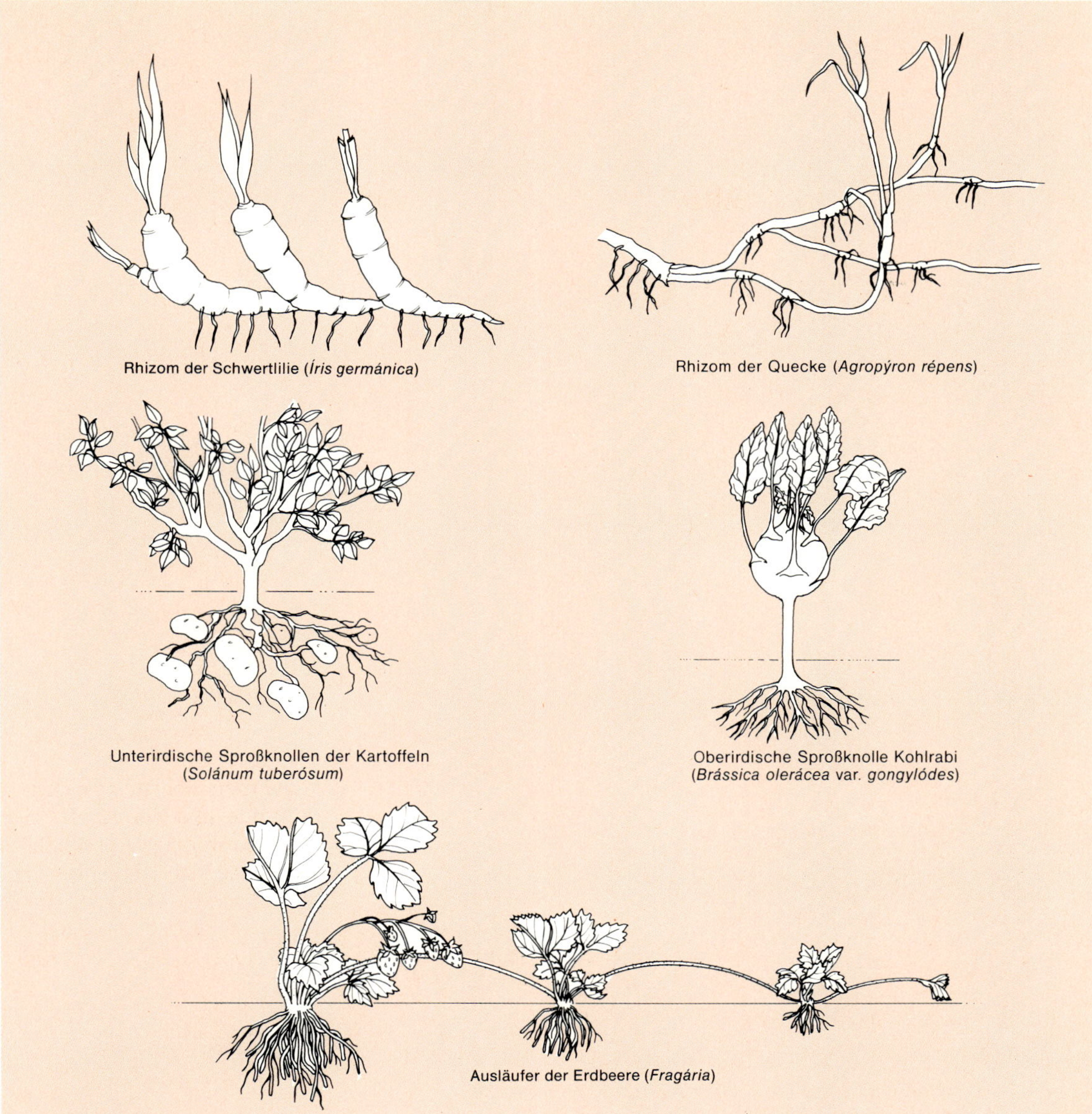

Abb. A 22. Sproßumwandlungen, die der Speicherung oder vegetativen Vermehrung dienen.

Da auch in holzigen Geweben lebende Zellen vorhanden sind, muß der Gasaustausch sichergestellt sein. Anstelle von Spaltöffnungen findet man auf verkorktem Abschlußgewebe feine warzenartige Gebilde, die **Lentizellen** (Abb. A 21). Das sind Öffnungen im Abschlußgewebe, die mit lockeren Korkzellen gefüllt sind. Form, Farbe und Anordnung der Lentizellen sind Hilfen bei der Gehölzbestimmung besonders im unbelaubten Zustand, z. B. Apfelsorte 'Golden Delicious'.

Sproßmetamorphosen

Wie bei anderen Pflanzenorganen beschrieben, kann auch die Sproßachse in Anpassung an zusätz-

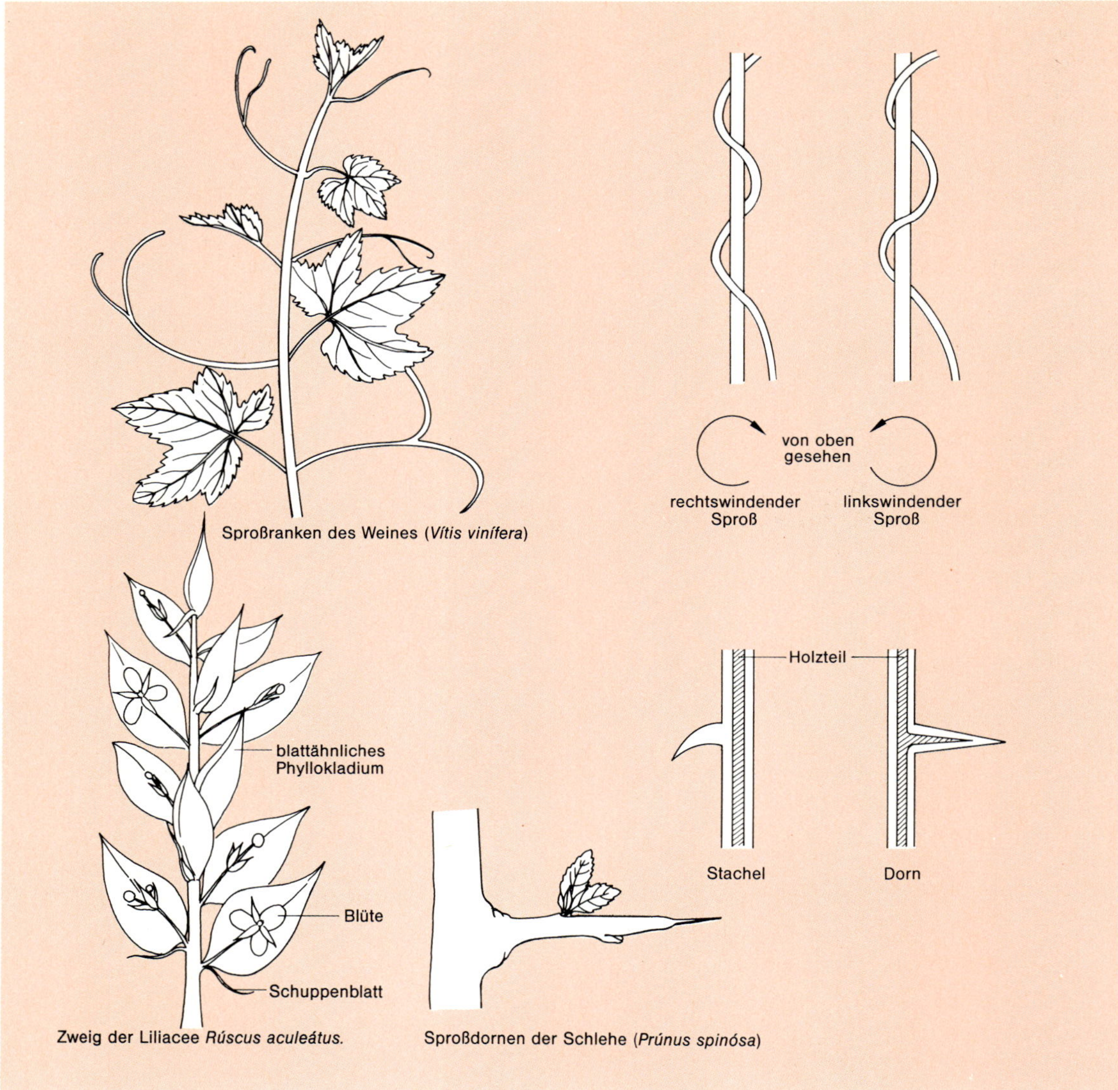

Abb. A 23. Sproßumwandlungen bei Kletterpflanzen (oben) und Pflanzen trockener Standorte (unten).

liche Aufgaben ihre Gestalt ändern. Ist der Hauptsproß als **Speicherorgan** verdickt, bezeichnet man ihn als **Sproßknolle.** Die Knolle trägt wie die Sproßachse Blätter und Knospen, deutlich erkennbar z. B. bei Kohlrabi und Cyclamen. Auch die Kartoffel bildet Sproßknollen jedoch an unterirdischen Seitensprossen. Bei Gladiolen ist die Sproßknolle von zwiebelschuppigen Hüllblättern umgeben. Radieschen entwickeln typische Hypokotylknollen, d. h. nur der Sproßabschnitt zwischen Wurzelansatz und Keimblättern dient der Reservestoffspeicherung.

Zwiebeln, z. B. von Tulpen, *Hippeástrum, Lílium* u. a. haben eine stark gestauchte Sproßachse, Zwiebelboden oder Zwiebelkuchen genannt. Die zu Speicherblättern verdickten Niederblätter sind schuppenförmig oder schalenförmig angeordnet und bauen den eigentlichen Zwiebelkörper auf.

Rhizome sind gestreckte unterirdische Sprosse, die

Reservestoffe enthalten und bei vielen Stauden als Überwinterungsorgan vorkommen, z. B. *Convallária majális, Íris germánica* u. a. Im Unterschied zu Wurzeln findet man an Rhizomen schuppenförmige Niederblätter, Knospen und sproßbürtige Wurzeln. Von einigen rosettig wachsenden Pflanzen, z. B. Erdbeere, *Chloróphytum, Saxífraga stolonífera* u. a., werden **Ausläufer** oder **Stolonen** gebildet. Dies sind ober- oder unterirdische langgestreckte Sproßachsen, aus deren Knospen sich wieder rosettig wachsende Jungpflanzen mit sproßbürtigen Wurzeln entwickeln. Bei der Kartoffel bilden sich anstelle der Jungpflanzen Sproßknollen an den unterirdischen Stolonen (Abb. A 22).

Weitgehende Anpassung an Trockenstandorte weisen Kakteen und einige Euphorbien auf, die als **Stammsukkulente** bezeichnet werden. Die Sproßachse ist verdickt und dient als Wasserspeicher. Um die Verdunstungsfläche möglichst klein zu halten, sind die Blätter zu Dornen umgewandelt, die Photosynthese wird von der grünen Sproßachse übernommen.

Phyllokladien nennt man die blattartig verbreiterten Seitentriebe von Epiphyllumarten, *Aspáragus falcátus* oder *Rúscus aculeátus,* die auch die Photosynthese übernehmen. Die eigentlichen Blätter sind verkümmert oder zu Dornen umgewandelt. Bei Ruscus kann man besonders deutlich erkennen, daß die »Blätter« in Wirklichkeit Seitentriebe sind, denn die Blüten sitzen mitten auf den vermeintlichen Blättern.

Kletterpflanzen haben verschiedene Sproßumwandlungen als Kletterhilfen. Hopfen, Bohnen und Lonicera-Arten sind **Winder.** Bei diesen Pflanzen windet sich die Sproßachse um Stützen, Drähte und Stangen. Die Weinrebe (*Vítis*) bildet den Hauptsproß zu **Sproßranken** um. Eine in der Blattachsel sitzende Knospe treibt dann aus und führt die Sproßachse fort bis diese wieder mit einer Sproßranke endet usf.

Als **Klimmer** bezeichnet man Pflanzen, die sich mit Hilfe von **Stacheln** festhalten, wie Kletterrosen und Brombeeren. Stacheln sind Ausstülpungen der Epidermis und sind als Oberhautgebilde durch leichten Druck ohne größere Verletzung des Sprosses zu entfernen.

Dornen dagegen sind umgebildete Seitensprosse. Sie stehen mit den Leitbündeln der Sproßachse in Verbindung und sind deshalb fest mit ihr verwachsen. Diese Sproßumbildungen dienen als Fraßschutz und sind bei der Schlehe (*Prúnus spinósa*), *Cratáegus*-Arten und dem Christusdorn *(Euphórbia mílii)* zu finden (Abb. A 23).

1.3.3 Die Knospen

Der Vegetationspunkt des Sprosses, der von jungen Blättern und Blattanlagen umschlossen ist, wird auch als **Knospe** bezeichnet. Die Knospe ist also das jugendliche, noch nicht fertig entwickelte Ende eines beblätterten Sprosses. Zum Schutz der empfindlichen Knospe ist diese bei vielen Pflanzenarten von derben, pergamentartigen Knospenschuppen umgeben, die das Vertrocknen verhindern sollen.

Knospenarten

Die Knospen können nach der Stelle, an der sie sich an der Pflanze befinden, oder nach ihren Aufgaben unterschieden werden.

Die **Terminal- oder Endknospe** liegt an der Sproßspitze. **Seiten-** oder **Achselknospen** sind in den Blattachseln am Sproß angelegt und wachsen zu Seitensprossen oder auch Blüten heran. Noch nicht ausgetriebene Achselknospen werden bei Gehölzen auch **Augen** genannt. Beim Okulieren wird ein Auge aus dem Edelreis geschnitten und unter die Rinde der Unterlage geschoben. Nach dem Anwachsen treibt dieses Auge aus. Normalerweise treiben nur die oberen Augen aus, während die an der Sproßbasis befindlichen Achselknospen im Ruhezustand bleiben. Sie werden deshalb auch **schlafende Augen** genannt. Diese treiben nur aus, wenn die höher liegenden Augen durch Rückschnitt oder Verletzung zerstört sind.

Adventivknospen sind kleine, bereits am Vegetationspunkt vorgebildete Knospen. Sie entwickeln sich aus bereits differenziertem Gewebe, z. B. nach einem scharfen Rückschnitt am Stammgrund oder an Blattstecklingen bei deren Austrieb.

Abb. A 24. Fruchttriebe des Birnbaums mit Blatt-, End- und Blütenknospen.

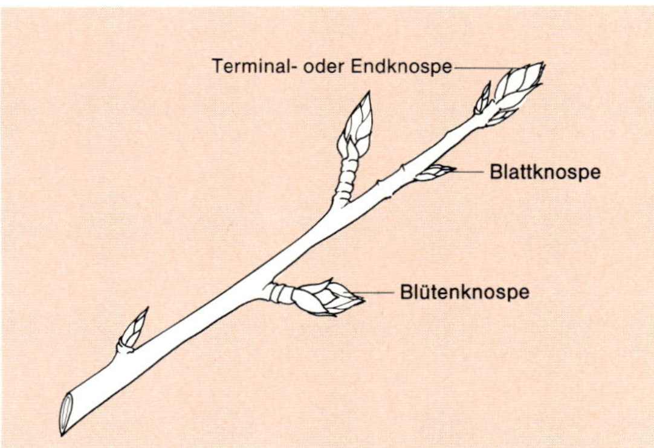

Abb. A 25. Brutzwiebeln bei *Lílium lancifólium.* a = In den Achseln der Blätter sitzen die Bulbillen, b = Bulbillen im Längsschnitt, c = Bulbillen in der Achsel eines Blattes, d = Bulbillen zu einem jungen Pflänzchen ausgewachsen.

Blattknospen erkennt man an ihrer schlanken Form, **Blütenknospen** sind rundlich. Sie enthalten neben der schon in allen Teilen vorgebildeten Blüte meist einige Laubblätter (Abb. A 24). Sproßknospen und Brutknospen dienen der vegetativen Vermehrung.
Brutknospen oder Bulbillen sind kleine Zwiebeln, die bei einigen Lilien in den Blattachseln und bei verschiedenen Laucharten in der Blütenregion angelegt werden (Abb. A 25).
Sproßknospen findet man bei einigen Farnen, z. B. *Polýstichum setíferum* 'Proliferum' und bei *Kalánchoë tubiflóra.* Auf den Farnwedeln bzw. am Blattrand entwickeln sich kleine Pflanzen, die alsbald von der Mutterpflanze abfallen und dann auf dem Boden weiterwachsen.

Knospenruhe

Bei Gehölzen werden die Knospen bereits im Spätsommer des Vorjahres angelegt. Trotz günstiger Wachstumsbedingungen in den Herbstmonaten unterbleibt jedoch der Austrieb, um ein Erfrieren der Jungtriebe im Winter zu verhindern. Die Knospen befinden sich im Ruhezustand. Die Knospenruhe ist erblich bedingt und wird durch die Einwirkung niedriger Temperaturen überwunden. Das **Treiben** von Gehölzen, z. B. *Syrínga, Forsýthia, Prúnus,* ist nur erfolgreich, wenn die Knospenruhe durch eine ausreichend lange Zeit mit tiefen Temperaturen beendet wurde. Da dies je nach Witterungsverlauf in jedem Jahr zu sehr unterschiedlicher Zeit sein kann, werden Treibgehölze für die frühe Treiberei zur Weihnachtsblüte für einige Wochen in Kühlhäusern gelagert. Bei späteren Treibterminen, z. B. Valentinstag, ist die Vollruhe meist schon überwunden und die Nachruhe kann mit Warmwasserbehandlung gebrochen werden.

1.3.4 Das Blatt

Die Blätter werden am Vegetationskegel der Sproßachse als rundliche Höcker angelegt. Der Reihenfolge ihrer Entstehung am Sproß nach unterscheidet man Keimblätter, Niederblätter, Laubblätter und Hochblätter.
Keimblätter (Kotyledonen), die ersten Blattbildungen des Keimlings, haben meist nur eine kurze Lebensdauer und sind einfacher gebaut als die späteren Laubblätter. **Einkeimblättrige Pflanzen (Monokotyle)** z. B. Gräser, Palmen, Orchideen, haben nur ein Keimblatt, **zweikeimblättrige Pflanzen (Dikotyle),** wie z. B. alle Laubbäume, haben zwei Keimblätter. Die Einteilung trifft nur für Bedecktsamer zu (s. S. 241). Nadelhölzer besitzen mehrere Keimblätter. **Niederblätter** sind unvollkommen entwickelte Blätter unter der Laubblattregion, z. B. Knospenschuppen, Schuppenblätter an Rhizomen oder auch einige Zwiebelschuppen.
Laubblätter können vielfältige Aufgaben haben. Innerer Bau und äußere Gestalt sind der jeweiligen Funktion angepaßt. Die Hauptaufgabe ist die Bildung von organischen Verbindungen, auch Assimilate genannt, durch die Photosynthese (s. Kap. A 1.4.3). Blattumwandlungen, sog. Metamorphosen, stellen Spezialisierungen auf besondere Aufgaben dar.
Hochblätter sind Blätter unterhalb der Blüte mit z. T. speziellen Aufgaben (s. S. 34).

Äußere Gestalt des Blattes

Für die Bestimmung von Pflanzen anhand von Bestimmungsbüchern und für die botanisch exakte Beschreibung einer Pflanze bietet die äußere Gestalt

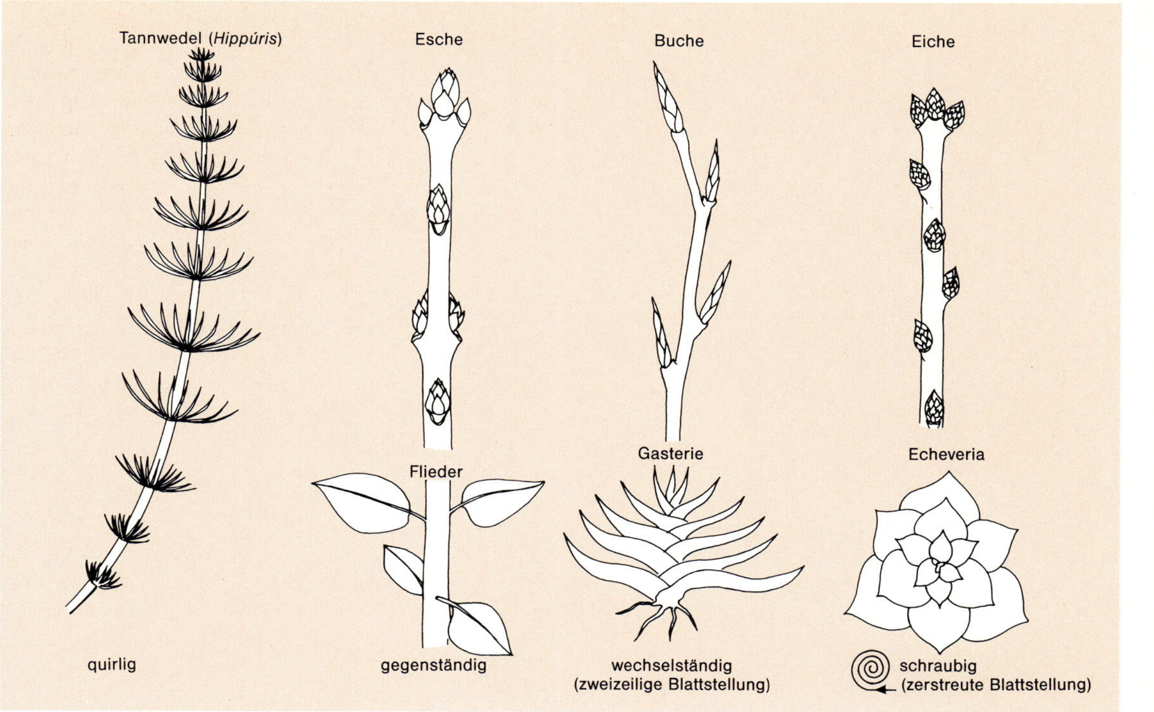

Abb. A 26. Blattstellung am Sproß.

der Blätter häufig wichtige Unterscheidungsmerkmale. Kennzeichnend dabei sind:

Blattstellung. Ein wichtiges Merkmal ist die Stellung der Blätter am Sproß und die Zahl der Blätter an einem Nodium:

- 1 Blatt je Nodium: wechselständig, schraubig
- 2 Bläter je Nodium: gegenständig
- mehrere Blätter je Nodium: quirlig (Abb. A 26)

Blattform. Die Form der Blattspreite ist sehr vielgestaltig von linealisch bis rund (Abb. A 27). Neben den einfachen Grundformen treten in der Natur noch Abwandlungen und Kombinationen der einzelnen Formen auf.

Blattfläche. Bei einfachen Blättern ist die Blattfläche ungeteilt oder nur durch relativ flache Einschnitte gegliedert. Bei zusammengesetzten Blättern wird die Blattspreite durch tiefe Einschnitte, die bis zur Mittelrippe reichen, in mehrere Blättchen oder Fiedern zerlegt (Abb. A 28).

Blattränder. Die Blattränder sind selten ganzrandig, häufiger treten mehr oder weniger starke Einschnitte auf, die ebenfalls als Bestimmungsmerkmal wichtig sein können (Abb. A 29).

Blattnervatur. Der Verlauf der Blattadern ist ein Unterscheidungsmerkmal zwischen ein- und zweikeimblättrigen Pflanzen. Während bei den Monokotylen fast ausschließlich parallel bzw. bogig verlaufende Blattnerven zu finden sind, haben Dikotyle deutliche Hauptnerven, von diesen gehen die Seitenrippen aus, die sich in einem immer dichter werdenden Netzwerk verzweigen (Abb. A 30).

Innerer Bau des Blattes

Ein Querschnitt durch das Laubblatt läßt seinen inneren Bau unter dem Mikroskop deutlich erkennen. Die Blattspreite wird von dem chlorophyllfreien Abschlußgewebe, der **Epidermis,** überzogen.

Betrachtet man ein Blatt von *Helléborus níger* unter dem Mikroskop, so wird aus der Gestalt der Epidermiszellen ersichtlich, wie sie ihre Aufgabe, die Festigkeit zu erhöhen, erfüllen. Die starke Verzahnung dieser Zellen, in ihrer Form an ein Puzzle erinnernd, hat gegenüber der Aneinanderreihung von Einzelteilen eine sehr hohe Stabilität (Abb. A 31).

Der Wasserverlust der Pflanzenoberfläche wird durch einen wachsähnlichen Stoff, der durch die Epidermiszellen nach außen abgegeben wird, ver-

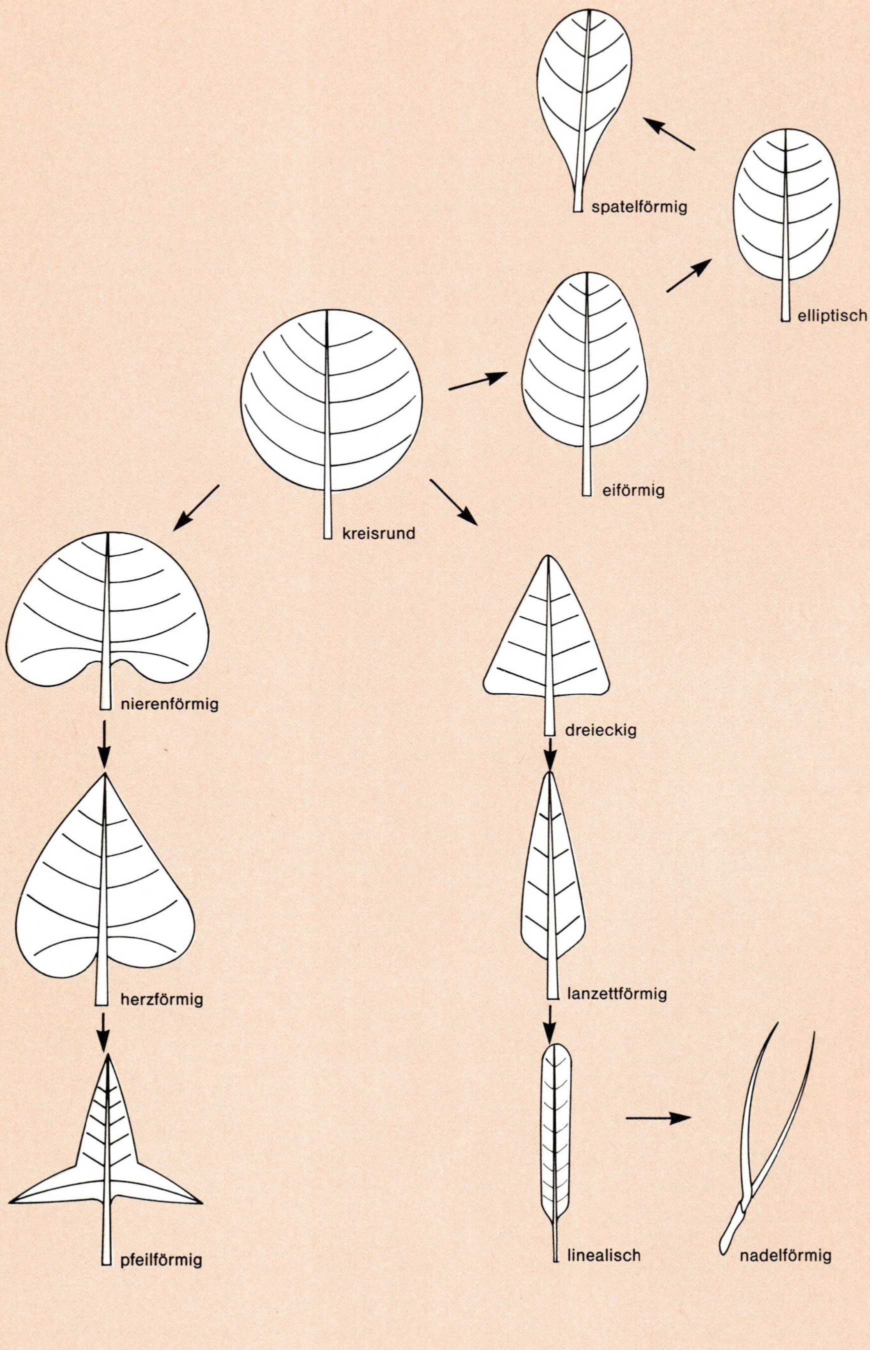

Abb. A 27. Grundformen der Blattspreite.

Abb. A 28. Zusammengesetzte und geteilte Laubblätter.

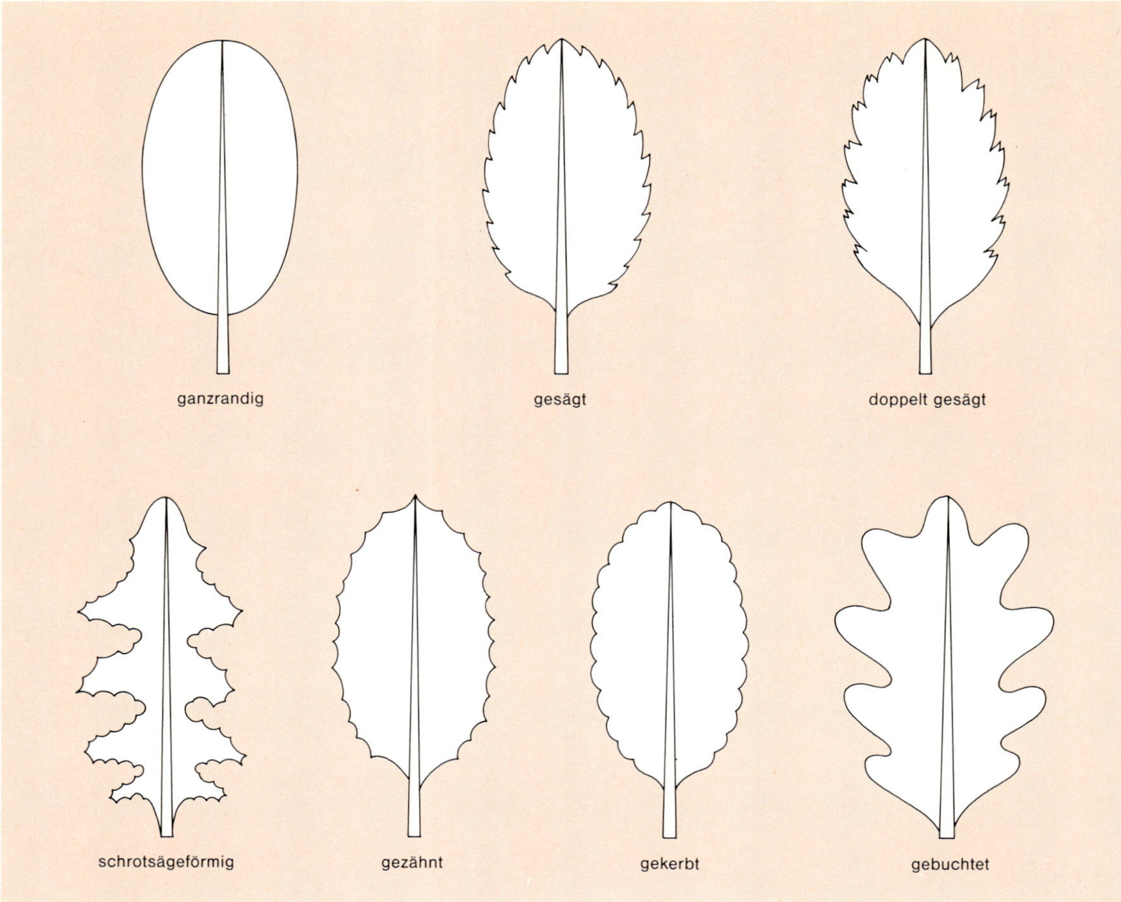

Abb. A 29. Blattränder.
Abb. A 30. Blattnervatur.

mindert. Bei diesem wachsähnlichen Stoff handelt es sich um Kutin, das dieser Schicht den Namen **Kutikula** gibt. Völlig eingeschränkt wird die Wasserabgabe jedoch nicht. Eine bestimmte Anordnung der Bausteine innerhalb der Kutikula ermöglicht immer noch ein Durchdringen von Wassermolekülen wie auch von Ionen, was bei der Blattdüngung ausgenutzt wird. So wie durch die Kutikula Wasser abgegeben werden kann, wird auch Wasser aufgenommen, was bei welken Pflanzen zu beobachten ist, die im Wasser sehr schnell wieder ein prall gefülltes Gewebe erhalten.

Die Höhe der Wasserabgabe durch die Kutikula ist bei den einzelnen Pflanzenarten von der Stärke der Kutikula abhängig. Eine Wachsschicht auf der Blatt-

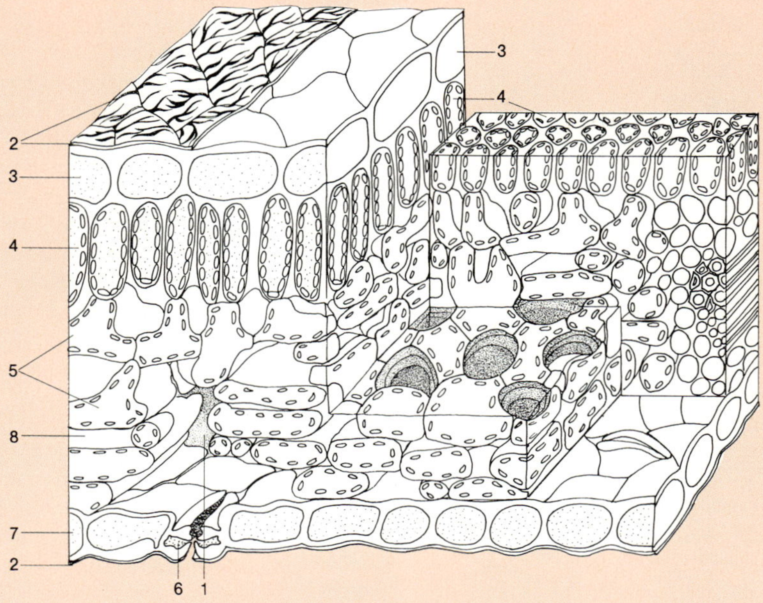

Abb. A 31. Bau des Blattes von *Helléborus níger* (Christrose). 1 = Atemhöhle, 2 = Kutikula, 3 = Epidermis, 4 = Palisadenparenchym, 5 = Schwammparenchym, 6 = Schließzelle einer Spaltöffnung, 7 = Epidermis der Unterseite, 8 = Interzellulare.

oberfläche oder Behaarung schränken die Wasserabgabe zusätzlich ein.

Die wichtigste Aufgabe des Blattes ist die Photosynthese. Sie läuft vorwiegend in den langgestreckten, im Querschnitt runden Zellen ab, die unter der Epidermis liegen. Da diese Zellen in ihrer Form an die Schutzzäune römischer Befestigungsanlagen erinnern, wird dieses Gewebe als **Palisadengewebe** bezeichnet. Die Zellen des Palisadengewebes weisen eine sehr große Zahl an Chloroplasten auf. Unter dem Palisadengewebe befindet sich ein Gewebe, das sehr locker aufgebaut ist. Die Anordnung dieser Zellen mit den zahlreichen, relativ großen Zellzwischenräumen – Interzellularen – erinnert beim Betrachten unter dem Mikroskop an einen Schwamm. Deshalb nennt man diesen Gewebetyp **Schwammgewebe.** Die zahlreichen Interzellularen ermöglichen einen hohen Gasaustausch innerhalb dieses Gewebes. Ausgetauscht werden in diesem Gewebe die gasförmigen Stoffe Kohlendioxid und Sauerstoff. Genauso wird auch der Wasserdampf ausgetauscht.

Wie bei der Blattoberseite ist bei der Blattunterseite ebenfalls als Abschlußgewebe eine Epidermis mit Kutikula zu finden. Die Epidermis der Blattunterseite enthält jedoch eine große Zahl von Öffnungen, die **Spaltöffnungen** oder **Stomata.**

Die Spaltöffnungen, die von zwei Schließzellen umgeben sind, können von der Pflanze je nach Wassergehalt der Schließzellen geöffnet oder geschlossen werden. Die Schließzellen haben ungleich verdickte und dadurch unterschiedlich elastische Zellwände. Enthalten die Schließzellen wenig Wasser, so sind die Spaltöffnungen geschlossen, ein weiterer Wasserverlust wird damit unterbunden. Werden die Schließzellen durch Wasseraufnahme prall, so kann sich die verdickte Zellwand an der Bauchseite zur Spaltöffnung hin nicht so stark dehnen. Die dünnere, elastische Rückwand jedoch dehnt sich, weicht zurück und zieht dabei die unelastische Bauchwand mit, so daß sich der Spalt öffnet (Abb. A 32).

Diese Fähigkeit ermöglicht es der Pflanze, den Gasaustausch und im Besonderen die Wasserabgabe zu steuern. Der Wasserverlust bei hohen Temperaturen und geringer Luftfeuchtigkeit kann damit von

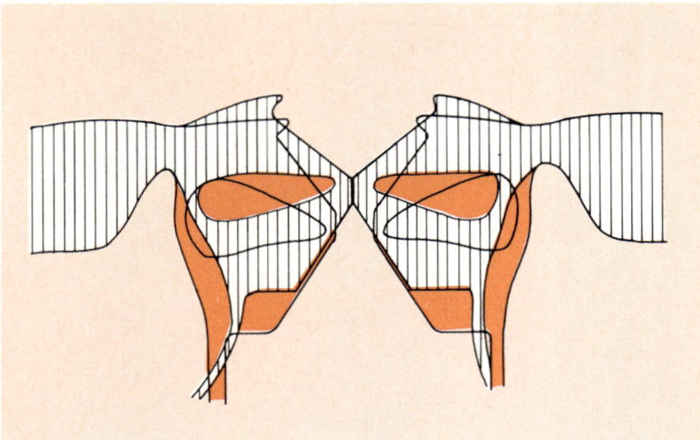

Abb. A 32. Spaltöffnung von *Hellébornis níger.*

den Pflanzen eingeschränkt werden. Diese gesteuerte Wasserabgabe wird als **Transpiration** bezeichnet.

Aufgaben des Blattes

In den Blättern findet die **Photosynthese** statt (s. Kap. A 1.4.3). Diese einzigartige Fähigkeit, aus anorganischen Stoffen mit Hilfe des Sonnenlichtes organische Verbindungen aufzubauen, besitzen nur chlorophyllhaltige Pflanzen. Da dieser Prozeß nur in Gegenwart von Licht ablaufen kann, sind die Blätter in ihrer Ausgestaltung den Lichtverhältnissen ihres natürlichen Standortes angepaßt. An Orten mit sehr hoher Einstrahlung findet man Pflanzen mit kleinen, schmalen Blättern, die oft noch Wachsauflagen oder dichte Behaarung als Sonnenschutz ausbilden, z. B. bei Nelken, Lavendel, *Eríca.* Großblättrige Pflanzen können auch bei schwächerer Einstrahlung ausreichende Lichtenergie für die Photosynthese absorbieren. Der Blattstiel hilft, die Blattfläche in eine günstige Stellung zum Licht auszurichten, wie es z. B. bei Zimmerpflanzen bei einseitigem Lichteinfall zu beobachten ist.

Bei der Transpiration gibt die Pflanze über die Blattfläche Wasser in Form von Wasserdampf an die Umgebung ab. Beim Übergang des Wassers vom flüssigen in gasförmigen Zustand wird Energie benötigt. Diese Energie wird der nächsten Umgebung entzogen, die Temperatur sinkt. Durch die entstehende **Verdunstungskälte** kann die Pflanze die Temperatur im Gewebe so niedrig halten, daß eine Eiweißgerinnung in den Zellen, die bei etwa 42 °C beginnt, selbst bei hoher Außentemperatur vermieden wird. Auch bei geschlossenen Stomata ist die Kühlung des Pflanzengewebes durch Verdunstung noch möglich, weil die Kutikula in ausreichendem Umfang wasserdurchlässig ist.

Da der Wasserverlust durch Verdunstung auch bei Temperaturen unter dem Gefrierpunkt weitergeht, obwohl die Wasseraufnahme über die Wurzel aufhört, hat die Pflanze gegen Austrocknen Vorsorge getroffen: **Sommergrüne Pflanzen** werfen im Herbst ihre Blätter ab. Chlorophyll und verwertbare organische Stoffe werden zuvor in den Sproß transportiert. Durch eine im Blattstiel gebildete Korkschicht kommt es danach zum herbstlichen Blattfall. **Immergrüne Pflanzen,** deren Blätter eine Lebensdauer von mehreren Vegetationsperioden haben, können im Winter bei gefrorenem Boden unter Wassermangel leiden. Um die Verdunstungsfläche möglichst klein zu halten, rollen immergrüne Pflanzen, wie z. B. *Rhododéndron,* ihre Blätter ein oder lassen sie schlaff herabhängen.

Blattmetamorphosen

Hauptaufgabe der Blätter ist zwar die Stoffproduktion in der Photosynthese, doch können die Blätter noch weitere Aufgaben erfüllen. Dies erfordert jedoch eine entsprechende Anpassung der Blätter an ihre jeweilige Zusatzaufgabe.

Hochblätter. Bei Pflanzen mit unscheinbaren Blütenblättern können Laubblätter deren Aufgaben übernehmen. Besonders eindrucksvoll ist dies bei *Euphórbia pulchérrima* (Abb. A 36 Seite 36). Die oberen Laubblätter nehmen bei der Blütenentwicklung gegenüber den anderen Laubblättern eine auffallende Färbung an. Laubblätter, die sich in der Blütenregion befinden, werden als Hochblätter be-

Abb. A 33. 1 = Blattdorn der Berberitze, 2 = Nebenblattdorn der Robinie.

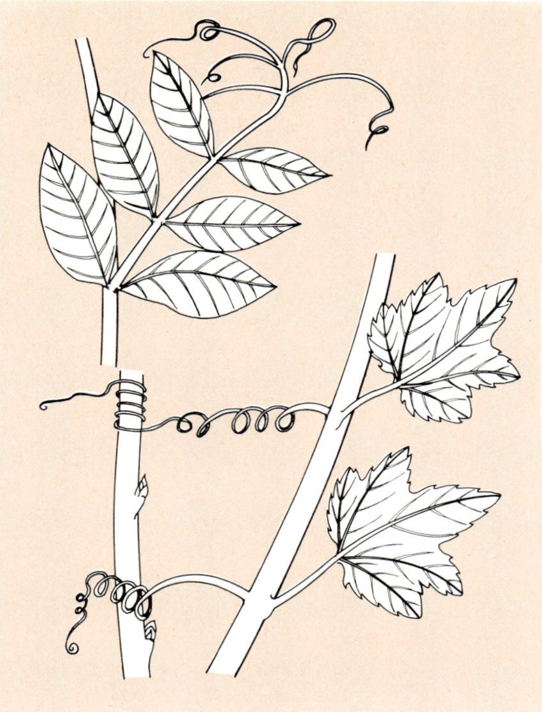

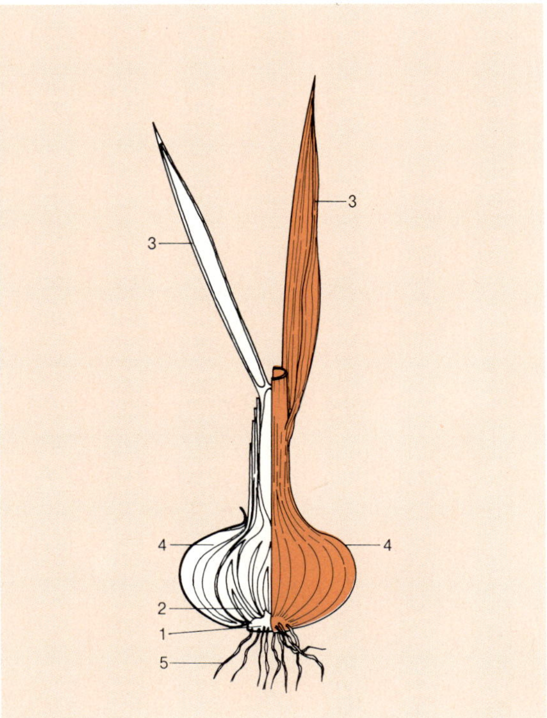

zeichnet. Die auffälligen Hochblätter der Euphorbien nennt man **Brakteen.** Einzeln stehende Hochblätter, wie sie bei der Anthurie oder dem Aronstab (Abb. A 55 Seite 45) zu finden sind, stellen eine Blütenscheide dar. Diese Formen werden als **Spatha** bezeichnet.

Blattdornen. Schutzfunktion haben die Blattdornen, wie sie bei der Berberitze und den Opuntien zu finden sind. Bei den Blattdornen ist die Blattspreite völlig zurückgebildet. Nebenblätter, die zu Nebenblattdornen umgebildet sind, finden wir bei der Robinie (Abb. A 33).

Blattranken. Einige Kletterpflanzen haben auch Blätter zu Kletterhilfen umgestaltet. Bei der Erbse sind die eigentlichen Blätter zu Blattranken geworden und die stark vergrößerten Nebenblätter übernehmen die Photosynthese. Nicht die gesamte Blattspreite sondern nur die Blattspitze ist bei *Glorióisa* rankenförmig ausgezogen, und bei *Clématis* windet sich der Blattstiel um das Haltegerüst (Abb. A 34 und 37).

Speicherblätter. Pflanzen an trockenen Standorten passen sich den extremen Bedingungen an, indem sie Feuchtigkeit und Reservestoffe speichern. Zwiebeln haben eine stark verkürzte Sproßachse, der eigentliche Zwiebelkörper ist schalenartig aus fleischigen Blättern aufgebaut. Diese Speicherblätter sind beim Schneeglöckchen *(Galánthus)* Niederblätter, bei der Küchenzwiebel bestehen die braunen Zwiebelschalen aus dem Blattgrund abgestorbener Laubblätter (Abb. A 35).

Als **Blattsukkulenz** bezeichnet man die fleischige Ausbildung von Laubblättern zur Wasserspeicherung, wie bei vielen Crassulaceen (Abb. A 38).

Fangblätter. Eine weitere Form der Umbildung von Blättern ist bei insektenfangenden Pflanzen, den **Insektivoren,** zu beobachten. Insektivoren sind Pflanzen, die an nährstoffarmen Standorten zu ihrer ausreichenden Ernährung Fangblätter ausgebildet haben, mit denen sie Insekten fangen, um sie zu verdauen. Die Insektivoren haben verschiedene Mechanismen entwickelt, mit denen sie für eine zusätzliche Ernährung sorgen können (Abb. A 41).

Drósera (Sonnentau) lockt Insekten an, die an den klebrigen Tentakeln haften bleiben und schließlich verdaut werden.

Abb. A 34. Blattranke.
Abb. A 35. Bau der Küchenzwiebel *(Állium cépa).* Links: Längsschnitt, rechts: Aufsicht. 1 = Achse, 2 = Achselknospe, 3 = Oberblatt, 4 = Unterblatt, 5 = Wurzel.

Insektenfangende Pflanzen:

Abb. A 39. *Dionaea muscípula,* Venusfliegenfalle.

Abb. A 40. *Nepénthes aláta,* Kannenpflanze.

Linke Seite:

Abb. A 36. Weihnachtsstern, *Euphórbia pulchérrima,* mit leuchtend roten Hochblättern.

Abb. A 37. *Gloriósa rothschildiána.*

Abb. A 38. *Crássula arboréscens,* ein Beispiel für Blattsukkulenz.

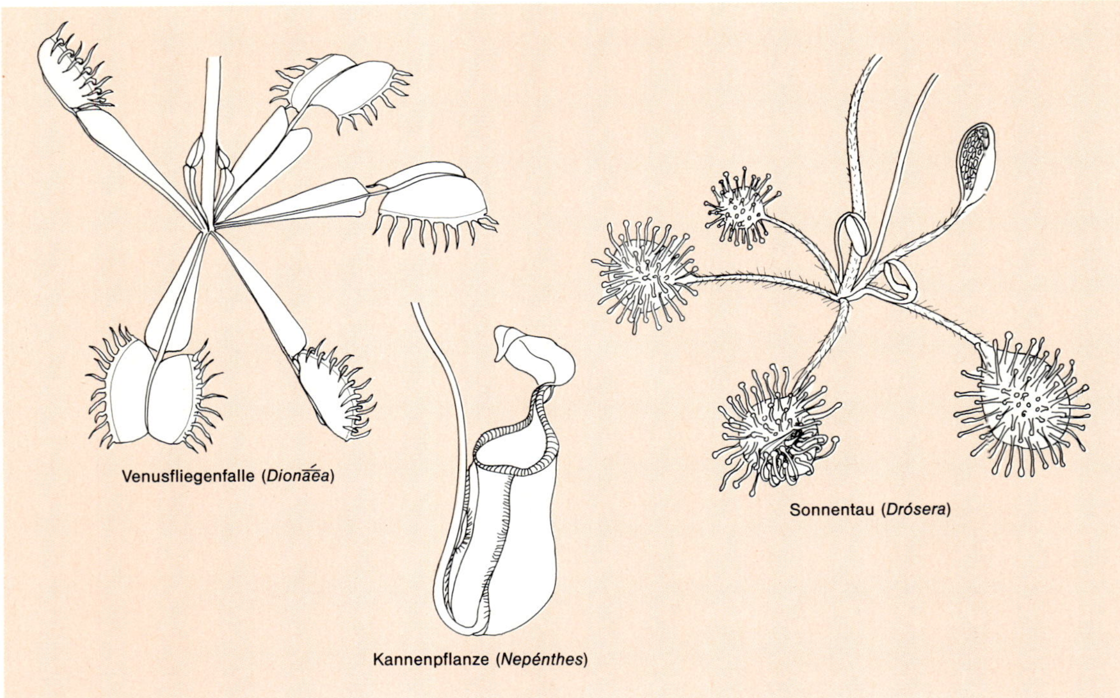

Abb. A 41. Beispiele für insektenfangende Pflanzen (Insektivoren).

Bei *Dionǣa* (Venusfliegenfalle) besteht die Blattspreite aus zwei Hälften, die auf einen Reiz zusammenklappen und die Beute einschließen (Abb. A 39).

Bei *Nepénthes* (Kannenpflanze) ist die Blattspreite zu einem Schlauchblatt umgebildet. Durch den schräg einwärts gerichteten Rand und die Ausbildung einer Gleitzone gelangen die Insekten in die Enzymlösung, in der sie verdaut werden (Abb. A 40).

Utriculária (Wasserschlauch) erzeugt in blasenartig aufgetriebenen Blattzipfeln einen Unterdruck, durch den Beutetiere, die diese Blätter berühren, eingesaugt werden.

1.3.5 Die Blüte

Im Unterschied zu Blatt, Wurzel und Sproß ist die Blüte kein eigenständiges Pflanzenorgan. Bei näherer Betrachtung erkennt man, daß es sich bei der Blüte um einen Kurztrieb handelt, an dem zu Blütenteilen umgewandelte Blätter in mehreren Kreisen angeordnet sind. Blüten sind Sproßenden, die der geschlechtlichen Fortpflanzung dienen (Abb. A 42).

Bau der Blüte

Kelchblätter und Blütenblätter. Den untersten Blattkreis bilden die **Kelchblätter.** Bei geöffneter Blüte sind sie meist unscheinbar, klein und weisen durch den Chlorophyllgehalt eine grüne Farbe auf. Der noch geschlossenen Blüte dienen sie als Schutz gegen ungünstige Witterungsbedingungen. Der nächst höher gelegene Blattkreis ist bei Pflanzen, die von Insekten bestäubt werden, auffallend durch Farbe und Größe. Form und Färbung haben den Zweck, Insekten anzulocken. Diese auffallend gefärbten Blätter werden als **Kronblätter** oder **Blütenblätter** bezeichnet. Von Beobachtungen her ist uns bekannt, daß sich die Blütenblätter schließen, wenn die Bedingungen für die Bestäubung ungünstig sind, z. B. bei hereinbrechender Nacht, bei Einsetzen von trübem und regnerischem Wetter oder absinkenden Temperaturen, also immer dann, wenn die bestäubenden Tiere die Blüte nicht mehr aufsuchen. So sind die Blütenblätter, neben der Aufgabe als Lockorgan zu dienen, auch ein wichtiger Schutz für die männlichen und weiblichen Teile der Blüte.

Bei der voll entfalteten Blüte der Tulpe sind neben den Blütenblättern keine Kelchblätter mehr zu er-

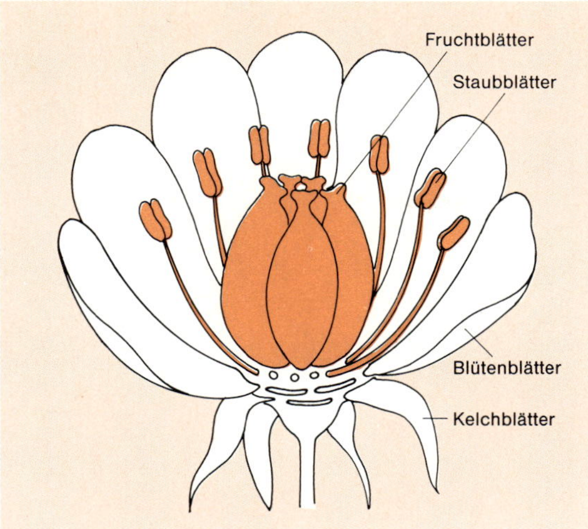

Abb. A 42. Längsschnitt durch eine Blüte.

kennen, da sie Form und Farbe der Blütenblätter angenommen haben. Diese doppelte Blütenhülle, bei der die Kelchblätter wie Blütenblätter ausgebildet sind, heißt **Perigon.** Bei näherer Betrachtung dieser Blüten ist jedoch aus der Stellung der Blätter und der Anordnung in ineinanderliegenden Kreisen noch eine Zuordnung zu Blütenblättern und Kelchblättern möglich.

Eine vollständige Blütenhülle, die aus grünen Kelchblättern und bunten Blütenblättern besteht, wird als **Perianth** bezeichnet.

Ob die einzelnen Blütenblätter einer Blüte miteinander verwachsen sind oder ob sie getrennt voneinander in der Blüte angeordnet sind, ist bei der Bestimmung und Einordnung der Pflanzen wichtig.

Männliche und weibliche Organe. Innerhalb des Blütenblattkreises befinden sich die **Staubblätter.** Sie setzen sich aus dem **Staubfaden** und den aufsitzenden **Staubbeuteln** zusammen. In den Staubbeuteln entwickelt sich der **Pollen,** der als männlicher Teil der Blüte an der generativen Fortpflanzung beteiligt ist. Je nachdem, auf welche Weise die Pflanze bestäubt wird, sind die Pollen verschieden ausgebildet. Pollen von Windbestäubern sind trocken und oft mit Luftsäckchen versehen, um möglichst große Strecken vom Wind durch die Luft getragen zu werden. Pollen von Pflanzen, die von Insekten bestäubt werden, sind mit Ausstülpungen versehen, damit sie am Insektenkörper besser haften bleiben und sich auf diese Weise befördern lassen können.

Innerhalb des Staubblattkreises befinden sich die **Nektarien.** Sie geben eine zuckrige Lösung ab, die auch andere organische Verbindungen enthalten kann. Oft sind in der Blüte auch Duftdrüsen enthalten. Der Duft lockt die Tiere an, die für die Bestäubung der Blüten sorgen sollen. Der Nektar dient diesen Tieren als Nahrung und veranlaßt die Tiere, regelmäßig die Blüten zu besuchen. Auch der Pollen dient den Tieren als Nahrung und wird deshalb von ihnen gesammelt und von einer Blüte zur anderen transportiert.

Im Innern der Blüte befindet sich der Stempel. Er setzt sich aus dem **Fruchtknoten,** dem **Griffel** und der **Narbe** zusammen. Der Fruchtknoten wird aus einem oder mehreren **Fruchtblättern** gebildet. Die Fruchtblätter enthalten die Samenanlagen. Bei Mohn mit seiner großen Anzahl an Samen z. B. ist die Frucht aus mehreren Fruchtblättern zusammengesetzt, die jeweils viele Samenanlagen enthalten.

Die Narbe ist der obere Teil des Stempels. Sie scheidet eine klebrige, zähe Flüssigkeit aus, die den Pollen festkleben läßt. Dieser klebrige Stoff enthält auch Inhaltsstoffe, die den auf ihm haftenden Pollen keimen lassen, damit er zu den Samenanlagen wachsen kann. Die Zusammensetzung dieser Narbenflüssigkeit bewirkt, daß Pollen einer anderen Art nicht

Abb. A 43. Schema einer Blüte.

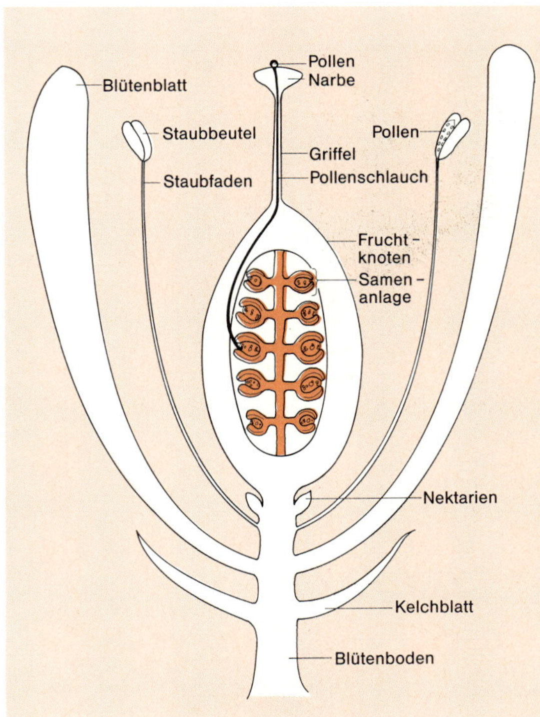

Abb. A 44 und A 45. Schnitt durch eine männliche (links) und eine weibliche Blüte (rechts) der Tag-Lichtnelke, *Siléne dióica* (Zweihäusigkeit s. Seite 41).

Abb. A 46 und A 47. Unten: Blüte des Salbei-Gamanders im männlichen (links) und im weiblichen Zustand (rechts). Ein Beispiel für Dichogamie (s. Seite 49).

Abb. A 48. Langgrifflige Blüte des Roten Leins *(Línum grandiflórum)*. Die vorderen Kronblätter sind entfernt. Beispiel für Heterostylie (s. Seite 49).

Abb. A 49. Kurzgrifflige Blüte des Roten Leins. Die Griffel liegen tief im Kelch. Vordere Kronblätter und Kelchblätter sind entfernt.

zur Keimung kommt oder wenn er darauf anspricht, doch so langsam keimt, daß er gegenüber den Pollen der eigenen Art unterliegt, bevor die Samenanlage erreicht ist. Zwischen Fruchtknoten und Narbe befindet sich der Griffel. Die Länge des Griffels wie auch dessen Form ist meist an die Bestäubungsverhältnisse angepaßt. Der Griffel kann bei einzelnen Arten auch fehlen (Abb. A 43, A 44 und A 45).

Formen der Blüte. Von der Normalform des Blütengrundrisses, wie sie Abb. A 50 zeigt, gibt es viele Abweichungen: Einzelne Kreise können wegfallen, vermehrt auftreten oder miteinander verwachsen sein. Anstelle der häufig vorkommenden 5-zähligen Blüte bei den zweikeimblättrigen Pflanzen, findet man bei den Einkeimblättrigen meist Dreizähligkeit, d. h. jeder Kreis besteht aus 3 Gliedern (Abb. A 51). Sind in einer Blüte Staubblätter und Fruchtblätter gleichzeitig vorhanden, wie es meist der Fall ist, spricht man von **zwittrigen** Blüten. Findet man die Geschlechtsorgane getrennt in verschiedenen Blüten, nennt man diese **eingeschlechtliche** Blüten. Staubblüten enthalten nur die männlichen Staubblätter und Stempelblüten nur die weiblichen Organe. Findet man auf **einer** Pflanze sowohl männliche als auch weibliche Blüten, so nennt man diese Pflanzen **einhäusig** oder monözisch, z. B. *Córylus, Begónia, Pínus, Álnus* u. a. Die Trennung kann jedoch noch weitergehen. Bei **zweihäusigen** oder diözischen Pflanzen trägt die eine Pflanze ausschließlich männliche Blüten und eine andere Pflanze nur weibliche Blüten, z. B. *Hippóphaë, Sálix, Celástrus* und einige Ilex-Arten (Abb. A 52). Wenn man reichlichen Fruchtansatz bei Sanddorn wünscht, ist es also notwendig, männliche und weibliche Sträucher aufzupflanzen.

Für den Menschen sind Blüten mit möglichst viel Blütenblättern von besonderem Reiz. Die Form der gefüllten Blüten kann verschiedene biologische Ursachen haben. Die Blütenblätter können durch züchterische Maßnahmen vervielfacht sein; auch durch die Umwandlung von Staubblättern und Fruchtblättern in Blütenblätter ist eine Erhöhung der Blütenblattzahl möglich. Eine weitere Ursache für die Füllung von Blüten ist bei der Edelnelke zu

Abb. A 50. Fünfzählige Blüten. a = *Rosáceae:* Heckenrose *(Rósa canína)* b = *Primuláceae:* Schlüsselblume *(Prímula)*, c = *Crassuláceae:* Fetthenne *(Sédum)*.

beobachten, wo die Blütenblätter gespalten sind und dadurch optisch eine stärkere Füllung der Blüten erreicht wird.

Die Blütenstände

Nicht jede Pflanze trägt nur eine einzige Blüte am Ende eines Sprosses. Häufig tragen Pflanzen viele Blüten, die zu sogenannten Blütenständen vereinigt sind.

In der Abb. A 59 sind die Blüten als Kreise dargestellt. Da Verzweigungen immer aus einer Blattachsel hervorgehen, sind auch die entsprechenden Tragblätter eingezeichnet, um den Grad der Verzweigung bzw. die Einzelblüte als gestielt oder ungestielt erkennen zu lassen.

Die **Traube** kann als Grundform eines Blütenstandes bezeichnet werden. Von ihr lassen sich alle anderen Formen ableiten.

Bei der Traube sitzen an einer Hauptachse gestielte Blüten. Sitzen die Blüten ungestielt an der Hauptachse, so spricht man von einer **Ähre.** Ist die Hauptachse der Ähre verdickt, handelt es sich um einen **Kolben,** (z. B. Mais). Eine Abwandlung hiervon ist die gestauchte Hauptachse bis zu einer runden Form, die nach ihrem Aussehen als **Köpfchen** bezeichnet wird. Ist der Blütenstand noch weiter gestaucht, ergibt sich das **Körbchen.** Nach diesem Blütenstand sind die Korbblütler benannt.

Bei den Korbblütlern findet man innerhalb des Blütenstandes zwei verschiedene Formen von Einzel-

Abb. A 51. Dreizählige Blüten. a = *Amaryllidáceae:* Narzisse *(Narcíssus)*, b = *Cyperiáceae:* Segge *(Cárex)*.

Abb. A 52. Unten: Geschlechterverteilung bei Blüten und Pflanzen.

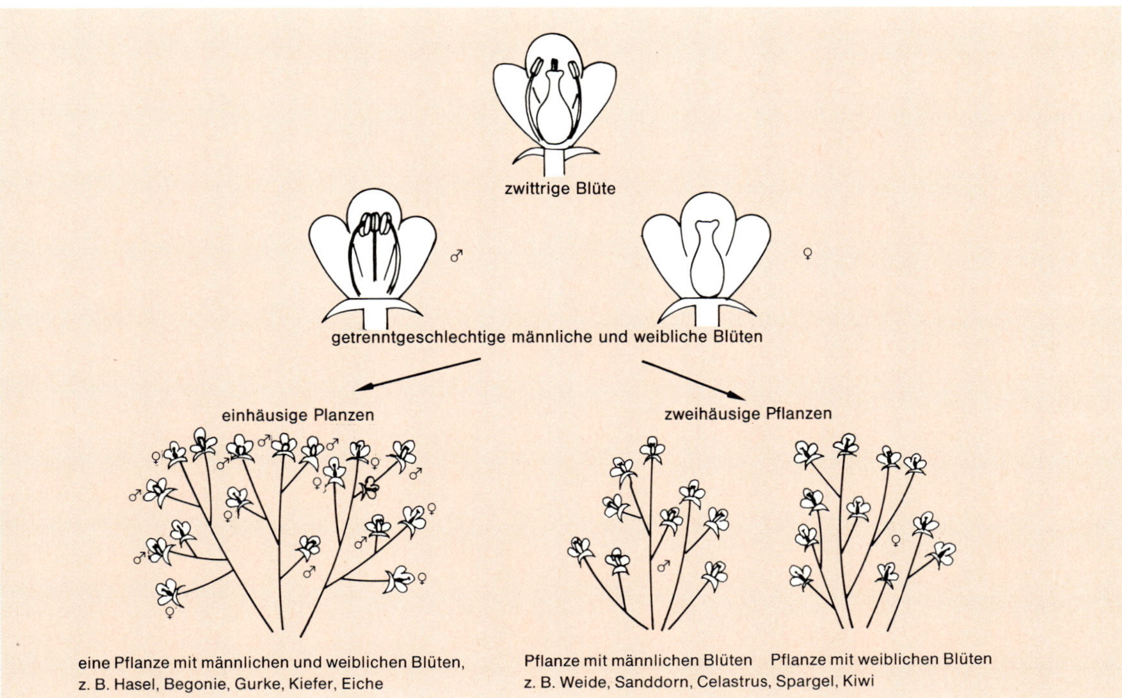

Abb. A 53. Schwarzerle *(Álnus glutinósa)* mit Zapfen.

Abb. A 54. Kätzchen, männliche Blüten der Salweide *(Sálix cáprea*, zweihäusig).

blüten. Die Blüten am Rand des Blütenstandes übernehmen die Aufgabe des Schauorganes. Ihre Blütenhülle ist einseitig ausgezogen und gleicht einer Zunge, daher der Name **Zungenblüten.** Die Zungenblüten sind **steril,** sie können also keinen Samen ausbilden. Oft sind jedoch noch zurückgebildete Stempel und Staubgefäße zu erkennen. Die Fortpflanzungsaufgaben übernehmen in diesem Blütenstand die innen angeordneten **Röhrenblüten.** Die Röhrenblüten enthalten Geschlechtsorgane und bilden Samen aus. Sie sind **fertil.** Da die Röhrenblüten sehr dicht beieinander stehen, sind die Blütenblätter stark zurückgebildet, um den Fortpflanzungsaufgaben nicht im Wege zu stehen.

Von der Traube abgeleitet ist die **Rispe.** Sie ist verzweigt und hat gestielte Blüten.

Ist die Hauptachse der Traube gestaucht und entspringen die einzelnen gleichlang gestielten Blüten aus einem Punkt, so spricht man von einer **Dolde.** Bei der Dolde stehen die Einzelblüten mehr oder weniger in einer Ebene.

Wenn die Hauptachse ihr Wachstum einstellt und mit einer Blüte abschließt, kann die Verzweigung durch eine oder mehrere Seitenachsen, die die Hauptachse überwachsen, fortgesetzt werden. Bei der **Trugdolde** überwachsen mehrere verzweigte Sei-

Rechte Seite:

Abb. A 55. *Árum maculátum* mit auffallendem Hochblatt.

Abb. A 56. *Campánula isophýlla* und

Abb. A 57. *Plantágo média*, Wegerich. Beide Pflanzen sind Beispiele für Dichogamie.

Abb. A 58. *Prímula véris*. Heterostylie (s. Seite 49).

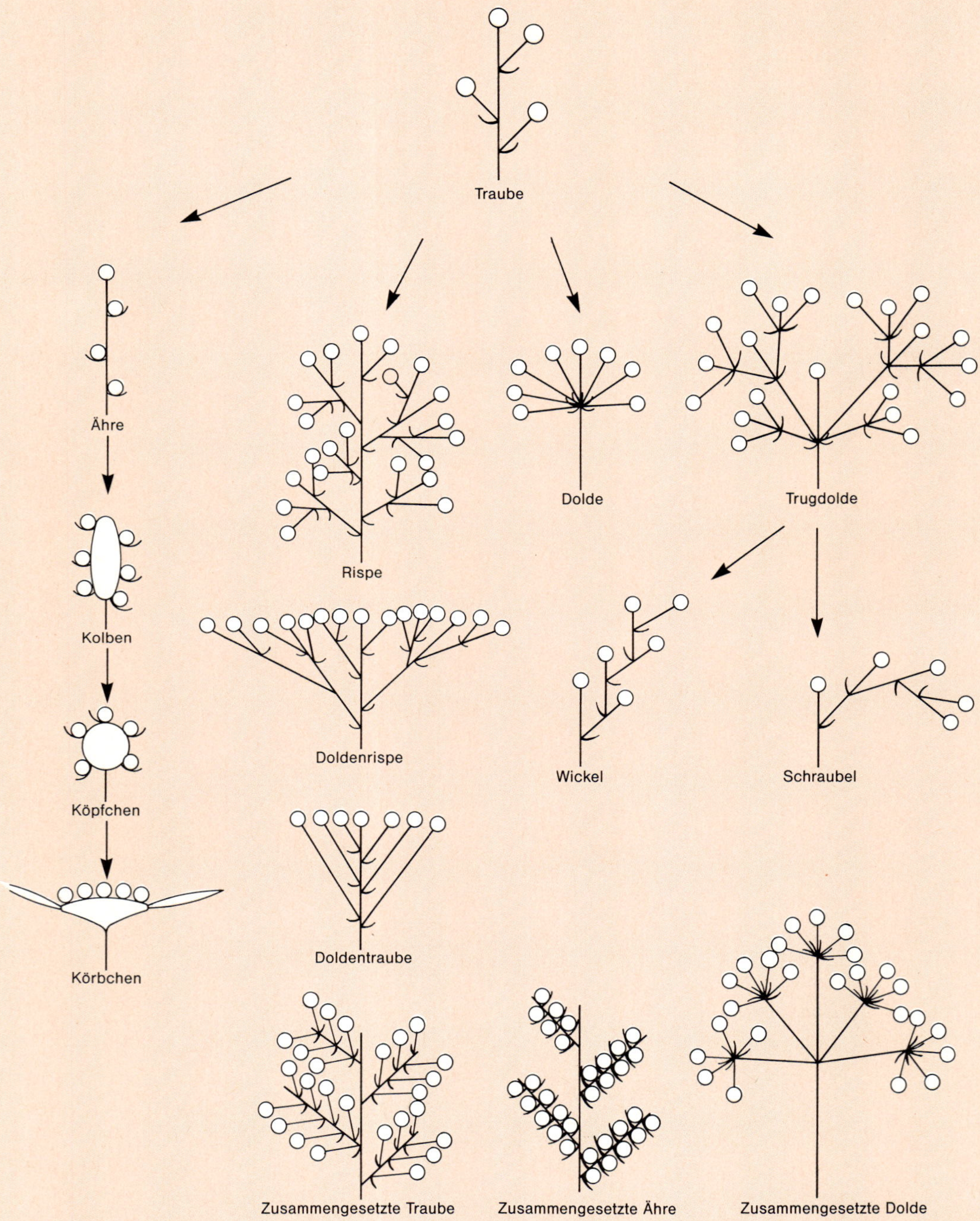

Abb. 59. Blütenstände.

tenachsen die Hauptachse. Die Blüten enden etwa in einer Ebene, so daß der Eindruck einer Dolde entsteht. Setzt nur jeweils ein Seitentrieb das weitere Wachstum des Blütenstandes fort, spricht man von **Wickel** oder **Schraubel.** Bei beiden endet die Hauptachse mit einer Blüte. Die sich bildende Seitenachse endet ebenfalls wie die weiteren Seitenachsen mit einer Blüte. Wie aus der Abbildung zu sehen ist, wechselt beim Wickel die Seite, an der die Blüten entspringen. Beim Schraubel dagegen entstehen die blütentragenden Seitenachsen immer auf der gleichen Seite.

Die weiteren abgebildeten Blütenstände sind in Namen und Form von den schon beschriebenen Formen abgeleitet. Bei der **Doldenrispe** handelt es sich um eine Rispe, die jedoch durch die Anordnung der Einzelblüten in einer Ebene an eine Dolde erinnert. Die **Doldentraube** ist im eigentlichen Sinn eine Traube, die jedoch in ihrer Form an eine Dolde erinnert. Bei den zusammengesetzten Formen sind aus der Abbildung die Untereinheiten jeweils zu erken-

Abb. A 60. Blütenkätzchen der Erle, einhäusig. a = männlich, b = weiblich.
Abb. A 61. Bestäubungsarten.

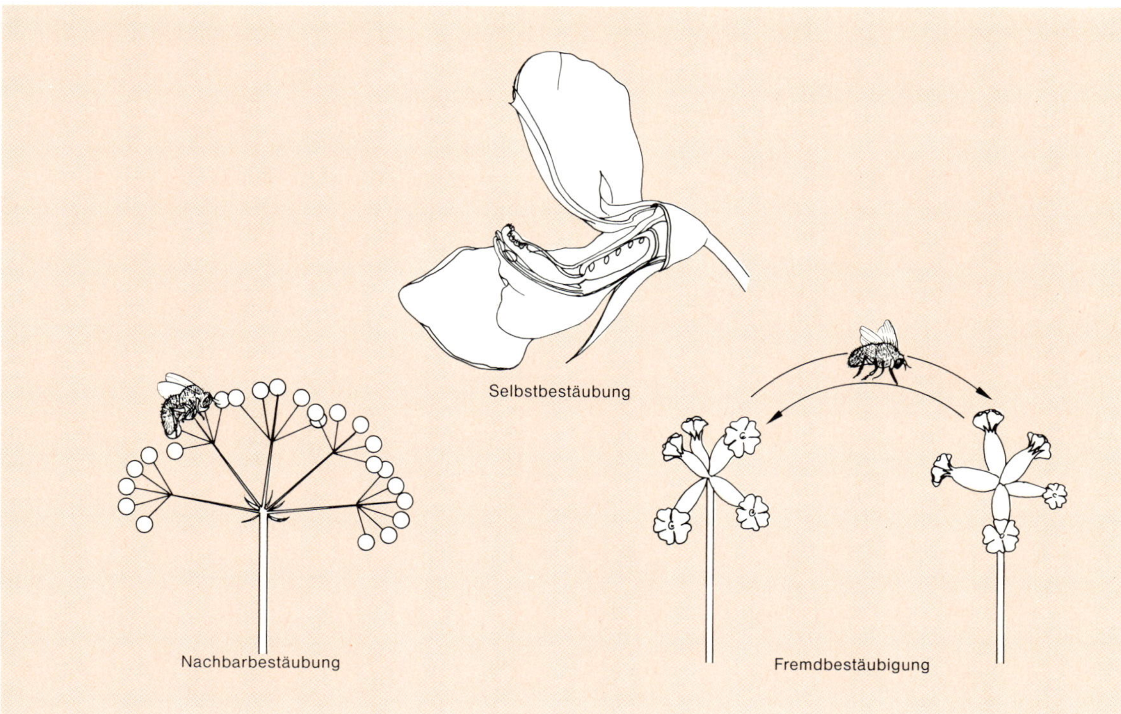

Abb. A 62. Sporenhäufchen an der Unterseite des Wurmfarnblattes.

nen. Erwähnt werden soll jedoch noch, daß neben dem Begriff »zusammengesetzt« auch »doppel« verwendet wird. Man spricht also anstatt von einer zusammengesetzten Dolde auch von einer Doppeldolde.

Bei den Blütenständen sollen noch die Begriffe Zapfen und Kätzchen erklärt werden. **Zapfen** sind die weiblichen Blütenstände von Erlen und Nadelhölzern. Vom Blütenstand her sind es Ähren, deren Hauptachse und Tragblätter jedoch bei der Reife verholzen (Abb. A 53).

Kätzchen sind männliche Blütenstände, z. B. von der Hasel *(Córylus)*, der Pappel *(Pópulus)* und der Erle *(Álnus)*. Die Blütenstände sind entweder Ähren oder Trauben, die sich zur Blütezeit strecken und weich und locker werden. Jeder Windhauch läßt den Pollen leicht herausstäuben. Nach Freigabe des Pollens fallen die Kätzchen ab (Abb. A 60).

Bestäubung

Die Blüten dienen der generativen Fortpflanzung. Nach Bestäubung und Befruchtung entwickeln sich aus ihnen die samentragenden Früchte.

Bei der Bestäubung gelangen die Pollenkörner auf die Narbe der Blüte. Bei Zwitterblüten kann dies bereits innerhalb ein und derselben Blüte geschehen, man bezeichnet das als **Selbstbestäubung. Nachbarbestäubung** bedeutet, daß der Pollen einer Blüte auf die Narbe einer Blüte der gleichen Pflanze gelangt. Sind dagegen verschiedene Pflanzen der gleichen Art an dem Bestäubungsvorgang beteiligt, spricht man von **Fremdbestäubung** (Abb. A 61).

Wie gelangt nun der Pollen auf die Narbe? Je nach Pflanzenart können daran beteiligt sein: Wind, Wasser oder Tiere wie Insekten, Vögel oder auch Fledermäuse.

Windblütler, bei denen der Wind die Pollenkörner verbreitet, sind in ihrem Bau diesem Bestäubungsmechanismus speziell angepaßt:

- Die Blütenhülle wird nicht oder nur sehr verkümmert ausgebildet, um dem Wind freien Zutritt zu den Blütenorganen zu ermöglichen.

- Es wird eine riesige Menge trockenen, gut flugfähigen Pollens produziert (Staubwolken über Getreidefeldern, Schwefelregen im Wald bei der Koniferenblüte).
- Die Narben sind frei zugänglich, weit herausragend und oft großflächig aufgegliedert.
- Meist sind Windblütler Frühjahrsblüher, deren Blütezeit vor dem Laubaustrieb liegt, so daß die Blätter dem freien Zugang des Windes zu den Blüten nicht im Wege stehen.

Windblütler sind z. B. Hasel, Birken, Erlen, Hainbuchen, Eichen, Fichten, Gräser, Getreide u. a.

Insekten und Vögel, die die Bestäubung ausführen, fliegen die Blüte gezielt an. Leuchtende Farben und Duft signalisieren, daß dort Pollen und Nektar vorhanden sind, denn die Tiere suchen die Blüte zur Nahrungsaufnahme auf. Die Bestäubung ist dabei nur ein, für die Pflanzen jedoch lebenswichtiger, Nebeneffekt. Die Pollenmenge kann weitaus geringer sein als bei den Windblütlern, wichtig ist, daß der Pollen gut am Insektenkörper haftet und bis zur nächsten Blüte mitgetragen wird (Abb. A 63).

Fremdbefruchtung ist mit Ausnahme der typischen Selbstbefruchter nötig oder jedenfalls erwünscht; dafür hat die Natur verschiedene Einrichtungen entwickelt, die eine Selbstbestäubung bei den zwittrigen Blüten erschweren. Bei Süßkirschen und Äpfeln gibt es die **Selbststerilität,** d. h. der Pollen einer Sorte keimt nicht auf den Narben von Blüten der gleichen Sorte. Es müssen also immer die in der Blütezeit passenden Bestäubersorten in einer Obstanlage mitgepflanzt werden.

Eine andere Möglichkeit ist, daß die Blütenorgane in Zwitterblüten nicht zur gleichen Zeit reif sind **(Dichogamie).** Bei der Glockenblume (Abb. A 56) entwickeln sich zuerst die Staubgefäße, erst wenn aller Pollen ausgestreut ist, entfalten sich auch die Narbenäste. Bei der Anthurie und beim Wegerich (*Plantágo,* Abb. A 57) sind dagegen erst die Narben reif und danach entwickeln sich die Pollenkörner (Abb. A 64).

Bei den Primeln (Abb. A 58) gibt es die Verschiedengriffligkeit **(Heterostylie).** Es werden zwei Typen von Zwitterblüten gebildet, einmal mit langem Griffel und tief in der Blütenröhre sitzenden Staubgefäßen zum anderen mit kurzem Griffel und oben angeordneten Staubgefäßen. Der Pollen einer langgriffligen Primel keimt nur auf der Narbe einer kurzgriffligen Primel und umgekehrt (Abb. A 65).

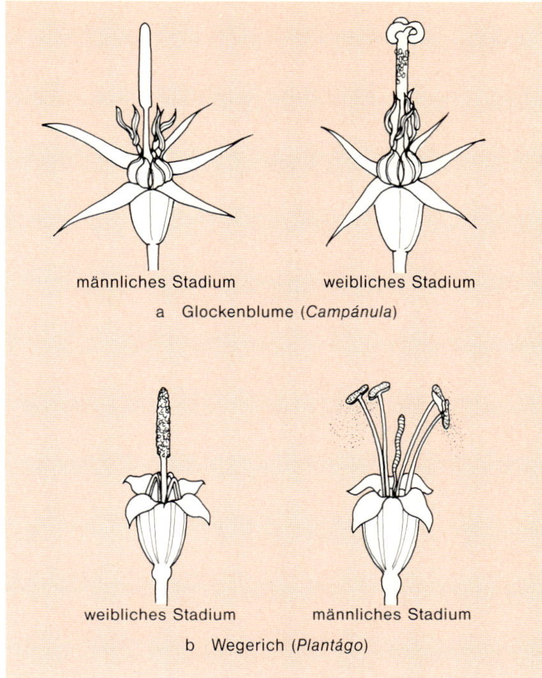

Abb. A 64. Männliche Blütenteile sind vor den weiblichen zur Bestäubung bereit (a); weibliche Blütenteile sind vor den männlichen zur Bestäubung bereit (b).

Abb. A 63. Blüte des Wiesensalbei. Das Insekt streift zuerst an der Narbe vorbei. Mit dem Kopf drückt es den Staubfaden herab und belädt sich mit Pollen.

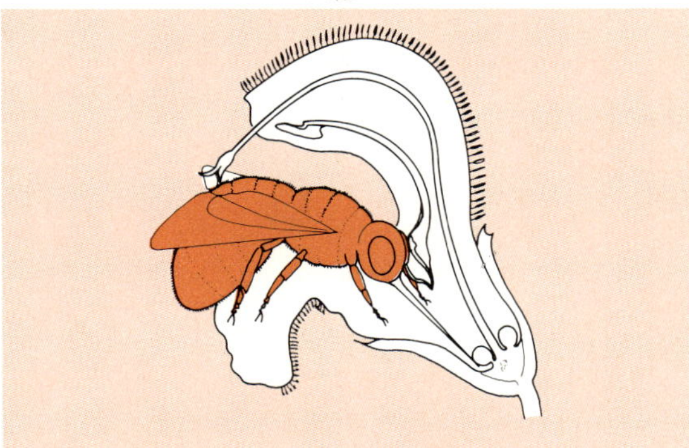

Entwicklung der Geschlechtszellen in der Blüte

Bei der Befruchtung einer Eizelle in der Blüte vereinigen sich eine weibliche und eine männliche Zelle miteinander. Die Verschmelzung des weiblichen und des männlichen Chromosomensatzes ist der entscheidende Vorgang; dabei verdoppelt sich die Zahl und damit die Masse der Chromosomen.

Abb. A 65. *Primula praenitens.* Heterostyle Blüten von verschiedenen Pflanzen: a = langgrifflig, b = kurzgrifflig. 1 = Griffel bzw. Narbe, 2 = Staubbeutel, 3 = Pollenkörner und 4 = Narbenpapillen der langgriffligen, 5 = Pollenkörner und 6 = Narbenpapillen der kurzgriffligen Form.

Die Zellen, die vor der Befruchtung gebildet werden und deren Chromosomensätze bei der Befruchtung verschmelzen, nennt man **Geschlechtszellen** oder **Gameten.** Um lebensfähige Nachkommen zu erhalten, muß in jedem Gameten für jedes Merkmal eine Erbinformation enthalten sein, so daß nach der Befruchtung in der neu entstandenen Zelle für jedes Merkmal zwei Erbinformationen vorhanden sind.

Zellen mit dem zweifachen Chromosomensatz (2n) bezeichnet man als **diploid,** solche mit dem einfachen Chromosomensatz (n), die Geschlechtszellen, als **haploid.**

Die Bildung von Geschlechtszellen muß also anders verlaufen als die Bildung von neuen Körperzellen. Den Vorgang, bei dem Gameten gebildet werden, nennt man **Meiose.**

Da für die Bildung von Gameten zwei Teilungen erforderlich sind, wird die Meiose in zwei Abschnitte unterteilt:

1. Reifeteilung. Zunächst müssen wie bei der Mitose die Chromosomen schraubig aufgerollt werden, damit sie anschließend auf die beiden Tochterzellen verteilt werden können. Um eine gleichmäßige Verteilung der Chromosomen zu erreichen, müssen sich die gleichgeformten parallel zusammenlagern. In dieser Phase teilen sich auch die Chromosomen, so daß von jedem Chromosom 2 Teile, sog. **Chromatiden,** entstehen.

Beim Verteilen der Chromosomen auf die Tochterzellen bleiben die beiden **Chromatiden** zusammen und wandern zu den beiden Polen der Mutterzelle.

Abb. A 66. Schema der Reifeteilung.

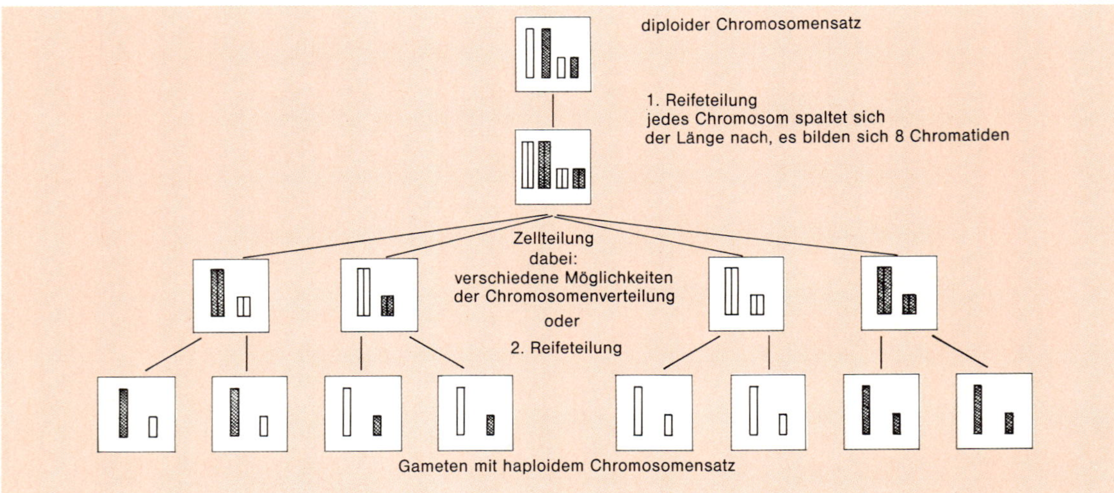

Die Chromosomen werden so verteilt, daß jede künftige Tochterzelle für ein bestimmtes Merkmal jeweils 1 Chromosom, das schon geteilt ist, erhält. Wie die Chromosomen miteinander kombiniert werden, bleibt dem Zufall überlassen. Die Möglichkeiten, die bei nur 4 Chromosomen bestehen, sind in Abb. A 66 dargestellt. Die Kombinationsmöglichkeiten erhöhen sich natürlich mit der Zahl der Chromosomen. Mit der Bildung einer Zellwand sind 2 Tochterzellen entstanden, damit ist die 1. Reifeteilung abgeschlossen.

Abb. A 67. Schematische Darstellung des Befruchtungsvorganges.

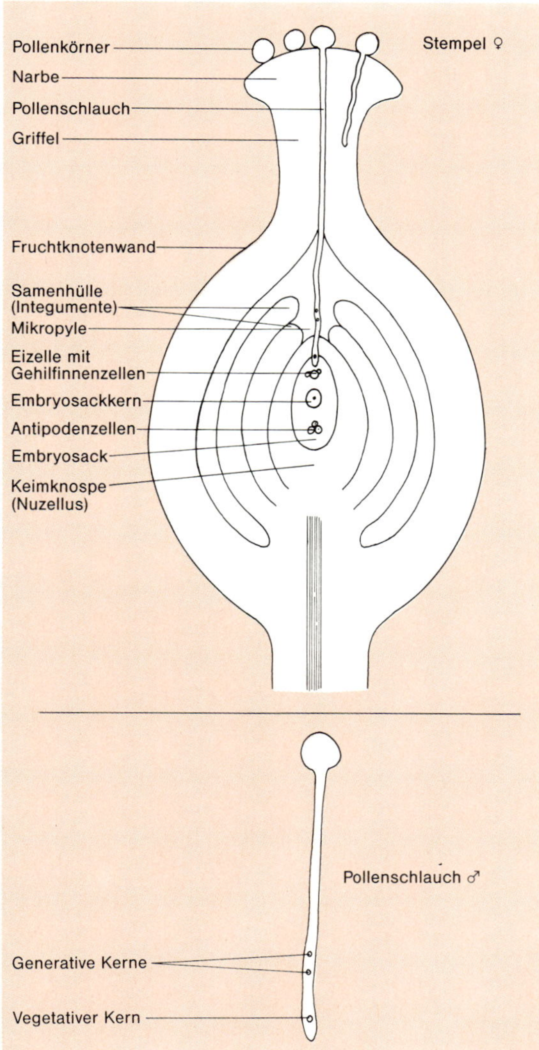

2. Reifeteilung. Um nun Gameten mit dem haploiden Chromosomensatz zu erhalten, müssen bei der 2. Reifeteilung die Chromatiden (Chromosomenhälften) voneinander getrennt werden. Die 2. Reifeteilung läuft ähnlich ab wie die Mitose (s. Kap. A 1.2.3).

Ergebnis der Meiose ist also die Bildung von 4 haploiden Zellen, die durch zwei Teilungen aus einer Mutterzelle entstanden sind. Sie wird deshalb auch Reduktionsteilung genannt.

Die männlichen Gameten, die bei der Meiose gebildet werden, sind alle gleich ausgebildet. Bei den weiblichen Gameten dagegen wird aus einer dieser Zellen die große Eizelle. Die anderen Zellen bleiben klein und gruppieren sich um diese Eizelle herum.

Befruchtung

Die im Fruchtknoten liegenden Samenanlagen sind von Samenhüllen (Integumenten) umgeben. Diese schützen den Embryosack mit den Zellen, von denen eine die Eizelle ist (Abb. A 67).

Der Pollen keimt auf der Narbe und bildet einen Pollenschlauch, der bis zur Mikropyle in der Samenanlage wächst. Während des Pollenschlauchwachstums teilt sich der Pollenkern in einen vegetativen Kern, der das Pollenschlauchwachstum steuert, und in zwei generative Kerne. Nach dem Eindringen der männlichen Kerne in die Samenanlage stirbt der vegetative Kern ab. Einer der generativen Pollenkerne verschmilzt mit der Eizelle und bildet die erste Zelle des Embryos. Der andere Pollenkern verschmilzt mit dem sekundären Embryosackkern, aus dem dann das Nährgewebe entsteht.

Nach der Befruchtung entwickelt sich aus der Samenanlage im Fruchtknoten das Samenkorn mit Samenschale, Embryo und Nährgewebe. Der Fruchtknoten wandelt sich zur Frucht um, die dem Samen Schutz bietet und die Samenverbreitung unterstützt.

Generationswechsel bei Farnpflanzen (Abb. A 68)

Während bei den höheren Pflanzen die Befruchtung in der Blüte, also auf der Pflanze selbst, stattfindet, liegen bei den Sporenpflanzen, z. B. den Farnen, andere Verhältnisse vor. Die Farnpflanzen bilden an der Unterseite der Wedel oder an besonderen Wedeln sehr feine **Sporen** aus (Abb. A 62). Bei der Sporenbildung läuft die Meiose ab, so daß die Sporen **haploid** sind. Die staubfeinen Sporen werden durch den Wind verbreitet und keimen an schattigen, feuchten Standorten zu einem **Prothallium** aus. Das Prothallium ist ein dünnes, flaches Gebilde und liegt dem Erdboden auf. Da es Chlorophyll enthält, ist es

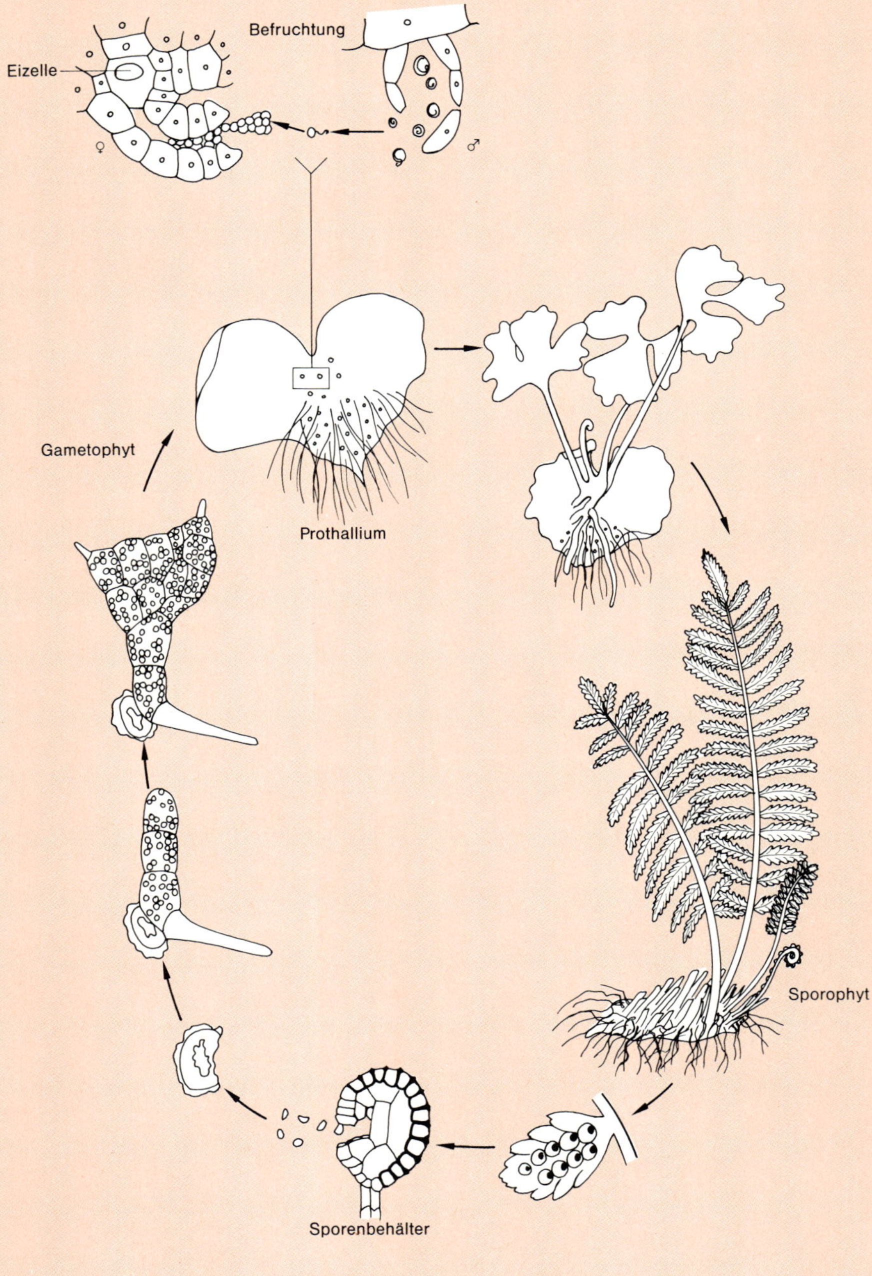

Abb. A 68. Generationswechsel bei Farnpflanzen.

zur Photosynthese fähig. Auf der Unterseite des Prothalliums bilden sich die männlichen und weiblichen Organe, deshalb wird das Prothallium auch **Gametophyt** genannt.
Für die Befruchtung ist genügend Feuchtigkeit notwendig, weil die männlichen Gameten sich nur im Wasser zur Eizelle hin bewegen können. Nach der Befruchtung entwickelt sich aus dem Prothallium die junge Farnpflanze, die aus diploiden Zellen besteht. Die ausgewachsene Farnpflanze bildet wiederum Sporen, weswegen sie auch als **Sporophyt** bezeichnet wird. Bei Sporenpflanzen gibt es also eine räumliche Trennung zwischen der vegetativen Phase (= diploide Farnpflanze) und der generativen Phase (= haploides Prothallium als Träger der Geschlechtsorgane).

1.3.6 Die Frucht

Die Frucht umschließt den Samen. Normalerweise entwickelt sich die Frucht gleichzeitig mit der Ausbildung des Samens, weil die **Fruchtbildung** durch im Samen enthaltene Phytohormone (s. Kap. A1.5.2) ausgelöst und gesteuert wird.

Bei samenlosen Früchten, z. B. Sorten von Apfelsinen, Weintrauben, Gurken u. a., kann es jedoch auch ohne Befruchtung zur Bildung von Früchten kommen, sog. Jungfernfrüchtigkeit oder Parthenokarpie. Außerdem ist es heute möglich bei einigen Pflanzenarten, z. B. Tomaten, Birnen, Äpfeln, durch Einsatz von Phytohormonen eine Fruchtbildung auszulösen. Die dann gebildeten Früchte zeigen jedoch meist keine arttypische Form und sind nicht marktfähig.

Fruchtformen

Schließfrüchte. Die Fruchtknotenwand, die sich bei **echten Früchten** zur Frucht umbildet, kann sehr unterschiedlich verändert werden. Das Fruchtgewebe kann fleischig sein und Zucker und organische Säuren enthalten, die Samen sind im Fruchtfleisch eingebettet. Solche Früchte werden als **Beeren** bezeichnet; typische Vertreter sind Weintraube, Tomate, Gurke, Johannisbeere u. a.
Ist nur der äußere Teil fleischig und der innere Teil durch die Ausbildung von Steinzellen sehr hart, handelt es sich um **Steinfrüchte.** Vertreter sind hierfür die Kirsche und Pflaume wie auch die Walnuß. Bei

Abb. A 69. Schließfrüchte.

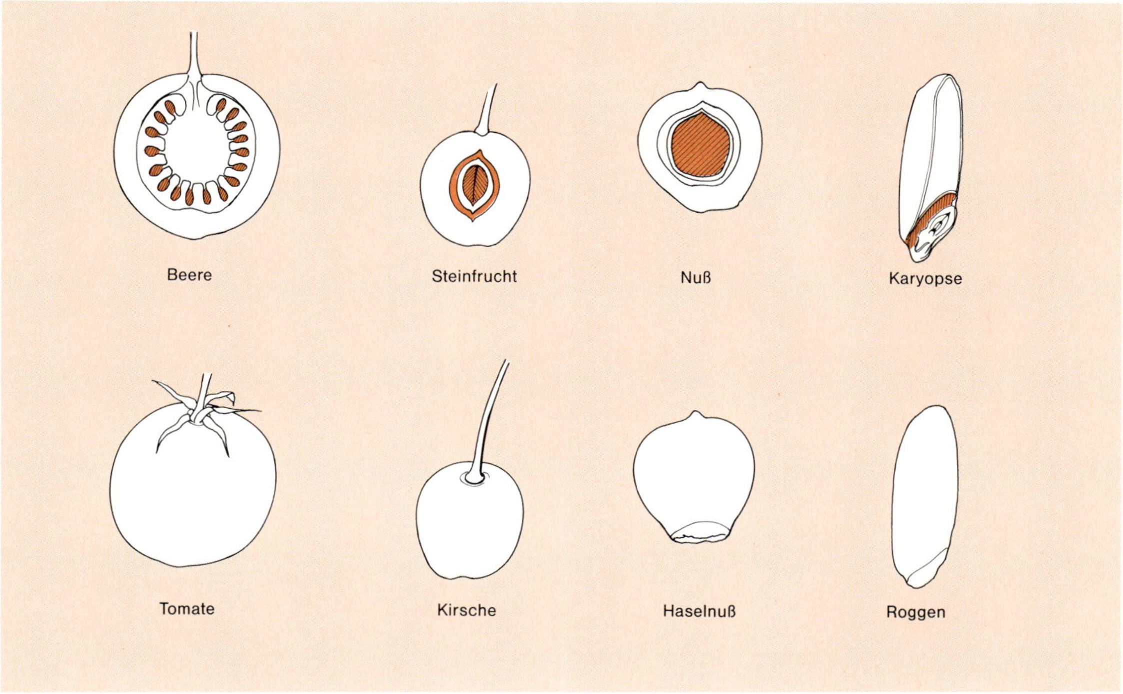

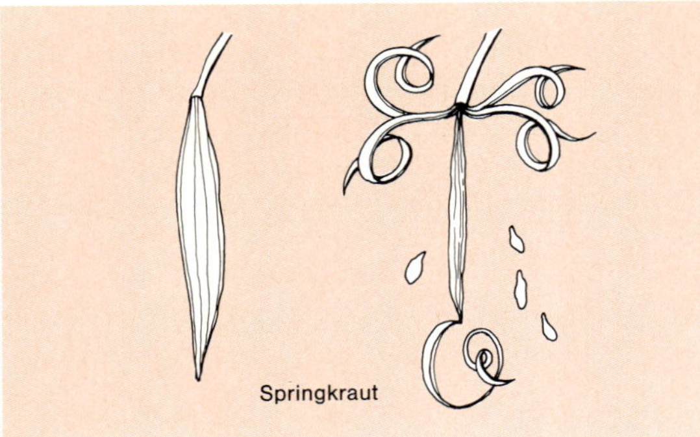

Abb. A 70. Schleudereinrichtung.

der Walnuß ist die grüne Schale der fleischige Teil. Zu den Steinfrüchten gehört auch die Kokosnuß, bei der ebenfalls nur der Steinkern auf den Markt gebracht wird. Stirbt das gesamte Gewebe, das den Samen umgibt bei dessen Reife oder danach ab und ist es durch Steinzellen sehr hart geworden, handelt es sich um eine **Nuß.** Als Beispiele hierfür seien die Haselnuß und die Eichel aufgeführt. Nüsse wie Steinfrüchte sind meist einsamig.

Eine weitere Möglichkeit der Fruchtausbildung stellt die **Karyopse** dar. Hier ist die Frucht häutig und zart. Durch den Samen wird hier die Form der Frucht bestimmt. Die Karyopse ist die Fruchtform der Gräser, zu denen auch das Getreide gehört (Abb. A 69).

Die bisher beschriebenen Fruchtformen werden, da sie die Samen bei der Reife nicht freigeben, als **Schließfrüchte** bezeichnet.

Bei den **Spring- und Streufrüchten** bildet sich die Fruchtknotenwand zu einem trockenhäutigen, pergamentartigen Gehäuse um. Durch Trocknung entsteht innerhalb des abgestorbenen Gewebes Spannung, die schließlich zum Öffnen der Frucht führt. Eine Ausnahme stellt das Springkraut *(Impátiens parviflóra)* dar mit seinem Schleudermechanismus in noch grünen Früchten. Durch unterschiedliche Turgorverhältnisse (s. Kap. A 1.4.1) im lebenden Gewebe und den daraus entstehenden Spannungen öffnet sich die grüne Frucht und schleudert den Samen heraus (Abb. A 70).

Geht die Frucht aus *einem* Fruchtblatt hervor, das sich an einer Naht, der Bauchnaht, öffnet, spricht man von einer **Balgfrucht.** Vertreter hierfür findet man bei den Hahnenfußgewächsen, z. B. Rittersporn, Pfingstrose.

Als **Hülse** bezeichnet man Früchte, die ebenfalls aus einem Fruchtblatt hervorgehen, bei denen sich jedoch bei der Freigabe des Samens die Bauch- und die Rückennaht öffnet. Zu beobachten ist diese Fruchtform bei der Erbse und der Bohne.

Sind die beiden Hälften der Frucht durch eine perga-

Abb. A 71. Streufrüchte.

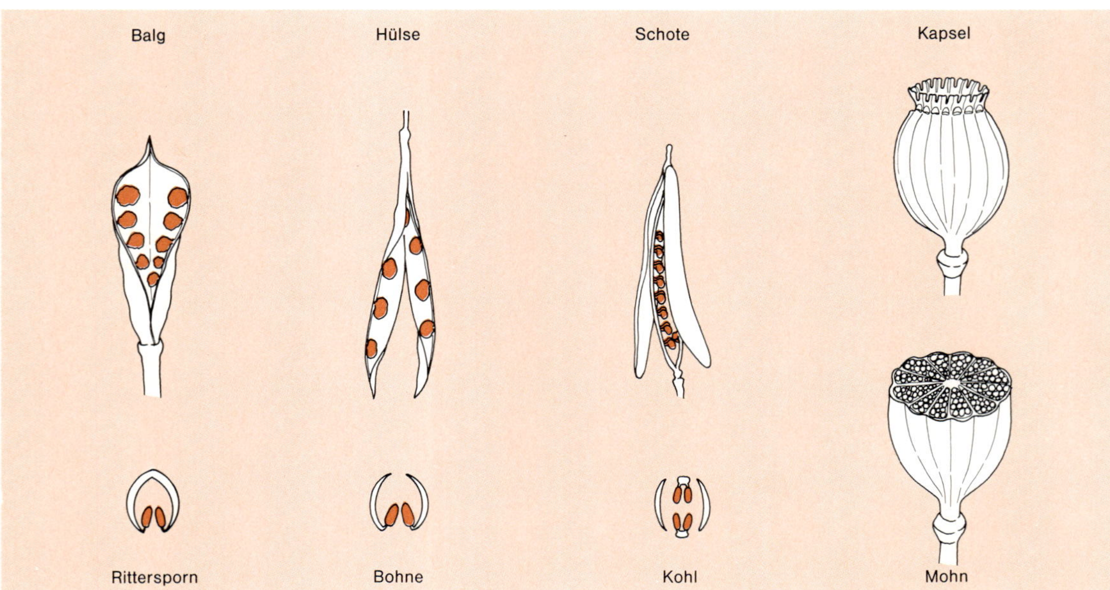

mentartige Wand voneinander getrennt, wie es beim Kohl, dem Silberling oder auch beim mehrjährigen Steinkraut zu beobachten ist, spricht man von einer **Schote.** Hervorgegangen ist diese Frucht aus *zwei* Fruchtblättern, die durch eine falsche Scheidewand voneinander getrennt sind.

Wie die Schoten entstehen auch die **Kapseln** aus *mehreren* Fruchtblättern. Werden die Samen durch aufbrechende Längsrisse freigegeben, spricht man von einer **Spaltkapsel.** Als Beispiel hierfür seien die Orchideen genannt. Bilden sich wie beim Mohn an der Oberseite der Kapsel runde Öffnungen, handelt es sich um eine **Porenkapsel** (Abb. A 71).

Scheinfrüchte. Sind an der Fruchtbildung außer dem Fruchtknoten noch weitere Pflanzenteile beteiligt, werden die daraus entstehenden Früchte als **Scheinfrüchte** bezeichnet.

Abb. A 72. Früchte, bei denen die Blütenachse an der Fruchtbildung beteiligt ist.

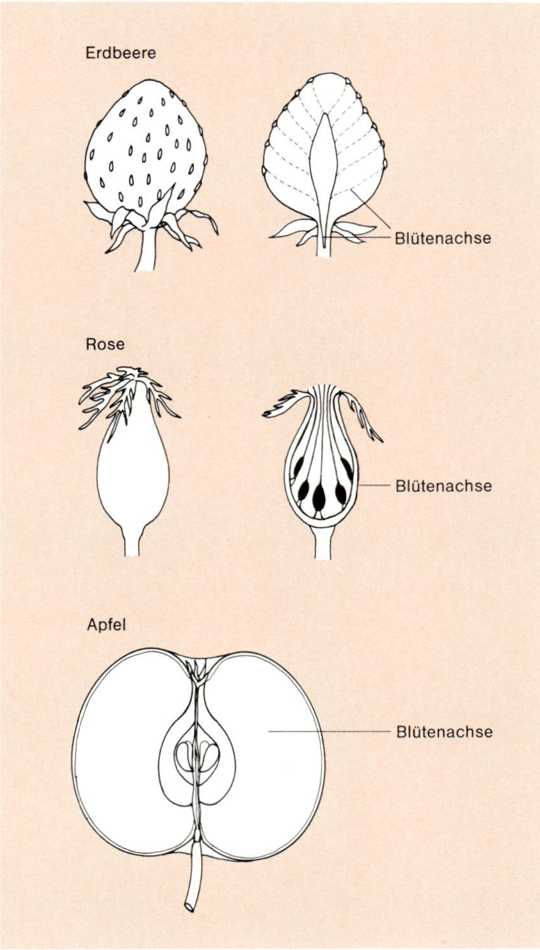

Bei den **Kernfrüchten** Apfel, Birne und Quitte wird das Fruchtfleisch von der Blütenachse gebildet, nur das pergamentartige Kerngehäuse, das den Samen umschließt, entsteht aus den Fruchtblättern. Auch das leuchtendrote Fruchtfleisch der **Erdbeere** besteht aus der fleischig gewordenen Blütenachse. Die eigentlichen Früchte der Erdbeere sind kleine Nüßchen, die außen auf der saftigen Fruchtachse sitzen. Auch bei der Rose sind die Früchte Nüsse, die jedoch in der gefärbten, krugartig ausgehöhlten Blütenachse, der **Hagebutte,** eingesenkt liegen (Abb. A 72).

Manchmal sind nicht nur Blütenteile sondern der ganze Blütenstand an der Fruchtbildung beteiligt, z. B. bei der **Ananas.** Der kolbige Blütenstand und die miteinander verwachsenen Blüten und Deckblätter werden in saftiges Fruchtfleisch umgewandelt (Abb. A 73).

Aus Blüten mit vielen Fruchtknoten entwickeln sich **Sammelfrüchte.** Die Einzelfrüchtchen sind mehr oder weniger fest miteinander verbunden, so daß

Abb. A 73. Fruchtstand der Ananas.

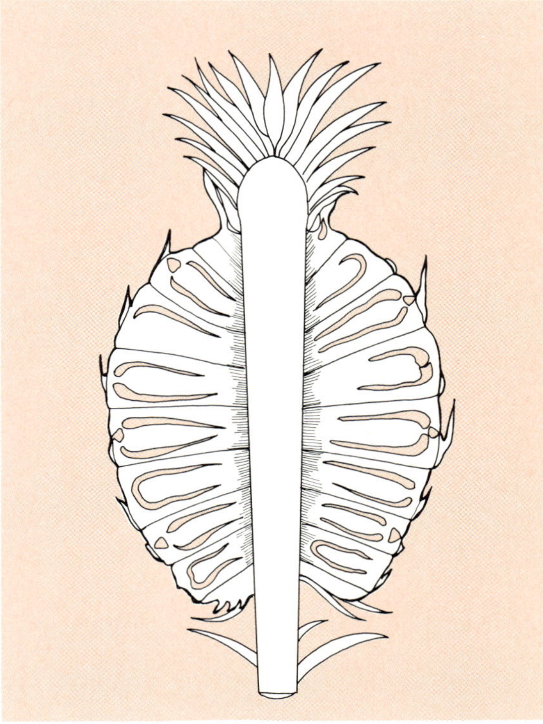

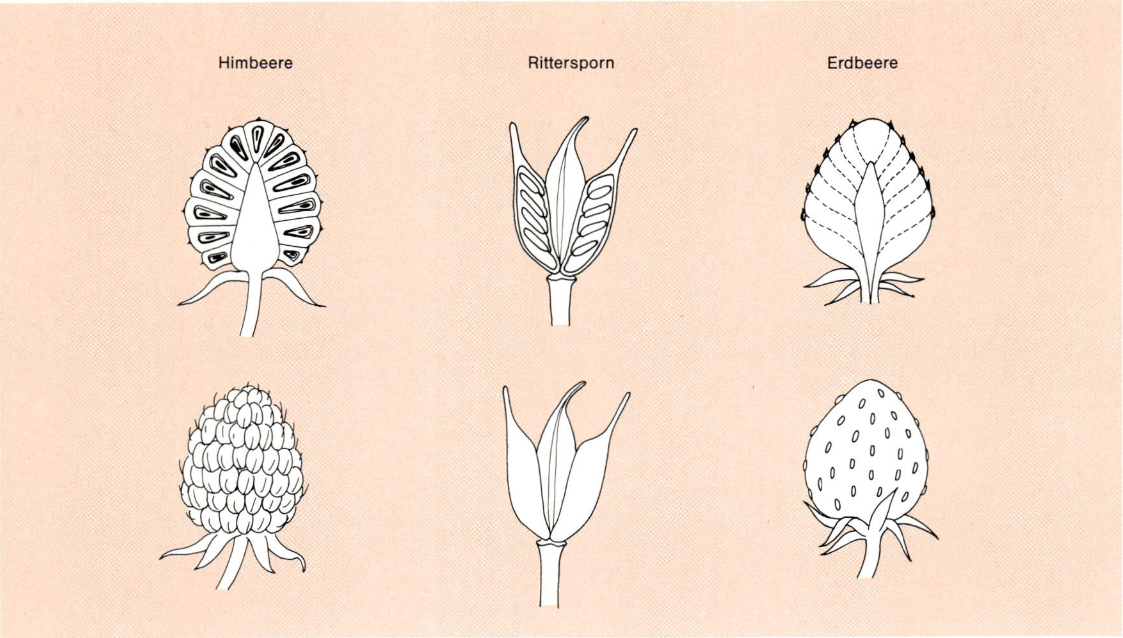

Abb. A 74. Sammelfrüchte.

Abb. A 75. Verbreitung der Früchte durch den Wind.

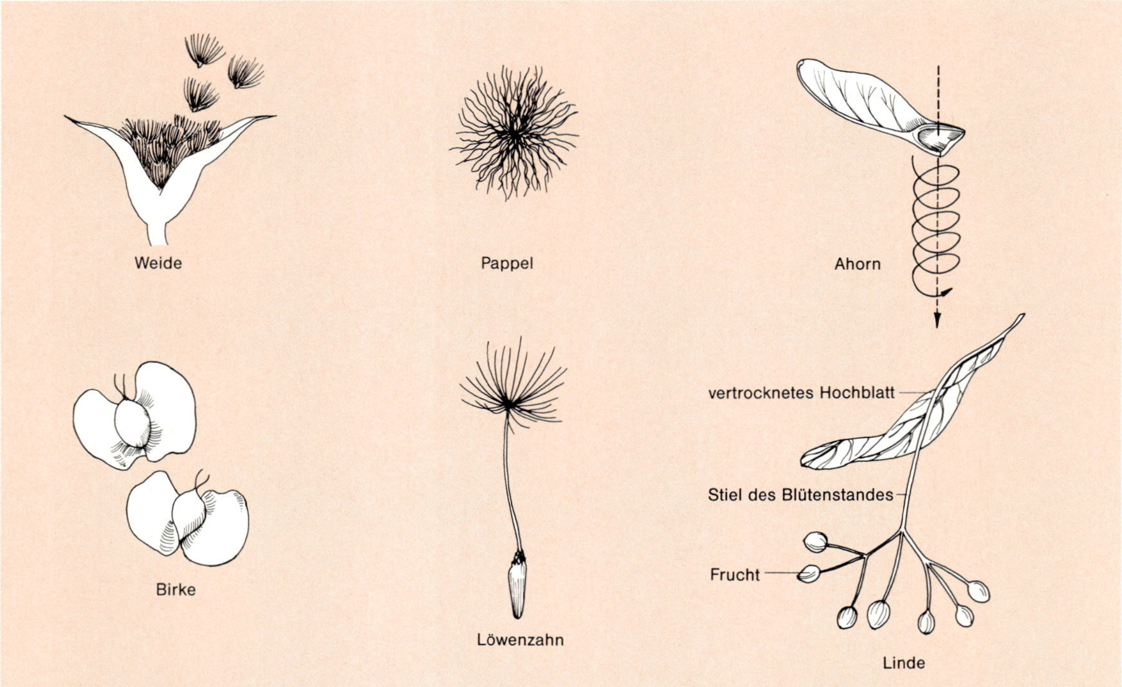

der Eindruck einer größeren Einzelfrucht entsteht. An der Bildung einer solchen Sammelfrucht ist häufig die Blütenachse beteiligt. Beispiele für Sammelfrüchte sind der Rittersporn, mit einer Ansammlung von Balgfrüchtchen, die Erdbeere mit einer Ansammlung von Nüßchen und die Himbeere mit einer Vielzahl von nebeneinanderliegenden Steinfrüchtchen, wie aus folgender Abbildung zu sehen ist (Abb. A 74).

Aufgaben der Frucht

Die erste Aufgabe der Frucht ist es, das sich entwikkelnde Samenkorn zu **schützen** bis es reif ist, d. h. bis es so weit entwickelt ist, daß es keimen kann und damit die Erhaltung und Verbreitung der Art sichergestellt ist.

Die zweite Aufgabe der Frucht besteht darin, durch die Besonderheit ihrer Form für die **Verbreitung** des Samens zu sorgen. Samen, die durch den **Wind** verbreitet werden müssen, sind sehr leicht und besitzen zusätzlich, um möglichst weite Strecken zurücklegen zu können, ein Flugorgan (Abb. A 75).

Erfolgt die Samenverbreitung durch das **Wasser,** muß die Frucht eine nicht benetzbare Hülle haben und durch luftgefüllte Kammern gut schwimmfähig sein, wie z. B. die Kokosnuß.

Tiere helfen ebenfalls, natürlich unbeabsichtigt, bei der Verbreitung. So werden Vögel durch die leuchtende Farbe von Beeren und Steinfrüchten angelockt und verzehren diese. Der Samen oder der Steinkern wird an anderer Stelle unverdaut wieder abgegeben. Eicheln, Bucheckern und Haselnüsse werden von Eichhörnchen als Wintervorrat gesammelt und z. T. vergraben. Da diese Vorräte nicht immer aufgebraucht werden, ist auch dies eine Form

Abb. A 76. Samen von *Rízinus*.
1 = Samenschale, 2 = Nährgewebe, 3 = Hypokotyl, 4 = Wurzelanlage, 5 = Keimblätter.

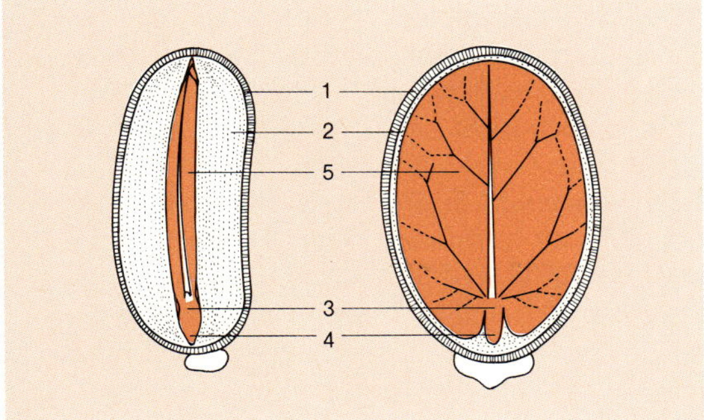

der Samenverbreitung. Andere Früchte haben Haftvorrichtungen, z. B. Klette und Labkraut *(Gálium aparíne)* und werden im Haarkleid der Tiere über größere Entfernungen verschleppt.

1.3.7 Der Samen

Der Samen ist die Verbreitungsform der Blütenpflanzen. In ihm befindet sich eine junge Pflanze im Ruhestadium, die mit Wurzel, Sproß und Blättern ausgestattet ist. Im Samenstadium können Pflanzen eine längere Zeitspanne überdauern, weil die normalen Stoffwechselvorgänge sehr viel langsamer ablaufen.

Bau des Samenkorns (Abb. A 76)

Die Samenschale (Testa), die sich aus den Integumenten der Samenanlage entwickelt, umgibt den Keimling und das Nährgewebe. Da sie den Keimling schützen soll, ist sie oft durch Steinzellen oder durch eine dicke Kutikula verstärkt. Ist der Schutz jedoch durch die Frucht oder durch Fruchtteile gewährleistet, kann die Samenschale auch dünn und häutig sein, wie z. B. bei der Walnuß.

Der Keimling (Embryo) ist gegliedert in Keimachse (den vorgebildeten Sproß), Keimwurzel und Keimblätter. Keimachse und Keimwurzel besitzen jeweils einen Vegetationspunkt.

Das Nährgewebe (Endosperm). Zur Ernährung des Keimlings während der Samenruhe und bei der Keimung sind im Samenkorn in der Regel Reservestoffe eingelagert. Diese Reservestoffe können sich in einem speziellen **Nährgewebe** befinden, wie z. B. beim Getreide. Bei Kern- und Steinobst, Hülsenfrüchten u. a. liegen die Reservestoffe jedoch in den Keimblättern, die entsprechend mächtig entwickelt sind. Je nach Pflanzenart sind Fette, Öle, Eiweiße oder Kohlenhydrate als Reservestoffe eingelagert. Fette und Öle findet man in den Samen von Rizinus, Raps, Sonnenblumen. Getreide enthält reichlich Stärke, jedoch auch Eiweiße in der Kleberschicht. Überwiegend Eiweiße dienen in Hülsenfrüchten als Reservestoff, um der jungen Pflanze einen guten Start zu sichern.

Viele Orchideenarten enthalten im Samen keine Reservestoffe, der Keimling ist deshalb auf die Symbiose mit bestimmten Pilzen angewiesen, die bei der Keimung die Nährstoffversorgung übernehmen.

Keimung des Samens

Die erste Voraussetzung für die Keimung ist die **Quellung** des Samens. Das Andrücken des Samens,

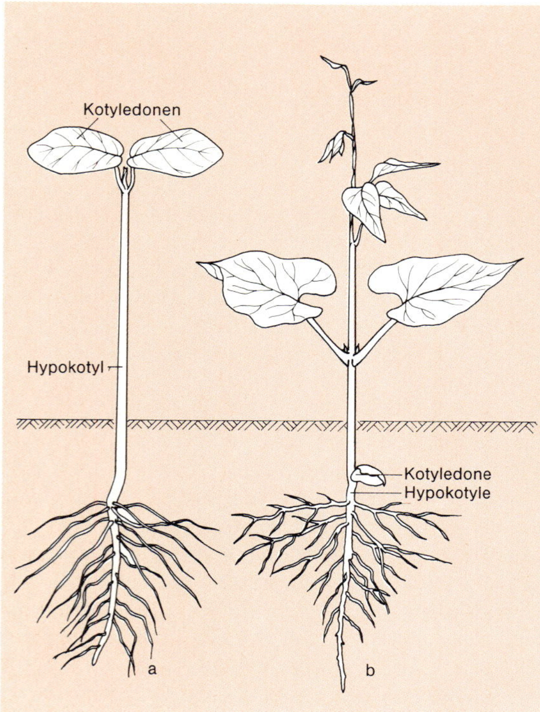

Abb. A 77. Keimungen.
a = Epigäische Keimung: Keimblätter entfalten sich.
b = Hypogäische Keimung: Keimblätter bleiben im Boden oder in Bodennähe.

um den Bodenschluß herzustellen, bringt das Samenkorn in engen Kontakt mit der Bodenfeuchtigkeit. Durch die **Wasseraufnahme** werden die Enzyme aktiviert, die den Abbau der Reservestoffe für den Keimvorgang in Gang setzen. Enzyme steuern biochemische Vorgänge ohne sich dabei selbst zu verändern. Außerdem vergrößert sich das Volumen des Keimlings und des Nährgewebes so sehr, daß die Samenschale gesprengt wird. Zuerst streckt sich die Keimwurzel, verankert die Pflanze im Boden und ermöglicht damit auch die weitere Wasseraufnahme. Als nächstes entfalten sich die Keimblätter. Streckt sich der Abschnitt zwischen der Wurzel und den Keimblättern, den man als Hypokotyl bezeichnet, spricht man von einer **epigäischen** Keimung. In diesem Fall erheben sich die Keimblätter über den Boden und übernehmen neben der Reservestoffspeicherung als erstes Organ die Photosynthese. Bei anderen Pflanzen bleiben die Keimblätter im Boden oder in Bodennähe. Dann handelt es sich um eine **hypogäische** Keimung. Bei Gräsern bildet sich um den sich entwickelnden Sproß als Schutz eine Keimscheide, die als Koleoptile bezeichnet wird (Abb. A 77).

Als weitere Voraussetzung für die Keimung wird ausreichend **Sauerstoff** benötigt wegen der verstärkten Atmung.

Die optimale **Keimtemperatur** ist für jede Pflanzenart unterschiedlich. Die sog. **Frostkeimer** benötigen keine Temperaturen unterhalb des Gefrierpunktes, ausschlaggebend ist der Temperaturwechsel von hohen zu niedrigen Temperaturen, weil dadurch die keimhemmenden Stoffe abgebaut werden. Die eigentliche Keimung erfolgt dann wieder bei höheren Temperaturen.

Während die meisten Pflanzensamen sowohl bei **Licht** als auch im Dunkeln keimen, gibt es Pflanzen, die **Dunkelkeimer,** bei denen Licht die Keimung verzögert, z. B. *Cýclamen.* **Lichtkeimer,** wie Kopfsalat wiederum brauchen Licht, um besser zu keimen.

Keimhemmung und ihre Überwindung

Trotz günstiger äußerer Keimbedingungen kann man beobachten, daß die Keimung frischen Saatgutes oft unterbleibt. Es liegt eine **Keimhemmung** vor, die verhindern soll, daß durch eine sofortige Keimung nach der Samenbildung im Sommer oder Herbst die jungen Keimlinge im Winter geschädigt werden. Die Keimung soll erst zu Beginn der nächsten Vegetationsperiode erfolgen, wenn die Wachstumsbedingungen günstig sind.

Die Ursachen einer Keimhemmung können sehr verschiedener Natur sein. Bei der **Hartschaligkeit** ist die Samenschale durch die Ausbildung von Steinzellen so hart, daß kein Wasser aufgenommen werden kann. Erst durch längere Lagerung im Boden wird die Samenschale porös und durchlässig. Bei der Saatgutaufbereitung werden hartschalige Samen mit Säure behandelt oder angeritzt, um eine sofortige Keimung nach der Aussaat sicherzustellen. Bei *Pínus* und *Fráxinus* z. B. ist der Embryo bei der Samenreife noch nicht vollständig entwickelt. Samen mit unvollkommen ausgebildeten Embryos können noch nicht keimen und benötigen eine entsprechende Zeit der **Nachreife.**

Keimhemmende Stoffe im Samen selbst oder im Fruchtfleisch verhindern eine sofortige Keimung. Der Abbau dieser Stoffe erfolgt z. T. bei niedrigen Temperaturen und zieht sich über mehrere Monate hin. In der Baumschulpraxis wird das Saatgut für Unterlagen von Rosen, Kern- und Steinobst u. a. **stratifiziert,** d. h. es wird mit Sand und Torf vermischt eingelagert und feucht und kühl gehalten. Dadurch werden ideale Bedingungen zur Überwindung der Keimhemmung geschaffen und ein möglichst gleichmäßiges Auflaufen bei Aussaaten erreicht.

Kontrolle und Vertiefung

1. Lassen Sie Erbsen oder Bohnen auf feuchtem Fließpapier keimen und beobachten Sie die Entwicklung der Keimwurzel.
2. Schneiden Sie eine Möhre der Länge nach auf und zeigen Sie an dem Längsschnitt Rindengewebe, Zentralzylinder und Entstehungsort der Seitenwurzeln.
3. Nennen Sie die Hauptaufgaben der Wurzel.
4. Ordnen Sie die in Ihrem Ausbildungsbetrieb kultivierten krautigen Pflanzen nach ihrer Lebensdauer den einjährigen, zweijährigen und ausdauernden Pflanzen zu.
5. Warum muß bei einem an einem Haltestab befestigten Gummibaum *(Fícus)* die Bindestelle nach einiger Zeit kontrolliert und gegebenenfalls gelockert werden, während dies bei einem Philodendron nicht nötig ist?
6. Warum läßt sich in unseren Breiten das Alter eines gefällten Baumes mit ziemlicher Genauigkeit an seinem Stammquerschnitt ermitteln?
7. Begründen Sie, warum alte, bereits hohle Weiden oder Linden noch lebensfähig sind und jedes Jahr neu austreiben können.
8. Sammeln Sie Blätter und benennen Sie bei ihnen Form, Fläche, Blattrand und Blattnervatur botanisch exakt.
9. Durch welche passiven und aktiven Einrichtungen kann die Pflanze übermäßige Wasserverluste durch Verdunstung verhindern?
10. Warum leiden immergrüne Pflanzen in strengen Wintern häufig stärker als laubabwerfende Gehölze? Nennen Sie Gegenmaßnahmen.
11. Worin unterscheiden sich Windblütler und Insektenblütler in ihrem Blütenbau?
12. Nennen Sie Möglichkeiten, wie sich manche Pflanzen mit Zwitterblüten vor einer Selbstbefruchtung schützen können.
13. In welchen Teilen der Blüte finden Reifeteilungen statt?
14. Wie werden botanisch exakt die Früchte von Erdbeeren, Walnüssen und Himbeeren bezeichnet?
15. Auf welche Art und Weise kann im Samenkorn die Ernährung des Keimlings sichergestellt sein?
16. Was können die Ursachen sein, wenn Gehölzsaatgut zum Teil erst nach ein oder zwei Jahren keimt?

1.4 Physiologische Prozesse

1.4.1 Der Wasserhaushalt der Pflanze

Wasser ist ein wesentlicher Bestandteil aller Pflanzen, ein Gewichtsvergleich von frischen und trockenen Pflanzenteilen macht das sehr deutlich. Die Gurke besteht zu etwa 95% aus Wasser, Möhren und Zuckerrüben enthalten etwa 85% Wasser und frisches Holz besteht auch noch zu etwa 40% aus Wasser. Alle Lebensvorgänge in der Pflanze können nur in Gegenwart von Wasser ablaufen, vollständiger Wasserentzug läßt die Pflanzen absterben.

Wasseraufnahme

Bis auf wenige Ausnahmen, z. B. Bromelien, nimmt die Pflanze das Wasser über die Wurzeln aus dem Boden auf. Durch die Bildung von vielen feinen Wurzelhaaren ist die Aufnahmefläche sehr groß. Die Wurzelhaare können sich zwischen feinste Bodenteilchen zwängen und auch Teile des Haftwassers aufnehmen.

Die eigentliche Wasseraufnahme ist ein physikalischer Vorgang. Wegen der ungleichen Verteilung der elektrischen Ladungen in einem Wassermolekül – an einer Seite überwiegt die positive, an der anderen Seite die negative Ladung – können sich Wasserteilchen besonders leicht an andere Stoffe anlagern. Bei trockenen Pflanzenteilen, z. B. Samen, führt die Wasseranlagerung zu einer deutlichen Volumenvergrößerung, der **Quellung** des Samens. Die Wasseraufnahme beschleunigt die Stoffwechselvorgänge im ruhenden Samen.

Diffusion und Osmose. Die Quellung, die auch an der Rhizodermis auftritt, reicht für die Wasseraufnahme nicht aus; dazu bedarf es der Diffusion und der Osmose:

Gibt man in ein Glas Wasser vorsichtig eine starke Zuckerlösung, so bleiben die beiden Flüssigkeiten anfangs deutlich getrennt. Läßt man nun genügend Zeit verstreichen, verteilt sich der Zucker, das Was-

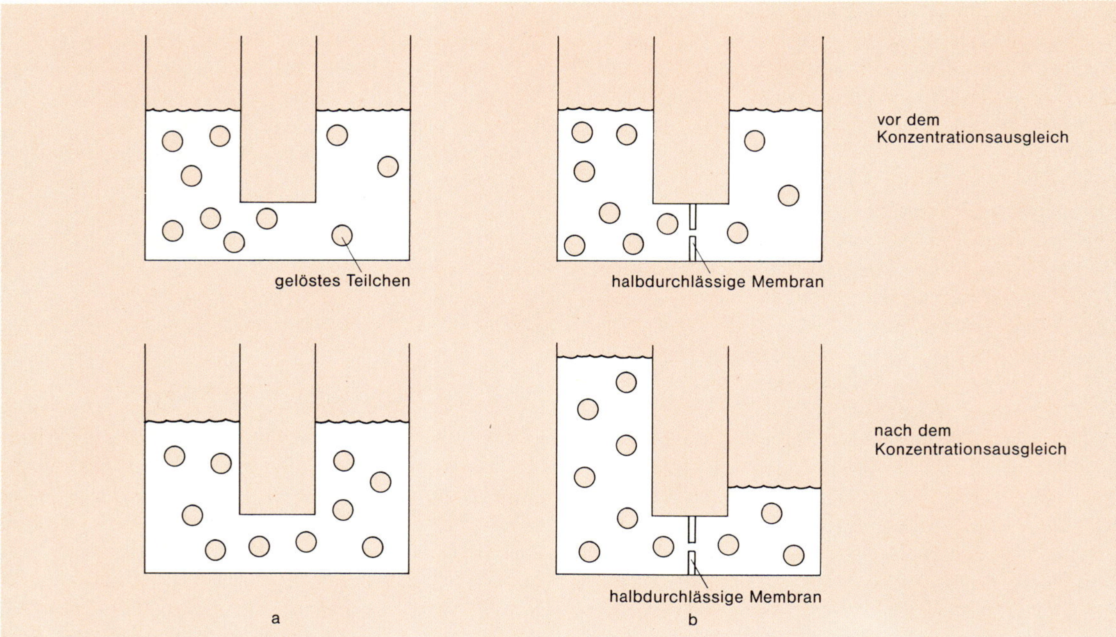

Abb. A 78. Konzentrationsausgleich.
a = Diffusion, b = Osmose.

ser schmeckt überall gleich süß. Jedes in Wasser lösliche Teilchen lagert eine bestimmte Menge Wassermoleküle um sich. Die einzelnen in Wasser gelösten Teilchen entfernen sich durch den größer werdenden Wassermantel so weit wie möglich voneinander. Diesen Vorgang, wie auch die Ausbreitung von gasförmigen Stoffen – wie Duftstoffe – nennt man **Diffusion.** Die Diffusion ist also das Vermischen und Ausgleichen zweier verschieden konzentrierter Lösungen. Vergleicht man nun das Wasser in der Zelle einer Pflanze mit dem Wasser im Boden, so enthält das Wasser in der Pflanzenzelle eine größere Menge gelöster Stoffe. Aufgrund der Diffusion müßten nun die in der Zelle gelösten Stoffe in den Boden wandern. Das wird aber vom Plasmalemma (s. Kap. A 1.2.1) verhindert.

Betrachtet man das Plasmalemma genauer, so entdeckt man in ihm kleine Poren. Der Durchmesser dieser Poren ist so klein, daß zwar Wassermoleküle hindurchdringen können, gelöste Stoffe aber nicht. Diese Eigenschaft des Plasmalemmas bezeichnet man als **halbdurchlässig.** Es ist durchlässig für das Wasser, aber undurchlässig für die gelösten Stoffe. So gibt es für die größere Menge an gelösten Stoffen in der Zelle nur eine Möglichkeit einen gleich großen Wassermantel zu erhalten wie die gelösten Stoffe im Boden, nämlich Wassermoleküle in die Zelle hineinzusaugen. Diesen Vorgang nennt man **Osmose** (Abb. A 78).

Im Gegensatz zur Diffusion ist die Osmose also der Konzentrationsausgleich zwischen zwei verschieden konzentrierten Lösungen durch eine halbdurchlässige, **semipermeable Membran.** Die Triebkraft für die Wasseraufnahme ist die höhere Konzentration an gelösten Stoffen in der Pflanzenzelle, der osmotische Wert.

Der weitere Transport des Wassers in die Nachbarzellen beruht auf dem gleichen Prinzip. In den äußeren, wassergesättigten Zellen ist die Zellsaftkonzentration niedriger als in den innen liegenden Zellen; diese saugen also, um den Konzentrationsunterschied auszugleichen, das Wasser an.

Vorstellbar ist jedoch auch eine höhere Konzentration an gelösten Stoffen im Boden. Dies ist bei Überdüngung gegeben. In diesem Fall kommt es ebenfalls zum Konzentrationsausgleich der beiden verschieden konzentrierten Lösungen. Um den Konzentrationsausgleich zu schaffen, muß nun das Wasser in den Boden wandern. Die Folge ist ein Vertrocknen der Pflanzen. Der Gärtner spricht dann vom Verbrennen. Untersucht man eine überdüngte Pflanze unter dem Mikroskop, stellt man fest, daß sich das Zellplasma zusammengezogen und von der Zellwand gelöst hat. Man bezeichnet diese Erscheinung als **Plasmolyse** (Abb. A 79).

Die Wasseraufnahme durch Osmose erfolgt theoretisch so lange, bis die Konzentration der gelösten Stoffe in der Zelle und in der Bodenlösung gleich hoch ist. Durch die Wasseraufnahme wird die Zelle prall (turgeszent) und von innen wirkt ein Druck auf die Zellwand, der **Turgordruck.** Die feste Zellwand sowie der von allen Seiten in den Nachbarzellen herrschende Turgordruck verhindern jedoch eine Wasseraufnahme bis zum vollständigen Konzentrationsausgleich.

In den krautigen Teilen der Pflanzen spielt der Turgor eine entscheidende Rolle. Durch den Druck in den Geweben wird ein aufrechtes Wachstum möglich. Erklärbar ist nun auch das »Schlappen« (Welken) von Pflanzenteilen, das auf Wasserverlust und damit sinkenden Turgordruck zurückzuführen ist.

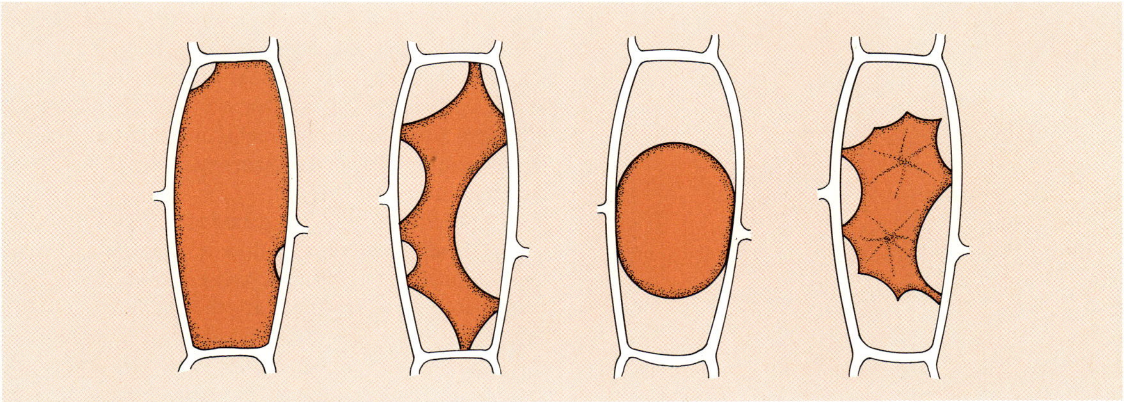

Abb. A 79. Verschiedene Stufen der Plasmolyse. Der lebende Teil der Zelle löst sich von der Zellwand ab.

Bei schwankender Wasserversorgung kann der Turgordruck manchmal so groß werden, daß Zellen und Zellverbände zerreißen. Reife Kirschen, die einen hohen Gehalt an gelösten Zuckern und Säuren enthalten, können bei Regen, also reichlichem Wasserangebot, platzen. Das gleiche gilt für Kohlrabiknollen.

Transport des Wassers

Die Weiterleitung des Wassers von der Wurzel bis in die äußersten Blätter ist ebenfalls überwiegend physikalisch zu erklären. Der **Wurzeldruck** befördert das in den Wurzelzellen vorhandene Wasser durch die Durchlaßzellen der Endodermis (s. Kap. A 1.3.1) in die Wasserleitungsgefäße. Welche Kräfte dabei in der Pflanze wirksam werden, kann man sehen, wenn in der Zeit des Laubaustriebs Weinreben oder Birkenäste abgeschnitten werden. Aus den Schnittwunden tritt für eine längere Zeit Flüssigkeit aus, in der Praxis wird diese Erscheinung »Bluten« genannt. Der Wurzeldruck ist bei den einzelnen Pflanzen unterschiedlich stark ausgeprägt und wird zum Herbst hin geringer.

Der durchgehende »Wasserfaden« in den Leitungsbahnen kommt zustande durch das Zusammenhalten der Wassermoleküle untereinander, der sog. **Kohäsionskraft,** und der Anhangskraft zwischen Wassermolekülen und den Wänden der Leitungsbahnen, der **Adhäsionskraft.** Beide Kräfte zusammen bewirken, daß der Wasserfaden in den engen Leitungsbahnen, den Kapillaren, nicht abreißt und daß er sogar selbsttätig bis zu einer gewissen Höhe aufsteigen kann. Das Aufsteigen von Wasser in engen Röhren aufgrund von Adhäsion und Kohäsion nennt man **Kapillarität** (Abb. A 80).

Durch Wurzeldruck und Kapillarkraft allein wäre es jedoch nicht möglich, das Wasser über viele Meter hoch bis in die obersten Sproßteile zu transportieren. Durch die **Transpiration,** die ständige Wasserverdunstung besonders der Blätter, tritt an den oberen Pflanzenteilen Wassermangel ein. Weil in den Leitungsbahnen ein zusammenhängender Wasserfaden besteht, wird nun ständig Wasser hochgesaugt.

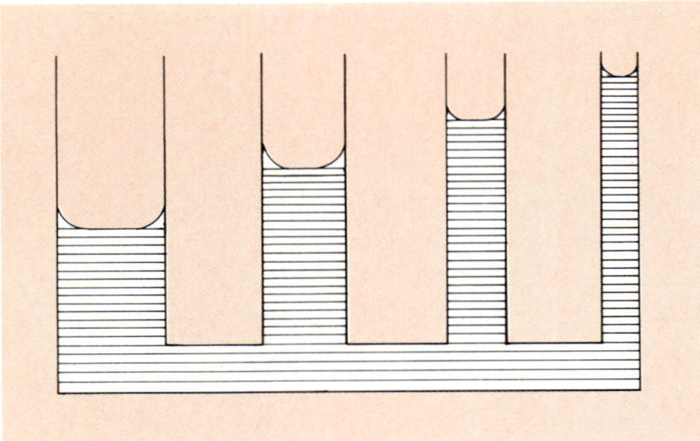

Abb. A 80. Kapillarkräfte ermöglichen das Aufsteigen von Wasser in feine Röhren.

Abb. A 81. Wassertransport in der Pflanze.

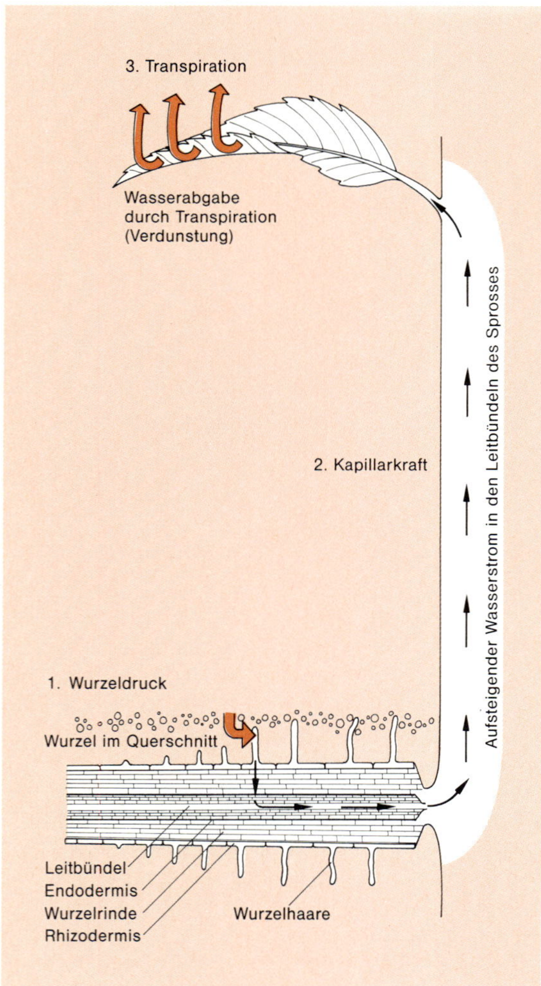

Der dadurch in den Pflanzen auftretende Wasserstrom wird als **Transpirationsstrom** bezeichnet. Seine Strömungsgeschwindigkeit beträgt z. B. bei Eichen 20–45 m/h und bei krautigen Pflanzen bis zu 60 m/h (Abb. A 81).

1.4.2 Die Nährstoffversorgung der Pflanze

Obwohl die Pflanzen anorganische Nährstoffe nur in Wasser gelöst aufnehmen können, gelangen diese Nährstoffe nicht ohne weiteres mit dem Wasserstrom in die Pflanze. Beim Lösen von Nährsalzen bilden sich elektrisch geladene Teilchen, die **Ionen.** Durch Diffusion dringen sie durch die Zellwand bis zum **Plasmalemma** vor. Der Transport von gelösten Nährstoffteilchen zu einer höheren Konzentration hin läuft nur dann ab, wenn dafür Energie zur Verfügung gestellt wird. Die Nährstoffaufnahme durch das Plasmalemma ist ein aktiver, energieverbrauchender Vorgang.

Die Nährstoffionen werden von einem Eiweißkörper aufgenommen, in das Zellinnere befördert und dort abgesetzt. Dieser Vorgang ist vergleichbar mit einer Fähre. Für jedes aufgenommene Ion gibt die Pflanze jedoch ein entsprechend geladenes Ion wieder in den Boden ab, um das elektrische Gleichgewicht zu erhalten. Gebildet werden die Ionen, die für den Austausch zur Verfügung stehen, aus der Kohlensäure, die bei der Atmung in der Pflanzenzelle entsteht (Abb. A 82).

Die Kohlensäure H_2CO_3 zerfällt im Pflanzenkörper in H^+-Ionen und HCO^-_3-Ionen. Werden nun von den Pflanzen vermehrt positive Ionen abgegeben, steigt durch die H^+-Ionenabgabe die Menge dieser Ionen im Boden. Dünger, die über die Tätigkeit der Pflanze für eine Anreicherung von H^+-Ionen und damit für eine Senkung des pH-Wertes sorgen, nennt man physiologisch sauer reagierende Dünger. Wird von den Pflanzen vermehrt das HCO_3^--Ion in den Boden abgegeben, verbindet sich dieses mit den H^+-Ionen. Dadurch wird die Menge an H^+-Ionen verringert und der pH-Wert steigt. Dünger, die die Pflanzen veranlassen, HCO_3^--Ionen abzugeben, nennt man in der Praxis physiologisch alkalische Dünger.

Die Weiterleitung der Nährstoffe über längere Strecken erfolgt mit dem Transpirationsstrom in den Wasserleitungsbahnen. Über kürzere Entfernungen, z. B. innerhalb des Blattgewebes, breiten sich die Nährstoffe durch Diffusion aus. Werden Pflanzen in mit Wasser gesättigter Luft kultiviert, hat dies zur Folge, daß keine Transpiration stattfindet. Der

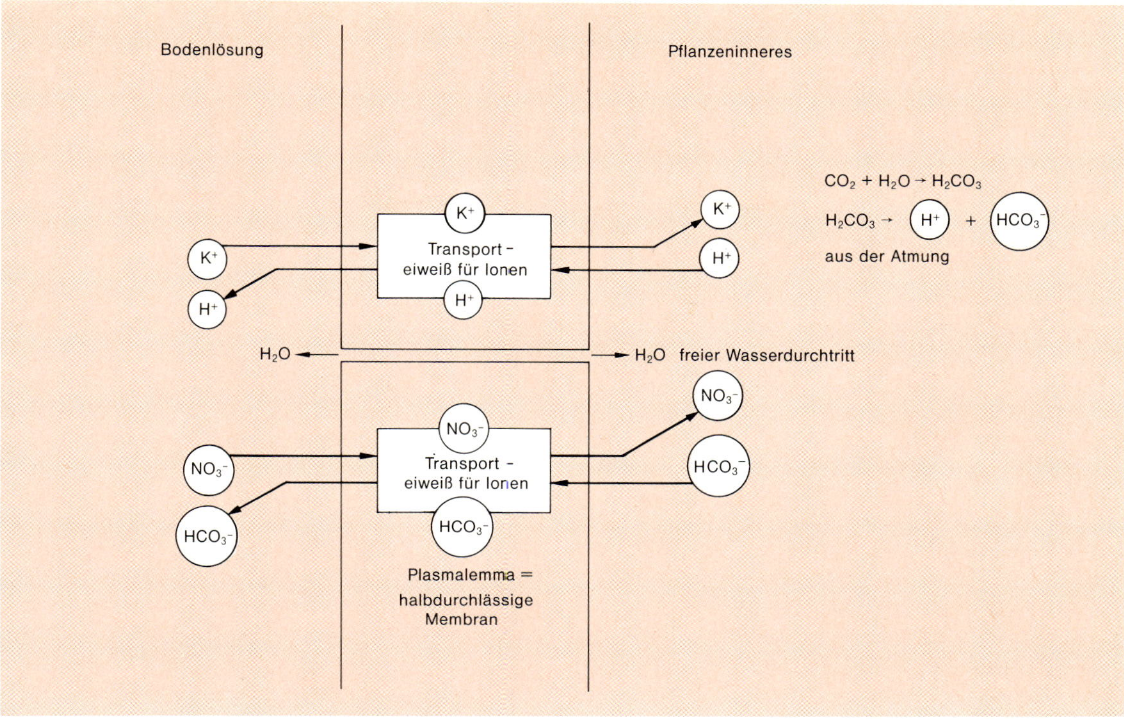

Abb. A 82. Schema für die Nährstoffaufnahme der Pflanze.

Transpirationsstrom wird unterbunden und damit eine schnelle Nährstoffleitung verhindert. Da der Transport der Nährstoffe aufgrund der Diffusion nur sehr langsam erfolgt, kann es bei der Kultur von Pflanzen bei sehr hoher Luftfeuchtigkeit in den oberen Pflanzenteilen zu Nährstoffmangel kommen.

Abb. A 83. Blatt von *Alchemílla xanthochlóra* mit Tropfen von Guttationswasser an den Randzähnen der Spreite.

Dies ist ein Grund, warum Pflanzen in Unterglaskulturen auch im Winter gelüftet werden müssen.
Einige Pflanzen haben die Fähigkeit, in mit Wasser gesättigter Luft Wasser nach außen abzugeben. Da ein Verdunsten von Wasser nicht möglich ist, geben diese Pflanzen Wasser in Tropfenform ab. Die Wasserabgabe wird durch Wasserspalten auf den Blättern ermöglicht. Die Wasserabgabe durch Tropfen wird als **Guttation** bezeichnet (Abb. A 83). Sie ermöglicht einen schnellen Nährstofftransport, wenn Pflanzen bei sehr hoher Luftfeuchtigkeit kultiviert werden. Die Ausscheidung von Wassertropfen ist unter anderem bei *Mónstera* zu beobachten.

1.4.3 Photosynthese

Pflanzen sind die einzigen Lebewesen, die sich restlos von anorganischen Stoffen ernähren können. Sie bauen organische Substanz mit Hilfe des Sonnenlichtes aus anorganischen Grundstoffen auf. Die biochemische Reaktion, durch die energiereiche, organische Verbindungen gewonnen werden, wird **Photosynthese** oder Assimilation des Kohlenstoffes genannt.

Faktoren der Photosynthese

Photosynthese ist an das Vorhandensein von **Chlorophyll** gebunden. Die in den Chloroplasten vorhandenen Chlorophylle absorbieren Teile des Lichtspektrums und nutzen die Lichtenergie für chemische Syntheseprozesse. Welche Bedeutung die Chlorophyllmenge für die Pflanzenentwicklung hat, zeigt z. B. das unterschiedlich starke Wachstum von *Fícus elástica*-Sorten mit grünen bzw. weißgrünen Blättern.

Sonnenlicht ist der Energielieferant für den Aufbau von Kohlenhydraten. Neben der ausreichenden Lichtmenge, angegeben in Lux, ist auch die Lichtqualität von Bedeutung. Aus dem Lichtspektrum sind der blaue und der rote Bereich wichtig für die Photosynthese (s. Abb. A 84). Deshalb hat die Industrie für die zusätzliche Belichtung von Pflanzen Beleuchtungskörper entwickelt, die diesen Anforderungen entsprechen. Aus Kostengründen ist eine Zusatzbelichtung, die die Photosyntheseleistung steigert, nur bei der Anzucht z. B. von Gloxinien oder *Begónia*-Semperflorens-Hybriden rentabel.

Kohlendioxid (CO_2) wird von der Pflanze über die Spaltöffnungen der Blätter aus der Luft aufgenommen. Bei optimalen sonstigen Bedingungen kann die CO_2-Menge der begrenzende Faktor für eine hohe Photosyntheseleistung sein. Im Unterglasanbau kann bei einigen Pflanzenarten, z. B. Salat, mit einer CO_2-Düngung besseres Wachstum erzielt werden.

Wasser ist zum einen als Grundstoff für die Bildung von Kohlenhydraten notwendig. Jedoch beeinflußt die Wasserversorgung die Photosynthese auch dahingehend, daß sich bei Wassermangel die Spaltöffnungen schließen und dadurch die CO_2-Aufnahme behindert wird. Bei Untersuchungen der Photosyntheserate im Verlauf eines Tages findet man zur Zeit der intensivsten Belichtung ein Absinken der Zuckerbildung. Wegen der hohen Temperaturen ist dann nämlich die Transpiration so groß, daß sich die Spaltöffnungen schließen.

Ablauf der Photosynthese

Der Photosynthesevorgang ist ziemlich kompliziert und teilt sich auf in die energieverbrauchende **Lichtreaktion,** in der das H_2O gespalten und O_2 freigesetzt wird, und in die **Dunkelreaktion,** in der das CO_2 in die organische Verbindung eingebaut wird (Abb. A 85). Als Gesamtbilanz der Photosynthese ergibt sich folgende Gleichung:

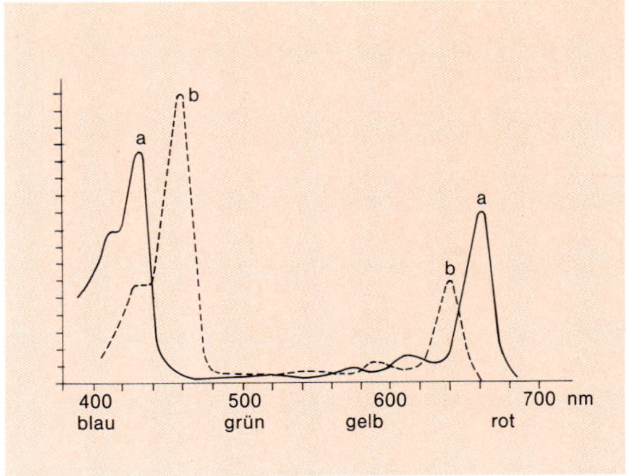

Abb. A 84. Lichtaufnahme durch Chlorophylle.

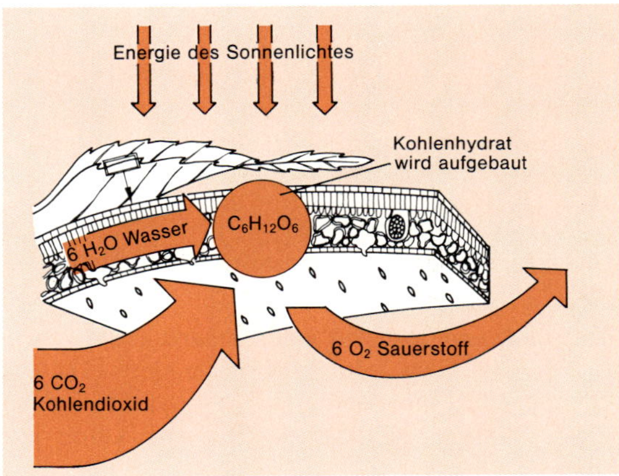

Abb. A 85. Photosynthese.

Der am Tage gebildete Traubenzucker wird bei vielen Pflanzen in unlösliche Stärke umgewandelt und vorübergehend in den Chloroplasten als Assimilationsstärke gelagert. Während der Nacht wird die Assimilationsstärke wieder in die wasserlösliche Zuckerform überführt und im Bastteil zu den Verwendungsorten oder Speicherorganen transportiert.

Bedeutung der Photosynthese

Die Photosynthese ist der wichtigste biochemische Prozeß auf der Erde, weil dadurch große Mengen energiereicher Verbindungen aus anorganischen Grundstoffen aufgebaut werden. Nur die chloro-

$$\begin{array}{ccccccccc} 6\,CO_2 & + & 6\,H_2O & + & 2872\text{ kJ} & \rightarrow & C_6H_{12}O_6 & + & 6\,O_2 \\ \text{Kohlendioxid} & + & \text{Wasser} & + & \text{Lichtenergie} & \rightarrow & \text{Traubenzucker} & + & \text{Sauerstoff} \end{array}$$

phyllhaltigen Pflanzen sind dazu mit Hilfe des Sonnenlichtes in der Lage, sie sind damit **autotroph.** Alle anderen Lebewesen, wie Menschen und Tiere, sind auf das Vorhandensein energiereicher, organischer Verbindungen angewiesen, sie sind also **heterotroph.** Ohne die Kohlenstoffassimilation wäre ein Leben auf der Erde undenkbar. Ein Nebenprodukt bei der Photosynthese ist die **Sauerstoffbildung.** Grünpflanzen in Wohnungen sowie Grünanlagen und Parks in dicht besiedelten Gebieten verbessern die Lebensbedingungen, weil Sauerstoff für alle Lebewesen notwendig ist.

Die Energiequellen Holz, Torf, Kohle und Erdöl sind gleichfalls durch die Photosyntheseleistung von Pflanzen entstanden. In den Pflanzen und Pflanzenresten wurde die Sonnenenergie als chemische Energie gespeichert.

1.4.4 Die Atmung

Für die Lebensvorgänge in den Zellen wird von den Pflanzen ständig Energie benötigt. Dazu werden von der Pflanze gespeicherte Kohlenhydrate zu Traubenzucker zurückverwandelt und dieser wird unter Verbrauch von Sauerstoff (O_2) stufenweise zu CO_2 und H_2O abgebaut. Bei diesem Abbau wird die in den Kohlenhydraten gebundene Energie ebenfalls stufenweise freigesetzt.

Bei geernteten Pflanzenteilen, wie Schnittblumen, Früchten und Gemüse, verkürzt intensive Atmung die Haltbarkeit des Erntegutes. Durch Kühllagerung, z. T. bei Temperaturen um den Gefrierpunkt, kann der Abbau der Inhaltsstoffe beträchtlich verlangsamt und die Haltbarkeit um Wochen bis Monate verlängert werden. Bei der Lagerung in gasdichten Kühlräumen wird die Atmung zusätzlich gebremst, indem der O_2-Gehalt der Lagerluft erniedrigt und der CO_2-Anteil erhöht wird.

Alle Lebewesen, die für die Energiefreisetzung Sauerstoff verbrauchen, werden als **aerob** bezeichnet. Andere können ohne Sauerstoff auskommen, sie leben **anaerob.** Die für ihre Lebensvorgänge notwendige Energie erhalten sie aus dem unvollständigen Abbau organischer Verbindungen zu immer noch energiehaltigen Kohlenstoffverbindungen. Diesen Abbau unter Luftabschluß nennt man **Gärung.** Hefepilze leben anaerob. Der Zucker aus Getreide, Fruchtbrei (Maische) oder Traubensaft wird von den Hefepilzen in Kohlendioxid und Alkohol gespalten. Alkohol ist eine noch energiereiche Kohlenstoffverbindung.

Daneben gibt es andere Mikroorganismen, deren Stoffwechselendprodukt das Gas Methan ist. Sie werden bei der alternativen Energieversorgung zur Gewinnung von Biogas eingesetzt.

$$C_6H_{12}O_6 + 6\,O_2 \rightarrow 6\,CO_2 + 6\,H_2O + \text{Energie}$$
$$\text{Traubenzucker} + \text{Sauerstoff} \rightarrow \text{Kohlendioxid} + \text{Wasser} + \text{Energie}$$

Die Atmung ist als Abbauprozeß eine Umkehrung des Photosynthesevorganges. Im Gegensatz zur Photosynthese findet der Abbauvorgang in allen Pflanzenorganen statt, weil in allen Zellen energieverbrauchende Stoffwechselvorgänge ablaufen. Ohne Atmung muß ein Lebewesen sterben, deshalb muß sie Tag und Nacht erfolgen. Trotzdem ist die Aufbauleistung durch die Photosynthese um ein Vielfaches höher als der Abbau durch die Atmung.

Wie alle biochemischen Prozesse ist die Atmung von der Temperatur abhängig. Mit sinkender Temperatur verringert sich die Atmungsintensität und damit die Abbaugeschwindigkeit. Diesen Umstand macht sich der Gärtner zunutze, wenn er die Temperaturen in Kulturräumen während der Nachtstunden absenkt. Da die Atmung aber nicht getrennt von anderen Lebensvorgängen abläuft, kann man die Nachttemperatur nicht beliebig herabsetzen, in der Regel nur um wenige °C je nach Pflanzenart.

1.4.5 Reizbarkeit und Bewegungen

Wie alle anderen Lebewesen können auch Pflanzen Reize der Umwelt aufnehmen und darauf mit Bewegungen einzelner Organe oder Organteile reagieren. Die Bewegungen der Pflanze sind überwiegend Wachstumsbewegungen, die dementsprechend nur sehr langsam verlaufen. Spontane Bewegungen sind seltener und beruhen dann auf Turgoränderungen in bestimmten Gewebeteilen, z. B. bei der Mimose *(Mimósa pudíca)* und der Venusfliegenfalle *(Dionǣa muscípula)*.

Tropismen

Pflanzen, die auf der Fensterbank stehen, wenden ihre Blätter dem Lichteinfall zu. Wurzeln, insbesondere die Hauptwurzel, wachsen dem Erdmittelpunkt zu. Bei windenden Pflanzen wachsen deren Sprosse um vorhandene Haltepunkte. Aus dem Abschnitt über die Befruchtung wissen wir, daß der Pollenschlauch zur Mikropyle der Samenanlage wächst. Alle hier aufgeführten Beispiele für Reaktionen sind Wachstumsvorgänge, deren Richtung vom sie auslösenden Reiz bestimmt wird. **Tropismen** sind also Wachstumsbewegungen in Richtung auf eine Reizquelle zu oder von ihr fort.

Phototropismus – Lichtreiz. Die Pflanzen wachsen zum Licht hin, deutlich erkennbar bei Zimmerpflanzen. Die Änderung der Wachstumsrichtung entsteht dadurch, daß in den belichteten Pflanzenteilen das Phytohormon IES (s. Kap. A 1.5.2), das für die Zellstreckung verantwortlich ist, abgebaut wird. An der lichtabgewandten Seite mit nun entsprechend höherer IES-Konzentration strecken sich die Zellen stärker, so daß der Vegetationspunkt der Lichtquelle zugewendet wird (Abb. A 86).

Wachstum an der Unterseite gehemmt und krümmt sich nach unten, während der Sproß durch die Wuchsstoffkonzentration gefördert an der Unterseite stärker wächst und sich dadurch aufrichtet (Abb. A 87).

Bei der Meristemkultur (s. Kap. B 2.2.4) wurde festgestellt, daß beim Ausschalten der Erdschwerkraft eine stetige Zellteilung erreicht wird, weil eine Differenzierung in Wurzel und Sproß verhindert wird. Das Gerät, mit dem der Reiz der Schwerkraft aufgehoben wird, nennt man Klinostat. Der Klinostat dreht sich mit etwa sechs Umdrehungen pro Stunde. Bei schnellerer Drehung werden die Zellbestandteile durch die Fliehkraft wie auf einem Karussell wieder in einer bestimmten Weise verteilt. In diesem Fall wird die Erdschwerkraft durch die Fliehkraft ersetzt.

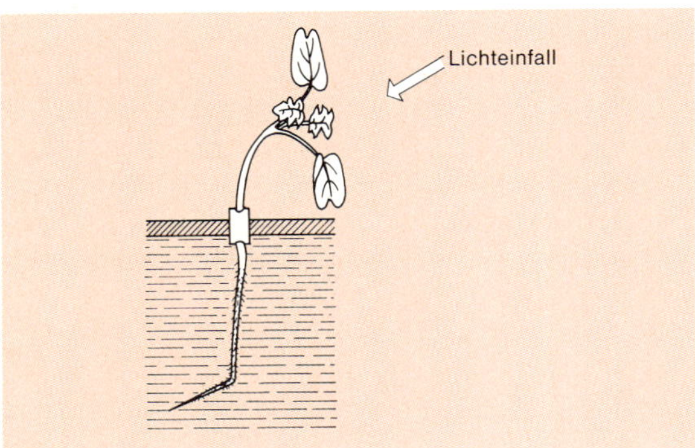

Abb. A 86. Phototropismus. Der Sproß wächst zum Licht, die Wurzel vom Licht weg.

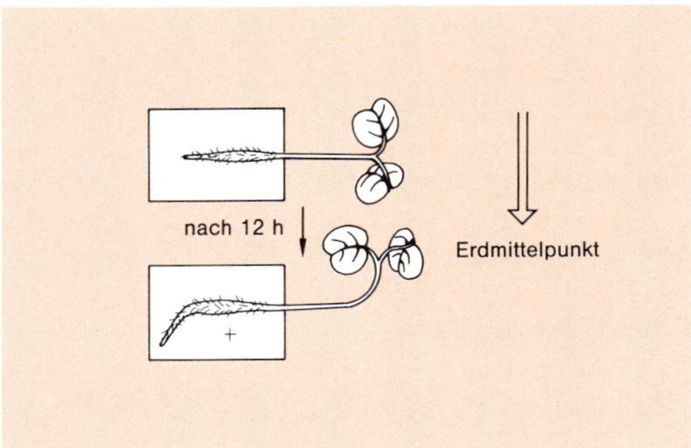

Abb. A 87. Geotropismus. Die Wurzel wächst zum Erdmittelpunkt, der Sproß von ihm weg.

Geotropismus – Reiz durch die Schwerkraft der Erde. Bei keimenden Samen ist zu beobachten, daß die Keimwurzel immer zum Erdmittelpunkt wächst. Auch der sich entwickelnde Sproß findet immer den direkten Weg vom Erdmittelpunkt weg zum Licht. Der Reiz, der der Pflanze die Orientierung im Boden bzw. im Dunkeln ermöglicht, ist die Erdschwerkraft.

Wird z. B. eine Keimpflanze waagerecht so befestigt, daß weiteres Wachstum nicht behindert wird, stellt man nach einigen Stunden fest, daß sich die Wurzel abwärts krümmt und die Sproßspitze aufwärts. Als Erklärung kann davon ausgegangen werden, daß sich unter Einwirkung der Schwerkraft an der Unterseite der Keimpflanze eine hohe Wuchsstoffkonzentration angesammelt hat. Die gegen Wuchsstoffe empfindliche Wurzel wird dadurch im

Thigmotropismus – Berührungsreiz. Unter dem Thigmotropismus werden alle Wachstumsbewegungen zusammengefaßt, die auf eine Berührung zurückzuführen sind. Hierzu gehört auch der Vorgang, wenn Pflanzenteile im Boden um vorhandene Hindernisse wachsen. Die Wachstumsbewegung aufgrund von Berührung macht bei der Kultur von Wurzelgemüse einen lockeren Boden notwendig, der frei von Steinen oder anderen größeren festen Bestandteilen ist. Ranken reagieren auf Berührung mit einer Änderung der Wachstumsrichtung, sie umschlingen die Stütze und verschaffen damit der Pflanze den notwendigen Halt.

Chemotropismus – Chemischer Reiz. In Abb. A 88 sieht man deutlich, daß die Pollenschläuche alle in Richtung auf das Narbenstück hinwachsen, angelockt durch das Narbensekret. Auch das direkte

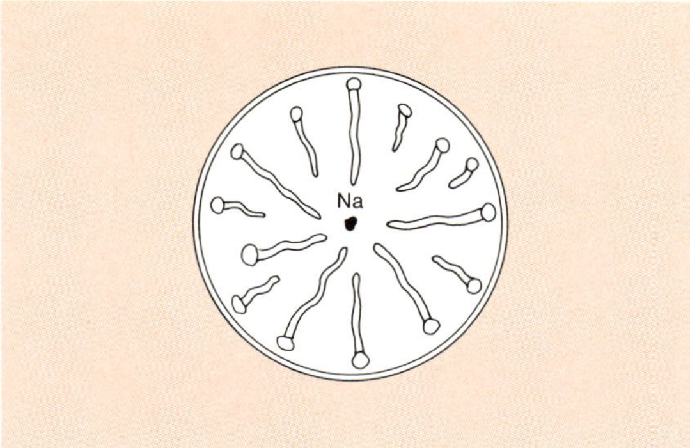

Abb. A 88. Chemotropismus. Die Pollenschläuche wachsen zu einem in der Mitte ausgelegten Narbenstück (Na). Vor der Aussaat der Pollen wurde die Schale mit Agar-Agar ausgegossen.

Auffinden der Mikropyle durch den Pollenschlauch ist nur mit Chemotropismus zu erklären.

Nastien

Bewegungen, die unabhängig von der Reizrichtung erfolgen, nennt man **Nastien.** Hier sind die Bewegungen nach einem Reiz durch den Bau des Pflanzenkörpers vorgegeben.

Seismonastie – Stoßreiz (Abb. A 89). Die wohl bekannteste Reaktion, die als Nastie zu bezeichnen ist, kann bei *Mimósa pudíca* beobachtet werden. Durch Erschütterung wie auch durch andere Reize reagiert diese Pflanze mit dem Zusammenklappen der Fiederblätter und dem Abknicken der Blattstiele. Von Vorteil ist diese Reaktionsmöglichkeit zur Abschreckung von Tieren, die die Pflanze abfressen wollen.

Abb. A 89. Beispiele für eine Reaktion bei Berührung bei *Mimósa pudíca*.

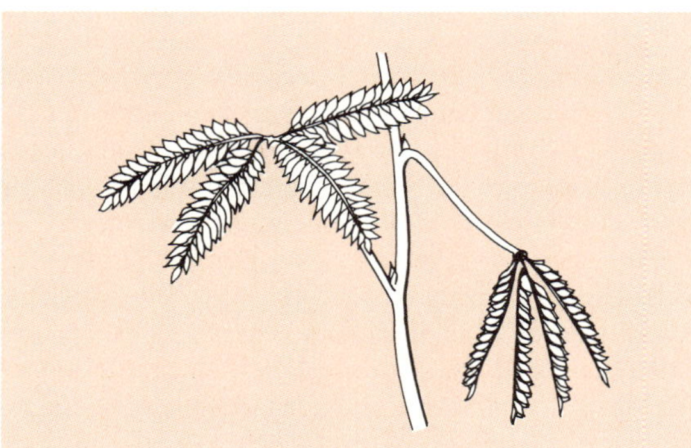

Die Mechanik der Bewegung beruht auf einer plötzlichen Verminderung des Turgors in den Gelenkzellen der Blattstiele. Unter Einwirkung des Reizes verändert sich die Durchlässigkeit der Plasmamembranen und Wasser tritt aus der Zelle in die Interzellularen. Nach Abklingen des Reizes werden die Zellen wieder turgeszent und die Blattstiele und Fiederblätter richten sich wieder auf.

Ein anderes Beispiel für Seismonastie ist die Venusfliegenfalle *(Dionǣa muscípula),* deren Blatthälften sofort zusammenklappen, wenn ein Insekt die reizbaren Haare der Blattspreite berührt.

Photonastie – Lichtreiz. Bei vielen Blütenpflanzen (z. B. *Bellis, Caléndula, Nymphǣa)* ist ein Öffnen der Blüten bei Tagesanbruch und ein Schließen der Blüten am Abend zu beobachten. Die männlichen und weiblichen Blütenteile werden während der Dunkelheit durch die Blütenblätter geschützt. In dieser Zeit können sich die Insekten, die die Bestäubung übernehmen, nicht orientieren. Diese vorgegebene Bewegungsrichtung der Blütenblätter aufgrund des Lichtes wird als Photonastie bezeichnet.

Thermonastie – Temperaturreiz. Die Blüten von Tulpen öffnen sich im warmen Zimmer sehr weit. Stehen sie kühler, schließen sie sich wieder. Auf einen sehr engen Temperaturbereich reagieren die Blüten von Krokus.

Schon bei einer Verringerung von 0,2 °C schließen sie sich, wenn die untere Grenze für das Öffnen der Blüte erreicht ist. Der Grund liegt auch hier in der Anpassung an die bestäubenden Insekten, die mit ihrer Aktivität an bestimmte Temperaturen gebunden sind. Sind aufgrund der zu niedrigen Temperatur keine Insekten zu erwarten, werden die männlichen und weiblichen Blütenteile durch das Schließen der Blütenblätter geschützt. Derartige Bewegungen, die durch abwechselndes Wachstum der Innenseite und der Außenseite der Blütenblätter ermöglicht werden, sind mehrmals wiederholbar. Bei jedem Öffnen und Schließen vergrößern sich dadurch die Blütenblätter.

Taxien

Taxien sind freie Ortsbewegungen, die von Pflanzen durchgeführt werden können. Für unsere Kulturpflanzen ist diese Form der Bewegung jedoch ohne Bedeutung, da sie mit ihren Wurzeln fest an ihrem Standort verankert sind. Kleinere Lebewesen, die zu den Pflanzen gerechnet werden, z. B. Algen, können jedoch auf Licht, chemische Verbindungen oder andere Reize mit einer freien Ortsbewegung reagieren.

Kontrolle und Vertiefung

1. Wie wird das Wasser in das Innere der Pflanzenzelle gesaugt? Erläutern Sie die physikalischen Vorgänge.
2. Was geschieht bei der Plasmolyse? Wie könnte man eine beginnende Plasmolyse wieder rückgängig machen?
3. Nennen Sie Kräfte, die den Wassertransport in der Pflanze ermöglichen.
4. Warum ist das Plasmalemma eine Barriere für die Aufnahme von Nährstoffen in das Zellinnere?
5. Unterscheiden Sie zwischen der Wasserabgabe durch Guttation und Transpiration.
6. Durch welche Maßnahmen kann der Gärtner die Photosyntheseleistung von Pflanzen beeinflussen?
7. Warum wirken Grünpflanzen in Büroräumen oder Parks in Städten luftverbessernd?
8. Begründen Sie, warum eine Kühllagerung von Pflanzen und Pflanzenteilen (Obst, Gemüse, Stecklinge, Baumschulware) deren Haltbarkeit verlängert.
9. Erklären Sie den Unterschied zwischen Atmung und Gärung.
10. Warum sind die Photonastie und die Thermonastie von Blüten wichtig für die Bestäubung?

Abb. A 90. Einfluß des Lichtes auf das Längenwachstum.

1.5 Wachstumsfaktoren und Phytohormone

1.5.1 Äußere Wachstumsfaktoren

Einflüsse, die für das Leben, das Wachstum und die Entwicklung der Pflanze verantwortlich sind, nennt man Wachstumsfaktoren. Zu Wachstumsfaktoren zählen Licht, Luft, Temperatur, Wasser und die notwendigen Mineralstoffe als Pflanzennährstoffe.
Die Wachstumsfaktoren wirken in ihrer Gesamtheit auf die Pflanze ein. Liegt nur ein Wachstumsfaktor außerhalb des günstigen Bereichs – z. B. zu wenig H_2O oder zu viel Licht – kommt es zu Wachstumsstörungen.

Licht

Wirkung des Lichtes

Energie — Längenwachstum — Blütenbildung

Zum Aufbau der organischen Substanz (Traubenzucker) wird die Energie des Sonnenlichtes benötigt. In den organischen Verbindungen wird Energie gespeichert. Diese Energie nutzt die Pflanze für Wachstum, Nährstoffaufnahme und Transport, Blüten- und Samenbildung usw.
Einflüsse des Lichtes zeigen sich auch beim **Längenwachstum.** Wenn Kartoffeln im Dunkeln austreiben, können Neutriebe von 1–2 m entstehen. Wirkt jedoch das Licht auf die Neutriebe ein, so bleiben sie kurz und ergrünen sehr schnell. Aus dieser Beobachtung ist zu schließen, daß Licht das Längenwachstum hemmt. Der Gärtner nutzt den Einfluß des Lichtes auf das Längenwachstum aus. Die Pflanzen werden möglichst weit auseinandergestellt, damit sie kurz und gedrungen bleiben. Bei der Treiberei von Tulpen, Narzissen, Maiglöckchen u. a., werden die Pflanzen zeitweise dunkel gehalten, damit die Triebe die gewünschte Länge erreichen.
Eindrucksvoll ist der Vergleich zwischen der Praxis der Baumschule und der Forstwirtschaft. In der Baumschule werden die Gehölze möglichst weit gepflanzt, um kurze, gedrungene, gut mit Seitenästen versehene Pflanzen zu erhalten. In der Forstwirtschaft werden die Gehölze jedoch möglichst eng gepflanzt. Durch das gegenseitige Beschatten entstehen lange Neutriebe mit wenig Ästen; das Ziel ist hier eine bessere Holzqualität (Abb. A 90).

Einen weiteren Einfluß zeigt das Licht auf die **Blütenbildung.** Für manche Pflanzen ist eine bestimmte Tageslänge zur Blütenbildung nötig.
Pflanzen, die bei Überschreiten einer bestimmten Tageslänge mit dem Ansetzen von Blüten reagieren, nennt man **Langtagpflanzen.** In den Sommermonaten herrscht diese Tageslänge in unseren Breiten. Langtagpflanzen sind z. B. Erbse und viele rosettenförmig wachsende Pflanzen, wie der Fingerhut. Die Pflanzen, die beim Unterschreiten einer bestimmten Tageslänge Blüten bilden, werden **Kurztagpflanzen** genannt. Dazu gehören die Chrysantheme, der Weihnachtsstern u. a.
Einzelne Pflanzenarten reagieren mit ihrer Keimung auf das Licht (s. Kap. A 1.3.7). Pflanzen, wie *Cýclamen pérsicum,* die besser in der Dunkelheit keimen, sind **Dunkelkeimer.** Pflanzen, die besser dann keimen, wenn Licht vorhanden ist, sind **Lichtkeimer.** Zu ihnen gehören die meisten Unkräuter.

Luft

Die Luft ist ein Gasgemisch folgender Zusammensetzung:

1. ~ 21 % Sauerstoff (O_2)
2. ~ 0,03 % Kohlendioxid (CO_2)
3. ~ 78 % Stickstoff (N_2) und
4. ~ 1 % Edelgase, wie Krypton, Neon, Helium usw.

Von Bedeutung für die Pflanze ist in erster Linie das **Kohlendioxid.** Es bildet den Grundstoff für den Aufbau der energiereichen, organischen Substanz. Im Gartenbau werden darum immer wieder Versuche angestellt, durch Erhöhung des CO_2-Gehaltes der Luft das Pflanzenwachstum zu steigern. In der Praxis bezeichnet man dies als CO_2-Düngung. Der Erfolg ist jedoch nicht so groß wie bei der Beeinflussung anderer Wachstumsfaktoren (s. Kap. A 2.3.2).
Sauerstoff ist für die Atmung (s. Kap. A 1.4.4) unentbehrlich. Neben O_2 und CO_2 können für die Pflanzen noch weitere Bestandteile der Luft von Bedeutung sein; diese sind allerdings nur in Spuren vorhanden.
Zu diesen Gasen, die eine wirksame Konzentration in der Luft erreichen können, gehört das **Äthylen** (s. Kap. A 1.5.2). Bei starker Anreicherung von Äthylen in der Atmosphäre wird die Blütenbildung bei Bromelien ausgelöst. Beobachtet wurde diese Erscheinung das erste Mal auf einer Ananasplantage in der Nähe einer Azethylenfabrik.
Luftstickstoff kann von den Pflanzen nicht verwertet werden. Es gibt aber einige Bakterien, die Luftstickstoff binden können. Sie können eine Lebensgemeinschaft mit höheren Pflanzen eingehen (Abb. A 91).

Abb. A 91. Knöllchenbakterien.

Die von diesen Bakterien gebildeten organischen Stickstoffverbindungen können von den höheren Pflanzen teilweise verwertet werden.

Wasser

Leben ist immer auf Wasser angewiesen. Lebende Pflanzenteile können bis zu 98 % Wasser enthalten. Im Gegensatz dazu findet man in sehr trockenen Samen nur noch etwa 5 % Wasser.
Der Bau des Wassermoleküls verleiht dem Wasser Eigenschaften, die es für die belebte Materie unentbehrlich macht. Obwohl das Wassermolekül insgesamt, d. h. nach seiner Strukturformel, elektrisch neutral ist, sind doch nach außen zwei verschieden geladene Pole wahrzunehmen. Diese polare Eigenschaft bedingt die vielseitige Reaktion des Wassers und seine Bedeutung für alle Lebensvorgänge (Abb. A 92).
Das Wasser löst die Nährsalze. Dieses Lösungsvermögen ist auf die polare Eigenschaft des Wassers zurückzuführen. Die mineralischen Nährstoffe bestehen aus kleinen geladenen Teilchen. Sobald diese mit Wasser in Berührung kommen, bildet sich ein

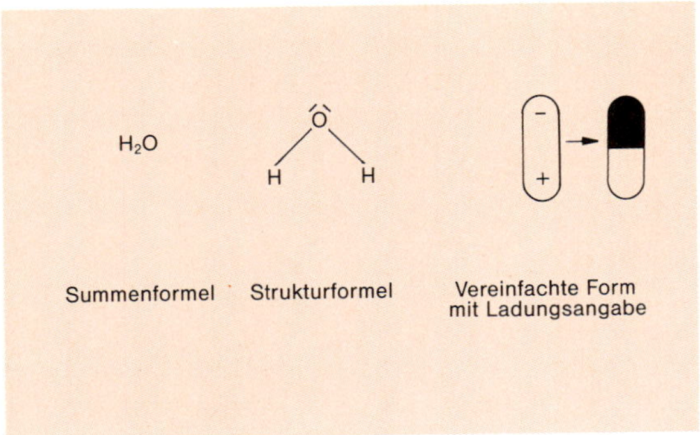

Abb. A 92. Bau des Wassermoleküls.

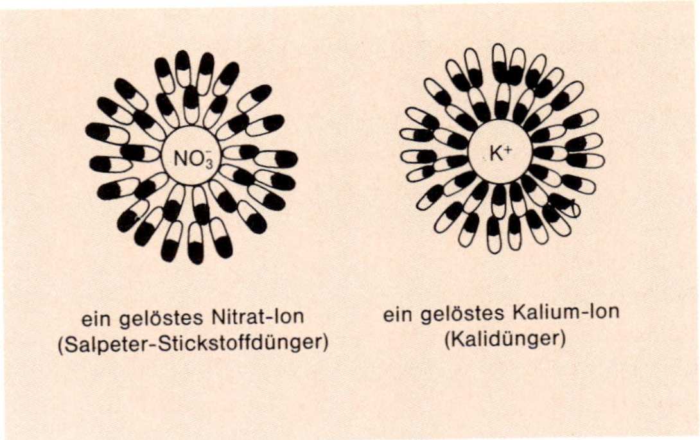

Abb. A 93. Nährstoff mit Wassermantel.

Wassermantel. Dieser Vorgang ist Voraussetzung für Nährstoffaufnahme und Nährstofftransport (Abb. A 93).

Wasser dient, wie auch das CO_2, als Grundstoff für organische Verbindungen. Aus dem Wasser (H_2O) wird der Wasserstoff (H) als Grundelement für alle organischen Verbindungen entnommen.

Temperatur

Die Temperatur beeinflußt die Lebensvorgänge sehr stark. Leben ist nur in einem eng begrenzten Temperaturbereich möglich.

Die untere Grenze liegt dort, wo das Wasser vom flüssigen in den festen Zustand übergeht, in reinem Wasser also bei 0 °C.

Durch in Wasser gelöste Stoffe kann diese Grenze jedoch mehr oder weniger stark gesenkt werden, d. h. der Gefrierpunkt wird erniedrigt.

Die obere Grenze liegt dort, wo lebensnotwendige Eiweiße gerinnen; sie können dann ihre normale Funktion nicht mehr erfüllen. Dieses Gerinnen der Eiweiße ist im täglichen Leben beim Kochen eines Hühnereies zu beobachten. Dabei wird das flüssige Eiweiß durch hohe Temperaturen fest und undurchsichtig.

Untere und obere Temperaturgrenzen werden als **physiologische Grenzen** bezeichnet. Innerhalb dieses Bereiches hat die Temperatur einen starken Einfluß auf die Geschwindigkeit der Lebenstätigkeit. Zu diesen Prozessen gehören der Aufbau von Reservestoffen und auch der Abbau von organischer Substanz.

Durch die Temperaturführung kann das Pflanzenwachstum in gewissen Grenzen beschleunigt oder verzögert werden.

Ebenso wie durch den Wachstumsfaktor Licht kann auch durch die Temperatur bei einzelnen Pflanzenarten die Blütenbildung ausgelöst werden. So erfolgt z. B. beim Weihnachtskaktus die Blütenbildung bei 13–15 °C im Kurz- und Langtag, bei 15–20 °C nur im Kurztag und bei 22–24 °C und darüber weder im Kurz- noch im Langtag.

Die Temperatur beeinflußt auch die Keimung der Pflanzen vielfach. Für den Abbau von keimhemmenden Stoffen sind bei einzelnen Pflanzenarten niedrige Temperaturen erforderlich. In der Praxis spricht man von sogenannten Frostkeimern. Auch eine obere Temperaturgrenze für die Keimung gibt es bei einigen Pflanzenarten. So liegt die optimale Keimtemperatur für Cyclamen bei 18 °C. Eine höhere Temperatur vermindert das Keimergebnis oder unterbindet die Keimung ganz.

Nährstoffe

Durch Verbrennung von pflanzlichem Material und anschließende Untersuchung der entstehenden Gase und Rückstände können die Elemente festgestellt werden, die am Bau der Pflanze beteiligt sind. Auch das Verhältnis dieser Elemente zueinander kann aus diesen Untersuchungen abgeleitet werden. Diese Erkenntnisse bilden die Grundlage für die mineralische Nährstoffversorgung der Pflanzen. Die im folgenden aufgeführten Elemente müssen den Pflanzen für ein normales Wachstum zur Verfügung stehen. Unterteilt werden diese Stoffe nach der mengenmäßigen Beteiligung am Aufbau der Pflanze in Hauptnährstoffe und Spurennährstoffe.

Hauptnährstoffe. Kohlenstoff (C), Sauerstoff (O), Wasserstoff (H), Stickstoff (N), Phosphor (P), Kalium (K), Kalzium (Ca), Magnesium (Mg) und Schwefel (S).

Spurennährstoffe. Eisen (Fe), Mangan (Mn), Kupfer (Cu), Zink (Zn), Molybdän (Mo), Bor (B).

Alle diese Nährstoffe müssen den Pflanzen in einem

bestimmten Verhältnis angeboten werden. Fehlt nur eines dieser Elemente oder liegt es in einer zu geringen Menge vor, treten typische Mangelerscheinungen auf. Aber auch Überschuß bestimmter Nährstoffe kann Pflanzenschäden verursachen.

1.5.2 Phytohormone

Neben den äußeren Wachstumsfaktoren, die in gewissem Umfang vom Gärtner verändert werden können, beeinflussen auch innere Wachstumsfaktoren die Entwicklung der Pflanzen. Zu diesen zählen u. a. die Phytohormone, deren Vorkommen und Wirkungsweise noch nicht vollständig erforscht sind.
Die Lebensäußerungen der Pflanzen werden vom Zellkern aus gesteuert. Im Zellkern wird von der Erbinformation ein Abdruck gemacht, der in die Zelle transportiert wird. Dort beeinflußt dieser Abdruck die Bildung der Enzyme. Diese wiederum rufen eine bestimmte Lebensäußerung hervor. In diese Kette greifen die Phytohormone an verschiedenen Stellen ein. Sie sind hochwirksame Substanzen, die dazu beitragen, daß die Entwicklung eine bestimmte Richtung einschlägt und geordnet abläuft (Abb. A 94).
Die Phytohormone greifen in die verschiedensten Vorgänge des Stoffwechsels ein. Sie sind in überwiegend hemmende und überwiegend fördernde Stoffe einzuteilen. Zu den überwiegend fördernden Phytohormonen gehören Auxine, Gibberelline und Cytokinine. Vorwiegend hemmend sind Abscisine und das Äthylen.
Die verschiedenen Wuchsstoffe wirken oft gleichzeitig bei einem Entwicklungsvorgang, indem sie sich gegenseitig fördern oder hemmen. Überdies reagieren die einzelnen Organe unterschiedlich auf die Wuchsstoffe und deren Konzentration. Die Wurzeln benötigen z. B. für ihr Wachstum bedeutend geringere Auxinmengen als die Sprosse. In der Wahl der richtigen Konzentration liegt deshalb eine Hauptschwierigkeit beim Einsatz der Phytohormone.

Abb. A 94. Wirkungsorte der Phytohormone.

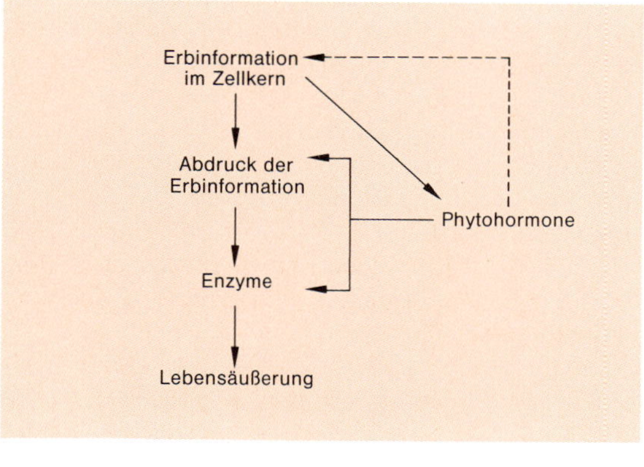

Auxine
In der Pflanze wird die Indolessigsäure, das IES, als Auxin gebildet. Auxine befinden sich im Sproß, in den Samenanlagen, in Laub- und Keimblättern und auch in der Wurzelspitze. Der Transport von IES in der Pflanze ist ein aktiver Vorgang.

Wirkung der Auxine
- Förderung der Zellstreckung
- Förderung des Fruchtwachstums
- Förderung von Blatt- und Wurzelwachstum
- Förderung von Kallus und Kambium
- Ausbildung von Holzzellen
- Bildung von Adventiv- und Seitenwurzeln
- Förderung der Zwiebelbildung
- Verhinderung des Austriebes von Achselknospen
- Verhinderung des Blatt- und Fruchtfalls
- Bildung von Früchten, ohne daß es zur Befruchtung der Eizelle gekommen ist
- Bildung von gefüllten Blüten

Aus dieser Aufstellung ergeben sich die Anwendungsmöglichkeiten im Pflanzenbau. Allerdings wird in der Praxis nicht das von der Pflanze gebildete IES eingesetzt, sondern die chemisch hergestellten Stoffe NES (Naphtylessigsäure) und das IBS (Indolbuttersäure), die stabiler sind und nicht so schnell zerstört werden.
Auxine werden in der gärtnerischen Praxis am häufigsten für die Stecklingsbewurzelung verwendet. Da Auxine das Austreiben von Seitenaugen verhindern, kann man damit auch die Keimbildung bei Speisekartoffeln im Frühjahr unterdrücken. Je nach Konzentration lassen sich Auxine sowohl für die Fruchtausdünnung bei Kernobst als auch für die Verhinderung des Fruchtfalls einsetzen. Außerdem verwendet man Auxine bei der Meristemkultur, um die Zellteilung zu unterstützen und, mit anderer Konzentration, die Differenzierung von Pflanzenorganen.
Ein weiteres synthetisch hergestelltes Auxin ist das 2,4 D. Es wird in der Pflanze nicht abgebaut. 2,4 D ist in einzelnen Herbiziden enthalten. Da es die Zellteilung anregt, wächst die Pflanze solange, bis sie stirbt.

Gibberelline
Von den Gibberellinen sind über 30 verschiedene Formen bekannt. Gebildet werden die Gibberellinsäuren in der Sproß- und Wurzelspitze, wie auch in jungen Blättern und in wachsenden Keimlingen.

Wirkung von Gibberellinen
- Förderung der Zellstreckung
- Förderung der Zellteilung
- Förderung des Fruchtwachstums
- Bildung samenloser Früchte
- Wachstumsförderung von Keimpflanzen
- Aufhebung der Blühhemmung bei Pflanzen, die sonst niedrige Temperaturen zur Aufhebung der Blühhemmung brauchen
- Aufhebung der Keimhemmung bei verschiedenen Samen

Da die Wirkung der Gibberelline sehr stark von der eingesetzten Konzentration abhängt, werden sie in der Gartenbaupraxis selten eingesetzt, eventuell im Citrusanbau zur Erzeugung samenloser Früchte.
Größere Verbreitung haben dagegen synthetische Stoffe erlangt, die als Hemmstoffe die Gibberellinwirkung der Pflanzen aufheben können. Diese auch als »Stauchemittel« bekannten Stoffe, wie z. B. Cycocel, Alar, u. a., hemmen die Zellstreckung. Mit Cycocel gespritztes Getreide hat kürzere Internodien, dafür aber deutlich standfestere Halme. Behandelte Zierpflanzen sind kompakter und buschiger, oft erreicht man auch einen besseren und gleichmäßigeren Knospenansatz.

Cytokinine
Diese Stoffgruppe wurde im Verhältnis zu den bisher genannten erst recht spät entdeckt. Das Kinetin, das dieser Stoffgruppe den Namen gegeben hat, wurde als Abbauprodukt in verletztem Pflanzenmaterial gefunden. Es wird in lebendem Gewebe nicht gebildet. Gebildet wird dagegen das Zeatin, das die gleiche Wirkung hat.
Cytokinine kommen in den Wurzelspitzen wie auch in den Keim- und Laubblättern vor.

Wirkungsweise der Cytokinine
- Förderung der Zellteilung
- Förderung der Verzweigung
- Beseitigung der Orientierung im Raum
- Förderung des Wurzelwachstums
- Hemmung der Adventivwurzelbildung
- Erhöhung der Atmung
- Verminderung des Eiweißabbaues

Die Cytokinine hemmen im Leben der Pflanze den Alterungsprozeß. Um die Zellteilung anzuregen, werden sie dem Nährboden bei der Meristemkultur zugesetzt. Für die Anwendung im allgemeinen Pflanzenanbau liegen noch keine praxisreifen Forschungsergebnisse vor.

Abscisin
Hierbei handelt es sich um einen Stoff, der im Herbst in den Pflanzen entsteht, in seiner Konzentration ansteigt und schließlich den Blattfall bewirkt. Aber auch nach Verwundungen steigt er im Gewebe von Pflanzen an. Gebildet wird er in Blättern und Früchten.

Wirkungsweise von Abscisin
- Hemmt die Zellteilung
- Hemmt das Streckungswachstum
- Fördert die Samen- und Knospenruhe
- Fördert die Bildung der Korkschicht zwischen Sproß und Blatt bzw. Frucht.

In Samen von sogenannten Frostkeimern ist Abscisinsäure als keimhemmende Substanz vorhanden. Sie wird durch niedrige Temperaturen abgebaut. Gleiches gilt für die Ruhezeit von vielen einheimischen Gehölzen. Gehölzzweige, die im Winter zur Blüte gebracht werden sollen, müssen erst niedrigen Temperaturen ausgesetzt werden oder eine natürliche Kälteperiode hinter sich bringen. Auf diese Weise ist auch der alte Brauch zu erklären, daß Forsythienzweige erst vom Barbaratag an (4. Dezember) geschnitten werden dürfen.

Äthylen
Der Einfluß von Äthylen auf pflanzliches Material ist schon seit langem bekannt. Äthylen soll in allen Pflanzenteilen gebildet werden, besonders jedoch in schnell wachsenden Geweben wie Blättern und Knospen, in reifenden Früchten, in Blüten und in alternden Blättern.

Wirkungsweise von Äthylen
- Wachstumshemmung
- Reifebeschleunigung bei Früchten
- Welken der Blüten
- Alterung (Gelbfärbung und vorzeitiger Blattfall)
- Austreiben von ruhenden Knospen
- verstärkte Blütenbildung

Eine wichtige, in der Praxis seit langem bewährte Einsatzmöglichkeit von Äthylen ist die Förderung

der Blütenbildung bei Bromelien. Für diesen Zweck werden die verschiedensten Methoden und Stoffe verwendet, die jedoch alle nach bestimmten Umsetzungsprozessen Äthylen abgeben.
Die reifefördernde Wirkung des Äthylens wird bei der Reifung von Bananen ausgenutzt.
Reifes Obst bildet Äthylen und gibt es an die Luft ab. Bei Kernobst, das längere Zeit gelagert werden soll, ist eine Reifeförderung unerwünscht, weil dadurch die Haltbarkeit sehr verkürzt wird. Deshalb wird das Äthylen durch Aktivkohlefilter aus der Lagerluft entfernt.
Schnittblumen altern schneller durch Äthylen, deshalb sollen Schnittblumen und Obst bzw. Gemüse nie gemeinsam in einem Kühlraum gelagert werden. Auch verwelkende Pflanzenreste im Abfallkübel eines Binderaumes bilden reichlich Äthylen und können die Haltbarkeit frischer Schnittblumen beeinträchtigen.

Kontrolle und Vertiefung

1. Durch welchen Vorgang kann die Pflanze Lichtenergie speichern und wie wird diese gespeicherte Energie wieder freigesetzt?
2. Welcher Bestandteil der Luft kann für Pflanzen in Gewächshäusern am ehesten knapp werden?
3. Wo liegen die unteren und oberen Temperaturgrenzen für physiologische Prozesse?
4. Welche Hauptnährstoffe werden durch Düngung über den Boden verabreicht?
5. Warum werden anstelle der pflanzeneigenen synthetisch hergestellte Auxine verwendet?
6. Informieren Sie sich über den Einsatz und die Verwendung von »Stauchemitteln« in Ihrem Ausbildungsbetrieb.
7. Warum müssen Gehölze (Flieder, Forsythien, Mandelbäumchen) für die frühe Treiberei oft einer Kühlbehandlung unterzogen werden, um sicher zu blühen?
8. Warum sollen getrennte Kühlräume für Obst und Schnittblumen eingerichtet werden?

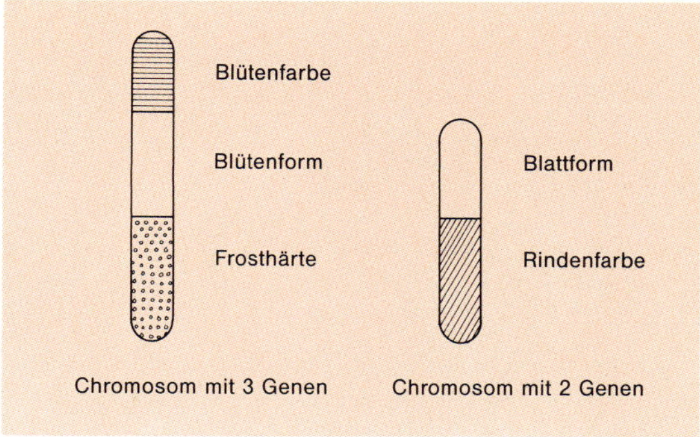

Abb. A 95. Einfaches Schema eines Chromosomensatzes mit seinen Genen.

1.6 Vererbungslehre und Züchtung

1.6.1 Die Mendelschen Regeln

Im Zellkern befinden sich die Chromosomen. Als Träger der Erbinformation bestimmen sie alle vererbbaren Eigenschaften der Pflanzen. Da in jedem Zellkern einer Pflanze die gleiche Erbinformation vorhanden ist, ist sichergestellt, daß generativ vermehrte Pflanzen diese Erbinformation enthalten und in Aussehen und Eigenschaften den Ausgangspflanzen vollständig gleichen.
Um die Aufgabe der Chromosomen im Zellkern zu verdeutlichen, könnte man sie in etwa mit einem Computerprogramm vergleichen. Denn ähnlich wie auf solchen Programmen sind auf den Chromosomen für jedes Pflanzenmerkmal und für jeden Stoffwechselschritt genaue »Produktionsanweisungen« gespeichert. Da dieses Programm in jedem Zellkern einer Pflanze vorhanden ist, arbeitet jede Pflanzenzelle nach dem gleichen Programm, bildet also z. B. Anthozyan für rotlaubige Blätter oder Öle als Reservestoff usw.
Ein Chromosom ist in Abschnitte gegliedert, die man z. T. unter dem Elektronenmikroskop erkennen kann. In diesen Abschnitten sind die Erbinformationen für jedes Merkmal gespeichert, sie werden auch **Gene** genannt. Das Gen für Blütenfarbe z. B. steuert, ob die Pflanze Flavone bildet und damit gelbe Blüten hat oder kein Flavon aufbaut und dann weiß blüht. Der Chromosomenbestand und die darin gespeicherte gesamte Erbinformation wird als **Genotyp** bezeichnet (Abb. A 95).
Die Geschlechtszellen, also Eizellen und Pollenzellen, haben nur den einfachen (haploiden) Chromo-

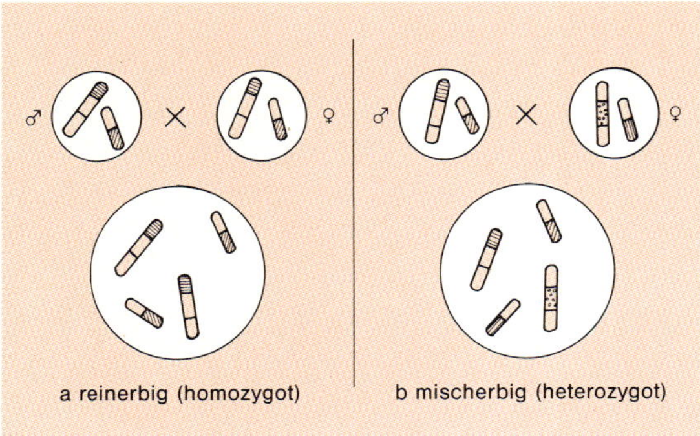

Abb. A 96. Mögliche Kombination bei der Befruchtung.

somensatz, in dem jedoch sämtliche Erbinformationen enthalten sind. Durch die Befruchtung der Eizelle entsteht die erste Zelle des neuen Lebewesens mit doppeltem (diploidem) Chromosomensatz, d. h. es befinden sich in dieser neu entstandenen Zelle zwei Informationen für jedes Merkmal (Abb. A 96).

Wenn bei der Befruchtung eine Eizelle und eine Pollenzelle mit in ihren Erbinformationen gleichen Chromosomensätzen zusammentreffen, entsprechen die Nachkommen vollkommen den Eltern, sowohl im Aussehen als auch im Erbbild. Solche Nachkommen werden als **reinerbig (homozygot)** bezeichnet (s. Abb. A 96 a).

Sind in den Chromosomensätzen von Eizelle und Pollenzelle jedoch unterschiedliche Erbinformationen (Programme) für ein Merkmal, z. B. die Blütenfarbe oder die Blattform, können die Nachkommen anders aussehen als die Pflanzen der Elterngeneration. Sie sind dann **mischerbig (heterozygot)** (s. Abb. A 96 b). Damit wird deutlich, daß das Erbbild das Erscheinungsbild bestimmt. Das Erscheinungsbild wird auch **Phänotyp** genannt.

Vereinigen sich bei der Befruchtung zwei Geschlechtszellen, die sich in ihren Erbinformationen unterscheiden, ist nicht ohne weiteres vorherzusagen, wie die Nachkommenschaft aussehen wird.

Betrachten wir als Beispiel die Blütenfarbe einer Pflanze. Trifft bei der Befruchtung in einer Pflanze die Information »Blütenfarbe rot« auf die Information »Blütenfarbe weiß«, so sind folgende Möglichkeiten gegeben: Folgt die Pflanze in der Ausbildung des Phänotyps nur einer der beiden Erbinformationen, z. B. »Blütenfarbe rot« und läßt die andere außer acht, so spricht der Züchter von einem **dominanten** Erbgang. Die nicht in Erscheinung tretende Erbinformation, »Blütenfarbe weiß«, nennt man **rezessiv.** Eine im Erscheinungsbild rotblühende Pflanze kann also reinerbig, aber auch mischerbig sein.

Die andere Möglichkeit besteht darin, daß beide Erbinformationen an den Nachkommen äußerlich sichtbar werden. In unserem Beispiel mischen sich also Rot und Weiß, die Erbinformationen ergeben

Abb. A 97. Kreuzung von homozygoten Eltern. a = Ein Erbmerkmal überdeckt ein anderes Erbmerkmal = dominant-rezessiver Erbgang. b = Beide Erbmerkmale kommen zur Wirkung = intermediärer Erbgang.

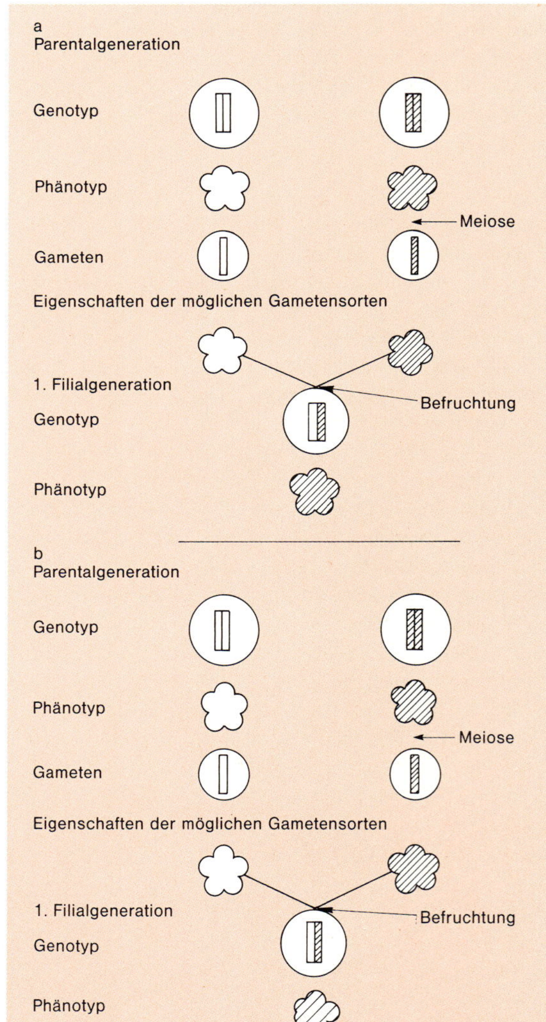

die Blütenfarbe Rosa. Da in diesem Fall das Erscheinungsbild der Nachkommen zwischen dem Erscheinungsbild der beiden Elternteile liegt, spricht man von einem **intermediären** Erbgang. Das Erscheinungsbild Rosa entspricht also dem mischerbigen Erbbild.

Schon der Augustinermönch **Gregor Mendel** (1822–1884) hat bei seinen Beobachtungen und Versuchen erkannt, daß sich die Nachkommen von der Elterngeneration unterscheiden können. Durch zahlreiche Kreuzungsversuche kam er schließlich zur Aufstellung bestimmter Gesetzmäßigkeiten. Wir haben es heute leichter, diese Gesetzmäßigkeiten zu verstehen, da wir die Chromosomen als Träger der Erbinformation kennen. Außerdem ist uns bekannt, daß es bei der Befruchtung zu einer Neukombination von Chromosomen kommt und damit also auch zur Vereinigung von unterschiedlichen Erbinformationen.

Da die moderne Wissenschaft bewiesen hat, daß die Aussagen von Mendel nicht immer zutreffend sind, spricht man heute von **Mendel-Regeln** anstelle von Mendel-Gesetzen. Um die Mendel-Regeln zu verstehen, sollen hierzu einige Beispiele erläutert werden.

Als Ausgangsmaterial betrachten wir eine reinerbig rotblühende und eine reinerbig weißblühende Pflanze. Diese Ausgangspflanzen sind die Elterngeneration oder **Parentalgeneration** bei Kreuzungen. Die Nachkommen, die aus der Parentalgeneration entstehen, werden als **1. Filialgeneration** (F_1) bezeichnet, die Nachkommen der 1. Filialgeneration als **2. Filialgeneration** (F_2), die danach folgende als **3. Filialgeneration** (F_3) usw. In den folgenden Abbildungen (Abb. A 97), in denen ein dominant-rezessiver und ein intermediärer Erbgang verdeutlicht werden sollen, sind nur die Chromosomen dargestellt, die für die zu betrachtenden Eigenschaften von Bedeutung sind. Wie aus der vorstehenden Abbildung zu ersehen ist, sind alle Nachkommen von zwei reinerbigen Eltern in der 1. Filialgeneration gleich. Mendel war in seinen Kreuzungsversuchen zu diesem Resultat gekommen und stellte als Ergebnis seiner Arbeit die 1. Mendel-Regel auf.

1. Mendel-Regel

Kreuzt man zwei homozygote Lebewesen miteinander, die sich in einem Merkmal unterscheiden, so sind die Nachkommen in der 1. Filialgeneration untereinander gleich, sie sind **uniform.**

Aufgrund dieses Ergebnisses wird die erste Mendel-Regel auch als **Uniformitätsregel** bezeichnet. Das

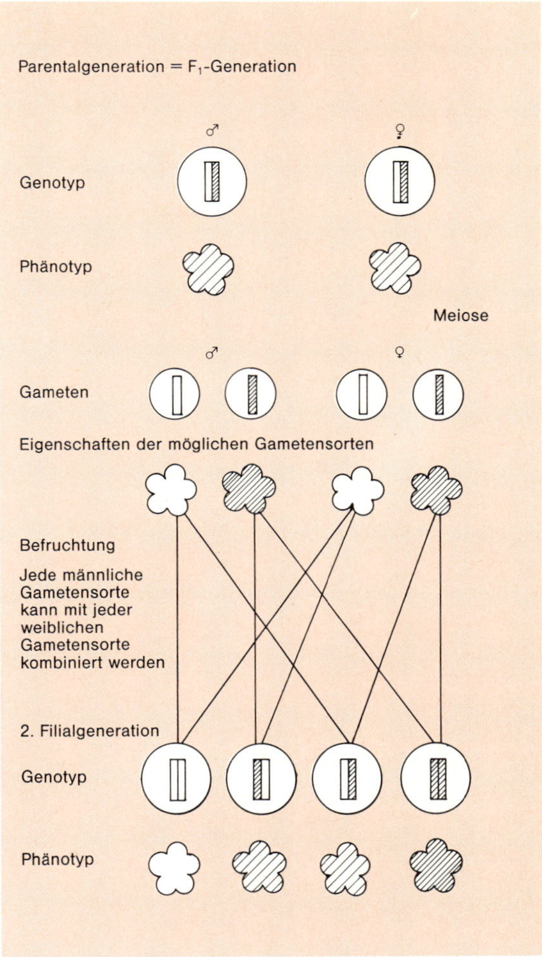

Abb. A 98. Kreuzung von heterozygoten Eltern aus der F_1-Generation bei einem intermediären Erbgang.

Kreuzungsprodukt wird im Pflanzenbau als **Hybride** bezeichnet. Will man das Kreuzungsprodukt zweier reinerbiger Eltern kenntlich machen, bezeichnet man es als F_1-Hybriden. Die besondere Bedeutung von F_1-Hybriden in der gärtnerischen Praxis besteht darin, daß alle F_1-Hybriden gleich sind und damit der gleiche Effekt erreicht werden kann, wie bei einer vegetativen Vermehrung.

Kreuzt man nun zwei heterozygote Pflanzen, wie wir sie in dem Beispiel in der F_1-Generation erhalten haben, so ergibt sich folgender Erbgang: (Abb. A 98).

Aus dem Ergenis hat Mendel eine 2. Regel abgeleitet:

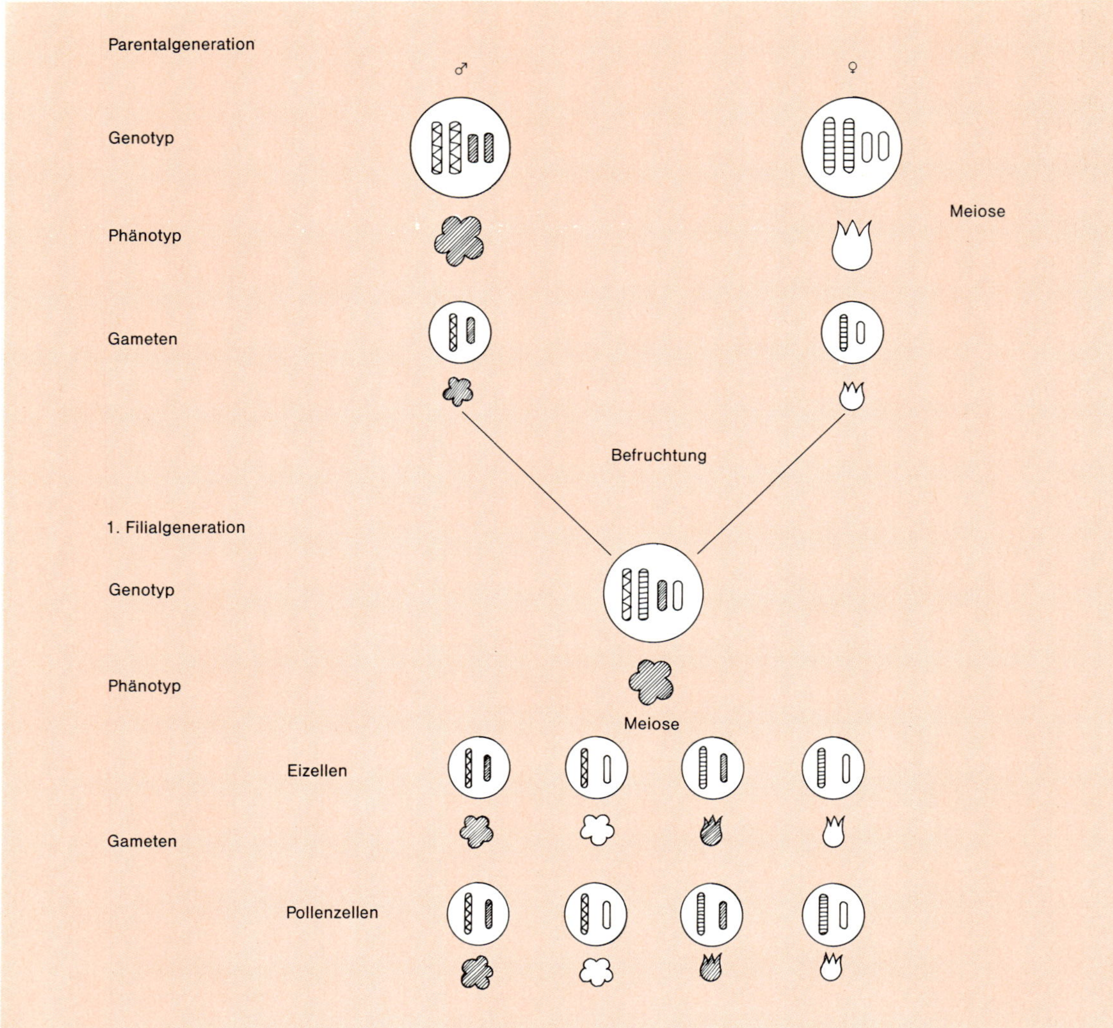

Abb. A 99. Schema einer Kreuzung von Pflanzen, die sich in zwei Merkmalen unterscheiden, dominanter Erbgang F_1.

2. Mendel-Regel

Kreuzt man zwei Pflanzen, die in einer Eigenschaft heterozygot, also mischerbig sind, entstehen in der F_2-Generation Nachkommen, die untereinander nicht gleich sind.

Da die Nachkommen in der F_2-Generation, wie das Beispiel zeigt, in einem bestimmten Verhältnis aufspalten, wird die zweite Mendelregel auch als **Spaltungsregel** bezeichnet.

Ist ein Erbfaktor über den anderen **dominant,** so spalten die Nachkommen in der F_2-Generation im Verhältnis 1 : 3 auf. Jeder Nachkomme, der mindestens einmal den Erbfaktor »Blütenfarbe rot« enthält, erscheint phänotypisch rot.

Kommen beide Erbfaktoren in gleicher Weise zur Geltung, so ergibt sich ein Spaltungsverhältnis von 1 : 2 : 1. In unserem Beispiel haben 25% der Pflanzen weiße, 50% der Pflanzen rosa und 25% der Pflanzen rote Blüten.

Genotypisch, also in bezug auf die Erbfaktoren, kommt es in beiden Fällen zur Aufspaltung im Verhältnis 1 : 2 : 1. 25% der entstehenden Pflanzen werden reinerbig weiß, 25% reinerbig rot und 50%

werden heterozygot sein, also beide Erbinformationen tragen.
In weiteren Kreuzungsversuchen verwendete Mendel Pflanzen, die sich in mehreren Merkmalen unterschieden, so daß er in der 3. Mendel-Regel zu folgendem Ergebnis kam:

3. Mendel-Regel
Die Erbmerkmale (Gene) sind eigenständig und frei kombinierbar. Die Nachkommenschaft aus einer solchen Kreuzung enthält durch Neukombination der Merkmale deshalb ganz neue Typen. Jedoch ist eine freie Kombination der Merkmale nur möglich, wenn diese auf verschiedenen Chromosomen liegen.

In Abb. A 99 ist ein Beispiel für die Neukombination von Erbmerkmalen bei einem dominant-rezessiven Erbgang erläutert. Betrachtet werden Pflanzen, die sich in zwei Merkmalen unterscheiden, Blüten**form** und Blüten**farbe.** Die Blütenform mit 5 Blütenblättern ist dominant über die glockige Blütenform. Die Blütenfarbe rot dominiert über die weiße. Die Elternpflanzen sind in diesen Merkmalen reinerbig.
Bei der Bildung von Gameten in der 1. Filialgeneration können bei den betrachteten Eigenschaften vier verschiedene Sorten von Gameten entstehen. Da jeder männliche mit jedem weiblichen Gameten kombiniert werden kann, stellt man ein Kreuzungsschema auf. Mit dessen Hilfe läßt sich die Vielzahl der Kombinationsmöglichkeiten übersichtlicher darstellen (Abb. A 100).
Neu entstanden sind in unserem Beispiel Pflanzen mit 5 Blütenblättern und weißer Farbe sowie Pflanzen mit roten glockenförmigen Blüten, die auch reinerbig sind. Daneben gibt es andere, äußerlich gleich aussehende Pflanzen, die jedoch mischerbig sind. Indem man jede Pflanze mit sich selbst kreuzt, kann man an den Aufspaltungen in der Nachkommenschaft feststellen, welche Pflanzen reinerbig und welche mischerbig sind. Ein Anwendungsbereich der 1. und 2. Mendelregel liegt also im Erkennen von Genotypen.
Zählt man die Phänotypen im vorliegenden Beispiel, so kommt man zu folgenden Verhältniszahlen:

5 Blütenblätter + rote Farbe	5 Blütenblätter + weiße Farbe	glockenförmige Blüte + rote Farbe	glockenförmige Blüte + weiße Farbe
9	3	3	1

1.6.2 Züchtung

Pflanzenzüchtung hat zum Ziel, möglichst leistungsfähige Sorten für den Anbauer zu entwickeln, sei es nun Vielfalt in Form und Farbe, hohe und sichere Erträge oder Widerstandsfähigkeit gegen Krankheiten und Witterung. Der Züchter kann sich dabei verschiedener Methoden bedienen, um diese Ziele zu erreichen.

Auslesezüchtung
Die älteste Form der Züchtung ist die Auslesezüchtung. Aus einem Pflanzenbestand werden solche Pflanzen für eine weitere Vermehrung ausgelesen, die in ihren Eigenschaften dem gewünschten Zuchtziel entsprechen. Diese planmäßige Auslese über mehrere Generationen ist zwar eine einfach zu praktizierende, jedoch langwierige Methode zur Neuzüchtung von Sorten.
Eine Form der Auslesezüchtung ist die **Erhaltungszüchtung.** Um eine Sorte auf ihrem hohen Leistungsniveau zu halten, muß die Saatgutvermehrung züchterisch kontrolliert werden. Zum Beispiel werden beim Samenbau von Stiefmütterchen kurz vor der Vollblüte alle Pflanzen, die in Blütenfarbe oder -zeichnung nicht dem gewünschten Typ entsprechen, entfernt, damit eine Bestäubung nur zwischen einheitlich aussehenden Pflanzen erfolgen kann. Bei Cyclamen werden nur solche Pflanzen als Mutterpflanzen ausgewählt, die in allen Eigenschaften (Aufbau, Blütenform, Farbe, Blattzeichnung) dem Idealbild der jeweiligen Sorte entsprechen.

Kombinationszüchtung
Durch Kreuzung zweier Pflanzen, die jeweils verschiedene erwünschte Eigenschaften besitzen, kann erreicht werden, diese bei den Nachkommen auf eine Pflanze zu vereinigen. Sorgfältige Ausleseverfahren und Prüfung der Nachkommen über mehrere Generationen schließen sich an, ehe aus der Vielzahl der Kreuzungsnachkommen die erwünschte neue Sorte entsteht.
Auch das Einkreuzen günstiger Eigenschaften, wie z. B. Krankheitsresistenz in bereits bestehende Sorten, zählt zur Kombinationszüchtung. Durch Ver-

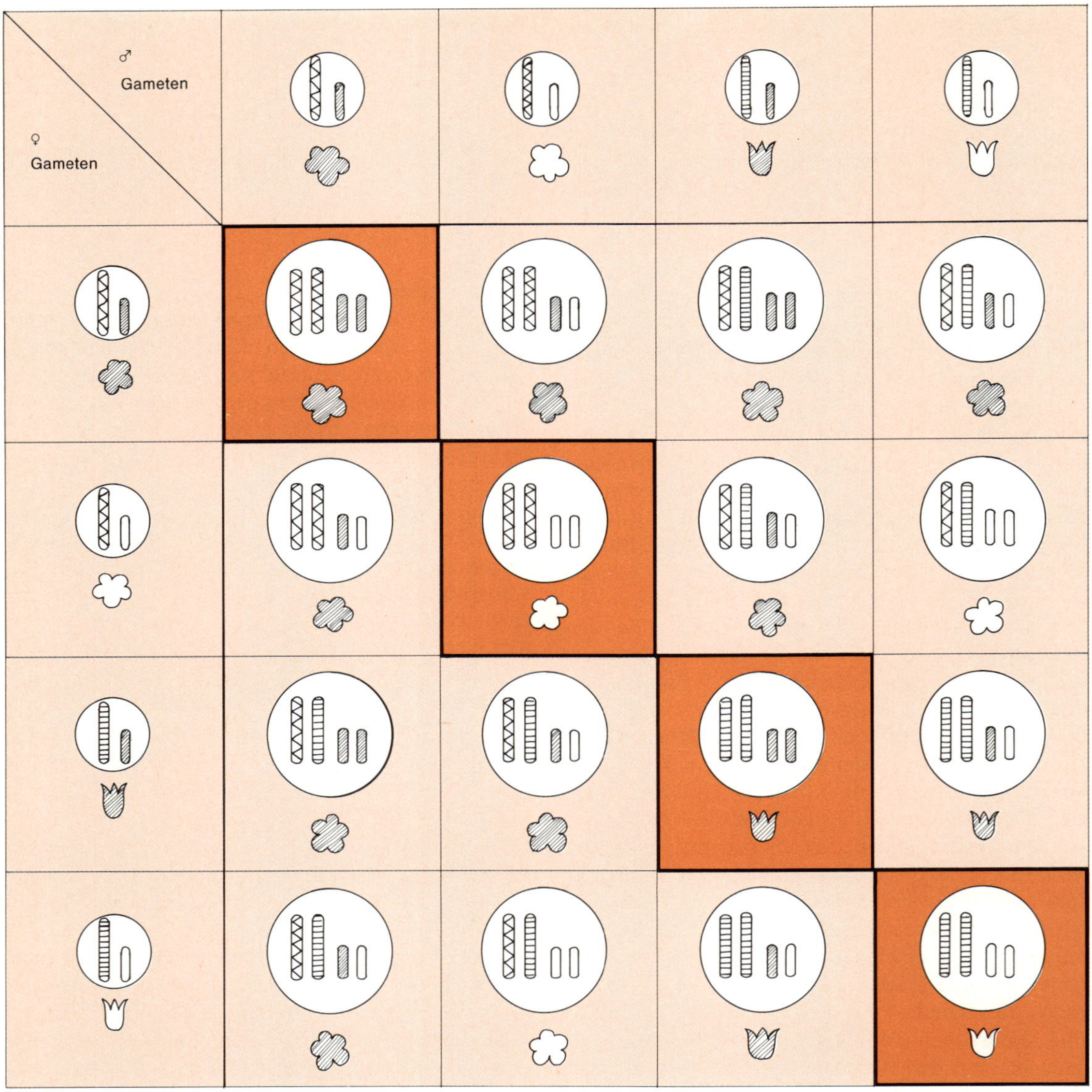

Abb. A 100. Kreuzungsschema für die F_2-Generation.

stärkung der Kutikula bei Rosen, Spinat und Salat erhöht sich die Resistenz gegen echten Mehltau.

Hybridzüchtung

F_1-Hybriden finden im Gemüsebau und im Zierpflanzenbau immer weitere Verbreitung, weil durch dieses Verfahren ein einheitlicher Pflanzenbestand durch generative Vermehrung erzielt werden kann. In Anwendung der 1. Mendelschen Regel, daß die Nachkommen reinerbiger Eltern in der F_1-Generation uniform sind, erzeugt der Züchter durch Inzucht (erzwungene Selbstbefruchtung bei Fremdbefruchtern) reinerbige Pflanzenstämme mit den gewünschten Merkmalen. Durch Kreuzung dieser Inzuchtstämme entstehen einheitliche Nachkommen, in denen die Merkmale kombiniert auftreten. Manche dieser F_1-Hybriden zeichnen sich auch durch eine deutlich stärkere Wüchsigkeit gegenüber der Elterngeneration aus. Dieses wird als **Heterosiseffekt** bezeichnet.

Ein eigener Nachbau von F_1-Saatgut durch den Gärtner ist nicht sinnvoll. Da die F_1-Nachkommen in vielen Merkmalen heterozygot sind, würde durch Aufspaltung in der F_2-Generation ein äußerst uneinheitlicher Bestand aufwachsen, der auch in der Ertragsleistung nicht befriedigte. Nur der Besitzer der Elternstämme kann das Saatgut einer F_1-Sorte erzeugen.

Mutationszüchtung

Mutation und Modifikation. Wie wir aus den Kenntnissen über die Zelle wissen, werden Erscheinungsbild und Lebensvorgänge der Pflanzen von den Erbinformationen bestimmt, die sich im Zellkern befinden. Gespeichert sind die Erbinformationen auf langen Molekülketten, die sich als größere Einheit zu Chromosomen vereinigen. Wird nun die Reihenfolge dieser Ketten geändert oder werden Teile dieser Molekülketten ausgetauscht, so ändern sich auch zwangsläufig die Erbinformationen. Solche Änderungen der Erbinformationen können z. B. bei der Zellteilung auftreten, wenn sich die Chromosomen spalten oder vom Spindelapparat transportiert werden. Die sprunghafte Veränderung der Erbinformation wird in der Biologie als **Mutation** bezeichnet. Die durch Mutation erworbenen neuen Eigenschaften werden auf die nachfolgenden Generationen weitervererbt.

Die Auswirkung einer Mutation kann recht unterschiedlich sein. Sie kann die Lebensfähigkeit eines Individuums oder einer Art in einem bestimmten Lebensraum stark oder völlig beeinträchtigen. Andererseits kann die Mutation aber auch Vorteile gegenüber anderen Pflanzen der gleichen Art oder konkurrierenden Arten bringen. Unter diesen Umständen wird sich dieses Lebewesen mit seinen Nachkommen im Laufe der Zeit gegenüber anderen stärker durchsetzen. Eine weitere Möglichkeit, wie sich Mutationen auf der Erde verbreiten können, ist die Inkulturnahme von Mutanten durch den Menschen.

Im Gegensatz zur Mutation, bei der eine Veränderung des Erbgutes die Veränderung eines Pflanzenmerkmals hervorruft, sind bei der **Modifikation** Umwelteinflüsse verantwortlich für Veränderungen des Pflanzenwuchses. Pflanzen aus der Hochregion der Alpen sind niedrig und meist dicht behaart. Mit dieser Wuchsform sind sie besonders gut angepaßt an die kurze Kulturperiode und die hohe ultraviolette Strahlung, die in dieser Vegetationszone herrschen. Werden solche Alpenpflanzen vom natürlichen Standort entfernt und in Hausgärten im Flachland angesiedelt, so verlieren sie wegen der abweichenden Bodenverhältnisse und des geringeren UV-Anteils im Sonnenlicht bald ihren typischen Charakter. Beim Edelweiß z. B. sind die Blüten dann fast grün und der Blütenstand ist nicht mehr gedrungen, sondern kann auswachsen und weitere Teilblütenstände bilden. Wieder ins Hochgebirge zurückgebracht, würde die gleiche Edelweißpflanze im nächsten Jahr typisch gedrungen und weiß behaart aussehen.

Arten der Mutationszüchtung. Die Mutationszüchtung nutzt sprunghafte Veränderungen des Erbgutes aus.

Natürlich auftretende Mutationen sind z. B. die rotschaligen Formen bekannter Apfelsorten, wie 'Boskoop' und 'James Grieve'. Auch bei Azaleen, Nelken oder Chrysanthemen treten in einem Bestand immer wieder einmal Triebe auf, die eine neue Blütenfarbe zeigen. So eine durch Mutation entstandene Farb- oder auch Wuchsvariante wird als **Sport** bezeichnet und muß vegetativ vermehrt werden. Ein durch vegetative Vermehrung aus einer Pflanze aufgebauter Pflanzenbestand ist ein **Klon.** Alle Nachkommen haben dasselbe Erbgut wie die Mutterpflanze.

Als klassisches Beispiel für natürliche Mutationen sind die verschiedenen Kohlarten zu nennen, die aus einer Stammform abgeleitet werden können.

Da die geringe Mutationshäufigkeit den Züchtern jedoch zu wenig Ausgangsmaterial für die Entwicklung neuer Sorten bot, wurden verschiedene Verfahren entwickelt, um Mutationen künstlich auszulösen.

Polyploidie durch Kolchizinbehandlung. Kolchizin ist ein Giftstoff (Alkaloid), der aus der Herbstzeitlose, *Cólchicum,* gewonnen wird. Werden keimende Samen, Geschlechtszellen oder wachsende Vegetationspunkte mit Kolchizin behandelt, indem man sie für mindestens zwei Stunden in eine Kolchizinlösung taucht, tritt vielfach als Mutation eine Vermehrung der Chromosomenzahl auf. Die neugebildeten Zellen enthalten mehr als den doppelten Chromosomensatz, weil Kolchizin bei der Mitose die Bildung der Kernspindel und damit die Verteilung der Chromosomen auf die Pole verhindert.

Die Vervielfachung des Chromosomensatzes bezeichnet man allgemein als **Polyploidie.** Polyploide Zellen werden wesentlich größer als normale Zellen, es lassen sich damit also Pflanzen mit Riesenwuchs erzeugen. Die Nachkommen solcher Pflanzen sind wiederum polyploid.

Mutation durch radioaktive Bestrahlung. Seit es möglich ist, aus einzelnen Zellen oder Zellverbänden durch das Verfahren der Gewebekultur vollständige Pflanzen zu entwickeln, hat die Mutation durch radioaktive Bestrahlung eine wesentliche Bedeutung. Die Strahlung verändert die genetische Information der in der Nährlösung kultivierten Zellen oder Gewebe. So hat man z. B. die Blütenfärbung und Blütenzeichnung bei Chrysanthemen und Azaleen verändert und damit neue Sorten erhalten.

Kontrolle und Vertiefung

1. Was sind Gene und wo befinden sie sich?
2. Erklären Sie an Beispielen, wann eine Pflanze reinerbig bzw. mischerbig ist. Welche Konsequenzen haben diese Eigenschaften für die Nachkommenschaften?
3. Wie kann der Züchter herausfinden, ob äußerlich gleich aussehende Pflanzen reinerbig oder mischerbig sind?
4. Wie sehen die Nachkommen in der F_1 und der F_2 von reinerbigen Eltern mit folgenden Merkmalen aus: ♀ lila Blüten, ♂ weiße Blüten. Die Blütenfarbe Lila ist dominant.
5. Welche neuen Typen sind aus einer Kreuzung folgender Elternpflanzen zu erwarten: ♀ rote Blüten, mehltauanfällig × ♂ weiße Blüten, mehltauresistent?
6. Welche Vorteile bringen F_1-Sorten für den Anbauer und den Züchter?
7. Was ist ein Klon?
8. Erklären Sie an Beispielen den Unterschied zwischen einer Mutation und einer Modifikation.
9. Welcher Chromosomensatz ist bei den neuen Tochterzellen zu erwarten, wenn bei einer Pflanze mit diploidem Chromosomensatz eine Kolchizinbehandlung durchgeführt wird?

1.7 Arbeitsgebiete der Botanik

Neben der **Botanik,** die sich mit der Lehre über die Pflanzen beschäftigt, und der **Zoologie,** der Lehre von den Tieren, kann als eigenständiger Zweig die Genetik angesehen werden. Gesetzmäßigkeiten und Erscheinungen, die in der **Genetik,** der Vererbungslehre, untersucht werden, sind bei Tier und Pflanze in gleicher Weise zu beobachten.

Die reine Beschreibung der Pflanzen wird als **Taxonomie** bezeichnet.

Im Rahmen der **Systematik** wird eine Einteilung der Pflanzen in eine bestimmte natürliche Ordnung vorgenommen. Gegliedert sind die Pflanzen in Gattung, Art, Familie und höhere Gruppeneinheiten.

In der **Morphologie** beschäftigt man sich mit der Gestalt der Pflanzen.

Im Gegensatz zur Morphologie wird im Rahmen der **Anatomie** der Feinbau der Pflanze untersucht. Hierunter kann die **Zytologie,** die Lehre von der Zelle, wie auch die **Histologie,** die Lehre von den Zellverbänden bzw. den Geweben eingeordnet werden.

Die **Physiologie** umfaßt das Gebiet der Stoffwechselvorgänge in der Pflanze.

Die **Ökologie** als moderner Wissenschaftszweig untersucht den Zusammenhang zwischen Bau, Leistung des Lebewesens und Standort.

Die **Pflanzensoziologie** ist für den Garten- und Landschaftsbau von besonderer Bedeutung, da hier das Leben der Pflanzen in einem bestimmten Verband einer Lebensgemeinschaft untersucht wird.

Die **Pflanzengeographie** beschäftigt sich mit der Verbreitung und dem Vorkommen der Pflanzenarten über die Erde.

Die **Paläobotanik** untersucht Pflanzen, die in erdgeschichtlich früherer Zeit gelebt haben und heute ausgestorben sind.

1.8 Botanische Zeichen und Abkürzungen

Um einprägsame Zeichen und Abkürzungen in gartenbaulichen Veröffentlichungen zu erhalten, wurde ein DIN-Normblatt entwickelt. Für Kataloge und andere Werbemaßnahmen sind die Zeichen und Abkürzungen raum- und kostensparende Zeichen. Dem Gärtner sollten diese Zeichen bekannt sein, um Kataloge und Beschreibungen von Pflanzen im einzelnen lesen und auch erstellen zu können.

Zeichen

♀ weiblich
♂ männlich
☿ zwittrig
⊙ Einjährige Pflanze
⊙ Zweijährige Pflanze
♃ Staude
♄ Halbstrauch
♄ Strauch
♄ Baum
Hängepflanze
Kletterpflanze
⟿ Kriechpflanze
Topfpflanze
Einfassung
⌓ Polsterpflanze
△ Steingarten
Ufer- u. Sumpfpflanze
Wasserpflanze
Warmhaus
Kalthaus
× Bastard (Hybride)
+ Pfropfbastard (Chimäre)
Alpinenhaus
▭ Kasten
⌃ Winterschutz
Giftpflanze
Fruchtschmuck
✂ Schnitt für Vasenschmuck
Ⓝ Nutzpflanze
▽ in der Bundesrepublik Deutschland geschützte Art
▼ in der Deutschen Demokratischen Republik geschützte Art

Abkürzungen

ssp.	=	subspecies = Unterart
var.	=	varietas = Varietät
convar.	=	Convarietät = Gruppe von Sorten innerhalb einer variablen Art
f.	=	forma = Form
cv.	=	cultivar = Sorte (gekennzeichnet durch Vorsetzen der Abkürzung cv. oder durch Einschluß des Sortennamens in zwei einfache Anführungsstriche, z. B. *Sédum spectábile* 'Brillant' oder *S. s.* cv. Brillant)
m.	=	masculinum = männlich
f.	=	femininum = weiblich
n.	=	neutrum = sächlich
D	=	Duft
i	=	immergrün
Off.	=	offizinell
I–XII	=	Blütezeit: Monat(e) in römischen Ziffern

2 Pflanzenernährung und Düngung

2.1 Pflanzenwachstum und Ertrag

Die Begriffe Pflanzenwachstum und Ertrag haben für den Gärtner eine vielfältige Bedeutung: nicht in jedem Falle sind Wachstum und Ertrag mit Massenzuwachs gleichzusetzen. Im Gemüse- und Obstbau sind neben der Erntemenge die Zusammensetzung der Inhaltsstoffe und das Aussehen des Erntegutes von gleichgroßer Bedeutung – beide bestimmen die Qualität. Im Zierpflanzenbau ist nur in der vegetativen Phase ein hoher Zuwachs erwünscht.
Dabei helfen Kulturmaßnahmen wie Stutzen, Verdunkelungs- und Belichtungszeiten mit, die Form der Pflanzen zu verändern. Danach wird die Qualität oder der Ertrag (= Marktwert) oft durch Knospenzahl sowie Blatt- oder Blütenzahl bestimmt. In der Baumschule wird bei manchen Gehölzen die Höhe (z. B. *Pyracántha* im 1. Standjahr, *Pícea omórika),* bei anderen die Pflanzendichte (z. B. *Chamaecýparis)* oder das Dickenwachstum (Alleebäume) als Merkmal des Wachstums, Ertrages oder der Quali-

Tab. A 1. Wachstum und Ertrag aus der Sicht des Gärtners (Beispiele)

Pflanzenart	Wachstum	Ertrag
Obstbau Apfel	Kurze Jahrestriebe mit bruchfestem Holz	haltbare Früchte mit gutem Aussehen
Gemüsebau Blumenkohl	rasches Wachstum von Blättern und »Blume«	große, feste, weiße »Blumen«, unempfindlich gegen Druck
Baumschule *Pyracántha* (Feuerdorn)	rasches Wachstum im 1. Jahr, dichte Verzweigung und guter Knospenansatz im 2. Jahr	hohe, dichtverzweigte Pflanzen mit gutem Beerenbesatz
Zierpflanzenbau Azalee	rasches Wachstum in vegetativer Phase, frühes Abschließen der Triebspitzen	dichter Knospenbesatz auf dunkelgrünem Laub
Garten- und Landschaftsbau *Pachysándra*	rasches breitflächiges Wachstum	schnelles Schließen der Zwischenräume in Pflanzungen

Abb. A 101. Äußere Wachstumsfaktoren der Pflanze.

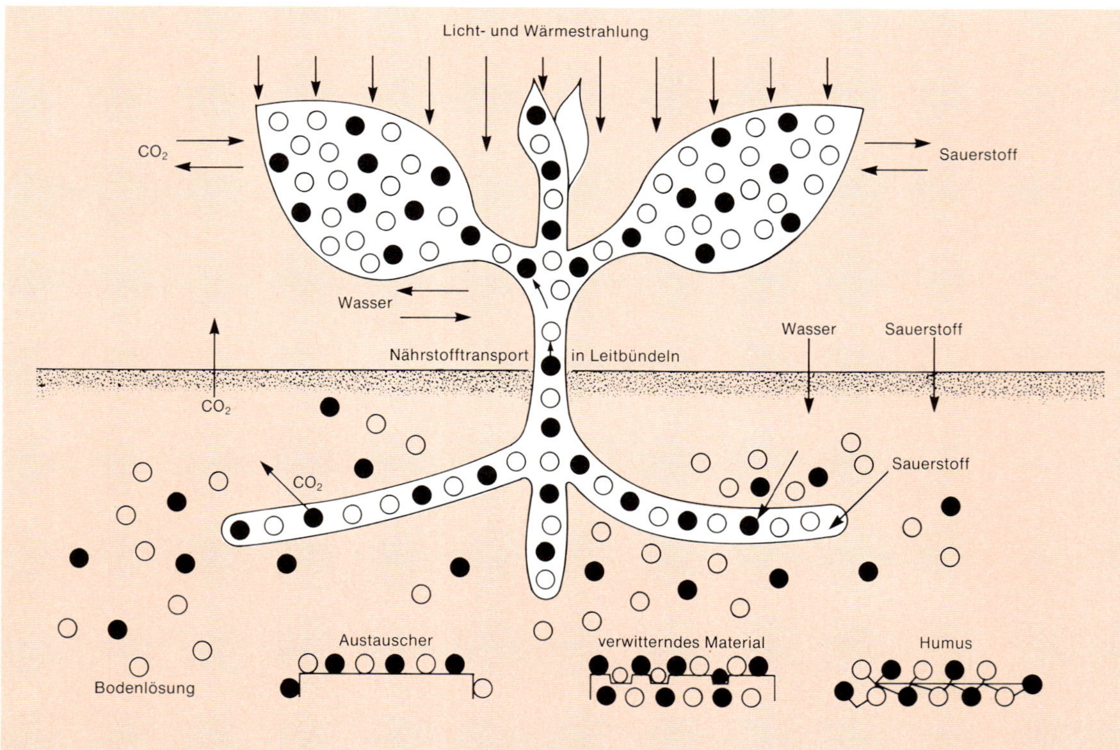

tät gewertet. Im Garten- und Landschaftsbau wird das sichere Einwurzeln frisch gepflanzter Gehölze und das rasche Schließen von Pflanzenbeständen als Qualitätskennzeichen der Pflanzen angesehen.
Alle noch so unterschiedlichen Merkmale des Pflanzenwachstums und Ertrages sind abhängig von den Wachstumsfaktoren der Pflanze. Sie bewirken den Stoffwechsel, d. h. den Umbau mineralischer anorganischer Stoffe in organische Stoffe und umgekehrt.
Man unterscheidet **innere und äußere Wachstumsfaktoren.** Innere Wachstumsfaktoren sind erblich festgelegt: So werden Johannisbeeren höchstens 2 m, Eichen dagegen bis zu 60 m hoch. Die Pflanzenzüchtung kann hier Veränderungen herbeiführen.

Äußere Wachstumsfaktoren sind:

- Licht
- Temperatur
- Luftfeuchte

} Klimatische Wachstumsfaktoren

- Nährstoffe, z. B. N, P, K, C, H, O usw.

2.1.1 Klimatische Wachstumsfaktoren

Als klimatische Wachstumsfaktoren wirken Licht, Temperatur und Luftfeuchte.

Licht
Licht wird als Energiequelle für die Umwandlung der Nährstoffe Kohlendioxid (CO_2) und Wasser (H_2O) zu Zucker in den Chloroplasten der grünen Pflanzenteile benötigt (s. Kap. A 1.4.3). Die Zucker (Assimilate) sind Ausgangsstoffe für den Aufbau aller in der Pflanze vorkommenden organischen Verbindungen, wie z. B. Stärke, Zellulose, Eiweiß, Fett, Vitamine, Farbstoffe und Geschmacksstoffe. Gleichzeitig dient ein Teil des Zuckers zur Energiegewinnung für den Stoffwechsel. Zucker wird zu CO_2 und H_2O »veratmet«. Dabei wird die im Zucker gespeicherte Energie wieder frei und steht für den Aufbau komplizierter, organischer Verbindungen, für Nährstoffaufnahme und -transport in der Zelle zur Verfügung. Für Wachstum und Ertrag bleibt übrig, was nicht veratmet wird. Pflanzen benötigen zur vollen Photosyntheseleistung sehr unterschiedliche Lichtenergie. Manche Pflanzen erreichen ihre volle Leistung bereits bei einer Beleuchtungsstärke von etwa 5000 Lux (z. B. *Cýclamen, Rhododéndron,* Salat), andere erst bei 10000 Lux (z. B. Tomate, Cotoneaster, Pelargonie). Auch bei extremen Beleuchtungsstärken unter 1000 und über 10000 Lux können manche Pflanzenarten ihre volle Photosyntheseleistung ausschöpfen.
In Betrieben, die ständig Jungpflanzen für den Zierpflanzenbau heranziehen, werden Mutterpflanzen und Stecklinge in der lichtärmeren Jahreszeit zusätzlich belichtet (Assimilationslicht, s. Kap. B 3.1.3). Durch die Abstände zwischen den Pflanzen werden Lichtverhältnisse und damit das Wuchsbild verändert: dichter Stand ergibt hohen, lockeren Wuchs und führt auch zu Schäden an den unteren Blättern; weiter Stand ergibt breiten, dichten Wuchs. Hier muß der Gärtner zwischen den Erfordernissen der Kultur und des Marktes einen Mittelweg finden.

Temperatur
Die Temperatur beeinflußt alle Stoffwechselvorgänge in der Pflanze. Das Wärmebedürfnis gärtnerischer Freiland- und Unterglaskulturen ist sehr unterschiedlich. Niedrige Temperaturen im Frühherbst fördern die Ausreife von Blatt- und Blütenknospen z. B. bei Obstgehölzen, Laubbäumen, Rhododendron und Azaleen. Sie sind bei vielen Pflanzenarten notwendig, um die Blüte zu bewirken, wie z. B. bei biennen Pflanzen *(Béllis, Víola)* und Zwiebelgewächsen (Tulpen, Narzissen).
Hohe Temperaturen im Sommer fördern die Ausreife bei Koniferen (z. B. *Pínus, Pícea, Ábies*) und die Blüte, z. B. bei Obstbäumen, Ziergehölzen und Winterheide.
Im Frühjahr und Winter sind besonders feuchte Standorte (Moorböden, Niederungen) frostgefährdet. Baumschuler und Obstbauern setzen dann die Frostschutzberegnung ein. Im Gemüsebau werden Folien über empfindliche Kulturen gezogen.
Bei Freilandkulturen wirkt sich die Bodentemperatur (s. Kap. A 3.7) auf das Wurzelwachstum und die Aufnahme von Nährstoffen aus. Je höher die Temperatur, desto mehr Nährstoffe werden aufgenommen. So fördert auch die bei Sonneneinstrahlung im Boden gespeicherte Wärme die Nährstoffaufnahme in der Nacht. Allerdings können sich zu warme Standorte ertragsmindernd auswirken, denn durch die hohe Bodentemperatur wird dann nachts mehr Zucker veratmet als tagsüber gebildet wurde. Dies gilt auch für zu hohe Nachttemperaturen im Gewächshaus.

Luftfeuchte
Die Luftfeuchte bestimmt die Abgabe von Wasserdampf aus dem Boden (s. Kap. A 3.5.3) und aus den Spaltöffnungen der Blätter. Je höher die Luftfeuchte, desto weniger Wasser wird an die Luft abgege-

ben, d. h. desto geringer ist die **Transpiration** der Blätter. Dies hat einen geringeren Nährstofftransport von der Wurzel zu den Blättern zur Folge, so daß die meisten Pflanzen durch energieaufwendige **Guttation** (= Tropfenausscheidung) über Außenporen an den Enden der Leitungsbahnen für die Aufrechterhaltung des Nährstofftransports und des ungehinderten Wachstums sorgen (s. Kap. A 2.2.2).

2.1.2 Pflanzennährstoffe als Wachstumsfaktor

Fast alle gärtnerisch genutzten Pflanzen benötigen zum Leben 15 verschiedene Nährstoffe (s. Tab. A 2). Sind sie nicht vorhanden, treten Mangelerscheinungen auf, und die Pflanze kümmert. Schon bei mangelhafter Versorgung mit einem Nährstoff nehmen Ertrag und Qualität ab (s. Abb. A 103).
Pflanzen brauchen Nährstoffe in unterschiedlicher Menge. Wasser, Kohlendioxid, Sauerstoff, Stickstoff und Kalium werden am meisten benötigt, es folgen Kalzium, Magnesium, Phosphor und Schwefel. Eisen, Mangan, Bor, Zink, Kupfer und Molybdän sind nur in geringen Mengen erforderlich und werden als Spurenelemente bezeichnet.
Als erste Wissenschaftler haben im vorigen Jahrhundert SPRENGEL und besonders JUSTUS VON LIEBIG die

Tab. A 2. Lebenswichtige Nährelemente der Pflanze

Nährelement	aufgenommene Form	chemische Bezeichnung	verwendete Namen
Wasserstoff (H), Wasser	Flüssigkeit, Dampf	H_2O	Hydrogenoxid, Wasser
Kohlenstoff (C), Kohlendioxid	Gas in der Luft (0,03 %)	CO_2	Karbondioxid, Kohlendioxid = »Kohlensäure«
Sauerstoff (O)	Gas in der Luft (20,9 %)	O_2	Oxigen, Sauerstoff
Stickstoff (N)	Kation in Wasser Anion in Wasser Molekül in Wasser	NH_4^+ NO_3^- $CO(NH_2)_2$	Ammonium Nitrat, Salpeter (Salz der Salpetersäure) Harnstoff
Phosphor (P)	Anion in Wasser	$H_2PO_4^-$, HPO_4^{2-}	Phosphat (Salz der Phosphorsäure)
Kalium (K)	Kation in Wasser	K^+	Kali
Kalzium (Ca)	Kation in Wasser	Ca^{2+}	Kalzium, Kalk
Magnesium (Mg)	Kation in Wasser	Mg^{2+}	Magnesia
Schwefel (S)	Anion in Wasser Gas in der Luft	SO_4^{2-} SO_2	Sulfat (Salz der Schwefelsäure) Schwefeldioxid (Kap. A 2.5.2)
Eisen (Fe)	Kation in Wasser Chelat in Wasser	Fe^{2+} (= Fe II) Fe II-Komplex	Ferrum, zweiwertiges Eisen Eisenchelat
Mangan (Mn)	Kation in Wasser	Mn^{2+}	Mangan
Bor (B)	Anion in Wasser	BO_3^-	Borat (Salz der Borsäure)
Zink (Zn)	Kation in Wasser	Zn^{2+}	Zink
Kupfer (Cu)	Kation in Wasser	Cu^{2+}	Cuprum, Kupfer
Molybdän (Mo)	Anion in Wasser	MoO_4^{2-}	Molybdat (Salz der Molybdänsäure)

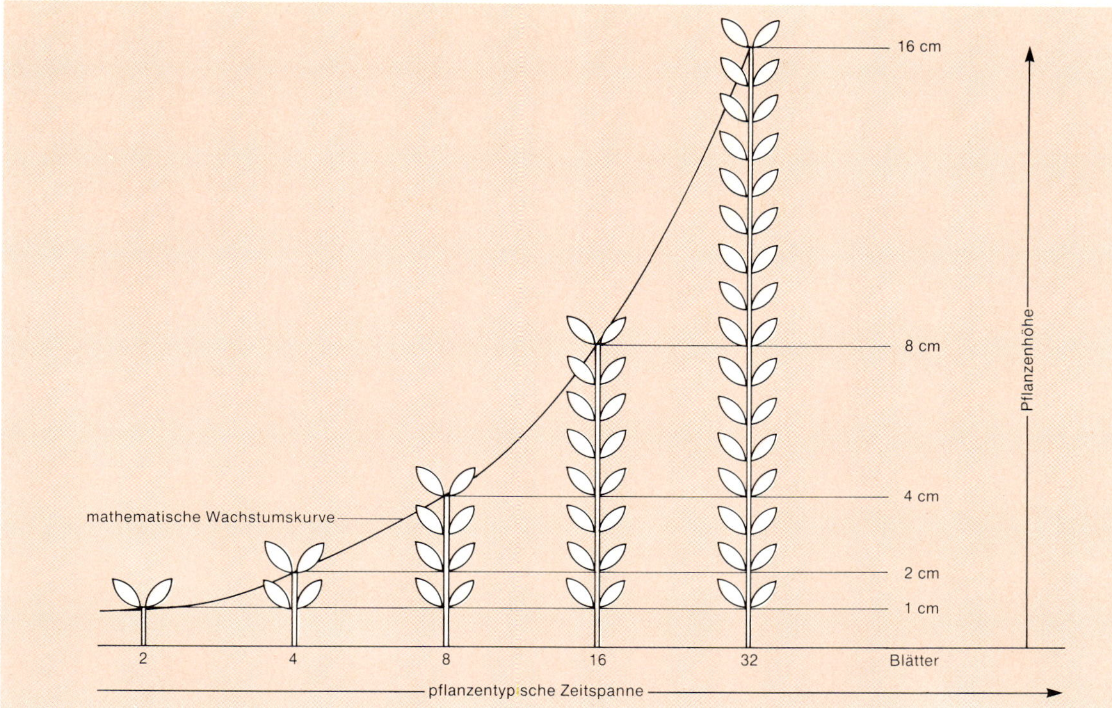

Abb. A 102. Wachstum einer Pflanze.

Notwendigkeit chemischer Elemente für das Pflanzenwachstum beschrieben. Diese **Mineralstofftheorie** wurde damals sehr angegriffen, weil man glaubte, Pflanzen würden sich direkt von Humusstoffen ernähren. Zahlreiche Versuche auf der ganzen Welt haben gezeigt, daß Pflanzen im Humus enthaltene Mineralstoffe zu ihrer Ernährung aufnehmen.

2.1.3 Wachstumsgesetze

Wachstum und Ertrag der Pflanzen erfolgen nach bestimmten Gesetzmäßigkeiten. Sie müssen vom Gärtner beachtet werden, wenn Aufwand an Düngemitteln und Ertrag zueinander passen sollen.

Wachstumsgesetz
Pflanzen verdoppeln ihre Masse innerhalb einer Zeitspanne, die von Art und Sorte abhängt.

Das Wachstum von Pflanzen verläuft nach einer mathematischen Formel, die der Mathematiker »Wachstumsfunktion« nennt. Sie besagt, daß alle Pflanzen bei bestmöglichen Wachstumsbedingungen (ausreichendes Vorhandensein aller äußeren Wachstumsfaktoren) in einer von Pflanzenart zu Pflanzenart verschiedenen Zeitspanne ihre Zellenzahl verdoppeln. Damit verdoppelt sich die Pflanzenmasse: Pflanzenhöhe und Blattzahl nehmen zu, Wurzellänge und Sproßdicke vergrößern sich. Abb. A 102 zeigt schematisch das Pflanzenwachstum am Beispiel von Pflanzenhöhe und Blattzahl. Die tatsächlich erreichbare Größe oder Masse ist erblich festgelegt. Einjährige Pflanzen erreichen das Maximum ihrer Massebildung schon nach einigen Monaten, Gehölze meistens erst nach einigen Jahren.

Minimumgesetz
Die Höhe des Ertrages ist von dem Nährstoff abhängig, der den Pflanzen in geringster Menge zur Verfügung steht (s. Abb. A 103)

Das Minimumgesetz von LIEBIG ist auf alle Wachstumsfaktoren anwendbar. Diese Tatsache wurde

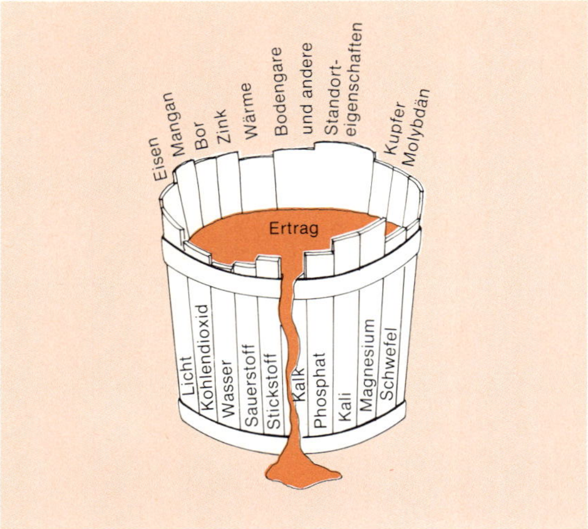

Abb. A 103. Minimumtonne.

von MITSCHERLICH im Jahre 1906 erkannt. Für den Gärtner bedeutet das Gesetz, daß er bei der Düngung den Pflanzen den Nährstoff am stärksten zuführen muß, der aufgrund einer Boden- oder Substratuntersuchung am meisten fehlt.

Die Düngung allein ist jedoch nicht ausreichend für hohe Erträge. Auch die klimatischen Wachstumsfaktoren und die Bodengare (s. Kap. A 3.4.4) müssen ein gutes Wachstum ermöglichen:

Gesetz vom abnehmenden Ertragszuwachs
Bei zunehmender Düngung werden Ertragszuwachs und Qualitätsverbesserung immer geringer. Ab einem für jede Pflanze typischen Punkt nehmen Ertrag und Qualität wieder ab (s. Abb. A 104).

Abb. A 104. Gesetz vom abnehmenden Ertragszuwachs.

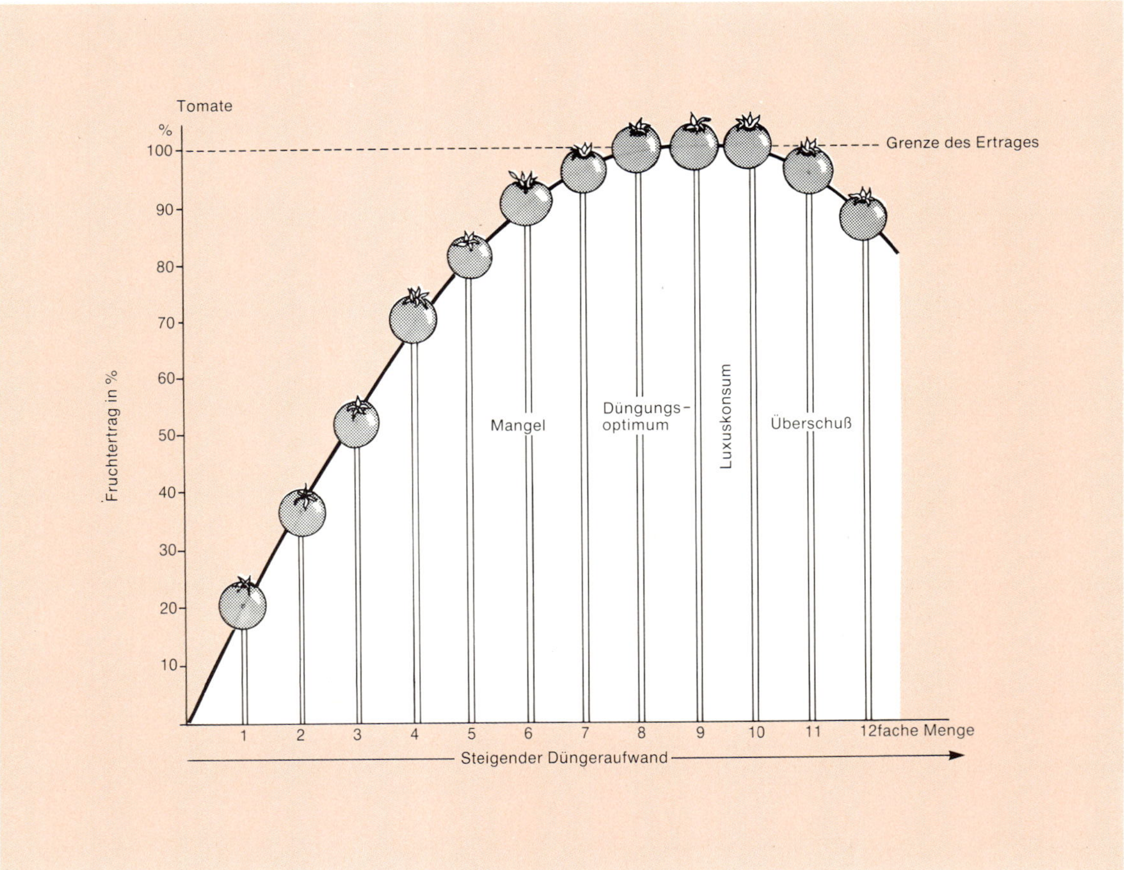

Nach Düngung mit Nährstoffen, die vorher gefehlt haben, steigen Ertrag und Qualität zunächst bei allen Pflanzen an. Jede zusätzliche Düngung bringt jedoch nur einen immer geringer werdenden Ertrags- und Qualitätsanstieg. Schließlich wird der Punkt erreicht, an dem kein weiterer Ertragszuwachs eintritt – dies nennt man »Luxuskonsum« der Pflanzen. Das bedeutet einen Mehraufwand an Dünger, der sich nicht mehr bezahlt macht. Gleichzeitig besteht die Gefahr der Überdüngung von Pflanze und Boden. Wirtschaftlichen Vorteil bringt nur folgende Überlegung: die letzte Düngung muß ihre eigenen Kosten durch die erzielte Ertrags- oder Qualitätsverbesserung decken.

Kontrolle und Vertiefung

1. Stellen Sie Merkmale für Qualität und Ertrag für einige Kulturen im Ausbildungsbetrieb zusammen; welche Merkmale sind für den Verkauf entscheidend?
2. Die durch verbrennendes Holz (Zellulose) freigesetzte Wärme ist gespeicherte Sonnenenergie – ist diese Behauptung richtig?
3. Warum erhalten Stecklinge im Vermehrungsbeet eine erhöhte Bodentemperatur und eine möglichst niedrige Lufttemperatur?
4. Wenden Sie das Wachstumsgesetz auf den Vorgang der Zellteilung an.
5. Ist das Minimumgesetz auch für Böden und Substrate gültig?
6. Gilt das Gesetz vom abnehmenden Ertragszuwachs auch für klimatische Wachstumsfaktoren?

2.2 Nährstoffdynamik

Alle Vorgänge, die mit der Verfügbarkeit von Nährstoffen im Boden und der Nährstoffaufnahme der Pflanze zusammenhängen, nennt man Nährstoffdynamik. Sie wird von verschiedenen Faktoren beeinflußt: (s. Tab. A 3)

Nährstoffe im Boden stammen überwiegend aus der chemischen Verwitterung und der Mineralisierung organischer Substanz (s. Kap. A 3.3.1). Auch aus der Atmosphäre gelangen durch Niederschläge beachtliche Nährstoffmengen in den Boden (s. Tab. A 4). In gärtnerischen Substraten stammt dagegen der überwiegende Teil der Nährstoffe aus der Düngung.

Tab. A 3. Faktoren der Nährstoffdynamik

Wasser
Niederschlagsmenge
Wasserkapazität von Boden und Substrat
Wassergehalt von Boden und Substrat
Grundwasserstand
Luft
Sauerstoffversorgung der Pflanzenwurzel
CO_2-Gehalt der Luft
Boden
Art und Zusammensetzung des Bodens
Gefüge und Gründigkeit (Durchwurzelbarkeit)
Temperatur (Wurzelwachstum)
pH-Wert (Nährstoffverfügbarkeit)
Gehalt an Austauschern (Ton, organische Substanz)
Nährstoffe
Menge an Ionen in der Bodenlösung
Zusammensetzung der Ionen (Konkurrenz gleich geladener Ionen, z. B. Ca^{2+}/Mg^{2+} um Austauscherplätze)
Pflanzenart
Aneignungsvermögen für Nährstoffe

Die unterschiedliche Bindung von Nährstoffen in Böden und Substraten und das unterschiedliche Aneignungsvermögen von Pflanzen für Nährstoffe zu bestimmten Zeiten des Jahres beeinflussen die Nährstoffaufnahme und Nährstoffverluste durch Auswaschung.

Tab. A 4. Nährstoffzufuhr durch Niederschläge in Deutschland

Element	Nährstoffmenge in kg/ha und Jahr kleinster gemessener Wert	Nährstoffmenge in kg/ha und Jahr größter gemessener Wert
Ca	5	40
Mg	2	6
K	2	6
Na	1	10
N	4	30
P	0,2	2
S	12	37
Cl	6	20

Gedüngte Pflanzennährstoffe sollten möglichst vollständig von der Pflanze aufgenommen werden. Sie sind nur dann rasch pflanzenverfügbar, wenn sie in wasserlöslicher Form ausgebracht werden. Bei der Düngerbemessung ist aber zu berücksichtigen, daß ein Teil der Nährstoffe an Ton- oder Humusteilchen vorübergehend festgehalten werden können (s. Tab. A 5). Auch eine Festlegung als schwerlösliches Salz ist möglich, wenn der pH-Wert des Bodens nicht beachtet wird: so wird z. B. Molybdat bei pH 4 sehr stark festgelegt.
Verschiedene Kulturmaßnahmen beeinflussen Verfügbarkeit und Bewegung der Nährstoffe. So kann eine Kalkung (pH-Erhöhung) helfen, auch schwerlösliche Salze wieder zu lösen und die darin enthaltenen Nährstoffe wieder verfügbar zu machen (s. Tab. A 6). Die Kalkung wirkt sich dann wie eine zusätzliche Düngung aus, erhöht aber gleichzeitig die Gefahr der Auswaschung. Die Fähigkeit von Bodenkolloiden, Nährstoffe zu speichern, mindert diese Gefahr. Kolloidarme Substrate (Weißtorf) oder Böden (Sande, Podsole) besitzen kaum Speichermöglichkeiten und müssen daher häufiger mit geringer Aufwandmenge gedüngt werden. Hierbei gibt die regelmäßige Bodenuntersuchung Auskunft über den richtigen Zeitpunkt (s. Kap. A 2.6.2).
Die Freisetzung von Nährstoffen aus organischer Substanz (Mineralisierung) wird durch gute Durchlüftung (Bodenbearbeitung), Wasserversorgung und Wärme gefördert. Alle aus dem Humus stammenden Nährstoffe werden in gleicher Weise wie die gedüngten Nährstoffe von der Pflanze aufgenommen und zum Wachstum verwendet (s. Abb. A 105).
Unter natürlichen Bedingungen halten sich Auf- und Abbau organischer Substanzen die Waage. Diesen Zustand findet man in Naturschutzgebieten und in ungedüngten Wäldern. Die abgestorbene organische Substanz liefert langsam und stetig Nährstoffe nach, die von der Pflanze aufgenommen werden. Organische Düngemittel wirken in derselben Weise. Allerdings sind diese kaum in der Lage, pro Zeiteinheit die gleiche Nährstoffmenge an unsere Kulturpflanzen heranzuliefern wie hochkonzentrierte Mineraldünger. Gemüse und Obst benötigen zur Erzielung des von uns gewünschten Ertrages in jeder Vegetationsperiode ein Vielfaches der Nährstoffe, die bei höchstmöglichem Einsatz von organischen Düngern nachgeliefert werden kann.

2.2.1 Nährstoffauswaschung

Nährstoffe können aus Böden und Substraten durch Wasser ausgewaschen werden. Bei Freilandflächen kann das Oberflächenwasser bei zeitweiliger Überflutung durch Hochwasser, starken Niederschlägen, bei Gewitter und Platzregen oder durch Erosion bei

Tab. A 5. Bindung und Verfügbarkeit von Nährstoffen im Boden

Bindungsform	Verfügbarkeit	Beispiel
1. lösliches Salz (Bildung von Ionen)	sofort wirksam bei Wasserzufuhr	Nitrat (= Salpeter)
2. Bindung an der äußeren Oberfläche von Austauschern (Tonminerale und Humusteilchen)	rasche Nachlieferung durch Austausch	Kalzium Kalium Magnesium
3. Bindung an der inneren Oberfläche von Tonmineralen	langsame Nachlieferung durch Austausch	Kalium Ammonium
4. Einbau in organische Substanz (Bildung von Ton-Humus-Komplexen)	langsame Nachlieferung durch Mineralisierung	Schwefel Phosphor
5. Einbau in Mikroorganismen	vorübergehende Festlegung bis zum Tod der Mikroorganismen	Stickstoff
6. Schwerlösliche Salzkristalle (alte Minerale und Neubildungen)	dauerhafte Festlegung mit sehr geringer Nachlieferung durch Verwitterungsvorgänge und Auflösung durch pflanzeneigene Säuren	Phosphor

Tab. A 6. Nährstoffdynamik im Boden (nach FINCK)

Veränderung durch Kulturmaßnahmen	für die Pflanze verfügbare Nährlemente		
	wasserlösliche Nährelemente	austauschbare Nährelemente	vorübergehend festgelegte Nährelemente
zunehmender Wassergehalt	sinkende Konzentration, mehr 1wertige Kationen (z. B. K^+)	stärkere Sorption 2wertiger Kationen	zunehmende Nachlieferung
zunehmende Austrocknung	steigende Konzentration, mehr 2wertige Kationen (z. B. Ca^{2+}, Mg^{2+})	schwächere Sorption 2wertiger Kationen	zunehmende Festlegung
pH-Abnahme (Versauerung)	Zunahme von Fe, Mn Abnahme von Ca, Mg, P, Mo		zunehmende Nachlieferung von Fe, Mn zunehmende Festlegung von P, Mo
pH-Erhöhung (Kalkung)	Abnahme von Fe, Mn, B, Cu, Zn Zunahme von Ca, Mg, P, Mo		steigende Festlegung von Fe, Mn, B, Cu, Zn zunehmende Nachlieferung von P, Mo
Nährstoff-Verluste durch Nährelement-Aufnahme und Auswaschung	starke Verarmung	Verarmung	zunehmende Nachlieferung
Düngung	starke Anreicherung	Anreicherung	zunehmende Festlegung

Abb. A 105. Nährstoffkreislauf.

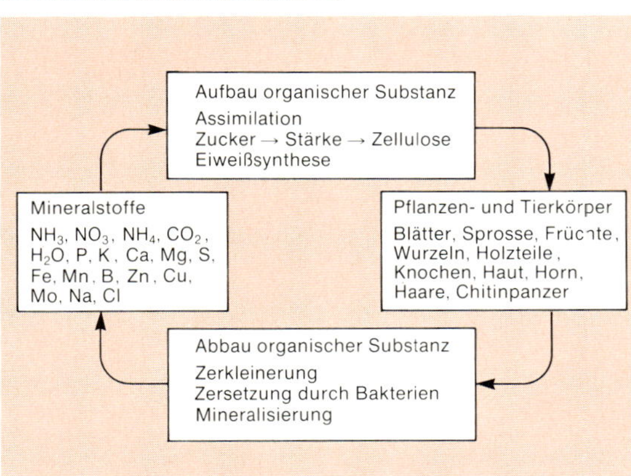

Hanglage der Kulturflächen Nährstoffe auswaschen und wegtragen (s. Kap. A 3.4.3).

Bei Böden werden Nährstoffe im Bodenprofil mit dem Sickerwasser bis ins Grund- oder Dränwasser transportiert und können in offene Gewässer – Vorfluter – gelangen. Ein Teil der Nährstoffe steigt aus dem Grundwasser durch Kapillarwasser wieder in den Wurzelraum der Pflanzen, meist überwiegt jedoch die Wegführung (Auswaschung). Nährstoffverluste aus Substraten treten bei Topfkulturen nach stärkeren Niederschlägen oder Beregnung auf. Im Gewächshaus führen sie zu unerwünschter Veralgung von Stellflächen.

Nährstoffverluste durch Auswaschung bedeuten erhöhten Aufwand an Düngemitteln – sie kosten Geld

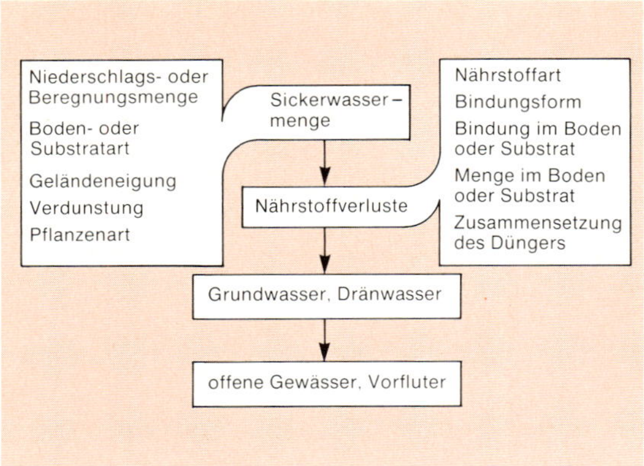

Abb. A 106. Faktoren der Nährstoffauswaschung aus Böden und Substraten.

und Zeit und können der Pflanze in entscheidenden Entwicklungszeiten fehlen. Daher muß jeder Gärtner darauf achten, durch sinnvollen Einsatz von Düngern Nährstoffverluste zu vermeiden und dadurch seinen Ertrag zu sichern.

Nährstoffverluste aus Böden und Substraten können durch die Analyse von Dränwasser abgeschätzt werden. Auch bei Topfkulturen läßt sich die Auswaschung feststellen: man steckt in das Bodenloch des Topfes einen Kunststoffschlauch, dichtet ab und führt den Schlauch in eine Kunststoffflasche, die im Gewächshaus unter dem Tisch steht oder im Freiland unter dem Topf eingegraben ist. Auswaschungsverluste können durch Lysimeteranlagen festgestellt werden. Dies sind röhren- oder kastenförmige Gefäße von 0,5–2 m Länge, die im Boden eingelassen sind. Böden oder Substrate werden künstlich eingefüllt. Das Sickerwasser wird in einem Auffanggefäß gesammelt und untersucht.

Von den Kationen werden Kalzium (Ca^{2+}) und Magnesium (Mg^{2+}) am raschesten ausgewaschen (vgl. Tab. A 7). Da beide Nährstoffe meist mit der Kalkung zugeführt werden, sind sie im Sickerwasser aus sauren Böden (pH 4) nur in geringer, aus Böden mit höherem pH-Wert (pH 6) in großer Menge enthalten. Ausgewaschen werden vor allem die Anionen Nitrat (NO_3^-), Chlorid (Cl^-) und Sulfat (SO_4^{2-}). Phosphationen bleiben bei den meisten Bodentypen im Oberboden zurück. K^+-Ionen und Ammonium (NH_4^+)-Ionen werden kaum ausgewaschen, wenn Tonminerale im Boden oder Substrat vorhanden sind. Natrium (Na^+)-Ionen werden bei Kalidüngung oder Kalkung sehr leicht von Austauscherplätzen verdrängt und ausgewaschen. Dies macht man sich an der Nordseeküste bei der Kultivierung von jungen Na-haltigen Marschböden zunutze, denn Natrium ist für die meisten Pflanzen kein Nährstoff.

Tab. A 7. Nährstoffverluste durch Auswaschung aus einem Podsolboden 1980.
Die Niederschlagsmenge betrug 761 l/m² und Jahr

Nährstoff	Düngung kg/ha und Jahr	Auswaschung kg/ha und Jahr
Ca	400 = 560 CaO	136 = 190 CaO
Mg	40 = 67 MgO	13 = 22 MgO
K	200 = 240 K_2O	94 = 115 K_2O
N	160	62

Abb. A 107. Einfache Methode zur Bestimmung von Nährstoffverlusten aus Substraten.

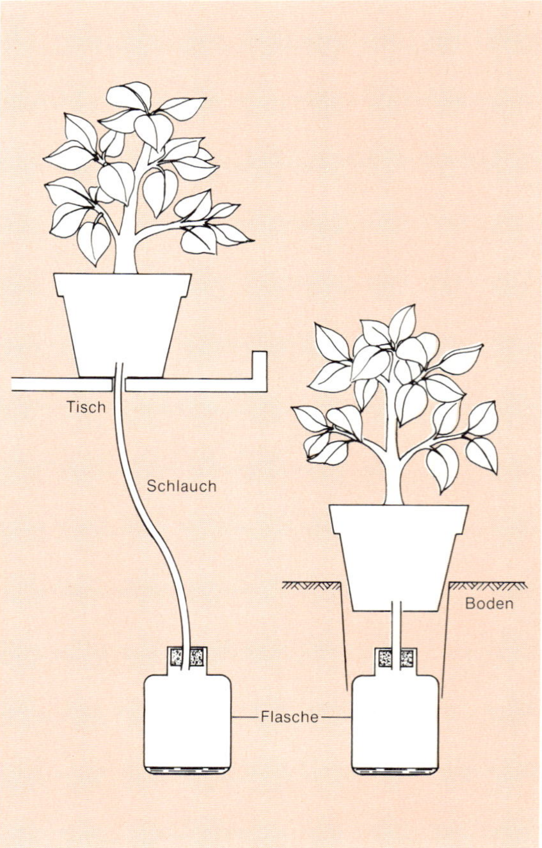

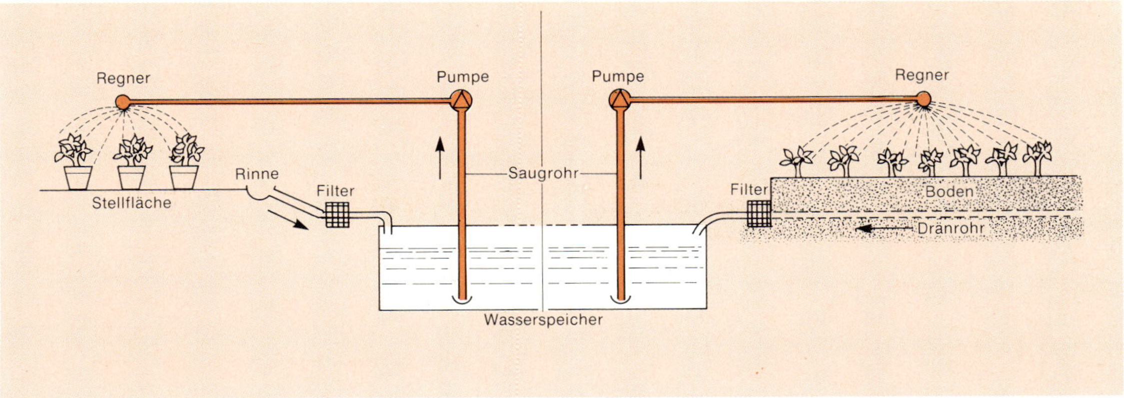

Abb. A 108. Wiederverwendung von ablaufendem Beregnungs- und Niederschlagswasser von Stellflächen und Sickerwasser aus dem Freiland.

Belastung von Gewässern durch ausgewaschene Nährstoffe

Nährstoffe aus Böden und Substraten gelangen durch Auswaschung über Grund- oder Dränwasser in offene Gewässer. Je stärker Flächen gedüngt werden, desto größer ist die Nährstoffmenge im Wasser. Die Anreicherung von Pflanzennährstoffen in Gewässern nennt man **Eutrophierung**. Besonders bei stehenden Gewässern kann es in der gut durchlichteten Wasserschicht zu starkem Algenwachstum kommen. Algen benötigen dieselben Nährstoffe wie unsere Kulturpflanzen – auch ihr Wachstum wird durch den am wenigsten vorhandenen Nährstoff begrenzt. Durch Landwirtschaft und Gartenbau werden Stickstoff, Kalzium, Magnesium und Kalium den Gewässern zugeführt. Ist auch Phosphat vorhanden, und liegt die Temperatur des Gewässers nicht unter 15 °C, tritt eine Massenvermehrung der Algen ein. Schon nach kurzer Zeit sterben die meisten Algen ab, weil alle verfügbaren Nährstoffe verbraucht sind. Sie sinken auf den Grund des Gewässers und werden von Bakterien unter Sauerstoffverbrauch und CO_2-Entwicklung zersetzt und mineralisiert. Die Folge kann Sauerstoffmangel sein – Trübungen des Wassers und Fäulnisgerüche treten auf.

Der Phosphatgehalt des Wassers hat die größte Bedeutung für die Massenvermehrung von Algen und die daraus entstehende Verunreinigung der Gewässer. Allerdings stammen nur 5% der Gewässerphosphate aus Landwirtschaft und Gartenbau. Böden und Substrate üben eine chemische Filterwirkung aus und halten Phosphate fest. Den größten Anteil am Gewässerphosphat haben kommunale und industrielle Abwässer, deren Phosphatgehalt etwa 20 mg/l betragen kann. Bei kommunalen Abwässern stammt das Phosphat überwiegend aus Waschmitteln (Detergentien), der Rest aus menschlichen Ausscheidungen (3 g Phosphat pro Tag und Person). Biologisch kann der Phosphatgehalt durch den Einsatz von Wasserpflanzen gesenkt werden, chemisch wird der Phosphatgehalt durch Zusatz von Eisen- oder Aluminiumsalzen bis auf Werte von 0,5 mg/l vermindert.

Wenn Stickstoff in stehende Gewässer gelangt, wird immer das Wachstum von Uferpflanzen beeinflußt. Das Wachstum von Algen wird durch Stickstoff allein nicht gefördert, es sei denn, er befindet sich im Minimum.

Nitrat-Stickstoff ist für die Qualität des Trinkwassers von Bedeutung: Höchstgehalte bis 50 mg Nitrat pro Liter werden vom Gesetzgeber erlaubt. Nitrate werden aus Kulturböden immer ausgewaschen, starke Gülleanwendung in der Landwirtschaft und besonders hohe Stickstoffdüngung im intensiven Gemüsebau erhöhen die Gefahr der Verunreinigung von Trinkwasserbrunnen. Hohe Nitratgehalte werden allerdings nur in flachen Brunnen gefunden. Bei Brunnentiefen über 25 m wird Nitrat durch Reduktionsvorgänge in Ammonium umgewandelt und ist dann ungefährlich.

Aus Kulturflächen werden vor allem Ca und Mg ausgewaschen. Sie tragen zur Erhöhung des pH-Wertes von Gewässern bei.

Wiederverwendung ausgewaschener Nährstoffe

In manchen Gartenbaubetrieben werden durch Zusatzberegnung und Niederschläge ausgewaschene Nährstoffe (s. Tab. A 7) mit dem Sickerwasser aufgefangen und wieder auf Pflanzen verregnet.

In Baumschulen kann von Containerstellflächen ablaufendes Wasser und Dränwasser aus Freilandquartieren in Teichen oder Folienbecken gespeichert werden (s. Abb. A108). Auch im Zierpflanzenbau und im intensiven Gemüsebau auf kleineren Flächen sind ähnliche Anlagen in Betrieb.

Auf Stellflächen bedecken die Pflanzen oft nur eine Fläche von 25–40%. Daher wird das meiste Beregnungs- und Niederschlagswasser sofort abgeleitet und geht verloren. Auch können Pflanzen durch ihr Blätterdach wie ein Regenschirm Wasser abtropfen lassen, so daß bei einem Beregnungsgang oft nur 1/20 der ausgebrachten Wassermenge an die Pflanzenwurzel gelangt.

Die Wiederverwendung von Beregungswasser und Sickerwasser spart Grundwasser für Beregnungszwecke, das sonst gefördert werden müßte und spart Düngemittel durch Wiederausbringung.

Soll das aufgefangene Wasser ausreichen, um auch niederschlagsarme Zeiten vollständig zu überbrücken, müssen 100–150 l/m^2 Fläche gespeichert werden.

2.2.2 Nährstoffaufnahme

Nährstoffe werden vorwiegend als in Wasser gelöste Salze (Nährsalze) von der Pflanze aufgenommen. Salze bestehen stets aus Metallen (z. B. Fe, Ca, K) und Säureresten (z. B. Nitrat, einem Rest der Salpetersäure). Beim Lösen in Wasser zerfallen Salze in diese beiden Bestandteile: Metalle werden zu elektrisch positiv geladenen Ionen (Kationen), Säurereste zu elektrisch negativ geladenen Ionen (Anionen).

Positiv und negativ geladene Ionen sind in der Bodenlösung, in Düngerlösungen und in der Pflanze stets in derselben Menge vorhanden – es herrscht ein Gleichgewicht. Für jedes aufgenommene, positiv geladene Ion muß die Pflanze ein positiv geladenes Ion wieder abgeben; dasselbe gilt für negativ geladene

Abb. A109. Ionenbildung in Wasser.

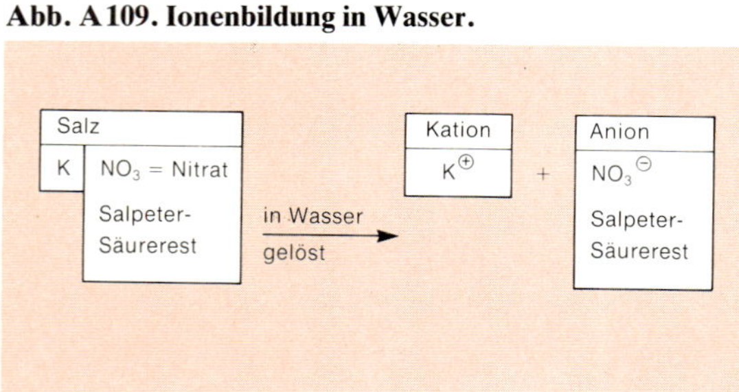

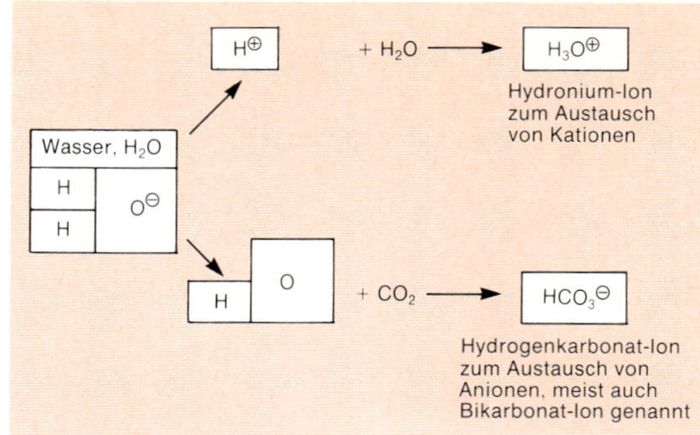

Abb. A110. Wasserspaltung in der Pflanze.

Ionen. Sie erreicht dies, indem sie Wasser mit Hilfe von Atmungsenergie spaltet.

Der entstandene Wasserstoff bildet mit Wasser das positiv geladene Hydronium-Ion, das für den Austausch von Metall-Ionen gebraucht wird. Daneben entsteht mit dem Kohlendioxid aus der Atmung das negativ geladene Bikarbonat-Ion, das gegen Säurerest-Ionen ausgetauscht wird. Diese Austauschvorgänge finden überall dort statt, wo die Pflanze Nährstoffe aufzunehmen vermag.

Zum Wachsen braucht die Pflanze bedeutend mehr Nährstoffe, als sie durch den Austausch erhalten könnte. Sie ist gezwungen, Nährstoffe anzuhäufen. Man kann dies leicht feststellen, wenn man den Salzgehalt im Pflanzensaft von Hydrokulturpflanzen mit dem Salzgehalt der Nährlösung vergleicht. Die Pflanze erreicht eine Anhäufung von Nährstoffen, indem sie positiv geladene Ionen (Kationen) mit einer »Ionenpumpe« nach innen transportiert. Gleichzeitig gibt sie Hydronium-Ionen ab. Die Ionenpumpe befindet sich in der Plasmagrenzschicht (s. Abb. A111) und wird mit Atmungsenergie betrieben.

Die Anhäufung von Ionen im Zellsaft bewirkt eine Erhöhung des **osmotischen Druckes** (s. Kap. A1.4.1) in den Zellen.

Dadurch wird Wasser nachgezogen (Diffusion). Die Ionen werden dicht mit Wasserteilchen umgeben. Somit wird das Volumen vergrößert und die Zelle bläht sich auf – ihr voller **Turgordruck** ist erreicht. Bei Mangel an Metall-Ionen, z. B. K^+, und bei Wassermangel wird der volle Turgordruck (vgl. Kap. A3.5.4) nicht erreicht – die Pflanze welkt.

Pflanzen nehmen manche Ionen, die sie nicht benötigen (z. B. Na^+, Natrium-Ion), nicht auf. Man nennt dies Ausschließungsvermögen der Pflanze. Besonders Meeresalgen (Tang) können Natriumionen aus-

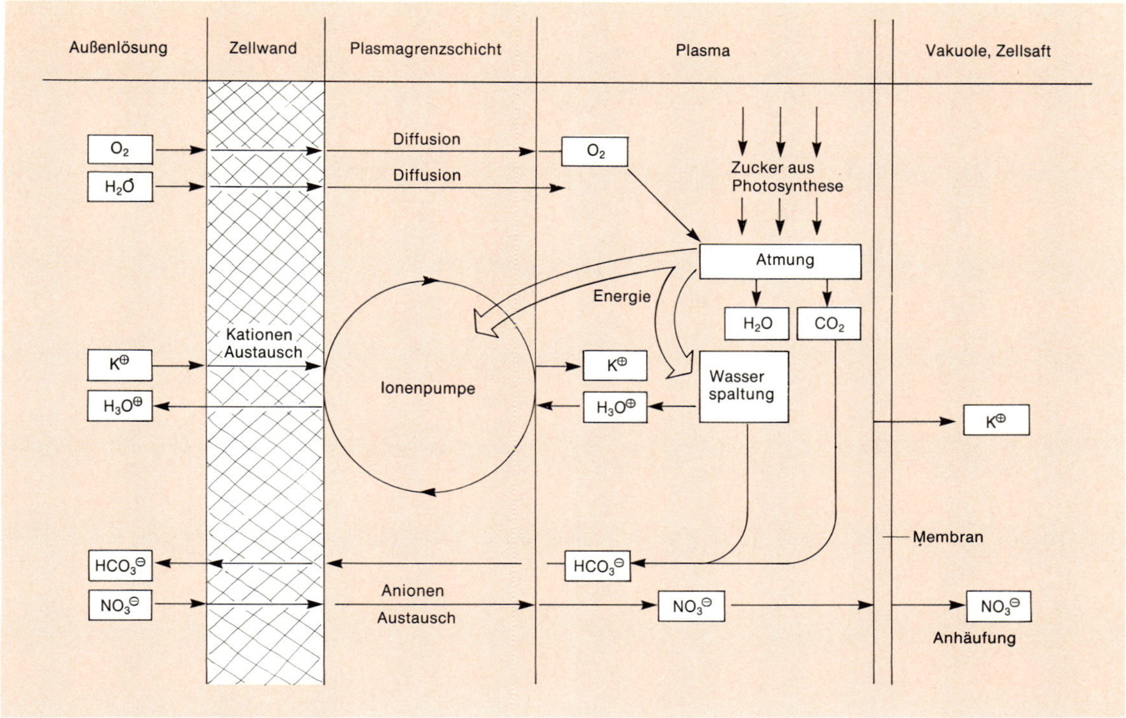

Abb. A 111. Die Ionenaufnahme.

schließen, sie enthalten trotz des kochsalzhaltigen Seewassers nur geringe Mengen Natrium.

Bei **Überdüngung und Versalzung** von Böden und Substraten wird den Wurzelzellen Wasser entzogen, weil in der Außenlösung mehr Ionen vorliegen als in der Zelle. Das Wasser diffundiert nach außen. Dadurch werden die Zellen zerstört – die Wurzel »verbrennt« durch Plasmolyse (s. Kap. A 2.6.3).

Salzpflanzen (Halophyten) können große Salzmengen aufnehmen, durch Wurzel, Sproß und Blätter schleusen und an den Blatträndern durch Hydathoden oder Poren ausscheiden. Sie sind auch an unserer Nordseeküste zu finden, z. B. Queller. Diese Pflanzen nehmen aus dem Transpirationsstrom die Nährionen auf, die unerwünschten Ionen wandern an den Zellen vorbei.

Aufnahme über das Blatt

Blätter sind in der Lage, neben den gasförmigen Nährstoffen CO_2 und O_2, auch Wasser und darin gelöste Stoffe aufzunehmen. Diese Aufnahme wird durch Spaltöffnungen (Stomata) und Poren in der sonst undurchlässigen, wachsartigen Kutikula der

Abb. A 112. Wasseranlagerung an Ionen in der Zelle.

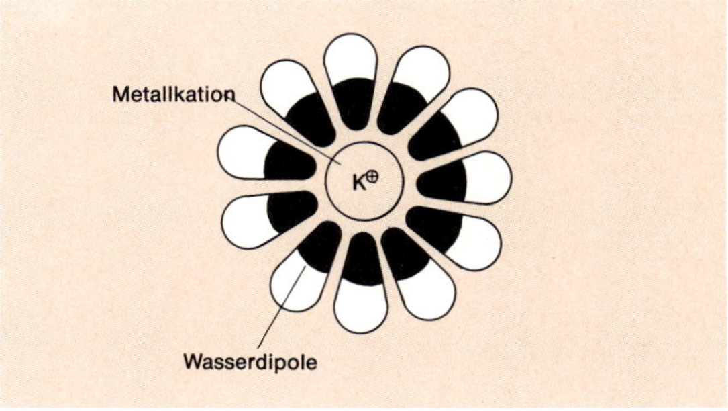

Epidermis-Blattzellen ermöglicht. Spaltöffnungen befinden sich vor allem an der Blattunterseite. Ihre Zahl liegt zwischen 6000 und 60000 Stück/cm^2. Ihr größter Durchmesser beträgt zwischen 15 und 30 μm (0,03 mm). Die Öffnung der Stomata wird durch Schließzellen bewirkt. Diese schließen bei abnehmender Luftfeuchte und hoher Temperatur, dadurch werden Wasserverluste des Blattes vermieden. Im Gartenbau werden bei hoher Temperatur die Blätter durch Übersprühen gekühlt, um die Stomata am Schließen zu hindern und das Wachstum

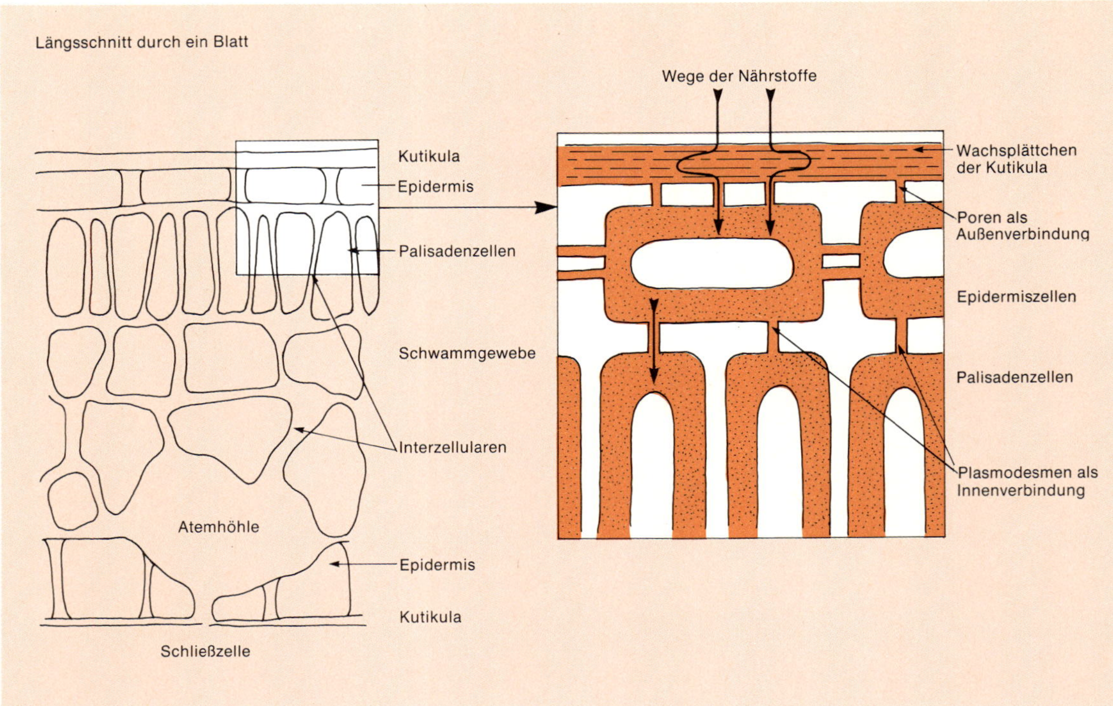

Abb. A 113. Nährstoffaufnahme über das Blatt. Vereinfachte Darstellung.

nicht zu unterbrechen. CO_2 und O_2 werden nach dem Durchwandern der Stomata in der Atemhöhle und den Interzellularen von einem dünnen Wasserfilm an den Zellwänden »gefangen« und in gelöster Form in die Zellen transportiert.

Die Poren befinden sich sowohl auf der Unter- als auch auf der Oberseite des Blattes. Diese sind geöffnet, wenn die Wachsplättchen der Kutikula durch Feuchtigkeit aufgequollen sind.

In Wasser gelöste Nährstoffe oder auch Wuchs- und Hemmstoffe gelangen im Feuchtigkeitsfilm durch die Kutikula zu den Zellen.

Diesen Vorgang nutzt man bei der **Blattdüngung** aus. Die Pflanze kann zu fast 30% über das Blatt ernährt werden. Die übrige Nährstoffversorgung muß über die Wurzel erfolgen, weil der Transport von Nährstoffen vom Blatt abwärts langsamer vonstatten geht als umgekehrt von der Wurzel zum Blatt.

Die Blattdüngung ermöglicht dem Gärtner, rasch Störungen der Nährstoffversorgung zu beheben. Im Zierpflanzenbau werden besonders Wuchs- und Hemmstoffe zusammen mit Spurennährelementen als Blattdüngung ausgebracht. Baumschuler spritzen Harnstoff in Verbindung mit Magnesiumsalzen in Koniferenbeständen, um Mg-Mangel vorzubeugen und die Stickstoffversorgung (Harnstoff) zu verbessern. Im Obstbau werden Spurennährelemente und Kalzium gespritzt, um die Frucht vor Mangelschäden zu schützen. Eine Ca-Spritzung bewahrt auf diese Weise Äpfel vor der qualitätsmindernden Stippigkeit. Da zahlreiche Pflanzenarten Blätter mit starker Wachsschicht besitzen, muß die Düngerlösung ein Benetzungsmittel erhalten, sonst perlen die Tropfen ab. Die Lösung muß in möglichst feinen Tröpfchen, z. B. Nebel mit feinen Tropfen unter 0,1 mm Durchmesser, auf die Blätter versprüht werden, damit ein gleichmäßiges Eindringen der Nährstoffe in alle Blätter erreicht wird.

Die erforderliche Aufwandmenge an Spritzlösung beträgt etwa 400 l/ha.

Die Blattdüngung ist nur wenig verbreitet. Zu rasches Abtrocknen der Blätter und zu hohe Konzentration der Spritzlösungen erhöhen die Gefahr von Blattverbrennungen. Ein Sonderfall der Pflanzendüngung ist die Spritzung älterer Baumbestände.

Tab. A8. Richtwerte für die Blattdüngung, Aufwandmenge 400 l/ha

Hauptsächlicher Anwendungsbereich	Nährstoff/Dünger		Konzentration %	Düngermenge kg/ha
Obstbau Baumschule Azaleen	N	Harnstoff	1	4
Zierpflanzenbau Obstbau Gemüsebau	N	Kalziumnitrat (Kalksalpeter)	1	4
Obstbau Baumschule	Mg	Magnesiumsulfat (Bittersalz)	2	8
Obstbau	Zn	Zinksulfat	0,2	0,8
Baumschule Azaleen Zierpflanzenbau	Cu	Kupfersulfat (Vitriol)	0,1	0,4
Obstbau Gemüsebau Baumschule	B	Borax	0,5	2
Zierpflanzenbau Obstbau	Mn	Mangansulfat	0,5	2
Gemüsebau	Mo	Na-Molybdat	0,05	0,2
Gartenbau allgemein	Fe	Eisenchelat, z. B. Fetrilon	0,25	1
	P	Superphosphat	1	4
	K	Kaliumsulfat (schwefelsaures Kali)	1	4

Hierbei wird die Rinde der Stämme mit Düngerlösungen besprüht. Die Konzentration dieser Lösungen kann das 10fache der bei Blattdüngung verwendeten betragen. Die Bäume nehmen Nährstoffe durch Poren der verholzten Rinde auf. Angewandt wird das Verfahren im Garten- und Landschaftsbau und im Forst, um unterversorgte ältere Bäume zu einem normalen Wachstum zu bringen.

Aufnahme über die Wurzel

Die Wurzel hat zwei Aufgaben: Sie gibt der Pflanze Halt im Boden und nimmt in Wasser gelöste Nährstoffe auf. Dabei ist sie in der Lage, durch ihr Wachstum auch entfernte Nährstoffe zu erreichen. Da Nährstoffe im Boden wenig seitwärts verlagert werden und fast nur von oben nach unten (Niederschläge) oder von unten nach oben gelangen (Kapillarwasser), bildet die Pflanze ein weites Wurzelnetz, wenn wenig Nährstoffe im Boden oder Substrat vorhanden sind.

Andererseits bildet sie nur wenige Wurzeln, wenn sich genügend Nährstoffe in nächster Nähe der Wurzel befinden. Nährstoffe werden vom Sog der Wurzel im Bodenwasser angezogen. Der Sog reicht nur wenige Zentimeter weit und erfaßt nur freie bewegliche Ionen. Die Bodenlösung (Außenlösung) ist rasch verarmt. Eine Nachlieferung von Bodenaustauschern (s. Kap. A 3.8.3) her findet nur langsam statt. Die Wurzel muß daher ständig wachsen, um neue Nährstoffquellen zu erschließen. Während die Hauptwurzel hauptsächlich der Verankerung der Pflanze im Boden dient, dringen die bis zu 0,2 mm dicken Seitenwurzeln zwischen die Bodenkolloide ein. Dabei dient die Wurzelhaube als Schutzschild.

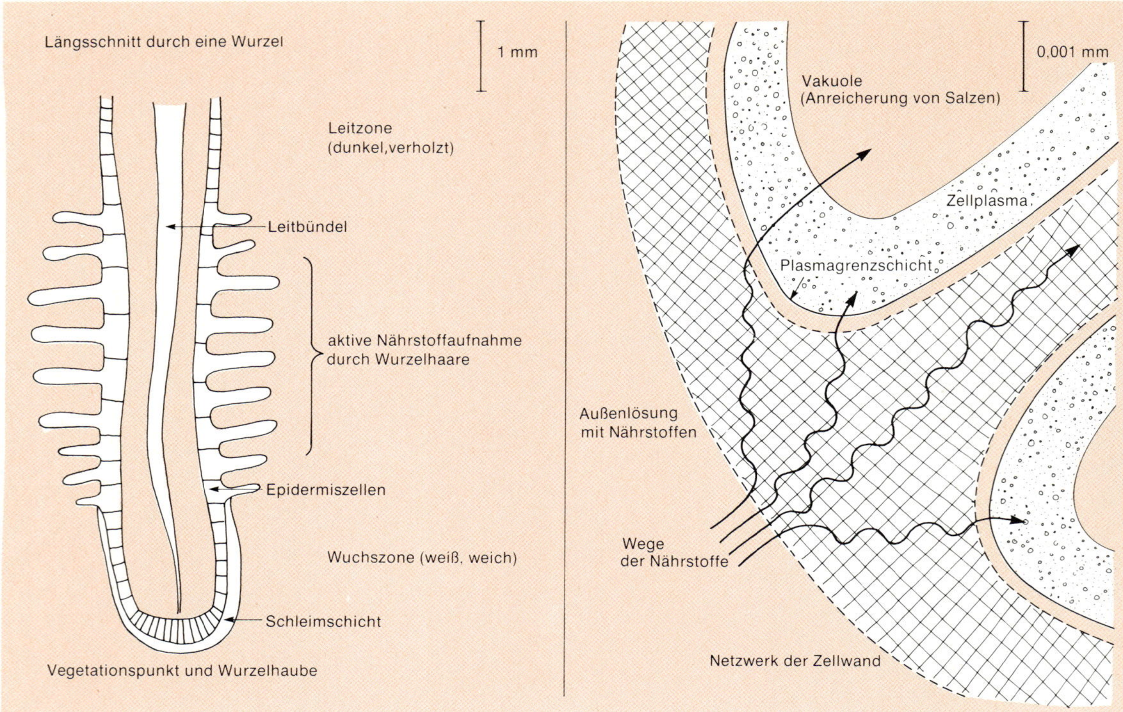

Abb. A 114. Aufnahme von Nährstoffen über die Wurzel.

Abb. A 114 zeigt, daß Wurzeln für die Nährstoffaufnahme nur eine geringe aktive Oberfläche besitzen. Daher müssen sie die Kontaktfläche zwischen Bodenlösung und Wurzel erhöhen, um genügend Nährstoffe anzuziehen. Die Vergrößerung der Oberfläche wird durch die Wurzelhaare an den Wurzeln erreicht. Sie sind bis zu einigen Millimeter lang und haben einen Durchmesser von 0,1–0,5 mm. Sie können in Feinporen des Bodens eindringen. Für Leguminosen mit wenig Wurzeln wurde eine aktive Wurzeloberfläche von 5000 m^2 auf 100 m^2 Kulturfläche gemessen. Gräser mit vielen Wurzeln erreichen auf derselben Fläche eine Wurzeloberfläche von 10000 m^2.

Unter Freilandbedingungen wachsen Wurzeln nicht das ganze Jahr. Jede Pflanzenart hat ihren Wachstumsrhythmus, in dem Wurzeln mehr oder weniger aktiv sind. Man nennt dies **Wurzelaktivität:** Wurzeln nehmen nur Nährstoffe auf, wenn sie aktiv sind. Dies hat für Baumschuler, Obstbauern und im Garten- und Landschaftsbau Bedeutung für die Wahl des richtigen Düngetermins. Somit werden Kosten für Düngemittel gespart, wenn die Pflanze die gedüngten Nährstoffe aufnimmt und diese nicht in den Untergrund ausgewaschen werden.

Nährstoffe gelangen in sehr unterschiedlicher Menge an die Wurzel: In gekalkten Böden und Substraten können sich Ca^{2+}-Ionen wegen ihrer großen Zahl in der Bodenlösung sogar an der Wurzel ansammeln, so daß die Aufnahme anderer Ionen, z. B. Mg^{2+}, K^+, behindert wird.

Abb. A 115. Zeiten starken Wurzelwachstums bei Gehölzen.

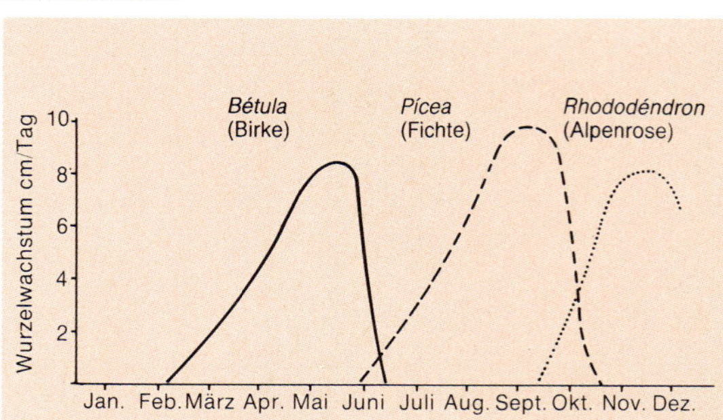

Phosphat wird nach der Düngung im Boden rasch festgelegt und gelangt nur durch Diffusion aus der wurzelnächsten Bodenzone (1–5 mm) an die Wurzel. Daher kann es im Freiland leicht zu Phosphormangel kommen. Im Freilandgemüsebau wird wegen der schlechten Phosphatnachlieferung häufig eine Streifendüngung mit Phosphatdünger über die Jungpflanzenreihen vorgenommen, oder man taucht die Erdtöpfe vor dem Pflanzen in phosphathaltige Lösung. Pflanzenarten unterscheiden sich in der Fähigkeit, Nährstoffe aufzunehmen. Man nennt dies **Aneignungsvermögen.** So können Leguminosen fast doppelt soviel Nährstoffe aufnehmen wie Gräser, weil sie in derselben Zeit mehr positiv geladene Hydronium (H_3O^+)-Ionen und negativ geladene Bikarbonat (HCO_3^-)-Ionen (s. Abb. A 111) abgeben und dafür andere Ionen (z. B. Ca^{2+}, K^+, NO_3^-) eintauschen können. Die Wurzeln mancher Pflanzenarten sondern Stoffe aus, die im Schleim außen an der Wurzelhaube und den Wurzelhaaren enthalten sind. Sie machen nicht pflanzenverfügbare Nährstoffe pflanzenverfügbar. Dazu gehören:

Säuren, z. B. Zitronensäure, Äpfelsäure.

Reduktionsmittel, die manche Nährstoffe, z. B. Mangan, verfügbar machen (s. Kap. A 3.8.2).

Chelate, die festgelegte Nährstoffe »befreien«, vor Festlegung schützen und der Pflanzenwurzel zuführen.

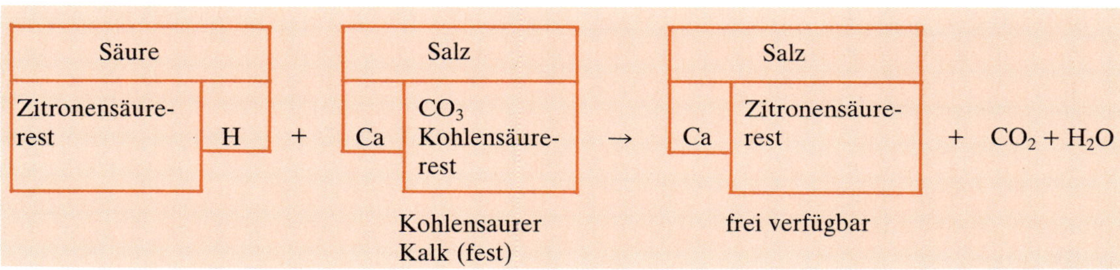

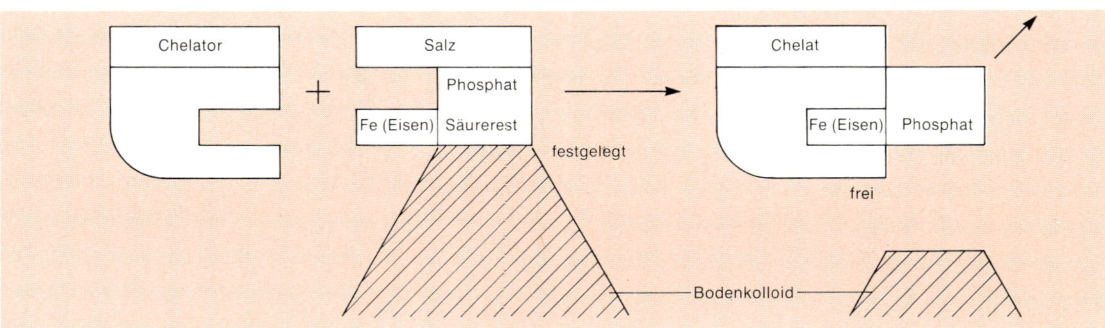

Abb. A 116. Wirkung von Chelaten.

Kontrolle und Vertiefung

1. Warum ist es wichtig, daß gedüngte Nährstoffe möglichst vollständig von der Pflanze aufgenommen werden?
2. Welche Nährstoffe werden besonders stark aus Böden und Stubstraten ausgewaschen? Warum ist das der Fall?
3. Nährstoffe werden von der Pflanze mittels Energieaufwand aufgenommen und mit dem Transpirationsstrom nach oben gedrückt. Erklären Sie dies am Wurzeldruck abgeschnittener junger Poinsettien- und Kohlrabipflanzen oder Apfelunterlagen.
4. Womit ist das Bestreben der Pflanze zu erklären, die Wurzeloberfläche möglichst zu vergrößern? Warum haben zu stark gedüngte Jungpflanzen nur geringes Wurzelwerk?

2.3 Pflanzennährelemente

Die Pflanze benötigt 15 Nährelemente. In die erste Gruppe gehören die beiden Gase CO_2 und O_2 und das Wasser (H_2O) mit den Hauptnährelementen C, O, H. Die zweite Gruppe umfaßt die weiteren 6 Hauptnährelemente (= Makroelemente) N, P, K, Ca, Mg und S, wobei N, P, K als **Kernnährelemente** bezeichnet werden, weil schon bei vorübergehendem Fehlen Wachstumsstockungen eintreten. Die dritte Gruppe enthält die 6 Spurennährelemente (Mikroelemente) Fe, Mn, B, Zn, Cu, Mo. Als nützliche Elemente für manche Pflanzenarten sind Si (Silizium in Silikaten), Na (Natrium, Na^+-Ion) und Cl (Chlor, Cl^--Ion) bekannt.
Alle Nährelemente müssen in ausreichender Menge und im richtigen Verhältnis zueinander zur Verfügung stehen, um normales Pflanzenwachstum zu erzielen (s. Minimumgesetz, Kap. A 2.1.3).

2.3.1 Wasser H_2O

Alle Stoffwechselvorgänge der Pflanze laufen in wässrigen Salzlösungen ab. Das Wasser stellt ein Lösungsmittel für Gase, Salze und organische Stoffe dar. Es ist zugleich Transportmittel für Nährionen von der Wurzel zum Blatt und für Zucker von den Chlorophyllkörnern im Blatt bis zur Wurzel. Die Quellung der Stärke im Samenkorn, der Innendruck der Zelle (= Turgordruck) und die Bewegung der Schließzellen (Stomata) ist von ausreichender Wasserversorgung abhängig.

Wasser ist ein Betriebsstoff

Tab. A 9. Wassergehalte von Pflanzenteilen in % der Frischsubstanz

Vegetationspunkte von Gurken	96–98
Wachsende Wurzelspitzen	94–95
Junge Salatblätter	90–92
Fruchtfleisch der Kirsche	90–92
Blätter von Poinsettien	85–87
Blätter von Rhododendron	65–70
Holz	30–60
Radiessamen	10–12
Samen von Ölfrüchten (Raps)	7–10

Die Pflanze spaltet unter Energieaufwand Wasser. Dabei entstehen Hydronium (H_3O^+) und Bikarbonat (HCO_3^-). Sie verwendet diese Bestandteile als Austauschstoffe für lebensnotwendige Ionen, z. B. K^+, NO_3^- (s. Kap. A 2.2.2). Daneben baut sie etwa 6% Wasserstoff (H) in organische Substanz ein.

Wasser ist ein Baustoff

Daneben dient Wasser als Kühlmittel im Blatt: Bei der Transpiration werden große Mengen verdunstet. Dies ist ein Schutz des Blattes gegen hohe Temperatur durch starke Sonneneinstrahlung. Die Wärmeabgabe beträgt 2270 J/g H_2O.
Die **Wasseraufnahme** erfolgt durch die Wurzel und wird vom Unterschied des osmotischen Druckes in den Zellen und in der Bodenlösung (Außenlösung) bestimmt. Ist der Unterschied gering, weil die Bodenlösung mit Salzen angereichert ist, kann nur wenig Wasser aufgenommen werden. Diese Wirkung tritt in trockenen Böden und Substraten, bei Überdüngung, Versalzung und kurz nach einer Düngung ein.
Der Saugdruck des Pflanzengewebes und die Verdunstung des Wassers kann annähernd am Beispiel des Staubsaugers erklärt werden: Nährstoffhaltiges Wasser wird angesogen, die Nährelemente bleiben in der Pflanze zurück und das Wasser wird wieder abgegeben.
Der Saugdruck stellt einen Unterdruck dar. Er kann große Kräfte ausüben, wie die Tab. A 10 zeigt.
Der **Wasserverbrauch** von Pflanzen hängt von folgenden Bedingungen ab:

- Wasserversorgung
- Luftfeuchte
- Luftbewegung
- Licht

Bei Überangebot von Wasser ist die Konzentration der Nährelemente (Menge Nährelemente pro Liter) in der Bodenlösung geringer. Die Pflanze muß mehr Wasser »durchsaugen«, um genügend Nährelemente zu erhalten. Im Extremfall tritt Sauerstoffmangel ein, und die Pflanze zeigt Chlorosen. Geringe Luftfeuchte bewirkt eine rasche Wasserabgabe der Blätter. Um Welke zu verhindern, muß die Pflanze mehr Wasser aufnehmen. In ähnlicher Weise wirkt die Luftbewegung: Das Heranführen immer neuer, trockener Luft führt zu einer Erhöhung des Wasser-

Tab. A 10. Saugdruck und Wasserspannung (s. Tab. A 64)

	Saugdruck
Nährlösung einer Hydrokultur	0,5 bar
Bodenlösung bei FK, WK (s. Kap. A 3.5.4)	
Podsolboden	0,2 bar
Einheitserde T	0,6 bar
Wurzeln mancher Pflanzen bei FK, WK	3– 5 bar
Blätter mancher Pflanzen bei FK, WK	5– 10 bar
Haftplatten von Klettergehölzen	bis 12 bar
Wurzeln mancher Pflanzen beim PWP	bis 15 bar
Wurzeln mancher Salzpflanzen	bis 80 bar
Hefepilze	bis 100 bar

verbrauchs. Viel Licht veranlaßt die Schließzellen zu einer weiteren Öffnung, um mehr CO_2 hereinzulassen: der Wasserverbrauch steigt.
Gärtner und Landwirte versuchen, in ihren Kulturen mit möglichst wenig zusätzlichem Wasseraufwand (Beregnung) höchstmögliche Erträge zu erzielen. Gleichmäßige Nährelementversorgung der Wurzel garantiert niedrigen Wasserverbrauch. Die Einhaltung von »Trockenzeiten« bei manchen Kulturen führt oft zu besserer Pflanzenqualität, zu einem rascheren Triebabschluß und damit zu früherer Blüte. Als Maß für die gebildete Erntemasse bei Gemüse und Obst dient der **Transpirationskoeffizient.** Er gibt den Wasserverbrauch in Litern pro kg gebildeter Trockensubstanz an. Gemüsepflanzen haben einen Transpirationskoeffizienten von 300–800 l/kg (s. Kap. A 3.5.5).
Die **Wasserversorgung** gärtnerischer Pflanzen erfolgt mit Bewässerungs- oder Beregnungseinrichtungen oder durch Gießen von Hand. Die Bewässerung sollte vorgenommen werden, wenn etwa 50% des Wertes der Feld (FK)- oder Wasserkapazität (WK) erreicht sind.

Beispiel:

Feld- oder Wasserkapazität:	60%
entspricht 600 ml Wasser pro l Substrat	
Grenzwert der Bewässerung:	30%
entspricht 300 ml Wasser pro l Substrat (= 50% der FK oder WK)	

Die technischen Möglichkeiten zur Bewässerung und Beregung sind zahlreich (s. Kap. C 1.4 und 1.5). Zusätzliche Beregnung von Freilandkulturen erfordert Kosten und muß gut überlegt werden (s. Gesetz vom abnehmenden Ertragszuwachs Abb. A 104). Zunehmend wird auch der Gartenbau kritisiert, weil Grundwasser zu Beregungszwecken verwendet wird. Gleichzeitig werden die Kulturflächen durch Dränung stark entwässert und damit das Eindringen von Wasser in tiefere Bodenschichten verhindert.
Der Gärtner sollte sich bewußt sein, daß er mit Wasser sparsam umgehen muß. Er sollte stets nur soviel Wasser verwenden, wie für gute Frucht- und Pflanzenqualität notwendig ist.

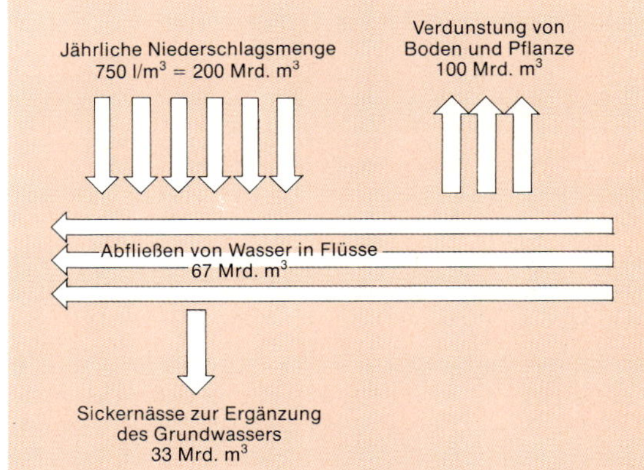

Abb. A 117. Verbleib des Niederschlagswassers in der Bundesrepublik Deutschland.

2.3.2 Kohlendioxid CO_2

Kohlendioxid (CO_2) ist als gasförmiger Nährstoff zu 0,03% (= 0,6 mg/l Luft) in der Atmosphäre enthalten. Wird dieser Wert unterschritten, tritt CO_2-Mangel für Pflanzen ein. CO_2 ist 1,5mal schwerer als Luft. Daher ist die Konzentration (= Menge pro Liter Luft) in Bodennähe und in der Bodenluft oft höher und kann Werte bis zu 5% erreichen. Dies ist ein Wert, der für Pflanzenwurzeln bereits giftig ist – das Wachstum wird eingestellt.
CO_2 wird durch die Atemhöhle der Spaltöffnungen aufgenommen, in den Interzellularen (s. Abb. A 113) in Wasser gelöst (bis zu 1 l CO_2/l H_2O) und durch Diffusion in die Zellen transportiert. Hier

wird CO_2 in den Chlorophyllkörnern bei der Photosynthese durch Lichtenergie (Sonnenenergie) mit Wasser (H_2O) verbunden. Dabei entstehen Zucker und Sauerstoff (s. Kap. A 2.2.2). Die Zuckerteilchen können in der Atmung wieder in CO_2 und H_2O gespalten werden und die gespeicherte Sonnenenergie wieder abgeben. Ein großer Teil des Zuckers wird zu Ketten zusammengeschlossen. Dabei entstehen Stärke als Reservestoff für Samen sowie Zellulose als Netzwerk für die Zellwand.

CO_2 ist ein Baustoff

CO_2 wird bei der Wasserspaltung (s. Abb. A 110) in der Zelle zu Bikarbonat (HCO_3^-)-Anionen umgewandelt. Es wirkt so beim Austausch von Anionen, z. B. Phosphat, Nitrat (= Salpeter) mit.

CO_2 ist ein Betriebsstoff

Das CO_2 der Luft stammt aus der Atmung von Mensch, Tier und höherer Pflanzen. Auch die Verbrennung von Kohle, Öl und Benzin führt zur Entstehung von CO_2.
Besonders stark sind die Mikroorganismen im Boden an der CO_2-Produktion beteiligt: sie mineralisieren die organische Substanz im Boden. Im Frühsommer werden in einem humusreichen, gut durchlüfteten und feuchten Kulturboden bis zu 5 kg CO_2/ha und Stunde erzeugt, d. h., pro Tag werden bis zu 120 kg CO_2 auf dieser Fläche verfügbar. Allerdings kann die Pflanze davon nur etwa 1/4 aufnehmen, die übrige Menge wird durch Wind davongetragen oder verbleibt im Boden.
In Gewächshäusern kann es bei hoher Sonneneinstrahlung und Temperatur zu CO_2-Mangel kommen, weil die Pflanze CO_2 rasch verbraucht. Deshalb muß im Normalfall gelüftet werden. Lüften bedeutet Energieverlust, weil die feuchte, warme Luft nach oben steigt und entweicht.
In manchen Gemüsebaubetrieben wird CO_2 durch Verbrennung von Propangas oder Einleitung von Abgasen aus Erdgasöfen zugeführt. Die Verbrennung von Petroleum und die Abgasverwendung bei Ölöfen ist nicht ratsam, weil dabei das Gas Schwefeldioxid (SO_2, s. Kap. A 2.5.2) entsteht und Blattschäden hervorruft. Die Zusatzbegasung mit CO_2 ist nur über einen Zeitraum von höchstens 6 Stunden am Tag sinnvoll – aufgeteilt in eine Vormittags- und eine Nachmittagsbegasung. Die Spaltöffnungen von lichtbedürftigen Pflanzen (= Sonnenpflanzen) sind erst bei hohen Lichtwerten voll geöffnet und können zusätzliches CO_2 gut aufnehmen. Spaltöffnungen von Schattenpflanzen öffnen bereits bei niedrigen Lichtwerten und schließen bei hohen Lichtwerten wieder.
Die CO_2-Begasung richtet sich daher nach der Pflanzenart und den Lichtwerten.

Tab. A 11. Lichtwerte bei vollständiger Öffnung der Spaltöffnungen

Pflanze	Licht in Lux
Salat (Wintersorten)	5000
Tomate	10000
Salatgurke	16000

Eine bisher wenig gebräuchliche Methode zur Erzeugung von CO_2 im Gewächshaus ist die Einbringung organischer Substanz, z. B. Stroh und Torf, unter die Tischbeete. Nach einer Startdüngung mit Stickstoff (3 g N/m^2) wird das Material von Mikroorganismen mineralisiert und dabei CO_2 erzeugt (s. Kap. A 3.3.1). Bei Grundbeeten sollte organische Substanz (Humus) in die Stellfläche eingearbeitet werden – auch dann steht ausreichend CO_2 für die Photosynthese bereit. Nachteilig ist die CO_2-Entwicklung aus organischer Substanz in der Nacht, wenn die Pflanze durch ihre Atmung selbst CO_2 abgibt.

Abb. A 118. Verlauf der CO_2-Konzentration in der Gewächshausluft.

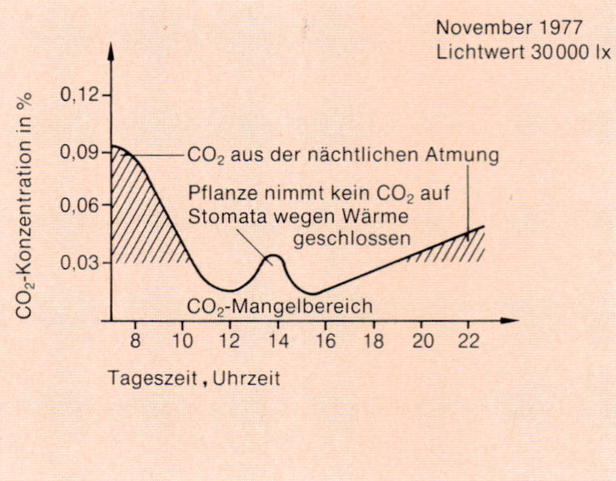

Tab. A 12. CO_2-Begasung von Pflanzen

CO_2 in Flaschen	1 kg = 500 l CO_2
Trockeneis	1 kg = 500 l CO_2
Propan	1 kg = 1500 l CO_2
Petroleum	1 kg = 1500 l CO_2
Erdgas	1 m^3 = 600 l CO_2

2.3.3 Sauerstoff O_2

Sauerstoff (O_2) ist zu fast 21 Vol.% in der Atmosphäre vorhanden. O_2 löst sich in Wasser: kaltes Wasser ist sauerstoffreich, warmes Wasser sauerstoffarm. Nährlösungen enthalten bei Zimmertemperatur (20 °C) etwa 7 mg O_2/l (= 0,7%). Pflanzen nehmen Sauerstoff auch als Teil des Kohlendioxids (CO_2) und des Wassers auf. Auch Zucker, Stärke und Zellulose enthalten Sauerstoff.

Sauerstoff ist ein Baustoff

Sauerstoff wird bei der Wurzelatmung benötigt: Pflanzen veratmen Zucker zu CO_2 und H_2O und verwenden die im Zucker gespeicherte Sonnenenergie zur Nährstoffaufnahme (s. Kap. A 2.2.2).

Sauerstoff ist ein Betriebsstoff

Bei der Photosynthese erzeugt die Pflanze zwar selbst Sauerstoff, sie gibt ihn jedoch von den Blättern sofort an die Atmosphäre ab. Nur einige Sumpfpflanzen können den Sauerstoff der Luft durch Luftröhren in die Wurzeln leiten: Hierzu gehören Mangroven und Reispflanzen.

Eine gute O_2-Versorgung von Pflanzen wird in Böden und Substraten vor allem durch lockere Struktur erreicht. Böden sind gut mit Sauerstoff versorgt, wenn die Luftkapazität 20 Vol.% beträgt. Der Sauerstoffgehalt der Bodenluft darf 10% nicht unterschreiten, sonst entsteht Sauerstoffmangel. Pflanzen mit ruhender Wurzel und ruhendem Sproß vertragen länger Sauerstoffmangel als in der Wachstumsphase. Überflutungen durch Schmelzwasser werden im Februar/März oft wochenlang ohne erkennbare Schäden überstanden, weil die Poren im Boden mit Luft gefüllt sind und Wurzelatmung noch kaum in Gang gekommen ist.

2.3.4 Hauptnährelemente der Pflanze

Die Hauptnährelemente werden auch als **Makronährelemente** bezeichnet; sie werden von der Pflanze mengenmäßig am stärksten benötigt. Die Aufnahme erfolgt vorwiegend über die Wurzel. Die 3 Hauptnährelemente N, P und K werden manchmal als **Kernnährelemente** bezeichnet.

Tab. A 13. Die Hauptnährelemente aus der Düngung

Nährelement	Symbol	chemische Eigenschaft
Stickstoff	N	Nichtmetall
Phosphor	P	Nichtmetall
Kalium	K	Alkalimetall
Kalzium	Ca	Erdalkalimetall
Magnesium	Mg	Erdalkalimetall
Schwefel	S	Nichtmetall

6 Nährelemente werden von der Pflanze in großer Menge benötigt. Sie müssen in gärtnerischen Kulturen über die Düngung zugeführt werden, weil Böden und Substrate sie nicht in ausreichender Menge anliefern.

Einige Hauptnährelemente verdrängen sich gegenseitig von den Austauscherplätzen im Boden oder Substrat (s. Kap. A 3.8.3) und behindern so die Nährstoffaufnahme an der Wurzel. Diesen Vorgang

Abb. A 119. Antagonismus und Synergismus von Nährelementen.

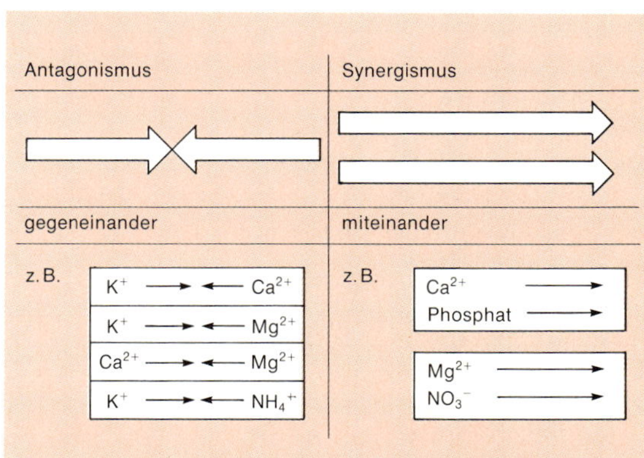

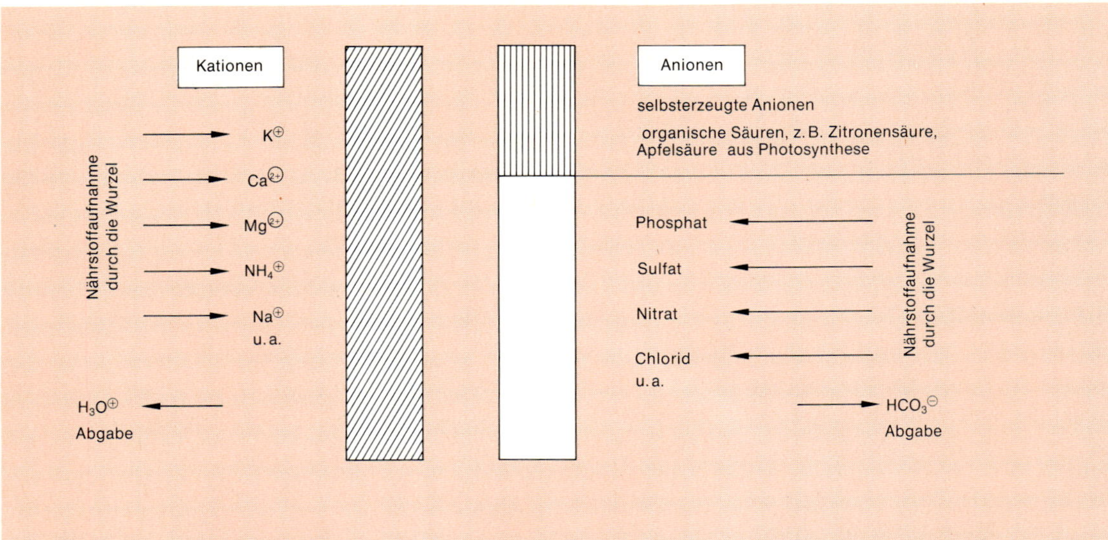

Die Pflanze gibt stets mehr $H_3O^{\oplus}$-Ionen in die Bodenlösung ab als $HCO_3^{\ominus}$-Ionen. Sie wirkt daher immer bodenversauernd!

Abb. A 120. Gleichgewicht von Kationen und Anionen in der Pflanze.

nennt man **Antagonismus.** Auch eine gegenseitige Förderung der Aufnahme ist möglich: diesen **Synergismus** findet man nur zwischen Kationen und Anionen. Der Antagonismus kann zum Mangel eines Nährelements führen, z. B. Mg-Mangel bei hoher Kaliumdüngung.

Pflanzen nehmen stets mehr Kationen als Anionen auf. Sie geben daher stets mehr Hydronium (H_3O^+)-Ionen in die Bodenlösung ab als Bikarbonat (HCO_3^-)-Ionen. Wachsende Pflanzen wirken daher immer boden- und substratversauernd. Der pH-Wert von Ackerböden geht im Verlauf eines Jahres während der Vegetationsperiode oft um 1–2 pH-Einheiten zurück. Dies muß der Gärtner bei der Auswahl seiner Düngemittel und beim Kalkaufwand berücksichtigen.

Nährstoffe werden unterschiedlich rasch von Pflanzen aufgenommen. In den folgenden »Steckbriefen« für die Nährelemente ist die unterschiedliche Aufnahmegeschwindigkeit angegeben:

- * langsame Aufnahme
- ** rasche Aufnahme
- *** sehr rasche Aufnahme

Durch einen Vergleich der Aufnahmegeschwindigkeiten von Kationen und Anionen ist die Wirkung von Düngemitteln im Boden abzuleiten. Bei physio-

Abb. A 121. Wirkung physiologisch sauerer und alkalischer Düngemittel.

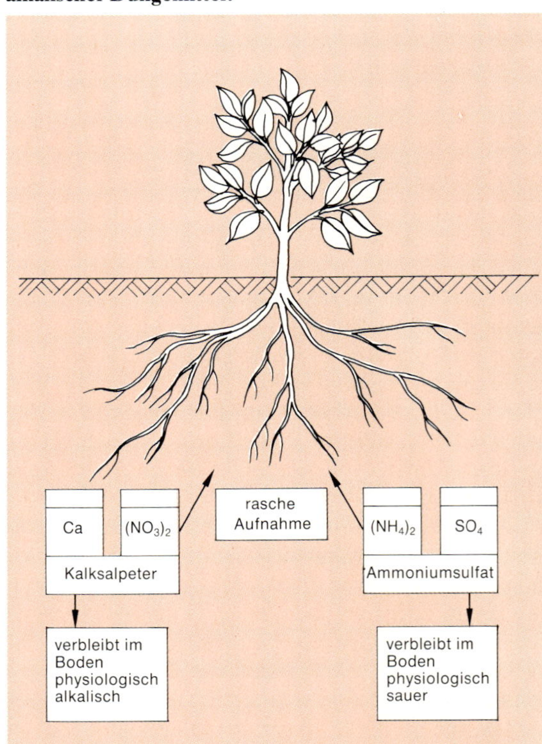

logisch sauer wirkenden Düngemitteln wandert das Kation des Salzes rascher in die Wurzel als das Anion (Säurerest). Dadurch gibt die Pflanze mehr sauer wirkende Hydronium (H_3O^+)-Ionen an die Bodenlösung ab, und der pH-Wert sinkt (s. Abb. A 121). Bei physiologisch alkalischen (= basischen) Düngemitteln wird das Anion rascher aufgenommen als das Kation. Dadurch gibt die Pflanze mehr basisch wirkende Bikarbonat (HCO_3^-)-Ionen an die Bodenlösung ab, der pH-Wert steigt.

Stickstoff N

Pflanzen können Stickstoff als Ammonium (NH_4^+), Nitrat (NO_3^-, Salpeter) und Harnstoff aufnehmen. Ammoniakgas wirkt als Schadstoff (s. Kap. A 2.5.2), Ammoniakgas in Wasser gelöst dagegen als Nährstoff.

Die Nachlieferung des Stickstoffs in den Formen Ammonium und Nitrat erfolgt im Boden durch die Mineralisierung organischer Substanz (Humus). Dabei werden die N-haltigen Bestandteile (z. B. Eiweiß) zu Ammoniak (NH_3) umgewandelt, das im sauren Zellsaft der Mikroorganismen und im Bodenwasser zum Ammonium (NH_4^+)-Kation wird.

Ammonium wird von nitrifizierenden Bakterien zum größten Teil rasch zu Nitrat (NO_3^-) umgesetzt. Die Umsetzung ist um so stärker, je weniger Tonminerale im Boden vorhanden sind. Tonminerale können Ammonium ähnlich wie Kalium (K^+) in die Zwischenschichten einlagern (s. Kap. A 3.2.3) und vor der Nitrifikation schützen. Hohe Kalidüngung setzt das Ammonium wieder frei.

Nitrate können ausgewaschen werden. Sie gelangen ins Grundwasser oder in offene Gewässer (s. Kap. A 2.2.1).

Zur Nachlieferung von Stickstoff an die Pflanze tragen stickstoffbindende Bakterien bei: Luftstickstoff (N_2) wird unter Energieaufwand gebunden. Die Energie gewinnen die Bakterien (z. B. Knöllchenbakterien) aus Zuckerverbindungen der höheren Pflanze (z. B. Leguminosen), mit der sie in Symbiose leben (s. Kap. A 3.3.3). Der Zugewinn an Stickstoff beträgt auf Böden mit guter Struktur und gutem Zustand meist 30–50 kg N/ha und Jahr. Böden können mit käuflichen Bakterien-Suspensionen (wäßrige Lösung) beimpft werden, um das Bodenleben durch Verbesserung der N-Versorgung zu fördern. Niemals liegen alle günstigen Bedingungen für N-bindende Bakterien vor, so daß ständig Stickstoff gedüngt werden muß, um gute Erträge zu erzielen.

Ammoniakgas (NH_3) kann aus Böden und Substraten entweichen, wenn der pH-Wert über 7 liegt. Auf kalkhaltigen Böden (pH 7–9) darf daher kein Ammoniumdünger angewandt werden. Kalk und Ammoniumdünger dürfen auch nicht gemischt werden (s. Kap. A 2.6.1).

Da Stickstoff als NH_4^+ und NO_3^- aufgenommen werden kann und zudem mengenmäßig von der Pflanze am meisten benötigt wird, beeinflußt die N-Düngung am stärksten den pH-Wert im Boden oder Substrat (s. Abb. A 121).

Tab. A 14. Möglicher Zugewinn und Verlust an Stickstoff in Böden Deutschlands (Schätzwerte)

Gewinn	kg N/ha und Jahr Minimum	Maximum
Mineralisierung (Nachlieferung)	10	250
N-Bindung durch Knöllchenbakterien, Mykorrhiza in Symbiose mit höheren Pflanzen	100	200
N-Bindung durch freilebende Mikroorganismen, z. B. Azotobakter	5	10
Gewitter, elektrische Entladungen	5	10
Durchschnittliche Düngung	90	150
Summe Gewinne	210	620
Verlust		
Auswaschung	10	50
Entzug durch Pflanzen	50	300
Summe Verluste	60	350

Sauer wirkende Düngemittel sind kalkzehrend, alkalisch wirkende Düngemittel schonen den Kalkgehalt des Bodens

Der Gärtner muß bei der Kalkung von Böden und Substraten beachten:

1 kg N als Ammonium (NH_4^+) bewirkt eine Versauerung im Boden oder Substrat, zu deren Beseitigung 1,8 kg kohlensaurer Kalk ($CaCO_3$) notwendig sind

1 kg N als Nitrat (= Salpeter NO_3^-) bewirkt einen Gewinn von umgerechnet 1,8 kg kohlensaurem Kalk ($CaCO_3$)

N

Stickstoff Vorkommen im Boden	1. In organischer Substanz 2. als NO_3^--Ion 3. als NH_4^+-Ion
Festlegung im Boden	1. in Mikroorganismen N-Sperre bei weitem C/N-Verhältnis (s. Kap. A 3.3.1) 2. NH_4^+-Ionen in Tonmineralien
Auswaschung	nur NO_3^- stark
Nachlieferung	1. Mineralisierung organischer Substanz ($\rightarrow NH_4^+ \rightarrow NO_3^-$) 2. Bindung von Luftstickstoff durch Mikroorganismen
Wirkung im Boden	Förderung des Bodenlebens
Wirkung auf die Pflanze – Aufgaben –	1. N wird in Photosyntheseprodukte eingebaut 2. Eiweiß entsteht 3. Förderung vegetativen Wachstums, Blätter dunkelgrün 4. Hoher Massenertrag
Mangel	1. Pflanze kümmert 2. Blätter blaßgrün 3. ältere Blätter chlorotisch, fallen ab. Jüngere Blätter bleiben grün 4. Notblüte
Überschuß	1. Blätter schwarzgrün, weich, großflächig (Gramineen: blau) 2. Pflanze weich, mastig 3. Nitratanhäufung in Blättern 4. Blüte verzögert 5. Pflanze frost- und krankheitsanfällig
Gehalt in der Pflanze	2–6 % in der Trockensubstanz
Aufnahme in die Pflanze	rasch ✻✻ als NH_4^+ und NO_3^-
Düngungshöhe (Durchschnitt)	meist 100–120 kg N/ha
Düngemittel	1. Nitratdünger, z. B. »Kalksalpeter« 16 % N, Ammonsalpeter 35 % N
	2. Ammoniumdünger, z. B. »schwefelsaures Ammoniak« 21 % N
	3. Amiddünger, z. B. Harnstoff 46 % N
	4. Organische Dünger, Hornmehl, Hornspäne

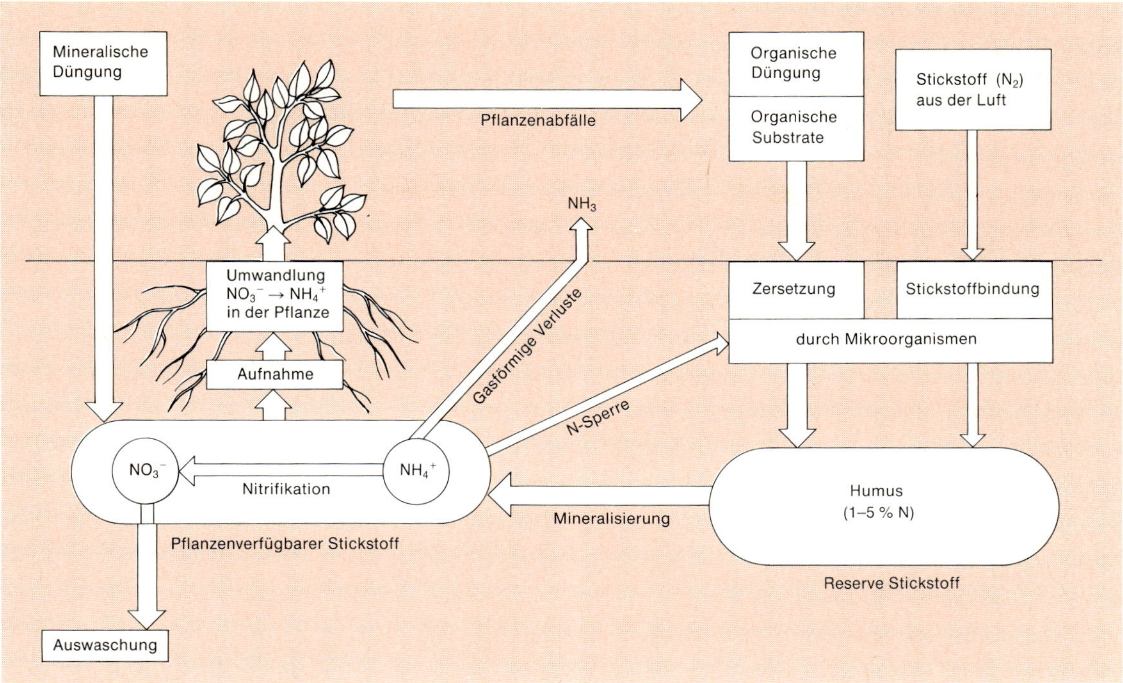

Abb. A 122. Wege des Stickstoffes.

Abb. A 123. Wege des Phosphors im Boden.

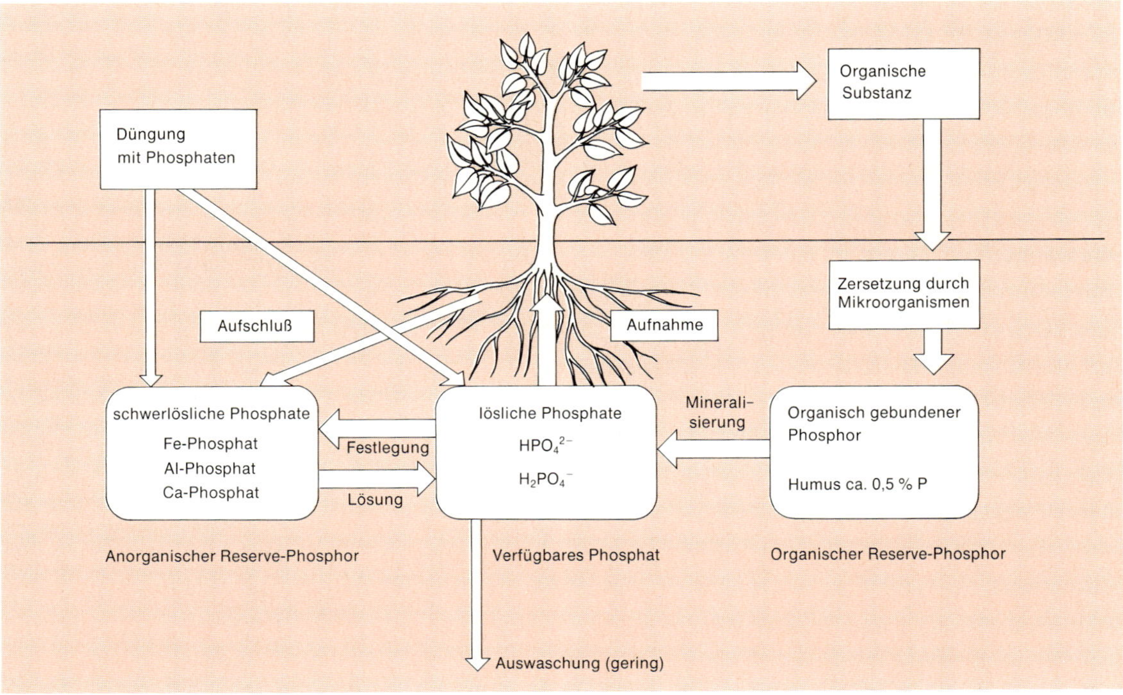

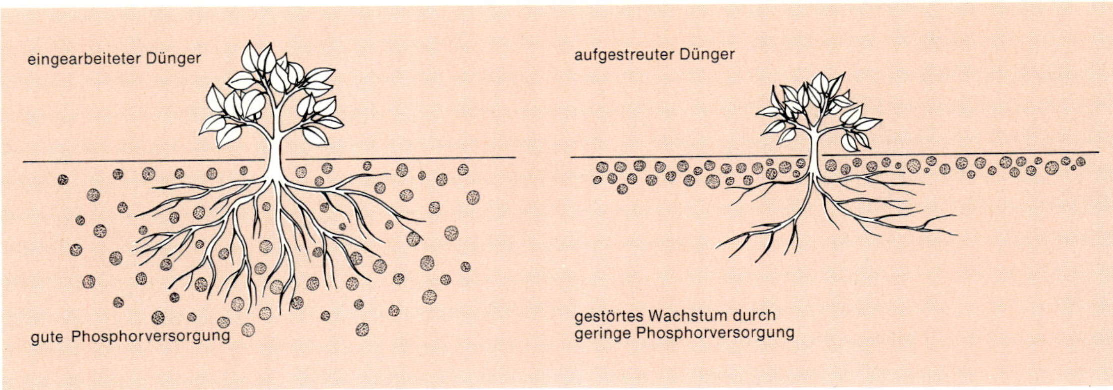

Abb. A 124. Richtige Phosphatdüngung eines Bodens.

Phosphor P

Die Verfügbarkeit von Phosphat im Boden oder Substrat wird vom pH-Wert beeinflußt. Die optimale Verfügbarkeit liegt bei pH 6–6,5.

Phosphat-Anionen ($H_2PO_4^-$, HPO_4^{2-}) werden unter pH 4,5 als schwerlösliche Eisen- oder Aluminiumsalze festgelegt. Eine Freisetzung des Phosphates gelingt durch Kalkung (pH-Erhöhung).

Oberhalb von pH 7 werden Phosphat-Anionen zu Kalziumphosphaten umgewandelt. Auch diese sind schwerlösliche Salze.

Die Nachlieferung von Phosphat-Anionen an die Wurzel erfolgt aus den Mineralen Eisen- und Aluminiumphosphat und Kalziumphosphat (Apatit) sowie aus organischer Substanz. Die Nachlieferung steigt mit steigender Temperatur.

Schwerlösliche Phosphatsalze werden durch Kohlensäure (H_2CO_3), Huminsäuren und pflanzeneigene Säuren (z. B. Zitronensäure, Apfelsäure) aufgelöst. Dadurch werden Phosphate pflanzenverfügbar.

Phosphate aus organischer Substanz werden bei deren Mineralisierung durch Mikroorganismen freigesetzt. Phosphate wirken als »Klebemittel« zwischen Humusteilchen und stabilisieren auf diese Weise die Krümelstruktur.

In einem gut mit Phosphat versorgten Boden sind immer nur höchstens 1–2 kg Phosphat/ha pflanzenverfügbar. Der Bedarf von gärtnerischen Kulturpflanzen liegt im Mai und Juni meist bei 4–5 kg Phosphat/ha und Tag. Phosphat muß im Oberboden gut verteilt werden, damit die Wurzeln möglichst viel Phosphat erreichen können.

Da Phosphate wegen ihrer raschen Festlegung im Oberboden nicht ausgewaschen werden, bleiben sie in der Nähe der Pflanzenwurzel. Zur Sicherstellung der Nachlieferung zu Zeiten hohen Bedarfs hilft sich der Praktiker durch folgende Maßnahmen:

- Streifendüngung – Düngung auf dem Pflanz- oder Saatstreifen
- Tauchen der Wurzelballen von Jungpflanzen vor dem Auspflanzen in Phosphat-Düngerlösung
- Einarbeitung von Phosphat-Dünger in die durchwurzelbare Krumenzone

Gärtnerisch genutzte Böden und Substrate sind meist sehr gut mit Phosphat versorgt. Die früher hohen Phosphat-Gehalte in Düngemitteln sind daher um mehr als die Hälfte gesenkt worden.

Farbbilder Seite 107

linke Spalte von oben nach unten:
Abb. A 125. Gurkenblätter mit Stickstoff(N)-Mangel.
Abb. A 126. Kohlblätter mit Phosphor(P)-Mangel. Die Blattunterseite ist rötlich verfärbt.
Abb. A 127. Gurkenblätter mit zwei Stadien von Kalium(K)-Mangel.
Abb. A 128. Gurkenblätter mit Kalium(K)- und Magnesium(Mg)-Mangel.

rechte Spalte von oben nach unten:
Abb. A 129. Kohlblätter mit Magnesium(Mg)-Mangel.
Abb. A 130. Gurkenblätter mit Kalzium(Ca)-Mangel.
Abb. A 131. Apfel mit Kalzium(Ca)-Mangel. Dieses Symptom wird Stippigkeit genannt.
Abb. A 132. Petunien mit Schwefel(S)-Mangel.

VOLL
– N

+Mg
– Mg

+ P
– P

VOLL
– Ca

VOLL
– K

– Mg
VOLL
– K

KO
-S

P

Phosphor Vorkommen im Boden	1. als HPO_4^{2-}-, $H_2PO_4^-$-Anionen 2. als $FePO_4$, $AlPO_4$ schwerlöslich 3. als schwerlösliches Ca-Apatit 4. in organischer Bindung 5. in Mineralen
Festlegung im Boden	1. als Eisen- und Aluminiumphosphat bei pH <4,5 2. als Ca-Apatit bei pH >7
Auswaschung	gering, weniger als 5 kg P_2O_5/ha und Jahr
Nachlieferung	Aufschluß organischer und anorganischer Reserven durch Pflanzen
Wirkung im Boden	Förderung der Krümelbildung, Bodenstabilisator, Brücken zwischen Humusteilchen
Wirkung auf die Pflanze – Aufgaben –	P ist Energieüberträger beim Aufbau von Zucker, Stärke, Zellulose und Eiweiß. Vermehrungsorgane (Blüte, Samen) sind P-reich
Mangel	Pflanzen kümmern, Blätter steif, Oberseite dunkelgrün, Unterseite oft rötlich (z. B. Kohl), auch Wurzeln rötlich gefärbt, P-Mangel = Starretracht
Überschuß	selten, Festlegung von Eisen als $FePO_4$ an der Wurzel möglich
Gehalt in der Pflanze	0,1–0,5 % in der Trockensubstanz
Aufnahme in die Pflanze	langsam ✻ als HPO_4^{2-}, $H_2PO_4^-$-Anion
Düngungshöhe (Durchschnitt)	80–150 kg P_2O_5/ha und Jahr Umrechnung: $P_2O_5 \times 0,44 = P$
Düngemittel Natürliche Lager: Nordafrika, Marokko USA, Florida UdSSR, Kola	1. Superphosphat, wasserlöslich, 18 % P_2O_5 2. Triplephosphat, wasserlöslich, 50 % P_2O_5 3. Thomasphosphat, Thomasmehl, zitronensäurelöslich, 15 % P_2O_5 4. Rhenaniaphosphat, zitratlöslich, 26 % P_2O_5 5. Knochenmehl u. a.

K

Kalium Vorkommen im Boden	1. als K^+-Kation 2. als Bestandteil von Mineralen 3. als Bestandteil fester Salze
Festlegung im Boden	In den Zwischenschichten von Tonmineralen. Gleichzeitig Vermeidung von K^+-Überdüngung
Auswaschung	hoch, abhängig vom Tongehalt des Bodens
Nachlieferung	1. aus chemischer Verwitterung von Mineralen 2. aus Zwischenschichten von Tonmineralen
Wirkung im Boden	K^+-Ionen wirken bei hoher Konzentration krümelzerstörend, weil sie Ca^{2+}-Ionen verdrängen (Antagonismus)
Wirkung auf die Pflanze – Aufgaben –	K^+-Ionen erhöhen den osmotischen Druck des Zellsaftes, Quellung, K^+-Ionen werden nicht eingebaut. Erhöhung der Frostresistenz aufgrund der Gefrierpunktserniedrigung im Zellsaft, bessere H_2O-Ausnutzung
Mangel	Pflanzen haben leicht Wassermangel, Kümmerwuchs, Chlorose und Nekrose älterer Blätter. K-Mangel = Welketracht
Überschuß	K^+-Ionen erhöhen den osmotischen Druck der Bodenlösung, Wurzelverbrennung. Bei geringem Überschuß Ca- und Mg-Mangel möglich
Gehalt in der Pflanze	1–6 % in der Trockensubstanz
Aufnahme in die Pflanze	sehr rasch ✻✻✻ als K^+-Kation
Düngungshöhe (Durchschnitt)	100–250 kg K_2O/ha und Jahr Umrechnung: $K_2O \times 0{,}83 = K$
Düngemittel	1. Kalimagnesia, 30 % K_2O Kalisulfat
Natürliche Lager: Niedersachsen, Hannover-Sehnde	2. 40er Kali, 40 % K_2O, 50er Kali, 50 % K_2O chloridhaltig

Kalium K

Kalium(K^+)-Kationen werden auf tonhaltigen Böden in die Zwischenschichten von Tonmineralen eingelagert. Je mehr K^+-Ionen in der Bodenlösung sind, desto mehr K^+-Ionen werden festgelegt. Je weniger K^+-Ionen in der Bodenlösung sind, desto mehr werden nachgeliefert. Lange Zeit ungedüngte Böden benötigen bei Inkulturnahme eine Kalium-Gesundungsdüngung in Höhe von 600–800 kg K_2O/ha. Die viel niedrigere jährliche Düngung würde sofort festgelegt und wäre nicht pflanzenverfügbar. Dies ist besonders bei der Aussiedlung gärtnerischer Betriebe aus städtischen Standorten auf ehemaliges Grünland zu beachten.

– Mo

Farbbilder Seite 110
linke Spalte von oben nach unten:
Abb. A 133. Rosenblätter mit Eisen(Fe)-Mangel. Nach der Gelbfärbung vertrocknet das Blatt unter Braunfärbung.
Abb. A 134. Edelnelken mit Bormangel.
Abb. A 135. Weißlich verfärbte Blütenblätter der Rosen zeigen Kupfer(Cu)-Mangel an.

rechte Spalte von oben nach unten:
Abb. A 136. Apfelsinenbäumchen *(Citrus)* mit Zink(Zn)-Mangel.
Abb. A 137. Junge Blumenkohlblätter mit starkem Molybdän(Mo)-Mangel.
Abb. A 138. Buschbohnenblätter mit Schäden durch extrem hohe Cadmium(Cd)-Gehalte im Boden.

Seite 111, linke Spalte:
Abb. A 139. Tomatenblätter bei Mangan(Mn)-Mangel und Mangan-Überschuß.
Abb. A 140. Ältere Poinsettienblätter mit Molybdän(Mo)-Mangel.

rechte Spalte von oben nach unten:
Abb. A 141. Ältere Rosenblätter mit Salzschäden.
Abb. A 142. Philodendronblätter mit Bor(B)-Überschußsymptomen. Die Nekrosen treten immer zuerst an den Enden der Leitungsbahnen auf.
Abb. A 143. Nekrosen an den Nadeln von Omorikafichten durch Streusalz (NaCl).

Kalzium und Kalk Ca

Kalzium wird hauptsächlich dem Boden mit dem Kalk zugeführt.

Eine Aufgabe des Kalkes ist, die Bodensäuren zu neutralisieren.

Stark humose Böden und Substrate sollen nicht bis pH 6–7 aufgekalkt werden. Pflanzen mit einem Optimum von pH 6,5 für mineralischen Boden wachsen noch gut bei pH 5 in einem Torfsubstrat! Hierbei muß der Gärtner allerdings besonders auf die Verfügbarkeit der Nährstoffe bei niedrigem pH-Wert achten (s. Tab. A 6).

$Ca(OH)_2$	+	H_2 – Humin	⟶	Ca – Humin	+	H_2O
Kalkwasser (= Löschkalk, Lauge)	+	Huminsäure	⟶	Huminsalz (Humat)	+	Wasser

Es entstehen Kalzium-Salze der Säuren. Die Säuren sind verschwunden, und der pH-Wert steigt an.

Eine weitere Aufgabe der Ca^{2+}-Ionen ist die Stabilisierung der Krümelstruktur. Hierbei erfolgt eine Sättigung der Kolloide, die als Austauscher für alle Kationen dienen, mit Kalzium-Ionen.

Ungenügende Ca-Versorgung eines Bodens oder Substrates führt zu Verschlämmung und Strukturverschlechterung. Damit verbunden ist eine Verminderung des Luftvolumens und ein Rückgang des Bodenlebens. Staunässe kann die Folge sein.

Eine Verdrängung von Kalzium-Ionen von den Austauscherplätzen im Boden kann bei hoher Kaliumdüngung einsetzen (Antagonismus). Allerdings sind die meisten Böden gut mit Kalzium-Ionen gesättigt, so daß keine Ca-Unterversorgung eintreten kann.

Die Aufkalkung humusreicher Böden oder Substrate beschleunigt die Mineralisierung organischer Substanz. Stark gekalkte Torfsubstrate verlieren unter den Klimabedingungen des Gewächshauses bis zu 30% des Volumens pro Jahr, weil sie wegen ihres hohen pH-Wertes günstige Bedingungen für Mikroorganismen schaffen (pH >5).

Je höher der Humusgehalt eines Substrates oder Bodens, desto niedriger das pH-Optimum einer Kultur und desto geringer die erforderliche Kalkmenge.

Daß Kalk humuszehrend wirkt, haben Bauern schon im vorigen Jahrhundert entdeckt. Daher die alte Weisheit:

»Kalk macht reiche Väter und arme Söhne.«

Das bedeutet: Hohe Kalkung humusreicher Böden bringt hohe Erträge, durch den raschen Humusabbau verlieren Böden nach höchstens 20 Jahren ihre Krümelstruktur, sie verschlämmen und die Erträge gehen zurück. Die Zufuhr organischer Substanz zum Boden durch Zwischenfruchtanbau, z. B. Lupinen, organische Dünger, z. B. Mist, ist daher eine Notwendigkeit zur Erhaltung der Bodenfruchtbarkeit (s. Kap. A 2.6.1).

Ca

Kalzium Vorkommen im Boden	1. als Ca^{2+}-Kation 2. als Ca-Apatit 3. als Ca-Karbonat, Kalk 4. als $CaSO_4$, Gips
Festlegung im Boden	1. als Apatit } schwerlöslich 2. als Gips }
Auswaschung	hoch, abhängig vom pH-Wert
Nachlieferung	aus Gips, Apatit und chemischer Verwitterung von Silikaten, die Ca enthalten
Wirkung im Boden	Ca verdrängt Hydronium (H_3O^+)-Ionen von den Austauschern im Boden und stabilisiert die Krümelstruktur, Förderung des Bodenlebens, pH-Regulierung
Wirkung auf die Pflanze – Aufgaben –	Ca ist ein Baustoff der Zellwand, zusammen mit K^+-Ionen regeln Ca^{2+}-Ionen den Quellungszustand z. B. der Schließzellen
Mangel	schwache Bewurzelung, Absterben der Triebspitzen, Chlorose junger Blätter, Früchte mit nekrotischen Flecken: z. B. Stippigkeit des Apfels
Überschuß	Antagonismus zu Mg^{2+}, K^+ und den Spurenelementen Fe, Mn, Cu, Zn an der Wurzel
Gehalt in der Pflanze	0,5–5 % in der Trockensubstanz
Aufnahme in die Pflanze	langsam ✻ als Ca^{2+}-Kation
Düngungshöhe (Durchschnitt)	100–200 kg CaO/ha und Jahr Umrechnung: CaO × 0,71 = Ca, CaO × 1,79 = $CaCO_3$
Düngemittel Natürliche Lager: z. B. Schleswig-Holstein	1. Branntkalk, 65–95 % CaO 2. kohlensaurer Kalk, 75–95 % $CaCO_3$ (Kalkmergel) 3. Kalksalpeter, Kalziumnitrat, 20 % Ca 4. Gips, $CaSO_4$, 18 % Ca 5. Hüttenkalk, 75 % Ca-Silikat

Magnesium Mg

Magnesium wird dem Boden mit magnesiumhaltigen Kalken zugeführt.

Die meisten Böden sind magnesiumarm, weil Ca^{2+}-Ionen wegen ihrer größeren Zahl die Mg^{2+}-Ionen von Austauscherplätzen im Boden verdrängen (Antagonismus). Dadurch befindet sich Magnesium in der Bodenlösung und wird ausgewaschen: Die Auswaschungsverluste betragen zwischen 15 und 35 kg Mg/ha und Jahr.

Mg

Magnesium Vorkommen im Boden	1. als Mg^{2+}-Kation 2. als Salze $MgSO_4$ und Mg-Chlorid 3. als Mg-Karbonat in Kalken 4. als Bestandteil von Mineralen, z. B. Dolomit
Festlegung im Boden	gering, bei hohem pH-Wert, pH 7–8, Ausfällung als Mg-Phosphat
Auswaschung	hoch
Nachlieferung	aus chemischer Verwitterung von Mineralen
Wirkung im Boden	wie Kalzium, Förderung der Krümelstabilität durch Verdrängung von Hydronium-Ionen von Austauscherplätzen
Wirkung auf die Pflanze – Aufgaben –	1. Mg ist Teil des Chlorophylls 2. Mg transportiert Phosphat im Xylem (Synergismus)
Mangel	Ältere Blätter werden auf den Blattspreiten chlorotisch und nekrotisch, Blattadern bleiben grün, Gräser zeigen gelbgrüne Streifen
Überschuß	Keine Schadbilder bekannt
Gehalt in der Pflanze	0,2–1 % in der Trockensubstanz
Aufnahme in die Pflanze	langsam ✻ als Mg^{2+}-Kation
Düngungshöhe (Durchschnitt)	10–30 kg MgO/ha und Jahr Umrechnung: MgO × 0,6 = Mg
Düngemittel	1. Bittersalz $MgSO_4$, 10 % Mg 2. Kieserit $MgSO_4$, 17 % Mg 3. Kalimagnesia, 10 % MgO 4. Kalkmergel, 15–40 % $MgCO_3$ Umrechnung: $MgCO_3$ × 0,48 = MgO

Schwefel S

Die Versorgung von Pflanzen mit Schwefel ist in den verkehrsreichen westeuropäischen Industrieländern durch die Immission von Schwefeldioxid (SO_2) sichergestellt, das bei der Verbrennung von Erdöl entsteht (s. Seite 400). Zudem enthalten zahlreiche Düngemittel schwefelsaure Salze, z. B. schwefelsaures Kali (für chloridunverträgliche Pflanzen), schwefelsaures Ammoniak.

S

Schwefel Vorkommen im Boden	1. als Sulfat(SO_4^{2-})-Anion 2. als Schwefelwasserstoff, H_2S (Gift, Schadstoff, s. Kap. A 2.5.2) 3. als Salz der Schwefelsäure 4. in organischer Substanz
Festlegung im Boden	1. als Gips, $CaSO_4 \cdot H_2O$, schwerlöslich 2. als Eiweiß in Mikroorganismen
Auswaschung	hoch, 75 % der Düngung
Nachlieferung	1. Mineralisierung organischer Substanz 2. chemische Verwitterung sulfathaltiger Salze 3. SO_2-Zufuhr durch Niederschlag
Wirkung im Boden	fördert das Bodenleben
Wirkung auf die Pflanze – Aufgaben –	Schwefel ist Bestandteil von Eiweiß, Enzymen und Geschmacksstoffen, z. B. im Lauch
Mangel (selten)	Schwache Chlorose junger Blätter, Blätter klein, stumpfes Grün. Adern hell. Ursache: gestörte Eiweißbildung
Überschuß	Keine Schadbilder bekannt. Schaden nur durch Gase Schwefeldioxid und Schwefelwasserstoff
Gehalt in der Pflanze	0,1–0,5 % in der Trockensubstanz
Aufnahme in die Pflanze	langsam ❄ als SO_4^{2-}-Anion
Düngungshöhe (Durchschnitt)	20–40 kg S/ha und Jahr Niederschläge mit SO_2 (= 60 %) und Düngung (= 40 %)
Düngemittel Natürliche Lager: Italien, Sizilien	1. Kalisulfat (schwefelsaures Kali), 18 % S 2. Schwefelsaures Ammoniak, 24 % S 3. Reiner Schwefel zur Absenkung des pH-Wertes 4. Organische Düngemittel, Gründüngung

2.3.5 Spurennährelemente

Die 6 Spurennährelemente werden auch als **Mikronährelemente** bezeichnet. Sie werden von der Pflanze nur in kleinen Mengen benötigt. Die Aufnahme erfolgt vorwiegend über die Wurzel. Bei Störungen der Spurennährelementversorgung, die durch Mangelerscheinungen sichtbar werden, düngt der Praktiker über das Blatt (s. A 2.2.2). Die **Blattdüngung** soll nur von erfahrenen Praktikern angewandt werden; die Gefahr von Blattverbrennungen ist vor allem bei Temperaturen über 20 °C hoch.

6 Spurennährelemente werden von der Pflanze benötigt. Die meisten Böden enthalten Spurennährelemente in zu geringer Menge. Sie müssen gedüngt werden. Gärtnerische Substrate enthalten oft keine Spurennährstoffe, sie müssen immer gedüngt werden.

Ähnlich den Hauptnährelementen gibt es auch bei Spurennährelementen Antagonismus und Synergis-

Tab. A 15. Die 6 Spurennährelemente

	Nährelement	Symbol	chemische Eigenschaften	Aufnahme als
Menge in der Pflanze abnehmend ↓	Eisen	Fe	Metall	Kation
	Mangan	Mn	Metall	Kation
	Bor	B	Nichtmetall	Borat-Anion
	Zink	Zn	Schwermetall	Kation
	Kupfer	Cu	Schwermetall	Kation
	Molybdän	Mo	Schwermetall	Molybdat-Anion

mus (s. Abb. A 119). So wirken z. B. Fe und Mn als Antagonisten (= Gegenspieler). Bei hoher Mn-Konzentration im Boden kann Fe von der Aufnahme an der Wurzel ausgeschlossen werden.

Tab. A 16. Antagonismus und Synergismus bei Spurennährelementen

Fe	⟶	⟵	Mn
Fe	⟶	⟵	Cu
Cu	⟶	⟵	Zn
Cu	⟶		
B	⟶		
Cu	⟶		
Mo	⟶		

Hinsichtlich des Gleichgewichtes von Kationen und Anionen in der Pflanze (s. Abb. A 120) spielen die Spurennährelemente keine Rolle; sie sind mengenmäßig zu gering. Die Aufnahme erfolgt bei den als Kation aufgenommenen Elementen Fe, Mn, Zn, Cu sehr rasch ✻✻✻, bei den als Anion aufgenommenen Elementen B und Mo dagegen nicht ganz so rasch ✻✻.

Die Nachlieferung und Verfügbarkeit der Spurennährelemente ist sehr stark vom pH-Wert des Bodens oder Substrates abhängig. Bei niedrigem pH-Wert von 3–4 sind die Kationen Fe^{2+}, Mn^{2+}, Zn^{2+}, Cu^{2+} fast vollständig pflanzenverfügbar und können auf manchen Böden als Schadstoffe zu Vergiftungen führen.

Eine Ausnahme bilden Substrate, die mit Spurennährelementen erst gedüngt werden müssen. Hier kann es bei niedrigem pH-Wert in schwach gekalkten Torfsubstraten und guter Phosphatdüngung zu Festlegungen als Eisenphosphat, $FePO_4$, und Zinkphosphat, $ZnHPO_4$, kommen, so daß Fe- und Zn-Mangel entsteht. Cu^{2+} wird bei niedrigem pH-Wert leicht an Humusstoffe gebunden. Cu-Mangel findet man daher auf sauren Moorböden (Heidemoorkrankheit).

Bei hohem pH-Wert von 6–9 werden die Kationen Fe^{2+}, Mn^{2+}, Zn^{2+} häufig als Oxide, z. B. FeO und MnO_2 oder Karbonate (= Salze der Kohlensäure) $FeCO_3$, $ZnCO_3$ festgelegt, so daß Mangel entsteht. Die Aufnahme von Cu^{2+} erfolgt auch bei hohen pH-Werten durch Chelate (s. Kap. A 2.2.2), die von der Pflanze selbst hergestellt werden. Sie lösen Cu^{2+} aus Salzen heraus.

Die Anionen Borat (BO_3^-, Säurerest der Borsäure HBO_3) und Molybdat (MoO_4^{2-}, Säurerest der Molybdänsäure) verhalten sich einander entgegengesetzt:

Borat-Anionen werden bei hohem pH-Wert (6–9) als schwerlösliche Ca-Salze ausgefällt, so daß B-Mangel entstehen kann.

Molybdat-Anionen werden bei niedrigem pH-Wert (3–5) als Fe-Molybdate ausgefällt und stehen der Pflanze nicht mehr zur Verfügung. Mo-Mangel kann häufig in Torfsubstraten auftreten. Der Gärtner muß daher vorbeugend Mo-haltige Düngemittel einsetzen oder den pH-Wert durch Kalkzusatz erhöhen. Festgelegtes Molybdän wird durch eine nachträgliche Kalkgabe, z. B. kohlensaurer Kalk als 1%ige Suspension, rasch verfügbar! An den nachfolgenden »Steckbriefen« der Spurennährelemente lassen sich Eigenschaften und Aufgaben ablesen.

Fe

Eisen Vorkommen im Boden	1. als Fe^{2+}-Kation (Nährelement) 2. als Fe^{3+}-Kation (**kein** Nährelement) 3. in Oxiden, FeO, Fe_2O_3 4. in Mineralen
Festlegung im Boden	1. als $FePO_4$ bei pH 3–5 2. als FeO ab pH 6
Auswaschung	nur in sauren Böden, aber gering
Nachlieferung	1. chemische Verwitterung von Mineralen 2. Moore sind meist extrem Fe-arm, keine Nachlieferung
Wirkung im Boden	1. Förderung der Krümelstruktur durch Verkleben von Kolloiden 2. Fe verleiht Böden rote und rotbraune Farben
Wirkung auf die Pflanze – Aufgaben –	Teil von Enzymen, vor allem bei der Chlorophyllbildung Besonders Fe-reiche Pflanzen: Mangold, Spinat
Mangel	**Schwacher Mangel:** Chlorose der jüngeren Blätter, Blattadern bleiben grün **Starker Mangel:** weiße Blätter, Blattnekrosen
Überschuß	auf sauren Böden möglich, bewirkt Mn-Mangel
Gehalt in der Pflanze	0,5–1 % in der Trockensubstanz
Aufnahme in die Pflanze	sehr rasch ✻✻✻ als Fe^{2+}-Kation
Bedarf der Pflanze (Durchschnitt)	5–10 kg Fe/ha und Jahr Substratdüngung: 50 g Fetrilon/m^3
Düngemittel	1. Eisensulfat, $FeSO_4$, 20 %Fe 2. Fetrilon, 5 % Fe 3. Fe-Chelat, 9 % Fe 4. Sequestren, 6 % Fe 5. Radigen, 2 % Fe
Düngung bei Mangel – Freiland	z. B. Fetrilon, 13 % Fe, 5 g/m^2
Düngung bei Mangel – Substrat	Fetrilon, 25 g/m^3
Düngung bei Mangel – Gießwasser	Fetrilon, 0,01 % = 1 g/10 l
Düngung bei Mangel – Blattdüngung	Fetrilon, 0,25 % = 1 kg/ha (Aufwandmenge: 400 l/ha)

Mn

Mangan Vorkommen im Boden	1. als Mn^{2+}-Kation (Nährelement) 2. als Mn III-, IV-, VI-Verbindungen (**kein** Nährstoff) 3. in Mineralen
Festlegung im Boden	1. als Mn-Oxid bei hoher Kalkung 2. in Humus-Mn-Komplexen
Auswaschung	gering
Nachlieferung	1. aus Mineralen 2. aus Verbindungen mit Mn III, IV und VI, Bakterien setzen Nährelement Mn^{2+} frei
Wirkung im Boden	1. ähnlich wie Fe, krümelstabilisierend 2. als Energielieferant für Bakterien
Wirkung auf die Pflanze – Aufgaben –	1. Teil von Enzymen (Streckungswachstum) 2. Teil von Enzymen der Photosynthese und Eiweißbildung
Mangel	Blattspreite mit chlorotischen Punkten, später punktförmige Nekrosen, z. B. Tomate, schwaches Wachstum
Überschuß	1. **Schwacher Überschuß über längere Zeit:** bewirkt Fe-Mangel (= Antagonismus) 2. **Starker Überschuß:** Pflanzenteile (Blattadern, Sprosse) werden schwarzbraun, Blattspreite chlorotisch
Gehalt in der Pflanze	0,02–0,2 % in der Trockensubstanz
Aufnahme in die Pflanze	sehr rasch ✻✻✻ als Mn^{2+}-Ion
Bedarf der Pflanze (Durchschnitt)	250–400 g Mn/ha Substratdüngung: 10 g Mn-Sulfat/m^3
Düngemittel	1. Mangansulfat, $MnSO_4$, 24 % Mn 2. Mn-Chelat 3. Mn-Oxid, 48 % Mn 4. Radigen, 0,6–0,8 % Mn
Düngung bei Mangel: Freiland	Mn-Sulfat, 25 kg/ha
Substrat	Mn-Sulfat, 20 g/m^3
Gießwasser	Mn-Sulfat, 10 g/10 l
Blattdüngung	Mn-Sulfat, 0,5 % = 2 kg/ha (Aufwandmenge: 400 l/ha)

B

Bor Vorkommen im Boden	1. als BO_3^{3-}-Anion 2. in **Kalziumborat,** schwerlöslich 3. in Mineralen
Festlegung im Boden	als Ca-Borat bei hohem pH-Wert
Auswaschung	hoch
Nachlieferung	chemische Verwitterung von Mineralen
Wirkung im Boden	Komplexbildner für Ca und Na
Wirkung auf die Pflanze – Aufgaben –	1. Teil von Enzymen (Wuchsstoffe) 2. Transport von Zucker
Mangel	Kümmerwuchs, Absterben des Vegetationspunktes, kein Dickenwachstum, Epidermis platzt auf und verkorkt (Apfel, Kohl, Sellerie u. a.) Trockenfäule bei Beta-Rübe
Überschuß	chlorotische, später nekrotische Blattränder, z. B. Monstera; nekrotische Flecken auf Blättern, z. B. Bohnen
Gehalt in der Pflanze	10–100 mg/kg Trockensubstanz
Aufnahme in die Pflanze	rasch ✻✻ als BO_3^{3-}-Anion
Bedarf der Pflanze (Durchschnitt)	100–500 g B/ha und Jahr Substratdüngung: 15 g Borax/m^3
Düngemittel	1. Borax, 11 % B 2. Borsäure H_3BO_3, 18 % B 3. Radigen, 0,6–0,8 % B
Düngung bei Mangel – Freiland	Borax, 10–20 kg/ha
Düngung bei Mangel – Substrat	Borax, 15 g/m^3
Düngung bei Mangel – Gießwasser	Borax, 0,05 % = 5 g/10 l
Düngung bei Mangel – Blattdüngung	Borax, 0,5 % = 2 kg/ha (Aufwandmenge: 400 l/ha) **Vorsicht vor Überdüngung!**

Zn

Zink Vorkommen im Boden	1. als Zn^{2+}-Kation 2. als Zinkphosphat, schwerlöslich 3. in Mineralen 4. in organischer Bindung
Festlegung im Boden	als Zinkphosphat
Auswaschung	gering, nur bei pH 3–5 stark
Nachlieferung	1. aus Mineralen und organischer Substanz, meist genug vorhanden 2. ältere Gewächshäuser (Zinkkonstruktion) liefern Zn^{2+}-Ionen mit Tropfwasser (= Pflanzenschäden)
Wirkung im Boden	Zink bildet mit organischen Substanzen Komplexe
Wirkung auf die Pflanze – Aufgaben –	1. Teil von Enzymen zur pH-Wert-Regulierung in der Zelle 2. Wuchsstoff Auxin wird reguliert
Mangel	Bei Obstbäumen Blattrosettenbildung, Internodien kurz (= fehlender Wuchsstoff), Chlorose junger Blätter
Überschuß	selten, wenn im Gewächshaus durch Tropfstellen: Verbrennungen von Wurzeln und Blättern
Gehalt in der Pflanze	20–100 mg/kg Trockensubstanz
Aufnahme in die Pflanze	sehr rasch ✻✻✻ als Zn^{2+}-Kation
Bedarf der Pflanze (Durchschnitt)	200–500 g Zn/ha und Jahr Substratdüngung: 20 g Zinksulfat/m^3
Düngemittel	1. Zinksulfat, 23 % Zn 2. Zn-Chelat 3. Zn-Oxid, z. B. Maneltra, 70 % Zn 4. Excello, Zn und Zn-Oxid, 5 % Zn 5. Radigen, 0,2 % Zn
Düngung bei Mangel – Freiland	Zinksulfat, 10–20 kg/ha
Düngung bei Mangel – Substrat	Zinksulfat, 100 g/m^3
Düngung bei Mangel – Gießwasser	Zinksulfat, 0,5 % = 50 g/10 l
Düngung bei Mangel – Blattdüngung	Zinksulfat, 0,2 % = 0,8 kg/ha (Aufwandmenge: 400 l/ha)

Cu

Kupfer Vorkommen im Boden	1. als Cu^{2+}-Kation 2. in Mineralen 3. als Humus-Cu-Komplex
Festlegung im Boden	in Humusstoffen bei niedrigem pH-Wert
Auswaschung	gering
Nachlieferung	1. durch chemische Verwitterung von Mineralen 2. aus Humus bei Kalkung
Wirkung im Boden	Cu wird in Humus festgelegt, in hoher Konzentration werden Bakterien und Algen abgetötet
Wirkung auf die Pflanze – Aufgaben –	1. Teil von Enzymen der Atmung 2. Teil von Enzymen zur Stickstoffumwandlung in der Zelle
Mangel	Blattrollung, z. B. Tomate, Tabak, weiße und gelbe Spitzen bei Gräsern und Koniferennadeln, weiße Blätter bei Kirsche
Überschuß	keine Erscheinungen bekannt
Gehalt in der Pflanze	3–20 mg/kg Trockensubstanz
Aufnahme in die Pflanze	sehr rasch ✻✻✻ als Cu^{2+}-Kation
Bedarf der Pflanze (Durchschnitt)	50–150 g Cu/ha und Jahr Substratdüngung: 20 g Kupfersulfat/m^3
Düngemittel	1. Kupfersulfat (Vitriol) $CuSO_4$, 25 % Cu 2. Grünkupfer, Kupferkalk, 48 % Cu 3. Excello, Cu, CuO, 5 % Cu 4. Cu-Oxid, z. B. Maneltra, 71 % Cu 5. Radigen, 1,5 % Cu
Düngung bei Mangel: Freiland	Kupfersulfat, 5–10 kg/ha
Düngung bei Mangel: Substrat	Kupfersulfat, 20 g/m^3
Düngung bei Mangel: Gießwasser	Kupfersulfat, 10 g/10 l
Düngung bei Mangel: Blattdüngung	Kupfersulfat, 0,1 % = 0,4 kg/ha (Aufwandmenge: 400 l/ha)

Mo

Molybdän Vorkommen im Boden	1. als MoO_4^{2-}-Anion 2. als Polymolybdat (kettenförmig) 3. als Molybdändisulfid, MoS_2
Festlegung im Boden	als Fe-Molybdat bei pH-Wert 3–5
Auswaschung	gering
Nachlieferung	1. aus Polymolybdaten 2. aus Fe-Molybdat
Wirkung im Boden	wirkt wie Phosphat als Krümelstabilisator, jedoch wegen geringer Menge kaum bedeutsam
Wirkung auf die Pflanze – Aufgaben –	1. Teil von Enzymen zur Umwandlung von NO_3^- in NH_4^- in der Zelle 2. Teil von Enzymen zur N_2-Bindung von Knöllchenbakterien
Mangel	**Schwacher Mangel über lange Zeit** Extreme Blattverwachsungen, z. B. Blumenkohl, Poinsettie (Weihnachtsstern) **Starker Mangel nach anfänglich guter Versorgung** Chlorose ausgewachsener Blätter, z. B. Poinsettie (Weihnachtsstern)
Überschuß	nicht bekannt
Gehalt in der Pflanze	0,2–10 mg Mo//kg Trockensubstanz
Aufnahme in die Pflanze	rasch ✻✻ als Molybdat-Anion
Bedarf der Pflanze (Durchschnitt)	10–50 g Mo/ha und Jahr Substratdüngung: 5 g Molybdat/m^3
Düngemittel	1. Natrium-Molybdat, Na_2MoO_4, 40 % Mo 2. Ammonium-Molybdat, 54 % Mo 3. Radigen, 0,6–0,8 % Mo
Düngung bei Mangel – Freiland	2 kg Mo/ha = 5 kg Na-Molybdat/ha
Düngung bei Mangel – Substrat	Na-Molybdat, 2 g/m^3
Düngung bei Mangel – Gießwasser	Na-Molybdat, 0,05 % = 5 g/10 l
Düngung bei Mangel – Blattdüngung	Natriummolybdat 0,05 % = 200 g/ha (Aufwandmenge: 400 l/ha)

Kontrolle und Vertiefung

1. Warum wird die Nährstoffaufnahme bei hohen CO_2-Konzentrationen im Boden behindert?
2. Erklären Sie folgende Aussage: Kohlrabi hat einen Transpirationskoeffizienten von 480 Liter.
3. Warum wird Stickstoff (N) als Motor des Pflanzenwachstums bezeichnet?
4. Worauf ist die Tatsache, selten Schwefelmangel an Pflanzen zu beobachten, zurückzuführen?
5. Ordnen Sie die Spurennährelemente nach ihrer Verfügbarkeit bei niedrigem und hohem pH-Wert.
6. Wo macht man sich die Fähigkeit mancher Pflanzen, bei geringerem Nährstoffangebot große Wassermengen aus dem Boden abzusaugen, zunutze, um Flächen langsam trokkenzulegen?

2.4 Nützliche Elemente für die Pflanze

Neben den Nährelementen, die für alle Pflanzen unentbehrlich sind, gibt es eine Reihe nützlicher Elemente. Sie fördern das Wachstum. Mangelerscheinungen treten nur bei wenigen Pflanzenarten auf.

Tab. A 17. Die vier wichtigsten nützlichen Elemente für das Pflanzenwachstum

Element	Symbol	chemische Eigenschaft
Chlor	Cl	Nichtmetall
Natrium	Na	Alkalimetall
Silizium	Si	Metall
Kobalt	Co	Metall

Diese Elemente sind oft in Düngemitteln als Nebenbestandteil vorhanden. Chlor und Natrium sind im

Cl

Chlor Vorkommen im Boden	als Chlorid-Anion Cl^-
Festlegung im Boden	kommt nicht vor
Auswaschung	sehr stark
Nachlieferung	1. durch Niederschläge: ca. 10 kg Cl/ha und Jahr 2. durch Düngemittel als Begleitstoff, z. B. in Kainit, 40er Kali, 50er Kali
Wirkung im Boden	Hohe Cl-Gehalte sind meist mit hohen Na-Gehalten verbunden (Salzböden, Versalzung)
Wirkung auf die Pflanze	Cl^--Anionen wirken quellend und erhöhen den Turgordruck (wie Kalium, Natrium) Chlorliebende Pflanzen: Rote Bete, Spinat, Sellerie, Kohl
Mangel	Symptome nicht bekannt, allgemeine Wuchsförderung durch Cl-Düngung chloridliebender Pflanzen
Überschuß	bei hoher Konzentration in Bodenlösung entstehen Salzschäden an Pflanzen, z. B. Chlorose, Blattwelke
Gehalt in der Pflanze	0,1–0,5 % der Trockensubstanz
Aufnahme in die Pflanze	sehr rasch *** als Cl^--Anion

Kochsalz (NaCl) und als Ionen im Regen- und Meerwasser enthalten. Chlor ist auch im Chlorgas enthalten – dieses wirkt jedoch als Schadstoff (s. Kap. A 2.5.2). Silizium ist Bestandteil der meisten Minerale und auch der Tonminerale (s. Kap. A 3.2.3). Kobalt kommt in Spuren in manchen Böden vor. Die folgenden »Steckbriefe« der nützlichen Elemente lassen ihre Bedeutung erkennen.

Nützliche Elemente können Ertragssicherheit und Qualiät gärtnerischer Kulturen erhöhen. Dabei ist ihre Menge genau zu beachten. Mangelerscheinungen treten bei ihrer Abwesenheit nicht auf.

Na

Natrium Vorkommen im Boden	1. als Natrium-Kation Na^+ 2. in Mineralen und festen Salzen
Festlegung im Boden	leicht nach Kalidüngung und Kalkung
Nachlieferung	1. durch Verwitterung von Mineralen 2. durch Niederschläge: ca. 10 kg Na^+ pro ha und Jahr 3. durch Düngemittel, z. B. Kalidünger, Phosphatdünger
Wirkung im Boden	Bei hoher Konzentration in Bodenlösung und an Austauschern zerfällt die Bodenstruktur, Verschlämmung entsteht. Bei hohen Na-Gehalten meist auch hohe Cl-Gehalte
Wirkung auf die Pflanze	Na^+ kann K^+ zum Teil ersetzen, wirkt quellend (Turgordruck steigt) Na^+-liebende Pflanzen: Rote Bete, Spinat, Sellerie, Kohl Seewasserpflanzen (Tang, Algen) und Sukkulenten halten Na aus den Zellen fern oder scheiden NaCl aus
Mangel	Symptome nicht bekannt, Wuchsföderung durch Na-Düngung Na-liebender Pflanzen
Überschuß	Salzschäden an Pflanzen durch Verbrennung von Wurzeln (Wasserentzug, Plasmolyse). Eintrocknen der Blätter, oft ohne Welke. Nur Halophyten (= Salzpflanzen, z. B. Queller) wachsen auf stark Na-haltigen Böden
Gehalt in der Pflanze	0,1–0,5 % in der Trockensubstanz 1,0–3,0 % bei Na^+-liebenden Pflanzen
Aufnahme in die Pflanze	rasch ✻✻ als Na^+-Kation

Si

Silizium Vorkommen im Boden	1. als Silikat-Anion (= Säurerest der Kieselsäure) 2. in Mineralen und Gesteine 3. in Tonmineralen
Festlegung im Boden	Silizium ist meist in Mineralen (z. B. Quarz) festgelegt, vorübergehende Festlegung von Silikat-Anionen als Kalziumsilikat möglich
Auswaschung	sehr stark, weil Anion
Nachlieferung	1. durch Verwitterung von Mineralen 2. durch Düngemittel, z. B. Superphosphat, Thomasmehl
Wirkung im Boden	Erhöhung der Strukturstabilität, z. B. künstlich durch Agrosil
Wirkung auf die Pflanze	Silikat-Anionen (z. B. SIO_4^{4-}) werden als Kieselsäureketten in das Gewebe eingebaut, vorwiegend bei Gräsern, Schilf: Erhöhung der Standfestigkeit, Verminderung von Pilzinfektionen, z. B. Mehltau
Mangel	Symptome nicht bekannt
Überschuß	wegen der Bildung von Silikatketten (= Festlegung) nicht möglich
Gehalt in der Pflanze	0,1–0,5 % in der Trockensubstanz. In Farnen, Gräsern, Schachtelhalm bis zu 5 %
Aufnahme in die Pflanze	langsam ✻ als Silikat-Anion

Co

Kobalt Vorkommen im Boden	1. als Co^{2+}-Kation 2. als festes Salz 3. in Mineralen
Festlegung im Boden	an Austauschern vorübergehend
Auswaschung	gering
Nachlieferung	durch Verwitterung von Mineralen
Wirkung im Boden	keine
Wirkung auf die Pflanze	Ersatz von Eisen in geringer Menge möglich. Co^{2+} ermöglicht Knöllchenbakterien die Bindung des Luftstickstoffs, daher für Leguminosen (= Zwischenfrucht) wichtig (Wuchsförderung)
Mangel	Symptome nur bei Algen und Bakterien bekannt
Überschuß	Eisenmangel durch Verdrängung (= Antagonismus)
Gehalt in der Pflanze	0,001–0,01 % in der Trockensubstanz, in Leguminosenwurzeln höher
Aufnahme in die Pflanze	rasch ✻✻ als Co^{2+}-Kation

Kontrolle und Vertiefung

1. Bei welchen Kulturen düngt man Natrium und Chlorid, um Ertrag und Qualität zu erhöhen?
2. Warum ist es gefährlich für viele gärtnerische Kulturen, wenn das Gießwasser mehr als 50 mg/l Chlorid enthält?

2.5 Schadstoffe

Zahlreiche Pflanzennährstoffe und nützliche Elemente wirken in zu hoher Konzentration und Menge pflanzenschädigend. Es entstehen Überschußsymptome an Pflanzen. Hervorgerufen wird die Schädigung meist durch unsachgemäße Düngung. Im Gegensatz dazu gibt es eine Reihe von Schadstoffen, die schon in geringer Menge und niedriger Konzentration Pflanzen schädigen können oder das Wachstum und die Qualität beeinträchtigen.

Viele dieser Schadstoffe sind besonders gefährlich, weil sie nach Durchlaufen der Nahrungskette (s. Abb. A 144) durch Anreicherung beim Menschen dauerhafte Schäden hervorrufen können, ohne daß Pflanzen vorher eine Schädigung gezeigt haben. Schadstoffe reichern sich in bestimmten Körperorganen, z. B. Leber, Rückenmark, Milz an. Sie wirken häufig nicht einzeln schädigend, sondern summieren ihre Wirkung und wirken gemeinsam als Gift.

Die Gefahr liegt also nicht in dem augenblicklichen Schadstoffgehalt des Gemüses oder Obstes, sondern in der Anreicherung im menschlichen Körper! Das Bundesministerium für Gesundheit hat in einer Höchstmengenverordnung festgelegt, wie hoch in einem Gemüse oder Obst der Schadstoffgehalt sein darf, ohne daß es bei häufigem Verzehr zu einer gefährlichen Anreicherung kommen kann. Unter diese gesetzliche Regelung fällt auch Importware.

Zahlreiche Schadstoffe sind erst in den letzten Jahren durch zunehmende Emission von Industriewerken bekannt geworden. Vielfach konnten die Stoffe erst nach Einführung komplizierter Meßmethoden in Böden, Pflanzen und Luft nachgewiesen werden. Umfangreiche Versuchsreihen mit Bakterien, Algen

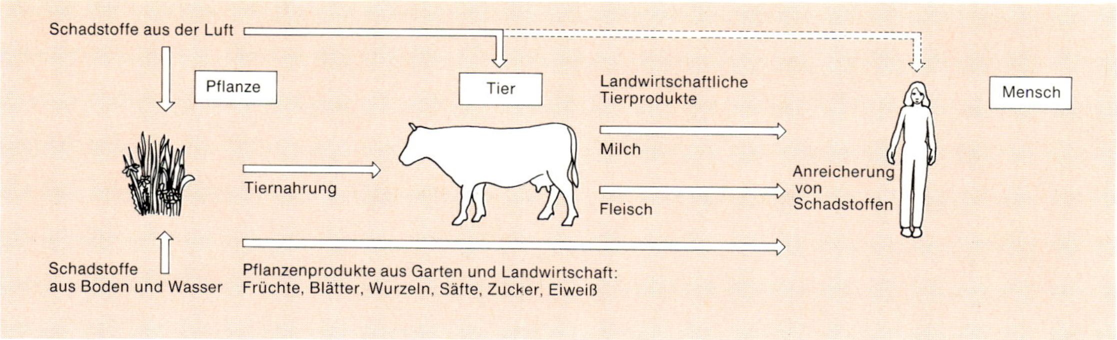

Abb. A 144. Schadstoffe in der Nahrungskette.

und Tieren führen zu den genannten Grenzwerten und strengen Gesetzen. Manche Schadstoffe sind auch am natürlichen Standort von Pflanzen im Boden enthalten, weil das Ausgangsgestein diese Stoffe bei der Verwitterung freigegeben hat.

Bestimmte Produkte unserer Industriebetriebe, die Schadstoffe enthalten, dürfen nur noch in geringer Menge hergestellt werden oder sind nicht mehr zugelassen. Dies gilt besonders für Pflanzenbehandlungsmittel wie Insektizide, Fungizide und Herbizide.

Mit dem Wiederaufbau der Industrie nach dem Zweiten Weltkrieg ist der Umweltschutz immer wichtiger geworden. Gesetzliche Auflagen für Industriebetriebe helfen mit, unnötig hohe Luft- und Wasserverschmutzung zu vermindern. Neue umweltfreundliche Produktionsmethoden werden entwickelt, um die Quellen der Schadstoffe für Pflanze, Mensch und Tier von vornherein zu schließen. Auch der Gärtner kann durch sein Verhalten zum Umweltschutz beitragen: wenn er die Schadstoffe und ihre Wirkung kennt, kann er rechtzeitig Maßnahmen zur Verhütung von Schäden ergreifen.

Abb. A 145. Emission und Immission.

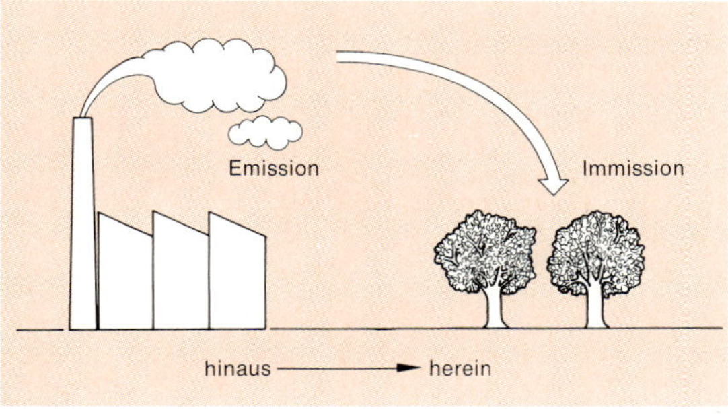

Tab. A 18. Schadstoffe

Schadstoffgruppe	Schadstoff (Symbol)	
Schwermetalle	Blei	(Pb)
	Cadmium	(Cd)
	Nickel	(Ni)
	Quecksilber	(Hg)
	Chrom	(Cr)
	Aluminium	(Al)
Gase	Ammoniak	(NH_3)
	Chlorgas	(Cl_2)
	Chlorwasserstoff	(HCl)
	Fluorwasserstoff	(HF)
	Schwefeldioxid	(SO_2)
	Schwefelwasserstoff	(H_2S)
	Kohlenmonoxid	(CO)
	Stickoxid	(NO_2)
Organische Verbindungen	Teerdämpfe	
	Treibstoffdämpfe	
	Mineralöle	
Pflanzen-behandlungsmittel (Biozide)	Herbizide	
	Insektizide	
	Fungizide	
Reinigungs- und Desinfektionsmittel		
Stäube		

2.5.1 Schwermetalle

Schwermetalle liegen im Staub in metallischer Form oder als Salz vor und werden auf Pflanzen und Böden abgelagert. Dort wandeln sie sich oft in Schwermetall-Ionen um, die von Pflanzen aufgenommen

Blei

Herkunft	1. Bleihütten (Staub) 2. Akkumulatorenfabrikation (Staub) 3. Straßenverkehr (Treibstoffzusatz)
Vorkommen im Boden	1. als schwerlösliches Salz 2. als Blei-Kation Pb^{2+}
Festlegung im Boden	als schwerlösliches Salz
Auswaschung	fast gar nicht, Blei verbleibt im Oberboden
Wirkung im Boden	Verminderung der Bodenbakterien und des Bodenlebens
Wirkung in der Pflanze	1. Verminderung des Chlorophylls, dadurch Chlorose der Blattspreite 2. Anhäufung in der Wurzel und Hemmung des Wurzelwachstums
Aufnahme in die Pflanze	nur über die Wurzel rasch ✻✻ als Pb^{2+}-Kation aus dem Staub auf Blättern keine Aufnahme
Gegenmaßnahmen	Erhöhte Kalkgabe bis zu einem pH-Wert von min. 6,5 Gemüse und Obst abwaschen, weil Blei im Staub außen anhaftet

Cadmium Nickel Chrom

Herkunft	1. Klärschlämme 2. Abwasser Metallindustrie 3. Müllkomposte
Vorkommen im Boden	meist als Kationen, Chrom auch als Anion
Festlegung im Boden	gering bei pH 3–5, hoch ab pH 6
Auswaschung	stark, pH-abhängig
Wirkung im Boden	Verminderung des Bodenlebens
Wirkung auf die Pflanze	Antagonismus zu Spurenelementen Fe, Mn, Zn, Cu dadurch Chlorose und Welke
Aufnahme in die Pflanze	rasch ✻✻ als Kation aus dem Staub auf Blättern keine Aufnahme
Gegenmaßnahme	Erhöhte Kalkabgabe, da ab pH 6 Festlegung an Austauschern

Queck-silber

Herkunft	1. Holzbeizmittel (Staub) 2. Papierindustrie (Staub) 3. früher: Saatgutbeizmittel (Staub) 4. Klärschlämme, Müllkomposte
Vorkommen im Boden	1. als Salz 2. als Hg^{2+}-Kation
Festlegung im Boden	als Kation an Austauschern
Auswaschung	stark
Wirkung im Boden	Abtötung von Pilzen und Bakterien
Wirkung in der Pflanze	1. Hemmung des Wurzelwachstums 2. Verbrennung der Blätter
Aufnahme in die Pflanze	rasch ✻✻ als Kation
Gegenmaßnahme	Häufiges Beregnen der Pflanzen

Alumi-nium

Herkunft	Aluminiumhütten (Staub)
Vorkommen im Boden	1. als Salz 2. als Aluminiumkation Al^{3+}
Festlegung im Boden	an Austauschern ab pH 5,1, darunter löslich
Auswaschung	pH-abhängig
Wirkung im Boden	1. Hemmung des Bodenlebens durch starke Säurewirkung, pH-Wert sinkt 2. Hemmung der Aufnahme von Ca und Mg (= Antagonismus)
Wirkung in der Pflanze	Kalzium- und Magnesiummangel
Aufnahme in die Pflanze	rasch ✻✻ als Kation
Al-resistente Pflanzen	Hundskamille, Rainfarn
Gegenmaßnahme	Aufkalkung, um Festlegung von Al^{3+} zu fördern

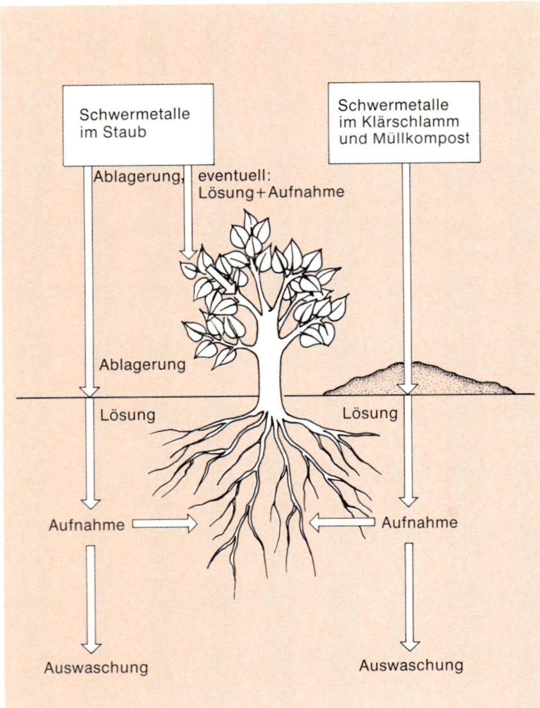

werden. Eine Anreicherung erfolgt in Blättern und Früchten. Schwermetalle werden auch mit Klärschlämmen und Müllkomposten dem Boden zugeführt. Diese Maßnahmen haben in den letzten Jahren verschiedentlich zu Pflanzenschäden geführt, weil die Konzentration einzelner Metalle zu hoch war.

In Klärschlämmen und Komposten liegen Schwermetalle in Ionenform vor oder sie sind vorübergehend festgelegt. Durch geeignete Vermischung von Schlämmen und Komposten mit Erden oder Torf kann die Konzentration an Schwermetallen herabgesenkt werden – sie werden »verdünnt«. Solche Zuschlagstoffe zu gärtnerischen Substraten dürfen grundsätzlich nur im Zierpflanzenbau, in der Baumschule oder im Garten- und Landschaftsbau eingesetzt werden.

Zu den Schwermetallen gehören auch Kupfer und Zink. Beide sind in geringer Konzentration Pflanzennährstoffe und wirken in größerer Menge als Schadstoff. Sie sind in den »Steckbriefen« für Schwermetalle nicht aufgeführt.

Abb. A 146. Mögliche Wege der Schwermetalle in die Pflanze.

Ammoniak

Herkunft	1. Harnstoffwerke, Ammoniakwerke 2. Kokereien, Gaswerke 3. Mist
Normaler Gehalt der Luft	0,04 mg NH_3/m^3
MAK-Wert	50 mg/m^3
Wirkung in der Pflanze	1. NH_3 löst sich im Zellsaft und erhöht den pH-Wert drastisch 2. Zellbestandteile flocken aus 3. Blätter zeigen braune und schwarze Flecken
NH_3-resistente Pflanzen	*Begónia*-Arten *Polygonáceae* *Saxifragáceae* Der Zellsaft dieser Arten ist stark sauer und puffert NH_3 ab
Gegenmaßnahme	bei Gaseintritt starkes Beregnen mit Wasser, dadurch Bildung von Ammoniakwasser, das als N-Dünger wirkt

2.5.2 Gase

Pflanzenschädliche Gase entstehen durch Verbrennung von Kohle und Öl, durch Verhüttung von Erzen bei der Eisen- und Aluminiumherstellung und durch chemische Prozesse bei der Düngemittelproduktion. Auch auf natürlichem Wege bei der Zersetzung organischer Substanz können schädliche Gase entstehen.
Gase haben die Eigenschaft, sich in Wasser zu lösen und dieses häufig in eine Säure oder eine Lauge umzuwandeln. Dieser Vorgang läuft im Feuchtigkeitsfilm an der Blattober- oder -unterseite oder in der Atemhöhle des Blattes ab. Hohe Luftfeuchte

Chlorgas

Herkunft	1. Düngemittelwerke 2. Kunstfaserfabriken 3. Metallbeizereien und -schmelzereien 4. Desinfektionsmittel (Anwender)
Normaler Gehalt der Luft	500 mg/m³ als Chlorid-Anion im Wasser der Luft
Schädigungsgrenzwert für Pflanzen	1,5–4,5 mg Cl/m³
MAK-Wert	1,5 mg/m³ als Chlorgas
Wirkung in der Pflanze	Grüne Pflanzenteile bleichen aus und werden weiß oder gelb Blattrandnekrosen nach kürzester Zeit (ca. 5 Stunden) Nadelspitzen werden sofort chlorotisch und sterben ab *(Pínus)*
Cl-resistente Pflanzen	Holzige Teile werden nicht geschädigt
Gegenmaßnahme	stark beregnen bei Gaseintritt, Chlor löst sich gut in Wasser

Chlorwasserstoff (Salzsäure)

Herkunft	1. Emaillierwerke 2. Düngerfabrikation 3. Ziegeleien 4. Erzverhüttung 5. Müllverbrennung, PVC-Verbrennung
Schädigungsgrenzwert	2 mg HCl/m³
MAK-Wert	7 mg/m³
Wirkung in der Pflanze	Ähnliche Schäden wie bei Chlorgas, jedoch sehr viel langsamer
Gegenmaßnahme	stark beregnen bei Gaseintritt: z. B. beim irrtümlichen Verbrennen von PVC neben dem Gewächshaus bei offener Lüftung

wirkt begünstigend. Das aggressive Wasser verätzt die Zellen der Blätter. Bei trockener Luft diffundieren manche Gase durch die Kutikula bis in die Zellen, lösen sich im Zellsaft und im Plasma und zerstören die Zellbestandteile. Gase bewirken im Gegensatz zu den Schwermetallen sehr rasch Schadsymptome an Pflanzen.

Pflanzen sind meist empfindlicher gegen Gase als Menschen. Im »Steckbrief« für die Gase ist auch der MAK-Wert (Maximale Arbeitsplatz-Konzentration) zum Vergleich angegeben. Der MAK-Wert legt die höchstmögliche, auf Dauer verträgliche Gaskonzentration für den Menschen fest. Bei Überschreitung ist die Gesundheit gefährdet.

Fluorwasserstoff

Herkunft	1. Aluminium- und Glashütten 2. Ziegeleien 3. Zementfabriken
Normaler Gehalt der Luft	0,004 mg HF/m^3
Schädigungsgrenzwert	15 mg/m^3, jedoch abhängig von der Luftfeuchte
MAK-Wert	2 mg/m^3
Wirkung in der Pflanze	Rötlich-braune Verfärbung von Koniferennadeln, beginnend an den Spitzen. Blattrandnekrosen bei Gehölzen, besonders bei jungen Blättern
Fluorresistente Pflanzen	Tee, auch Pfefferminze
Gegenmaßnahme	Spritzung mit Kalkmilch, 10 g/l bei Fluorgasimmission

Schwefeldioxid

Herkunft	1. **Verbrennung von Kohle und Öl** 2. Eisenerzverhüttung 3. Düngemittelherstellung 4. Papierherstellung
Normaler Gehalt der Luft	0,1 mg SO_2/m^3 (Land)
Schädigungsgrenzwert	0,1 mg SO_2/m^3 (Land)
MAK-Wert	13 mg/m^3
Wirkung in der Pflanze	Ausbleichen von Blättern der monokotylen Pflanzen von der Spitze her. Bei Dikotylen Blattflecken, später Einrollen der Blätter, Welke
SO_2-resistente Pflanzen	*Táxus* bei 0,5 mg/m^3 Dauerbelastung *Pícea* bei 0,3 mg/m^3 Dauerbelastung
SO_2-Zeigerpflanzen	Flechten an Bäumen und Steinen verschwinden
Gegenmaßnahmen	Beregnen, Boden häufiger kalken

SO_2 verbindet sich mit Wasser und Sauerstoff zu Schwefelsäure H_2SO_4. Der in Schwefelsäure enthaltene Schwefel kann von der Pflanze als Nährelement verwendet werden.

Schwefelwasserstoff

Herkunft	1. Kläranlagen 2. Zellstoffabriken 3. Raffinerien
Geruchsgrenze (riecht nach faulen Eiern)	0,002 mg H_2S/m^3
Schädigungsgrenzwert	ca. 10 mg/m^3 bei Gehölzen
MAK-Wert	15 mg/m^3
Wirkung in der Pflanze	Erschlaffen der Blätter, Farbe bleibt erhalten, Blätter trocknen ein
Gegenmaßnahme	Beregnen

Kohlenmonoxid

Herkunft	Unvollständige Verbrennung von Holz, Kohle, Öl, Benzin
Normaler Gehalt der Luft	5 mg CO/m^3 (Land) 50 mg CO/m^3 (Stadt)
Schädigungsgrenzwert	ca. 200 mg/m^3, jedoch von der Dauer abhängig
MAK-Wert	50 mg/m^3
Wirkung in der Pflanze	Gelbfärbung und frühe Alterung der Blätter, Wachstumshemmung
Gegenmaßnahmen	keine, Pflanzen sind gegen Kohlenmonoxidgas sehr resistent

Stickoxide

Herkunft	1. Säurefabriken 2. Verbrennungsmotoren
Normaler Gehalt der Luft	bis 0,3 mg/l
Schädigungsgrenzwert	3 mg NO_2/m^3
MAK-Wert	9 mg NO_2/m^3
Wirkung in der Pflanze	Schwarzbraune Verfärbung der Blattränder, dann Welke
Gegenmaßnahmen	Beregnung der Pflanzen bei Gaseintritt (häufig als schwachgelbbraune Wolke erkennbar in der Nähe von Industriezentren). In Wasser gelöste Stickoxide können im Boden von Mikroorganismen in Nitrat umgewandelt werden.

Tab. A 19. Beispiele schadstoffresistenter Gehölze (Resistenz = Widerstandsfähigkeit)

Schadstoff		Resistente Pflanze
Stäube	stark staubende Umgebung	Laubgehölze (sie werfen das verstaubte Laub im Herbst ab)
	schwach staubende Umgebung	*Pínus nígra* *Lárix leptólepis* *Pínus múgo* *Pícea omórika*
Rauch	starke Rauch-entwicklung	*Plátanus* *Álnus*-Arten *Sálix*-Arten *Quércus róbur* *Robínia pseudoacácia*
	schwache Rauch-entwicklung	*Úlmus glábra* *Fágus sylvática* *Ácer campéstre* *Bétula*-Arten
Abgase aus Industrie und Verkehr		*Prúnus ávium* *Prúnus serótina* *Ailánthus altíssima* *Júglans nígra* *Pópulus canéscens* *Ácer saccharínum*
Fluorhaltige Gase aus der Industrie		*Euónymus europaéus* *Ligústrum vulgáre* *Álnus*-Arten *Sórbus*-Arten *Crataégus monógyna*

2.5.3 Organische Stoffe

Seitdem es technisch möglich ist, fast jede gewünschte chemische Verbindung synthetisch herzustellen, haben die Luft-, Wasser- und Bodenverunreinigungen mit organischen Stoffen stark zugenommen. Wie bei Schwermetallen und Gasen ist die Konzentration dieser Stoffe für eine Schädigung von Pflanzen maßgebend.
Organische Stoffe sind in Stäuben, Dämpfen und Flüssigkeiten enthalten. Während sie im Staub für die Pflanze ungefährlich sind, verursachen Dämpfe und flüssige organische Stoffe starke Schäden und verunreinigen Boden und Wasser für lange Zeit.
Die Wirkung von Dämpfen ähnelt der von Gasen: sie ist sehr schnell erkennbar. Meist ist die Ursache von Schäden rasch gefunden. Die Gesundheit von Pflanzen ist nicht mehr wiederherzustellen. Dämpfe beeinflussen den Boden nicht.

Mineralöle

Im Gegensatz zu den Dämpfen werden Boden und Wasser durch Benzin, Dieselöl und Heizöl dauerhaft verunreinigt. Bereits 1 ml Heizöl kann 10000 l Wasser unbrauchbar machen. Undichte Öltanks, schadhafte Öl- und Treibstoffleitungen und auch der umgestoßene Kanister beim Nachfüllen des Fräsentanks auf dem Feld tragen zur Verminderung der Grundwasser- und Bodenqualität bei.
Ähnlich wie Wasser können auch Öle vom Boden

festgehalten werden. Je mehr Humus ein Boden enthält und je trockener er ist, desto mehr Öl wird aufgenommen. Im Durchschnitt werden 20 l Rohöl je m^3 Boden festgehalten. Der Kapillarsaum des Grundwassers hemmt die Abwärtsbewegung von Öl im Boden. Bei wechselnder Kapillarsaumhöhe wird das Grundwasser rasch verunreinigt. Das meiste Öl wandert horizontal auf dem Grundwasser. 100 l Öl dehnen sich in einem Jahr auf etwa 10 m^3 Boden aus. Benzin wandert im Boden schneller als Öl. 100 l Benzin dehnen sich in einem Jahr auf etwa 20 m^3 Boden aus, wobei ca. 12 m^3 Boden bereits nach wenigen Stunden erreicht sein können. Die horizontale Ausbreitung ist bei Benzin fast zehnmal größer als bei Öl.

Öl und Benzin verändern die Bodenstruktur nicht, sie ändern jedoch die Wasserführung und verkleben die nährstoffhaltigen Austauscher (s. Kap. A 3.8.3), so daß die Nährstoffversorgung der Pflanze gestört wird, bis das Benzin verdunstet ist. Benzin zerstört die Bodenfauna vollständig. Die Bodenflora verändert sich in der Zusammensetzung. Hier stellt sich das Gleichgewicht nach Verdunstung wieder ein.

Öl und Benzin beeinträchtigen das Pflanzenwachstum. Benzin führt zu einer raschen Schädigung der Pflanzen:

Tab. A 20. Wirkung von Mineralölprodukten auf den Ertrag von Raps (nach Leh, 1964)

Mineralölprodukt jeweils 1 l/m² Boden	Rückgang der Ernte 1. Jahr	2. Jahr
Benzin	− 6 %	± 0 (verdunstet)
Petroleum	−25 %	± 0 (verdunstet)
Dieselöl	−41 %	−18 %
Heizöl	−52 %	−52 %
Motorenöl	−72 %	−31 %

Tab. A 21. Verweildauer von Mineralölprodukten in Böden

Mineralölprodukt	Verweildauer
Benzin	0,5– 1 Jahr
Petroleum	4– 7 Jahre
Teer	10–50 Jahre
Heizöl	40–80 Jahre

Dämpfe

Teer- und Bitumendampf	Herkunft	1. Asphaltierungen 2. Verbrennung von Kohle, Öl, Holz 3. Raffinerien
	Wirkung auf Pflanzen	Verkorkung der Blattoberseite, silbriger Belag auf der Blattunterseite, später färbt sich das Blatt graugrün, braun und schwarz, Verkrümmungen
Treibstoffdampf	Herkunft	1. Auspuffgase (Teilverbrennung) 2. Raffinerien
	Wirkung auf Pflanzen	Blattverwachsungen. Chlorose und plötzliche Welke, Blattfall infolge rascherer Alterung (Äthylen!). Die Bildung von Seitentrieben und Schößlingen wird gefördert
Smog (aus dem Englischen: **smo**ke = Rauch **fog** = Nebel) Säuredampf Ozon Treibstoffdampf	Herkunft	Industrie- und Verkehrsabgase in hoher Konzentration, tritt bei Nebel und Dunst in Städten auf
	Wirkung auf Pflanzen	»Silberblättrigkeit« der Blattoberseite, Blattunterseite ölig aussehend, später Chlorose und Blattfall

Es tritt zunächst eine Graufärbung der Blätter, dann rasche Welke ein. Die Giftwirkung von Öl ist bei 1% Ölgehalt im Boden erreicht. Bei einem Versuch in Karlsruhe wuchsen Heckenrosen, Ginster und Weiden noch bei 0,2% Öl im Boden einwandfrei.
Manche Spritzmittel (z. B. Carbolineum, Folidolöl, Sommeröl) und Kompoststarter enthalten Mineralöle, die sich im Boden ebenfalls verteilen. Ihre Konzentration ist allerdings so gering, daß keine Schadwirkung eintritt.
Ein Entfernen von Öl aus dem Boden durch Auswaschen ist schwierig, weil für die Auswaschung von 10 cm^3 Öl aus 1 dm^3 Boden fast 400 l Wasser nötig wären.
Eine Entölung verunreinigter Böden ist durch Ölbindemittel möglich. Besonders wirkungsvoll ist der Abbau durch Mikroorganismen. Der Abbau dauert jedoch sehr lange (s. Tab. A 20) und kann durch Erhöhung des Humusgehaltes und durch tiefe Bodenlockerung (Durchlüftung) beschleunigt werden. Böden mit hohem Gehalt an organischer Substanz, guter Struktur, einem optimalen Luft- und Wasserhaushalt und einer guten Nährstoffversorgung ermöglichen den raschen Abbau geringer Mengen an Ölprodukten. Bei starker Verölung muß der Boden vollständig ausgetauscht werden.
Die Wirkung ölverunreinigten Wassers auf Pflanzen wird zur Zeit untersucht. Offenbar hängt eine Schädigung von Pflanzen von der Zusammensetzung des im Wasser in Spuren enthaltenen Öls ab.

2.5.4 Pflanzenbehandlungsmittel

Auch Pflanzenbehandlungsmittel können als Schadstoffe für Pflanzen wirken. Hierzu gehören:

Herbizide
Insektizide
Fungizide

Dauerhafte Schäden an Kulturen können manche Herbizide bewirken, wenn sie im Boden verbleiben. Schäden an Pflanzen können zwar auch durch die anderen Gruppen hervorgerufen werden, sofern die Anwendung nicht sachgemäß nach Vorschrift erfolgt, z. B. Überdosierung, Spritzung bei hoher Temperatur. Schäden solcher Art betreffen jedoch nur die Kultur, bei der die Anwendung erfolgte. Eine bleibende Gefährdung nachfolgender Kulturen, wie bei Herbiziden, besteht nicht.

Herbizide

Herbizide sind chemische Verbindungen, durch die unerwünschte Pflanzen vor oder nach der Pflanzung oder Aussaat gärtnerischer Kulturen bekämpft werden. Es handelt sich um organische Stoffe. Man unterscheidet:

Bodenherbizide – Eindringen über die Wurzel
Blattherbizide – Eindringen über Blatt und Sproß

Herbizide stören Stoffwechselprozesse und führen zum Absterben der Unkrautpflanzen. Sie gelangen direkt oder über tote Pflanzen in den Boden und können sich dort anreichern.
Oftmals wird dadurch das Wachstum nachfolgender Kulturpflanzen beeinträchtigt. Es ist daher wichtig, Eigenschaften und Wirkung der Herbizide im Boden zu kennen.
Herbizide werden ähnlich wie Kationen, z. B. K^+, an Tonmineralen oder Anionen, z. B. Cl^- an Ton-Humus-Komplexen im Boden gebunden (Adsorption). Ihre Wirksamkeit kann daher mit steigendem Ton- oder Humusgehalt abnehmen. Besonders stark angelagert werden an Tonmineralen:

Simazin (Gesatop)
Paraquat
Atrazin (Gesaprim)
Diquat (Reglone)
Lenacil (Venzar)
Diuron

Die adsorbierten Herbizide stehen mit der Bodenlösung im Gleichgewicht: sobald Herbizide aus der Bodenlösung verschwinden, werden andere von den Ton-Humus-Komplexen nachgeliefert (s. Kap. A 3.3.2). Die Gefahr einer vollständigen Sättigung aller im Boden befindlichen Tonminerale mit Herbiziden besteht in der Praxis nicht. Eine Einwaschung in das Grundwasser ist bei stark adsorbierten Herbiziden nicht möglich. Dagegen werden leicht lösliche Herbizide, wie z. B. TCA (NaTA) und Dalapon mit dem Sickerwasser nach unten getragen. Über Schäden an Pflanzen durch Beregnung mit herbizidhaltigem, aufgefangenem Sickerwasser ist bis heute nichts bekannt. Adsorption und Einwaschung in tiefe Bodenschichten entziehen die Herbizide der Zersetzung durch Mikroorganismen und Ultraviolettstrahlung (UV). Der Abbau der meisten Herbizide durch Mikroorganismen dauert nur einige Wochen, wenn die Wachstumsbedingungen für die Organismen günstig sind (s. Kap. A 3.3.3). Für viele Herbi-

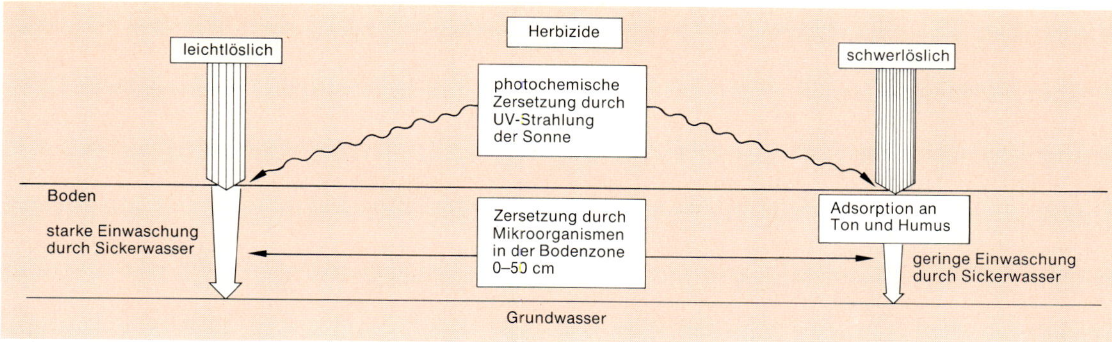

Abb. A 147. Verbleib von Herbiziden im Boden.

zide gibt es Spezialisten, die sich besonders stark vermehren, wenn die chemische Verbindung im Boden auftritt.

Die Anhäufung von Herbiziden im Boden (Persistenz) kann zu Schäden an Kulturen führen (s. Tab. A 22).

Als vorbeugende Maßnahmen können dem Gärtner empfohlen werden:

1. Kein Einsatz von Herbiziden in Substraten vor dem Topfen und Einwurzeln der Pflanzen – frisch getopfte Pflanzen sind besonders gefährdet.
2. Geringe Aufwandmengen verwenden – lieber im 1. Jahr ausprobieren, bei welcher Aufwandmenge das Unkraut gerade noch vernichtet wird (dies ist billiger und belastet die Umwelt weniger!).
3. Prüfen, ob Herbizidreste vorhanden sind, bevor die Auspflanzung oder das Ausstellen von Töpfen oder Containern erfolgt – hierzu eignen sich Sämlinge z. B. von Tomaten, die in Bodenproben ausgesät bzw. getopft werden. Zeigen die Pflanzen Welkeerscheinungen, ist noch genügend Herbizidwirkstoff im Boden.
4. Herbizide, die in der obersten Bodenschicht adsorbiert sind (z. B. Venzar), lassen sich durch Umgraben (Grabemaschine) und Grubbern verteilen (= verdünnen), so daß ihre Konzentration nicht mehr ausreicht, um Pflanzen zu schädigen.

2.5.5 Reinigungs- und Desinfektionsmittel

Die zunehmende Spezialisierung in Gartenbaubetrieben erfordert immer weitergehende hygienische Maßnahmen, um der Infektion und Ausbreitung pilzlicher und bakterieller Schaderreger entgegenzuwirken. Gewächshäuser, Arbeitsräume und die Vermehrungsbeete werden in regelmäßigen Abständen

Tab. A 22. Schadbilder an Pflanzen durch Herbizidwirkung

A	Pflanzen entwickeln keine Wurzeln Pflanzen zeigen Kümmerwuchs Pflanzen zeigen chlorotische Flecken auf den Blättern	Herbizidreste in der obersten Bodenschicht oder im Substrat
B	Pflanzen wachsen zunächst gut, zeigen plötzlich Welkesymptome und sterben ab	Herbizide nach unten gewandert oder umgegraben, Wurzeln erreichen diese Schicht
C	Samen keimen nicht	leicht lösliche Herbizidreste im Boden oder Substrat
D	Samen keimen und die Keimwurzel stirbt nach kurzer Zeit ab	schwerlösliche Herbizidreste im Boden oder Substrat

Tab. A 23. Reinigungs- und Desinfektionsmittel

A. Reinigungsmittel (=Detergentien oder Tenside)	Wirkung und Eigenschaften
Anionische Detergentien (z. B. Pril)	Fettlösend, phosphathaltig, nur in reiner Form pflanzenschädlich. Grenzwert im Gießwasser: 40 mg/l
Neutrale Detergentien	stark fettlösend, oxidierend, in höherer Konzentration Blattschäden durch Zerstörung der Kutikula, Grenzwert im Gießwasser: 30 mg/l
Kationische Detergentien	stark desinfizierend, bakterientötend, algentötend. Einschränkung des Wurzelwachstums ab 2 mg/l in der Bodenlösung
B. Desinfektionsmittel	**Wirkung und Eigenschaften**
Formaldehyd	reine Form, stark gasend, stechender Geruch, Pflanzen werden sofort geschädigt
Formalin	30%iges Formaldehyd, in 10%iger Verdünnung wenig Gasentwicklung, nur bei hoher Temperatur und geschlossenen Räumen Verätzungen an Blättern
Lysol	verdünntes Formaldehyd, keine Verdünnung notwendig. Bei hoher Temperatur und geschlossenen Räumen Schäden an empfindlichen Kulturen (z. B. Begonien)

mit Reinigungs- und Desinfektionsmitteln behandelt. Diese Mittel sind nicht ungefährlich: auf Blätter gesprühte Lösungen wirken fast immer ätzend, Dämpfe von Desinfektionsmitteln führen zur Welke an empfindlichen Kulturen.

2.5.6 Staub

Als Staub bezeichnet man Teilchen mit einem Durchmesser zwischen 0,1 und 200 Mikrometer (1 Mikrometer = 1 μm = 0,000001 m). Staub wird hauptsächlich durch Straßenverkehr, Industrie, Bauarbeiten und Haushalte erzeugt.
Staubkonzentrationen liegen in Reinluftgebieten bei 40 $\mu g/m^3$ Luft (= 0,00004 g/m^3), in Ballungszentren bei ca. 500 $\mu g/m^3$ Luft. In vielen Städten wird durch Staub die Lichteinstrahlung bis zu 50% vermindert. Staubablagerungen auf Blättern hemmen die Photosynthese und damit das Wachstum. Die Staubablagerung in Städten beträgt pro m^2 und Jahr bis zu 50 g. Stäube enthalten zahlreiche verschiedene Teilchen. Hierzu gehören z. B. Metallstäube, Ruß (Kohlenstoff), organische Substanzen (Fasern, Kunststoffe), Kalk, Zementstaub, Minerale, Mikroorganismen und Pollen.
Metallstäube enthalten auch Schwermetalle, die von den Pflanzen aufgenommen werden (s. Kap. A 2.5.1). Schädlich für Pflanzen sind Kalk- und Zementstäube, die Blätter verätzen können. Gartenbaubetriebe in der Nähe stark befahrener Straßen oder Emissionsstellen für Stäube sollten Schutzpflanzungen anlegen, um Kulturflächen gegen Staub abzuschirmen. Ein ca. 20 m breiter Streifen mit bis zu 5 m hohen Laubbäumen vermag bis zu 75% Staub abzufangen. Die Windabschirmung reicht bis zur doppelten Höhe in windabgewandter Richtung, die Windabschwächung sogar bis zur 5fachen Höhe, so daß staubhaltiger Rauch, der von oben niedersinkt, weggetrieben wird. Diese Maßnahmen werden vom Garten- und Landschaftsbau im Zuge von Eingrünungen von Industrieansiedlungen und bei der Abpflanzung von Parkanlagen in Städten beson-

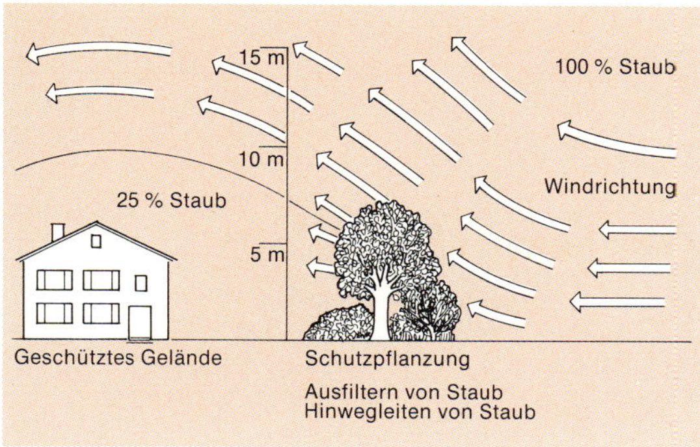

Abb. A 148. Schutzpflanzung gegen Staub.

ders beachtet. Die Ausnutzung der Filterwirkung von Gehölzpflanzungen im öffentlichen Grün und in Ziergärten ist ein notwendiger Teil der Umweltgestaltung.

Kontrolle und Vertiefung

1. Helfen Sie mit, die Schadstoffbelastung unserer Umwelt zu vermindern! Überlegen Sie, wo zu Haus oder im Betrieb die Verunreinigung von Boden und Luft mit schädlichen Lösungen, Dämpfen und Stäuben vermieden werden kann.
2. Wodurch unterscheiden sich Schadstoffe in ihrer Wirkung auf die Pflanze?
3. Welche Pflanzennährelemente können unter bestimmten Bedingungen als Schadstoffe wirken?

2.6 Düngung

Die Geschichte der Düngung ist über 5000 Jahre alt. Bauern auf dem Lande und Mönche in den Klostergärten waren die ersten, die organische Düngung gezielt einsetzten. Erst im vorigen Jahrhundert begann die Mineraldüngung mit Salzen aus natürlichen Vorkommen (Kalibergwerke, Phosphatlager, Salpeterlager in Südamerika, Chilesalpeter).
Seit 1920 ist man in der Lage, Luftstickstoff mit dem Haber-Bosch-Verfahren zu Ammoniak umzuwandeln (Ammoniaksynthese). Seitdem wurde die synthetische Düngemittelherstellung immer mehr verfeinert bis zu den heutigen Spezialdüngern für den Gartenbau. Sie sind in Wasser vollkommen löslich und ballaststoffarm, d. h., die in den Salzen enthaltenen Kationen und Anionen werden fast vollständig von Pflanzen aufgenommen. Die physiologisch saure oder alkalische Wirkung einfacher Düngemittel wird bei Spezialdüngern fast ganz vermieden.
Diese Entwicklung darf nicht dazu führen, daß der Gärtner seine Produktion nur unter dem Gesichtspunkt des möglichst hohen Flächenertrages sieht. Er hat die Verpflichtung, Auswirkungen seiner Tätigkeit auf seine Umgebung zu vermeiden und die natürlichen Schätze, wie Boden und Wasser, schonend zu behandeln.

2.6.1 Düngemittel

Düngemittel enthalten Pflanzennährstoffe. Sie dienen zur Verbesserung des Pflanzenwachstums in Böden und Substraten. Eigenschaften, die der Gesetzgeber von Düngemitteln fordert, sind dargestellt im

Düngemittelgesetz von 1977
»Düngemittel sind Stoffe, die dazu bestimmt sind, unmittelbar oder mittelbar Nutzpflanzen zugeführt zu werden, um ihr Wachstum zu fördern, ihren Ertrag zu erhöhen oder ihre Qualität zu verbessern.«

Herstellung und Handel sind gesetzlich geregelt, weil Düngemittel die Ernährung des Menschen sichern: ohne Düngung würden die landwirtschaftlichen Ernteerträge auf vielen Böden nach spätestens 2 Jahren um 80–90% zurückgehen. Viele Böden, z. B. Heideböden, wären kaum mehr ertragsfähig.
Die Gehaltsangaben der Düngemittel werden in der Bundesrepublik Deutschland bislang noch unterschiedlich gehandhabt.
Für Stickstoffdünger wird der Stickstoffanteil als N angegeben, bei Kalidüngern dagegen K_2O, obwohl K_2O weder im Dünger noch in Böden oder Pflanzen vorkommt. Die Bezeichnung CaO und MgO bei Kalken ist dagegen richtig, weil diese Oxide tatsächlich den wirksamen Teil des Kalkes darstellen.
In verschiedenen Düngemitteln sind Nährelemente in pflanzenverfügbarer und nicht pflanzenverfügbarer Form enthalten, z. B. Phosphatdünger. Hier gibt man den wirksamen, pflanzenverfügbaren Teil an, allerdings in P_2O_5, obwohl dieses Oxid nicht im Dünger enthalten ist.
Die Einteilung der Düngemittel ist sehr schwierig, weil Herkunft, Entstehung und Wirkung sehr ver-

Tab. A 24. Gehaltsangaben der Dünger und ihre Umrechnung

Gehaltsangabe »Reinnährstoff«	Umrechnungsfaktoren	Gehaltsangabe »Nährelement«
N	–	N
P_2O_5	——— × 0,44 ———→ ←——— × 2,29 ———	P
K_2O	——— × 0,83 ———→ ←——— × 1,20 ———	K

Gehaltsangaben für Kalke

$CaCO_3$	——— × 0,56 ———→ ←——— × 1,79 ———	CaO	——— × 0,72 ———→ ←——— × 1,40 ———	Ca
$MgCO_3$	——— × 0,48 ———→ ←——— × 2,09 ———	MgO	——— × 0,60 ———→ ←——— × 1,66 ———	Mg

schieden sind. Nach dem Düngemittelgesetz werden die Dünger in vier Gruppen eingeteilt:

I. Mineralische Einnährstoffdünger
II. Mineralische Mehrnährstoffdünger
III. Organische und organisch-mineralische Düngemittel
IV. Düngemittel mit Spurennährstoffen

Daneben werden Natur- und Hilfsstoffe genannt:
Wirtschaftsdünger, z. B. Mist, Gülle, Stroh
Bodenhilfsstoffe, z. B. Bodenstabilisatoren, Gesteinsmehl, Impfmittel
Kultursubstrate, z. B. TKS, Einheitserden
Pflanzenhilfsmittel, z. B. Dünger ohne Nährstoffe, Kompoststarter

Tab. A 25. Übliche Düngerbezeichnungen

Bezeichnung	Erklärung
Naturdünger, Natürliche Dünger	Laub, Torf, Schlamm, Mist, Kompost, Kalkmergel
Synthetische Dünger, Künstliche Dünger, Kunstdünger	Dünger werden aus natürlich vorkommenden Nährelementen in Fabriken hergestellt. Die Bezeichnung „Kunstdünger" ist daher falsch
Wirtschaftsdünger	Mist, Gülle, Stroh, Kompost aus landwirtschaftlichen und gärtnerischen Betrieben
Handelsdünger	Alle Dünger, die im Handel zu erhalten sind
Mineraldünger, Mineralische Dünger	Salzförmige Dünger, oft auch synthetische Dünger
Organische Dünger	Natur- oder Wirtschaftsdünger, oft auch Mischungen aus organischen Abfällen, z. B. Knochenmehl, Hornspäne
Volldünger Mehrnährstoffdünger	Dünger mit den Kernnährstoffen, NPK, oft mit Mg und Spurenelementen
Depotdünger Dauerdünger	Meist Mehrnährstoffdünger, die Nährstoffe langsam abgeben

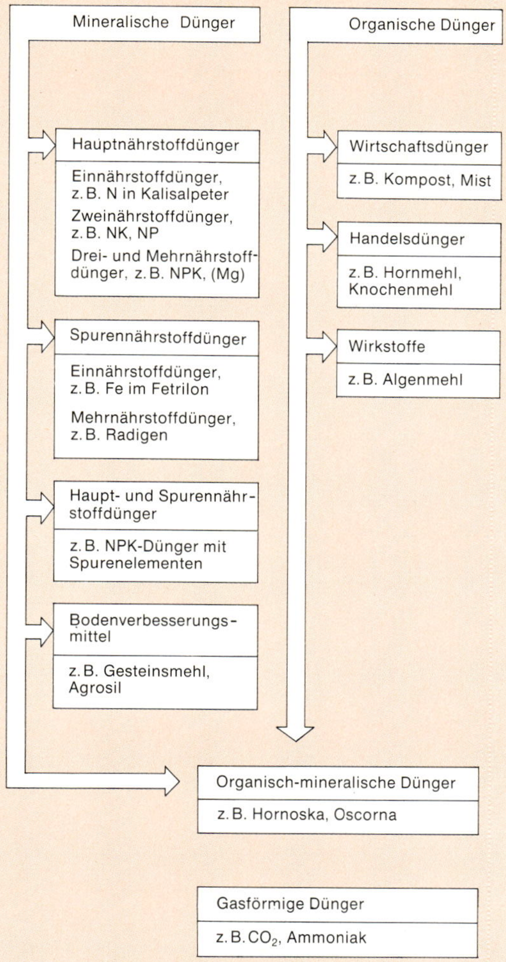

Abb. A 149. Einteilung der Düngemittel.

Neben den im Gesetz genannten Düngerbezeichnungen gibt es eine Reihe von Begriffen, die im Sprachgebrauch üblich sind (s. Tab. A 25).
Als Hauptgruppen der Düngemittel ergeben sich logischerweise mineralische und organische Düngemittel – hier können die meisten Düngemittel zugeordnet werden. Im Gartenbau werden Düngemittel in unterschiedlicher Form eingesetzt. Neben pulverförmigen Salzen werden Granulate (Körner), hochkonzentrierte Suspensionen und Lösungen sowie kunststoffumhüllte Salze und Lösungen angewandt.

Tab. A 26. Düngerformen im Gartenbau

1. Salz	
2. Granulate,	gekörnte Salze
3. Flüssigdünger,	konzentrierte Salzlösung mit ausreichend Wasser, gießfähig
4. Suspension,	übersättigte Salzlösung mit wenig Wasseranteil, nicht gießfähig
5. Vorratsdünger,	kunststoffumhüllte Salze, granulierte Harnstoffe

Ihre Anwendung hängt sehr stark von der gärtnerischen Kultur, dem Kulturort und dem Zeitpunkt ab.

Mineralische Düngemittel im Gartenbau
Heutige Kulturpflanzen erreichen ihr Ertragsmaximum nur, wenn sie innerhalb einer kurzen Zeit während der Vegetationsperiode ausreichend Nährstoffe erhalten. Die Nachlieferung aus dem Boden kann wegen der großen Menge benötigter Nährstoffe den Bedarf nicht decken. Aus diesem Grund ist eine Düngung mit mineralischen Düngemitteln notwendig.
Die Kultur in Töpfen und Containern im Freiland und im Gewächshaus erfordert ebenfalls hohe Nährstoffmengen. Diese werden zu festgelegten Zeiten zugeführt, um den Kulturablauf steuern zu können. Eine Chrysanthemenkultur im Gewächshaus erfordert – rechnet man den Nährstoffentzug der Pflanzen (s. Kap. A 2.6.2) auf den Hektar – nahezu 700 kg N/ha und Jahr. (Zum Vergleich: *Rhododéndron* 150 kg/ha und Jahr.)
Ein Verzicht auf mineralische Düngemittel ist schon wegen der mangelhaften Steuerbarkeit der Kulturen beim Einsatz rein organischer Dünger nicht möglich.
Tabellarische Beschreibung der mineralischen Düngemittel nach Gliederung in Einnährstoff-, Mehrnährstoff- und Spurenelementdüngern:

Einnährstoffdünger	Nährstoffgehalt	
N-Dünger	% N	
Ammoniakgas	82	
Ammoniakwasser	40	
Ammoniumsulfat (schwefelsaures Ammoniak)	21	
Kalziumnitrat (Kalksalpeter)	16	
Ammoniumnitrat	35	
Kalkammonsalpeter	26	
Ammonsulfatsalpeter	26	
Harnstoff	46	
Isodur	22	
Crotodur Depotdünger	28	
Ureaform	38	
Nitrosol	38	
Kalkstickstoff	22	
P-Dünger	% P	% P_2O_5
Superphosphat	8	18
Triple-Phosphat	22	50
Rhenaniaphosphat	11	26
Thomasphosphat	7	15
Novaphos	10	13
Hyperphos (weicherdiges Rohphosphat)	13	29 als Apatit
K-Dünger	% K	% K_2O
Kalirohsalz Kainit	11	13 als KCl
40er Kali	33	40 als KCl
Kaliumsulfat	42	50
Mg-Dünger	% Mg	
Magnesiumsulfat		
Kieserit	17	
Bittersalz	10	
Magnesiumchlorid	8	
Magnesium-Gesteinsmehl	12	

Kalke	Nährstoffgehalt	
	% CaO	% MgO
Kohlensaurer Kalk (Kalkmergel)	42–53	–
Kohlensaurer Magnesiumkalk (Magnesiummergel)	33–45	7–19
Branntkalk	65–95	–
Magnesium-Branntkalk	50–80	15–22
Löschkalk	60–70	–
Magnesium-Löschkalk	45–55	15–25
Hüttenkalk	40–50	–

Zweinährstoffdünger	Nährstoffgehalt	
NK-Dünger	% N	% K_2O
Nitroka, BASF	16	24
Rustica-Stickstoffkali	20	20 als KCl
NK-Hakaphos	20	20
Suspensionsdünger (z. B. Wuxal Susp. Typ 1)	10 (20)	20 (15)
NP-Dünger	% N	% P_2O_5
Enpesol, Praysol (s. auch Guano)	10	34
PK-Dünger	% P_2O_5	% K_2O
Peka-Phosphatkali	20	20 als KCl
Phosphatkali blau	14	22
Thomaskali	10	20 als KCl
	12	18
Rhe-ka-phos	15	25
	18	20
KMg-Dünger	% MgO	% K_2O
Magnesia-Kainit	6	12 als KCl
Korn Kali	5	40 als KCl
Kalimagnesia (Patentkali)	10	30

Mehrnährstoffdünger im Gartenbau (Auswahl)	Nährstoffgehalt				Spurenelemente	
	% N	% P_2O_5	% K_2O	% Mg	Mn-Mo	Fe
Granulatdünger für die Flächendüngung						
Nitrophoska blau (Blaukorn)	12	12	17	2	ja	–
Nitrophoska blau perfekt	15	5	20	2	ja	–
Rustica special	14	7	14	2	ja	–
Salzförmige Dünger für die Substrat- und Blattdüngung						
Poly-Crescal	14	10	14	0,7	ja	–
Poly-Fertisal	8	14	18	0,7	ja	–
Planta aktiv	20	5	10	Spur	ja	ja
Flory	20	5	10	Spur	ja	ja
Mairol	14	12	14	Spur	ja	–
Alkrisal	18	6	12	0,7	ja	–
Hortal	6	20	30	Spur	ja	–
Floraktiv	8	15	20	Spur	ja	ja
Terraktiv	14	10	14	Spur	ja	ja
Flüssigdünger und Suspensionen für Substrat- und Blattdüngung Suspensionen						
Hakaphos fluid	6	4	6	–	ja	ja
Wuxal Super	8	8	6	–	ja	–
Wuxal Suspension Typ 5	16	16	12	–	ja	–
Kamasol rot	5	8	10	–	–	–
Gabi plus	12	8	11	–	–	–
Mairol flüssig	6	4	5	–	–	–
Depotdünger für die Vorratsdüngung						
Plantosan 4 D	20	10	15	6	ja	ja
Osmocote, 3–4 Monate	15	12	15	–	–	–
Osmocote, 6–9 Monate	16	10	13	–	–	–
Triabon	16	8	12	4	ja	ja
Nutricote 100 Tage	13	13	11	–	–	–
Nitrophoska permanent	15	9	15	2	ja	ja

Spurenelementdünger im Gartenbau (Auswahl)	Nährstoffgehalt
Einnährstoffdünger	
Eisensulfat, $FeSO_4$	20 % Fe
Fetrilon, Chelat	5 % Fe
Sequestren	9 % Fe
Kupfersulfat, $CuSO_4$	25 % Cu
Excello mit Depotwirkung	2,5 % Cu
Mangansulfat	30 % Mn
Hüttenkalk	2–3 % Mn
Thomasphosphat	4 % Mn
Zinksulfat	23 % Zn
Borax	11 % B
Natriummolybdat	40 % Mo
Ammoniummolybdat	54 % Mo
Mehrnährstoffdünger	
z. B. Radigen mit Depotwirkung Aufwandmenge: 50–100 g/m^3	1,5 % Mg, 1,5 % Cu, 2 % Fe, 0,6–0,8 % Mn, B, Mo, 0,2 % Zn

Organische Düngemittel im Gartenbau

Organische Düngemittel sind vor allem Humusbildner. Sie liefern in erster Linie Nährhumus, der das Bodenleben stark anregt. Langjährige Anwendung von organischen Düngemitteln erhöht daneben stark den Dauerhumusanteil (s. Kap. A 3.3.1). Humusstoffe verbessern die Bodenstruktur durch Lockerung schwerer Böden und den Erhalt der Krümelstruktur nach der Bodenbearbeitung.

Humusstoffe, die aus organischer Düngung entstehen, verbessern die Wasserhaltekraft, die Durchlüftung und erhöhen die durchschnittliche Bodentemperatur. Sie können darüber hinaus Nährstoffe speichern und liefern diese langsam und stetig an die Pflanzenwurzel.

Der sogenannte **Humateffekt** tritt ein: organische Säuren und die Ausscheidungen der Mikroorganismen lösen Nährstoffe aus Mineralen und machen sie pflanzenverfügbar. Dadurch wird das Wachstum gefördert.

Humusstoffe aus organischen Düngern können auch als **Nährstoffsperre** wirken: N, P und S und sogar Sauerstoff werden vorübergehend von Mikroorganismen und Humusstoffen gebunden, so daß Mangel eintreten kann.

Auch über längere Zeit können organische Düngemittel Nährstoffe festlegen: so wird vor allem Kupfer zurückgehalten. Organische Düngemittel enthalten neben Stickstoff (N), Phosphor (P) und Kalium (K) Wirkstoffe, die wie Wuchsstoffe wirken können. Es handelt sich dabei um Stoffe, die in den Ausscheidungen von Tieren vorliegen, z. B. Vitamine. Auch Humusstoffe werden aus organischen Düngemitteln freigesetzt, schon in kleinen Mengen können sie das Wurzelwachstum behindern, z. B. Phenole. Antibiotika kommen in vielen Komposten als Ausscheidungen von Pilzen vor, sie sollen den Befall durch Bakterien vermindern, z. B. durch Streptomyzin.

Aus organischen Düngemitteln werden bei der Mineralisierung durch Mikroorganismen (s. Kap. A 3.3.1) die Nährelemente, z. B. N, P, K, freigesetzt. Stickstoff entsteht als Ammonium(NH_4^+)-Kation und wird von nitrifizierenden Bakterien sofort zu Nitrat (Salpeter, NO_3^--Anion) umgewandelt.

Böden mit organischer Düngung enthalten daher mehr Nitrat als Böden ohne organische Düngung. Dies ist bedeutsam, weil Nitrat sehr leicht ausgewaschen und ins Grundwasser gelangen kann (s. Kap. A 2.2.1).

Der Nachteil bei der Anwendung organischer Düngemittel ist die unkontrollierte Stickstofffreisetzung. Mineralisierung und Nitrifizierung laufen bei höherer Temperatur und ausreichender Bodenfeuchte beschleunigt ab. Im Frühherbst kann an warmen Tagen soviel Stickstoff freiwerden, daß die Ausreife der Triebe mancher Pflanzen verzögert wird – sie sind gegen frühe Fröste anfällig.

Entstandene Nitrate werden im Frühherbst nicht mehr in dem Maße von den Pflanzen aufgenommen wie während der Hauptwachstumszeit. Sie unterliegen daher der Auswaschung in den Wintermonaten. Organische Düngemittel sollten in jedem Gartenbaubetrieb ihren Platz haben. Negative Auswirkungen der unkontrollierten Freisetzung von Stickstoff können durch überlegte Anwendung umgangen werden. Der Einsatz organischer Düngemittel trägt zur Bodenfruchtbarkeit und zur Entsorgung unseres dichtbesiedelten Landes bei.

Tabellarische Beschreibung organischer Düngemittel nach Gliederung in Wirtschafts- und Handelsdünger, alle Angaben sind Durchschnittswerte:

Stallmist

Anfall		Hauptnährstoffgehalte in %				
Rinder 10000 kg/Jahr Schweine 2000 kg/Jahr Hühner 6 kg/Jahr	Durchschnitts-werte	N	P	K	Ca	Mg
		0,5	0,1	0,5	0,1	0,05
		Spurenelementgehalte in mg/kg				
Fast 30 % des Stallmistes wird zu Dauerhumus!		Mn	Zn	B	Cu	Mo
		40	15	4	2	0,1
Aufwandmenge, dt/ha		100–400 dt				
Zeitpunkt der Ausbringung		Herbst, zeitiges Frühjahr				

Gülle, Flüssigmist

	Nährstoffgehalte in %			
Anfall	N	P	K	Mg
Rinder 50 kg/Tag	0,4	0,1	0,4	0,04
Schweine 4 kg/Tag	0,6	0,2	0,2	0,05
Hühner 50 g/Tag	1,0	0,3	0,4	1,0
Aufwandmenge, m^3/ha	Rind 60, Schwein 30, Huhn 20			
Zeitpunkt der Ausbringung	Frühjahr, ab März			

Jauche

		Nährstoffgehalt in %		
Anfall		N	P	K
Rind	15 kg/Tag	0,2	0,01	0,5
Schwein	4 kg/Tag	0,1	0,05	0,3
Aufwandmenge		20–50 m^3/ha		
Anwendungszeitpunkt		Frühjahr		

Müllkompost

	Nährstoffgehalt in %		
Anfall	N	P	K
200000 t/Jahr	0,5–1,5	0,2–0,6	0,1–0,4

Schadstoff- und Salzgehalte sind bedenklich im Gartenbau, nur als Zuschlagstoffe für Substrate

Klärschlamm

	Nährstoffgehalt in %		
Anfall	N	P	K
1 t pro Einwohner/Jahr	1–2	0,5–1	0–0,4

Schadstoffgehalte bedenklich im Gemüse- und Obstbau

Gründüngung

Lupinen	15–20 g/m^2	Frischmasse oberirdisch	100–200 dt/ha
Serradella	20–25 g/m^2	Wurzelmasse	7– 30 dt/ha
Raps	6–10 g/m^2		
Senf	20–30 g/m^2	N-Gewinn (Durchschnitt)	30 kg/ha
Klee	10 g/m^2	N-Gewinn bei Leguminosen:	100 kg/ha
Gräser	20 g/m^2		

Kompost

C/N-Verhältnis: 20–25 : 1	Kompost enthält vorwiegend Dauerhumus und verbessert die Bodenstruktur

Stroh	Nährstoffgehalt in %		
C/N-Verhältnis:	N	P	K
100 : 1	0,5	0,1	1,0

Stroh wirkt als N-Sperre, daher N-Düngung in Höhe von 1 % der Stroh-Aufwandmenge zusätzlich erforderlich

Handelsdünger rein organisch	Nährstoffgehalt in %
N-Dünger Blutmehl, Hornmehl Hornspäne	5–14 % N
P-Dünger Knochenmehl	13 % P
NP-Dünger Horn/Knochenmehl	4–10 % N, 2–10 % P
NPK-Dünger Guano	6 % N, 12 % P, 2% K

Handelsdünger organisch-mineralisch	Nährstoffgehalt in %
N-Dünger Lignin	15–19 % N
NP-Dünger Hornoska	8 % N, 4 % P (= 10 % P_2O_5)
NPK-Dünger Oscorna Animalin	6–7 % N, 4 % P, 0,8–1,6 % K

Lagerung und Mischbarkeit von Düngemitteln

Zur termingerechten Düngung im Gartenbau müssen genügend mineralische Düngemittel frühzeitig beschafft und gelagert werden. Zweckmäßigerweise kaufen mehrere Betriebe gemeinsam über den Landhandel oder Bezugsgenossenschaften ein – dies ist kostengünstiger, weil große Düngermengen abgenommen werden, z. B. waggonweise Anlieferung.

Die Anlieferung der mineralischen Düngemittel erfolgt überwiegend in wasserfesten Säcken, Kalke werden häufig in Papiersäcken geliefert.

Sachgemäße Lagerung der Düngemittel ist Voraussetzung für das Gelingen der Kultur!

Der Lagerraum sollte keinen direkten Zugang von außen haben – die Luftfeuchte führt zum Verklumpen der Düngersalze.

Dünger müssen auf trockener, wasserundurchlässiger Unterlage stehen. Zementböden eignen sich nicht, da Zement von danebengefallenen Düngersalzen angegriffen wird. Das Dach muß dicht sein – Wasser aus Tropfstellen löst Düngersalze auf.

Am besten geeignet als Düngerlager ist ein geschlossener Raum in einer Gerätehalle – jedoch niemals im Gewächshaus (Luftfeuchte) und im Heizhaus (Korrosion durch Dämpfe).

Einzelne Düngersorten müssen getrennt voneinander gelagert werden, in Boxen oder auf Paletten.

Branntkalk darf nicht mit anderen Düngern in Berührung kommen, z. B. Ammoniakdünger, sonst entwickeln sich giftige Dämpfe, z. B. NH_3. Feuchter Branntkalk entwickelt Wärme – schon manches feuchte Düngerlager ist abgebrannt! Angebrochene Düngersäcke müssen stets geschlossen werden. Sie müssen sicher aufrecht stehen!

	„Kalksalpeter“	„Kalkammonsalpeter“	„Schwefelsaures Ammoniak“	Kalkstickstoff	Superphosphat	Thomasphosphat	Kalisulfat	Bittersalz	Kainit, 40erKali	Kohlensaurer Kalk
„Kalksalpeter“		○		○			○	○		○
„Kalkammonsalpeter“	○			×	○	×	○	○	○	
„Schwefelsaures Ammoniak“				×		×				×
Kalkstickstoff	○	×	×		×		○	○	○	
Superphosphat		○		×		×				×
Thomasphosphat		×	×		×					
Kalisulfat K_2SO_4	○	○		○						○
Bittersalz $MgSO_4$	○	○		○						○
Kainit, 40er Kali, KCl		○		○						
Kohlensaurer Kalk, $CaCO_3$	○		×		×		○	○		

☐ mischbar

× nicht mischbar

○ kurzzeitig mischbar, sofort ausstreuen!

Abb. A 150. Mischungstafel für Düngemittel.

Für jede Düngersorte müssen gesonderte Kellen und Schaufeln für Kleinmengen angeschafft werden, sonst werden Düngemittel vermischt, verunreinigt oder unbrauchbar.

Die Reinlichkeit im Düngerraum gibt Aufschluß über die Exaktheit der Kulturführung des Gärtners!

Die Lagerung organischer Düngemittel, z. B. Knochenmehl und Hornspäne, soll ebenfalls im Düngerraum erfolgen – allerdings nicht länger als 6 Monate. Organische Stoffe, z. B. Mist, sollen möglichst gar nicht gelagert, sondern rasch in den Boden eingearbeitet werden. Die Wirksamkeit von Mist wird durch Niederschläge stark vermindert.
Zahlreiche Düngemittel dürfen nicht miteinander vermischt werden (s. Mischungstafel, Abb. A 150).
Für das Mischen von Düngemitteln gelten folgende Regeln:

1. Kalk und kalkhaltige Dünger, z. B. Kalkstickstoff, Kalkmergel, dürfen nicht mit ammoniumhaltigen Düngern, z. B. »schwefelsaurem Ammoniak«, vermischt werden, da sonst Ammoniak (NH_3) frei wird und damit Stickstoff in die Luft entweicht (s. Tab. A 76).
2. Kalk und kalkhaltige Dünger dürfen nicht mit Superphosphat vermischt werden, da Phosphat in nicht pflanzenverfügbare, unlösliche Bindung übergeht.
3. Superphosphat darf nicht mit nitrat-(salpeter-)haltigen Düngern vermischt werden, da schädliche Nitrose-Gase (s. Kap. A 2.5.2) entstehen und N in die Luft entweicht.
4. Mischungen von Kali und Salpetersalzen verklumpen leicht, sie sind hygroskopisch (wasseranziehend) und müssen daher sofort ausgebracht werden.
5. Mischungen von Kali mit Kalkstickstoff und Thomasphosphat erhärten nach längerer Lagerung (etwa 4 Wochen), sie müssen in diesem Zeitraum gestreut werden.

Ausbringung von Düngemitteln

Im Gartenbau bedient man sich verschiedener technischer Einrichtungen zur Ausbringung von Düngemitteln auf den Kulturflächen. Großflächig werden feste Düngemittel mit Teller- und Kettenstreuern ausgebracht. Dünger in flüssiger Form, z. B. gelöste

Tab. A 27. Ausbringung von Düngemitteln im Gartenbau mit technischen Hilfsmitteln

Gerät	Dünger	Anwendungsbereich
Dungstreuer	Kompost, Mist	Obstbau, Baumschulen, Gemüsebau
Tellerstreuer	Granulierte Dünger, z. B. Superphosphat Lose Dünger, z. B. Thomasmehl	Obstbau Gemüsebau Baumschulen
Kettenstreuer	Granulierte und lose Dünger	Gemüsebau
Gebläse	Kalk	Obstbau, Weinbau, Forst
Kreisregner	Gelöste Stickstoffsalze	Gemüsebau, Obstbau
Regenanlage	Stickstoff, Magnesium, Mangan, Borax	Obstbau Baumschulen
Gießwagen	Gelöste Düngersalze oder verdünnte Flüssigdünger	Zierpflanzenbau Baumschulen
Düngelanze	Gelöste Düngersalze	Garten- und Landschaftsbau, Obstbau, Friedhofsgartenbau
Injektor z. T. mit Düsenanlage	Gelöste Düngersalze oder verdünnte Flüssigdünger	Zierpflanzenbau, Gemüsebau, Baumschulen; meist im Gewächshaus
Pflanzenschutz-Spritze	Blattdüngung	Obstbau, Gemüsebau, Baumschulen

Salze, werden im Freiland mit der Regenanlage oder über Kreisregner verregnet. Dabei wird ein Teil der Nährstoffe über das Blatt aufgenommen, sofern die Kutikula eine Benetzung zuläßt. Stark wachshaltige Oberflächen, z. B. Kohl-, Rhododendronblätter, lassen Nährstoffe nicht durch.

Der Gießwagen ist für Freilandstellflächen, auf denen die Töpfe oder Container frei (Baumschulen) oder eingesenkt stehen (Azaleen- und Erikenbetriebe), eine sinnvolle und sparsame Düngeeinrichtung: nur wenig Dünger geht zwischen den Töpfen verloren.

Die Düngerlösung wird entweder in großen Becken angesetzt und von dort in die Gießwagen gepumpt oder durch ein Injektorgerät, z. B. Fert-o-ject, Volmatic, dem Leitungs- oder Pumpenwasser beigemischt. Injektorgeräte eignen sich besonders zur Flüssigdüngung von kleineren Zierpflanzenpartien im Gewächshaus oder zum Nachdüngen einzelner Beete.

Die Düngelanze wird im Garten- und Landschaftsbau und im Friedhofsgartenbau zur gezielten Nährstoffversorgung älterer Parkbäume eingesetzt, wenn der Boden innerhalb mehrerer Jahrzehnte an Nährstoffen verarmt ist und das im Herbst abfallende Laub entfernt wird. Je nach Baumgröße werden im zeitigen Frühjahr bis zu 20 l einer 10%igen Volldüngerlösung eingeführt.

Im Obstbau wird die Düngelanze bei älteren Beständen eingesetzt, wenn tiefere Bodenschichten an Nährstoffen verarmt sind, z. B. die Bodenschicht zwischen 30–50 cm. Die Düngung wird im Frühjahr zur Zeit des Austriebs durchgeführt. Man rechnet etwa eine Einstichstelle pro Quadratmeter. Volldüngerlösungen sollen Konzentrationen von 5%, während der Vegetationsruhe sogar bis 10% enthalten. Jeder Baum erhält ca. 2 l.

Die Ausbringung organischer Düngemittel mit dem Dungstreuer ist von der Witterung abhängig.

Mist kann im zeitigen Frühjahr und im späten Herbst ausgebracht werden. Der Zeitpunkt muß so gewählt werden, daß der Mist während des Pflanzenwachstums von Bakterien mineralisiert wird und daher wenig Nährstoffverluste durch Auswaschung eintreten können; so fördert er auch das Bodenleben am besten.

Frischer Mist kann bei einer Neupflanzung im Frühjahr durch Freisetzung von Ammoniak Pflanzenschäden hervorrufen, er wird zweckmäßig im Herbst eingebracht. Wird Mist im frühen Herbst in den Boden eingearbeitet, kann durch Mineralisierung aus dem Ammoniak (NH_3) noch Salpeter (NO_3) entstehen, der leicht durch Winterniederschläge ausgewaschen wird.
Kompost kann das ganze Jahr hindurch ausgebracht und in den Boden eingearbeitet werden. Er ist durch den Rottevorgang frei von schädlichen Stoffen.

2.6.2 Düngung nach Programm

Zahlreiche Düngungsversuche an vielen Pflanzenarten haben im Laufe der Jahre dazu geführt, daß der Nährstoffbedarf zu bestimmten Zeiten des Jahres und in bestimmten Entwicklungsstadien der Pflanze bekannt ist. Hinzu kommt eine umfangreiche technische Ausstattung der meisten Gartenbaubetriebe, die eine wirtschaftliche Düngerausbringung ermöglicht.

Die Düngung wird nach Programm durchgeführt.

Als Beispiele seien zwei Kulturen aus der Baumschule und dem Zierpflanzenbau genannt:

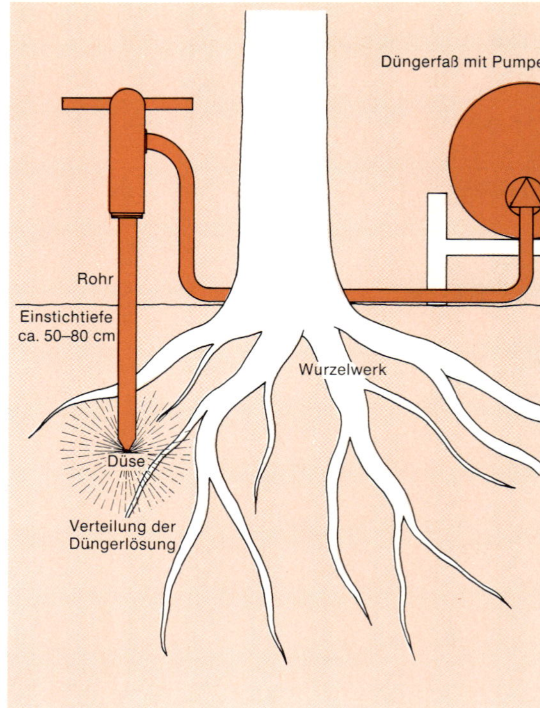

Abb. A 151. Einsatz der Düngelanze bei der Düngung älterer Bäume.

Rhododendron
1–2 Pflanzen/m²
Nährstoffbedarf eines Jahres als Stickstoff: 120 kg N/ha

Förderung Triebansatz	Neutrieb	Förderung Frosthärte →
Blütezeit		Knospenansatz
50 % der Jahresdüngung	30 % der Jahresdüngung	20 % der Jahresdüngung
60 kg N/ha	40 kg N/ha	20 kg N/ha
März/April	Juni/Juli	August/September

Azaleen
25 Pflanzen/m²
Nährstoffbedarf eines Jahres als Stickstoff: 10–20 g N/m², je nach Niederschlägen (= Auswaschungsverluste)

Vegetatives Wachstum →	Blüteninduktion → Düngepause	Erhaltungsdüngung →
wöchentlich 1 g N/m² Gießdüngung	keine Düngung, evtl. Erhaltungsdüngung	4wöchentlich 1 g N/m² Gießdüngung
März–Juni	Ende Juli–Ende August	September–November

Tab. A 28. Düngungsmaßnahmen

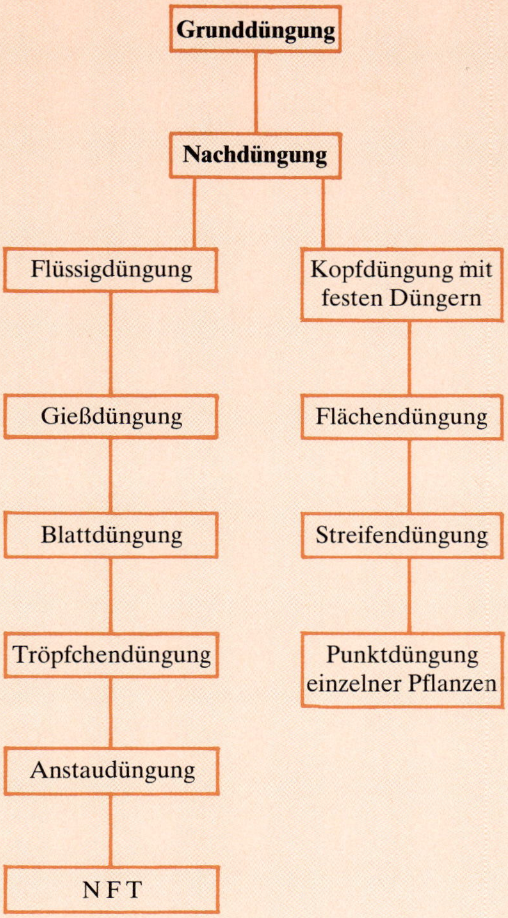

Einarbeiten von Dünger in den Boden oder Einmischen in das Substrat von Hand oder maschinell.

Die Nachdüngung erfolgt als **Ergänzungsdüngung** der Grunddüngung nach Boden- oder Substratuntersuchung.

Die Nachdüngung erfolgt als **Termindüngung** zu bestimmten Zeiten.

Die Flüssigdüngung wird unter Glas und im Freiland vorgenommen.

Die Kopfdüngung erfolgt fast nur im Freiland.

Bei der Flächen- und Streifendüngung können Düngerstreuer eingesetzt werden.

Die Gießdüngung erfolgt oft mit fahrbaren Düngermischern.

Die Anstaudüngung ist selten. Hierbei wird ein ganzes Beet mit Düngerlösung angestaut.

NFT (englisch: Nutrient Film Technic). Hierbei befindet sich Nährlösung auf Rinnen, in denen Töpfe stehen, ständig im Umlauf und ergänzt die Grunddüngung.

Als Hilfsmittel für den Gärtner dienen Tabellen mit optimalen Nährstoffbereichen (s. Tab. A 29). Hiernach kann er die Düngung bemessen und Nachdüngungen anhand einer Boden- oder Substratuntersuchung vornehmen.

Welchen Dünger der Gärtner wählen muß, hängt von der Art der Kultur ab: Kulturen mit genau festliegenden Düngepausen, z. B. Topfazaleen oder *Eríca grácilis,* erhalten zu Anfang eine geringe Grunddüngung mit Salzdünger im Substrat und eine häufige Nachdüngung.

Kulturen ohne Düngepause, z. B. Pflanzen mit hohem Nährstoffbedarf wie Pelargonien und *Begónia*-Elatior-Hybriden, erhalten entweder eine Grunddüngung mit wenig Salz- und Depotdünger oder nur Depotdünger. Mit Depotdüngern wird besonders in Baumschulen bei Containergehölzen gearbeitet. Dabei erfolgt oft auch eine Nachdüngung mit Depotdüngern. In Abb. A 152 sind Düngungsmethoden für Topf- und Containerpflanzen dargestellt.

Die Kultursicherheit wird erhöht durch Kontrolle der Nährstoffgehalte in Böden und Substraten. Nach den Werten einer Bodenuntersuchung düngt der Gärtner seine Pflanzen (s. Tab. A 34).

1. Grunddüngung mit Salzdünger und flüssiger Nachdüngung

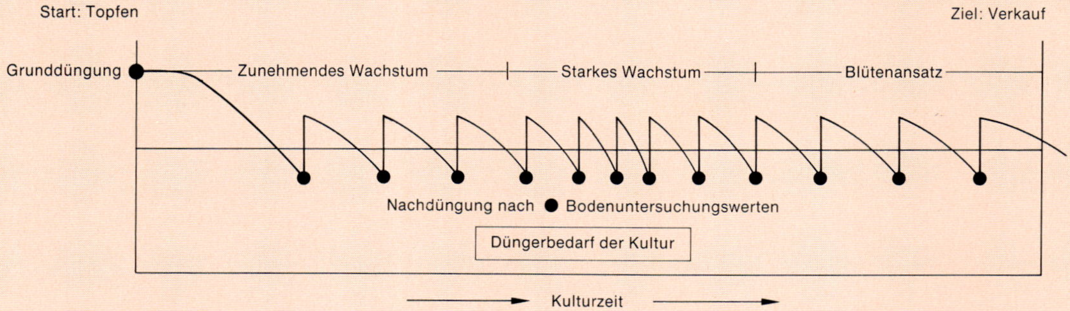

2. Grunddüngung mit Salzdünger und langsamfließendem Depotdünger

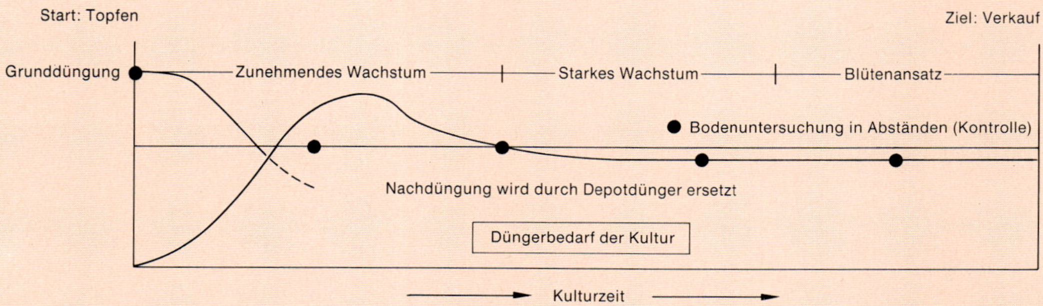

3. Grunddüngung mit rasch und langsam wirkendem Depotdünger

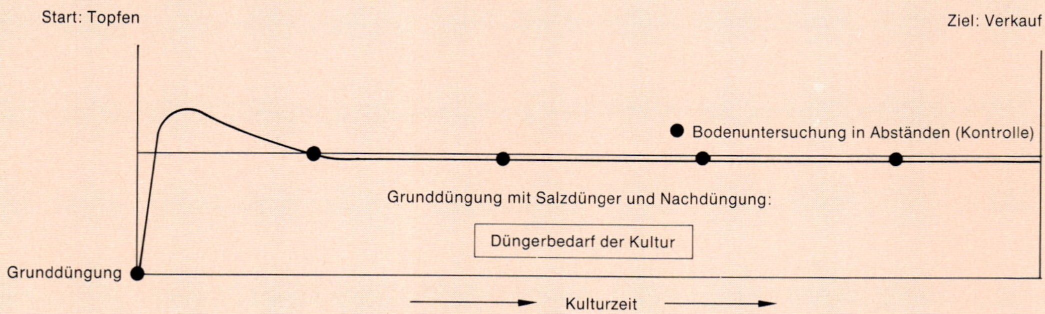

	Vorteile	Nachteile
Salzdünger	Kultur mit Düngepausen möglich, z. B. Azaleen	häufige Bodenuntersuchung (Kontrollen) notwendig
Depotdünger	Weniger Düngungsarbeiten Weniger Bodenuntersuchungen Keine Auswaschungsverluste	Kultur mit Düngepausen unmöglich Dünger liefert Nährstoffe auch bei schwachem Wachstum nach, Gefahr der Überdüngung

Abb. A 152. Methoden der Düngung.

Tab. A 29. Optimale Nährstoffgaben und Nährstoffgehalte in Böden und Substraten (Auswahl)

Zierpflanzenbau — Nährstoffgehalte mg/l

	N	P_2O_5	K_2O		N	P_2O_5	K_2O
Anthúrium	75	90	250	*Mónstera*	300	200	400
Apheländra	100	200	450	*Pelargónium*	400	250	600
Aspáragus 'Sprengeri'	200	300	900	*Phalaenópsis*	75	50	100
Begónia El.	75	100	200	*Prímula obc.*	75	50	120
Cýclamen	200	200	500	*Saintpaulia*	180	150	300
Euphórbia (Poinsettie)	200	250	600	*Vriesea*	50	25	100

Baumschule — Jahresbedarf an Nährstoffen

Freilandkulturen, kg N/ha		Containerkulturen, mg N/l	
Koniferen 1. Standjahr	80	*Ácer campéstre*	500–600
2. Standjahr	120	*Cotoneáster dámmeri*	300–500
Rosen 1. Standjahr	90	*Hypéricum calýcinum*	350–600
2. Standjahr	150	*Prúnus laurocérasus*	200–400
Rhododendron-Fertigware	150–180	*Pyracántha*	500–700
Laubgehölze-Solitärs		*Juníperus chinénsis*	600–800
1. Jahr n. Verpfl.	70	*Pínus nígra*	300–500
2. Jahr n. Verpfl.	110	*Táxus baccáta*	400–600

Nährstoffgehalte

	N	P_2O_5	K_2O		N	P_2O_5	K_2O
im Boden, mg/100 g	20	30	30	im Container, mg/l	50	25	80

Gemüsebau — Nährstoffgabe

Freiland in kg/ha	N	P_2O_5	K_2O	unter Glas in g/m²	N	P_2O_5	K_2O
Blumenkohl	150	120	250	**Grunddüngung**			
Erbsen	80	75	150	Rettich, Möhre	5	30	20
Kohlrabi	120	100	200	Tomate, Blumenkohl	8	40	30
				Kopfdüngung			
				Rettich, Möhre	5	–	10
				Tomate, Blumenkohl	5	–	15

Obstbau — Nährstoffgehalte, mg/100 g

	N	P_2O_5	K_2O	MgO
leichte Böden (z. B. Podsol)	5–10	15–20	20–30	8–10
mittlere Böden (z. B. Parabraunerde)	10–15	25–30	35–40	10–15
schwere Böden (z. B. Pseudogleye, bindig)	15–20	30–35	40–50	15–20

»Der grüne Daumen«

Gärtner mit langjähriger Erfahrung und dem notwendigen Wissen und Gespür um die Bedürfnisse einer Kultur sind oft in der Lage, zum richtigen Zeitpunkt die richtigen Kulturarbeiten durchzuführen. Dazu gehört auch, Höhe, Art und Zeitpunkt der Düngung zu bestimmen. Leider gibt es heute nur wenige Gärtner, die über den »grünen Daumen« die Düngung richtig anwenden. Oft ist es der Verträglichkeit der Pflanze zuzuschreiben, daß sie trotz unsachgemäßer Nährstoff- und Wasserversorgung wächst.

Heute, im programmierten Pflanzenbau, benötigt der Gärtner genaue Kenntnisse. Zusammen mit den Erfahrungen früherer Jahrzehnte gelingt es, gärtnerische Kulturverfahren weiterzuentwickeln und den Kulturerfolg sicherzustellen.
Im folgenden sind einige Erfahrungs- und Richtwerte zusammengestellt.

Luft

Substrate müssen locker sein, um der Wurzel genügend O_2 zuzuführen – auch zu festes Topfen ergibt O_2-Mangel. Bei hoher Temperatur und viel Licht wird im Gewächshaus sehr viel CO_2 verbraucht (Mangel in den Mittagsstunden), daher muß zum Ausgleich gelüftet werden.

Wasser

Gewässert wird im Gewächshaus morgens, damit die Pflanze während hoher Tagestemperatur genügend Wasser transpirieren kann – abendliches Wässern erhöht die Luftfeuchte, hemmt die Transpiration und damit die Nährstoffaufnahme; die Gefahr der Ausbreitung von Pilzkrankheiten ist groß. Gezielter Wassermangel fördert den Triebabschluß und damit die Frosthärte bei Baumschulgehölzen.

Stickstoff

Nitrat(Salpeter-)dünger werden am raschesten aufgenommen – sie dienen als Startdünger. N soll immer in kleinen Gaben – z. B. wöchentliche Düngung – gegeben werden. Bei N-Mangel ist eine Blattdüngung mit Harnstofflösung (1 %) möglich – sie dient als »Feuerwehr«.

Phosphor

Phosphat muß in die Nähe der Wurzeln gelangen, Boden- und Vegetationsheizungen fördern die P-Aufnahme.

Kalium

Chloridhaltige K-Dünger (z. B. Kainit, 40er Kali) können im Winter (Januar–März) eingesetzt werden. Chlorid wird ausgewaschen, K bleibt im Boden – chloridunverträgliche Pflanzen werden nicht geschädigt.

Kalk

Grobgekörnten Kalk nur im Freiland verwenden – feingekörnter Kalk erreicht den gewünschten pH-Wert sehr viel rascher – wichtig für Topfkulturen! Kalk ist humuszehrend – Topfsubstrate nicht überkalken, denn Pflanzen wachsen hier auch bei niedrigerem pH-Wert.

Organische Düngung

Gründüngung erhöht den Humusanteil im Boden und liefert N und S.
Organische Düngemittel liefern N oft unkontrolliert, bei Temperaturen über 25 °C und ausreichender Feuchte besonders stark, dadurch wird der Triebabschluß verzögert.

Depotdünger

Depotdünger sind keine »denkenden« Dünger – sie werden als Vorrat für eine bestimmte Zeit dem Substrat beigemischt – ihre Nährstoffabgabe ist temperaturabhängig. Vorteil: Sie schützen Nährstoffe vor Auswaschung.

Spurennährelemente

Mangel kann durch Blattspritzung rasch behoben werden.
B ist leicht im Überschuß – bei B-Überdüngüng Substrat rasch auswaschen!
Fe-Aufnahme sinkt bei niedriger Temperatur.

Versalzung durch Überdüngung

Böden und Beete mit salzarmem Wasser beregnen. In Gewächshäusern muß dies stets jährlich bei geräumten Flächen erfolgen! Töpfe und Container werden mit dem 3fachen Volumen Wasser durchgespült.

Der oft genannte »grüne Daumen« ist das Wissen um die Bedürfnisse der Pflanze – Halbwissen schadet dem Geldbeutel!

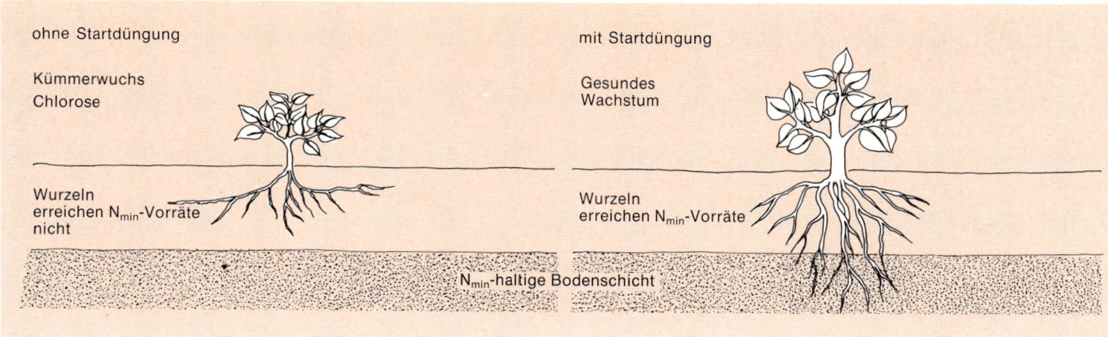

Abb. A 153. Notwendigkeit der Startdüngung nach Verlagerung des N_{min}-Stickstoffs in tiefere Bodenschichten.

Tab. A 30. Faustzahlen für Gärtner

Kalkung	Substrate:	1,5 kg kohlensaurer Kalk für jede pH-Einheit (Weißtorf), Rindenkomposte und Schwarztorf benötigen mehr Kalk!
	Böden:	

Bodenart	kohlensaurer Kalk	Branntkalk
leicht	300 g/m²	–
mittelschwer	350 g/m²	170 g/m²
schwer	400 g/m²	200 g/m²

pH-Werte	Weißtorf: ca. pH 3, Schwarztorf ca. pH 4 TKS: ca. pH 5,5, Einheitserde T: ca. pH 5,8 Sand: ca. pH 5–6, Ton: ca. pH 6–7
Substratmischungen	Elatiorbegonien: Einheitserde T/TKS 1 : 1 Azaleen: Weiß- und Schwarztorf 7 : 3
Düngung	Pikiererde: 0,5–1 kg/m³ Volldünger Topferde: 2–3 kg/m³ Volldünger oder 1 kg/m³ Volldünger (Salz) + 3 kg/m³ Depotdünger
Gießdüngung	0,1–0,3%ige Lösung (1–3 g/l Salzdünger)
Blattdüngung	0,05–0,1%ige Lösung (0,5–1 kg/m³ Salzdünger)
Hydrokultur	0,1–0,5%ige Lösung (1–5 g/l Salzdünger)
Flächendüngung	50–100 g/m² Volldünger, granuliert Eine Hand faßt 50 g (gestrichen) oder 70–100 g (gehäuft)!
Grenzwert für Salze	im Boden: 300 mg/100 g = 0,3%, im Substrat: 3000 mg/l
Günstige Nährstoffverhältnisse	N : P_2O_5 : K_2O vegetatives Wachstum: 1 : 0,5 : 1,5 Blütenansatz: 0,2 : 0,2 : 1,5
Humusgehalt	Freiland, Ackerboden: 1–2% Gartenboden: 4–6% Gewächshaus-Grundbeet: 10–20%

Tab. A 31. Anrechnung von N_{min}-Vorräten im Boden bei der N-Düngung im Gemüse- und Obstbau

Geplante N-Düngung		Gemessener N-Vorrat im Bodenprofil		Erforderliche Ergänzung durch die Düngung
Gesamte Stickstoffgabe des Jahres, kg/ha	–	N_{min} (0–120 cm) kg/ha	=	Tatsächlich erforderliche Düngung, kg/ha
Beispiel: 120 kg/ha	–	80 kg/ha	=	40 kg/ha

Zu beachten ist, daß durch die Winterniederschläge der Mineralstickstoff in die tieferen Bodenschichten eingewaschen wurde und der Oberboden fast frei von Stickstoff ist. Eine Startdüngung von ca. 20 kg/ha ist daher immer notwendig, um das Wurzelwachstum bis in tiefere Bodenschichten zu ermöglichen, z. B. bei Aussaat und Pflanzung, vgl. Abb. A 154.

Düngung nach Boden- und Substratuntersuchung

Nährstoffgehalte von Boden- und Substratproben werden in Landwirtschaftlichen Untersuchungsanstalten (LUFA) oder anderen Bodenuntersuchungsinstituten festgestellt. Die Probenahme im Gartenbaubetrieb erfolgt meist durch den Betriebsleiter selbst. Probenbeutel, Probenlisten und Versandtaschen werden von der Untersuchungsanstalt auf Anforderung zugesandt.
Die *Grunduntersuchung* umfaßt bei Bodenproben im Freiland den pH-Wert und meist die Pflanzennährstoffe Stickstoff, Kalium, Kalzium, Magnesium und Phosphor. Auf Wunsch können alle anderen Pflanzennährstoffe in der Probe bestimmt werden.
Stickstoff kann als N_{min} (Mineralstickstoff NO_3^- und NH_4^+) bis zu einer Tiefe von 120 cm ermittelt werden.
Der N_{min}-Wert gibt im Frühjahr Aufschluß über den N-Vorrat im Boden, den man bei der Jahresdüngung auf tiefgründigen Böden anrechnen kann.
Angaben zur Bodenuntersuchung erfolgen stets in mg/100 g Boden. Der Gärtner vergleicht diese Werte mit den bekannten Optimalwerten für seine Kultur (s. Tab. A 29) und errechnet aus dem Unterschied zwischen Untersuchungswert und Optimalwert den Düngeraufwand (s. Abb. A 155).
Bei Substraten erfolgen die Angaben für alle Nährstoffe in mg/l, weil der Pflanze in Töpfen und Containern alle Nährstoffe im Substratvolumen oder Wurzelraum zur Verfügung stehen.

Umrechnungsbeispiel:

$$20\ \text{mg/l} = 20\ \text{g/m}^3$$
$$400\ \text{mg/l} = 400\ \text{g/m}^3 = 0{,}4\ \text{kg/m}^3$$

Tab. A 32. Umrechnung von Angaben mg/100 g Boden in g/m² und kg/ha

Probenahmetiefe cm	30	20	20
Bodenvolumen l/m²	300	200	200
l/ha	3000000	2000000	2000000
Volumengewicht* kg/l	1	1	0,5
Bodengewicht g/m²	300000	200000	100000
kg/ha	3000000	2000000	1000000
Umrechnungsfaktoren			
mg/100 g in g/m²	× 3	× 2	× 1
mg/100 g in kg/ha	× 30	× 20	× 10
Beispiel: 30 mg K/100 g			
in g K/m²	90	60	30
in kg K/ha	900	600	300

* (s. Kap. A 3.4.2)

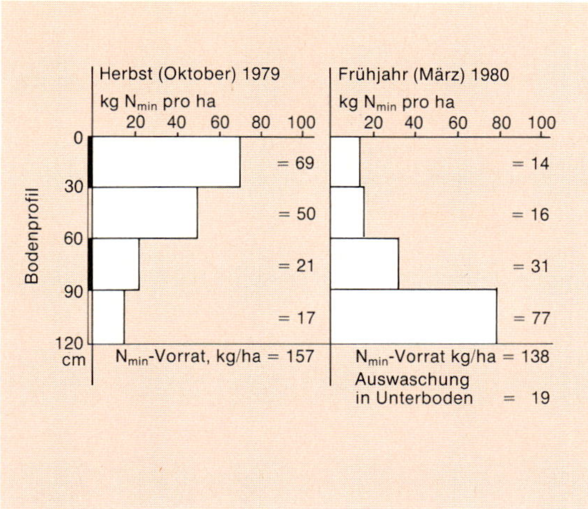

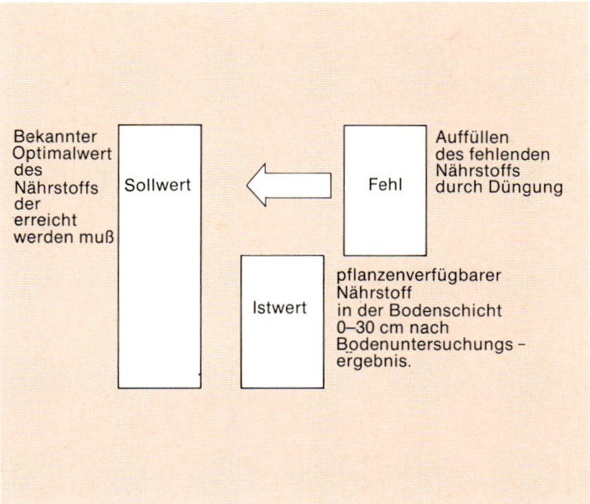

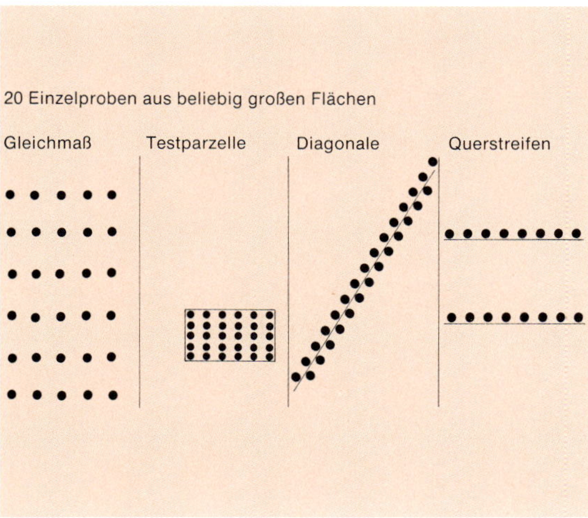

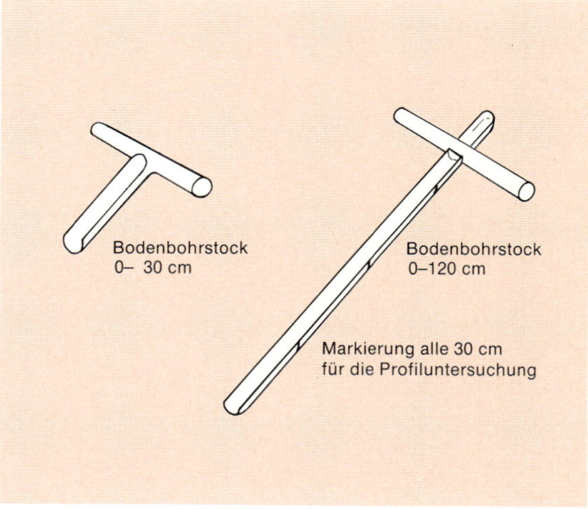

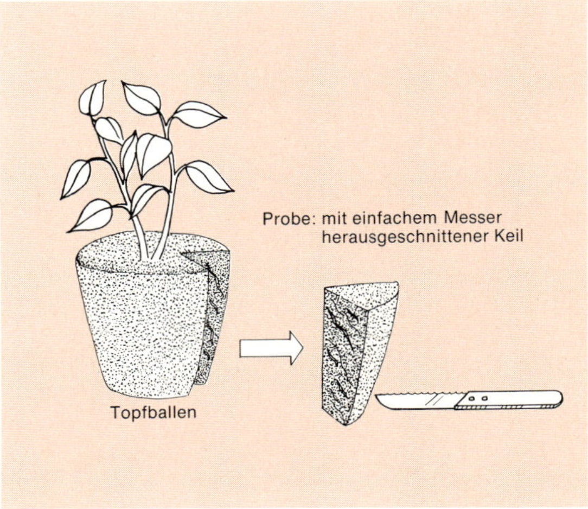

Abb. A 154. (oben links) Verlagerung von N_{min} (Mineralstickstoff) im Boden während der Wintermonate. Ergebnisse einer Messung in Parabraunerde.
Abb. A 155. (oben rechts) Aufdüngung eines Bodens nach Ergebnissen der Bodenuntersuchung.
Abb. A 156. (Mitte links) Verfahren der Probenahme aus Freiland- und Gewächshausböden.
Abb. A 157. (Mitte rechts) Geräte zur Probenahme.
Abb. A 158. (rechts) Probenahme aus einem Topf.

Tab. A 33. Anweisung zur Entnahme und Versand von Boden- und Substratproben

Was muß bei der Probenahme beachtet werden?

1. Jede Probe soll in ihrer Beschaffenheit der durchschnittlichen Zusammensetzung des Substrates, der Erde oder der Bodenfläche entsprechen. Vorgewende, Mietenplätze, Randstreifen sind bei der Probenahme auszulassen.
2. Von jeder Fläche, von jedem Substrathaufen oder aus einem einheitlich behandelten Topf- bzw. Containerbestand werden 20 etwa gleichgroße Einzelproben gezogen.
3. Einzelproben werden wie folgt entnommen:

   Freiland- und Gewächshausböden (s. Abb. A 156)
   20 Einstiche mit dem Probenstecher bis 30 cm Tiefe über die gesamte Fläche gut verteilt oder 20 Einstiche mit dem Spaten vornehmen und an der glatten Kante mit einem Löffel der ganzen Länge nach von unten nach oben abkratzen und die Einzelproben in einem sauberen Plastikeimer vermischen. Sind in der Fläche Stellen vorhanden, die sich von der übrigen Fläche in ihrer Beschaffenheit (z. B. Bodenart) unterscheiden, sind hierfür gesonderte Proben zu ziehen (s. Abb. A 157).

   Substrat- und Erdhaufen
   20× mit der Hand an verschiedenen Stellen des Haufens unterschiedlich tief in das Substrat oder die Erde hineingreifen, eine Handvoll entnehmen und diese Einzelproben in einem sauberen Plastikeimer vermischen.

   Töpfe und Container
   20 Töpfe oder Container über die Stellfläche gut verteilt herausnehmen und austopfen. Aus jedem Ballen von oben nach unten mit dem Messer einen etwa 3 cm breiten Keil herausschneiden und diese Einzelproben in einem sauberen Plastikeimer gut vermischen (s. Abb. A 158).
4. Von der Mischung werden etwa 0,5 l in einen sauberen Plastikbeutel gefüllt. Der Beutel wird sofort beschriftet und gut verschlossen.

Wie müssen die Proben gekennzeichnet werden?

5. Deutliche Kennzeichnung der Proben ist notwendig! Entweder man schreibt als Probenkennzeichnung direkt auf den Beutel oder auf ein außen fest angehängtes Etikett mit einem wasserfesten Filzschreiber *große* Zahlen (Probennummern).
6. Die Zahlen (Probennummern) müssen in die Probenbegleitliste (anfordern!) eingetragen werden.
7. Die Probenbegleitliste muß vollständig ausgefüllt sein!
   - Name und Adresse des Einsenders
   - Eventuell Name des Beraters bzw. des Beratungsringes
   - Probennummern
   - Art der Probe (Freiland oder Gewächshaus, Kulturart)
   - Gewünschte Untersuchungsart (Grunduntersuchung, spezielle Nährelemente)

Was muß beim Versand der Proben beachtet werden?

8. Proben können bei der Untersuchungsanstalt abgegeben oder mit der Post eingeschickt werden. Kleine Probenmengen werden in speziellen Versandtaschen (anfordern!), große Probenmengen in Paketen eingesandt.

Tab. A 34. Berechnung des Düngeraufwandes nach einer Bodenuntersuchung

Bei der Untersuchung einer Bodenprobe aus der obersten Bodenschicht (0–30 cm) in einem 0,5 ha großen Rhododendronquartier wurden folgende Werte gefunden:

Volumengewicht = 0,5 kg/l
Kalium-Istwert = 15 mg K_20/100 g Boden

Aus einer Tabelle für optimale Nährstoffversorgung wird der anzustrebende Kaliumwert abgelesen:

Kalium-Sollwert = 45 mg K_20/100 g Boden

Das fehlende Kalium soll durch Düngung mit Kalimagnesia, 30 % K_2O, ersetzt werden

Kalium-Düngung (Fehl) = 30 mg K_2O/100 g Boden

Zunächst wird die erforderliche Kalium-Reinnährstoffmenge für 0,5 ha errechnet:

Volumen-gewicht (kg/l)		Probenahme Tiefe (cm)		Fehl an Kalium		Fläche (ha)		Rein-nähr-stoff
0,5	×	30	×	30	×	0,5	=	225 kgK_2O

Nun wird der Düngeraufwand errechnet:

$$\frac{\text{Reinnährstoff, kg}}{\text{\% Reinnährstoff im Dünger}} \times 100 = \text{kg Dünger}$$

$$\frac{225}{30} \times 100 = 750 \text{ kg Kalimagnesia}$$

Düngungs-Schnelltests und Untersuchung von Pflanzen

Manchmal werden vom Gärtner Wachstumsstockungen und Erscheinungen an Pflanzen festgestellt, die möglicherweise auf Nährstoffmangel oder -überschuß zurückzuführen sind. Oft haben diese Erscheinungen auch andere Ursachen:

niedrige Temperatur im Wurzelraum
Staunässe im Boden oder Substrat
Trockenheit, mangelnde Wasserversorgung
Einsatz von Wuchshemmstoffen
Bodenentseuchungsmittel
Herbizidreste im Boden oder Substrat
Insektizid- oder Fungizidüberdosierung

Wenn diese möglichen Faktoren aufgrund eingehender Nachforschungen über Herkunft von Substrat und Tontöpfen, Einsatz chemischer Stoffe und Niederschläge der letzten Zeit ausgeschlossen sind, gibt es mehrere Möglichkeiten, die wahre Ursache dieser Erscheinungen herauszufinden:

Anwendung des Bestimmungsschlüssels für Mangelerscheinungen (s. Tab. A 36). Allerdings müssen die Zeichen schon sehr deutlich sein, beginnender Mangel äußert sich oft nur durch Blattaufhellungen. Auch die Befragung des zuständigen Beraters (Landwirtschaftskammer, Landesämter, Beratungsring) kann weiterhelfen, denn der Berater kennt viele Betriebe mit oft gleichen Schwierigkeiten.

Düngungsschnelltest mit der Blattdüngung. Hierbei erfolgt eine Blattspritzung mit einzelnen Nährelementen. Die Blattdüngung wirkt sehr rasch. Bei

Tab. A 35. Berechnung des Düngeraufwandes nach einer Substratuntersuchung

Bei der Untersuchung einer Probe aus einem Azaleensubstrat wurden folgende Werte gefunden:

Stickstoff-Istwert = 5 mg/l

Aus einer Tabelle für optimale Nährstoffversorgung wird der anzustrebende N-Wert abgelesen:

Stickstoff-Sollwert = 50 mg/l

Der fehlende Stickstoff soll durch Düngung mit Kalksalpeter, 16 % N, ergänzt werden. Die zu düngende Substratmenge beträgt 4 m^3.

Stickstoffdüngung (Fehl) = 45 mg/l

Zunächst wird die erforderliche N-Düngung für die Substratmenge errechnet:

Fehl an Stickstoff	×	Substrat Volumen (m^3)	=	Reinnährstoff g/m^3
45	×	4	=	180 g N

Nun wird der Düngeraufwand errechnet:

$$\frac{\text{Reinnährstoff, g}}{\text{\% Reinnährstoff im Dünger}} \times 100 = \text{g Dünger}$$

$$\frac{180}{16} \times 100 = 1125 \text{ g Kalksalpeter}$$

Tab. A 36. Bestimmungsschlüssel für Mangelerscheinungen an Pflanzen

Mangelerscheinungen			
zuerst an älteren Blättern		zuerst an jüngeren Blättern	
	Mangel		Mangel
Blätter dunkelgrün, Unterseite rötlich	P	Blätter gelbgrün, gelbe Adern	S
Randchlorose und braune Nekrosen	K	Blätter gelb bis weiß, Adern grün	Fe
Chlorose der Blattspitzen, später ganz chlorotisch	N	Schwarzbraune oder braune Punkte	Mn
Große chlorotische Flecken zwischen den Adern, manchmal gelbbraun	Mg	Vegetationspunkt und jüngste Blätter abgestorben, rissiger verkorkter Stengel	B
Randchlorose, oft weißlich	Mo	Blätter chlorotisch Vegetationspunkt abgestorben	Ca
Punktförmige nekrotische Flecken	Mn	verkrüppelte Blattfläche, löffelförmige Blätter	Mo
Blattrollung	Cu	Weiße Blätter	Cu

schwach chlorotischen Blättern mit N-Mangel kann nach Harnstoffspritzung schon ein Ergrünen nach 48 Stunden erfolgt sein.
Die Spritzung niedriger geschlossener Bestände erfolgt in Streifen von ca. 1–2 m Breite. Die seitwärts stehenden Pflanzen werden mit dünner, 2 m breiter Folie abgedeckt, um ein Überspritzen zu vermeiden. Jedes Nährelement wird getrennt gespritzt und der Spritzstreifen sofort etikettiert und Datum, Uhrzeit und Dünger notiert. Die Anwendung erfolgt möglichst bei trübem Wetter, unter Schattierung oder am frühen Abend, um Verbrennungen infolge zu rascher Verdunstung der Düngerlösung zu vermeiden. Damit die Lösung besser an Blatt und Stengel haftet, wird vorsorglich etwas Haftmittel, z. B. Citowett, Adhäsit, zugesetzt. Die Spritzung muß gleichmäßig erfolgen: die Düse wird mit gleicher Geschwindigkeit einmal über eine Pflanzenreihe hinweggezogen.

Düngungsversuch durch Substratdüngung. Düngemittel wirken hierbei langsamer als bei der Blattdüngung, weil sie zunächst an die Wurzel gelangen müssen und von dort in die Blätter transportiert werden. Die früheste Wirkung kann bei Nitrat (Salpeter) als Flüssigdüngung nach 4–5 Tagen und als Granulat nach 7–10 Tagen erwartet werden.
Die Ausbringung des Düngers ist an keine Zeit gebunden. Für jedes Nährelement ist ein Einnährstoffdünger einzusetzen.
Im **Freiland** steckt man Parzellen von mindestens $3 \text{ m} \times 3 \text{ m} = 9 \text{ m}^2$ mit Holzpflöcken ab und streut oder gießt gleichmäßig den Boden ab. Beim Ausstreuen ist auf Windstille zu achten!
Die Parzellen werden sofort etikettiert und Datum und Dünger notiert.
Töpfe und Container werden einzeln gedüngt. Je Nährelement müssen mindestens 20 Töpfe oder Container gedüngt werden.

Tab. A 37. Anweisung zur Entnahme und Versand von Pflanzenproben

Was muß bei der Probenahme beachtet werden?

1. Jede Probe soll den tatsächlichen Zustand der Pflanze widerspiegeln
2. Von Pflanzen *mit* Schäden und von Pflanzen *ohne* Schäden werden Proben entnommen.
3. Die Proben werden wie folgt entnommen:
   Blätter. Sie müssen dort entnommen werden, wo der Schaden am stärksten ausgeprägt ist. Von gesunden Pflanzen müssen die Blätter aus derselben Höhe entnommen werden (Grobunterscheidung: ältere und jüngere Blätter). Weisen Blätter große Schadzonen auf, z. B. Randchlorosen, können diese Zonen mit einer Schere ausgeschnitten und gesondert untersucht werden.
   Die notwendige Blattmenge beträgt ca. 100 g Frischsubstanz pro Probe.
   Stengel, Sprosse. Hier gilt das gleiche wie bei Blättern.
   Holzteile. Es werden Zweige von geschädigten und gesunden Pflanzen abgeschnitten, von Blattwerk befreit und in kurze Enden zerlegt. Bei größeren Bäumen werden mit einem Bohrer Proben entnommen.
4. Die Proben werden in Plastikbeutel gepackt. Der Beutel wird sofort beschriftet, verschlossen und in einen Kühlschrank gelegt. Auf keinen Fall darf der Beutel im Freien in der Sonne liegen oder tagelang im Gewächshaus aufbewahrt werden, weil sonst Veratmung und Fäulnis auftreten.
5. Der Begleitbrief muß folgende Angaben enthalten:
   - Name und Adresse
   - eventuell Name des Beraters bzw. des Beratungsringes
   - Probennummern
   - Art der Probe (Kultur, Schadbild und Entnahmeort an der Pflanze)
   - Vermutung über Schadursache

Was muß beim Transport der Proben beachtet werden?

6. Pflanzenproben werden am besten in der Untersuchungsanstalt abgegeben. Ein Versand per Post ist wegen der Dauer problematisch und kann nur in Styroporkästen vorgenommen werden.

Die Flüssigdüngung erfolgt am besten mit einem Dosierbecher von 50–100 ml Inhalt. Spurenelemente sollen wegen der geringen Düngermenge immer in flüssiger Form verabreicht werden.

Beispiel:

Düngungsempfehlung bei Eisen-Mangel:	Fetrilon 50 g/m³
Inhalt eines Containers:	3 l
Fetrilongabe pro Container:	$\frac{50 \times 3}{1000}$ g = 0,15 g
Fetrilongabe pro Container soll in 100 ml-Dosierbecher enthalten sein:	0,15 g/100 ml
Gedüngt werden 20 Container:	20 × 0,15 g in 20 × 100 ml
Einzuwiegen sind:	3 g Fetrilon/2 l

Zum Abwiegen wird eine Briefwaage benutzt. Aus einem 2-Liter-Meßbecher werden jeweils 100 ml Dosierbecher abgefüllt und auf den Container gegeben.

Die Düngung mit Granulat erfolgt am besten mit einem veränderlichen Dosierlöffel, den man kaufen, aber auch sehr leicht herstellen kann.

Beispiel:

Düngungsempfehlung bei N-Mangel:	3 kg Kalksalpeter/m³
Inhalt eines Containers:	3 l
Kalksalpetergabe pro Container:	9 g

Die Ausbringung auf den Container erfolgt mit einem Dosierlöffel.

Die Ergebnisse einer Pflanzenuntersuchung enthalten Angaben in % Nährstoff in der Trockensubstanz, z. B. 7 % K i. d. Trockensubstanz (TS), oder ppm (mg/kg) Nährstoff i. d. TS, z. B. 25 ppm Fe. Diese Werte können mit bekannten Optimalbereichsangaben verglichen werden.

Mit Hilfe der Pflanzenuntersuchung läßt sich feststellen, welche Nährelementmengen Pflanzen während eines Zeitabschnitts aufgenommen haben. Man nennt dies Entzug. Der tatsächliche Bedarf läßt sich nur durch exakte Düngungsversuche und Entzugsberechnungen ermitteln:

Beispiel: Tomaten in Gewächshaus-Kultur

Gewächshausfläche:	1000 m²
Tomatenpflanzen, 1 m²/Pflanze:	1000
Fruchtertrag pro Pflanze:	3 kg
Fruchtertrag gesamt:	3000 kg
Frischgewicht pro Pflanze:	1,2 kg
Frischgewicht gesamt:	1200 kg
Frischgewicht:	4200 kg
Erzeugte Trockensubstanz = 1/10 des Frischgewichtes:	420 kg
Stickstoffgehalt (Durchschnitt) in der Trockensubstanz:	2 %
Entzug (= 2 % von 420 kg):	8,4 kg N

2.6.3 Überdüngung und Versalzung

Durch die chemische Verwitterung von Mineralen (s. Kap. A 3.2.2) und die Mineralisierung organischer Substanz durch Mikroorganismen (s. Kap. A 3.3.1) werden Salze in die Bodenlösung abgegeben. Sie bewirken den natürlichen Salzgehalt eines Bodens oder Substrates.

Düngungsmaßnahmen erhöhen den Salzgehalt von Böden und Substraten. Manche Salzionen werden von Tonmineralen vorübergehend festgelegt (s. Kap. A 3.2.3). Tonminerale bewirken daher eine sogenannte Nährstoffpufferung und wirken einer Überdüngung entgegen. Einheitserden werden folglich, weil sie Ton enthalten, weniger überdüngt als z. B. reine Torfsubstrate.

Eine hohe Düngung führt nur dann zu Schäden an Kulturen, wenn die Wasserversorgung unzureichend ist oder salzhaltiges Gießwasser verwendet wird. Die Folge sind »Wurzelverbrennungen«, weil Pflanzen sich gegen das Eindringen von Salzionen in die Wurzel nicht wehren können (s. Kap. A 2.2.2).

Hohe Salzgehalte in Böden und Substraten wirken sich wie Wassermangel aus: Pflanzen kümmern, welken oft, zeigen am Blattrand Chlorosen und Nekrosen und werfen ältere Blätter ab. Bei plötzlicher starker Versalzung des Bodens oder Substrates welken die Pflanzen rasch und sterben ab.

Im Freiland treten im humiden mitteleuropäischen Klimagebiet nur selten Schäden durch zu hohe Salzgehalte im Boden auf. Niederschläge waschen überschüssiges Salz aus. Ausnahmen stellen die Küstengebiete dar, wo Salze im Grundwasser stark angereichert sind und in den Wurzelbereich gelangen.

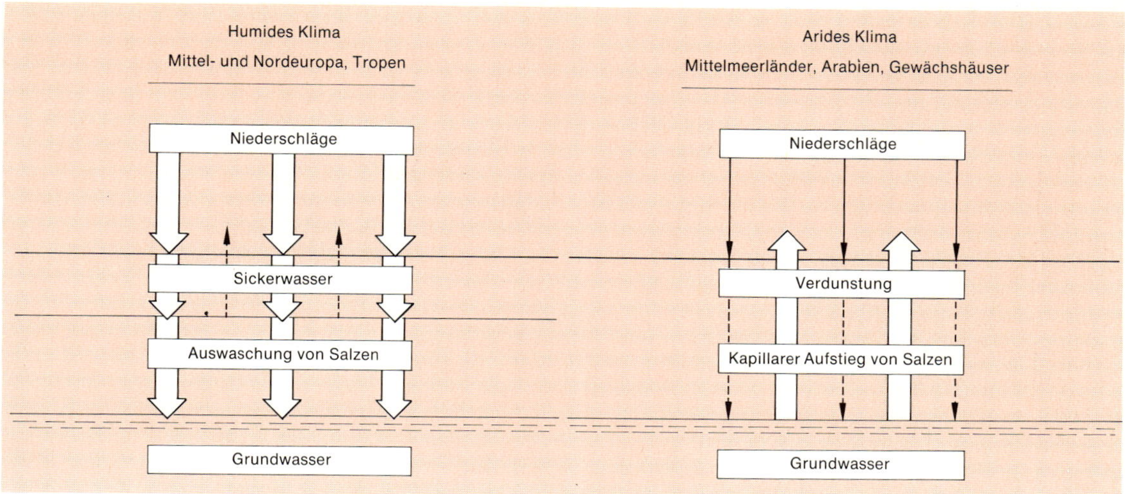

Abb. A 159. Bewegung des Bodenwassers unter humiden und ariden Klimabedingungen.

Auch das mit dem Wind landeinwärts getragene Salz der Meere verursacht Blattschäden durch Salzablagerungen auf der Kutikula.
In ariden Gebieten Südeuropas und Arabiens fallen nur geringe Niederschläge. Salze steigen mit dem Kapillarwasser auf und können Pflanzen schädigen (s. Abb. A 159).
Dieselben Bedingungen herrschen in unseren Gewächshäusern. Hier steigen ebenfalls Salze aus dem Boden nach oben, z. B. in Bodenbeeten (s. Abb. C 54).
Bei Töpfen und Containern steigt der Salzgehalt an der Oberfläche an, wenn von unten bewässert wird (s. Abb. A 160). Auch der Wasserentzug der Pflanze bewirkt eine Salzanreicherung im Substrat, vor allem bei Tontöpfen, weil diese Wasser nach außen abgeben.
Der Gärtner muß daher auf eine ausreichende Wasserversorgung achten und bei Beet- und Tischkulturen mit Anstau- oder Mattenbewässerung von Zeit zu Zeit die Pflanzen von oben beregnen oder gießen, um Salze auszuwaschen. Salzanreicherungen an der Substratoberfläche sind als sogenannte Ausblühungen erkennbar – dies sind weiße oder bräunliche Salzränder am Topfrand oder auf Substratteilchen.
Um einer Versalzung von Böden und Substraten vorzubeugen, muß der Salzgehalt des Gieß- oder Beregnungswassers gering sein. Zur Beregnung eignen sich Regenwasser, salzarmes Brunnenwasser und mit Regenwasser gemischtes (verschnittenes) Brunnen- oder Oberflächenwasser aus Teichen oder Flüssen. Auch Ablaufwasser von Stellflächen für Container und Töpfe und Dränwasser aus beregneten Flächen wird in manchen Betrieben zur Beregnung oder zum Gießen verwendet (s. Kap. A 2.2.1). Aus dem Gieß- oder Beregnungswasser sollte mehrmals im Jahr eine Probe entnommen und zur Untersuchung eingesandt werden.

2.6.4 Die Qualität von Gieß- und Beregnungswasser

Wasser enthält stets Salze. Je höher der Salzgehalt, desto »härter« ist das Wasser. Die Wasserhärte (= Gesamthärte) ergibt sich aus der Summe an Karbonaten (= Salze der Kohlensäure), Nitraten, Chloriden und Sulfaten. Der Gehalt an Karbonatsalzen wurde bislang als **Karbonathärte** in **deutschen Härtegraden** (°dH) angegeben. Heute verwendet man die **Säurekapazität bis pH 4,3** (mol/m^3) als Maßzahl; dabei wird im Test der Verbrauch an Salzsäure zur Freisetzung von CO_2 aus den im Wasser enthaltenen Karbonaten gemessen.
Die Karbonathärte wurde früher »vorübergehende Härte« genannt, weil Karbonatsalze mit den Erdalkalimetallen Ca und Mg beim Kochen zerfallen und schwerlösliche Salze als »Kesselstein« ausfallen. Die kalziumhaltigen Karbonatsalze verursachen Ablagerungen in Rohrleitungen, Verstopfungen von Filtern, Gießflecken (Kalkflecken) auf Blättern, den Anstieg des pH-Wertes im Substrat und damit die geringere Verfügbarkeit mancher Nährelemente.

Tab. A 38. Salzverträglichkeit von Zierpflanzen (Auswahl)

Hohe Salzverträglichkeit Grenzwert zur Schädigung: ab 3000 mg Salz/l Substrat	
Aspáragus densiflórus 'Sprengeri'	*Hydrangéa macrophýlla*
Chrysánthemum-Indicum-Hybr.	*Pachýstachys lútea*
Clerodéndrum thomsóniae	*Pavónia intermédia*
Diánthus caryophýllus	*Pelargónium*-Zonale-Hybriden
Euphórbia pulchérrima	*Senécio*-Cruentus-Hybriden
Mittlere Salzverträglichkeit Grenzwert zur Schädigung: ca. 2000 mg Salz/l Substrat	
Aechméa fasciáta	*Euphórbia fúlgens*
Anemóne coronária	*Frḗesia*-Hybriden
Anthúrium-Arten	*Fúchsia*-Hybriden
Aphelándra squarrósa	*Gérbera*-Sorten
Begónia-Semperflorens-Hybr.	*Kalánchoe blossfeldiána*
Calceolária-Hybriden	*Láthyrus odorátus*
Císsus antárctica	*Mónstera deliciósa*
Cýclamen pérsicum	*Rósa* (Treibrosen)
Dieffenbáchia maculáta	*Saintpāūlia ionantha*
	Sinníngia-Hybriden
Geringe Salzverträglichkeit Grenzwert zur Schädigung: ca. 1000 mg Salz/l Substrat	
Adiántum-Arten	*Maránta*-Arten
Ardísia crenáta	*Nephrólepis exaltáta*
Aspáragus setáceus	Orchideen-Hybriden
Begónia-Elatior-Hybriden	*Pelargónium*-Peltatum-Hybriden
Begónia-Rex-Hybriden	*Peperómia*-Arten
Caméllia japónica	*Prímula obcónica*
Cócos	*Portuláca grandiflóra*
Dizygothéca elegantíssima	*Vrīesea spléndens*
Eríca grácilis	
Gardénia-Arten	

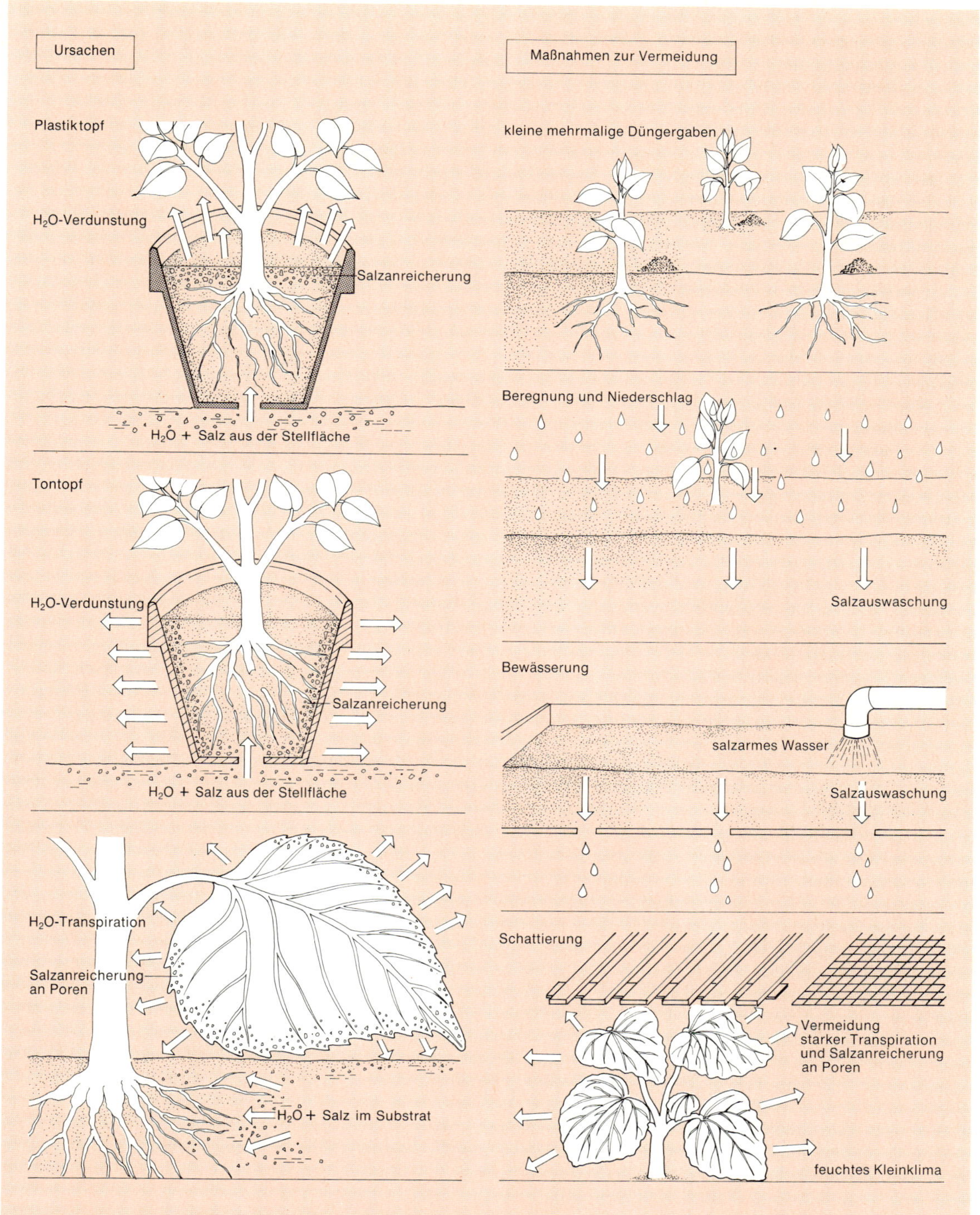

Abb. A 160. Ursachen und Vermeidung der Versalzung gärtnerischer Substrate.

Tab. A 39. Einteilung des Wassers in Härtebereiche

Härtebereich	Säurekapazität mol/m³	Härtegrade °dH
1 weich	<1,3	<7,5
2 mittelhart	1,3–2,5	7,5–15
3 hart	2,5–3,8	15–21
4 sehr hart	>3,8	>21
Umrechnung: 1 mol/m³ = 5,61 °dH		

Gießwasser sollte möglichst eine geringe Summe an Erdalkalikarbonaten und damit eine geringe Säurekapazität enthalten. Eine Enthärtung von Wasser wird erforderlich, wenn 15 °dH oder 2,5 mol/m³ (= Härtebereich 3) überschritten werden. Die meisten Pflanzen wachsen am besten mit Gießwasser des Härtebereichs 2 (7,5–15 °dH oder 1,3–2,5 mol/m³).

Wässer mit großer Säurekapazität (Härtebereich 4) findet man überall dort, wo das Ausgangsgestein des Bodens Gips, Kreide, Kalksandstein, Mergel oder Marmor enthält.

Alle anderen an der Gesamthärte beteiligten Salze werden häufig **bleibende Härte** genannt. Sie lassen sich durch Kochen nicht beseitigen und bestimmen den **Salzgehalt** des Wassers.

Wasseruntersuchungen geben Aufschluß über Wasserhärte, Salzgehalt, pH-Wert und den Gehalt an freien Säuren (z. B. Huminsäuren), Eisen, Chlorid und Schwefel.

Tab. A 40. Anweisung für Entnahme und Versand von Wasserproben

Was muß bei der Probenahme beachtet werden?

1. Die Probe soll die tatsächliche Zusammensetzung des im Betrieb benutzten Wassers widerspiegeln.
2. Hierzu muß wie folgt unterschieden werden:

   Probenahme bei Betrieb einer Beregnungs- oder Bewässerungsanlage

   Es soll die Wasserprobe nach etwa 15 min Laufzeit der Anlage an einer möglichst weit von der Pumpe bzw. dem Wasseranschluß entfernten Stelle entnommen werden.

   Probenahme zur Prüfung der Wassereignung

   Brunnenwasser:

   Grundsätzlich gilt: je länger ein Brunnen außer Betrieb war, desto länger muß er Wasser fördern, bevor Proben entnommen werden können.

   Leitungswasser:

   Vor der Probenahme muß das Wasser etwa 5 min laufen.

   Teichwasser und Wasser aus Rückhaltebecken:

   Die Probenahme erfolgt ca. 2 m vom Ufer entfernt. Hierzu wird eine saubere Flasche (gut gespülte Mineralwasser- oder neue Kunststoffflasche, evtl. anfordern) an einer Angel befestigt und bis 1 m Tiefe abgesenkt. Vor der Probenahme müssen auf dem Wasser schwimmende Pflanzenteile o. ä. entfernt werden.
3. Das Wasserprobenvolumen muß mindestens 0,7 l betragen, die Flaschen müssen nach dem Füllen sofort beschriftet und fest verschlossen werden.

Was muß beim Versand der Proben beachtet werden?

4. Die Proben können bei der Untersuchungsanstalt abgegeben oder mit der Post eingeschickt werden. Es ist auf bruchsichere Verpackung von Glasflaschen zu achten.

Tab. A. 41. Verfahren zur Wasserenthärtung, bezogen auf Härtegrade und Säurekapazität der Erdalkalikarbonate

Verfahren

1. Wasser mit hoher Karbonathärte durch Torf leiten: 300 g Torf/l Wasser beseitigen 1 °dH bzw. ca. 0,2 mol/m^3

2. Beseitigung der Karbonathärte durch Schwefelsäure: 1 °dH bzw. ca. 0,2 mol/m^3 werden durch ca. 10 ml konzentrierte Schwefelsäure (Vorsicht!) pro m^3 Wasser beseitigt. Große Behälter aus Kunststoff oder Beton sind erforderlich.

Härte °dH	Säurekapazität mol/m^3	Schwefelsäure ml/m^3
30	5,4	300
25	4,5	260
20	3,6	210
15	2,7	160
10	1,8	105
5	0,9	50

3. Beseitigung der Karbonathärte durch Schwefeldüngung von Freiland- oder Gewächshaus-Beetflächen. 1 °dH bzw. ca. 0,2 mol/m^3 Säurekapazität im Gießwasser werden durch 6 g Schwefelpulver beseitigt. Die Schwefelmenge ist abhängig vom Wasserverbrauch und der Substratmenge pro m^2.

Wasserverbrauch m^3/m^2 und Jahr	Höhe der Substratlage, cm			
	10	15	20	25
	g Schwefel pro m^3 Substrat für 1 °dH oder 0,2 mol/m^3			
1000	60	40	30	24
1500	90	60	45	36
2000	120	80	60	48
2500	150	100	75	60
3000	180	120	90	72
3500	210	150	105	84

4. Beseitigung der *Gesamthärte* durch Oxalsäure. 1 °dH wird durch 22,5 g Oxalsäure pro m^3 Wasser beseitigt.

Gesamthärte, °dH	Oxalsäure, g/m^3
40	500
35	470
30	360
25	250
10	150

Nachteil: große Becken erforderlich, Niederschlag setzt sich nur langsam ab.

5. Beseitigung von Eisen
Bei mehr als 5 mg/l Eisen ist das Wasser zu belüften. Brunnenwasser mit hohen Gehalten an Fe II (s. Kap. A 3.8.2) wird am besten über einem Teich versprüht. Dabei wird Fe II zu Fe III oxidiert und sinkt auf den Grund. Bei sofortiger Verwendung des Brunnenwassers ist auf Pflanzen ein rostroter Niederschlag zu beobachten, der das Wachstum behindern kann.

6. Ionenaustausch
Kunstharze sind befähigt, an ihrer Oberfläche Ionen anzulagern und auszutauschen. Auf diese Weise können Salzionen aus dem Wasser entfernt werden. Die Harze können durch Behandlung mit starken Laugen und Säuren wieder regeneriert werden, wenn die Austauschfähigkeit nachgelassen hat.

Tab. A 42. Richtwerte zur Gießwasserqualität

pH	5,0–7,0 schwach sauer – neutral
Härte	
Gesamthärte, °dH	7,5–15 (*Ericácae:* 5–10)
Karbonathärte, °dH	0–7,5 (*Ericáceae:* 0–4)
Säurekapazität, mol/m^3	0–2,5 (*Ericáceae:* 0–0,7)
Chlorid (Cl), mg/l	höchstens 50
Sulfat (SO_4), mg/l	höchstens 200
Nitrat (NO_3-N) (Salpeter), mg/l	0–5, höhere Werte sind von der Düngung abzuziehen
Ammonium (NH_4-N), mg/l	0–2, höhere Werte sind von Düngung abzuziehen, Belüftung des Wassers ist bei Werten über 100 erforderlich, da eventuell Fäulnisprozesse im Wasser ablaufen!
Eisen (Fe)	höchstens 5, sonst belüften
Salzgehalt, mg/l	300–350 *Ericáceae*
Natrium (Na), mg/l	höchstens 10, steigt mit dem Salzgehalt
Kalzium (Ca), mg/l	60–120, entsprechend der Gesamthärte
Magnesium (Mg), mg/l	30–70, entsprechend der Gesamthärte
Kalium (K), mg/l	höchstens 5, höhere Werte von der Düngung abziehen (5 mg K = 6 mg K_2O)

Zahlreiche Ergebnisse aus gartenbaulichen Versuchsanstalten und Erfahrungen der Praxis machen eine Zusammenfassung von Richtwerten der Gießwasserqualität möglich (Tab. A 42). Im Wasser enthaltene Nährstoffe müssen bei der Düngung berücksichtigt werden, weil sonst Überdüngung eintritt und Schäden an Pflanzen entstehen. Nährstoffhaltiges Wasser ist als Düngerlösung anzusehen. Je nach Wasserverbrauch ist die Düngerwirkung schwächer oder stärker.

Bei stark salzhaltigem Wasser ist ein Mischen mit Regenwasser oder salzarmem Wasser notwendig.

Tab. A 43. Düngewirkung nährstoffhaltigen Gießwassers

Wasserverbrauch m^3/m^2	Nährstoffgehalt im Gießwasser mg/l 5	10	15	20
	g Nährstoff pro m^2			
1000	5	10	15	20
2000	10	20	30	40
3000	15	30	45	60

Tab. A 44. Salzgehalte verschiedener Wässer

Wasser	Salzgehalt, mg/l	Eignung für Pflanzen
Regenwasser	50– 100	gutes Gießwasser
Bachwasser	250– 500	gutes Gießwasser
Leitungswasser	150– 300	gutes Gießwasser
Grundwasser	500– 800	Zumischen von Regenwasser notwendig
Dränwasser	400–1000	Zumischen von Regenwasser notwendig

Nur wenige gärtnerische Kulturen können längere Zeit hohe Salzkonzentrationen ertragen. Da der Wasserverbrauch im Gartenbau sehr hoch liegt – im Gemüsebau ca. 5000 m^3/ha und Jahr und im Unterglas-Zierpflanzenbau fast 20000 m^3/ha und Jahr –, ist die Wasserqualität für den Kulturerfolg entscheidend. Schlechte Wasserqualität bewirkt Versalzung des Substrats, Wachstumsstockungen und verminderte Pflanzenqualität.

Kontrolle und Vertiefung

1. Warum ist es oft zweckmäßig, Einnährstoffdünger anstelle von Volldünger zu verwenden?
2. Wieviel reinen Phosphor (P) und Kalium (K) enthält ein Dünger mit den Angaben 0/12/25?
3. Wieviel Natriummolybdat müssen in 6 m^3 Poinsettiensubstrat eingemischt werden, wenn jede Pflanze im 12-cm-Kunststofftopf 2 mg reines Molybdän erhalten soll?
4. Ein Containersubstrat enthält neben Weißtorf 150 kg Stroh. Um welche Menge muß die Stickstoffgabe erhöht werden?
5. Darf man Kalksalpeter und schwefelsaures Ammonium miteinander mischen?
6. Warum ist es günstig, die jährlich erforderliche Düngermenge auf mehrere Gaben aufzuteilen?
7. Eine Fläche von 650 × 164 m soll eine Grunddüngung mit P, K und Ca erhalten. Die Düngungsempfehlung lautet: 4 dt/ha Thomasphosphat, 5 dt/ha Patentkali und 20 dt/ha Kalkmergel (80 % $CaCO_3$). Wieviel Dünger muß ausgebracht werden und wieviel Rein-Nährstoff wird gedüngt?
8. Aus einem Koniferen-Quartier mit 5200 m^2 Fläche wird eine Bodenprobe bis 30 cm Tiefe gezogen. Die Analyse ergibt ein Fehl von 12 mg MgO/100 g Boden. Das Volumengewicht beträgt 0,2 kg/l. Wieviel Kieserit muß gedüngt werden?
9. Starke Regenfälle verhinderten die Wirkung der N-Düngung bei Apfelbäumen in einem 2,2 ha großen Quartier. Eine 0,5%ige Harnstofflösung soll gespritzt werden. Der Spritzbehälter faßt 500 Liter. Wieviel Harnstoff wird bei einer Aufwandmenge von 400 l/ha benötigt?
10. Eine Gemüsefläche von 240 m Länge × 180 m Breite soll mit Thomasmehl in Streifen gedüngt werden. Wieviel Thomasmehl ist nötig, wenn die Phosphatgabe 50 kg/ha betragen soll und die 20 cm breiten Streifen einen Meter Abstand besitzen.
11. Wieviel Schwefelsäure muß zur Enthärtung eines Gießwassers mit einer Säurekapazität von 4,05 mol/m^3 eingesetzt werden?
12. Warum wird eisenhaltiges Wasser zunächst über Teichen versprüht und nicht sofort auf Pflanzen verregnet?

3 Böden, Erden, Substrate

Anders als der Landwirt hat sich der Gärtner im Laufe der Zeit von der Nutzung des Bodens am natürlichen Standort immer mehr entfernt. So wird der Oberboden stark verändert; der Boden dient oft nur noch als Stellfläche für Töpfe und Container, als Beimengung zu Erden und Substraten oder wird bei der »erdelosen Kultur« sogar ganz weggelassen.
Nur in wenigen Fachbereichen des Gartenbaus wird der Boden ähnlich wie in der Landwirtschaft genutzt.

1. Boden als Kulturort
   (Landwirtschaft)
   Freilandgemüsebau
   Obstbau
   Baumschule
2. Boden als Untergrund für Beetkulturen
   Baumschule
   Freiland-Zierpflanzenbau
   Unterglasanbau von Nelken, Rosen
3. Boden als Stellfläche für Topfkulturen
   Container – Baumschule
   Azaleen und Eriken
4. Boden als Bestandteil von Erden und Substraten
   Praxiserden (Eigenherstellung)
   Industrieerden

Für diese Entwicklung gibt es verschiedene Gründe:

1. Die Einhaltung gleicher Bedingungen im Wurzelraum der Pflanze ermöglicht eine ungestörte Steuerung der Wasser-, Luft- und Nährstoffversorgung. Dadurch werden rasches Wachstum und große Kultursicherheit erzielt.
2. Der Transport getopfter Pflanzen im Betrieb in unterschiedliche Kulturräume oder auf andere Kulturflächen ist einfach. Pflanzen können rasch anderen Klimabedingungen unterworfen werden.

3. Der Transport getopfter Pflanzen zum Verkaufsort oder zum Kunden ist einfach. Es entfallen Rode- und umständliche Verpackungsarbeiten (z. B. Ballierarbeiten).
4. Bei vielen Freilandkulturen (z. B. Baumschulgehölzen, Moorbeetpflanzen) wird mit jeder gerodeten Pflanze auch ein Teil des Bodens gerodet (Wurzelballen) und mit verkauft. Die entnommene Bodenmenge beträgt z. B. bei Rhododendron zwischen 200 und 400 m^3/ha. Dieser Boden muß wieder ersetzt werden. Es ist naheliegend, daß der Oberboden nach kurzer Zeit seine natürliche Struktur völlig verloren hat.

Der Boden bleibt trotz seiner vielfältigen Nutzung Grundlage gärtnerischer Produktion. Kenntnis über Entstehung und Eigenschaften des Bodens, seine Nutzbarkeit durch gärtnerische Kulturen sowie seine Belastbarkeit durch Einsatz von Maschinen und Düngung ist in unserem technischen Zeitalter notwendig, weil wir die biologische Leistungsfähigkeit des Bodens nur mit der Natur und nicht gegen sie erhalten und mehren können.
Die Ertragssicherheit für gärtnerische Kulturen ist nur dann gegeben, wenn technische und pflanzenbauliche Maßnahmen am richtigen Ort, zum richtigen Zeitpunkt und im richtigen Maß vorgenommen werden.

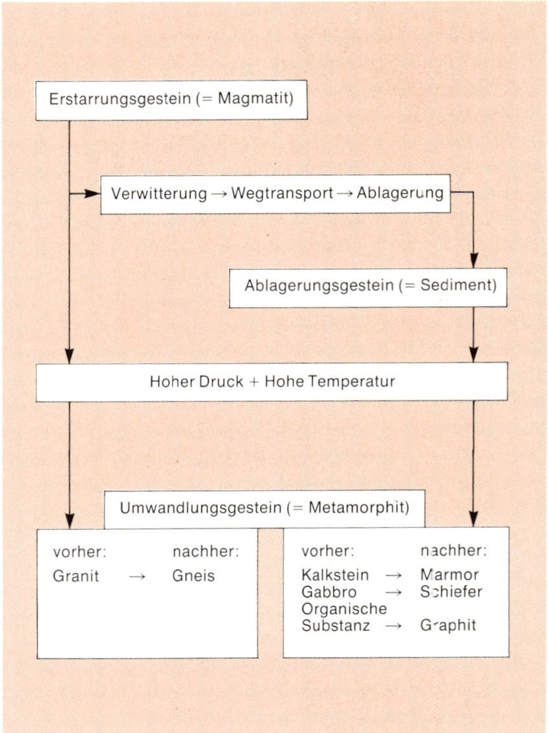

Abb. A 161. Schema der Gesteinsumwandlung.

3.1 Gestein und Boden

Boden entsteht aus Gestein, das an der Erdoberfläche durch Klimaeinflüsse, Pflanzenwuchs und die Tätigkeit von Bodenorganismen umgeformt wird. Die Bodenbildung beginnt an der Oberfläche eines Gesteins.
Je länger die Bodenbildung in Gang ist, desto tiefgründiger ist der Boden.
Die Dauer der bisherigen Bodenentwicklung läßt sich an der Stärke der einzelnen, übereinanderliegenden Schichten erkennen, die **Horizonte** genannt werden.
Diese Horizonte sind an den Wänden von Steinbrüchen, Kies- oder Baugruben gut zu sehen.
Man kann auch einen Boden aufgraben oder einen Bohrstock 1 m tief in die Erde schlagen, um die Bodenschichten sichtbar zu machen. Bei näherer Betrachtung eines aus Horizonten bestehenden **Bodenprofils** lassen sich meist deutlich drei Horizonte unterscheiden. Sie werden von oben nach unten mit den Buchstaben A, B, C bezeichnet:

A-Horizont	Enthält organisches Material in Form von Wurzelresten und besteht aus überwiegend lockergelagerten Teilchen. Dunkel gefärbt, stark durchwurzelt.
B-Horizont	Enthält nur wenige Wurzeln, besteht aus meist anorganischem Material (Sand, Ton, Steine). Braun, rotbraun oder grau gefärbt
C-Horizont	Enthält nur anorganisches Ausgangsmaterial des Bodens, wie Gestein, dichtgelagerter Sand, Ton. Pflanzenwurzeln sind nicht vorhanden

Tab. A 45. Die häufigsten Minerale

Mineralgruppe	Mineralname	enthaltene Elemente
Silikate	Quarz	Si
	Feldspat	Si, Al, Ca, K, Na
	Pyroxen	Si, Al, Ca, Mg, Fe
	Hornblende	Si, Al, Ca, Mg, Fe
	Glimmer	Si, Al, Fe, Na
	Olivin	Si, Mg, Fe
Karbonate	Calcit	Mg, Ca
	Magnesit	Mg, Ca
	Dolomit	Mg, Ca
	Siderit	Fe
Sulfate	Gips	Ca
	Anhydrit	Ca

Betrachtet man Bodenproben aus dem A- und B-Horizont, so lassen sich Humusteilchen und mineralische Teilchen unterschiedlicher Größe und Form erkennen. Im C-Horizont sind dagegen nur noch mineralische Teilchen zu finden. Mineralische Teilchen werden auch anorganisch genannt im Gegensatz zu den organischen, aus Rückständen lebender Organismen entstandenen Teilchen.

Zu den anorganischen Bestandteilen des Bodens gehören die Gesteine und Minerale sowie die aus ihnen durch Verwitterungsvorgänge entstandenen Bruchstücke, z. B. Sand, Schluff und neu entstandene Minerale, z. B. Ton. Sie enthalten hauptsächlich die Elemente Silizium (Si) und Sauerstoff (O). Beide sind in Silikaten (Salze der Kieselsäure) anzutreffen. Silikate enthalten meist noch andere Elemente, z. B. Aluminium (Al), Kalzium (Ca), Magnesium (Mg), Kalium (K), Natrium (Na) und Eisen (Fe). Sie geben je nach Zusammensetzung und Menge den Mineralen ihre Farbe.

Neben der größten Mineralgruppe, den Silikaten, sind in Gesteinen **Karbonate** (Salze der Kohlensäure, s. Kap. A 2.2.2) und **Sulfate** (Salze der Schwefelsäure) vorhanden.

Gesteine sind Gemenge von Mineralen. Für die Bodenbildung sind die **Ablagerungsgesteine oder Sedimente** (s. Tab. A 46) von größter Bedeutung. Sie sind durch Verwitterung aus den vulkanischen **Erstarrungsgesteinen oder Magmatiten** (s. Abb. A 161) entstanden und enthalten dieselben Elemente. Unter hohem Druck und hoher Temperatur entstand aus Erstarrungsgestein und Ablagerungen das **Umwandlungsgestein** (Metamorphit). Manche Umwandlungsgesteine aus Ablagerungen, z. B. Marmor und Schiefer, werden im Garten- und Landschaftsbau für den Wegebau verwendet und enthalten oft Abdrücke von Muscheln, Pflanzen und Seetieren.

Kontrolle und Vertiefung

1. Versuchen Sie, das natürliche Bodenprofil und seine Horizonte im Freiland Ihres Ausbildungsbetriebes festzustellen.
2. Welche Mineralgruppen sind in Gesteinen am häufigsten anzutreffen? Welche Bedeutung haben sie für die Ernährung von Pflanzen am natürlichen Standort?

3.2 Verwitterung

Unter dem Begriff Verwitterung werden die Veränderungen der Minerale und Gesteine an der Erdoberfläche zusammengefaßt, die durch den Kontakt mit der Luft, dem Wasser und den Lebewesen entstehen. Die Verwitterung ist an der Bodenentwicklung (s. Kap. A 3.9) stark beteiligt. Dabei sind physikalische, chemische und biologische Prozesse beteiligt. Die biologische Verwitterung ist als Zusammenwirken von physikalischen und chemischen Kräften zu sehen, die vorwiegend durch Pflanzen verursacht werden.

Tab. A 46. Einteilung der Erstarrungs- und Ablagerungsgesteine

Erstarrungsgestein (= Magmatit)

1. *Tiefengestein* (= Plutonit)
   Beispiel: Gestein: Granit
   enthält an Mineralen: Quarz, Feldspat, Glimmer
   verwittert zu sandigem Lehm

2. *Ergußgestein* (= Vulkanit)
   Beispiel: Gestein: Basalt
   enthält an Mineralen: Quarz, Feldspat
   verwittert zu steinigem, tonigen Lehm

3. *Ganggestein:* wie Tiefengestein

4. *Auswurfgestein:* wie Ergußgestein, jedoch Gasblasen im Gestein eingeschlossen, z. B. Bims, Tuffe

Ablagerungsgestein (= Sediment)

1. *Trümmersediment*
   Je nach Größe der abgelagerten Teilchen entstehen Sande, Schluffe, Lehme oder Tone.

Transport durch Wasser:	Sande, Sandstein, an der Schichtung zu erkennen
Transport durch Wind:	Flugsand, Lößböden
Transport durch Gletscher (Eiszeit):	Lehmböden, Geschiebelehm, Geschiebemergel der Grundmoränen (zeitweilig eisüberlagert), Geschiebesande der Endmoränen (vom Eis geschoben)

2. *Chemisches Sediment*
   Transport leichtlöslicher Salze aus verwittertem Erstarrungsgestein in Seen und Meer. Ausfällen der Salze durch Eindampfung, Entstehung von Gips, Anhydrit, Kalkstein und anderen Salzen.

3. *Biogenes Sediment* (durch die Lebenstätigkeit von Pflanzen und Tieren entstanden)
   Leichtlösliche Salze aus verwittertem Erstarrungsgestein werden in Schalen und Knochen von Lebewesen in Seen und Meeren eingebaut. Nach dem Absterben sinken diese auf den Boden. Entstehung von Kreide- und Muschelkalk. Auch Torf, Braunkohle, Steinkohle und Erdöl gehören zu den biogenen Sedimenten.

3.2.1 Physikalische Verwitterung

Physikalische Verwitterung bewirkt Zerfall von Gesteinen in Teilchen kleinerer Korngröße. Sie wird durch folgende Kräfte bewirkt:

1. Druckabnahme
Durch Abtragung von überlagernden Gesteinsmassen nimmt der Druck ab, und das Gestein dehnt sich aus. Hierdurch entstehen Spalten, in denen die übrigen Verwitterungskräfte angreifen können.

2. Temperatursprengung
Aufeinanderfolgende Erwärmung und Abkühlung erzeugen Spannungen in Gesteinen, weil innere und äußere Teile unterschiedlich erwärmt werden. Dabei spielt auch die unterschiedliche Färbung der Minerale eine Rolle, denn dunkel gefärbte Minerale erwärmen sich rascher.

Tab. A 47. Druckwirkungen bei der physikalischen Verwitterung

Verwitterungskraft	Druckwirkung, t/m^2
Temperatursprengung	5000 (Maximum)
Frostsprengung	22000 (Maximum)
Salzsprengung	> 1000
Wurzelsprengung	100–150

3. Frostsprengung
Wasser erhöht sein Volumen beim Gefrieren um etwa 10%. In Spalten und Rissen eingedrungenes Wasser entfaltet eine erhebliche Sprengwirkung.

4. Salzsprengung
Wird salzhaltiges Wasser in Gesteinsspalten erwärmt, verdunstet das Wasser, und das Salz bleibt zurück. Salzkristalle nehmen ein größeres Volumen ein als in Wasser gelöste Salze. Dadurch üben sie einen Druck auf das Gestein aus.
Salze ziehen Wasser an, sie umgeben sich mit einem Wassermantel (s. Kap. A3.5.1). Auch hierbei werden Sprengkräfte frei. In besonderem Maße tritt die Salzsprengung in ariden Gebieten, z. B. im Mittelmeerraum, auf. Auch in Gewächshäusern herrscht arides Klima (s. Kap. A2.6.3).

5. Abrieb durch Wasser, Eis und Wind
Gesteinsbruchstücke können beim Transport in fließendem Wasser zerkleinert werden. Dabei reiben sich die kantigen Steine aneinander. Wie groß die Abriebkraft ist, zeigt folgendes Beispiel: Ein Granitbrocken von 10 cm Durchmesser wird in einem Bach mit 0,2% Gefälle (= 2 m Gefälle auf 1000 m) nach einem Weg von 11 km bis auf 2 cm verkleinert. Ein Sandsteinbrocken gleicher Größe wird schon nach 1,5 km bis auf 2 cm Durchmesser zerrieben.

6. Einfluß der Pflanzen
Wurzeln dringen in Spalten und Risse ein und sprengen durch ihr Dickenwachstum Gesteine auseinander.

3.2.2 Chemische Verwitterung

Bei der chemischen Verwitterung werden Minerale in ihrem Aufbau verändert oder völlig aufgelöst. Je größer die Oberfläche der Teilchen, also je kleiner die Korngröße ist (s. Kap. A3.12.4), desto rascher läuft die chemische Verwitterung ab. Die physikalische Verwitterung leistet hier die Vorarbeit. Am

Tab. A 48. Minerale, die durch chemische Verwitterung mit Luftsauerstoff entstanden sind und das Wachstum von Pflanzen beeinflussen

Kieselsäure
bildet sich aus zersetzten Silikaten und wird in offene Gewässer ausgewaschen (2–30 mg Silizium/l, je nach Bodentyp). Gräser lagern Kieselsäure als sog. Polykieselsäure an den Blatträndern ein (Schilf); dadurch werden die Blattränder hart und können Verletzungen der menschlichen Haut herbeiführen.

Aluminiumoxide
Aluminiumoxide können Phosphate binden. Dies ist auf Vulkanascheböden der Fall (z. B. Vogelsberg, Teneriffa) wo oft Phosphormangel an Pflanzen auftritt.

Eisenoxide
Sie bewirken die gelb bis rostbraune Färbung unserer Böden. Eisenoxide können Phosphate binden. Bei sehr hohen Eisenoxidgehalten saurer Böden kann sog. Raseneisenerz (0,5–5% Fe-Gehalt) entstehen; dieses wirkt als Wassersperrschicht. Vor Inkulturnahme eines Bodens muß diese Schicht durch Tiefenlockerung gebrochen werden.

Manganoxide
In sauren norddeutschen Böden findet man oft hohe Mangan-(Mn-)Gehalte:

Sand	6– 50 mg Mn/kg Boden
Marsch	10–200 mg Mn/kg Boden
Löß	300–400 mg Mn/kg Boden

Mangan ist nicht immer pflanzenverfügbar. Je mehr Sauerstoff im Boden ist, desto weniger Mangan steht der Pflanze zur Verfügung. Andererseits kann Mangan schon bei kurzfristigem Sauerstoffmangel in hohen Konzentrationen in pflanzenverfügbarer Form auftreten, so daß gärtnerische Kulturen geschädigt werden können. Dies kann beim Dämpfen von Erden geschehen, weil durch die hohe Temperatur der Sauerstoff von der organischen Substanz verbraucht wird.

wichtigsten ist das Wasser als Lösungsmittel, seine Wirkung wird durch Säuren und höhere Temperatur verstärkt. Auch schwerlösliche Verbindungen, wie Silikate, werden zersetzt.

1. Lösen in Wasser
Hierbei werden Bestandteile von Mineralen von Wasserteilchen umgeben und weggeführt. So können pro Liter Wasser z. B. 360 g NaCl (Kochsalz), 2,6 g Gips oder 0,014 g $CaCO_3$ (kohlensaurer Kalk) gelöst werden.

2. Lösen in Säuren
Minerale werden durch Säuren rascher zersetzt als durch Wasser. Die verbreitetste Säure ist die Kohlensäure (H_2CO_3), von der um so mehr gebildet wird, je höher der Kohlendioxid-Gehalt der Luft ist.
Kohlensäure steht mit Wasser H_2O und Kohlendioxid CO_2 in einem Gleichgewicht:

$$CO_2 + H_2O \rightleftharpoons H_2CO_3 \text{ Kohlensäure}$$

CO_2 wird verstärkt im Wurzelraum der Pflanze als Folge der Wurzelatmung angereichert. Die CO_2-Konzentration in der Bodenluft kann bis zu 5% betragen. Wie stark Säuren Gesteine angreifen können, wird sichtbar, wenn man Salzsäure auf einen Marmorstein träufelt: der Stein wird an der Stelle aufgelöst.

3. Verbindung mit Luftsauerstoff
Eisen und Mangan können durch den Sauerstoff der Luft oxidiert werden. Sie sind dann nicht mehr fest gebunden und werden leicht aus Gesteinen und Mineralen herausgelöst. Die rostrote Färbung mancher Gesteine und Böden rührt von Oxidationsprozessen her.

4. Biochemische Zersetzung von Gestein
Organische Säuren können aus Gesteinen und Mineralien Metalle wie Eisen, Aluminium und Mangan sowie Silikate herauslösen. Die organischen Säuren entstehen bei der mikrobiellen Zersetzung pflanzlicher Rückstände und werden von der lebenden Pflanzenwurzel ausgeschieden.

3.2.3 Tonminerale

Die chemische Verwitterung zerlegt Minerale in kleinste Teilchen. Aus diesen bauen sich durch chemische Reaktionen wieder neue Minerale auf. Dabei entstehen durch die Verbindung mit Luftsauerstoff Oxide (s. Tab. A 48) und Tonminerale.

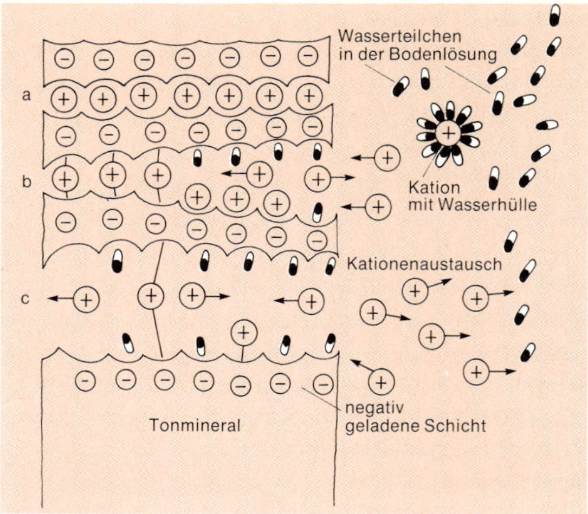

Abb. A 162. Tonmineral mit mehreren Schichten. a = nicht aufgeweitet, geschrumpft, b = teilweise aufgeweitet, geringer Austausch von Kationen, c = völlig aufgeweitet, gequollen durch Wasser, starker Austausch von Kationen.

Tonminerale sind meist blättchenartig ausgebildet. Die Dicke der Blättchen beträgt weniger als 0,002 mm. Sie haben meist mehrere Schichten, die aus Silikaten bestehen und elektrisch negativ geladen sind. Die Schichten werden durch positiv geladene Kationen, wie Kalium (K^+), Kalzium (Ca^{2+}), Magnesium (Mg^{2+}) und Ammonium (NH_4^+), zusammengehalten. Diese Kationen ziehen wegen ihrer starken elektrischen Ladung gleichfalls elektrisch geladene Wasserteilchen (s. Kap. A 3.5.1) zwischen die Schichten (= Hydration, Wasseranlagerung) und weiten diese auf (= Quellung). Bei Wassermangel wird das Wasser aus den Zwischenschichten herausgezogen, und die Schichten der Tonblättchen lagern sich dicht zusammen (= Schrumpfung).
Tonminerale, bei denen die Blättchen aus drei Schichten bestehen, sind für die Nährstoffversorgung von Pflanzen besonders wichtig: sind viele Kationen im Bodenwasser enthalten, z. B. nach einer Düngung, können sie Kationen in die Zwischenschichten einlagern. Verarmt das Bodenwasser an Kationen, werden diese wieder frei, und die Pflanzen können sie aufnehmen. Tonminerale wirken somit als **Nährstoff-Austauscher.**

3.2.4 Die Bodenarten

Der Boden unterliegt einer ständigen Veränderung durch den Einfluß von Luft, Wasser, Temperatur,

Bewuchs, Tätigkeit von Bodenorganismen und Bodenbearbeitung des Menschen. Die Veränderung ist seit Bestehen unseres Planeten im Gange und dauert an. Zwar ist die Veränderung eines Bodens am natürlichen Standort im Verlauf eines Menschenlebens kaum meßbar, doch beschleunigen Kulturmaßnahmen die Veränderungen sehr stark.

Die bei der Verwitterung aus Gesteinen entstandenen mineralischen oder anorganischen Teilchen sind durch Wind und Wasser je nach Größe unterschiedlich weit weggetragen worden. Diesen Vorgang kann man leicht nachvollziehen, wenn man auf ein Häufchen trockenen Sand pustet oder Wasser darauf gießt: die feinsten Teilchen werden fortgetragen, die schwereren bleiben zurück.

Die über lange Zeiträume hinweg ablaufenden Verwitterungsvorgänge haben zu verschiedenen Gemischen von **Mineralkörnern** unterschiedlicher Form und Größe geführt (s. Tab. A 49). Die wichtigsten **Kornfraktionen** (= Kornanteile), die im Boden am häufigsten vorkommen und seine Eigenschaften mitbestimmen, nennt man Bodenarten.

Nach dem Anteil einer **Korngröße** (s. Kap. A 3.12.4) werden Sand- (S), Schluff- (U) und Ton- (T) böden unterschieden. Lehmböden (L) sind keine reine Bodenart. Je nachdem, welche reine Bodenart ein Lehmboden am meisten enthält, werden die Symbole s = sandig, u = schluffig und t = tonig beigefügt: z. B. sL = sandiger Lehm, tL = toniger Lehm.

Böden, die besonders viel Sand enthalten, nennt man **leichte Böden,** Böden mit hohem Schluff- und Lehmanteil **mittelschwere Böden** und Böden mit hohem Tonanteil **schwere Böden.** Böden mit nur einer Bodenart, sog. **Einkornböden,** sind sehr selten.

Für die grobe Unterscheidung der Bodenarten kann die **Fingerprobe** (s. Kap. A 3.12) verwendet werden. Hierbei wird etwas Boden zwischen den Fingern verrieben. Eine vereinfachte Fingerprobe beschreibt Tab. A 50.

Tab. A 50. Vereinfachte Fingerprobe zur Unterscheidung von Bodenarten

Bodenart	Beschreibung
Sand (S)	nicht formbar, nicht schmutzend, hartkörnig
Schluff (U)	wenig formbar, mehlig, bröckelnd, nicht schmutzend
Lehm (L)	wenig formbar, je nach Tongehalt bröckelnd oder schmierend
Ton (T)	formbar, beschmutzend, schmierend, glänzend

Sandböden (S) zeigen hohe Wasserdurchlässigkeit und gute Durchlüftung, sie ermöglichen leichte Bearbeitung. Sie haben jedoch nur geringe Gehalte an Nährstoffen, kaum Festhaltevermögen für Nährionen und nur ein geringes Wasserhaltevermögen. Diese beiden Tatsachen bewirken eine geringe Er-

Tab. A 49. Kornfraktionen der mineralischen Bodenbestandteile nach DIN 4022, Blatt 1

Bezeichnung der Fraktion		Symbol	Durchmesser in mm	Abschlämmbarkeit
Feinboden	Feinstkorn oder Ton	T	≦0,002	Feinerdeanteil abschlämmbar
	Schluff	U	>0,002–0,063	
	Feinschluff	fU	>0,002–0,006	
	Mittelschluff	mU	>0,006–0,020	
	Grobschluff	gU	>0,020–0,063	Groberdeanteil nicht abschlämmbar
	Sand	S	>0,063–2,00	
	Feinsand	fS	>0,063–0,20	
	Mittelsand	mS	>0,20–0,63	
	Grobsand	gS	>0,63–2,00	
Grobboden	Feinkies	Grus	2 – 6,3	
	Mittelkies	Feinsteine	6,3– 20	
	Grobkies	Mittelsteine	20 – 63	
	Gerölle, Geschiebe,	Grobsteine	63 –200	
	Blöcke		200 und mehr	

tragsfähigkeit; mit Hilfe moderner Beregnungs- oder Bewässerungsverfahren sowie ausreichender Düngung kann auch auf Sandböden, z. B. in der Lüneburger Heide, ein guter Ertrag erzielt werden.
Tonböden (T) haben einen hohen Anteil feiner Poren (s. Kap. A 3.4.2). Dies bewirkt oft Staunässe, weil das Wasser die feinen Poren nur langsam durchlaufen kann. Diese Böden haben dadurch mangelhafte Durchlüftung und Durchwurzelbarkeit. Zudem können Pflanzenwurzeln durch Quellung und Schrumpfung der Tonkolloide (Tonquellkörper) geschädigt werden. Tonböden können in unverändertem Zustand nur als Grünland genutzt werden. Mit Hilfe der Dränung (s. Kap. A 3.5.3) und Veränderung der Oberfläche bis zu einer Tiefe von 50 cm durch Einarbeiten von Sand und grobem Weißtorf mit einer Aufwandmenge von 1 m^3 pro 10 m^2 in einem Mischungsverhältnis von 1 : 2 kann Tonboden für bestimmte Baumschulgehölze nutzbar gemacht werden.
Lehm- und Schluffböden können für gärtnerische Freilandkulturen genutzt werden. Die leichte Verschlämmbarkeit der Oberfläche wird durch regelmäßiges Einarbeiten organischer Substanz vermieden. Diese Böden sind nährstoffreich im Untergrund und gleichen Düngefehler leicht aus.
Moorböden (Mo) bestehen nur aus organischer Substanz (s. Kap. A 3.9). Sie eignen sich erst nach Entwässerung und Umbruch für gärtnerische Kulturen.

Kontrolle und Vertiefung

1. Das Wechselspiel von physikalischer und chemischer Verwitterung führt zu fortschreitender Zerkleinerung von Steinen. Stellen Sie fest, ob in Ihrer Umgebung Anzeichen für diese Vorgänge vorhanden sind.
2. Prüfen Sie anhand einer kleinen Probe getrockneten Tons die Fähigkeit des Materials, Wasser aufzusaugen und an ein Löschblatt langsam wieder abzugeben.

3.3 Organische Bestandteile des Bodens

Neben den mineralischen Bestandteilen der oberen Bodenschicht (Sand, Schluff, Lehm, Ton) gehört die organische Substanz (Humus) zu den Bodenbildnern.

Zur organischen Substanz (Humus) rechnet man alle in und auf dem Boden befindlichen **abgestorbenen** pflanzlichen und tierischen Stoffe und deren organische Umwandlungsprodukte. Die **lebenden** Organismen unterteilt man in **Bodenflora** (Bakterien, Pilze, höhere Pflanzen) und **Bodenfauna** (Bodentiere). Flora und Fauna im Boden nennt man auch **Edaphon** (Bodenleben); es gehört nicht zur organischen Substanz.
Das Verhältnis von lebendem zu totem organischen Material beträgt in der Ackerkrume etwa 1 : 10. Die organische Substanz der Böden besteht aus einem kleinen Anteil nicht oder nur schwach umgewandelter Stoffe und stärker umgewandelten, dunkel gefärbten, hellbraunen bis schwarzen Stoffen, den Huminstoffen.
Organische Substanz wird unterschiedlich rasch umgewandelt: Grünes Blattgewebe, Blüten und grüne Pflanzenteile werden rasch zersetzt, sie enthalten Zucker, Stärke und Eiweiß (Protein). Blattrippen, Blattstiele, Sprosse und verholzte Teile werden langsam zersetzt, sie enthalten Zellulose und Lignine (Holzstoffe).

Unzersetzte organische Substanz	⟶	Rohhumus
Schnell zersetzbare organische Substanz	⟶	Nährhumus
Langsam zersetzbare organische Substanz	⟶	Dauerhumus

Die Humusgehalte oder Gehalte an organischer Substanz sind in Böden sehr unterschiedlich (s. Tab. A 51 und A 52). Pflanzenbauliche Nutzung vermindert den Gehalt durch Mineralisierungsvorgänge. Gärtner und Landwirte müssen daher die Humus-

Tab. A 51. Humusgehalt (Organische Substanz) verschiedener Böden

	organische Substanz
Waldboden	
A-Horizont	bis 100 %
C-Horizont (Ausgangsgestein)	1 %
Moorboden	30–100 %
Ackerböden (Durchschnittswert)	2 %

Tab. A 52. Klassifizierung der Humusgehalte (Organische Substanz)

Bezeichnung	Gehalt an organischer Substanz in %	Symbol
humusarm	1	h″
humushaltig	1– 2	h′
humos	2– 4	$\underline{h}$
stark humos	4– 8	$\underline{\underline{h}}$
sehr stark humos	8–15	h

verluste durch Gründüngung oder Mulchen (Auftragen einer Schicht aus Humus oder leichtzersetzbaren Pflanzenresten auf den Boden) ständig ausgleichen.
Die Umwandlung organischer Substanz in Huminstoffe (= Humus) nennt man **Humifizierung.** Den Abbau organischer Substanz zu mineralischen, anorganischen Stoffen nennt man **Mineralisierung** (s. Abb. A163).
Vom Bodenkundler wird der Gehalt eines Bodens an Humus oder organischer Substanz über den Gehalt an Kohlenstoff (C) bestimmt, weil alle organischen Stoffe Kohlenstoff enthalten:

$$\text{Organische Substanz} = 1{,}7 \times \text{C-Gehalt}$$

3.3.1 Umwandlung und Abbau organischer Stoffe

Organische Stoffe werden im Boden durch Bodenlebewesen, die Mikroorganismen, zu einfachen chemischen Verbindungen abgebaut (Mineralisierung) oder zu anderen organischen Stoffen umgebaut (Humifizierung). Dabei spielt es keine Rolle, ob sie auf natürlichem Wege durch Laubfall, Rückstände abgestorbener Wurzeln oder Ausscheidungen von Pflanzenwurzeln oder Mikroorganismen in den Boden gelangt sind oder diesem durch den Menschen als Stallmist, Stroh oder Torf zugeführt wurden.
Alle organischen Stoffe enthalten bestimmte chemische Verbindungen, die von Mikroorganismen im Boden in vielfältiger Weise zum Leben verwertet werden. Zu diesen Verbindungen gehören z. B. Zellulose, Lignin, Stärke, Zucker, Eiweiß (Protein), Fette, organische Säuren, Gerbstoffe und Farbstoffe. Jede der Verbindungen wird von spezialisierten Mikroorganismen abgebaut. Organische Stoffe werden wie anorganische Stoffe am besten angegriffen, wenn sie in kleinen Teilchen vorliegen.
Der Abbau organischer Stoffe vollzieht sich in drei Abschnitten:

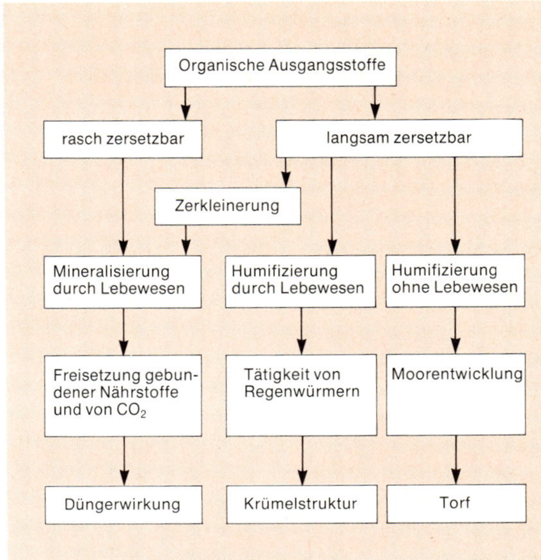

Abb. A163. Mineralisierung und Humifizierung.

1. Der erste Abschnitt beginnt kurz vor oder unmittelbar nach Absterben in den Pflanzenorganen oder Tieren selbst. Hierbei werden im Zellinnern durch Enzyme Verbindungen chemisch in Einzelbausteine zerlegt: Stärke in Zucker, Eiweiß in Aminosäuren oder Chlorophyll in Abbauprodukte, was dann z. B. in der herbstlichen Verfärbung, z. B. Anthozyane sichtbar wird.
2. Im zweiten Abschnitt findet eine mechanische Zerkleinerung durch Organismen der Bodenfauna statt. Diese zerbeißen und zernagen die Pflanzenrückstände. Beim Durchlaufen des Darmtraktes, besonders von Regenwürmern und Borstenwürmern, findet eine intensive Vermischung mit Bodenpartikeln statt; außerdem werden die zerkleinerten oberirdischen Pflanzenrückstände in den Boden eingearbeitet.
3. Im dritten Abschnitt werden die zerteilten Pflanzenrückstände durch Mikroorganismen umgesetzt. Am leichtesten zersetzbar sind Zucker, Stärke und Eiweiß, die im Edaphon am häufigsten vorkommen. Bei Pflanzenrückständen haben sich hingegen nach Abbau der Zellinhaltsstoffe oft die Zellwände, mithin die pflanzliche Struktur noch kaum verändert. Das gilt besonders für die älteren Gewebeteile, die reich an Zellulose und Lignin sind. Mit dem Abbau der Zellulose durch Pilze und Spezialisten unter den Bakterien geht

die pflanzliche Struktur verloren. Hierdurch wird auch das schwer zersetzbare Lignin freigelegt, das nunmehr durch Pilze abgebaut werden kann.

Mineralisierung

Die Tätigkeit der Mikroorganismen hängt von verschiedenen Faktoren im Boden ab:

- Temperatur
- Wasserhaushalt
- Lufthaushalt
- Nährstoffversorgung

Bei 10 °C beträgt der Abbau organischer Substanz im Boden nur 30% der Masse, die bei 30 °C abgebaut wird. Trockenheit hemmt die Tätigkeit der Mikroorganismen ebenso wie vorübergehende Staunässe. Dies gilt gleichermaßen für Substrate und Erden (s. Kap. A 3.10).

Je günstiger die Bedingungen für unsere Kulturpflanzen sind, desto günstiger sind sie auch für die Mikroorganismen, und desto rascher wird Humus oder organische Substanz mineralisiert.

Bei der Mineralisierung treten als Abbauprodukte CO_2, H_2O und die chemischen Elemente auf, die von der zersetzten Pflanze aufgenommen und gespeichert wurden. Die Mikroorganismen gewinnen dabei die Energie für ihren Stoffwechsel zurück, die von der Pflanze durch das Sonnenlicht bei der Photosynthese gespeichert wurde. Die CO_2-Entwicklung eines Bodens stellt ein Maß für die Intensität des Bodenlebens dar.

In den meisten gärtnerischen Kulturböden ist durch Bodenbearbeitung und intensive Düngung der Verlust an organischer Substanz durch Mineralisierung sehr hoch. Zudem werden oft die Pflanzen mit der Wurzel entnommen (Baumschule), und Rückstände bleiben kaum zurück. In Gemüsebaukulturen mit Ernterückstandsmengen von 10–20 dt/ha und Jahr und auch in Dauerpflanzungen und Forstkulturen ohne Streuentnahme mit Rückstandsmengen von 10–45 dt/ha und Jahr stellt sich ein Gleichgewicht zwischen Anlieferung und Abbau organischer Substanz ein.

Die Mineralisierung ist in Gebieten hoher Niederschläge (Nordwest-Deutschland) gering, ebenso an Nordhängen der Mittelgebirge, weil die Temperatur niedriger ist. Höhere Tongehalte des Bodens vermindern die Mineralisierung (s. Kap. A 3.3.2). Wenn ein Boden gepflügt wird, erfolgt die Mineralisierung rascher als bei vorsichtiger Bodenlockerung, weil die Sauerstoffversorgung für die Mikroorganismen verbessert wird. Es ist also wichtig, Ernterückstände bzw. das im Herbst abfallende Laub in den Boden einzuarbeiten. In Wäldern reicht die Zeit nicht aus, um eine völlige Mineralisierung der organischen Substanz zu erhalten. Hier hindern Gerbstoffe die Zersetzung durch Mikroorganismen. Diese natürliche Flächenkompostierung organischen Materials erhöht langfristig den Humusgehalt des Bodens sowie den Wassergehalt des Oberbodens und stellt eine langsam fließende Nährstoffquelle dar: im ungestörten Bodenprofil nimmt von oben nach unten der Anteil der weniger umgesetzten organischen Stoffe zu, gleichzeitig steigen die Huminstoffanteile, weil wegen des fehlenden Sauerstoffs in der Bodenluft keine Mineralisierung erfolgt. Durch Humifizierung und Mineralisierung werden Mineralstoffe (Nährstoffe) wieder für die Pflanze verfügbar; so wird der Kreislauf geschlossen. Auch ungedüngte Wälder sind grün, die Pflanzen wachsen aber an der Grenze des Nährstoffmangels (s. Kap. A 2.3.4).

Humifizierung

Bei der Humifizierung durch Mikroorganismen wird Zellulose ohne Hilfe des Luftsauerstoffes zersetzt. Dabei entstehen Huminsäuren, Huminsalze und Fulvosäuren. Zu diesem Vorgang ist eine schwachsaure bis alkalische Bodenreaktion nötig. Huminstoffe werden im Darmtrakt von Erdfressern (s. Kap. A 3.3.3) mit Mineralkörnern vermischt und verklebt. Dadurch bilden sich im Boden die Krümel (vgl. Kap. A 3.4.4). Auch durch chemische Veränderungen wird organische Substanz bei niedrigem pH-Wert des Bodens (pH 2–4) in Huminstoffe umgewandelt. Diese Veränderungen gehen aber sehr langsam vor sich.

Bei der Humifizierung entstehen die für den Gartenbau wichtigen Huminsäuren. Sie werden z. B. bei der Aufkalkung von Torf neutralisiert, d. h. zu ihren Salzen, den **Humaten** umgewandelt. Dabei wird der pH-Wert erhöht:

Ca–$(OH)_2$	+	H_2–Humin	⟶	Ca–Humin	+	H_2O
Kalkwasser (Lauge)	+	Huminsäure	⟶	Huminsalz (Humat)	+	Wasser
niedriger pH-Wert			⟶	erhöhter pH-Wert		

Das C/N-Verhältnis im Boden

Das Verhältnis von Kohlenstoff (C) und Stickstoff (N) gibt Auskunft über den Gehalt eines Bodens an Dauerhumus und die Mineralisierbarkeit organischer Substanz. Kohlenstoff (C) steht hier stellvertretend für die organische Substanz (s. Kap. A 3.3). Je höher der C-Anteil eines Bodens ist, desto langsamer verläuft die Mineralisierung. Man nennt dies ein »weites« C/N-Verhältnis. Ist der N-Anteil dagegen hoch, spricht man von einem »engen« C/N-Verhältnis, somit verläuft die Mineralisierung rasch.

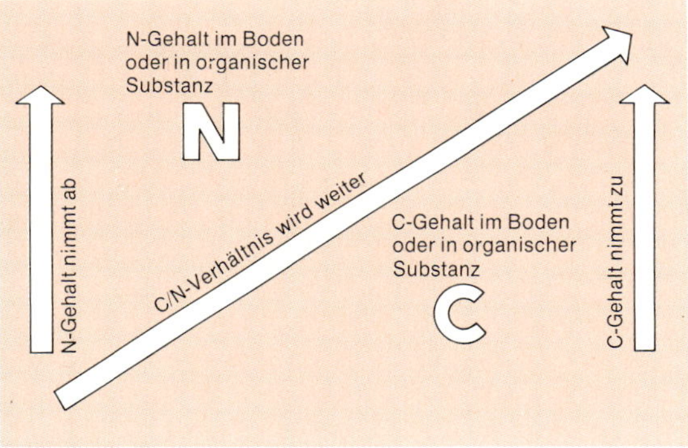

Abb. A 164. Das C/N-Verhältnis.

Für den Gärtner ist die Kenntnis des C/N-Verhältnisses für die Auswahl seiner Erden und Substrate wichtig. Ist das C/N-Verhältnis weit, wird eine Stickstoffgabe zunächst von Mikroorganismen zum Aufbau ihrer Körpersubstanz verbraucht. Dabei setzt die Mineralisierung verstärkt ein. Durch die »Stickstoffsperre« der Mikroorganismen kann es zu Stickstoffmangel bei Kulturpflanzen kommen. Dieser Effekt zeigt sich auch bei der Verwendung von Torf, dem Stroh und Rindenkompost, auch Rindenhumus genannt, beigemischt wurden (s. Kap. A 3.10.6), so daß eine um 20% höhere Stickstoffdüngung erfolgen muß.

Zur Erhöhung des Gehaltes an organischer Substanz wird in Baumschulen, im Garten- und Landschaftsbau sowie im Freilandgemüsebau und -zierpflanzenbau oft eine sog. Zwischenfrucht als Gründüngung verwendet, z. B. Lupinen, Serradella, Senf, Rotklee. Besonders Leguminosen fördern die Bodengare (s. Kap. A 3.4.4), weil sie die organische Substanz mehren und dazu Stickstoff aus der Luft mit Hilfe der Knöllchenbakterien *(Rhizobium)* binden. 90% der Wurzeln von Leguminosen befinden sich im Oberboden in einer Tiefe von 0–20 cm. Die von den

Tab. A 53. C/N-Verhältnis verschiedener Quellen organischer Substanz

Quelle	C/N-Verhältnis
Leguminosenrückstände	15– 25 : 1
Mist	20– 30 : 1
Stroh	50–100 : 1
Rinde von Laubhölzern	40– 70 : 1
Kiefer- und Fichtenstreu	ca. 50 : 1
Laubstreu	ca. 40 : 1
Niedermoor	15– 30 : 1
Hochmoor	50– 60 : 1
Schwarzerde	ca. 10 : 1

Wurzeln abgestoßene und ausgeschiedene organische Substanz (Wurzelhaare, Schleime) beträgt 5–10 dt/ha und Jahr.

Obwohl die Einarbeitung von Stroh durch das weite C/N-Verhältnis von 50–100 : 1 eine erhöhte N-Düngung erfordert, fördert sie den Anteil organischer Substanz im Boden und bringt selbst 18 kg N/ha mit. Als weitere Quellen organischer Substanz werden mehr und mehr Müllkomposte und Klärschlämme verwendet (s. Kap. A 3.10.5). Bei einer Entsorgung von 200–300 kg Müll und fast 1000 l Naßklärschlamm pro Einwohner und Jahr in der Bundes-

Tab. A 54. Wirkung organischer Substanz im Boden

1. Stabilisierung des Bodengefüges, z. B. bei Schluff-, Lehm-, Tonböden
2. Verbesserung der Durchlüftung durch große Poren
3. Erhöhung der Wasserhaltekraft um das 3–5fache des Eigengewichtes
4. Erhöhung des Festhaltevermögens für Nährstoffe
5. Verringerung von Temperaturschwankungen
6. Wiederverwendung von Nährstoffen aus abgestorbenen Pflanzen
7. Färbung des Bodens, z. B. Erhöhung der Bodentemperatur bei dunkler Färbung
8. Lebensgrundlage für Bodenorganismen
9. Erhöhung des Wirkstoffgehaltes, z. B. Vitamine, Wuchs- und Hemmstoffe für Wurzeln, Antibiotika gegen Pilzbefall

republik Deutschland müssen diese Stoffe in den Kreislauf zurückgeführt werden. Sie können auf Äckern und in den Wäldern den Anteil organischer Substanz erhöhen; Müllkomposte enthalten 15–45 % organische Substanz, Klärschlämme 25–50 % organische Substanz in der Trockenmasse. Allerdings können diese Stoffe wegen der in ihnen enthaltenen Schwermetalle, wie Zink, Cadmium, Blei, Chrom, Nickel und Quecksilber nicht in Gemüsekulturen eingesetzt werden. Ob sie bei der Anzucht von Baumschulgehölzen und Zierpflanzen – die nicht der menschlichen Ernährung dienen – Verwendung finden können, wird zur Zeit untersucht.

3.3.2 Ton-Humus-Verbindungen

Huminstoffe können Tonteilchen umhüllen und verbinden sich mit diesen zu **Ton-Humus-Komplexen.** Die gebundenen Huminstoffe werden nur wenig mineralisiert. Auf diese Weise wird ein stabiles, dauerhaftes Aggregatgefüge gebildet (s. Kap. A 3.4).
Für die Nährstoffversorgung der Pflanze sind die Ton-Humus-Komplexe von Bedeutung: die Metallkationen Kalzium (Ca), Eisen (Fe), aber auch Magnesium (Mg), Kalium (K) und das in höheren Konzentrationen schädliche Aluminium (Al) werden festgehalten und vor Auswaschung geschützt.

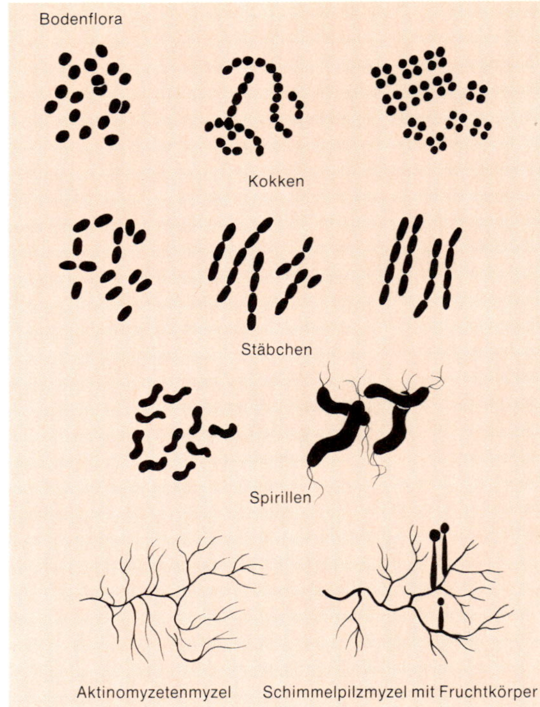

Abb. A 166. Bodenflora.

3.3.3 Bodenlebewesen (Edaphon)

Das Edaphon setzt sich aus Bodenflora und -fauna zusammen. Eingerechnet werden nur die im Boden lebenden Organismen. Die Wurzeln höherer Pflanzen werden nicht hinzugerechnet. Zahlreiche Bodenorganismen leben nur in Verbindung mit den Pflanzenwurzeln. Die meisten Organismen sind in der obersten Bodenschicht von 3–10 cm Tiefe zu finden, unter 20–30 cm Tiefe nimmt ihre Zahl stark ab. Ihre Zahl ändert sich mit dem Klimawechsel im Jahreslauf.

Abb. A 165. Ton-Humus-Komplex.

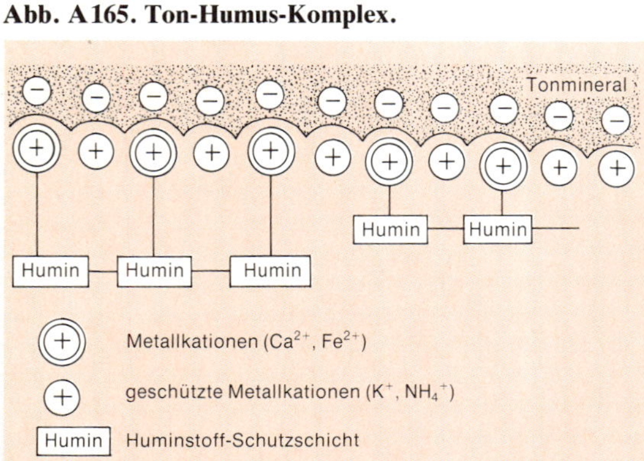

Gute Durchlüftung des Bodens, gleichmäßige Feuchte und ausgeglichene Temperaturen bestimmen die Zusammensetzung des Edaphons. Kulturmaßnahmen beeinflussen das Organismenleben im Boden sehr stark. Die Flora wird gefördert, die Mineralisierung beschleunigt. Die Fauna wird geschädigt. Häufiges Fräsen und Hacken verändert den Oberboden (s. Kap. A 3.4.3).
Düngung fördert das Leben der Bodenorganismen und der höheren Pflanze. Die organische Düngung bietet Mikroorganismen ein reiches Nahrungsangebot. Monokulturen bewirken eine Verarmung an Mikroorganismen-Arten, so daß die Bodenmüdigkeit gefördert wird.

Einteilung der Bodenflora
Pflanzliche Organismen stehen dem Umfang ihrer Tätigkeit und der praktischen Bedeutung für den Boden entsprechend an erster Stelle.

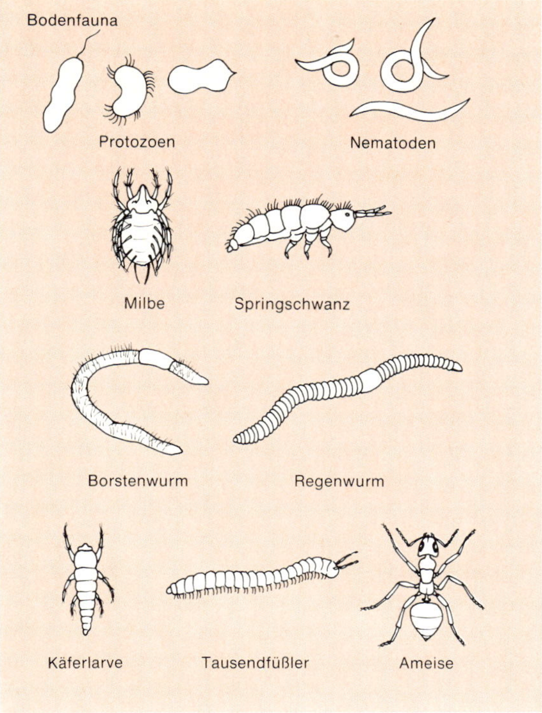

Abb. A 167. Bodenfauna.

Tab. A 55. Zahl und Gewicht von Kleinlebewesen in der obersten Schicht (0–15 cm) eines Kulturbodens

Lebewesen im Boden	Anzahl je g Boden	Lebend-gewicht kg/ha
Bakterien	600000000	10000
Pilze	400000	10000
Algen	100000	140
Geißeltierchen	1500000000	370
Nematoden	50000	50
Springschwänze	200	6
Milben	150	4
Borstenwürmer	20	15
Tausendfüßler	14	50
Insekten, Käfer, Spinnen usw.	6	17
Schnecken	5	40
Regenwürmer	2	4000

Bakterien sind die artenreichste Gruppe. Sie gehören zu den primitivsten Lebensformen und besitzen nicht die Fähigkeit zur Photosynthese. Es handelt sich um nur wenige tausendstel Millimeter große, einzellige, manchmal schleimumgebene Organismen, die nach Formen, Lebensäußerungen und Vorkommen eingeteilt werden. Sie sind durch ihre Vielzahl und ihre Verschiedenheit zu mannigfaltigen Stoffumsetzungen befähigt.

Zum Aufbau von Körpersubstanz und für die Stoffwechselprozesse benötigen Bakterien die gleichen Nährstoffe wie die höhere Pflanze. Manche Arten benötigen Luftsauerstoff, sie leben aerob. Andere leben nur unter Luftabschluß (anaerob).

Bakterien verwenden als Kohlenstoffquelle die organische Substanz im Boden. Als Stickstoffquelle werden sowohl organische Verbindungen (s. Tab. A 56) als auch anorganische Verbindungen benutzt. Die Gattung *Azotobacter* bindet sogar Luftstickstoff (N_2) mit einer Leistung von 5–10 kg N/ha und Jahr. *Rhizobium*-Arten, die in Symbiose (= Zusammenleben) mit höheren Pflanzen leben, binden ebenfalls Luftstickstoff und führen diesen als N-Verbindung der Pflanze zu. Bakterien können sich rasch vermehren. Ihr Temperaturoptimum liegt bei 30 °C. Sie können sich dann innerhalb von 30–90 Minuten zahlenmäßig verdoppeln. Temperaturen über 80 °C töten Bakterien ab. Eine Bodendämpfung mit Temperaturen bis 90 °C kann aber nicht alle Bakteriendauerformen (Sporen) abtöten.

Beispiele für aerobe Bakterien:
Spezielle Bakterien wandeln Ammoniumstickstoff zu Salpeter um. Man nennt dies **Nitrifizierung:**

NH_4 ⟶	NO_2 ⟶	NO_3
Ammonium	Nitrit	Nitrat (Salpeter)
	Pflanzengift	Pflanzennährstoff

Dieser Vorgang ist nur schwer zu unterbrechen. Versuche, wegen des hohen Nitratgehaltes mancher Gemüsepflanzen (z. B. Spinat) mit Chemikalien die Bakterientätigkeit zu unterbrechen, führten zur Anreicherung giftigen Nitrits.

Beispiele für anaerobe Bakterien:
Anaerobe Bakterien leben unter Sauerstoffabschluß. Manche formen CO_2 zu Methangas (Sumpfgas, CH_4) um (s. Tab. A 76). Sulfate (Salze der Schwefelsäure) werden von speziellen Bakterien zu

Tab. A 56. Ernährung von Bodenbakterien

Kohlenstoff-(C)-quellen	Stickstoff-(N)-quellen	Sauerstoff-(O)-quellen
Zucker	Eiweiß	Luftsauerstoff (O_2)
Stärke	Aminosäuren	Nitrat (NO_3)
Zellulose	Nitrat (NO_3)	Sulfat (SO_4)
Fett	Ammonium (NH_4)	CO_2
	Harnstoff	
	Luftstickstoff (N_2)	

gasförmigem Schwefelwasserstoff (H_2S) umgewandelt. Beide Gase sind beim Aufgraben von staunassen Böden zu riechen; sie haben einen fauligen Geruch.

Strahlenpilze (Actinomyzeten) werden zu den Bakterien gerechnet und beteiligen sich an der Umformung widerstandsfähiger Verbindungen wie Zellulose und Chitin, das z. B. auch im Panzer von Insekten enthalten ist. Sie können Antibiotika (z. B. Streptomycin) bilden und geben dem Boden wahrscheinlich den frischen Erdgeruch. In Symbiose mit Laubgehölzen, z. B. Erle, Sanddorn, binden einige Arten Luftstickstoff.

Pilze bilden im Boden ein Myzel, das aus breiten Hyphen besteht. Schimmelpilze, z. B. *Penicillium, Aspergillus,* können Antibiotika erzeugen, z. B. Penizillin. Raubpilze fangen Nematoden und Geißeltierchen (Protozoen) in Schlingen ihrer Hyphen.
Höhere Pilze (Askomyzeten und Basidiomyzeten) greifen den schwer zersetzbaren Holzstoff Lignin an und können daher die auf dem Boden aufliegende Streu zersetzen. Unsere eßbaren Pilze sind die Fruchtkörper solcher Basidiomyzeten, die mit Laub- und Nadelgehölzen symbiotisch leben. Zahlreiche Pilzarten können in gesunde Pflanzenwurzeln eindringen und diese schädigen. Hierzu gehören z. B. Schleimpilze (Myxomyzeten) sowie niedere Pilze (Phykomyzeten), wie z. B. Phytophthora.
Pilze gedeihen am besten bei pH-Werten unter 5, sie überstehen Trockenzeiten durch Sporen und werden durch Staunässe geschädigt.

Algen sind chlorophyllhaltige, runde, einzellige oder fadenförmige Lebewesen von 0,01–0,1 mm Größe. Sie besiedeln als erste offen zutage liegendes Gestein (Lithobionten = Erstbesiedler von Steinen), weil sie zur Photosynthese befähigt sind.

Zu ihnen gehören:

- Grünalgen
- Blaugrüne Algen, die Luftstickstoff binden können
- Kieselalgen

Algen können mit Pilzen eine Symbiose eingehen (Flechten) und spielen so für den ersten Schritt der Bodenentwicklung eine große Rolle.

Einteilung der Bodenfauna
Die Bodenfauna enthält eine Vielfalt von Tieren verschiedener Größe, die organische Substanz zerkleinern, durchmischen oder verdauen, den Boden durch Gänge durchlüften oder als Räuber leben.

Tab. A 57. Bodenfauna

Geißeltierchen, auch zu den Algen gerechnet	↑ zunehmende Zahl	zunehmende Größe ↓
Rädertierchen		
Bärtierchen		
Nematoden (= Fadenwürmer)		
Borstenwürmer		
Regenwürmer		
Asseln		
Milben		
Tausendfüßler		
Springschwänze		
Schnecken		
Wühlmäuse		
Maulwürfe		
Hamster		
Kaninchen		

Der Boden wird durch wühlende Lebewesen, z. B. Mäuse, verändert. Erdfresser, wie Regenwürmer, manche Nematoden, Asseln, Ameisen, Tausendfüßler und Larven, bewegen erhebliche Erdmengen. Sie erhöhen das Porenvolumen im Boden, verbessern dadurch Wasserleitfähigkeit, Lüftung und Wasseraufnahmevermögen. Regenwürmer können ganze Bodenoberflächen »verlagern«, sie verkleben organische und anorganische Stoffe miteinander. Außerdem können sie durch Materialumlagerung feinerdige Oberböden schaffen.
Fehlt das Organismenleben, oder ist es nur gering, wird unzersetzte bzw. noch wenig zersetzte organische Substanz als Torf oder Rohhumus sichtbar.

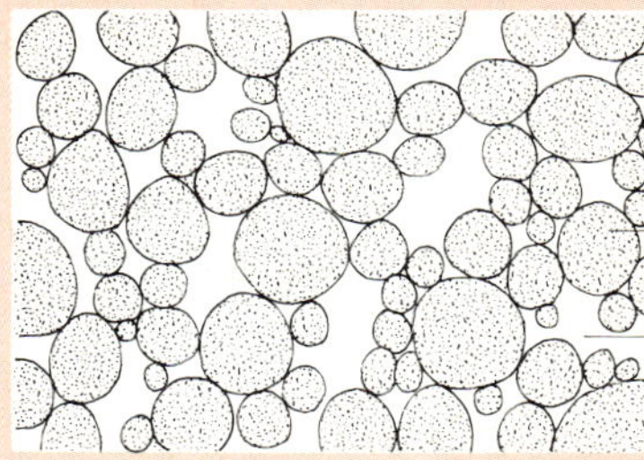

Abb. A 168. Porenvolumen und Festvolumen eines Bodens.

Kontrolle und Vertiefung

1. Warum führt eine starke Zerkleinerung organischer Substanz, z. B. Torf, zur vollständigen Mineralisierung?
2. Ein Rindenkompost enthält 41,2 % Kohlenstoff. Wie hoch ist der Anteil organischer Substanz?
3. Wieviel Prozent der obersten Schicht von 15 cm eines Kulturbodens mit dem Volumengewicht 1,0 kg/l bestehen aus Bodenlebewesen?
4. Vollziehen Sie den Wechsel von aeroben und anaeroben Bedingungen bis hin zur Humifizierung am Beispiel eines locker gepackten Haufens Rasenmähgut nach. Beachten Sie die Temperatur im Innern des Haufens.
5. Warum muß auf Kulturböden jedes Jahr organische Substanz zugeführt werden?

3.4 Bodengefüge

Mineralische und organische Bodenteilchen bilden im Boden in natürlicher Lagerung eine bestimmte Ordnung, die als **Bodengefüge** bezeichnet wird. Die räumliche Anordnung der Bodenteilchen schafft ein System von unregelmäßig geformten Festkörpern und vielseitig verzweigten Hohlräumen, den **Poren.** Diese Poren können mit Wasser oder Luft gefüllt sein. Wurzeln, Wurzelhaare und Bodenlebewesen können in sie eindringen.
Die **Verteilung** von großen und kleinen Poren bestimmt den Wasser- und Lufthaushalt des Bodens.
Je größer die Poren sind, desto rascher läuft aus ihnen das Sickerwasser nach Niederschlägen ab, und sie versorgen Pflanzenwurzeln wieder mit Luft. Je kleiner die Poren sind, desto mehr halten sie das Wasser fest. Feine Poren enthalten unter unseren Klimabedingungen im Freiland fast immer Wasser.
Sind mindestens 25 % der Poren mit Luft gefüllt, ist gutes Pflanzenwachstum zu erwarten. Bei Unterschreiten dieses Wertes muß mit Sauerstoffmangel der Wurzel gerechnet werden.
Das **Porenvolumen** eines Bodens gibt etwas Auskunft über das Bodengefüge. Liegt es niedriger als 50 % des **Bodenvolumens,** ist der Boden oder die Bodenschicht als Pflanzenstandort nicht geeignet, oder der Boden muß verbessert werden (s. Kap. A 3.4.4).
Unsere Kulturpflanzen sind auf ausgewogene Porenverteilung in Böden angewiesen, weil sie damit auch genügend mit Wasser und Luft versorgt werden. Schlechte Standorteigenschaften können durch **Meliorationsmaßnahmen** verbessert werden.
Verdichtungsschichten können durch Tiefpflügen und Untergrundlockerung gebrochen werden. Auch Umschichtungen von Unter- und Oberboden als Körnungsausgleich werden bis zu Tiefen von 100 cm vorgenommen, um den Oberboden mit Ton anzureichern und damit die Wasserhaltekraft in der Nähe der Pflanzenwurzel zu erhöhen.
Tiefgepflügt werden abgetorfte Moore in Norddeutschland (s. Kap. A 3.9). Auch aufgespülter Schlick (z. B. in Vierlanden bei Hamburg) kann als tonhaltiges Material Sandboden verbessern helfen. Dem gleichen Zweck dienen Unterschichtungen von Sandböden mit Torf oder synthetischen Schaumstoffen wie Hygromull zur Verlangsamung der Wasserversickerung. Gärtnerische Kulturen stehen meist auf Böden, die stark verändert sind und den Pflanzen optimale Wuchsbedingungen bieten. Trotzdem

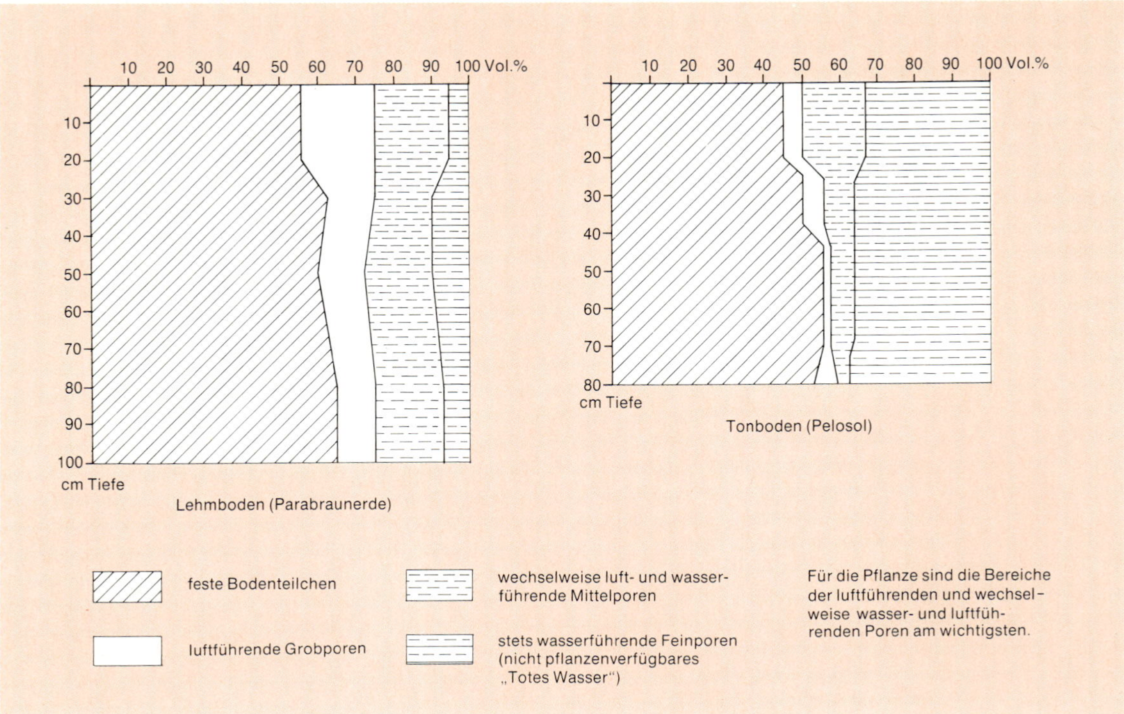

Abb. A 169. Verteilung der festen Bodenteilchen und der wasser- und luftführenden Poren nach Abfließen des Sickerwassers.

kommt es immer wieder vor, daß in speziellen Bereichen des Gartenbaus (Baumschule, Freilandgemüsebau, Garten- und Landschaftsbau) bestimmte Eigenschaften des natürlichen Bodens nicht genügend beachtet und falsch beurteilt werden.
Hier sind Entscheidungen vor Beginn der Kultur zu treffen. Erste Anhaltspunkte liefern dabei folgende Beobachtungen (vgl. auch Kap. A 3.12):

- Wie ist die Neigung des Geländes?
- Bleibt Wasser auf der Oberfläche stehen?
- Ist die Oberfläche verschlämmt?
- Kann ein Bohrstock ohne Schwierigkeiten in den Boden gedreht werden?
- Füllt sich das Bohrloch mit Wasser?
- Welche Bodenschichten lassen sich am Bohrstock ablesen?

3.4.1 Formen des Bodengefüges

In einem Boden kommen mehrere Gefügeformen nebeneinander oder im Jahresablauf nacheinander vor. Hierbei wirken sich Temperaturschwankungen, Änderungen der Durchfeuchtung und die Tätigkeit von Mikroorganismen und Pflanzenwurzeln aus.

Einzelkorngefüge. Die Bodenteilchen sind nicht miteinander verbunden. Lockerer Zusammenhalt ist bei ausreichender Feuchte möglich. Bei Austrocknung oder Überflutung löst sich der Teilchenverband auf und zerrieselt. Einzelkorngefüge findet man bei **Sanden.**

Kohärentgefüge (Zusammenziehung) findet man vor allem im Unterboden. Beim Austrocknen zerfällt das Gefüge in größere und kleinere Aggregate (Zusammenlagerungen). Die darin enthaltenen Teilchen können durch organische Substanz zusammengehalten werden.

Aggregatgefüge. Es sind die wichtigsten Gefüge für den Pflanzenbau. Dabei sind deutlich Zusammenballungen, d. h. Aggregate zu erkennen, die in Form und Farbe sehr unterschiedlich sein können und hohe Stabilität gegen Austrocknung und Überflutung aufweisen. Aggregatgefüge zeigen verschiedene Formen, die unterschiedlichen Ursprungs sind. Sie haben gemeinsam, daß sie größere Porenräume für die Wurzeln schaffen können.
Zu den Aggregatgefügen zählt das **Krümelgefüge.**

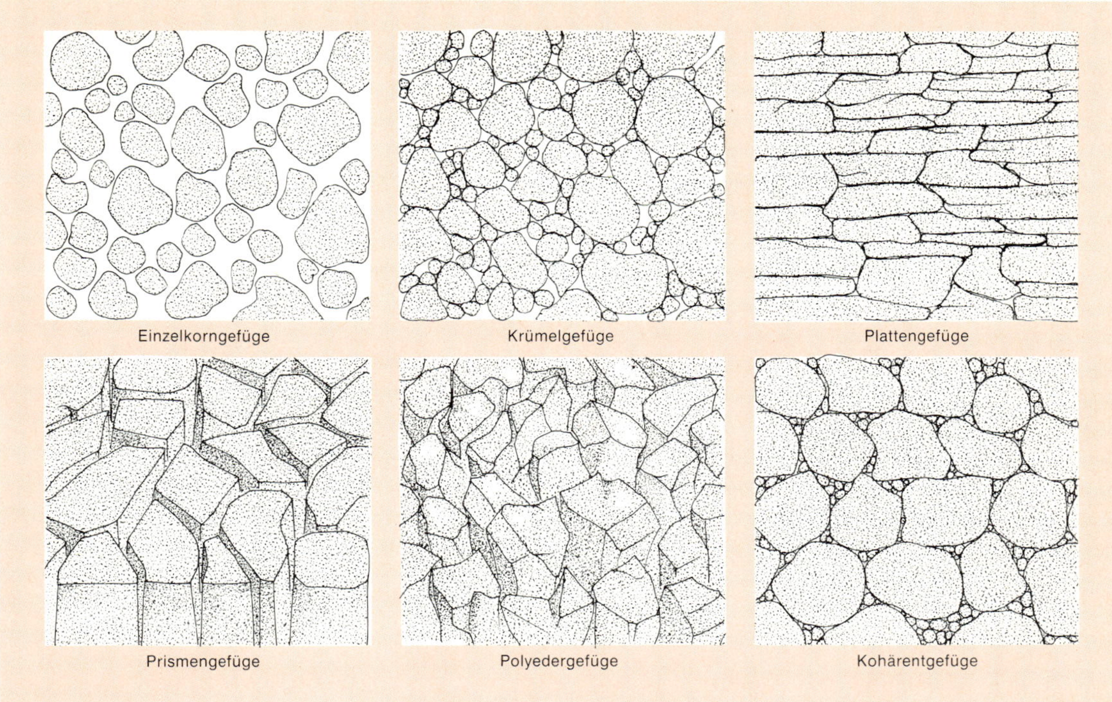

Abb. A 170. Gefügeformen im Boden.

Krümel entstehen bei intensiver Tätigkeit von Bodenorganismen. Sie sind rundlich mit einem Durchmesser von 0,3–10 mm und haben zahlreiche kleine Poren. Sie enthalten Ton-Humus-Komplexe (s. Kap. A 3.3.2). Durch mechanische Bodenbearbeitung kann in manchen Böden vorübergehend ein Krümelgefüge erreicht werden. Es bricht aber bei starken Niederschlägen sofort zusammen, Verschlämmungen sind die Folge. Maßnahmen zur Bodenverbesserung können den Zustand des Krümelgefüges erhalten helfen.

Zu den Aggregatgefügen gehört ferner das **Wurmlosungsgefüge,** das aus dem Kot von erdefressenden Bodentieren entsteht, z. B. Regenwürmer. Dieses Gefüge ist bei Schwarzerde anzutreffen (s. Kap. A 3.9).

Beim **Polyedergefüge** haben die Aggregate die geometrische Form von Würfeln und mehrkantigen Körpern. Ihr Durchmesser beträgt 2–50 mm. Tonreiche Böden weisen diese Formen oft nahe der Oberfläche auf.

Die Aggregate des **Prismengefüges** entstehen durch Schrumpfung tonhaltiger Unterböden. Die einzelnen »Prismen« haben 4–6 Seitenflächen bei einem Durchmesser von 10–300 mm.

Ein **Plattengefüge** entsteht in verdichteten Bodenschichten nach Austrocknung, z. B. in Pflugsohlen, auf Trampelpfaden und in Fahrspuren. Die Dicke der Platten beträgt 1–50 mm, ihre Größe hängt vom Wassergehalt zum Zeitpunkt der Verdichtung ab: je feuchter der Boden, desto größer sind die Platten.

3.4.2 Porenvolumen und Volumengewicht

Porenvolumen, Porenverteilung und Volumengewicht sind Kenngrößen der Bodeneigenschaften. Ihre Kenntnis ist für den Gärtner notwendig, um den Kulturerfolg zu sichern.

Wie schon erwähnt, eignen sich Böden mit Porenvolumenanteilen unter 50 % nicht für die Kultur, weil die Bodenteilchen sehr dicht gelagert sind und wegen des hohen Anteils an Feinporen das meiste Bodenwasser festgehalten wird und nicht zur Verfügung steht. Solche Böden neigen auch zur Staunässe, weil die Durchlässigkeit gering ist.

Jede Bodenart kann unabhängig von der Größe der Bodenteilchen Porenvolumen zwischen 35 und 60 % aufweisen (s. Tab. A 58). Das Porenvolumen gibt daher keine Auskunft über die Verteilung der Porengrößen und über den Wasser- und Lufthaushalt!

Dies läßt sich durch eine Beispielrechnung verdeutlichen:

Nimmt man an, daß alle Bodenteilchen kugelförmig sind, so hat ein Bodenvolumen von 1000 cm^3 mit Bodenteilchen vom Durchmesser 1 cm dasselbe Porenvolumen wie mit Bodenteilchen vom Durchmesser 2 cm.

Rechnung:
Kugelvolumen = (4,17) × (Radius, r)^3

Bodenteilchendurchmesser 1 cm:

Radius der Bodenteilchen	=	0,5 cm
Zahl der Teilchen in 1000 cm^3 Boden	=	1000 Stück
Volumen der Bodenteilchen 1000 × 4,17 × $0{,}5^3$	=	521 cm^3
Porenvolumen (= Bodenvolumen abzüglich Vol. der Bodenteilchen)	=	479 cm^3

Bodenteilchendurchmesser 2 cm:

Radius der Bodenteilchen	=	1 cm
Zahl der Teilchen in 1000 cm^3 Boden	=	125 Stück
Volumen der Bodenteilchen 125 × 4,17 × 1^3	=	521 cm^3
Porenvolumen	=	479 cm^3

Tab. A 58. Porenvolumen und Volumengewichte einiger Bodenarten

	Porenvolumen	Volumengewicht
Sand (S)	36–56 %	1,2–1,7 kg/l
Schluff (U)	40–56 %	1,3–1,6 kg/l
Lehm (L)	30–55 %	1,2–1,8 kg/l
Ton (T)	35–70 %	0,9–1,7 kg/l

Das Porenvolumen eines Bodens wird als Prozentzahl angegeben:

$$\frac{\text{Volumen der Poren (Liter, l)}}{\text{Volumen des Bodens (Liter, l)}} \cdot 100 =$$

Porenvolumen, PV (%)

Beispiel:

$$\frac{\text{Volumen der Poren: 0,479 l}}{\text{Volumen des Bodens: 1 l}} \cdot 100 =$$

Porenvolumen, PV 47,9 %

Für die Kennzeichnung des Wasser- und Lufthaushaltes ist die Porenverteilung genauer (s. Abb. A 169). Allerdings ist die Ermittlung der Korngrößenverteilung (s. Kap. A 3.12.4) und des Porenvolumens der einzelnen Kornfraktionen sehr aufwendig. Als Hilfsmittel für die Kennzeichnung des Bodens oder Substrates wird vom Gärtner das **Volumengewicht** verwendet (s. Tab. A 81). Da Böden aus Körnern bzw. Teilchen unterschiedlicher Größe und Form bestehen, kann die Lagerungsdichte, d. h. das Gewicht eines bestimmten Volumens, unterschiedlich sein.
Bezieht man die Masse (m) der festen Bodenbestandteile auf das Volumen (V), so erhält man das Volumengewicht:

$$\frac{\text{Bodenmasse, m (Gewicht in Gramm, g)}}{\text{Bodenvolumen, V (Liter, l)}} =$$

Volumengewicht, Vol.-Gew., g/l

Beispiel:

$$\frac{\text{Bodenmasse : 470 g}}{\text{Bodenvolumen : 1 l}} =$$

Volumengewicht 470 g/l oder 0,47 kg/l
(beides gebräuchliche Bezeichnungen)

Tab. A 59. Porengrößenbereiche und Porendurchmesser

Porengrößenbereich	Porendurchmesser	
Grobporen, weit	>0,05 mm	Sekundärporen entstanden durch Bodenbewegungen
Grobporen, eng	0,05–0,01 mm	
Mittelporen	0,01–0,0002 mm	Primärporen entstanden durch Verwitterung
Feinporen	<0,0002 mm	

Die Meßgröße Volumengewicht hat im Gartenbau in den letzten Jahren immer mehr an Bedeutung gewonnen, weil labormäßig ermittelte Nährstoffgehalte aus Topf-, Container- und Beetkulturen auf das Substratvolumen bezogen werden: den auf diese Weise kultivierten Pflanzen stehen Nährstoffe in einem begrenzten Substratvolumen zur Verfügung.

Tab. A 60. Volumengewichte einiger Böden und Substrate (s. auch Tab. A 81)

Bodenbestandteil	Volumengewicht, g/l
Sand	bis 1800
Lehm	1400–1800
Schwarztorf	120– 200
Weißtorf	50– 120
Rinde	250– 450

Hohe Volumengewichte zeigen schwere mineralische Böden und Substrate mit dichter Lagerung, niedrige Volumengewichte dagegen leichte humose Böden und Substrate mit hohem Anteil an Grobporen an.

3.4.3 Stabilität des Bodengefüges

Unter dem Einfluß von Niederschlag, fließendem Wasser, Befahren und Betreten kann ein Boden verändert werden. Seinen Widerstand gegen solche Einflüsse nennt man Stabilität. Sie wird zum einen von einer gegenseitigen Anziehung von Bodenteilchen (Adhäsion und Kohäsion) hervorgerufen, zum andern kommen Kräfte der Oberflächenspannung an den Grenzflächen von Wasser und Luft dazu. Diese können am besten mit dem starken Zusammenhalt zweier Glasplatte erklärt werden, zwischen denen sich ein Wasserfilm befindet: beide Platten sind nur schwer voneinander zu lösen. Das gleiche gilt für mit Wasser gefüllte Poren: je geringer der Durchmesser, desto größer die Kraft, die zwei Teilchen zusammenhält. Diese Kräfte und die unterschiedliche Form der Bodenbestandteile verhindern eine dichte Lagerung. Dadurch entstehen große Poren, die Wasser rasch abführen und den Lufthaushalt verbessern.
Unter natürlichen Bedingungen findet man meist eine lockere Lagerung. Bodenbearbeitung bewirkt immer eine zeitweilige Verdichtung, z. B. beim Pflügen oder Fräsen (s. Kap. A 3.4.4).

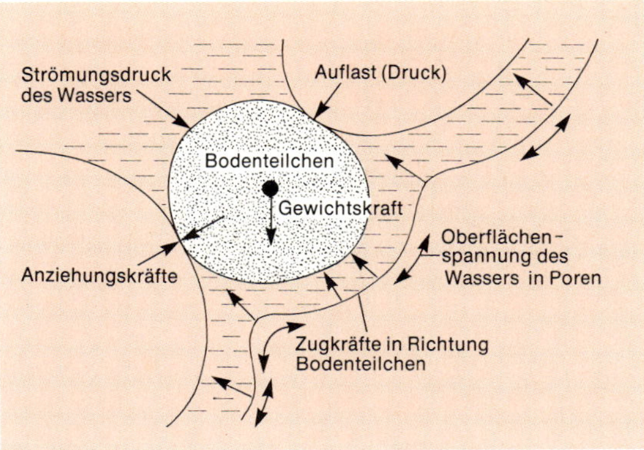

Abb. A 171. Schema der auf Bodenteilchen wirkenden Kräfte.

Natürliche Veränderungen des Bodengefüges
Tonreiche Böden, z. B. Marschen, Talauen (s. Kap. A 3.9), zeigen bei Austrocknung oft Risse, die sich nach Regenfällen wieder schließen können. Der Mechanismus wird durch die Einlagerung von Wasser zwischen die einzelnen Schichten der Tonmineralblättchen bewirkt (s. Kap. A 3.8.3). Schrumpfungen durch Austrocknung führen zur Gefügebildung an Ablagerungen; es entstehen Polyeder und Prismen (s. Kap. A 3.4.1). Eine vollständige Rückquellung auf das ursprüngliche Volumen ist nur selten möglich, so daß Schrumpfungsrisse immer wieder an den gleichen Stellen auftreten.
Eine weitere Veränderung des Gefüges ist die Bodenverdichtung. Von ihr spricht man, wenn das Volumengewicht zunimmt. Verdichtungen können durch Zusammenpressen des Bodens (Sackungsverdichtung) oder durch Einschwemmung kleiner fester Stoffe in das bestehende Porensystem (Einlagerungsverdichtung) hervorgerufen werden. Auch unter seinem Eigengewicht sackt der Boden zusammen. Eine Lockerung des Bodens kann z. B. durch grabende Tiere, Wurzeldruck und Frostwürfe eintreten. Künstliche Lockerungen, wie Tiefumbruch und Untergrundlockerung, sind wie die natürlichen Lockerungen nur von kurzer Wirkung.
Bei feinkörnigen Böden, z. B. Tonböden, ist die Frosteinwirkung ein natürlicher Weg, um bei gärtnerischer Nutzung eine Krümelstruktur zu erzielen: hierbei dehnen sich die Bodenteilchen zunächst aus, weil Eis ein größeres Volumen hat als Wasser (vgl. Kap. A 3.4.4 und A 3.7); danach verdunstet das Eis bei tiefen Temperaturen, und die Bodenteilchen schrumpfen zu Krümeln zusammen.

Bodenschäden

Begehen, Befahren und mechanisches Bearbeiten der Bodenoberfläche beeinflußt das Gefüge der oberen Bodenschichten. Die Gefahr von Verdichtungen wächst mit dem Gewicht der auf dem Boden fahrenden Maschinen und Geräte. In Baumschulen, im Gemüsebau, Obstbau und im Garten- und Landschaftsbau werden aufgrund von Rationalisierungsmaßnahmen immer größere Geräte und Traktoren eingesetzt.

Durch ihren Einsatz können die luft- und wasserführenden Grobporen so stark vermindert werden, daß mangelhafte Durchlüftung und Wasserführung die Durchwurzelung behindern. Das ist besonders im zeitigen Frühjahr, in Nässeperioden und im Spätherbst der Fall, wenn der Boden sehr gut durchfeuchtet ist und oft zuviel Wasser enthält. Kräfte, die beim Gleiten und Rutschen von Rädern (Radschlupf) im Boden auftreten, können Gefüge und Struktur des Bodens zerstören. Ein bei den Frühjahrsarbeiten verdichteter Oberboden hat Ertragsminderungen zur Folge. Verdichtete Flächen um Neubauten können erst nach Lockerung wieder in Kultur genommen werden.

Schädlicher als die Verdichtung der Oberfläche sind Verdichtungen unter der Bearbeitungsgrenze, die durch das Furchenrad eines Traktors entstehen können. Dadurch kann eine dichte Pflugsohle entstehen, die im Boden Staunässe bewirkt. Pflanzen können die Pflugsohle nicht durchwachsen. Auf Böden mit solchen Verdichtungen steht im Frühjahr und Herbst Wasser, gleichzeitig trocknen sie bei Trokkenheit wegen der unterbrochenen Nachlieferung von Wasser aus tieferen Bodenschichten (s. Kap. A 2.6.3) rasch aus.

Vorbeugend sollten zu feuchte Böden nie befahren und bearbeitet werden. Außerdem vermindert das Anbringen von Gitterrädern an Traktorreifen das Einsinken um 30%. Eine weitere Schutzmaßnahme für den Boden ist die kombinierte Bodenbearbeitung, bei der möglichst viele Bearbeitungsschritte in einem Arbeitsgang vorgenommen werden.

Erosion

Wasser und Wind bewirken eine Verlagerung von Bodenteilchen. Wassererosion ist vor allem bei geneigten Bodenflächen zu beobachten, Winderosion vor allem in ebenen Lagen und auf sandigen Böden. Braunerden und Pseudogleye (s. Kap. A 3.9) sind durch Wassererosion besonders bei Schneeschmelze und noch gefrorenem Unterboden sowie nach stärkeren Regenfällen gefährdet. Das Aufschlagen von Regentropfen und das Abfließen des Wassers auf der Oberfläche sind die Hauptverursacher der Wassererosion. Der Bodenabtrag kann bei steilen Hanglagen Werte bis zu 50 t/ha erreichen. Je stärker die Geländeneigung, desto höher ist die Erosionsgefahr. Erosion tritt nur auf, wenn die Niederschlagsmenge größer als das Wasseraufnahmevermögen des Bodens ist. Wasserdurchlässige Böden sind kaum erosionsgefährdet.

Tab. A 61. Hangneigung und Verminderung der Wasseraufnahme des Bodens

Hangneigung in % (m Gefälle auf 100 m)	Verminderung der Wasseraufnahme %
unter 5	0
6–8	20
9–12	40
13–20	60
über 20	75

Bodentypen (s. Kap. A 3.9) und Bodengefüge haben einen großen Einfluß auf das Wasseraufnahmevermögen. Verdichtete Böden neigen zur Erosion. Böden mit hohem Schluff- und Feinsandanteil (s. Kap. A 3.12.4) verschlämmen nicht und schließen die Oberfläche.

Verwitterungsvorgänge laufen viel zu langsam ab, um Verluste durch Bodenabtrag durch Bodenneubildung auszugleichen. Daher muß der Boden geschützt werden. Hierzu eignen sich folgende Maßnahmen:

- Beseitigung eventuell vorhandener Bodenverdichtungen durch Untergrundlockerung zur Erhöhung der Wasserdurchlässigkeit.
- Erhöhung des Humusgehalts durch Gründüngung und Mulchen zur Bildung stabiler Krümel.
- Ständiger Bewuchs durch Pflanzen, auch als Zwischenkultur zur Gründüngung, zum Schutz der Bodenoberfläche gegen Regentropfen und direkte Sonneneinstrahlung (s. Bodengare, Kap. A 3.4.4).
- Anlage von Pflugfurchen quer zur Hangneigung zur Vermeidung oberflächigen Wasserabflusses.

3.4.4 Bodenverbesserung

Böden mit guter Wasserführung, genügend Luftanteil im Oberboden und einer stabilen Krümelstruktur garantieren Kulturerfolg. Die Erhaltung dieser

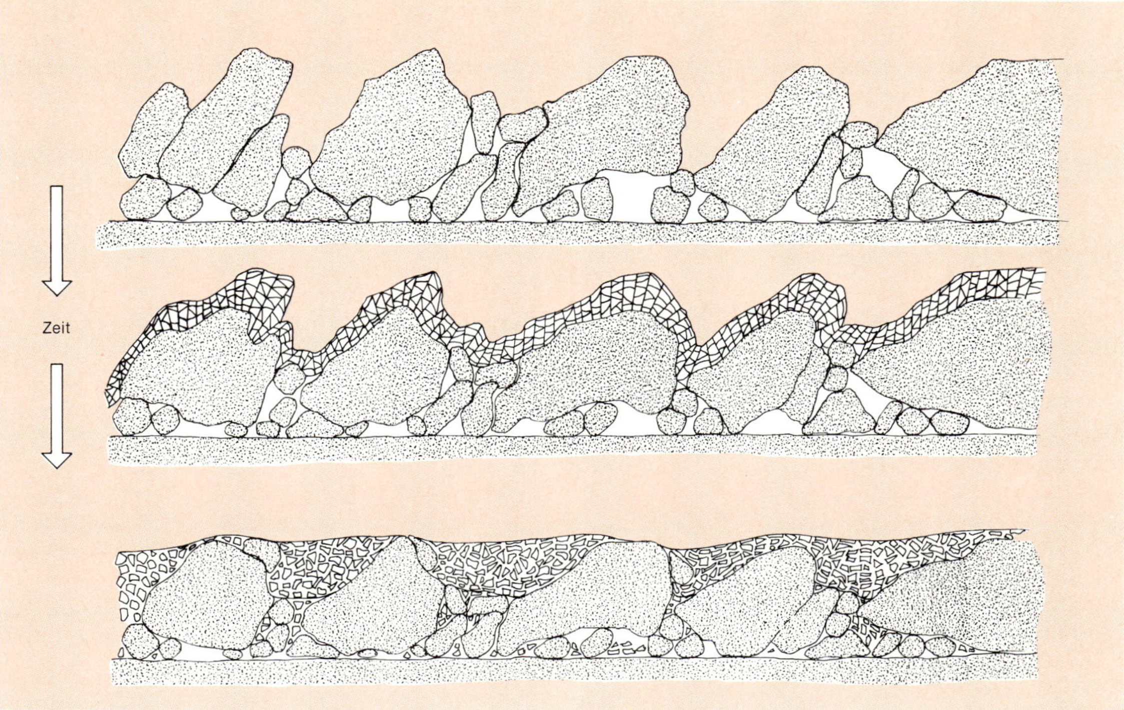

Abb. A 172. Wirkung des Bodenfrostes auf einem schollig gepflügten Tonboden.

Bodeneigenschaften ist das Ziel des Gärtners. Er muß durch Bodenbearbeitung zum richtigen Zeitpunkt und überlegte Kulturplanung für die Verbesserung der **Bodengare,** d. h. die Gesamtheit aller positiven Bodeneigenschaften hinsichtlich Struktur, Luft- und Wasserhaushalt, sorgen.

Durch Pflügen oder Graben bindiger, tonreicher Böden im Herbst ohne Zerkleinerung der groben Scholle erhält man **Frostgare** (s. Abb. A 172). Sie ist auf Schrumpfungen der Bodenteilchen durch Wasserentzug bei der Bildung von Eiskristallen zurückzuführen (s. Kap. A 3.4.3) und kann bei guter Kalkversorgung des Bodens bis ins späte Frühjahr andauern. Die Verwendung von Hackgeräten, Eggen und Krümlern im Frühjahr und Sommer schafft die **Bearbeitungsgare.** Sie verhindert das Verkrusten der Bodenoberfläche und fördert den Luftaustausch zwischen Boden und Atmosphäre. Allerdings wird gleichzeitig die unerwünschte Mineralisierung beschleunigt und die Verdunstung aus der oberen Bodenschicht (s. Kap. A 3.3.1 und A 3.5.3) gefördert. Von einer intensiven Bodenbearbeitung in der warmen Jahreszeit ist daher abzuraten. Schattierung des Bodens durch das Blätterdach der Pflanzen nannte man früher **Schattengare.**

Die Erhaltung der Bodenkrümel wird aber nicht so sehr durch die Schattenwirkung gefördert, sondern vor allem durch den Schutz vor direkt auftreffenden Wassertropfen aus Niederschlägen oder Beregnungsanlagen.

Bodenbearbeitung

Die Hauptaufgaben der Bodenbearbeitung sind:

1. die Herstellung eines tiefgründigen Wurzelraumes durch Lockern, Wenden, Mischen und Zerkleinern. Damit wird dem natürlichen Ablauf im Boden – Entmischen – Verdichten – entgegengewirkt und die Bodengare geschaffen
2. die Herstellung eines Saat- oder Pflanzbeetes durch Einebnen, Lockern, Krümeln und oberflächiges Verdichten
3. die Einmischung organischen Materials aus Ernterückständen und Kompost
4. die Einmischung organischer und mineralischer Dünger

5. die mechanische Bekämpfung von Unkräutern, um den Einsatz von Herbiziden zu vermeiden
6. die Lockerung der Bodenoberfläche während der Kultur, um Verschlämmungen und Verkrustungen mit nachfolgendem Sauerstoffmangel an der Wurzel zu verhindern.

Bodenbearbeitung kann nur sinnvoll betrieben werden, wenn sie abgestimmt ist auf

1. den Bodentyp
2. die Kultur
3. den Bodenzustand
4. die Witterung.

Hieraus leiten sich die Grundregeln der Bodenbearbeitung ab.

Der **Zeitpunkt der Bodenbearbeitung** ist vor allem vom Bodentyp und Bodenzustand abhängig. Je leichter ein Boden, desto eher kann er bearbeitet werden. Je schwerer ein Boden, desto mehr muß man den Feuchtegehalt als Maß für den Bearbeitungszeitpunkt heranziehen. Manche Tonböden können im günstigsten Falle oft nur wenige Stunden im Frühjahr bearbeitet werden (»Stundenböden«). Ist man im Zweifel, ob ein Boden bearbeitet werden kann oder ob der Unterboden überhaupt tragfähig ist, muß man ihn aufgraben (Spatendiagnose). Tritt Wasser aus dem Profil, ist der Zeitpunkt für die Bearbeitung noch nicht gekommen. Bearbeitet man den Boden zu früh, treten die in Kap. A 3.4.3 beschriebenen Folgen ein.

Die Häufigkeit der Bodenbearbeitung ist vor allem von Ansprüchen der Kultur abhängig. Je anspruchsvoller die Kultur, desto mehr muß der Bodenzustand beachtet werden. Zuviel Bearbeitung zerstört die Oberfläche und erschwert die Kulturbedingungen in den folgenden Jahren. Hierzu gehört auch das sogenannte »Totfräsen« eines Bodens, das durch zu häufige Unkrautbekämpfung mit einer Fräse bewirkt wird. Ist die Ernte oder das Abräumen eines Feldes oder Quartiers durch günstige Witterung bodenschonend verlaufen, so daß keine tiefen Fahrspuren vorhanden sind, kann auf das Pflügen verzichtet werden. Es genügt dann in der Regel ein Durchgrubbern oder Eggen vor der neuen Bepflanzung oder Aufschulung.

Bodentypen mit geringem Speichervermögen für pflanzenverfügbares Wasser, z. B. Rendzina und Pelosol (s. Tab. A 90), dürfen nur sehr flach bearbeitet werden, weil eine tiefe Bearbeitung unnötige Wasserverluste durch Verdunstung bewirkt. Bei Austrocknung würden die Pflanzen unter Wassermangel leiden.

Zu Staunässe neigende Böden müssen stets offen gehalten werden. Dies ist besonders in niederschlagsreichen Gebieten erforderlich, um überschüssiges Regenwasser in den Unterboden abzuführen. Verdichtungen an der Oberfläche und im Unterboden, z. B. Pflugsohlen und Ortsteinschichten, müssen gebrochen werden. Für den Gartenbau stehen – ähnlich wie in der Landwirtschaft – eine Vielzahl von **Geräten zur Bodenbearbeitung** zur Verfügung. Der sinnvolle Einsatz von Geräten zur Bodenbearbeitung und das Beachten der genannten Grundregeln ermöglichen den Kulturerfolg auf lange Zeit. Gleichzeitig werden die natürlichen Alterungsvorgänge in einem Boden verzögert – oder vermindert –, eine entscheidende Voraussetzung für die Erhaltung der Bodenfruchtbarkeit.

Lockerung des Bodengefüges

Die Bodenbearbeitung unterstützt die Garebildung im Krumenbereich des Bodens und fördert damit die optimale Wasser- und Luftversorgung der Pflanzenwurzel. Störungen des Bodenprofils im **Unterboden** erfordern eine mechanische Lockerung. Diese wird mit einem **Zweischichtenpflug** vorgenommen. Neben und unter dem Pflugkörper befindet sich ein nach der Tiefe verstellbares Wühlschar, das toten Boden nach oben hebt.

Die Öffnung des Unterbodens für überschüssiges Niederschlagswasser durch Unterbodenlockerung sollte bei rasch verdichtenden Böden und jährlicher Pflugbearbeitung alle 4 Jahre erfolgen. Eine Unterbodenlockerung ist im Garten- und Landschaftsbau stets nach Übernahme einer Baustelle vorzunehmen. Hier sind Verdichtungen im Unterboden durch Baufahrzeuge in der Regel immer vorhanden.

Weitere althergebrachte Maßnahmen zur Lockerung des Unterbodens auf kleinen Flächen sind das **Holländern** und das Rigolen. Hierbei wird mit dem Spaten jeweils einen Meter vorwärtsgehend abgegraben und die Erde hinter sich abgelegt. Die darunter folgende Bodenschicht wird auf Spatentiefe umgegraben (= Holländern). Anschließend wird die Krume des nächsten Meterstreifens auf der umgegrabenen Schicht verteilt.

Beim **Rigolen** wird nochmals eine Bodenschicht spatentief abgegraben und die Schicht darunter umgegraben. Die Erde der verschiedenen Bodenschichten muß getrennt abgelegt werden und wird in der ursprünglichen Reihenfolge wieder verfüllt.

Die beschriebenen Verfahren sind sehr zeit- und arbeitsaufwendig, jedoch an ungünstigen Plätzen oft unumgänglich.

Tab. A 62. Auswahl von Geräten zur Bodenbearbeitung

Pflug Gemüsebau Baumschule Obstbau Garten- und Landschaftsbau	Wenden und Lockern des Bodens, kaum Durchmischung Gefahr der Pflugsohle bei häufiger Anwendung Unterscheidung von **Beetpflug** für ebene, große Flächen und **Drehpflug** für Flächen mit ungünstigen Abmessungen
Spatenmaschine Baumschule Zierpflanzenbau Gemüsebau	Wenden und Lockern des Bodens, gute Durchmischung Keine Pflugsohle, bodenschonend auch auf kleinen Flächen einzusetzen Empfindlich gegen größere Steine im Boden Wartungsintensiv
Grubber Gemüsebau Baumschule Zierpflanzenbau Obstbau Garten- und Landschaftsbau	Lockern der obersten Bodenschicht, kaum Durchmischung bodenschonend auch für kleine Flächen einzusetzen wird oft vor dem Fräsen anstelle des Pfluges eingesetzt
Egge Gemüsebau	Zerkleinern der Bodenteilchen an der Oberfläche, keine Durchmischung, auch zur Verdichtung der Oberfläche als Saatbeet Einarbeitung von Zwischenfrüchten Unterbringen von Strohhäcksel
Krümler Gemüsebau Baumschule Garten- und Landschaftsbau	Zerkleinern der Bodenteilchen an der Oberfläche, geringe Durchmischung, keine Verdichtung Vorbereitung von Pflanzbeeten nach Pflügen, Graben oder Grubbern
Fräse Baumschule Garten- und Landschaftsbau Zierpflanzenbau Obstbau	Starkes Zerkleinern der Bodenteilchen an der Oberfläche, gute Durchmischung Vorbereitung von Pflanzbeeten nach dem Grubbern Gefahr der Verschlämmung nach Niederschlag Gefahr des »Tothackens« durch Zerstörung der Bodenfauna bei häufigem Einsatz

Tab. A 63. Handarbeit bei der Unterbodenlockerung

	Erreichbare Bodentiefe m
Graben	0,2–0,3
Holländern	0,4–0,6
Rigolen	0,6–0,9
Tiefrigolen	0,8–1,2

In größerer Bodentiefe (unter 1 m) lassen sich verdichtete und staunasse Böden durch eine Untergrundlockerung verbessern. Hierzu verwendet man z. B. im Garten- und Landschaftsbau und in der Baumschule starre Untergrundhacken oder Wippscharlockerer mit vibrierenden Scharen. Der Einsatz dieser Geräte ist erst dann sinnvoll, wenn

- anschließender Unterboden bis in 80 cm Tiefe gelockert
- überschüssiges Sickerwasser mit Dränrohren (s. Kap. A 3.5.3) abgeführt

- die Lockerung chemisch durch Tiefendüngung mit Kalk stabilisiert
- die Bodenbearbeitung nach den genannten Grundregeln durchgeführt wird.

Der Anbau tiefwurzelnder Pflanzen fördert die Stabilität der durchgeführten Untergrundlockerung durch das Einbringen organischer Wurzelrückstände in diese Bodenschichten.

Festigung des Bodengefüges

Eine stabile Krümelstruktur in der oberen, etwa 30 cm starken Bodenschicht, dem sog. Mutterboden, ist die Grundlage für gutes Pflanzenwachstum.

Die Stabilität der Krümel hängt vom Vorhandensein verschiedener »Klebstoffe« im Boden ab. Werden organische Stoffe, z. B. Pflanzenrückstände, in den Boden eingearbeitet, nimmt die Tätigkeit von Mikroorganismen und Regenwürmern zu. Diese scheiden Schleime aus, die die Bodenteilchen miteinander verkleben.

Neben den organischen Stabilisatoren sind **Aluminium-** und **Eisenoxide** (s. Tab. A 48) durch ihre positive elektrische Ladung in der Lage, negativ geladene Tonminerale miteinander zu verbinden und auf diese Weise eine krümelähnliche Struktur zu schaffen.

Verbindungen zwischen organischen Huminstoffen und Tonmineralen, die **Ton-Humus-Komplexe** (s. Kap. A 3.3.2) fördern die Krümelstruktur. Sie sind besonders bei hoher Kalkung (hoher Kalziumgabe) stabil.

Künstliche Bodenkrümler werden vor allem im Garten- und Landschaftsbau zur Lockerungsstabilisierung auf schweren, humusarmen Böden und zur Verfestigung auf sandigen Böden eingesetzt.

Der Bodenkrümler **Ammoniumeisensulfat,** besteht zu 85 % aus dieser chemischen Verbindung und enthält etwa 10 % organische Substanz, z. B. Torf. Er bewirkt eine Verkittung von Bodenteilchen durch Eisenoxid-Überzüge.

Silikatkolloide wie das Agrosil bestehen aus Natriumhydrosilikat und Phosphat. Mit Wasser entsteht Silikat-Sol, das zwischen die Bodenteilchen dringt und bei Trockenheit zu festem Silikat-Gel wird (s. Abb. A173). Bei Agrosil beträgt die Aufwandmenge etwa 15 dt/ha. Das Mittel kann ausgestreut oder in Wasser (1 : 20) ausgebracht werden.

Organische Bodenkrümler ahmen die natürliche Verkittung nach. Damit ihre Wirkung anhält, sind sie gegen raschen Abbau durch Mikroorganismen widerstandsfähig. Zu diesen Mitteln gehören z. B.

Krilium	(aus Polyakrylsäure)
Acronal	(Polyakrylsäureester)
Alginure	(aus Algen, Polyuronide)
VAMA	(Polyvinylazetat, Maleinsäureanhydrid)

Die Stoffe werden als Mischung mit Wasser ausgespritzt oder als Pulver ausgestreut und dann mit Wasser »eingeregnet«. Die Aufwandmengen betragen 1–20 dt/ha. Alle genannten Bodenkrümler können nur dann zur Wirkung kommen, **wenn eine mechanische Lockerung des Bodens vorausgegangen ist.**

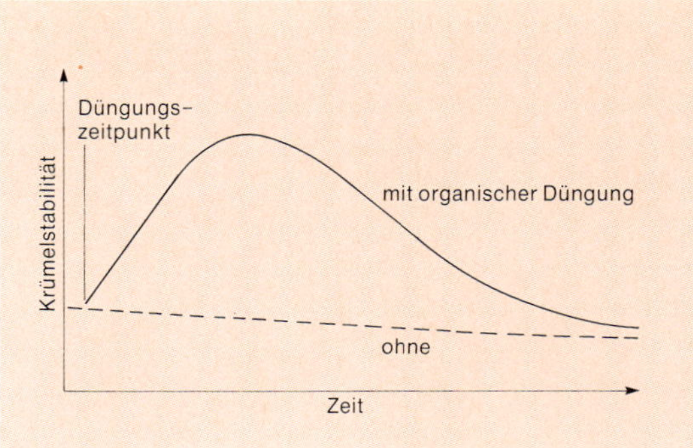

Abb. A 174. Zeitliche Veränderung der Gefügestabilität mit und ohne organische Düngung.

Abb. A 173. Sol- und Gelzustand von Substanzen.

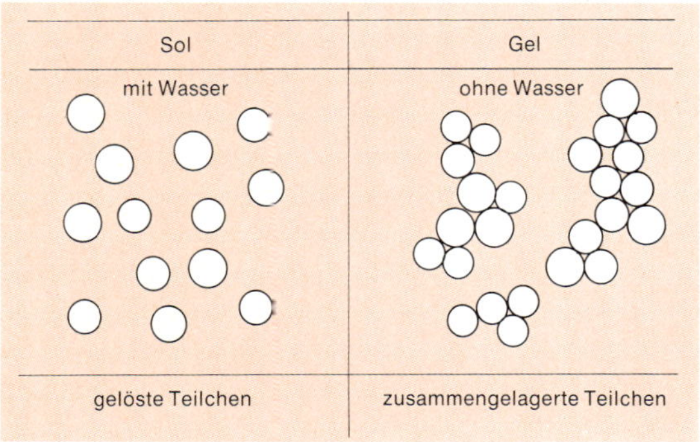

Kontrolle und Vertiefung

1. Warum ist das Krümelgefüge für unsere Kulturpflanzen die Voraussetzung für optimales Wachstum?

2. Warum gibt das Porenvolumen eines Bodens keine Auskunft über den Wasser- und Lufthaushalt?
3. Wieviel Prozent beträgt das Porenvolumen, wenn ein Liter eines Lehmbodens ein Festvolumen von 395 ml enthält?
4. Ein Substrat besitzt das Volumengewicht von 0,25 kg/l. Kann ein Gummiwagen mit 1,5 t Tragkraft 5 m^3 des Substrates auf einmal transportieren?
5. Jeweils 2 m^3 Sand (Vol.gew. 1,5 kg/l) und 2 m^3 Torf (Vol.gew. 0,1 kg/l) werden vermischt. Welches Volumengewicht hat die Mischung? Schätzen Sie, welches Volumen sie hat.
6. Warum darf eine Bodenbearbeitung auf den meisten Böden nur zu bestimmten Zeiten vorgenommen werden?
7. Warum werden tonreiche, bindige oder schwere Böden meist im Spätsommer oder Herbst gepflügt und oft grobschollig liegengelassen?
8. Stellen Sie Schutzmaßnahmen gegen die Erosion durch Wind und Wasser zusammen.

3.5 Bodenwasser

Als Bodenwasser bezeichnet der Bodenkundler den Wasseranteil, der durch Trocknung einer Bodenprobe bei 105 °C aus dem Boden entfernt werden kann. Das darüber hinaus im Boden verbleibende Wasser gehört zur festen Bodenmasse. Es ist häufig als Kristallwasser Bestandteil von Salzen.
Bodenwasser wird durch Niederschläge, Grundwasser und Kondensation aus der Atmosphäre ergänzt (s. Abb. A 175). Es enthält stets gelöste Salze (Ionen) und Gase. Wird durch Niederschläge mehr Wasser angeliefert als in den Boden einzudringen vermag, läuft es als **Oberflächenwasser** ab. Dies ist bei Böden mit einem hohen Anteil an Feinporen, wie tonigen Böden, der Fall. Auch Verdichtungen der obersten Bodenschicht führen zum oberflächigen Abfluß von Wasser. Oberflächenwasser ist eine der Ursachen der **Erosion** (s. Kap. A 3.4.3), denn die Kräfte des fließenden Wassers schlämmen die feineren Bodenteilchen fort.

3.5.1 Einteilung des Bodenwassers

Als Bodenwasser bezeichnet man das Adsorptionswasser, das Grund- oder Stauwasser und das Kapillarwasser. Unter dem Begriff **Adsorptionswasser** versteht man das durch elektrische Kräfte und Massenanziehungskräfte an Bodenteilchen gebundene Wasser.
Wasser ist ein Dipol (s. Abb. A 176). Das Wassermolekül hat ein elektrisch positiv und ein negativ geladenes Ende (Dipol s. Abb. A 92). Dadurch kann sich das Wassermolekül an elektrisch unterschiedlich geladene Oberflächen von Bodenteilchen anlagern. Auch die Wasseranziehung durch Salze beruht auf solchen elektrischen Kräften. Weil durch die elektrische Bindung die Verdunstung des Wassers erschwert ist, enthält auch noch lufttrockener Boden Wasser. Auch aus feuchter Luft nimmt Boden aufgrund dieser Kräfte Wasser auf – er ist hygroskopisch (wasseranziehend).
Adsorptionswasser haftet in mehreren Schichten an elektrisch geladenen Bodenteilchen. Die den Bodenteilchen nächste Schicht wird mit Saugdrücken bis zu 6000 bar festgehalten.

Abb. A 175. Wege des Wassers.

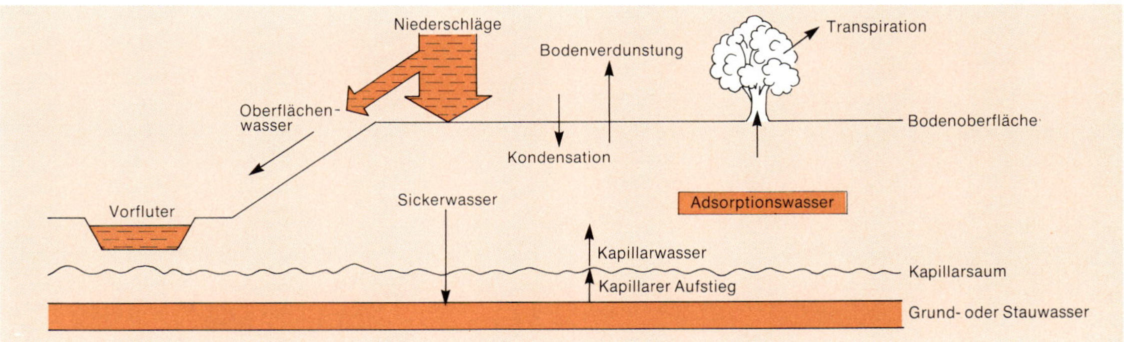

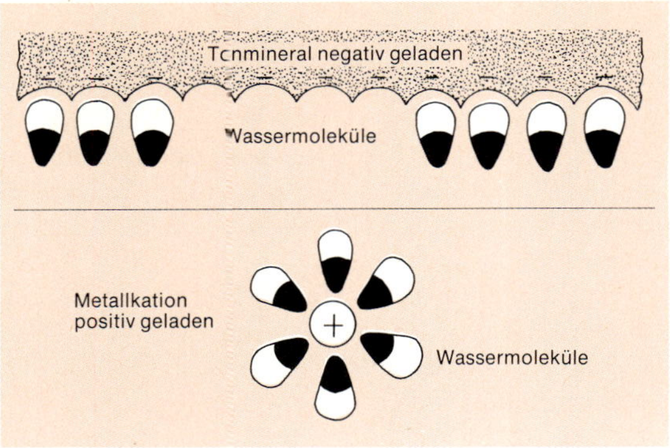

Abb. A 176. Wasser als Dipol.

Die Abwärtsbewegung des Sickerwassers wird gehemmt durch Zonen stärkerer Verdichtung, d. h. Zonen geringeren Porenvolumens. Eine solche Anreicherung von Wasser über bestimmten Bodenschichten wird als **Grundwasser** bezeichnet, wenn es dauernd vorhanden ist. Zeitweilig auftretende Wasseranreicherung wird als Stauwasser bezeichnet. Sowohl Grund- als auch Stauwasser werden nach oben hin durch eine scheinbare Oberfläche abgeschlossen, deren Grenze im Bodenprofil nicht sichtbar ist. Der Grundwasserspiegel ist niemals horizontal. Das Wasser ist meist in – sehr langsamer – Bewegung.

Wasser, das die Hohlräume ausfüllt oder sich an Berührungsstellen befindet, nennt man **Kapillarwasser.** An Berührungsstellen von Bodenteilchen bilden sich gekrümmte Menisken von Wasser, die sich mit steigender Wasseranlagerung vergrößern. Je kleiner der Durchmesser der Poren ist, desto stärker ist die Wasserbindung im Boden.

3.5.2 Wasserspannung

Die Wasserspannung ist von der Bodenart (s. Kap. A 3.2.4) abhängig. Sie gibt an, wieviel Wasser im Boden für die Pflanze zur Verfügung steht. Je weniger Wasser vorhanden ist, desto größer ist das Bestreben der Bodenteilchen, das restliche Wasser festzuhalten – die Pflanzenwurzel muß ihnen das Wasser entreißen. Ist der Boden mit Wasser überstaut, sind die Bodenteilchen mit Wasser gesättigt

Abb. A 177. Adsorptions- und Kapillarwasser.

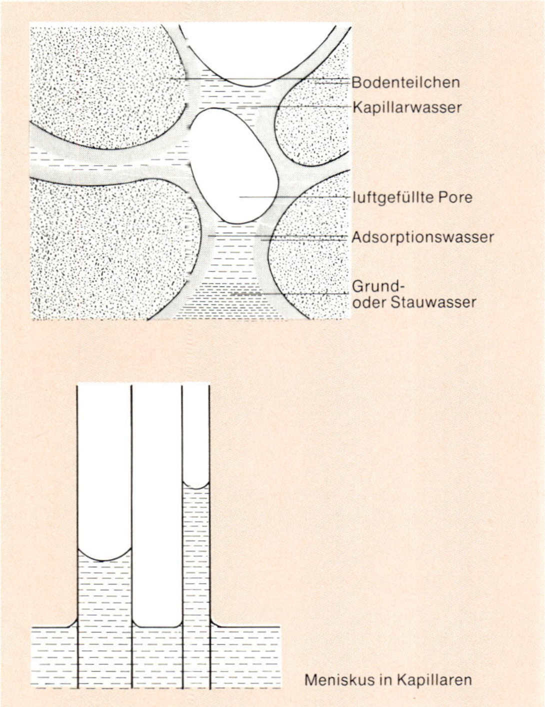

Abb. A 178. Tensiometer.

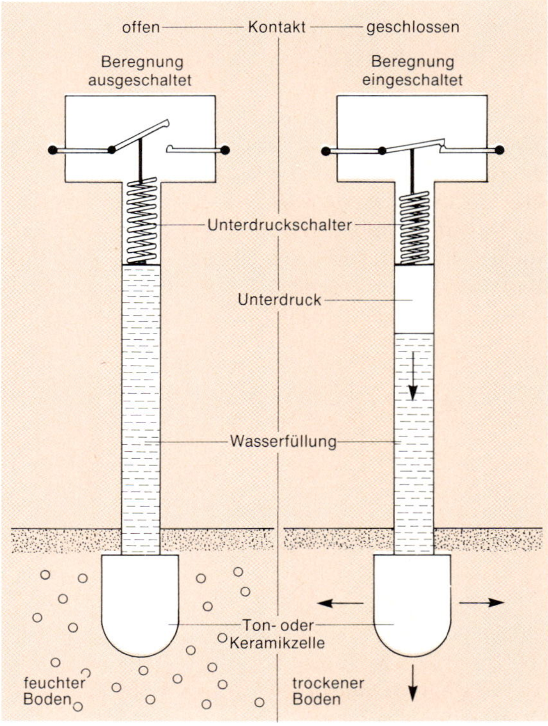

Tab. A 64. Kennwerte der Wasserspannung

Saugdruck von Bodenteilchen, Gegendruck einer Wassersäule von cm	bar	pF-Wert
1	0,001	pF 0 Wassersättigung
10	0,01	pF 1
100	0,1	pF 2
100–400	0,1–0,4	pF 2–2,6 Wasserkapazität o. Feldkapazität*
1000	1	pF 3
10000	10	pF 4
15000	15	pF 4,2 Permanenter Welkepunkt*

* s. Kap. A 3.5.4

und üben keinen Saugdruck mehr aus (s. Abb. A 178). Der Bodenkundler verwendet heute den pF-Wert als Maßzahl für die Wasserspannung. Er gibt die Wasserkapazität eines Bodens und den permanenten Welkepunkt in einem Boden genauer an.
Die Wasserspannung wird zunehmend als Meßgröße für den Wassergehalt in modernen Bewässerungsautomaten eingesetzt. Als »Feuchtefühler« im Boden wird der **Tensiometer** (s. Abb. A 178) verwendet. Er besteht aus einem Rohr, an dessen unterem Ende eine durchlässige Ton- oder Keramikzelle angeschlossen ist. Das Rohr ist wassergefüllt. Am oberen Teil des Rohres ist ein Unterdruck-Schalter befestigt, der den Stromkreis für ein Bewässerungssystem schließt, wenn Wasser bei Trockenheit aus der Tonzelle in den Boden übertritt und dadurch oberhalb des Wasserspiegels im Rohr ein Unterdruck entsteht.

3.5.3 Wasserbewegung im Boden

Bodenwasser ist in ständiger Bewegung in flüssiger oder dampfförmiger Phase. Ursache ist der Wechsel des Klimas. Das Gleichgewicht im Boden wird gestört durch **Sickerwasser,** durch Niederschläge und Beregnung, Verdunstung von **Kapillarwasser** aus dem **Grundwasser** und die Entnahme von Wasser durch Pflanzen (Transpiration). Die Geschwindigkeit, mit der Wasser im Boden fließt, ist abhängig von der **Wasserleitfähigkeit,** die durch Körnung und Gefüge bestimmt wird.

Grundwasser
Aufgrund kapillaren Aufstiegs in den feinen Poren steigt Wasser von unten aus dem Grund- oder Stauwasser nach oben. Der günstigste Grundwasserstand unter den klimatischen Bedingungen Deutschlands ist bei lehmigem Sand ca. 150 cm, bei tonigem Lehm ca. 200 cm. Liegt er höher oder tiefer, wird die Ertragsfähigkeit eines Bodens stark erniedrigt: bei Sandböden wird beim Absenken des Grundwasserstandes der Ertrag vermindert, weil Pflanzen auf Sandböden besonders stark auf kapillare Nachlieferung angewiesen sind. Bodenteilchen halten hier das Wasser besonders wenig fest. Bei stark tonhaltigen Böden oder Moorböden wirkt sich ein hoher Grundwasserstand negativ aus, weil der Luftanteil im Wurzelraum der Pflanzen vermindert ist. Aus diesem Grund können nur noch Flachwurzler, wie z. B. Birken, im Moor gedeihen.

Wasserdampf
In Böden, deren Porensystem nicht vollständig mit Wasser gefüllt ist, ist in der Bodenluft stets Wasserdampf enthalten. Der Sättigungsgrad der Bodenluft (s. Kap. A 3.6) beträgt stets mehr als 90 % relative Feuchte.
Wasserdampf bewegt sich stets vom Wasser in flüssiger Form zu Orten geringer Dampfkonzentration. Wird Dampf durch Luftbewegungen im und über dem Boden aus dem Boden entfernt, wird er durch Verdunstung aus dem Bodenwasser wieder ersetzt.
Die Abwanderung von Dampf hin zu kälteren Bo-

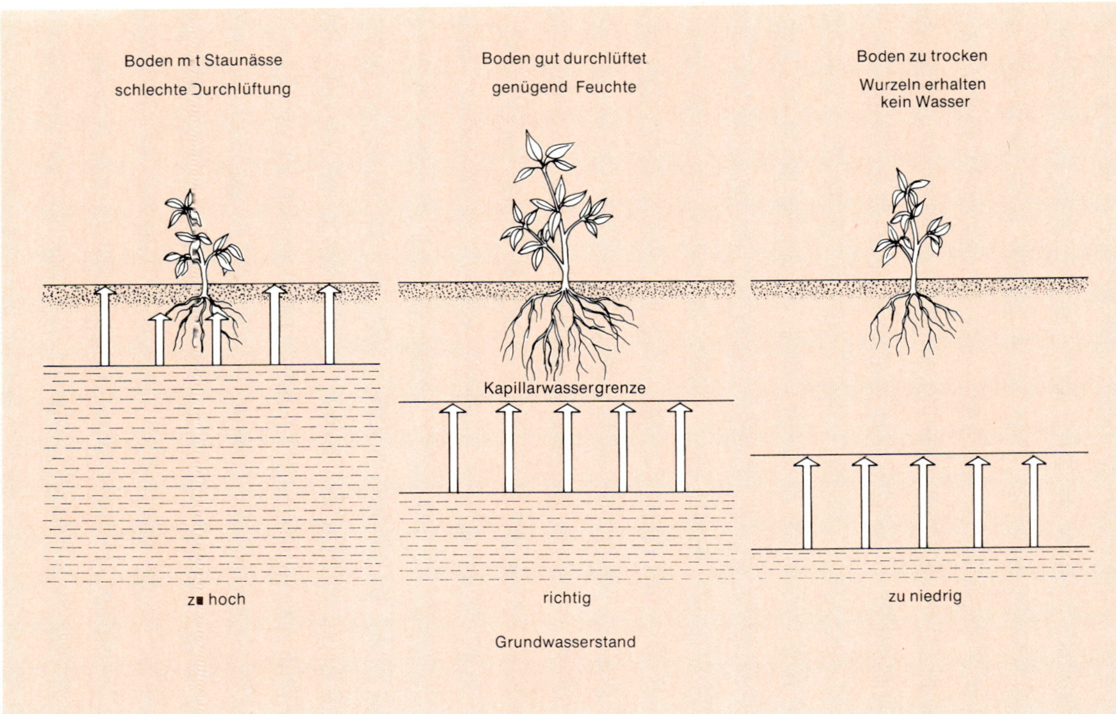

Abb. A 179. Grundwasserstand und Ertragsfähigkeit von Böden.

den- oder Substratzonen ist auch bei Boden- und Vegetationsheizungen zu beobachten: die Umgebung der Heizungsrohre trocknet am raschesten aus.

Verdunstung

An der Bodenoberfläche wird Wasserdampf in die Atmosphäre abgegeben. Der Wasserdampf stammt aus dem Kapillarwasser.

Die Höhe der Verdunstung wird von der Temperatur an der Bodenoberfläche, dem Feuchtegehalt der Atmosphäre und der Luftbewegung in der Atmosphäre bestimmt.

Bei Erwärmung der Bodenoberfläche durch Sonneneinstrahlung steigt die Verdunstung an. Der Energiebedarf für die Verdampfung von Wasser ist bei 20 °C etwa 2470 kJ/g (590 kcal/g).

Im Normalfall enthält die Bodenluft mehr Wasserdampf als die Außenluft. Die Wassermoleküle fließen leicht in die trockenere Außenluft ab. Hat die Außenluft einen hohen Wassergehalt (hohe relative Feuchte, rF), findet kaum Verdunstung statt.

Luftbewegung fördert die Wasserabgabe des Bodens, weil durch Wind immer neue trockene Luft über den Boden geblasen wird.

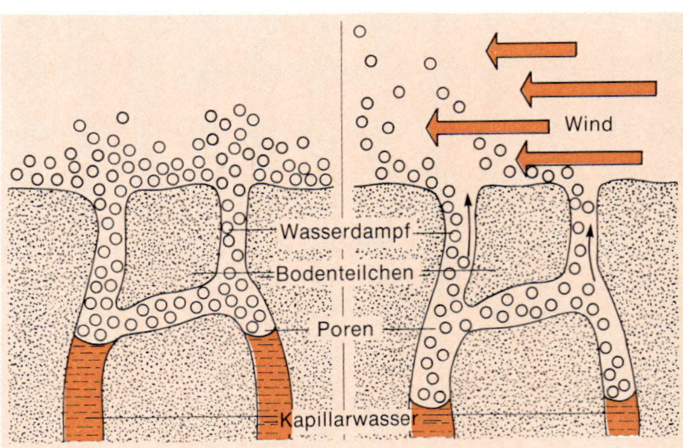

Abb. A 180. Verdunstung an der Bodenoberfläche.

Dränung

Als Dränung wird der Wasserverlust eines Bodens unter dem Einfluß der Schwerkraft bezeichnet. Die verbleibende Wassermenge entspricht der Feld-

oder Wasserkapazität (s. Kap. A 3.5.4). Die einfachste Maßnahme zur Entwässerung von Böden ist die Anlage von **Gräben,** deren Sohle mindestens 1 m unter der Bodenoberfläche liegt. Hat ein Boden geringe Wasserleitfähigkeit durch zu geringes Porenvolumen, z. B. Tonboden, müssen Gräben nahe beieinander angelegt werden, um dem Wasser einen horizontalen Abfluß zu geben. Das führt zu schmalen Feldstücken, die sich umständlich bearbeiten lassen. Heute werden Gräben fast nur noch zur Oberflächenentwässerung gezogen und heißen Vorfluter. Platzsparender und wirkungsvoller als Gräben sind Dränsysteme im Unterboden. Man unterscheidet

- Maulwurfsdränung (kaum noch angewandt)
- Röhrendränung (meist angewandte Dränung)
- Schlitzdränung (neue Art der Dränung)
- Punktdränung (im Garten- und Landschaftsbau)

Die **Maulwurfsdränung** wird durch einen Maulwurfspflug vorgenommen. Dieser fährt je nach Boden und Staunässegrad im Abstand von 1,5–3 m über die Fläche. Die Geräte haben einen Tiefgang zwischen 50 und 90 cm. Je nach Bodentyp wird eine Maulwurfsdränung nach durchschnittlich 5 Jahren wiederholt, weil die Bodenwandung der Maulwurfsröhren zusammenbricht. Das Gefälle der Maulwurfsdränung zum Vorfluter hin muß mindestens 2% betragen, damit überschüssiges Wasser aus dem Profil rasch abläuft.

Aufwendiger, aber dafür dauerhafter ist die **Röhrendränung.** Ihre Nutzungsdauer beträgt bei Tonröhren bis zu 30 Jahre, bei Kunststoffröhren ist die Dauer der Funktionsfähigkeit noch nicht bekannt. Seit Anfang der 70er Jahre werden zunehmend Kokosfasern (s. auch Kap. A 3.10.6) als Ummantelung für Kunststoffrohre verwendet, um Verschlämmen, Versanden und die Bildung von »Wurzelbärten« im Dränrohr zu verhindern. Je nach Körnung und chemischer Zusammensetzung des Bodens kann alle 5–10 Jahre eine Spülung der Rohre notwendig werden. Mangelhafte Dränung kann am einfachsten an der Einmündung der Rohre in den Vorfluter festgestellt werden.

Dränrohre aus Ton werden mit Dränbaggern, Dränrohre aus Kunststoff mit einer Grabenfräse oder grabenlos arbeitenden Dränpflügen von der Rolle eingearbeitet. Die Maschinen haben eine hohe Verlegegeschwindigkeit und verursachen geringe Verdichtungen. Für entlegene Gebiete sind Geräte entwickelt worden, die Kunststoffrohre aus Kunststoffgranulat selbst herstellen und gleichzeitig grabenlos verlegen.

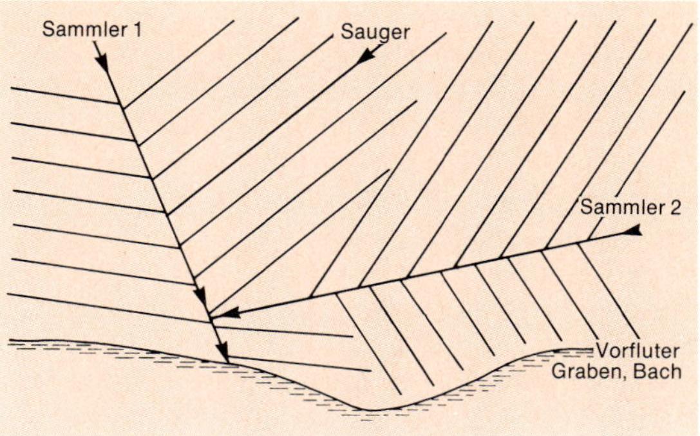

Abb. A 181. Schema einer Dränung (Dränplan).

Der Verlegeabstand für Saugrohre (Sauger) mit einem Durchmesser von 50–100 mm beträgt je nach Bodentyp und Gefüge zwischen 3 und 20 m, die Verlegetiefe zwischen 0,6 und 1,2 m. Die Saugrohre münden in Sammelrohre (= Sammler), die einen Durchmesser von mehr als 100 mm haben und in die Vorfluter münden. Für die Verlegung einer Dränung wird ein Dränplan angefertigt, der die Lage

Abb. A 182. Verlauf der Wasserströmung in Richtung auf ein Dränrohr.

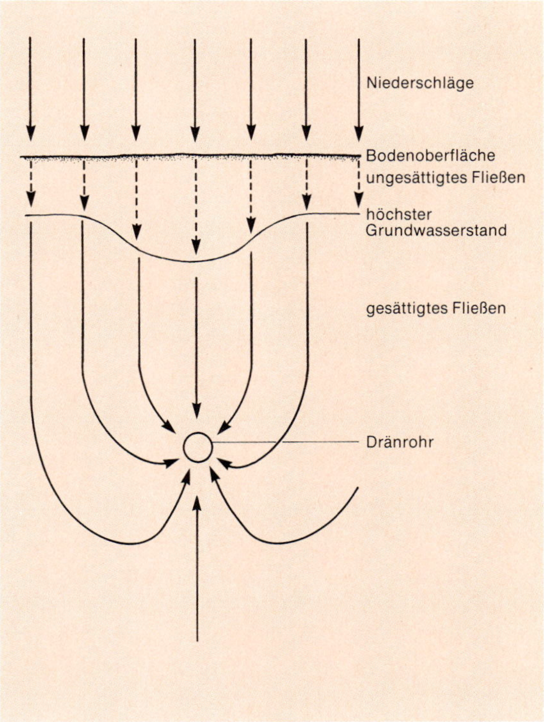

der Röhren zeigt. Er sollte stets verfügbar sein, um eventuelle Störungen schnell zu finden. Seit 1980 wird in geringem Umfang mit der **Schlitzdränung** gearbeitet. Hierbei zieht eine Grabenfräse einen 0,8–1,0 m tiefen, etwa 20 cm breiten Graben, in den Styroporkugeln verfüllt werden. Anschließend wird die Krume wieder aufgebracht. Diese »Schlitzsauger« münden in einen Rohrsammler. Die Schlitzdränung dient gleichzeitig zur Durchlüftung von Böden.

Die **Punktdränung** wird auf ungünstig gelegenen Flächen vor allem im Garten- und Landschaftsbau eingesetzt, um Verdichtungen im Unterboden zu durchbrechen. Hierbei wird ein tragbares Bohrgerät eingesetzt, das mit einer Schnecke Löcher von 20–30 cm Durchmesser bis 1 m Tiefe bohrt. Größere Löcher können mit Spezialgeräten am Traktor gebohrt werden.

Die Löcher werden mit Sand, Kies oder Styropor verfüllt. Sie dienen als punktförmige Dränung, können aber die großflächige Dränung nicht ersetzen.

3.5.4 Kennwerte des Wasserhaushaltes von Böden

Der Wasserhaushalt des Bodens beeinflußt das Wachstum der Pflanzen. Jeder Boden besitzt aufgrund seines Porenvolumens, der Porenverteilung, des Humusgehaltes und seiner Lagerungsdichte bestimmte Eigenschaften zum Festhalten des Wassers. Zur Kennzeichnung des Wasserhaushaltes bestimmt man die **Feld- oder Wasserkapazität** und den **Welkepunkt** eines Bodens.

Feld- und Wasserkapazität

Die größte Wassermenge, die ein Boden in natürlicher Lagerung (im Feld) gegen die Schwerkraft festhält, nennt man Wassergehalt bei **Feldkapazität.** Bei gärtnerischen Erden und Substraten wird hierfür der Begriff **Wasserkapazität** angewandt, beide Begriffe bedeuten also das gleiche.

Die Feldkapazität (Abkürzung: FK) ist abhängig vom Bodentyp (s. Kap. A 3.9), der Körnung und dem Gefüge. Die Wasserkapazität (Abkürzung: WK) wird von der Art der Erde oder des Substrates bestimmt.

Einen guten Näherungswert für die Feldkapazität erhält man im Frühjahr oder bei Tauwetter nach Ablaufen des Schmelzwassers. Dann ist der Boden wassergesättigt, Störungen durch die Transpiration der Pflanzen sind wegen der niedrigen Temperatur nicht möglich.

Man entnimmt mit dem Bohrstock eine Bodenprobe bis zur Profiltiefe von 1 m und wiegt diese. Dann trocknet man die Bodenprobe mindestens 48 Stunden bei 105 °C und wiegt sie erneut. Die Gewichtsdifferenz entspricht dem Wassergehalt bei Feldkapazität.

Dabei betragen die pF-Werte 2–2,6, das entspricht einem Saugdruck der Bodenteilchen von 0,1–0,4 bar (s. Tab. A 64).

Zur Bestimmung der Wasserkapazität werden 500 g eines mindestens 5 Tage lang an der Luft getrockneten Substrates (Lagerfeuchte) in einen Topf mit Bodenloch gefüllt und für 2 Stunden mit Wasser überstaut. Anschließend läßt man das überschüssige Wasser ablaufen und wiegt das Substrat. Die Gewichtszunahme entspricht dem Wassergehalt bei Wasserkapazität.

Sowohl Feld- als Wasserkapazität werden als Verhältniszahl (%) angegeben:

$$\text{FK, WK \%} = \frac{\text{Gewicht + Wasser}}{\text{Gewicht Wasser + Boden oder Substrat}} \cdot 100$$

Beispiel:

Gewicht Boden oder Substrat + Wasser	= 389 g
Gewicht Boden	= 152 g
Differenz = Gewicht Wasser	= 237 g

$$\text{FK, WK \%} = \frac{237}{389} \cdot 100 = 61\,\%$$

Feld- und Wasserkapazität werden sowohl in Gewichts% (Gew.%, s. oben) als auch in Volumen% (Vol.%) angegeben. Dabei wird zugrundegelegt, daß 1 l Wasser 1 kg wiegt.

Welkepunkt

Die Transpiration der Pflanzen bewirkt einen ständigen Wasserentzug aus dem Boden. Ist das pflanzenverfügbare Wasser der Grob- und Mittelporen (s. Tab. A 59) verbraucht, welkt die Pflanze. Den Wassergehalt des Bodens bei Welkebeginn nennt man **Welkepunkt** (WP). Aus dem verbliebenen Wasseranteil in den feinen Poren werden durch Diffusion noch eine Zeitlang geringe Mengen Wasser an die Pflanzenwurzel nachgeliefert, so daß die Pflanze noch nicht abstirbt und sich bei Bewässerung wieder erholt. Ist die Nachlieferung nicht mehr möglich, weil die Bodenteilchen nur noch von dünnen Filmen des Adsorptionswassers (s. Kap. A 3.4.3) umgeben

Tab. A 65. Wassergehalt bei Sand-, Lehm- und Tonböden

Bodenart	Wassergehalte bei Feldkapazität (Haftwasser)	beim Permanenten Welkepunkt (Totwasser)
Sand	10%	3%
Lehm	33%	17%
Ton	45%	33%

sind, so ist der **Permanente Welkepunkt** (PWP) erreicht: Pflanzen können sich durch Bewässerung oder Gießen nicht mehr erholen.
Der Saugdruck, den Pflanzen bei der Wasseraufnahme ausüben, ist sehr hoch. Beim PWP erzeugt die Pflanze immerhin einen Saugdruck, der dem Druck einer Wassersäule von 150 m Höhe (= 15 bar) entspricht (s. Tab. A 64). Der Saugdruck wird durch **osmotische Kräfte** bewirkt, die bei der Anziehung von Wasser durch Salze (Hygroskopizität) in den Wurzelzellen auftreten. Man spricht von osmotischem Druck. Pflanzen können sich einem zur zeitweiligen Austrocknung neigenden Standort durch Änderung des osmotischen Druckes anpassen (s. Tab. A 66). Die Bestimmung des PWP erfolgt mit Sonnenblumensämlingen (*Heliánthus ánnuus*) oder Waldkiefern (*Pínus sylvéstris*) unter bestimmten Versuchsbedingungen mit Druckmembrangeräten. Er wird wie die WK als Verhältniszahl angegeben.

Tab. A 66. Anpassung von Maiswurzeln an die Wasserkapazität von Böden

Wasserkapazität %	Osmotischer Druck (bar) in der Wurzel
80	0,17
60	0,19
30	0,49

3.5.5 Wasserversorgung von Pflanzen

Wassergehalte des Bodens zwischen der Feld- oder Wasserkapazität (pF = 2) und dem Permanenten Welkepunkt (pF = 4,2) bestimmen das Wachstum aller Pflanzen. Je weniger Wasser die Poren enthalten, desto mehr müssen Wurzeln dem Wasser nachwachsen und desto dichter muß das Wurzelnetz sein, um vorhandenes Wasser aufzunehmen.
Beim Durchwachsen von Poren drängen Wurzeln die Bodenteilchen zur Seite. Die nächste Umgebung der Wurzeln wird verdichtet. Nach dem Absterben von Wurzeln bleiben im Bodenprofil zahlreiche Wurzelkanäle oft für Jahre erhalten.
Das Zusammendrücken der wurzelnahen Zone hat eine Schwammwirkung. Wasser wird aus den Poren herausgepreßt und aufgesaugt. Das Strömungsbild für das Wasser in Wurzelnähe ist dem an einem Dränrohr ähnlich (s. Abb. A 182).
Die Pflanze stellt ein Ventil dar, durch das große Mengen Bodenwasser in die Atmosphäre abgegeben werden. Die Transpiration von Wasser an den Spaltöffnungen (s. Kap. A 1.3.4) erreicht hohe Werte: so transpiriert während einer Vegetationsperiode Kopfkohl pro ha ca. 8000000 l Wasser. Dies sind 8000 t/ha und entspricht 800 l/m^2 (= 800 mm) Niederschlag.
Der Gärtner muß mit Überlegung geeignete Beregnungssysteme auswählen und darf niemals zuviel oder zuwenig Wasser geben. Hierfür ist die Kenntnis derjenigen Wassergabe notwendig, die am raschesten zum höchsten Massenertrag führt. Die Annah-

Tab. A 67. Transpirationskoeffizient

Pflanzenart	Notwendige Wassergabe für die Erzeugung von 1 kg Trockensubstanz
Kopfkohl	518 l
Gurke	686 l
Bohne	695 l
Erbse	746 l
Kürbis	802 l
zum Vergleich:	
Mais (feucht kultiviert)	191 l
Mais (trocken kultiviert)	340 l

me, durch häufige Beregnung würden Pflanzen »verwöhnt«, ist nicht richtig: gleichbleibende Feuchte im Boden oder Substrat nahe der Wasserkapazität erhöht die Wirksamkeit des Wassers.

Für den Gärtner ist wichtig, wieviel Wasser er einer Kultur geben muß, um einen guten Ertrag zu erhalten. Als Maßzahl wird hierfür der **Transpirationskoeffizient** berechnet. Dieser ist eine Verhältniszahl und sagt aus, wieviel Liter Wasser für die Erzeugung eines Kilogramms pflanzlicher Trockenmasse verbraucht wurden (s. Tab. A 67).

Ursache für die gewaltige Wassermenge, die von Pflanzen an die Atmosphäre abgegeben wird, ist die Größe der Blattoberfläche. Sie beträgt ein Vielfaches der bedeckten Bodenfläche.

Tab. A 68. Transpirierende Blattoberfläche verschiedener ausgewachsener Gehölze über einer Bodenfläche von 1 m^2

Pflanze	Transpirierende Blattfläche, m^2
Birke	2
Eiche	3
Esche	5
Buche	6
Fichte	13
zum Vergleich:	
Mais	22

Die Transpiration ist aus diesem Grund um ein Vielfaches höher als die Verdunstung des Bodens. Der Wassertransport durch die Pflanze erfolgt schneller als durch Kapillaren des Bodens. Die von der Pflanze an die Luft abgegebenen großen Wassermengen setzen daher eine hohe Leistung der Wurzeln voraus. Diese kann nur dann ausgeschöpft werden, wenn Böden und Substrate gute Eigenschaften haben (vgl. Kap. A 3.9 und A 3.10).

Das Bodenvolumen, dem Wurzeln Wasser entziehen, ist bei Sand am geringsten. Die Einzelkornstruktur verhindert den Transport von Wasser über größere Entfernungen. Die Gefahr des Vertrocknens ist daher besonders groß.

Pflanzenarten mit dichtem Wurzelnetz, wie viele Gräser, sind gegenüber solchen mit wenig verzweigten Wurzeln im Vorteil. Dies gilt besonders auf grundwasserfernen Standorten, wo der kapillare Aufstieg gering ist.

Die Länge der Wurzeln einzelner Pflanzenarten ist sehr unterschiedlich (s. Tab. A 69). Hinweise auf die Leistung bei der Wasseraufnahme geben Wurzellängenmessungen bei Topfkulturen. Wegen der Schwierigkeit, Wurzellängen im Freiland zu messen, ist noch nicht vollständig geklärt, ob nur mit Wurzelhaaren versehene, aktiv wachsende Wurzelspitzen Wasser aufnehmen oder auch alte Wurzeln.

Innerhalb des Bodenprofils nimmt die Durchwurzelung von oben nach unten stark ab. Trotzdem wird eine größere Wassermenge aus dem Unterboden entzogen, vor allem bei Trockenheit, wenn der Oberboden stark entwässert ist.

Pflanzen können innerhalb kurzer Zeit tief einwurzeln: Schon drei Wochen nach dem Auspflanzen erreicht Blumenkohl mit ersten Wurzeln die Tiefe von 40 cm. Die Wachstumsgeschwindigkeit von Wurzeln

Tab. A 70. Beobachtete Durchwurzelungstiefen verschiedener Pflanzenarten

Pflanzenart	Durchwurzelungstiefe
Waldkiefer	410 cm
Mais	280 cm
Zuckerrübe	250 cm
Blumenkohl	160 cm
Ahorn	140 cm
Fichte	120 cm
Salat	90 cm
Rhododendron	75 cm

Tab. A 69. Wurzellängen zweier Pflanzenarten (im 12-cm-Topf gezogen)

Pflanzenart	Wurzel		Wurzelhaare		
	Länge, cm	Oberfläche, cm^2	Anzahl	Länge, cm	Oberfläche, cm^2
Bohne	2900	406	6100000	59700	277
Blaugras	38400	2129	51600000	5166000	15810

ist sehr hoch und erreicht im Freiland Werte von 10 cm pro Tag bei krautartigen Pflanzen. Die Durchwurzelungstiefe wird von den Bodeneigenschaften bestimmt. Bei tiefgründigen Böden werden beträchtliche Tiefen erreicht (s. Tab. A 70).

Kontrolle und Vertiefung

1. Durch welche Kräfte vermag die Pflanzenwurzel dem Boden Wasser zu entziehen?
2. Das Litergewicht eines wassergesättigten Bodens beträgt 456 g; derselbe Boden wiegt trokken 312 g. Wie hoch ist die Wasserkapazität (Gew.%)?
3. Warum kann die Pflanze die in Tonböden gespeicherte Wassermenge bei Trockenheit nicht nutzen?
4. Ein Kopf Weißkohl transpiriert 480 Liter Wasser in einer Vegetationsperiode. Wieviel Liter Wasser werden auf einer Fläche von 1,6 ha abgegeben, wenn die Pflanzung im Abstand von 80 × 50 cm erfolgte?

3.6 Bodenluft

Mit steigendem Wassergehalt des Bodens sinkt der Luftgehalt und umgekehrt. Als Luftkapazität (LK) bezeichnet man den Luftanteil, der bei Feld- oder Wasserkapazität vorliegt (s. Kap. A 3.5.4).

Tab. A 71. Luftkapazität verschiedener Bodenarten

Bodenart	LK, Vol.%
Sand	30–40
Schluff und Lehm	10–25
Ton	0–15
Moor	0–25

Als optimal für das Pflanzenwachstum wird heute eine Luftkapazität von ca. 20% angenommen.

Die Zusammensetzung der Bodenluft ist anders als die der Außenluft. Sowohl durch die Atmung der Pflanzenwurzel als auch der Bodenorganismen wird Sauerstoff (O_2) verbraucht und entsprechend Kohlendioxid (CO_2) erzeugt, das zu 90% durch Diffusion in die freie Atmosphäre entweicht. Jährlich werden so in einem humosen Kulturboden etwa 4000 m^3/ha CO_2 in die Bodenluft abgegeben. Ist der Gasaustausch zwischen Boden und Atmosphäre behindert oder zeitweise unterbunden, kann der CO_2-Gehalt in der Bodenluft über 10% ansteigen und der Sauerstoffgehalt entsprechend absinken (s. Tab. A 72).

Gehalte von 5% CO_2 und 10% O_2 in der Bodenluft sind Grenzwerte, von denen ab mit einer Verlangsamung des Wachstums von Kulturpflanzen und aerober Mikroorganismen zu rechnen ist, während die Lebensfähigkeit anaerober Mikroorganismen zunimmt. Um dies zu vermeiden, ist es notwendig, den Boden während der Vegetationszeit (März – Oktober) durch geeignete Bodenbearbeitung offen zu halten.

Die Luftfeuchte (relative Feuchte) ist im Oberboden, besonders in den oberen 5 cm, durch Klimaeinflüsse großen Schwankungen unterworfen (s. Kap. A 3.5.3). Dies führt bei der Samenkeimung und bei Jungpflanzen oft zu Ausfällen, weil die zarten Wurzeln rasch austrocknen können. Im Unterboden beträgt die relative Feuchte nur selten weniger als 95%.

Verschiedene Pflanzenarten haben unterschiedliche Ansprüche an die Durchlüftung des Bodens. Die meisten gärtnerischen Kulturen benötigen eine hohe Sauerstoffversorgung an der Wurzel. Ausnahmen sind typische Vertreter feuchter Gebiete, z. B. Primeln und Moorbeetpflanzen, die zeitweilige Staunässe überstehen und nur auf die Durchlüftung des Oberbodens (0–30 cm) angewiesen sind.

Für einige Gehölze reicht der im fließenden Grundwasser gelöste Sauerstoff aus, wie z. B. für Pappeln

Tab. A 72. CO_2- und O_2-Gehalte der Bodenluft

		CO_2-Gehalt %	O_2-Gehalt %
Atmosphäre		0,03	20,9
Obere Bodenschicht	0–0,3 m	0,2–0,7	20
Oberboden	0,30–1,0 m	1–2	18–19
verschlämmter Boden mit staunasser Oberfläche		2–5	10–12
Boden mit gefrorener Oberfläche		5–10	8–10

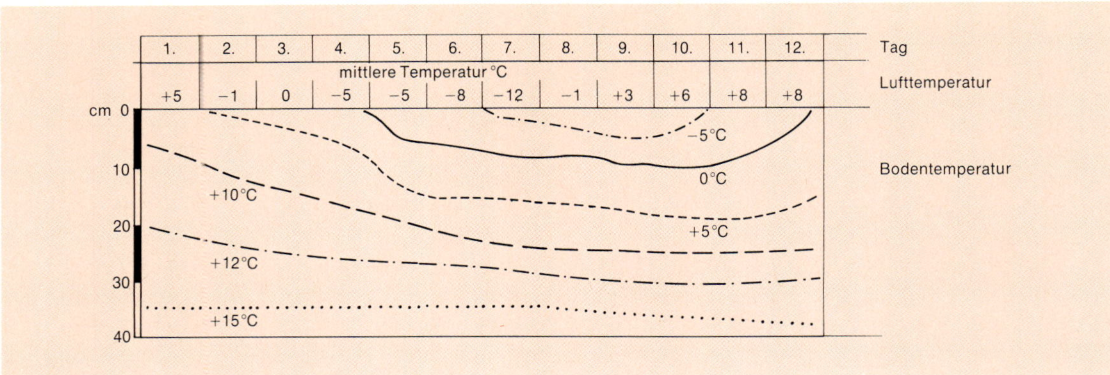

Abb. A 183. Temperaturverlauf im Bodenprofil während eines Frosteinbruchs im Herbst.

und Weiden. Diese Bäume wachsen noch gut, wenn ihr gesamtes Wurzelwerk im Wasser steht.

Kontrolle und Vertiefung

1. Welche Wirkung hat Sauerstoffmangel an der Wurzel?
2. Wodurch wird die Feuchte der Bodenluft in 60 cm Tiefe annähernd gleich gehalten?

3.7 Bodentemperatur

Die Bodentemperatur beeinflußt den Luft- und Wasserhaushalt des Bodens, das Wachstum der Mikroorganismen und der Kulturpflanzen sowie die Verwitterungs- und Zersetzungsprozesse. Die Bodentemperatur wird vor allem beeinflußt durch die Sonnenstrahlung, aber auch durch Wärme aus dem Erdinnern und Wärme, die beim Abbau organischer Substanz durch Mikroorganismen frei wird.

Je größer die Dichte eines Bodens ist, desto tiefer dringt die Temperaturwelle einer Klimaschwankung in ihn ein. Bei natürlicher Lagerung puffert der Boden die Temperaturen ab. Bei Außentemperaturen von 0 bis 5 °C sinkt die Bodentemperatur über einen Zeitraum von 2 Wochen in 40 cm Tiefe von anfänglich 12 °C auf 5 °C ab (vgl. Abb. A 183). Obwohl Eis viermal besser Wärme leitet als Wasser, kann ein Boden bei Temperaturen unterhalb 0 °C nicht so stark abkühlen wie oberhalb 0 °C, weil die im Oberboden beim Gefrieren freiwerdende Wärme ausgleichend wirkt.

Die Bodenoberfläche hat ein bestimmtes Aufnahmevermögen für die Sonnenstrahlung: so werden 50–80 % der Strahlung absorbiert. Dunkle Böden sind in 20 cm Tiefe durchschnittlich 0,5–3 °C wärmer als helle Böden. Natürliche und künstliche Beregnung verändern die Bodentemperatur kurzfristig bis zu einer Tiefe von 25 cm. Vernäßte Böden erwärmen sich im Frühjahr infolge der raschen Ableitung der Wärme von der Oberfläche nach unten nur langsam, so daß selbst noch im Sommer Strahlungsfröste vorkommen, z. B. auf Moorböden. Das Eindringen von Frost in den Boden wird durch Bodenbedeckungen, wie Pflanzen, Streu, Mulch und Schnee vermindert. Die Wirkung ist um so stärker, je lockerer das Bedeckungsmaterial ist und je vollständiger die Bodenoberfläche abgedeckt ist.

Schnee zeigt ein besonderes Verhalten, weil er Wärmestrahlung (Infrarot) zu 99,5 % absorbiert. Dadurch läßt er bei genügend dicker Schneedecke (etwa 20 cm) auf ungefrorenem Boden kaum Wärme-

Abb. A 184. Laubmulch als Frostschutz.

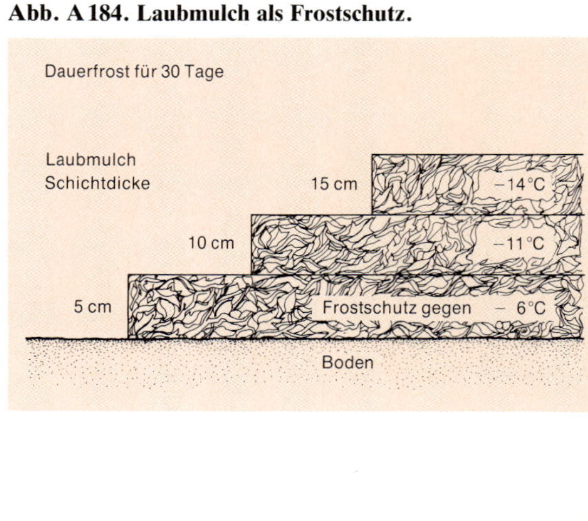

strahlung aus dem Boden durch. Der Boden friert selbst bei Temperaturen bis –20 °C nicht.
Für gärtnerische Kulturen sind gut durchlüftete Böden erforderlich, denn diese erwärmen sich im Frühjahr am raschesten, so daß die Bearbeitung und Pflanzung frühzeitig erfolgen kann. Allerdings ist zu beachten, daß im Frühjahr nach dem Anpflanzen von Gemüsejungpflanzen oder dem Auflaufen der Saat bei Spät- oder Strahlungsfrostgefahr keine Bodenlockerung durchgeführt werden darf; sonst frieren die Pflanzen hoch, die Wurzeln reißen ab und die Pflanze vertrocknet.

Kontrolle und Vertiefung
1. Warum ändert sich die Temperatur in 40 cm Bodentiefe bei Frost an der Oberfläche nur sehr langsam?
2. Aus welchen Gründen ist die Anwendung von Laubmulch in vielen Kulturen trotz der Schutzwirkung gegen Frost nicht ratsam?

3.8 Chemische Eigenschaften von Böden und Substraten

Neben den physikalischen Eigenschaften, wie Porenvolumen, Porenverteilung und Volumengewicht, besitzen Böden und Substrate eine Reihe chemischer Eigenschaften. Diese sind für die Nährstoffversorgung der Pflanze wichtig. Zu den chemischen Eigenschaften gehören:

- der Säuregehalt (pH-Wert)
- Austausch von Nährstoffen an Bodenkolloiden
- Reduktion und Oxidation von Nährstoffen

Sie beeinflussen die Nährstoffverfügbarkeit und wirken sich auf die physikalischen Eigenschaften eines Bodens aus.

3.8.1 pH-Wert und Kalkbedarf

Der Säuregehalt eines Bodens wird durch den pH-Wert gemessen. pH bedeutet **pondus Hydrogenii,** das Gewicht des Wasserstoffs. Die Säurewirkung wird durch Wasserstoff-Ionen verursacht: gelangt eine Säure in den Boden, so löst sie sich im Bodenwasser und spaltet Wasserstoff ab. Es bilden sich Hydronium-Ionen, die sauer wirken.

Der pH-Wert gibt an, wieviel Gramm Hydronium-Ionen in einem Liter Bodenwasser enthalten sind.

Beispiel:

$$\text{pH } 6 = \frac{1}{10^6} = \frac{1}{1000000} \text{g/l} = 1 \text{ g } H_3O^+ \text{ in 1 Mio. l Wasser}$$

R — H	+	H_2O
Säurerest Wasserstoff	+	Bodenwasser

→ H_3O^+	+	R^-
Hydronium-Ion positiv		Säurerest-Ion negativ

Hydronium-Ionen gelangen durch verschiedene Vorgänge in den Boden:

Kohlensäure im Bodenwasser
Durch die Atmung der Pflanzenwurzeln und Mikroorganismen entsteht CO_2. Dieses verbindet sich mit Wasser zu Kohlensäure (s. Kap. A 3.2.2).

$$CO_2 + H_2O \rightleftharpoons \underset{\text{Kohlensäure}}{H_2CO_3} + 2 \times H_2O$$

$$\rightleftharpoons \underset{\text{Hydronium-Ion}}{2 \times H_3O^+} + \underset{\text{Karbonat-Ion}}{1 \times CO_3^{2-}}$$

Dieser Vorgang ist umkehrbar: nimmt der CO_2-Gehalt der Bodenluft ab, wird Kohlensäure zersetzt.

Schwefelsäure in den Niederschlägen
Bei Verbrennung von Heizöl entsteht Schwefeldioxid (SO_2), das sich mit Wasser zu schwefliger Säure verbindet.
Huminsäuren entstehen bei der Zersetzung organischer Substanz. Sie werden bei der Kalkung zu Huminstoffen umgewandelt (s. Kap. A 3.3.1).
Verschiedene Säuren entstehen auch bei der Auflö-

Tab. A 73. Die pH-Werte

pH-Wert	unter 4	4–4,5	4,6–5,5	5,6–6,5	6,6–7,5	7,6–8,5	über 8,5
Bezeichnung	sehr stark sauer	stark sauer	sauer	schwach sauer	neutral	schwach alkalisch	alkalisch
Kalkbedarf	sehr hoch	sehr hoch	hoch	mittel	niedrig	kein	kein
natürliches Vorkommen	junges Moor (Weißtorf)	altes Moor	Heide-Podsolboden	Braunerden	Parabraunerden	Kalkböden	Salzböden
geeignet für Pflanzen	z. B. Heide	z. B. Farne, Heide	z. B. Moorbeetpflanzen	fast alle gärtnerischen Kulturen	viele gärtnerische Kulturen	nein	nein

sung von Düngemitteln im Boden: Ammonium (NH_4) z. B. aus schwefelsaurem Ammoniak wird von Mikroorganismen zu Nitrat (Salpeter, NO_3) umgewandelt (s. Kap. A 3.3.3). Dabei kann Salpetersäure auftreten.

Außer den Hydronium-Ionen wirken auch Aluminium-Ionen (Al^{3+}) sauer. Sie entstehen bei der chemischen Verwitterung von Silikaten (s. Tab. A 45) und werden bei pH-Werten unter pH 5 aus Tonmineralen herausgelöst. Dadurch sinkt der pH-Wert noch weiter ab. Gleichzeitig wirken Al^{3+}-Ionen in hoher Konzentration pflanzengiftig. Durch Kalkung kann ein solcher Boden verbessert werden.

pH-Werte werden heute mit sog. pH-Elektroden gemessen (Abb. A 185).

Neben der elektrischen pH-Messung gibt es **Indikatorpapiere,** die den pH-Wert von Lösungen in Farbstufen anzeigen. Diese arbeiten bis zu einer halben

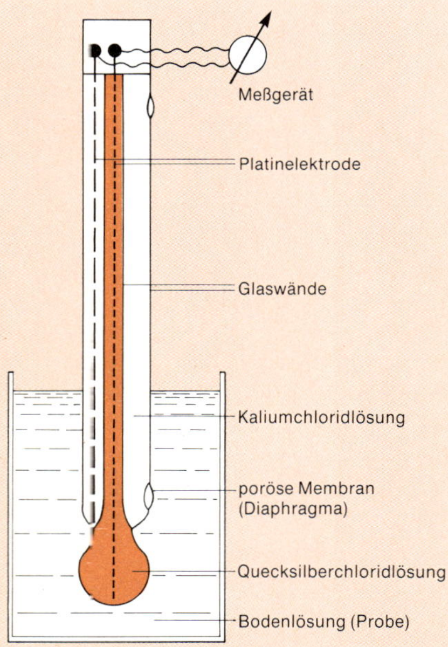

Probenvorbereitung und Messung

a 100 ml Boden werden in einen Kunststoffbecher gefüllt

b Kalziumchloridlösung (1,1 g $CaCl_2$/l) wird solange hinzugegeben, bis sich die Probe gut rühren läßt

c intensiv verrühren mit einem Glas- oder Kunststoffstab

d pH-Wert wird mit geeichter pH-Elektrode gemessen

e pH-Elektrode wird abgespült und in eine Kaliumchloridlösung gestellt

Abb. A 185. Aufbau einer pH-Elektrode und Vorbereitung von Bodenproben zur Messung des pH-Wertes.

Abb. A 186. Sol- und Gelzustand von Bodenteilchen.

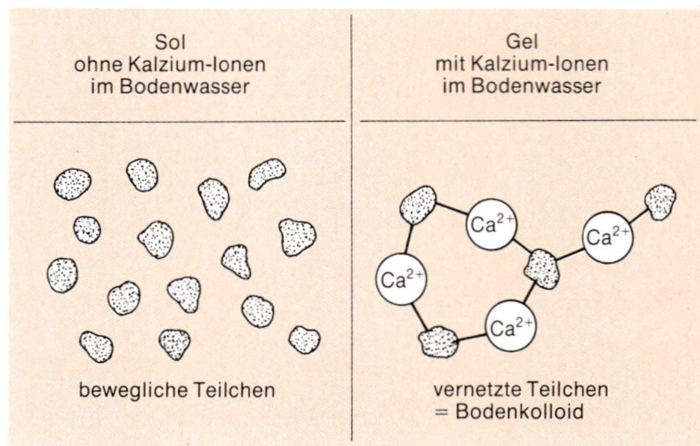

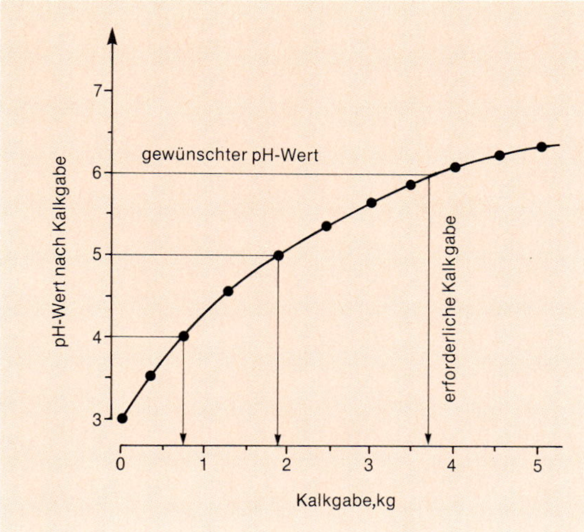

Abb. A 187. Ermittlung des Kalkbedarfs eines sauren Substrates durch die Pufferkurve.

Tab. A 74. Ermittlung des Kalkbedarfs durch Kalkung von Böden und Substraten

1	Messung des pH-Wertes
2	10 Proben von jeweils 100 ml lagerfeuchter Böden oder Substrat werden in Plastikbecher gefüllt
3	Destilliertes Wasser wird zu jeder Probe so lange zugegeben, bis die Probe glänzt
4	Kalk wird in Mengen von 0 0,5 1,0 1,5 2,0 2,5 3,0 3,5 4,0 4,5 g zugegeben und intensiv verrührt
5	Messung des pH-Wertes nach mindestens 1 Stunde (Näherungswert), genaue Werte erst nach 2 Tagen

pH-Wertstufe genau. Das Verfahren beruht auf einer chemischen Veränderung von Farbstoffen.

Bodenkolloide

Die Bildung von Bodenkolloiden aus verklebten Ton- und Humusteilchen wird vom pH-Wert bestimmt. Die Festigkeit der Kolloide steigt mit dem pH-Wert an. Dabei wirken Kalzium (Ca^{2+})-Ionen und Magnesium (Mg^{2+})-Ionen vernetzend.
Tonreiche Böden, wie Lehm (L) und sandiger Lehm (sL), mit Tongehalten von 10–30 % befinden sich bei pH-Werten von 3–5 im **Solzustand** (Lösung) oder im Zustand der »Peptisation«. Hierbei liegen die Tonteilchen gelöst einzeln nebeneinander. Solche Böden neigen zur Verschlämmung bei Niederschlägen. Ca^{2+}- und Mg^{2+}-Ionen verbinden die Teilchen miteinander. Dadurch wird ein fester **Gelzustand** oder die Flockung erreicht. Auch synthetische Bodenfestiger bewirken den Gelzustand (s. Kap. A 3.4.4).

Kalkbedarf von Böden und Substraten

Die erste Maßnahme, bevor eine Kultur begonnen wird, ist die Kontrolle des pH-Wertes im Boden oder Substrat. Liegt der pH-Wert niedriger als der für eine bestimmte Kultur geforderte pH-Wert, muß überschüssige Säure durch Kalkung neutralisiert werden (s. Kap. A 3.3.1), der pH-Wert wird dadurch erhöht.
Eine einfache Methode zur Ermittlung des Kalkbedarfs sei hier beschrieben: Gleiche Mengen Boden oder Substrat werden mit unterschiedlichen Kalkgaben verrührt und der pH-Wert gemessen (s. Tab. A 73). Je nach Kalkmenge stellt sich ein anderer pH-Wert ein, der in eine Tabelle oder einen Graph eingetragen wird (s. Abb. A 187).
Die Kalkart, z. B. Branntkalk, Löschkalk, Kalkmergel, Hüttenkalk, Konverterkalk und der **Vermahlungsgrad** des Kalkes beeinflussen die Zeitspanne, in der ein pH-Wert im Boden sich einstellt. Diese kann bei Hütten- und Konverterkalken einige Wochen betragen (s. Tab. A 74).
Die laufende Zufuhr von H_3O^+-Ionen durch Niederschläge und Atmungsvorgänge bewirkt einen Verbrauch von Kalk im Boden und eine Auswaschung der zweiwertigen Ionen Kalzium und Magnesium in den Unterboden und das Drän- oder Grundwasser.

Tab. A 75. Kalkart und Vermahlungsgrad des Kalkes beeinflussen die Dauer der pH-Erhöhung in Torfsubstraten

Kalkart und Vermahlung	pH-Erhöhung beendet nach Tagen
Branntkalk	
Körnung normal	50
Kohlensaurer Kalk	
Körnung normal	30
Körnung fein	2
Hüttenkalk	
Körnung normal	16

Tab. A 76. Die Wirkung von Sauerstoff im Boden

mit Sauerstoff	Veränderung bei Sauerstoffmangel
NO_3, Nitrat, Salpeter	Nitrit ⟶ Stickstoffgas (N_2) entweicht in die Atmosphäre pflanzenschädlich
Manganoxide (Mn IV) nicht pflanzenverfügbar	Mangan (Mn II) = Nährelement, aber: pflanzengiftig in hoher Konzentration
Eisen III (Fe III) nicht pflanzenverfügbar	Eisen II (Fe II) = Nährelement, aber: pflanzengiftig in hoher Konzentration
SO_4, Sulfat	Schwefelwasserstoff (H_2S) = Pflanzenschadstoff (s. Kap. A 2.5)
CO_2, Kohlendioxid	Methan (CH_4) Sumpfgas

Daher muß jährlich eine **Erhaltungskalkung** erfolgen. Ihre Höhe ist abhängig von der angebauten Pflanzenart und der Kulturerfolge.

3.8.2 Die Wirkung von Sauerstoff im Boden

Werden Böden durch extrem hohe Niederschläge, Stauwasser oder Überschwemmungen mit Wasser gesättigt, tritt **Sauerstoffmangel** in den Poren ein. Die Diffusion von Sauerstoff ist in wassergefüllten Poren 10000mal langsamer als in luftgefüllten. Noch vorhandener Sauerstoff wird innerhalb von Stunden von aeroben Mikroorganismen verbraucht. Dann stellen diese ihre Tätigkeit ein und anaerobe Mikroorganismen treten auf. Diese entnehmen aus sauerstoffhaltigen Verbindungen den Sauerstoff

Abb. A 188. Austauschvorgänge an Bodenaustauschern.

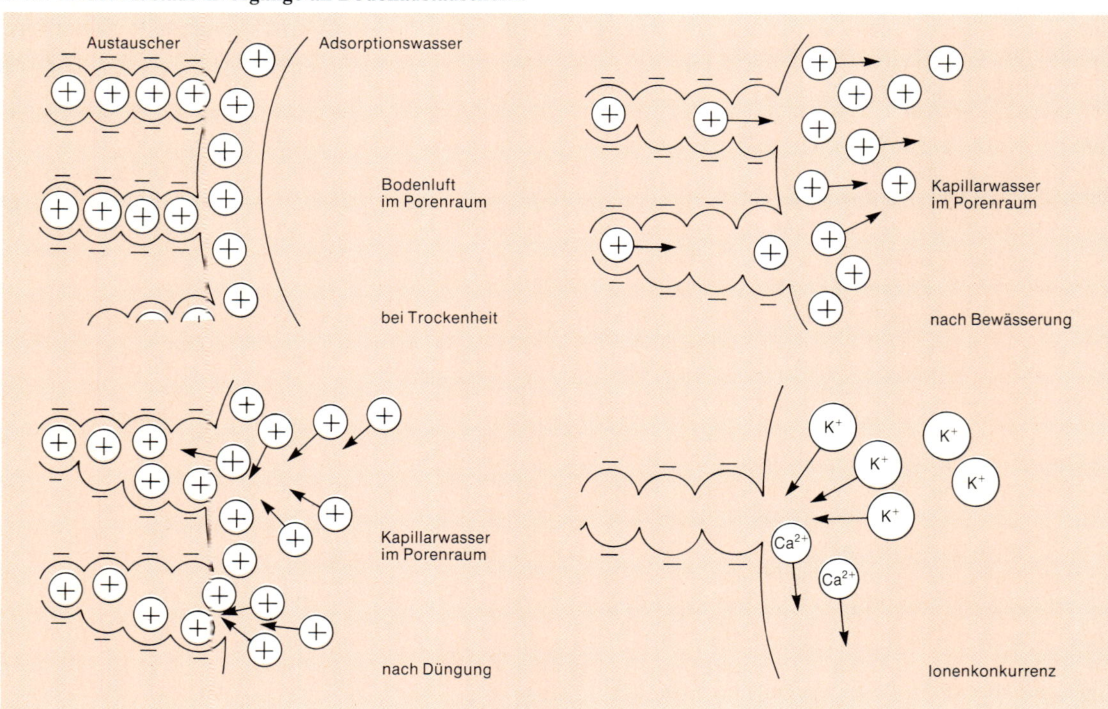

oder verändern durch diese O_2-Reduktion die chemischen Eigenschaften mancher Elemente.
Bei kurzfristiger Wassersättigung durch hohe Niederschläge wird nur Nitrat reduziert, Überschwemmungen im Frühjahr und Herbst führen schon zur Reduktion von Mangan und Eisen, in tieferen Bodenschichten kommt es zur Bildung von Schwefelwasserstoff. Methan wird erst bei längerer Überflutungsdauer nach Wochen gebildet.
Sobald Luftsauerstoff wieder Zutritt hat, kehren sich die Prozesse um.

3.8.3 Kationenaustausch

Als Kationenaustauscher in Böden und Substraten wirken Tonminerale, organische Substanz, Ton-Humus-Komplexe und in geringem Umfang Kieselsäure.
Die wichtigsten austauschbaren Kationen sind:

H_3O^+	K^+	NH_4^+	Na^+
Hydronium	Kalium	Ammonium	Natrium
Ca^{2+}	Mg^{2+}	Fe^{2+}	Al^{3+}
Kalzium	Magnesium	Eisen	Aluminium

Die Fähigkeit eines Bodens zum Kationenaustausch wird Austauschkapazität (AK) genannt und als Verhältniszahl ausgedrückt. Diese gibt die Zahl der gebundenen Ionenladungen pro Liter Boden oder für eine Bodenmenge von 100 g an.
Je größer die Oberfläche der Bodenteilchen ist, desto mehr Ionen können vorübergehend festgehalten und ausgetauscht werden. Die Oberfläche von Tonmineralen ist am größten, weil auch die innere Oberfläche zwischen den aufweitbaren Schichten mitzählt (s. Tab. A 77).

Tab. A 77. Oberfläche verschiedener Bodenbestandteile

Bodenart	Oberfläche, m^2/g
Sand	0,1
Schluff, Lehm	0,2–1,0
Ton	600–800

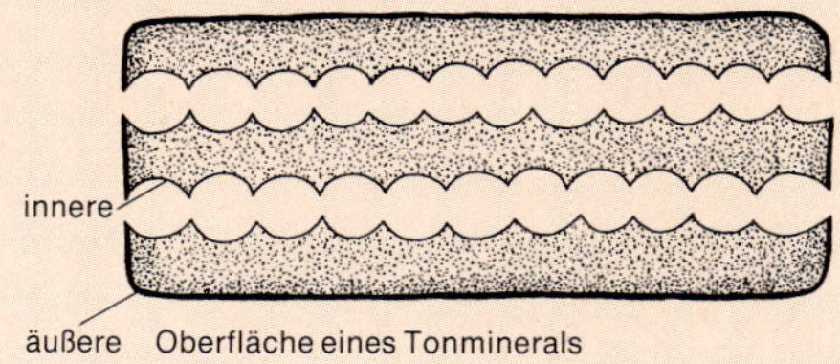

Die Anlagerung von Kationen an den Bodenteilchen ist von deren Ladung und von der Zusammensetzung der Bodenlösung abhängig: zweiwertige Ionen (Ca^{2+}, Mg^{2+}) werden bevorzugt angelagert und können einwertige Ionen (K^+, Na^+, H^+, NH_4^+) von den Austauscherplätzen verdrängen. Zur Konkurrenz von Ionen um Austauscherplätze (Ionenkonkurrenz, s. Abb. A188) kommt es, wenn z. B. eine Kalidüngung erfolgt. Dann werden auch zweiwertige Ionen ausgetauscht. Nach Bewässerung kommt es zur Ablösung von Kationen von den Austauschern.
Zwischen den Bodenaustauschern, der Bodenlösung und der Pflanzenwurzel findet ein fortlaufender Wechsel von Ionen statt.
Die Pflanzenwurzel ähnelt einem Austauscher (s. Abb. A189); bei der Aufnahme von Kationen werden Hydronium-Ionen (H_3O^+) abgegeben, für aufgenommene Anionen negativ geladene Bikarbonat-Ionen (HCO_3^-) ausgeschieden, damit die Zahl positiver und negativer elektrischer Ladungen innen und außen gleichbleibt (s. Kap. A 2.2.2).

Wasserspaltung in der Pflanzenzelle	Reaktion in der Zelle		Austausch an der Wurzel		
H_2O → H^+ Wasserstoff-Ion	$+ H_2O$	⟶	H_3O^+ Hydronium	⟶	Kationenaustausch
H_2O → OH^- Hydroxyl-Ion	$+ CO_2$ aus der Atmung	⟶	HCO_3^- Bikarbonat-Ion	⟶	Anionenaustausch

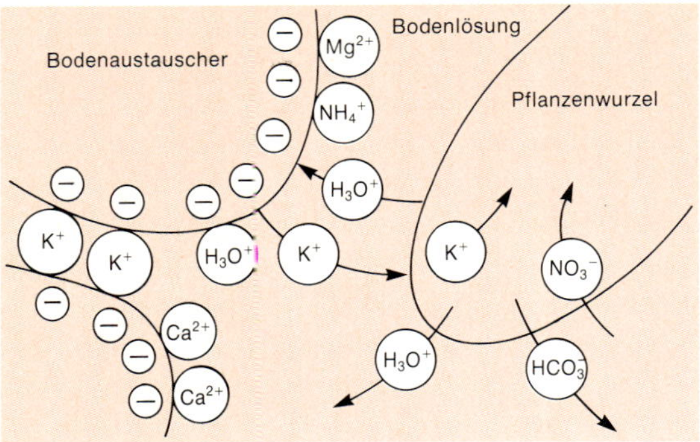

Abb. A 189. Bodenaustauscher und Pflanzenwurzel.

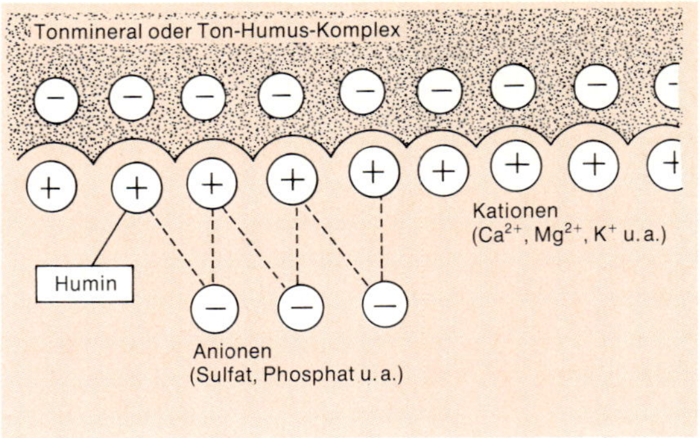

Abb. A 190. Anionensorption.

Für diesen Vorgang benötigt die Pflanze Energie, die sie aus der Veratmung von Zucker gewinnt. Hydronium-Ionen (H_3O^+) wirken sauer, Bikarbonat-Ionen erhöhen den pH-Wert.

3.8.4 Anionensorption

Böden und Substrate enthalten keine Austauscher für negativ geladene Anionen. Anionen werden durch die starke positive Ladung der Kationen an Austauschern festgehalten. Man nennt dies **Sorption** (Festhalten).
Nitrat (NO_3^-) und Chlorid (Cl^-) werden im Bereich von pH 3–pH 7 fast gar nicht sorbiert, weil ihre Ladung zu schwach ist. Beide Anionen werden deshalb bei starken Niederschlägen ausgewaschen. Die Verluste des Salpeterstickstoffs (NO_3^-) müssen bei der Düngung berücksichtigt werden.
Sulfat (SO_4^{2-}) wird schwach gebunden. Phosphat-, Molybdat- und Boratanionen werden besonders bei niedrigen pH-Werten stark gebunden.

Kontrolle und Vertiefung

1. Bestimmen Sie unter Anleitung den pH-Wert eines Torf- oder Rindensubstrates entsprechend der Vorschrift und zeichnen Sie eine Pufferkurve!
2. Durch welche Eigenschaften können Tonminerale Nährstoffe, die als Kationen im Boden vorliegen, speichern und wieder abgeben?
3. Welche Ionen gibt die Pflanzenwurzel im Austausch gegen a) Kationen, b) Anionen ab?
4. Warum sind Nährstoffe, die als Anionen im Boden vorliegen, stark von der Auswaschung betroffen?

3.9 Bodentypen

Das Zusammenwirken von Gesteinsverwitterung, Mineralneubildung sowie Zersetzung und Humifizierung organischer Substanz zu gleicher Zeit hat im Verlauf vieler Jahrtausende zur **Bodenbildung** geführt. Die Böden entwickeln sich ständig weiter, sie altern.
Der Weg, den Böden im Laufe ihrer Entwicklung durchlaufen, wird von zahlreichen Umweltkräften bestimmt:

- Temperatur
- Niederschläge
- Grundwasser
- Geländeneigung (Relief)
- Pflanzen
- Tiere
- Menschliche Tätigkeit

Je nach Altersstufe und Einwirkdauer der Umweltkräfte zeigen Böden ein bestimmtes Bild (Profil) und haben auch bestimmte Eigenschaften. Böden mit gleichem Profil und gleichen Eigenschaften nennt man **Bodentypen** (s. Abb. A 192–A 201).
Der Bodentyp läßt Schlüsse auf seine Eigenschaften, seine weitere Entwicklung, seine natürliche Fruchtbarkeit und seine mögliche Nutzung zu.
Da für die Bodenbildung die Art des Gesteins, aus dem der Boden entsteht, von größter Bedeutung ist, hat der Bodenkundler genaue Entwicklungsreihen aufgestellt, aus denen sich je nach Alter die Bodentypen ablesen lassen. In Tab. A 78 sind die in Mitteleuropa am häufigsten vorkommenden Gesteine und die aus ihnen mit der Zeit entstandenen Bodentypen aufgeführt. Die eingerahmten Bodentypen sind für uns am wichtigsten. Sie sind im Bild auf den nachfol-

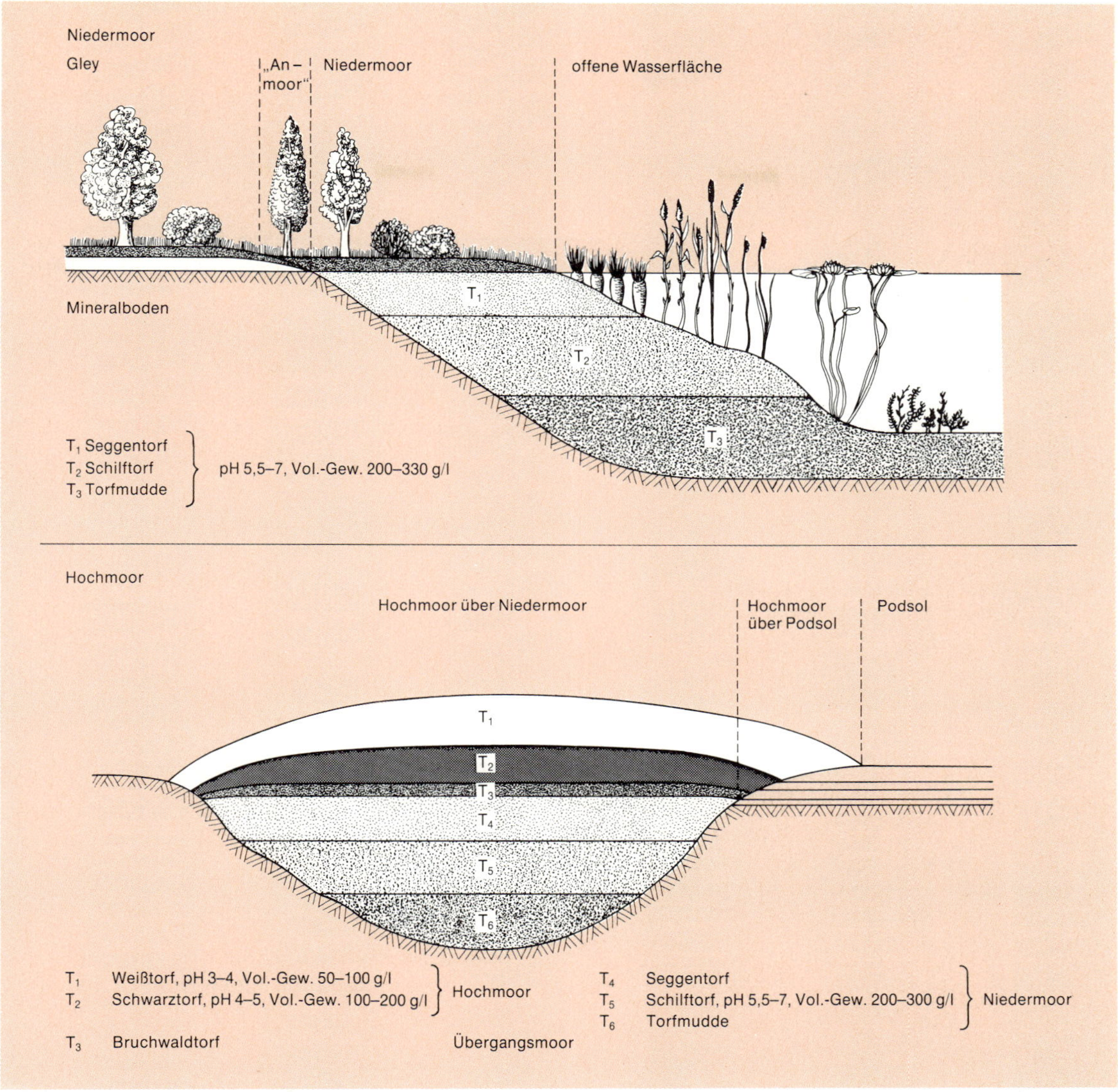

Abb. A 191. Die Entwicklung von Niedermoor und Hochmoor.

genden Farbtafeln dargestellt. Neben den aus Gesteinen entstandenen Bodentypen sind aus Ablagerungen feiner organischer und anorganischer Schwebstoffe an Flußläufen die **Aueböden** entstanden. Sie ähneln hinsichtlich Gefüge und Luft- und Wasserhaushalt der Braunerde. Sie werden jedoch von schwankenden Grundwasserständen – dem Wechsel von Austrocknung und völliger Durchfeuchtung – beeinflußt und sind außerordentlich fruchtbar. An den Küsten Norddeutschlands und an Flußmündungen entwickelten sich aus Schlickablagerungen, einem Gemenge aus organischem (10–15%) und anorganischem Material, die **Brackmarschen** (s. Abb. A 201). Sie besitzen ein stabiles Polyeder- oder Prismengefüge. Brackmarschen können aufgrund ihrer guten Luft- und Wasserführung sehr fruchtbar sein, wenn der Kalkgehalt hoch ist und das Gefüge stabilisiert.

In Gebieten, in denen der Grundwasserspiegel in ca. 80 cm Tiefe steht und kaum Schwankungen unter-

Abb. A 192. Rendzina aus Karbonat- und Gipsgestein

A_h	dunkelbrauner, mittel humoser, toniger Lehm, Krümelgefüge
C_v	graugelber, plattiger Kalkstein mit gelbbraunem, tonigen Verwitterungsmaterial
C_n	graugelber, plattiger Kalkstein mit zum Teil großen Zwischenräumen, die Wasser rasch ableiten

Erklärung der Profil-Kennzeichnung

A	= humoser Oberboden
B	= Horizont unter A
C	= Ausgangsgestein
G	= Gley-Horizont
O	= Rohhumus-Auflage
S	= Stauwasser-Horizont
ca	Anreicherung oder Vorhandensein von Carbonaten
d	von dicht
e	von eluvial (= ausgeschwemmt)
h	von humos
l	von lessivé (= ausgewaschen)
n	von novus (= frisch, unversehrt)
o	von Oxidation
p	von Pflugarbeit
r	von Reduktion
s	von Sesquioxid
t	von Ton
v	von verwittert
w	von Wasser

Abb. A 193. Schwarzerde aus Löß

A_p	schwarzbrauner, mittel humoser, sandiger Lehm, Krümelgefüge
A_h	braunschwarzer, mittel humoser, sandiger Lehm, oben plattige Struktur, mitten Krümel-, unten Prismengefüge
$A_{Ca}C$	gelb-weißlicher, schwach humoser Lehm, Kohärentgefüge, z. T. Prismen, gefleckt durch Humuseinlagerung in Wurzel- und Wurmgängen
C	gelbbrauner Löß mit Kohärentgefüge, als Ausgangsgestein

Abb. A 194. Pararendzina aus kalkhaltigem Silikatgestein

O	Auflage von Mull oder mullartigem Moder
A_h	schwarzbrauner, mittel humoser Lehm, Krümelgefüge
C_v	grau bis graubrauner Schotter mit tonigem, schwach humosen Verwitterungsmaterial, dies zum Teil mit Polyedergefüge
C_n	grauer Schotter als Ausgangsgestein

Abb. A 195. Parabraunerde aus Löß

A_p	graubrauner, schwach humoser, lehmiger Feinsand, z. T. Krümelgefüge
A_l	brauner, stark lehmiger Feinsand mit Wurmgängen, Bröckelgefüge (grobes Krümelgefüge)
A_lB_t	Übergangshorizont
B_t	matt- bis rötlichbrauner, feinsandiger Lehm, Polyedergefüge mit Ton, daher vorübergehende Staunässe möglich
B_v	feinsandiger Lehm, heller als B_t, Polyedergefüge ohne Ton, gut durchwurzelbar

liegt, entsteht aus allen Böden unabhängig von der Gesteinsart der sog. **Gley.** Das Gefüge im Oberboden besteht aus Krümeln, Polyedern oder Prismen, im Unterboden findet man das bei Trockenheit völlig zerbröckelnde Kohärentgefüge. Während der Oberboden gut durchlüftet ist, herrscht im Unterboden stets Sauerstoffmangel vor. An der Grenze zwischen Grundwasserstand und durchlüfteten Poren kann häufig eine 10–20 cm dicke Schicht von Raseneisenstein mit bis zu 40 % Eisengehalt entstehen, die nach einer Grundwasserabsenkung vor einer Nutzung als Kulturfläche erst gebrochen werden muß. Gleye sind natürliche Standorte nässeverträglicher Pflanzen (Bruchwälder). Baumarten mit hohem Wasserverbrauch, wie Pappeln, Eschen und Erlen, können gut gedeihen.

Im Gegensatz zu den beschriebenen Mineralböden mit geringem Anteil an organischer Substanz enthalten **Moorböden** mindestens 30 % organische Substanz. Moore entstehen, wenn bei niedrigen Temperaturen, hoher Boden- und Luftfeuchte sowie nährstoffarmen Untergrund große Mengen pflanzlicher Rückstände anfallen. Diese werden humifiziert – sie vertorfen.

Niedermoore entwickeln sich im Uferbereich stehender Gewässer zunächst unter Wasser, wobei Schilf (*Phragmítes*), Rohrkolben (*Týpha*) und Seggen (*Cárex*) das organische Ausgangsmaterial liefern. Bei der Verlandung des Gewässers treten auch Weiden (*Sálix*) und Erlen (*Álnus*) auf. Man kann ihr typisches Holzgewebe oft noch im Torf erkennen.

Übergangsmoore entstehen erst nach dem Herauswachsen des Torfes aus dem nährstoffreichen Grundwasserbereich. Hier können zunächst noch Kiefern, Birken und Buchen wachsen. Auch Wollgras tritt auf, das nur wenig Nährstoffe benötigt.

Hochmoore werden von *Sphágnum*-Moosen angezeigt und stellen die letzte Stufe der Moorentwicklung dar. Ein vollständiges Moorprofil weist Niedermoor-, Übergangsmoor- und Hochmoortorf übereinandergeschichtet auf. Moore haben ein hohes Porenvolumen von 80–95 %. Sie besitzen daher eine hohe Wasserkapazität in entwässertem Zustand. In natürlicher Lagerung erwärmen sie sich im Frühjahr langsam. Sie stellen typische Spätfrost- und Frühfrostlagen dar, weil die Wärme der Luft rasch nach unten abgeleitet wird. Der pH-Wert von Moorböden in Norddeutschland beträgt zwischen 2,5 und 3,5.

Niedermoortorfe sind stark humifiziert und schwarz, Hochmoortorfe sind mittel (Schwarztorf) und wenig (Weißtorf) humifiziert, so daß häufig noch Pflanzenreste erkennbar sind. Schwarz- und Weißtorfe werden industriell verwertet. Ein großer Teil wird im Gartenbau als Torferde oder Torfsubstrat verwendet (s. Kap. A 3.10.2).

Moore wurden in den vergangenen Jahrhunderten für die Landwirtschaft nutzbar gemacht. Bei der **Fehnkultur** wurde nach dem Abräumen der Bunkerde (Oberboden) das Moor abgetorft und der verbleibende Mineralboden wieder mit Bunkerde vermischt. Bei der in Norddeutschland nicht nur von Landwirten, sondern auch von Baumschulen durchgeführten **Hochmoorkultur** wird das Moor entwässert und nach anschließender Düngung z. B. für die Kultur von Moorbeetpflanzen genutzt. Jährlich ist dabei mit einem Verlust von 1 cm Torfhöhe zu rechnen.

Bei Mooren geringer Mächtigkeit von bis zu 1,2 m und mineralischem Untergrund wird die **Sandmischkultur** (Tiefpflugkultur) angewandt. Hierbei wird der Boden mit riesigen Pflügen bis zu einer Tiefe von 1,8 m gepflügt. Auch diese Böden eignen sich für die Anzucht von Baumschulgehölzen.

Kontrolle und Vertiefung

1. Stellen Sie den Bodentyp fest, auf dem Ihr Ausbildungsbetrieb steht und vergleichen Sie die Bodeneigenschaften mit den Meliorationsmaßnahmen, die seit der Betriebsgründung vorgenommen wurden.
2. Untersuchen Sie die im Betrieb verwendeten Torfe und schätzen Sie ab, aus welcher Zone des Nieder- oder Hochmoores sie stammen.

3.10 Erden und Substrate

Der Gärtner ist bestrebt, alle Wachstumsfaktoren der Pflanze, wie Wasser, Dünger, Licht und Temperatur, möglichst optimal zu gestalten, um einen Höchstertrag zu erzielen. Dieser wird z. B. im Gemüsebau als Gewicht und Menge von Sellerieknollen, im Obstbau als das Gewicht und Aussehen der Äpfel, in der Baumschule als jährlicher Zuwachs von Koniferen und im Zierpflanzenbau als frühe, zahlreiche und gleichmäßige Blüte bei *Cýclamen* dargestellt.

Ein wichtiger Schritt in dieser Richtung ist die Kultur von Pflanzen in Töpfen oder Containern. Hier steht den Wurzeln nur ein sehr begrenzter Raum zur

Tab. A 78. Vorkommen von Gesteinen und Bodentypen

Gesteinsart	Bodentyp	Vorkommen	Eigenschaften
Kalkstein	**Rendzina** Abb. A 192	Schwäbische Alb Fränkische Alb	Kalkreich, meist stark humos, stabiles Krümelgefüge, gute Durchlüftung
	Kalksteinbraunlehm	Kalkalpen	Kalkarm, tonreich, Polyedesgefüge
Mergel	**Schwarzerde** Abb. A 193	Magdeburger Börde Hildesheimer Börde	stark humos, tiefgründig, stabiles Krümelgefüge, gute Durchlüftung, gute Wasser- und Nährstoffspeicherung
	Pararendzina Abb. A 194	Voralpengebiet	Kalkhaltig, Krümelgefüge
	Parabraunerde Abb. A 195	Norddeutsche Tiefebene	wenig stabiles Prismengefüge, verschlämmende Oberfläche, Luft-Wasser-Haushalt oft gestört, Schrumpfrisse
	Pseudogley Abb. A 196	Hildesheim–Hannover–Braunschweig	sauer, Prismen- oder Plattengefüge, Staunässe im Frühjahr und bei hohen Niederschlägen, nährstoffarm
Silikatgestein	Ranker	Schwarzwald Odenwald	Sauer, grobes Aggregatgefüge, gute Durchlüftung, geringe Wasser- und Nährstoffspeicherung
	Braunerde Abb. A 197	Heide- und Nadelwälder Norddeutschlands	Sauer, wenig humos, feines Aggregatgefüge, Luft- und Wasserhaushalt gut
	Podsol Abb. A 198	Lüneburger Heide Mittelgebirge	Sauer, Einzelkorngefüge, Ortsteinschichten in ca. 80 cm Tiefe. Kaum Wasser- und Nährstoffspeicherung
Tongestein	Pelosol Abb. A 199	Niedersächsisch-westfälisches Bergland	Kalkarm, Polyedergefüge, hohe Nährstoffvorräte, hoher Wassergehalt, überwiegend feine Poren ohne Durchlüftung, Schrumpfrisse
	Ton-Braunerde	Thüringer Becken Schwaben u. Franken	Kalkarm, gröbere Poren, geringe Durchlüftung
	Pelosol-Pseudogley Abb. A 199		Sauer, Plattengefüge, Staunässe, nährstoffreich, geringe Durchlüftung

Abb. A 196. Pseudogley aus Lößlehm

- A_h braungrauer, mittel humoser, schluffiglehmiger Feinsand, Bröckelgefüge
- S_w hellbraungrauer, rostbraun gefleckter, schluffiglehmiger Feinsand, Platten- oder Bröckelgefüge, wechselfeuchte Stauwasserzone
- S_d mittelbraun, rostbraun und grau gefleckt und gestreifter, feinsandiger Lehm, wasserstauendes, dichtes Polyedergefüge

Abb. A 197. Braunerde

- A_p sepiabrauner Lehm, mittel humos, feinsandig, Krümel- und Bröckelgefüge
- B_v ockerbrauner Lehm, feinsandig, Bröckelgefüge
- C_v braunes oder graues, stark mürbes, verwittertes Ausgangsgestein
- C_n wie C_v, aber stärker grau gefärbt in Abhängigkeit von der Farbe des Gesteins.

Abb. A 198. Podsol aus Heidesand

O	dunkelbraune, faserige Rohhumusauflage
A_h	schwarzgrauer Sand, mittel humos Einzelkorngefüge
A_e	hellgrauer Sand, schwach humos Einzelkorngefüge (Bleichhorizont)
B_{sh}	braunschwarzer Ortstein mit Eisen und Humus in Sand, Plattengefüge, Stauwasser möglich
B_s	grauweißer oder gelber Sand mit Orterde-Bänderung, Einzelkorngefüge
C	grauweißer oder gelber Sand

Abb. A 199. Pelosol aus Tongestein

A_h	dunkelgraubrauner, schluffiger Lehm, Bröckelgefüge
B_v	»Aufweichungshorizont«, hellgrau bis brauner toniger Lehm, Prismen- und Polyedergefüge
S_w	hellgrauer Stauwasserhorizont
C_n	graues, oft bunt gefärbtes, lockeres Tongestein, Kohärentgefüge

Verfügung. Natürliche Böden sind für Topf- und Beetkulturen ungeeignet, weil sie den Pflanzen die benötigten Wasser- und Nährstoffmengen unter gleichzeitig optimalen Wachstumsbedingungen nicht zur Verfügung stellen können. Dies vermögen jedoch künstliche Erden und Substrate (Unterlage, Nährboden).

Die Steuerbarkeit des Pflanzenwachstums durch die Düngung ist erst möglich durch die »Loslösung« vom Boden. Erden und Substrate müssen jedoch Eigenschaften aufweisen, die sich während der Kulturzeit nicht ändern dürfen. Hierzu gehören eine lockere Struktur und die Fähigkeit, Wasser und Nährstoffe genügend festzuhalten und an die Wurzel wieder abzugeben.

Substrate aus Torf, Ton, Rinde und Kunststoffen werden heute meist industriell hergestellt und haben die früher üblichen Praxis-Erden, z. B. aus Kompost (zusammengesetzt), Laub, Nadelstreu, Mist und Sand, weitgehend verdrängt. Sie sind für viele Kulturen geeignet und vermindern das Kulturrisiko, weil beispielsweise keine Krankheiten durch verwendete Komposte übertragen oder Unkräuter verbreitet werden. Allerdings können Praxiserden durch chemische Entseuchung oder Dämpfung (s. Tab. A 48) keimfrei gemacht werden.

Mit zunehmendem Umweltbewußtsein werden heute Pflanzenreste und Wurzelballen nicht mehr weggeworfen, sondern oft einer Wiederverwendung zugeführt:

In verschiedenen Betrieben werden spezielle Geräte eingesetzt, die Pflanzenabfälle zerkleinern. Diese können auf übliche Weise kompostiert, entseucht und anschließend mit Industrieerden vermischt werden.

Eine weitere Möglichkeit der Nutzung ist die Ausbringung der zerkleinerten Pflanzen- und Substratabfälle als **Flächenkompost** in längerstehenden Kulturen. Allerdings dürfen die Abfälle wegen der Möglichkeit der Übertragung von Krankheiten nicht von dieser Kultur stammen! Zur Flächenkompostierung eignen sich im Garten- und Landschaftsbau Rasenschnittgut und Laub, die als Humusbildner in Anlagen aller Art dienen können. Durch diese Maßnahmen werden Nährstoffe wieder gartenbaulicher Verwendung zugeführt.

3.10.1 Herkömmliche Praxiserden

Praxiserden unterteilt man traditionell in Haupt-, Hilfs- und Zusatzerden. Je nach Kultur werden die einzelnen Erden miteinander gemischt. Früher hatte jede Kultur ihre eigene Erdmischung. Da die Erden niemals gleich sind, kann oftmals der Kulturerfolg unterschiedlich sein.

Komposterden sind schwachsaure Humuserden und entstehen aus zersetzbaren Stoffen – nicht zersetzbares Material, wie Kunststoffe und Tonscherben, gehören nicht dazu. Vor Gebrauch wird Komposterde gesiebt und entweder chemisch entseucht oder gedämpft. Ein Komposthaufen hat eine Breite von 1,5–2,5 m und eine Höhe von 1,0–1,5 m. Er soll im Schatten angelegt werden, um Austrocknung zu verhindern.

Tab. A 79. Herkömmliche Praxiserden

Haupterden	Hilfserden	Zusatzerden
Kompost	Rasenerde	Lehm
Lauberde	(Rasensoden)	Sand
Nadelerde	Heideerde	Mörtel
Misterde	Moorerde	Ziegelsplitt
Torf (früher: Zusatzerde)		

Bei diesem Ausmaß ist eine aerobe Zersetzung noch möglich. Zu jeder neuen Schicht werden 2 kg/m^3 kohlensaurer Kalk hinzugegeben. Aufgefüllt werden die Abfallstoffe von vorn in der richtigen Breite und Höhe. Mindestens einmal im Jahr ist der Komposthaufen umzusetzen. Nach 2–3 Jahren ist die Komposterde gebrauchsfertig.

Lauberden sind schwachsaure Humuserden und entstehen aus Herbstlaub. Das Laub wird in Haufen aufgesetzt und ist nach 2 Jahren soweit vererdet, daß es verwendet werden kann. **Torfschnellkomposte** sind ebenfalls schwach sauer und wurden früher als Komposterde verwendet. Sie entstehen aus Weißtorf und Düngemitteln: 2 m^3 Weißtorf + 300 l Wasser + 5 kg Kalkstickstoff + 7 kg Thomasmehl + 7 kg Patentkali. Die Dünger werden in den durchfeuchteten Torf eingemischt. Dieser wird anschließend in flachen Haufen aufgesetzt und mit einer ca. 5 cm starken Schicht Komposterde zum Schutz gegen Austrocknen umgeben. Die Erde ist nach 7 Wochen gebrauchsfertig.

Nadelerden gehören zu den sauren Humuserden. Sie haben heute keine Bedeutung mehr, weil die Entnahme von Nadelstreu aus unseren Wäldern gesetzlich verboten ist.

Heide- und Moorerden wurden früher bei der Kultur von *Rhododéndron* und *Eríca* verwendet. Auch sie haben heute keine Bedeutung mehr.

Tab. A 80 Kalkgabe bei Verwendung eines Weißtorfes (pH 3,2) bei unterschiedlichen Kulturen

Kultur	Kalkgabe, kg/m³ kohlensaurer Kalk	erreichter pH-Wert
Rhododéndron símsii	1,0	4,0
Eríca grácilis	1,5	4,4
Cýclamen pérsicum	4,0	6,0
Begónia-Elatior-Hybriden	4,5	6,2

3.10.2 Torferden

Reine Torferden haben neben den Einheitserden heute die größte Bedeutung. Viele Praxisbetriebe kaufen schwach zersetzten, gemahlenen **Weißtorf** (Frästorf) in den Torfwerken und stellen den pH-Wert durch unterschiedliche Kalkgabe auf die Bedürfnisse der Kultur ein.

Gleichzeitig wird ein salzförmiger Volldünger mit eingemischt. Die Höchstgabe bei reinem Weißtorf sollte 1,5 kg/m³ betragen, weil Torf nicht mehr Ionen festhalten kann.

Zur Verbesserung der Nährstoffbevorratung, der Vermeidung der Nährstoffauswaschung und zur Erhöhung der Wasserkapazität von Substraten werden oft bis zu 30 Vol.% **Schwarztorf** zugemischt. Hierdurch kann eine höhere Nährstoffbevorratung erreicht werden. Schwarztorfe sind stark zersetzte Torfe aus den tieferen Schichten eines Moores (s. Abb. A 191). Sie besitzen zum Teil Einzelkornstruktur und neigen daher zur Verschlämmung. Höhere Schwarztorfanteile als 30% bewirken Störungen des Lufthaushaltes bei Staunässe infolge hoher Wassergaben oder hoher Niederschläge und können bei Topf- oder Containerkulturen im Freiland Schäden durch Sauerstoffmangel der Wurzeln hervorrufen. Neben den selbsthergestellten Torferden wird vielfach industriell hergestelltes **Torfkultursubstrat** (TKS) verwendet. TKS besteht überwiegend aus Weißtorf und enthält Nährstoffe als Beimengung. Man unterscheidet

TKS 1 für Aussaaten und Stecklinge mit geringer Nährsalzkonzentration von 200–300 g/m³. Die Nährstoffe reichen für 4–6 Wochen Kulturzeit.

TKS 2 für pikierte Pflanzen und zur Weiterkultur mit Nährsalzkonzentration von 400–600 g/m³. Die Nährstoffe reichen bis zu 10 Wochen Kulturzeit.

TKS 3 Speziell für Sonderkulturen mit Kalkzusatz und Spurennährelementen. Die Hauptnährstoffe N, P, K, Mg gibt der Gärtner selbst je nach Bedarf der Kultur hinzu.

Das Volumengewicht der Torfkultursubstrate (s. auch Tab. A 81) beträgt zwischen 90 und 120 g/l. Vor dem Gebrauch ist TKS zu zerkleinern! Jeweils 60 kg TKS müssen mit ca. 120 l Wasser angefeuchtet werden, bevor das Substrat verwendet werden kann, sonst trocknen die Pflanzenwurzeln durch Wasserentzug aus (s. Kap. A 2.2.2).

3.10.3. Einheitserden

Einheitserden werden von der Industrie in gleichbleibender Qualität geliefert. Sie unterliegen einer ständigen Kontrolle hinsichtlich Salzgehalt und pH-Wert. Sie sind eingestellt auf einen schwachsauren pH-Bereich (pH 5,6–6,5), keimfrei und enthalten folgende Bestandteile:

30% keimfreier, krümelfester Ton
70% Weißtorf

Das Volumengewicht von Einheitserden liegt zwischen 300 und 400 g/l (s. auch Tab. A 81). Der Tongehalt garantiert eine ausreichende Nährstoffspeicherung, der Weißtorf durch seine grobe Struktur eine gute Durchlüftung und Krümelstabilität des Substrates.

Einheitserde O enthält nur Kalk und kann durch entsprechende Düngung als Aussaaterde, Stecklingserde oder Topferde verwendet werden.

Einheitserde P enthält Kalk und eine geringe Nährsalzgabe und wird als Pikiererde verwendet.

Einheitserde T wird als Topferde zur Weiterkultur stark zehrender Pflanzen eingesetzt.

Einheitserde VM wird für Aussaaten und Stecklinge verwendet. Enthält Kalk und eine geringe Nährsalzgabe. Besonders durchlässig durch hohen Grobporenanteil.

Einheitserde ED 73 ist geeignet für Kulturen mit hohem Nährstoffbedarf. Enthält Kalk und zwei Dünger: schnellwirkenden Salzdünger und langsamwirkenden Depotdünger Plantosan 4D.

Abb. A 200. Gley aus Lehm

A_h	graubrauner Lehm, mittel humos, Rostflecken, Bröckelgefüge und Polyedergefüge
G_o	rostbraun oder gelblich gefleckter, sandiger Lehm, bei Austrocknung Prismengefüge, durchwurzelbar
G_{ro}/G_{or}	Übergangshorizont, wenig rostfleckig, kaum durchwurzelbar
G_r	grauer, sandiger Lehm, Sauerstoffmangel, Kohärentgefüge, meist mit Grundwasser gefüllt

Abb. A 201. Brackmarsch aus Meeresschlick

A_h	graubrauner, humoser, schluffiger Lehm, Bröckelgefüge (grobes Krümelgefüge)
G_o	bräunlich-grauer, schluffiger Lehm, rostbraune Flecken, Polyedergefüge
G_r	graublauer, schluffiger Ton, Prismengefüge, als „blauer Strahl“ oder „Knick“ bezeichnet
G_{ro}/G_{or}	Übergangshorizonte, rostfleckig, Polyedergefüge
G_r	grauer, schluffiger Lehm, Kohärentgefüge, oft mit Grundwasser gefüllt

Daneben bieten die Einheitserdewerke Spezialerden mit besonderer Düngung oder höherem pH-Wert (pH 6,5–7) an: Hortensienerde, Poinsettienerde, Primelerde, Containererde.

3.10.4 Rindensubstrate

Die Holz- und Papierindustrie erzeugt seit Jahrzehnten Rindenabfälle, die oft auf Halden lagern. Seit Anfang der 70er Jahre wird zunehmend versucht, diese und neue Rindenabfälle aufzubereiten, um Substrate für den Gartenbau zu erhalten.

Frische Rinde kann nur in geringen Mengen als Zuschlagstoff zu Torfsubstraten dienen. Gerbsäuren verschiedener Laubhölzer, z. B. *Quércus,* und ätherische Öle mancher Koniferen, z. B. *Pínus,* behindern das Wurzelwachstum.

Abgelagerte Rinde kann als Substrat dienen. Die Lagerzeiten betragen aber mehrere Jahrzehnte. Kompostierte frische Rinde eignet sich als Substrat, wenn bestimmte Bedingungen während der Kompostierung eingehalten werden: Rinde wird gemahlen und auf Mieten geschüttet. Die Miete wird mit Ammoniumdüngern oder Harnstoff beimpft, so daß Mikroorganismen die Rinde aufschließen können (s. Kap. A 3.3.1). Dabei wird Wärme frei. Die Temperaturen in einer Miete können bis zu 80 °C betragen. Der Kompostierungsvorgang dauert zur Zeit noch zwischen 6 und 15 Wochen. Je nach Herkunft der Rinde enthält das Rindensubstrat Nährstoffe, die bei einer Düngung schon im Erdenwerk berücksichtigt werden müssen. Einige Nährstoffe kommen manchmal im Überschuß vor. Rindensubstrate können zur Zeit im Zierpflanzenbau und in Baumschulen bedenkenlos als Zuschlagstoff mit 30 % Volumenanteil zu Torfsubstraten verwendet werden. Der Vorteil der Rindensubstrate liegt in der hohen Strukturstabilität und in der Fähigkeit, Nährstoffe zu speichern. Im Garten- und Landschaftsbau werden Rindenkomposte als Mulchmaterial verwendet.

3.10.5 Klärschlamme und Müllkomposte

Kompostierte Siedlungsabfälle fallen bei uns mit etwa 200000 t und Klärschlämme mit etwa 50 Mio. m^3 pro Jahr an. Diese Mengen steigen in Zukunft noch weiter.

In unseren Kläranlagen setzen sich Schlämme ab, die fast ausschließlich aus organischem Material bestehen und besonders nährstoffreich sind. Sie enthalten z. B. düngerähnliche Werte an Phosphat, Stickstoff, Kalium und Eisen (s. Kap. A 2.6.1). Daneben enthalten sie Spurenelemente, wie Zink und Mangan, und Schadstoffe, wie Aluminium und Cadmium (s. Kap. A 2.5.1), oft in hoher Konzentration! Versuche mit Baumschulgehölzen zeigten gute Ver-

Tab. A 81. Eigenschaften verschiedener Substrate und Zuschlagstoffe

Substrat	Volumengewicht g pro Liter Substrat	Porenvolumen Vol. %	Wasserkapazität Vol. %	Luftkapazität Vol. %
Weißtorf	50–120	90–95	50–80	15–30
Schwarztorf	120–200	85–90	75–90	5–10
TKS	100–150	85–95	70–80	10–15
Einheitserde	300–400	80–90	54–70	10–45
Rindensubstrat	250–450	80–90	40–60	10–50
Komposterde	250–350	85–95	60–80	15–25
Styromull	15– 20	97–99	2	97
Hygromull	12– 16	97–99	20	80
Hygropor 73	10– 15	97–99	12	86
Grodan (Steinwolle)				
blau (wasserabweisend)	140–150	94	30	64
grün (wasseranziehend)	160–170	94	75	18
Perlite	115–125	95	22	73
Lecaton (Blähton)	500–520	80	20	60

träglichkeit von Klärschlamm mit geringen Volumenanteilen in Torfsubstraten. Ähnliches gilt für Müllkomposte, die aus der Kompostierung von Siedlungsabfällen entstanden sind. Auch hier zeigen erfolgversprechende Versuche einen Weg, Abfälle sinnvoll wiederzuverwenden, doch die Gehalte an pflanzenschädlichen Elementen lassen nur eine begrenzte Verwendung als Zuschlagstoff zu.

3.10.6 Holzmehl, Fasern und Stroh

Holzmehl. Neben den Rinden liefert die Holzindustrie weitere Abfallstoffe, die im Gartenbau Verwendung finden. Hierzu gehört als Zuschlagstoff das Holzmehl. Laubholzmehl kann wegen des Gerbsäuregehaltes nur bis zu 15 Vol.-%, Nadelholzmehl bis zu 25 Vol.-% in Torfsubstrate eingemischt werden. In Kanada sind für die Anzucht einiger Koniferenarten schon mit Erfolg Substrate aus 90% frischem Nadelholzmehl und 10% Sand verwendet worden. Meist wird Holzmehl als Einfütterungsmaterial für Container in der Baumschule als Winterschutz oder beim Versand als Schutz für die Wurzeln von Gehölzen eingesetzt.

Kokosfasern können mit einem Volumenanteil von 50% als Zuschlagstoff zu Torfsubstraten dienen. Vorteilhaft ist die stabile Struktur, die sich besonders bei mehrjährigen Kulturen positiv auswirkt. Kokosfaser-Bruchstücke bleiben z.B. bei der Dränrohrherstellung als Abfall übrig.

Stroh kann bis zu einem Volumenanteil von 50% Torferden und Einheitserden zugemischt werden. Es wird kleingehäckselt und darf höchstens 2 cm lange Stücke enthalten. Versuche mit Gerstenstroh bei Topfazaleen sind erfolgreich verlaufen. Probleme treten durch die rasch auftretende Verunkrautung auf, die eine Dämpfung oder Entseuchung erforderlich macht. Wegen der Mineralisierung des Strohs muß die N-Düngung um ca. 30% angehoben werden. Ein wesentlicher Nachteil ist der Volumenverlust von bis zu 50% pro Jahr, weil die Mikroorganismen die organische Substanz abbauen; haben die Pflanzen das Substrat völlig durchwurzelt, ist jedoch keine Sackung zu beobachten.

3.10.7 Synthetische Zuschlagstoffe zu Substraten

Zu dichte Substrate und Erden können durch Beimischung synthetischer Zuschlagstoffe verbessert werden. Dadurch wird das Porenvolumen vergrößert und die Durchlüftung verbessert. Manche Zuschlagstoffe erhöhen die Wasserkapazität. Zu diesen Stoffen gehören Styromull mit einem Kubikmetergewicht von 15–20 kg und Hygromull mit einem Kubikmetergewicht von 10–15 kg.

Tab. A 82. Vergrößerung des Luftvolumens einer Praxiserde durch Styromull

Kennwert %	Substrat (Praxiserde) vor Einmischen von 20 Vol.-%	nach Einmischen Styromull
Wasserkapazität	70	56
Luftkapazität	20	35

Tab. A 83. Verbesserung des Wasser- und Lufthaushaltes einer Praxiserde durch Hygromull

Kennwert %	Substrat (Praxiserde) vor Einmischen von 20 Vol.-%	nach Einmischen Hygromull
Wasserkapazität	70	60
Luftkapazität	20	32

Styromull besteht aus geschlossenen luftgefüllten Flocken, die nicht selbst zur Durchlüftung beitragen, sondern zur Lockerung von Böden und Substraten dienen. Styromull wird daher bei nässeempfindlichen Kulturen verwendet.

Im Zierpflanzenbau findet Styromull als Zuschlagstoff mit Anteilen von 15–25 Vol.-% zu Torf oder Einheitserde Anwendung im Stecklingsbeet, bei Spezialkulturen wie Orchideen, Anthurien, tropischen Blattpflanzen, z.B. *Maránta* und *Gérbera*. In der Baumschule wird Styromull in Containersubstraten beigemischt. Beim Einmischen ist zu beachten, daß Grundsubstrate genügend feucht sind, sonst entmischt sich Styromull sehr rasch und liegt dann am Rand der Substrathaufen.

Hygromull besteht aus offenen Flocken, die Wasser aufnehmen können. Als Zuschlagstoff zu anderen Substraten vermag Hygromull mit Volumenanteilen von 25% die Wasserkapazität erheblich zu verbessern. Hygromull selbst kann etwa 70% Wasser speichern. Beim Einsatz von Hygromull ist zu beachten, daß nach dem Einmischen in ein Substrat und anschließender Befeuchtung sofort pflanzengiftiges

Formaldehyd (Formalin, Desinfektionsmittel) (s. Kap. A 2.5.5) freigesetzt wird. Hygromull-Substrate müssen vor Verwendung gewässert werden und einige Tage liegen, bevor sie verwendet werden können. Hygromull enthält 30 % Stickstoff und stellt bei niedrigem pH-Wert eine langsamfließende Stickstoffquelle dar. Pflanzen in solchen Hygromull-Substraten haben daher stets eine dunkelgrüne Blattfärbung.
Hygromull wird im Boden von Mikroorganismen zersetzt, der Abbau beträgt etwa 5 % pro Jahr.
Hygropor ist aus Styromull und Hygromull zusammengesetzt.

Kontrolle und Vertiefung

1. Stellen Sie die erforderlichen Eigenschaften eines gärtnerischen Substrates zusammen. Ordnen Sie die im Kapitel genannten Zuschlagstoffe diesen Eigenschaften zu, z. B. Wasserspeicherung – Hygromull, Nährstoffspeicherung – Ton, Schwarztorf usw.
2. Warum ist es schwierig, Klärschlamm und Müllkomposte als Substrat oder Zuschlagstoff einzusetzen?

3.11 Erdelose Kultur

Als Pflanzenstandort können nicht nur die aus natürlichen Stoffen zusammengesetzten Erden und Substrate dienen, sondern auch Kunststoffe und Wasser. Hierbei findet die Pflanzenwurzel Halt im Gewebe von Kunststoffen oder zwischen Füllstoffen. Die Wasser- und Nährstoffversorgung erfolgt über eine regelmäßige Gabe schwachkonzentrierter Düngerlösungen oder durch ständigen Kontakt der Pflanzenwurzel mit einer Nährlösung.

3.11.1 Kunststoffe

Den Übergang zur reinen Hydrokultur stellt die Kultur in Schaumstoffen (z. B. Baystrat-Würfel) oder in Steinwolle (z. B. Grodan) dar. Diese Materialien haben eine Wasserkapazität zwischen 20 % und 40 %. Nährstoffe werden nur in schwachkonzentrierten Nährlösungen gegeben. Steinwolle wird im Zierpflanzenbau zur Anzucht von Jungpflanzen zur Weiterkultur in Erden oder in Hydrokultur und als Zuschlagstoff zu Torf (20 %) bei der Containerkultur eingesetzt. Schaumstoffe, deren Zellen zerstört wurden, um Wasser speichern zu können, werden in beschränktem Umfang auch als Substrate bei Dachbegrünungen (Dachgärten) eingesetzt. Sie ermöglichen selbst größeren Gehölzen ein gutes Einwurzeln und ausreichende Wasser- und Nährstoffversorgung.

3.11.2 Hydrokultur

Bei der Hydrokultur werden Nährlösungen mit Konzentrationen von 50–200 mg Salz pro Liter entweder im Austauschverfahren vorübergehend oder ständig an die Wurzel gebracht. Die Wurzeln finden Halt in Materialien unterschiedlicher Art: Kies oder gebrannte Tonkugeln (z. B. Lecaton) (s. Abb. A 202). Auch die Anzucht von Pflanzen für die Hydrokultur kann z. B. in feinkörnigem Lecaton erfolgen. Die Lösung um die Töpfe herum ist dann mit Schaumstoffkugeln zum Schutz gegen Veralgung bedeckt.
Statt einer Lösung aus Nährsalzen wird oft nährstoffhaltiger Kunstharzaustauscher (z. B. Lewatit) verwendet. Die Kunstharzkugeln sind an ihrer Oberfläche mit Nährionen »belegt« und tauschen diese gegen Ionen im Leitungswasser. Die Nährionen können dann von der Pflanzenwurzel aufgenommen werden. Kunstharzaustauscher sind mit den Austauschern des Bodens (s. Kap. A 3.8.3) vergleichbar.
Pflanzen aus Substraten natürlicher Herkunft können zu Hydrokulturpflanzen (oft verwendete Kurzbezeichnung: Hydropflanzen) »umerzogen« werden, wenn folgende Bedingungen eingehalten werden:

- starkes Einkürzen der Wurzeln
- sorgfältiges Auswaschen der verbliebenen Wurzeln
- vollständige Entfernung von Substratresten (Fäulnisgefahr)
- Aufstellen der Pflanzen unter Folienzelten für mindestens 20 Tage (Verdunstungsschutz)

Hydrokultur findet Anwendung in öffentlichen Gebäuden, Büros und in Wohnungen. Verwendet werden fast ausschließlich Grünpflanzen (z. B. *Dieffenbáchia, Maránta, Mónstera*). Grundsätzlich kann jede Pflanze in Hydrokultur gezogen werden, Blütenpflanzen erhöhen jedoch erheblich den Pflegeaufwand und haben nur zu bestimmten Zeiten Schmuckwert. Hydrokulturen benötigen weniger Pflege als die herkömmliche Substratkultur, weil Vergießen und Austrocknen kaum möglich ist. Die Nährstoffversorgung wird durch sogenannte »Nährbatterien«, einer auf das Volumen des Hydrogefäßes abgestimmte Menge Kunstharzaustauscher für mindestens 6 Monate sichergestellt.

Bei der Verwendung von Nährlösungen aus reinen Salzen muß auf Ausgewogenheit der Zusammensetzung geachtet werden. Ballastionen wie Chlorid, Sulfat und Natrium dürfen nur in Spuren vorhanden sein, weil sie sich sonst im Wasser anreichern und bei hoher Konzentration die Wurzel schädigen (s. Kap. A 2.2.2). Tab. A 84 zeigt die Zusammensetzung einer ausgewogenen Nährlösung.

Tab. A 84. Zusammensetzung einer Nährlösung ohne Ballastionen für die Hydrokultur

Salzname	Chemische Formel	Menge in 100 l
Kaliumnitrat	KNO_3	187 g
Ammonnitrat	NH_4NO_3	56 g
Kalziumnitrat	$Ca(NO_3)_2 \times 4\,H_2O$	19 g
Magnesiumsulfat	$MgSO_4 \times 7\,H_2O$	93 g
Ammoniumphosphat	$NH_4H_2PO_4$	19 g
Spurenelemente	50 mg Fe, 10 mg Mn, 10 mg B, 5 mg Cu, 5 mg Zn, 1 mg Mo in 100 l	
Konzentration der Nährlösung:		3740 mg/l bzw. 0,37 %

3.11.3 Anstau, Rinnen und Dochte

Jahrhunderte alte Erkenntnisse aus dem Nahen Osten und Erfahrungen mit der Hydrokultur aus unserer Zeit haben vor allem im Unterglas-Gartenbau zur Entwicklung mehrerer neuer Kulturverfahren beigetragen. Ziele sind die Vereinfachung und Sicherstellung der Wasser- und Nährstoffversorgung und Verringerung der Verdunstung. Verdunstetes Wasser enthält erhebliche Wärmeenergiemengen, die durch Heizsysteme nachgeliefert werden müssen. Da feuchte Luft nach oben steigt, geht Wärmeenergie verloren.

Bei der **Anstaukultur** wird düngerhaltiges Wasser täglich 1–2 mal in Beete geleitet, die mit Folie ausgekleidet sind und in denen Töpfe oder Container mit herkömmlicher Substratfüllung stehen (s. Abb. A 202). Bei dieser Methode werden große Topfzahlen gleichmäßig mit Wasser und Dünger versorgt. Nachteilig ist die hohe Verdunstung und die schädliche Anreicherung von Salzen im oberen Bereich des Topfsubstrates. Salze werden mit durch die Verdunstung an der Substratoberfläche durch die Kapillaren nach oben getragen und bleiben nach Verdunsten des Wassers zurück.

Das Substrat muß bei der Anstaukultur zur Sicherheit in 4wöchigem Abstand von oben befeuchtet werden, um die Salze wieder nach unten zu befördern.

Die **Fließrinnenkultur** hat in jüngster Zeit mehr Bedeutung gewonnen, weil die Verdunstung geringer ist als bei herkömmlicher Kultur. Hier stehen Pflanzen in Töpfen und Containern in langen Fließrinnen mit etwa 1 % Neigung. In gewissen Abständen wird für 5–15 Min. eine ausgewogene Nährlösung (s. Tab. A 84) in die Rinne gepumpt. Die Pflanzen versorgen sich durch den Topfboden mit Wasser und Nährstoffen. Salzkonzentration und pH-Wert werden automatisch eingestellt. Die Einrichtung einer Fließrinnenanlage erfordert allerdings hohe Kosten.

Die **Rinnenkultur** ist eine Abwandlung der Hydrokultur. Sie wird bei der Tomatenkultur in Spezialbetrieben und bei Versuchen in gartenbaulichen Forschungsstationen angewandt. Pflanzen stehen ohne Substrat in Folienrinnen. Eine Nährlösung ist ständig im Umlauf.

Seit Ende der 70er Jahre werden zur Wasser- und Nährstoffversorgung von Pflanzen **Dochte** verwendet. Es handelt sich um Fasern und Fäden aus Kunststoff (z. B. Polyamid), die von unten durch den Topfboden in das Substrat geschoben werden und in eine unter dem Topf befindliche Nährlösung hängen. Je nach Wasserbedarf der Pflanze wird die Dochtstärke oder -zahl verändert. Das Dochtverfahren hat in Privathaushalten Eingang gefunden und eignet sich im Praxisbetrieb für die Wasser- und Nährstoffversorgung von Mutterpflanzen. Betontische oder Grundbeete werden mit Folie ausgekleidet und mit gering konzentrierter Nährlösung etwa 5 cm gefüllt. Das Beet wird mit Stahlgewebe und schwarzer Folie abgedeckt. Dochte werden durch die Folie in die Lösung gesteckt. Algenwuchs tritt wegen der Abdeckung mit schwarzer oder reflektierender Folie nicht auf.

Kontrolle und Vertiefung

1. Für welchen Verwendungszweck werden Pflanzen in Hydrokulturen herangezogen?
2. Worin liegen die Vor- und Nachteile der Fließrinnenkultur und der Anstaukultur?

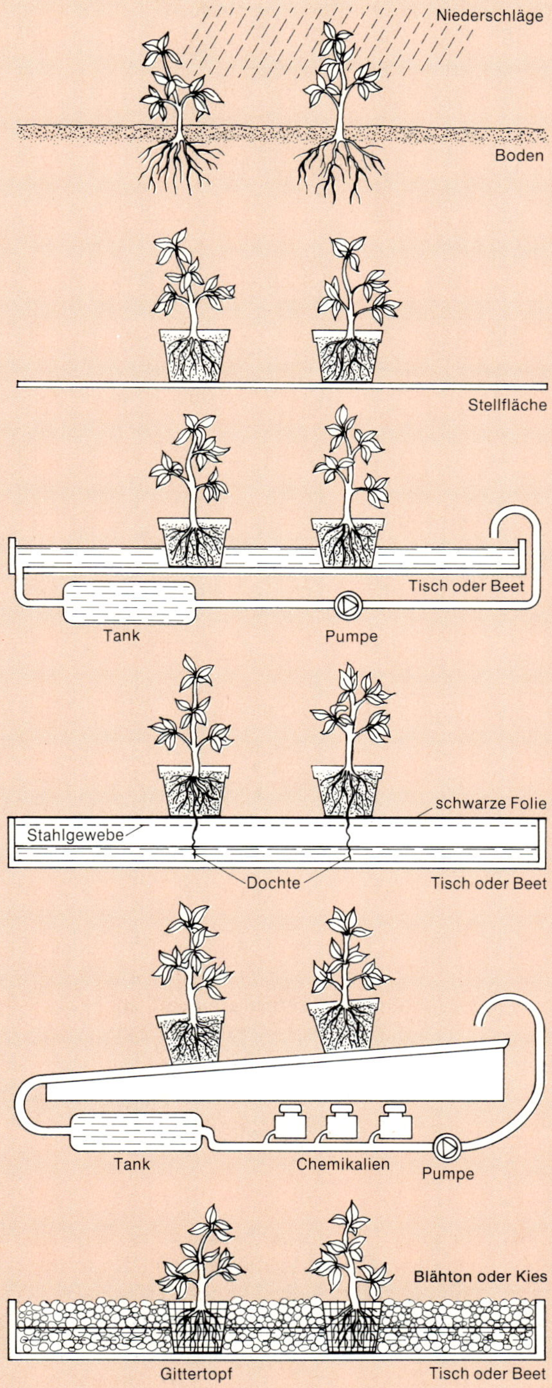

Freiland und Beetkultur

Nahezu unbegrenzter Wurzelraum
Wasser und Nährstoffe:
Kontrolle in gewissen Abständen
Verpflanzen aufwendig

Topf- und Containerkultur

Begrenzter Wurzelraum
Wasser und Nährstoffe:
Kontrolle in kurzen Abständen
Verpflanzen und Transport erleichtert
technischer Aufwand gering

Anstaukultur für Töpfe

Wasser und Nährstoffe:
Kontrolle in kurzen Abständen
Verdunstung hoch
technischer Aufwand hoch

Dochtkultur

Wasser und Nährstoffe:
Kontrolle in weiten Abständen
Verdunstung gering
technischer Aufwand einmalig hoch

Fließrinnenkultur

Wasser und Nährstoffe:
Kontrolle fortlaufend
Verdunstung gering
technischer Aufwand sehr hoch

Hydrokultur

Wasser und Nährstoffe:
Kontrolle in weiten Abständen
Verdunstung hoch
technischer Aufwand gering

Abb. A 202. Methoden der Pflanzenkultur.

Tab. A 85. Schätzen der Bodenart (nach E. Schlichting und H.-P. Blume, verändert)

Diagnostische Merkmale	Bodenart
1. Versuch, die Bodenprobe zwischen den Handtellern schnell zu einer bleistiftdicken Wurst auszurollen	
a) nicht ausrollbar ⟶ Gruppe der Sande (2.)	
b) ausrollbar ⟶ Gruppe der sandigen Lehme, Lehme oder Tone (4.)	
2. Prüfen der Bindigkeit zwischen Daumen und Zeigefinger	
a) nicht bindig ⟶ Sand (3.)	
b) bindig ⟶	lehmiger Sand (lS)
3. Zerreiben auf der Handfläche	
a) in den Handlinien kein toniges Material sichtbar ⟶	Sand (S)
b) in den Handlinien toniges Material sichtbar ⟶	stark lehmiger Sand (SL)
4. Versuch, die Bodenprobe zu einer Wurst von halber Bleistiftstärke auszurollen	
a) nicht ausrollbar ⟶	sandiger Lehm (sL)
b) ausrollbar ⟶ sandiger Lehm, Lehm oder Ton (5.)	
5. Quetschen der Probe zwischen Daumen und Zeigefinger in Ohrnähe	
a) starkes Knirschen ⟶	sandiger Lehm (sL)
kein oder schwaches Knirschen: Lehm oder Ton (6.)	
6. Beurteilen der Gleitfläche bei der Quetschprobe	
a) Gleitfläche stumpf ⟶	Lehm (L)
b) Gleitfläche glänzend: Ton (7.)	
7. Prüfen zwischen den Zähnen	
a) Knirschen ⟶	lehmiger Ton (LT)
b) butterartig ⟶	Ton (T)

3.12 Beurteilung von Böden

Eigenschaften von Böden lassen sich durch eine Reihe von Beobachtungen und Untersuchungen verschiedener Art feststellen.

Erste Hinweise geben die Färbung der Oberfläche und die dort wachsenden Pflanzen.

Ein Bodenaufschluß mit dem Spaten gibt Auskunft über das Profil. Mit der Fingerprobe (s. Tab. A 85) kann die jeweilige Bodenart festgestellt werden. An Schollen der einzelnen Horizonte wird das Gefüge auf seine Dichte hin untersucht: dies wird durch das Eindrücken eines spitzen Gegenstandes geprüft – je tiefer er eindringt, desto geringer die Dichte. Der Kalkgehalt (kohlensaurer Kalk = Kalziumkarbonat, $CaCO_3$) wird durch Anspritzen der Horizonte mit 10%iger Salzsäure festgestellt:

Anhaltendes Aufbrausen	mehr als 5% Kalk
Deutliches, aber nicht anhaltendes Aufbrausen	3–4%
Schwaches Aufbrausen	1–2%
Kaum sichtbares Aufbrausen	unter 1%

Scharfe Übergänge zwischen den Bodenhorizonten deuten auf Verdichtungen und Bodenalterung hin. Blaue Färbung des Unterbodens zeigt Sauerstoffmangel als Folge von Staunässe ebenso an wie der faulige Geruch von Sumpfgasen.

Die Stärke des humosen Oberbodens, seine Farbe und die Zahl der Regenwurmröhren geben erste Hinweise auf den Nährstoffvorrat.

Zieht man daneben auch die klimatischen Gegebenheiten eines Standortes zur Beurteilung heran, kann die Fruchtbarkeit eines Bodens bewertet werden (s. Kap. A 3.12.6).

3.12.1 Bodenfarbe

Ein Hilfsmittel für die Beurteilung von Bodeneigenschaften ist die Färbung. Sie beeinflußt die Temperatur im Profil. Die Bodenfarbe wird durch die Art der Minerale und ihre Zusammensetzung und durch den Gehalt an organischer Substanz (Huminstoffe) bestimmt.

Tab. A 86. Bodenfarben

Farbe	Verursachende Substanz
weiß	Kreide, Kalk, Quarzsand
hellgrau	Huminstoffe, Quarzsand
dunkelgrün	Huminstoffe
schwarz	Huminstoffe, Manganoxide
braun	Huminstoffe, Manganoxide, Eisenminerale
rot	Eisenminerale, Aluminiumoxide
orange	Eisenminerale, Aluminiumoxide
gelb	Eisenminerale
grün	Eisenminerale
blau	Eisenminerale

Die Farbintensität wird vom Wassergehalt des Bodens beeinflußt. In unseren Klimagebieten gilt: je dunkler eine Farbe, desto feuchter ist der Boden.
Im Frühjahr erwärmen sich dunkle Böden eher als helle Boden – je trockener ein Boden ist, desto rascher erwärmt er sich und desto rascher kühlt er ab. Bei feuchten Böden – z. B. Moorböden, Tonböden – wird die Wärme sehr schnell in tiefere Bodenschichten abgeleitet, sie erscheinen kalt. Trocknet die Oberfläche von Moorböden durch Sonne und Wind aus, wirkt sie als Isolierschicht zu den tieferen Bodenschichten. Die im Boden gespeicherte Wärme gelangt nicht an die Oberfläche. Dadurch treten in klaren (kalten) Nächten Frostschäden an oberirdischen Pflanzenteilen auf.

3.12.2 Zeigerpflanzen

Für die Bodenbeurteilung eignet sich auch die Zusammensetzung der Vegetation. Manche Pflanzen und Pflanzeneigenschaften zeigen bestimmte Bodeneigenschaften an (Tab. A 87).

3.12.3 Gründigkeit

Von der Gründigkeit eines Bodens hängt die Durchwurzelung durch Pflanzen ab. Je tiefer ein Boden durchwurzelt werden kann, desto geringer ist das Kulturrisiko.
Ursachen für geringe Durchwurzelbarkeit sind:

1. hochanstehendes Gestein (Rendzina, Abb. A 192)
2. stark verdichtete Horizonte in der Tiefe (Pseudogley, Abb. A 196)
3. hochanstehendes Grundwasser (Gley, Abb. A 200)
4. Staunässe (Pseudogley, Abb. A 196)
5. starke Unterschiede im pH-Wert zwischen Unter- und Oberboden (Pseudogley)
6. feste Gefügeelemente (Polyeder- und Prismengefüge) mit wenigen Grobporen

Tab. A 88. Gründigkeit und Durchwurzelbarkeit von Böden

weniger als 15 cm	sehr flachgründig
15–30 cm	flachgründig
30–60 cm	mittelgründig
60–100 cm	tiefgründig
mehr als 100 cm	sehr tiefgründig

3.12.4 Körnung

Die Zusammensetzung eines Bodens beeinflußt die Ertragsfähigkeit. Da Böden aus Gemischen von Mineralkörnern unterschiedlicher Größe und Form bestehen (s. Kap. A 3.2.4), ist die Kenntnis ihrer **Kornfraktionen** für die Bodenbeurteilung Voraussetzung. Für die Anzucht von gärtnerischen Kulturen im Gemüsebau, Zierpflanzenbau, Obstbau und in Baumschulen sind die Kornfraktionen besonders wichtig,

Mittelsand	(S)	0,63 –0,2 mm
Feinsand	(S)	0,2 –0,063 mm
Lehm	(L)	0,063–0,002 mm
Ton	(T)	unter 0,002 mm

weil die Zusammensetzung der Erden und Substrate sowohl den Abfluß überschüssigen Wassers als auch genügend Festhaltevermögen für Wasser und Nährstoffe gewährleisten muß.
Für den Garten- und Landschaftsbau sind dagegen die Kornfraktionen von größerer Bedeutung, weil

Tab. A 87. Zeigerpflanzen

	zeigt an:	Bodeneigenschaften
Adonisröschen *(Adónis)* Knollenplatterbse *(Láthyrus)* Rapunzelglockenblume *(Campánula)*	Kalk im Boden	neutral- alkalisch
Ackersenf *(Sinápis)* Erdrauch *(Fumária)* Saudistel *(Sónchus)* Persischer Ehrenpreis *(Verónica)* Ackerfrauenmantel *(Áphanes)* Flughafer *(Avéna)* Windhalm *(Apéra)* Ackergauchheil *(Anagállis)*	pH-Wert für die meisten Kulturen geeignet	neutral- schwach sauer
Hederich *(Ráphanus)* Reiherschnabel *(Eródium)* Stengelumfassende Taubnessel *(Lámium)* Hundskamille *(Anthemis)*		schwach sauer- sauer
Kleiner Sauerampfer *(Rúmex)* Weiches Honiggras *(Hólcus)* Ackerspörgel *(Spérgula)* Hasenklee *(Trifólium)* Sandstiefmütterchen *(Víola)*	Säure im Boden	stark sauer
Gänsefingerkraut *(Potentilla)* Hahnenfuß *(Ranúnculus)* Krötenbinse *(Júncus)* Sumpfziest *(Stáchys)* Ackerminze *(Méntha)* Ackerhahnenfuß *(Ranúnculus)* Hundskamille *(Anthemis)* Kleine Wolfsmilch *(Euphórbia)* Breiter Wegerich *(Plantágo)* Rasenschmiele *(Deschámpsia)* Huflattich *(Tussilágo)*	Nässe im Boden	Oberbodenvernässung Bodenverdichtung Krumenverschlämmung bei ungestörtem Profil im Unterboden
Ackerschachtelhalm *(Equisétum)* Huflattisch *(Tussilágo)* Landwasserknöterich *(Polýgonum)*	Bodenver- dichtung	stauende Nässe im Unterboden
Große Brennessel *(Urtíca)* Vogelmiere *(Stellária)* Erdrauch *(Fumária)* Hirtentäschel *(Capsélla)* Melde *(Átriplex)*	Nährstoffe	hoher Nährstoffgehalt im Boden (Stickstoff)
Hungerblümchen *(Drába)* Hasenklee *(Trifólium)* Heidekraut *(Eríca)* Schafschwingel *(Festúca)*	Nährstoff- mangel	Nährstoffe im Boden

Hederich, Rispe und Knöterich haben nur Aussagewert, wenn sie zahlreich vorkommen. Säureempfindlich sind Quecke, Ackerschachtelhalm, Kornblume, Hirtentäschel, kriechender Hahnenfuß, Knöterich-Arten.

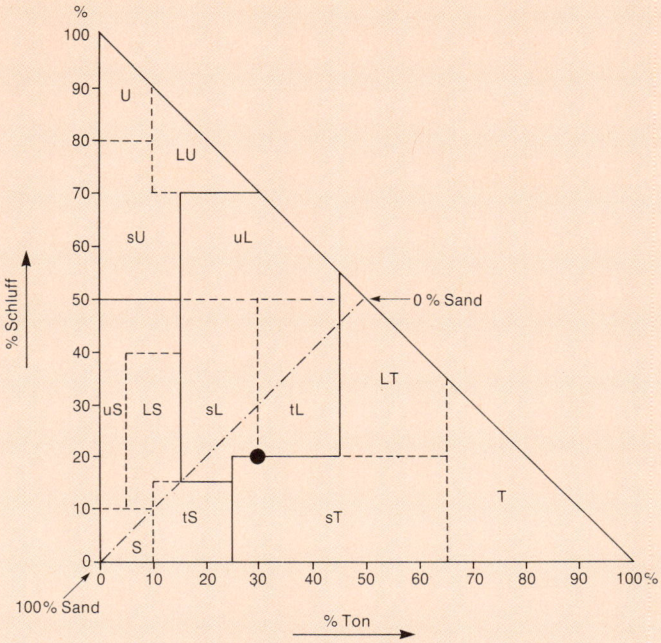

Abb. A 203. Dreiecksdiagramm der Körnungsklassen nach dem Vorschlag der Ämter für Bodenforschung. Beispiel: Der Punkt entspricht einem Boden mit 50% Sand, 20% Schluff und 30% Ton. s = sandig, u = schluffig, l = lehmig, t = tonig.

Steine	(X)	über 63 mm
Grobkies	(G)	63 –20 mm
Mittelkies	(G)	20 – 6,3 mm
Feinkies	(G)	6,3– 2 mm
Grobsand	(S)	2 – 0,63 mm

mit diesen die vorbereitenden Arbeiten für die Bepflanzung geschaffen werden, z. B. dränfähige Unterfüllung von Beeten und Anschüttung von Böschungen, Wegebau.

Als Hilfsmittel für die Beurteilung der Korngrößenzusammensetzung eines Bodens wird häufig ein Dreiecksdiagramm angewandt. Hierbei wurde die Abgrenzung der Körnungen so gewählt, daß sie mit der Fingerprobe (s. Tab. A 50 und Tab. A 85) unterschieden werden können.

Die Korngrößenzusammensetzung hat großen Einfluß auf die Bodeneigenschaften. Wie schon erwähnt, sinkt mit abnehmendem Teilchendurchmesser die Wasserleitfähigkeit (s. Seite Kap. A 3.4.2),

Tab. A 89. Beziehungen zwischen Korngröße, Teilchenzahl und Oberfläche bei Zerteilung einer Kugel mit 20 mm Durchmesser (r = 10 mm) in kugelförmige Teilchen.

Kugelradius	entspricht	Kugelzahl	Gesamtoberfläche
10 mm	Mittelkies	1	4,2 cm^2
1 mm	Grobsand	10^3 = 1000	42 cm^2
0,1 mm	Feinsand	10^6 = 1000000	420 cm^2
0,01 mm	Schluff/Lehm	10^9 = 1 Mrd.	4200 cm^2
0,001 mm	Ton	10^{12} = 1 Bio.	42000 cm^2=4,2m^2

gleichzeitig nimmt die Fähigkeit zur Nährstoffspeicherung zu, weil die Oberfläche der Teilchen bei gleichem Volumen zunimmt.
Nimmt man eine kugelförmige Gestalt der Bodenteilchen an, so hat ein Mittelkiesteilchen einen größten Durchmesser von 20 mm (Kugelradius, r = 10 mm). Daraus ergibt sich eine Oberfläche von 4,2 cm^2. Zerteilt man das Mittelkiesteilchen immer weiter in kleinere Teilchen von kugelförmiger Gestalt, so erhält man bei einem Kugeldurchmesser von ca. 0,002 mm (entspricht dem Durchmesser von Tonteilchen!) eine Kugeloberfläche von 4,2 m^2. Durch diese Rechnung wird deutlich, daß nicht nur die Teilchen, sondern auch die Zwischenräume (= Poren) immer kleiner werden. Gleichzeitig wird durch die größere Oberfläche einer großen Zahl von Nährionen ein Austauscherplatz zur Verfügung gestellt (s. Kap. A 3.8.3).

3.12.5 Wasser und Luft in Böden und Substraten

Das Porenvolumen und die Porengrößenverteilung eines Bodens bestimmen die Wasser- und Luftführung. Grobe Poren erhöhen den Anteil der Bodenluft, feine Poren den Anteil des Bodenwassers und der Wasserkapazität (s. Kap. A 3.5.4). Die in einem stau- und grundwasserfreien Boden für die Pflanze verfügbare Wassermenge ergibt sich aus der Formel

Wassergehalt bei Wassersättigung in Vol. %	–	Wassergehalt beim Welkepunkt in Vol. %	×	Tiefe des Wurzelraumes in dm	=	Nutzbares Wasser in l/m^2
Beispiel:						
70	–	20	×	6	=	300

Im Juli, der Hauptwachstumszeit für Feldgemüsearten, verbrauchen Kopfkohlpflanzen täglich etwa 6 l/m^2. Kartoffeln verbrauchen etwa 3,5 l/m^2 und junge Kernobstanlagen etwa 4 l/m^2 pro Tag. Einzelne Bäume von etwa 10 m Höhe können pro Tag fast 500 l Wasser verdunsten.
Vergleicht man diese Werte mit dem nutzbaren Wasser in verschiedenen Böden, so läßt sich errechnen, wann die Wasservorräte erschöpft sind, wenn nicht natürliche Niederschläge oder zusätzliche Beregnung das Bodenwasser ergänzen.

3.12.6 Boden- und Ackerzahl

Boden- und Ackerzahl sind Maßzahlen für die Ertragsfähigkeit eines Bodens unter den gegebenen Klimaverhältnissen. Sie bewerten die Bodenfruchtbarkeit, d. h. die Leistungsfähigkeit eines Bodens.

Diese ist um so höher,

- je besser die Ernteerträge **ohne** Düngung sind
- je stärker die Ertragssteigerung durch Düngung, Bodenbearbeitung und Beregnung ist
- je höher die Ertragssicherheit und je geringer die Ertragsschwankungen einzelner Jahre sind.

Boden- und Ackerzahl sind für den Gärtner von derselben Bedeutung wie für den Landwirt. Aus ihnen sind die Aufwendungen für sichere Erträge und Kul-

Tab. A 90. Nutzbares Wasser einiger Böden

Bodentyp	Mittlerer Wassergehalt in Vol. % bei höchster Wassersättigung	beim Welkepunkt	Tiefe des Wurzelraumes	Mittlere nutzbare Wassermenge
Rendzina (lehmig)	35	15	2,5 dm	50 l/m^2
Schwarzerde (schluffig)	30	10	15 dm	300 l/m^2
Braunerde (sandig)	10	3	10 dm	70 l/m^2
Parabraunerde (lehmig)	35	15	7,5 dm	150 l/m^2
Pelosol (tonig)	45	30	5 dm	75 l/m^2

Tab. A 91. Entstehung oder geologische Herkunft der Böden

D	Diluvialboden	aus eiszeitlichen Ablagerungen (z. B. Mergel)
Al	Alluvialboden	Schwemmlandböden in Flußniederungen und an Küsten (Auenböden, Marschen)
Lö	Lößlehm	aus Ablagerungen
V	Verwitterungsboden	aus festem Gestein (z. B. Kalkstein, Sandstein, Granit)
Vg	Verwitterungsboden mit starkem Steingehalt	Kalkverwitterungsböden (z. B. Rendzina)

turrisiko abzulesen. Dies ist vor allem dann von Wichtigkeit, wenn Flächen zugepachtet oder Betriebe aus Städten mit dichter Bebauung ausgesiedelt werden sollen.

Eine einheitliche und umfassende Bodenbewertung erfolgte erstmals aufgrund des Bodenschätzungsgesetzes vom 16. 10. 1934. Dabei wurden die bodenkundlichen Verhältnisse durch Feststellung der Bodenart im ganzen Profil, der Entstehung oder geologischen Herkunft des Bodens (s. Tab. A 91) und der Zustandsstufe (s. Abb. A 204) ermittelt.

Die Einteilung der Böden in Zustandsstufen geht von der Annahme aus, daß sich ein Boden vom Gestein über tiefgründiges Stadium bis zu einer sauren Bleicherde entwickelt.

Die Zustandsstufen entsprechen annähernd den Bodentypen (s. Abb. A 192–A 201).

Aus 8 verschiedenen Bodenarten und einer Moorgruppe, der geologischen Herkunft und der Zustandsstufe wird mit Hilfe des Ackerschätzungsrahmens (s. Tab. A 92) die **Bodenzahl** festgelegt. Sie ist eine Verhältniszahl und vergleicht den erreichbaren Ertrag eines Bodens mit dem Ertrag des fruchtbarsten Bodens, einer Schwarzerde bei Hildesheim.

Dabei werden zusätzlich folgende Bedingungen gestellt:

1. 600 mm Jahresniederschlag
2. 8 °C mittlere Jahrestemperatur
3. ebene Lage
4. Grundwasserstand bei Sand 1,0 m
   bei Lehm 1,5 m
   bei Ton 2,0 m

Wenn die gemessenen Werte am Standort eines zu bewertenden Bodens davon abweichen, ergibt sich durch Zu- oder Abschläge die **Ackerzahl.**

Für einen Podsolboden (s. Kap. A 3.9) auf Sandstein mit Ortsteinschicht (Altersmerkmal!) ergibt sich aus dem Schätzungsvolumen (s. Tab. A 92): S/LS 6 V 20 = Sand aus Verwitterungsboden der Zustandsstufe 6 mit der Bodenzahl 20. Die Bodenzahl 20 bedeutet, daß der erreichbare Ertrag nur 20% des auf Schwarzerde (= L1 Lö 100) erreichbaren beträgt.

Sind die Klimabedingungen oder die Geländeneigung ungünstig, erhält der Boden einen Abschlag. Diese Zahl steht hinter der Bodenzahl.

Das Schätzungsergebnis unseres Podsols lautet nun z. B. S/LS 6 V 20/17, d. h. der Abschlag beträgt 3 Punkte.

Abb. A 204. Zustandsstufen eines Bodens.

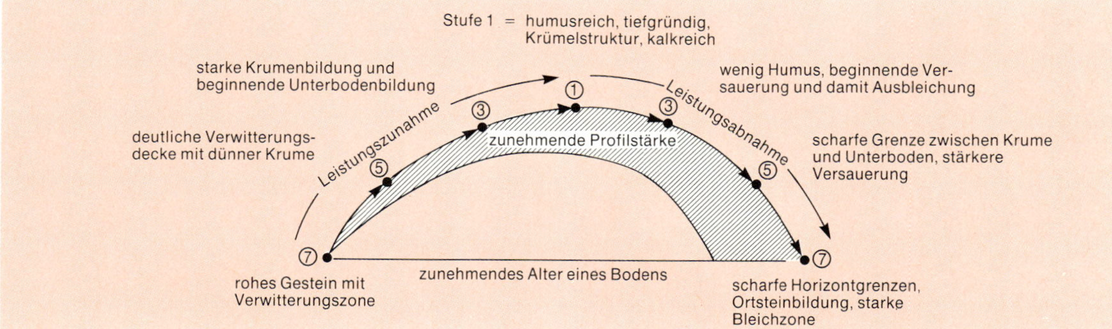

Tab. A 92. Ackerschätzungsrahmen mit Bodenzahlen

Bodenart	Entstehung*	Zustandsstufe 1	2	3	4	5	6	7
S	D		41–34	33–27	26–21	20–16	15–12	11–7
Sand	Al		44–37	36–30	29–24	23–19	18–14	13–9
Sand	D		51–43	42–35	34–28	27–22	21–17	16–11
S/LS	Al		53–46	45–38	37–31	30–24	23–19	18–13
lehmiger Sand	V		49–43	42–36	35–29	28–23	22–18	17–12
	D	68–60	59–51	50–44	43–37	36–30	29–23	22–16
	Lö	71–63	62–54	53–46	45–39	38–32	31–25	24–18
	Al	71–63	62–54	53–46	45–39	38–32	31–25	24–18
LS	V		57–51	50–44	43–37	36–30	29–24	23–17
lehmiger Sand	Vg			47–41	40–34	33–27	26–20	19–12
lehmiger Sand	D	75–68	67–60	59–52	51–45	44–38	37–31	30–23
	Lö	81–73	72–64	63–55	54–47	46–40	39–33	32–25
	Al	80–72	71–63	62–55	54–47	46–40	39–33	32–25
LS/sL	V	75–68	67–60	59–52	51–44	43–37	36–30	29–22
sandiger Lehm	Vg			55–48	47–40	39–32	31–24	23–16
	D	84–76	75–68	67–60	59–53	52–46	45–39	38–30
	Lö	92–83	82–74	73–65	64–56	55–48	47–41	40–32
	Al	90–81	80–72	71–64	63–56	55–48	47–41	40–32
sL	V	85–77	76–68	67–59	58–51	50–44	43–36	35–27
sandiger Lehm	Vg			64–55	54–45	44–36	35–27	26–18
	D	90–82	81–74	73–66	65–58	57–50	49–43	42–34
	Lö	100–92	91–83	82–74	73–65	64–56	55–46	45–36
	Al	100–90	89–80	79–71	70–62	61–54	53–45	44–35
L	V	91–83	82–74	73–65	73–56	64–47	55–39	46–30
Lehm	Vg			70–61	60–51	50–41	40–30	29–19
Lehm	D	87–79	78–70	69–62	61–54	53–46	45–38	37–28
	Al	91–83	82–74	73–65	64–57	56–49	48–40	39–29
LT	V	87–79	78–70	69–61	60–52	51–43	42–34	33–24
Ton	Vg			67–58	57–48	47–38	37–28	27–17
	D		71–64	63–56	55–48	47–40	39–30	29–18
	Al		74–66	65–58	57–50	49–41	40–31	30–18
T	V		71–63	62–54	53–45	44–36	35–26	25–14
Ton	Vg			59–51	50–42	41–33	32–24	23–14
Moor				45–37	36–29	28–22	21–16	15–10

* s. Tab. A 91

Kontrolle und Vertiefung

1. Sammeln Sie Bodenproben von verschiedenen Standorten und bestimmen Sie die Bodenarten mit der Fingerprobe.
2. Bestimmen Sie die Bodeneigenschaften an verschiedenen Standorten mit Hilfe typischer Zeigerpflanzen.
3. Berechnen Sie das nutzbare Wasser im 90 cm tiefen Profil eines Bodens mit der Wasserkapazität von 65 %, der beim Welkepunkt noch 22 % Wasser enthält.
4. Berechnen Sie die Zeit, nach der die nutzbare Wassermenge beim Anbau von Kartoffeln, die täglich eine Wassermenge von 3,5 Litern/m² verbrauchen, erschöpft ist.

B Grundlagen der gärtnerischen Pflanzenproduktion

1 Pflanzenkenntnisse

Für den Gärtner steht die Pflanze im Mittelpunkt der beruflichen Arbeit, ganz gleich ob er in Betrieben des Produktionsgartenbaus mit ihrer Anzucht und Kultur beschäftigt ist oder ob er es im Garten- und Landschaftsbau oder in der Friedhofsgärtnerei mit ihrer Verwendung zu tun hat. Wer mit Pflanzen umgeht, muß wissen, wie sie heißen. Pflanzen haben einen deutschen und einen lateinischen (botanischen) Namen. Für die exakte wissenschaftliche Bezeichnung und Beschreibung ist der botanische Name unentbehrlich. Nur auf diese Weise ist für den Gartenbau, der sich über die ganze Erde erstreckt, eine gegenseitige Verständigung und ein zwischenstaatlicher Pflanzenverkehr möglich. Den Namen einer Pflanze erlernt man nachhaltig nur am lebenden Objekt. Eine große Hilfe bedeutet es, wenn die Pflanzen im Ausbildungsbetrieb richtig etikettiert werden; außer dem Artnamen sollte auch der Familienname angegeben sein. Botanische Namen müssen gründlich und mit der richtigen Aussprache und Betonung erlernt werden. Man präge sich anfangs lieber weniger Namen richtig ein, als viele Namen ungenau oder falsch.

Es ist wichtig, im Berichtsheft die Namen richtig zu schreiben. Der Anhang des Berichtsheftes enthält eine Übersicht der wichtigsten gültigen Pflanzennamen. Im Rahmen des Berufsschulunterrichts lassen sich Pflanzenkenntnisse erweitern, wenn Pflanzen im Unterricht vorgestellt und besprochen werden. Eine Eintragung der wichtigsten Merkmale und Eigenschaften im Berichtsheft dient als Gedächtnisstütze. Pflanzenbestimmungen an Hand eines Bestimmungsbuches sind eine gute Methode, um Pflanzen kennen zu lernen. Die Anlage einer Pflanzensammlung kann nicht genug empfohlen werden. Pflanzen, die man selbst sammelt, in ein Herbarium einfügt, mit dem richtigen Namen beschriftet und durch wichtige Hinweise ergänzt, bleiben gut im Gedächtnis haften und sind ein wertvolles Erinnerungsstück an die Ausbildungszeit.

Die Möglichkeiten, sich Pflanzenkenntnisse anzueignen, sind heute groß. Reichbebilderte Bestimmungsbücher, Pflanzenlexika, Fachbücher über alle Gebiete des Gartenbaus und Fachzeitschriften bieten sich an. Gute Gelegenheiten, die Pflanzenkenntnisse zu erweitern, sind Betriebsbesichtigungen und Studienfahrten ins In- und Ausland sowie Besuche von Bundes- und Landesgartenschauen, Botanischen Gärten, Gärtnerbörsen und ähnlichen Veranstaltungen. Im Berufswettkampf der Gärtnerjugend bildet das Pflanzenbestimmen eine wichtige und entscheidende Aufgabe. Wettkampfgruppen, denen es gelingt, auf diesem Gebiet wertvolle Punkte zu sammeln, erhöhen damit ihre Siegesaussichten. Die Aufnahmefähigkeit für Pflanzennamen ist in der Jugend besonders groß; wer diese Zeit nutzt, wird während seines ganzen Berufslebens davon profitieren.

1.1 Botanische Namen

Für die internationale Verständigung war es eine Großtat, daß Carl von Linné (1707–1778) die **binäre** (aus zwei Einheiten bestehende) **Nomenklatur** (Namengebung) eingeführt hat. Damit wurde es möglich, Pflanzen eindeutig zu bezeichnen und in eine systematische Gliederung des Pflanzenreichs einzuordnen.

1.1.1 Grundregeln und Schreibweise

Der Ausgangspunkt der wissenschaftlichen Benennung ist der **Gattungsname.** Der großgeschriebene

Gattungsname, z. B. *Cýclamen,* wird, indem die kleingeschriebene, spezifische **Artbezeichnung,** z. B. *pérsicum,* hinzugesetzt wird, zum **botanischen Artnamen** *Cýclamen pérsicum.*

Botanische Namen werden auf internationalen Nomenklaturkongressen festgelegt. Entscheidend ist dabei die **Prioritätsregel** (Priorität = Erstrecht). Sie sagt aus, daß allein der nach dem 1. Mai 1753 erstmalig gegebene und den Regeln entsprechende Name gültig ist. In wissenschaftlichen Werken und botanischen Wörterbüchern, manchmal auch in Katalogen, wird hinter dem Gattungs- oder Artnamen der Autor des Pflanzennamens angegeben. Der Name des Autors ist meist abgekürzt, und zwar mit den ersten Buchstaben des Nachnamens. Die weitaus häufigste Abkürzung ist L., die Abkürzung des Namens CARL VON LINNÉ. Insgesamt haben unzählige Autoren zu einer korrekten Bezeichnung der Pflanzennamen beigetragen.

Der Gattungsname einer Pflanze kann männlich (m = masculinum), weiblich (f = femininum) oder sächlich (n = neutrum) sein. Die Art richtet sich in ihrem Geschlecht nach dem Geschlecht der Gattung, zu der sie gehört.

Gattungsnamen mit der Endung -us und -er sind bis auf die Bäume, deren Geschlecht meist weiblich ist, in der Regel männlich. Die Artbezeichnungen enden in der Regel auf -us, -er, -is und -or.

Gattungsnamen mit der Endung -a und -e sind weiblich, die mit -s, -is und -ix meist weiblich. Die Artbezeichnungen enden in der Regel auf -a, -is und -or.

Gattungsnamen mit der Endung -um und -en sind sächlich, mit -on meist sächlich. Die Artbezeichnungen enden in der Regel auf -um, -e und -us.

Artbezeichnungen mit der Endung -u, -ium oder -orum tragen Genitiv(Wesfall)-Endungen und sind unabhängig vom Geschlecht des Gattungsnamens.

Da die Geschlechtsregeln viele Ausnahmen haben, richtet man sich am besten nach den im »ZANDER« aufgeführten Gattungs- und Artnamen (Encke, Buchheim, Seybold, »Zander, Handwörterbuch der Pflanzennamen«).

Namen, die den Regeln nicht (oder nicht mehr) entsprechen, bezeichnet man als **Synonyme** (Nebennamen). Ist eine Gattung oder Art ein **Bastard** (Hybride), werden sie durch ein vorgesetztes × gekennzeichnet, z. B. × *Fatshédera (Fátsia* × *Hédera)* oder *Vibúrnum* × *burkwōōdii (Vibúrnum carlésii* × *V. útile).*

Unterhalb der Art gewinnen die Sorten immer mehr an Bedeutung. Die internationale Bezeichnung dafür ist Cultivar (cv.). **Sortennamen** werden groß geschrieben und in einfache Anführungszeichen gesetzt, z. B. *Cýclamen pérsicum* 'Leuchtfeuer'. Das gilt auch für Sorten mit botanischer Bezeichnung, z. B. *Chamaecýparis pisífera* 'Filifera Nana Aurea'. Seit dem 1. Januar 1959 dürfen Sortennamen nur noch Phantasiebezeichnungen sein. Sie sollen möglichst nur aus einem oder zwei Wörtern bestehen. Je mehr ein solcher Name das Aussehen einer Pflanze beschreibt, um so besser ist er. Einprägsam sind Sortennamen wie *Potentílla fruticósa* 'Goldfinger'. *Áster dumósus* 'Silberblaukissen' oder *Scabiósa atropurpúrea* 'Mammuth'. Hybrid-Züchtungen bestimmen heute vielfach den Sorten-Spiegel (s. Kap. A 1.6.2). Man faßt sie gruppenweise zusammen, indem Gattungs- und Artnamen groß geschrieben werden, z. B. *Begónia*-Elatior-Hybriden oder *Cotoneáster*-Watereri-Hybriden.

Etwa ein Drittel aller Blütenpflanzen-Gattungen ist nach Persönlichkeiten benannt, wie z. B. *Begónia, Dáhlia, Fúchsia, Magnólia, Narcíssus, Nicotiána, Robínia* oder *Zínnia*. Im allgemeinen ist es nicht leicht, die Herkunft eines Gattungsnamens zu erkennen. An die Gestirne erinnern *Heliánthus, Lunária* und *Áster*. Auffällige Blütenfarben haben zur Namengebung von *Nigélla*, Schwarzkümmel und *Haemánthus*, Blutblume geführt. *Brachýcome*, Kurzschopf, *Dicéntra*, Doppelsporn und *Schizánthus*, Spaltblume weisen auf die Blütenformen dieser Blumen hin. Ein Gehölz mit schönen Früchten ist *Callicárpa*, Schönfrucht. *Líthops* bedeutet soviel wie Stein. *Philodéndron* gibt an, daß die Pflanze in ihrer Heimat auf Bäumen vorkommt. Einige Arten von *Gypsóphila*, Gipskraut, gedeihen gut auf Gipsböden.

Noch eindeutiger sind die Hinweise, welche uns die Artnamen geben. Auch bei ihnen wird an bedeutende Botaniker und Pflanzenzüchter erinnert. Ein Beispiel aus der jüngeren Geschichte des deutschen Gartenbaues sind die nach GEORG ARENDS benannten *Phlóx*-Arendsii-Hybriden. Viele Namen beziehen sich auf Heimat, Herkunft und Standort einer Art. Andere heben besondere Wuchsformen und Wuchseigenschaften hervor oder zeigen die typischen Merkmale von Stengeln, Blättern, Blüten, Blütenständen oder Früchten auf. Auch Ähnlichkeiten mit anderen Pflanzen und Tieren und deren Organe waren der Anlaß zur Namengebung. Besonders häufig sind Namen, die auf Größen, Blütenzeiten und Blütenfarben hinweisen. Wer Pflanzennamen gut behalten will, kann nichts besseres tun, als sich die Bedeutung der Bezeichnungen an Hand eines Pflanzennamen-Wörterbuchs einzuprägen.

1.1.2 Aussprache

Die Aussprache aller botanischen Namen richtet sich, ganz gleich aus welcher Sprache sie abgeleitet werden, nach den Regeln der lateinischen Sprache.

Aussprache der Vokale (Selbstlaute)
Vokale werden getrennt gesprochen, z. B. *botry-o-í-des, purpúr-e-us, sie-e-bóldi-i, karatavi-én-se.* In Annäherung an die Umgangssprache werden in der gärtnerischen Praxis viele Doppellaute als ein Vokal gewertet und ausgesprochen, z. B. *A-ca͡e-na, Bougain-víllea, Da͡u-cus, Cat-le͡y-a, Cen-ta͡u-rea, Chamae-cýparis, Eu-ónymus, Hae-mánthus, Macle-a͡y-a, Pho͡e-nix.* Getrennt gesprochen wird dagegen *Kalán-cho-ë, Hippópha-ë.* Bei der mit einem Y beginnenden Gattung *Yúcca* wird das y wie j ausgesprochen; sonst klingt y immer wie ü, z. B. *Syrínga* (Süringa).

Aussprache der Konsonanten (Mitlaute)
c spricht man vor ae, e, i, oe oder y wie z: *Caesalpínia, Coelógyne, Cymbídium (sprich Zäsalpinia, Zölogüne, Zümbidium); im übrigen wird c wie k gesprochen: Cóleus, Cúcumis, Clématis, Cucúrbita* (sprich Koleus, Kukumis, Klematis, Kukurbita).
cc klingt vor ae, e, i, oder y wie kz: *coccíneus* (sprich kokzineus); sonst wird cc wie kk gesprochen: *succuléntus, Boccónia* (sprich sukkulentus, Bokkonia); ch spricht man vor Konsonanten meist wie k: *Chloróphytum, Chrysánthemum (sprich Klorofütum, Krüsantemum); vor Vokalen wird ch entweder wie ch: Chamaecýparis* (sprich Chamäzüparis) oder wie sch: *Cheiránthus* (sprich Scheirantus) ausgesprochen; vor Vokalen wird gu wie gw: *linguifórmis* (sprich lingwiformis), qu wie kw: *Quércus* (sprich Kwerkus) und su wie sw: *suécicus* (sprich swezikus) gesprochen; ti wird wie ti und nicht wie zi ausgesprochen, was bei *Gentiána* und *Opúntia* zu beachten ist; v klingt wie w: *Verbéna, Vibúrnum, Víola* (sprich Werbena, Wiburnum, Wiola).
Doppelkonsonanten müssen als zwei erkennbare Laute gesprochen werden: Nar-cís-sus, Skím-mia, Kér-ria.

1.1.3 Betonung

In zweisilbigen Wörtern wird immer der Vokal der ersten Silbe betont. Ist bei drei- oder mehrsilbigen Wörtern der Vokal der vorletzten Silbe, wie z. B. bei *Antirrhínum*, lang, so wird dieser betont; ist dagegen der Vokal der vorletzten Silbe, wie z. B. bei *Aspáragus*, kurz, so wird die drittletzte Silbe betont.

Ob ein Vokal lang oder kurz ist, läßt sich oft schwer erkennen. Wie unterschiedlich ähnlichklingende gleichsilbige Wörter betont werden, zeigt die nachfolgende Aufstellung:

Drittletzte Silbe kurz betont
Agératum, Leberbalsam
Anáphalis, Perlpfötchen
Callístephus, Sommeraster
Callítriche, Wasserstern
Plátanus, Platane
Cótula, Fiederpolster
Verónica, Ehrenpreis

Vorletzte Silbe lang betont
Aconítum, Eisenhut
Anagállis, Gauchheil
Callistémon, Zylinderputzer
Cardamíne, Schaumkraut
Pandánus, Schraubenbaum
Cortúsa, Glöckel
Verbéna, Verbene

Cýclamen, kurz betont, wie *Eríca*, lang betont, klingt für die Ohren eines Auszubildenden gleichermaßen fremd und wird doch in beiden Fällen auf diese Weise richtig ausgesprochen.
Mit einem Zitat aus dem »ZANDER« sei dieses Kapitel beendet. Es lautet: »Würde jeder Gärtner überall und nicht nur in Lehrbüchern die Namen mit richtiger Betonungsangabe finden, dann würde er sich bald an die richtige Aussprache und Betonung gewöhnen.«

Kontrolle und Vertiefung

1. Erklären Sie den Fachausdruck binäre Nomenklatur.
2. Die botanischen Gattungsnamen der Bäume sind meist weiblich. Nennen Sie drei Gehölzgattungen, die ein anderes Geschlecht haben.
3. Viele Gattungen der Blütenpflanzen sind nach Persönlichkeiten benannt. Nennen Sie drei Beispiele.
4. Standortbezeichnungen sind *alpínus, aquáticus, arvénsis, campéstris, glaciális, montánus, nemorális, palústris, petra͡eus, praténsis, saxátilis, sylváticus* und *uliginósus.* Nennen Sie von fünf dieser botanischen Standortangaben die deutschen Bezeichnungen.

5. Arten werden oft nach Farben benannt. Häufig sind: *álbus, níveus, argénteus, níger, cinéreus, rúber, coccíneus, róseus, cárneus, purpúreus, sanguíneus, cúpreus, caerúleus, violáceus, lúteus, sulphúreus, aurantíacus, víridis, glaúcus, bícolor, trícolor* und *variegátus*. Nennen Sie von fünf dieser botanischen Farbangaben die deutschen Bezeichnungen.
6. Ordnen Sie die Artbezeichnungen *aestivális, vernális, hiemális, autumnális* in die jahreszeitlich richtige Reihenfolge ein.
7. Einige Artbezeichnungen beginnen mit *hetero-, longi-, macro-, micro-, mille-, multi-, parvi-, poly-, platy-* und *pseudo-*. Vervollständigen Sie drei dieser unvollständigen Artbezeichnungen.
8. Viele Artbezeichnungen enden mit *-carpus, -chromus, -color, -florens, -florus, -folius, -formis, -morphus, -virus* und den entsprechenden Geschlechtsformen. Vervollständigen Sie drei dieser unvollständigen Artbezeichnungen.
9. Setzen Sie das Betonungszeichen der folgenden Namen an die richtige Stelle: *Calathea, Chamaecyparis, Centaurea, Gladiolus, Lavatera, ocymoides, Oenothera, rhamnoides* und *Tropaeolum*.

1.2 Gliederung des Pflanzenreichs – Systematik

Die Gliederung des Pflanzenreichs im natürlichen System (Ordnungsprinzip) berücksichtigt vor allem die Ergebnisse der Blütenmorphologie (die äußere Gestalt der Blüte) sowie der Blütenanatomie (den inneren Aufbau der Blüte). Außerdem spielen die Physiologie (die Lebensvorgänge), entwicklungs- und stammesgeschichtliche Zusammenhänge sowie weitere verwandtschaftliche Beziehungen eine Rolle.

Die Art **(species)** nimmt innerhalb der Pflanzenklassifizierung eine Schlüsselstellung ein. Sie stellt eine Sippeneinheit dar, die sich von anderen Sippeneinheiten durch konstante, erbliche Merkmale unterscheidet, unter sich fruchtbar ist und ein einheitliches Aussehen hat

Arten mit ähnlichen Merkmalen und Eigenschaften, die untereinander verwandt sind, gehören zu einer Gattung **(genus)**. Nach dem gleichen Prinzip werden Gattungen zu Familien, Familien zu Ordnungen, Ordnungen zu Klassen und Klassen schließlich zu Abteilungen zusammengefaßt (Abb. B1).

Die Gliederung des Pflanzenreichs in sieben Abteilungen richtet sich in diesem Unterrichtsbuch nach STRASBURGER, Lehrbuch der Botanik, 31. Auflage, in dem die Systematik von F. EHRENDORFER und K. MÄGDEFRAU bearbeitet wurde.

1. Abteilung: *Schizóphyta*, Bakterien und Blaualgen
2. Abteilung: *Phycóphyta*, Algen
3. Abteilung: *Mycóphyta*, Pilze
4. Abteilung: *Lichénes*, Flechten
5. Abteilung: *Bryóphyta*, Moospflanzen
6. Abteilung: *Pteridóphyta*, Farnpflanzen
7. Abteilung: *Spermatóphyta*, Samenpflanzen

Um das Pflanzenreich noch exakter einzuteilen, haben die Systematiker noch vielerlei Untergliederungen eingeführt, deren Kenntnis für einen Gärtner ohne Bedeutung ist. Wichtig ist vor allem ein Verständnis über die verschiedenen Familien, weil die in ihnen vereinigten Gattungen wesentliche Merkmale und Eigenschaften gemeinsam haben. Forschungsergebnisse über die Verwandtschaft der Pflanzen und neue Grundsätze der Namengebung waren der Anlaß zur Umbenennung einiger Pflanzenfamilien.

Danach erfolgt die Benennung der Familie nach einer Leitgattung, z. B. bei den *Primuláceae* nach der Gattung *Prímula*, indem der Stamm *Primul-* mit der, bei allen Familien üblichen Endung *-áceae* verbunden wird. Andere Familienbezeichnungen (in Klammern angegeben), die noch zugelassen sind, sollten, um zu einheitlichen Wortbildungen zu kommen, durch die in diesem Unterrichtsbuch aufgeführten und der Regel entsprechenden Familienbezeichnungen ersetzt werden. Also *Apiáceae* statt *Umbellíferae, Brassicáceae* statt *Crucíferae, Lamiáceae* statt *Labiátae, Poáceae* statt *Gramíneae* und *Arecáceae* statt *Pálmae*. Aus einigen Familien wurden mehrere neue Familien gebildet; so aus der Familie *Saxifragáceae* die Familien *Hydrangeáceae, Philadelpháceae, Grossulariáceae* und *Saxifragáceae*; aus der Familie *Leguminósae* die Familien *Mimosáceae, Caesalpiniáceae* und *Fabáceae* sowie aus der Familie *Compósitae* die Familien *Asteráceae* und *Cichoriáceae*.

Unterhalb der Art gibt es einige Untergliederungen, die einer genaueren Beschreibung der Pflanze dienen. Dafür werden folgende Abkürzungen verwandt: **ssp. = subspecies = Unterart,** z. B. *Prúnus doméstica ssp. itálica,* Reneklode

var. = varietas = Varietät, z. B. *Aechméa fúlgens var. díscolor*

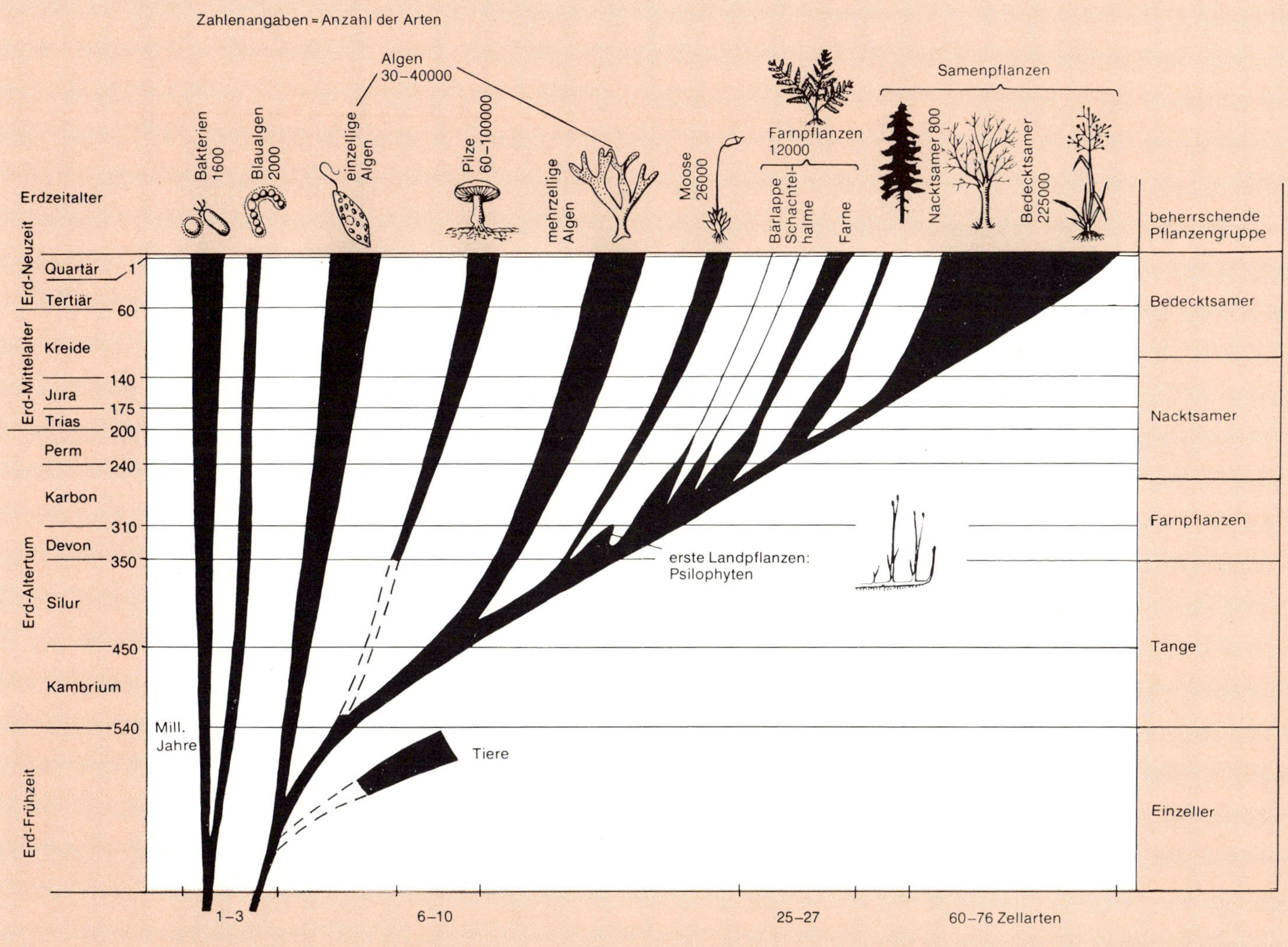

Abb. B 1. Stammbaum der Pflanzen (nach Zimmermann).

cv. = cultivar = Sorte, z. B. *Cýclamen pérsicum* 'Leuchtfeuer'
(Da f = forma kaum mehr gebräuchlich ist und viele ehemalige Form-Bezeichnungen, wie z. B. *Chamaecýparis pisífera* 'Plumosa Aurea', heute als Sorte gelten, sollte diese Bezeichnung wegfallen.)

1.2.1 Bakterien und Blaualgen

Bakterien und Blaualgen stellen die niedrigste Stufe der pflanzlichen Organisation dar. Sie vermehren sich durch einfache Teilung (s. Kap. A 3.3.3) und haben keinen echten Zellkern. Bakterien sind Einzeller, die sich zu lockeren Haufen vereinigen können. Sie kommen überall in großer Anzahl vor. Die meisten Bakterien leben von organischer Substanz. In der Bodenflora spielen die Bakterien eine überragende Rolle. Ein Gramm eines fruchtbaren, humosen Bodens kann viele Millionen ja Milliarden Bakterien enthalten Im Boden zersetzen sie organische Bestandteile zu Humus und tragen wesentlich zur Entstehung der erwünschten Krümelstruktur bei (s. Kap. A 3.4.1). **Aerobe Bakterien** brauchen Luft und sind maßgeblich am Verwesungsprozeß beteiligt. Darum müssen Komposthaufen locker aufgesetzt werden. **Anaerobe Bakterien** entwickeln sich unter Luftabschluß und führen zu Fäulnis.
Einige frei im Boden lebende Stickstoffsammler, wie z. B. *Azotobacter* u. a., können freien Stickstoff der Luft binden. Das Ausmaß der N-Bindung in ackerbaulich genutzten Böden erreicht unter unseren klimatischen Bedingungen kaum mehr als 10–25 kg N/ha und Jahr, in den Tropen freilich 100 kg N/ha und mehr.
Andere Bakterien, die mit höheren Pflanzen, vor allem Hülsenfrüchtlern, zusammenleben, entwickeln, indem sie über Wurzelhaare in die Wurzeln der Wirtspflanzen eindringen, sogenannte Knöllchen. Die darin lebenden Knöllchenbakterien haben gleichfalls die Fähigkeit, Stickstoff aus der Luft aufzunehmen und in ihrem Körper organisch zu binden. Dieser Stickstoff kommt nach vielerlei Prozessen schließlich fast ganz der Wirtspflanze zugute. Das Zusammenleben von Wirtspflanzen und Knöllchenbakterien ist eine der vielen Symbiosen, die im Pflanzenreich vorkommen.
Die Leistung dieser Symbionten (Partner einer Symbiose) ist unter günstigen Bodenbedingungen ganz beträchtlich und kann im Durchschnitt mit 30–50 kg N/ha und Jahr angesetzt werden.
Zur Verwandtschaft der stickstoffbindenen Bakterien gehören auch die Strahlenpilze, *Actinomyces*, die aber mit echten Pilzen nicht verwandt sind. Durch das Einwirken verschiedener Rassen entstehen an *Álnus, Ceanóthus, Elaeágnus* und *Hippóphaë* ähnlich wie bei den Leguminosen stickstoffbindende Wurzel-Knöllchen, die bei *Álnus* die Größe eines Tennisballs erreichen können.
Eine Luftstickstoff bindende Blaualge lebt in Symbiose mit dem kleinen Algenfarn, *Azólla*, der darum in Reisfeldern zur Gründüngung benutzt wird. Andere Blaualgen leben symbiontisch mit *Gúnnera* und *Cýcas* oder frei im Boden und binden gleichfalls Luftstickstoff. Insgesamt liegt die Menge der biologischen Stickstoffbindung weltweit erheblich über der der industriellen Stickstoffgewinnung.

1.2.2 Algen

Algen werden nach ihren Plastiden-Farbstoffen (s. Seite 11) in eine Anzahl von Klassen eingeteilt, wie z. B. in die Grün-, Braun- und Rotalgen. Ihr Hauptverbreitungsgebiet sind die Meere. Viele Arten leben als Bodenpflanzen in den Meeren und an den Küsten, vor allem Braunalgen, auch Tange genannt. Andere schweben als »Plankton« im Wasser. Die größte Planktondichte mit bis zu 100000 Zellen im Liter Wasser findet man in durchlichteten Wasserschichten. Auch das Süßwasser wird durch Algen belebt. In überdüngten Gewässern, die durch zu viele Abfallstoffe umkippen, verändert sich das Pflanzenleben nachteilig (s. Kap. A 2.2.1). Durch das Auftreten spezieller Algen können Gewässer völlig vergrünen. Eine wichtige Rolle im Bodenleben spielen die Bodenalgen. Zum Edaphon (Lebensgemeinschaft des Bodens; s. Kap. A 3.3) gehören außer den Blaualgen niedere Grünalgen und Kieselalgen. In einem Gramm Boden der obersten Schicht hat man bis zu 100000 Algenzellen festgestellt. Einige Grünalgen, die viel Eiweiß enthalten, könnten in der Zukunft ein wichtiger Nahrungslieferant für Menschen und Tiere werden.

1.2.3 Pilze

Pilze sind entweder **Saprophyten,** die sich von verwesender oder vermodernder organischer Substanz ernähren, oder **Parasiten,** die als Schmarotzer auf oder in Pflanzen, Tieren oder Menschen leben. Alle Pilze haben Pilzfäden – Hyphen –, die das Myzel bilden. Pilze vermehren sich durch Sporen. Enge Wechselbeziehungen bestehen zwischen bestimmten Pilzen und den Wurzeln vieler Pflanzen. Man nennt diese besondere Art von Symbiose **Mykorrhiza** (s.

Seite 257). Bei vielen Bäumen, z. B. Kiefer, Fichte, Lärche und Eiche, werden die Seitenwurzeln von Pilzmyzel dicht umsponnen, das damit die Funktion von Wurzelhaaren übernimmt. Ohne eine solche Mykorrhiza ist das Wachstum der genannten Bäume nicht optimal. Eine noch engere Verbindung mit Pilzen gehen die Orchideen ein. Viele Wildorchideensamen brauchen zu ihrer Keimung und Entwicklung symbiontische Pilze, die ihnen als sog. Ammenpilze Wasser, Nährstoffe und Wirkstoffe zuführen. Orchideen, die kein Chlorophyll bilden und wie die Nestwurz, *Neóttia nídus-ávis,* als Saprophyt von faulenden Stoffen leben, brauchen für ihre Ernährung unbedingt den Mykorrhizapilz. Viele Pilze sind Erreger von Pflanzenkrankheiten (s. Kap. B 4.2.5).

1.2.4 Flechten

Verschiedene Pilze und Algen bilden äußerlich als Einheit wirkende Doppelorganismen, die Flechten genannt werden und von denen weltweit etwa 20000 Arten vorkommen. Dabei liefert der Pilz, der vor allem die Form bestimmt, sozusagen das Skelett, das die Verbindung zur Baumrinde, zur Erde oder zum Gestein herstellt, während die Algen über die Photosynthese wichtige Ernährungsaufgaben übernehmen. Flechten sind erste Pioniere des Lebens. Sie sind außerordentlich genügsam und halten sowohl extrem tiefe als auch sehr hohe Temperaturen aus. Sie gedeihen im Bereich der Pole und Hochgebirge ebenso wie in der Wüste. Am üppigsten wachsen Flechten in Gebieten, in denen die Luft dauernd feucht ist.

Nach der Wuchsform unterscheidet man Krusten-, Blatt- und Strauchflechten. Die Krustenflechten bilden mehr oder weniger dichte, geschlossene Überzüge auf Gestein, Erde und Rinde; auf Gesteinen wirken sie gesteinsauflösend und schaffen damit erste Voraussetzungen für pflanzliches Leben (s. Kap. A 3.3.3). Zu den Blattflechten zählt das Isländische Moos, *Cetrária islándica,* das häutig und lederig ist, farblich von olivgrün bis kastanienbraun variiert und zu den Heilpflanzen gehört. Es hat mit dem in der Floristik verwendeten Islandmoos nichts zu tun. Dieses ist in Wirklichkeit die Rentierflechte, *Cladónia alpéstris,* die den Strauchflechten zuzurechnen ist und den Rentieren als Nahrung dient.

Flechten sind, von Art zu Art unterschiedlich, sehr rauchempfindlich, so daß sie in Industriegebieten als zuverlässige Anzeiger für Luftverschmutzung durch Schwefeldioxid und Fluorwasserstoff eingesetzt werden (s. Kap. A 2.5.2).

1.2.5 Moospflanzen

Die Moose werden in zwei Klassen eingeteilt. Es sind die Leber- und Laubmoose. Moose haben noch keine echten Wurzeln, sondern Gebilde, die Wurzelhaaren ähneln. Die Wasseraufnahme erfolgt hauptsächlich durch die Blätter. Welkes Moos, das wieder frisch werden soll, wird in Wasser gelegt. Moosblätter können das Zehnfache ihres Eigengewichts an Wasser aufnehmen.

Moose sind **Sporenpflanzen.** Eine Spore, die einen einfachen (haploiden) Chromosomensatz aufweist,

Abb. B 2. Generationswechsel bei Moospflanzen. GW = Generationswechsel, R = Reduktionsteilung, B = Befruchtung.

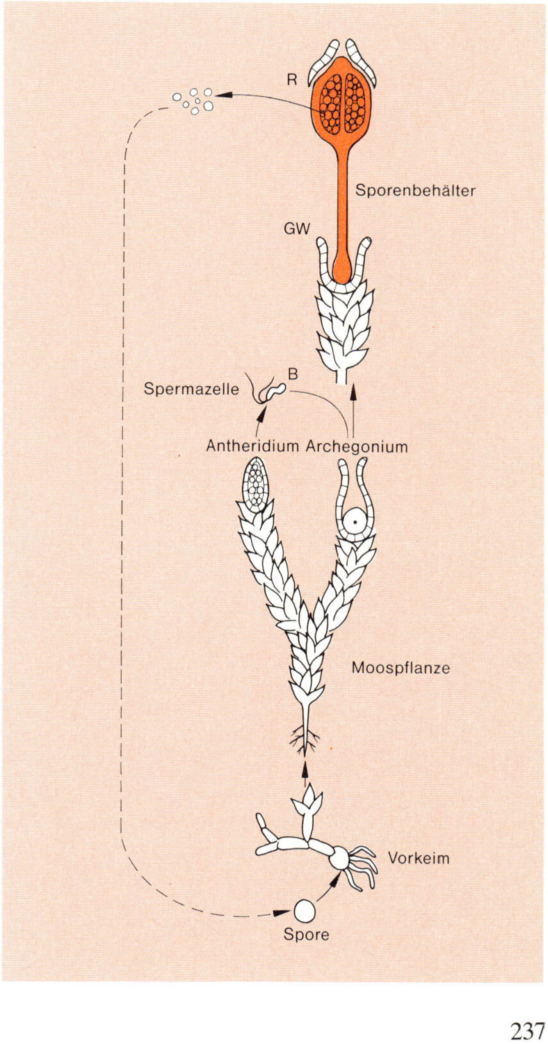

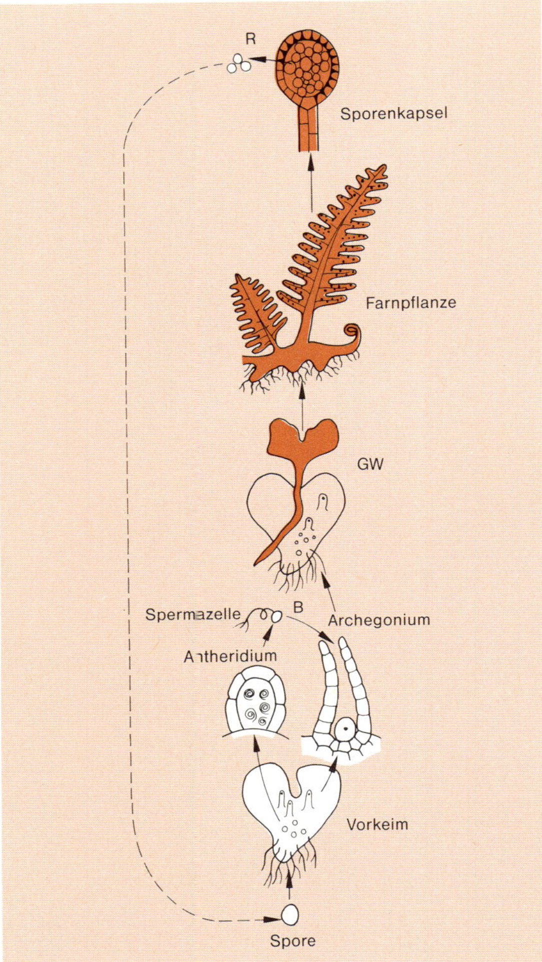

Abb. B 3. Generationswechsel bei Farnpflanzen. GW = Generationswechsel, R = Reduktionsteilung, B = Befruchtung.

keimt zu einem kleinen, grünen, fadenförmigen Vorkeim aus, der sich zur Moospflanze entwickelt. Auf dieser bilden sich die männlichen Geschlechtsorgane (Antheridien) und die weiblichen Geschlechtsorgane (Archegonien). In den Antheridien entstehen haploide Spermazellen, die im wäßrigen Element den Weg zu einer Archegonie finden und die haploide Eizelle befruchten. Aus der befruchteten Eizelle, die nunmehr einen doppelten (diploiden) Chromosomensatz hat, entwickelt sich der Embryo. Der Embryo wächst zum Sporenbehälter aus, in dem schließlich durch die Reifeteilung (Reduktionsteilung) wieder haploide Sporen entstehen. Bei den Moosen findet ein **Generationswechsel** statt zwischen der geschlechtlichen haploiden Generation der Moospflanze und der ungeschlechtlichen diploiden Generation des Sporenbehälters. Die Moospflanze ist im Gegensatz zur diploiden Farnpflanze haploid (Abb. B 2).

Die Lebermoose sind sehr einfach gebaut. Der Name rührt daher, daß einige Arten farblich an die Leber erinnern. Die Laubmoose sind etwas höher entwickelt und gliedern sich in Stämmchen und Blättchen. Von den Laubmoosen haben die Torfmoos-Arten, *Sphágnum,* zur Entstehung der Hochmoore (s. Seite 212) geführt. Torf aus Hochmoor besteht fast ausschließlich aus mehr oder weniger zersetztem Torfmoos. *Sphágnum* ist ein wichtiger Pflanzstoff für viele Orchideen und für epiphytisch (aufsitzend) lebende Topfpflanzen. In der Floristik werden Platten-, Polster- und Wassermoose verwendet. Wenn Moose auf Rasenflächen auftreten, können Staunässe, Schattenlage oder ein zu tiefes Mähen die Ursache sein. Unsachgemäße Anwendung einiger Unkrautvertilgungsmittel begünstigt das Auftreten von Leber- und Laubmoosen.

1.2.6 Farnpflanzen

Zu den Farnpflanzen gehören die Urfarne, Bärlappgewächse, Schachtelhalmgewächse und Farne. Außer *Selaginélla,* die in die Klasse der Bärlappe einzuordnen ist, haben nur die Farne gärtnerische Bedeutung. Charakteristisch sind die meist großen, mehr oder weniger gefiederten Blätter, die »Wedel« genannt werden und in der Jugend in der Spitze meist eingerollt sind. Farne mit ungeteilten Blättern wie die Hirschzunge, *Phyllítis,* sind eine Ausnahme. Den größten Farnreichtum finden wir in den Tropen.

Wie die Moose sind auch die Farne Sporenpflanzen. Die Sporen entstehen in den Sporenkapseln (Sporangien) auf der Unterseite der Wedel. Sie sind zu verschieden gestalteten Häufchen (Sori) vereint. Aus den haploiden Sporen entwickelt sich wie bei den Moosen ein Vorkeim (Prothallium), der herzförmig ist und einem einfachen Lebermoos gleicht. Anders als bei den Moosen bilden sich bereits auf den Vorkeimen die männlichen Geschlechtsorgane (Antheridien) und die weiblichen Geschlechtsorgane (Archegonien). Der Befruchtungsvorgang ist der gleiche wie bei einer Moospflanze, d. h. eine in einem Antheridium entstehende haploide Spermazelle befruchtet jeweils eine haploide Eizelle eines

Archegoniums, wobei gleichfalls genügend Feuchtigkeit notwendig ist.
Der aus der befruchteten Eizelle entstehende Embryo hat somit einen doppelten (diploiden) Chromosomensatz, der auch in den Körperzellen der heranwachsenden Farnpflanze erhalten bleibt, bis sich auf der Unterseite der Wedel wieder die Sporenkapseln bilden, die nach erfolgter Reduktionsteilung wieder Sporen mit einfachem (haploiden) Chromosomensatz enthalten (Abb. B 3).
Der **Generationswechsel** bei den Farnen spielt sich ab zwischen der geschlechtlichen (haploiden) Generation des Vorkeims, der einfach gebaut ist, und der ungeschlechtlichen (diploiden) Generation der Farnpflanze, die in Wurzel, Sproß und Blätter gegliedert ist.
Die gartenbaulich wertvollsten Farne gehören zu folgenden Gattungen: *Adiántum,* Frauenhaarfarn; *Arachniódes,* Lederfarn, *Bléchnum,* Rippenfarn; *Currània,* Eichenfarn, Ruprechtsfarn; *Dryópteris,* Goldschuppenfarn, Wurmfarn; *Mattēuccia,* Straußenfarn, Trichterfarn; *Onocléa,* Perlfarn; *Osmúnda,* Königsfarn; *Nephrolépis* (Warmhaus); *Pellāea* (Kalthaus); *Phyllítis,* Hirschzungenfarn; *Platycérium,* Geweihfarn (Warmhaus); *Polypódium,* Tüpfelfarn; *Polýstichum,* Schildfarn; *Ptéris,* Saumfarn (Kalthaus); *Thelýpteris,* Buchenfarn.
Viele Farne verlangen im Winter nur mäßige Temperaturen und gedeihen noch gut in schwach geheizten Räumen. Von den Freilandfarnen wachsen die meisten gut im Halbschatten. Sie lieben einen frischen, humosen Boden. Osmunda-Wurzeln sind ein bewährter Pflanzstoff für Epiphyten.

1.2.7 Samenpflanzen

Auch bei den Samenpflanzen findet ein **Generationswechsel** statt. Dominierend ist die ungeschlechtliche Generation mit doppeltem (diploiden) Chromosomensatz. Sie beginnt mit der befruchteten Eizelle und umschließt den vegetativen Aufbau des Pflanzenkörpers mit Wurzel, Sproß, Blättern, Blüten und Früchten. Die geschlechtliche Generation mit einfachem (haploiden) Chromosomensatz ist in die ungeschlechtliche Generation eingegliedert und dient ausschließlich der generativen (geschlechtlichen) Fortpflanzung. Sie verläuft in dem kurzen Zeitraum von der Reduktionsteilung mit der Bildung der männlichen Pollenkörner in den Pollenmutterzellen und der weiblichen Eizelle im Embryosackkern bis zur erfolgten Befruchtung durch den Pollen.

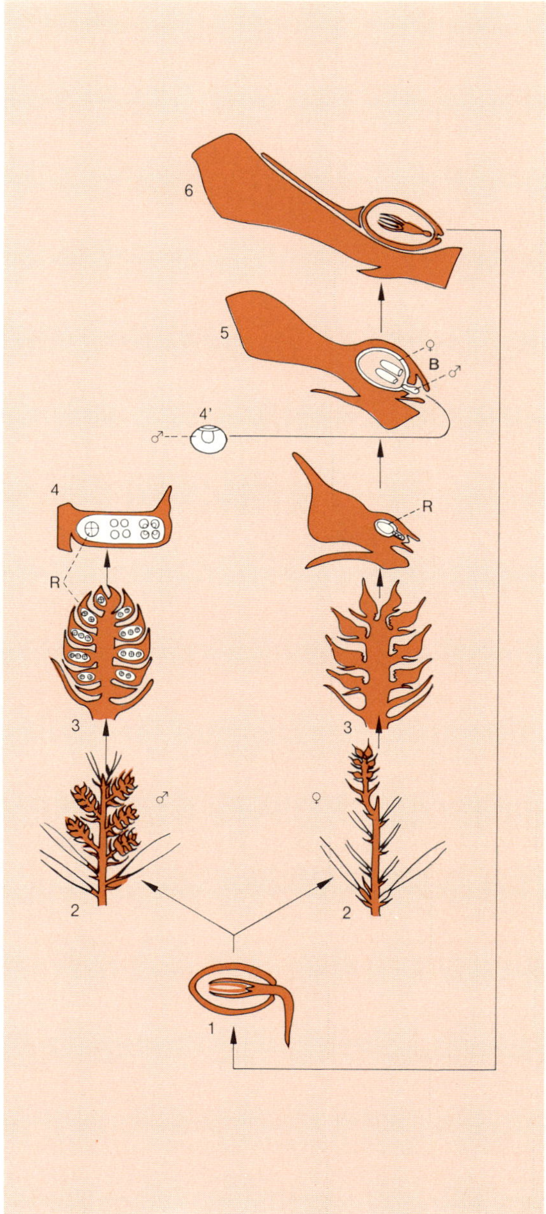

Abb. B 4. Entwicklungsschema eines Nacktsamers *(Pínus).* R = Reduktionsteilung, B = Befruchtung, 1 = keimender Samen, 2 = diesjähriger Trieb mit männlichen Blüten (links), mit weiblichen Blütenzapfen (rechts), 3 = männliche (links) und weibliche Blüte (rechts), 4 = Staubblatt mit Pollensack und Pollenkörnern (links), 4' = Pollenkorn, rechts weibliche Einzelblüte, bestehend aus Samenschuppe und Samenanlagen, 5 = weibliche Einzelblüte zur Zeit der Befruchtung, 6 = weibliche Einzelblüte mit reifem Samen.

Abb. B 5. Unterscheidungsmerkmale zwischen *Ábies* und *Pícea*.
a = *Ábies:* Zapfen aufrechtstehend, Samen und Schuppen fallen einzeln ab, Zapfenspindel verbleibt am Zweig, Nadeln am Blattgrund rund, sie brechen beim Abreißen glatt ab und hinterlassen eine ringförmige Narbe.
b = *Pícea:* reife Zapfen hängen nach unten und fallen im Ganzen ab, Nadeln sitzen auf einem kleinen Stielchen, so daß sich beim Abreißen ein Stück der Rinde mit ablöst.

Nacktsamer

Die Gliederung der Samenpflanzen erfolgte bisher in zwei Unterabteilungen: Nacktsamer (*Gymnospérmae*) und Bedecktsamer (*Angiospérmae*). Stammesgeschichtliche Forschungen haben aber ergeben, daß sich die Nacktsamer bereits vor ungefähr 350 Mio. Jahren im Erdzeitalter des Devon in zwei unterschiedliche Stämme auseinander entwickelt haben. Darum werden die Nacktsamer jetzt in die Unterabteilungen: Gabel- und Nadelblättrige Nacktsamer (*Coniferophýtina*) und Fiederblättrige Nacktsamer (*Cycadophýtina*) eingestuft. Für die gärtnerische Praxis ist es nicht falsch, weiterhin den Oberbegriff Nacktsamer zu gebrauchen. Alle Nacktsamer sind Holzpflanzen mit sekundärem Dickenwachstum (s. Seite 23) im Kambium. Die Blüten sind eingeschlechtlich und meist einhäusig (s. Seite 41). Eine Blütenhülle fehlt. Die weiblichen Blüten bestehen aus frei zugänglichen nackten Blüten. Daher der Name Nacktsamer. Die männlichen Blüten sind kätzchenartig (Abb. B 4).

Gabel- und Nadelblättrige Nacktsamer

Familien:
Ginkgoáceae, Ginkgogewächse. Diese Familie besteht aus der einzigen Art *Gínkgo bíloba.* Der Ginkgo gilt als ältester noch lebender Baum und wird darum als lebendes Fossil bezeichnet. Zweihäusig (s. Seite 41).

Araucariáceae, Andentannen. Bäume der Südhemisphäre mit meist breitschuppigen, hartledrigen, vieljährigen wechselständigen Blättern.
Araucária, Schmucktanne.

Pináceae, Kieferngewächse. Bäume, seltener Sträucher der Nordhemisphäre mit nadelförmigen Blättern. Reich an ätherischen Ölen. Mit Ausnahme der Lärche immergrün.
Ábies, Tanne; *Cédrus,* Zeder; *Lárix,* Lärche; *Pícea,* Fichte; *Pínus,* Kiefer; *Pseudotsúga,* Douglasfichte; *Tsúga,* Hemlockstanne (Abb. B 5).

Taxodiáceae, Sumpfzypressengewächse. Die erst 1941 in China entdeckte *Metasequóia* war bereits vorher als fossiles Gehölz bekannt.
Cryptoméria, Sicheltanne; *Metasequóia,* Urwelt-Mammutbaum; *Sciadópitys,* Schirmtanne; *Sequóia,* Mammutbaum; *Sequoiadéndron,* Mammutbaum; Taxódium, Sumpfzypresse.

Cupressáceae, Zypressengewächse. Bäume oder Sträucher mit gegenständigen, schuppenförmigen oder quirlig angeordneten, nadelförmigen Blättern.
Chamaecýparis, Scheinzypresse; *Cupréssus,* Zypresse; *Juníperus,* Wacholder; *Thúja,* Lebensbaum; *Thujópsis,* Hibalebensbaum.

Taxáceae, Eibengewächse. Zweihäusig (s. Seite 41). Samen von einer roten, fleischigen Samenhülle umgeben. Die Nadeln der Eibe sind sehr giftig.
Táxus, Eibe.

Fiederblättrige Nacktsamer

Familie:
Cycadáceae, Palmfarne. Die Palmfarne sind ein sehr altes Pflanzengeschlecht. Sie erinnern an Palmen. Ein kräftiger, oft nur kurzer Stamm trägt einen Schopf großer, schraubig gestellter, meist einfach gefiederter Laubblätter. Zweihäusig.
Cýcas, Sagopalme.

Bedecktsamer

Die Bedecktsamer sind der jüngste Zweig in der stammesgeschichtlichen Entwicklung des Pflanzenreichs und bilden die dritte Unterabteilung der Samenpflanzen. Seit über 100 Mio. Jahren haben sie eine erstaunliche Anpassungsfähigkeit entwickelt und bedecken heute mit vielfältig differenzierten Pflanzengruppen den Erdball von den Tropen bis an die Grenzen der absoluten Kälte- und Trockenwüsten. Bisher hat die Wissenschaft rund 225000 Arten bestimmt; ihre Gesamtzahl dürfte bei 250000–300000 liegen. Die Arten sind in mehr als 10000 Gattungen und in über 300 Familien zusammengefaßt. Die Blüten (s. Kap. A 1.3.5) sind meist **zwittrig,** d. h., männliche und weibliche Blütenteile sind in einer Blüte vereint; aber auch rein männliche und rein weibliche Blüten kommen **ein- oder zweihäusig** vor. Bei den Bedecktsamern ist die Samenanlage in den Fruchtknoten eingeschlossen, die aus einem oder mehreren Fruchtblättern gebildet wird. Sie ist also bedeckt, daher der Name (Abb. B 6).
Die Bedecktsamer sind in zwei Klassen, und zwar in die zweikeimblättrigen Bedecktsamer (*Dicotyledóneae*) und in die einkeimblättrigen Bedecktsamer (*Monocotyledóneae*) unterteilt.

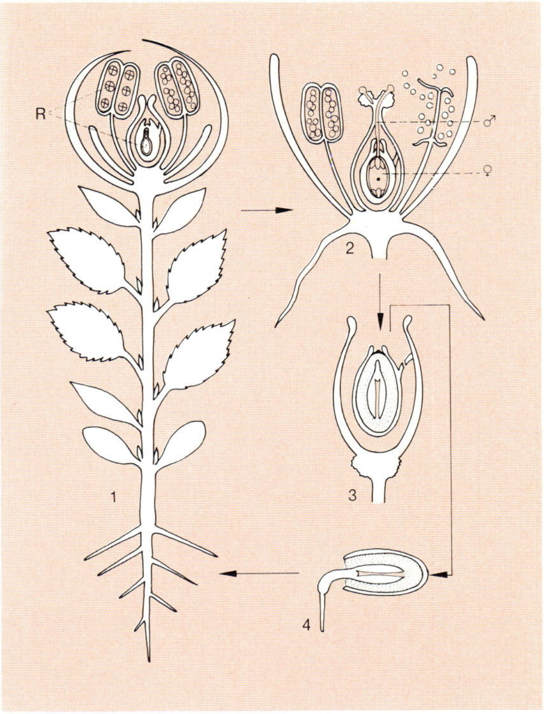

Abb. B 6. Entwicklungsschema eines Bedecktsamers. R = Reduktionsteilung, 1 = ganze Pflanze mit Blütenknospe, 2 = offene Blüte unmittelbar vor der Befruchtung, 3 = Samen, sich aus der Frucht lösend, 4 = keimender Samen.

Zweikeimblättrige Bedecktsamer

Die wichtigsten Merkmale sind: Zwei Keimblätter. Eine meist langlebige Hauptwurzel, von der Seitenwurzeln mehreren Grades abgehen. Blätter einfach oder zusammengesetzt. Blattstiele häufig. Blattscheiden selten. Blattnervatur netzartig. Leitbündel kreisförmig angeordnet. Kambium bewirkt sekundäres Dickenwachstum (s. Seite 23). Blütenteile meist fünf- oder vierzählig.
Familien:
Magnoliáceae, Magnoliengewächse. Gehölze mit einfachen Blättern und großen Blüten.
Liriodéndron, Tulpenbaum; *Magnólia,* Magnolie.

Piperáceae, Pfeffergewächse. Tropische Stauden und Gehölze, oft Schlingpflanzen (Wurzelkletterer).
Peperómia, Peperomie, Zwergpfeffer; *Píper,* Pfeffer.

Aristolochiáceae, Osterluzeigewächse. Meist Stauden und Gehölze.
Aristolóchia, Osterluzei, Pfeifenstrauch; *Ásarum,* Haselwurz.

Nymphaeáceae, Seerosengewächse. Wasserpflanzen, die, mit Ausnahme der Lotosblume, große Schwimmblätter haben.
Nelúmbo, Lotosblume; *Núphar,* Mummel; *Nymphaea,* Seerose; *Victória amazónica* (*V. régia*).

Ranunculáceae, Hahnenfußgewächse. Meist Stauden mit wechselständigen, oft gefingerten oder gefiederten Blättern.
Aconítum, Eisenhut; *Adónis,* Adonisröschen; *Anemóne,* Windröschen; *Aquilégia,* Akelei; *Cáltha,* Dotterblume; *Cimicífuga,* Silberkerze; *Clématis,* Waldrebe; *Delphínium,* Rittersporn; *Eránthis,* Winterling; *Helléborus,* Nieswurz, Christrose; , *Hepática,* Leberblümchen; *Nigélla,* Schwarzkümmel; *Pulsatílla;* Küchenschelle; *Ranúnculus,* Hahnenfuß; *Thalíctrum,* Wiesenraute; *Tróllius,* Trollblume.

Berberidáceae, Sauerdorngewächse. Gehölze und Stauden.
Bérberis, Berberitze, Sauerdorn; *Epimédium,* Elfenblume; *Mahónia,* Mahonie.

Papaveráceae, Mohngewächse. Einjahrsblumen oder Stauden mit Milchsaft.
Corýdalis, Lerchensporn; *Dicéntra,* Tränendes Herz; *Eschschólzia,* Goldmohn; *Papáver,* Mohn.

Hamamelidáceae, Zaubernußgewächse. Gehölze der gemäßigten und warmen Zonen. Kapselfrüchte (s. Seite 55).
Corylópsis, Scheinhasel; *Fothergílla,* Federbuschstrauch; *Hamamélis,* Zaubernuß; *Liquidámbar,* Amberbaum; *Parrótia,* Parrotie.

Platanáceae, Platanengewächse. Einhäusig. Kugelige Blüten- und Fruchtstände an hängenden Achsen.
Plátanus, Platane, nur diese Gattung.

Fagáceae, Buchengewächse. Einhäusige, meist windblütige Gehölze.
Castánea, Kastanie, insektenblütig; *Fágus,* Buche; *Nothofágus,* Scheinbuche; *Quércus,* Eiche.

Betuláceae, Birkengewächse. Einhäusige, windblütige Gehölze.
Álnus, Erle; *Bétula,* Birke; *Cárpinus,* Weißbuche, Hainbuche; *Córylus,* Haselnuß.

Moráceae, Maulbeergewächse. Vorwiegend Gehölze mit Milchsaft.
Fícus, Feigenbaum; *Mórus,* Maulbeerbaum.

Hydrangeáceae (Saxifragáceae). Ziergehölze. *Hydrangéa,* Hortensie; *Philadelpháceae (Saxifragáceae).* Ziergehölze.
Deutzia, Deutzie; *Philadélphus,* Pfeifenstrauch.

Grossulariáceae (Saxifragáceae). Beerenfrüchte, die sich aus einem unterständigen Fruchtknoten entwickeln.
Ríbes, Johannisbeere, Stachelbeere.

Saxifragáceae, Steinbrechgewächse. Stauden und Kräuter, Saxifraga hat sich als Polster- oder Rosettenpflanze extremen arktischen oder alpinen Klimabedingungen gut angepaßt.
Astílbe, Prachtspiere; *Bergénia,* Bergenie; *Heuchera,* Purpurglöckchen; *Rodgérsia,* Rodgersie; *Saxífraga,* Steinbrech; *Tiarélla,* Schaumblüte.

Crassuláceae, Dickblattgewächse. Staudenartige Pflanzen mit sukkulenten (succuléntus = fleischig, saftig) Blättern.
Cotylédon, Nabelkraut; *Crássula,* Dickblatt; *Echevéria,* Echeverie; *Kalánchoë; Róchea; Sédum,* Fetthenne; *Sempervívum,* Hauswurz.

Rosáceae, Rosengewächse. Etwa 100 Gattungen mit 3000 Arten. Pflanzen des gemäßigten Klimas. Gehölze und Stauden mit wechselständigen Blättern. Blüten radiär (strahlig), zwittrig.
Acaena, Stachelnüßchen; *Amelánchier,* Felsenbirne; *Arúncus,* Geißbart; *Chaenoméles,* Scheinquitte; *Cotoneáster,* Zwergmispel, Felsenmispel; *Crataegus,* Weißdorn; *Cydónia,* Quitte; *Drýas,* Silberwurz; *Fragária,* Erdbeere; *Géum,* Nelkenwurz; *Kérria,* Kerrie, Ranunkelstrauch; *Málus,* Apfel; *Méspilus,* Mispel; *Potentílla,* Fingerkraut; *Prúnus,* Pflaume,

Abb. B 7. Schmetterlingsblüte *(Písum satívum).* 1 = ganze Blüte, 2 = Blüte zerlegt, k = Kelch, v = Fahne, a= Flügel, c = Schiffchen, s = Staubblätter (9 verwachsen, eines frei), f = Fruchtknoten (Samenanlage punktiert), n = Narbe.

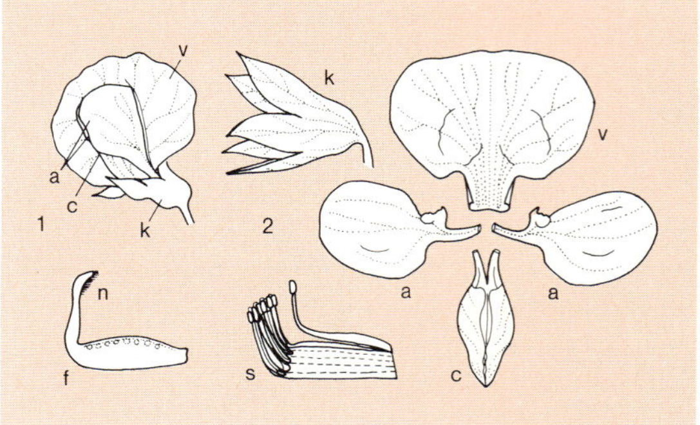

Kirsche, Pfirsich, Mandel, Aprikose; *Pyracántha,* Feuerdorn; *Pýrus,* Birne; *Rósa,* Rose; *Rúbus,* Brombeere, Himbeere; *Sórbus,* Eberesche; *Spiraea,* Spierstrauch; *Stranvaesia; Waldsteinia,* Waldsteinie.

Mimosáceae (Leguminósae). Tropische und subtropische Gehölze und Kräuter mit meist doppelt und paarig gefiederten Blättern und kleinen zu köpfchen- oder ährenförmigen Blütenständen (s. Seite 46) vereinigten Blüten.
Acácia, Akazie; *Mimósa,* Mimose, Sinnpflanze.

Caesalpiniáceae (Leguminósae). Tropische und subtropische Gehölze mit meist paarig und einfach oder doppelt gefiederten Blättern.
Caesalpínia; Cássia, Kassie; *Ceratónia,* Johannisbrotbaum; *Cércis,* Judasbaum; *Gledítsia,* Gleditschie.

Fabáceae (Leguminósae), Schmetterlingsblütler. Charakteristisch sind die Schmetterlingsblüten. Wegen ihrer Hülsenfrucht werden alle Leguminosen als Hülsenfrüchtler (s. Seite 54) bezeichnet. In Lebensgemeinschaft (Symbiose) mit Bakterien bilden die meisten Leguminosen an ihren Wurzeln zahlreiche kleine Wurzelknöllchen, in denen Knöllchenbakterien freien Stickstoff der Luft zu binden vermögen (s. Seite 103). Viele Leguminosen eignen sich darum als Gründüngungspflanze. Zu den Leguminosen zählen viele pflanzliche Eiweißlieferanten (Abb. B 7).
Árachis, Erdnuß; *Caragána,* Erbsenstrauch; *Cýtisus,* Geißklee; *Erýthrina,* Korallenstrauch; *Galéga,* Geißraute; *Genísta,* Ginster; *Labúrnum,* Goldregen; *Láthyrus,* Platterbse; *Lupínus,* Lupine; *Phaséolus,* Bohne; *Písum,* Erbse; *Robínia,* Robinie; *Sophóra,* Schnurbaum; *Trifólium,* Klee; *Úlex,* Stechginster; *Vícia,* Wicke; *Wistéria,* Glyzine.

Proteáceae, Silberbaumgewächse. Hartlaubgehölze der Tropen und Subtropen. Bestäubung der Pinselblumen durch Vögel oder Beuteltiere.
Grevíllea, Silbereiche; *Prótea,* Silberbaum.

Myrtáceae, Myrtengewächse. Meist immergrüne Gehölze der Tropen und Subtropen. Reich an ätherischen Ölen. Viele Gewürz- und Heilpflanzen.
Callistémon, Zylinderputzer; *Eucalýptus; Myrtus,* Myrte; *Syzýgium,* Gewürznelkenbaum.

Onagráceae, Nachtkerzengewächse. Blütenbecher fast immer über den unterständigen Fruchtknoten verlängert. Kräuter und Gehölze.
Clárcia, Clarkie, Sommer-Fuchsie; *Epilóbium,* Weidenröschen; *Fúchsia,* Fuchsie; *Godétia,* Godetie; *Oenothéra,* Nachtkerze.

Elaeagnáceae, Ölweidengewächse. Meist silbrig glänzende Gehölze. Symbiose mit stickstoffsammelnden Aktinomyzeten.
Elaeágnus, Ölweide; *Hippóphaë,* Sanddorn.

Rutáceae, Rautengewächse. Bäume und Sträucher, auch Stauden. Reich an ätherischen Ölen. Familie der Südfrüchte.
Cítrus, Apfelsine, Orange, Zitrone, Pampelmuse, Mandarine; *Dictámnus,* Diptam; *Poncírus,* Bitterorange, *Rúta,* Raute; *Skímmia,* Skimmie.

Anacardiáceae, Sumachgewächse. Gehölze mit einsamigen Steinfrüchten (s. Seite 53).
Cótinus, Perückenstrauch; *Pistácia,* Pistazie; *Rhús,* Sumach, Essigbaum.

Hippocastanáceae, Roßkastaniengewächse. Meist hohe Bäume mit großen, fingerförmigen, acht- bis neunzähligen Blättern.
Aesculus, Roßkastanie.

Aceráceae, Ahorngewächse. Kleine Sträucher bis hohe Bäume, vielseitige Blattformen. Geflügelte Spaltfrüchte (s. Seite 56).
Ácer, Ahorn.

Geraniáceae, Storchschnabelgewächse. Stauden und einjährige Pflanzen mit schnabelförmig verlängerten Früchten. In ihrer südafrikanischen Heimat wird die Pelargonie strauchartig.
Geránium, Storchschnabel (Blüte radiär); *Pelargónium,* Pelargonie (Blüte zygomorph mit nur einer Symmetrieebene).

Balsamináceae, Balsaminengewächse. Früchte mit Schleudermechanismus.
Impátiens, Springkraut, Balsamine.

Araliáceae, Araliengewächse. Meist tropische und subtropische Gehölze. Beerenfrüchte.
Arália, Aralie; × *Fatshédera,* Efeuaralie; *Fátsia,* Zimmeraralie; *Hédera,* Efeu.

Cornáceae, Hartriegelgewächse. Überwiegend Sträucher und Bäume mit gegenständigen Blättern. Meist doldige bis kopfartige Blütenstände (s. Seite 46), manchmal von auffälligen Hochblättern umgeben.
Aucúba, Aukube; *Córnus,* Hartriegel.

Apiáceae (Umbellíferae), Doldengewächse. Stauden und einjährige Pflanzen. Stengel in Knoten und Internodien gegliedert. Blätter wechselständig, meist mehrfach gefiedert. Blütenstände in der Regel zusammengesetzte Dolden mit Dolden und Döldchen (s. Seite 46), deren Tragblätter Hülle und Hüllchen heißen. Spaltfrüchte. Ausgeprägte Pfahlwurzel. In über 3000 Arten als Steppen-, Sumpf-, Wiesen- und Waldpflanze auf der nördlichen Erdhälfte verbreitet. Viele Gewürz- und Heilpflanzen, die ätherische Öle enthalten. *Aegopódium,* Giersch; *Anéthum,* Dill; *Anthríscus,* Kerbel; *Ápium,* Sellerie; *Astrántia,* Sterndolde; *Cárum,* Kümmel; *Daúcus,* Möhre; *Coriándrum,* Koriander; *Erýngium,* Edeldistel; *Foenículum,* Fenchel; *Heracléum,* Herkuleskraut; *Levísticum,* Liebstöckel; *Pastináca,* Pastinak; *Petroselínum.* Petersilie; *Pimpinélla,* Bibernelle, Anis.

Aquifoliáceae, Stechpalmengewächse. Gehölz, meist immergrün.
Ílex, Stechpalme.

Celastráceae, Spindelbaumgewächse. Gehölze. Samen meist mit lebhaft gefärbtem Samenmantel.
Celástrus, Baumwürger; *Euónymus,* Spindelstrauch, Pfaffenhütchen.

Vitáceae, Weinrebengewächse. Kletterpflanzen mit Sproßranken (s. Seite 26), teilweise mit Haftscheiben. Wenigsamige Beerenfrüchte.
Ampelópsis, Scheinrebe; *Císsus,* Klimme; *Parthenocíssus,* Jungfernrebe; *Rhoicíssus; Vítis,* Rebe, Weinrebe.

Buxáceae, Buchsbaumgewächse. Gehölze und Halbsträucher, meist immergrün.
Búxus, Buchsbaum; *Pachysándra,* Ysander.

Euphorbiáceae, Wolfsmilchgewächse. In der gemäßigten Zone Stauden und einjährige Pflanzen. In den Tropen Afrikas vorwiegend Stammsukkulenten, die den Stammsukkulenten der in Amerika beheimateten Kakteen ähneln. Man nennt diese klimatisch bedingte Übereinstimmung der Pflanzengestalten und Wuchsformen Konvergenz. Viele Arten mit Milchsaft; bei den Kautschukbäumen ist dieser Milchsaft Kautschuk.

Codiaéum, Wunderstrauch, Croton; *Euphórbia,* Wolfsmilch, *E. pulchérrima,* Poinsettie, Weihnachtsstern; *Hévea,* Parakautschukbaum; *Rícinus,* Wunderbaum, Palma Christi.

Paeoniáceae, Pfingstrosengewächse. Stauden und Sträucher.
Paeónia, Pfingstrose, einzige Gattung.

Violáceae, Veilchengewächse. Einheimisch nur die Gattung *Víola,* bei der das vordere Kronblatt einen Sporn bildet, in den die beiden vorderen Staubblätter nektarabsondernde Fortsätze senden.
Víola, Veilchen, Stiefmütterchen.

Brassicáceae (Cruciferae), Kreuzblütler. Ein- und zweijährige Kräuter, Stauden. Kreuzförmige Anordnung der Blütenblätter. Samen meist in Schoten oder Schötchen (s. Seite 54). Vorwiegend in den gemäßigten und kalten Zonen der nördlichen Halbkugel verbreitet.
Alýssum, Steinkraut; *Arabis,* Gänsekresse; *Aubriéta,* Blaukissen; *Brássica,* Kohl-Arten; *Cheiránthus,* Goldlack; *Drába,* Hungerblümchen; *Íberis,* Schleifenblume; *Matthíola,* Levkoje; *Ráphanus,* Rettich, Radies, Hederich; *Sínapis,* Senf.

Saliáceae, Weidengewächse. Zweihäusige Gehölze.
Pópulus, Pappel, windblütig; *Sálix,* Weide, meist insektenblütig.

Begoniáceae, Schiefblattgewächse. Das asymmetrische Blatt hat zur Bezeichnung Schiefblatt geführt. Einhäusig. Heimat: Tropen.
Begónia, Schiefblatt, Begonie.

Cucurbitáceae, Kürbisgewächse. Mit Ranken kletternde Kräuter und Stauden, ein- und zweihäusig. Frucht: große, derbschalige, vielsamige Panzerbeere.
Cúcumis, Gurke, Melone; *Cucúrbita,* Kürbis.

Tiliáceae, Lindengewächse. Überwiegend tropische Gehölze. Blütenstände mit flügelig vergrößertem Vorblatt, das später als Flugorgan mit dem ganzen Fruchtstand abfällt.
Sparmánnia, Zimmerlinde; *Tília,* Linde.

Malváceae, Malvengewächse. Stauden und Gehölze, auch Einjahrspflanzen (Abb. B 8).
Abútilon; Althaéa, Eibisch, Stockrose; *Gossýpium,* Baumwolle; *Hibíscus,* Eibisch; *Lavátera,* Bechermalve; *Sidálcea,* Präriemalve.

Ericáceae, Erikengewächse, Heidekrautgewächse. Zwergsträucher und Sträucher. Blätter von sehr klein, immergrün, schuppen- oder nadelförmig wie bei *Eríca* oder *Callúna* bis groß, immergrün oder sommergrün wie bei Rhododendren. Viele Rhododendren leben in Symbiose mit Wurzelpilzen (*Mykorrhiza*), welche sie befähigt, extrem nährstoffarme Böden zu besiedeln.
Callúna, Besenheide; *Enkiánthus,* Prachtglocke; *Eríca,* Glockenheide; *Gaulthéria,* Scheinbeere; *Kálmia,* Lorbeerrose; *Pernéttya,* Torfmyrte; *Píeris,* Lavendelheide; *Rhododéndron,* Alpenrose, Azalee; *Vaccínium,* Heidelbeere, Preiselbeere.

Primuláceae, Primelgewächse. Stauden und Einjahrspflanzen. Viele Rosettenpflanzen. Primeln oft verschiedengrifflig und drüsenhaarig (Abb. B 9).

Abb. B 8. Malvengewächse.
1 = *Málva sylvéstris:* a = Knospe, b = Blütenlängsschnitt, c = der zum »Säulchen« verwachsene Fruchtknoten mit herausragendem Griffel, d = Spaltfrucht.
2 = *Gossýpium* (Baumwolle): a = Blüte mit gedrehter Deckung der Kronblätter, b = aufgesprungene Kapsel mit den Samenhaaren.

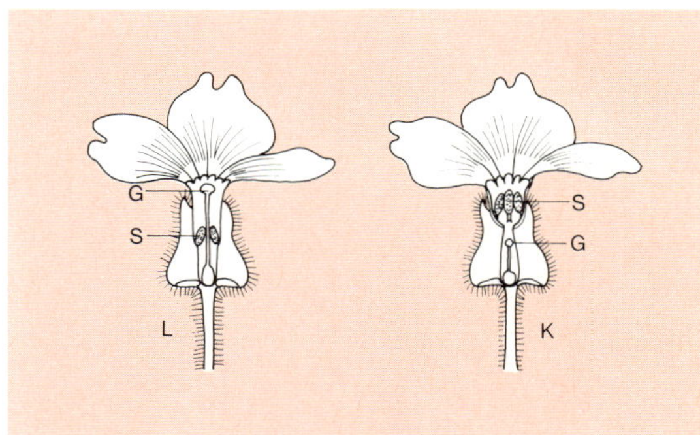

Abb. B 9. Verschiedengriffligkeit der Primel. L = langgrifflige Blüte, K = kurzgrifflige Blüte, G = Griffel mit Narbe, S = Staubbeutel. Insekten sorgen dafür, daß langgrifflige Blüten mit dem Pollen kurzgriffliger, und kurzgrifflige Blüten mit dem Pollen langgriffliger bestäubt werden (s. auch Abb. A 48 und A 49).

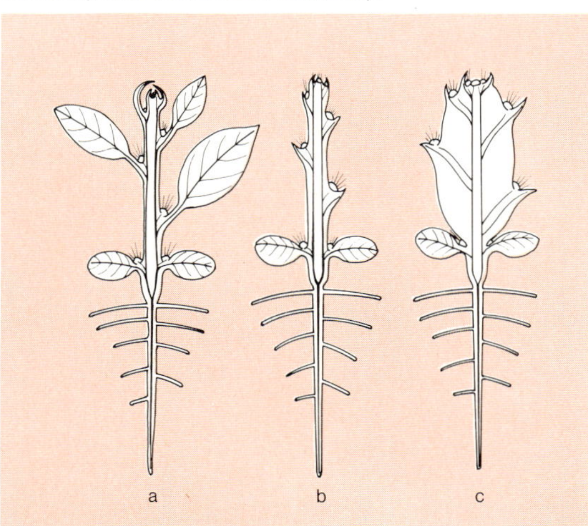

Abb. B 10. Stammesgeschichtliche Entwicklung der »Kaktusform« (schematisch). a = Ausgangsform. Die Achselknospen sind bereits zu Blattdorn tragenden Areolen reduziert (z. B. *Peréskia*). b = Laubblätter sind außerdem zu unscheinbaren Resten reduziert (z. B. *Opúntia*). c = Das Rindengewebe ist zu einem Wasserspeichergewebe ausgeweitet (z. B. Stammsukkulenten).

Andrósace, Mannsschild; *Cýclamen,* Alpenveilchen; *Lysimáchia,* Felberich; *Prímula,* Primel; *Soldanélla,* Alpenglöckchen; *Dodecátheon,* Götterblume.

Caryophylláceae, Nelkengewächse. Meist krautige Pflanzen mit einfachen, schmalen gegenständigen Blättern. Verbreitung über die ganze Erde.
Arenária, Sandkraut; *Cerástium,* Hornkraut; *Diánthus,* Nelke; *Gypsóphila,* Schleierkraut; *Lýchnis,*

Lichtnelke; *Ságina,* Sternmoos; *Saponária,* Seifenkraut; *Siléne,* Leimkraut; *Stellária,* Sternmiere.

Cactáceae, Kakteengewächse. Heimat Amerika. Überwiegend Stammsukkulenten. Blattorgane meist zu Dornen (s. Seite 35) umgebildet (Abb. B10).
Céreus, Säulenkaktus; *Echinocáctus,* Kugelkaktus; *Echinocéreus,* Igelsäulenkaktus; *Echinópsis,* Seeigelkaktus; *Epiphýllum,* Blattkaktus; *Mammillária,* Warzenkaktus; *Opúntia,* Feigenkaktus; *Rhípsalis,* Korallenkaktus.

Chenopodiáceae, Gänsefußgewächse. Unansehnliche, zu kleinen Knäueln vereinte Blüten mit einfacher grünlicher Blütenhülle. Viele Salz- (s. Seite 255), Steppen-, Strand- und Ruderalpflanzen (Pflanzen, die auf stickstoffreichen Schutt- oder Abfallplätzen gedeihen).
Átriplex, Melde; *Béta,* Bete, Rübe (Rote Rübe, Mangold, Runkelrübe, Zuckerrübe); *Chenopódium,* Gänsefuß; *Kóchia,* Sommerzypresse; *Salicórnia,* Queller; *Spinácia,* Spinat.

Amarantháceae, Fuchsschwanzgewächse. Mit der vorigen Familie nahe verwandt.
Amaránthus, Fuchsschwanz; *Celósia,* Hahnenkamm; *Iresíne.*

Polygonáceae, Knöterichgewächse. Meist krautige Pflanzen mit knotig gegliedertem Stengel.
Fagopýrum, Buchweizen; *Polýgonum,* Knöterich; *Rhéum,* Rhabarber; *Rúmex,* Sauerampfer.

Plumbagináceae, Bleiwurzgewächse. Meist Stauden, darunter viele Trocken- und Salzpflanzen (s. Seite 255).
Arméria, Grasnelke; *Limónium,* Widerstoß, Statice.

Gentianáceae, Enziangewächse. Vorwiegend krautige Pflanzen. Ungeteilte, gegenständige Blätter. Viele Pflanzen mit Bitterstoffen.
Éxacum, Blaues Lieschen; *Gentiána,* Enzian.

Apocynáceae, Hundsgiftgewächse. Meist Gehölze des tropischen Urwalds, oft giftig.
Allamánda, Allamande; *Dipladénia,* Dipladenie; *Nérium,* Oleander; *Pluméria,* Frangipani; *Strophánthus* (Heilpflanze); *Vínca,* Immergrün.

Asclepiadáceae, Schwalbenwurzgewächse. Krautige und holzartige Pflanzen, auch Stammsukkulenten.
Hóya, Wachsblume; *Stapélia,* Aasblume; *Stephanótis.*

Rubiáceae, Labkrautgewächse. Krautige und holzartige Pflanzen. Meist tropisch.
Bouvárdia, Bouvardie; *Cinchóna,* Chinarindenbaum; *Cóffea,* Kaffee; *Gálium,* Labkraut, Waldmeister; *Gardénia,* Gardenie; *Ixóra; Nértera,* Korallenmoos; *Rúbia,* Krapp.

Caprifoliáceae, Geißblattgewächse. Gehölze und Stauden. Beeren- oder Steinfrüchte.
Kolkwítzia, Kolkwitzie; *Linnǽa,* Moosglöckchen; *Lonícera,* Heckenkirsche; *Sambúcus,* Holunder; *Symphoricárpus,* Schneebeere; *Vibúrnum,* Schneeball; *Weígela,* Weigelie.

Oleáceae, Ölbaumgewächse. Bäume und Sträucher. Blätter meist gegenständig. Blüten radiär, vierzählig.
Forsýthia, Forsythie; *Fráxinus,* Esche; *Jasmínum,* Jasmin; *Ligústrum,* Liguster; *Ólea,* Ölbaum; *Sýrínga,* Flieder.

Polemoniáceae, Sperrkrautgewächse. Ein- und zweijährige Pflanzen, Stauden, Gehölze.
Cobǽa, Cobee; *Phlox,* Flammenblume; *Polemónium,* Jakobsleiter, Sperrkraut.

Convolvuláceae, Windengewächse. Meist Schlingpflanzen mit wechselständigen, pfeil- und herzförmigen Blättern. Blüten groß mit trichterförmigen in der Knospenlage gedrehten Kronen.
Convólvulus, Winde; *Ipomœ́a,* Prunkwinde; *Pharbítis,* Kaiserwinde.

Boragináceae, Rauhblattgewächse. Meist krautige Pflanzen mit wechselständigen, einfachen und borstig behaarten Blättern. In Wickeln stehende, gewöhnlich strahlige Blüten mit »Schlundschuppen«.
Anchúsa, Ochsenzunge; *Borágo,* Borretsch; *Brunnera,* Kaukasusvergißmeinnicht; *Heliotrópium,* Heliotrop; *Myosótis,* Vergißmeinnicht; *Omphalódes,* Gedenkemein; *Pulmonária,* Lungenkraut.

Solanáceae, Nachtschattengewächse. Holzige und krautige Pflanzen, meist tropischer oder subtropischer Herkunft. Blätter wechselständig. Blüten meist strahlig. Pflanzen mit Alkaloiden (basisch reagierende Giftstoffe wie Atropin, Nikotin und Solanin). Viele Nutz-, Heil-, aber auch Giftpflanzen.
Atrópa, Tollkirsche; *Browállia,* Browallie; *Brunfélsia,* Brunfelsie; *Cápsicum,* Spanischer Pfeffer, Paprika; *Datúra,* Stechapfel; *Lýcium,* Bocksdorn; *Lycopérsicon,* Tomate; *Nicotiána,* Tabak; *Petúnia,* Petunie; *Phýsalis,* Lampionblume; *Salpiglóssis,* Trompetenzunge; *Schizánthus,* Spaltblume; *Solánum,* Nachtschatten, Eierfrucht, Kartoffel.

Scrophulariáceae, Braunwurzgewächse, Rachenblütler. Blüten meist ausgesprochen zweiseitig-sym-

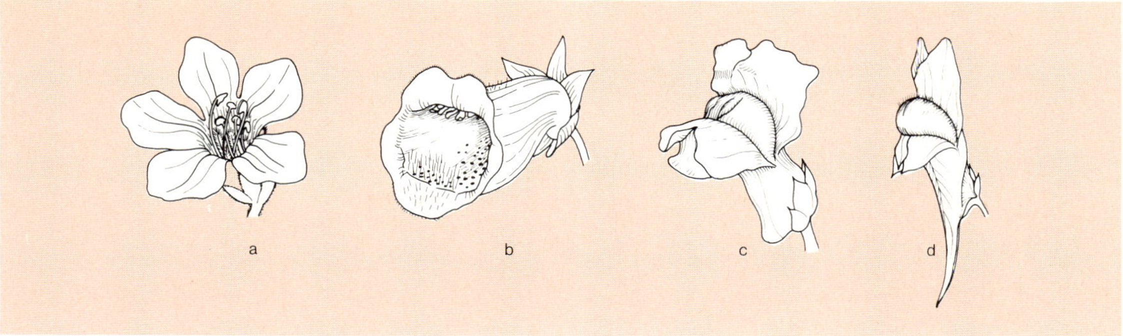

Abb. B 11. Rachenblüten. a = *Verbáscum thápsus*, b = *Digitális purpúrea*, c = *Antirrhínum május*, d = *Linária vulgáris*.

metrisch, oft zweilippig und gespornt, mehr oder weniger rachenblütig. Kräuter, Stauden, Halbsträucher, Sträucher und Bäume (Abb. B 11).
Antirrhínum, Löwenmaul; *Calceolária,* Pantoffelblume; *Digitális,* Fingerhut; *Erínus,* Alpenbalsam; *Linária,* Leinkraut; *Mímulus,* Gauklerblume; *Nemésia,* Nemesie; *Paulównia,* Paulownie, Blauglockenbaum; *Penstémon,* Bartfaden; *Verbáscum,* Königskerze; *Verónica,* Ehrenpreis.

Bignoniáceae, Bignoniengewächse. Vorwiegend tropische Lianen mit Krallen- und Haftscheibenranken. Große Blüten. Häufig lange, schotenförmige Fruchtkapseln.
Bignónia; Cámpsis, Trompetenblume; *Catálpa,* Trompetenbaum; *Incarvíllea,* Freilandgloxinie; *Jacaránda; Tecóma.*

Acantháceae, Akanthusgewächse. Hauptverbreitung Tropen und Subtropen.
Acánthus; Apheländra; Belopérone; Crossándra, Fittónia; Jacobínia; Thunbérgia, Schwarzäugige Susanne.

Gesneriáceae, Gesneriengewächse. Vorwiegend in den Tropen und Subtropen verbreitet, auch Gebirgspflanzen der gemäßigten Zone.
Achímenes, Schiefteller; *Colúmnea,* Columnee; *Gesnéria,* Gesnerie; *Habérlea,* Haberlee; *Ramónda,* Ramondie; *Rechsteinéria,* Rechsteinerie; *Saintpaūlia,* Usambaraveilchen; *Sinníngia,* Gloxinie; *Streptocárpus,* Drehfrucht.

Lamiáceae (Labiátae), Lippenblütler. Ein verwachsener, häufig zweilippiger Kelch, umgibt eine langröhrige Krone, die sich meist aus einer aus zwei Kronenblättern verwachsenen Oberlippe und aus einer dreiteiligen Unterlippe zusammensetzt. Hauptverbreitung in trockenen Klimaräumen, wie z. B. im Mittelmeergebiet. Wegen ihrer ätherischen Öle sind viele Arten als Küchenkräuter beliebt (Abb. B 12).
Ajúga, Günsel; *Cóleus,* Buntlippe; *Lámium,* Taubnessel; *Lavándula,* Lavendel; *Melíssa,* Melisse; *Méntha,* Minze; *Monárda,* Indianernessel; *Népeta,* Katzenminze; *Ócimum,* Basilikum; *Oríganum,* Dost, Majoran; *Physostégia,* Etagenerika; *Rosmarínus,* Rosmarin; *Sálvia,* Salbei; *Saturéja,* Bohnenkraut; *Stáchys,* Ziest; *Teūcrium,* Gamander; *Thymus,* Thymian.

Campanuláceae, Glockenblumengewächse. Die Blüten sind strahlig und vormännlich, d. h., die Staubblätter entleeren den Pollen vor der Reife der weib-

Abb. B 12. Bestäubung einer Salbeiblüte *(Sálvia praténsis).* Beim Salbei reifen zuerst die Staubblätter. Er ist vormännlich. a = Eine Biene wird während ihres Besuchs einer jungen Salbeiblüte mit Pollen bepudert. b = In der älteren Blüte sind die Staubblätter verwelkt. Der Griffel ist ausgewachsen und hat sich nach unten geneigt. Fliegt eine mit Pollen beladene Biene an, wird dieser von der reifen Narbe des Griffels abgestreift (s. auch Abb. A 46 und A 47).

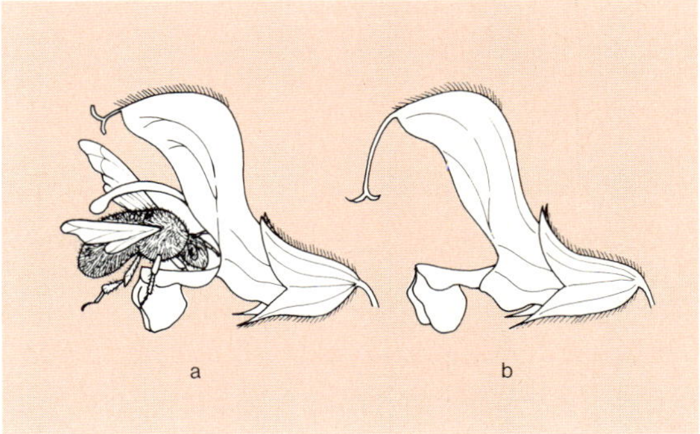

lichen Narbe. Kräuter und Stauden, meist milchsaftführend.
Campánula, Glockenblume; *Edraiánthus,* Büschelglocke; *Jasióne,* Sandglöckchen; *Lobélia,* Lobelie; *Platycódon,* Ballonblume.

Asteráceae (Compósitae), Korbblütler. Neben den *Orchidáceae* eine der größten Pflanzenfamilien. Kennzeichnend ist der köpfchenartige Blütenstand. In den Körbchen finden sich entweder nur Röhrenblüten (Scheibenblüten) oder innen Röhrenblüten und außen Zungenblüten (Randblüten). Reife Früchte oft mit Haarkrone. Pflanzen ohne Milchsaft, jedoch oft mit aromatisch riechenden Ölen. In der gemäßigten Zone Kräuter und Stauden; in den Tropen auch Sträucher, Schlingpflanzen und Bäume; in Südafrika sukkulentenartige Gehölze, *Senécio.*
Achilléa, Schafgarbe; *Agératum,* Leberbalsam; *Antennária,* Katzenpfötchen; *Áster; Béllis,* Gänseblümchen, Tausendschön; *Caléndula,* Ringelblume; *Callístephus,* Sommeraster; *Carlína,* Silberdistel; *Centáurea,* Kornblume, Flockenblume; *Chrysánthemum,* Chrysantheme, Wucherblume; *Coreópsis,* Mädchenauge; *Cósmos,* Kosmee; *Cótula,* Laugenblume; *Cýnara,* Artischocke, Cardy; *Dáhlia,* Dahlie; *Dimorphothéca,* Kapkörbchen; *Dorónicum,* Gemswurz; *Echínops,* Kugeldistel; *Erígeron,* Berufskraut; *Gaillárdia,* Kokardenblume; *Gazánia,* Gazanie; *Gérbera; Helénium,* Sonnenbraut; *Heliánthus,* Sonnenblume; *Helichrýsum,* Strohblume; *Heliópsis,* Sonnenauge; *Helípterum,* Sonnenflügel; *Ínula,* Alant; *Leontopódium,* Edelweiß; *Líatris,* Prachtscharte; *Liguléria,* Ligularie, Riesenkreuzkraut; *Rudbéckia,* Rudbeckie, Sonnenhut; *Senécio,* Kreuzkraut, Cinerarie; *Solidágo,* Goldrute; *Tagétes,* Sammetblume; *Tithónia; Zínnia,* Zinnie.

Cichoriáceae (Compósitae), Zungenblütler. Mit den *Asteráceae* nahe verwandt. In den Körbchen finden sich nur Zungenblüten. Pflanzen mit Milchsaft.
Cichórium, Wegwarte Endivie, Chicorée; *Hierácium,* Habichtskraut; *Lactúca,* Salat; *Scorzonéra,* Schwarzwurzel; *Taráxacum,* Löwenzahn.

Einkeimblättrige Bedecktsamer

Die wichtigsten Merkmale: Ein Keimblatt. Hauptwurzel kurzlebig, ersetzt durch sproßbürtige Wurzeln. Blätter meist einfach. Blattstiele selten, Blattscheiden häufig. Blattnervatur streifig. Leitbündel zerstreut angeordnet. Sekundäres Dickenwachstum selten. Blütenteile dreizählig.

Abb. B 13. *Túlipa sylvéstris* mit oberständigem Fruchtknoten.

Familien:
Liliáceae, Liliengewächse. Mit Knollen, Zwiebeln oder Rhizomen überwinternde Stauden. Blüten meist groß, auffällig gefärbt und meist strahlig. Blütenhülle sechsblättrig, in zwei gleichgestalteten Kreisen angeordnet. Fruchtknoten oberständig. In tropischen und subtropischen Vegetationsgebieten auch Gehölze (Abb. B 13).
Agapánthus, Schmucklilie; *Állium,* Lauch; *Áloe; Aspáragus,* Spargel; *Aspidístra,* Schusterpalme; *Camássia,* Präriekerze; *Chionodóxa,* Schneestolz; *Chloróphytum,* Graslilie; *Cólchicum,* Herbstzeitlose; *Convallária,* Maiglöckchen; *Eremúrus,* Steppenkerze; *Fritillária,* Kaiserkrone, Schachbrettblume; *Gloriósa; Hemerocállis,* Taglilie; *Hósta,* Funkie; *Hyacínthus,* Hyazinthe; *Kniphófia,* Fackellilie; *Lílium,* Lilie; *Muscári,* Traubenhyazinthe; *Rúscus,* Mäusedorn; *Scílla,* Blaustern; *Túlipa,* Tulpe.

Abb. B 14. *Leucójum vérnum* mit unterständigem Fruchtknoten. g = Fruchtknoten.

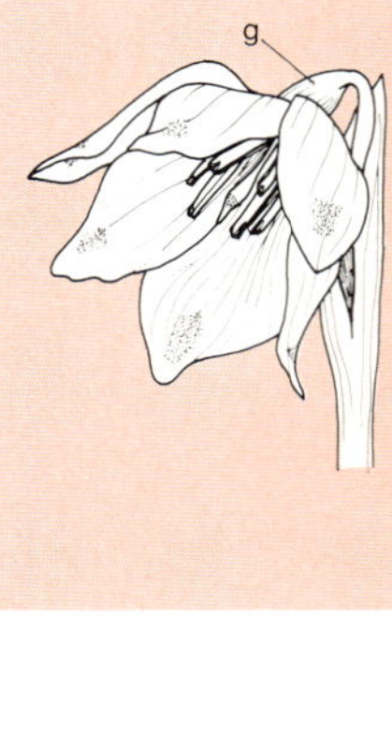

Agaváceae, Agavengewächse. Ausdauernde, blattsukkulente Pflanzen in Trockengebieten. Agaven sterben nach Bildung der Blütenschäfte ab.
Agáve; Cordýline; Dracaēna, Drachenbaum; *Sanseviéria,* Bogenhanf; *Yúcca,* Palmlilie.

Amaryllidáceae, Narzissengewächse, Amaryllisgewächse. Vorwiegend Zwiebelstauden, mit den *Liliáceae* verwandt. Fruchtknoten unterständig (Abb. B 14).
Alstroeméria, Inkalilie; *Amarýllis,* Belladonnalilie (einzige »echte« Amarýllis); *Clívia,* Riemenblatt; *Éucharis; Galánthus,* Schneeglöckchen; *Haemánthus,* Blutblume; *Hippeástrum,* Ritterstern, Amaryllis; *Leucójum,* Knotenblume; *Narcíssus,* Narzisse; *Neríne;* Vallóta.

Iridáceae, Schwertliliengewächse. Rhizom-, Knollen- oder Zwiebelstauden. Fruchtknoten unterständig. Kapselfrucht (Abb. B 15).
Crocósmia, Montbretie; *Crócus,* Safran; *Freēsia,* Freesie; *Gladíolus,* Gladiole; *Íris,* Schwertlilie; *Íxia,* Klebschwertel; *Sparáxis,* Fransenschwertel; *Tigrídia,* Tigerblume.

Orchidáceae, Orchideengewächse. Mit ca. 20000 Arten eine der artenreichsten Familien unter den Blütenpflanzen. Die Orchideen sind erdbewohnende oder epiphytische Stauden, die vor allem in den Tropen verbreitet sind. Fast alle Orchideen leben in einer engen Lebensgemeinschaft mit sogenannten Ammenpilzen (Mykorrhiza), die ihnen Nährstoffe zuführen und das Gedeihen auch auf ungünstigen Standorten ermöglichen.
Calánthe, Schönblume; *Cattleya; Coelógyne; Cymbídium; Dendróbium; Dísa; Epidéndrum; Laelia; Ludísia; Lycaste; Miltónia; Odontoglóssum; Oncídium; Paphiopedílum,* Venusschuh; *Pháius; Phalaenópsis; Stanhópea; Vánda; Vanílla,* Vanille.
Einheimische Gattungen: *Cephalanthéra,* Waldvögelein; *Cypripédium,* Frauenschuh; *Epipáctis,* Sumpfwurz; *Gymnadénia,* Händelwurz; *Lístera,* Zweiblatt; *Neóttia,* Nestwurz; *Nigritélla,* Kohlröschen; *Óphrys,* Ragwurz; *Órchis,* Knabenkraut; *Platanthéra,* Waldhyazinthe.

Bromeliáceae, Ananasgewächse. Meist ausdauernde stammlose Rosettenpflanzen. Viele Epiphyten. Wasseraufnahme vorwiegend über Blätter. Bestäubung durch Vögel (Kolibri) häufig. Hauptverbreitung tropisches Südamerika. Vorkommen auf Amerika beschränkt.
Aechméa; Ánanas; Billbérgia, Billbergie; *Cryptánthus,* Crypthanthe; *Guzmánia,* Guzmanie; *Neoregélia,* Neoregelie; *Nidulárium,* Nidularie; *Tillándsia,* Tillandsie; *Vriesea.*

Musáceae, Bananengewächse. Tropische Stauden und Gehölze mit Scheinstämmen, die von den dichtgeschlossenen Scheiden der großen Blätter gebildet werden. Bestäubung durch Vögel oder Fledermäuse.
Helicónia, Heliconie; *Músa,* Banane; *Strelítzia,* Strelitzie, Paradiesvogelblume.

Marantáceae, Pfeilwurzgewächse. Blätter mit Gelenkpolster am Spreitenansatz. Pflanzen des schattigen, feuchten, tropischen Regenwalds.
Caláthea; Maránta; Phrýnium; Strománthe.

Cyperáceae, Riedgräser, Sauergräser. Meist feuchte Standorte besiedelnde Kräuter und Stauden. Blüten klein. Linealische Blätter mit geschlossener, selten offener Scheide an dreikantigem meist nicht knotig gegliedertem Stengel.
Cárex, Segge; *Cýperus,* Zypergras, Papyrusstaude; *Erióphorum,* Wollgras; *Scírpus,* Simse.

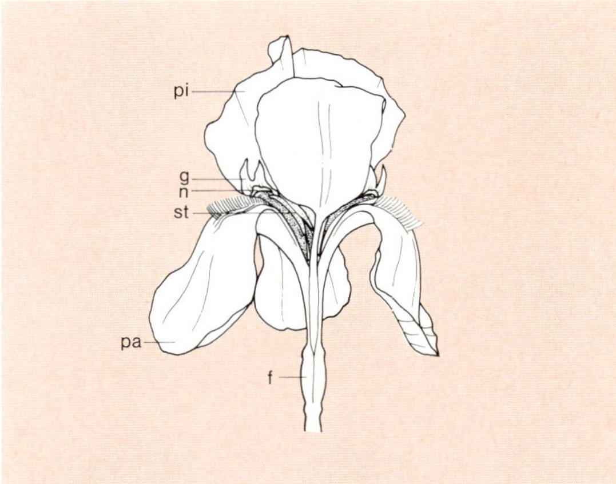

Abb. B 15. *Íris germánica* mit unterständigem Fruchtknoten. pa = äußeres Perigonblatt (Perigon = gleichartige Blütenhülle der einkeimblättrigen Bedecktsamer), pi = inneres Perigonblatt, g = Griffelast, n = Narbe, f = unterständiger Fruchtknoten, st = Staubblätter.

Poáceae (Gramíneae), Süßgräser. Blütenhülle wegen Windbestäubung stark zurückgebildet, Blütchen von Spelzen umgeben. Einzelblütchen vereinigen sich meist zu Ährchen, die ährige, traubige oder rispige Gesamtblütenstände bilden (s. Seite 46). Kräuter mit schmalen, zweizeilig gestellten, meist ungestielten Blättern, deren Blattscheide in der Re-

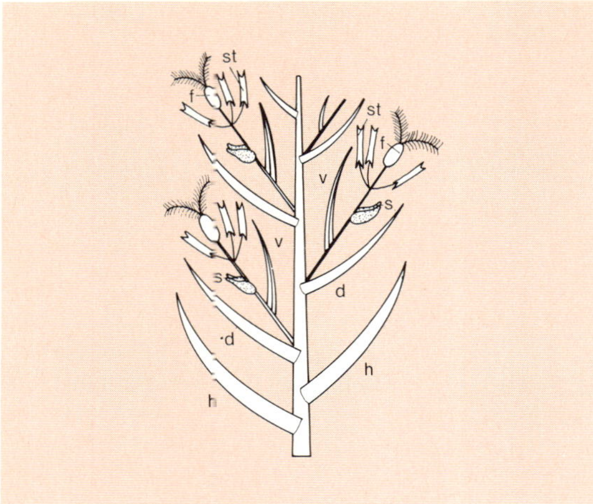

Abb. B 16. Schema eines Grasährchens mit drei entwickelten Blüten. h = Hüllspelzen, d = Deckspelzen, v = Vorspelzen, s = Schwellkörper, welche die Öffnung der Blüte bewirkt, st = Staubgefäß, f = Fruchtknoten.

Abb. B 17. Gleitfallenblume *(Árum maculátum)*. Der Kolben im Inneren der Spatha lockt mit seinem kotähnlichen Geruch Fliegen und Käfer an. Die Innenfläche der Spatha ist schlüpfrig, so daß sich darauf niederlassende Insekten nach unten in den bauchig erweiterten und geschlossenen Kessel gleiten, wo sie die zuerst reifenden weiblichen Blüten bestäuben. Die später reifenden männlichen Blüten beladen die Insekten von neuem mit Pollen. Darauf schrumpfen die den Ausgang versperrenden sterilen männlichen Blüten, die Innenwand der Spatha trocknet ein, die Insekten kommen wieder frei und können weitere Blüten bestäuben. a = Spatha mit Kolben. b = vergrößerter Ausschnitt der Spatha (Längsschnitt) (s. auch Abb. A 55).

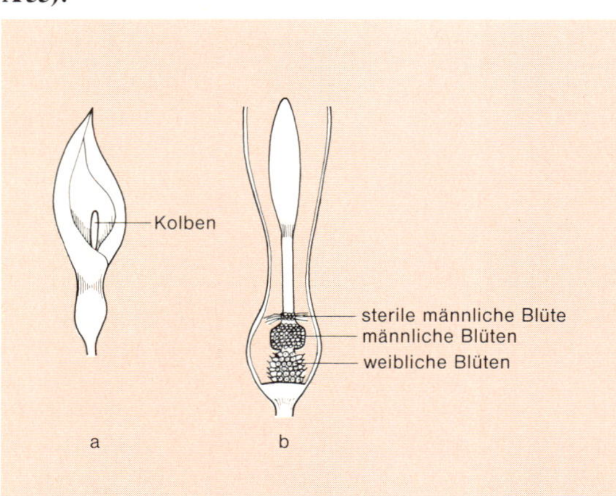

gel offen ist. Stengel meist hohl und knotig. Bambus-Gräser oft baumartig (Abb. B 16).

Achnátherum, Silberährengras; *Agropýron,* Quekke; *Agróstis,* Straußgras; *Bríza,* Zittergras; *Brómus,* Trespe; *Cóix,* Hiobsträne; *Cortadéria,* Pampasgras; *Deschámpsia,* Rasenschmiele; *Élymus,* Strandhafer; *Festúca,* Schwingel; *Lagúrus,* Hasenschwanzgras; *Lólium,* Lolch; *Miscánthus,* Chinaschilf; *Pennisétum,* Federborstengras; *Phléum,* Lieschgras; *Sinarundinária,* Gartenbambus; *Stípa,* Federgras; *Spartína,* Goldbandleistengras.

Arecáceae (Pálmae), Palmen. Tropische und subtropische Gehölze, meist Bäume mit langem, schlanken, überall fast gleich dickem Stamm, der an seinem Gipfel einen Schopf großer, meist langstieliger und sich fiederig oder fächerig zerteilter Blätter trägt.

Chamaedórea, Bergpalme; *Chamaérops,* Zwerpalme; *Cócos,* Kokospalme; *Hóweia,* Kentiapalme; *Livistóna,* Livistonie; *Microcoélum,* »Kokospälmchen«; *Phoénix,* Dattelpalme.

Aráceae, Aronstabgewächse. Vorwiegend tropische Kräuter, Stauden und Gehölze. Großblättrige Rosettenpflanzen oder wurzelklimmende Lianen. Kolbenförmiger Blütenstand, den ein auffälliges Hochblatt (Spatha) umgibt (Abb. B 17).

Ácorus, Kalmus; *Anthúrium,* Flamingoblume, Anthurie; *Árum,* Aronstab; *Caládium,* Kaladie; *Cálla,* Sumpfkalla; *Dieffenbáchia,* Dieffenbachie; *Epiprémnum; Mónstera; Philodéndron; Spathiphýllum; Zantedéschia,* Zimmerkalla.

Kontrolle und Vertiefung

1. Der Gärtner unterscheidet zwischen nützlichen und schädlichen Bakterien. Nennen Sie je zwei Beispiele.
2. An den Pilzen läßt sich der Unterschied zwischen Saprophyten und Parasiten gut erkennen. Worin besteht er?
3. Etwa die Hälfte aller Flechtenarten ist mehr oder weniger durch Rauchschäden gefährdet. Welche gasförmigen Stoffe sind schädlich?
4. Worin unterscheidet sich der Generationswechsel bei Moosen und Farnen?
5. Worin unterscheiden sich die Nacktsamer von den Bedecktsamern?
6. Welches sind die Hauptunterschiede zwischen den zweikeimblättrigen und den einkeimblättrigen Bedecktsamern?

7. Die *Betuláceae* wie auch die *Saliáceae* entwickeln nur eingeschlechtliche Blüten. Bei welcher Familie sind sie einhäusig; bei welcher Familie kommen nur zweihäusige Pflanzen vor?
8. Die *Rosáceae* nehmen im Gartenbau einen wichtigen Platz ein. Was ist typisch für die Blüte der Rosengewächse? Nennen Sie je zwei dazugehörige Gattungen unter den Ziergehölzen, Obstgehölzen und Stauden.
9. Zu den *Brassicáceae (Crucíferae)* gehören Gemüse, Stauden und auch Unkräuter. Woran erkennt man diese Familie? Nennen Sie je zwei dazugehörige Gattungen unter den Gemüsen, Stauden und Unkräutern.
10. Die *Ericáceae* umfassen zwei unterschiedliche Pflanzengruppen; es sind zum einen die Rhododendren mit verwandten Moorbeetpflanzen und zum andern die Heidegewächse mit im Charakter ähnlichen Gattungen. Beschreiben Sie von jeder Pflanzengruppe die Eigenschaften der Blätter am Beispiel von je zwei typischen Gattungen.
11. Die *Asteráceae* und *Cichoriáceae* sind aus den Compositen hervorgegangen. Zeigen Sie am Beispiel von je zwei Gattungen wie sich die beiden Familien im Aufbau ihrer »Körbchen« unterscheiden.
12. Die gärtnerischen Kulturpflanzen, die aus Blumenzwiebeln herangezogen werden, gehören zu den Familien der *Liliáceae, Amaryllidáceae* und *Iridáceae.* Worin unterscheiden sich vor allem die *Liliáceae* von den beiden letzteren?

1.3 Pflanze und Umwelt

Die Lebenssphäre, die den Planeten Erde umhüllt, hat nur eine verhältnismäßig geringe Ausdehnung nach oben. In ihr vollziehen sich alle Prozesse, die unser Leben erhalten. Der eigentliche Lebensspender ist die grüne Pflanze. Die grünen Pflanzen sind »Primärproduzenten«. Sie allein haben die Fähigkeit aus den anorganischen Stoffen Wasser und Kohlendioxid in Verbindung mit mineralischen Nährsalzen und mit Hilfe der Sonnenenergie lebende, organische Substanz aufzubauen, die es Tieren und Menschen ermöglichen als »Konsumenten« zu leben (s. Kap. A1.4.3).

Pflanzen, Tiere und Mikroorganismen leben in der Natur nicht unabhängig voneinander, sondern bilden dem jeweiligen Standort angepaßte Lebensgemeinschaften **(Ökosysteme).** Sie haben, wenn der Mensch nicht einseitig eingreift, die Fähigkeit zur Selbststeuerung. Man spricht von einem ökologischen Gleichgewicht eines Ökosystems, wenn es in sich stabil ist, ohne daß einzelne Populationen (Gesamtheit der Individuen einer Art oder Rasse in einem engbegrenzten Raum), sei es durch Monokulturen überhandnehmen oder durch Zerstörung ihrer Biotope (Wuchsorte) zurückgehen oder aussterben. Klima und Boden üben einen bestimmenden Einfluß auf die Pflanzen aus und prägen ihre Umwelt. Dabei spielen Licht, Wärme, Wasser sowie chemische und mechanische Faktoren eine wichtige Rolle. Die weitaus größten Eingriffe auf die Pflanzen und ihre Umwelt erfolgen heute jedoch durch den Menschen. Die Pflanzen haben sich in ihrer stammesgeschichtlichen Entwicklung den Umwelteinflüssen angepaßt. ELLENBERG hat das ökologische Verhalten vieler Blütenpflanzen und Farngewächse, d. h. die Wechselbeziehung ihrer Lebensansprüche zur Umwelt, untersucht und »Zeigerwerte« ermittelt, die vor allem drei wichtige klimatische Faktoren (Licht, Wärme, Kontinentalität = Reichweite des Einflußbereichs der Ozeane auf das Festlandklima) sowie drei Bodenfaktoren (Feuchtigkeit, Bodenreaktion und Stickstoffversorgung) berücksichtigen. Wächst z. B. eine Pflanzenart noch gut auf stickstoffärmsten Standorten, so ist ihr Stickstoff-Zeigerwert niedrig. Umgekehrt bedeutet das konzentrierte Vorkommen einer Pflanzenart auf übermäßig stickstoffreichen Standorten, daß der Stickstoff-Zeigerwert hoch ist. Mehr oder weniger sind alle Pflanzenarten **»Zeigerpflanzen«,** und zwar um so deutlicher, je mehr sie von extremen klimatischen Gegebenheiten oder Bodenfaktoren geformt wurden. Typische Beispiele für »Zeigerpflanzen«, bei denen jeweils nur ein »Zeigerwert« berücksichtigt wurde, sind in den folgenden Kap. B1.3.1 bis B1.3.4 angeführt.

1.3.1 Einfluß des Lichts

Licht ist ein unentbehrlicher Faktor für das Leben der Pflanze und damit für das Leben auf der Erde überhaupt. Es fällt in verschwenderischer Fülle von der Sonne auf die Erde und bewirkt mit Hilfe des Chlorophylls die Photosynthese. Dabei nutzen die höheren Pflanzen das Sonnenlicht nur in verhältnismäßig geringem Ausmaß, Algen sind hingegen ausgezeichnete Lichtverwerter. Unter gleichen Boden-

und Klimaverhältnissen und bei lückenloser Pflanzendecke legen verschiedenartige Pflanzenbestände (Pflanzengesellschaften) annähernd einen gleich großen Anteil der eingestrahlten Energie in ihren Pflanzenkörpern fest.
Pflanzen, die sich dem vollen Lichtgenuß angepaßt haben, werden als **Sonnenpflanzen** bezeichnet. Pflanzen, die noch im Schatten ausreichende Lebensbedingungen finden, nennt man **Schattenpflanzen.** In ihrer Photosynthese-Leistung sind sie ungefähr gleich. Schattenpflanzen und -blätter, die gegenüber Sonnenpflanzen und -blättern weniger Licht erhalten, gleichen dies durch ein Mehr an Chlorophyll aus. Sie können, weil im Schatten starke Abschlußgewebe entbehrlich sind, durch mehr Blattmasse mehr Chlorophyll unterbringen und damit den Lichtmangel ausgleichen. Schattenpflanzen sind außerhalb ihres Lebensbereichs austrocknungsgefährdet.
Von den Pflanzen der heimischen Flora verträgt der Sauerklee, *Óxalis acetosélla* als Tiefschattenpflanze tiefsten Schatten. Andere ausgesprochene Schattenpflanzen sind Bärenlauch, *Állium ursínum;* Waldmeister, *Gálium odorátum,* die saprophytisch (von toter organischer Substanz) sich ernährende Nestwurz, *Neóttia nídus-ávis,* und der Salomonssiegel, *Polygónatum multiflórum.* Groß ist die Anzahl der Vollichtpflanzen (Sonnenpflanzen), zu denen z. B. Arnika, *Árnica montána,* Silberwurz, *Drýas octopétala,* Blauschwingel, *Festúca cinérea (F. glauca),* Sanddorn, *Hippóphaë rhamnoídes,* Spinnweben-Hauswurz, *Sempervívum arachnoídeum,* Stengelloses Leimkraut, *Siléne acaulis,* und Trollblume, *Tróllius europaeus,* gehören.
Großklimatisch hat sich die unterschiedliche Belichtungsdauer der verschiedenen Klimazonen prägend auf das Blühverhalten der Pflanzen ausgewirkt. Am Äquator beträgt die Tageslänge das ganze Jahr 12 Stunden. Da echte Jahreszeiten fehlen, spricht man hier von einem Tageszeitenklima. Je näher ein Gebiet an den beiden Polen liegt, um so ausgesprochener ist das Jahreszeitenklima, d. h., um so länger werden die Tage im Sommer und um so kürzer im Winter.
Die Heimat vieler **Kurztagpflanzen** (s. Seite 69) sind die Tropen. Bekannte Kurztagpflanzen sind die *Chrysánthemum*-Indicum-Hybriden, *Kalánchoë blossfeldiána* und die Dahlie. Viele mitteleuropäische Pflanzen, die im Sommer blühen, gehören zu den **Langtagpflanzen** (s. Seite 69). Von den Gemüsen sind es z. B. Spinat, Kopfsalat und Erbse. Pflanzen, auf welche die Belichtungsdauer keinen Einfluß auf die Blütezeit ausübt, werden als **tagneutral** bezeichnet.

1.3.2 Einfluß der Temperatur

Im Wachstum der Pflanzen spielen die Unterschiede zwischen Luft- und Bodentemperaturen so wie zwischen den höchsten Tages- und tiefsten Nachttemperaturen eine große Rolle. Die Bedeutung der Bodenwärme läßt sich besonders im Frühjahr erkennen. Unbewachsener Boden, erst recht wenn er fest ist, erwärmt sich schneller als bewachsener Boden. In Obstanlagen ist es darum zur Zeit der Frühjahrsfröste notwendig, den Boden festzuwalzen und zu bewässern, damit sich dieser während des Tages aufheizen und nachts die Bodenwärme wieder abgeben kann. Je humoser und damit auch dunkler ein Boden ist, um so mehr Wärme kann er aufnehmen. Die günstigsten Temperaturdifferenzen zwischen Tages- und Nachttemperatur sind bei den einzelnen Pflanzenarten je nach ihrem Ursprungsland sehr unterschiedlich und liegen zwischen 5–10 °C. Die Photosynthese der Pflanze findet schon bei verhältnismäßig niedrigen Temperaturen statt und steigert sich bei höheren Temperaturen nicht im gleichen Maße wie die Atmung. Darum erfolgt in den Tropen der Aufbau durch die grüne Pflanze langsamer als der Abbau abgestorbener oder abgeholzter organischer Substanz. Steht den Pflanzen, wie im tropischen Urwald, reichlich Wasser zur Verfügung, ist es ihnen möglich durch die Transpiration eine Abkühlung der Blätter unter die Temperatur der sie umgebenden Luft zu erreichen.
Der Kälte gegenüber haben sich die Pflanzen weitgehend angepaßt. Auch bei tiefen Außentemperaturen erhalten sich die Pflanzen in kalten Klimagebieten meist im Innersten ihres Körpers einen ungefrorenen Bereich, der es den Nadelbäumen der Taiga (s. Seite 269) ermöglicht, noch Photosynthese zu betreiben. Nadelhölzer in Sibirien ertragen Temperaturen bis zu −70 °C (Abb. B18). Junge Nadelhölzer aus dem hohen Norden treiben in unseren Breitengraden oft zu früh aus und können dann durch Spätfröste Schaden erleiden, während junge Bäume aus unserem Land, in den Norden verpflanzt, meist zu spät austreiben und sich bis zum Hereinbrechen der kalten Jahreszeit dann in der Regel nicht ausreichend entwickeln. Auch die Laubgehölze haben sich der Winterkälte, viele durch den Laubabwurf, angepaßt. Trotzdem können in kalten Wintern Schäden auftreten, entweder durch Frost (s. Seite 316), wobei das Wasser in den Geweben gefriert oder durch

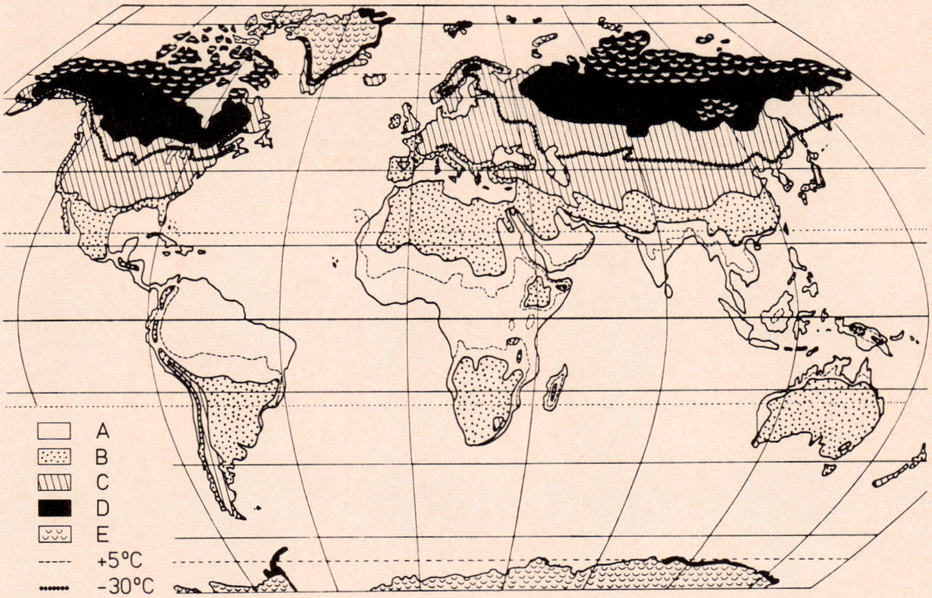

A = frostfreie Gebiete; B = episodische Fröste bis −10 °C; C = winterkalte Gebiete mit mittlerem Jahresminimum zwischen −10 und −40 °C; D = mittleres Jahresminimum unter −40 °C; E = Polareis und Permafrost (weiße Symbole); ··· −30 °C Minimumisotherme; --- +5 °C Minimumisotherme.

Abb. B 18. Vorkommen der Fröste auf der Erde. Mit nahe −90 °C wurden in der Antarktis die tiefsten Temperaturen der Erde gemessen. Zwischen −66 °C und −68 °C liegen die Lufttemperatur-Minima in Grönland und im östlichen Sibirien. Auf 42 % der Erdoberfläche ist mit einem mittleren Jahresminimum der Lufttemperatur von unter −20 °C zu rechnen. Nur auf einem Drittel der Landfläche gibt es keinen Frost.

Frosttrocknis. Dabei vertrocknen die oberirdischen Organe durch Blockierung der Leitungsbahnen.

Durch eine langsame Abhärtung im Herbst werden die Gehölze widerstandsfähiger gegen Kälte. Diese Abhärtungsfähigkeit ist bei eingeführten exotischen Gehölzen meist nicht in gleichem Ausmaß vorhanden. Im Gegensatz zur Abhärtung im Herbst erfolgt im Frühjahr eine Enthärtung. Frostschäden treten im Herbst besonders durch Frühfröste auf, wenn die Pflanzen noch nicht genügend abgehärtet sind, oder im Frühjahr durch Spätfröste, nachdem bereits eine Enthärtung stattgefunden hat. Das junge, ausgetriebene Laub ist sehr frostempfindlich. Frosttrocknis kann besonders immergrüne Laubgehölze bei langanhaltender Kälte treffen.

Als Kältezeiger erweisen sich in der mitteleuropäischen Flora alpine Arten, die nicht unterhalb 1500 m anzutreffen sind, aber über 2300 m aufsteigen, so z. B. Schweizer Mannsschild, *Androsáce helvética,* Klebrige Primel, *Prímula glutinósa,* Gletscher-Hahnenfuß, *Ranúnculus glaciális,* Stengelloses Leimkraut, *Siléne acaúlis,* Kleines Alpenglöckchen, *Soldanélla pusílla* und Alpen-Ehrenpreis, *Verónica alpína.* Der Wimpernfarn, *Woódsia ilvénsis,* hat seine Kälteresistenz in polaren Regionen erworben. Extreme Wärmezeiger, wie Ackerfuchsschwanz, *Amaránthus retrofléxus,* stammen entweder aus dem subtropischen Amerika oder sind wie der Milzfarn, *Céterach officinárum,* im Mittelmeergebiet beheimatet. Auch die Wärmezeiger Buchsbaum, *Búxus,* Ysop, *Hyssópus,* und Traubenhyazinthe, *Múscari,* kommen aus dem Süden.

1.3.3 Einfluß des Wassers

Der weitaus größte Teil des Frischgewichts einer Pflanze besteht aus Wasser. Besonders wasserreich sind die Gemüse. Einen Wassergehalt von über 95 % haben Gurke, Kürbis, Kopfsalat und Radies. Von

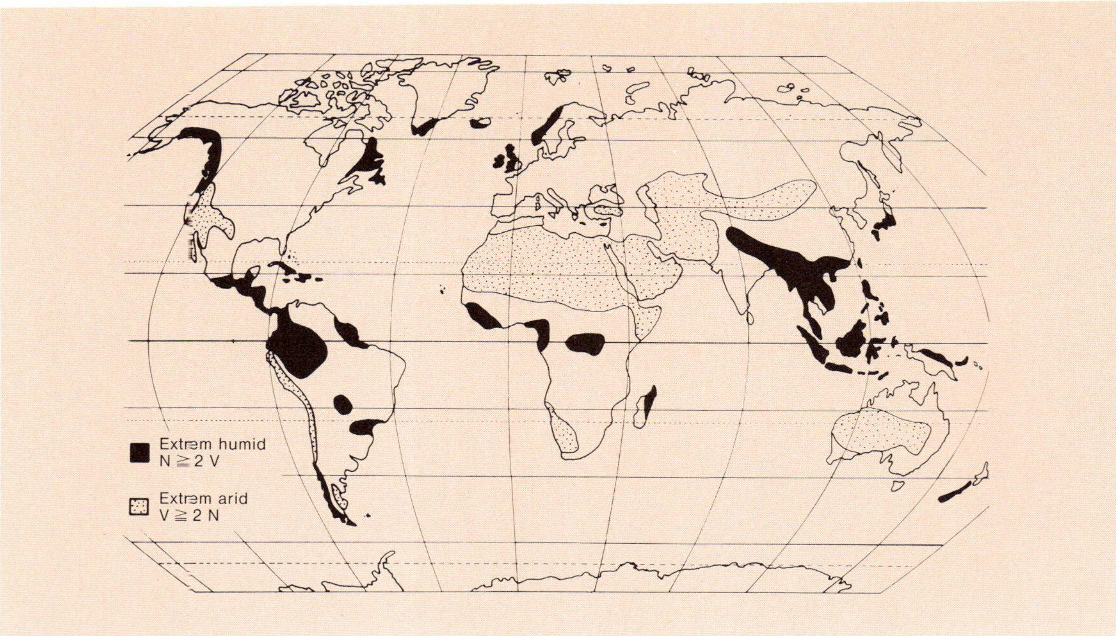

Abb. B 19. Verteilung extrem humider und extrem arider Gebiete auf der Erde. Extrem humid: Jahresniederschlag wenigstens doppelt so hoch wie die jährlich verdunstete Wassermenge. Extrem arid: Jährliche Verdunstung wenigstens doppelt so groß wie der Jahresniederschlag.

den Obstarten ist vor allem das Beerenobst sehr wasserhaltig.

Wasser ist notwendig für die Photosynthese. Der Transport der Nährlösungen im Inneren der Pflanze erfolgt im wässrigen Transpirationsstrom, wie die Transpiration überhaupt auf Wasser angewiesen ist (s. Seite 61). Das zeigt, wie lebenswichtig für die Pflanze eine ausreichende Wasserversorgung ist.

Die Pflanzen haben sich mit ihren Wasseransprüchen den Klimaten angepaßt. Die extremsten Gegensätze bestehen zwischen dem tropischen Regenwald und der Wüste. So beträgt z. B. in Pontianak auf Borneo, das genau am Äquator liegt, der Jahresniederschlag 3170 mm; dabei liegt, bei einer durchschnittlichen Jahrestemperatur zwischen 20–30 °C, die relative Luftfeuchtigkeit zwischen 80 und 90 %. Man nennt ein solches Klima, in dem mehr Wasser in den Boden gelangt, als verdunstet, **humid.**

Absoluter Wassermangel macht In-Salah, das in der Wüste Sahara liegt, zu einem typischen Beispiel für das Wüstenklima. Hier fallen während eines Jahres nicht mehr als 15 mm Niederschlag, die Temperaturen steigen während des Sommers auf über 45 °C, bei einem gleichzeitigen Abfall der relativen Luftfeuchtigkeit unter 30 %. Ein derartiges Klima, unter dessen Einfluß mehr Wasser verdunstet, als in den Boden gelangt, wird als **arid** bezeichnet (Abb. B 19).

Auch in Mitteleuropa sind die Niederschläge eines Jahres unterschiedlich hoch, sie nehmen mit dem Höherwerden der Gebirge zu und ganz allgemein von West nach Ost ab. Die der Hauptwindrichtung zugewandten Seiten eines Gebirges sind besonders regenreich, während auf der windabgewandten Seite, sozusagen im Regenschatten, ausgesprochene Trockengebiete entstehen können. In solchen Gebieten, die sich hervorragend für die Saatzucht eignen, liegen die durch ihren Samenanbau bekannten Städte Erfurt und Quedlinburg. Wie extremer Wassermangel zu sinnreichen Schutzvorrichtungen geführt hat, zeigen die Pflanzen der Wüstenvegetation.

Zu den heimischen Trockenheitszeigern gehören viele Steingartenpflanzen, wie die Küchenschellen, *Pulsatílla montána, P. praténsis* und *P. vulgáris;* die Fetthennen-Arten, *Sédum ácre, S. álbum* und *S. refléxum,* Hauswurz, *Sempervívum,* und die Ehrenpreis-Arten, *Verónica prostráta* und *V. spicáta.* Von den Nadelhölzern ist die Schwarzkiefer, *Pínus nígra,* sehr trockenfest. Damit ist nicht gesagt, daß die

Trockenheitszeiger Trockenheit lieben, sie können diese aber relativ besser als andere Pflanzenarten ertragen.
Ausgesprochene Nässezeiger sind Sumpfkalla, *Cálla palústris,* Sonnentau, *Drósera,* Wollgras, *Erióphorum,* Fieberklee, *Menyánthes trifoliáta,* und viele Seggen-Arten, *Cárex.*
Zwischen Feuchte- und Nässezeiger sind eingestuft Sumpfdotterblume, *Cáltha palústris,* Moorheide, *Eríca tétralix,* Schachbrettblume, *Fritillária meleágris,* Sumpfvergißmeinnicht, *Myosótis palústris,* Sibirische Schwertlilie, *Íris sibírica,* Blutweiderich, *Lýthrum salicária,* und Königsfarn, *Osmúnda regális.*

1.3.4 Einfluß chemischer Faktoren

Obwohl CO_2 nur 0,03 Vol.% der Atmosphäre ausmacht, ist es für die Pflanze ebenso wichtig wie der Sauerstoff (O_2) mit 21 Vol.% (s. Kap. A1.4.3). Das harmonische Verhältnis zwischen Kohlendioxid und Sauerstoff, das sich in Jahrmillionen eingespielt hat, ist empfindlich gestört, seitdem, besonders durch die weltweite Abholzung tropischer Regenwälder, die pflanzliche Biomasse (Phytomasse) in rasantem Ausmaß ständig abnimmt. Die Folge ist, daß mehr CO_2 freigesetzt wird, als durch Pflanzen (Photosynthese) wieder gebunden werden kann, wodurch sich der Kohlendioxidgehalt der Weltatmosphäre zunehmend erhöht. Der gesteigerte Verbrauch fossiler Brennstoffe wirkt in der gleichen Richtung, so daß insgesamt eine deutliche Erwärmung des Weltklimas festzustellen ist, was zu einer ständigen Ausweitung der Wüsten führt. Eine der wichtigsten Gegenmaßnahmen besteht darin, dafür zu sorgen, daß bei gleichzeitiger Verminderung des Brennstoffverbrauchs, die Vegetation erhalten bleibt und so weit wie möglich ausgeweitet wird.
Die Ernährung der Pflanze vollzieht sich in einer Wechselwirkung von Photosynthese und mineralischer Ernährung aus dem Boden. Der geologische Untergrund ist maßgebend für die Entstehung nährstoffreicher oder nährstoffarmer Böden unterschiedlicher Zusammensetzung (s. Kap. A3.9). Der Überfluß oder Mangel einzelner Nährstoffe wirkt sich auf die Verbreitung und das Vorkommen der Pflanzenarten deutlich aus. So hat das Kalzium, das in Form von kohlensaurem Kalk vor allem die Bodenreaktion bestimmt, zu einer charakteristischen Flora **kalkliebender** Pflanzen geführt. Im Gegensatz dazu haben sich auf den sauren Böden des Silikatgesteins **kalkmeidende** Pflanzen angesiedelt. In den Alpen gibt es viele Gattungen mit sowohl kalkliebenden als auch kalkmeidenden Arten. Kennzeichnend für basische, kalkreiche Böden sind z. B. Almrausch, *Rhododéndron hirsútum,* Alpen-Primel, *Prímula clusiána, Trauben-Steinbrech, Saxífraga paniculáta,* Alpen-Hahnenfuß, *Ranúnculus alpéstris,* und Stengelloser Enzian, *Gentiána clúsii.*
Arten, die auf sauren, kalkarmen Silikatböden gedeihen, sind: Rostblättrige Alpenrose, *Rhododéndron ferrugíneum,* Leimprimel, *Prímula hirsúta,* Fettblatt-Steinbrech, *Saxífraga cotýledon,* Gletscher-Hahnenfuß, *Ranúnculus glaciális,* und Breitblättriger Enzian, *Gentiána acaúlis.*
Von den Unkräutern erweisen sich als kalkliebend: Kohl-Gänsedistel, *Sónchus oleráceus,* Ackersenf, *Sínapis arvénsis,* und Huflattich, *Tussilágo fárfara.*
Ausgesprochen säureliebende Unkräuter sind: Kleiner Ampfer, *Rúmex acetosélla,* Knäuel, *Scleránthus ánnuus,* und Ackerspark, *Spérgula arvénsis.*
Zu den Stickstoffzeigern unter den Unkräutern zählen:
Weiße Taubnessel, *Lámium álbum,* Giersch, *Aegopódium podagrária,* Strahlenlose Kamille, *Chamomílla suavéolens,* Franzosenkraut, *Galinsóga parviflóra,* Kreuzkraut, *Senécio vulgáris,* Schwarzer Nachtschatten, *Solánum nígrum,* und Kleine Brennnessel, *Úrtica úrens.*
Auf meist sehr mageren Böden findet man dagegen Pflanzen, die auf Stickstoffmangel hinweisen. Hierzu gehören: Besenheide, *Callúna vulgáris;* Weiße Fetthenne, *Sédum álbum;* Spinnweben-Hauswurz, *Sempervívum arachnoídeum;* Stengelloses Leimkraut, *Siléne acaúlis,* und Feld-Thymian, *Thýmus serpýllum.*
Nur wenige Pflanzenarten vertragen stärkere Konzentrationen natriumhaltiger Salze im Boden. Man nennt sie **Salzpflanzen.** Sie gedeihen auf den salzhaltigen Böden der Meeresküsten oder auf Salzstellen des Binnenlandes. Salzpflanzen speichern in ihrem Zellsaft Salze in etwa gleicher Konzentration, wie sie in den Bodenlösungen vorhanden ist. Einige Salzpflanzen, wie Gemeiner Queller, *Salicórnia europaéa,* haben sukkulente Sprosse entwickelt, die Wasser speichern können, wodurch eine gewisse Verdünnung der Salzlösung in den Vakuolen der Zelle erfolgt. Eine hohe Saugkraft (osmotischer Druck) befähigt die Salzpflanzen, salzreichen Böden das zum Leben notwendige Wasser zu entreißen.
Durch Kenntnis der wichtigsten Zeigerpflanzen lassen sich Rückschlüsse auf den Nährstoffzustand eines Bodens ziehen. Voraussetzung für ein optimales Pflanzenwachstum ist, daß Makro- und Mikronährstoffe in einem ausgeglichenen Verhältnis vorhan-

Tab. B1. Empfindlichkeit von Gemüsen, Zierpflanzen, Gehölzen und Obstbäumen gegen chronische Belastung durch Schadstoffe (Aus: Larcher, Ökologie der Pflanzen)

	SO_2	HF	HCl	NO_x		SO_2	HF	HCl	NO_x
Gemüse					**Zierpflanzen**				
Brassicáceae	1	2	1	1	*Liliáles*	1	3	2	1
Fabáceae	2	3	2	3	*Ranunculáceae*	2	2	2	
Apiáceae	1	1	1	3	*Rosáceae*	2	2	2	3
Chenopodiáceae	3	2	2		*Fabáceae*	2	2	2	
Cucurbitáceae	1	1			*Geraniáceae*	1	1		3
Solanáceae	1	1	2		*Araliáceae*	1	1		
Asteráceae	2	2		3	*Caryophylláceae*	2	2		
Cichoriáceae	2	2		3	*Ericáceae*	1	1	1	2
Állium	1	3	2		*Solanáceae*				3
Gehölze					*Asteráceae*	1	1	1	3
Ábies, Pícea	3	3	3	2	*Cichoriáceae*	1	1	1	3
Pínus sylvéstris	3	3	3	2	**Obstbäume**				
Pseudotsúga, Cédrus	3	3	3		Kernobst	3	3	3	3
Pínus nígra, Thúja	1	1	1	1	Steinobst	2	3	2	
Juníperus, Táxus	1	1	1	1	*Júglans*	3	3	3	
Tília, Fráxinus	2	2	2		*Córylus*	2	3	3	
Fágus, Sórbus	2	2	2		*Vítis*	2	3	3	
Cárpinus	2	2	3	1	*Cítrus*	1			
Quércus	1	1	2	1					

1 = relativ resistent, 2 = wenig empfindlich, 3 = sehr empfindlich

den sind. Ein jedes Zuviel oder Zuwenig wirkt sich nachteilig aus (s. Kap. A 2.3).
Durch die Luft- und Gewässerverunreinigungen mit chemischen Abfallprodukten wird die Lebenstätigkeit der Pflanzen stark betroffen. Die Hauptquellen der Luftverunreinigung sind Schwefeldioxid (SO_2), Stickoxid (NO_x), Fluorwasserstoff (HF) und Schwermetalle. Eine der Folgeerscheinungen sind die sogenannten sauren Regen, welche die Koniferen besonders schädigen, weil deren immergrüne Nadeln der Belastung ganzjährig ausgesetzt sind. Die Empfindlichkeit verschiedener Pflanzen zeigt die Tab. B1. Eine wirkungsvolle Rauchgasentschwefelung und Reduzierung der Kfz-Abgase ist die dringendste Aufgabe zum Schutz der Umwelt.

1.3.5 Einfluß von Feuer, Wind, Schnee

Unter den physikalischen Faktoren hat das **Feuer** die größte Zerstörungskraft. Waldbrände können, besonders bei einseitigen Nadelholzpflanzungen, verheerend wirken. Nach Waldbränden bewährt sich die Kiefer, *Pínus sylvéstris,* als Pioniergehölz. Kiefersamen keimt auf frischen Brandflächen sehr gut. Die holzartigen Früchte der in Australien beheimateten *Bánksia (Proteáceae)* öffnen sich erst nach Feuereinwirkung.
Wind wirkt sich vor allem in Küstengebieten und im Hochgebirge schädigend auf den Pflanzenwuchs aus. In Wäldern sind reine Fichten- oder Kiefernbestände durch Stürme oder Schneedruck weitaus gefährdeter als Mischbestände aus Nadel- und Laubgehölzen, die auch aus diesem Grund zunehmendes Interesse finden. Der Mensch schützt Kulturpflanzen durch Windschutzanlagen. Beispiele dafür sind die Knicks in Holstein und die hohen Zypressenhecken in der Provence (Südfrankreich). In Südfrankreich ist der aus dem Norden kommende eisige Mistral sehr gefürchtet. Der ausgedehnte Anbau von Frühgemüsen und Obst ist nur möglich durch Schutzvorrichtungen, wozu neuerdings die Folie zählt. Bei der Befestigung von Dünen hat sich die Anpflanzung von Strandhafer, *Ammóphila arenária,* sehr bewährt.
Schnee bietet einen guten Schutz gegen extrem tiefe Temperaturen, verkürzt aber gleichzeitig, nament-

lich im Hochgebirge, die Vegetationszeit nicht unwesentlich. In den Alpen hat sich die Krummholzkiefer den klimatischen Bedingungen ausgezeichnet angepaßt. Dank ihres niedrigen Wuchses können ihr Schnee, Lawinen und Steinschlag nicht viel anhaben.

1.3.6 Wechselseitiger Einfluß der Lebewesen

Wechselwirkungen bestehen sowohl innerhalb einer Art als auch zwischen Individuen verschiedener Arten. Die Wechselwirkungen reichen von gegenseitiger Konkurrenz bis zur Kooperation. Wie stark sich eine Wurzelkonkurrenz auswirken kann, zeigt die Birke, neben der andere Pflanzen schlecht gedeihen. Wie sich Algen und Pilze zur Flechte zusammenfinden oder luftstickstoffbindende Bakterien und Leguminosen eine Symbiose eingehen, sind Beispiele der Kooperation. Pilze können sich entweder kooperativ betätigen, indem sie das Wurzelwerk von Waldbäumen mit ihrem Pilzmyzel umspinnen und mit der dadurch entstehenden Mykorrhiza die Funktion von Wurzelhaaren zugunsten der Wirtsbäume übernehmen, oder sie treten in Verdrängungskonkurrenz zu höheren Pflanzen, die, wie das Ulmensterben zeigt, fast zur Vernichtung der Feldulme, *Úlmus mínor,* geführt hätte, wenn es den Niederländern nicht rechtzeitig gelungen wäre, resistente Ulmen-Klone zu selektieren.

Besonders eng sind die Wechselbeziehungen zwischen Pflanze und Tier. Insekten können, vor allem in Monokulturen, ganze Pflanzenbestände vernichten. Der Borkenkäfer ist dafür ein eindringliches Beispiel. Von den Säugetieren sind die Nager, wie das Kaninchen, sehr gefürchtet. Ein zu hoher Wildbestand in den Wäldern läßt den Jungwuchs der Laubgehölze nicht aufkommen und erweist sich als Hauptursache für die Verarmung unserer Wälder.

Große Schäden an der Vegetation entstehen auch immer wieder durch unverantwortlichen Weidegang verschiedener Nutztiere. Eigentlicher Verursacher ist also hier der Mensch, der Tierart, Tierzahl und Weidezeiten den Ansprüchen und der Belastbarkeit der natürlichen Vegetation nicht genau anpaßt.

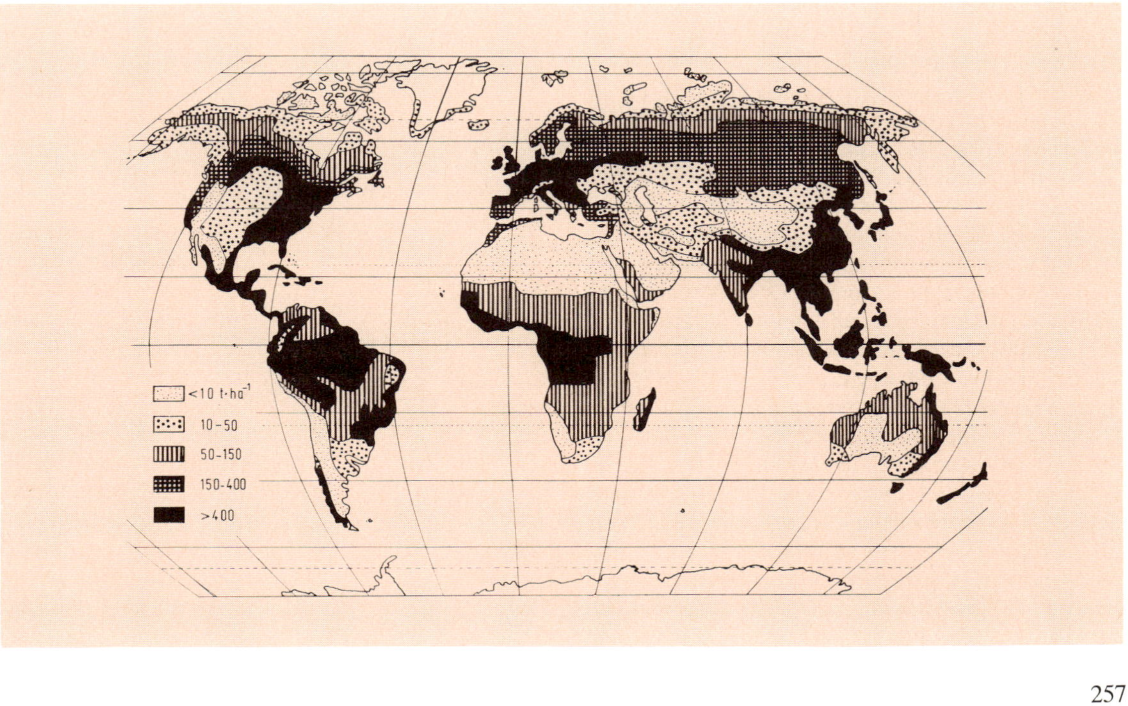

Abb. B 20. Verteilung der Phytomasse (oberirdische und unterirdische Pflanzenmasse in t Trockensubstanz pro ha) auf der Erde. Innerhalb der Phytomasse fallen besonders die Wälder mit ihrem Holzreichtum ins Gewicht, die mehr als Dreiviertel des von den Landpflanzen festgelegten Kohlenstoffs speichern.

Die Vegetation Mitteleuropas ist unter dem Einfluß des Menschen und seiner Weidetiere in einer jahrtausendlangen Geschichte entstanden. Urwälder, die in Vorzeiten Mitteleuropa bedeckten, gibt es nicht mehr.

Der Mensch hat die Fähigkeit, mit oder gegen die Natur zu arbeiten. Was wir heute in Deutschland als »Natur« erleben, ist in Wirklichkeit eine alte Kulturlandschaft, die durch den Menschen geformt wurde. Wie sehr aber der Mensch gegen die Natur wirken kann, zeigen die letzten Jahrzehnte in einem erschreckenden Anschauungsunterricht.

Die Erde, deren Naturhaushalt ursprünglich im Gleichgewicht war, indem sich in Jahrmillionen eine pflanzliche Biomasse (Phytomasse) von etwa 1,8 Bio. t Trockengewicht auf den Kontinenten bilden konnte, ist in Unordnung geraten, weil nahezu überall auf der Erde und ganz besonders in den tropischen Regenwäldern diese Biomasse in rigoroser Weise durch den Menschen dezimiert wird (Abb. B20).

Neben der fortschreitenden Industrialisierung und den damit verbundenen, zum Teil sehr negativen Folgeerscheinungen, wie zum Beispiel Landverbrauch, hoher Bedarf an fossiler Energie, Umweltschäden verschiedenster Art und dauerhafte Störung des Naturhaushalts, gibt vor allem das rasche Wachstum der Weltbevölkerung berechtigten Anlaß zur Sorge. Man schätzt, daß im Jahr 2000 über 6 Mrd. Menschen auf der Welt insgesamt, und davon allein 5 Mrd. in den Entwicklungsländern leben werden.

Bis heute weiß niemand genau, wie man gerade in den Entwicklungsländern in absehbarer Zeit die Nahrungsmittelproduktion im erforderlichen Ausmaß steigern könnte. Raubbau an der Natur, wie er heute vielerorts noch üblich ist, oder sich sogar erneut ausbreitet, kann vielleicht kurzfristig den Bedarf von Minderheiten decken, global und langfristig betrieben wird er unweigerlich in die Sackgasse einer rasanten Vernichtung der Lebensgrundlagen von Pflanze Tier und Mensch führen.

Ansätze zur Lösung dieser weltweiten aktuellen Probleme liefert die **Ökologie** (Lehre vom Naturhaushalt). Die Angehörigen der sog. grünen Berufe stehen hier in einer besonderen Verantwortung. Die Ausbildung vermittelt die ökologischen Grundkenntnisse, die berufliche Praxis bietet bei uns wie auch gerade in den Entwicklungsländern vielfältige Möglichkeiten, das ökologisch Richtige zu tun. Die ökologischen Aufgaben, die heute gestellt sind, können nur durch weltweite Zusammenarbeit befriedigend gelöst werden.

Kontrolle und Vertiefung

1. Die Tropen mit ihrem Tageszeitenklima sind die Heimat vieler Kurztagpflanzen. Nennen Sie fünf Beispiele.
2. Unter welchen Bedingungen kann im Frühjahr Spätfrost und im Herbst Frühfrost zu größeren Schäden führen?
3. Nennen Sie je ein extrem humides und extrem arides Klimagebiet der Erde.
4. Die Bodenreaktion ist ungefähr an Zeigerpflanzen, so z. B. auch am Unkrautbestand zu erkennen. Nennen Sie je zwei kalkliebende und kalkmeidende Unkräuter.
5. Die Erträge der Pflanzenproduktion werden weitgehend von der pflanzenverfügbaren Stickstoffmenge im Boden bestimmt. Nennen Sie zwei typische Stickstoffzeiger.
6. Welche natürlichen Faktoren können sich nachteilig auf das Pflanzenwachstum auswirken? Nennen Sie mehrere Beispiele.
7. Zwischen Pflanze, Tier und Mensch bestehen enge Wechselbeziehungen. Durch zivilisatorische Einflüsse sind diese heute vielfach gestört. Welche Möglichkeiten hat der Gärtner, um mit Hilfe der grünen Pflanze zu einer Gesundung der Umwelt beizutragen? Nennen Sie zwei Beispiele.

1.4 Vegetationszonen

Das Großklima der Erde hat einen wesentlichen Einfluß auf Entstehung, Wachstum und Entwicklung der Pflanzen. Nach Walter lassen sich **9 Klimazonen** unterscheiden.

I Äquatorial mit Tageszeitenklima
II Tropisch mit Sommerregen
III Subtropisch-arid (Wüstenklima)
IV Winterfeucht mit Sommerdürre
V Warmtemperiert (ozeanisch)
VI Typisch gemäßigt mit kurzen Frostperioden
VII Arid-gemäßigt mit kalten Wintern (kontinental)
VIII Kalt-gemäßigt mit kühlen Sommern (boreal)
IX Arktisch einschließlich antarktisch

Diesen 9 Klimazonen entsprechen **9 Vegetationszonen:**

I Immergrüner tropischer Regenwald ohne Jahreszeitenwechsel

II Tropischer laubabwerfender Wald oder Savanne
III Subtropische Wüstenvegetation
IV Hartlaubgehölze
V Temperierter immergrüner Wald
VI Sommergrüner Laubwald
VII Steppen
VIII Borealer Nadelwald
IX Tundravegetation

Für die verschiedenen Vegetationszonen sind jeweils besondere Bodenarten typisch. Zwischen den einzelnen Klima- und Vegetationszonen gibt es Übergänge. Innerhalb einer Vegetationszone führen unterschiedliche Höhenlagen zu Abwandlungen der Vegetation. Extreme Böden sowie das einseitige Auftreten von Mineralien und Salzen lassen sich am Pflanzenwuchs erkennen.

Im Rahmen dieses Buches kann die Vegetationskunde nur in großen Umrissen behandelt werden. »Vegetation und Klimazonen« von WALTER war dafür wegweisend. Für einen Gärtner ist es nicht unwichtig zu wissen, aus welcher Klima- und Vegetationszone eine Pflanze stammt, da Pflanzen gleicher Herkunft ähnliche Kultur- und Pflegemaßnahmen bedingen. Pflanzen wachsen immer in Pflanzengesellschaften. Mit der wissenschaftlichen Auswertung der Vergesellschaftung der Pflanzen beschäftigt sich die Pflanzensoziologie.

Die Verbreitung der Pflanzen ist sehr unterschiedlich. Pflanzen, deren Verbreitungsgebiet (Areal) sich auf die ganze Erde erstreckt, nennt man Kosmopoliten; dazu gehören bekannte Unkräuter, wie Einjähriges Rispengras, *Póa ánnua,* Vogelmiere, *Stellária média,* und Kleine Brennessel, *Úrtica úrens.* Pflanzen die, wie die Zwerg-Alpenrose, *Rhodothámnus chamaecýstus,* Felsen-Seidelbast, *Dáphne petrǣa,* nur in einem eng begrenzten Gebiet vorkommen, werden als Endemiten bezeichnet. – Alle Fragen, die mit der Verbreitung der Pflanzen und ihrer jeweiligen Ausprägung zusammenhängen, werden wissenschaftlich von der Pflanzengeographie (Geobotanik) behandelt.

1.4.1 Immergrüner tropischer Regenwald ohne Jahreszeitenwechsel

Tropische Regenwälder wachsen in einem Klima, das bestimmt wird durch extrem hohe Niederschläge (2000–5000 mm und mehr im Jahr) bei gleichzeitig hohen mittleren Temperaturen (24–30 °C, wobei 18 °C nicht unterschritten werden). Der Regen fällt meist nachmittags und wolkenbruchartig. Die sehr hohe relative Luftfeuchtigkeit kann bei direkter Sonneneinstrahlung auf 50 % und weniger absinken, so daß die Pflanzen stundenweise Trockenheit ertragen müssen. Die Blätter haben darum vielfach eine lederige und dicke Kutikula, die sie vor einer zu hohen Transpiration schützt. Beispiele dafür sind viele *Fícus*-Arten sowie einige Arazeen, wie *Mónstera* und *Philodéndron.* In Wohnungen gedeihen darum diese »Grünpflanzen« auch in trockener Heizungsluft. Typisch für den tropischen Regenwald sind immergrüne Bäume, die in zahlreichen Arten vorkommen. Sie haben meist gerade und aufstrebende Stämme und werden unterschiedlich groß. Die oberste Baumschicht bildet sich aus einigen Riesenbäumen, die Höhen von 50–60 m erreichen. Nach unten wird der Wald immer dichter. Die Standfestigkeit der Bäume, die 200–250 Jahre alt werden können, wird oft durch Brettwurzeln unterstützt.

Infolge des gleichmäßigen Klimas blühen das ganze Jahr hindurch einzelne Bäume, wobei die Blühperiode von Art zu Art unterschiedlich ist. In den Tropen herrscht ein ständiger Kurztag von 12 Stunden. Viele tropische Bäume sind stammblütig, d. h., die Blüten bilden sich, wie etwa beim Kakaobaum, *Theobróma cacáo,* direkt am Stamm. Vogelblumen, die durch Vögel (Kolibris), und Fledermausblumen, die durch Fledermäuse (Langzungen-Flughunde) bestäubt werden, sind charakteristisch für den feucht-warmen tropischen Regenwald. Den Unterwuchs bilden größtenteils die Jungpflanzen der Gehölze oder auch einige Riesenstauden, wie die prächtige *Helicónia.* Eine niedrige Krautschicht hat sich den dunklen Verhältnissen am Boden angepaßt. Dazu gehören z. B. *Pílea, Caláthea, Maránta, Saintpaúlia, Fittónia, Tradescántia, Zebrína* und Blatt-Begonien.

Ebenso wie in ihrer Heimat kommen diese Bodenpflanzen, von denen sich viele durch samtige, farbige oder metallisch glänzende Blätter hervorheben, auch bei uns als Kultur- oder Zimmerpflanzen mit weniger Licht aus.

Im tropischen Urwald drängen sich die Pflanzen von allen Seiten zum Licht. Die hohen Bäume sind mit ihrem obersten Blätterdach eindeutig im Vorteil. Die Schling- und Kletterpflanzen (Lianen) benutzen die glatten Stämme der Bäume, um sich als Wurzelkletterer, wie *Mónstera* und *Philodéndron,* oder als Spreizklimmer, wie die Rotangpalme, *Cálamus,* dem Licht entgegenzuwinden. Lianen aus der Familie der *Bignoniáceae* bilden Krallen- oder Haftschei-

Abb. B 21. Stockwerksbau des tropischen Regenwaldes. Die oberste Baumschicht bildet sich aus einigen Riesenbäumen. Nach unten wird der Wald immer dichter. Im tropischen Urwald drängen sich die Pflanzen von allen Seiten zum Licht. Schling- und Kletterpflanzen aller Art winden sich dem Licht entgegen. Aufsitzer machen sich in den oberen Etagen breit. Eine niedrige Krautschicht hat sich den dunklen Verhältnissen am Boden angepaßt.

ben, mit denen sie sich an der Trägerpflanze anklammern. Der indische Banyanbaum, *Fícus benghalénsis,* keimt auf Baumästen und entwickelt sich zunächst als Epiphyt (Aufsitzer), der dann zahlreiche Wurzeln nach unten senkt, die sich im Erdreich verankern und so die Pflanze ernähren. In dem Maße, wie sich die Wurzeln vermehren und zu säulengleichen Stämmen verdicken, werden sie dem Stützbaum schließlich zum Verhängnis. Daher kommt der Name »Baumwürger«; der Banyanbaum ist aber nicht zu verwechseln mit *Celástrus,* der offiziell Baumwürger heißt (Abb. B21).

Epiphyten haben sich in idealer Weise den Lichtverhältnissen der oberen Lebensbereiche des Regenwaldes angepaßt. Da sie sich nur bei Regen mit Wasser versorgen können, gedeihen sie am besten in Gebieten mit regelmäßigen Niederschlägen. In Übergangsgebieten mit mehr trockener Luft haben sich vor allem Epiphyten mit wasserspeichernden Organen entwickelt. Sukkulente Blätter, wie sie bei Orchideen, Bromeliazeen oder *Peperómia* vorkommen, dienen als Verdunstungsschutz. Viele epiphytisch lebende Bromeliazeen nehmen das Wasser durch ihre Blätter auf. Die Regulierung der Wasserversorgung erfolgt durch schildförmige Schuppenhaare, die sich auf der Oberseite der Blätter befinden und sich bei Regen öffnen und bei Trockenheit fest verschließen. Einige wurzellose *Tillándsia*-Arten, die sich sogar auf Telegrafenmasten ansiedeln können, beschaffen sich das Wasser nur über ihre Blätter. Typisch für viele Bromeliazeen sind die durch Blattrosetten gebildeten Trichter (Zisternen), in denen sich Wasser sammelt und nach Bedarf verbraucht werden kann. Eine große Anzahl von Orchideen mit epiphytischer Lebensweise, wie z. B. *Coelógyne,* besitzen Sproßknollen, durch welche sie Trockenzeiten gut überstehen.

Andere auf Bäumen lebende Orchideen und Arazeen haben Luftwurzeln (s. Seite 18) mit großporigen Außenzellen entwickelt, die sich bei Niederschlägen wie Schwämme vollsaugen. Der Geweihfarn, *Platycérium,* ist mit Mantel-, bzw. Nischenblättern ausgestattet, die sich zum Auffangen von Wasser und abgestorbenen Pflanzenresten oder Humusteilchen eignen. Ein »Lebenskünstler« ist der Nestfarn, *Asplénium nídus,* der zwischen seinen trichterförmig nach oben stehenden Blättern Streu, organische Rückstände und Wasser sammelt und damit ein humusreiches feuchtes »Nest« bildet, in das die Wurzeln hineinwachsen. Die Besonderheit des tropischen Regenwaldes besteht darin, daß sich unter dem hier vorherrschenden Klima kaum Humus bildet.

Die Nährstoffe, welche die Pflanze braucht, sind in der oberirdischen Pflanzenmasse enthalten, von der jährlich ein Teil abstirbt, rasch mineralisiert (s. Kap. A 3.3.1) wird und damit von den Wurzeln der Pflanzen sofort wieder aufgenommen werden kann. Die Böden, meist Rotlehmböden, sind darum extrem nährstoffarm und sauer. Sie enthalten kaum Humus. Der Urwald lebt aus sich selbst heraus. Sobald er gerodet wird, treten verhängnisvolle Auswaschungen ein, die zu einer völligen Zerstörung der Vegetation führen können. Die Waldzerstörung in den Tropen hat in den letzten Jahrzehnten ein verheerendes Ausmaß erreicht, sie verläuft viel rascher als die Erschließung neuen Kulturlandes.

1.4.2 Tropischer laubabwerfender Wald oder Savanne

Wenn der mittlere Jahresniederschlag unter 2000 mm sinkt und die Trockenperiode sich über zwei Monate ausdehnt, entstehen die klimatischen Umweltbedingungen für den laubabwerfenden regengrünen Trokkenwald, der im Monsunwald eine typische Ausprägung findet. Der im Juli vom Indischen Ozean kommende Südwest-Monsun führt zu hohen Niederschlägen auf dem südostasiatischen Kontinent, während das gleiche Gebiet durch den im Januar herrschenden Nordost-Monsun unter Trockenheit leidet. In der Dürrezeit schützen sich die Gehölze durch Laubabwurf vor zu starker Verdunstung, oder sie entwickeln nur kleine Blätter. Die Gehölze wachsen unter diesen Bedingungen langsamer, das Holz wird fester und zeigt größere Widerstandskraft gegen ungünstige Einflüsse. Eines dieser Gehölze ist *Tectóna grándis,* die in indonesichen Wäldern wächst und das wertvolle Teakholz liefert.

Nehmen die Jahresniederschläge bei gleichzeitiger Ausdehnung der Trockenzeit noch weiter ab und betragen weniger als 1500 mm, werden die Wälder lichter und die einzelnen Bäume mächtiger. Die Bäume schützen sich durch eine dickere Borke (s. Seite 24). Die Blätter werden stark xeromorph, d. h., sie passen sich durch vielerlei Einrichtungen gegen eine zu starke Verdunstung der Trockenzeit an. Die wohl eindrucksvollste Erscheinung unter den tropischen Lockergehölzen ist der Affenbrotbaum, *Adansónia digitáta,* der im tropischen Afrika vorkommt. Bei einer Höhe von 20 m erreicht er einen Stammumfang von 20 m und wird darum auch »Dickhäuter« des Pflanzenreichs genannt. In seinem weichen Holz kann er bis 120000 l Wasser speichern. Wegen der wenigen Bäume wird dieses Vegetationsgebiet auch als Parklandschaft bezeichnet. Sie ist auch in Nord-Australien verbreitet und bekommt dort durch immergrüne *Eucalýptus*-Arten ihre besondere Note.

Wenn die Trockenzeit 5–7½ Monate andauert und die xeromorphen Bäume und Sträucher weitgehend durch hohe, horstbildende, gleichfalls xeromorphe Gräser ersetzt werden, spricht man von **Savanne.** Sie ist vor allem für weite Gebiete Südamerikas typisch. Beträgt die Trockenzeit 7½–10 Monate, entsteht die Dornbuschsavanne, in der vorwiegend Dorngehölze, wie etwa der Christusdorn, *Euphórbia mílii,* vorherrschen. Die Dorngehölze sind oft mit Sukkulenten vergesellschaftet.

An den tropischen Küsten hat sich die Vegetation der **Mangroven** entwickelt. Es sind immergrüne Gehölze der Meeresküsten und der in sie einmündenden Stromufer. Sie wachsen in geschützten Buchten innerhalb der Gezeitenbreiten und entwickeln die charakteristischen Stelz- und Atemwurzeln (s. Seite 18). Interessant ist die Fortpflanzung des Mangrovebaums, *Rhizóphora.* In seinen einsamigen Früchten keimt der Embryo bereits auf der Mutterpflanze und entwickelt dabei einen Keimstengel (Hypokotyl), der aus der Frucht heraushängt und in 7–9 Monaten zu einem bis meterlangen, schwertförmigen Gebilde heranwächst. Schließlich fällt der Keimling ab und bohrt sich durch sein Eigengewicht in den weichen Schlick, wo er rasch zu wachsen beginnt.

1.4.3 Subtropische Wüstenvegetation

Wenn bei sehr hohen Temperaturen die Niederschläge im Jahr unter 500 mm sinken, entstehen Halbwüsten, die schließlich bei einem Jahresniederschlag von unter 200 mm in Vollwüsten übergehen. Die Wüstenzonen der Erde sind vor allem den sengenden und austrocknenden Passatwinden ausgesetzt. Auch diesem Klima, das durch extrem hohe Temperaturunterschiede, eine außerordentliche Lufttrockenheit und eine starke Lichteinstrahlung bestimmt wird, haben sich die Pflanzen auf vielerlei Weise angepaßt. Als »Regenpflanzen« bezeichnet man Pflanzen, die Trockenperioden als Samen, unterirdische Knollen oder Zwiebeln überstehen und sich nach einem Regen innerhalb kurzer Zeit entwickeln.

Eigentliche Wüstenpflanzen sind die Trockenpflanzen (Xerophyten), die noch mit sehr geringen Wassermengen auskommen. Trockenpflanzen haben Einrichtungen, welche die Verdunstung hemmen, sei es eine Behaarung, die in vielerlei Form vorkommt, oder ein Wachs-, Harz- oder Kalküberzug. Trockenpflanzen, deren Pflanzenkörper sich außerdem zum großen Teil aus Wasserspeichergewebe zusammensetzt, werden Sukkulenten genannt. Sie kommen in vielerlei Gestalt vor. Am häufigsten sind Blattsukkulenten, wie *Agáve, Crássula, Echevéria, Epiphýllum, Róchea, Sansevieria* und viele andere. Zu der großen Gruppe der Stammsukkulenten gehören die meisten Kakteen-Arten, die in Amerika beheimatet sind, viele Euphorbiazeen, die aus Afrika stammen und an ihrem Milchsaft zu erkennen sind, außerdem einige Asclepiadazeen, wie *Stapélia,* von den Asterazeen einige *Senécio*-Arten und von den Aizoazeen die »lebenden Steine«, *Líthops.* Einige Kakteen, wie der bis 15 m hoch werdende Riesen- oder Kandelaberkaktus, *Carnegíea gigantéa,* können 2000–3000 l Wasser speichern und über ein Jahr ohne Wasseraufnahme leben. Die sehr flach wurzelnden Kakteen bilden, sobald die oberen Bodenschichten feucht werden, feine Saugwurzeln aus und füllen über sie ihre Wasserspeicher auf. Je länger die Dürrezeit anhält und die Wasserversorgung erschwert wird, um so höher wird der osmotische Druck in den Pflanzengeweben. Bei Säulenkakteen, die besonders auf der Südwestseite von der Sonne stark erwärmt werden, erhöht sich gerade hier der osmotische Druck mit der Folge, daß die Pflanzen einseitig auf der Sonnenseite blühen. Durch höhere oder geringere Wärme, Trockenhalten oder Begießen kann auch der Gärtner die natürliche Blüte der meisten Kakteen beschleunigen oder zurückhalten, manche Arten sogar zweimal im Jahr zur Blüte bringen.

1.4.4 Hartlaubgehölze

Hartlaubgehölze entwickeln sich in einem sommerdürren und winterfeuchten Klima, wie es im Mittelmeergebiet besonders ausgeprägt ist.

Das Wort Hartlaubgehölze sagt aus, daß die meist kleinen, immergrünen Blätter dieser Gehölze hart, lederig und meist saftarm sind. Ein anschauliches Beispiel, wie sich ein Hartlaubgehölz an den zeitweise sehr heißen und trockenen Standort im Sommer angepaßt hat, bietet der Oleander, *Nérium oleánder.* Seine Blätter bestehen auf der Oberseite aus einer mehrschichtigen Epidermis und einem zweischichtigen Palisadengewebe, während auf der Unterseite die Spaltöffnungen in mit Haaren ausgekleideten Vertiefungen liegen, wodurch die Verdunstung auf ein Minimum eingeschränkt werden kann.

Unter den Bäumen ist die immergrüne Steineiche, *Quércus ílex,* weit verbreitet. Sie kommt, wie auch die Korkeiche, *Quércus súber,* vorwiegend im westlichen Mittelmeerraum vor. Die niedriger bleibende Kermeseiche, *Quércus coccífera,* ist im Osten beheimatet. Von den Kiefern trifft man vor allen die Aleppo-Kiefer, *Pínus halepénsis,* die schirmartige Kronen bildet, im ganzen Mittelmeergebiet an. Der diese Landschaft prägende Baum ist die Pinie, *Pínus pínea.* Ihre großen Zapfen werden gern in der Binderei verwendet.

Typische immergrüne Gehölze sind der Buchsbaum, *Búxus sempervírens,* der Erdbeerbaum, *Árbutus únedo,* und die Baumheide, *Eríca arbórea.* Auf den trockenen und steinigen Böden überwiegen Zwergsträucher, allen voran die Zistrose, *Cístus,* der Rosmarin, *Rosmarínus officinális,* und der Lavendel, *Lavándula.* Die extrem flachgründigen Böden der Felsenheide im Mittelmeerraum lassen am deutlichsten den Wechsel zwischen der durch die Nachwirkungen der Winterfeuchte begünstigten Frühlingsvegetation und der Ruhezeit während des trockenen Sommers hervortreten. Hier haben flachwachsende Stauden, wie *Thýmus, Convólvulus,* sowie viele Leguminosen ihren Standort (Abb. B22).

Im Frühjahr konzentriert sich die Blüte auf wenige Monate. Die Zwiebel- und Knollengewächse haben dann ihre große Zeit. Von ersteren sind es besonders viele Liliazeen, wie *Állium, Túlipa, Asphódelus, Scílla, Ornithógalum* und *Muscári;* zu letzteren gehören viele Orchideen, wie *Óphrys, Órchis* und *Serápias,* sowie die Iridazeen *Crócus, Íris* und *Gladíolus.*

Die wichtigsten Kulturpflanzen sind der Ölbaum, *Ólea europāea;* die Feige, *Fícus cárica,* der Lorbeer, *Lāurus nóbilis,* und der Johannisbrotbaum, *Ceratónia silíqua.* Die Zitrusfrüchte stammen aus Asien und werden nur in den wärmeren Teilen des Mittelmeergebiets kultiviert.

Dem Mittelmeergebiet ähnliche Klimazonen mit einer entsprechenden Hartlaubvegetation liegen in Kalifornien und südlich des 30. Breitengrads in

Abb. B 22. Hartlaubgehölze der immergrünen Zwergstrauchvegetation (Garigue).

Chile, in der Kapprovinz (Südafrika) und im Süden Australiens.
Der Artenreichtum des Kaplandes ist sehr groß und gärtnerisch interessant. Von der Gattung *Eríca* kommen allein über 600 Arten vor, darunter die bekannte *Eríca grácilis*. Die Blätter der *Prótea*, die mit etwa 100 Arten vertreten ist, sind sehr groß und dank einer dicken Kutikula sehr hart. Die auffallenden und fremdartigen *Prótea*-Blüten sind ein wichtiger Exportartikel Südafrikas. Von sonstigen gärtnerisch kultivierten Pflanzen kommen aus der Hartlaubzone *Amarýllis*, viele *Haemánthus*-Arten, *Agapánthus* und *Clívia*. Auch die Ausgangsarten unserer Pelargonien sind hier beheimatet. Von den zahlreichen Erdorchideen ist *Dísa unifóra* eine Schönheit eigener Art.
In Australien sind knapp 40% der Fläche mit Hartlaubgehölzen bedeckt. Die bezeichnendste Pflanzengruppe ist die Gattung *Eucalýptus* mit mehr als 600 Arten, die als niedrige Büsche vorkommen oder sich wie *Eucalýptus amygdálina* bis zu 150 m hohen und 10 m dicken Bäumen entwickeln können. Sie gehören ebenso wie der Zylinderputzer, *Callistémon*, *Chameláucium* und viele andere Pflanzenarten zur Familie der Myrtengewächse. Während von den Proteazeen die *Prótea* ausschließlich in Südafrika vorkommt, hat sich aus der gleichen Familie die *Bánksia* durch die Trennung der Kontinente allein in Australien ausbreiten können.

1.4.5 Temperierter immergrüner Wald

Die Pflanzengesellschaften des temperierten immergrünen Waldes gedeihen in humiden Klimagebieten und hauptsächlich dort, wo sich warme Meeresströmungen günstig auswirken. Die Unterschiede zwischen den Tages- und Nachttemperaturen sind verhältnismäßig gering. Die Winter sind mild, Fröste treten kaum auf. Weltweit liegt dieses Vegetationsgebiet auf der Ostseite der Kontinente vorwiegend zwischen dem 25.–35. Grad nördlicher und südlicher Breite und wird von den Passat- und Monsun-Winden beeinflußt. Auf der Westseite der Kontinente sind die warmtemperierten Feuchtwälder weiter polwärts verschoben.
Eines der größten Feuchtwaldgebiete erstreckt sich in einem etwa 1000 km breiten Streifen von den Ge-

birgen Yünnans und Szetschuangs bis zur Ostküste Südchinas. Auch Süd-Japan war ursprünglich von Feuchtwäldern bedeckt. Zur Zeit der Monsun-Stürme fallen hohe Niederschläge, die besonders dem Wachstum der Rhododendren sehr förderlich sind. Es überrascht nicht, daß viele immergrüne Rhododendren, zu denen bekanntlich die Azaleen gehören, hier beheimatet sind. An der Winterhärte der Rhododendren kann man ablesen, ob sie aus klimatisch mehr warmtemperierten Gebieten stammen oder in Regionen zu Hause sind, die von einem härteren Klima bestimmt sind. Das gleiche gilt ganz allgemein von allen immergrünen Gehölzen. Der in Ostasien heimische Teestrauch, *Caméllia sinénsis,* findet dort ideale Kulturbedingungen. Andere charakteristische Gehölze sind z. B. Kamelie, *Caméllia japónica,* Palmfarn, *Cýcas revolúta,* Ardisie, *Ardísia crenáta,* Gardenie, *Gardénia jasminoídes, Stranvǣsia davidiána,* einige *Vibúrnum*-Arten sowie von den Koniferen Sicheltanne, *Cryptoméria japónica,* und Schirmtanne, *Sciadópitys verticilláta.*

Wohl die berühmtesten temperierten immergrünen Wälder sind die Mammutbaumwälder Kaliforniens. In den küstennahen Gebieten von Südwest-Oregon bis Mittel-Kalifornien wächst der Küstenmammutbaum, *Sequóia sempérvirens,* der über 100 m hoch werden kann und schon innerhalb von 30 Jahren eine Höhe von 24 m erreicht. Noch robuster ist der Riesenmammutbaum, *Sequoiadéndron gigánteum,* der, mehr außerhalb der Feuchtwälder, an den Westhängen der Sierra Nevada vorkommt und die gleiche Höhe erreicht. Das maximale Alter dieser Baumriesen, von denen einige einen Durchmesser von 8–10 m haben, wird auf 3000–5000 Jahre geschätzt. In Deutschland befindet sich ein schöner Bestand in Weinheim an der Bergstraße.

In Europa erstreckt sich dieses Vegetationsgebiet, das vom Golfstrom beeinflußt wird, von der Nordwestspitze der Iberischen Halbinsel (Portugal und Spanien) über die Atlantikküste bis nach Irland und Südschweden und wirkt sich in der Bundesrepublik Deutschland, wenn auch nur sehr abgeschwächt, noch in Oldenburg und Schleswig-Holstein aus. Der Stechginster, *Úlex europǣus,* ist ein zuverlässiger

Abb. B 23. Stockwerksbau des Laubwaldes. Der Laubwald besteht aus Pflanzengesellschaften, die sich aus 1–2 Baumschichten, einer Strauchschicht, einer Krautschicht und einer Moosschicht zusammensetzen.

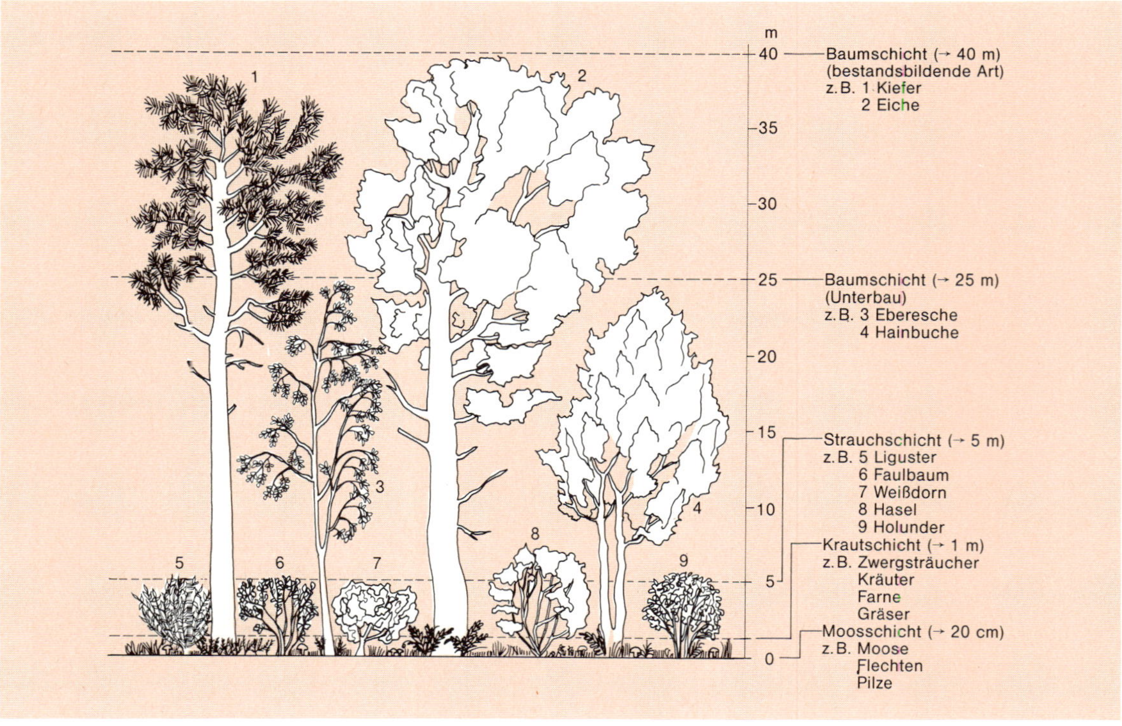

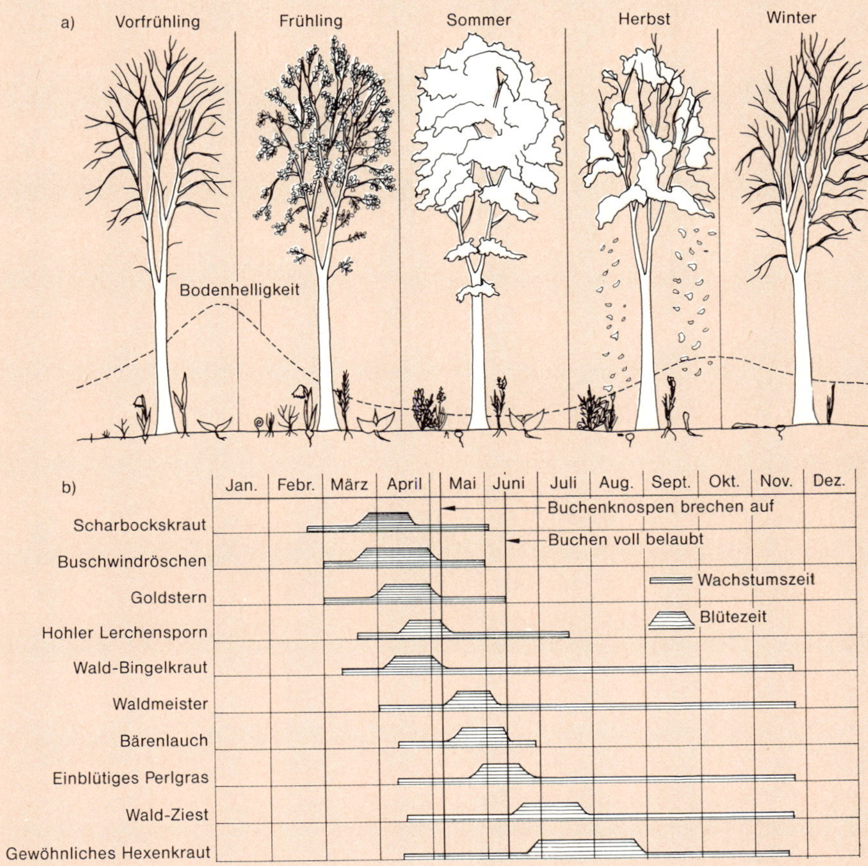

Abb. B 24. Pflanzen des Waldbodens im jahreszeitlichen Wechsel. Die Bodenpflanzen des Waldes haben sich den unterschiedlichen Lichtverhältnissen im Lauf des Jahres angepaßt. Zu den frühesten Pflanzen gehören die Frühlingsgeophyten (Geophyten = ausdauernde Gewächse, deren oberirdische Triebe im Herbst absterben und mit Hilfe von Knollen, Zwiebeln, Ausläufern oder Rhizomen in einer bestimmten Bodentiefe überwintern) wie Scharbockskraut, Buschwindröschen, Goldstern, Hoher Lerchensporn und Bärenlauch. Es folgen die frühblühenden Sommergrünen, zu denen das Wald-Bingelkraut und der Wald-Ziest gehören. Das Gewöhnliche Hexenkraut zählt zu den spätblühenden Sommergrünen. Der Waldmeister ist ein Vertreter der Wintergrünen. (Die drei letztgenannten Gruppen haben botanisch die Bezeichnung Hemikryptophyten = Stauden und Halbsträucher, deren oberirdische Triebe im Herbst absterben und deren Erneuerungsknospen dicht oberhalb der Erdoberfläche überdauern.)

Klimaanzeiger. Er friert bei uns leicht zurück, ist dagegen in der Bretagne (Frankreich) absolut winterhart und bildet dort mit vielen *Eríca*-Arten einen festen und undurchdringlichen Bodenteppich.

1.4.6 Sommergrüner Laubwald

Der Vegetationsgürtel des Sommergrünen Laubwalds umfaßt weite Teile der nördlichen Halbkugel. Mit dem Blattabwurf reduzieren die sommergrünen Laubgehölze der gemäßigten Zone ihre Lebenstätigkeit während des Winters auf ein Minimum und sind damit besser geschützt gegen Kälte und Frosttrocknis. Die Laubverfärbung beginnt bereits zwischen dem 10. und 20. Oktober. Sommergrüne Laubgehölze brauchen eine Vegetationszeit von mindestens

Abb. B 25. Wald mit Baum-, Strauch- und Krautschicht.

120 Tagen mit einer Tagesmitteltemperatur von über 10 °C, um die notwendigen Stoffreserven für den Austrieb im nächsten Jahr anzulegen. Mitteleuropa, das in vorgeschichtlicher Zeit von dichten Wäldern bedeckt war, hat sich zu einer Kultur- und Industrielandschaft entwickelt. Der Waldanteil ist überall merklich zurückgegangen. Insgesamt betrachtet steht die Bundesrepublik Deutschland mit einer Waldfläche von rund 7 Mio. ha, das sind etwa 30% der Gesamtfläche, noch verhältnismäßig günstig da; diese Fläche ist nur sehr ungleichmäßig verteilt. Während die Waldgebiete durch Aufforstung von Ödland gewachsen sind, wirkt sich der zunehmende Mangel an Wäldern in den Ballungszonen der Großstädte und Industriezentren auf Gesundheit und Wohlbefinden der Menschen sehr nachteilig aus.

Der Laubwald besteht aus Pflanzengesellschaften, die sich aus 1–2 Baumschichten, einer Strauchschicht, einer Krautschicht und einer Moosschicht zusammensetzen. Das Klima Mitteleuropas fördert den Baumwuchs. Würde der Mensch nicht eingreifen, wäre Deutschland bald wieder eine ausgedehnte Waldlandschaft. Heute sind vor allem die Mittelgebirge mit Wald bedeckt. Ganz allgemein nimmt der Waldanteil von Nord nach Süd zu. In der Bundesrepublik Deutschland hat die moderne Forstwirtschaft dazu geführt, daß Nadelbäume mit 69% (Fichte 42%, Kiefer 27%) gegenüber den Laubbäumen mit 31% (Buche 23%, Eiche 8%) an der Waldbildung beteiligt sind (Abb. B 23 und B 25).

Von den Laubbäumen finden Rotbuche, *Fágus sylvática,* und Stieleiche, *Quércus róbur,* besonders günstige Lebensbedingungen. Buchenwälder sind meist Reinbestände, denen eine Strauchschicht fehlt. Die glattrindigen, silbergrauen Stämme der Rotbuche bilden typische »Hallenwälder«. Jungbäume und Sträucher entwickeln sich erst, wenn sie nach dem Fällen von Altbäumen genügend Licht bekommen. Eichen wachsen häufig in Gesellschaft anderer Laubgehölze. Auch eine Vergesellschaftung mit Nadelhölzern kommt vor.

Laubwälder sind die großen Regulatoren des Wasserhaushalts unserer Landschaft. Obwohl über 10% der Niederschläge zur Zeit der Belaubung im Kronendach zurückgehalten werden und verdunsten,

Abb. B 26. Naßwiese mit Knabenkraut.

Abb. B 27. Hochmoor mit Wollgras.

dringt der größte Teil der Niederschläge in den Waldboden und sammelt sich als Bodenwasser. Die Rotbuche geht mit dem Wasser sehr sparsam um. Um ein Kilogramm Trockensubstanz zu erzeugen, verbraucht eine über 100 Jahre alte Buche über den Transpirationsstrom etwa 180 l Wasser. Andere Pflanzen, wie die Sonnenblume, gehen mit Wasser viel verschwenderischer um; diese braucht zur Bildung von 1 kg Trockensubstanz 600 l Wasser.

Waldboden hat die hervorragende Eigenschaft, Wasser wie ein Schwamm aufzusaugen. Ein Starkregen, der im offenen Gelände zu plötzlich auftretenden Wasserfluten führt und dadurch große Schäden anrichten kann, versickert in einem gesunden Waldboden zum größten Teil und tritt als gleichmäßig fließende Quelle wieder zu Tage. Waldboden ist der beste Filter und garantiert ein vorzügliches Trinkwasser. Wald, besonders Laubwald, bremst die Windgeschwindigkeit, dabei ist die Breite eines Waldbestandes nicht ausschlaggebend. Wenn eine Landschaft gehölzarm ist, können sich Schneestürme ungehindert auswirken und zu verheerenden Schneeverwehungen führen. Wald reinigt vor allem

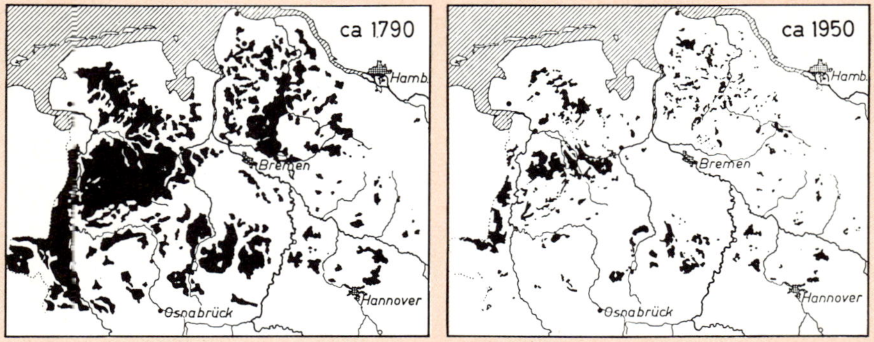

Abb. B 28. Schwinden des Moorödlandes vom Ende des 18. bis in die Mitte des 20. Jahrhunderts. 1971 existierte in Niedersachsen noch ein Hochmoor-Naturschutzgebiet von ca. 20 km², von dem nur noch ein Gebiet von ca. 75 ha als lebendes Hochmoor angesprochen werden kann.

die Luft und verbessert ganz allgemein das Klima. Das gleiche gilt für waldähnliche Park- und Grünanlagen, die gar nicht nahe genug an die Städte herangeführt werden können und eigentlich heute selbstverständlicher Bestandteil der Städte sein sollten, weil sie besonders zur Abschirmung von Verkehrswegen und Industrieansiedlungen unentbehrlich sind.

Die Kräuter der Krautschicht haben sich als Schattenpflanzen den Lichtverhältnissen angepaßt. Das für die Bodenpflanzen eines Eichen-Hainbuchen-Waldes verfügbare Licht beträgt Mitte März noch über 50%, Mitte April noch 30% und liegt Anfang Juni weit unter 5%. Die Abb. B 24 verdeutlicht, wie sich, beginnend mit den frühjahrsgrünen Zwiebel-, Knollen- und Rhizomgewächsen, einander ergänzende Pflanzengruppen mit ihrer vegetativen und generativen Entwicklung in den Rhythmus eines Jahres eingliedern und insgesamt zu einer Pflanzengesellschaft zusammenfinden.

Der Sommergrüne Laubwald, der die prägende Vegetation der gemäßigten Zone ist, wird ergänzt durch andere natürlich bedingte Vegetationen. Dazu gehören ganz besonders die Moore (s. Seite 212), die als wertvolle Wasserspeicher und Feuchtgebiete für die Erhaltung vieler unersetzlicher Pflanzen- und Tierarten notwendig sind und als letzte Wasserreserven zunehmend an Bedeutung gewinnen. Der Flächenanteil der Moore ist in der Bundesrepublik Deutschland auf 0,6% zusammengeschrumpft. Ebenso wichtig sind die natürlichen stehenden und fließenden Gewässer, von denen viele eine unvernünftige Regulierung über sich haben ergehen lassen müssen (Abb. B28).

Durch eine immer stärker zunehmende Anreicherung der Gewässer mit Nährstoffen, der sogenannten Eutrophierung (s. Seite 91), für die vor allem phosphorhaltige Waschmittelrückstände verantwortlich sind, stieg der Phosphat- und Nitrat-Gehalt vieler Gewässer stark an, was zu einem Überwachstum der Wasserpflanzen führte. Mit dem Absterben und anschließenden Verfaulen dieser Pflanzen wird übermäßig Sauerstoff verbraucht, so daß solche Gewässer schließlich »umkippen« und Faulschlamm entsteht. Dem Gewässerschutz kommt daher heute eine erhöhte Bedeutung zu.

Da die Vegetation der Hochgebirge weltweit eigenen Gesetzmäßigkeiten unterliegt, wird darauf besonders eingegangen.

Groß ist die Zahl der vom Menschen mitgeschaffenen und erhaltenen Vegetationen, die auch als »Ersatzgesellschaften« bezeichnet werden. Dazu gehören vor allem Heiden, Wiesen, Weiden und Felder.

1.4.7 Steppe

Vom Nordrand des Schwarzen Meers erstreckt sich über die endlosen Weiten Asiens ein riesiges Steppengebiet bis nach Westchina. Von Nord nach Süd wandelt sich die Vegetation vom Sommergrünen Laubwald über die Waldsteppe zur eigentlichen Grassteppe, die mit zunehmender Trockenheit Wüstensteppe und schließlich Wüste wird. Steppen der nördlichen Halbkugel sind gekennzeichnet

durch warme Sommer und kalte Winter bei geringen Jahresniederschlägen (300–450 mm). Während des meist schneereichen Winters ruht die Vegetation. Im Frühjahr nach der Schneeschmelze setzt ein üppiges Wachstum ein, das bis in den Frühsommer dauert. In dieser Zeit fallen auch die meisten Niederschläge.
Als Bodenart ist der **Löß** weit verbreitet. Das Klima begünstigt die Entwicklung von Gräsern und Stauden. Das dichte und feinverteilte Wurzelsystem der Gräser zersetzt sich nach dem Absterben sogleich zu Humus. Auf diese Weise entstanden die wegen ihrer Fruchtbarkeit berühmten Schwarzerde-Böden (s. Seite 213), von denen die »Mächtige Schwarzerde« ein Humusprofil bis zu 170 cm aufweist. Ihre natürliche Flora ist die blumenreiche Wiesensteppe, die zur Zeit der Blüte unsere Wiesen an Blumenpracht übertrifft. Die Schwarzerdegebiete werden heute bis auf wenige Naturschutzgebiete als Ackerland genutzt und bringen, wenn die Trockenheit nicht überhand nimmt, hohe Erträge. Die eigentliche Grassteppe ist das Reich der Federgräser, *Stípa,* sie wird darum auch Federgrassteppe genannt.
Zu den schönsten Steppenpflanzen des vorder- und mittelasiatischen Raums gehört die Steppenkerze, *Eremúrus,* von der einige prächtige Arten Eingang in unsere Gärten gefunden haben.
Die Steppengebiete Nordamerikas sind als Prärie bekannt. Der Graswuchs variiert vom Langgras bis zum Kurzgras. Obwohl in der Langgras-Prärie die Niederschläge 600–1000 mm betragen, lassen die hohen Gräser keinen Baumwuchs aufkommen. Auch die früher hier weidenden riesigen Bisonherden, vom Menschen angelegte Präriebrände und immer wiederkehrende Dürreperioden sorgten dafür, daß die Prärie baumfrei blieb. Die Prärieböden sind fruchtbar und wurden bereits im vorigen Jahrhundert in Ackerland umgewandelt. Ein Prärie-Kurzgras, das sich bei uns auf trockenem und sonnigem Standort bewährt, ist das eigenartige Moskito-Gras, *Boutelo̅u̅a grácilis.*
Die **Pampa** dehnt sich zwischen dem 32. und 38. Grad südlicher Breite aus und umfaßt ein Gebiet von über 500000 km^2. Im Gegensatz zu den Steppen der nördlichen Halbkugel gibt es in der Pampa keine kalten Winter. Die Niederschläge schwanken zwischen 500–1000 mm. So ist es nicht verwunderlich, daß das schöne Pampasgras, *Cortadéria selloána* in unseren Gärten Winterschutz verlangt. Von der ursprünglichen Vegetation ist nicht viel übriggeblieben. Die argentinischen Rinder fressen lieber weiche europäische Gräser.

1.4.8 Borealer Nadelwald

Die Vegetationszone des Borealen (nördlichen) Nadelwaldes umfaßt Gebiete, in denen für Laubgehölze der Sommer zu kurz und der Winter zu lang ist. Die Vegetationszeit mit einer Tagesmitteltemperatur von über 10 °C sinkt unter 120 Tage, und die kalte Jahreszeit hält über 6 Monate an. Wenn an 30 Tagen eine Tagesmitteltemperatur von 10 °C nicht erreicht wird und die Kälte 8 Monate andauert, hört auch das Wachstum der Nadelhölzer auf. Der Boreale Nadelwald umspannt die nördliche Halbkugel von Alaska bis Ostsibirien und ist die größte Vegetationszone der Erde. Man unterscheidet einen kalt-ozeanischen und einen kalt-kontinentalen Bereich. Letzterer erstreckt sich in Asien vom Jenissei bis zum Stillen Ozean. In Ostsibirien wechseln heiße, kontinentale Sommer mit Hitzegraden von 30–38 °C mit harten Wintern, die Mittelwerte bis −50 °C und Extremtemperaturen unter −60 °C aufweisen, so daß jahreszeitliche Temperaturschwankungen von über 100 °C möglich sind. Kennzeichnend für Ostsibirien und Nordkanada sind Dauerfrostböden, die zur Versumpfung und Vermoorung neigen. Die Hauptnadelhölzer sind Fichte, Kiefer, Tanne und Lärche.
Der Boreale Nadelwald Sibiriens wird als **Taiga** bezeichnet. Weit verbreitet sind Fichtenwälder. Wegen der Wurzelkonkurrenz der Bäume ist die Bodenflora artenarm. Sehr häufig ist die Heidelbeere, *Vaccínium myrtíllus.* Dazu kommen Preiselbeere, *Vaccínium vítis-ida̅e̅a,* Sauerklee *Óxalis acetosélla,* Bärlapp, *Lycopódium annótinum,* und *L. clavátum,* Schattenblume, *Maiánthemum bifólium,* Zweiblatt, *Lístera cordáta,* Siebenstern, *Trientális europa̅e̅a,* Moosglöckchen, *Linna̅e̅a boreális,* und andere. Es sind dieselben Pflanzen, die auch in den Fichtenwäldern der mitteleuropäischen Gebirge auftreten. Im Gegensatz zum Sommergrünen Laubwald ist die Moosschicht üppig entwickelt und kann eine Mächtigkeit von 30–40 cm erreichen. Die Kiefer kommt vor allem auf trockenen Standorten vor und entwikkelt sich auf Brandflächen besonders gut.
Durch Hyphen von Mykorrhiza-Pilzen wird das Wurzelsystem der Nadelbäume stark erweitert; sie sind dadurch in der Lage, die Nährstoffe der Rohhumusschicht besser aufzunehmen. Die Dahurische Lärche, *Lárix dahúrica,* hat sich mit ihren flachen Wurzeln dem ewigen Frostboden, der im Sommer selten mehr als 1½ m tief auftaut, besonders gut angepaßt und bildet in Sibirien riesige Wälder von 2,5 Mio. km^2. In Nordamerika ist die Zahl der Nadelholzarten sehr groß. Zu den Hauptgattungen

Abb. B 29. Alpine Primeln als Bergsteiger.

Pícea, Pínus, Ábies und *Lárix* kommen noch *Chamaecýparis, Juníperus, Thúja* und *Tsúga.*

1.4.9 Tundra und alpine Vegetation

Die Vegetationszeit in der Tundra und im Hochgebirge ist nur kurz. Die klimatischen Verhältnisse, die zur Entstehung beider Vegetationen geführt haben, sind in vielen Beziehungen ähnlich. In der Tundra liegt die Tagesmitteltemperatur nur an 55–188 Tagen über 0 °C, während sie in 3000 m Höhe nur an 60 Tagen wenig über 0 °C beträgt. Ein wesentlicher Unterschied zwischen dem arktischen und dem alpinen Klima besteht darin, daß Dauerfrost im hohen Norden die Regel, auf den mitteleuropäischen Hochgebirgen dagegen äußerst selten ist. Im Sommer tauen die oberen Bodenschichten der Tundra auf und ermöglichen mit zunehmendem Auftauungsgrad eine Vegetation, die in der südlichen Tundra im Juni beginnt und im September endet. Durch den Dauerfrost kann überschüssiges Wasser nicht einsickern, so daß selbst bei meist geringen Niederschlägen Versumpfungen auftreten.

In beiden Regionen sind die meisten Pflanzen sogenannte Frostkeimer (s. Seite 58), die erst durch die Einwirkung tiefer Temperaturen ihre Keimfähigkeit erhalten. Wachstumsbegünstigt sind Stickstoffsammler, wie Tragant, *Astrágalus,* Süßklee, *Hedýsarum,* und Spitzkiel, *Oxýtropis,* weil sie sich über Knöllchenbakterien Stickstoff aus der Luft holen. Die Silberwurz, *Drýas,* ist eine echte Pionierpflanze. Dieser zählebige Kleinstrauch, der sich in Felsspalten verankert und das Gestein spalierartig überzieht, hinterläßt einen sehr humushaltigen und stickstoffangereicherten Boden und ermöglicht Folgepflanzen ein besseres Fortkommen.

Unterschiede bestehen in der Luftdichte. In der Tundra ist die Luft nicht so dünn und nicht so reich an ultravioletten Strahlen wie im Hochgebirge. Dafür herrscht in der nördlichen Tundra im Sommer der 24-Stunden-Tag, so daß es nachts im Vegetationsbereich selten zu Frösten kommt. Überhaupt ist der Temperaturunterschied zwischen Sommer und Winter im hohen Norden geringer als auf den Höhen der Alpen, weil dort die Sonne dauernd tiefer steht und den Boden weniger stark bestrahlt. Anderer-

Abb. B 30. Trollblume, *Tróllius europaéus.* Gehört zu den geschützten Pflanzen.

seits ist im Hochgebirge die Schneedecke 2–8mal mächtiger als in der Tundra und gewährt damit den Pflanzen in Bodennähe einen besseren Schutz, führt aber auch zu einer Verkürzung der Vegetationszeit. Die unterschiedlichen Lagen der Hochgebirge haben zu einer großen Mannigfaltigkeit des Kleinklimas geführt, so daß in Wechselwirkung mit verschiedenen bodenbildenden Gesteinen eine sehr differenzierte Alpenflora entstanden ist, deren Kennenlernen ein Studium für sich erfordert.
Auch unter den Alpenpflanzen gibt es ausgesprochene »Bergsteiger«. Der Gletscher-Hahnenfuß, *Ranúnculus glaciális,* der in Höhen von 2000–4000 m Pionierpolster bildet, gedeiht als höchststeigende Blütenpflanze noch auf dem Finsteraarhorn in 4275 m Höhe. Er hat sich den extremen Temperaturen angepaßt und kann im Temperaturbereich zwischen −7 und +38 °C Photosynthese betreiben.
Die Reinheit der Höhenluft spiegelt sich in den Alpenblumen wider. Am sinnfälligsten läßt sich das am Edelweiß erkennen; im Garten kultiviert, zeigt es nur einen bescheidenen Abglanz seiner ganzen Schönheit.

Kontrolle und Vertiefung

1. Auf der Erde lassen sich 9 Klimazonen unterscheiden, denen 9 Vegetationszonen zugeordnet sind. Wie werden sie bezeichnet?
2. Die Krautschicht des tropischen Urwalds hat sich den dunklen Verhältnissen am Boden angepaßt. Nennen Sie drei Kulturpflanzen, die hier beheimatet sind.
3. Die subtropische Wüstenvegetation wird weitgehend von Xerophyten und Sukkulenten bestimmt. Was sind die besonderen Merkmale und Eigenschaften dieser Pflanzen?
4. Die Hartlaubgehölze sind typisch für das sommerdürre und winterfeuchte Klima des Mittelmeergebiets. Wodurch zeichnen sich die Hartlaubgewächse morphologisch aus?
5. Die Pflanzen des temperierten immergrünen Waldes brauchen zu ihrem Gedeihen ein mehr humides Klima. Wo herrschen in der Bundesrepublik Deutschland noch am ehesten solche Klimaverhältnisse vor?

6. Der sommergrüne Laubwald setzt sich aus mehreren Schichten zusammen. Wie werden diese Schichten bezeichnet?
7. Laubwälder haben für unser Klima eine große Bedeutung. Wie wirkt sich insbesondere der Luft- und Wasserhaushalt des Waldes auf unsere Kulturlandschaft und auf das Wohlbefinden und die Gesundheit der Menschen aus?
8. Welche klimatischen Bedingungen haben zur Entstehung der immergrünen Nadelwälder geführt? Worin vor allem unterscheidet sich der immergrüne Nadelwald vom sommergrünen Laubwald?
9. Der Gärtner arbeitet mit Pflanzen, deren Ursprünge mehr oder weniger in allen Vegetationszonen liegen. Aus welchen Vegetationszonen stammen vorwiegend die in Ihrem Ausbildungsbetrieb kultivierten Pflanzen. Nennen Sie fünf Beispiele. (Der »ZANDER« kann Ihnen bei der Lösung dieser Aufgabe eine gute Hilfe geben.)

1.5 Geschützte Pflanzen

Durch die »Verordnung über besonders geschützte Arten wildlebender Tiere und wildwachsender Pflanzen (Bundesartenschutzverordnung – BArtSchV)«, die am 31. August 1980 in Kraft getreten ist, wurde, in Ergänzung zum Bundesnaturschutzgesetz vom 20. Dezember 1976, bundeseinheitlich bestimmt, welche Tier- und Pflanzenarten unter Naturschutz stehen. Die besonders geschützten einheimischen oder europäischen Tier- und Pflanzenarten sind in der Anlage 1 der Verordnung aufgeführt. Die Anzahl der geschützten Pflanzenarten ist gegenüber früheren Schutzbestimmungen wesentlich erweitert worden. Vom Aussterben bedrohte Arten sind in der Verordnung durch Fettdruck hervorgehoben. Nach der »Roten Liste« der gefährdeten Tiere und Pflanzen der Bundesrepublik Deutschland gelten 60 Farn- und Blütenpflanzenarten als ausgestorben, für 101 Arten besteht die Gefahr des Aussterbens, weitere 701 Arten sind mehr oder weniger stark gefährdet. Die natürlichen Wuchsorte (Biotope) der Pflanzen und Tiere gehen immer mehr zurück, sei es durch Trockenlegung von Sümpfen und Naßwiesen, den Abbau von Mooren, durch einseitige Kulturmaßnahmen oder den übertriebenen Gebrauch von Unkrautbekämpfungsmitteln. Die größten Gefahren drohen durch die Ausweitung der Großstädte und Industriezentren, die Zunahme der Verkehrswege und die damit verbundene Verdrängung oder Beschädigung ursprünglicher Landschaft. Auch der Massentourismus macht sich vielerorts nachteilig bemerkbar. Um so notwendiger ist es, daß die Schutzbestimmungen eingehalten werden.

Besonders geschützte Pflanzenarten
Aus der umfangreichen Liste der besonders geschützten Pflanzenarten sind im folgenden wichtige Familien, Gattungen und Arten aufgeführt.

1. Gattungen bzw. Familien, bei denen alle europäischen Arten besonders geschützt sind:

Cýclamen	Alpenveilchen
Fritillária	Kaiserkrone, insbesondere
F. meleágris	Schachbrettblume, Kiebitzei
Gentianáceae	Enziangewächse
Menyantháceae	Fieberkleegewächse
Lílium	Lilie
Narcíssus	Narzisse
Orchidáceae	Orchideen mit vielen vom Aussterben bedrohten Arten
Pulsatílla	Küchenschelle

2. Gattungen bzw. Familien, bei denen alle einheimischen Arten besonders geschützt sind:

Aconítum	Eisenhut
Androsáce	Mannsschild, die meisten Arten
Ápium	Sellerie
Aquilégia	Akelei
Botrýchium	Rautenfarn
Dáphne	Seidelbast
Droseráceae	Sonnentaugewächse
Íris	Schwertlilie
excl. *Í. pseudácorus*	Ausnahme: Gelbe Schwertlilie
Línum	Lein
excl. *L. cathárticum*	Ausnahme: Purgier-Lein
Lycopodiáceae	Bärlappgewächse
Muscári	Traubenhyazinthe
Nympaeáceae	Seerosengewächse
Pediculáris	Läusekraut
Pinguícula	Fettkraut
Polýstichum	Schildfarn
Prímula	Primel, Schlüsselblume

excl. *P. elátior*	Ausnahme: Hohe Schlüsselblume
ecxl. *P. véris*	Ausnahme: Wiesen-Schlüsselblume
Rhododéndron	Alpenrose
Saxífraga	Steinbrech
excl. *S. granuláta*	Ausnahme: Körnchen-Steinbrech
excl. *S. tridactylítes*	Ausnahme: Finger-Steinbrech
Scílla	Blaustern
Sempervívum	Hauswurz
Soldanélla	Alpenglöckchen, Troddelblume
Stípa	Federgras, Pfriemgras
Urticulária	Wasserschlauch
Wo͞odsia	Wimpernfarn

3. Bekannte Arten, die besonders geschützt sind:

Adónis vernális	Frühlings-Adonisröschen
Anemóne narcissiflóra	Narzissen-Windröschen
A. sylvéstris	Großes Windröschen
Antennária dióica	Katzenpfötchen
Arctostáphylos úva-úrsi	Echte Bärentraube
Árnica montána	Arnika, Wohlverleih
Artemísia mutellína	Edelraute
Áster alpínus	Alpen-Aster
Bétula nána	Zwerg-Birke
Cálla palústris	Calla, Schlangenwurz
Carlína aca͞ulis	Silberdistel
Clématis alpína	Alpen-Waldrebe
Cortúsa matthióli	Heilglöckchen
Diánthus gratianopolitánus	Pfingstnelke
D. supérbus	Pracht-Nelke
Dictámnus álbus	Diptam
Digitális grandiflóra	Großblütiger Fingerhut
D. lútea	Gelber Fingerhut
Erýngium marítimum	Stranddistel
Galánthus nivális	Schneeglöckchen
Gladíolus palústris	Sumpf-Siegwurz
Helléborus níger	Christrose, Schwarze Nieswurz
H. víridis	Grüne Nieswurz
Lédum palústre	Sumpf-Porst
Leontopódium alpínum	Edelweiß
Leucójum vérnum	Frühlings-Knotenblume, Märzbecher
Linna͞ea boreális	Moosglöckchen
Matte͞uccia struthiópteris	Straußenfarn
Osmúnda regális	Königsfarn
Phyllítis scolopéndrium	Hirschzunge
Rhodothámnus chamaecíssus	Zwergalpenrose
Salvínia nátans	Schwimmfarn
Tróllius europa͞eus	Trollblume (Abb. B30)

und 50 weitere Arten

Was ist verboten?

Die Verbote werden durch Landesrecht geregelt. Das Bundesnaturschutzgesetz schreibt jedoch den Bundesländern den Inhalt der Verbote zwingend vor. Verboten ist:

a) Pflanzen der besonders geschützten Arten oder einzelner Teile von ihnen (Wurzeln, Samen, Blüten) abzupflücken oder auszugraben;
b) frische oder getrocknete Pflanzen der besonders geschützten Arten in Besitz zu nehmen, zu erwerben oder zu veräußern;
c) bei den vom Aussterben bedrohten Arten besteht zusätzlich noch das Verbot, die natürlichen Standorte dieser Pflanzen zu schädigen.

Verstöße gegen diese Verbote können mit hohen Geldstrafen geahndet werden.

Die gemeinnützige »Stiftung zum Schutz gefährdeter Pflanzen« bemüht sich um die Erhaltung unserer Pflanzenwelt, indem sie die Menschen über den ökologischen Wert der Pflanzen und über die Notwendigkeit des Schutzes aller bedrohten Arten informiert und schützenswerte Biotope aufkauft. Unterstützung findet die Stiftung besonders durch die Staudengärtner, deren Sortimente auch viele Wildstauden enthalten, die damit vor dem Aussterben bewahrt werden. In Zusammenarbeit mit Biologen

ist daran gedacht, gefährdete Arten durch Wiederanpflanzung an ihre natürlichen Standorte zurückzubringen.
Mit Verboten allein sind gefährdete Pflanzen nicht zu retten. Entscheidend ist, daß jeder einzelne verantwortungsbewußt handelt und sich gemeinsam mit Gleichgesinnten für die Erhaltung der Natur einsetzt.

Vertiefung und Kontrolle

1. Durch welche Verordnung werden gefährdete wildlebende Tiere und wildwachsende Pflanzen besonders geschützt?
2. Die geschützten und teilweise geschützten Pflanzen gehören zu den schönsten Pflanzenarten unserer heimischen Flora. Es lohnt sich, sie kennenzulernen. Was ist zu tun, um der Gefährdung und dem Aussterben weiterer Arten vorzubeugen?
3. Fast alle gefährdeten Pflanzen lassen sich in Staudengärtnereien oder Baumschulen vermehren. Nennen Sie fünf geschützte oder teilweise geschützte Stauden, Zwiebelgewächse oder Gehölze, die gärtnerisch vermehrt werden und sich zur Anpflanzung in Gärten, Parks oder Grünanlagen eignen.
4. Ein Biotop ist ein natürlicher Wuchsort, an dem Pflanzen und Tiere in einem abgestimmten Verhältnis zusammenleben und der sich durch Selbstregulation im biologischen Gleichgewicht hält. Nennen Sie drei Maßnahmen, die vordringlich sind, um Biotope zu erhalten bzw. wiederherzustellen.
5. Die Wiedereinbürgerung gefährdeter Pflanzenarten in Naturschutzgebiete oder wiederhergestellte Biotope unter Leitung erfahrener Ökologen ist eine wichtige Aufgabe. Welche Möglichkeiten der Mitarbeit sehen Sie selbst?

2 Vermehrung der Pflanzen

Unter Vermehrung versteht man die Fähigkeit von Pflanzen, Nachkommen hervorzubringen und dadurch die Pflanzenart zu erhalten und weiter auszubreiten. Das geschieht in der Natur auf unterschiedliche Weisen: durch Samenbildung, durch ober- und unterirdische Ausläufer, Brutzwiebeln und -knollen u. a.
Der Gärtner versucht, die für ihn optimalen Methoden und Bedingungen herauszufinden, um gesunde, kräftige und wüchsige Jungpflanzen heranzuziehen. Viele Betriebe haben sich auf die Anzucht von Jungpflanzen spezialisiert (z. B. Betriebe für Chrysanthemen-, Nelken-, Hortensienjungpflanzen, Spezialbetriebe für Rosen- und Obstunterlagen, Forstbaumschulen).

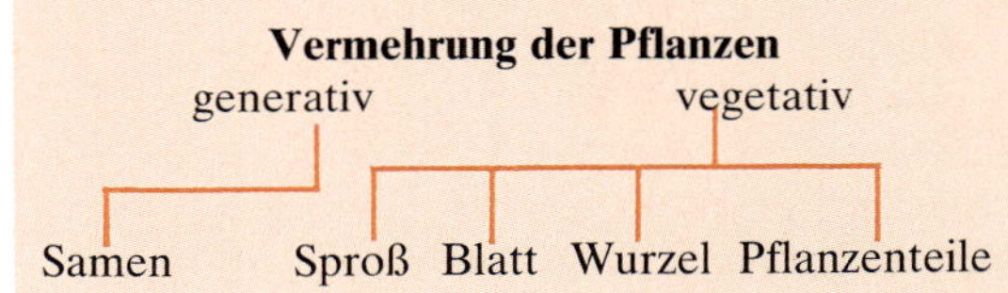

Die Entscheidung, welche Vermehrungsart angewendet wird, hängt von den Eigenschaften und Besonderheiten der zu vermehrenden Pflanzen und von der Wirtschaftlichkeit der Vermehrungsweise ab.

2.1 Die generative oder geschlechtliche Vermehrung (Vermehrung durch Aussaat)

Bei der geschlechtlichen Vermehrung entstehen nach der Verschmelzung von männlichen mit weiblichen Zellen neue Pflanzen. Unter Berücksichtigung der Vererbungsregeln (s. Kap. A 1.6.1) werden verschiedene Methoden zur Produktion von Saatgut angewendet. Sie haben entweder das Ziel, einheitliche Nachkommen hervorzubringen, die den Eltern genau gleichen, man sagt dann in der Fachsprache »sie fallen echt«, oder es werden Nachkommen erzielt, die neue Eigenschaften aufweisen, abweichend von denen der Eltern. Sind die Nachkommen (F_1) in

ihren Eigenschaften den Ausgangssorten überlegen (z. B. *Begónia*-F_1-Hybriden, Gurken-F_1-Hybriden), so spricht man vom **Heterosis-Effekt** (z. B. gleichmäßigerer Wuchs, leuchtendere Farbe, größere Blüte, kürzere Kulturzeit).
Durch Aussaat vermehrt werden u. a.:
Zierpflanzen: *Cýclamen pérsicum, Prímula obcónica, Sinníngia*-Hybriden, Kakteen, u. a.
Sommerblumen: *Antirrhínum május, Begónia*-Semperflorens-Hybriden, *Tagétes*-Patula-Hybriden, *Heliánthus ánnuus*
Stauden: *Víola*-Cornuta-Hybriden, *Campánula carpática* var. *carpática*
Gemüse: Möhren, Erbsen, Bohnen, Gurken
Gehölze: *Ábies álba, Pícea sitchénsis, Fágus sylvática, Aesculus hippocástanum*

2.1.1 Saatgut und Sorte

Saatgutgewinnung

Das Saatgut wird entweder durch eigene Ernte gewonnen oder zugekauft. Bei der eigenen Ernte sind gesunde, typische Mutterpflanzen auszuwählen. Das Saatgut muß ausgereift sein. Das ist bei den meisten Pflanzen der Fall, wenn die Samen braun oder schwarz ausgefärbt sind. Bei Gehölzfrüchten ist jedoch darauf zu achten, daß die Samen nicht durch Tierfraß verlorengehen oder – besonders bei Zapfen – die besten nicht schon vor der Ernte ausfallen. Solche Früchte sind schon kurz vor dem endgültigen Ausreifen zu ernten, z. B. *Táxus baccáta, Cotoneáster, Vibúrnum ópulus, Sórbus aucupária, Ábies álba, Pínus cémbra, Pícea sitchénsis.* Zum Erkennen des richtigen Reifegrades gehört viel Erfahrung.
Die geernteten Samen müssen zunächst aufbereitet werden. Dabei werden Reste von Samenkapseln, Fruchtreste, Samenanhängsel, wie Flughaare oder Flügel, beschädigte und zu leichte Körner sowie Staub und Unkrautsamen entfernt. Aufschluß über die Größe von Samenkörnern geben das **1000-Korn-Gewicht** oder die Angabe, wie viele Körner in 1 g Saatgut enthalten sind.

Tab. B 2. Beispiele für 1000-Korn-Gewichte (in g)

Weißtanne	45
Rotbuche	225
Kopfkohl	2,6–4
Buschbohnen	280–500
Alpenveilchen	11
Gerbera	2–3
Anzahl Samenkörner in 1 g Saatgut:	
Láthyrus latifólius	20
Prímula denticuláta	20000–22000
Rhododéndron catawbiénse	12500
Pícea sitchénsis	500
Begónia-Semperflorens-Hybriden	70000–100000
Pelargónium-Zonale-Hybriden	200

Tab. B 3. Keimfähigkeit und Lagerzeit

Pflanzenart	Keimfähigkeit in %	Lagerzeit Jahre
Hainbuche	65	1,5
Kiefer	95	4–6
Achilléa filipendulína	60	1–3
Scabiósa caucásica	35	1
Gurke	80	5
Schwarzwurzel	80	1

Saatgutqualität

Bei feinsamigem Saatgut (*Begónia*-Semperflorens-Hybriden) ist es besonders schwierig, Verunreinigungen vom Samen zu trennen. Da es aber wichtig ist, den Gehalt an brauchbarem Saatgut zu kennen (wichtig für die Aussaatdichte, Vorausberechnung der zu erwartenden Sämlinge), wird die **Reinheit** in einem Prozentsatz angegeben; z. B. 97% Reinheit heißt: in 100 g Samen sind 3 g Verunreinigungen enthalten.
Eine weitere Eigenschaft beeinflußt die Qualität des Saatgutes: die **Keimfähigkeit.** Nicht jedes Korn des Saatgutes ist fähig, zu keimen und einen Sämling hervorzubringen. Der Gehalt an gesunden, keimfähigen Samenkörnern einer Ernte kann von Jahr zu Jahr und von einem Standort der Mutterpflanzen zum anderen schwanken, je nach Witterung zur Zeit der Blüte (Fröste, Wind, Bienenflug usw.). Frisches Saatgut hat in der Regel die höchste Keimfähigkeit; mit zunehmendem Alter läßt sie nach. Die Keimlinge zehren die gespeicherten Nährstoffe langsam auf, schließlich sterben sie ab. Die Dauer der Keimfähigkeit ist bei den Pflanzenarten unterschiedlich. Extreme zeigen dabei Pappeln und Weiden, deren Samen nur wenige Stunden bzw. Tage keimfähig sind, oder die Lotosblume, deren Samen über 100 Jahre keim-

fähig bleiben. Bei der Mehrzahl der Samen liegt die Dauer der Keimfähigkeit zwischen 1 und 6 Jahren.
Wichtig ist aber die Kenntnis über den Gehalt an tauben Samen (Aussaatdichte, Vorausberechnung der Sämlinge und Beurteilung, ob bei älterem Saatgut die Aussaat noch lohnt). Die Keimfähigkeit wird, wie die Reinheit, in Prozent angegeben, z. B. 95% Keimfähigkeit heißt: 100 g Samen enthalten 5 g taube Samen. Sie wird durch Keimproben festgestellt. Dabei werden 100 Samenkörner (oder eine andere genau abgezählte Anzahl) ausgesät und unter besten Keimungsbedingungen gehalten. Nach einer angemessenen Zeit werden die gekeimten Samen ausgezählt und der Prozentsatz ermittelt (keimen z. B. von 100 Körnern 86, so beträgt die Keimfähigkeit 86%; keimen von 50 Körnern 46, so beträgt die Keimfähigkeit 92%).
Saatgut, das von Pflanzen stammt, die sich unseren Klimabedingungen angepaßt haben, ist besonders wertvoll. Diese Tatsache ist besonders bei der Beschaffung von Gehölzsämereien zu beachten. Einige Baumschulen nehmen sich daher die benötigten Saatgutmengen aus dem eigenen Arboretum (Baumsammlung; Gelände mit großen Mutterpflanzen). Bei zugekauftem Saatgut ist das Herkunftsgebiet (die Provenienz) wichtig. Bei Gehölzen, die ein großes Verbreitungsgebiet haben, sollte das Saatgut aus Gebieten stammen, deren Klima dem unseren ähnelt oder aber rauher ist. Jungpflanzen aus solchen Samen sind bei uns mit großer Sicherheit winterhart.

Kalibrieren, Pillieren, Granulieren
Die Samen einer Mutterpflanze sind nicht alle gleich groß. Die Erkenntnis, daß große Samenkörner einer Ernte schneller keimen und ihre Sämlinge zunächst einen Wachstumsvorsprung vor denen aus kleineren Samen haben, hat zur Folge, daß bei manchen Pflanzen die Samen nach Größe sortiert werden. Das ist besonders im Gemüsebau üblich, wo es darauf ankommt, ganze Beete gleichzeitig zu ernten (z. B. Radieschen, Rettich, Kohlrabi, Blumenkohl usw.) ohne auf »Nachzügler« warten zu müssen. Dieses nach gleicher Größe (gleichem Kaliber) sortierte Saatgut heißt **kalibriertes Saatgut.**
Eine weitere Sonderbehandlung bei manchen Sorten ist das **Pillieren.** Es wird bei Samen angewendet, die häufig maschinell und einzeln gesät werden. Besonders bei feinem Saatgut läßt sich maschinelle Einzelkornaussaat nur schwer durchführen. Aus diesem Grunde vergrößert man die Körner künstlich. Sie werden mit einer Hüllmasse umgeben und zu »Pillen« geformt. Die Hüllmasse besteht aus Lehm, Torf, Kaolin (besondere Tonart) und enthält oft noch Zusätze von Nährstoffen, Fungiziden und Insektiziden. Die Umhüllung muß so beschaffen sein, daß eine maschinelle Aussaat möglich ist und die Keimung nicht behindert wird.
Die Pillengröße liegt bei 2,5–4,5 mm Durchmesser. Pilliertes Saatgut gibt es für viele Beetpflanzen (*Agératum, Antirrhínum, Callístephus, Petúnia, Prímula, Sálvia, Tagétes* u. a.) und Gemüsearten (Rot-, Weiß-, Wirsing-, Blumenkohl, Kohlrabi, Möhren, Porree, Endivien, Zwiebeln u. a.). Vorbedingung für diese aufwendige Maßnahme ist eine sehr hohe Keimfähigkeit der Samen.
In einem anderen Verfahren wird Saatgut mit einer Streckmasse vermengt und in Granulatform gepreßt. Dabei sind mehrere Samen in einem Granulatkorn enthalten. Begoniensamen, Farnsporen und Grassamen werden **granuliert.** Die Granulatgröße liegt bei 1,5–3 mm. Jede Gewichtseinheit besitzt eine bestimmte gleichbleibende Anzahl keimfähiger Samen. Dadurch läßt sich feines Saatgut gleichmäßiger ausbringen. Die Granulatmasse zerfließt nach dem Anfeuchten.

Lagerung von Saatgut
Nicht immer kann Saatgut sofort nach der Ernte und Aufbereitung zum Verbraucher gelangen und sofort ausgesät werden. Es muß teilweise gelagert werden. Das Ziel dabei ist die Erhaltung der Keimfähigkeit. Sie geht jedoch im Laufe der Zeit verloren, weil das Lebewesen »Keimling« die im Nährgewebe gespeicherten Stoffe langsam verbraucht, d. h. »veratmet«. Diese Atmung muß bei der Lagerung möglichst auf ein Minimum herabgesetzt werden. Bei vielen Samenarten ist daher eine Lagerung bei 10 °C und 30% relativer Luftfeuchtigkeit günstig. Empfindliches Saatgut wird oft in Keimschutzpackungen aufbewahrt.

Zukauf von Saatgut
Da man den Samen ihre Qualität äußerlich nicht ansehen kann, sollte man bei Zukauf Saatgut nur von vertrauenswürdigen Firmen beziehen. Zum Schutz des Verbrauchers ist der Handel mit Saatgut durch das Saatgutverkehrsgesetz vom 1. 7. 1968 mit der Änderung von 1975 geregelt.
Vorschriften für den Samenhandel über die Mindestwerte für die einzelnen Pflanzenarten sind nachzulesen in den »Internationalen Vorschriften für die Prüfung von Saatgut« (ISTA).
Das **Saatgutverkehrsgesetz** schreibt für Gemüse-

pflanzen und das entsprechende Saatgut folgende Mindestanforderungen vor:
Standardpflanzgut ist eine Kategorie, in die Pflanzgut bestimmter Rebensorten eingestuft werden kann. Auch Standardpflanzgut unterliegt der Anerkennung, steht aber – im Gegensatz zum Basissaatgut und Zertifiziertem Saatgut – an keiner bestimmten Stelle im Zuchtaufbau.
Standardsaatgut kann von bestimmten Gemüsesorten gewonnen werden. Es muß sortenecht sein und die bestehenden Anforderungen an die Beschaffenheit erfüllen. Wie das Standardpflanzgut ist es in der Generationenfolge keinen Vorschriften unterworfen. Im Gegensatz zum Standardpflanzgut unterliegt es nicht der Anerkennung. Ob die für Standardsaatgut festgesetzten Mindestanforderungen erfüllt werden, wird durch stichprobenweise Nachkontrollen überprüft.

Weitere Information kann der AID-Broschüre »Die Saatgutverkehrsordnung« entnommen werden.

Sortenliste und Sortenregister
Das Bundessortenamt in Sehnde (Hannover) ist eine Bundesoberbehörde und führt eine **Sortenliste.** Hierin sind alle in der Bundesrepublik Deutschland zugelassenen Sorten, mit oder ohne Sortenschutz, aufgeführt. Außerdem wird regelmäßig vom gleichen Amt eine **Beschreibende Sortenliste** herausgegeben. In dieser Kurzbeschreibung werden Sorten aus der Sortenliste oder Sorten, die im Gemeinsamen Sortenkatalog stehen, im Hinblick auf Boden- und Klimaansprüche, Krankheitsresistenz und Verwendungsbereich (Frischmarkt, Konservierung, Lagerung) vorgestellt. Im **Gemeinsamen Sortenkatalog für Gemüsearten** sind die im EG-Raum zugelassenen Sorten aufgeführt.
Man unterscheidet geschützte Sorten, die nur von einem Züchter erhaltungszüchterisch bearbeitet werden und freie ungeschützte Sorten, die von mehreren Züchtern betreut werden. Diese Herkünfte werden mit »Stamm«, »Selektion« oder auch »Original-Saatgut« bezeichnet und sind oft sehr leistungsfähig.
Geschützte Sorten erscheinen im **Sortenregister.**

2.1.2 Aussaat

Vorbereitende Arbeiten
Junge Sämlinge sind anfällig gegen Krankheitserreger. Es kann vieles vorbeugend getan werden, um die Sämlinge zu schützen.
Aussaatgefäße wie Schalen, Kisten, Multitopfplatten, Töpfe und Vermehrungskästen sind vor der Verwendung zu desinfizieren.
Die Aussaaterde muß gute Wasserhaltekraft und gute Durchlüftung haben. Außerdem muß sie auch keimfrei sein. Einheitserde oder Torfkultursubstrat sind zu empfehlen, da sie praktisch keimfrei sind. Wird Aussaaterde selbst gemischt, sollte sie gedämpft oder chemisch entseucht werden.
Das Saatgut selbst kann mit einer Schutzschicht gegen Pilzbefall umgeben werden, indem es gebeizt wird. Man kennt das Naßbeizverfahren und das Trockenbeizverfahren. Bei der **Naßbeize** wird das Saatgut nach Gebrauchsanleitung kurze Zeit in das flüssige giftige Beizmittel getaucht. Nach dem Abgießen läßt man das an den Samen haftende Beizmittel kurz antrocknen und sät sofort aus.
Bei der **Trockenbeize** wird das Saatgut kurze Zeit in einem Gefäß mit pulverförmigem Beizmittel geschwenkt, so daß jedes Samenkorn mit einer staubigen Hülle umgeben wird. Der Rest des Beizmittels wird abgesiebt (= Überschußverfahren). Vorsicht: nicht alle Samen vertragen alle Beizmittel (z. B. Salat und Sellerie vertragen kein Captan)!

Aussaatorte
Freilandaussaat. In der Baumschule sät man die Mehrzahl der Gehölze im freien Land aus; im Gemüsebau alle Pflanzen ohne Vorkultur (Möhren, Zwiebeln, Bohnen, Erbsen, Feldsalat, Spinat, Petersilie u. a.). Der Boden ist sorgfältig vorzubereiten, eventuell mit Torf und Sand zu verbessern. Die Saattiefe richtet sich nach der Samengröße. Günstig ist für die meisten gröberen Sämereien 3–4 cm Tiefe. Das Saatgut ist dadurch vor Vogelfraß besser geschützt, und die Gefahr der Austrocknung ist geringer. Länger im Boden liegende Saaten sind durch Mennige oder Morkit vor Vogelfraß und durch das Auslegen von Wühlmaus-Ex, Castrix oder Arex vor Mäusefraß zusätzlich zu schützen. Eine schwache Volldüngergabe als Startdüngung hat sich bewährt. Flächenwechsel bei wiederholten Aussaaten zur Verhinderung der Bodenmüdigkeit (s. Kap. B 4.3.1) ist angebracht. Bei kleineren Flächen empfiehlt sich die Bodenentseuchung. Das Abdecken der Beete mit Matten oder Reisiggeflecht mit Hilfe von Holzgerüsten in einer Höhe von ca. 50 cm verhindert besonders bei Gehölzaussaaten ein Austrocknen und vermindert die Frostgefahr für die jungen Sämlinge.
Aussaat im Kulturkasten. Wertvolle Samen von Gehölzen, von denen nur geringe Mengen zur Verfü-

gung stehen, auch von Gehölzen, deren Sämlinge besonders kältempfindlich sind und kleinere Mengen Staudensaatgut werden zur besseren Kontrolle in Kulturkästen ausgesät und mit Fenstern abgedeckt. Nach dem Auflaufen wird vorsichtig gelüftet und abgehärtet.

Aussaat unter Glas. Im Blumen- und Zierpflanzenbau, in der Staudengärtnerei, bei Gemüse mit Vorkultur und bei hochwertigem und empflindlichem Saatgut auch in der Baumschule sät man unter Glas aus. Der Gärtner hat dadurch die Aussaaten besser unter Kontrolle. Die Aussaaten können unabhängig von der Jahreszeit und von der Witterung termingerecht vorgenommen werden. Die Wachstumsfaktoren – Temperatur Luft- und Bodenfeuchtigkeit, Nährstoffversorgung, Belichtung – sind optimal zu regulieren.

Aussaattermine

Bei den meisten Freilandpflanzen liegt der Aussaattermin im Frühjahr zwischen März und Mai, wenn der Boden sich auf eine Mindest-Keimtemperatur erwärmt hat (Gehölze, Stauden, Gemüse, Sommerblumen).

Die Aussaatzeit vieler Zierpflanzen wird oft durch die Absatztermine bestimmt, z. B. bei *Pelargónium*-Zonale-Hybriden, *Prímula obcónica, Begónia*-Semperflorens-Hybriden.

Aussaattechniken

Ausgesät wird mit der Hand oder mit technischen Hilfsmitteln. Üblich sind Breitsaat, Reihensaat und Einzelkornsaat.

Bei der **Breitsaat** (auch Flächensaat genannt) werden die Samenkörner breitwürfig möglichst gleichmäßig auf der Aussaatfläche verteilt (angewendet z. B. beim Säen von Rasensamen, Gründüngungspflanzen, bei Stauden, bei feinsamigen Zierpflanzen, vielen Gehölzen). Diese Aussaatmethode ist selbst von Hand rasch durchgeführt.

Bei gleichmäßiger Verteilung haben die Jungpflanzen einen gleichen Abstand zu allen Nachbarpflanzen. Sie sind dadurch günstig belichtet und haben einen allseitig gleichmäßigen Durchwurzelungsraum zur Verfügung.

Die Unkrautbekämpfung und Bodenlockerung ist dabei jedoch nicht maschinell durchführbar. Bei dichtem Stand der Sämlinge muß frühzeitig pikiert werden.

Als technisches Hilfsmittel zur Einsaat von Grassamen kennt der Garten- und Landschaftsbauer die Rasensämaschine.

Das Ausbringen der Samen in **Reihen** ermöglicht eine maschinelle Bodenlockerung und Unkrautbekämpfung. Auch die spätere Ernte (z. B. bei Möhren, Radieschen, Erbsen) läßt sich kostengünstig durchführen.

In verschiedenen Ausführungen gibt es Reihensämaschinen, von der kleinen Hand-Sämaschine für Beet- und Kastensaaten bis zur großen Drillmaschine.

Bei der **Einzelkornsaat** werden Samenkörner in gleichmäßigem Abstand voneinander einzeln abgelegt. Wählt man dabei schon den sogenannten Endabstand, entfällt das Pikieren. Lohnend ist diese Methode jedoch nur bei Saatgut mit besonders hoher Keimfähigkeit.

Auch hier stehen Sämaschinen zur Verfügung. Handbetriebene Zellenräder legen die Samenkörner einzeln in Reihen ab, oder man benutzt ein sogenanntes automatisches Sägerät, das mit Luftunterdruck (pneumatisch) arbeitet. Das Gerät besteht aus einer Lochplatte, die über der flächig ausgebreiteten Saatgutmenge angebracht ist. Ein Elektromotor erzeugt an der Oberseite der Lochplatte einen Unterdruck, der an jedes Loch ein Samenkorn ansaugt. Die Platte mit den festgehaltenen Samenkörnern wird dann über die Aussaatfläche (Kiste oder auch Erdpreßtöpfe) geführt. Die Samen werden abgelegt, indem der Luftsog unterbrochen wird.

Die verwendeten Samenkörner sollten möglichst die gleiche Größe haben, d. h. kalibriert oder pilliert sein.

Besonderheiten

Lichtkeimer – Dunkelkeimer. Zählt man die Vorbedingungen auf, die gesunde Samen zum Keimen brauchen, so sind neben Feuchtigkeit, Mindesttemperatur und Sauerstoff auch Licht bzw. Dunkelheit für Licht- bzw. Dunkelkeimer zu nennen (s. Seite 58). Lichtkeimer keimen besser und schneller, wenn die Samen oben auf dem Substrat, also hell liegen (Beispiele: *Aechméa, Digitális,* Kopfsalat). Dunkelkeimer keimen besser, wenn die Samen abgedeckt werden und dunkel liegen *(Cýclamen, Delphínium, Lycopérsicon).* Die früher verbreitete Annahme, daß Lichtkeimer gar nicht keimen, wenn die Samen dunkel liegen und umgekehrt, ist heute überholt. Wohl aber richtet man sich beim Aussäen von Lichtkeimern nach deren Ansprüchen und drückt die Samen nach der Aussaat auf dem Substrat nur leicht an; Dunkelkeimer werden mit einer dünnen Torf- oder Sandschicht übersiebt oder man stellt die Aussaatkisten bis zur Keimung in einen dunklen Kellerraum oder deckt sie mit schwarzer Folie zu (bei *Cýclamen*). Werden die ersten Keimlinge sichtbar, müssen die Aussaaten aber wieder hell stehen, damit die Photosynthese möglich ist.

Frostkeimer. Eine Gruppe von Pflanzen, deren ursprüngliche Heimat im Hochgebirge liegt, keimt erst zufriedenstellend nach einer Frosteinwirkung (z. B. Enziane, Christrosen, Trollblumen, Silberdisteln, einige Primeln). Sie sind sogenannte Frostkeimer (s. Seite 58); auch einige Gehölze zählen dazu.

Solche Samen werden im Herbst ausgesät, so daß die Winterkälte die Keimhemmung abbaut. Auch das Tiefkühlfach im Kühlschrank ist zur Beseitigung der Keimhemmung nutzbar.

Überliegen von Gehölzsamen. Bei der Aussaat von Gehölzen ist zu bedenken, daß die Samen vieler Gehölzarten starke Keimhemmungen anderer Art aufweisen. Man beobachtet, daß keimfähige, gesunde Samen vieler Gehölze über die normale Zeit hinaus im Saatbeet liegen und erst nach Monaten oder sogar erst nach 1–6 Jahren keimen. Diese Erscheinung heißt »überliegen«. Die Keimhemmung kann hauptsächlich folgende Ursachen haben:

1. Wasserundurchlässigkeit der harten Samenschale
2. Unvollkommene Entwicklung der Embryoanlage
3. Keimhemmende Stoffe im Fruchtfleisch

Es wäre nachteilig, solche Samen sofort nach der Ernte auszusäen; sie müßten dann ja mehrere Monate bis Jahre im Saatbeet liegen, bis sie keimen. Während dieser Zeit müßten die Saatbeete saubergehalten werden, die Flächen können nicht anderweitig genutzt werden, außerdem könnten Samen durch Vogel- oder Mäusefraß verlorengehen. Solche Samen werden daher nicht sofort ausgesät, sondern man bewahrt sie ihren Ansprüchen gemäß an einem tiersicheren Ort unter Kontrolle auf, bis die Keimung kurz bevorsteht. Erst dann wird ausgesät.

Wasserundurchlässigkeit der harten Samenschale. Samen mit einer wasserundurchlässigen harten Samenschale (viele Leguminosen, *Hamamélis, Sciadópitys* usw.) können nicht keimen, weil die Feuchtigkeit zum Aufquellen (1. Schritt der Keimung) nicht in das Samenkorn eindringen kann. Die Samenschale wird in der Natur durch Einwirkung der Klimafaktoren porös (feucht – trocken; warm – kalt; Angriff durch Bakterien). Diese Vorgänge werden bei der Aufbewahrung dieses Saatgutes auf kleinstem Raum nachgeahmt, um die Keimfähigkeit zu fördern: die Samen werden hierzu in Behältern in ein feuchtes Torf-Sand-Gemisch eingeschichtet **(stratifiziert)** und tiersicher im Freien aufbewahrt. Die Samenschalen können auch vorzeitig porös gemacht werden,

- durch Einritzen mit Glasscherben oder Eisenspänen,
- durch Anätzen der Samenschale mit Schwefelsäure (gefährlich!).

Auch das Saatgut von *Pelargónium*-Zonale-Hybriden wird durch mechanisches Anritzen der Samenschale behandelt, wenn ein Keimergebnis von mindestens 70 % erzielt werden soll.

Unvollkommene Entwicklung der Embryoanlage. Samen mancher Gehölze fallen zwar bei ihrer Reife vom Baum ab, sie müssen aber anschließend noch eine Nachreife durchmachen, während der der Keimling im Samenkorn zur vollen Größe heranwächst. Erst dann kann die Keimung erfolgen (z. B. *Ácer campéstre, Cárpinus bétulus*). Diese Samen müssen in der Baumschule bis zur Aussaat feucht eingeschichtet werden. Dieser Vorgang der Nachreife kann nicht beschleunigt werden.

Keimhemmende Stoffe im Fruchtfleisch. Bei Samen, die in fleischigen Früchten ausgebildet werden, kann sich die Keimung durch keimhemmende Stoffe im Fruchtfleisch verzögern. In der Natur keimen die Samen erst, wenn das Fruchtfleisch sich von den Samen gelöst hat. Das geschieht durch Verrotten am Boden oder dadurch, daß Vögel die ganzen Früchte fressen und die Samen unverdaut wieder ausscheiden.

In der Baumschule werden solche Samen durch Vergären vom Fruchtfleisch befreit: die Früchte werden auf Haufen oder in Eimern mit Wasser zum Gären gebracht, wobei das Fruchtfleisch weich wird und auf Sieben von den Samen abgespült werden kann.

2.1.3 Bewertung der generativen Vermehrung

1. Sie ermöglicht Massenvermehrung.
2. Sie benötigt relativ kleine Anzuchtflächen.
3. Sämlinge sind im allgemeinen wüchsiger, besser bewurzelt, widerstandsfähiger gegen Krankheiten und langlebiger als vegetativ vermehrte Pflanzen.
4. Die Vermehrung durch Aussaat sollte im Zweifelsfall immer bevorzugt werden, weil hierbei auch eine Infektion durch Viren fast ausgeschlossen werden kann.

Kontrolle und Vertiefung

1. Beschreiben Sie die Vorzüge, wenn der Gärtner F_1-Hybridsaatgut verwendet.
2. Mit welchen Maßnahmen versucht der Gärtner die Keimhemmungen verschiedener Samen abzubauen?
3. Welche wichtigen Aufgaben hat das Bundessortenamt für den Gartenbau zu leisten?
4. Ermitteln Sie die Keimfähigkeit von zwei Kulturen, die in Tab. B 3 angegeben sind. Vergleichen Sie die gefundenen Werte mit den geforderten Werten. Erläutern Sie die eventuell gefundenen Unterschiede.
5. Welche Vorteile bietet pilliertes und granuliertes Saatgut für den Gärtner?

2.2 Die vegetative oder ungeschlechtliche Vermehrung

Die ungeschlechtliche Vermehrung ist nicht an Befruchtungsvorgänge gebunden. Ein Bestand gesunder, typischer Mutterpflanzen ist die Voraussetzung. Teile dieser Mutterpflanzen bilden sich zu neuen, eigenständigen Pflanzen aus.

2.2.1 Entwicklung an der Mutterpflanze

Dabei erfolgt die Wurzelbildung schon während die Jungpflanzen noch mit der Mutterpflanze verbunden sind.

Teilung
Diese Vermehrungsart ist nur möglich bei Pflanzen, die sich von Jahr zu Jahr durch Neutriebbildung direkt aus dem Wurzelstock oder durch unterirdisch weiterwachsende Rhizome nach den Seiten ausbreiten. Das ist bei fast allen Stauden (z. B. *Íris germánica, Astílbe*-Arendsii-Hybriden, *Hemerocállis, Áster*-Dumosus-Hybriden usw.) und ausdauernden Gräsern der Fall (z. B. *Festúca cinérea, Pennisétum alopecuroídes, Cortadéria selloána*), aber auch bei Rhabarber und einigen Gehölzen (z. B. *Gaulthéria procúmbens, Pachysándra terminális, Hypéricum calýcinum*).
Mutterpflanzen werden zur Teilung mit den Händen in mehrere Teilstücke auseinandergerissen oder mit dem Spaten zerlegt. Jedes Teilstück muß mindestens eine Knospe und noch genügend Wurzelwerk haben. Überlange Wurzeln sind zu kürzen.
Vermehrungszeiten: in der Regel das Frühjahr oder der Herbst. Ausnahmen: Irisgewächse werden gleich nach der Blüte geteilt; Gräser kurz vor Neuaustrieb.

Tab. B 4. Die vegetative Vermehrung

Entwicklung an der Mutterpflanze	Entwicklung getrennt von der Mutterpflanze – Grundorgan: Sproß	Grundorgan: Blatt	Grundorgan: Wurzel	Veredelung	Gewebekultur
Teilung Absenker Abmoosen Ableger Abrisse nach Anhäufeln Ausläufer Brutknollen Brutzwiebeln Kindel	Kopfstecklinge Grundständige Stecklinge Stammstecklinge Steckholz	Blattstecklinge Blattstückstecklinge Blattabschnitte	Wurzelschnittlinge	Okulation Reiserveredelung Ablaktieren Kopulation Geißfußpropfen Pfropfen in den Spalt Seitliches Anplatten Seitliches Einspitzen u. a.	Meristenvermehrung

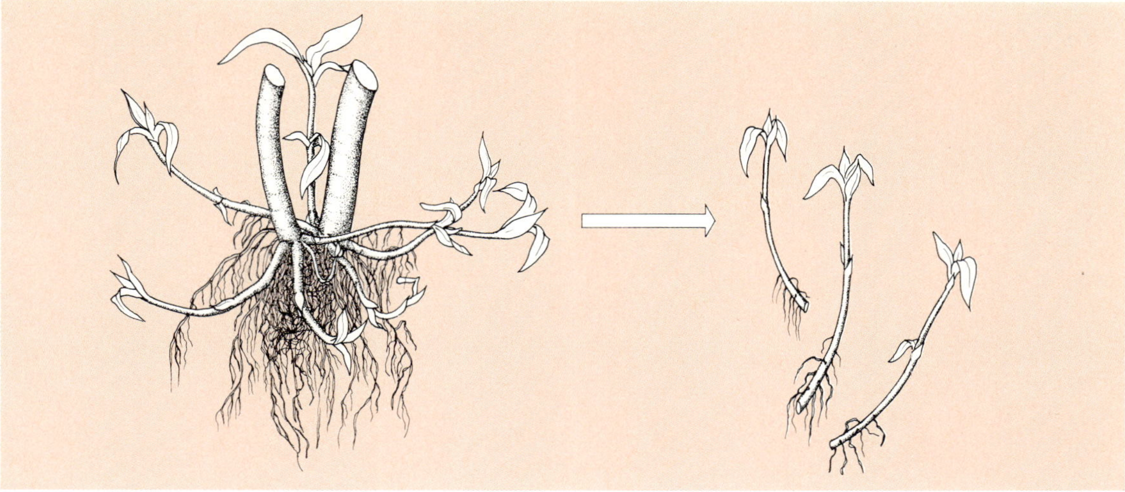

Abb. B 31. Teilung (z. B. bei *Áster*-Dumosus-Hybriden); rechts Jungpflanze.

Im Blumen- und Zierpflanzenbau kann man *Adiántum, Sansevićria* u. a. auf diese Weise vermehren. Der Vorteil ist, daß man sofort schon recht große Jungpflanzen hat. Nachteilig ist jedoch, daß man in der Regel nur wenge Teilpflanzen erhält, so daß man zur Gewinnung einer größeren Anzahl von Jungpflanzen sehr viele Mutterpflanzen braucht.

Absenker

Diese Methode ist nur bei Gehölzen durchzuführen. Hierbei nutzt man die Fähigkeit mancher Gehölze, an Zweigen, die lange genug mit dem Boden in Berührung kommen, Wurzeln zu bilden.

Mutterpflanzen werden zunächst scharf zurückgeschnitten, damit sie viele neue Triebe bilden. Diese Triebe werden ein Jahr später, im Frühjahr, von der Mutterpflanze ausgehend in kurzem Bogen in die Erde gesenkt und eventuell mit einem Haken festgeklammert. Der längste Teil mit der Triebspitze ragt aus dem Boden heraus.

Haben sich genügend Wurzeln gebildet – es dauert je nach Pflanzenart 1–3 Jahre – werden die bewur-

Abb. B 32. Absenker; rechts Jungpflanze.

Abb. B 33. Abmoosen.

zelten Triebe von der Mutterpflanze abgeschnitten. Von jedem Trieb erhält man nur eine Jungpflanze. Daher braucht man ein großes Mutterpflanzenquartier. Beispiele: *Hamamélis, Nothofágus, Cótinus, Magnólia.*

Abmoosen (Luftableger, Markottage)
Der Trieb wird unter einem Blattansatz durch Einschneiden verletzt. In die Schnittstelle wird ein Holzstückchen oder Steinchen eingeklemmt, damit die Wunde nicht sofort wieder zusammenwächst. Manchmal wird auch die Ringelmethode angewandt. Hierbei wird unter einem Auge ein ca. 5 mm breiter Rindenstreifen entfernt. Bei beiden Verfahren wird die Schnittstelle mit feuchtem Moos (Torfmoos = *Sphágnum*) umwickelt und mit einer Kunststoffhülle oder Aluminiumfolie umgeben, die oben und unten abgebunden wird. Über der Schnittstelle bilden sich Wurzeln.
Diese sicherlich interessante Methode hat aber kaum eine wirtschaftliche Bedeutung. Man wendet sie zur Verjüngung an oder wenn alle anderen Vermehrungsmöglichkeiten keinen Erfolg bringen.
Beispiele: *Fícus, Dieffenbáchia, Cítrus.*

Abb. B 34. Ableger; rechts Jungpflanze.

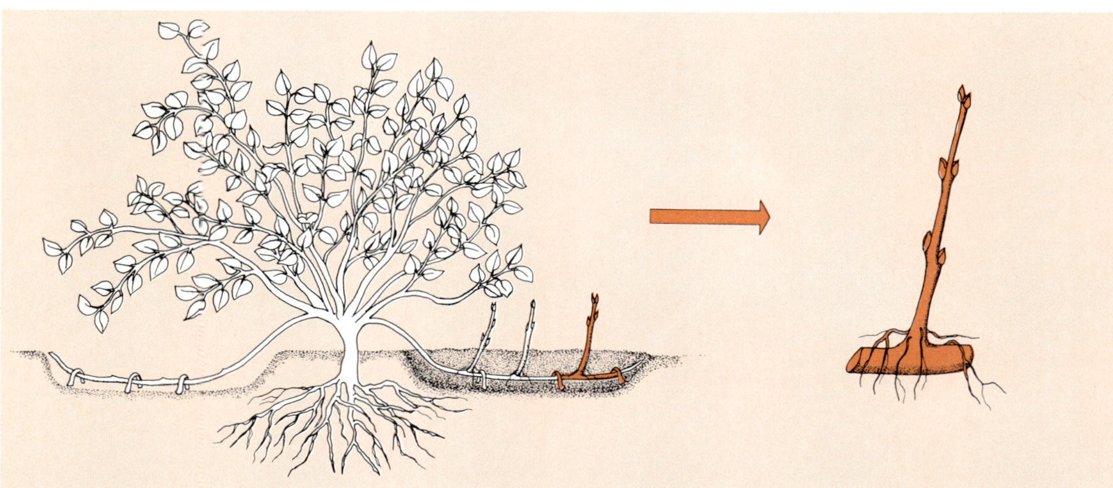

Abb. B 35. Abrisse nach Anhäufeln; rechts Jungpflanze.

Ableger

Es wird – wie das Absenken – nur in der Baumschule praktiziert. Hierbei werden im Frühjahr von der Mutterpflanze strahlenförmig ausgehend junge Triebe in der ganzen Länge in Erdspalten festgesteckt. Mit dem Austrieb der Knospen entlang der abgelegten Triebe wird Erde in den Spalt gefüllt. Die Neuaustriebe bewurzeln sich im Laufe des Sommers an den unteren Enden und können im Herbst von der Mutterpflanze getrennt werden.
Beispiele: Pflaumenunterlagen, Kirschunterlage F12/1, Stachelbeerfruchtsorten, Schneeball.

Abrisse nach Anhäufeln

Mutterpflanzen (nur Gehölze), die durch Rückschnitt zur Bildung zahlreicher Neutriebe angeregt (gezwungen) wurden, häufelt man im Frühjahr, mit dem Wachstum dieser Neutriebe, nach und nach an. Die Erde muß die Triebe gut umschließen. Bis zum Herbst sind alle Triebe in der Regel ausreichend bewurzelt. Nach Laubfall wird abgehäufelt, und alle Triebe werden möglichst tief von der Mutterpflanze abgenommen. Früher wurden sie gerissen (daher der Name Abrisse), heute werden sie abgeschnitten.
Beispiele: Apfel-Typenunterlagen, Pflaumenunterlagen, Quittentyp als Unterlage für Birnen, Johannisbeer- und Stachelbeer-Fruchtsorten.

Ausläufer

Einige Pflanzen bilden Triebe – oberirdisch oder auch unterirdisch –, an deren Spitze Jungpflanzen entstehen. Bei genügender Bewurzelung werden sie von der Mutterpflanze getrennt und weiterkultiviert.
Beispiele:
- Blumen- und Zierpflanzenbau:
  Chloróphytum comósum, Saxífraga stolonífera;
- Obstbau: Erdbeere.

Auch einige Gehölze haben die Fähigkeit, sich durch unterirdische Ausläufer zu verbreiten *(Gaulthéria procúmbens, Hypéricum calýcinum, Kérria japónica)*. Sie werden jedoch aus wirtschaftlichen Gründen meist durch Stecklinge vermehrt.

Brutknollen

Am Knollenboden entwickeln sich zahlreiche Brutknöllchen. Sie sind im Herbst abzunehmen und kühl, aber frostfrei zu lagern. Im April des nächsten

Abb. B 36. Brutknollen.

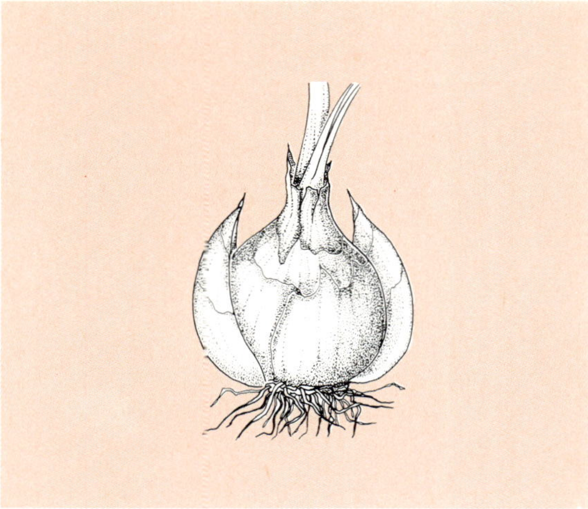

Jahres werden sie im Freiland bei mäßiger Düngung weiterkultiviert.
Beispiele: Gladiolen, Krokus, Montbretien

Brutzwiebeln
Am Zwiebelboden oder auch in Blattachseln einiger Lilien bilden sich Brutzwiebeln. Sie sind je nach Art in ein bis drei Jahren blühfähig. Im Herbst sind sie aus der Erde zu nehmen, auszuputzen, mit einem Fungizid zu bestäuben und im Frühjahr auf vorbereitete Beete zu setzen oder in Töpfe bzw. Schalen zu pflanzen.
Beispiele: Tulpen, Narzissen, Hyazinthen, Lilien, Ritterstern u. a.

Kindel
Einige Zierpflanzen (Bromelien, Agaven, Dachwurz) bringen kleine Seitentriebe (Kindel) direkt aus dem Wurzelstock hervor. Sie haben schon einen Teil eigener Wurzeln, können von der Mutterpflanze abgetrennt und als selbständige Jungpflanzen weiterkultiviert werden.

2.2.2 Entwicklung getrennt von der Mutterpflanze

Diese Methoden beruhen auf der Fähigkeit von Pflanzenteilstücken, fehlende Organe unter günstigen Bedingungen neu zu bilden, d. h., Sproßteile können Adventivwurzeln bilden und Wurzelteile können zum Teil Adventivknospen bilden.
Eine weitere Fähigkeit wird beim Veredeln genutzt: Teile verschiedener Pflanzen können unter bestimmten Bedingungen miteinander zu einer Einheit verwachsen.

Stecklinge vom Sproß
Bei der Stecklingsvermehrung werden belaubte Stücke von diesjährigen Trieben zurechtgeschnitten und zur Wurzelbildung gebracht. Kopfstecklinge sind je nach Pflanzenart etwa 3–8 cm lange Triebspitzen; Teilstecklinge sind etwa 3–8 cm lange Teilstücke von Trieben.

Grundregel für den Stecklingsschnitt. Man benutzt ein scharfes Messer, damit die Schnittflächen sauber geschnitten und nicht gequetscht werden. Unten schneidet man einen Steckling unter einem Auge

Abb. B 37. Brutzwiebel.
Abb. B 38. Kopfsteckling (bei Pelargonie).
Abb. B 39. Teilsteckling.

Abb. B 40. Abriß bei Nadelgehölz (z. B. *Thúja*).

(Augenpaar) ab und oben dicht über einem Auge. Der obere Schnitt entfällt bei einem Kopfsteckling. An den Augen sind Nährstoffe gespeichert. Sie sorgen für ein schnelles Verheilen der Schnittwunden. Die Schnitte sollen waagerecht ausgeführt werden, damit die Wundfläche möglichst klein gehalten wird. Oft werden die unteren Blätter eines Stecklings entfernt, da diese Blätter später – da sie ja in die Erde gesteckt werden – faulen könnten.

Bei Stecklingen – besonders bei Gehölzen – mit großen Blättern werden diese zur Verringerung der Verdunstungsfläche oft eingekürzt.

Bei den meisten Nadelholzstecklingen (*Juníperus, Chamaecýparis, Thúja,* Zwergfichte) hat es sich als vorteilhaft erwiesen, junge Seitentriebe als Stecklinge zu wählen, die dann mit einem Astring aus dem älteren Holz herausgeschnitten oder -gerissen werden (Abrisse).

Bei vielen Pflanzen empfiehlt sich eine Behandlung der Stecklinge mit Bewurzelungshormonen, die es als Puder, Paste oder in flüssiger Form gibt (s. Kap. B 3.1.2).

Ausnahmen von diesen Regeln werden in den einzelnen Fachsparten gesondert behandelt.

Der Zeitpunkt des Stecklingsschnittes variiert sehr stark. Er richtet sich in der Regel nach dem Reifegrad der Triebe. Zu weiche Triebe sind fäulnisanfällig, zu stark ausgereifte (verholzte) Triebe bilden schwer Wurzeln. Im Zierpflanzenbau bestimmt oft der geplante Verkaufstermin den Zeitpunkt der Vermehrung und damit den Termin des Stecklingsschnittes (z. B. Chrysanthemen, Weihnachtsstern, Elatior-Begonien). Bei Gehölzen, deren Stecklinge von Freilandpflanzen gewonnen werden, haben sich der Juni für laubabwerfende Gehölze, Juli/August für immergrüne Laubgehölze und Heidepflanzen und der September für Nadelgehölze als günstigste Termine erwiesen.

Das Stecklingssubstrat muß feuchtigkeitshaltend, dabei gleichzeitig gut durchlüftet und keimfrei sein. Diese Bedingungen erfüllen Torf-Sand-Gemische.

Die Stecklinge werden in Vermehrungsbeete des Gewächshauses gesteckt oder in Kulturkästen. Oft werden die Stecklinge in mit Substrat gefüllte Handkisten gesteckt, die dann auf Vermehrungsbeete oder in Kulturkästen gestellt werden (rationell zu transportieren).

Um die Verdunstung gering zu halten, müssen die Stecklinge hohe Luftfeuchtigkeit (»gespannte Luft«) haben. Das erreicht man durch Überdecken der Beete mit Fenstern oder durch Überspannen mit PE-Folie (s. S. 386).

Eine besondere Einrichtung für die Stecklingsvermehrung ist die Sprühnebelanlage. Hierbei werden die Stecklinge durch feinstes Versprühen von Wasser dauernd mit einem Feuchtigkeitsfilm umgeben, der die Verdunstung verhindert und die Stecklinge bei voller Belichtung frisch hält. Nach ausreichender Bewurzelung kann mit dem Lüften und Abhärten der Stecklinge begonnen werden.

Grundständige Stecklinge (krautige Sprosse, die später einen hohlen Stengel bilden)

Beispiele aus der Staudengärtnerei: Rittersporn, Lupinen, Tränendes Herz u. a.

Hier muß ein kleines Stück Wurzelansatz am Vermehrungstrieb, der nicht hohl sein darf, verbleiben.

Abb. B 41. Stammsteckling (z. B. bei *Dieffenbáchia*).

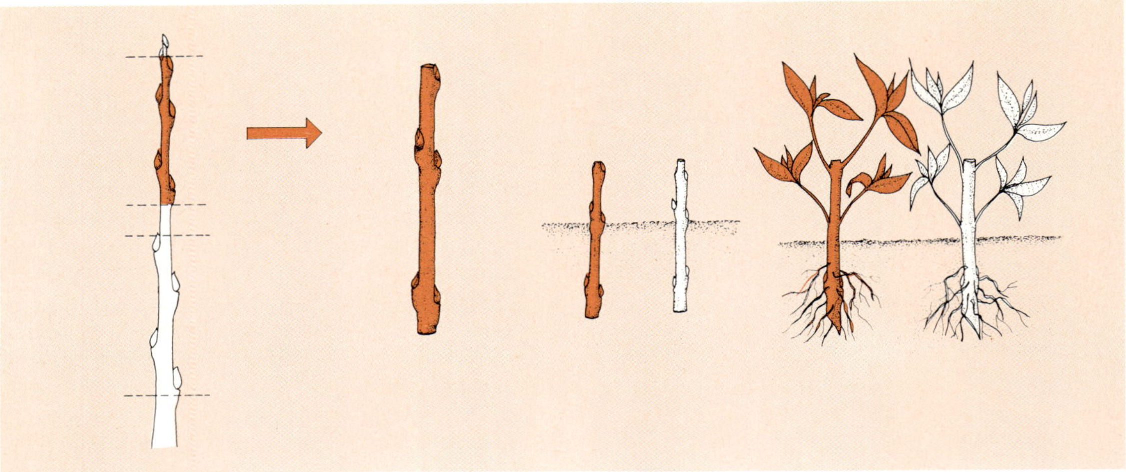

Abb. B 42. Steckhölzer.

Diese Vermehrung läßt sich nur mit Erfolg durchführen, wenn im Frühjahr der Austrieb 8–10 cm lang ist.

Stammstecklinge werden geschnitten von *Mónstera, Dieffenbáchia, Fícus, Apheländra* u. a., und zwar von den noch grünen, nicht verholzten dicken Trieben mit 1 cm und mehr Durchmesser. Es sind kurze Stammstücke ohne Blätter. Sie werden so geschnitten, daß in der Mitte der etwa 2–3 cm langen Stücke ein Knoten mit einer ruhenden Knospe liegt.

Empfehlenswerte Vermehrungszeit: zeitiges Frühjahr mit Temperaturen um 24 °C im Gewächshaus.

Steckholzvermehrung

Von stark wachsenden laubabwerfenden Gehölzen, besonders von Blütensträuchern, werden in der Regel verholzte einjährige Triebe geschnitten. Das benötigte Steckmaterial wird nach Laubabfall etwa ab November als lange Ruten von ausgesuchten Mutterpflanzen oder von kräftigen Baumschulpflanzen genommen und frostfrei, kühl und feucht aufbewahrt. Weiterverarbeitet wird das Material in der arbeitsärmeren Winterzeit. Die Länge des Steckholzes beträgt etwa 20 cm (Scherenlänge). Oben wird über einem Auge, unten unter einem Auge geschnitten. Fertig geschnittene Steckhölzer werden je nach Stärke zu 20 oder 50 Stück gebündelt, etikettiert und bis zum Stecken in feuchten Sand eingeschlagen und kühl, aber frostfrei aufbewahrt. Eine Aufbewahrung in Folientüten im Kühlraum bei +1 °C bis +3 °C ist ebenfalls möglich. Während dieser Lagerung bildet sich schon Kallus an den Schnittstellen. Im Frühjahr, Ende März bis Anfang April, werden die Steckhölzer auf vorbereitete Beete im Freiland so tief gesteckt, daß höchstens ⅓ der Länge aus dem Boden herausschaut.

Beispiele: *Córnus álba, Forsýthia × intermédia, Ligústrum vulgáre, Philadélphus*-Arten, *Deutzia*-Arten, *Ríbes*-Arten, *Symphoricárpos*-Arten, *Támarix*-Arten.

Abb. B 43. Blattsteckling. a = frisch geschnitten, b = mit Kallus, c = mit ersten Adventivwurzeln, d = mit Adventivknospe (z. B. bei *Saintpaulia*).

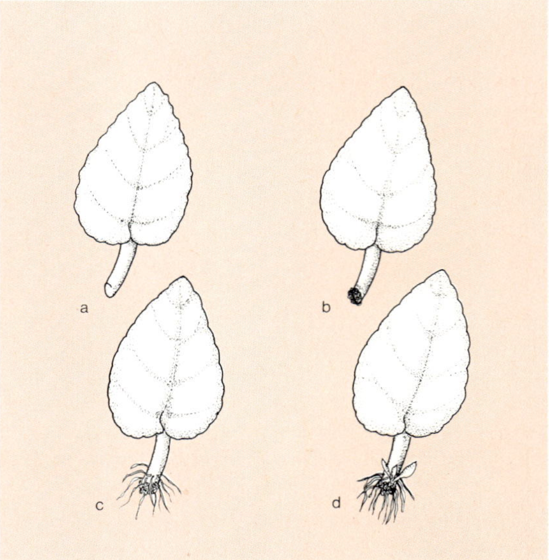

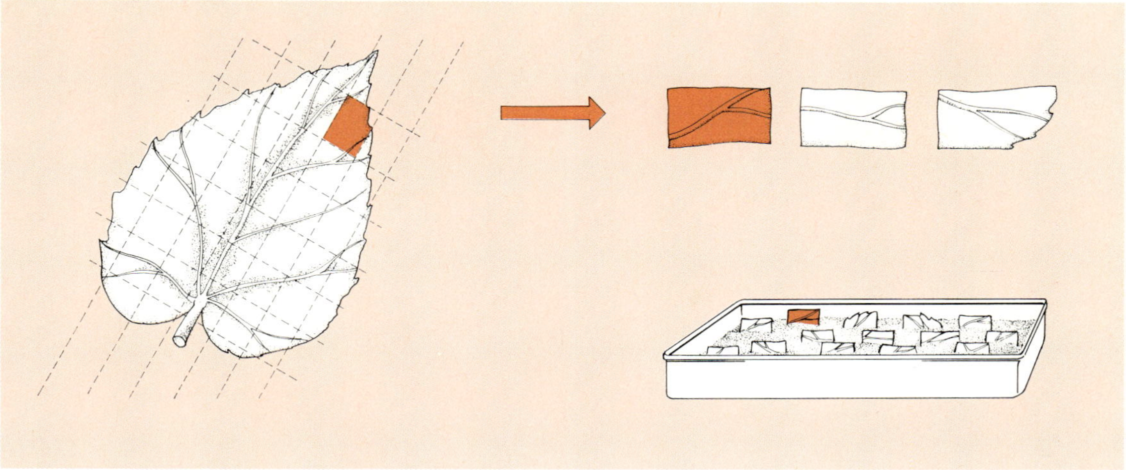

Abb. B 44. Blatt-Teilsteckling (bei *Begónia*-Rex-Hybriden).

Stecklinge vom Blatt

Blattstecklinge. Ein ausgereiftes Blatt wird mit dem Stiel schräg in das Substrat gesteckt. Am Stiel bilden sich Adventivknospen und -wurzeln, die sich zu einer vollständigen Jungpflanze entwickeln. Das »Vermehrungsblatt« stirbt dann ab und wird entfernt. Beispiele: Usambaraveilchen, Lorraine-Begonie.

Blatt-Teilstecklinge. Bei einigen Pflanzen haben sogar die Blattadern bei Verletzung und Abtrennung von den Hauptadern die Fähigkeit, Adventivknospen und -wurzeln zu entwickeln. Bei diesen Pflanzen (*Begónia*-Rex-Hybriden, *Streptocárpus*-Hybriden) werden Blatt-Teilstücke mit je einem Aderstück in das Substrat gesteckt. Oder man legt ganze Blätter flach auf das Vermehrungssubstrat, beschwert sie mit kleinen Steinchen und schneidet sie an starken Aderverzweigungen durch. An den Schnittstellen entwickeln sich nach kurzer Zeit junge Pflanzen.

Wurzelschnittlinge

Sie werden von solchen Pflanzen genommen, die die Fähigkeit haben, aus den Wurzeln neue Triebe zu bilden.

Abb. B 45. Blatt-Teilsteckling (bei *Streptocárpus*).

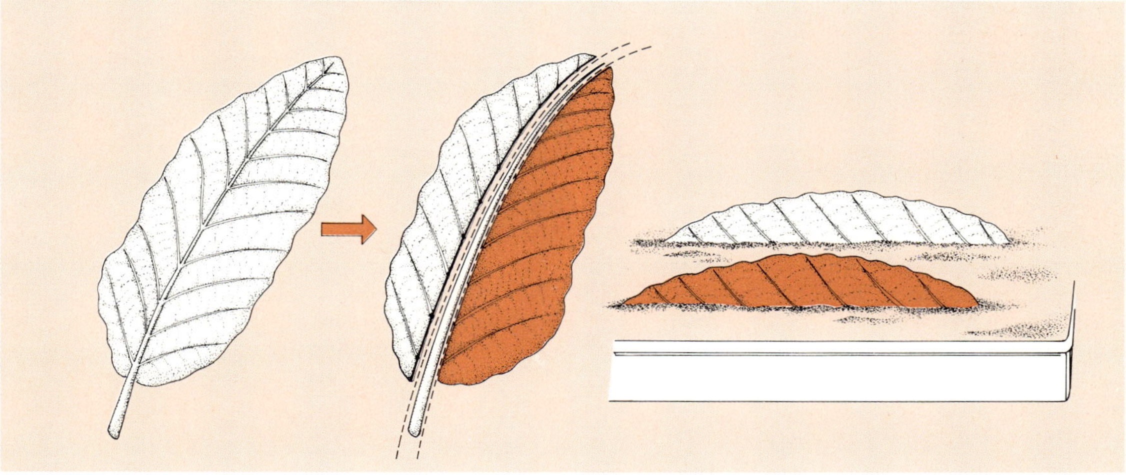

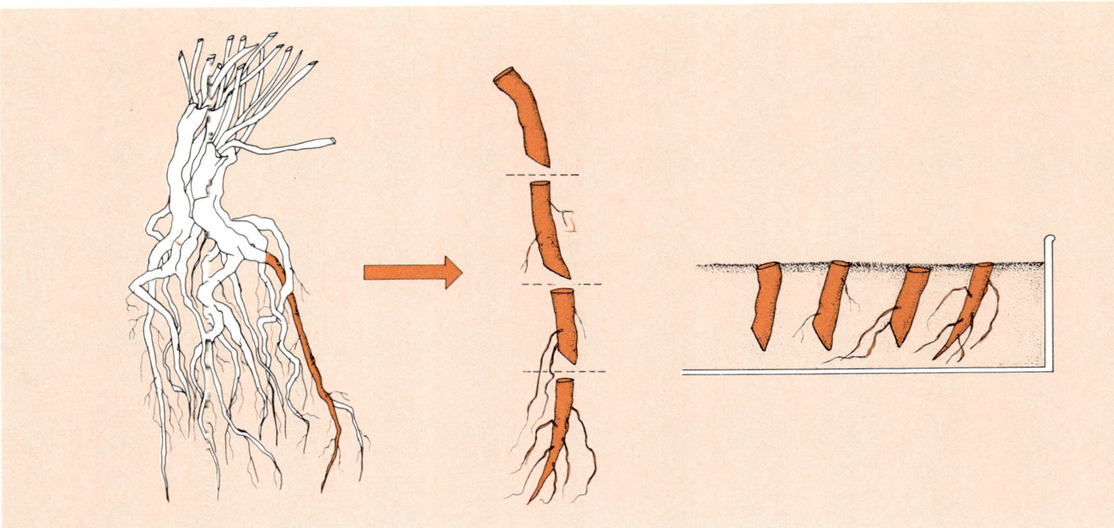

Abb. B 46. Wurzelschnittlinge.

Diese Gehölze und Stauden mit fleischigen Wurzeln werden während der Vegetationsruhe sorgfältig aus dem Boden genommen oder – bei größeren Pflanzen – auch nur einseitig freigegraben. So viele der stärkeren Wurzeln werden abgeschnitten, wie die Pflanze entbehren kann. Die Wurzeln werden gründlich gewaschen und in etwa 6 cm lange Stücke geschnitten. Dabei müssen die oberen und unteren Enden gekennzeichnet werden.

Diese Schnittlinge werden im Gewächshaus senkrecht in Beete oder in Handkisten oder Töpfe gesteckt, wobei die unteren Enden jeweils nach unten zeigen müssen. Bei genügender Bodentemperatur bilden sich neue Wurzeln und Knospen.

Stauden: *Acánthus, Anemóne*-Japonicum-Hybriden, *Erýngium, Papáver, Verbáscum.*

Gehölze: *Arália, Rhus, Cámpsis.*

2.2.3 Vermehrung durch Veredlung

Das Veredeln ist die wohl aufwendigste Vermehrungsart. Eine sogenannte Unterlagenpflanze (robust und leicht zu vermehren), die die Wurzel liefert, wird mit einem Sproßteil (Edelreis oder Edelauge) der zu vermehrenden Pflanze zusammengefügt und zum Verwachsen gebracht, so daß eine einzige Pflanze daraus wird.

Das Veredeln wird nur angewendet,

- wenn Pflanzenteile durch andere vegetative Vermehrungsmethoden nicht in wirtschaftlich vertretbarem Maße zur Bildung eigener Wurzeln gebracht werden können (einige Ziergehölze),
- wenn Pflanzen auf eigenen Wurzeln krankheitsanfällig sind (Gurken und Tomaten),
- wenn bestimmte Wuchseigenschaften der Unterlage auf die Edelsorte übertragen werden sollen (Obst).

Veredelte Pflanzen sind oft in den ersten Jahren bedeutend wüchsiger als vergleichbare Pflanzen, die auf andere Weise vegetativ vermehrt wurden.

Unterlage und Edelreis müssen, damit sie überhaupt dauerhaft zusammenwachsen, möglichst eng miteinander verwandt sein (z. B. *Fágus sylvática* 'Atropunicea' auf *Fágus sylvática* oder alle Tannen auf *Ábies álba,* alle Fichten auf *Pícea ábies*). Eine andere Voraussetzung ist, daß durch gezielte Schnitte das Kambium (= Wachstumsgewebe) (s. Seite 13) von Unterlage und Edelreis freigelegt, genau aufeinandergelegt und fest verbunden wird.

Augenveredlung / Okulation

Bei der Okulation wird am Wurzelhals der Unterlage oder in der beabsichtigten Kronenhöhe eine Knospe (Auge) der Edelsorte in die Rinde der Unterlage eingesetzt. Die Unterlage muß gut im Saft stehen, und die Rinde muß sich leicht lösen lassen. Die Augen nimmt man von gut ausgereiften Trieben; diese sollten erst unmittelbar vor dem Veredeln geschnitten, bis auf einen Blattstielansatz entblättert und vor dem Austrocknen geschützt werden.

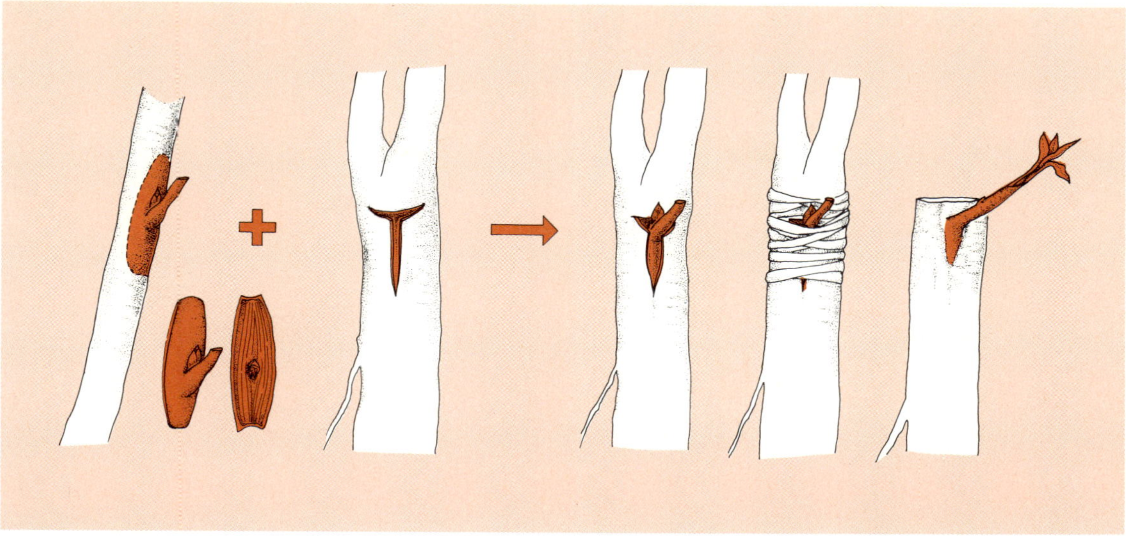

Abb. B 47. Okulation.

In der Rinde der Unterlage wird ein T-Schnitt angebracht. Dadurch kann man die Rinde ein wenig vom darunter liegenden Holz lösen. Aus dem Edelreis wird ein ovales Rindenstück mit einer Knospe in der Mitte herausgelöst und in den T-Schnitt der Unterlage eingesetzt. Damit es nicht wieder herausfällt, wird die Veredlungsstelle verbunden. Früher wurde Bast benutzt, heute nimmt man vorwiegend Okulations-Schnell-Verschlüsse (OSV). Es sind dünne Gummirechtecke von etwa 2–3 cm^2 Größe, die mit Hilfe einer Drahtklammer um Unterlage und Auge befestigt werden. Je nach Stärke der Unterlagen werden verschiedene Größen verwendet. Der Verschluß stört nicht das Dickenwachstum der Unterlage und verhindert das Eindringen der Okuliermade. Der OSV verwittert kurze Zeit nachdem das Auge angewachsen ist und fällt von selbst ab.
Ein Veredler führt je nach Geschick und Übung 120 bis 300 Okulationen in der Stunde durch.
Diese Veredlungsart wird zu zwei verschiedenen Zeiten durchgeführt:
Okulation auf das »treibende« Auge erfolgt im Mai/Juni. Hierbei werden die noch ruhenden Augen des Vorjahres verwendet. Sie treiben bald nach dem Veredeln aus. Danach wird die Unterlage dicht über dem Edeltrieb abgeschnitten.
Beispiel: gelegentlich Birken
Okulation auf das »schlafende« Auge wird je nach Gehölzart Ende Juli bis September durchgeführt. Der Zeitpunkt muß so gewählt werden, daß die Unterlage noch gut im Saft steht und die Rinde löst, er soll jedoch so spät im Sommer liegen, daß das Auge nicht mehr vor dem Winter, sondern erst im nächsten Frühjahr durchtreibt, da sonst der junge Trieb erfrieren könnte. Nach dem Austrieb wird die Unterlage abgeschnitten.
Beispiele: *Rósa, Tília, Málus, Pýrus, Prúnus* u. a.
Andere Okulationsmethoden sind möglich, aber weniger gebräuchlich und sollen hier nur aufgezählt werden:

- Okulation mit umgekehrtem T-Schnitt
- Span-Veredlung (Chip Budding)
- Nicolieren
- Ringokulation
- Plattenokulation

Reiserveredlungen

Ablaktieren. Diese Veredlungsart wird angewendet, wenn Unterlage und Edelreis sehr schwer miteinander verwachsen. Das Edelreis bleibt bis zur vollständigen Verwachsung am Muttergehölz.
Beispiele: *Bétula péndula* 'Youngii', *Fágus sylvática* 'Pendula', *Lárix kaēmpferi* 'Pendula'.
Die Mutterbäume stehen frei. Im Bereich der Kronentraufe werden die meist hochstämmigen Unterlagengehölze rings um die Mutterbäume ausgepflanzt oder in Töpfen stehend in den Boden eingesenkt. Die Zweige der Mutterpflanzen müssen mindestens so weit herunterhängen, daß sie die Veredlungshöhe der Unterlagen erreichen.

Abb. B 48. Ablaktieren, links Mutterbaum mit Unterlagen, rechts Veredlungsschnitte.

Im späten Frühjahr wird an der Unterlage in Veredlungshöhe ein etwa 3 cm langer Rindenstreifen entfernt und das Kambium freigelegt. An einem Zweig des Mutterbaumes, der in die Nähe der Unterlage reicht, wird ein gleich langer Schnitt angebracht. Beide Schnittstellen werden mit ihrem Kambiumstreifen aufeinandergelegt und mit Bast oder Kunststoffband verbunden. Die Veredlungsstelle wird mit Baumwachs verstrichen. Um das Verwachsen nicht durch Windbewegungen zu stören, werden Unterlage und Reis an einen Stab geheftet.

Das Edelreis wird erst dann von der Mutterpflanze getrennt, wenn es ganz sicher mit der Unterlage verwachsen ist. Dann wird die Unterlage direkt über der Veredlungsstelle abgeworfen.

Kopulation. Sie wird nur bei Laubgehölzen angewendet. Unterlage und Edelreis müssen annähernd gleich stark sein.

Direkt am Wurzelhals oder in der gewünschten Stammhöhe wird der »Kopf« der Unterlage durch einen etwa 3 cm langen, schrägen Schnitt abgeworfen. Ein gleich verlaufender, gleich langer Schnitt wird am Edelreis angebracht.

Diese beiden ovalen Schnittflächen werden nun so aufeinandergelegt, daß die Kambiumschichten aufeinandertreffen. Sind die Schnittflächen nicht genau gleich groß, sind sie so aufeinanderzulegen, daß die Kambiumschicht von Unterlage und Reis wenigstens an einer Seite zur Deckung gebracht werden. Anschließend wird sorgfältig verbunden und mit Wachs o. ä. verstrichen.

Abb. B 49. Kopulation.

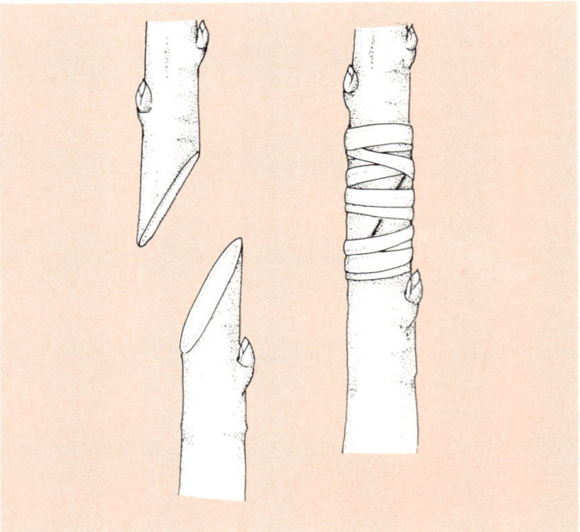

Kopulation mit Gegenzunge. Dabei wird in der Mitte der beiden Schnittflächen ein senkrechter Schnitt angebracht, der die sogenannten Zungen ergibt, die dann, ineinandergeschoben, die beiden Teilpflanzen fester verbinden, die Verwachsungsfläche vergrößern und ein sichereres Anwachsen gewährleisten. Beispiele: *Rhododéndron, Quércus, Fágus, Prúnus, Crataégus,* Obstgehölze und viele andere mehr.

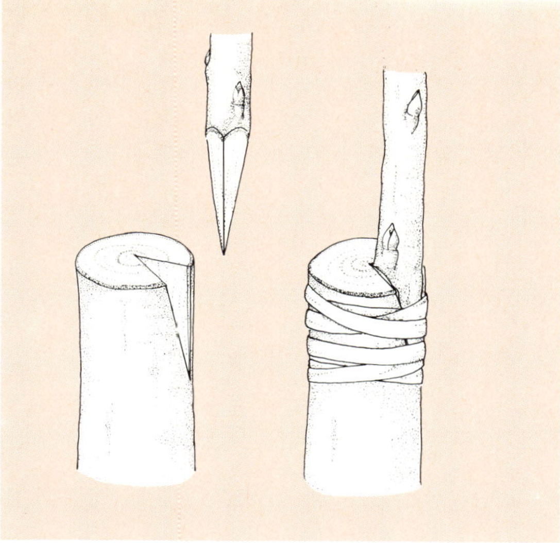

Abb. B 50. Geißfußpfropfen.

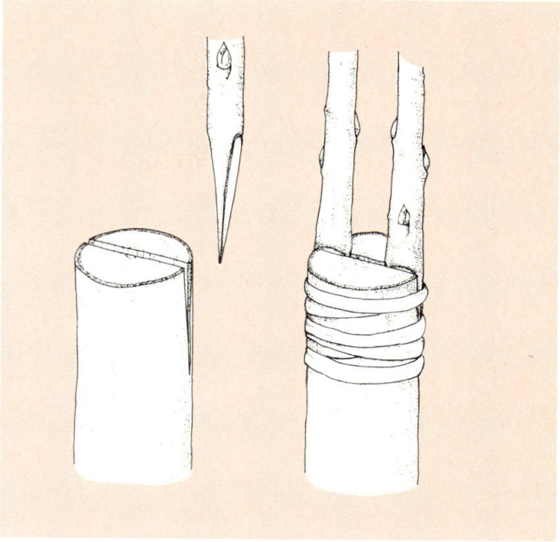

Abb. B 51. Pfropfen in den Spalt.

Geißfußpfropfung (Abb. B 50). Diese Veredlungsart wird bei Gehölzen angewendet, wenn die Unterlage stärker ist als das Edelreis. In Veredlungshöhe wird der »Kopf« der Unterlage waagerecht abgesetzt, die Schnittfläche wird sauber mit dem Messer nachgeschnitten. Durch 2 schräge Schnitte wird am oberen Ende der Unterlage ein keilförmiges Stück herausgelöst. Das Edelreis wird mit 2 Schnitten keilförmig zugeschnitten, so daß es in den Einschnitt der Unterlage paßt; nur dann liegen die Kambiumschichten aufeinander. Die Veredlungsstelle muß verbunden werden, und alle Schnittstellen an Unterlage und Edelreis sind mit Wachs o. ä. zu verstreichen.
Beispiele: Birken- und Buchenhochstämme, Goldregen, Eschen, Obstgehölz-Nachveredlung (wenn durch Okulation nicht gewachsen).
Pfropfen in den Spalt (Abb. B 51). Wenn die Edelreiser sehr dünn sind und ein Geißfuß-Schnitt zu schwierig zu handhaben ist, wird ein Reis in die von oben aufgespaltene Unterlage eingesetzt, oft nimmt man sogar 2 Reiser.
Die Unterlage wird, wie bei der Geißfußveredlung in Veredlungshöhe waagerecht abgeschnitten und dann mit einem Kopuliermesser in der Mitte aufgespalten. Das Reis wird mit 2 flachen, parallelliegenden Schnitten keilförmig angespitzt und in den Spalt hineingeschoben. Die Rinde des Reises muß mit der Rinde der Unterlage abschließen, denn auch hier kommt es darauf an, daß die Kambiumschicht des Reises auf der Kambiumschicht der Unterlage liegt. Die Veredlungsstelle wird verbunden, und alle Schnittstellen werden mit Wachs o. ä. verstrichen.
Beispiele: *Sambúcus, Hibíscus, Parthenocíssus.*
Seitliches Anplatten (Abb. B 52 und 53). Dies ist bei starktriebigen Nadelgehölzen wie *Ábies-, Pícea-* und *Pínus*-Arten die wichtigste Veredlungsmethode. Als Unterlagen dienen meist 3jährige Jungpflanzen, deren Trieb etwa Bleistift- bis Kleinfingerstärke hat. Sie werden kaum zurückgeschnitten, der »Kopf« bleibt zunächst erhalten. Die Veredlungsstelle, die möglichst dicht am Wurzelhals liegen soll, wird gesäubert und ein etwa 4 cm langer, schmaler Rindenstreifen wird abgeschnitten. Man darf nicht ins Holz schneiden, sondern nur das Kambium soll freigelegt werden.
Das Edelreis erhält einen seitlichen, flachen Schnitt, durch den ebenfalls nur das Kambium freigelegt werden darf. Beide Schnittstellen werden aufeinandergelegt und mit Veredlungsgummiband verbunden. Die fertigen Veredlungen werden in feuchten Torf eingesenkt und bis zum Anwachsen mit Folie überspannt. Der »Kopf« der Unterlage wird dann zunächst halb entfernt und nach dem endgültigen Anwachsen dicht über der Veredlungsstelle abgeschnitten.
Seitliches Einspitzen (Abb. B 54). Diese Veredlungsart wählt man bei feintriebigen Laub- und Na-

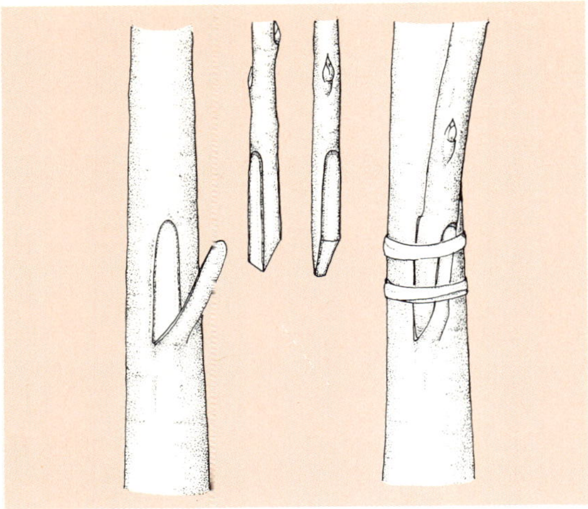
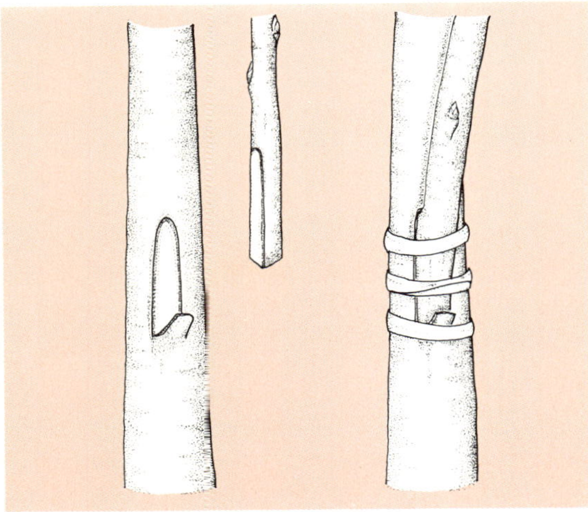
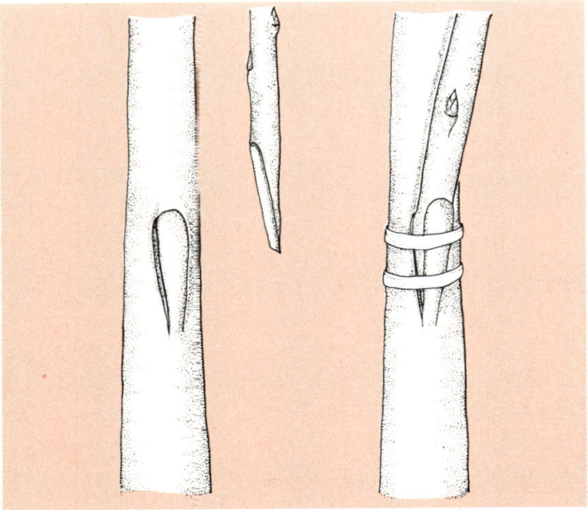

delgehölzen. Hierbei wird mit der Messerspitze ein senkrecht verlaufender Schlitz zwischen Rinde und Holz der Unterlage angebracht. Das keilförmig zugeschnittene Edelreis wird so in diese »Tasche« geschoben, daß Kambium auf Kambium zu liegen kommt. Die Weiterbehandlung verläuft genau wie beim seitlichen Anplatten.
Beispiele: *Juníperus, Chamaecýparis, Rhododéndron símsii, Caméllia japónica.*
Die Beschreibung der Veredlungsmethoden und die beigefügten Skizzen können die Technik des Veredelns nur unvollständig erläutern. Ständiges Üben in der Praxis sichert erst den Erfolg.

2.2.4 Gewebekultur

Viele Pflanzen haben die Fähigkeit, auf geeigneten Nährböden aus winzigen Pflanzenteilen, die einer Mutterpflanze entnommen werden, aus kleinen Zellgruppen, ja sogar aus einer einzigen Zelle eine neue Pflanze zu regenerieren. Diese Fähigkeit beruht auf der Tatsache, daß in einer Pflanzenzelle der vollständige »Bauplan« für die gesamte Pflanze enthalten ist.
Diese Erkenntnisse macht man sich auf einem Sondergebiet der Pflanzenvermehrung, im Gartenbau »Gewebekultur« genannt, zunutze. Gewebekultur ist nur in Spezialbetrieben durchzuführen, in deren Labors keimfreies Arbeiten möglich ist.
Am bekanntesten ist die **Meristemvermehrung.** Ein Meristem ist ein Gewebe, das aus teilungsfähigen Zellen besteht. Teilungsfähige Gewebe finden wir in Pflanzen an den Wurzelspitzen, in den Triebspitzen und Knospen und im Sproß als Kambium.
Die Vermehrung von Pflanzen aus meristematischen Triebspitzen (Sproßkuppen von 0,5–1 mm Größe) hat große praktische Bedeutung bei Nelken-, Chrysanthemen-, Pelargonien- und Orchideenkulturen. Das Verfahren ermöglicht nämlich die Anzucht von Pflanzen, die frei oder zumindest mit ziemlicher Sicherheit frei von Virosen und Bakteriosen (s. Seite 319) sind. Gerade die oben genannten Pflanzen leiden – werden sie aus normalen Stecklingen gezogen – stark unter Qualitätsminderung besonders durch die genannten Krankheiten.

Abb. B 52. Seitliches Anplatten mit langer Gegenzunge: Reis wird an 2 Seiten angeschnitten.
Abb. B 53. Seitliches Anplatten mit kurzer Gegenzunge: Reis wird nur an einer Seite angeschnitten.
Abb. B 54. Seitliches Einspitzen.

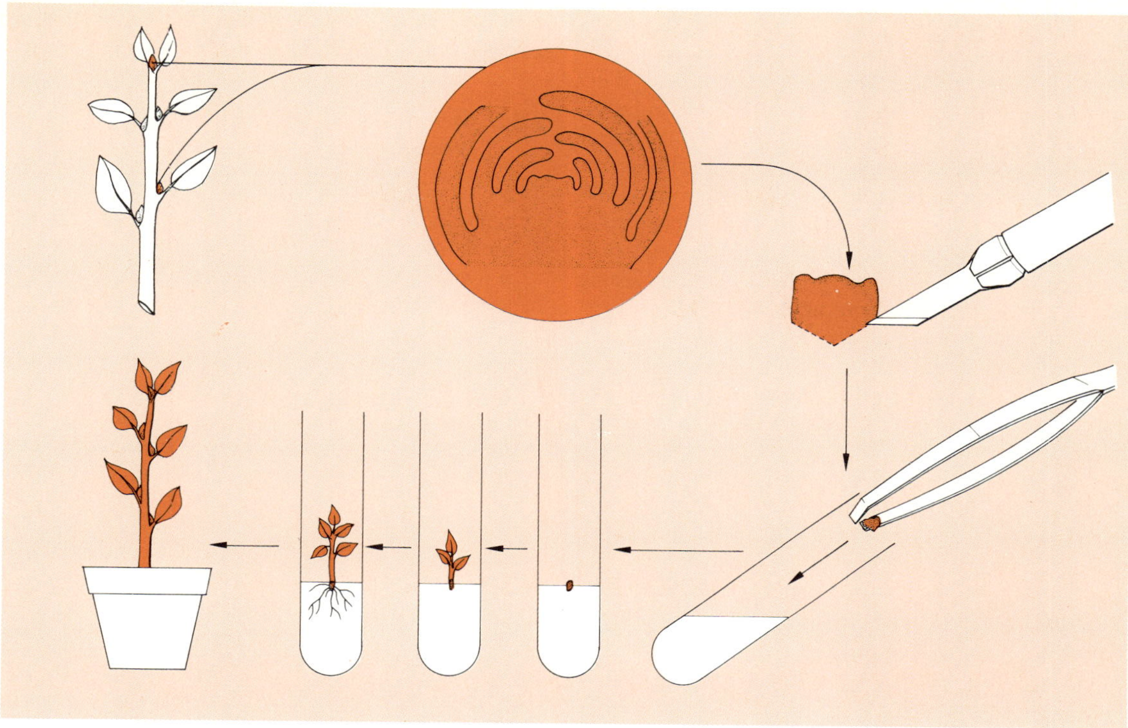

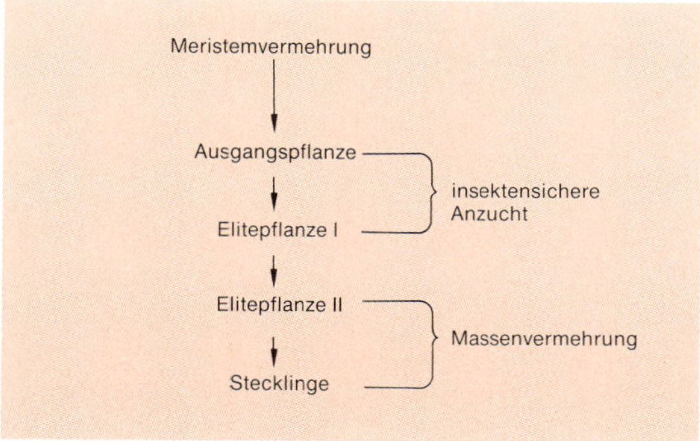

Abb. B 55. Schematische Darstellung der Meristemvermehrung von Pflanzen aus Sproßspitzen.
Abb. B 56. Schema für die Erzeugung von Elitemutterpflanzen aus Gewebekulturen.

Außerdem kann man durch die Meristemkultur aus nur wenig Vermehrungsmaterial eine große Anzahl von Jungpflanzen erzeugen.
Mikroskopisch kleine Teilchen des Bildungsgewebes (s. Seite 13) aus Sproßspitzen werden im Labor steril gewonnen und auf Nährboden in Reagenzgläser oder Glasschälchen gesetzt. Dieser Nährboden besteht hauptsächlich aus Agar-Agar (gelblich-weiße Masse aus Rot- und Braunalgen, die mit Wasser gekocht eine gelatineartige Substanz bildet), Zukker, Aminosäuren, Haupt- und Spurennährstoffen, Wuchsstoffen und Vitaminen. Auf diesem Nährboden wachsen die winzigen Zellhäufchen zu kleinen Pflanzen heran, indem sie Wurzeln und Triebe bilden. Einmal werden sie in weiterem Abstand in Nährboden pikiert und dann erst in normales Substrat in Töpfe gepflanzt (Abb. B 55 und B 56).
Diese Pflanzen bilden das Ausgangsmaterial für die Mutterpflanzen, die dann erst die Stecklinge für den Verkauf »produzieren«. Alle Arbeiten müssen unter streng hygienischen Bedingungen, bei Temperaturen zwischen 15 und 20 °C, einer täglichen Belichtungsdauer von ca. 14 Stunden, im keimfreien Raum und vor Insekten sicher ausgeführt werden.
Der Meristemkultur geht oft eine Wärmebehandlung voraus. Ausgesuchte, gut bewurzelte Pflanzen werden bei 37–40 °C gehalten. Diese hohen Temperaturen hemmen die Lebenstätigkeit der Viren und verzögern ihre Verbreitung in der Pflanze. Die bei diesen hohen Temperaturen hinzugewachsenen Triebspitzen enthalten daher noch keine Viren. Die-

se virusfreien Triebspitzen werden für die Meristemkultur verwendet.
Auch anderen Pflanzenteilen, z. B. Trieben, Wurzeln oder Blättern, werden Gewebestücke entnommen und steril auf künstlichen Nährboden gesetzt. An den Schnittflächen bilden sich Kallusklumpen. Die Zellen teilen sich ständig. Dabei lösen sich Zellgruppen und auch Einzelzellen voneinander, so daß bald eine Vielzahl von Zellklümpchen entsteht. Hält man diese Zellklümpchen in flüssiger Nährlösung durch einen Rotor dauernd in Bewegung, wird verhindert, daß schon in diesem Stadium Wurzeln und Sprosse entstehen. Durch das Schütteln wird erreicht, daß die Zellen unbegrenzt in Teilung bleiben und eine Ausdifferenzierung von Organen unterbleibt.
Auf unbewegtem Nährboden kann sich jedes dieser Zellklümpchen dann zu einer vollständigen Pflanze entwickeln. Diese Methode kann zur schnellen Produktion einer großen Anzahl von Jungpflanzen genutzt werden. Das ist ein Vorteil, wenn man z. B. Neuzüchtungen schnell auf den Markt bringen möchte.
In besonderen Klimaräumen eines Labors lassen sich solche Jungpflanzen in großer Zahl und auf kleinstem Raum über Jahre hinweg lagern. Es ist ein wichtiger Gesichtspunkt im Hinblick auf Energieeinsparung.
Die schnelle Vermehrung der Zellen in flüssiger Nährlösung unter ständigem Schütteln nutzen auch Pflanzenzüchter. Es ist bekannt, daß sich durch Behandlung von Zellen mit speziellen Strahlen oder Chemikalien **Mutationen** hervorrufen lassen. Werden Zellen, die sich in Schüttelkultur befinden, mit solchen mutationsauslösenden Mitteln behandelt, lassen sich in kürzester Frist an den sich aus diesen Zellen regenerierenden Jungpflanzen die Mutationen erkennen.
Eine weitere Gewebekultur, der sich die Pflanzenzüchter bedienen, ist die **Antherenkultur** (Anthere = Staubbeutel). Nicht nur diploide Zellen lassen sich auf Nährböden kultivieren, sondern auch haploide Zellen, wie sie in Staubgefäßen als Pollenkörner und in Fruchtknoten als weibliche Eizellen vorkommen. Die Entnahme weiblicher Eizellen ist recht schwierig. Daher benutzt man die einfacher zu gewinnenden Pollen. Staubgefäße mit Pollen, die sich vor der Pollenreife befinden, werden auf einen Nährboden aufgelegt. Aus den Pollen entwickeln sich haploide Pflänzchen. Solche Pflanzen zeigen zurücktretende Erbmerkmale, die bei einer mischerbigen diploiden Pflanze überdeckt würden und nicht zum Ausdruck kämen. Dieses Vorgehen erspart den Züchtern langwierige Selektionszüchtungen.

2.2.5 Bewertung der ungeschlechtlichen Vermehrung

1. Sie ist nötig, wenn Pflanzen keinen Samen ansetzen (sterile Blüten).
2. Sie ist nötig, wenn Pflanzen schlecht Samen ansetzen (ungünstige klimatische oder genetische Verhältnisse).
3. Sie führt auch dann zum Erfolg, wenn bei Pflanzen der Samen »nicht echt fällt«. Sie ermöglicht es, Mutationen zu erhalten, einen gleichmäßigen Pflanzenbestand zu erzielen, und wird eingesetzt, wenn sie bessere wirtschaftliche Erfolge, wie kürzere Kulturzeit, billigeres Anbauverfahren, garantiert.

Kontrolle und Vertiefung
1. Beschreiben Sie die Vor- und Nachteile der generativen und vegetativen Vermehrungsarten in einer Gegenüberstellung.
2. Ordnen Sie ausgewählte Pflanzen den entsprechenden vegetativen Vermehrungsarten zu.

3 Steuerung des Pflanzenwuchses

Reizaufnahme und -beantwortung gehören zu den Merkmalen der Lebewesen. Pflanzen einer Art »beantworten« Umweltreize auf ganz bestimmte Weise, d. h. artspezifisch. Diese Fähigkeiten sind erblich festgelegt.

3.1 Physiologische Wachstumsregulierung

Die Kenntnis darüber, wie die Pflanzen auf Licht, Temperatur, Luftbewegung und Luftfeuchtigkeit, auf Nährstoffe, Bodenwasser und Bodenluft reagieren, ermöglicht es dem Gärtner, das Pflanzenwachstum zu steuern. So kann er z. B. zu allen Jahreszeiten *Chrysánthemum*-Indicum-Hybriden zur Blüte bringen, obwohl sie normalerweise nur im Herbst blühen, die Kulturzeit von Bromelien um einige Monate verkürzen, starkwüchsige Azaleen zu einem gedrungenen Wachstum zwingen und Pflanzzeiten in der Baumschule über Monate verlängern.

3.1.1 Gesetzmäßigkeiten der Wachstumsphasen

Wachstum ist die Zunahme organischer Substanz. In der Wurzel, im Sproß, in den Blättern und Blüten werden neue Zellen gebildet und vorhandene vergrößern sich. Diese Volumenvergrößerung zwingt den Gärtner zum rechtzeitigen Pikieren seiner Jungpflanzen, zum »Rücken« der Topfpflanzen und zum Verschulen der Baumschulware, um allen Pflanzen ausreichend Standraum zu verschaffen.
Beim **embryonalen Wachstum** teilen sich die Zellen im Keimling an den Wurzel- und Triebspitzen. Aus Samenkörnern gehen Keimlinge mit Keimwurzeln, Keimstengeln und Keimblättern hervor.
Beim **Streckungswachstum** erhalten die Pflanzenorgane (Wurzel, Sproß, Blätter) ihre endgültige Form. Das Streckungswachstum wird durch Phytohormone, besonders durch das Auxin, gesteuert.
Beim **Differenzierungswachstum** erhalten die Zellen ihren künftigen Aufgaben entsprechend (z. B. Leiten der Nährstoffe, Speichern der Nährstoffe, Photosynthese) die nötige Ausrüstung (z. B. Zellwandverstärkung, Vakuolenausbildung, Plasmareichtum).
Das **Keimlingsstadium** ist beendet, wenn die selbständige Ernährung der Pflanze beginnt. Die ersten Laubblätter entwickeln sich, Haupt- und Nebenwurzeln werden weiter ausgebildet. Das **Jugendstadium,** vegetative Phase genannt, ist durch vermehrte Blatt- und Triebbildung gekennzeichnet. Durch stickstoffbetonte Düngergaben fördert der Gärtner diesen Entwicklungsabschnitt der Pflanze.
Die **generative Phase** schließt sich an. Die Pflanzen bilden Blüten (Fortpflanzungsorgane) aus. Phosphorbetonte Düngergaben sind angebracht, um den Blütenansatz zu unterstützen.
Im **Altersstadium** zeigen sich Abbauerscheinungen und Funktionsstörungen, die wir hier nicht näher zu besprechen haben.

3.1.2 Steuerung des Wachstums durch Wuchsstoffe und Bewurzelungshormome

Die **Anwendung von Wuchsstoffen oder Bewurzelungshormonen** beruht auf der Erkenntnis, daß Hormone (z. B. Auxine) die Zellteilung und -streckung anregen und steuern. **Auxine** sind in den Pflanzen in Spuren nachweisbar und ermöglichen die Wurzelbildung. Solche wachstumsregulierende pflanzliche Stoffe sind genauestens chemisch untersucht worden. Es ist gelungen, sie künstlich herzustellen. Diese Wuchsstoffe sind in verschiedener Konzentration und Zusammensetzung im Handel. Sie werden auf unterschiedliche Weise an die Stecklinge gebracht:
1. Tablettenform. Die Tabletten werden in Wasser aufgelöst, die Stecklinge verbleiben in der vorgeschriebenen Zeit (4 Stunden und länger) in der Lösung und werden anschließend normal gesteckt.
2. Puderform. Der trockene Steckling wird mit der unteren Schnittstelle in den Puder getaucht, leicht abgeklopft und gesteckt. Eine hauchdünne Schicht an der Schnittstelle (Bruchstelle) genügt völlig. Feuchte Stecklinge haben einen zu hohen Verbrauch an Wuchsstoff. Eine zu hohe Konzentration kann außerdem zu Wachstumshemmungen führen.
3. Pastenform. Der Wuchsstoff ist an Lanolin, eine Salbengrundlage aus Wollfett, Paraffin und Wasser, gebunden. Mit dem Finger, einem Schwamm oder mit dem Steckling selbst wird die Paste in dünner Schicht auf die Schnittstelle gebracht. Eine zu starke Dosierung der Paste verzögert die Wurzelbildung.
Seradix, ein englisches Präparat, enthält nach Herstellerangaben β-(Beta-)Indolylbuttersäure in folgenden Konzentrationen:

in Seradix B Nr. 1	0,2%
in Seradix B Nr. 2	0,4%
in Seradix B Nr. 3	0,8%

Je stärker ein Steckling verholzt ist, desto höher muß die Konzentration sein.
Rhizopon, vorwiegend in den Niederlanden gebräuchlich, ist als Puder- oder Tablettenpräparat erhältlich.

Wuchsstoff	Präparat
β-Indolylessigsäure (IES)	Rhizopon A
β-Indolylbuttersäure (IBS)	Rhizopon AA
α-Naphtylessigsäure (NES)	Rhizopon B

Die Konzentrationen der einzelnen Präparate sind unterschiedlich hoch. Bei der Koniferenvermehrung verwendet man Rhizopon A mit einer Konzentration von 50–100 mg/l. Rhizopon AA wird in Puderform 1–2%ig bei der normalen Stecklingsvermehrung und bei starkwachsenden *Rhododéndron*-Arten noch konzentrierter eingesetzt. Rhizopon B spielt nur bei wenigen Gehölzarten, z. B. *Clématis,* eine Rolle. In Deutschland wird viel mit Seradix B gearbeitet.

Wurzelfix enthält als Wuchsstoff 0,1% α-Naphtylessigsäure, wird als Pulver geliefert, besitzt Talkum als Trägersubstanz und ist im Blumen- und Zierpflanzenbau stark verbreitet.

Veratine und **Jiffy Grow** sind Wuchsstoffe, die in flüssiger Form geliefert werden. Nur die genaue Einhaltung der Gebrauchsanweisungen sichert den Erfolg und schützt vor nicht wieder gut zu machenden Schäden.

Da Wuchsstoffe mit Metallen chemische Verbindungen eingehen und unwirksam werden, sind sie nur in Kunststoffgefäßen kurz vor dem Gebrauch anzusetzen. Etwa eine Woche lang behalten Wuchsstofflösungen ihre spezifische Wirkung, wenn man sie kühl und dunkel aufbewahrt.

Neben den erwähnten Handelspräparaten stellen vereinzelt Privatbetriebe und Versuchsanstalten Wuchsstoffe auch selbst her.

3.1.3 Steuerung des Wachstums durch Belichtung

Vegetatives Wachstum

In den Wintermonaten ist das Licht der begrenzende Wachstumsfaktor. Sollen sich in dieser Zeit Jungpflanzen trotzdem zügig entwickeln, weil sie z. B. zu einem bestimmten Termin verkaufsfähig sein sollen, müssen sie zusätzlich belichtet werden. In den frühen Morgenstunden und auch nachmittags wird das vegetative Wachstum der Jungpflanzen durch Zusatzlicht gefördert. Etwa 18 Stunden einschließlich des Tageslichtes wird Licht zugeführt. Die Ansprüche der Pflanze an Temperatur, Feuchtigkeit, Kohlendioxidgehalt der Luft und ein ausgewogenes Nährstoffverhältnis müssen genau beachtet werden, wenn die Kultur erfolgreich verlaufen soll.

Auch zu anderen Jahreszeiten kann man die Entwicklung der Jungpflanzen intensivieren. Nur bei Helligkeit vollzieht sich bei Pflanzen die Photosynthese. Wird die Belichtung über die normale Tageszeit hinaus durch Zusatzlicht künstlich verlängert, können die Pflanzen längere Zeit pflanzeneigene Stoffe aufbauen und dadurch stärker wachsen.

Leuchtstofflampen zur Pflanzenbelichtung verwendet man bei der Anzucht von Jungpflanzen (Bromelien, Anthurien, Begonien, Farne, Gerbera u. a.). Die notwendige Leistung liegt bei 100–200 Watt/m^2.

Generatives Wachstum

Neben Pflanzen, die unabhängig von der Tageslänge dann Blüten ansetzen, wenn sie ein bestimmtes Alter erreicht haben (tagneutrale Pflanzen), gibt es etliche Pflanzen, die sich mit der Blütenbildung streng nach den herrschenden Lichtverhältnissen richten: lange Tage und kurze Nächte im Sommer bewirken im ständigen Wechsel über eine bestimmte Zeit bei sog. **Langtagpflanzen** die Bildung von Blütenknospen (Induktion). Diese Pflanzen wachsen bei anderen Lichtverhältnissen nur vegetativ.

Kurztagpflanzen dagegen wachsen während des Sommers nur vegetativ, doch wenn zum Herbst die Tage kürzer und die Nächte länger werden, bewirkt dieser ständige Wechsel – kurzer Tag/lange Nacht –, daß diese Pflanzen Blüten bilden (Induktion).

Die Mindeststundenzahl der Lichteinwirkung, die eine Pflanze vom vegetativen zum generativen Wachstum umstimmt, nennt man dabei **kritische Tageslänge.**

Die Erkenntnisse um die Abhängigkeit von der Tageslänge ermöglichen es dem Gärtner, die Blütezeit solcher Pflanzen zu steuern, indem durch zusätzliche Belichtung im Winter oder künstliche Verdunklung im Sommer die Tages- und Nachtlänge verändert wird.

Im Blumen- und Zierpflanzenbau ist die Steuerung der Blühtermine, besonders bei Kurztagpflanzen (Chrysanthemen, Weihnachtsstern, Kalanchoe u. a.) bedeutungsvoll. Vegetatives Wachstum erfolgt im Langtag, bei Temperaturen von 18–21 °C. Für die Steuerung der Blühtermine muß die kritische Tageslänge bekannt sein. Bei den oben genannten Kulturen liegt sie zwischen 11 und 14 Stunden. Wird der Richtwert unterschritten, erfolgt die Blütenbildung (Induktion), wird er überschritten, dann wächst die Pflanze vegetativ weiter.

Die Induktion wird außerhalb des natürlichen Kurztages durch entsprechende Verdunkelungsmaßnahmen (Überziehen der Beete mit schwarzem Tuch oder Folie oder Verdunkelung eines ganzen Kulturraumes mit schwarzem Tuch) erzielt. Je nach Sorte, Gattung, Pflanzenfamilie blühen die genannten Kulturen nach der erforderlichen Kurztagbehandlung, auch wenn draußen der natürliche Langtag herrscht. Jungpflanzenbetriebe informieren mit Kulturhinweisen – einem Fahrplan vergleichbar – den Gärtner über die Fragen der Kulturführung.

Die Kulturzeit verkürzt sich wesentlich, die Pflanzen blühen zu beliebig festgesetzten Terminen, die Qualität der Gesamtpflanze, im besonderen der Blüte, ist besser, die Nutzung der Kulturflächen ist intensiver (3 Ernten im Jahr auf gleicher Fläche sind bei Chrysanthemenkultur möglich).

Um bei Chrysanthemen-Mutterpflanzen und auch bei Jungpflanzen zu verhindern, daß sie als Kurztagpflanzen im Kurztag blühen, müssen sie in der Nacht

belichtet werden. Es genügen Glühlampen mit 60–100 Watt/m^2 oder Leuchtstofflampen entsprechender Lichtstärke oder Quecksilberhochdrucklampen (10 W/m^2). Bei Glühlampen wird durch Verwendung eines Reflektors die Lichtausbeute wesentlich verstärkt. Um Stromkosten zu sparen, wird eine **Intervall-** oder **zyklische Belichtung** durchgeführt (z. B. 3 min Licht, 12 min Dunkelheit).
Der Einfluß der Temperatur auf vegetatives und generatives Wachstum wird bei den speziellen Kulturen erklärt, ebenso Wasserversorgung und Ernährung.

3.1.4 Einsatz von Hemmstoffen

Hemmstoffe werden eingesetzt, wenn die Pflanzen von Natur aus oder durch gärtnerische Maßnahmen (z. B. Verdunklung) ein unerwünschtes Längenwachstum zeigen. Die Wuchshemmstoffe bewirken ein Kürzerbleiben der Internodien. Die Blätter wachsen in gleicher Zahl, werden aber nicht ganz so groß. Sie erhalten aber eine intensivere grüne Farbe. Die Triebe sind stabiler. Blüten und Blütenstände sind in der Regel etwas kleiner, dafür aber kräftiger ausgefärbt. Die Gesamtpflanze ist kompakter und standfester.
In der Praxis werden mit Wuchshemmstoffen folgende Pflanzen behandelt: Topf- und Schnittchrysanthemen, Weihnachtsstern, Elatior-Begonien, *Hibíscus,* starkwachsende Pelargonien-Sorten und Sämlings-Pelargonien. Sie erhalten einen gedrungenen Wuchs, gesundes Laub, intensive Blütenfarbe und eine gut gefüllte Blüte.
Sommerblumen und andere Beet- und Gruppenpflanzen sind mit Wuchshemmstoffen zu behandeln, wenn sich durch ein ungünstiges Frühjahr das Auspflanzen verzögert und die Pflanzen zu lang zu werden drohen.
Spritzt man Hecken mit einem Hemmstoff, dann kann man sich mehrmals die lästige Arbeit des Schneidens ersparen. Mit Wuchshemmern behandelte Rasenflächen lassen das Gras sehr langsam wachsen und die Arbeit des Rasenmähens kann wesentlich eingeschränkt werden.

Wuchshemmende Mittel

Phosfon ist ein Mittel in Pulverform. Da es die grünen Pflanzenteile bei Berührung zerstört, wird es in die Erde gemischt. Die Anwendung ist auf Chrysanthemen und Azaleen beschränkt. Die Wirkungsdauer beträgt ein Jahr.
B 9 ist flüssig. Es wird in Wasser gegeben und als Spritzmittel bei der Chrysanthemen- und Azaleenkultur eingesetzt. Es wirkt etwa 3–4 Wochen.
Alar enthält den gleichen Wirkstoff wie B 9, ist aber höher konzentriert. Mit Wasser vermischt wird es gespritzt. Es bleibt 3–4 Wochen wirksam.
Gartenbau-Cycocel wird als Gieß- oder auch als Spritzmittel eingesetzt. Es wird vorwiegend bei der Kultur von *Euphórbia pulchérrima* angewendet. Die Wirkung läßt nach 3–4 Wochen nach.
M H 30 ist ein Wuchshemmstoff für Gräser. Das flüssige Mittel wird mit Wasser verdünnt im Garten- und Landschaftsbau eingesetzt. Es eignet sich aber nur für weniger intensiv gepflegte Rasenflächen an Autobahnen, Straßen und in großen Grünanlagen. Ungeeignet ist das Mittel für Zier- und Sportrasen, weil Verfärbungen der Grasflächen auftreten.
Embark hemmt das Längenwachstum von Gräsern und unterdrückt die Samenbildung. Extensive Grasflächen, wie Landschaftsrasen, Rasenstreifen an Autobahnen, Industriegrünfläche u. a., werden mit diesem flüssigen Mittel besprüht. Es wird über das Blatt aufgenommen und erspart 2–4 Mähgänge.
Atrinal ruft je nach Konzentration und Pflanzenart unterschiedliche Wirkungen hervor:

- Zur Hemmung des Längenwachstums hat es sich bei Heckenpflanzen bewährt. Es wird über die Heckenoberfläche gespritzt, wenn der Neuaustrieb etwa 5–10 cm Länge erreicht hat.
- Bei frisch gestutzten Azaleen unterbricht Atrinal das Längenwachstum der Triebe und fördert zusätzlich die Bildung von Seitentrieben.
- Bei Eriken, Begonien, Fuchsien u. a. Zierpflanzen ersetzt Atrinal teilweise oder ganz das mechanische Stutzen (Stutzen von Hand). Auch hier wird die Verzweigung der Triebe verstärkt und die Anzahl der Blüten erhöht.

Bei **Off-Shoot-O** kann man nicht mehr von einem reinen wuchshemmenden Mittel sprechen. Es reguliert vielmehr das Wachstum von Pflanzen, indem es die seitliche Verzweigung von Trieben erzwingt. Es wird speziell bei Azaleen eingesetzt. Die weichen Triebspitzen werden verätzt, so daß die Seitenknospen austreiben müssen. Man spricht hier von »chemischem Stutzen«. Je nach Triebhärte und Sorte muß die Konzentration 4–10 % betragen, bei Temperaturen zwischen 15 und 30 °C. Probespritzungen sind vor jeder Behandlung zu empfehlen. 10–20 Minuten nach der Spritzung ist mit klarem Wasser die Spritzbrühe kräftig abzuwaschen, weil sonst Blätter »verbrennen« können.
Der Einsatz chemischer Mittel kann allgemeine Ko-

sten sparen, die Verkaufsqualität der Pflanzen erhöhen, Arbeitszeit einschränken.

3.1.5 Beeinflussung der Blütezeit

Die Blühtermine der Bromelien werden durch blühfördernde Mittel gesteuert. Gebräuchlich ist die Behandlung mit **Flaschen-Acetylengas.** 10–20 s lang wird das Gas in die mit Wasser gefüllte Zisterne der Pflanze eingeleitet. Die Pflanzen müssen ausgewachsen sein und mindestens 9–11 Blätter haben. Die Temperatur sollte 22–24 °C betragen, da sonst der Erfolg ausbleibt (verkrüppelte Blütenstände).
Das holländische Präparat **Bromblüte** wirkt ähnlich, muß aber mit Wasser verdünnt und in die entleerte Zisterne gefüllt werden.
Ethrel ist ein weiteres Mittel. Es wird auf die Blätter gespritzt und verbreitet von dort seine Wirkung. Für Bromelien mit kleinen Zisternen ist es empfehlenswert, weil Arbeit eingespart wird.
Die Kulturzeit bei *Aechméa fasciáta, Vriesea spléndens, Guzmánia minor* u. a. Bromelien verkürzt sich um mehrere Monate.

3.1.6 Beeinflussung pflanzlicher Ruheperioden

Bei Zwiebel- und Knollengewächsen schließt sich nach einer relativ kurzen Blütezeit, die bei vielen im Frühjahr liegt, eine Wachstumszeit an, in der Reservestoffe eingelagert werden. Danach werden die Blätter gelb und verdorren (sie »ziehen ein«). Die Pflanzen machen dann – zurückgezogen in die Zwiebel bzw. Knolle – eine Ruheperiode durch. Am natürlichen Standort in der Heimat dieser Pflanzen werden in diesem Zustand ungünstige Zeiten überdauert, z. B. winterliche Kälteperioden oder sommerliche Trockenheit.
Diese Ruheperioden können vom Gärtner beeinflußt werden, d. h., sie können durch Temperaturveränderung entweder verkürzt oder verlängert werden. Auf diese Weise werden Blüten dieser Pflanzen zu Zeiten auf den Markt gebracht, in denen sie normalerweise noch nicht oder nicht mehr blühen.
Beeinflussung durch höhere Temperaturen. Freesienknollen werden nach der Rodung vor ihrer Neuanpflanzung 3–4 Monate lang bei 27–30 °C gelagert. Sinkt die Temperatur unter 27 °C oder wird die Lagerzeit verkürzt, dann treiben die Knollen nach der Pflanzung nicht oder nur schwer aus. Man nennt solche Knollen »Schläfer«. Wird die hohe Temperatur zu lange, d. h. über 4 Monate eingehalten, »versteinern« die Knollen; sie sind dann ohne Wert.

Beeinflussung durch niedrige Temperaturen. Die Kühlung der Freesienknollen führt zu einer früheren Blütezeit und steigert den Ertrag. Bei 13 °C wird die noch nicht gepflanzte Knolle 4 Wochen lang trocken gelagert und anschließend bei 13 °C oder darunter naß gekühlt. Die Kühlung erfolgt im Anschluß an die Wärmebehandlung (s. o.).
Lagert man Knollen 6–9 Wochen bei Temperaturen um 13 °C, dann »verpuppen« sie sich, d. h., in dieser Zeit hat sich auf der alten Knolle eine neue gebildet. Anschließend erfolgt die oben geschilderte Wärmebehandlung. Man erhält auf diese Weise Knollen für einen Kulturtermin, zu dem Knollen der neuen Ernte noch nicht zu haben sind.
Bei *Hippeástrum*-Hybriden kommt man schneller zu größeren Zwiebeln, wenn sie mit warmem Wasser behandelt werden. Die Zwiebeln taucht man, je nach Umfang, 2–3 Stunden in Wasser von 43 °C. Durch diese Warmwasserbehandlung, die im Winter vorgenommen wird, kann die Kulturzeit um 1 Jahr verkürzt werden.
Einige frühjahrsblühende Freiland-Gehölze eignen sich als ganze Pflanzen oder als abgeschnittene Zweige zum Vortreiben im Winter. Geeignet sind solche Gehölze, deren Blüten im Spätsommer schon angelegt sind und die sich normalerweise nach dem Winter in den ersten warmen Frühjahrstagen öffnen. Während der Winterzeit wird ein vorzeitiges Aufblühen und eventuelles Erfrieren der Blüten durch Hemmstoffe verhindert. Diese Hemmstoffe werden durch die Winterkälte allmählich abgebaut (s. Seite 72).
Dazu gehören *Forsýthia × intermédia, Prúnus tríloba, Prúnus subhirtélla, Ríbes sanguíneum, Córnus mas,* u. a. Will man z. B. *Forsýthia* vor Weihnachten schon sicher zum Blühen bringen, dann müssen die abgeschnittenen Zweige ab Oktober ca. 4 Wochen niedrigen Temperaturen (−20 bis +5 °C) im Kühlraum ausgesetzt werden. Ihnen wird also schon vorzeitig »der Winter vorgegaukelt«. Die Luftfeuchtigkeit muß ca. 94% betragen, weil sonst die Knospen vertrocknen. Während dieser Zeit werden durch die Kälte die Hemmstoffe abgebaut, die die Blüten am Aufblühen hindern.
Nach der Kühlperiode legt man die Zweige noch einige Stunden in Wasser, bevor man sie durch höhere Temperaturen (ca. 18 °C) zum Aufblühen bringt.
Ab Januar/Februar kann die Winterruhe verkürzt werden, wenn man die frisch geschnittenen Pflanzenteile 12 Stunden lang einem etwa 30 °C warmen Wasserbad aussetzt. Zur anschließenden eigentli-

chen Treiberei sind dann nur noch Temperaturen von 18 °C nötig.
Eine alte Gärtnerregel sagt, daß man Gehölze, die Weihnachten blühen sollen, am 4. Dezember, am Barbaratag, schneiden soll. Die Blüten öffnen sich mit großer Sicherheit, weil bis dahin erfahrungsgemäß der natürliche Frost die Blühhemmstoffe zum großen Teil schon abgebaut hat.
In der Baumschule und im Obstbau versucht man mit Hilfe von Auxinen den Austrieb der Knospen im Frühjahr zu verzögern. Das hat den Vorteil, daß Schäden durch Spätfröste vermieden und Versandzeiten und Pflanzarbeiten im Frühjahr zeitlich ausgedehnt werden können. Im Lagerraum wird NES (Naphthylessigsäure) oder IBS (Indolylbuttersäure) versprüht oder verdampft und der Austrieb der dort lagernden Gehölze gehemmt.
Seit Jahren wird auf diese Weise auch das Auskeimen der Speisekartoffeln verhindert.
Große Bedeutung erhielten die Wuchsstoffe bei der Bekämpfung zweikeimblättriger Unkräuter im Getreideanbau und später auch bei der Rasenpflege. Unkräuter, wie der kriechende Hahnenfuß, das Gänseblümchen, der Wegerich, Ehrenpreisarten, aber auch Kreuzkraut, Franzosenkraut, Weißklee und Moose, beeinträchtigen das Aussehen einer gepflegten Rasenfläche. Chemische Unkrautbekämpfungsmittel (Herbizide) wie 2,4-C-Dichlorphenoxyessigsäure oder 2,4,5-Trichlorphenoxyessigsäure regen die breitblättrigen Pflanzen zu überstarkem Wachstum an. Blätter rollen sich ein, Stengel krümmen sich, werden dicker, platzen auf. Die Pflanze kann nicht genügend Nährstoffe aufnehmen, sie verbraucht sich, »wächst sich tot«. Gräser werden wegen ihrer Schmalblättrigkeit, wegen des besser geschützten Wachstumspunktes kaum von diesen Wuchsstoffen beeinflußt und können sich ungehindert ausbreiten.
Defolianten sind Stoffe, die Pflanzen zum vorzeitigen Blattfall veranlassen und die Ruheperiode einleiten. Praktische Bedeutung erhalten diese Stoffe bei der Kartoffelernte, aber auch in der Baumschule, um laubabwerfende Gehölze vor dem natürlichen Blattfall in den Handel zu bringen. Wirksame Substanzen sind u. a. Kalziumcyanamide, Natriumchlorate, Cyanamide.

Kontrolle und Vertiefung
1. Welche Möglichkeiten nutzt der Gärtner, um das Wachstum der Pflanzen zu steuern?
2. Nennen Sie Wuchsstoffe und wuchshemmende Mittel und berichten Sie über ihre Anwendung.
3. Welche betriebswirtschaftlichen Vorteile ergeben sich aus der Verwendung solcher Wachstumsregulatoren?
4. Berichten Sie über praktische Erfahrungen beim Umgang mit Wuchsstoffen und wuchshemmenden Mitteln.

3.2 Begleitende Schnittmaßnahmen

3.2.1 Das Schneiden der Ziergehölze

Das Schneiden von Gehölzen ist keine für die Pflanzen lebensnotwendige Maßnahme. Die Natur zeigt uns auf vielfältige Weise, daß es auch ohne solche Eingriffe geht. Bei näherem Hinsehen stellen wir aber häufig eine schwache Triebbildung, viele trokkene Äste und eine zunehmende Vergreisung der Sträucher und Bäume fest.
In den Betrieben des Blumen- und Zierpflanzenbaues, des Garten- und Landschaftsbaues, in Baumschulen und vor allem im Obstbau muß der Gärtner neben guter Bodenbearbeitung, sachgerechter Düngung, geeigneten Pflanzenschutzmaßnahmen, richtiger Sortenwahl, besonders durch den Schnitt die Pflanzen zu voller Schönheit entfalten oder zu hohem wirtschaftlichen Ertrag »zwingen«.
Im Blumen- und Zierpflanzenbereich ist das **Stutzen** der Chrysanthemen, Azaleen, Hortensien, Eriken u. a. eine wichtige Kulturmaßnahme, um Verzweigung, Pflanzenform, Längenwachstum, Blütenansatz und Blühtermine zu beeinflussen. Der Zeitpunkt des Stutzens ist wichtig. Er sollte in den meisten Fällen zu Beginn der Wachstumsperiode liegen, damit die Pflanze sich im weiteren Verlauf der Kultur gut entwickeln kann. Der Gärtner im Garten- und Landschaftsbau und in der Baumschule muß die verschiedenen Arten des Gehölzschnittes kennen:

Pflanzschnitt
Beim **Roden,** dem Herausnehmen der Pflanze aus dem Boden in der Baumschule, verliert die Pflanze einen großen Teil der feinen Wurzeln. Zwischen

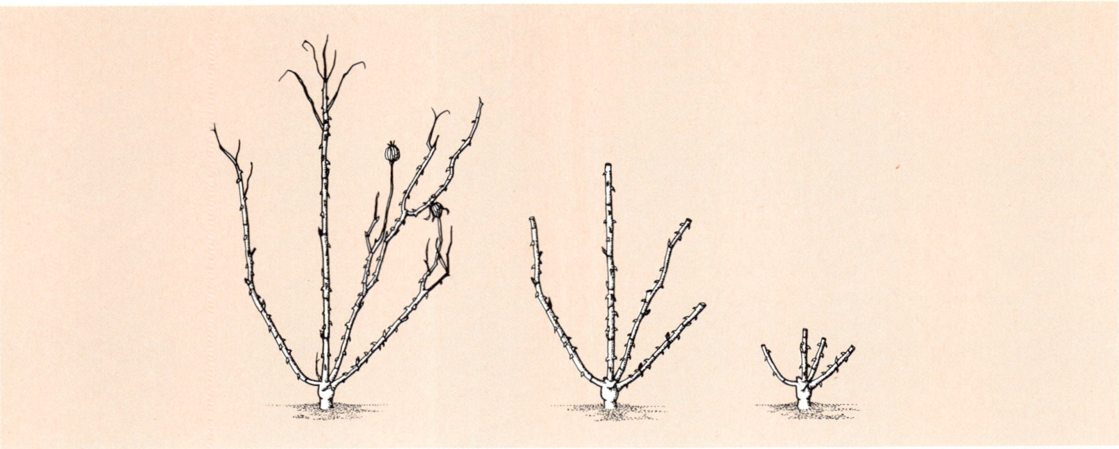

Abb. B 57. Bei allen Polyantha- und Edel-Rosen werden bei einer Herbstpflanzung nur die Spitzen der Triebe eingekürzt. Nach dem Abhäufeln im Frühjahr schneidet man die Triebe bis auf 3–7 Augen zurück. Regel: Schwacher Trieb starker Rückschnitt, starker Trieb schwacher Rückschnitt.

Abb. B 58. Wurzelschnitt: da jede Wurzel für das Anwachsen wichtig ist, werden nur die für den Pflanzvorgang zu langen und hinderlichen etwas zurückgeschnitten. Geknickte, gequetschte oder sonstige verletzte Wurzeln werden bis ins gesunde Holz zurückgeschnitten. Besonders die noch vorhandenen und lebensfähigen feinen Wurzeln werden nach Möglichkeit geschont.
Pflanzschnitt: Für die meisten Ziersträucher und Gartenbäume, die ohne Ballen gepflanzt werden, empfiehlt sich ein Rückschnitt um etwa ⅓ bis ½ der Triebe. Bei Ballenpflanzen soll der Rückschnitt, soweit überhaupt notwendig, nur etwa ¼ bis ⅓ der Trieblänge betragen. Nadelgehölze, Rhododendren und einige andere Pflanzen mit besonderem Wuchs (Aralie, Essigbaum, Magnolie u. a. m.) werden nach Möglichkeit nicht geschnitten.

dem oberirdischen Teil und dem Wurzelbereich des Gehölzes entsteht ein Mißverhältnis, das durch das Entfernen von Trieben ausgeglichen werden muß.

Verletzte, geknickte oder gequetschte Wurzeln werden bis ins gesunde Holz zurückgeschnitten. An den Schnittstellen bildet sich ein Wundgewebe (Kallus), aus dem sich die feinen Wurzeln entwickeln, die Wasser und Nährstoffe aus dem Boden aufnehmen.

Empfehlenswert ist für die meisten Sträucher und Bäume, die aus der Baumschule **ohne Ballen** geliefert werden, ein Rückschnitt der **Triebe** um etwa ⅓ der Gesamtlänge.

Günstige Termine für diese Arbeiten sind die Monate März und April und auch der Herbst.

Pflanzen, die **mit Erdballen** aus der Baumschule geliefert werden (z. B. Ahorn-Arten, Seidelbast, Zaubernuß, Magnolie, alle immergrünen Laub- und Nadelgehölze und Bodendecker) werden weder an ih-

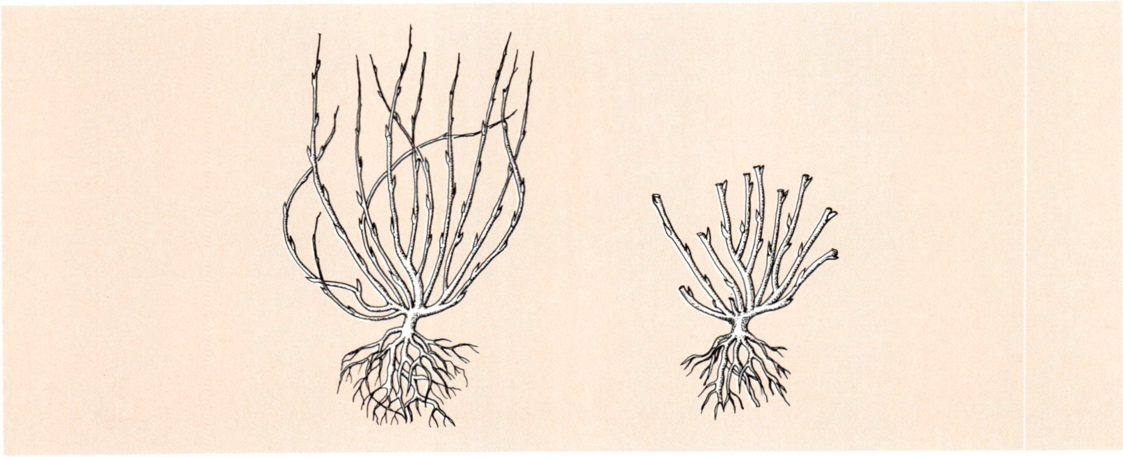

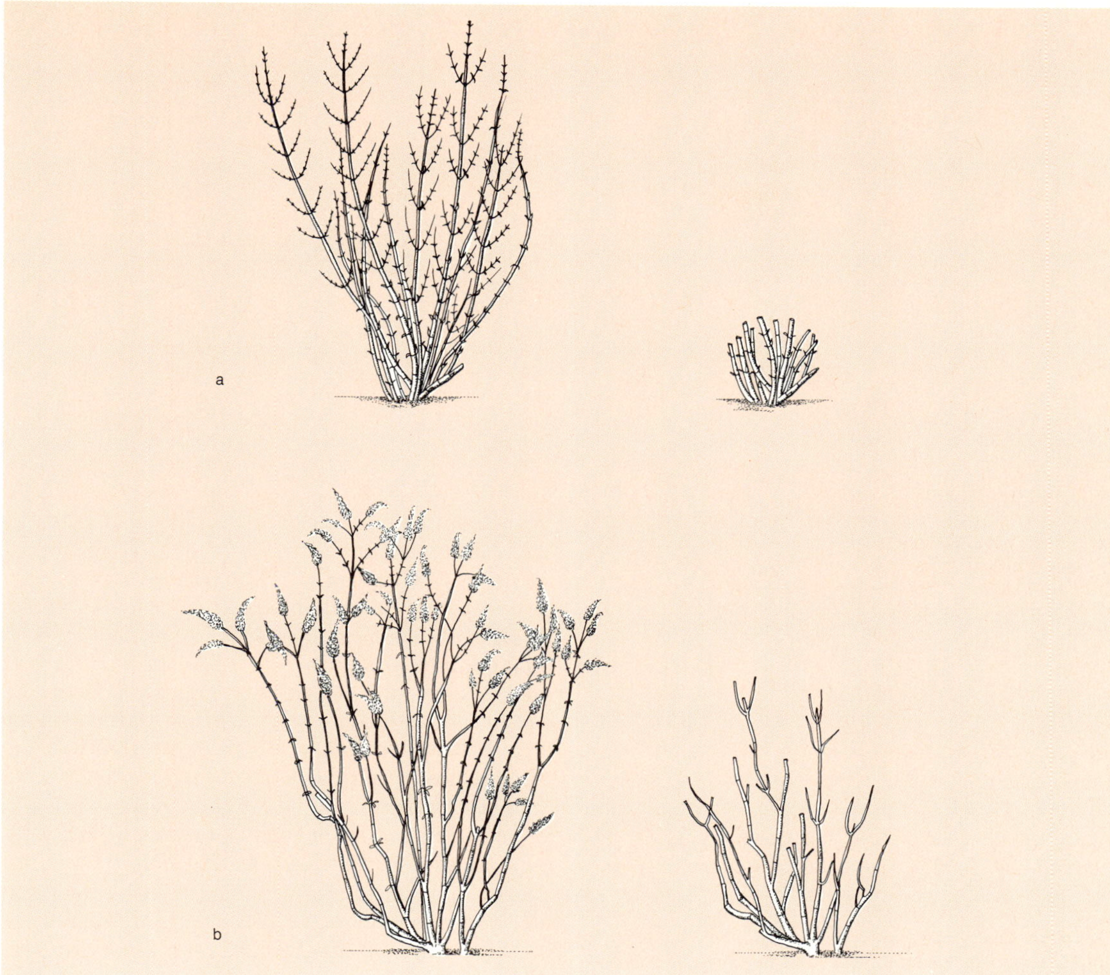

Abb. B 59. Rückschnitt. a = Alle im Spätsommer blühenden Halbsträucher *(Peróvskia abrotanoídes)* werden im Frühjahr bis knapp über dem Boden zurückgeschnitten. b = Auch die Triebe der *Buddléja davídii*-Sorten werden jährlich kurz zurückgeschnitten. Wird der Strauch nach einigen Jahren zu groß oder unansehnlich, ist auch eine Rücknahme bis ins alte Holz möglich.

ren Trieben noch an den Wurzeln beschnitten. Sie können ohne Entwicklungsstörung sofort weiterwachsen.

Praktisch können diese »Ballenpflanzen« das ganze Jahr über, außer an strengen Frosttagen, an ihren endgültigen Standort gepflanzt werden. Manche Gehölze, wie Magnolie, *Dáphne, Hamamélis* u. a., vertragen keinen Schnitt. Andere Pflanzen, wie *Buddléja davídii, Hydrangéa paniculáta* u. a., müssen nach der Pflanzung im Frühjahr stark zurückgeschnitten werden, weil sie dann besser austreiben und voller blühen.

Aufbauschnitt

Er soll in den ersten Jahren gut verzweigte und formschöne Pflanzen erzielen. Er beginnt in der Baumschule und lenkt und fördert einen naturgemäßen arteigenen Aufbau. Die Pflanze erhält das erste kräftige Gerüst für ein gutes Weiterwachsen am späteren, endgültigen Standort. Junge Bäume und Sträucher bilden lange Triebe, die sich nicht verzweigen. Erst durch das **Entspitzen** oder **Pinzieren** des Haupttriebes werden die Pflanzen zur Bildung von Seitentrieben gezwungen. Ein genauer Zeitpunkt für diese Maßnahme ist schlecht zu nennen.

Abb. B 60. Blütenbildungsverhältnisse bei den Ziersträuchern. a = Bei Forsythien und vielen anderen Arten werden die Blütenknospen auf der ganzen Zweiglänge im Jahr vor der Blüte angelegt. b = Beim Flieder *(Sylínga refléxa)* werden die Blütenknospen am Ende der vorjährigen Triebe angelegt.

Im allgemeinen ist es Frühsommer, wenn die Triebe ihr Wachstum verlangsamen.

Erhaltungsschnitt

Er soll die Lebenskraft des Gehölzes erhalten, weil durch den Schnitt alterndes Holz entfernt wird und sich junge gesunde Triebe entwickeln können. Die Eigenart des Gehölzes soll durch den Schnitt nicht gestört werden. In der Regel werden ältere Zweige mit mehreren Seitentrieben bis kurz über dem Boden (ca. 10 cm) entfernt.

Zwei große Gruppen von Ziersträuchern sind zu unterscheiden: Frühlingsblüher und Sommerblüher. **Frühlingsblüher,** wie *Forsýthia, Chaenoméles, Clématis montána, Kolkwítzia, Ríbes, Spiráea × argúta* u. a. tragen ihre Blüten am vorjährigen Holz. Sie werden unmittelbar nach der Blüte, spätestens im Juni geschnitten, damit sich wieder viele Triebe mit Blütenknospen für das kommende Jahr bilden können. Im Herbst werden die Blütenknospen voll entwickelt. Für die »Treiberei« kann man diese Zweige ab 4. Dezember schneiden. Sie werden, weil die Vegetationsruhe zu diesem Zeitpunkt beendet und die Knospe »reif« ist, bei Beachtung aller Faktoren (Temperatur, Feuchtigkeit, Helligkeit etc.) voll erblühen.

Abb. B 61. Die Gartenhortensie *(Hydrangéa paniculáta)* blüht dann am besten, wenn ihre Triebe jährlich bis auf kurze Zapfen zurückgeschnitten werden.

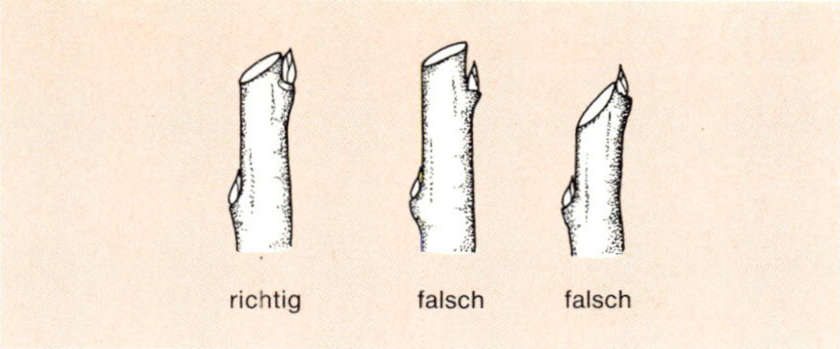

Abb. B 62. Rückschnitt über den Knospen.

Die Sommerblüher, wie *Buddléja davídii, Hypéricum calýcinum, Spiraea*-Bumalda-Hybriden, Fuchsien, *Hydrangéa paniculáta,* Edel- und Beetrosen u. a. entwickeln die Blütenknospen an den wachsenden Trieben und Zweigen. Wenn kein stärkerer Frost mehr zu erwarten ist, schneidet man alle vorjährigen Triebe bis auf wenige Augen (Knospen) zurück. Versäumt man diese Schnittmaßnahme, erscheinen weniger Blüten, und die Pflanzen altern schnell.

Abb. B 63. Rückschnitt – Verjüngungsschnitt. Zu locker aufgebaute Rhododendren können scharf zurückgeschnitten werden. Auch aus mehrjährigem Holz treiben sie willig aus.

Verjüngungsschnitt

Er wird notwendig, wenn Sträucher verkahlen, im Wuchs und in der Blühwilligkeit nachlassen oder einfach am vorgesehenen Standort zu groß werden. Hinzu kommt, daß man vielleicht ein behutsames Auslichten zur rechten Zeit versäumte. Der Verjüngungsschnitt ist ein radikaler Rückschnitt (30–50 cm über dem Boden) aller oberirdischen Triebe. Nicht alle unsere Sträucher vertragen eine solche massive Schnittmaßnahme.

Sommergrüne Sträucher bilden Adventivknospen, treiben schnell wieder aus und vertragen deshalb einen starken Rückschnitt (z. B. Berberitzen, Scheinquitten, Sanddorn, Kerrien, Liguster u. a.). Etwas vorsichtiger sollte man Ginster, Goldregen und einige *Cotoneáster*-Arten behandeln. Sie bilden nur schlecht oder überhaupt keine Adventivknospen aus. Hier ist das Herausnehmen alter Triebe (Auslichten) oder ein behutsamer und mäßiger Rückschnitt ins alte Holz angebracht.

Aufpassen muß man bei veredelten Sträuchern (Rosen, Mandelbäumchen, Flieder z. B.). Hier kann es passieren, daß der veredelte Pflanzenteil durch den starken Austrieb der Unterlage abstirbt.

Die weitere Behandlung im nachfolgenden Jahr: Wässern, Düngen, Mulchen und im Winter einen

Abb. B 64. *Tília platyphýllos.* Die natürlich aufgebaute, mehrjährige Krone wird nach dem Pflanzen nur etwas ausgelichtet.

Teil der vielen Austriebe zurücknehmen, damit sich der Strauch auch von unten her gut verzweigt.

Immergrüne Laubgehölze vertragen im allgemeinen nur einen mäßigen Rückschnitt. Er sollte dann vorgenommen werden, wenn Frostschäden oder zunehmende Alterung dies notwendig machen (z. B. Rhododendron-, Kirschlorbeer-, Berberitzen-Arten, *Ílex aquifólium* u. a.).

Immergrüne Nadelgehölze zeigen nach dem Schnitt ein sehr unterschiedliches Verhalten. Ein totaler Rückschnitt ist nur bei der Eibe und vielleicht beim Lebensbaum zu wagen. Sie treiben im allgemeinen willig wieder aus. Alle Fichten-, Tannen- und Kiefernarten vertragen grundsätzlich keinen Schnitt, wenn sie ihren Baumcharakter behalten sollen. Lediglich bei jungen Kiefernpflanzen erreicht man eine dichtere Verzweigung, wenn einzelne Triebe vorsichtig zurückgenommen werden.

Straßen- und Alleebäume haben es viel schwerer als ihre Artgenossen in Vorgärten und Parkanlagen. Sie leiden unter Salzschäden, Luft-, Wasser- und Nährstoffmangel. Dazu kommt häufig noch ein falscher Schnitt. Dringend erforderlich wird, wie an anderer Stelle erwähnt, ein von Anfang an richtig begonnener Pflanz- und Erziehungsschnitt.

Sehr wichtig ist die richtige Artenwahl: Ahorn, Linden, Platanen, Ulmen, Roßkastanien für große und breite Straßen; Zierkirschen, Mehlbeeren und die Säulen- und Kugelformen mancher Baumarten für kleine, enge Straßen.

Baumchirurgische Maßnahmen

In den letzten Jahren bemüht man sich, bedingt durch das gesteigerte Umweltbewußtsein, intensiv um die Erhaltung der Lebenskraft und Gesundheit wertvoller Altbäume, die in der freien Landschaft, im

Abb. B 65. Bei großen Wunden ist eine Wundbehandlung unerläßlich. Die von der Säge zerfranste Rinde wird glattgeschnitten, die gesamte Wunde mit Baumwachs oder anderen Wundverschlußmitteln (z. B. Lac-Balsam) verschlossen.

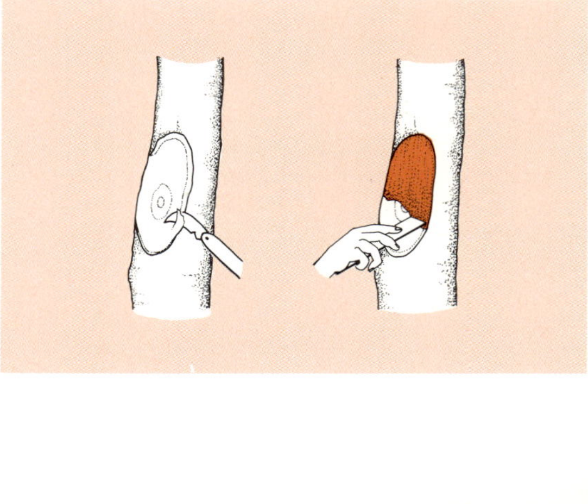

Park und im Stadtbild zu »Naturdenkmälern« herangewachsen sind. Faules und infiziertes Holz wird sorgfältig entfernt, und die freigelegten Flächen müssen mit einem Wundverschlußmittel (z. B. Lac-Balsam) behandelt werden. Große Höhlungen erhielten früher eine »Betoneinlage«.

Gefährdete Baumkronen und Gabelungen wurden früher durch Eisenbänder gesichert. Heute werden mit Eisenbolzen, die an ihren Enden Gewinde haben, auf die dann hinter gewölbten Eisenplatten Muttern aufgeschraubt werden, ganze Astpartien und Kronen zusammengehalten. Sie können nicht wie die Eisenbänder einwachsen, sondern werden, weil durchbohrt, nur überwallt.

3.2.2 Heckenschnitt

Hier sind nicht die Reihenpflanzungen aus Rosen, Forsythien, Berberitzen u. a. gemeint, die als sogenannte freiwachsende Hecken keinen regelmäßigen Schnitt erfahren, sondern die großen und kleinen immergrünen, sommergrünen und wintergrünen Wände, die im Garten geschlossene Räume bilden oder Gartenbeete einfassen und begrenzen.

Laubabwerfende Gehölze, die sich für mittlere und hohe Hecken besonders eignen, sind: *Cárpinus bétulus, Fágus sylvática, Ácer campéstre, Ligústrum vulgáre* u. a. Immergrüne Laub- und Nadelgehölze, die sich für mittlere und hohe Hecken eignen, sind: *Búxus sempérvirens* var. *sempérvirens, Ílex aquifólium, Prúnus laurocérasus, Rhododéndron catawbiénse, Chamaecýparis pisífera, Pícea ábies, Táxus baccáta, Thúja occidentális* u. a.

Für Beeteinfassungen haben sich *Búxus sempérvirens* 'Suffruticosa' und *Teūcrium chamāedrys* bewährt. Für den laufenden Meter Hecke werden im allgemeinen 3–4 Pflanzen benötigt. Bei kleineren Pflanzen mehr. Die Breite einer Hecke schwankt von 25 bis über 100 cm und richtet sich nach der Pflanzenart und der Gestaltungsabsicht (Lebende Wand, Abgrenzung, Lärmschutz, Sichtschutz etc.).

Pflanzschnitt

Pflanzen ohne Ballen (z. B. *Ligústrum*) müssen nach dem Pflanzen stark zurückgeschnitten werden, damit sie sich gut verzweigen. Auch in den folgenden 2–3 Jahren ist ein laufender Schnitt notwendig, damit die Hecke dicht wird.

Pflanzen mit Ballen. Die laubabwerfenden Heckenpflanzen können unbedenklich nach dem Pflanzen zurückgeschnitten werden. Die sogenannten »Heister«, das sind gut verzweigte, in der Baumschule gezogene Pflanzen, ergeben eine fast fertige Hecke. Sie wird nach dem Pflanzen nur mäßig zurückgeschnitten.

Wann und wie oft soll man Hecken schneiden?

Laubabwerfende Heckenpflanzen lassen sich ohne Schaden häufiger schneiden. Die abgeschnittenen Pflanzenteile sind dann noch weich und gut zu kompostieren. Im allgemeinen ist ein 2maliger Schnitt üblich. Ein Schnitt sollte Ende Juli, Anfang August vorgenommen werden, weil in dieser Zeit die jungen Vögel ihre Nester in der Hecke verlassen haben. Im Frühjahr, kurz vor dem Austrieb, erfolgt der zweite Schnitt, der dann die gewünschte Heckenform zum Ziel hat.

Wenn betriebliche Überlegungen nicht im Wege stehen, kann man z. B. Liguster oder auch Feldahorn 3–4mal im Jahr schneiden.

Immergrüne Laub- und Nadelgehölze sollte man nur 1mal im Jahr, in der Regel im August, schwach schneiden. Ein starker Rückschnitt wird selten gut überstanden. Ein Teil des Jahrestriebes soll stehenbleiben, damit er ausgereift den folgenden Winter überstehen kann.

Beispiele: *Prúnus laurocérasus, Thúja occidentális* und *Tsúga canadénsis.*

Abb. B 66. Vernachlässigte Hecken lassen sich in der Regel durch einen radikalen Rückschnitt von unten her neu aufbauen.

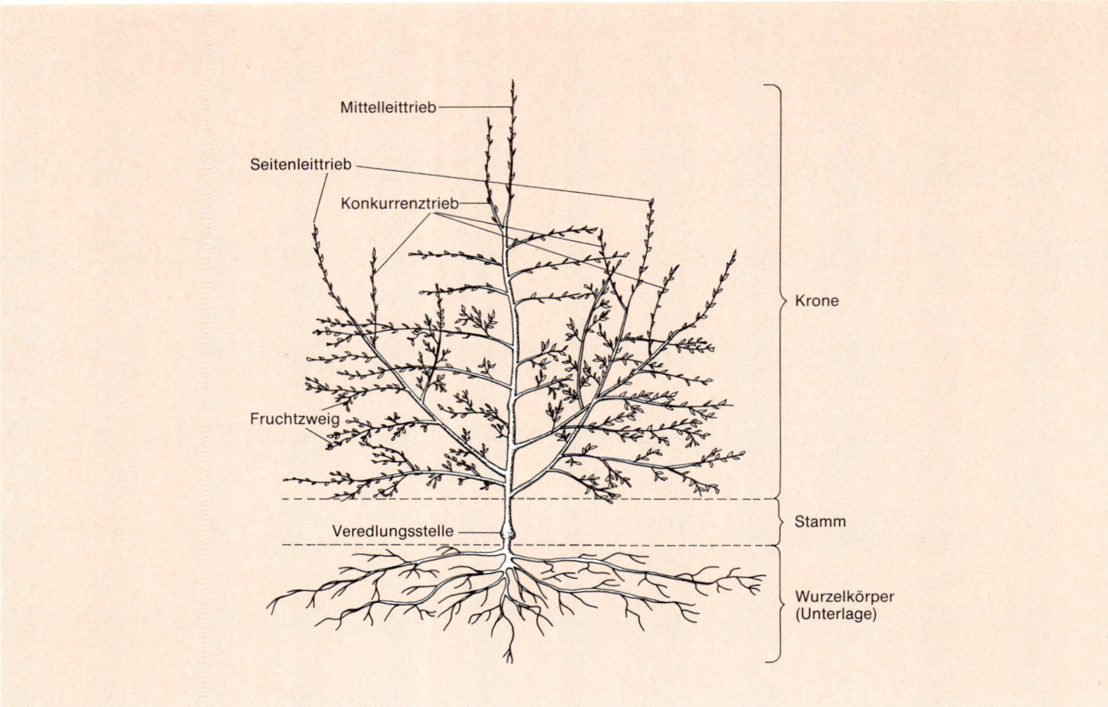

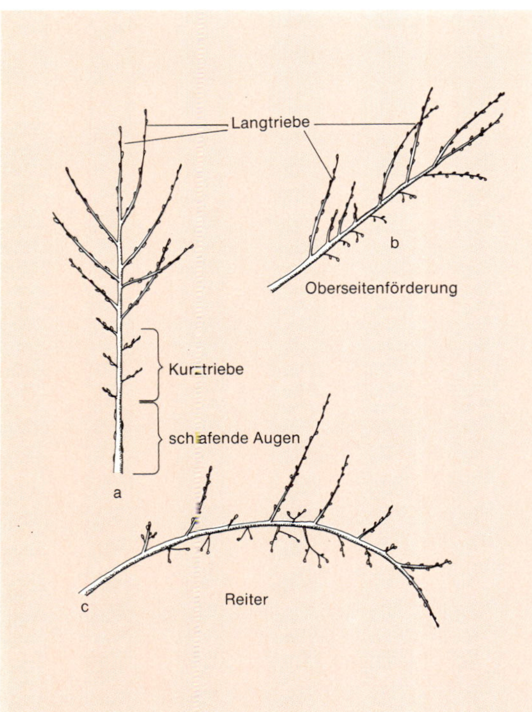

Abb. B 67. Oben: Gliederung des Obstbaumes. Unten: Wachstumsgesetze ohne Schnitt. a = Spitzen- oder Gipfelförderung am senkrechten Trieb. b = Oberseitenförderung am schrägwachsenden Trieb. c = Scheitelpunktförderung an einem abknickenden Trieb. An allen drei Trieben ist zu beachten, daß stets die am höchsten liegenden Knospen den stärksten Austrieb erfahren.

Wachstumsregler

Diese Stoffe, z. B. Atrinal, hemmen das Längenwachstum der Pflanzen (s. Kap. 3.1.4). Die hohen lohnintensiven Schnittarbeiten können teilweise dadurch eingespart werden. Nach dem Abschluß des Wachstums im Herbst ist nur ein Nachschnitt (Säuberungsschnitt) erforderlich, der für den normalen Austrieb der Hecke zu sorgen hat.
Atrinal wird im Frühjahr auf den Neuaustrieb gebracht. Die Triebe sollen von dem Mittel etwa 5–10 cm benetzt sein. Die Konzentration ist je nach Gehölzart verschieden. Sie schwankt von 0,3–2,5 %. Die Behandlung der Gehölze mit Wachstumsregulatoren kann ab dem 4. Standjahr beginnen.

Rückschnitt

Hecken, die jahrelang nicht geschnitten werden, lassen sich nur durch einen starken Rückschnitt wie-

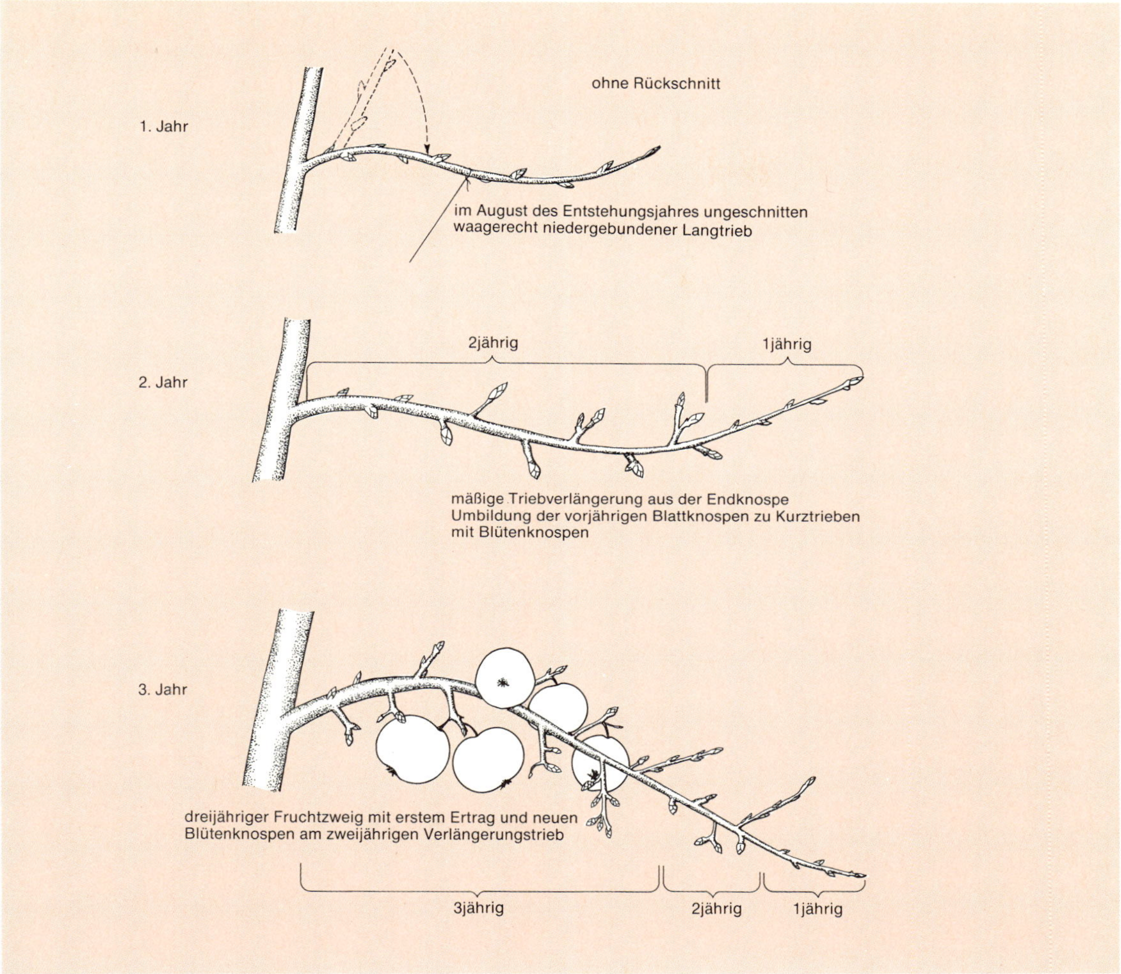

Abb. B 68. Triebhemmung und Fruchtzweigbildung.

der neu in Form bringen. Etwa 20 cm über dem Boden wird alles »abgeworfen«. Durch nachfolgende Pflegemaßnahmen (Wässern, Düngen, Mulchen etc.) werden die Pflanzen sich von unten her voll entwickeln. Die beste Zeit für diese Arbeit ist der Winter, weil ein starkes »Bluten« der Pflanze dann unterbleibt.

3.2.3 Der Obstbaumschnitt

Das Schneiden der Obstgehölze erfolgt nach anderen Gesichtspunkten als der Schnitt der Ziergehölze. Ziel und Sinn des Obstbaumschnittes ist ein gesundes Astgerüst, welches Licht und Luft durchfluten läßt und Blüte und Frucht ausreichend trägt. Dabei kann die »schöne Form«, die wir bei den Ziersträuchern so schätzen, nur eine untergeordnete Rolle spielen.

Hauptaufgabe aller Schnittmaßnahmen im Obstbau ist es, einen frühzeitigen, regelmäßigen, in Menge und Güte zufriedenstellenden Ertrag zu erzielen.

Die übrigen Kulturmaßnahmen, wie Düngung, Pflanzenschutz und Bodenpflege, dürfen im Obstbau nicht vernachlässigt werden, soll die Gesamtarbeit den gewünschten Erfolg bringen.

Wachstumsgesetze und Schnittmaßnahmen

Gesetz der Spitzenförderung. Je höher eine Knospe (oder ein Seitentrieb) sich an der Spitze eines Astes

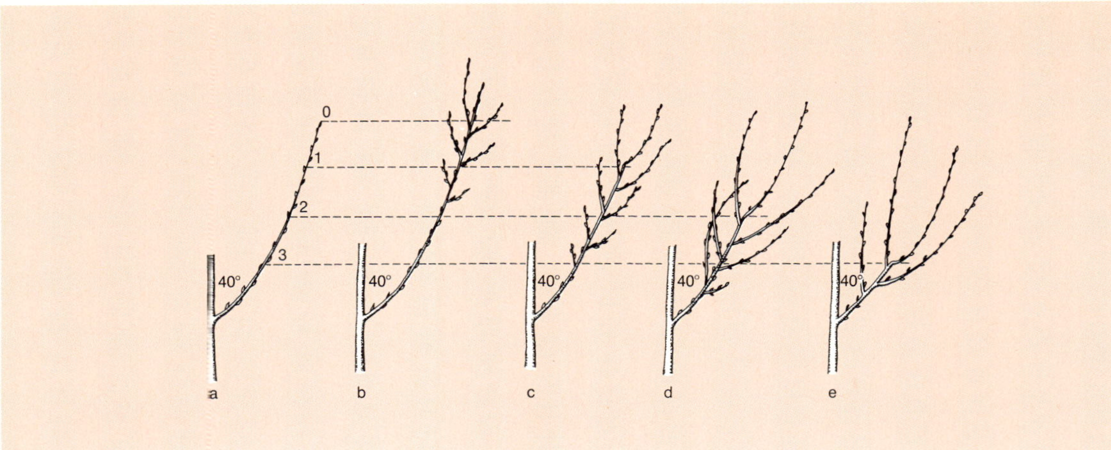

Abb. B 69. Auswirkung verschieden starker Rückschnitte. a = Einjähriger Langtrieb, b = derselbe Trieb, unangeschnitten im folgenden Jahr, c = derselbe Trieb nach Rückschnitt um ca. ein Viertel seiner Länge, d = derselbe Trieb nach Rückschnitt auf die Hälfte, e = Reaktion auf einen starken Rückschnitt.

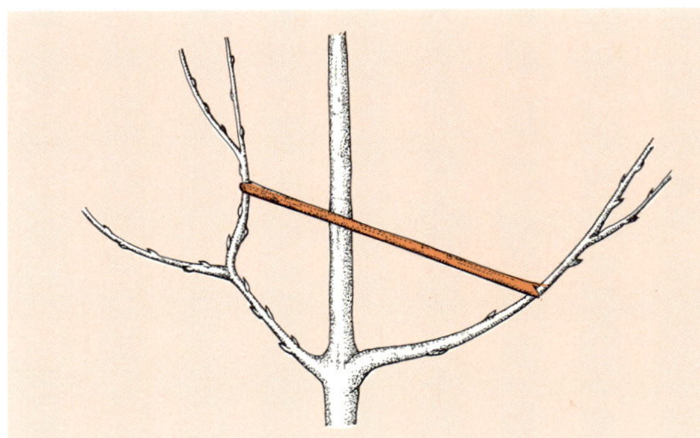

Abb. B 70. Abspreizen eines Seitenleitastes in eine günstigere Richtung. Die Stammverlängerung soll dabei ihre Richtung nicht verändern.

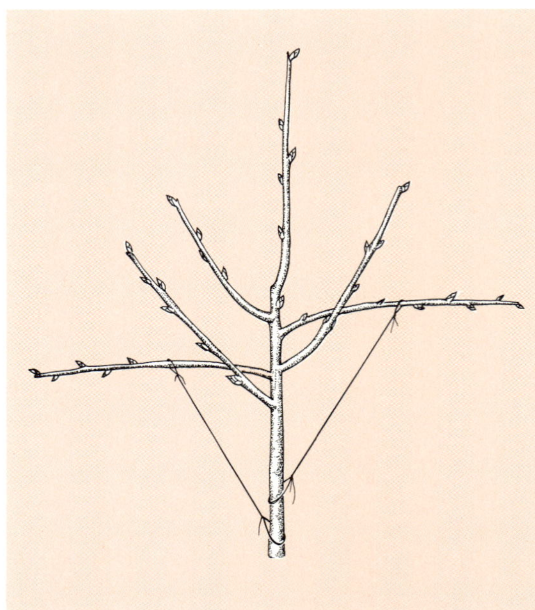

Abb. B 71. Zweijährige Veredlung, Pflanzschnitt mit waagerecht abgebundenen Trieben.

befindet, desto stärker treibt sie aus und desto weniger neigt sie zur Blütenbildung. Sitzt die Knospe (Auge) tiefer, dann treibt sie entsprechend schwächer aus. Treibt die Knospe überhaupt nicht aus, dann nennen wir sie »schlafendes Auge«.

Gesetz der Oberseitenförderung. Auf fast waagrecht wachsenden Trieben werden obensitzende Knospen besser ernährt und treiben deshalb stärker durch. An bogenförmigen Trieben beobachten wir ebenfalls am »Scheitelpunkt« eine starke Triebbildung. Wir nennen sie »Reiter« (s. Abb. B 67).

Gesetz der Triebhemmung und Blütenbildung. Ein Langtrieb wächst schwächer, wenn er in eine waagrechte Lage gebracht wird. Seine Neigung zum Treiben und zur Verzweigung wird unterdrückt. Er wird in der Regel seine Knospen zu Kurztrieben mit Blütenanlagen umbilden (s. Abb. B 68). Der Rückschnitt eines Langtriebes bewirkt das Austreiben der »schlafenden Augen« und die Bildung von neuen Seitentrieben.

Starker Rückschnitt führt zu starkem Austrieb. Schwacher Rückschnitt hat auch schwächeren Austrieb zur Folge.

Schnitthilfen

Binden. Das Herunterbinden von Ästen, die nicht dem Kronenaufbau dienen, führt zu einem Stau des Saftstromes, der einen früheren Fruchtertrag bewirkt (s. Abb. B 71).

Spreizen. Ein Holz (Spreizholz) wird in einem Astwinkel so angelegt, daß der Seitenast in eine günstige Wuchsrichtung gezwungen wird (s. Abb. B 70).

Abb. B 72. Erziehungsschnitt in den ersten drei Jahren. a = Drei für den Aufbau der Krone geeignete Seitenäste werden in gleicher Höhe (Saftwaage) angeschnitten, der Mittelleittrieb etwa eine Scherenlänge darüber. Die Endknospen der Seitenleitäste sollen, um eine weit ausladende Krone zu bekommen, nach außen weisen. Nicht für den Gerüstaufbau brauchbare Äste werden waagerecht gebunden mit dem Ziel, die fruchtende Phase einzuleiten. b = Im folgenden Jahr werden die aus den Endknospen des Mittelleittriebes und der Seitenleittriebe entwickelten Neutriebe wiederum angeschnitten, Konkurrenztriebe entfernt und notfalls Zweige herabgebunden. c = Das gleiche wird im dritten bzw. vierten Jahr durchgeführt. Die Veredlungsstellen sind in allen drei Fällen über dem Boden.

Beide Schnitthilfen sind im Frühjahr anzuwenden. Die beigefügten Abbildungen sollen dem Leser eine Hilfe für die zu treffenden Schnittmaßnahmen sein. Ständiges Üben an der Pflanze und das »Einfühlen« in die Belange des Pflanzenlebens und das Benutzen spezieller Fachbücher sichert die erfolgreiche fachmännische Baumbehandlung.

Pflanzschnitt

Neben den bei Ziersträuchern erwähnten allgemeinen Schnittmaßnahmen an Trieben und Wurzeln gilt es hier, die Grundlage für eine **Kronenerziehung** zu legen. Sie wird bei den verschiedenen Obstarten unterschiedlich vorgenommen (s. Kronenformen). Außerdem sind Konkurrenztriebe und starke Seitenäste zu entfernen.

Erziehungsschnitt

Er läßt sich vom Pflanzschnitt nicht genau trennen und beginnt bereits im Pflanzjahr mit dem Ziel, eine Baumkrone zu entwickeln, die sich dem Sonnenlicht

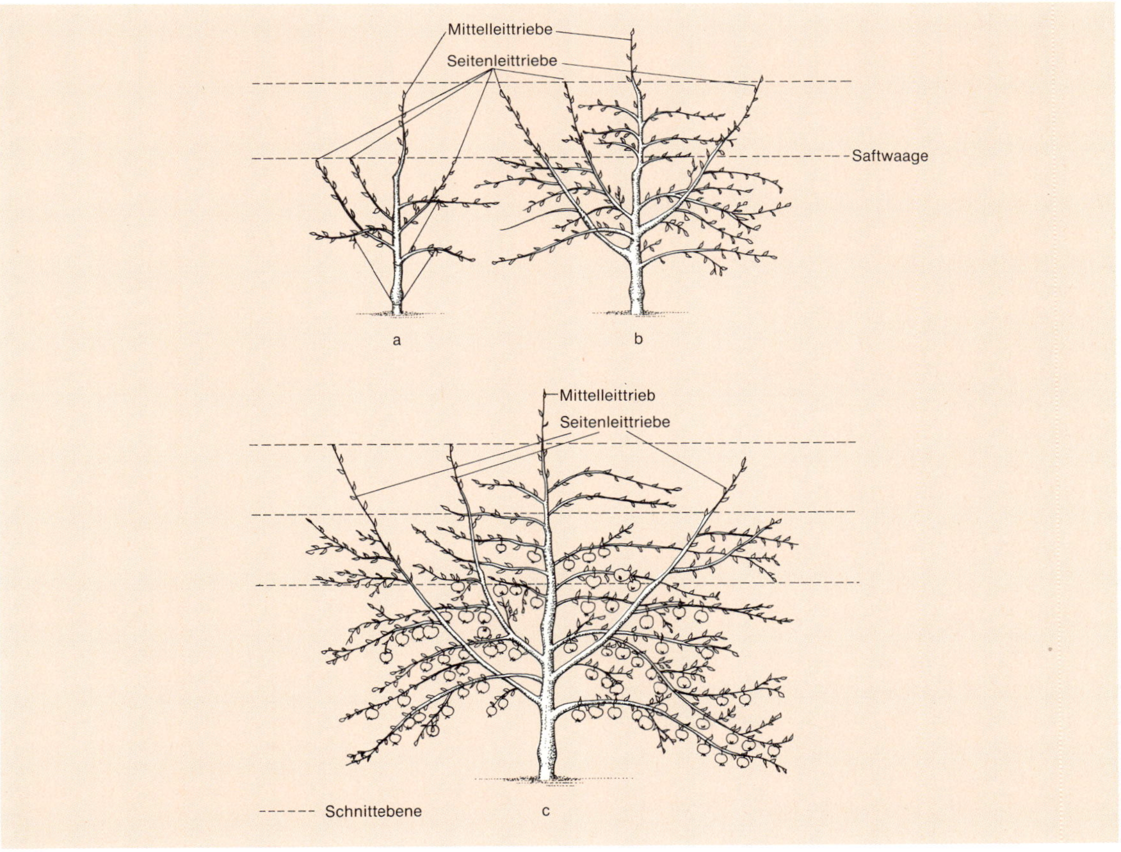

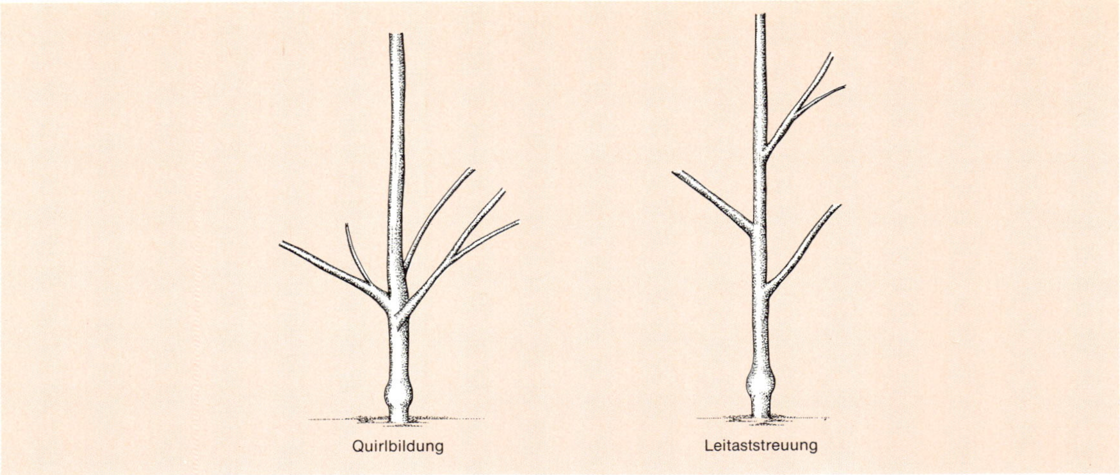

Abb. B 73. Die Seitenleitäste sollten aus dem Mittelleitast in unterschiedlichen Höhen entspringen, so daß es zu einer Leitaststreuung kommt (rechts). Sind die Seitenleitäste kreisartig in gleicher Höhe angeordnet, so spricht man von einem Quirl (links).

weit öffnet, und das Astgerüst so stark auszubilden, daß es gesunde und zahlreiche Früchte tragen kann. Die geeigneten Gerüstäste sollen sich in gleichmäßigen Abständen um den Mitteltrieb anordnen (Leitaststreuung). Eine Quirlbildung ist nicht anzustreben; sie ist weniger stabil und deshalb brüchig.

Überwachungs-, Erhaltungs- oder Instandhaltungsschnitt

Ältere Kronen sind durch das Entfernen überflüssiger Äste und Zweige auszulichten. Alles was sich kreuzt, reibt, parallel verläuft, überhängt und andere Zweige beschattet, was abgestorben und krank ist, wird entfernt. Die Regeln des Erziehungsschnittes sind auch bei diesen Schnittmaßnahmen mit einzubeziehen.

Kronenformen

1. Voll- oder Pyramidenkrone
2. Trichter- oder Hohlkrone
3. Spindel

Die Voll- oder Pyramidenkrone ist sehr verbreitet, hat einen Mittelleitast und 3–4 Seitenleitäste. Die Seitenleitäste haben die Aufgabe, das Fruchtholz zu tragen.
Die Trichter- oder Hohlkrone baut sich nur aus Seitenleitästen auf. Der Mittelleittrieb fehlt. Wie bei jedem Erziehungsschnitt ist auf die »Saftwaage« zu achten. Diese ist gegeben, wenn sich die Anschnittflächen und Endknospen aller Seitenleitäste auf gleicher Höhe befinden und ein gleichmäßiges Triebwachstum angenommen werden kann.
Für Birne und Süßkirsche ist die Hohlkrone weniger empfehlenswert, weil diese Obstarten von Natur einen starken Mitteltrieb bilden.
Die Spindel ist wie die Pyramidenkrone eine Vollkrone. Alle Seitenäste sind aber nicht als solche ausgeprägt, sondern bilden Fruchtholzzweige.

Unterlagen

In Verbindung mit den Schnittmaßnahmen sind die Unterlagen zu erwähnen, weil sie das Wachstum der Obstbäume beeinflussen. Die meisten Obstarten müssen durch Veredlung auf einer Unterlage (in der Regel die Wurzeln der Bäume) herangezogen werden.

Abb. B 74. Kronenformen. a = Voll- oder Pyramidenkrone mit drei deutlich sichtbaren Seitenleitästen und dem Mittelleittrieb. b = Trichter- oder Hohlkrone, die nur aus Seitenleittrieben besteht. c = Die Spindel ist eine Vollkrone, bei der alle Seitenäste gleichwertig und zu mehr oder weniger starkem Fruchtholz degradiert sind.
Abb. B 75. Kronenformen der Rundkrone.
Abb. B 76. Formenkreis der Spindel.
Abb. B 77. Kronengerüst. Anordnung der Leitäste.

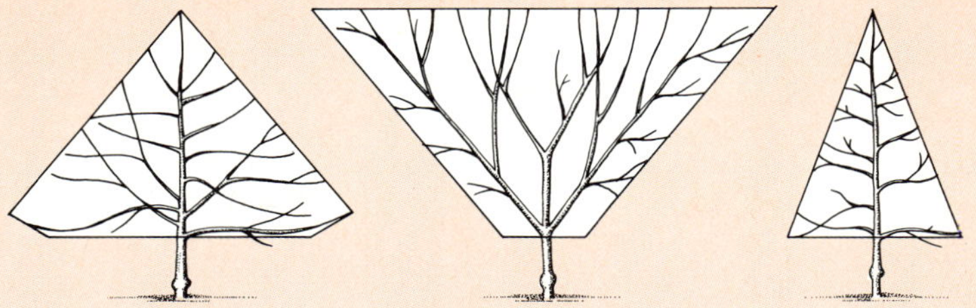
a
b
c

Pyramidenkrone
Hohlkrone
kombinierte Krone

schlanke Spindel (Hochveredelung)
schlanke Spindel mit Fruchtansätzen an der Kronenbasis
Spindel auf starker Unterlage mit langem Fruchtholz an Fruchtästen

quirlförmig
gruppiert
gestreut

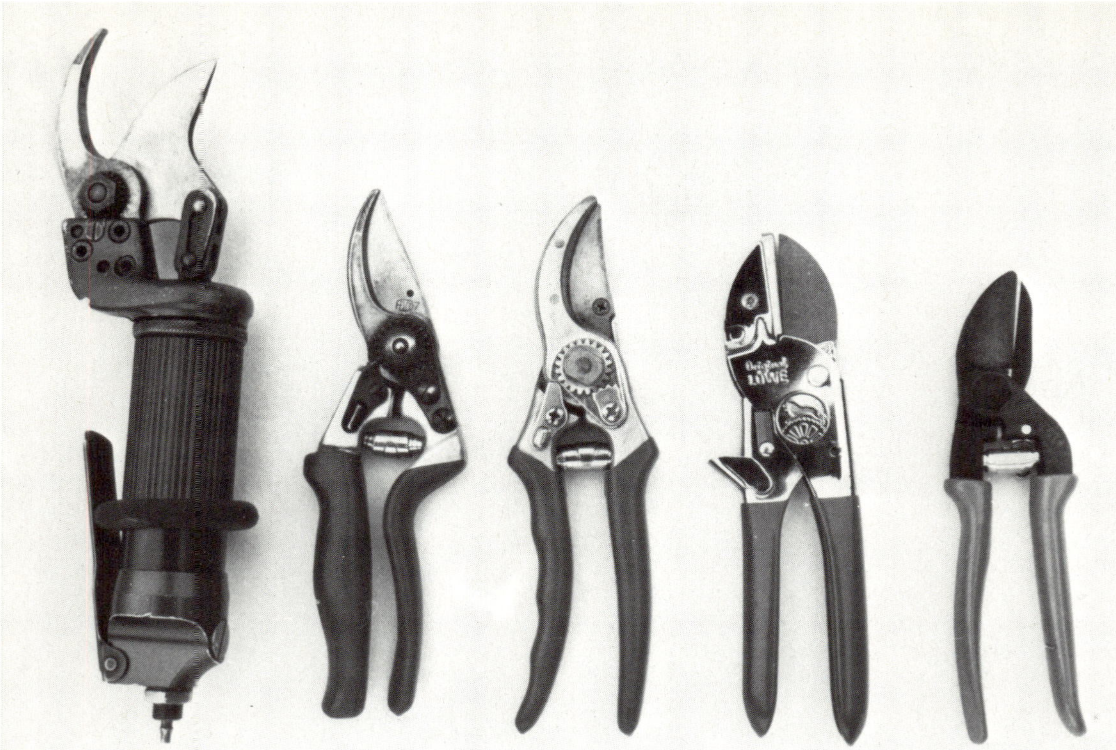

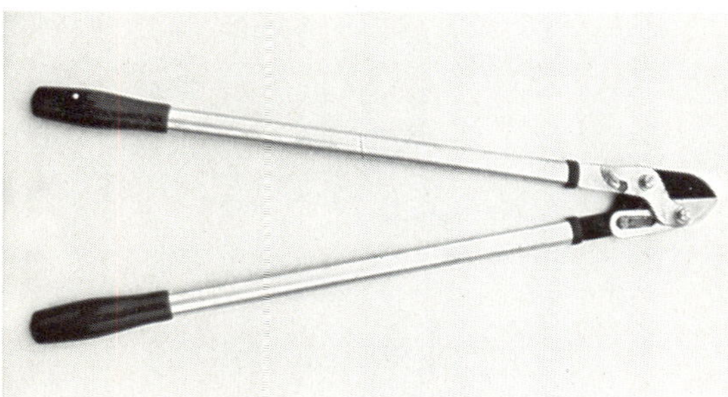

Abb. B 78. Verschiedene Scheren. Von links nach rechts: Schere aus einem pneumatischen Schnittsystem, Leichtmetall-Rollgriffschere, normale Leichtmetallschere, »Löwe«-Schere, kleine Stahlschere.
Abb. B 79. Astschere, geeignet zum Schnitt stärkeren Holzes, wie z. B. Auslichtungsschnitt bei Beerensträuchern und bodennahen Baumkronen.
Abb. B 80. Schnittwerkzeuge. Obstbaumsäge (Schwertsäge) mit feststehendem, gewölbtem Blatt. Unten Bügelsäge, leicht verstellbar durch einfachen Hebeldruck.
Abb. B 81. a = Kopuliermesser, b = Kopulierhippe, c = mittelschwere Hippe.

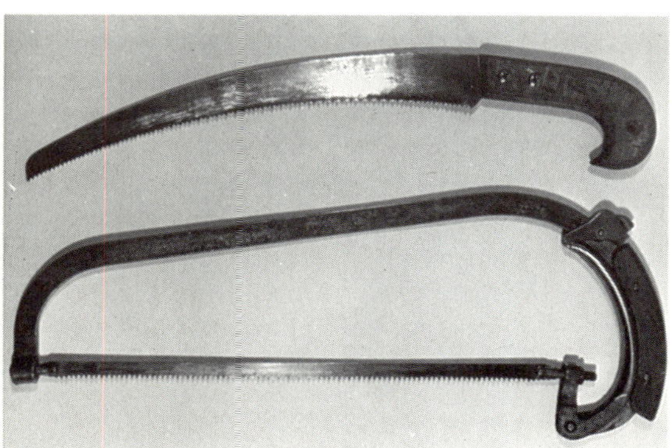

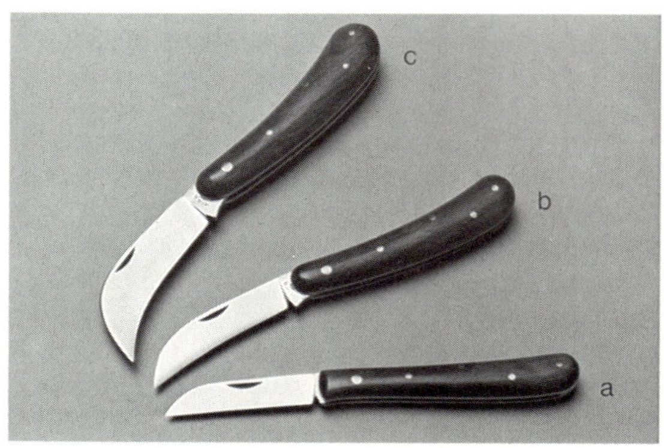

Wir unterscheiden Sämlinge und Typenunterlagen. Sämlinge werden aus Samen gewonnen (z. B. Birnenunterlagen), Typenunterlagen werden durch Abriß, Steckholz, Steckling und Wurzelschnittling (z. B. Apfelunterlagen) gewonnen. Bei Sämlingen ist die Wuchsstärke nicht im voraus zu bestimmen, während bei den Typenunterlagen Wuchsstärke, Fruchtgröße, Standfestigkeit und Ertragsbeginn bekannt sind. Die unterschiedlichen Wachstumseigenschaften (z. B. schwachwachsend, starkwachsend, mittelstarkwachsend) machen es möglich, auf Bodenart und Standort (Kleingarten, Obstplantage) Rücksicht zu nehmen.

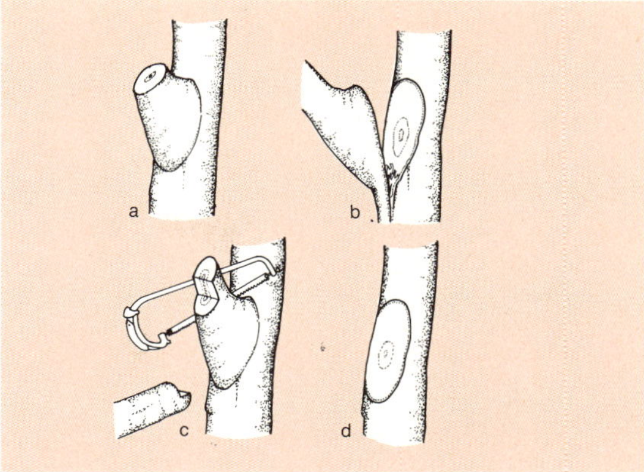

Abb. B 82. Vorgehen beim Abschneiden von Ästen. a = Beim Entfernen von Zweigen und Ästen dürfen keine Stümpfe (Kleiderhaken) stehen bleiben. b = Bei nur einem Schnitt läßt sich ein Ausreißen fast nicht verhindern. c = Richtige Schnittfolge an starken Ästen zur Vermeidung von Rißwunden. d = Die Schnittwunde liegt dicht am Stamm und nicht wie früher häufig praktiziert so, daß sich der obere Rand etwas näher am Stamm befindet als der untere. Die Wunde hat einen rundlichen bis ovalen Querschnitt.

3.2.4 Werkzeuge, Maschinen und Schneidetechnik

Für nicht allzu große lange Hecken ist die **Hand-Heckenschere** immer noch ein unentbehrliches Werkzeug. Auf Friedhöfen und in historischen Parkanlagen mit ihren oft kilometerlangen Hecken ist die **elektrisch** oder mit einem **Benzinmotor angetriebene Heckenschere** das bessere Arbeitsmittel.
Für alle weiteren Schnittmaßnahmen sind die **Baumschere** aus Leichtmetall mit auswechselbaren Klingen, die **Astschere** *und die* **Baumsäge** die wichtigsten Gerätschaften. Nicht zu vergessen die **Hippe** zum Glattschneiden der Wunden, das **Kopuliermesser**

Abb. B 83. Gerätepflege. a = Schärfen der Säge, b = Schränken der Säge, c = Abziehen der Schere, d = Einstellen der Schere.

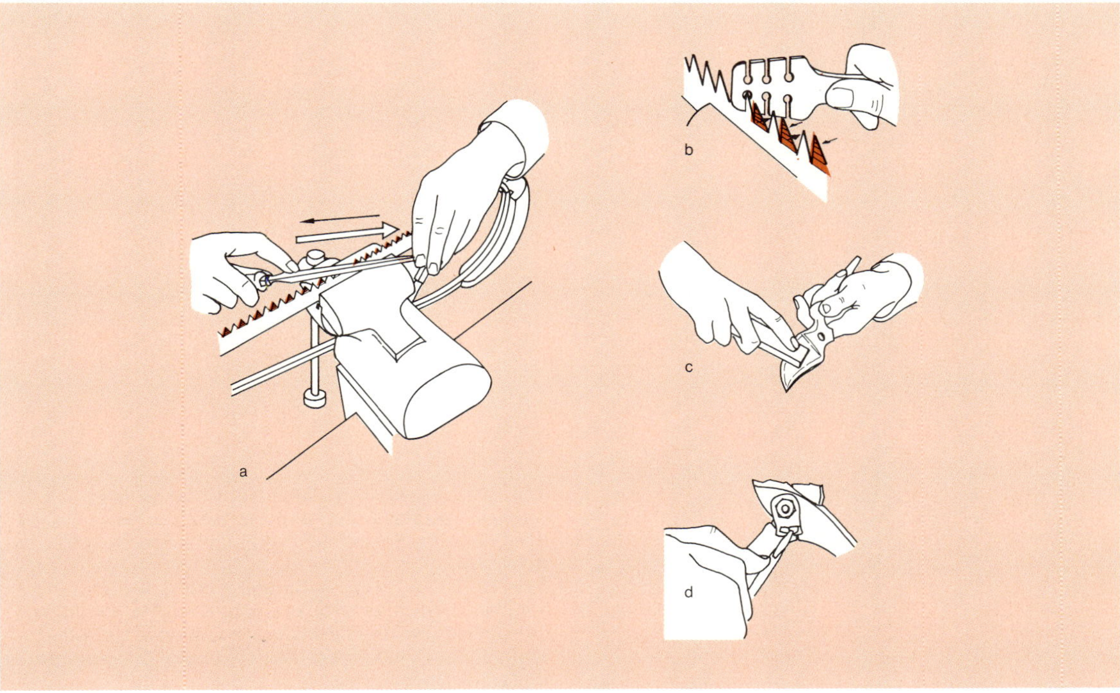

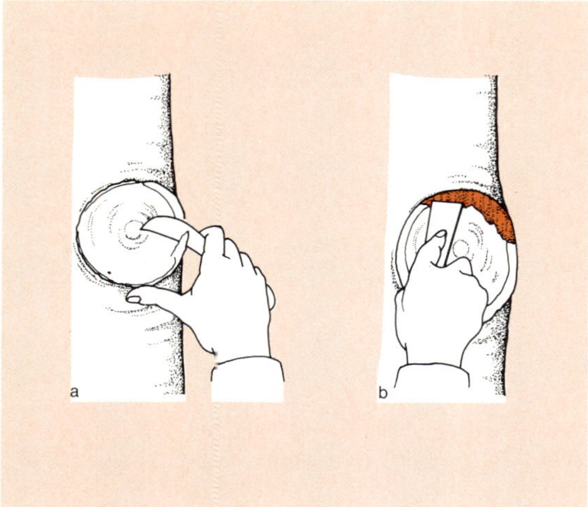

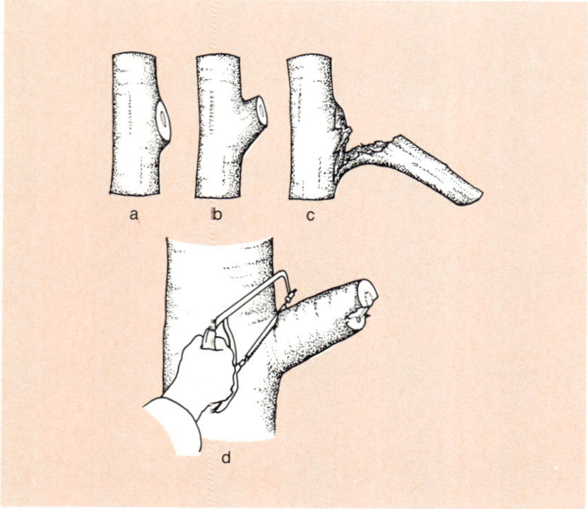

zum Veredeln und der **Abziehstein** zum Schärfen der Messer.

Jeder Schnitt an einer Pflanze ist für diese ein mehr oder weniger starker Eingriff in das Innenleben. Wasser- und Nährstoffleitungen werden unterbrochen. Die Verletzung, die Wunde, kann sich zu einem Fäulnisherd entwickeln. Die Pflanze wird oft zu verstärkter Triebbildung (Wasserschosse) angeregt. Der Gärtner muß für eine schnelle Heilung der Wunde sorgen. Am besten gelingt das, wenn der Schnitt an der richtigen Stelle, d. h. in unmittelbarer Nähe des Astes oder Stammes, durchgeführt wird. Jeder stehengebliebene Teil (Kleiderhaken) verhindert ein schnelles Verwachsen. Dieses Schneiden auf »Astring« sorgt für eine zügige »Überwallung« durch das Kambium (Wachstumsgewebe), und die Schnittstelle kann nicht austrocknen (s. Abb. B 82). Es empfiehlt sich, die großen und kleinen Wunden mit einem Wundverschlußmittel zu verstreichen, um das Eindringen von Feuchtigkeit und holzzerstörenden Pilzen zu verhindern.

Kontrolle und Vertiefung

1. Wie sollen Gehölze ohne Ballen vor dem Auspflanzen behandelt werden?
2. Kann man Rhododendron-Hybriden scharf zurückschneiden?
3. Wann ist ein Rückschnitt bei Sträuchern und Hecken zwingend notwendig?
4. Erläutern Sie die folgenden Begriffe:
   - Schnitt auf Astring
   - Konkurrenztrieb
   - Erziehungsschnitt

Abb. B 84. Wundbehandlung: Nachschneiden des äußeren Wundrandes (a) und Verstreichen (b).
Abb. B 85. a = Schnitt auf Astring, b = Schnitt auf Beiaugen.
Abb. B 86. a = Richtig entfernter Ast auf Astring, b = falsch entfernter Ast; Aststummel ist eine verstärkte Infektionsquelle für Holzfäule, c = ausgerissener Ast, häufig Folge einer falschen Astentfernung, d = richtiges Entfernen eines Astes.

4 Pflanzenschutz

Der Pflanzenschutz spielt im Gartenbau als ertragssichernder und qualitätserhaltender Produktionsfaktor eine wichtige Rolle. Die vielfältigen Schadursachen sowie das große Angebot an Pflanzenschutzverfahren und Pflanzenbehandlungsmitteln erfordern vom Gärtner besondere Fähigkeiten und Kenntnisse.
Er muß u. a. in der Lage sein, anhand bestimmter Merkmale (Symptome) Pflanzenschäden und ihre Ursachen rechtzeitig zu erkennen und die richtigen Gegenmaßnahmen zu ergreifen. Er muß wissen, welche Zusammenhänge zwischen Umwelteinflüssen, Kulturmaßnahmen und dem Auftreten bestimmter Krankheiten und Schädlinge bestehen. Schließlich muß er bei der Durchführung von Pflanzenschutzmaßnahmen auch die bestehenden Gefahren kennen, um die Belange des Verbraucher-, Umwelt- und Arbeitsschutzes berücksichtigen zu können.

4.1 Die kranke Pflanze

Unter **Krankheit** versteht man im allgemeinen jede Abweichung vom »normalen« Verlauf der Lebensvorgänge von Pflanze, Mensch oder Tier. Die Erkrankung einer Pflanze ist an den äußerlich sichtbaren Abweichungen gegenüber einer gesunden Pflanze, den Symptomen (Krankheitsbild, Schadbild) zu erkennen. Die Symptome geben wichtige Hinweise bei der Suche nach den Krankheitsursachen, d. h. bei der Diagnose. Bei den Symptomen unterscheiden wir zwischen: Verfärbungen, Welken, Formveränderungen, Absterbeerscheinungen und Beschädigungen.
Verfärbungen. Die normale Ausfärbung der Pflanze bzw. ihrer Teile verändert sich insgesamt oder fleckenweise. Eine der häufigsten krankhaften Verfärbungen ist die **Chlorose.** Durch mangelhafte Chlorophyllbildung bzw. durch Chlorophyllzerstörung kommt es zum Vergilben normalerweise grüner Pflanzenteile. Manche Pflanzen reagieren auf Krankheitsbefall auch mit einer Rotfärbung. Braun- bzw. Schwarzfärbung entsteht in Verbindung mit Absterbeerscheinungen.
Welken. Welkeerscheinungen, d. h. das Erschlaffen von Pflanzenorganen, beruhen auf einer Störung des Wasserhaushaltes, die zum Verlust des Turgors (s. Kap. A 2.2.2) führt. Ursachen der Welke können eine verminderte Wasseraufnahme (z. B. durch Wassermangel oder Wurzelschäden), behinderte Wasserleitung (z. B. Verstopfung der Gefäße) oder erhöhte Wasserabgabe (aufgrund einer Stoffwechselstörung) sein.
Formveränderungen. Zu den allgemeinen, einfachen Formveränderungen zählen z. B. das Kräuseln von Blättern oder das Verkrümmen bzw. Verdicken von Blattstielen. Häufiges Zeichen einer Erkrankung ist auch eine mehr oder weniger starke Wuchshemmung. Durch manche Krankheitserreger wird regelrechter Zwergwuchs hervorgerufen. Andere Schaderreger hingegen können zu einer, meist örtlich begrenzten, Wachstumssteigerung führen; die Folge sind krebsartige Wucherungen oder Gallen.
Absterbeerscheinungen. Gewebezerstörungen mit brauner Verfärbung, die auf kleine Bereiche beschränkt bleiben, nennt man **Nekrosen.** Nekrosen sind häufig der Anfang von **Fäulen,** d. h. von Gewebezerstörungen, die sich über größere Bereiche erstrecken. Je nach Festigkeit des zerstörten Gewebes spricht man von Weich- bzw. Naßfäule oder von Trocken- bzw. Hartfäule.
Beschädigungen. Meist entstehen Beschädigungen durch die Fraßtätigkeit von Schadtieren (s. Kap. B 4.2.6). Aber auch Hagel, Wind, Geräteeinsatz u. a. können zu Verletzungen der Pflanze führen. Oft sind Beschädigungen die Eintrittspforten für Fäulniserreger.
Bei der Entstehung der Krankheitserscheinungen, mit Ausnahme der Beschädigungen, ist die Pflanze aktiv beteiligt, sie reagiert auf den Krankheitserreger. Dies bedeutet, daß ein Symptom das Ergebnis einer Wechselbeziehung zwischen Pflanze und Schaderreger ist und letztlich auf krankhaften Veränderungen des pflanzlichen Stoffwechsels beruht.

Kontrolle und Vertiefung

1. Versuchen Sie in Ihrem Ausbildungsbetrieb Beispiele für die verschiedenen Arten von Krankheitserscheinungen zu finden.
2. Welche wesentlichen Unterschiede bestehen zwischen Chlorose und Nekrose?

4.2 Ursachen für Pflanzenschäden

Eine Vielzahl belebter (biotischer) und unbelebter (abiotischer) Ursachen können Krankheiten oder Beschädigungen an Pflanzen hervorrufen (s. Tab. B 5). Manchmal werden belebte Schadursachen auch als »parasitär« und unbelebte Schadursachen als »nicht parasitär« bezeichnet. Beim Anbau gärtnerischer Kulturpflanzen spielen **unbelebte Schadursachen** oft die entscheidende Rolle.

Tab. B 5. Ursachen von Pflanzenschäden

unbelebt (abiotisch)	belebt (biotisch)
– Witterungseinflüsse	Krankheitserreger
– ungünstige Bodenverhältnisse	Viren
– Bearbeitungsmaßnahmen	Mykoplasmen
– Luftverunreinigungen	Bakterien
	Pilze
	Schadtiere
	Nematoden
	Milben
	Insekten
	Schnecken
	Wirbeltiere
	Schadpflanzen
	Schmarotzerpflanzen
	Unkräuter

Häufig ist es lediglich ein Mangel oder Überschuß bestimmter Wachstumsfaktoren (s. Kap. A 1.5.1), die zu unerwünschten, krankhaften Veränderungen der Pflanzen führen.

Bei den **belebten Schadursachen** unterscheidet man zwischen den eigentlichen Krankheitserregern (Viren, Mykoplasmen, Bakterien und Pilze) sowie den Schädlingen. Letztere verursachen meist keine Krankheiten, sondern Beschädigungen an den Pflanzen. Lebewesen, die sich von anderen Lebewesen, also von lebender organischer Substanz ernähren, nennen wir **Parasiten.** Hingegen werden Lebewesen, die sich von toter organischer Substanz ernähren, Saprobionten genannt. Pflanzliche Saprobionten wie bestimmte Pilze oder Bakterien bezeichnen wir als **Saprophyten.**

4.2.1 Unbelebte (abiotische) Schadursachen

Krankheiten aufgrund unbelebter Schadursachen unterscheiden sich von den eigentlichen Infektionskrankheiten vor allem dadurch, daß sie nicht von kranken auf gesunde Pflanzen übertragen werden können. Im wesentlichen sind es Einflüsse von Witterung, Boden, Nährstoffversorgung, Luftverunreinigung sowie fehlerhafter Bearbeitungsmaßnahmen. Schäden durch unbelebte Einflüsse schaffen oft erst die Voraussetzung für Befall durch Krankheitserreger oder Schädlinge, indem sie Wunden hervorrufen oder zu einer allgemeinen Schwächung des pflanzlichen Gewebes führen.

Einflüsse der Witterung

Häufig finden wir Schäden durch ungünstige, meist zu niedrige, Temperaturen. Dabei sind **Frostschäden** (unter 0 °C) von **Kälteschäden** (über 0 °C) zu unterscheiden. Kälteschäden entstehen meist nur nach längerfristiger Einwirkung zu niedriger Temperaturen und äußern sich im allgemeinen durch Wuchshemmungen, Mißbildungen, Verfärbungen (Vergilben, Rot- oder Blaufärbung) u. ä. Für das Entstehen von Frostschäden genügt hingegen bei empfindlichen Pflanzen bereits ein kurzfristiges Absinken der Temperatur unter den Gefrierpunkt des Wassers. Viele Pflanzen haben aber eine erstaunliche Widerstandsfähigkeit gegenüber sehr niedrigen Temperaturen entwickelt (Frostresistenz). Frostschäden beruhen auf Eisbildung in den Zellen und Zellzwischenräumen sowie einer Entwässerung der Zellen. Deshalb sind Frost- und Trockenschäden oft nur schwer voneinander zu unterscheiden. Krautige Pflanzen reagieren auf Frost mit Schwarzfärbung und Fäulnis, holzige hingegen mit Schrumpfung und Mißbildung (Frostrisse, Frostplatten).

Einen Sonderfall stellt die sogenannte **Frosttrocknis** dar. Sie tritt vor allem bei Immergrünen, besonders Koniferen, auf und äußert sich in Braunfärbung der Nadeln bzw. Blätter. Zur Frosttrocknis kommt es, wenn bei noch sehr kaltem oder gefrorenem Boden die Lufttemperatur ansteigt bzw. intensive Sonneneinstrahlung zur Erwärmung der grünen Pflanzenteile führt. In solchen Fällen beginnt die Pflanze oberirdisch aktiv zu werden, das bedeutet, daß sie auch verstärkt Wasser abgibt. Aufgrund der niedrigen Bodentemperatur kann sie jedoch kein Wasser aufnehmen, was folglich zum Vertrocknen der oberirdischen Teile führt.

Hitzeschäden treten in unserem gemäßigten Klima im Freiland relativ selten auf. Sie führen zu den typischen Verbrennungserscheinungen (z. B. »Sonnenbrand« an Rhododendronblättern oder Früchten von Obstbäumen). Meist sind Pflanzenteile betroffen, die plötzlich sehr intensiver Sonneneinstrahlung ausgesetzt sind und sich nicht langsam anpassen konnten.

Lichtmangel beeinträchtigt die Chlorophyllbildung und die Photosynthese (s. Kap. A 1.4.3). Bei Lichtmangel wird das Streckungswachstum stark gefördert, und das Gewebe bleibt weich. Lichtmangel führt zum Vergilben und Vergeilen (Etiolement) der Pflanzen und ist häufig mitverantwortlich für stärkeren Pilzbefall (z. B. durch den Grauschimmel).

Auch **zu hohe Luftfeuchtigkeit** kann das Auftreten bestimmter Krankheitserreger fördern. Bei manchen Pflanzen ruft zu hohe Luftfeuchtigkeit sogenannte Korkwucherungen hervor. Dies sind kleine, warzen- oder schwielenartige Gebilde, die meist auf der Blattunterseite entstehen, z. B. bei Pelargonien.

Wind, Hagel und Schnee führen zu mehr oder weniger großen Verletzungen (Wind- und Schneebruch, Hagelwunden), die oft Krankheitserregern als Eintrittspforten dienen.

Ungünstige Bodenverhältnisse

Bodenbedingte Schäden an Pflanzen beruhen meist auf Störungen in der Wasser- oder Nährstoffversorgung. Die Folgen von **Nährstoffmangel** oder **-überschuß** wurden bereits eingehend behandelt (s. Kap. A 2.3). Einen kleinen Überblick über die häufigsten Schadbilder und ihre Ursachen gibt die Tab. B 6.

Wassermangel führt zu den bekannten Welke- oder Trockenschäden. Das Erscheinungsbild der Welke kommt durch das Absinken des Turgors zustande. Welkeerscheinungen können wir aber auch bei **Wasserüberschuß** beobachten. Dieser bewirkt Sauerstoffmangel im Wurzelbereich und behindert somit die Aufnahme von Wasser und Nährstoffen. Gleichzeitig können durch den Sauerstoffmangel auch pflanzenschädliche Stoffe entstehen. Die Folge sind Wuchshemmung, Welke und schließlich Absterben der Pflanze. Herrscht über längere Zeit Wasserüberschuß im Wurzelraum, so sprechen wir von Staunässe.

Absterbeerscheinungen an Blatträndern und Nadelspitzen können auf einem zu hohen **Salzgehalt** des Bodens beruhen. Ursache sind zu hohe Düngergaben oder die Verwendung von Streusalz. Salzschäden können insbesondere dann auftreten, wenn nach einer Kultur mit hohen Nährstoffansprüchen salzempfindliche Pflanzen angebaut werden (z. B. Kopfsalat nach Tomate). Die schädliche Wirkung des Salzes beruht vor allem auf einer Hemmung der Osmose, im extremen Fall kommt es zur Plasmolyse. Es kann aber auch zu einer toxischen (giftigen) Anreicherung bestimmter Ionen (z. B. Cl^-) kommen (s. Farbbilder Seite 107, 110 und 111).

Tab. B 6. Mangelkrankheiten

Nährstoff	Schadbild
Stickstoff	Chlorose, kleine Blätter, Wuchshemmung
Kalium	Blattrandverbräunungen, Welke
Phosphor	Wuchshemmung, Blätter blaugrün oder rötlich
Magnesium	Marmorierung der Blätter oder Nadeln, Interkostalfelder* gelblich, später braun
Kalzium	Absterben der Vegetationspunkte. Blattränder aufgehellt, »Blütenendfäule«
Eisen	Chlorose, Blattadern bleiben grün
Bor	Mißbildungen, Hohlwerden von dickfleischigen Pflanzenorganen
Molybdän	Gelbfleckigkeit, Mißbildungen an jungen Blättern
Mangan	Blattaufhellungen, braune Flekke auf den Interkostalfeldern

* Interkostalfelder: Felder zwischen den Blattnerven

Bearbeitungsmaßnahmen

Die Arbeit an und in den Pflanzenbeständen führt immer wieder zu Schäden, die eigentlich vermeidbar sind. Durch sorglosen Umgang mit Maschinen und Geräten kommt es zu Verletzungen, die oft Krankheitserregern als Eintrittspforten dienen. Indirekt entstehen Schäden durch fehlerhafte Bodenbearbeitung (s. Kap. A 3.4.4), insbesondere, wenn Bodenverdichtungen damit verbunden sind.

Schwerwiegende Schäden kann die unsachgemäße Anwendung von Pflanzenbehandlungsmitteln (s. Abb. B 87) verursachen. Um Pflanzenschäden zu vermeiden, sind besonders zu beachten: Verträglichkeit, Anwendungstermin, Dosierung, Abtrift (durch zu hohe Windgeschwindigkeit), Sonneneinstrahlung

u. a. Vor allem beim Umgang mit Unkrautbekämpfungsmitteln (Herbizide) ist größte Vorsicht am Platze! Zweckmäßigerweise verwendet man zur Ausbringung von Herbiziden eigens dafür bestimmte Geräte.

Luftverunreinigungen

Pflanzenproduktion in Industrieländern ist immer der Gefahr ausgesetzt, daß die Pflanzen durch Luftverunreinigungen beeinträchtigt werden. Schäden in der landwirtschaftlichen Pflanzenproduktion entstehen durch Luftverunreinigungen in der Bundesrepublik Deutschland jährlich in Höhe von 125 Mio. DM. Die Einwirkung von Luftverunreinigungen, aber auch Geräuschen, Erschütterungen, Strahlen, Wärme u. a. auf Mensch, Tier und Pflanze sowie Sachgüter wird als **Immission** bezeichnet (s. Abb. A 145). Neben verschiedenen Industrieanlagen spielen auch die privaten Haushalte und der Straßenverkehr eine wichtige Rolle als Luftverschmutzer. Für die Pflanzen sind vor allem **Schwefeldioxid** (SO_2) und **Fluorwasserstoff** (HF) gefährlich. Schwefeldioxid entsteht in größeren Mengen bei der Verbrennung von fossilen Brennstoffen wie Kohle oder Erdöl. Besonders empfindlich reagieren z. B. Nadelbäume, Spinat, Gurke und verschiedene Zierpflanzen. Durch Chlorophyllabbau kommt es auf der gesamten Blattspreite zu Ausbleichungen, später zu braunen Flecken (Nekrosen). Nadeln färben sich von der Seite her weißlich oder rötlich. Fluorwasserstoff entweicht bei der Aluminiumherstellung, aus Ziegeleien sowie Keramik- und Emaillebetrieben. Erstes Anzeichen einer Fluor-Schädigung ist eine an der Spitze oder den Rändern der Blätter bzw. Nadeln beginnende Rotfärbung. Später rollen sich die Blattränder ein, und schließlich stirbt das ganze Blatt ab. Besonders gefährdet sind Nadelgehölze, Steinobst, Gladiolen und Tulpen. Gladiolen reagieren so empfindlich, daß sie sogar als biologische »Meßinstrumente« eingesetzt werden, um Fluorimmissionen nachzuweisen.

4.2.2 Viren

Viren und Viroide sind die kleinsten Erreger von Pflanzenkrankheiten, sie verursachen die **Virosen.** Erst mit der Erfindung des Elektronenmikroskops vor etwa 50 Jahren gelang es, Viren sichtbar zu machen. Sie können stäbchen- oder annähernd kugelförmig sein und erreichen eine Größe von durchschnittlich 200 nm ($1 \text{ nm} = 10^{-6}$ mm), das bedeutet, daß man 5000 Viren aneinanderreihen muß, um die Länge von 1 mm zu erreichen.

Viren stehen an der Grenze zwischen lebender und toter Materie. Es sind keine selbständigen Organismen, wohl aber Parasiten, die bei fast allen Lebewesen als Krankheitserreger auftreten können. Wir wollen uns hier jedoch lediglich mit den Viren beschäftigen, die Pflanzenkrankheiten verursachen. Viren bestehen im wesentlichen aus einem großen Nukleinsäuremolekül (DNS oder RNS), das von einer Eiweißhülle umgeben ist. DNS und RNS sind die Träger der genetischen Information. Vergleicht man die pflanzliche Zelle mit einer biochemischen Fabrik, so enthält der Zellkern die chemischen Formeln, die »Baupläne«, während im Zytoplasma die Produktionsstätten zu finden sind. Den Viren fehlen nun solche Produktionsstätten, da sie nur aus Nukleinsäure (Bauplansubstanz) bestehen. Sie haben somit keinen eigenen Stoffwechsel. Zu ihrer Vermehrung sind sie deshalb unbedingt auf eine lebende Wirtszelle angewiesen. Gelangen Viren in eine ihnen zusagende Wirtszelle, so bringen sie es fertig, den pflanzlichen Stoffwechsel umzusteuern. Die Viren vertauschen gewissermaßen die »Formeln« der pflanzlichen Zelle gegen viruseigene Information, so daß die Pflanzenzelle schließlich nicht mehr pflanzliche Substanzen herstellt, sondern neues Virusmaterial.

Viren sind nicht in der Lage, aus eigener Kraft in eine Pflanzenzelle einzudringen. Sie sind somit auf Wunden als Eintrittspforten und besondere Überträger angewiesen. Die Übertragung der Viren kann auf unterschiedliche Weise geschehen:

Pfropfung. Die meisten Viren lassen sich auf diese Weise übertragen.

Samenübertragung. Etwa 15% der bekannten Viren, die Pflanzenkrankheiten verursachen, können mit dem Samen übertragen werden (z. B. Salatmosaik- und Bohnenmosaikvirus).

Vegetative Vermehrung. Werden von infizierten Pflanzen Stecklinge, Knollen oder andere Teile zur vegetativen Vermehrung entnommen, so sind diese in der Regel ebenfalls infiziert. Hieraus ergeben sich besondere Probleme vor allem für den Zierpflanzenbau, da wichtige Kulturen wie Pelargonien, Chrysanthemen, Freesien u. a. vegetativ vermehrt werden.

Mechanische Übertragung. Dabei gelangt das Virus über eine Wunde, die jedoch nicht zum Zelltod führen darf, in die Zelle. Solche winzigen Wunden können bereits beim Berühren benachbarter Pflanzen entstehen. Aber auch das Arbeiten im Pflanzenbestand trägt auf diese Weise erheblich zur Ausbreitung bestimmter Viren bei.

Vektoren. Viele Viren gelangen nur mit Hilfe tierischer oder pflanzlicher Vektoren (Überträger) in die Wirtszelle. In Mitteleuropa spielen vor allem Insekten, besonders Blattläuse, als Virusvektoren eine wichtige Rolle. Aber auch Nematoden, Milben und sogar Pilze oder Schmarotzerpflanzen können Viren übertragen.
Viren können sehr unterschiedliche Schadbilder an Pflanzen hervorrufen. Besonders häufig findet man stellenweise Aufhellungen der Blätter oder Früchte, sogenanntes Mosaik. Aber auch ringförmige Flekken oder Vergilbungen der Blattadern können auftreten. Bei manchen Pflanzen verursachen die Viren eine Brechung der Blütenfarbe. Auch Mißbildungen sind häufig die Folge einer Virusinfektion (z. B. Blattkräuselungen, Hexenbesen, Zwergwuchs u. a.). Verschiedene Viren verursachen Ertragsminderungen, ohne zu typischen Schadbildern zu führen (latente Viren). Sie spielen vor allem im Obstbau eine wichtige Rolle.

Bekämpfung der Viren
Die Bekämpfung der Viren auf direktem chemischem Wege ist nicht möglich, da bis heute keine geeigneten Präparate zur Verfügung stehen. Es müssen deshalb vorbeugende Maßnahmen getroffen werden. Besonders wichtig ist die Verwendung virusfreien Saat- bzw. Pflanzgutes. Dazu müssen die Jungpflanzenbetriebe die Voraussetzungen schaffen. Durch strenge Selektion (Auslese) und Testung auf Virusbefall gelingt es diesen Spezialbetrieben, weitgehend virusfreie Mutterpflanzenbestände aufzubauen. Für Obstjungpflanzen gibt es seit 1978 sogar eine besondere Verordnung, die vorschreibt, daß nur virusgetestete bzw. virusfreie Pflanzen vertrieben werden dürfen.
Zur Gewinnung virusfreier Pflanzen, besonders Zierpflanzen, macht man sich die Tatsache zunutze, daß die Viruskonzentration zu den Vegetationspunkten hin abnimmt. Es ist deshalb möglich, unter sterilen Bedingungen kleinste, weitgehend virusfreie Sproßspitzen auf besonderen Nährböden zu ganzen, dann ebenfalls virusfreien Pflanzen heranzuziehen. Damit läßt sich schließlich ein gesunder Mutterpflanzenbestand aufbauen.
Bei bestimmten Pflanzen kann man die Viren durch eine Wärmebehandlung der infizierten Pflanzen ausschalten. Dieses Verfahren, die sogenannte Wärmetherapie, gelangt vor allem bei der Erzeugung virusfreier Obstgehölze zur Anwendung.
Neben diesen, in der Regel nur in Spezialbetrieben oder besonderen Einrichtungen durchführbaren Maßnahmen muß der jeweilige Endproduktionsbetrieb alles tun, um eine Virusübertragung zu verhindern. Dies bedeutet vor allem eine besonders strenge Pflanzenhygiene. Bei der indirekten Bekämpfung von Viren kommt es in besonderem Maße darauf an, die Überträger (Vektoren) auszuschalten. Da es sich dabei vor allem um Blattläuse handelt, muß auf eine sorgfältige Insektenbekämpfung geachtet werden. Kranke Pflanzen sind rechtzeitig zu entfernen und zu vernichten. Wichtig ist unter anderem auch eine gründliche Desinfektion der Messer beim Stecklingsschnitt. Zu beachten ist weiterhin, daß manche Unkräuter für bestimmte Viren als Zwischenwirte dienen und somit eine gründliche Unkrautbekämpfung ebenfalls zu den indirekten Methoden der Virusbekämpfung gehört.

4.2.3 Bakterien

Bakterien sind sehr kleine, einzellige Organismen. Ihre Größe beträgt meist nur wenig mehr als ein tausendstel Millimeter. Pflanzenpathogene (pathogen = krankmachend) Bakterien sind von stäbchenförmiger Gestalt und besitzen keinen echten Zellkern. Sie zählen deshalb zu den Prokaryonten, im Gegensatz zu Pilzen oder höheren Pflanzen, die einen echten Zellkern mit Kernmembran haben und somit den Eukaryonten zugeordnet werden. Manche Bakterien können sich mit Hilfe von Geißeln in Wasser aktiv fortbewegen. Die Fähigkeit mancher Bakterien zur Schleimbildung ist von besonderer Bedeutung für das Überleben unter ungünstigen Umweltbedingungen wie Trockenheit oder extreme Temperaturen. Bakterien vermehren sich im allgemeinen durch einfache Spaltung. Deshalb wurden sie fälschlicherweise auch Spaltpilze genannt.
Bakterien können ihre Wirtspflanze auf unterschiedlichen Wegen infizieren. Die Kutikula stellt für sie allerdings eine unüberwindliche Barriere dar. Über nichtkutinisierte Körperstellen, wie Wurzelhaare oder Blütennarbe, können hingegen eine Reihe von pflanzenpathogenen Bakterien in die Wirtspflanze eindringen. Häufige Eintrittspforten sind auch die natürlichen Körperöffnungen der Pflanze, vor allem Spaltöffnungen oder Lentizellen. Am einfachsten für die Bakterien ist jedoch eine Infektion über Wunden. In jedem Fall ist für eine erfolgreiche Infektion das Vorhandensein von Wasser Voraussetzung.
Pflanzenkrankheiten, die durch Bakterien verursacht werden, nennen wir **Bakteriosen.** Häufig äußert sich Bakterienbefall in Form von wäßrigen oder ölig durchscheinenden Blattflecken (z. B. Ölflecken-

krankheit der Begonie oder Fettfleckenkrankheit der Buschbohne); hauptsächliche Erreger sind Bakterien der Gattungen *Xanthomonas* (s. Abb. B 88) und *Pseudomonas*. An dickfleischigen Pflanzenorganen, wie Knollen, Zwiebeln oder Rüben, verursachen Bakterien häufig Naßfäulen. Andere Bakterien führen zu Absterbeerscheinungen der Rinde bei verschiedenen Obst- und Ziergehölzen (z. B. Rindenbrand, Feuerbrand). Auch krebsartige Wucherungen (z. B. Wurzelkropf, Abb. B 89) oder blättrige Gallen am Stengelgrund mancher Pflanzen können von Bakterien hervorgerufen werden. Schließlich kennt man auch Bakterien, die Welkekrankheiten bewirken (z. B. Bakterielle Tomatenwelke).

Häufige Ausgangspunkte einer bakteriellen Infektion sind bereits infizierte Pflanzen oder die Reste kranker Pflanzen im Boden. Auch in verseuchtem Substrat, an Kulturgefäßen oder Geräten können pflanzenpathogene Bakterien sein. Daneben kommt Gießwasser als Infektionsquelle in Frage. An erster Stelle steht deshalb bei der **Bekämpfung von Bakterien** die Pflanzenhygiene. Vor allem Feuchtigkeit und Verletzungen der Pflanzen müssen vermieden werden, weil dadurch erhöhte Infektionsgefahr besteht. Die direkte chemische Bekämpfung der Bakterien ist bis heute noch nicht befriedigend gelöst. Die wirksamen Antibiotika, die bei Mensch und Tier Verwendung finden, dürfen im Pflanzenschutz nicht eingesetzt werden. Eine gewisse eindämmende Wirkung haben manche Pilzbekämpfungsmittel (z. B. Kupferpräparate), die gelegentlich zur vorbeugenden Bakterienbekämpfung verwendet werden.

4.2.4 Mykoplasma-ähnliche Organismen

Vor einigen Jahren entdeckte man bei Pflanzen eine neue Gruppe von Krankheitserregern, die ebenfalls zu den Bakterien gerechnet werden. Da sie den bei Mensch und Tier bekannten Mykoplasmen ähneln, nennt man sie »Mykoplasma-ähnliche Organismen« oder kurz MLO (nach der englischen Bezeichnung: **m**ycoplasma**l**ike **o**rganisms). Den Mykoplasmen fehlen einige der Eigenschaften der Bakterien im engeren Sinn. Sie sind wesentlich kleiner als Bakterien. In ihrem Verhalten als Krankheitserreger bei Pflanzen ähneln sie eher den Viren. Im Gegensatz zu den Viren sind die Mykoplasmen jedoch bereits selbständig existierende Lebewesen.

Da sie jedoch bei Übertragungsweise und Ausprägung der Schadbilder an Pflanzen viele Gemeinsamkeiten mit den Viren zeigen und außerdem sehr klein sind, hatte man früher eine Reihe von Pflanzenkrankheiten, die durch mykoplasmaähnliche Organismen verursacht werden, den Viren zugeschrieben. Durch diese Schaderreger werden z. B. Asternvergilbung, Apfeltriebsucht, Birnenverfall, Hexenbesen u. a. hervorgerufen. Für die Bekämpfung der mykoplasmaähnlichen Organismen gelten die gleichen Richtlinien wie für die Virusbekämpfung (s. Seite 319).

4.2.5 Pilze

Die meisten Pflanzenkrankheiten werden von Pilzen verursacht. Man kennt bis heute etwa 300 000 verschiedene Pilzarten, von denen mindestens 10 000 in der Lage sind, Pflanzenkrankheiten hervorzurufen. Pilze sind chlorophyllfreie, heterotrophe Organismen. Von einigen primitiven Arten abgesehen, besteht der Vegetationskörper (Thallus) der Pilze im allgemeinen aus fadenartigen Gebilden, den **Hyphen.** Die Pilzfäden bilden in ihrer Gesamtheit das Pilzgeflecht, auch **Myzel** genannt.

Nach dem Bau des Vegetationskörpers werden die phytopathogenen Pilze in die »Schleimpilze« (Myxomykota) und die »echten Pilze« (Eumykota) eingeteilt. Nach dem Bau ihrer Hyphen, dem Entwicklungsgang und der Art der geschlechtlichen Vermehrung erfolgt eine weitere Untergliederung der Eumykota.

Die meisten Pilze sind zu sexueller (geschlechtlicher) und asexueller (ungeschlechtlicher) Fortpflanzung fähig. Die ungeschlechtliche Form dient vor allem der Massenvermehrung und Verbreitung der Pilze während der Vegetationsperiode. Sie erfolgt meist durch Konidien (auf ungeschlechtlichem Wege entstandene Sporen), die in der Regel mit dem Wind verfrachtet werden. Die Phase, in der sich der Pilz ungeschlechtlich vermehrt, nennen wir die **Nebenfruchtform.** Entsprechend wird die geschlechtliche Phase als **Hauptfruchtform** bezeichnet. Die Hauptfruchtform bildet ebenfalls Sporen, die jedoch im Gegensatz zu den Konidien auf geschlechtlichem Wege entstehen. Die Hauptfruchtform dient in erster Linie der genetischen Neukombination und der Überdauerung ungünstiger Umweltverhältnisse. Man findet sie deshalb häufig während des Winterhalbjahres. Die geschlechtliche Vermehrung kann bei Pilzen sehr vielgestaltig sein und ist ein wichtiges Merkmal für die systematische Eingruppierung einzelner Arten. Die auf geschlechtlichem Wege entstandenen Sporen befinden sich oft in besonderen, schützenden Sporenbehältern, den Fruchtkörpern,

Abb. B 87. Unverträglichkeit einer Poinsettie gegen ein insektizides Granulat mit dem Wirkstoff Chlorfenvinphos.

Abb. B 88. »Adernschwärze« an Rosenkohlpflanze, verursacht von dem Bakterium *Xanthomonas campestris.*

Abb. B 89. Wurzelkropf, eine krebsartige Wucherung, verursacht durch das Bakterium *Agrobacterium tumefaciens.*

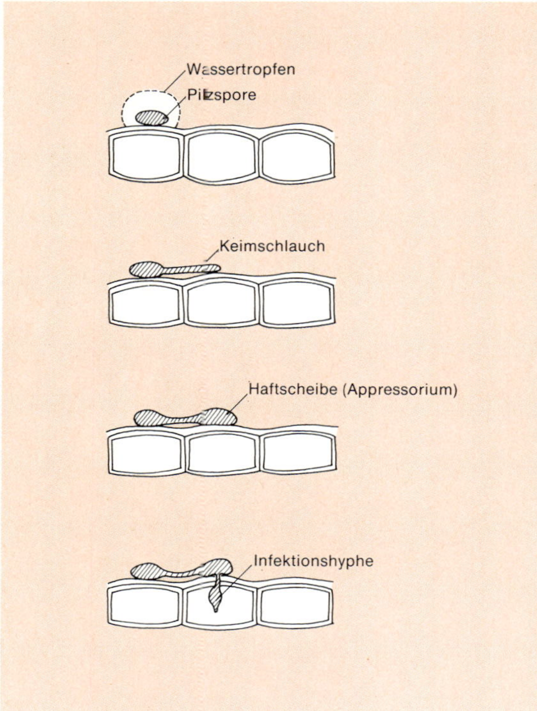

Abb. B 90. Infektionsvorgang. Sporenkeimung und Eindringen eines Pilzes durch die unverletzte Kutikula.

oder sind mit einer derben, dicken Wand versehen. Dickwandige Sporen der Pilze werden als Dauersporen bezeichnet. Die Überdauerung ungünstiger Umweltverhältnisse kann aber auch auf ungeschlechtlichem Wege erfolgen. Zu diesem Zweck bilden manche Pilze dichte Hyphenzusammenballungen, die oft verhärten und Sklerotien genannt werden.

Im Gegensatz zu den Bakterien können viele phytopathogene Pilze die Pflanzen auch durch unverletzte kutinisierte Oberflächen infizieren. Die Kutikula ist somit für Pilze kein unüberwindliches Hindernis. Selbstverständlich sind auch nichtkutinisierte Körperstellen (Narbe, Wurzelhaar), natürliche Öffnungen (z. B. Spaltöffnungen) sowie Wunden mögliche Eintrittspforten. Das Eindringen durch die Kutikula erfolgt auf mechanischem (durch Druck bis zu 7 bar) und chemischem (durch Enzyme) Wege. Zur Keimung der Pilzsporen ist im allgemeinen Wasser erforderlich. Lediglich die Sporen der Echten Mehltaupilze enthalten selbst soviel Wasser, daß sie auch auf trockenen Pflanzenoberflächen keimen können.

Pilze, die im Inneren der Pflanzen leben, nennt man **Endoparasiten.** Außenlebende Pilze, die mit ihrem Vegetationskörper ausschließlich auf der Pflanzenoberfläche wachsen, sind hingegen **Ektoparasiten.** Manche der **Endoparasiten** zerstören die pflanzlichen Zellen und ernähren sich von den dabei entstehenden Abbauprodukten. Andere wachsen nur zwischen den Zellen und entnehmen diesen durch besondere Nährhyphen, den **Haustorien,** die Nahrung (z. B. Falscher Mehltau). Auch Ektoparasiten (z. B. Echter Mehltau) können sich mittels Haustorien ernähren. Die Haustorien sind hoch spezialisierte Ernährungsorgane der Pilze, die nur so lange funktionsfähig bleiben, wie die pflanzliche Wirtszelle noch am Leben ist. Dies ist auch der Grund dafür, daß bestimmte Pilze, sogenannte obligate Parasiten, wie der Echte und der Falsche Mehltau, ausschließlich auf lebenden Pflanzen wachsen können.

Krankheiten, die durch Pilze verursacht werden, nennen wir **Mykosen.** Eine Reihe von Pilzen befallen vor allem sehr junge Pflanzen, sie rufen die sogenannten **Vermehrungskrankheiten** hervor (z. B. *Pythium sp., Rhizoctonia solani*). Dabei kommt es

Abb. B 91. Entwicklung des Echten Mehltaus.

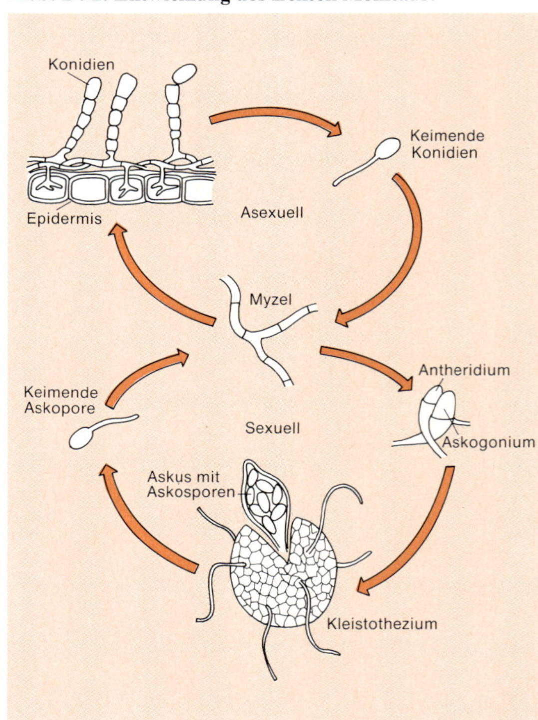

meist zu einer Schwarzfärbung der Wurzel und des Wurzelhalses. Die Fäulnis in diesem Bereich führt schließlich zum Umfallen der jungen Pflänzchen, weshalb dafür auch der Ausdruck »Umfallkrankheit« gebräuchlich ist.

Ein sehr auffälliges Schadbild verursacht der **Echte Mehltau.** Er hat seinen Namen daher, daß er die befallenen Pflanzenteile mit einem weißen, mehlartigen Belag überzieht. Man findet den Echten Mehltau bevorzugt auf der Blattoberseite, aber auch auf Stengeln, Knospen und Blüten. Der außenlebende Pilz (Ektoparasit) wächst mit seinem Myzel auf der Pflanzenoberfläche und sendet zu seiner Ernährung Nährhyphen (Haustorien) in die Zellen der Epidermis.

Die ungeschlechtliche Vermehrung des Echten Mehltaus erfolgt durch Konidien, die meist kettenförmig an einfachen Trägern gebildet werden. Die Konidienträger und Konidien ergeben zusammen mit dem ektoparasitischen Myzel das typische Schadbild, den mehlartigen Belag. Unter bestimmten Umweltbedingungen kann der Echte Mehltau in die geschlechtliche Phase übergehen. Zunächst entstehen dazu die Geschlechtsorgane, Antheridium (männlich) und Askogonium (weiblich). Nach einiger Zeit bilden sich dann kleine, dunkle Fruchtkörper, die Kleistothezien. In ihnen findet man schlauchartige Gebilde, die Aski mit den Askosporen, dem Produkt der geschlechtlichen Vermehrung.

Der Echte Mehltau kann sich, im Gegensatz zu den meisten anderen pflanzenschädlichen Pilzen, auch bei trockenen Umweltverhältnissen stark vermehren. Dies liegt daran, daß die Konidien stark wasserhaltig sind und somit kein freies Wasser zur Keimung benötigen. Durch anhaltende Nässe auf den Pflanzen können manche Echte Mehltaupilze sogar gehemmt werden. Das Schadbild des Echten Mehltaus finden wir auf vielen Pflanzen. Besonders gefährdet sind z. B. Gurken, Rosen, Elatiorbegonien, Rittersporn und Apfel (s. Abb. B 93). Auf den verschiedenen Pflanzenarten parasitieren jeweils streng spezialisierte Formen, so daß z. B. ein Übergang des Rosenmehltaus auf Gurke oder Begonie nicht möglich ist.

Der **Falsche Mehltau** verursacht auf den Pflanzen ebenfalls mehlartige Beläge. Allerdings findet man

Abb. B 92. a = Falscher Mehltau, b = Echter Mehltau.

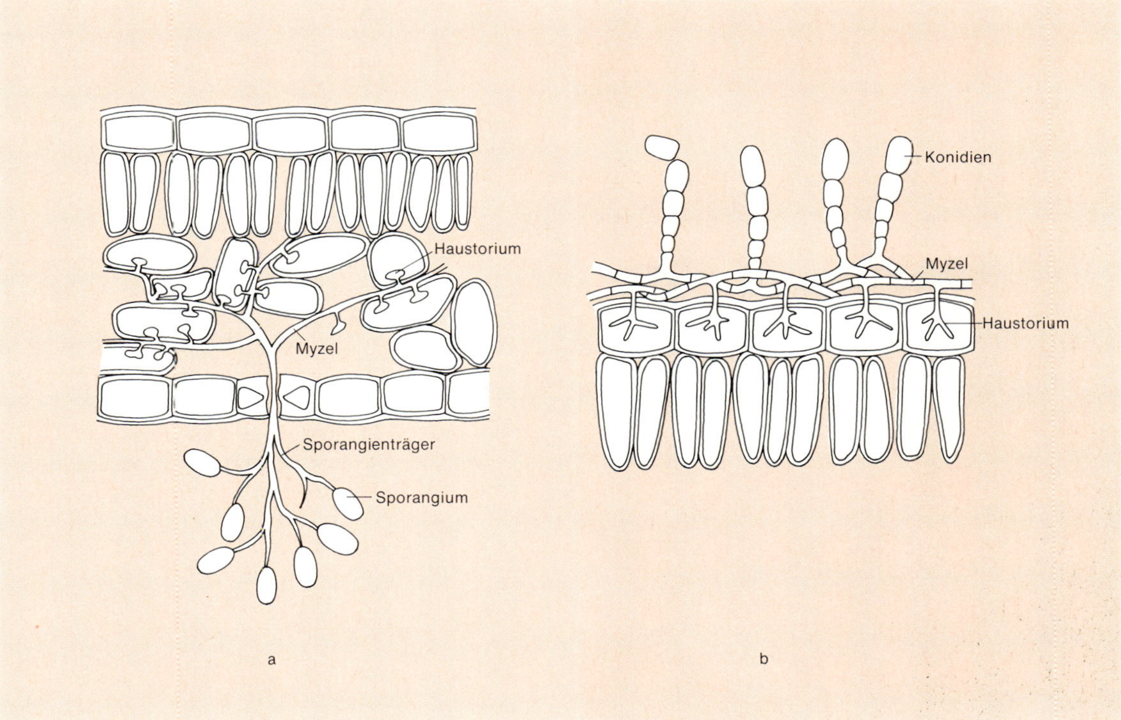

ihn fast ausschließlich auf der Blattunterseite. Im Gegensatz zum Echten Mehltau ist der Falsche Mehltau ein innenlebender Pilz, ein Endoparasit. Lediglich seine bäumchenartigen Konidien- bzw. Sporangienträger mit den Konidien (vegetativ entstandene Sporen) oder Sporangien (Sporenbehälter) (Abb. B 92) ragen auf der Blattunterseite aus den Spaltöffnungen und bilden somit den mehligen Sporenrasen. Wie der Echte Mehltau ernährt sich auch der Falsche Mehltau mit Hilfe der Haustorien, die er in noch lebende Zellen sendet. Auch beim Falschen Mehltau finden wir eine strenge Spezialisierung auf die jeweilige Wirtspflanze. Vom Falschen Mehltau befallen werden z. B. Spinat, Zwiebel, Rosen, Stiefmütterchen und Primeln.

Eine ganz andere Lebensweise hat der **Grauschimmelpilz** *(Botrytis)*. Im Gegensatz zu den Mehltaupilzen ist er ein Allerweltsparasit. Er kommt an fast allen Pflanzen vor und seine Sporen sind praktisch allgegenwärtig. Der Grauschimmelpilz tritt meist dann in Erscheinung, wenn die Pflanzen bereits durch andere Ursachen geschädigt sind (Wunden, weiches Gewebe) und hohe Luftfeuchtigkeit herrscht. Er ist daran erkenntlich, daß sich auf dem absterbenden Pflanzengewebe ein mausgrauer Schimmelrasen bildet. Gefährdet sind vor allem Kulturen im Gewächshaus während der lichtarmen Jahreszeit (z. B. Fuchsien, Cyclamen und Pelargonien). Aber auch an Kopfsalat, Buschbohnen, Erdbeeren und anderen Kulturen kann der Grauschimmel erhebliche Verluste verursachen (s. Abb. B 94).

Rostpilze sind im allgemeinen an ihren mehr oder weniger rostfarbenen, pustelartigen Sporenlagern leicht kenntlich (s. Abb. B 96). Meist brechen die Pusteln aus der Epidermis der Blattunterseite hervor. Starker Befall führt häufig zum Vergilben und Abfallen der Blätter. An Gehölzen kann die Entstehung bestimmter Sporenlager zu Mißbildungen führen (z. B. Anschwellen von Ästen oder Stämmen, blasige oder zapfenförmige Auswüchse) (s. Abb. B 97). Wie die Mehltaupilze sind auch die Rostpilze auf lebendes Wirtsgewebe angewiesen. Ihr Myzel wächst in den Zellzwischenräumen und sendet zur Aufnahme der Nährstoffe lediglich Nährhyphen (Haustorien) in die pflanzlichen Zellen.

Abb. B 93. Rosenmehltau *(Sphaerotheca pannosa* var. *rosea)*
Abb. B 94. Grauschimmel *(Botrytis cinerea)* an Paprika.
Abb. B 95. Stammfäule an Usambaraveilchen, verursacht durch den Pilz *Phytophthora nicotianae* var. *parasitica*.

Abb. B 96. Löwenmaulrost *(Puccinia antirrhini)*.
Abb. B 97. Aezidien des Weymouthskiefernblasenrostes (Cronartium ribicola) auf den Zweigen von *Pínus stróbus*.

Abb. B 98. Spätschorf auf Äpfeln, hervorgerufen durch *Venturia inaequalis*.
Abb. B 99. Blattälchen an *Asplenium*.

Krankheitszyklus eines wirtswechselnden Rostpilzes

Im vollständigen Krankheitszyklus der Rostpilze können bis zu 5 verschiedene Sporenformen auftreten. Die Sporen entstehen in besonderen Lagern, die meist auf der Unterseite der Blätter, aber auch an Stielen, Ästen, Stämmen und sogar Blüten zu finden sind. Die Überwinterung erfolgt in der Regel in Form widerstandsfähiger, dickwandiger »Wintersporen«, den sogenannten **Teleutosporen.** Die Teleutosporen keimen im Frühjahr mit kleinen keuligen Gebilden, den Basidien, an denen geschlechtlich unterschiedlich festgelegte mehr oder weniger haploide **Basidiosporen** abgeschnürt werden. Die Basidiosporen gelangen mit dem Wind auf die Blätter des Zwischenwirts (z. B. Berberitze) und infizieren das Gewebe. Bald entstehen auf der Blattoberseite sehr kleine, becherförmige Lager, die Spermogonien. In ihnen befinden sich die sporenähnlichen **Spermatien** sowie fadenförmige Gebilde, die Empfängnishyphen. Zur »Befruchtung« müssen die Spermatien auf Empfängnishyphen eines andersgeschlechtlichen Spermogoniums gelangen. Dort kommt es jedoch zunächst nicht zur Kernverschmelzung, so daß die in der Folge entstehenden Hyphen und Sporen stets zweikernig sind. Nach der »Befruchtung« brechen an der Blattunterseite becherförmige Sporenlager, die Äzidien, hervor. Die darin in größerer Menge gebildeten **Äzidiosporen** können nun wieder den Hauptwirt (z. B. Getreide) infizieren. Meist kurze Zeit nach der Infektion entstehen auf dem Hauptwirt die typischen rostfarbenen, pustelartigen Lager der »Sommersporen«, die man **Uredosporen** nennt. Die Uredosporen dienen der Massenvermehrung des Pilzes während der Vegetationsperiode. Sie bewirken in der Regel auch den Hauptschaden. Durch rasche Aufeinanderfolge vieler Generationen können in kurzer Zeit selbst große Pflanzenbestände stark befallen sein. Gegen Ende der Vegetationsperiode treten dann in ähnlichen Lagern die dickwandigen, meist schwarz gefärbten Teleutosporen auf. In ihnen erfolgt schließlich die Kernverschmelzung mit anschließender Reduktionsteilung, Voraussetzung für die Entstehung der haploiden Basidiosporen. Damit ist der Krankheitszyklus geschlossen. Von diesem hier geschilderten vollständigen Entwicklungsgang der Rostpilze gibt es jedoch vielfältige Abwandlungen.

Manche Rostpilze benötigen zu ihrer vollständigen Entwicklung zwei verschiedene Wirtspflanzen, man sagt, sie sind wirtswechselnd. Je nach den auf ihnen entstehenden Sporenformen werden die beiden Wirtspflanzen als Haupt- und Zwischenwirt bezeichnet. So ist z. B. die Berberitze Zwischenwirt für den Getreideschwarzrost; verschiedene Wolfsmilcharten können Zwischenwirt für Erbsenrost und Nelkenrost sein. Weitere wirtswechselnde Rostpilze sind u. a. Birnengitterrost (Wacholder/Birne), Weymouthskiefernblasenrost (Weymouthskiefer/Johannisbeere, Abb. B 97) und Weißdornrost (Wacholder/Weißdorn). Andere Rostpilze leben hingegen nur auf einer Wirtspflanze (z. B. Chrysanthemenrost, Rosenrost, Spargelrost oder Bohnenrost).

Pilze der Gattungen *Fusarium* und *Verticillium* besiedeln vor allem die Leitgefäße (Tracheen und Tracheiden) der Pflanzen. Sie verursachen neben einigen anderen Gefäßparasiten die Tracheomykosen. Solche pilzlich bedingten **Welkekrankheiten** finden wir z. B. bei Cyclamen, der Tomate, Nelken und manchen Gehölzen. Sie sind besonders schwierig zu bekämpfen.

Bekämpfung der Schadpilze

Bei der Bekämpfung von Schadpilzen stehen, wie bei vielen Erregern von Pflanzenkrankheiten, die hygienischen Maßnahmen an erster Stelle. Außerdem sollten, soweit möglich, hohe Luft- und Bodenfeuchtigkeit und übermäßige Stickstoffdüngung vermieden werden. Daneben gibt es aber zahlreiche, zum großen Teil gut wirksame chemische Mittel, sogenannte **Fungizide,** die zur Bekämpfung pilzlich bedingter Pflanzenkrankheiten eingesetzt werden können. Vielfach müssen die Präparate vorbeugend eingesetzt werden, da sie lediglich die Keimung der Pilzsporen verhindern. Andere Mittel werden hingegen von der Pflanze aufgenommen (systemische Mittel) und wirken auch gegen bereits eingedrungene Pilze.

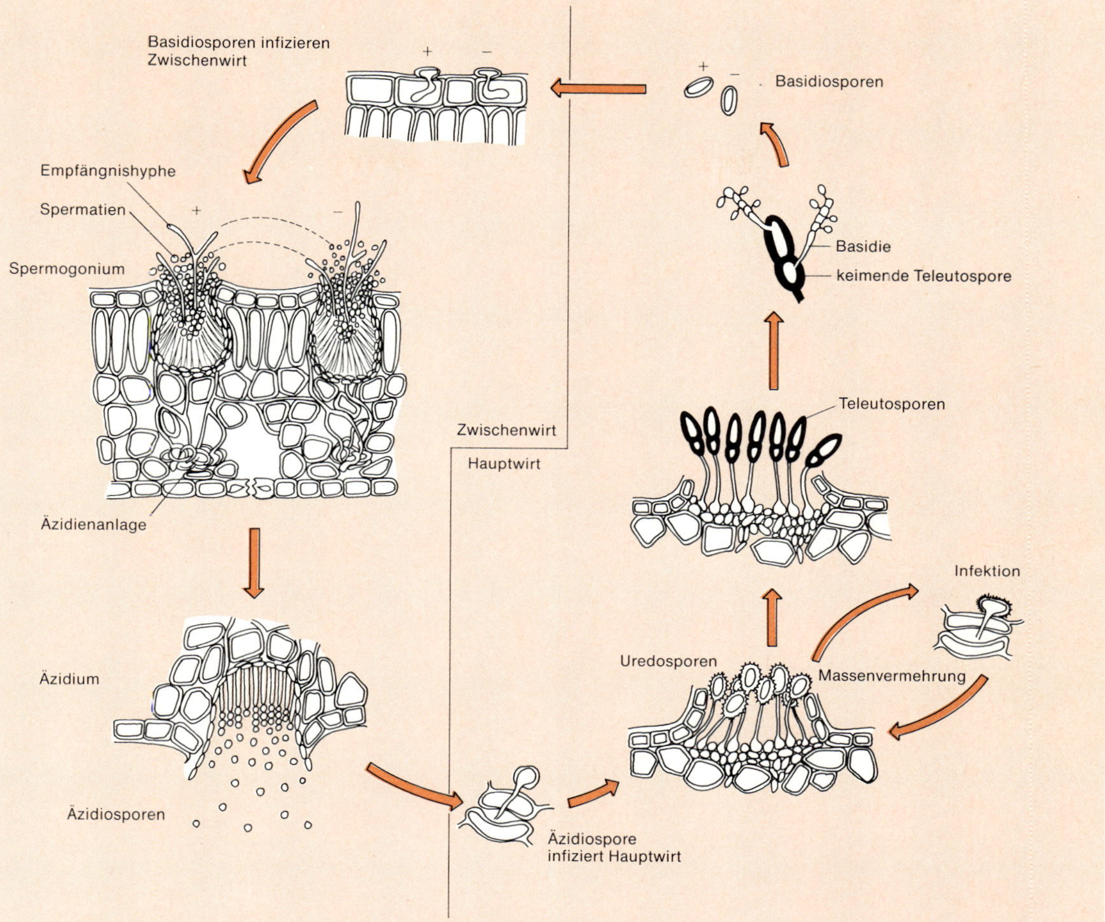

Abb. B 100. Krankheitszyklus eines wirtswechselnden Rostpilzes.

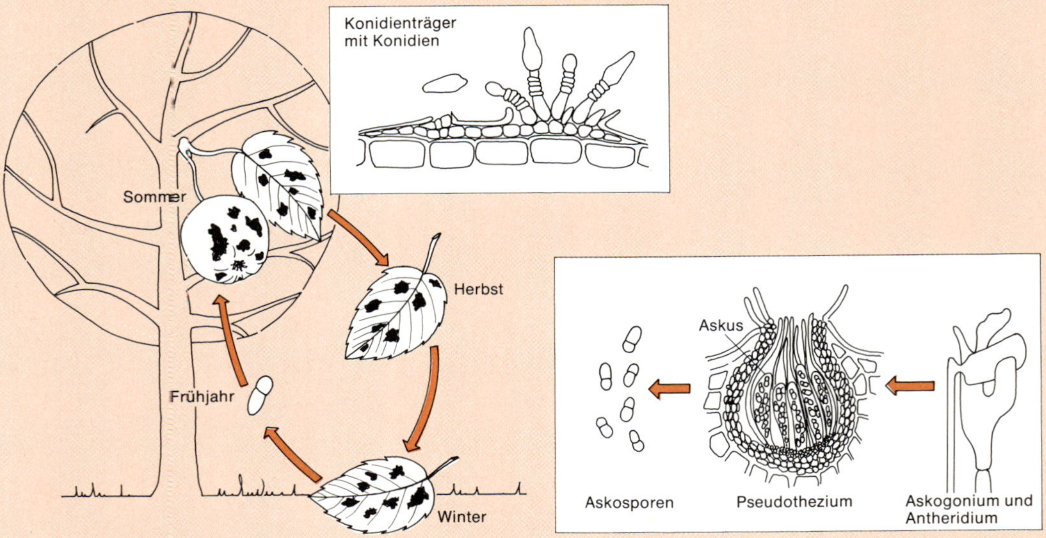

Abb. B 101.
Entwicklung des Apfelschorfes

Der Apfelschorf wird durch den Schlauchpilz *Venturia inaequalis* (s. Abb. B 98) hervorgerufen. Im Lebenszyklus des Schorfpilzes sind zwei Phasen zu unterscheiden: die saprophytisch im abgefallenen Laub lebende Hauptfruchtform und die auf Blättern und Früchten, seltener auf Zweigen, parasitierende Nebenfruchtform. Nur die Nebenfruchtform erzeugt die typischen Schorfsymptome.

Erste Befallstellen in Form kleiner rundlicher, olivgrüner Flecke sind bereits im Frühjahr zu beobachten. Sie entwickeln sich später zu den bekannten braun-schwarzen Schorfflecken. Den Sommer über lebt der Pilz zwischen Epidermis und Kutikula und entwickelt an Konidienträgern vegetative Sporen, die Konidien. Die in Massen gebildeten Konidien bewirken bei günstigen Bedingungen eine rasche Ausbreitung der Krankheit.

Im Herbst erfolgt mit dem Blattbefall der Übergang von der parasitischen zur saprophytischen Phase, von der Nebenfruchtform zur Hauptfruchtform. Während der saprophytischen Phase im abgefallenen Blatt erfolgt die sexuelle Vermehrung. Antheridium und Askogonium, die Geschlechtsorgane, vollziehen die Befruchtung. In der Folge entstehen kleine, krugförmige Fruchtkörper, die Pseudothezien. In den Pseudothezien entwickeln sich im Frühjahr Schläuche (Aski) mit den Askosporen.

Unter günstigen Bedingungen werden die Askosporen ins Freie geschleudert und vom Wind auf die jungen Blätter getragen. Für eine erfolgreiche Infektion müssen die Blätter, in Abhängigkeit von der Temperatur, für eine gewisse Mindestzeit feucht sein. Die für eine Infektion erforderliche Kombination von Temperatur und Blattfeuchtedauer können tabellarisch dargestellt werden (Mills'sche Tabelle). Durch Messung der beiden Faktoren lassen sich anhand der Mills'schen Tabelle die Zeiten bestimmen, zu denen eine Infektion möglich ist. Solche Messungen sind Grundlage für den »Schorf-Warndienst«, der gezielte Spritzungen zum richtigen Termin ermöglicht. Kommt jedoch eine Infektion zustande, so ist dies der Übergang von der saprophytischen zur parasitischen Phase, also von der Hauptfruchtform mit sexueller Vermehrung zur Nebenfruchtform mit asexueller Vermehrung. Der Kreislauf ist geschlossen.

4.2.6 Schadtiere

Nematoden

Nematoden, auch Fadenwürmer oder Älchen genannt, sind in der Regel etwa 1 mm lange drehrunde fadenförmige Tiere (Abb. B 102). Die Bezeichnung »Älchen« kommt daher, daß sich die Nematoden in wäßriger Umgebung schlängelnd wie kleine Aale fortbewegen. Das gemeinsame Merkmal aller pflanzenschädlichen Nematoden ist ein Mundstachel, mit dem sie pflanzliche Zellen anstechen und besaugen können. Nach ihrer Lebensweise lassen sich die pflanzenschädlichen Nematoden einteilen in: wandernde Wurzelnematoden, festsitzende Wurzelnematoden, Blattälchen, Stengelälchen und blütenparasitische Nematoden.

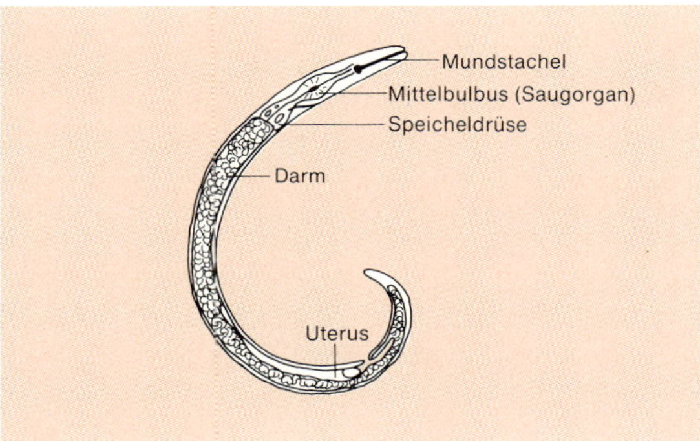

Abb. B 102. Freilebender Wurzelnematode.

Wandernde Wurzelnematoden können im Boden frei von Wurzel zu Wurzel bzw. von Zelle zu Zelle wandern. Die meisten von ihnen besaugen die Wurzel von außen (z. B. *Paratylenchus, Longidorus, Xiphinema*). Manche können jedoch in die Wurzel eindringen und sich von den Zellen des Rindengewebes ernähren (z. B. *Paratylenchus*). Nematodengeschädigte Wurzeln weisen oft eine verstärkte Seitenwurzelbildung auf. Dies gibt den Wurzeln ein bärtiges Aussehen (»Wurzelbart«). Oberirdisch äußert sich der Nematodenbefall in Kümmerwuchs. Typisch für bodenbewohnende Nematoden ist ihr nesterweises Auftreten, da die Tiere im Boden aus eigener Kraft nur geringe Entfernungen überwinden können. Von Wurzelnematoden hervorgerufene Schäden wurden früher oft als Folge einer »Bodenmüdigkeit« angesehen. Wandernde Wurzelnematoden schädigen z. B. ausdauernde verholzende Gewächse (Kernobst, Rosen, Baumschule) oder Gemüsekulturen (Möhren, Sellerie, Salat u. a.).

Von den **festsitzenden Wurzelnematoden** sind nur die jungen Larven oder die Männchen beweglich. Die heranwachsenden Weibchen setzen sich an einer bestimmten Stelle im Wurzelgewebe fest und regen einige Zellen zu verstärktem Wachstum an. Die vergrößerten Riesenzellen dienen den Weibchen als »Nährzellen«. Bei den **zystenbildenden Nematoden** (*Heterodera*-Arten) durchbrechen die anschwellenden Weibchen mit ihrem Hinterteil die Wurzelrinde und sind äußerlich als kleine Kügelchen (Zysten) erkennbar. **Gallenbildende Nematoden** (*Meloidogyne*-Arten) regen hingegen das pflanzliche Gewebe zu verstärktem Wachstum an, so daß um das anschwellende Nematodenweibchen herum eine Galle entsteht. Im Gartenbau sind lediglich die Wurzelgallennematoden von größerer Bedeutung (z. B. an Möhre, Salat, Tomate, Gurke). Die Zystennematoden, vor allem der Kartoffelnematode, spielen hingegen in der Landwirtschaft eine große Rolle.

Blattälchen (*Aphelenchoides*-Arten, Abb. B 99) dringen über die Spaltöffnungen in die Blätter ein und führen durch ihre Saugtätigkeit zu einer Zerstörung des Blattgewebes zwischen den Blattadern. Zu ihrer Verbreitung sind sie auf Feuchtigkeit angewiesen. Als gefährliche Schädlinge treten Blattälchen vor allem an Erdbeeren und vielen Zierpflanzen (Stauden, Chrysanthemen, Farnen u. a.) auf.

Stengelälchen *(Ditylenchus dipsaci)* bewirken durch ihre Saugtätigkeit und die damit verbundenen Ausscheidungen Mißbildungen der Stengel (Verdrehungen, Stauche, Verdickungen). Von wirtschaftlicher Bedeutung sind Stengelälchen im Gemüsebau (z. B. an der Zwiebel) und im Zierpflanzenbau (Hortensie, Phlox, Blumenzwiebeln).

Blütenparasitische Nematoden haben bei uns keine wirtschaftliche Bedeutung. Gelegentlich findet man sie an Getreide (Radekorn) oder Gräsern.

Bekämpfung der Nematoden

Zur Bekämpfung der Nematoden ist vor allem auf eine weitgestellte Fruchtfolge (s. Seite 341) zu achten. Bei hochwertigen Kulturen können wurzelparasitische Nematoden auch durch eine Bodenentseuchung (s. Kap. B 4.3.6) erfaßt werden. Unter bestimmten Umständen ist es auch möglich, die Wurzelnematoden mit Feindpflanzen zu bekämpfen. Besonders bewährt haben sich dazu Tagetes-Arten. Es gibt auch speziell gegen Nematoden wirkende Pflanzenschutzmittel: **Nematizide.** Einige davon können aufgrund ihrer langanhaltenden Wirkung und ihrer hohen Giftigkeit meist nur in Zierpflanzenkulturen oder bei der Vermehrung von Erdbeeren eingesetzt werden.

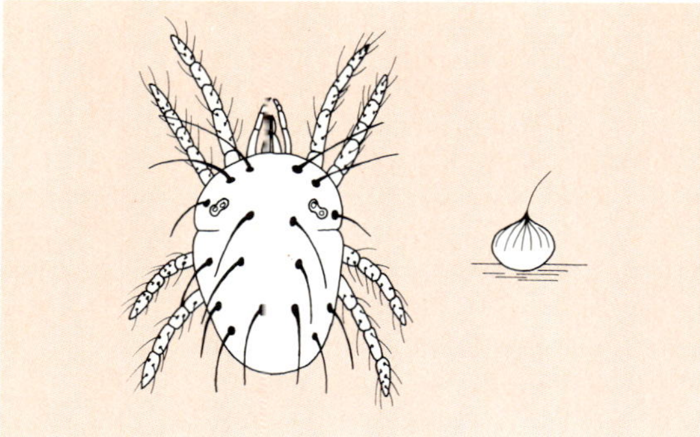

Abb. B 103. Spinnmilbe (Weibchen und Ei).

Milben

Die zu den Spinnentieren zählenden Milben haben einen meist sackförmigen, ungegliederten Körper und sind sehr klein (0,1–0,7 mm). Mit Ausnahme der Gallmilben haben die erwachsenen Tiere 8 Beine. Dadurch und durch das Fehlen von Flügeln, Fühlern und einer deutlichen Körpergliederung lassen sie sich von den Insekten (s. Seite 331) unterscheiden. Pflanzenschädliche Milben verfügen meist über sehr kurze, als Stechborsten ausgebildete, saugende Mundwerkzeuge. Damit stechen sie die Pflanzenzellen der Epidermis an und saugen sie aus. Manche Milben scheiden dabei einen Speichel aus, der Gallen und anderen Mißbildungen hervorrufen kann.

Spinnmilben (Abb. B 103 und B 106) sind die für den Gartenbau schädlichsten Milben. Je nach Ernährungszustand sind diese, mit dem bloßen Auge gerade noch sichtbaren, sehr beweglichen Tiere gelblich, grünlich oder rot gefärbt. Spinnmilben werden oft auch als »Rote Spinne« bezeichnet. Spinnmilben halten sich überwiegend an der Blattunterseite auf. Sie sind in der Lage, feine Gespinste zu bilden, die bei starkem Befall die Pflanze überziehen. Die Gespinste bieten den Spinnmilben Schutz, dienen aber auch gleichzeitig ihrer Verbreitung mit dem Wind. Die Blätter befallener Pflanzen sind anfangs gelblich gesprenkelt, werden rasch braun, verdorren und fallen ab. Befallen werden fast alle gärtnerischen Kulturpflanzen. Besonders starke Vermehrung findet vor allem bei sehr warmer und trockener Witterung statt.

Weichhautmilben sind im Gegensatz zu den Spinnmilben gegenüber Trockenheit sehr empfindlich. Um sich vor Austrocknung zu schützen, leben die weichhäutigen Tiere vor allem im »Herz« der Pflanzen zwischen den jüngsten Blättchen. Durch Besaugen der sehr jungen Pflanzenteile kommt es zu Mißbildungen an Blättern und Blütenständen. Schäden in größerem Umfang verursachen die Weichhautmilben vor allen an bestimmten Zierpflanzen (Cyclamen, Saintpaulien) und an Erdbeeren. Weichhautmilben treten besonders bei feuchtwarmer Witterung (Gewächshausklima) auf.

Gallmilben haben im Gegensatz zu den übrigen Milbenarten nur 4 Beine und sind mikroskopisch klein. Vor allem an Blättern vieler Gehölze verursachen diese Milben Gallen, in denen sie oft in sehr großer Zahl geschützt leben. Es gibt jedoch auch freilebende Gallmilben, die höchstens verstärkte Blattbehaarung und Blattkräuselungen hervorrufen. Durch die Gallen entstehen im allgemeinen keine Ertragsminderungen, so daß sich eine Bekämpfung meist erübrigt. Von größerer wirtschaftlicher Bedeutung sind Gallmilben gelegentlich im Obstbau. Vor allem die »Rundknospen« erzeugende Johannisbeergallmilbe kann beträchtliche Schäden hervorrufen.

Wurzelmilben haben keine saugenden Mundwerkzeuge, sie fressen das pflanzliche Gewebe. Man findet die relativ großen Wurzelmilben vor allem an dickfleischigen unterirdischen Pflanzenorganen (Zwiebel, Knolle). Typisches Kennzeichen sind die mit Fraßmehl gefüllten Gänge unter der Kutikula der befallenen Pflanzenteile.

Bekämpfung der Milben

Zu Bekämpfung müssen bei witterungsabhängigem starkem Auftreten der Schädlinge chemische Mittel, sogenannte **Akarizide,** eingesetzt werden. Ein Problem bereitet dabei die Fähigkeit – vor allem der Spinnmilben – gegen bestimmte Pflanzenschutzmittel ziemlich rasch widerstandsfähig (resistent) zu werden. Im Unterglasgemüsebau können die Spinnmilben auch biologisch, durch den Einsatz von Raubmilben, bekämpft werden. Natürliche Gegenspieler haben auch im Freiland Bedeutung. Es ist deshalb darauf zu achten, daß bevorzugt nützlingschonende Pflanzenschutzmittel eingesetzt werden.

Insekten

Die bis heute bekannten etwa 800000 Insektenarten machen rund 75% aller bekannten Tierarten aus. Viele davon sind Pflanzenschädlinge. Typisches Merkmal der Insekten ist ein dreifach gegliederter Körper (Kopf, Brust, Hinterleib) mit üblicherweise 6 Beinen (Abb. B 104). Die Beine und, soweit vorhanden, auch die Flügel sitzen am Brustabschnitt. Der Kopf trägt Sinnesorgane (Komplexaugen, Fühler) und die Mundwerkzeuge. Am Hinterleib finden

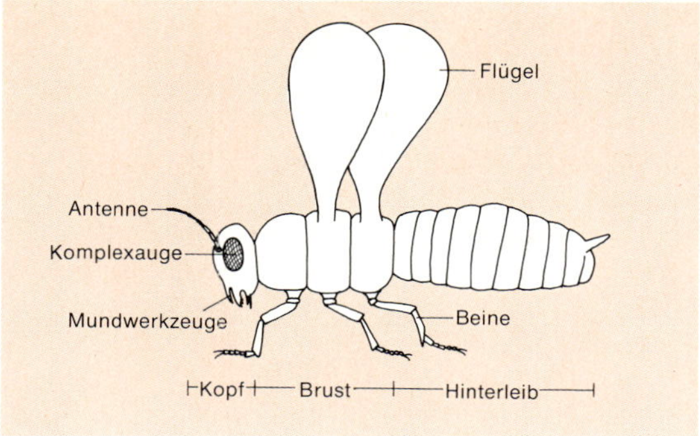

Abb. B 104. Gliederung des Insektenkörpers (schematisch).

wir die Geschlechts- und Ausscheidungsorgane. Die Vermehrung der Insekten erfolgt fast immer durch Eier. Blattläuse und verschiedene andere Insekten sind jedoch auch in der Lage, durch sogenannte Jungfernzeugung (Parthenogenese) lebende Junge zu gebären. Die **Entwicklung der Insekten** verläuft vom Ei über mehrere Larvenstadien zum Vollinsekt (Imago). Dabei lassen sich verschiedene Formen unterscheiden. Bei den ungeflügelten Urinsekten erfolgt keine besondere Umwandlung der äußeren Gestalt. Der Entwicklungsgang der Urinsekten wird deshalb als **Ametabolie** bezeichnet. Die Larven sehen dabei von Anfang an den erwachsenen Tieren sehr ähnlich. Bei den geflügelten Insekten unterscheiden wir hingegen zwischen **unvollständiger Umwandlung** (Hemimetabolie) und **vollständiger Umwandlung** (Holometabolie). Die unvollständige Umwandlung finden wir bei den »saugenden Insekten« sowie Schrecken, Grillen, Ohrwürmern und einigen anderen Insekten, die jedoch als Pflanzenschädlinge keine Bedeutung haben.

Bei Insekten mit unvollständigem Entwicklungsgang ähneln zwar die Larven bereits weitgehend den erwachsenen Tieren, sie müssen jedoch noch Flügel ausbilden. Bei Insekten mit vollständiger Umwandlung haben hingegen Larven und erwachsene Tiere ein völlig verschiedenes Aussehen und oft auch eine völlig andere Lebens- und Ernährungsweise. Die Entwicklung verläuft über die Stadien Ei – Larve – Puppe zum Vollinsekt. Die vollständige Umwandlung von der Larve in das geschlechtsreife erwach-

Abb. B 105. Unvollständige (a) und vollständige (b) Umwandlung.

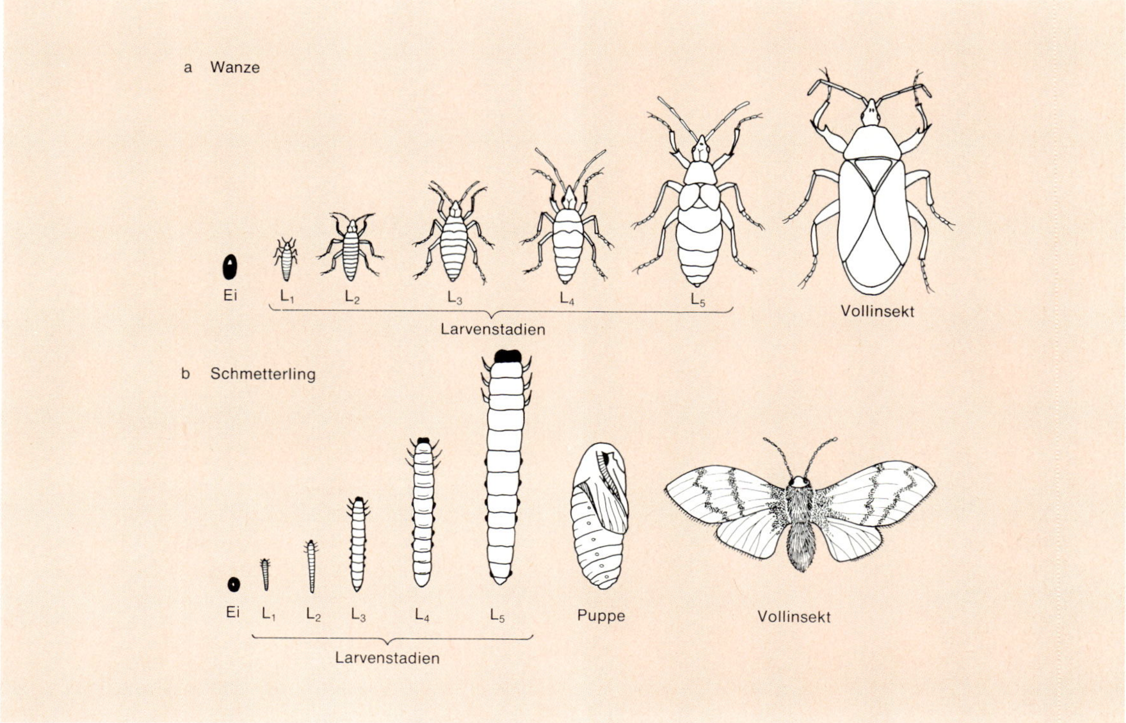

Abb. B 106. Durch Spinnmilben *(Tetranychus urticae)* stark geschädigte Efeupflanze.

Abb. B 107. Schmierläuse an *Codiaeum*.

Abb. B 108. Blattläuse am Stamm einer Rosenpflanze, das Blatt stark geschädigt.

Seite 333:

Abb. B 109. »Weiße Fliege«, *Trialeurodes vaporariorum*, an der Unterseite eines Poinsettienblattes.

Abb. B 110. Schildläuse an einem Oleanderblatt; Honigtau und Rußtau.

sene Tier erfolgt im Puppenstadium. Dieses Puppenstadium, das äußerlich ein Ruhestadium darstellt, ist das wesentliche Kennzeichen der vollständigen Umwandlung.
Zwischen den einzelnen Entwicklungsabschnitten müssen sich die Insekten häuten. Dies hängt damit zusammen, daß die Außenhülle der Insekten aus einer festen chitinhaltigen Kutikula besteht. Das Wachstum ist deshalb immer nur in begrenztem Umfang möglich, so daß der zu eng werdende Panzer von Zeit zu Zeit abgestreift werden muß (Häutung).
Blattläuse bilden zusammen mit den Zikaden, Mottenläusen, Blattsaugern (Blattflöhe) und Schildläusen die in bezug auf wirtschaftliche Schäden wichtige Gruppe der **Pflanzensauger** (Tab. B 7). Allen Pflanzensaugern gemeinsam sind die meist relativ langen stechend-saugenden Mundwerkzeuge. Damit sind sie in der Lage, auch die Leitgefäße der Pflanzen zu besaugen. Sie nehmen dabei oft aus dem Phloëm im Überschuß Kohlenhydrate (besonders Zucker) auf, die sie in Form eines klebrigen, zuckerhaltigen Kotes (Honigtau), wieder ausscheiden.
Blattläuse schädigen wie die übrigen Pflanzensauger teils durch Entzug von Zellsaft und teils durch die Abgabe von giftigem Speichel. Die Speichelabsonderungen können Blattkräuselungen und andere Mißbildungen hervorrufen. Außerdem sind die Blattläuse auch in der Lage, pflanzenschädliche Viren (s. Seite 319) zu übertragen. Die Insektenbekämpfung zählt deshalb auch zu den wichtigsten vorbeugenden Maßnahmen zur Verhütung eines Virusbefalles. Ein weiterer Schaden entsteht durch die Ausscheidung des Honigtaues. Dieser überzieht die Pflanzen mit einem zuckerhaltigen klebrigen Belag, auf dem sich schwarze Pilze, sogenannte Rußtaupilze, ansiedeln. Die Pilze schädigen die Pflanzen zwar nicht direkt, behindern aber durch die Blattverschmutzung die Photosynthese und den Gasaustausch.
Manche Blattläuse sind wirtswechselnd. Das bedeutet, daß sie im Eistadium auf besonderen Winterwirten (Gehölze) überwintern und im Frühjahr nach kurzer Zwischenvermehrung als geflügelte Läuse auf Sommerwirte (meist krautige Pflanzen) überwechseln. Dort findet dann durch Jungfernzeugung die Massenvermehrung ungeflügelter und geflügelter lebendgebärender Blattläuse statt. Im Hochsommer nimmt der Blattlausbefall auf den Sommerwirten infolge eines veränderten Stoffwechsels der Wirtspflanze und durch Auftreten natürlicher Feinde (Pilze, Marienkäfer, Florfliegenlarven, Schlupfwespen u. a.) meist rapide ab. Im Herbst wandern geflügelte Blattläuse wieder auf die Winterwirte, wo nach der geschlechtlichen Vermehrung Wintereier abgelegt werden.
Zur **Bekämpfung der Blattläuse** eignen sich die meisten der im Handel befindlichen, gegen saugende Insekten zugelassenen, **Insektizide.** Für einen sinnvollen, integrierten Pflanzenschutz (s. Kap. B 4.3.7) sollten jedoch solche Mittel bevorzugt werden, die nützlingschonend sind und sich ausschließlich gegen Blattläuse richten.
Zikaden sind etwas schmaler als Blattläuse und haben kräftig entwickelte Hinterbeine. Damit bewegen sie sich teilweise springend fort. Typisches Schadbild bei Zikadenbefall sind gelblich gesprenkelte Blätter. Die Tiere selbst findet man vorwiegend auf der Blattunterseite. Die wirtschaftlichen Schäden durch Zikaden sind unter unseren Verhältnissen meist relativ gering, in wärmeren Ländern können sie aber ganz erheblich sein.
Mottenläuse werden wegen ihres Aussehens oft auch als **Weiße Fliegen** (s. Abb. B 109) bezeichnet. Lediglich die aus den Eiern schlüpfenden Junglarven und das geflügelte Vollinsekt sind beweglich. Die übrigen Larvenstadien leben festsitzend wie die Schildläuse. Das erwachsene Vollinsekt ähnelt einer winzigen weißbepuderten Fliege oder Motte, daher der Name. Die Weiße Fliege ist ein typischer Gewächshausschädling. Sie kann in großen Mengen an Zierpflanzen (z. B. Edelpelargonien, Gerbera, Weihnachtsstern) und Gemüse (Tomaten, Gurke) vorkommen. Der Schaden beruht meist weniger auf dem Saftentzug, als vielmehr auf der Verschmutzung durch extrem starke Honigtaubildung.
Die Bekämpfung der Weißen Fliege bereitet Schwierigkeiten, da die festsitzenden Stadien und die Eier gegen die meisten Insektizide relativ unempfindlich sind. Im Unterglasgemüsebau besteht die Möglichkeit, die Weiße Fliege biologisch durch Einsatz einer Schlupfwespe zu bekämpfen.
Schildläuse befallen fast ausschließlich holzige Gewächse oder derblaubige Pflanzen (Farne, Orchideen u. a., s. Abb. B 110). Lediglich die aus den Eiern schlüpfenden Larven und die Männchen sind beweglich. Man unterscheidet zwei Gruppen: Deckelschildläuse und Napfschildläuse. Die Deckelschildläuse bilden einen festen Schild aus wachsartigen Ausscheidungen und den abgestreiften Larvenhäuten, der später die Eier und Junglarven schützt. Bei den Napfschildläusen verwandelt sich der Körper des Weibchens nach der Eiablage in einen gewölbten, erhärtenden Schild, der den gleichen Zweck erfüllt. **Schmierläuse** zählen ebenfalls zu den Schildläusen (s. Abb. B 107). Sie schützen sich allerdings

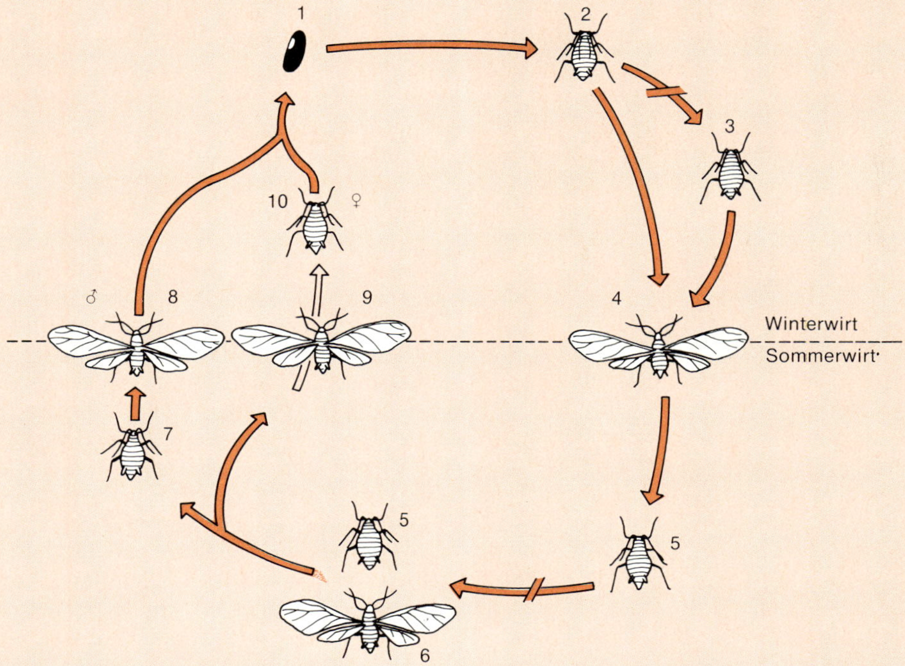

Abb. B111.

Entwicklungskreislauf von Blattläusen

Viele Blattläuse überwintern im Eistadium (1) auf holzigen Gewächsen, den Winterwirten. Aus dem Ei schlüpft im Frühjahr die ungeflügelte Stammutter (2). Sie gebärt parthenogenetisch (nach Jungfernzeugung) lebende Junge. Die ersten Generationen ihrer Nachkommen, die sich ebenfalls parthenogenetisch-lebendgebärend vermehren, sind meist auch flügellos (3). Später entstehen dann geflügelte Blattläuse (4), die zu den Sommerwirten, meist krautige Pflanzen, fliegen und diese besiedeln. Auf den Sommerwirten entsteht dann, ebenfalls auf parthenogenetisch-lebendgebärendem Wege, eine Vielzahl von Generationen (5). Die Mehrzahl dieser Läuse ist ungeflügelt. Es kommen jedoch auch geflügelte Formen (6) vor, die für die Ausbreitung auf die Sommerwirte sorgen. Im Spätsommer bzw. Herbst entwickeln sich einzelne Blattläuse, die Männchen oder Weibchen gebären. Männchengebärende (7) sind meist ungeflügelt, während das Männchen selbst (8) Flügel hat und den Winterwirt aufsucht (Rückwanderung). Im Gegensatz dazu sind die Weibchengebärenden (9) meist geflügelt und gebären erst auf dem Winterwirt die ungeflügelten Weibchen (10). Schließlich erfolgt auf dem Winterwirt die Begattung des Weibchens durch ein Männchen und die Ablage des Wintereies. Damit ist der Kreislauf geschlossen.
Von diesem, in diesem Schema beispielhaft dargestellten Entwicklungsgang gibt es in der Natur viele Abweichungen.

nicht durch einen festen Schild, sondern lediglich durch Wachsausscheidungen. Auch Schmierläuse befallen, wie die eigentlichen Schildläuse, bevorzugt Gehölze oder Pflanzen mit dickfleischigen Blättern. Aufgrund ihrer Lebensweise sind Schild- und Schmierläuse recht gut vor den üblichen Pflanzenschutzmitteln geschützt. Ihre Bekämpfung bereitet deshalb gelegentlich auch Schwierigkeiten. Selbst die gut wirksamen Mittel müssen in der Regel mehrfach in relativ kurzen Abständen ausgebracht werden.

Blattsauger, auch **Blattflöhe** genannt, schädigen fast ausschließlich Obstbäume. Erwähnenswert sind z. B. der Apfelblattsauger und der Birnenblattsauger. Diese blattlausähnlichen Schädlinge verursachen vor allem an den austreibenden Knospen Verkrüppelungen. Der in großen Mengen produzierte Honigtau kann außerdem zu Verklebungen der Blütenknospen führen. Blattsauger werden im allgemeinen mit den aus anderen Günden erforderlichen Bekämpfungsmaßnahmen gut miterfaßt, so daß sie in der Regel kein besonderes Problem darstellen.

Wanzen sind meist flache, häufig bunt gefärbte, Insekten. Typisches Kennzeichen der Wanzen ist der Bau ihrer Vorderflügel (s. Seite 331). Diese bestehen zur Hälfte aus einem derben sklerotisierten Teil und zur Hälfte (äußerer Rand) aus einem häutigen Teil. Beim Besaugen der Pflanzen geben die Wanzen oft einen giftigen Speichel ab, der Mißbildungen hervorruft. Sie schädigen z. B. Chrysanthemen und verschiedene Obstgehölze. Absonderungen aus besonderen Stinkdrüsen können befallene Früchte ungenießbar machen.

Blasenfüße, auch Fransenflügler oder **Thrips** genannt, sind relativ kleine Insekten mit gefransten Flügeln und Haftblasen an den Füßen. Mit ihren ziemlich kurzen Mundwerkzeugen können sie nur die Zellen der Epidermis besaugen. Die leergesogenen Zellen füllen sich mit Luft und erzeugen damit den für Blasenfußbefall typischen silbrigen Glanz der Blätter. Von besonderer Bedeutung sind Blasenfüße vor allem an verschiedenen Zierpflanzen *(Gladíolus, Fícus)* und Gemüsearten (Zwiebel, Lauch).

Käfer zählen zu den Insekten mit vollständiger Umwandlung und beißenden Mundwerkzeugen. Sowohl die Larven als auch die erwachsenen Tiere können an Pflanzen Fraßschäden hervorrufen. Typisches Kennzeichen der Käfer sind die zu panzerartigen

Abb. B 112. Kohlweißlingsraupe *(Pieris brassicae)* an einer Senfpflanze.
Abb. B 113. Trauermückenlarve.

Tab. B 7. Pflanzenschädliche Insekten

Saugende Insekten (Hemimetabolie)	Beißende Insekten (Holometabolie)	
	Vollinsekt	Larve
Blasenfüße (Thrips)	Käfer	Engerling, Drahtwurm u. a.
Wanzen	Schmetterling	Raupe
Pflanzensauger Blattläuse	Wespe	Afterraupe
Zikaden Mottenläuse	Fliege	Made
Schildläuse Blattflöhe	Mücke	Made

Flügeldecken umgewandelten Vorderflügel. Darunter befindet sich, in Ruhe gut geschützt, das zum Flug bestimmte Flügelpaar. Am bekanntesten dürfte der Maikäfer sein, der zu den **Blatthornkäfern** zählt. Dieser heute nur noch selten als Schädling auftretende Käfer verursachte früher durch Massenbefall an Baumbeständen Kahlfraß. Seine Larven, die im Boden lebenden Engerlinge (Abb. B114), waren gefürchtete Ackerschädlinge.

Im Gegensatz zu den Blatthornkäfern sind die **Blattkäfer** meist relativ kleine, gedrungene Tiere mit fadenförmigen Fühlern. Hierzu zählen z. B. der Kartoffelkäfer (s. Abb. B 114), das Spargelhähnchen und die Erdflöhe.

Rüsselkäfer sind daran kenntlich, daß ihr Kopf rüsselförmig verlängert ist. Sie spielen im Gartenbau als Schädlinge eine wichtige Rolle. Der Dickmaulrüßler bzw. seine Larven fressen vor allem an Zierpflanzen (Azaleen, Cyclamen, Containerkulturen in der Baumschule u. a.). Zu erheblichen Ausfällen im Obstbau können die ebenfalls zu den Rüsselkäfern zählenden Apfelblütenstecher oder Erdbeerstengelstecher führen.

Borkenkäfer sind ziemlich kleine, walzenförmige Tiere, deren Kopf unter einem Brustschild verborgen ist. Die beinlosen Larven der Borkenkäfer verursachen typische Fraßgänge unter der Rinde verschiedener Bäume. Überwiegend treten die Borkenkäfer als Forstschädlinge auf. Von besonderer Bedeutung ist der Ulmensplintkäfer, der den gefährlichen pilzlichen Erreger des »Ulmensterbens« überträgt.

Die Larven der **Samenkäfer** entwickeln sich in größeren Samenkörnern (z. B. Bohne, Erbse).

Die Larven der **Schnellkäfer** sind als sogenannte Drahtwürmer (Abb. B 114) bekannt. Besonders nach Umbruch von Wiesen oder Weiden können die Drahtwürmer durch Befressen unterirdischer Pflanzenorgane erheblichen Schaden hervorrufen.

Unter den Käfern gibt es aber auch nützliche Arten, so z. B. die **Laufkäfer** oder die **Marienkäfer.** Vor allem die Marienkäfer und ihre Larven sind als Blattlausvertilger besonders wichtig. Ein Marienkäfer verzehrt im Laufe seines Lebens immerhin etwa 1000 Blattläuse.

Die **Bekämpfung der Käfer** erfolgt mit den gegen »beißende Insekten« zugelassenen Präparaten. Gelegentlich sind die Stäubemittel dabei den Spritzmitteln überlegen. Gegen die zum Teil im Boden lebenden Käferlarven (Engerlinge, Drahtwürmer) werden insektizide Streu- bzw. Gießmittel oder Köder eingesetzt.

Schmetterlinge treten im Gegensatz zu den Käfern ausschließlich im Larvenstadium (Raupe) (Abb. B112 und B114) als Pflanzenschädlinge auf. Das erwachsene Vollinsekt hat entweder verkümmerte oder rüsselförmige Mundwerkzeuge, mit denen lediglich Blütennektar aufgenommen wird. Typisches Kennzeichen der Schmetterlinge sind die relativ großen, von mikroskopisch kleinen Schüppchen besetzten Flügel und der dicht behaarte Körper. Manche Arten sind auffällig bunt gefärbt.

Schmetterlinge von meist nur geringer Größe sind die **Motten,** diese Schädlinge gibt es bei uns in großer Artenzahl (z. B. Miniermotten, Kohlmotte, Lauchmotte, Gespinstmotten). **Wickler** schädigen vor allem an Obstgehölzen. Ihren Namen haben sie daher, daß sie Pflanzenteile zusammenspinnen (»wickeln«). Zu den Wicklern zählen z. B. die bekannte »Obstmade« (Larve des Apfelwicklers), der Pflaumenwickler und verschiedene Knospenwickler.

Tagfalter sind Schmetterlinge mit ziemlich großen Flügeln und deshalb flatterndem Flug. Als Pflanzenschädlinge spielen unter den Tagfaltern vor allem die Weißlinge eine wichtige Rolle (z. B. Kohlweißling, Baumweißling). **Nachtschmetterlinge** sind Abend- oder Nachtflieger mit meist gedrungenem Körper. Zu den pflanzenschädlichen Nachtschmetterlingen zählen u. a. Schwärmer, Trägspinner (Goldafter, Nonnen), Spanner und Eulen. Vor allem die beiden letztgenannten schädigen an gartenbaulichen Kulturen. Die Larven des Forstspanners, die sich »spannend« fortbewegen, können im Frühjahr an verschiedenen Gehölzen bei Massenbefall zu

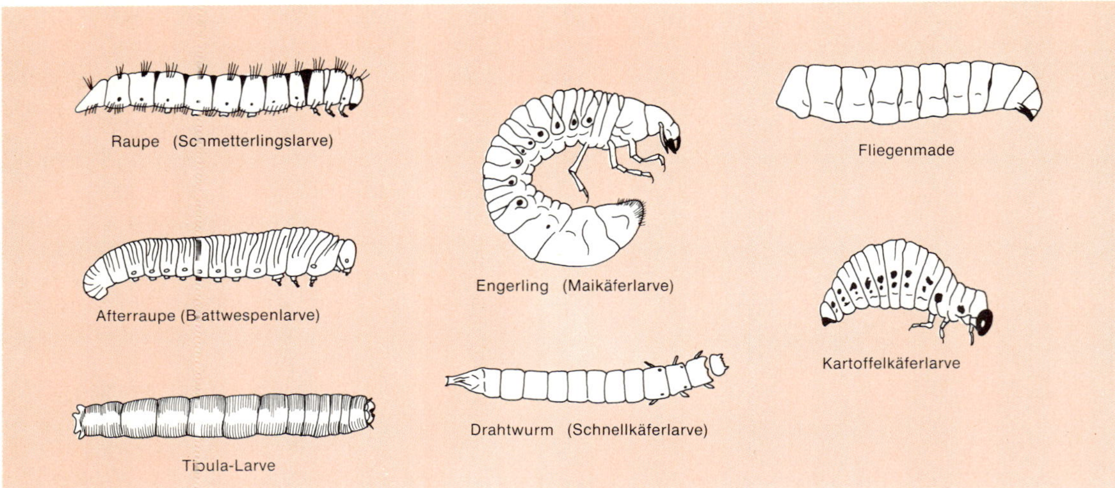

Abb. B 114. Larvenstadien verschiedener »beißender« Insekten.

Kahlfraß führen. Die Eulen sind meist lichtscheue Tiere, die als freifressende Raupen (z. B. Kohleule) oder als sogenannte Erdraupen (Saateulen) schädigen. Erdraupen leben im Boden und befressen den Stengelgrund oder unterirdische meist dickfleischige Pflanzenorgane (Möhre, Dahlie u. a.).

Die **Bekämpfung von Schmetterlingsraupen** mit Insektiziden muß möglichst frühzeitig erfolgen, da die älteren Raupenstadien oft unempfindlich gegen die Pflanzenschutzmittel sind. Die meisten der gegen »beißende Insekten« zugelassenen Mittel wirken auch gegen Schmetterlingsraupen. Manche, wie Kohlweißling oder Gespinstmotten, lassen sich auch mit einem Bakterienpräparat *(Bacillus thuringiensis)* bekämpfen. Für gezielte Bekämpfungsmaßnahmen wird mit Hilfe von Licht- oder Lockstoffallen das Auftreten schädlicher Schmetterlinge überwacht. So benutzt man z. B. einen Sexualduftstoff (Pheromon) um den richtigen Bekämpfungszeitpunkt für den Apfelwickler (»Obstmade«) festzustellen (s. Seite 343).

Wespen zählen zu den Hautflüglern. Sie können auf unterschiedliche Weise zu Pflanzenschäden führen, aber auch als Nützlinge auftreten. Die Larven, der Blattwespen sind meist kräftig gefärbt und ähneln den Raupen der Schmetterlinge (Abb. B 114). Man bezeichnet sie deshalb auch als Afterraupen. Wirtschaftliche Bedeutung können z. B. die Schäden durch Stachelbeerblattwespe, Kirschblattwespe, Apfelsägewespe und Pflaumensägewespe haben. Gesellig in Gespinsten leben die Larven der Gespinstblattwespen. Sie fressen an den eingesponnenen Blättern oder Nadeln (z. B. Birnengespinstwespe). Gallwespen verursachen sehr auffällige Schadbilder, die Gallen (z. B. Rosengallwespe, Eichengallwespe). Die Schadwirkung der Gallenwespen ist meist nur sehr gering. Auch die Wespen im engeren Sinne, die Faltenwespen, schädigen meist nur in geringem Umfang, z. B. durch Fraß an Früchten.

Eine wichtige Rolle als Nützlinge spielen die **Schlupfwespen.** Sie legen ihre Eier in die Larven, Puppen oder Eier anderer Insekten. Die daraus schlüpfenden Schlupfwespenlarven fressen dann ihren Wirt gewissermaßen bei lebendigem Leib von innen heraus auf. Gezielt werden Schlupfwespen z. B. zur biologischen Bekämpfung der Weißen Fliege (s. Seite 334) oder der San-José-Schildlaus (s. Seite 343) eingesetzt.

Zweiflügler, d. h. Insekten mit nur einem voll entwickelten Flügelpaar, werden unterschieden in **Mücken** und **Fliegen.** Im Gegensatz zu den Fliegen sind die Mücken eher schlanke, zartgliederige Tiere mit schmalen Flügeln und oft extrem langen Beinen. Die Larven der Zweiflügler sind beinlos und werden Maden (s. Abb. 114) genannt. Von den Mücken treten als Pflanzenschädlinge vor allem die Larven der Haarmücke und der Wiesenschnake auf. Sie leben im Boden und fressen an den Pflanzenwurzeln (z. B. im Rasen). Die relativ kleinen Larven der Trauermücke (s. Abb. B 113) schädigen durch Fraß an verschiedenen Zierpflanzen, vor allem Topfkulturen (z. B. Euphorbien, Pelargonien) in Torfsubstraten und bei der Stecklingsvermehrung. Gallmücken können an Chrysanthemen, Kohl oder Erbsen schwere Verunstaltungen hervorrufen. Von den Fliegen gelten vor allem die »Bohrfliegen« als gefährliche Schädlinge im Gartenbau. Zu ihnen zählen z. B. die Kirschfruchtfliege, die Mittelmeerfruchtfliege oder die Spargelfliege. Die Maden der Bohrfliegen leben im Innern der Pflanze und sind deshalb nur vorbeugend zu bekämpfen. Es kommt daher ganz besonders auf den richtigen Spritztermin an. Ähnlich ist es mit den Larven der Blumenfliegen, die ebenfalls in den Wirtspflanzen minieren (z. B. Nelkenfliege, Zwiebelfliege, Kohlfliege, Bohnenfliege).

Sonstige Schadtiere

Schnecken zählen zu den Weichtieren. Ihr Körper besteht im wesentlichen aus dem Kopf, dem muskulösen Fuß sowie einem Eingeweidesack mit Mantel oder Gehäuse. Je nachdem, ob sich der Eingeweidesack in einem Gehäuse befindet oder nur von einem »Mantel« bedeckt ist, unterscheiden wir Gehäuse- oder Nacktschnecken. Als Schädlinge spielen vor allem die Nacktschnecken, besonders die Egelschnecken, eine Rolle. Der Schneckenkopf trägt meist 2 Paar Fühler, von denen das obere Paar mit 2 Augen versehen ist. Der für die Schnecken typische Schabefraß entsteht durch eine mit vielen kleinen Chitinzähnchen besetzte Reibeplatte, dem Fraßorgan der Schnecken in der Mundhöhle. Schnecken treten bevorzugt bei feuchter Witterung auf. Ihr hohes Feuchtigkeitsbedürfnis beruht unter anderem darauf, daß sie sich auf einer Schleimschicht fortbewegen. Neben dem Schabefraß sind die Schleimspuren sichere Kennzeichen eines Schneckenbefalls. Die Bekämpfung der Schnecken erfolgt im Gartenbau im allgemeinen mit Ködermitteln (Schneckenkorn). Wichtige natürliche Feinde der Schnecken sind z. B. Kröten oder Igel. Für kleinere Flächen eignen sich auch Schneckenfallen (Lockstoffgemische oder biergefüllte Schalen.

Abb. B 115. Nacktschnecke.

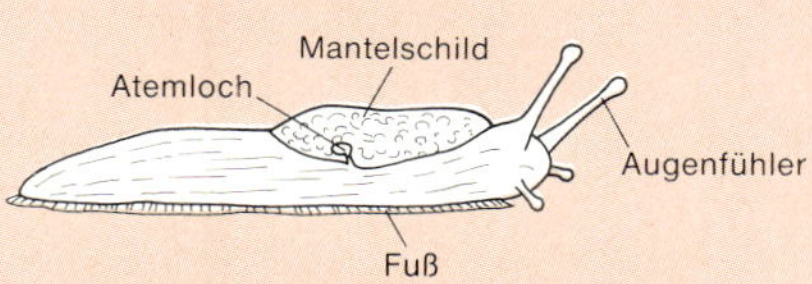

Vögel schädigen durch Fraß an Früchten, Samen und Keimlingen. Gelegentlich kommt auch Knospenfraß vor. Gefährlich werden vor allem Tauben, Krähen, Sperlinge und Stare. Vögel können im allgemeinen nicht direkt bekämpft werden. Man versucht deshalb die Schadvögel durch optische oder akustische Reize (Vogelscheuche, Blinkleinen, Knallscheuche usw.) von den Pflanzen fernzuhalten. Teilweise werden die Pflanzen auch mit Vogelschutznetzen überspannt. Die Verwendung von chemischen Schreckstoffen ist nur in wenigen Einzelfällen möglich und bringt meist keinen durchschlagenden Erfolg.

Nagetiere sind wie die Vögel Wirbeltiere. Vor allem Wühlmäuse und Feldmäuse, gelegentlich auch Hamster, schädigen an gartenbaulichen Kulturen. Sie befressen z. B. die Wurzeln von Obstgehölzen oder Gemüsepflanzen. Die Bekämpfung der schädlichen Nager erfolgt meist mit begifteten Ködern (z. B. Giftweizen), Fallen oder Begasungsmitteln.

Wildschäden, verursacht durch Hasen, Kaninchen, Rotwild u. a., treten vielfach in Baumschulen und im Gemüsebau in waldnahen Lagen auf. In gefährdeten Gebieten werden deshalb die Kulturflächen mit besonderen Wildschutzzäunen versehen. Daneben gibt es die Möglichkeit, sogenannte Vergrämungsmittel einzusetzen. Dies sind Geruchsstoffe, die auf das Wild abschreckend wirken.

4.2.7 Unkräuter

Pflanzen, die nach unserer Auffassung mehr schaden als nützen, bezeichnen wir als Unkräuter. Dies bedeutet, daß nicht jede Wildpflanze ein Unkraut sein muß und andererseits auch Kulturpflanzen als »Unkräuter« wirken können (z. B. Kartoffel- oder Getreideaufwuchs in einer Gemüsefläche). Unkräuter können auf verschiedene Weise schädlich werden:

Ertragsminderung. Die Kulturpflanzen müssen mit den Unkräutern um die Wachstumsfaktoren konkurrieren. Dabei sind sie den »urwüchsigen« Unkräutern oft unterlegen. Durch Mangel an Nährstoffen, Wasser, Licht, Wurzelraum usw. kommt es durch die Unkräuter nicht nur zu einer Minderung des Mengenertrages, auch die Qualität kann sich verschlechtern.

Minderung des Zier- oder Nutzwertes. Vor allem in gepflegten Grünanlagen oder Hausgärten stören uns Unkräuter oft. An oder auf Verkehrsflächen, wie Straßen, Wege, Geleise u. a., ist die Unkrautbeseitigung wichtig für einen sicheren Verkehrsablauf.

Behinderung der Pflege- und Erntearbeiten. Mit diesem Problem haben z. B. die Saatguterzeuger zu tun. Gelingt es nicht, das Unkraut während der Kultur weitgehend zu unterdrücken, so sind anschließend aufwendige Reinigungsverfahren erforderlich, bei denen die Unkrautsamen wieder entfernt werden müssen. Ein hoher Unkrautbesatz mindert auch den Verkaufswert z. B. von Spinat oder Petersilie. Weiterhin bereiten vor allem schlingende Unkräuter, wie Ackerwinde oder Klettenlabkraut, oft große Probleme beim Einsatz von Bodenbearbeitungs- oder Erntegeräten.

Übertragung und Förderung von Krankheiten und Schädlingen. Indirekt können Unkräuter dazu beitragen, daß bestimmte Krankheiten oder Schädlinge verstärkt auftreten. So werden z. B. viele Pilze durch die bei dichtem Unkrautbestand vorhandene hohe Luftfeuchtigkeit gefördert. Manche Unkräuter dienen verschiedenen Schaderregern als Zwischenwirt und tragen so zu deren Verbreitung bei.

Man unterscheidet zwischen **Samenunkräutern** und **Wurzelunkräutern**. Diese Bezeichnungen sind zwar in der Praxis eingebürgert und zweckmäßig, aber nicht ganz richtig. Auch Wurzelunkräuter können sich durch Samen vermehren. Zu den Samenunkräutern zählen im allgemeinen einjährige Pflanzen, die sich ausschließlich durch Samen vermehren. Der Begriff Wurzelunkräuter beschreibt ausdauernde Arten, deren Reserveorgane (Rhizome, Speicherwurzeln u. a.). im Boden überdauern können, auch wenn die oberirdischen Teile abgestorben sind. Samenunkräuter wie Franzosenkraut, Vogelmiere oder Kleine Brennessel gedeihen vor allem bei intensiver Bodenbearbeitung und reichlicher Stickstoffdüngung. Ihre Bekämpfung bereitet im allgemeinen keine besonderen Probleme. Wurzelunkräuter, die z. B. im Obstbau, in der Baumschule oder in Gehölzpflanzungen Probleme bringen, sind dagegen sehr viel schwerer zu bekämpfen.

Unkrautbekämpfung

Die Unkrautbekämpfung kann auf verschiedene Weise erfolgen. Wesentlich sind unter anderem Maßnahmen, die von vornherein ein »Verseuchen« der Kulturflächen mit Unkrautsamen verhindern. So sollte man z. B. auf benachbarten Brachflächen die Unkräuter nicht zur Samenbildung kommen lassen, gereinigtes Saatgut, unkrautfreien Kompost bzw. Stallmist verwenden usw.

Bei der direkten Bekämpfung der Unkräuter sind die mechanischen Maßnahmen (z. B. Hacken, Striegeln, Fräsen) im Gartenbau nach wie vor wesentlich. Nur in Einzelfällen wird hingegen das Unkraut durch Hitze vernichtet (Dämpfen, Abflammen). Von zunehmender Bedeutung sind aber die chemischen Maßnahmen, d. h. der Einsatz von Unkrautbekämpfungsmitteln, sogenannten **Herbiziden.** Vor allem arbeitswirtschaftliche Gründe zwingen die Betriebe zum Einsatz dieser chemischen Verfahren. Manche der Herbizide wirken ausschließlich auf grüne Teile der Pflanzen. Sie gelangen als »chemische Sense« zum Einsatz. Andere Herbizide stören den Stoffwechsel der Unkräuter. Sie bewirken, daß die Unkräuter verkrüppeln und sich schließlich zu Tode wachsen. Diese sogenannten **Wuchsstoffherbizide** wirken vor allem gegen breitblättrige Unkräuter und werden z. B. im Rasen oder unter Obstgehölzen eingesetzt. Die Mehrzahl der im Gartenbau verwendeten Herbizide sind jedoch sogenannte **Bodenherbizide.** Dies bedeutet, daß sie vorwiegend über die Wurzel der Unkräuter aufgenommen werden. Viele der Bodenherbizide werden fest an Humus- oder Tonteilchen im Boden gebunden (absorbiert), so daß sie meist in den obersten Bodenschichten verbleiben und dort die flachkeimenden Unkräuter erfassen. Die Anwendung der Herbizide ist mit gewissen Problemen verbunden, da es sich um Mittel handelt, deren Wirkung sich naturgemäß gegen Pflanzen richtet. Durch Fehler bei der Mittelwahl, dem Anwendungszeitpunkt, der Dosierung usw. können deshalb leicht schwere Schäden auch an den Kulturpflanzen entstehen.

Kontrolle und Vertiefung

1. Warum ähneln Frostschäden manchmal Trockenschäden?
2. Erzeugen Sie „Staunässe“, indem Sie beliebige Topfpflanzen in ein mit Wasser gefülltes Gefäß stellen. Beschreiben Sie die auftretenden Veränderungen im Vergleich zu Pflanzen, die „normal“ mit Wasser versorgt werden.
3. Weshalb ist eine gründliche Blattlausbekämpfung zugleich eine Maßnahme gegen Virusbefall?
4. Wodurch unterscheiden sich Viren von allen anderen Lebewesen?
5. Stellen Sie fest, wie virusgetestete bzw. virusfreie Obstjungpflanzen gekennzeichnet sind.
6. In einem Bestand von Elatiorbegonien wird Befall durch die Ölfleckenkrankheit festgestellt. Welche Maßnahmen ergreifen Sie?

7. Welchen Vorteil bietet eine Tröpfchenbewässerung im Hinblick auf die Ausbreitung pflanzenpathogener Bakterien?
8. Überprüfen Sie in Ihrem Ausbildungsbetrieb, an welchen Pflanzen der Echte Mehltau auftritt. Wie wird er bekämpft?
9. Welche Pflanzen sind in Ihrem Ausbildungsbetrieb vom Grauschimmelpilz *(Botrytis)* befallen? Durch welche vorbeugenden Maßnahmen läßt sich der Befall mindern und welche Präparate sind zur chemischen Bekämpfung geeignet?
10. Weshalb sollten bei Befall der Weymouthskiefer durch den Blasenrost benachbarte Johannisbeeren entfernt werden?
11. Welche Funktion haben Haustorien?
12. Welche Bedeutung haben Hauptfruchtform und Nebenfruchtform im Leben der Pilze?
13. Welche Schadbilder können durch wurzelparasitische Nematoden hervorgerufen werden?
14. Welche wesentlichen Unterschiede bestehen zwischen Milben und Insekten?
15. Welche verschiedenen Formen der Insektenentwicklung kennen Sie? Nennen Sie Beispiele und geben Sie jeweils ein typisches Insekt an.
16. An welcher Stelle im Gewächshaus bzw. welcher Baumseite ist in der Regel der erste Spinnmilbenbefall zu finden und warum ist dies so?
17. Stellen Sie fest, welche Pflanzen besonders häufig von der Weißen Fliege befallen werden.
18. Welche Insekten produzieren Honigtau und wie kommt es dazu?
19. Welche Pflanzenschutzmittel werden in Ihrem Ausbildungsbetrieb zur Bekämpfung von Spinnmilben, Blattläusen, Weißer Fliege und Raupen verwendet?
20. Stellen Sie fest, welche Unkräuter in Ihrem Ausbildungsbetrieb besonders häufig vorkommen. Welche davon zählen zu den Wurzelunkräutern und welche zu den Samenunkräutern?
21. Welche Bestandteile des Bodens haben den entscheidenden Einfluß auf die Wirkung von Bodenherbiziden?

4.3 Pflanzenschutzmaßnahmen

Unter Pflanzenschutz verstehen wir alle Maßnahmen, die geeignet sind, Schäden durch Krankheitserreger oder Schädlinge an Kulturpflanzen zu verhindern bzw. zu mindern. Dem Gärtner stehen dazu eine Vielzahl verschiedener Verfahren zur Verfügung. Sie können der Herabsetzung der Schadenswahrscheinlichkeit dienen (z. B. Kultur- oder Quarantänemaßnahmen, d. h. die kranken oder befallenen Pflanzen werden von den gesunden bzw. nichtbefallenen räumlich getrennt) oder sich direkt gegen die Verursacher richten (z. B. chemische oder physikalische Maßnahmen). Pflanzenschutz wird überwiegend vorbeugend durchgeführt. Eine »Heilung« durch sogenannte kurative (heilende) Maßnahmen, wie wir sie beim Einsatz von Arzneimitteln bei Mensch und Tier kennen, ist nur in wenigen Fällen möglich.

4.3.1 Kulturmaßnahmen und Pflanzenhygiene

An der Entstehung von Krankheiten oder Beschädigungen sind Pflanze, Schaderreger und Umwelt gemeinsam beteiligt. Durch die üblichen Kulturmaßnahmen wie Düngung, Bodenbearbeitung, Bewässerung usw. verändern wir einerseits die Umwelt und andererseits auch die Anfälligkeit der Pflanze gegenüber Krankheits- oder Schädlingsbefall. Bei der Durchführung der **Kulturmaßnahmen** muß deshalb berücksichtigt werden, ob sie die Entstehung von Krankheiten hemmen oder fördern. So erhöht z. B. übermäßige Stickstoffdüngung im allgemeinen die Anfälligkeit gegenüber verschiedenen pilzlichen Krankheitserregern. Enger Stand und zu hohe Luftfeuchtigkeit haben ähnliche Auswirkungen. Niedrige Luftfeuchtigkeit in Zusammenhang mit hohen Temperaturen erhöhen hingegen die Gefahr einer Spinnmilbenübervermehrung. Solche Zusammenhänge müssen auch bei der Auswahl des **Standortes** berücksichtigt werden. Die Saatgutvermehrung von Buschbohnen verlegt man z. B. in Trockengebiete, um eine Infektion des Samens durch feuchtigkeitsliebende Bakterien zu verhindern, die die Fettfleckenkrankheit verursachen. Ein weiteres Beispiel für sinnvolle Standortwahl ist der Anbau von Möhren in sogenannten windoffenen Lagen. Dadurch senkt man den Befall durch die Möhrenfliege, die nur in geschützten Lagen gute Entwicklungsbedingungen findet.
Manche Krankheiten lassen sich durch eine geeignete **Fruchtfolge** eindämmen. Besonders gilt dies für

Wurzel- und Stengelfäuleerkrankungen, die von verschiedenen bodenbürtigen Schadpilzen hervorgerufen werden. Beim Anbau einer Kultur auf der gleichen Fläche in kurzem zeitlichen Abstand kann es zur Anreicherung von Krankheitserregern und Nematoden kommen, und damit zur sogenannten Bodenmüdigkeit. Deshalb sollte ein und dieselbe Kultur höchstens alle 3–6 Jahre auf der gleichen Fläche angebaut werden.

Eine sehr wirksame und umweltfreundliche Pflanzenschutzmaßnahme ist die Verwendung **resistenter Sorten.** Unter pflanzlicher Resistenz versteht man die genetisch bedingte Widerstandsfähigkeit von Pflanzen gegenüber Krankheitserregern, Schädlingen oder ungünstigen Umwelteinflüssen. Bei manchen Kulturen ist der Anbau widerstandsfähiger Sorten bzw. Arten oft die einzig mögliche und wirtschaftlich vertretbare Pflanzenschutzmaßnahme. Allerdings bereitet es dem Züchter manchmal Schwierigkeiten, gute Ertragsleistung und Resistenz gegen Schaderreger miteinander zu kombinieren. Gelegentlich gelingt es den Krankheitserregern auch, ständig neue Rassen, sogenannte Pathotypen, zu bilden, die auch die ursprünglich resistenten Sorten befallen können. Damit sind die Züchter gezwungen, immer neue Sorten zu züchten, die wiederum resistent sind usw. Es entwickelt sich somit ein Wettlauf zwischen züchterischer Arbeit und der Entstehung immer neuer »Resistenzbrecher« unter den Krankheitserregern.

Die Erkrankung eines Pflanzenbestandes geht häufig von sogenannten **Infektions- oder Befallsherden** aus. Aufgabe der Pflanzenhygiene im engeren Sinne ist es, diese Herde zu beseitigen bzw. zu verhindern, daß überhaupt Schaderreger in den Pflanzenbestand gelangen. Das bedeutet, daß kranke Pflanzen oder Pflanzenteile rechtzeitig entfernt und vernichtet werden müssen (keinesfalls auf den Komposthaufen!). Gezielte Schnittmaßnahmen im Obstbau (z. B. gegen den Apfelmehltau oder die Spitzendürre) gehören ebenso dazu wie das Beseitigen kranker Topfpflanzen. Selbstverständlich können gesunde Pflanzen nur aus krankheitsfreiem Vermehrungsmaterial erwachsen. Bei der Saatguterzeugung bzw. der Stecklingsvermehrung müssen deshalb besonders strenge Maßstäbe hinsichtlich der Gesunderhaltung angelegt werden. Spezialbetriebe tragen dem durch oft sehr aufwendige Verfahren Rechnung (z. B. Testung auf Virus- oder Bakterienbefall, Meristemkultur, insektensichere Gewächshäuser).

Da viele Krankheitserreger in Erd- oder Pflanzenresten sowie an Kulturgefäßen, Stellflächen oder Geräten überdauern können, ist **Sauberkeit im Betrieb** eine wichtige Grundlage für wirkungsvolles vorbeugenden Pflanzenschutz. Das Entseuchen von Substrat, Stellflächen, Geräten und Kulturgefäßen zählt deshalb im intensiven Gartenbau zu den wichtigsten Pflanzenschutzmaßnahmen.

4.3.2 Physikalische Maßnahmen

Manche Schaderreger können auf rein **mechanischem Wege** vernichtet oder von den Kulturpflanzen ferngehalten werden. Der Einsatz von Leimringen an Obstbäumen zur Bekämpfung des Frostspanners zählt ebenso dazu wie die Verwendung von Wühlmausfallen oder Vogelnetzen. Aber auch das Ab- bzw. Ausschneiden kranker Pflanzenteile sind mechanische Pflanzenschutzmaßnahmen. Auf die mechanische Unkrautbekämpfung mit Hacke oder anderen Bodenbearbeitungsgeräten kann vielfach nicht verzichtet werden. Im allgemeinen haben aber mechanische Verfahren, mit Ausnahme der Unkrautbekämpfung, aufgrund ihrer begrenzten Wirkung nur in Spezialfällen eine besondere Bedeutung. Viel wichtiger sind, gerade im Gartenbau, **thermische Verfahren.** Darunter versteht man den Einsatz von Wärme zur Bodenentseuchung (s. Kap. B 4.3.6), zur Unkrautbekämpfung oder zur Behandlung von Pflanzen bzw. Pflanzenteilen. Die Wärmebehandlung von Pflanzen oder Pflanzenteilen mit dem Ziel, Schaderreger abzutöten oder zu inaktivieren, wird als **Wärmetherapie** bezeichnet. Zur Abtötung von Nematoden (Blatt- oder Stengelälchen) wendet man z. B. bei Blumenzwiebeln oder Erdbeerjungpflanzen die **Heißwasserbehandlung** an. Erhöhte Lufttemperatur benutzt man dagegen bei der Erzeugung virusfreier Chrysanthemen oder Obstgehölze. Die Verfahren der Wärmetherapie sind zum Teil schwierig zu handhaben, weil zwischen der Temperatur, die den Schaderreger abtötet und der, die Pflanzenschäden hervorruft, oft nur ein Unterschied von wenigen Grad Celsius besteht.

4.3.3 Biotechnische Maßnahmen

Bei biotechnischen Verfahren werden natürliche Reaktionen von Schädlingen auf physikalische oder chemische Reize ausgenutzt. Akustische Verfahren, d. h. der Einsatz von Schall, spielen vor allem im Obstbau zur Schadvogelabwehr eine Rolle. Neben den bekannten Knallscheuchen versucht man, durch Abspielen von Tonbändern mit Warn- oder Angstlauten der Vögel Schadfraß zu verhindern. Auch op-

tische Reize dienen häufig der Schadvogelabwehr (Vogelscheuchen, Blinkketten u. a.).
Eine Form des biotechnischen Pflanzenschutzes mit zunehmender Bedeutung ist der Einsatz von **Lockstoffen,** sogenannten Pheromonen. Es sind Substanzen, die meist in äußerst niedriger Konzentration von den Schädlingen wahrgenommen werden und z. B. der Geschlechterfindung oder der Nahrungssuche dienen. Sexuallockstoffe werden z. B. von weiblichen Schmetterlingen abgegeben und locken selbst über größere Entfernungen artgleiche Männchen an. Es handelt sich gewissermaßen um eine artspezifische chemische Sprache zwischen den einzelnen Individuen einer Schädlingsart. Lockstoffe lassen sich teilweise auch synthetisch herstellen und für Pflanzenschutzzwecke in größerem Umfang einsetzen.
So kann z. B. das Ausbringen relativ geringer Mengen eines Pheromons die Männchen des Apfelwicklers (Obstmade) so verwirren, daß sie die Weibchen nicht finden und somit auch nicht befruchten können. Meist werden Lockstoffe jedoch zum Fang von Schädlingen benutzt, um Informationen über den Zeitpunkt des Auftretens sowie die Menge zu erhalten. Anhand der Fangergebnisse wird dann im Rahmen des integrierten Pflanzenschutzes (s. Kap. 4.3.7) über eventuell notwendige chemische Maßnahmen entschieden.

4.3.4 Biologische Maßnahmen

Unter biologischer Schädlingsbekämpfung verstehen wir den Einsatz von Lebewesen, sogenannten **Nutzorganismen,** um mit ihnen Schadorganismen zu begrenzen. Die Schädlinge bzw. Krankheitserreger werden nicht restlos beseitigt, sondern nur soweit eingedämmt, daß sie keinen wirtschaftlichen Schaden anrichten. Als Nutzorganismen kommen in Betracht: Räuber (z. B. Marienkäfer, Florfliege, Schwebfliege), Parasiten (z. B. Schlupfwespen) und Krankheitserreger (Viren, Bakterien, Pilze).
Die Nutzorganismen können auf verschiedene Weise eingesetzt werden. Einen erfolgreich verlaufenden Fall der »Einbürgerung« eines Nützlings zeigt z. B. die biologische Bekämpfung der San-José-Schildlaus; durch Import einer Schlupfwespe gelang es, diesen Schädling unter Kontrolle zu bringen. Ein weites Feld für biologische Maßnahmen ist die Förderung und Erhaltung vorhandener einheimischer Nützlinge. Durch nützlingschonende Pflanzenschutzmittel oder bestimmte Anwendungsverfahren (z. B. Bandspritzung, Jungpflanzenbehandlung) besteht die Möglichkeit, den Nützlingbesatz eines Pflanzenbestandes weitgehend zu erhalten und damit ein natürliches Pflanzenschutzpotential zu erschließen. Auch die Abkehr von starren Spritzplänen, hin zu gezielter Behandlung, wie sie im integrierten Pflanzenschutz praktiziert wird, kann zur Nützlingschonung beitragen.
Besondere Bedeutung besitzt im Unterglasgemüsebau der gezielte Masseneinsatz von Nutzorganismen. Darunter verstehen wir die Massenvermehrung z. B. von Viren, Bakterien, Raubmilben oder Schlupfwespen unter künstlichen Bedingungen, um sie dann im Pflanzenbestand auszubringen. So werden etwa beim Unterglasanbau von Gurken oder Tomaten die auftretenden Spinnmilben mit Raubmilben und die Weiße Fliege mit Hilfe einer Schlupfwespe biologisch bekämpft. Gegen bestimmte Raupen, wie Kohlweißling oder Gespinstmotten, kann ein Bakterienpräparat *(Bacillus thuringiensis)* eingesetzt werden. Die Verwendung von Viren gegen bestimmte Schadinsekten befindet sich zur Zeit noch im Versuchsstadium. Es wurden jedoch bereits beachtliche Erfolge bei der Bekämpfung der Kohleule und des Apfelwicklers erzielt.
Dem erfolgreichen Einsatz biologischer Verfahren sind allerdings enge Grenzen gesetzt. Bei einer plötzlich auftretenden Massenvermehrung von Schadorganismen reichen biologische Verfahren in der Regel nicht aus. Probleme ergeben sich auch aus der starken Umweltabhängigkeit der Nützlinge. Schließlich wirken die verschiedenen Nutzorganismen in der Regel immer nur jeweils gegen einen Schadorganismus. Dadurch und durch die häufig recht hohen Kosten für die künstliche Massenvermehrung wird oft die Grenze der Wirtschaftlichkeit überschritten. Andererseits könnten durch biologische Verfahren mögliche Gefahren durch Rückstände oder Nebenwirkungen chemischer Pflanzenschutzmittel vermindert werden. Die weitgehende Schonung der Biozönose (Lebensgemeinschaft der Organismen) kann zu einer Anreicherung der natürlichen Gegenspieler führen und damit unter Umständen weitere Pflanzenschutzmaßnahmen überflüssig machen. Die Anwendung biologischer Maßnahmen ist deshalb wünschenswert; allerdings müssen sie gezielt, wohl überlegt und vorbereitet in entsprechende Pflanzenschutzsysteme eingebaut werden und dürfen nicht für sich allein betrachtet werden.

4.3.5 Chemische Maßnahmen

Die bisher beschriebenen Pflanzenschutzmaßnahmen reichen oft nicht aus, den vollen Ertrag zu si-

chern und die vom Verbraucher geforderte Qualität zu erzielen. In diesen Fällen werden Chemikalien, die Pflanzenschutzmittel, zur Bekämpfung von Krankheiten und Schädlingen eingesetzt.
Entsprechend ihren Anwendungsgebieten teilt man die Pflanzenschutzmittel ein in:

- Fungizide (gegen Pilze)
- Insektizide (gegen Insekten)
- Herbizide (gegen Unkräuter)
- Nematizide (gegen Nematoden)
- Akarizide (gegen Milben)
- Rodentizide (gegen Nager)
- Molluskizide (gegen Schnecken) u. a.

Die handelsüblichen Pflanzenschutzmittel bestehen in der Regel aus dem **Wirkstoff,** d. h. der eigentlich wirksamen Substanz und verschiedenen **Träger- bzw. Zusatzstoffen.** Letztere bewirken u. a., daß der Wirkstoff gut verteilt werden kann und an der Pflanze haften bleibt. Die Wirkstoffe können eine sehr unterschiedliche biologische Wirkungsweise besitzen. Fungizide verhindern z. B. das Auskeimen der Pilzsporen auf der Pflanzenoberfläche oder hemmen das Wachstum der Pilzfäden im Innern der Pflanze. Im ersten Fall muß das Pilzbekämpfungsmittel im allgemeinen vorbeugend ausgebracht werden, im zweiten Fall kann es auch dann noch eingesetzt werden, wenn bereits Befall vorliegt. Insektizide wirken als Atem-, Berührungs- oder Fraßgift. Oft wirken die Insektizide auf verschiedenen Wegen gleichzeitig auf das Schadinsekt ein. Herbizide können über die Wurzel (Bodenherbizide) oder das Blatt (Blattherbizide) in die Pflanze eindringen und so das Unkraut zum Absterben bringen. Bodenherbizide werden meist durch Humus- oder Tonkolloide recht fest gebunden. Der Gehalt des Bodens an diesen Bestandteilen entscheidet deshalb wesentlich über die zu wählende Aufwandmenge. Manche Herbizide verätzen lediglich die oberirdischen Teile.
Dringen Pflanzenschutzmittel in die Pflanze ein und werden in ihr transportiert, so sprechen wir von systemischer Wirkung. **Systemische Mittel** haben den großen Vorteil, daß Schaderreger auch im Innern der Pflanze und an unzugänglichen Stellen erfaßt werden. Außerdem ist bei der Anwendung von systemischen Mitteln oft auch der Neuzuwachs über längere Zeit geschützt.
Die **Ausbringung der Pflanzenschutzmittel** erfolgt am häufigsten in flüssiger Form. Je nach Größe der dabei erzeugten Tröpfchen unterscheiden wir Spritzverfahren (mittlere und große Tropfen) und Sprühverfahren (sehr kleine Tröpfchen). Die erforderliche Menge an Spritzflüssigkeit beträgt beim üblichen Spritzverfahren je nach Kultur bzw. Schaderreger 250–2500 l/ha. Die hohen Aufwandmengen werden im allgemeinen nur im Obstbau benötigt. Bei den üblichen Feldkulturen rechnet man im Durchschnitt mit 400–600 l/ha. Außer im Spritz- oder Sprühverfahren werden Pflanzenschutzmittel auch als Aerosole (Räuchern, Nebeln), Gießmittel, Begasungsmittel u. a. eingesetzt. Bestimmte Bodenherbizide, manche systemisch wirkende Insektizide und verschiedene Nematizide werden als Granulat verwendet. Stäubemittel lassen sich im Gegensatz zu den Spritzmitteln wirtschaftlich nur in wenigen Spezialfällen und auf kleinen Flächen ausbringen.
Die chemischen Pflanzenschutzverfahren haben eine Reihe wichtiger Vorteile: Sie verfügen meist über eine durchschlagende und rasche Wirkung, was vor allem bei einer drohenden oder bereits bestehenden Übervermehrung von Schaderregern wichtig ist. Außerdem sind sie meist einfach zu handhaben und verursachen vergleichsweise geringe Kosten. In vielen Bereichen des Gartenbaus werden wir deshalb auf absehbare Zeit nicht ohne den Einsatz chemischer Pflanzenschutzmittel auskommen.
Andererseits können Pflanzenschutzmittel, vor allem bei nicht sachgerechter Anwendung, zu erheblichen Problemen führen. Bei fahrlässigem Umgang mit Pflanzenschutzmitteln kann es zu Schäden an der Umwelt oder zu einer Gefährdung der Gesundheit von Anwender bzw. Verbraucher kommen. Auch kann die Pflanze selbst geschädigt werden. Schließlich kann der erhoffte Erfolg einer chemischen Pflanzenschutzmaßnahme ausbleiben, weil sich die Schaderreger nach häufigem Einsatz des gleichen Mittels angepaßt haben und resistent geworden sind. Aufgrund dieser möglichen Gefahren übernehmen wir als Anwender von Pflanzenschutzmitteln eine hohe Verantwortung.

4.3.6 Bodenentseuchung

Intensive Bodennutzung und eng gestellte Fruchtfolge können zur Anreicherung von Krankheitserregern und Schädlingen im Boden führen. Nematoden und pilzliche Welkeerreger spielen dabei eine wesentliche Rolle. Durch Dämpfung oder den Einsatz chemischer Bodenentseuchungsmittel versuchen wir, die bodenbürtigen Schadorganismen zu vernichten. Allerdings leiden unter diesen Maßnahmen auch die nützlichen Mikroorganismen und Kleinlebewesen des Bodens.
Die **Bodendämpfung** zeichnet sich durch gute Brei-

tenwirkung gegen tierische Schaderreger, Bakterien, Pilze und Unkräuter aus. Außerdem gibt es bei diesem Verfahren keinerlei Probleme mit unerwünschten Rückständen im Erntegut. Aufgrund dieser Vorteile wird der Boden- bzw. Substratdämpfung trotz der hohen Kosten im Gartenbau häufig der Vorzug vor den chemischen Bodenentseuchungsmitteln gegeben.
Zur Bodendämpfung stehen eine Vielzahl von Geräten bzw. Verfahren zur Verfügung (Folien, Eggen, fest installierte Rohre, Behälter). Wichtig ist in allen Fällen eine gute Bodenvorbereitung. Damit der Boden gleichmäßig durchwärmt wird, muß er bis in eine Tiefe von 30–40 cm in einen mäßig feuchten und feinkrümeligen Zustand gebracht werden. Dies sollte bereits etwa eine Woche vor der Bodenentseuchung erfolgen, damit Pilzsporen und Unkrautsamen keimen bzw. in Keimbereitschaft versetzt und somit besser erfaßt werden. Für eine sichere Wirkung ist das Einhalten einer Temperatur von 90–95 °C für mindestens 30 min unbedingt erforderlich. Wichtig ist auch eine lückenlose Bodenentseuchung, d. h., Randzonen usw. müssen gewissenhaft mitbehandelt werden. In Böden mit hohem Anteil an organischer Substanz können nach dem Dämpfen größere Mengen von Mangan, Ammoniak oder Phosphor freigesetzt werden. Um Pflanzenschäden zu vermeiden, pflanzt man deshalb entweder sofort in den noch warmen Boden oder erst 2–3 Wochen nach dem Dämpfen.
Der große Vorteil **chemischer Bodenentseuchungsmittel** liegt in den günstigen Anwendungskosten. Ihnen fehlt im allgemeinen jedoch die gute Breitenwirkung der Bodendämpfung. Für den gezielten Einsatz gegen bestimmte Schaderreger (z. B. Nematoden) sind sie jedoch gut geeignet. Chemische Bodenentseuchungsmittel werden als Granulat, Flüssigkeit oder Gas ausgebracht. Letztlich verteilen sich aber alle in gasförmigem Zustand im Boden. Deshalb muß auch bei der chemischen Bodenentseuchung der Boden wie beim Dämpfen gründlich vorbereitet werden. Von besonderer Bedeutung ist außerdem die Bodentemperatur. Sie bestimmt nicht nur die Wirksamkeit des Mittels, sondern auch den Zeitraum, nach dem Kulturpflanzen wieder angebaut werden können (»Wiederanbaufrist«).
Die Überprüfung, ob nach einer chemischen Bodenentseuchung noch pflanzenschädliche Rückstände vorhanden sind, erfolgt am besten mit Hilfe des **Kressetests.** Dazu wird eine Probe des behandelten Bodens in ein verschließbares Glas gegeben. In das Gefäß hängt man einen feuchten, mit Kressesamen bestreuten Wattebausch. Im Vergleich zu einer unbehandelten Bodenprobe ist dann an der Keimung des Samens zu erkennen, ob der entseuchte Boden bereits wieder in Kultur genommen werden darf.
Der Erfolg einer Bodenentseuchung ist wesentlich von den anschließenden hygienischen Maßnahmen abhängig. In frisch entseuchtem, besonders gedämpftem Substrat, können sich nämlich Schadorganismen konkurrenzlos besonders rasch entwickeln und dadurch verstärkt Pflanzenschäden hervorrufen. Es dürfen deshalb nur völlig gesunde, erregerfreie Jungpflanzen verwendet werden. Saatgut sollte unbedingt gebeizt sein. Geräte und Kulturgefäße sind sorgfältig zu desinfizieren. Entseuchte Substrate dürfen nur in gründlich gereinigten und desinfizierten Boxen aufbewahrt werden. Zum Abdecken ist hygienisch einwandfreies Material zu verwenden.

4.3.7 Integrierter Pflanzenschutz

Zwischen den Lebewesen eines bestimmten Lebensraumes (Ökosystem), z. B. eines Kohlfeldes oder einer Apfelplantage, bestehen vielfältige Wechselbeziehungen. Die Lebewesen können einander fördern (Synergisten) oder hemmen (Antagonisten). Durch die gegenseitige Beeinflussung stellt sich in natürlichen Lebensräumen ein biologisches Gleichgewicht ein, bei dem die Übervermehrung einzelner Arten in der Regel verhindert wird.
Dieses Gleichgewicht wird durch jede Art landwirtschaftlicher Nutzung zwangsläufig mehr oder weniger stark gestört, da ja die Kulturpflanze in unnatürlich großer Menge auf relativ kleinem Raum angebaut wird. Lebewesen, die sich von dieser Pflanze ernähren, also die Schaderreger, werden somit besonders gefördert. Der Mensch muß deshalb auf irgendeine Weise regulierend eingreifen, um das »künstliche« Gleichgewicht aufrechtzuerhalten.
Eine Form der Regulierung, bei der nicht einzelne Schaderreger ausgemerzt, sondern lediglich wirtschaftlicher Schaden verhindert werden soll, findet ihren Ausdruck im integriertem Pflanzenschutz. Darunter versteht man die **Regulation von Schadorganismen durch Integration aller verfügbaren Maßnahmen sowie der natürlichen Begrenzungs- und Regulationsfaktoren unter Beachtung der wirtschaftlichen Schadensschwelle.**
Chemische, physikalische, biologische und biotechnische Pflanzenschutzverfahren sowie geeignete Kulturmaßnahmen müssen sinnvoll miteinander verzahnt werden. Einfaches Mischen der einzelnen Maßnahmen reicht nicht aus. Überwachen des Auf-

tretens der Schaderreger und darauf aufbauende Prognosen ermöglichen den gezielten Einsatz chemischer Pflanzenschutzmittel. Warndienste der Pflanzenschutzdienststellen (Pflanzenschutzämter) informieren über die jeweils erforderlichen Pflanzenschutzmaßnahmen. Dadurch wird eine Abkehr von starren Spritzplänen ermöglicht und der chemische Pflanzenschutz auf das unbedingt notwendige Maß beschränkt. Bei der Auswahl der Pflanzenschutzmittel müssen wir darauf achten, daß sie möglichst umwelt- und nützlingschonend sind. Besonders breit wirksame Mittel sind für den integrierten Pflanzenschutz im allgemeinen nicht geeignet.

Wesentliches Element des integrierten Pflanzenschutzes ist die **wirtschaftliche Schadensschwelle.** Darunter versteht man diejenige Menge eines Schaderregers, ab der eine Bekämpfung wirtschaftlich sinnvoll wird. Dies bedeutet, daß eine bestimmte Pflanzenschutzmaßnahme erst dann durchgeführt wird, wenn der zu erwartende Schaden wesentlich größer ist als die Kosten für die Pflanzenschutzmaßnahme.

Die Einführung des integrierten Pflanzenschutzes bereitet noch große Probleme. Zum Teil liegt dies an noch fehlenden Kenntnissen, zum Teil aber auch daran, daß die wirtschaftlichen Schadensschwellen sehr niedrig sind. Am weitesten fortgeschritten ist die Entwicklung bisher im Apfelanbau, wo bereits vollständige integrierte Pflanzenschutzsysteme zur Verfügung stehen. Langfristig gesehen bietet der integrierte Pflanzenschutz am ehesten die Gewähr für einen sinnvollen Pflanzenschutz, der die Belange des Verbraucher- und Umweltschutzes mit den berechtigten wirtschaftlichen Interessen des Gärtners verbindet.

4.3.8 Umgang mit Pflanzenschutzmitteln

Die Anwendung chemischer Pflanzenschutzmittel kann für Mensch, Tier und Umwelt gewisse Gefahren mit sich bringen. Der Anwender von Pflanzenschutzmitteln trägt deshalb ein hohes Maß an Verantwortung. Er selbst kann Vergiftungen erleiden durch Verschlucken, Hautberührung oder Einatmen eines Pflanzenschutzmittels. Bei besonders giftigen Präparaten können bereits kleine Mengen von Spritz- oder Stäubewolken bzw. Dämpfen gefährlich sein. Vergiftungsgefahr entsteht auch durch falsche Lagerung oder Verpackung. Fahrlässige Handhabung von Pflanzenschutzmitteln kann zur Vergiftung von Haustieren, Wild, Vögeln, Fischen oder Bienen führen. Besonders schwerwiegende Folgen kann eine Verunreinigung von Gewässern haben. Überhöhte Pflanzenschutzmittel-Rückstände im Erntegut können die Gesundheit des Verbrauchers schädigen.

Die mögliche **Gefährdung von Anwender, Umwelt und Verbraucher** durch chemische Pflanzenschutzmittel führte zu einer Vielzahl von Rechtsvorschriften. So dürfen z. B. in der Bundesrepublik Deutschland nur Pflanzenschutzmittel vertrieben werden, die von der **Biologischen Bundesanstalt** geprüft und im Einvernehmen mit dem Bundesgesundheitsamt **zugelassen** sind. Bereits bei der Entwicklung eines Pflanzenschutzmittels werden strenge Maßstäbe hinsichtlich Wirkung und Unbedenklichkeit angelegt. Man rechnet, daß von etwa 10000 verschiedenen Ausgangssubstanzen, die in einem chemischen Labor anfallen, nur eine einzige alle Tests besteht und nach etwa 8–10 Jahren als Pflanzenschutzmittel auf den Markt kommt. Den Abschluß der Entwicklung bildet die Zulassungsprüfung durch die Biologische Bundesanstalt in Zusammenarbeit mit dem Bundesgesundheitsamt und dem Pflanzenschutzdienst der Länder. Die Zulassungsprüfung gewährleistet, daß bei sachgerechter und bestimmungsgemäßer Anwendung eines Pflanzenschutzmittels keinerlei Gefahren für den Anwender, den Verbraucher oder die Umwelt bestehen.

Deshalb dürfen Pflanzenschutzmittel nur im unbedingt erforderlichen Umfang, stets sachgerecht und unter strenger Beachtung der vorgeschriebenen Vorsichtsmaßnahmen angewendet werden. Die notwendigen allgemeinen Vorsichtsmaßnahmen sind ausführlich im **Merkblatt Nr. 18/1 der Biologischen Bundesanstalt** dargestellt. Dieses Merkblatt sollte in jedem Betrieb stets griffbereit sein.

Pflanzenschutzmittel dürfen nur von erwachsenen, zuverlässigen Personen erworben werden. Bei bestimmten Pflanzenschutzmitteln ist sogar ein besonderer Erlaubnisschein vorgeschrieben. Beim Kauf ist darauf zu achten, daß die Pflanzenschutzmittel zugelassen sind. Eine Übersicht über die jeweils zugelassenen Präparate gibt das jährlich erscheinende Pflanzenschutzmittelverzeichnis der Biologischen Bundesanstalt. Zugelassene Pflanzenschutzmittel erkennt man an einer Ährenschlange im Dreieck und dem Aufdruck »amtlich geprüft« und »zugelassen« sowie einer Prüfnummer (s. Abb. B117). Weiterhin sind die Packungen mit bestimmten Symbolen versehen, die einen Hinweis auf die akute Giftigkeit des Präparates geben. Es gibt vier Gefahrensymbole, die in schwarzem Aufdruck auf orangegelben Grund gehalten sind (s. Abb. B116). Besonders giftige Substanzen sind mit dem Totenkopfkennzei-

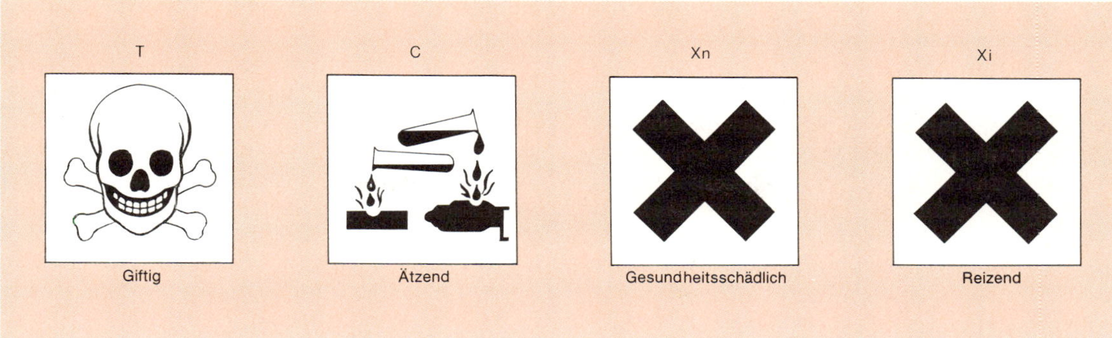

Abb. B 116. Gültige Gefahrensymbole für die Kennzeichnung von Pflanzenschutzmitteln (schwarzer Aufdruck auf orange-gelbem Grund).

chen, dem Wort »giftig« und dem Kennbuchstaben T gekennzeichnet. Weniger giftige Mittel sind je nach Eigenschaft als »ätzend«, »gesundheitsschädlich« oder »reizend« mit den entsprechenden Symbolen gekennzeichnet. Etwa 78% aller Pflanzenschutzmittel gelten als relativ »ungefährlich« und sind deshalb nicht mit besonderen Gefahrensymbolen versehen. Die allgemeinen Regeln über den Umgang mit Pflanzenschutzmitteln gelten jedoch selbstverständlich auch für diese Präparate.

Pflanzenschutzmittel dürfen nur in unbewohnten Räumen, unter Verschluß und nicht zusammen mit Lebens- oder Futtermitteln aufbewahrt werden. Ein Umfüllen aus den Originalpackungen in andere Behälter ist nicht zulässig. Auch dürfen leere Behälter nicht anderweitig verwendet werden. Angebrochene oder beschädigte Packungen sind dicht zu verschließen, um ein Verschütten oder das Austreten giftiger Dämpfe zu verhindern.

Mit der Anwendung von Pflanzenschutzmitteln dürfen nur erwachsene, gesunde, zuverlässige Personen betraut werden. Auszubildende dürfen Pflanzenschutzmittel nur nach Anweisung und gründlicher Unterweisung ausbringen. Wichtigste Vorsichtsmaßnahme ist das sorgfältige Lesen und strikte Beachten der Gebrauchsanweisung. Die benötigte Menge des Pflanzenschutzmittels ist genau zu berechnen und muß sorgfältig abgemessen werden. Das Abmessen und Ansetzen der Pflanzenschutzmittel erfolgt mit ausschließlich für diesen Zweck bestimmten Geräten. Es darf nicht mehr angesetzt werden, als unbedingt erforderlich ist. Das Hantieren mit dem konzentrierten Präparat erfolgt nach Möglichkeit im Freien. Die Ausbringung der Pflanzenschutzmittel sollte nur mit »anerkannten« Pflanzenschutzgeräten (Abb. B 117) durchgeführt werden, da diese eine gleichmäßige und exakte Verteilung gewährleisten. Bei der Ausbringung sind Sicherheitsabstand, Windstärke und Windrichtung zu beachten, um Schäden durch Abtrift zu vermeiden. Die Arbeit mit Pflanzenschutzmitteln erfordert eine besondere Schutzkleidung. Soweit vorgeschrieben, ist auch ein Atemschutz zu tragen, dies gilt besonders für Arbeiten im Gewächshaus. Während der Arbeit darf keinesfalls gegessen, getrunken oder geraucht werden (Alkohol verstärkt die Giftwirkung!). Nach der Ausbringung dürfen Reste der Spritzflüssigkeit usw. unter keinen Umständen in Gewässer oder die Kanalisation gelangen bzw. ins Grundwasser versickern! Darauf ist auch beim gründlichen Säubern der Geräte zu achten, das am besten mit heißer Soda-Lösung erfolgt. Pflanzenschutzmittelreste oder leere Packungen müssen ordnungsgemäß beseitigt werden. Auskunft erteilt die für die Abfallbeseitigung zuständige Gemeinde- oder Kreisbehör-

Abb. B 117. Zulassungszeichen der Biologischen Bundesanstalt für Land- und Forstwirtschaft für zugelassene Pflanzenschutzmittel. Für anerkannte Pflanzenschutzgeräte enthält das Zeichen statt des Wortes »zugelassen« ein »anerkannt«.

de. Sollte während oder nach der Anwendung von Pflanzenschutzmitteln Vergiftungsverdacht bestehen, ist sofort der Arzt zu rufen. Für eine sichere Diagnose und das Einleiten der richtigen Gegenmaßnahmen benötigt der Arzt Packung und Gebrauchsanweisung der verwendeten Präparate.

Kontrolle und Vertiefung

1. Welche hygienischen Maßnahmen zur vorbeugenden Bekämpfung von Krankheitserregern und Schädlingen werden in Ihrem Ausbildungsbetrieb angewandt?
2. Informieren Sie sich, bei welchen Kulturen resistente Arten bzw. Sorten zum Anbau gelangen.
3. Welche Vorteile haben systemisch wirkende Pflanzenschutzmittel? Stellen Sie fest, welche Pflanzenschutzmittel, die in Ihrem Ausbildungsbetrieb verwendet werden, über systemische Wirkung verfügen.
4. Fertigen Sie eine Liste über die in Ihrem Ausbildungsbetrieb eingesetzten Pflanzenschutzmittel an. Ordnen Sie die Präparate nach Einsatzbereich, „Giftigkeit“ und Bienengefährlichkeit.
5. Stellen Sie Vor- und Nachteile verschiedener Bodenentseuchungsverfahren gegenüber.
6. Wodurch zeichnet sich der integrierte Pflanzenschutz aus?
7. Welche Gefahren bestehen beim Einsatz chemischer Pflanzenschutzmittel und wie wirkt man ihnen entgegen?

4.4. Organisation des Pflanzenschutzes in der Bundesrepublik Deutschland

Die große Bedeutung des Pflanzenschutzes als volkswirtschaftlicher Faktor einerseits und die mögliche Gefährdung von Verbraucher und Umwelt andererseits führten zu einer Vielzahl von Rechtsvorschriften. Wichtigste Grundlage ist das Pflanzenschutzgesetz. Mit der Durchführung dieser Rechtsvorschriften sind unter anderem auf Bundesebene die Biologische Bundesanstalt und auf Landesebene der Pflanzenschutzdienst betraut.

Die **Biologische Bundesanstalt für Land- und Forstwirtschaft** (BBA) ist eine dem Bundesministerium für Ernährung, Landwirtschaft und Forsten unterstellte Forschungsanstalt. Ihre Aufgaben umfassen zum einen die Forschung auf dem Gebiet der Phytomedizin und zum anderen Verwaltungsaufgaben als Bundesoberbehörde. Zu letzteren gehören vor allem die Prüfung und Zulassung von Pflanzenbehandlungsmitteln (Pflanzenschutzmittel und Wachstumsregler) sowie die Prüfung und Anerkennung von Pflanzenschutzgeräten und -verfahren. Pflanzenbehandlungsmittel dürfen in der Bundesrepublik Deutschland nur dann gewerbsmäßig vertrieben und eingeführt werden, wenn sie von der Biologischen Bundesanstalt nach eingehender Prüfung im Einvernehmen mit dem Bundesgesundheitsamt zugelassen wurden. Weiterhin hat die Biologische Bundesanstalt das zuständige Ministerium zu beraten und Entscheidungshilfen vorzubereiten. Die Biologische Bundesanstalt hat ihren Sitz in Braunschweig und Berlin. Daneben verfügt sie über eine Reihe von Instituten an anderen Orten.

Auch die Aufgaben des **Pflanzenschutzdienstes** der Länder sind im Pflanzenschutzgesetz festgelegt. Im Vordergrund der Tätigkeit steht die Beratung und Aufklärung der Landwirte und Gärtner aber auch der breiten Öffentlichkeit in allen Belangen, die den Pflanzenschutz betreffen. Die Pflanzenschutzdienststellen (Pflanzenschutzämter) verfügen über die notwendigen Fachkräfte und Einrichtungen, um die Ursachen für Pflanzenschäden zu ermitteln und geeignete Gegenmaßnahmen zu empfehlen. Viele Krankheiten und Schädlinge können nur dann wirkungsvoll bekämpft werden, wenn die Behandlung vorbeugend oder zu ganz bestimmten Terminen erfolgt. Zu diesem Zweck unterhält der Pflanzenschutzdienst einen regional angepaßten Pflanzenschutzwarndienst. Meist auf schriftlichem Wege, aber auch per Telefon oder über Rundfunksendungen wird vor dem Auftreten bestimmter Krankheiten und Schädlinge gewarnt sowie die jeweils geeignete Gegenmaßnahme empfohlen.

Zur Erstellung des Pflanzenschutzwarndienstes müssen die Pflanzenbestände von den Mitarbeitern des Pflanzenschutzdienstes regelmäßig auf das Auftreten von Krankheiten oder Schädlingen kontrolliert werden. Die Überwachung der Pflanzenbestände ist aber auch notwendig, um gefährliche oder schwierig zu bekämpfende Schaderreger wie den Feuerbrand oder die Scharka-Krankheit unter Kontrolle zu halten. Auch an den Grenzübergangsstellen sind Mitarbeiter des Pflanzenschutzdienstes tätig, die Pflanzen und Pflanzenerzeugnisse bei der Ein- und Ausfuhr auf Krankheits- oder Schädlingsbefall untersuchen. Durch diese »Pflanzenbeschau« soll die weltweite

Verschleppung von Schadorganismen verhindert werden. Die meisten Staaten haben, wie die Bundesrepublik Deutschland, bestimmte Pflanzenbeschauvorschriften, die beim grenzüberschreitenden Verkehr meist ein Pflanzengesundheitszeugnis fordern. Weiterhin ist der Pflanzenschutzdienst an der Zulassungsprüfung von Pflanzenbehandlungsmitteln beteiligt. Im Auftrag der Biologischen Bundesanstalt oder der Herstellerfirmen werden die Pflanzenschutzmittel auf Wirksamkeit und Pflanzenverträglichkeit getestet.

Die Vielzahl der Schadursachen, aber auch der verschiedenen Pflanzenschutzverfahren und Pflanzenschutzmittel erfordern oft spezielle Kenntnisse, über die der Gärtner in der Regel nicht verfügt. Deshalb wird er häufig nicht umhin können, sich gezielt beraten zu lassen. Wer sich an das Pflanzenschutzamt wendet, sollte jedoch einige grundsätzliche Dinge beachten:

Wichtig ist vor allem, daß das zuständige Pflanzenschutzamt und der regional verantwortliche Pflanzenschutzberater bekannt sind. In besonderen Fällen wird es notwendig sein, krankes Pflanzenmaterial zur Untersuchung einzusenden. Solche Anfragen richtet man zweckmäßigerweise an die jeweilige zentrale Dienststelle, da dort die erforderlichen Spezialisten und Laboreinrichtungen vorhanden sind. Pflanzenproben müssen das Labor möglichst schnell und in ihrem ursprünglichen Zustand erreichen. Wichtig für den Bearbeiter der Proben sind auch Angaben über Verlauf und Umfang der Erkrankung, Standort der befallenen Pflanzen im Bestand, Bodenverhältnisse, Düngung, Witterungsverlauf, Pflanzenschutzmaßnahmen usw. Nur einwandfreie Proben in Verbindung mit einem ausführlichen Begleitschreiben garantieren eine sichere Diagnose und damit eine sinnvolle Beratung.

Kontrolle und Vertiefung

1. Welche wichtigen Aufgaben haben Biologische Bundesanstalt und der Pflanzenschutzdienst?
2. Ermitteln Sie das für Ihren Ausbildungsbetrieb zuständige Pflanzenschutzamt und den Pflanzenschutzberater.
3. Was beachten Sie beim Versand einer Pflanzenprobe zur Untersuchung an das Pflanzenschutzamt?

4.5 Rechtsvorschriften im Bereich Pflanzenschutz

4.5.1 Pflanzenschutzgesetz

Wichtigste gesetzliche Grundlage für alle Bereiche des Pflanzenschutzes ist das **Pflanzenschutzgesetz** vom 10. Mai 1968, zuletzt geändert durch das Gesetz vom 16. Juni 1978 (Bundesgesetzblatt I, S. 749).

Zweck dieses Gesetzes ist:

1. Pflanzen vor Schadorganismen und Krankheiten zu schützen (Pflanzenschutz),
2. Pflanzenerzeugnisse vor Schadorganismen zu schützen (Vorratsschutz),
3. die Lebensvorgänge von Pflanzen durch Stoffe zu beeinflussen, die nicht zur Ernährung von Pflanzen bestimmt sind, und
4. Schäden abzuwenden, die bei der Anwendung von Pflanzenbehandlungsmitteln oder von anderen Maßnahmen des Pflanzenschutzes oder Vorratsschutzes, insbesondere für die Gesundheit von Mensch und Tier, entstehen können.

Zu den hier in § 1 des Pflanzenschutzgesetzes genannten **Pflanzenbehandlungsmitteln** zählen **Pflanzenschutzmittel** und **Wachstumsregler.**

Unter Pflanzenschutzmitteln versteht der Gesetzgeber Stoffe, die dazu bestimmt sind, Pflanzen vor Schadorganismen oder Krankheiten zu schützen; ausgenommen sind Wasser, Düngemittel und Stoffe, die die Widerstandsfähigkeit von Pflanzen gegen Schaderreger erhöhen, ohne toxisch (giftig) zu wirken. Zu den letzteren gehören z. B. bestimmte Präparate des »Biologischen Landbaues«, die demnach nicht unter das Pflanzenschutzgesetz fallen und folglich auch nicht zulassungspflichtig sind.

Wachstumsregler sind Stoffe, die dazu bestimmt sind, die Lebensvorgänge von Pflanzen zu beeinflussen, ohne ihrer Ernährung zu dienen.

Von besonderer Bedeutung ist der § 3 des Pflanzenschutzgesetzes. Er enthält einen Katalog von Ermächtigungen für den Bundesminister zum Erlaß von Verordnungen zum Schutz des Verbrauchers und zur Bekämpfung gefährlicher Krankheiten und Schädlinge an Pflanzen. Laut Pflanzenschutzgesetz kann z. B. die Anwendung bestimmter Pflanzenschutzmittel verboten oder eingeschränkt werden. Weiterhin legt das Pflanzenschutzgesetz fest, daß in der Bundesrepublik Deutschland nur »zugelassene« (s. Seite 346) Pflanzenbehandlungsmittel vertrieben oder eingeführt werden dürfen. Schließlich regelt das Pflanzenschutzgesetz auch die Aufgaben der

Biologischen Bundesanstalt sowie des Pflanzenschutzdienstes (s. Seite 348)

4.5.2 Höchstmengenverordnung

Die **Höchstmengenverordnung** in ihrer letzten Fassung vom 24. Juni 1982 (Bundesgesetzblatt I, S. 745) dient dem **Schutz des Verbrauchers**. (Zuletzt geändert durch die Erste Verordnung zur Änderung der Pflanzenschutzmittel-Höchstmengenverordnung vom 18. April 1984, BGBl. I, S. 635). In ihr ist festgelegt, welche Menge eines Pflanzenbehandlungsmittels (Höchstmenge) auf pflanzlichen Nahrungsmitteln geduldet wird. Da es sich um sehr kleine Mengen handelt, erfolgt die Angabe in mg/kg. Die Höchstmengen werden auf der Grundlage umfangreicher Versuche unter Einbeziehung großer Sicherheitsspannen festgelegt. Eine geringfügige Überschreitung der Höchstmenge ist deshalb zwar strafbar, bedeutet jedoch noch keineswegs eine gesundheitliche Gefährdung des Verbrauchers. Der Anwender von Pflanzenbehandlungsmitteln vermeidet eine Überschreitung der amtlich festgelegten Höchstmengen durch striktes Einhalten der in der Gebrauchsanweisung genannten Wartezeit. Das ist die Frist zwischen letzter Anwendung und der Ernte.

4.5.3 Verordnung über Anwendungsverbote und -beschränkungen für Pflanzenbehandlungsmittel (Pflanzenschutz – Anwendungsverordnung)

Mit dieser Verordnung vom 19. 12. 1980 sollen vor allem Gefahren für die Umwelt durch Pflanzenbehandlungsmittel abgewendet werden. Entsprechend der Gefährlichkeit der verschiedenen Substanzen enthält die Verordnung 3 Anlagen.

In Anlage 1 sind die Stoffe genannt, die unter keinen Umständen als Pflanzenbehandlungsmittel eingesetzt werden dürfen. Für Stoffe, wie Dieldrin, Arsen- und Bleiverbindungen, DDT u.a., besteht demzufolge völliges Anwendungsverbot.

Die Anwendung anderer, in Anlage 2 genannter Stoffe, ist zwar grundsätzlich verboten, in Ausnahmefällen für bestimmte Zwecke jedoch erlaubt. So ist z. B. die Anwendung von Aldicarb zur Bodenbehandlung im Zuckerrübenanbau, in Erdbeervermehrungsanlagen, in Baum- und Rebschulen sowie im Zierpflanzenbau möglich.

In Anlage 3 sind schließlich Mittel genannt, deren Anwendung grundsätzlich erlaubt und nur unter bestimmten Bedingungen bzw. für bestimmte Einsatzgebiete verboten ist. Wichtig ist in diesem Zusammenhang vor allem die Auflage, daß manche Pflanzenbehandlungsmittel nicht im Bereich von Trinkwassergewinnungsanlagen (Wasserschutzgebiete) eingesetzt werden dürfen. Zu beachten ist dies vor allem bei Bodenentseuchungsmitteln und bei manchen Herbiziden.

4.5.4 Bienenschutzverordnung

Viele Pflanzenschutzmittel, besonders Insektizide, sind für Bienen gefährlich. Sie sind an dem Aufdruck **bienengefährlich** kenntlich. Die Verordnung zum Schutz der Bienen vor Gefahren durch Pflanzenschutzmittel vom 19. Dezember 1972 schreibt unter anderem vor, daß bienengefährliche Pflanzenschutzmittel nicht an blühenden Pflanzen angewendet werden dürfen. Blühende Pflanzen, insbesondere Unter- oder Nachbarkulturen sowie Unkräuter dürfen auch nicht von Abtrift getroffen werden. Hopfen und Kartoffeln sind von dieser Regelung ausgenommen, da sie normalerweise nicht von Bienen besucht werden.

Innerhalb eines Umkreises von 60 m um Bienenstände dürfen bienengefährliche Mittel ohne Zustimmung des Imkers nur außerhalb des täglichen Bienenfluges ausgebracht werden. Beim Einsatz an Bäumen im Wald muß dies spätestens 48 Stunden vorher der zuständigen Behörde gemeldet werden.

Kontrolle und Vertiefung

1. Was regelt die Höchstmengenverordnung?
2. Wie kann der Erzeuger pflanzlicher Nahrungsmittel sicherstellen, daß das Erntegut keine überhöhten Rückstände an Pflanzenschutzmittel aufweist?
3. Sie wollen an Obstbäumen, unter denen Löwenzahn blüht, eine Blattlausbekämpfung durchführen. Worauf müssen Sie achten?
4. Was versteht der Gesetzgeber unter dem Begriff Pflanzenbehandlungsmittel?

4.6 Rechenaufgaben zum Pflanzenschutz

Voraussetzung: Flächenberechnung, Volumenberechnung (Gewächshaus), Prozentrechnung, Dreisatz.

Beispiele:

1. Berechnung der erforderlichen Menge an Spritzflüssigkeit bei gegebenem Wasseraufwand (z. B. 600 l/ha) für eine bestimmte Fläche (z. B. 0,85 ha).

   0,85 · 600 l = **510 l**

2. Berechnung der erforderlichen Pflanzenschutzmittelmenge bei gegebener Aufwandmenge (z. B. 900 g/ha) für eine bestimmte Fläche (z. B. 0,85 ha).

   0,85 · 900 g = **765 g**

3. Berechnung der notwendigen Menge Pflanzenschutzmittel bei bekannter Menge an Spritzflüssigkeit (z. B. 510 l) und gegebener Anwendungskonzentration (z. B. 0,15 %).

   $$\frac{510\,\text{l} \cdot 0{,}15}{100} = \mathbf{0{,}765\,l}\ \text{bzw.}\ \mathbf{0{,}765\,kg}$$

4. Berechnung der erforderlichen Menge eines Räuchermittels bei bekanntem Volumen des Gewächshauses (z. B. 3800 m^3) und einer vorgeschriebenen Aufwandmenge von z. B. 1 Dose je 200 m^3.

   $$\frac{3800 \cdot 1\ \text{Dose}}{200} = \mathbf{19\ Dosen}$$

5. Berechnung der Fahrgeschwindigkeit (km/h) bei gegebener Durchflußmenge am Spritzgestänge (z. B. 30 l/min) mit gegebener Breite (z. B. 7,5 m) und vorgeschriebenem Wasseraufwand (z. B. 400 l/ha).

   Fahrgeschwindigkeit [km/h] =

   Fahrstrecke [km] : Ausbringzeit [h]

   $$\text{Fahrstrecke} = \frac{10000}{7{,}5 \cdot 1000} = 1{,}333\ \text{km}$$

   $$\text{Ausbringzeit} = \frac{400}{30 \cdot 60} = 0{,}222\ \text{h}$$

   $$\text{Fahrgeschwindigkeit} = \frac{1{,}333}{0{,}222} = \mathbf{6\ km/h}$$

   Die einzelnen Rechenschritte lassen sich zu folgender Formel zusammenfassen:

   Fahrgeschwindigkeit [km/h] =

   $$\frac{\text{Durchfluß/Düse [l/min]} \cdot \text{Anz. Düsen}}{\text{Wasser [l/ha]} \cdot \text{Spritzbahnbreite [m]}} \cdot 600$$

Aufgaben

1. Auf einem Kohlfeld (Länge = 100 m, Breite = 75 m) soll mit einem Insektizid eine Blattlausbekämpfung durchgeführt werden. Die vorgeschriebene Aufwandmenge beträgt 600 ml/ha. Mit dem vorhandenen Spritzgerät werden 400 l/ha Spritzflüssigkeit ausgebracht.

   Fragen:
   a) Wieviel Spritzflüssigkeit wird benötigt?
   b) Wieviel Pflanzenschutzmittel muß abgemessen werden?
   c) Welche Konzentration hat die Spritzflüssigkeit?

2. Zur Schorfbekämpfung soll in einer Apfelplantage von 4,5 ha ein Fungizid eingesetzt werden. Die Anwendungskonzentration beträgt 0,03 %. Je ha sollen 1800 l Spritzflüssigkeit ausgebracht werden.

   Frage: Welche Fungizidmenge wird benötigt?

3. In einem dreischiffigen Block sollen Schnittchrysanthemen mit einem Akarizid gegen Spinnmilben behandelt werden. Die Abmessungen eines Schiffes betragen: Länge = 30 m, Breite = 12,55 m, Stehwandhöhe = 3,1 m, Firsthöhe = 6,55 m. Die vorgeschriebene Anwendungskonzentration beträgt 0,1 %. Versuchsspritzungen haben einen Wasserverbrauch von 1,5 l/10 m^2 ergeben. Die Spritzung wird mit einer Karrenspritze (Füllmenge = 60 l) durchgeführt.

   Fragen:
   a) Wieviel Akarizid wird insgesamt benötigt?
   b) Wieviel Pflanzenschutzmittel muß für jeweils eine Spritzenfüllung abgewogen werden?
   c) Wie oft muß die Spritze gefüllt werden?

4. In dem in Aufgabe 3 genannten Gewächshaus soll eine Insektenbekämpfung mit einem Räuchermittel durchgeführt werden. Die Aufwandmenge beträgt 3 Dosen je 100 m^3 Gewächshausraum.

   Frage: Wieviel Dosen werden benötigt?

5. In dem in Aufgabe 3 genannten Gewächshaus soll eine Nebeldose eingesetzt werden. Die Aufwandmenge beträgt 12 Sekunden sprühen je 100 m^3 Gewächshausraum.

   Frage: Welche Gesamtsprühzeit ist erforderlich?

6. Bei Spinat (Ackerfläche = 300 m · 50 m) soll eine chemische Unkrautbekämpfung durchgeführt werden. Für diese Maßnahme steht ein Feldspritzgerät mit einem Spritzgestänge von 7,5 m Breite zur Verfügung. An dem Spritzgestänge befinden sich 15 Flachstrahldüsen. Das Auslitern der Düsen hat eine durchschnittliche Durchflußmenge von 2 l/min für eine Einzeldüse ergeben. Die vorgeschriebene Aufwandmenge beträgt 1,5 kg/ha. Das Herbizid soll so ausgebracht werden, daß 400 l/ha Spritzflüssigkeit verbraucht werden.

   Fragen:
   a) Welche Herbizidmenge wird benötigt?
   b) Reicht ein 600-l-Faß aus, um das Feld in einem Arbeitsgang zu behandeln?
   c) Welche Fahrgeschwindigkeit muß eingehalten werden, damit die vorgeschriebene Verteilung erreicht wird?

C Grundlagen der Technik im Gartenbau

1 Wasserversorgung

1.1 Rohstoff Wasser

1.1.1 Wasserbedarf

Der Bedarf an Trink- und Brauchwasser lag in der Bundesrepublik Deutschland 1979 bei rund 42 Mrd. m^3, von denen gut 9/10 auf die Industrie und das Gewerbe entfielen. 1960 verbrauchte jeder Bundesbürger im Durchschnitt 92 l pro Tag. Seit Beginn der 80er Jahre rechnet man schon mit einem Trinkwasserverbrauch von 140 l je Tag und von einem weiteren starken Antstieg in den nächsten Jahren und Jahrzehnten ist wohl auszugehen.
Die gesamte auf der Erde befindliche Wassermenge bleibt immer gleich, das saubere Wasser jedoch wird knapp. Der zunehmende Verbrauch von Wasser macht diesen Rohstoff teurer und wertvoller. Die dadurch verursachten Preissteigerungen muß der Gartenbau mittragen.
Hinzu kommt das Abwasserproblem mit seinen Kosten und umweltschädigenden Einflüssen. 75 % der Abwässer kommen aus der Industrie. Die Industrie verbraucht enorme Mengen an Kühlwasser.

1.1.2 Wasser und seine Bedeutung für die Pflanzen

Ohne Wasser können Pflanzen nicht existieren. 98 % des aufgenommenen Wassers wird verdunstet, der Rest dient zum Aufbau der Pflanze. Je nach Pflanzenteil bestehen 30–95 % der Pflanzenmasse aus Wasser. Die Wasserversorgung einer Pflanze wird bestimmt durch
- Boden
- Klima
- Entwicklungsstand der Pflanze

1.1.3 Wasser im Gartenbaubetrieb

Gärtnereien haben einen hohen Wasserbedarf. Im Gewächshaus ist mit einem Bedarf von 0,5 bis 1,5 m^3, bei Sprühnebelberegnung auch bis 3 m^3 je m^2 und Jahr zu rechnen. Im Freiland werden zur Verbesserung der Wachstumsbedingungen zusätzlich zu den natürlichen Niederschlägen und zum Ausgleich des unregelmäßig fallenden Regens bis zu 0,5 m^3 je m^2 und Jahr benötigt.
Der Wasserbedarf für Gartenbaubetriebe, die über Glas- und Freilandflächen verfügen, läßt sich angenähert nach folgender Formel berechnen:

$$\text{Wasserbedarf in m}^3\text{/Jahr} = \frac{\text{Größe der Glas- und Freilandfläche in m}^2}{2}$$

Beispiel:
$$\text{Wasserbedarf} = \frac{6000\,\text{m}^2\,\text{Glasfläche} + 7000\,\text{m}^2\,\text{Freilandfläche}}{2}$$

Ergebnis:
Dieser Gartenbaubetrieb benötigt etwa 6500 m^3 Wasser pro Jahr.

Im Sommer ist der Wasserbedarf am größten. Die Bewässerungsanlage muß deshalb vor allem für die Monate Juni, Juli, August und September ausgelegt werden.

Kontrolle und Vertiefung
1. Beschreiben Sie ausführlich die Bedeutung des Wassers für die Pflanze.
2. Erkunden Sie den Wasserbedarf Ihres Betriebes für ein Jahr und errechnen Sie den Verbrauch/m^2.

1.2 Herkunft des Wassers

1.2.1 Öffentliche Wasserversorgung

Häufig stellt sich für den Betrieb die Frage, ob die Wasserversorgung aus dem öffentlichen Netz oder aus betriebseigenen Anlagen erfolgen soll.
Entscheidend sind:
- Rechtslage (Anschlußzwang an die öffentliche Wasserversorgung?)
- Preis (1981 Ø DM 1,60 pro m^3 bei öffentlicher Versorgung, Abwasserkosten fallen bei Nutzung als Gießwasser nicht an.)
- Wassermenge, Druck (Steht auch im Sommer genügend Wasser mit ausreichendem Druck zur Verfügung?)
- Wasserqualität

Die **Gießwasserqualität** ist von entscheidender Bedeutung für das Wachstum der Pflanzen. Wasser aus dem öffentlichen Netz soll Trinkwasserqualität haben. Es muß nach der Trinkwassernorm farblos, klar, kühl und geruchlos sein.

Die Wasserqualität ist abhängig von

Härte — Salzgehalt — Aggressivität

Die **Wasserhärte** wird im wesentlichen hervorgerufen durch den Gehalt an Kalzium- und Magnesium-Ionen, die das Wasser aus Erdboden und Gesteinen aufgenommen hat. Die Bezeichnung für Wasserhärte ist **Summe der Erdalkalien,** Maßeinheit mol/m^3 (früher °dH; 1 mol/m^3 = 5,61 °dH). In der Summe der Erdalkalien (früher Gesamthärte) ist die (alte) bleibende Härte – Nichtkarbonathärte – und die temporäre Härte – Karbonathärte – enthalten.
Der neue Begriff **Säurekapazität bis pH 4,3,** Maßeinheit mol/m^3, beinhaltet die Erdalkali-Hydrogenkarbonate. Kalziumhaltiges Wasser verursacht Blattflecken und Ablagerungen in Rohren und Geräten. Besonders Pflanzen, die eine saure Bodenreaktion benötigen (z. B. Rhododendren, Eriken) brauchen weiches Gießwasser.
Gutes Gießwasser hat eine möglichst geringe Summe Erdalkalien und eine geringe Säurekapazität.
Zur Vereinfachung wird das Wasser in der Bundesrepublik Deutschland nach der Summe der Erdalkalien in vier Härtebereiche eingeteilt. Wasser mit einer größeren Summe Erdalkalien (über 3 mol/m^3) haben wir in vielen Bereichen Süddeutschlands, am Nordrand der Mittelgebirge und auch im ostholsteinischen Raum.

Tab. C1. Wasserhärte

	Summe der Erdalkalien	°dH
Härtebereich 1	bis 1,3 mol/m^3	bis 7,5
Härtebereich 2	1,3–2,5	7,5–15
Härtebereich 3	2,5–3,8	15–21
Härtebereich 4	über 3,8	über 21

Der **Salzgehalt** des Gießwassers ist besonders wichtig für das Pflanzenwachstum. Ein hoher Salzgehalt behindert z. B. die Wasseraufnahme der Pflanze (Osmose!). Es gibt besonders salzempfindliche Pflanzen, aber auch salzunempfindliche und salzliebende Kulturpflanzen.
Die **Aggressivität** des Wassers wird hervorgerufen durch niedrige pH-Werte, im Wasser gelösten Sauerstoff und hohe Salzgehalte. Durch die Aggressivität des Wassers werden Metallrohre angegriffen.
Die betriebseigene Wasserversorgung muß sorgfältig geplant werden. Durch Wasseranalysen sollte man sich über die Qualität informieren. Die benötigte Menge ist zu errechnen. Pumpenleistung, Druck und Rohrdurchmesser müssen darauf abgestimmt werden.

Planung einer Wasserversorgungsanlage

Wasseranalyse
Berechnung der Wassermenge
Ermittlung der Pumpenleistung
Druckberechnung
Ermittlung des Rohrdurchmessers

Die Entnahme von Grundwasser und Oberflächenwasser aus Flüssen und Seen regelt das Wasserhaushaltsgesetz. Die Genehmigung dazu erteilt die untere Wasserbehörde.

Eine andere Möglichkeit der betriebseigenen Wasserversorgung ist das Sammeln von Niederschlagswasser, das von den Gewächshausdächern abfließt, in einem Auffangbecken. Ausgenommen sind davon jedoch Gebiete mit starker Luftverschmutzung.

Sauberes Regenwasser ist wegen seines geringen Salz- und Kalkgehaltes ein hervorragendes Gießwasser. Es lassen sich, je nach Standort des Betriebes, 400–800 l/m^2 Hochglasfläche und Jahr gewinnen. Auch läßt sich qualitativ weniger geeignetes Leitungswasser durch Zugabe von Regenwasser verbessern.

Das Regenwasser kann z. B. in einem eigens dafür angelegten Teich gesammelt werden. Jedoch sind auch hierfür i. d. Regel örtliche Vorschriften zu beachten. Vor seiner Verwendung ist das Regenwasser zu filtern, um Verunreinigungen, die z. B. Düsen verstopfen können, zu entfernen.

Kontrolle und Vertiefung

1. Wovon hängt die Wasserqualität ab und wofür ist sie von Bedeutung?
2. Beurteilen Sie die verschiedenen Wasserherkünfte, z. B. Regenwasser, Leitungswasser, Flußwasser oder Gießwasser.
3. Berechnen Sie, wieviel Regenwasser sich in Ihrem Betrieb sammeln ließe. Dazu müssen Sie die örtliche Niederschlagsmenge herausfinden.
4. Welche Möglichkeiten zur Verbesserung der Gießwasserqualität gibt es?

1.3 Wasserförderung

1.3.1 Pumpen

Das Wasser wird durch Pumpen gefördert. Dabei wird ein Förderstrom erzeugt, der unter Druck in die Zuleitungs- und Beregnungsrohre weitergeleitet wird. Sollte der Wasserdruck aus der öffentlichen Wasserversorgung nicht ausreichen, müssen Pumpen den Druck erhöhen.

Der Förderstrom bzw. die Druckerhöhung läßt sich u. a. durch Kreiselpumpen oder Kolbenpumpen erzeugen.

In einer **Kreiselpumpe** (Abb. C1 und C2), die für die Beregnung im Gartenbau hauptsächlich verwendet wird, dreht sich auf einer Welle ein schnell rotierendes Flügelrad, das das Wasser durch die Zentrifugalkraft nach außen in das Förderrohr drückt.

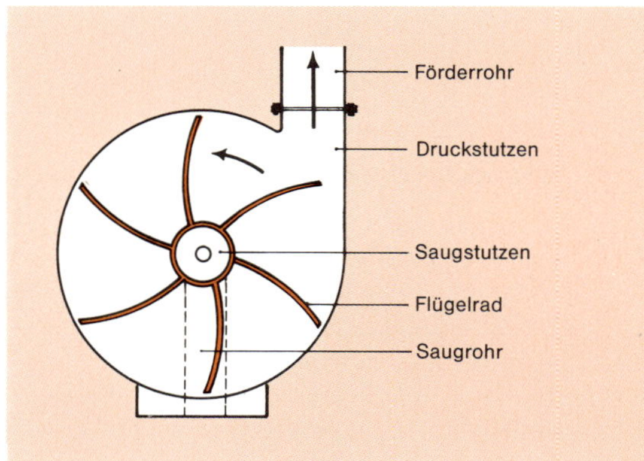

Abb. C1. Aufbau einer Kreiselpumpe.

Abb. C2. Kreiselpumpe mit Elektromotor für die Wasserversorgung.

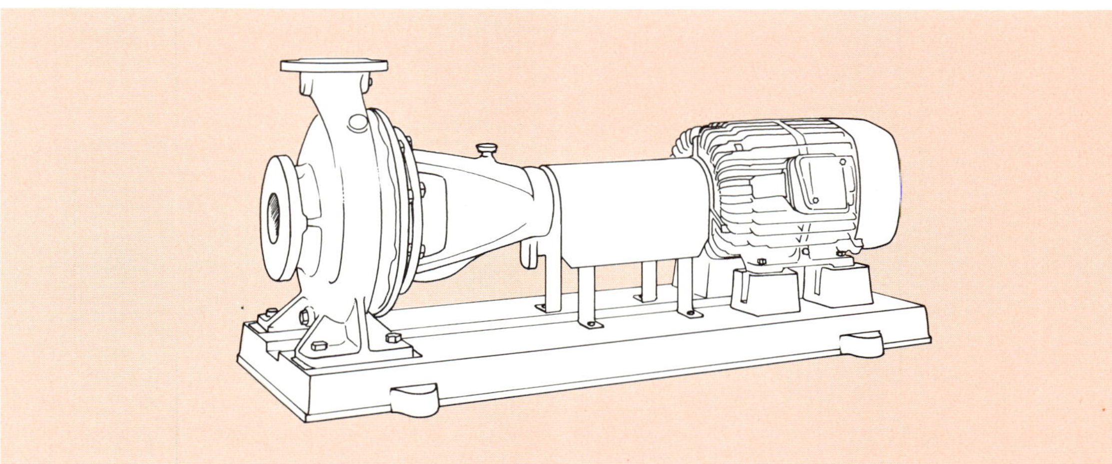

In einer **Kolbenpumpe** wird der Förderstrom und der Förderdruck durch die hin- und hergehende Kolbenbewegung erzeugt (Abb. C3). Im ersten Arbeitsgang wird Wasser durch Ventil 1 am Saugstutzen angesaugt (Ventil 2 schließt sich) und im 2. Arbeitsgang durch Ventil 2 herausgedrückt (dabei schließt sich Ventil 1).

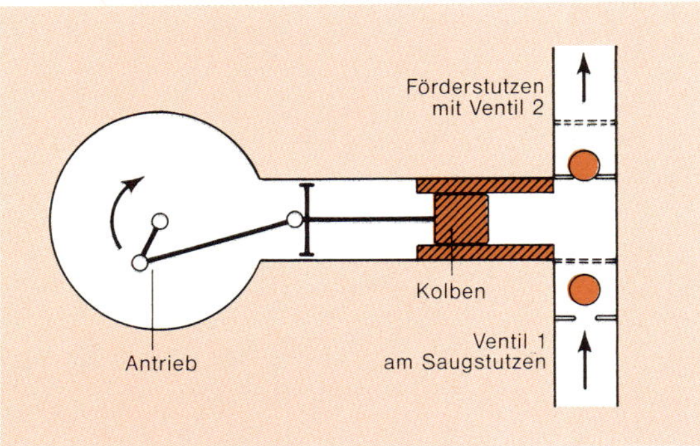

Abb. C3. Arbeitsweise einer Kolbenpumpe.

1.3.2 Pumpencharakteristik

Den Höhenunterschied zwischen Wasserstand (z. B. Teich oder Grundwasser) und Abnahmestelle (z. B. Regner), der durch die Pumpe überwunden werden soll, wird Förderhöhe (H) genannt. Bei der Berechnung sind zu berücksichtigen:
- Reibungsverluste in Saug- und Druckleitung
- Betriebsdruck, der an Regnern oder Düsen nötig ist.

Die zu fördernde Wassermenge wird als Förderstrom (Q) bezeichnet.

Tab. C2. Pumpentechnische Ausdrücke

Bezeichnung	Abkürzung	Bedeutung
Förderstrom	Q	Wassermenge/ Zeit in m^3/h
Förderhöhe	H	Höhe der geförderten Flüssigkeit in Pascal (Pa) oder bar (früher: Meter-Wassersäule [mWS] 1 mWS = 0,0981 bar = 9810 Pa)

Der Wasserbedarf (Q) in einer Stunde für die Freilandberegnung läßt sich nach folgender Formel berechnen:

$$Q\ (m^3/h) = \frac{\text{ha Fläche} \times \text{mm Regengabe} \times 10}{\text{Tage Beregnungsturnus} \times \text{tägliche Betriebsstunden}}$$

Beispiel: $Q = \frac{1{,}8\ \text{ha} \times 40\ \text{mm} \times 10}{3\ \text{Tage} \times 6\ \text{h}}$

Ergebnis: Die Pumpe muß stündlich 40 m^3 Wasser fördern.

In Beschreibungen von Pumpen wird die Pumpencharakteristik mit Hilfe einer QH-Linie dargestellt (Abb. C4). Sie verläuft für jede Pumpe anders. Bei Bewässerungspumpen sollte sie möglichst flach verlaufen.

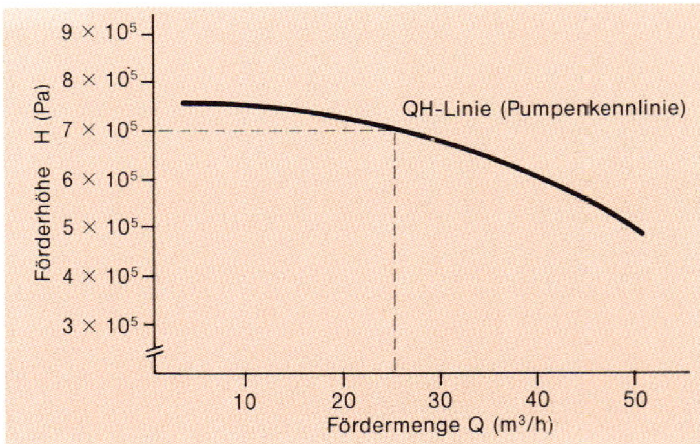

Abb. C4. QH-Linie (Pumpenkennlinie).

Diese Pumpe fördert also 25 m^3 pro Stunde mit einem Druck von 0,7 Mio Pa (≙ 7 bar). Weiterhin ist erkennbar, wie stark z. B. bei steigender Fördermenge (Q) die Förderhöhe (H), also auch der Druck, abnimmt.

1.3.3 Ansaughöhe

Wasser muß bis zur Pumpe angesaugt werden. Die Pumpe erzeugt nur ein Vakuum (luftleerer Raum). Das Ansteigen des Wassers in das Vakuum wird durch den Luftdruck bewirkt. Der Luftdruck hält einer ca. 10 m hohen Wassersäule das Gleichgewicht, somit beträgt die theoretische Ansaughöhe nur 10 m. In der Praxis müssen die Reibungsverluste im Rohr einbezogen werden. So liegt die max. mögliche Ansaughöhe bei nur ca. 7 m (Abb. C5).

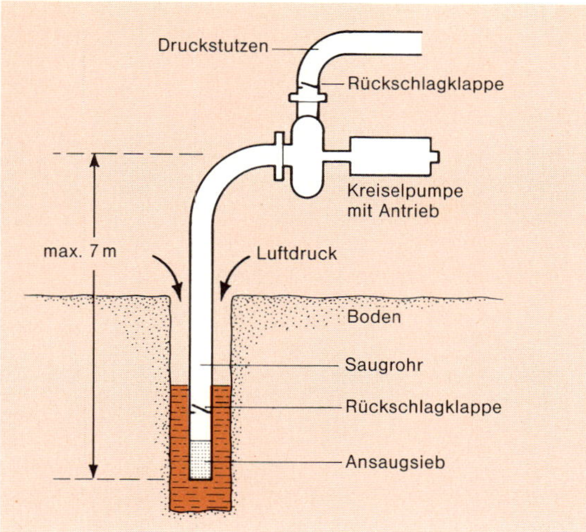

Abb. C 5. Aufbau einer Wasserförderungsanlage.

Abb. C 6. Wasserförderung aus einem Tiefbrunnen.

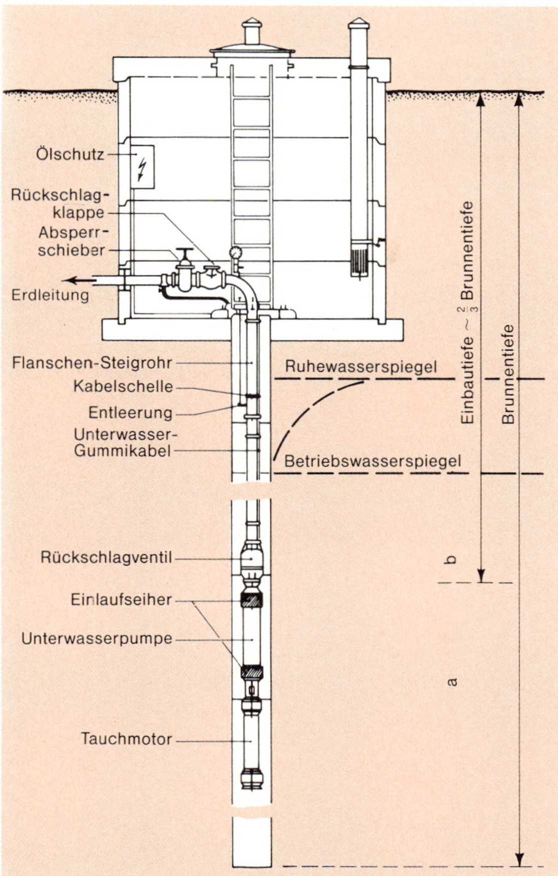

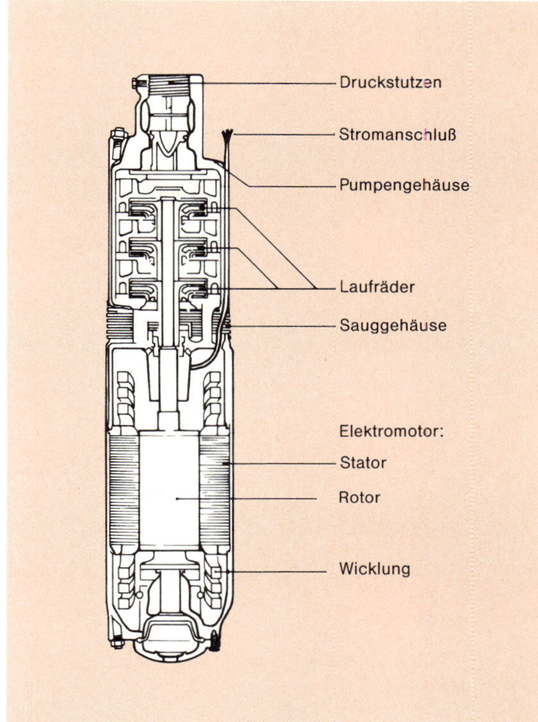

Abb. C 7. Querschnitt einer 3stufigen Tauchmotorpumpe.

1.3.4 Unterwasserpumpen

Aus der Begrenzung durch die Ansaughöhe ergibt sich, daß man bei sehr tiefem Grundwasserstand die Pumpe in das Wasser hängen muß. Diese Pumpen sind ebenfalls Kreiselpumpen mit einer vertikalen (senkrechten) Welle (Abb. C 6 und C 7).
Der Elektromotor ist als Tauchmotor mit Wasser gefüllt, das der Kühlung und Schmierung dient. Er hängt direkt an der Pumpe. Die Wicklungen sind isoliert.

Kontrolle und Vertiefung

1. Berechnen Sie den Wasserbedarf für eine 2,5 ha große Fläche, die alle 3 Tage mit 20 mm beregnet werden soll und die Regner dafür 4 Stunden benötigen.
2. Was bedeutet der Begriff »Pumpencharakteristik« in einem Prospekt?
3. Begründen Sie, warum bei manchen Bewässerungsanlagen Tauchpumpen eingesetzt werden müssen.

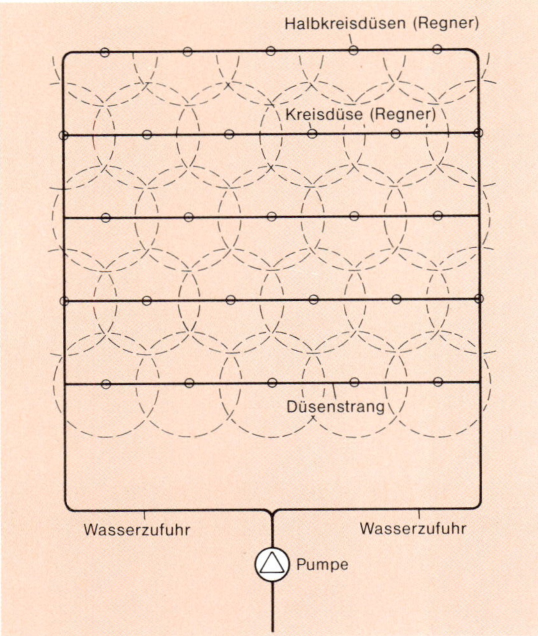

Abb. C 8. Aufbau einer Beregnungsanlage mit einer Ringleitung.

1.4 Bewässerung unter Glas

1.4.1 Zuleitungen

Die Zuleitungen für Wasser müssen einen entsprechenden Rohrdurchmesser haben, damit der Betrieb genügend Wasser abnehmen kann. Der Wasserdruck soll über 400000 Pa (≙ 4 bar) liegen. Fließt das Wasser durch lange Rohre, so nimmt der Druck infolge von Reibungsverlusten ab. Auch Durchflußmenge und Durchmesser des Rohres beeinflussen die Druckverluste. Um im Betrieb einen gleichmäßigen Wasserdruck zu haben, wird das Rohrnetz am besten als Ringleitung verlegt (Abb. C 8).

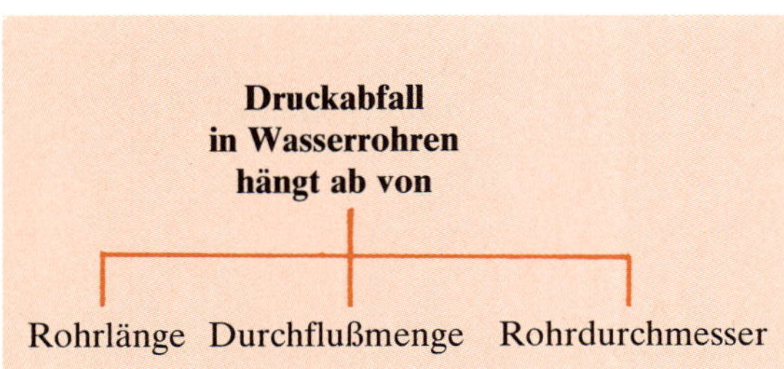

1.4.2 Düsenrohrbewässerung

Düsenrohre sind aus Kunststoff, verzinktem Stahl oder Aluminium gefertigt. Die Rohre können entweder
- über dem Pflanzenbestand (Überpflanzenbewässerung)
- im Pflanzenbestand (Unterpflanzenbewässerung) oder
- neben den Beeten am Wegrand

verlegt werden. Entscheidend für die Verlegungsart sind
- die Kultur, die beregnet werden soll (Dichte des Bestandes, nicht alle Kulturen vertragen »Über-Kopf-Bewässerung«)
- arbeitswirtschaftliche Gesichtspunkte (Rohre können hinderlich sein bei der Bodenbearbeitung usw.)

Geeignet für eine »Überkopf-Bewässerung« sind viele Jungpflanzenkulturen, Grünpflanzen, Gemüse- und Baumschulkulturen. Ungeeignet für diese Bewässerung sind blühende Topfpflanzen, blühende Schnittblumenkulturen und Pflanzen mit empfindlichen Blättern.

Heutzutage werden hauptsächlich Hart-PVC-Rohre verwendet. Damit sie nicht so leicht durchhängen, sollten nur starkwandige PVC-Rohre Anwendung finden. Besonders bei der Verlegung über dem Pflanzenbestand verursachen durchhängende Düsenrohre durch Nachtropfen Pflanzenschäden.

Hart-PVC-Rohre sind leicht, hochbelastbar, glatt, korrosionsfest und zudem billiger als Metallrohre.

Abb. C 9. Kreisdüsen und Halbkreis- oder Sektordüsen.

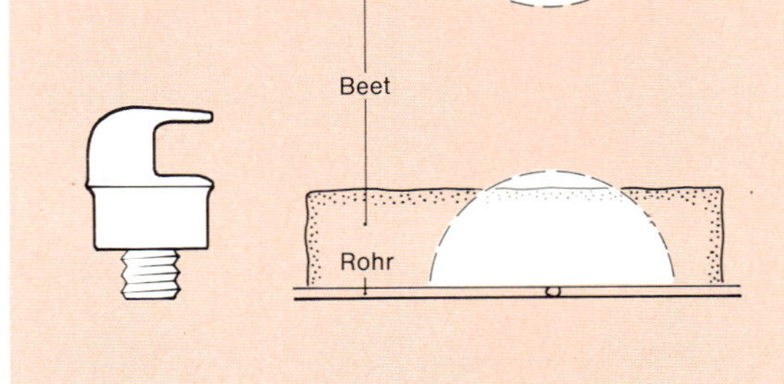

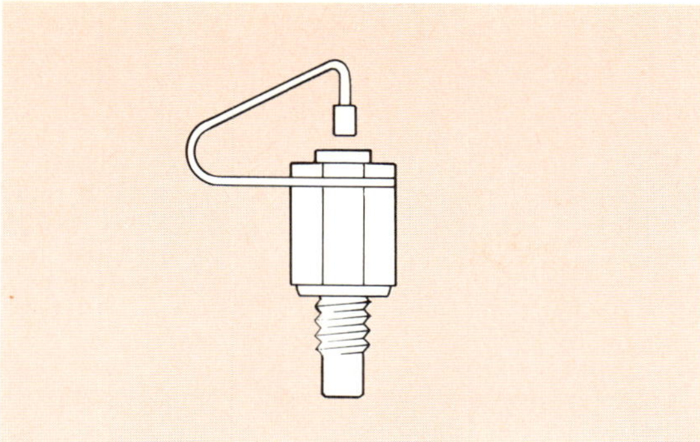

Abb. C10. Pralldüse.

Bei Frost werden sie allerdings sehr schlag- und stoßempfindlich.
Düsen werden aus Kunststoff, Kunststoff/Stahl, verzinktem Stahl oder Messing gefertigt. Für die Bewässerung werden zumeist die (preiswerten) Kunststoffdüsen verwendet. Je nach Verlegungsart der Rohre sind **Kreisdüsen** oder **Halbkreisdüsen** (Sektordüsen) auf das Rohr aufzuschrauben (Abb. C9 und C10).
Für die Sprühnebelanlagen (s. Kap. 1.6) werden ausschließlich Metalldüsen eingesetzt. Diese Düsen mit ihrer feinen Bohrung ermöglichen eine besonders kleine Tröpfchengröße (»Sprühnebel«).
Die abgebildeten Düsenarten werden als **Pralldüsen** bezeichnet, weil das Wasser auf eine Fläche prallt und zerstäubt wird.

1.4.3 Tropfbewässerung

Tropfbewässerungssysteme werden eingesetzt zur **Einzeltopf-** bzw. **Einzelpflanzenbewässerung** oder zur **Kulturflächenbewässerung.** Tropfbewässerungssysteme haben den Vorteil, daß sie die Blätter und Blüten nicht benetzen sowie den Wasserverbrauch senken. Sie benötigen nur einen geringen Wasserdruck und ermöglichen wegen der geringen, aber gezielten Wasserabgabe die Beregnung von großen Flächen zur gleichen Zeit. Weiterhin ermöglichen sie problemlos die Automatisierung der Bewässerung und Düngung. Um ein Verstopfen der sehr kleinen Austrittsöffnungen zu verhindern, muß das Wasser gefiltert werden.

Tropfbewässerung zur Einzeltopf- bzw. Einzelpflanzenbewässerung
Durch den direkten Anschluß jeder Pflanze an das Zuleitungsrohr mit Hilfe von dünnen Tropfschläuchen wird eine recht gleichmäßige Verteilung des Wassers (und bei Flüssigdüngung der Nährlösung) erzielt. Wegen des hohen Arbeitsaufwandes bei der Verlegung und der z. T. recht hohen Anlagekosten eignet sie sich besonders für wertvolle Kulturen mit langen Standzeiten. Da das Wasser direkt in den Wurzelbereich geleitet wird und die unproduktive Verdunstung des Bodens gering gehalten wird, arbeitet diese Bewässerungsmethode sehr wassersparend.
Mehrere Firmen bieten unterschiedliche Ausführungsformen der Einzeltopfbewässerung an.

Tropfbewässerung zur Kulturflächenbewässerung
Auch hierfür werden unterschiedliche Schlauch- und Rohrtypen angeboten. Bei der Auswahl sollte der Wasserverbrauch der Kultur beachtet werden.
Die Zuführung des Wassers zur Pflanze erfolgt bei Topfpflanzen auf Tischen durch **Sand** oder **Bewässerungsmatten.** Das Wasser gelangt durch kapillaren Aufstieg (s. Seite 61) in den Topf.
Als nachteilig hat sich erwiesen, daß sich Nährstoffe bei diesem Bewässerungs- und Düngungsverfahren im oberen Topfbereich anreichern (Versalzungsgefahr!), und der Hauptanteil der Wurzeln ist im unteren Topfbereich.
Sand, aber auch Bewässerungsmatten aus Wolle sind infolge Veralgung, Vermoosung, Versalzung, Verseuchung und Verrottung von Zeit zu Zeit auszuwechseln. Bewässerungsmatten aus Kunststoff sind zwar teurer in der Anschaffung, lassen sich aber problemloser reinigen und entseuchen.
Eine Möglichkeit, die Veralgung weitgehend zu verhindern, ist das Abdecken der Bewässerungsmatten mit Folien. Um die Wasserversorgung trotzdem zu ermöglichen, sind die Folien gelocht oder genadelt. Die Folien vermindern zusätzlich die unproduktive Verdunstung von den Tischen, was vor allem auch Energieverluste verringert (s. Seite 393).

1.4.4 Rinnenbewässerung

Seit einigen Jahren findet im Topfpflanzenanbau die Rinnenbewässerung immer mehr Verbreitung. In die Tischgestelle von Rolltischen (s. Seite 383) oder auch von feststehenden Tischen werden Rinnenprofile aus Aluminium, verzinkten Stahlblechen oder PVC eingebaut. In diese Rinnen werden die Pflanzen eingestellt (Abb. C11).
In die Rinnen wird das Wasser hineingeleitet und evtl. angestaut. Das Überschußwasser läuft wieder in eine am Ende des Tisches querlaufende Sammel-

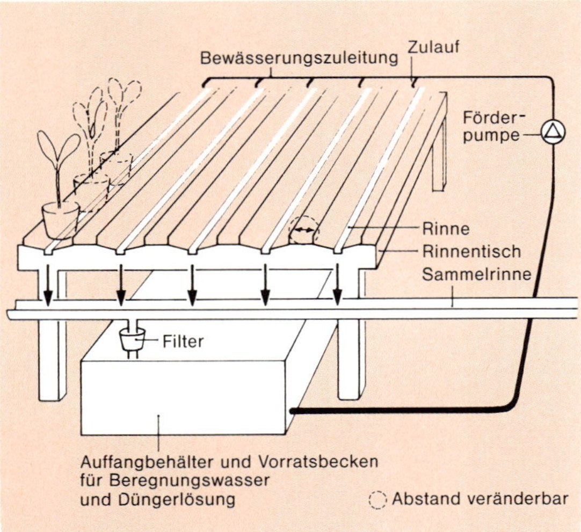

Abb. C11. Schema einer Rinnenbewässerung.

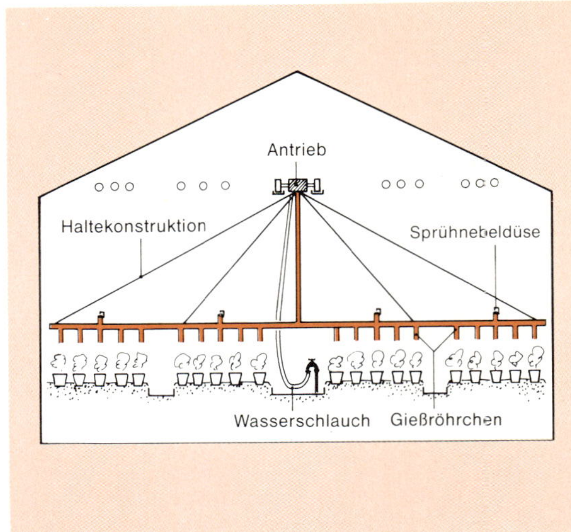

Abb. C12. Gewächshaus mit Gießwagen.

rinne und wird so zu einem z. B. unter den Tischen angelegten Vorratsbehälter zurückgeleitet. Nachdem die Schmutzteilchen herausgefiltert sind, kann das Wasser erneut zur Bewässerung verwendet werden. Die Rinnenbewässerung ist ein sehr wassersparendes Bewässserungssystem. Außerdem wird die Wärme einer Untertischheizung, dadurch daß sie zwischen den Pflanzen hindurchstreichen kann, optimal genutzt. Eine Energieeinsparung von 5–10 % ergibt sich dadurch, daß die Verdunstung von den Tischen entfällt. Es verbleibt kein Wasser in den Rinnen, das verdunsten könnte und durch Kondensation Wärme an das Dach abgibt.

Eine Variation der Rinnenbewässerung sind in Aluminiumrahmen einsetzbare, profilierte Kunststofftischflächen, in die die Längs- und Querrillen eingeprägt sind. In ihnen wird das Gießwasser zu- und abgeführt.

1.4.5 Gießwagen

Sowohl im Gewächshaus als auch im Freiland werden zur Bewässerung besonders von Azaleen und Eriken Gießwagen eingesetzt (Abb. C12). Die Wasserzuführung erfolgt durch einen Schlauch, der nachgezogen wird. Das Wasser wird entweder durch Gießröhrchen oder durch Düsen ausgebracht. Angetrieben werden die Gießwagen vorwiegend durch Elektromotoren. Geführt werden sie auf Schienen im Weg oder im Dachraum. Häufig sind in den Betrieben Eigenkonstruktionen zu finden.

Kontrolle und Vertiefung

1. Welche Materialien werden für Düsenrohre verwendet? Nennen Sie jeweils Vor- und Nachteile!
2. Wodurch unterscheiden sich Kreis- und Sektordüsen? Prüfen Sie die Einsatzmöglichkeiten.
3. Wählen Sie für Kulturen aus Ihrem Betrieb Bewässerungsverfahren aus und begründen Sie Ihre Entscheidung.
4. Stellen Sie aus Lehrmaterial, Prospekten und Anzeigen aus Fachzeitschriften eine Übersicht von Tropfbewässerungssystemen auf und stellen Sie die Bauarten zeichnerisch dar.

1.5 Beregnung im Freiland

1.5.1 Anlagensysteme

Die **vollbeweglichen Anlagen** mit fahrbarer Pumpe und transportablen oberirdisch verlegten Rohrleitungen haben im Gartenbau große Bedeutung. Mit Hilfe von Schnellkupplungen (Abb. C13) lassen sich die Leitungen schnell verlegen. Das Verlegen der Leitungen geht jeweils von der Pumpe aus.

Bei **halbortsfesten Anlagen** werden die Zuführungsleitungen unterirdisch verlegt. Die Pumpe ist orts-

Abb. C13. Schnellkupplungen.

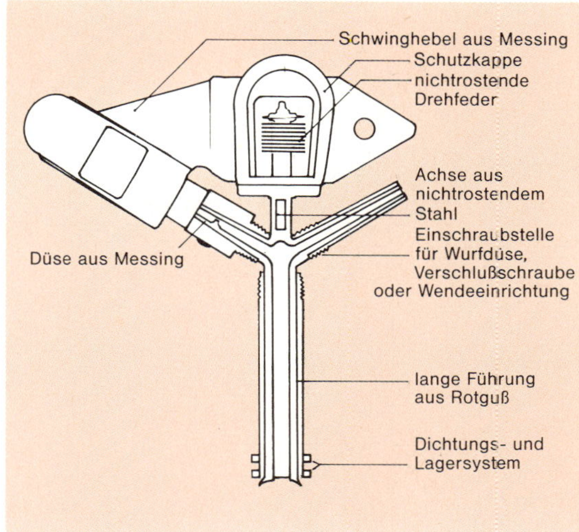

Abb. C14. Schwinghebelregner (Drehstrahlregner).

fest oder fahrbar. Die Regnerleitungen sind oberirdisch verlegt und abbaubar.

Neben diesen beiden Anlagen gibt es auch **ortsfeste Anlagen** mit ortsfester Pumpstation. Die Rohrleitungen sind nur unterirdisch verlegt. Ortsfeste Anlagen finden hauptsächlich im Obstbau Verwendung, da sie dort gleichzeitig zur Frostschutzberegnung dienen. Der Kapitalbedarf für ortsfeste Anlagen ist sehr hoch.

Die Rohre sind aus dünnwandigem Stahl, Aluminium oder Kunststoff.

1.5.2 Regner

Regner werden nach ihrer Beregnungsdichte eingeteilt. Unter Beregnungsdichte wird die im Mittel auf eine Fläche fallende Bewässerungshöhe in einer Stunde verstanden (mm/h).

Langsam- oder Schwachregner haben eine Beregnungsdichte unter 7 mm/h. Der notwendige Druck beträgt 2–4 bar (≙ 200000–400000 Pa). Die Düsenöffnungen haben einen Durchmesser von 4–7 mm.

Mittelstarkregner haben eine stündliche Beregungsdichte zwischen 7–20 mm. Der Betriebsdruck liegt zwischen 3 und 7 bar (300000–700000 Pa). Zwei- und dreidüsige Mittelstarkregner haben ebenfalls Düsen mit Durchmessern von 4–7 mm, eindüsige Regner haben Düsendurchmesser bis über 20 mm.

Starkregner mit einer sehr hohen Beregnungsdichte von 20–70 mm/h werden im Gartenbau mit seinen vorwiegend empfindlichen Kulturen kaum eingesetzt. Starkregner verursachen eine Verschlämmung der Bodenoberfläche. Zum Vergleich: Landregen hat nur eine Regendichte von 1–2 mm/h.

Als Regner werden häufig **Drehstrahlregner** eingesetzt. Sie drehen sich innerhalb einer bestimmten Zeit einmal um ihre vertikale Achse und werfen dabei kontinuierlich Wasser aus. Die meisten Drehstrahlregner sind als **Schwinghebelregner** (Abb. C14) konstruiert. Das strömende Wasser gibt die Energie für die Drehbewegung, indem ein Schwinghebel zum Ausschlag gebracht wird und beim Zurückschlagen den Regner weiterbewegt. Sie werden aus Bronze, Messing, nichtrostendem Stahl und Kunststoff hergestellt und sind wartungsfrei. Die ausgebrachten Wassermengen, Wurfweiten, Schlagzahlen und Umdrehungsgeschwindigkeiten sind ab-

Abb. C15. Schwenkregner.

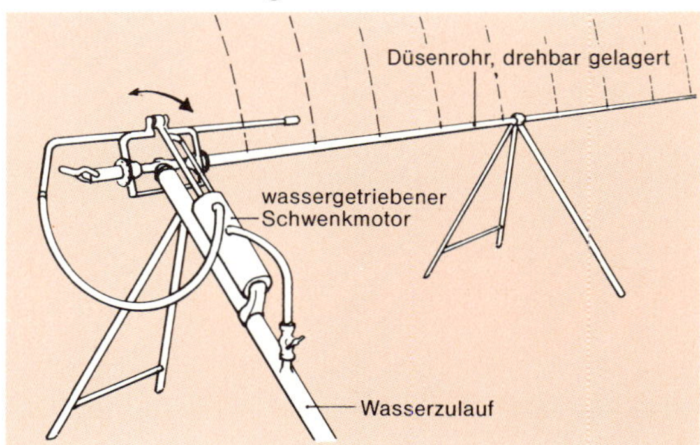

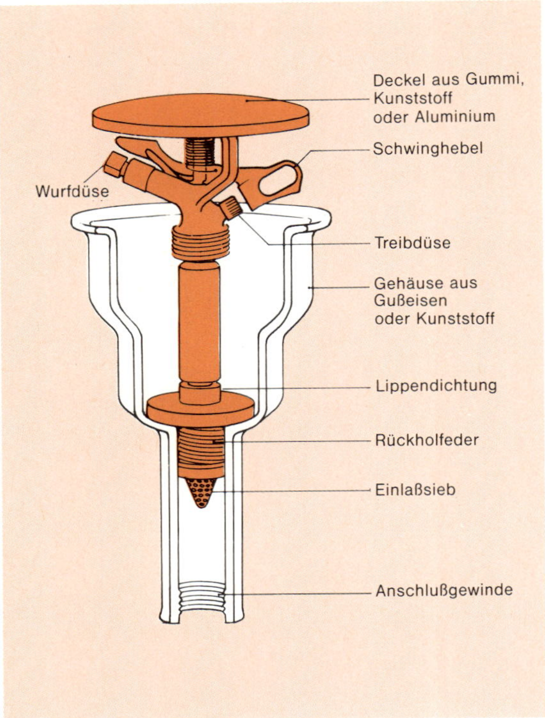

Abb. C16. Schnitt durch einen Versenkregner.

hängig von der Düsenöffnung und dem Wasserdruck. Über Regner lassen sich auch gelöste mineralische Dünger verregnen. Die Regner sollen für eine gleichmäßige Wasserverteilung und möglichst feine Auflösung des Wasserstrahls, also eine möglichst kleine Tröpfchengröße, sorgen.
Zur Beregnung im Gartenbau werden neben den Schwinghebelregnern auch **Schwenkregner** (Abb. C15) mit einem bis zu 100 m langen, drehbar gelagerten Düsenrohr eingesetzt. Der dafür erforderliche Schwenkapparat arbeitet mit Wasserdruck. Schwenkregner ermöglichen die Beregnung einer genau begrenzten rechteckigen Fläche.
Andere Viereckregner haben eine **Bogendüse** mit einer Vielzahl von Öffnungen. Die Bogendüse wird von einer Wasserturbine hin- und hergeschwenkt. Sie finden im Erwerbsgartenbau nur in geringem Maße Verwendung, da sich mit ihnen nur sehr kleine Flächen beregnen lassen.
In Rasen-, Park- und Sportanlagen werden heute vielfach **Versenkregner** (Abb. C16 und Abb. C17) oder **Versenkdüsen** eingesetzt, um die Pflege zu vereinfachen. Sie werden in ein Schutzgehäuse eingebaut, bodeneben montiert und an eine in der Erde verlegten Leitung angeschlossen. Wird das Wasser eingeschaltet, heben sie sich durch den Wasserdruck aus der Ruhestellung im Boden heraus. Nach dem Abschalten gehen sie in ihre Ausgangsstellung zurück.

Abb. C17. Funktion eines Versenkregners.

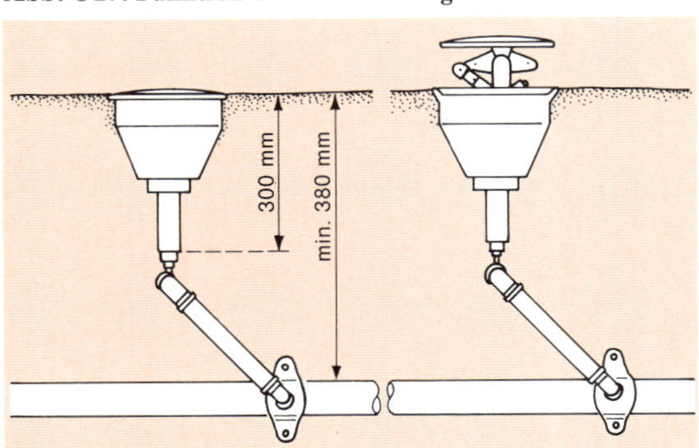

1.5.3 Frostschutzberegnung

Unverständlich erscheint es, bei Frost Pflanzen zu beregnen, um sie vor Frost zu schützen. Dahinter steht eine physikalische Gesetzmäßigkeit:

> Wenn Eis schmelzen soll, muß Wärme zugeführt werden. Umgekehrt wird, wenn Wasser zu Eis erstarrt, Wärme abgegeben. Je kg Wasser werden 335 kJ beim Gefrieren frei bzw. zum Schmelzen benötigt.

In der Physik wird von **Erstarrungswärme** bzw. **Schmelzwärme** gesprochen.
Mit der Frostschutzberegnungsanlage müssen die Pflanzen ständig beregnet werden, damit den Pflanzen kontinuierlich Erstarrungswärme zugeführt wird. Der Regner sollte sich etwa einmal pro Minute drehen und die Regendichte je nach Froststärke 2–5 mm/h betragen. Für die Frostschutzberegnung müssen also geeignete Langsamregner eingesetzt werden. Sinnvoll ist diese Maßnahme nur bis −7 °C.
Die Pflanzentemperatur darf nicht unter den Nullpunkt sinken. Da das Isoliervermögen der Eisschicht gering ist, muß beständig beregnet werden. Die Anlage darf erst abgeschaltet werden, wenn die Lufttemperatur über 1 °C gestiegen ist und das Eis auf der Pflanze abgetaut ist. Sonst würde das schmelzende Eis den Pflanzen die Schmelzwärme entziehen. Die Pflanzentemperatur kann dann unter 0 °C absinken.

Kontrolle und Vertiefung

1. Warum sind Schwachregner für den Gartenbau besonders geeignet?
2. Was sind Versenkregner, welche Vorteile bieten sie?
3. Erklären Sie die Wirkung einer Frostschutzberegnung.

1.6 Sprühnebelbewässerung

Sprühnebelanlagen erfüllen zwei Aufgaben:

1. Senkung der Pflanzen- und Lufttemperatur bei geeigneten Kulturen
2. Erleichterung und Beschleunigung der Stecklingsvermehrung

Infolge starker Sonneneinstrahlung kann sich die Lufttemperatur und besonders die Blattemperatur so stark erhöhen, daß sie sich pflanzenschädigend auswirkt. Eine Absenkung der Blattemperatur (sie kann bis 10 °C über der Lufttemperatur liegen) kann durch Schattierungen erfolgen. Dabei sinkt aber natürlich auch die Photosyntheseleistung, weil weniger Licht auf die Pflanze kommt.

Eine wirksamere Methode, die Temperatur zu senken, ist das Benetzen der Blattoberfläche durch Sprühnebel, der durch spezielle Düsen erzeugt wird (Abb. C10).

> Für den Übergang von Wasser aus dem flüssigen Zustand in den gasförmigen Zustand, d. h. für das Verdunsten, wird Energie benötigt. Wenn also Wasser auf der Blattoberfläche verdunstet, entsteht Wasserdampf. Mit dem Wasserdampf wird die darin enthaltene Wärmeenergie abgeführt. Dadurch kühlt sich die Verdunstungsfläche ab.

Die Blattoberfläche wird also gekühlt und gleichzeitig kann die Sonneneinstrahlung voll genutzt werden.

Eine wesentlich größere Bedeutung haben die Sprühnebelanlagen in der Stecklingsvermehrung. Für eine schnelle, sichere Bewurzelung wird Wärme und hohe Luftfeuchtigkeit (zur Herabsetzung der Verdunstung des Stecklings) benötigt. Es muß eine »gespannte Luft« hergestellt werden.

Die Sprühnebelanlage ersetzt das Abdecken mit PE-Folien (s. Kap. C2.9.3). Durch die Folie läßt sich, wenn sie dicht verspannt ist, ebenfalls eine hohe Luftfeuchtigkeit im Stecklingsbestand erreichen, aber es wird gleichzeitig die Einstrahlung des Lichtes vermindert.

Zur sicheren Kulturführung und aus arbeitswirtschaftlichen Gründen werden Sprühnebelanlagen fast ausschließlich vollautomatisch (s. Seite 364) gesteuert. Wichtig dabei ist, daß die Blätter ständig von einem Wasserfilm überzogen sind. Dazu muß immer nur einige Sekunden gesprüht werden. Es muß auch sichergestellt werden, daß das Substrat nicht vernäßt.

Kontrolle und Vertiefung

1. Beschreiben Sie die Bedeutung der Sprühnebelbewässerung für die Stecklingsvermehrung.
2. Erklären Sie, warum durch Sprühnebelbewässerung eine Temperaturabsenkung bewirkt wird.
3. Warum soll die Verdunstung der Stecklinge herabgesetzt werden?
4. Nennen Sie Gesichtspunkte für die Auswahl eines Bewässerungssystems.

1.7 Automatisierung der Bewässerung

Die Bewässerung läßt sich **mechanisch,** d. h. von Hand mit Schlauch und Brause, durch Öffnen von Ventilen der Düsenrohre an den Tischen und Beeten von Hand und vereinzelt auch noch mit der Gießkanne, durchführen.

Mit zunehmender Technisierung und Einführug der Magnetventile läßt sich die Bewässerung zentral durch Knopfdruck ein- und ausschalten. Man spricht von **halbautomatischen Anlagen.**

Moderne **vollautomatische Anlagen** werden auch nicht mehr nur von Zeitschaltuhren, sondern wahlweise gesteuert, wie die Übersicht auf der folgenden Seite zeigt.

Das Ein- und Ausschalten der Beregnung setzt automatische Ventile voraus. Magnetventile (Abb. C18) sind im stromlosen Zustand geschlossen. Stromlos heißt, wenn die gemessene Feuchte hoch genug ist, steht der Schalter auf »Aus«. Sinkt die Feuchte ab, wird Strom auf das Ventil gegeben, es öffnet sich.

Bei Stromausfall lassen sich einige Magnetventile auch von Hand bedienen. Der Anker läßt sich dann mit einem Handrad heben und senken. Im Regelfall arbeiten Magnetventile mit Schwachstrom (z. B. mit

Steuerung der automatischen Bewässerung durch

- Feuchtigkeitsmessung im Substrat
- Messung der elektrischen Leitfähigkeit im Substrat
- Messung der Verdunstung
- Messung der eingestrahlten Sonnenenergie

24 V), damit in den Gewächshäusern (Feuchträume!) niemand gefährdet wird.
Die Beregnungsanlage des Betriebes sollte bei vollautomatischer Arbeitsweise in kleinere Beregnungsgruppen gegliedert werden, da nicht der gesamte Betrieb auf einmal beregnet werden kann. Das gilt besonders, wenn Beregnungssysteme mit großem Wasserverbrauch verwendet werden.

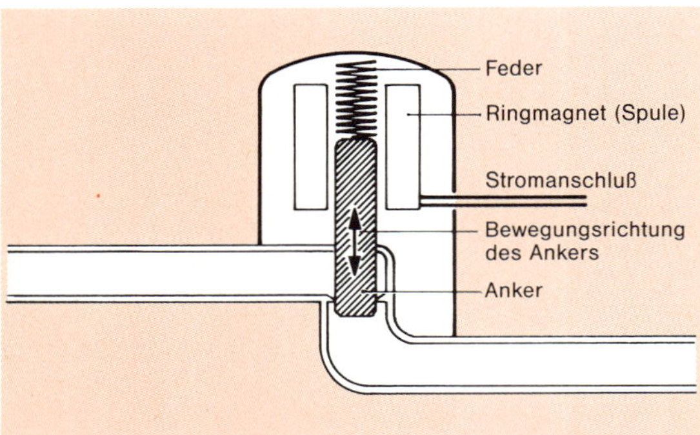

Abb. C18. Schema eines Magnetventils.

1.7.1 Systeme zur Steuerung der Bewässerung

Es gibt eine Vielzahl von Steuerungsgeräten für die Bewässerung, die nach unterschiedlichsten Prinzipien arbeiten. Einige dieser Arbeitsweisen sollen kurz vorgestellt werden.

Messung der Feuchte im Boden bzw. auf Tischen
Ein Feuchtefühler betätigt einen Schalter, der dann Strom auf das Magnetventil gibt. Der Feuchtefühler arbeitet auf der Basis eines Tensiometers (s. Seite 195) d. h. er mißt die Saugspannung im Boden und gibt bei Erreichen eines bestimmten Wertes einen Impuls an den Schalter.
Es gibt unterschiedliche Feuchtefühler für Erdkulturen, Töpfe, Sandbewässerung auf Tischen und synthetische Bewässerungsmatten.

Messung der elektrischen Leitfähigkeit
Wasser leitet Strom. Die Leitfähigkeit und somit auch der elektrische Widerstand hängt ab vom Wassergehalt im Substrat zwischen den beiden Elektroden. Die Ungenauigkeit dieser Geräte beruht darauf, daß auch Düngergaben die elektrische Leitfähigkeit bzw. den elektrischen Widerstand verändern.

Messung der Verdunstung
Aus einem Meßgerät verdunstet Wasser. Elektroden registrieren den Wasserverlust und schalten bei Erreichen eines vorprogrammierten Verlustes die Bewässerung ein.

Messung der Sonneneinstrahlung
Die Sonneneinstrahlung läßt sich in Form der eingestrahlten Energie messen. Die Sonneneinstrahlung ändert sich:
- in Abhängigkeit von der Jahreszeit
- im Laufe eines Tages je nach Sonnenhöhe und Bewölkung.

Mit diesen Geräten wird die Erkenntnis genutzt, daß mit steigender Sonneneinstrahlung auch der Wasserverbrauch steigt (zur Transpiration, für Stoffwechselvorgänge). Immer wenn eine bestimmte vorprogrammierte Energiemenge eingestrahlt worden ist, wird die Bewässerung eingeschaltet.
Die Dauer der Beregnung wird in der Regel durch eine Zeitschaltuhr vorgegeben.

1.7.2 Automatisierung der Sprühnebelbewässerung

Für die Sprühnebelbewässerung sind z. T. spezielle, besonders feinfühlige Steuerungsgeräte entwickelt worden.

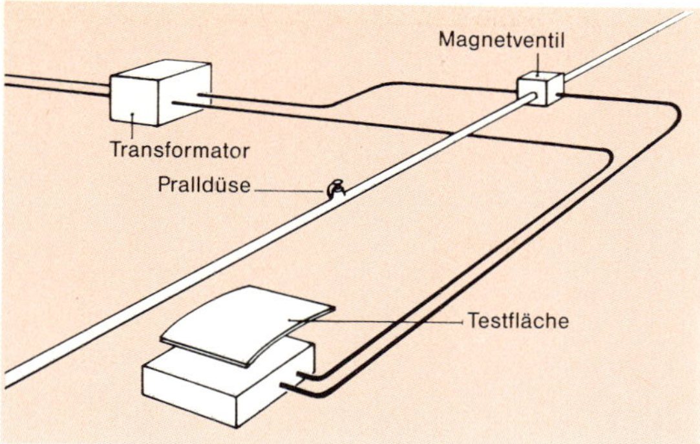

Abb. C19. Sprühnebelvermehrung mit der Helfertschen Tauwaage.

Eingesetzt wird z. B. die **Helfertsche Tauwaage.** Sie arbeitet folgendermaßen: Eine mit einer Folie überzogene Testfläche wird, wie die Blätter der Pflanze, von der Sprühnebelanlage besprüht. Dadurch erhöht sich das Gewicht der Testfläche. Sie senkt sich und schaltet den Strom für das Magnetventil ab. Nach dem Abtrockenen steigt die Testfläche wieder hoch, das Magnetventil erhält wieder Strom und ein erneuter Sprühstoß wird gegeben. Es wird also immer dann kurz gesprüht, wenn die Stecklinge bzw. die zu kühlenden Pflanzen abgetrocknet sind (Abb. C19).

Andere Geräte wie z. B. das **Elektrodenblatt,** das häufig für die Steuerung der Sprühnebelanlage eingesetzt wird, nutzen die elektrische Leitfähigkeit des Wassers. Das Elektrodenblatt befindet sich in der Kultur. Es schaltet über ein Zentralgerät durch die Magnetventile die Sprühnebelanlage ein, wenn durch das Abtrocknen die elektrische Verbindung unterbrochen wird. Es wird so lange Strom auf das Magnetventil gegeben, bis ein eingestellter Sollwert am Elektrodenblatt, die gewünschte Feuchte, erreicht wird. bzw. die durch eine Zeituhr vorbestimmte Zeit abgelaufen ist.

Abb. C20. Blattfeuchtemesser mit Lichtfühler.

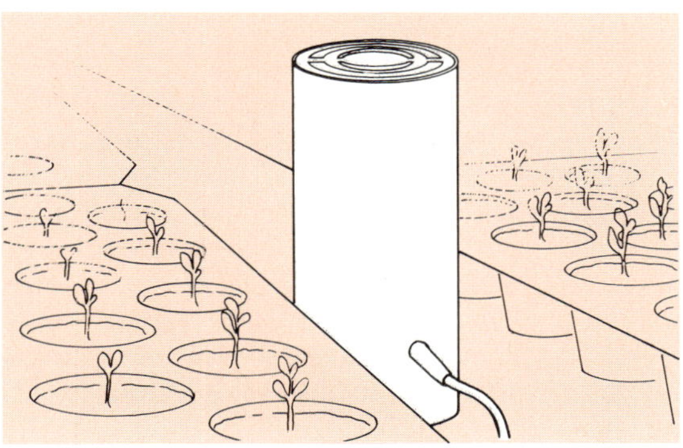

Mit anderen Meß- und Regelgeräten wird z. B. die Sonneneinstrahlung gemessen, weil sie u. a. die Verdunstungsrate bestimmt und sich so zur Steuerung der kurzen Sprühstöße einsetzen läßt (Abb. C20).

Kontrolle und Vertiefung

1. Nennen Sie Gründe für die Automatisierung der Bewässerung.
2. Beschreiben Sie die Arbeitsweise des Magnetventils anhand von Skizzen.
3. Stellen Sie verschiedene automatische Bewässerungssysteme gegenüber.

2 Gewächshäuser

2.1 Planung

2.1.1 Aufgabe der Gewächshäuser

Gewächshäuser sollen den Pflanzen optimale Wachstumsbedingungen während des ganzen Jahres bieten. Außerdem ermöglichen sie in unseren Breiten die Ganzjahresproduktion bzw. helfen, frostempfindliche Pflanzen zu überwintern. Sie tragen zur Qualitätssteigerung bei und ermöglichen Arbeitserleichterungen.

2.1.2 Einteilung der Gewächshäuser

Ursprünglich wurden Gewächshäuser nach der Kultur, die in ihnen produziert wurde, benannt. Es wurde von Gurken-, Tomaten-, Nelken-, Rosenhäusern usw. gesprochen. Neben diesen »Kulturhäusern« gab es die Erhaltungshäuser wie z. B. »Orangerien«, Wintergärten, Palmenhäuser usw., die auch gleichzeitig gesellschaftlichen Zwecken dienten.

Einen Überblick über noch gebräuchliche Einteilungsmöglichkeiten gibt Abb. C21.

2.1.3 Überlegungen zur Gewächshausplanung

Bei der Planung eines Gewächshauses, ob Neubau oder Änderung, sind u. a. folgende Gesichtspunkte mit einzubeziehen:

Einteilung	Beispiele
Gewächshaustyp	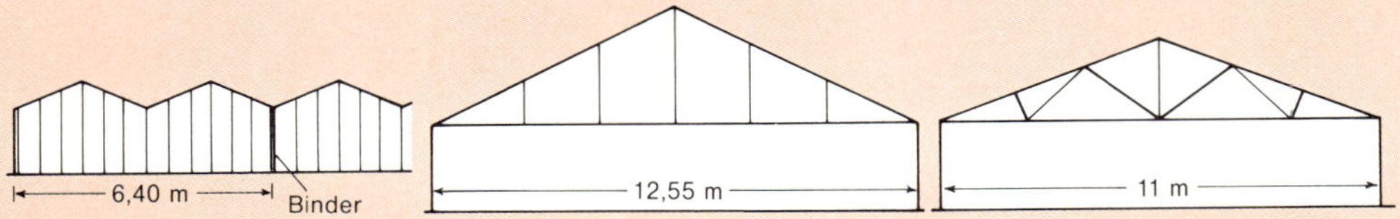 6,40 m, Binder — a Venlo-Typ; 12,55 m — b Normgewächshaus (6 m, 9 m, 12 m, 15 m Nennweite); 11 m — c Firmentypen z. B. „Eunorma 12“
Bauweise	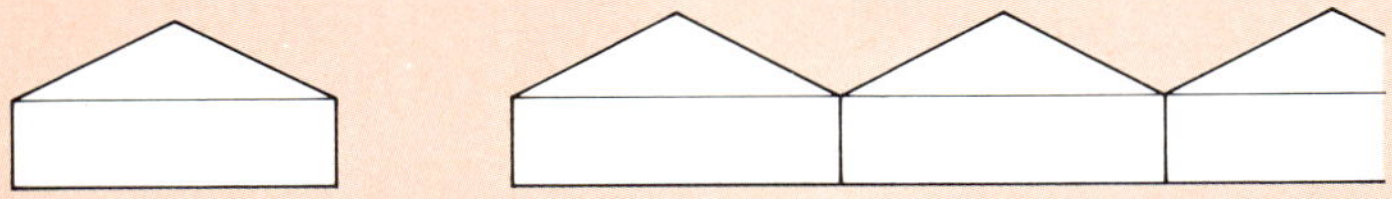 d einschiffig; e mehrschiffig
Dachform	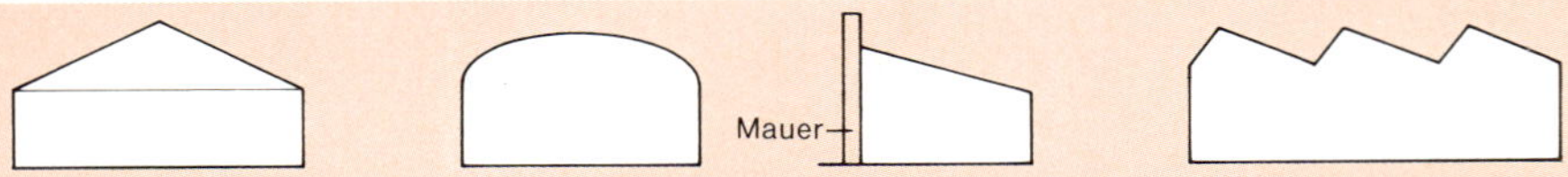 f Satteldach; g Bogendach; Mauer, h Pultdach; i Shed-Dach
Bedachungsmaterial	Glas (unterschiedliche Glasarten), Folien, Lichtplatten, Isolierbedachung
Standort	Rollhaus, fester Standort, umstellbar
Temperatur bzw. Nutzung	Warmhaus (18–30 °C), temperiertes Haus (12–18 °C) Kalthaus (5–10 °C), Überwinterungshaus (1–3 °C)

Abb. C 21a–i. Einteilung der Gewächshäuser.

- Zweck (Produktions- oder Verkaufsgewächshaus)
- Kulturarten (Gemüse, Schnittblumen, Topfpflanzen ...)
- Ausstattung (Heizungssystem, Inneneinrichtung, Lüftung, Bedachung)
- Innerbetrieblicher Transport, Türenanordnung
- Räumliche Gegebenheiten, Lage, Aufstellungsrichtung
- Kosten
- Finanzierung
- Arbeitswirtschaft (Aufteilung, Automatisierung)
- Absatz
- Baurechtliche Bestimmungen

2.1.4 Baurechtliche Bestimmungen

Das Baurecht in der Bundesrepublik Deutschland ist sehr zersplittert. In jedem Bundesland gibt es andere Bestimmungen. Für die Entscheidung der Baubehörden gibt es drei Kriterien:

1. Firsthöhe des Gewächshauses
2. Fundamentierung
3. Mindestgrenzabstand

Zu unterscheiden sind Bauanzeige und Baugenehmigung. Ist eine Anzeigepflicht gegeben, so muß nach der Bauanzeige meist einen Monat gewartet werden, ehe das Bauvorhaben begonnen werden kann. Die Baubehörde kann innerhalb dieser Zeit Einspruch erheben.
Wenn eine Baugenehmigung erforderlich ist, sind Bauzeichnung und statische Berechnung einzureichen. Vor dem Baubeginn ist die Genehmigung abzuwarten.

2.1.5 Ausschreibung und Angebote

Der Betriebsinhaber wird, wenn er z. B. ein Gewächshaus bauen will, von mehreren Firmen Angebote einholen, um Ausführung und Preis miteinander vergleichen zu können. Größere Baumaßnahmen, wie z. B. die Erstellung eines ganzen Betriebes, werden ausgeschrieben. In der Ausschreibung sind der Gewächshausbaufirma eine Reihe von detaillierten Angaben zu machen wie Ausmaße, Angaben über Baugrund, Konstruktion, Bedachung, Lüftung, Sonderwünsche sowie Lage der Baustelle.

Die Gewächshausbaufirmen, die sich an der Ausschreibung beteiligen, werden anhand dieser Angaben ein Angebot abgeben. Aus den Angeboten lassen sich dann die Einzelpreise für Konstruktion und Verglasung entnehmen. In den Angeboten sind aber auch Angaben enthalten über Lieferung, Abladen, Montage, Ausführung und Gewährleistung. Auch die Zahlungsbedingungen wie z. B. Zahlungsweise:

½ bei Lieferung
½ bei Fertigstellung

müssen aus den Angeboten ersichtlich sein. Von entscheidender Bedeutung ist, daß sich die Angebote genau vergleichen lassen. Dazu gibt es Vergleichsgrößen, die vom KTBL (Kuratorium für Technik und Bauwesen in der Landwirtschaft) erarbeitet wurden:

1. Überbaute Grundfläche in m^2
2. Luftraum je m^2 überbauter Fläche in m^3
3. Preis je m^2 überbaute Fläche
4. Preis für die Fundamente nach dem Angebot der Baufirma, die das Angebot nach den von der Gewächshausfirma zu erstellenden verbindlichen Fundamentzeichnungen ausarbeitet
5. Fundmentkosten je m^2 überbaute Fläche

Beim Vergleich der verschiedenen Angebote wird der Betriebsinhaber häufig den Technikberater einschalten, ehe der Auftrag erteilt wird.

Kontrolle und Vertiefung

1. Nennen Sie Klassifizierungsmerkmale für Gewächshäuser und stellen Sie Überlegungen zur Eignung der Gewächshausarten an.
2. Welche grundsätzlichen Fragen sind vor der Planung eines Gewächshauses zu überdenken? Nehmen Sie Ihren Ausbildungsbetrieb als Beispiel.
3. Fragen Sie in Betrieben nach Kosten für Gewächshausbauten und stellen Sie diese Ergebnisse nach Baujahr und Preis/m^2 überbauter Grundfläche zusammen.

2.2 Fundamente

2.2.1 Kräfte, Lasten, Ausführung

Das Fundament bildet den Unterbau des Gewächshauses. Es erfüllt folgende Aufgabe:

- Abstützung des Gewächshauses im Boden
- Schutz vor über den Boden einwirkenden Umwelteinflüssen (z. B. Frost).

Die Ausführung des Fundamentes bestimmt die Standfestigkeit des Gewächshauses. Das Fundament nimmt alle auf das Gewächshaus wirkende Kräfte **(Schneelasten, Windlasten)** und die **Eigenlasten** auf und überträgt sie auf den Boden. Es muß durch seine Stabilität verhindern, daß Bewegung und Kräfte an den Bindern wirken, die sonst zwangsläufig die Glashaut und evtl. auch die Tragkonstruktion beschädigen.
Das Fundament muß bis unter die maximale Frosttiefe gehen. Käme Frost unter das Fundament, könnten Schäden durch wechselndes Frieren und Auftauen entstehen. Das bedeutet, daß es mindestens 80 cm tief in den Boden reichen muß. Die Fundamentoberkante soll 30 cm über der Bodenoberfläche liegen. In Topfpflanzenbetrieben kann das Fundament aber auch bis zur Tischkante hochgezogen sein.

Abb. C 22. Einzelfundament, z. B. bei Blockbauweise oder einfachen Gewächshauskonstruktionen.

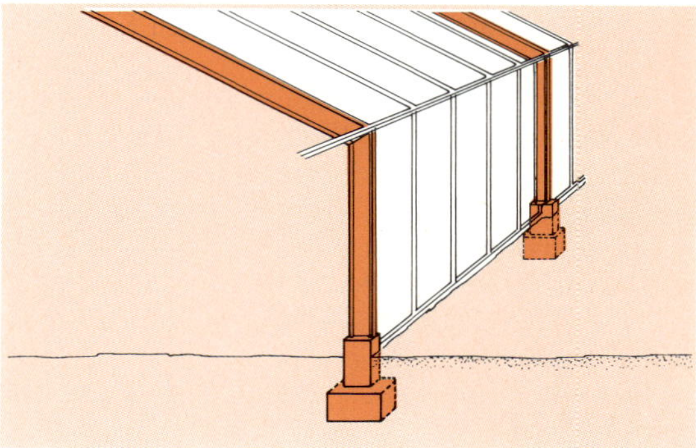

Abb. C 23. Streifenfundament, z. B. unter Stehwänden.

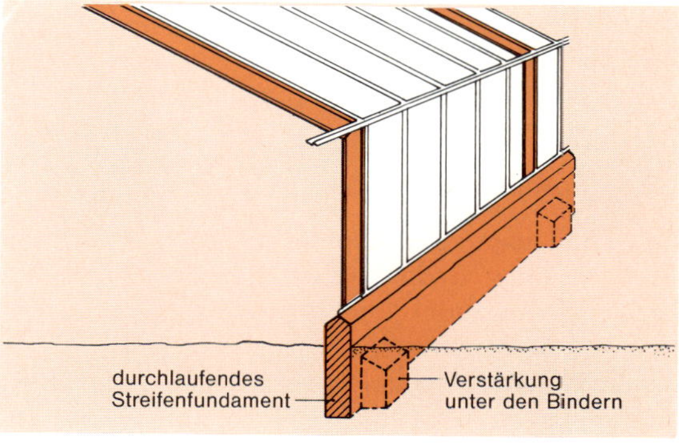

Es werden zwei Arten von Fundamenten unterschieden:

1. Einzelfundamente (Punktfundamente), nur unter Bindern und Stützen (Abb. C22).
2. Streifenfundamente, d. h. durchlaufend (Abb. C23).

Die übliche Fundamentbreite läßt sich vermindern, und Beton läßt sich einsparen, wenn dafür unter den Bindern das Fundament verstärkt wird, um Lasten und Kräfte aufnehmen zu können.

2.2.2 Anforderungen an den Boden

Die verschiedenen Böden können unterschiedliche Gegenkräfte auf das Fundament ausüben, die das Gewächshaus stabil halten. Die Tragfähigkeit des Baugrundes ist also nicht immer gleich. Nach der Tragfähigkeit wird unterschieden:

- Gewachsener Boden
- Fels
- geschütteter Boden

Das Fundament muß immer in einer tragfähigen Bodenschicht gegründet sein, also bei schlechtem Baugrund muß das Fundament unter Umständen tiefer als 80 cm in den Boden reichen, z. B. auf Moorböden, damit es nicht zu ungleichmäßigen Setzungen kommt.

Gewachsener Boden ist eine gute Voraussetzung für ein Fundament. Bei geschüttetem Boden – aufgeschüttet oder aufgespült – muß man davon ausgehen, daß der Untergrund nicht so schnell zur Ruhe kommt und es noch zu Sackungen kommt. Das Fundament muß dann entsprechend tiefer sein. Auch bei Hanglagen ist zu berücksichtigen, daß ein Hang immer arbeitet.

Bei der Errichtung von Gewächshäusern in der Nähe einer Straße sind die durch den Straßenverkehr entstehenden Schwingungen zu berücksichtigen. Wird ein Gewächshaus nicht sicher gegründet, so kann es zu einer Verschiebung des Fundamentes kommen. Die Folge ist Glasbruch, wenn es z. B. zu ungleichmäßigen Setzungen kommt.

2.2.3 Fundamentherstellung

Das Fundament sollte von der Gewächshausfirma oder von einer Baufirma erstellt werden. Dann ist auch eine Gewährleistung nach VOB (Verdingungsordnung für Bauleistungen) gegeben.

Häufig erstellt auch der Bauherr, der Gärtner, selbst das Fundament nach einem Fundamentplan der Gewächshausfirma. Eine Gewährleistung besteht dann für Folgen aus unsachgemäßer Ausführung nicht. Durch ein nicht sachgemäß erstelltes Fundament können Schwierigkeiten bei der Montage entstehen, aber auch später noch können Schäden z. B. durch Setzung an der Gewächshauskonstruktion auftreten.

2.2.4 Betonierung

Beton ist ein künstlich hergestelltes Gestein. Es besteht aus **Zement, Zuschlägen** und **Wasser.**

Zement ist ein Gemisch aus gemahlenem Kalkstein und Ton, das gebrannt und anschließend sehr fein gemahlen wird. Gemischt mit Wasser ist er das Bindemittel im Mörtel und Beton.

Die unterschiedlichen Zementarten werden in Festigkeitsklassen eingeteilt. Entscheidend ist die Mindestdruckfestigkeit in N/mm^2 nach 28 Tagen. Die Zementfestigkeitsklassen sind durch Kennfarben der Säcke und unterschiedliche Aufdruckfarben gekennzeichnet.

Tab. C3. Kennfarben der Festigkeitsklassen

Festigkeits-klasse	Kennfarbe	Farben des Aufdrucks
Z 25	violett	schwarz
Z 35 L	hellbraun	schwarz
Z 35 F		rot
Z 45 L	grün	schwarz
Z 45 F		rot
Z 55	rot	schwarz

L = Langsamere Anfangserhärtung
F = Frühfestigkeit (besonders geeignet zum Betonieren im Winter)

Als Zuschläge finden Sand, Kies, Brechsand, Splitt usw. Verwendung. Die Korngröße des Zuschlages hat Bedeutung für die Druckfestigkeit des Betons.

Wasser und Zement ergeben zusammen den Zementleim. Dieser Zementleim umhüllt nach dem Mischen die Zuschlagstoffe. Durch das Erhärten des Zementleimes entsteht Zementstein, der die Zuschlagstoffe verkittet. Die Festigkeit des Betons hängt neben der Zementfestigkeitsklasse und der Art der Zuschläge auch vom Gewichtsverhältnis zwischen Wasser und Zement ab.

Dieses Verhältnis wird im Wasserzementwert (w) ausgedrückt:

$$\frac{\text{Gewicht des Wassers (kg)}}{\text{Gewicht des Zements (kg)}} = w$$

100 kg Zement benötigen zum Abbinden 40 kg Wasser. Das entspricht einem Wasserzementwert w = 0,4.
Bei höherer Wasserzugabe steigt der Wasserzementwert. Das überschüssige Wasser muß jedoch verdunsten und hinterläßt im abgebundenen Betonstein Kapillaren. Der Beton ist empfindlicher und wasserdurchlässiger, er hat eine geringere Festigkeit. Falls also für eine bessere Verarbeitbarkeit mehr Wasser zugesetzt wird, muß auch im richtigen Verhältnis Zement zugegeben werden.
Frischbeton ist verformbar. In der Fachsprache der Bauwirtschaft spricht man von der Konsistenz. Die Konsistenz wird beeinflußt durch den Wasser- bzw. Zementleimgehalt.

Unter Umständen ist die Betonoberfläche vor direkter Sonnenbestrahlung, Wind und Zugluft zu schützen. Eine schlechte Nachbehandlung kann zu Rißbildung, rauher Oberfläche oder geringerer Festigkeit führen.

2.2.5 Stahlbeton

Beton hat eine große Druckfestigkeit. Seine Zugfestigkeit ist jedoch recht gering. Um die Zugfestigkeit in den zugbeanspruchten Zonen des Fundamentes zu erhöhen, kommen Stahleinlagen in den Beton. Stahl besitzt eine große Zugfestigkeit. Zum Schutz vor Korrosion muß diese Stahlbewehrung vom Beton vollständig überdeckt sein.

2.2.6 Einschalung

Der unterirdische Teil des Fundamentes kann bei ausreichender Bodenfestigkeit direkt in den ausgeschachteten Boden gegossen werden. Für den aus dem Boden herausragenden Betonsockel muß eine **Verschalung** gebaut werden. Sie gibt dem Beton die gewünschte Form.
Benötigt werden gehobelte oder ungehobelte Schalungsbretter sowie Bohlen und Kanthölzer für die Aussteifungskonstruktion, die »Rüstung«. Die Einschalung muß sehr sorgfältig erfolgen. Die Schalungsbretter müssen mit den Bohlen sicher im Boden verankert werden. Sonst besteht die Gefahr, daß die Schalung beim Einfüllen des Betons nicht maßgenau bleibt oder gar auseinanderbricht. Kanthölzer sichern den Abstand zwischen den Schalungsbrettern.
Als nachteilig erweist sich manchmal nach Fertigstellung des Fundamentes, daß Aussparungen für die Türen vergessen wurden. Wichtig ist aber auch, daß Aussparungen für die Binder, die erst nach der

Tab. C 4. Konsistenzbereiche

Kennzeichen	Bereich	Eigenschaft beim Schütten	Verdichtung durch:
K 1	steif	lose	Rütteln oder Stampfen
K 2	plastisch	schollig	Rütteln, Stampfen und Stochern
K 3	weich	fließend	Stochern

Wenn auf der Bauzeichnung einer Gewächshausfirma B 15 steht, so ist damit die Mindest-Druckfestigkeit eines Prüfwürfels in N/mm^2 nach 28 Tagen angegeben.
Ortbeton ist Beton, der auf der Baustelle hergestellt wird. Zur Arbeitserleichterung wird auf Baustellen häufig **Transportbeton** eingesetzt. Das Mischen geschieht dann nicht mehr auf der Baustelle. Im Betonwerk bzw. im Mischfahrzeug selbst wird gemischt. Bei der Bestellung sind Betonfestigkeitsklasse und Konsistenz anzugeben.
Nach dem Mischen oder bei der Anlieferung ist Beton sofort zu verarbeiten. Das Einbringen muß sehr sorgfältig erfolgen, damit es nicht zu einer Entmischung kommt. Er ist in Schichten von 15–30 cm einzubringen und dann jeweils zu verdichten. Bei der Nachbehandlung ist daran zu denken, daß Beton zum Erhärten ausreichend Feuchtigkeit benötigt.

Errichtung der Gewächshauskonstruktion mit Beton eingegossen werden können, sowie für Wasserleitungen und Heizungsleitungen vorgesehen werden. Es muß also auch eine sorgfältige Planung der Einschalung und Beachtung des Fundamentplanes erfolgen.
Aussparungen für die Binder lassen sich z. B. mit Styroporklötzen oder auch aus Schalbrettern herstellen. Für Wasser- und Leitungsrohre können z. B. Dränagerohre eingegossen werden.
Die Ausschalung darf erst nach ausreichender Erhärtung des Frischbetons, also meist erst nach 2–3 Tagen, erfolgen.

Kontrolle und Vertiefung

1. Wie muß ein fachgerechtes Fundament beschaffen sein?
2. Berechnen Sie den Erdaushub und den Betonbedarf für das Fundament eines Gewächshauses.
3. Beobachten Sie anhand eines zum Gewächshaus aufgefalteten Zollstockes Kräfte, die vom Fundament aufgenommen werden müssen.

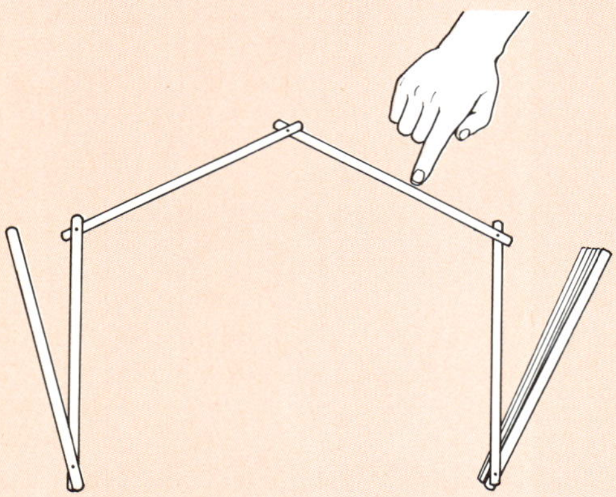

2.3 Bauelemente

2.3.1 Binder

Binder sind ein Teil der Tragkonstruktion des Gewächshauses (s. Abb. C61). Sie übertragen die auf das Gewächshaus einwirkenden Kräfte und Lasten auf das Fundament.

Binder werden in der Regel aus feuerverzinktem Stahl hergestellt. Stahl werden alle Eisensorten genannt, die ohne Nachbehandlung schmiedbar sind und einen Kohlenstoffgehalt (C) unter 1,7 % haben. Der Gehalt an Kohlenstoff bestimmt die Eigenschaften von Stahl.

C-Gehalt beeinflußt bei Stahl

- Festigkeit
- Schmiedbarkeit
- Schweißbarkeit
- Härtbarkeit

Mit steigendem C-Gehalt des Stahls nimmt seine Zugfestigkeit und Härte zu, die Schmiedbarkeit und Schweißbarkeit nimmt ab.
Auf der Bauzeichnung eines Gewächshauses steht zum Beispiel St 37. St 37 hat eine Mindestzugfestigkeit von 370–450 N/mm^2, sein C-Gehalt beträgt 0,17–0,2 %.
Stahl hat den Nachteil, unter Sauerstoffeinfluß zu oxidieren, d. h. zu rosten. Zum Schutz vor dem langsamen Zernagen, der Korrosion, werden Stahlteile **feuerverzinkt.** Zink rostet nicht und verbindet sich gut mit Stahl. Stahl und Zink bilden an der Übergangsstelle eine **Legierung.** Zum Feuerverzinken werden die Stahlteile nach einer Vorbehandlung in ein ca. 450 °C heißes Zinkbad getaucht.
Feuerverzinkte Stahlteile lassen sich je nach Dicke des Zinküberzuges schlechter oder gar nicht mehr schweißen. Die Verzinkung muß an der Schweißstelle entfernt werden und die Schweißstelle muß dann nachträglich korrosionsgeschützt werden.
Im Gartenbau werden zumeist **Vollbinder** verwendet. Die Stärke der Binder hängt von der statischen Berechnung ab. Zur Verminderung des Stahlaufwandes wird häufig in Traufenhöhe ein Zugband eingebaut, das am **Knotenblech** befestigt wird (Abb. C24).
Mit dem Knotenblech wird die Verbindung zwischen dem senkrechten Binder und dem Binder im Dach ausgesteift.
Wenn in Traufenhöhe des Gewächshauses ein Gitterunterzug aus verschiedenen Profilen eingebaut ist, so wird von **Vollbindern mit Gitterunterzug** gesprochen. Sie sind vor allem bei der Venlobauweise zu finden. Bei der Verwendung von Vollbindern mit Gitterunterzug kann auf den Binder im Dach verzichtet werden, wenn der Dachschenkel nur eine Scheibenlänge hat (Abb. C25).

Bei **Gitterbindern** wird statt des Vollbinders eine geschweißte Gitterkonstruktion eingesetzt. Der Stahlverbrauch ist in diesem Fall gering. Gitterbinder werden für sehr breite Gewächshäuser verwendet (Abb. C 26).
Auch eine **Fachwerkkonstruktion** kann als tragendes Element genommen werden. Die Streben für das Fachwerk bestehen aus T-Profilen, Flach- und Rundeisen (Abb. C 27).

2.3.2 Pfetten

Pfetten sind die Längsunterzüge eines Gewächshauses. Sie unterstützen die Sprossen. Zusammen mit den Bindern bilden sie die Tragkonstruktion des Gewächshauses.
Die Pfetten liegen auf den Bindern auf und werden mit ihnen verschraubt. Als Werkstoff werden sowohl Stahl als auch Aluminium verwendet. Gebräuchlich sind Winkel (L-), U- und Z-Profile.
Das Angebot einer Gewächshausfirma könnte z. B. folgende Angabe enthalten:

L 65/45/3

Das bedeutet:
Die längere Seite des Winkels ist 65 mm, die kürzere 45 mm lang. Die Stärke beträgt 3 mm.
Die Pfetten sind aber nicht nur Auflage für die Sprossen. Es gibt First-, Lüftungs- und Traufenpfetten. Dafür werden Spezialprofile verwendet. Bei den Lüftungspfetten muß darauf geachtet werden, daß die Lüftung dicht schließt und auch kein Regenwasser in das Gewächshaus gelangen kann.
Aluminium gewinnt bei den Pfettenprofilen eine immer größere Bedeutung. Aluminium zählt zu den Leichtmetallen. Reinaluminium (99,5 %) hat ein spezifisches Gewicht – eine Dichte – in kg/m^3 von 2700, die Dichte von Baustahl dagegen beträgt etwa 7800. Ein weiterer Vorteil neben der geringen Dichte ist die große Korrosionsbeständigkeit. Aluminium hat allerdings eine geringere Festigkeit und eine stärkere Wärmeausdehnung als Stahl und ist nicht so einfach schweißbar wie Stahl (660 °C).

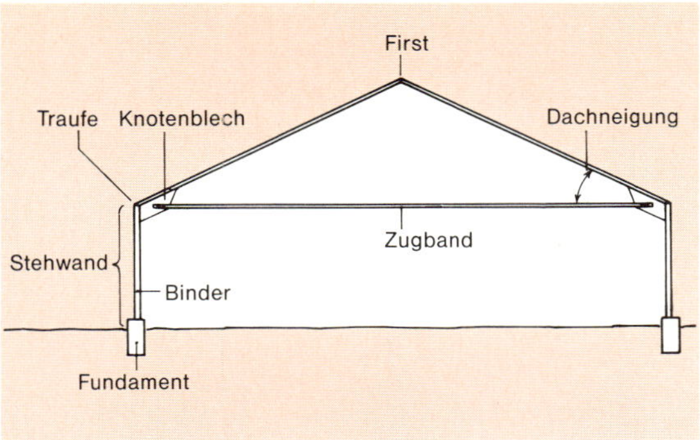

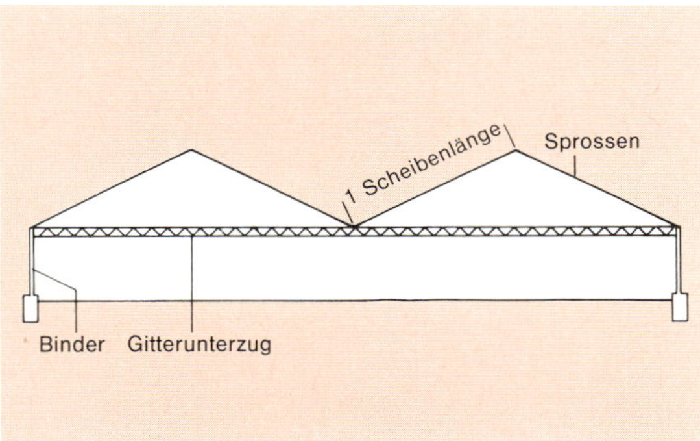

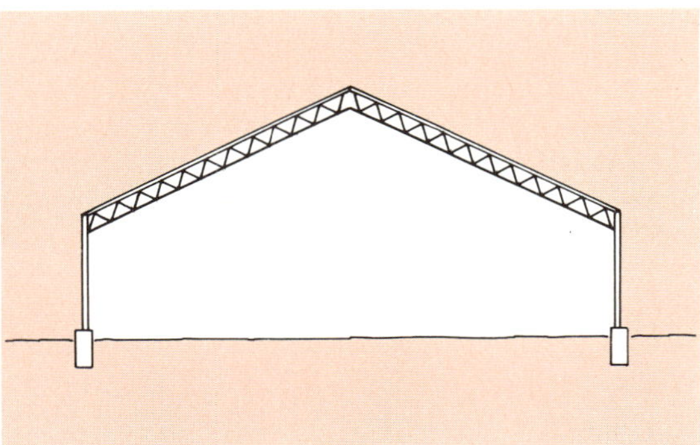

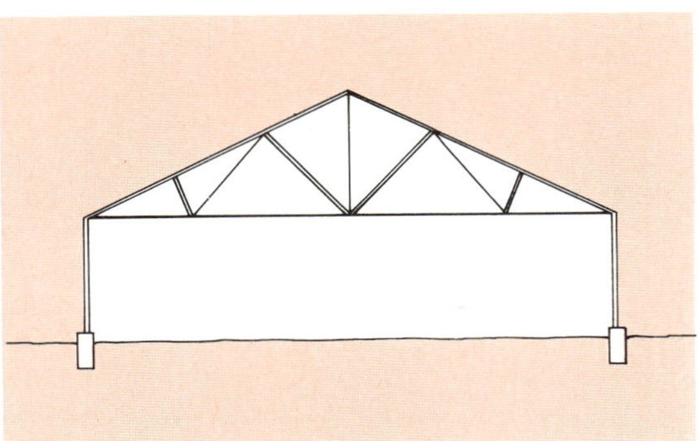

Abb. C 24. Konstruktion mit Vollbindern und Zugband.
Abb. C 25. Konstruktion mit Gitterunterzug ohne Binder im Dach.
Abb. C 26. Konstruktion mit Gitterbindern im Dach.
Abb. C 27. Fachwerkkonstruktion im Dach.

Aluminium wird aus Bauxit gewonnen, einem wasserhaltigen Aluminiumoxid. In einem energieaufwendigen Verfahren wird daraus über Zwischenprodukte und durch Schmelzelektrolyse Reinaluminium hergestellt.
Die Herstellung der Pfetten und Sprossen erfolgt im Stangenpreßverfahren. Das ermöglicht eine Vielzahl auch kompliziert aufgebauter Profile für den Gewächshausbau, die das Walzverfahren, in dem Stahlprofile hergestellt werden, nicht möglich macht.

Die T-Profile (z. B. Stahlsprosse T 30 oder T 35) sind üblich bei Einfachverglasung mit Kitt. Für Doppelverglasungen werden vorwiegend Aluminiumsprossen verwendet. Auf Aluminiumprofilen sollte nur kittlos verglast werden.

2.3.4 Glas

Glas ist die erstarrte Schmelze aus Quarzsand, Kalkstein und Soda. Diese Stoffe werden bei ca. 1500 °C zusammengeschmolzen. Im Gartenbau wird aus Kostengründen Glas minderer Qualität, das Gartenglas, verwendet. Bedeutung haben die Glassorten **Gartenblankglas** (Fensterglas) und **Gartenklarglas**.
Gartenblankglas ist durchsichtig, eben und gleichmäßig dick. Fensterglas wird nach folgenden Dicken unterschieden:

Tab. C 5. Profile

Bezeichnung des Profils	Maße in mm	Verwendung	Aufgabe
Doppel-T Abb. C28a	120 Normalprofil	Binder	Querunterzug
U-Profil Abb. C28b	60/40/3 3 = Stärke	Pfette	Längsunterzug
T-Profil Abb. C28c	30	Sprosse	Glasauflage

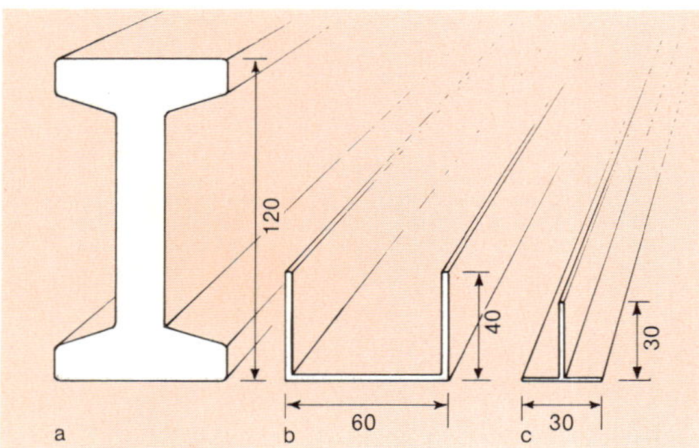

Abb. C 28. Profile.
a = Doppel-T-Profil, b = U-Profil, c = T-Profil.

Tab. C 6. Einteilung Fensterglas

Bezeichnung	Dicken/mm
Dünnglas	0,7–1,9
Mittlere Dicke MD	2,8
Doppelte Dicke DD	3,8
Dickglas	4,5–21

Für die Gewächshausverglasung finden hauptsächlich MD und DD Verwendung.
Gartenklarglas ist durchscheinend, nicht durchsichtig. Eine Seite ist glatt, die andere Seite genörpelt. Die Scheiben werden mit der genörpelten Seite nach innen verlegt, um die Schmutzhaftung nicht zu fördern. Im Gartenbau werden die Glasstärken 3,0, 3,8 und 5,0 mm verwendet. Durch die Nörpelung wird das Licht etwas gestreut.

2.3.3 Sprossen

Sprossen sind die Auflageprofile für Glasscheiben oder Lichtplatten. Die beiden gebräuchlichsten Werkstoffe für Sprossen sind feuerverzinkter Stahl und Aluminium. Bei älteren Gewächshäusern lassen sich auch noch Holzsprossen finden.
Es gibt Sprossenprofile für
- Einfachverglasung und Doppelverglasung
- Kittverglasung und kittlose Verglasung

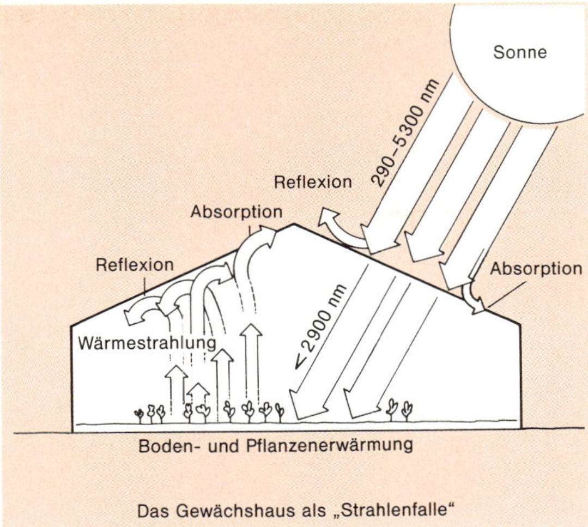

Abb. C29. Der Gewächshauseffekt.

Abb. C30. Befestigungselemente.
a = Sturmklammer, auf die Sprosse aufgeklemmt. Es gibt auch spezielle Sturmklammern für die Scheibenüberlappung, um das Abrutschen der Scheibe zu verhindern.
b = Haltestifte werden über dem Glas durch das Sprossenprofil geschoben.
c = S-Haken für die Scheibenüberlappung.
d = Verglasungswinkel oder Glashaltewinkel.
e = Kunststoffblock, der an der Scheibenüberlappung auf eine Sturmklammer aufgeschoben ist, um das Abrutschen zu verhindern.

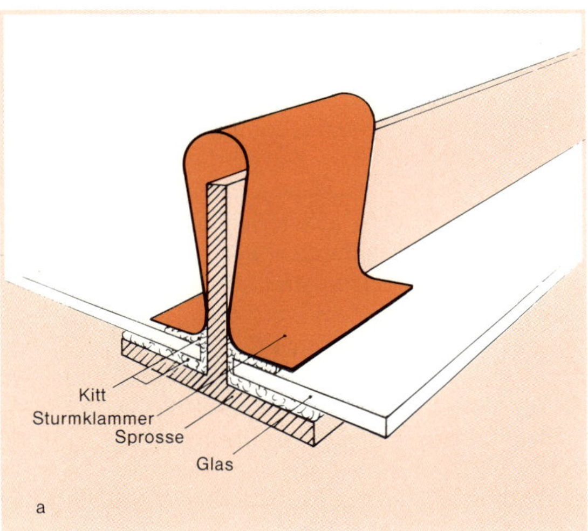

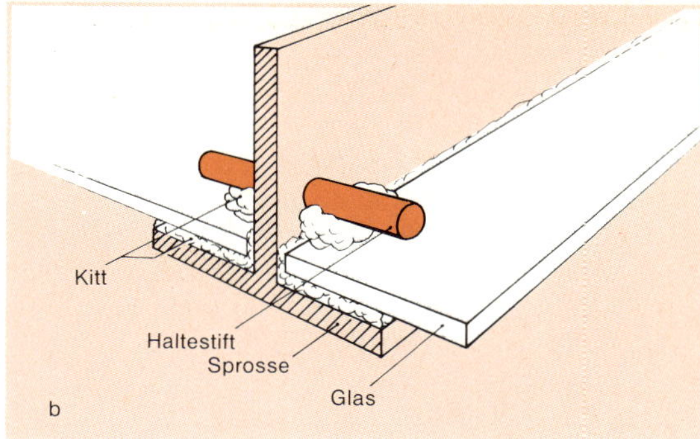

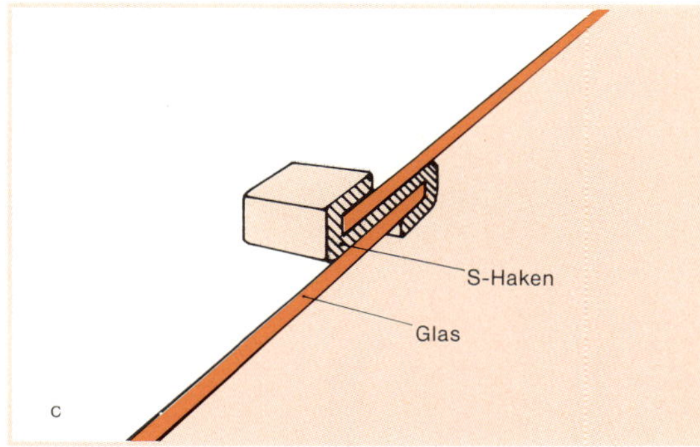

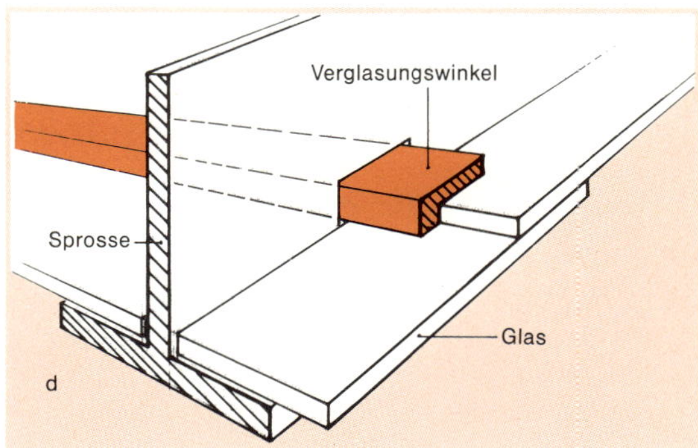

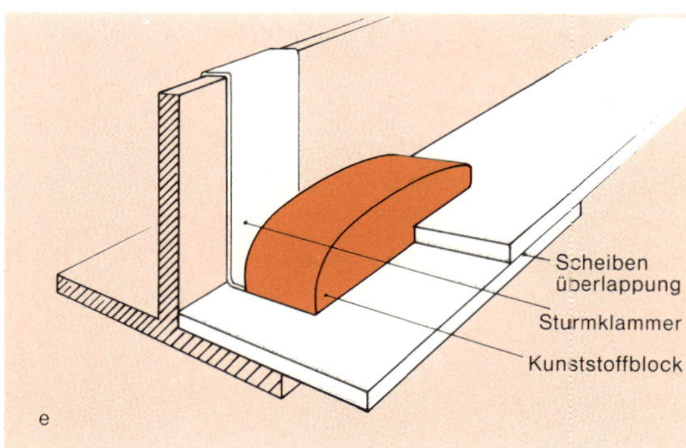

Die Lichtdurchlässigkeit ist bei beiden Glassorten gleich! Sie beträgt 90–92 %.
Aus der Strahlung der Sonne erreichen uns elektromagnetische Wellen im Bereich von 290 nm bis etwa 5300 nm. Längere Wellen werden vom Wasser- und CO_2-Gehalt der Atmosphäre absorbiert.
Von der Strahlung nehmen wir den Bereich zwischen 380 nm (violett) und 780 nm (rot) als Licht wahr. Strahlen mit einer Wellenlänge <400 nm werden als ultraviolett (UV) bezeichnet, über 780 nm als infrarot (IR).
Glas läßt nur eine Strahlung zwischen 320 und 2900 nm hindurch. Die restliche Strahlung, also die Wärmestrahlung, wird zum größten Teil absorbiert.
Diese Tatsache und die physikalische Gegebenheit, daß Boden und Pflanzen absorbierte Strahlung als langwellige Strahlung, IR-Strahlung, wieder ausstrahlen, erklärt die starke Erwärmung im Gewächshaus bei Sonneneinstrahlung, den sogenannten **Gewächshauseffekt** (Abb. C 29).
Nicht nur die Konstruktionsteile des Gewächshauses wie z. B. Binder, Pfetten, Sprossen und manche Inneneinrichtungen wie z. B. hohe Rohrheizung, Schattier- und Verdunklungsanlagen vermindern den Lichteinfall auf die Kulturen im Gewächshaus. Auch das Glas selbst verursacht Lichtminderung.

Ursachen sind:
- Reflexion, je flacher der Einfallswinkel, desto stärker.
- Absorption, je stärker das Glas, desto mehr Absorption.
- Verschmutzung, besonders in Gegenden mit starker Luftverschmutzung.

Insgesamt können die Lichtverluste gegenüber der Außenstrahlung bis zu 50 % betragen. Eine regelmäßige Reinigung der Glasflächen, besonders vor der lichtarmen Jahreszeit, ist daher unumgänglich.
Scheiben müssen **regendicht, sturmfest** und **rutschfest** verlegt sein. Glas und Stahl, besonders aber Aluminium, dehnen sich bei Erwärmung aus. Deshalb ist beim Verlegen der Scheiben auf genügend Spiel (mind. 3 mm) für die Wärmeausdehnung zu achten. Außerdem muß zur Vermeidung von Glasbruch darauf geachtet werden, daß Glas nicht direkt auf Stahl liegt.
Bei der **Kittverglasung** werden heute nur noch Spritzkitte auf Bitumenbasis verwendet. Verkittet wird mit der Kittspritze oder mit der Spritzpistole. Neben der Verkittung werden die Scheiben durch Sturmklammern, Haltestifte, S-Haken, Verglasungswinkeln, Kunststoffblöcken usw. befestigt, um das Glas gegen Windkräfte zu schützen und an den Überlappungsstellen über den Pfetten gegen Verrutschen zu sichern (Abb. C 30).

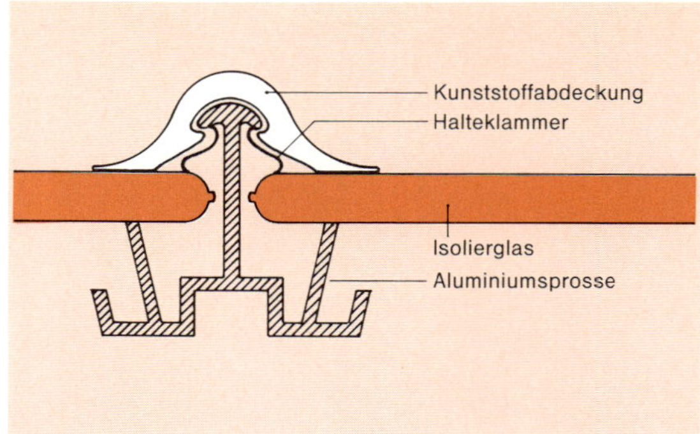

Abb. C 31. Kittlose Verglasung auf Aluminiumsprossen.

Besonders bei Aluminiumsprossen wird die **kittlose Verglasung** angewendet. Zur Abdichtung und Befestigung werden wieder lösbare Kunststoffbänder aufgeklemmt. Reparaturen lassen sich somit leichter ausführen (Abb. C 31).
Die **Doppelbedachung** hat angesichts der hohen Energiekosten stark an Bedeutung gewonnen. Dadurch aber entstehen höhere Investitionskosten einerseits durch die teurere Verglasung, andererseits auch dadurch, daß eine stärkere Konstruktion notwendig ist als bei Einfachverglasung. Zusätzlich vermindert beides den Lichteinfall in das Gewächshaus. Doppelbedachung hat nur eine Lichtdurchlässigkeit von etwa 85 %, Einfachglas bis 92 %.
Bei der Kulturführung ist zu berücksichtigen, daß isolierverglaste Gewächshäuser dichter sind, um auch die Luftwechselzahl (s. Seite 375) zu vermindern. Allerdings führt dies auch zu CO_2-Mangel und höherer Luftfeuchtigkeit.
Als vorteilhaft hat sich herausgestellt, daß manche Pflanzenarten trotz geringerem Lichteinfall schneller verkaufsfertig sind. Durch die doppelte Glasschicht werden die Wärmeverluste der Pflanze durch Abstrahlung an das Dach vermindert und die Pflanzentemperatur ist dadurch höher.
Ganzglasisolierscheiben sind am Rand verschweißt (Abb. C 32a). In dem vollständig abgedichteten Zwischenraum befindet sich Kohlendioxid. CO_2 hat eine noch geringere Wärmeleitfähigkeit als Luft. In dem Zwischenraum kann sich weder Kondenswasser sammeln noch eine Schmutzschicht bilden.
Verklebte Isoliergläser sind am Rand durch Dicht- und Klebstoffe miteinander verbunden. Der Zwischenraum ist dicht abgeschlossen, solange sich der

Doppelbedachungen mit Glas

- Ganzglas-isolier-scheiben
- verklebte Isolier-gläser
- gelötete Isolier-gläser
- eingeschobene Isoliergläser
- zwei Einzelscheiben (»Doppelverglasung«)

Klebstoff nicht durch Witterungseinflüsse verändert. Die Scheiben sind entweder parallel zueinander verklebt, z. B. mit 9 mm Abstand beim Tescotherm-Isolierglas, oder aber keilförmig aufgebaut (Abb. C32b).
Durch die Keilform kann die Scheibe in ihrer ganzen Länge auf der Sprosse aufliegen. Die verlängerte obere Scheibe bei einigen verklebten Isoliergläsern ermöglicht eine dachziegelartige Überlappung der Scheibe am Dach.
Um die Wärmeverluste des Gewächshauses zu vermindern, lassen sich auch zwei Einzelscheiben auf T-Sprossen verkitten. Außerdem werden Zusatzprofile für die Umrüstung auf Zwei-Scheiben-Verglasung angeboten, die auf T-Sprossen aufgeklemmt werden können. Auch in einigen Aluminiumsprossen lassen sich zwei Einzelscheiben kittlos verlegen. Bei dieser Art der Doppelverglasung zeigt sich jedoch der Nachteil, daß der Raum zwischen den Scheiben nicht völlig abgedichtet ist. Kondenswasser, Algenbildung und Schmutzansammlung sind nach einiger Zeit die Folge.
Von besonderer Bedeutung ist die Isolierverglasung für Kulturen mit relativ hohen Temperaturansprüchen wie z. B. Vermehrungen, Anthurien, Gesneriengewächsen, Farnen, tropischen Orchideen usw.

Abb. C 32. a = Sedo-Isolierglas, b = Gerrix-Toptherm.

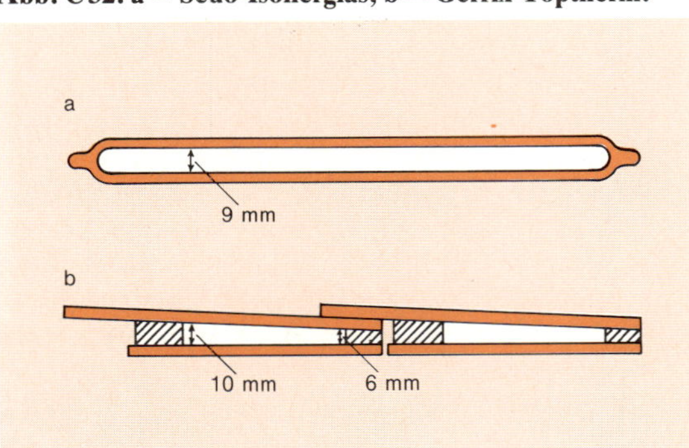

Kontrolle und Vertiefung

1. Nennen Sie die Aufgaben von Bindern, Pfetten und Sprossen.
2. Warum verwendet man verschiedene Sprossentypen?
3. Welche Möglichkeiten gibt es, den Lichteinfall in die Kulturen zu erhöhen?
4. Ermitteln Sie Kosten für Einfachverglasung und Doppelbedachung. Stellen Sie die Preisunterschiede in Prozent heraus.

2.4 Lüftung

2.4.1 Aufgaben der Lüftung

Gewächshäuser müssen gelüftet werden können. Ziel des Lüftens ist der Austausch der Luft im Inneren des Gewächshauses mit Luft aus der Umgebung, um den **Austausch von O_2 und CO_2** zu erreichen, zur **Temperatursenkung** bei zu starker Sonneneinstrahlung und um die **Luftfeuchtigkeit zu regulieren.** Um diese Aufgaben erfüllen zu können, werden eine Reihe von Forderungen an die Lüftungen gestellt.
Die Lüftung muß weit genug zu öffnen sein, damit der Lüftungseffekt gut ist. Die Lüftung muß sturmsicher sein. Bei Sturm, Regen oder Gewitter muß die Lüftung schnell abzulüften sein. Sie muß dicht schließen, um Energieverluste zu vermindern.

2.4.2 Wirkungsweisen

Lüftungen können nach der Art, der Konstruktion und nach dem Antrieb unterschieden werden. Zwei Kennzahlen sind für die Lüftung bedeutsam:
1. Luftwechselzahl
2. Luftaustauschzahl

Die **Luftwechselzahl** gibt das pro Stunde ausgetauschte Luftvolumen als Vielfaches des Gewächshaus**volumens** an.

Tab. C 7. Luftwechselzahlen

Lüftung	Wert
geschlossen	0,6– 2
schlecht	20–40
normal	40–50
gut	über 50

Die **Luftaustauschzahl** bezieht sich auf das pro Stunde ausgetauschte Luftvolumen in m^3, auf die Gewächshaus**grundfläche** bezogen.
Es werden zwei Wirkungsweisen von Lüftungen unterschieden:

1. die freie Lüftung
2. die Zwangslüftung

Die Undichtigkeiten des Gewächshauses bewirken zwar schon eine gewisse Lüftung, unter **freier Lüftung** wird aber der »freiwillige« Luftaustausch durch die Lüftungsklappen verstanden. Diese Lüftung wird durch Temperatur- und Feuchtigkeitsunterschiede der Luft sowie durch die Windgeschwindigkeit beeinflußt.
Für die **Zwangslüftung** werden große Ventilatoren in eine Giebel- oder Stehwand des Gewächshauses eingebaut. Mit diesen Ventilatoren wird die Außenluft durch Klappen oder Matten an der gegenüberliegenden Seite in das Gewächshaus gesaugt. Bei der Verwendung von Kühlmatten, in denen der Gärtner Wasser herunterrieseln läßt, kann im Hochsommer oder in den Tropen die Kühlwirkung der Lüftung durch Verdunstungskälte (s. Seite 363) verstärkt werden.

2.4.3 Lüftungsarten

Die Lüftung kann als **Einzelklappenlüftung** oder als **durchgehende Lüftung** konstruiert sein. Es sind im wesentlichen drei Lüftungsarten zu unterscheiden:

Lüftungsarten

Stehwandlüftung | Firstlüftung | Giebellüftung

Stehwandlüftungen
Die Lüftungsklappen dieser Stehwandlüftungsbauweise sollen weit zu öffnen sein. Sie ermöglichen so eine gute Strömung der Luft und dadurch einen guten Lüftungseffekt. Bis auf das Fundament reichende Klappflügellüftungen haben eine wesentlich schlechtere Lüftungswirkung (Abb. C 33).

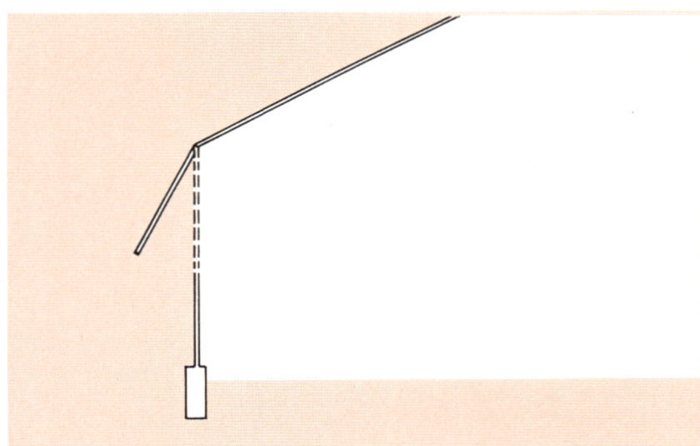

Abb. C 33. Klappflügellüftung.

Forderung an Ventilatoren bei der Zwangslüftung

Betriebssicherheit | geringe Wartung | hohe Lebensdauer | wenig Geräusche | geringe Kosten

Nachteilig ist der Kostenaufwand für die Ventilatoren und der Energieverbrauch. Allerdings ist der konstruktive Aufwand geringer. Die Geräuschbildung kann störend sein, deshalb sollten die Ventilatoren möglichst langsam laufen. Heute werden Zwangslüftungen vorwiegend in Foliengewächshäusern verwendet.

Die Wendeklappenlüftung – auch Schwingflügellüftung genannt – hat einen sehr guten Lüftungseffekt und ist konstruktiv einfach (Abb. C 34). Die Auflagefläche ist groß. Daher kann es Abdichtungsprobleme geben.
Schiebeflügellüftungen haben, da sie den gesamten Lüftungsquerschnitt freigeben, einen guten Lüf-

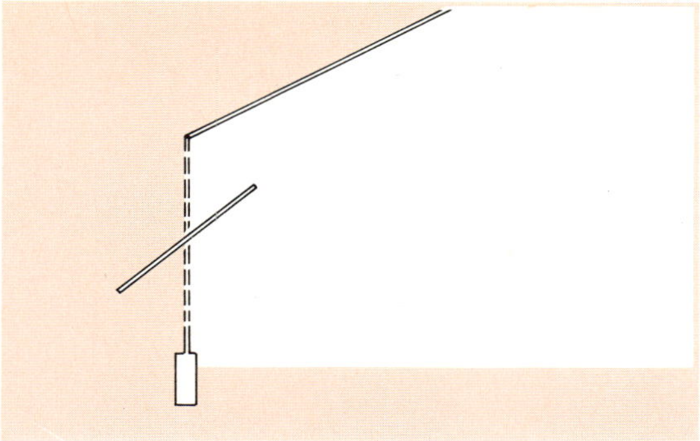

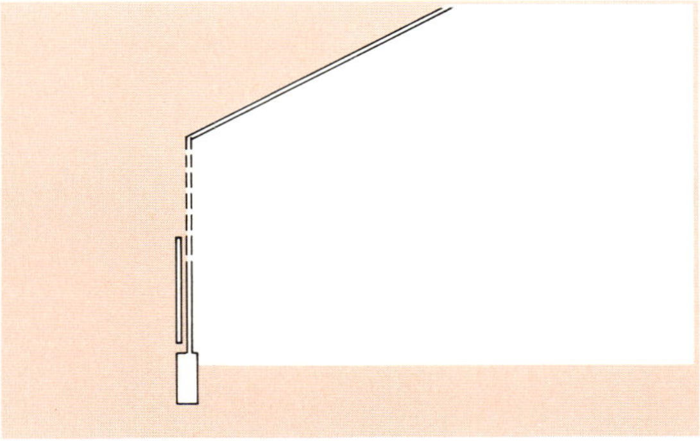

Abb. C 34. Wendeklappenlüftung (Schwingflügellüftung).
Abb. C 35. Schiebeflügellüftung.

tungseffekt. Sie sind raumsparend und vermindern die Unfallgefahr auf Wegen direkt an Stehwänden (Abb. C 35).

Firstlüftung

Fast alle Gewächshäuser haben eine Firstlüftung. Wärme steigt aufgrund der physikalischen Gesetzmäßigkeit nach oben. Die Wärme wird durch die Firstlüftung direkt nach außen abgeführt. Die First-

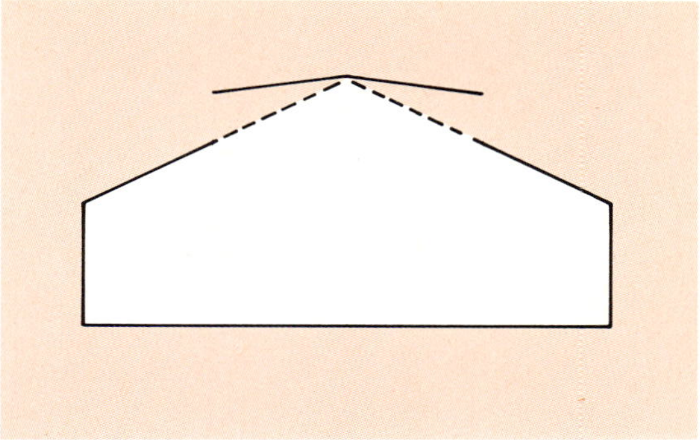

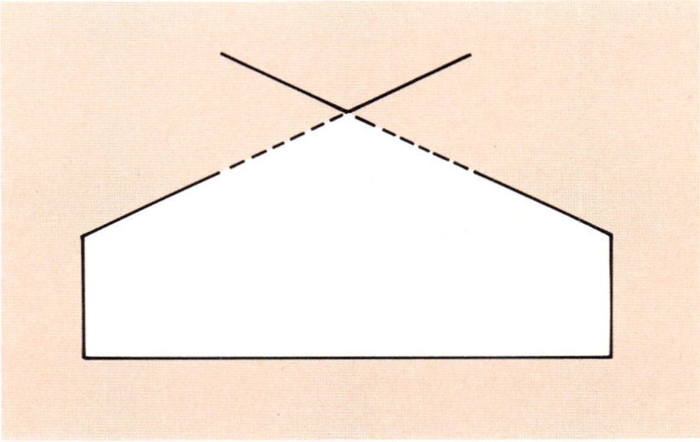

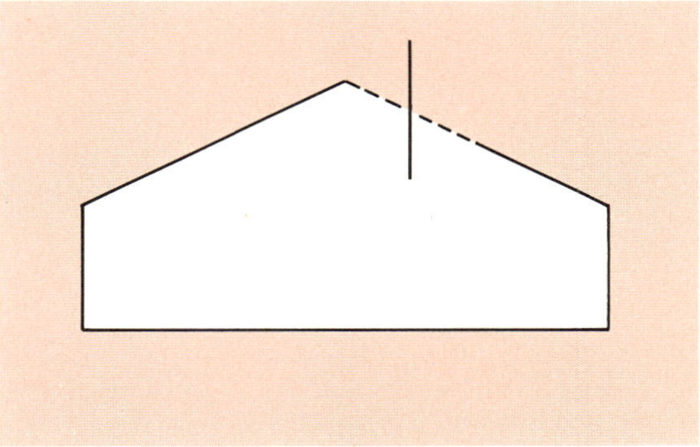

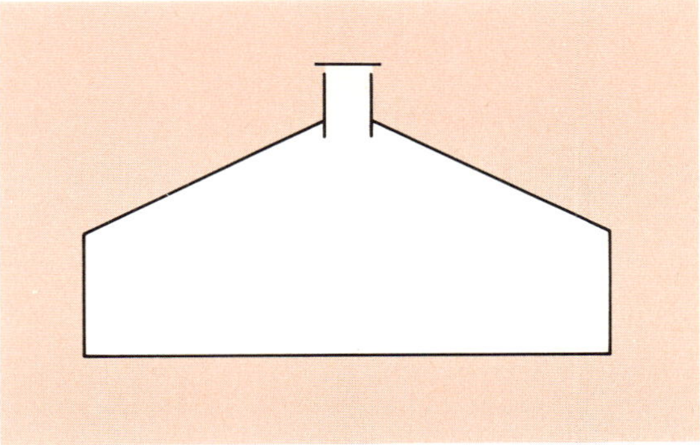

Abb. C 36. Firstlüftung mit kleinem Öffnungswinkel. Beidseitig durchgehende Firstlüftung, die nicht über die Waagerechte geöffnet werden kann. Geringer Lüftungseffekt, weil die Luftströmung stark behindert wird.
Abb. C 37. Firstlüftung mit weiter Öffnung. Beidseitig durchgehende Firstlüftung, die weit über die Waagerechte geöffnet werden kann. Dadurch ermöglicht sie einen ausgezeichneten Lüftungseffekt.
Abb. C 38. Wendeklappen- oder Schwingflügellüftung mit sehr gutem Lüftungseffekt. Die große Auflagefläche kann Probleme bei der Abdichtung bringen.
Abb. C 39. Schornsteinlüftung.

lüftung sollte mindestens 15° über die Horizontale zu öffnen sein, damit sie einen hohen Luftwechsel ermöglicht (s. Normgewächshaus).
Die Kamin- oder Schornsteinlüftung hat sich für den Erwerbsgartenbau nicht durchgesetzt. Hier wird eine Verbesserung des Luftaustausches durch zusätzliche Ventilatoren vorgenommen. Eine Bedeutung hat sie nur in Saatzuchtbetrieben und Forschungsanstalten.
Ist die Lüftung nicht unterhalb des Firstes, sondern in einem tieferen Teil des Daches angebracht, so wird von einer **Dachlüftung** gesprochen.

Giebellüftungen

Giebellüftungen ermöglichen einen ausreichenden Lüftungseffekt nur in Gewächshäusern bis 30 m Länge. Das gilt besonders in windarmen Gebieten.
Von Bedeutung sind Giebellüftungen vorwiegend bei Gewächshäusern in Leichtbauweise mit Kunststoffbedachungen (Abb. C40 und C41).

Abb. C40. Der obere Teil des Giebels ist zu öffnen (z. B. als Wendeklappenlüftung).

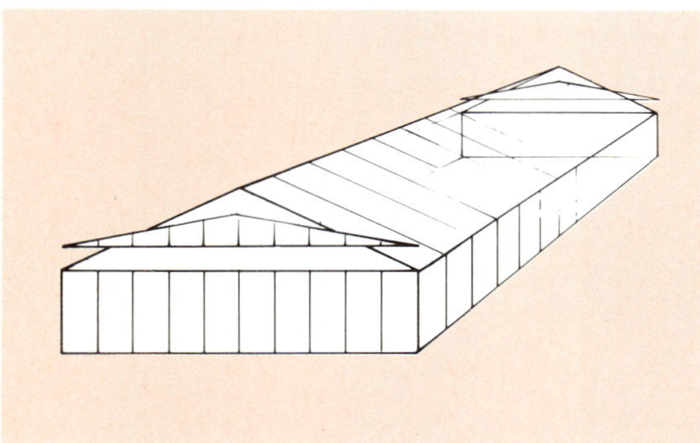

Abb. C41. Der untere Teil des Giebels ist zu öffnen (z. B. als Klappflügellüftung).

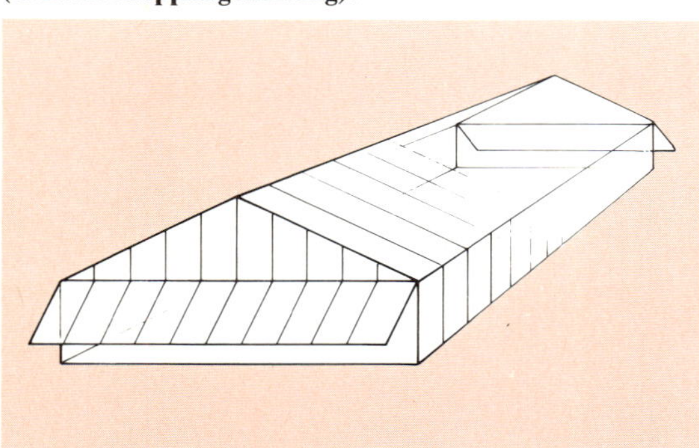

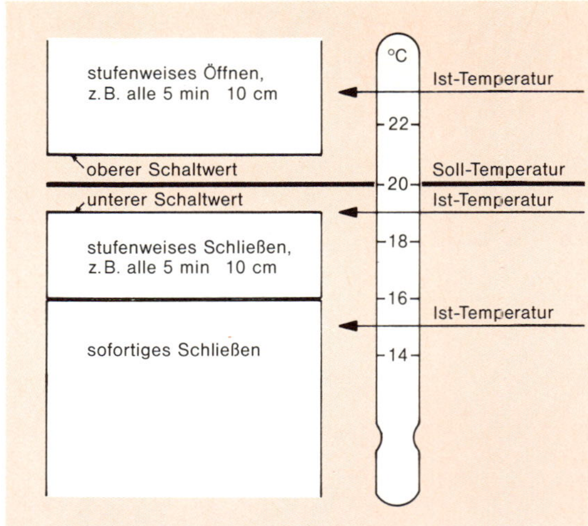

Abb. C42. Lüftungsregelung.

2.4.4 Antrieb der Lüftung

Bei den ersten Gewächshäusern, die im Gartenbau errichtet wurden, gab es nur von Hand zu bedienende Lüftungsmöglichkeiten. Heute haben Handwinden nur noch für kleinere Gewächshäuser Bedeutung.
Die nächste Entwicklungsstufe waren Lüftungen, deren Winden oder Wellen von Elektromotoren angetrieben und je nach Wetterbeobachtung »von Hand« ein- und ausgeschaltet wurden. Dies wird als halbautomatische Lüftung bezeichnet.
Heute arbeiten Lüftungen in modernen Gewächshäusern weitgehend automatisch (»vollautomatisch«). Ein Fühler stellt die Temperatur im Gewächshaus fest und gibt diesen sogenannten Ist-Wert weiter. Der Ist-Wert wird im Regelgerät mit dem Soll-Wert, das ist der gewünschte, angestrebte Wert, verglichen (Abb. C42). Das Stellglied, der Motor oder Hubzylinder, bekommt den Befehl, zu öffnen oder zu schließen.
Automatische Lüftungen sollen stufenweise und bei Wind auch nur auf der windabgewandten Seite (Lee-Seite) öffnen. Bei Sturm und Regen muß automatisch abgelüftet werden. Dafür werden Windrichtungsmesser, Windgeschwindigkeitsmesser und Regenfühler eingesetzt (Abb. C43). Der Arbeits- und Pausentakt für das stufenweise Öffnen muß einstellbar sein.
Meistens wird die Lüftung durch Zahnstangenantrieb betätigt. Er erfüllt weitgehend die zu stellenden Bedingungen wie:

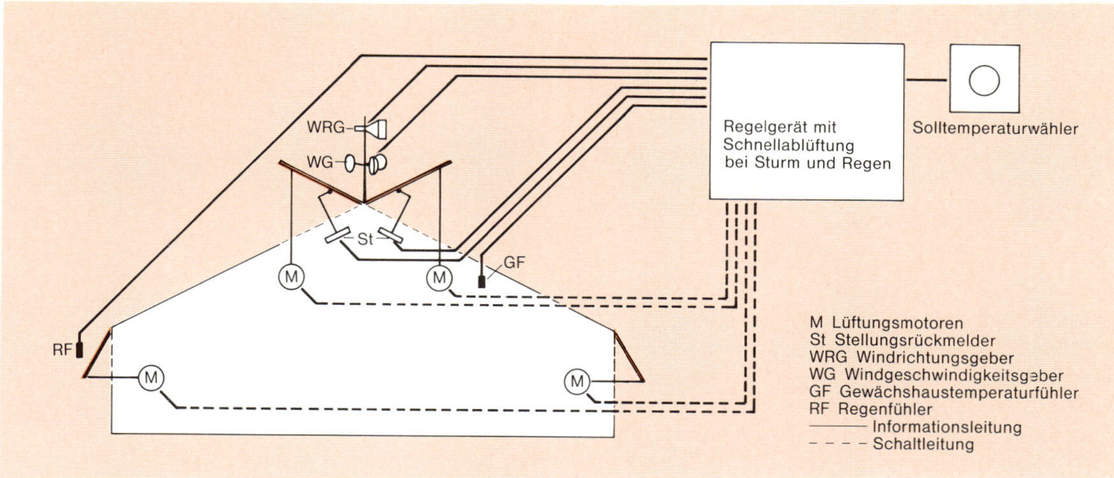

Abb. C 43. Meß- und Regelgeräte einer vollautomatischen Lüftung.

- Betriebssicherheit
- Dauerhaftigkeit
- dichtes Schließen
- Sturmsicherheit

Lüftungen werden auch durch Hebelmechanismen oder Seilzüge bewegt, die aber diese Bedingungen oft nicht vollständig erfüllen.
Für einen pneumatischen Lüftungsantrieb wird ein Kompressor mit Elektromotor benötigt. Die Druckluft wird durch Kunststoffschläuche zu den Hubzylindern in den einzelnen Gewächshäusern geleitet. Bei diesem Lüftungsantrieb lassen sich viele Elektromotoren einsparen.

Kontrolle und Vertiefung
1. Stellen Sie Lüftungsarten aus Ihrem Betrieb zeichnerisch dar.
2. Berechnen Sie die Lüftungsfläche eines Gewächshauses Ihres Betriebes.
3. Zeichnen Sie Antriebselemente von Lüftungen aus den Gewächshäusern Ihres Betriebes und erläutern Sie die Funktionsweise.

2.5 Schattierung

2.5.1 Aufgaben der Schattierung

Die von uns in den Gewächshäusern kultivierten Pflanzenarten haben recht unterschiedliche Lichtansprüche. Für Pflanzen, die nur geringe Strahlungsintensitäten vertragen (z. B. *Saintpaulia ionántha),* muß durch Schattierung die **Stärke der Einstrahlung gemindert** werden. Außerdem wird durch die Verringerung der Einstrahlung auch die **Blattemperatur vermindert,** die bei starker Sonneneinstrahlung bis 10 °C über der Lufttemperatur liegen kann. Eine weitere Aufgabe der Schattierung besteht in der **Temperaturabsenkung im Gewächshaus.**
Zu den Kulturpflanzen, die bei intensiver Sonneneinstrahlung (~ 30000 Lux) schattiert werden müssen, gehören die Arten aus der Familie der *Gesneriáceae* wie *Saintpaulia, Streptocárpus, Sinníngia* usw., *Cýclamen, Begónia,* das Farnsortiment, einige Grünpflanzen wie *Philodéndron, Fícus, Dieffenbá-*

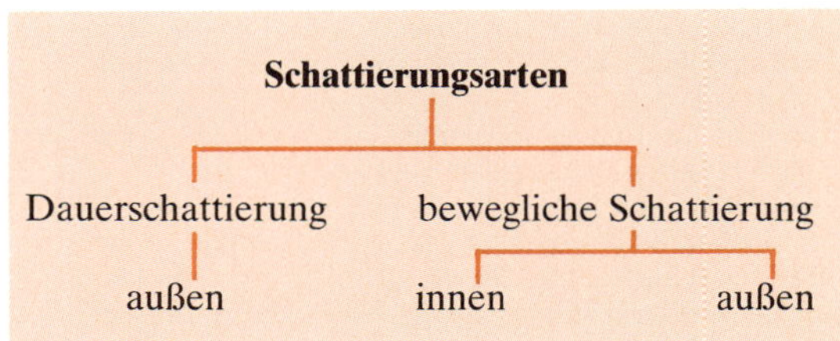

chia usw. und natürlich Stecklings- und Jungpflanzenbestände, soweit sie nicht unter Sprühnebel stehen.
Je nach Art und Einbau einer beweglichen Innenschattierung kann sie auch zur **Verminderung des Energieverbrauches in den Nachtstunden** beitragen.

2.5.2 Dauerschattierung

Die einfachste Art Dauerschatten zu erzielen, ist das Aufspritzen von Schattierfarbe auf die Gewächshausdächer. Der Schattierungsgrad ist abhängig von der Aufbringungsmenge. Trocken ist die Schattierwirkung höher als durch Regen befeuchtet. Eine Dauerschattierung mit Farbe ist preisgünstig. Die Farbe muß gut haften. Sie soll eine gewisse Regenbeständigkeit haben. Im Herbst aber muß die Farbe leicht abzuwaschen sein. Der Nachteil der Dauerschattierung liegt darin, daß keine Anpassung an die Einstrahlung möglich ist. In einem regenreichen Sommer mit viel Bewölkung wirkt sich die Dauerschattierung negativ auf das Pflanzenwachstum aus.

2.5.3 Bewegliche Schattierung

Bewegliche Schattierungen sollen bei zu hoher Sonneneinstrahlung die Beleuchtungsstärke den Pflanzenbedürfnissen anpassen. Sie sollen die Lufttemperatur verringern und verhindern, daß die optimale Pflanzentemperatur zu sehr überschritten wird oder gar die Schädigungsgrenze erreicht wird. Die Lüftung darf deshalb durch die Schattierung so wenig wie möglich behindert werden. Außerdem sollte die Schattieranlage in der Regel zur Wärmeisolierung in der Nacht geeignet sein.
Die bewegliche **Innenschattierung** hat im Erwerbsgartenbau die weitaus größere Bedeutung. Sie ist nicht der Witterung ausgesetzt und ist somit vor Schäden durch Regen, Schnee, Wind und Frost ge-

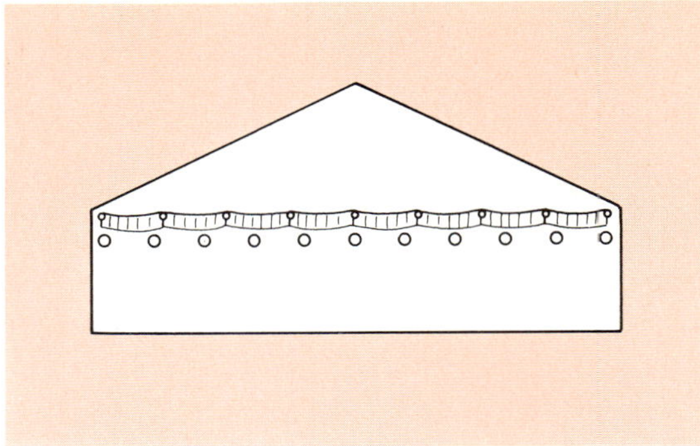

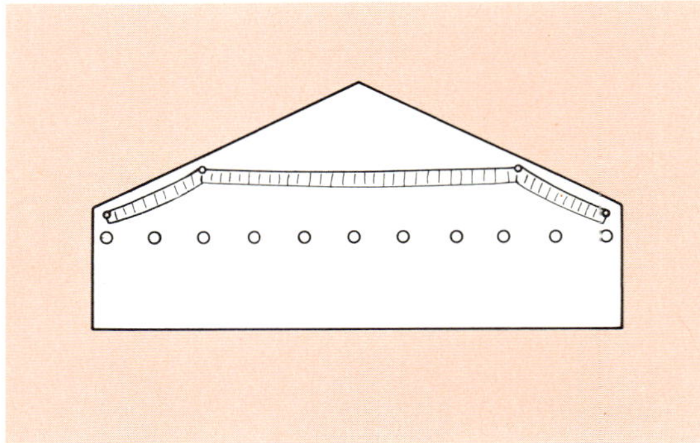

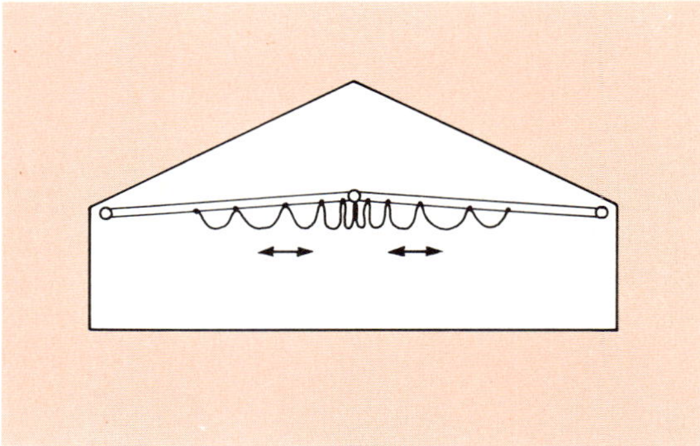

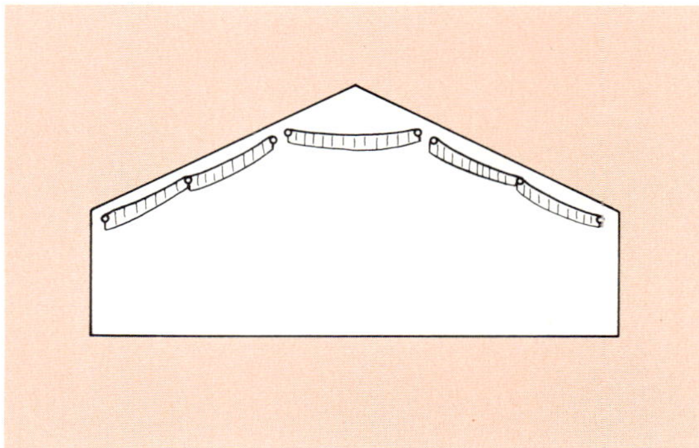

Abb. C 44 und Abb. C 45. In Traufhöhe installierte Schattierung. Die Gewebebahnen werden in Längsrichtung bewegt. Gute Wärmedämmung, wenn sie oberhalb der Heizungsrohre angebracht ist. Die Lüftung wird relativ stark beeinträchtigt.
Abb. C 46. In Traufhöhe installiert, aber quer zur Längsachse des Gewächshauses bewegt.
Abb. C 47. Schattierung parallel zum Dach. Gewebebahnen werden in Längsrichtung bewegt. Großer Luftraum unter der Schattierung, für die Klimatisierung günstig, geringe Beeinträchtigung der Lüftung, aber geringe Wärmedämmung.

schützt. Sie läßt sich im Gegensatz zur Außenschattierung erheblich wirksamer zur Energieeinsparung einsetzen. Eine geeignete Innenschattierung kann in geschlossenem Zustand eine Energieeinsparung von 10–15% bringen.

Zur Innenschattierung verwendet man gewirkte oder geknüpfte Gewebe aus Acryl, Polyester, Polyäthylen (PE) oder Polyvinylchlorid (PVC). Bei der Auswahl ist auf den Schattierungswert, die mechanische Belastbarkeit und UV-Stabilität zu achten.

Die Schattiergewebe werden durch Zugseile z. T. auch auf Tragseilen je nach Sonneneinstrahlung hin- und herbewegt. Es finden in der Regel Drahtseile Verwendung, als Tragseile aber auch solche aus Nylon.

In geöffnetem Zustand sollten Schattiergewebe sehr dicht zu raffen sein, um einen weitgehend ungehinderten Lichteinfall zu ermöglichen.

Bewegliche Außenschattierungen haben für den Produktionsgartenbau wegen ihres verhältnismäßig hohen Preises kaum Bedeutung. Von der Wärmetechnik her gesehen ist diese Schattierung jedoch sehr vorteilhaft, da die Sonnenstrahlung und damit die Wärme gar nicht erst in das Gewächshaus hineinkommt.

Die Strahlung wird außerhalb des Gewächshauses absorbiert bzw. sie wird reflektiert. Die Schattierung ist aber Wind, Regen und Schnee ausgesetzt. Sie hat kaum wärmedämmende Wirkung.

Bewegliche Schattieranlagen sollten in jedem Fall vollautomatisch sein. Dazu ist eine Fotozelle nötig, die einen Impuls an das Regelgerät gibt, wenn ein eingestellter Wert über- bzw. wieder unterschritten wird. Zusätzlich soll eine Verzögerungsautomatik eingebaut sein, damit nicht bei jeder Wolke, die vorüberzieht, die Schattierung auffährt.

Der Einsatz der Schattieranlage als Energieschirm läßt sich mit einer Zeitschaltuhr oder einem Dämmerungsschalter vollautomatisch steuern.

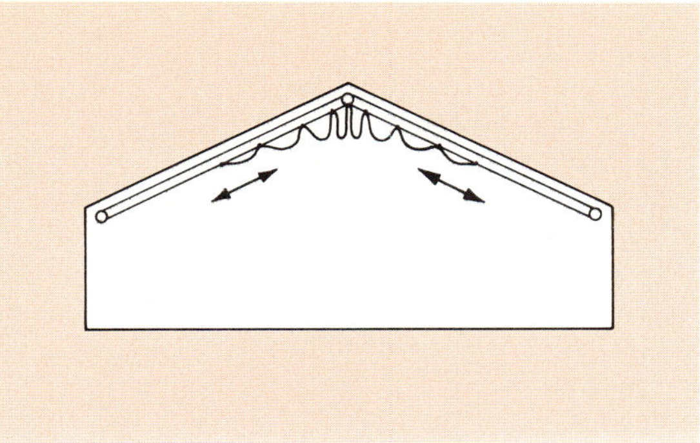

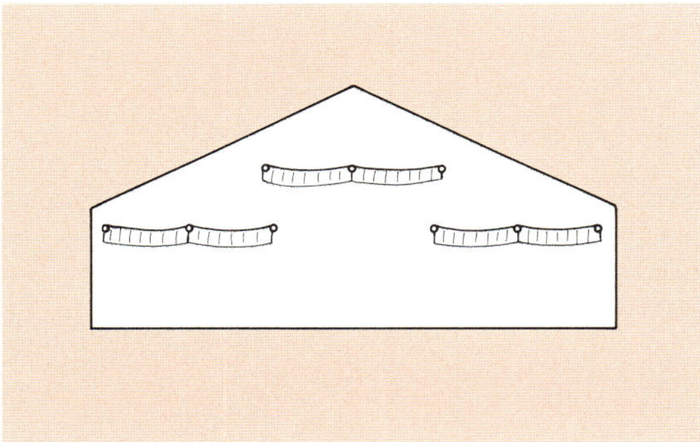

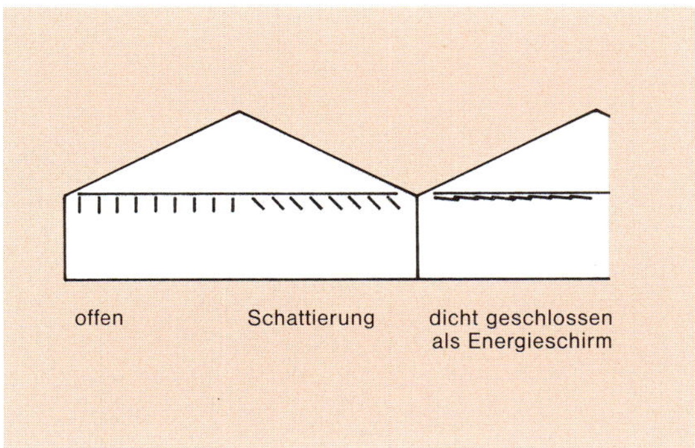

Abb. C 48. Schattierung parallel zum Dach und quer zur Längsachse des Gewächshauses, starke Beeinträchtigung der Lüftung.
Abb. C 49. Drei horizontale, stufenförmig angebrachte Gewebebahnen. Kaum Beeinträchtigung der Lüftung, nicht zur Energieeinsparung einsetzbar.
Abb. C 50. Lamellenschirm mit dreh- oder klappbaren Aluminiumlamellen (Platten). Er ermöglicht eine veränderbare Schattierwirkung und ist ein sehr wirksamer Energieschirm.
Abb. C 51. Bewegliche Außenschattierung mit Tragschiene. Die geöffneten Lüftungsklappen werden nicht beeinträchtigt. Am First befinden sich Wickelwellen zum Aufwickeln des Schattiergewebes.

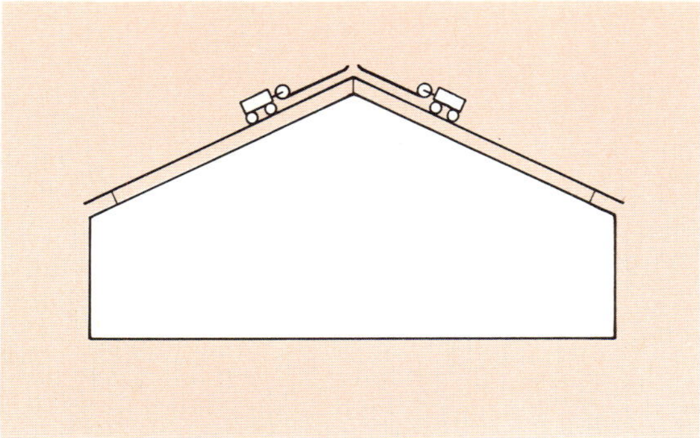

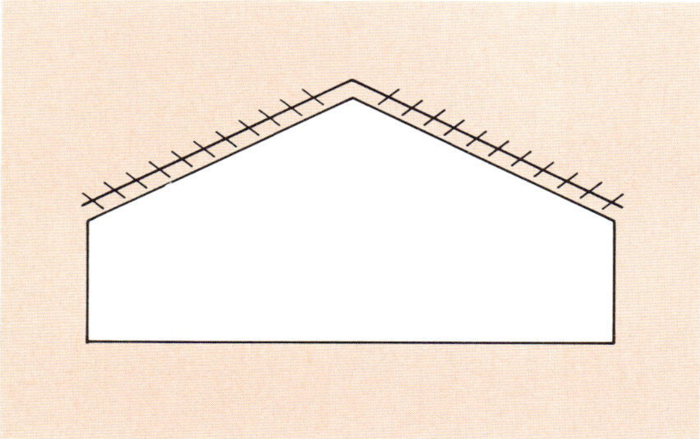

Abb. C 52. Die Wickelwellen sind an Klettermotoren angebracht oder in der Wickelwelle befindet sich ein Rohrmotor. Die Motoren »klettern« auf das Dach hinauf bzw. herunter und drehen eine Welle zum Auf- bzw. Abwickeln der Gewebebahnen. Die Bewegung der Lüftungsklappen ist beeinträchtigt.
Abb. C 53. Bewegliche Außenschattierung mit einem Lamellensystem.

Kontrolle und Vertiefung
Welche Anforderungen sind an eine bewegliche Schattierung zu stellen?

2.6 Energieschirme

Energieschirme, meist in Traufenhöhe angebracht, gehören heute zu den wichtigsten und geeignetsten Energiesparmaßnahmen. Sie verhindern nachts zu Zeiten des höchsten Energieverbrauches die Wärmeverluste beträchtlich. Etwa 70% des Gesamtenergieverbrauchs entfällt auf die Nacht. Die Einsparung kann bei modernen, dicht schließenden Materialien und Konstruktionen bis zu 60% in der Nacht betragen. Andererseits vermindert sie am Tage bei günstiger Anbringung auch nicht die Einstrahlung für die Pflanze.
Es werden außer den Schattiergeweben eine Vielzahl spezieller Materialien angeboten. Sie lassen sich z. B. in die **wasserdampfdurchlässigen Materialien,** die Gewebe, und **dichte Materialien** wie Einfachfolien, Noppenfolien, aluminisierte Folien und Gewebe-Alufolien-Kombinationen einteilen.
Aluminiumbeschichtete Folien sowie Gewebe-Alufolien-Kombinationen vermindern den Energieverbrauch am stärksten. Sie reflektieren einerseits Wärmestrahlung, andererseits verhindern sie Verluste durch Verdunstung und Kondensation am Glas. Es muß allerdings beachtet werden, daß sie natürlich eine höhere Luftfeuchte in der Nacht und unter Umständen Tropfenfall durch Kondensation am Energieschirm verursachen können. Solche Materialien sind also speziell bei der Anwendung von wassersparenden Bewässerungsverfahren geeignet.
An Verdunklungsanlagen ist die gleiche Anforderung, das dichte Schließen, zu stellen. Deshalb läßt sich mit einem geeigneten Material eine bessere Doppelnutzung (Energieschirm/Verdunklung) verbinden, als es die Kombination Schattierung/Energieschirm gestattet. Schattiergewebe dürfen nicht dicht sein, weil sonst ein Luftwechsel verhindert wird.

2.7 Kulturflächen im Gewächshaus

Im Laufe der Zeit sind eine Vielzahl unterschiedlich gestalteter Kulturflächen entstanden. Gleichzeitig sind zur besseren Abgrenzung Begriffe neu geprägt worden. Sie haben auch unterschiedliche Bedeutungen in den verschiedenen Sparten des Gartenbaues. Bei der Auswahl der Kulturfläche sind folgende Gesichtspunkte zu beachten:

- Kulturart
- Arbeitserleichterung
- innerbetrieblicher Transport
- Flächenausnutzung
- Kosten

Bodenbeete (Abb. C 54) sind hauptsächlich anzutreffen in Baumschulen, Gemüsebau- und Schnittblumenbetrieben. Sie sind die kostengünstigste Kulturflächenart. Die Pflanzen wachsen im bearbeiteten und gedüngten Boden.
Grundbeete (Abb. C 55) unterscheiden sich von Bo-

Abb. C 54. Bodenbeete.

Abb. C 55. Grundbeete.

Abb. C 56. Bankbeete.

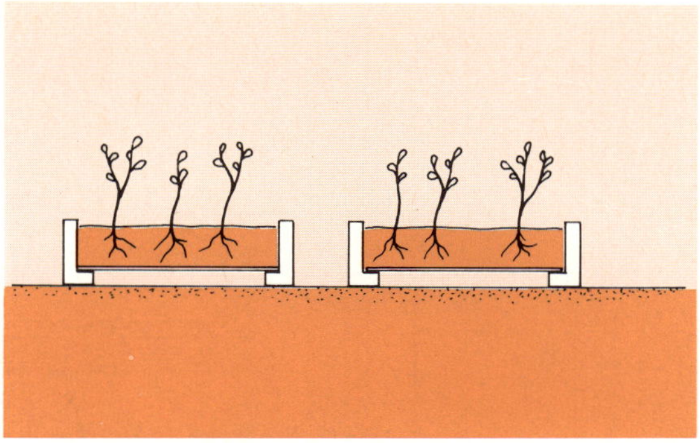

Abb. C 57. Trogbeete.

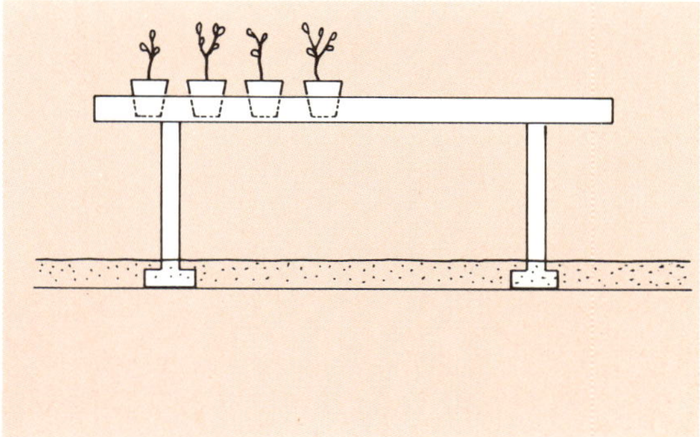

Abb. C 58. Tischbeet.

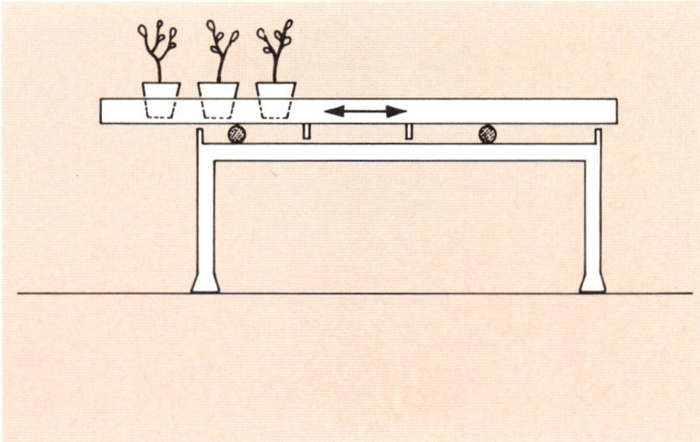

Abb. C 59. Rolltisch.

denbeeten dadurch, daß Pflanzen auf ihnen nicht mehr mit dem gewachsenen Boden in Kontakt kommen und er ihnen nicht mehr als Wurzelraum zur Verfügung steht. Bei Grundbeeten ist der Boden mit Folien oder Beton abgedeckt.
Geeignet als Bodenabdeckung sind z. B. auch spezielle, formgepreßte sog. extrudierte Polystyrol-Hartschaumplatten, die druckfester sind und fast keine Feuchte aufnehmen. Durch diese Dämmschicht verhindert man niedrige Wurzeltemperaturen wegen des kühlen Erdreiches.
Die Pflanzen wachsen z. B. in Töpfen, Containern, Torfsäcken oder Substraten (z. B. Hydrokulturen). Die Übertragung von bodenbürtigen Pflanzenkrankheiten und Schädlingen ist somit nicht möglich.
Bankbeete (Abb. C 56) sind »hochgezogene Boden-

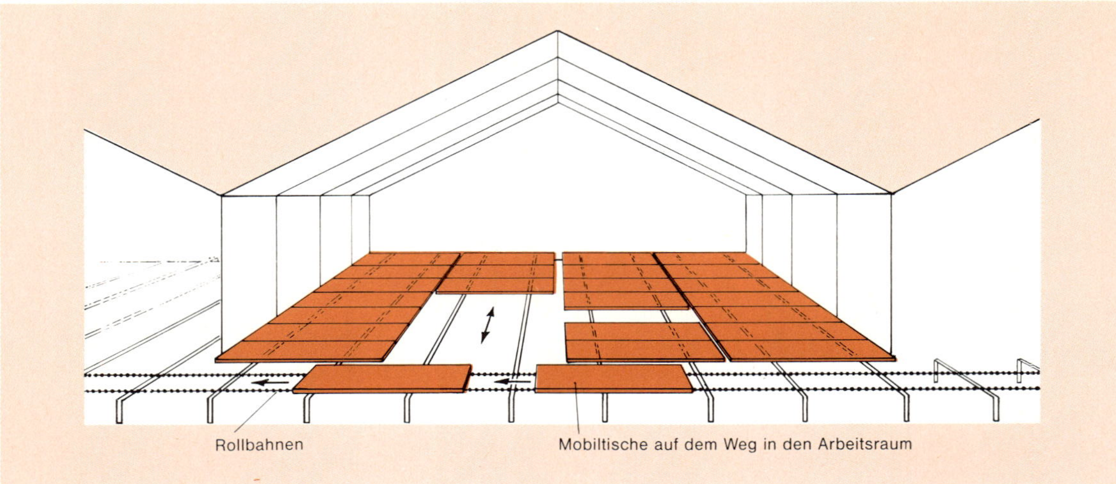

Abb. C 60. Gewächshaus mit Mobiltischen.

beete«. In den Beeten ist entweder gewachsener Boden oder sie sind mit Substraten oder Erden aufgefüllt. Sie dienen den Pflanzen als Wurzelraum. Herzustellen sind Bankbeete relativ einfach z. B. mit U-Betonwerksteinen. Sinn des Aufwandes ist vor allem die Arbeitserleichterung. Der Gärtner braucht sich bei der Arbeit nicht mehr so tief zu bücken.

Trogbeete (Abb. C 57) bestehen in der Regel ebenfalls aus Betonfertigteilen. Die Pflanzen werden in Erden oder Substraten kultiviert. Sie können aber nicht in den Boden wurzeln. Dadurch kann die Übertragung von bodenbürtigen Krankheiten vermieden werden. Das Substrat läßt sich leicht auswechseln und es erleichtert das Arbeiten an den Kulturen.

Tische (Abb. C 58) sind vorwiegend in Zierpflanzenbaubetrieben für Topfpflanzenkulturen zu finden. Sie sind freistehend und sind entweder aus Beton, Holz, Aluminium, Stahl oder Asbestzement hergestellt. Die Breite beträgt bis zu 2,20 m und die Höhe 60–80 cm (in Abhängigkeit von Tischbreite und Wegbreite). Bei wannenförmigem Tischoberbau sind sie auch für Anstaubewässerungsverfahren geeignet.

Rolltische (Abb. C 59) setzen sich heute in Topfpflanzenbetrieben mehr und mehr durch. Durch Einsparung der meisten Querwege läßt sich eine wesentliche Erhöhung des Kulturflächenanteils erzielen. Es darf aber nicht der Fehler gemacht werden, daß die Tische dicht an dicht gerollt werden.

Auf einem feststehenden Fundament (Stahl/Beton) ist das Tischoberteil eine bestimmte Strecke rollbar. Um an einem Tisch arbeiten zu können, wird durch Verschieben der Tischoberteile ein Weg »freigerollt«.

Mobiltische (Abb. C 60) ermöglichen eine fast vollständige Nutzung der Gewächshausgrundfläche als Kulturfläche. Nur ein Weg zur Kulturbeobachtung ist nötig. Auf Rollen montierte Tischflächen, die Paletten, lassen sich auf im ganzen Betrieb verlegten Rohren bzw. Schienen bewegen. Für Kulturarbeiten und Verkauf werden die Paletten in einen speziellen Arbeitsraum gefahren. Dieses System erfordert zwar einen sehr hohen Kapitalaufwand, ermöglicht aber eine weitgehende Rationalisierung der Topfpflanzenproduktion.

Hänge z. B. als Einzeltopfhänge, Rinnen usw. über Weg und/oder Tischflächen erhöhen zwar die Nutzfläche im Gewächshaus, sind aber für Kulturarbeiten meist schlecht erreichbar und behindern den Lichteinfall auf die darunter stehenden Pflanzen. In einigen Betrieben gibt es auch bewegliche Hänge, die sich über die Tische fahren lassen. Wenn nicht an den Kulturen gearbeitet wird, befinden sie sich in den Wegen.

Kontrolle und Vertiefung

1. Stellen Sie in Form einer Tabelle dar, welche Kulturflächenarten es in Ihrem Betrieb gibt und welche Kulturen dort kultiviert werden.
2. Beurteilen Sie die Kulturflächenarten Ihres Betriebes und machen Sie Verbesserungsvorschläge.

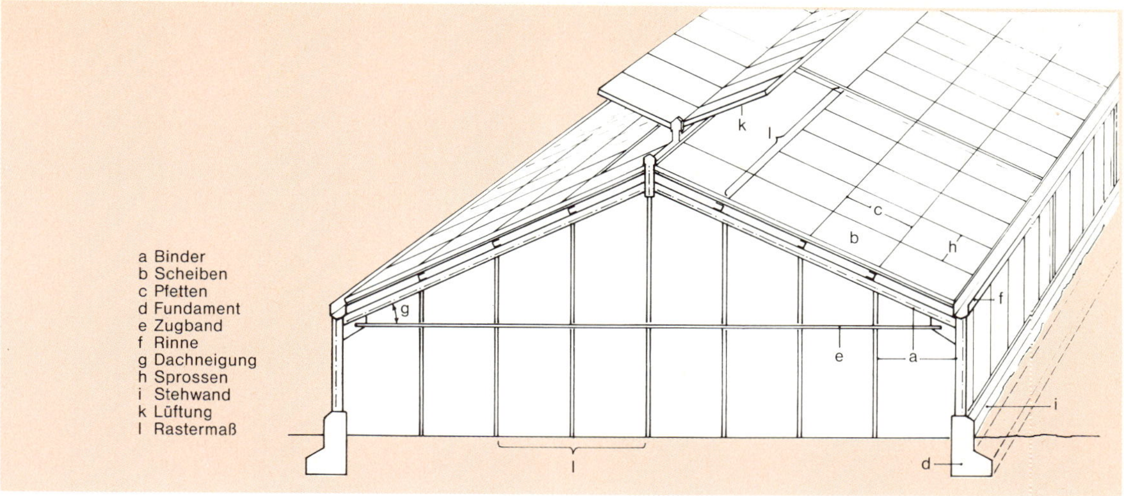

Abb. C 61. Das Normgewächshaus und seine Bauteile.

2.8 Kennzeichen des deutschen Norm-Gewächshauses (DIN 11 536)

Rastermaß (Abstand von Mitte Binder zu Mitte Binder):

3,065 m

Das Rastermaß ist Grundlage für die verschiedenen Gewächshausbreiten und -längen (Baukastensystem).

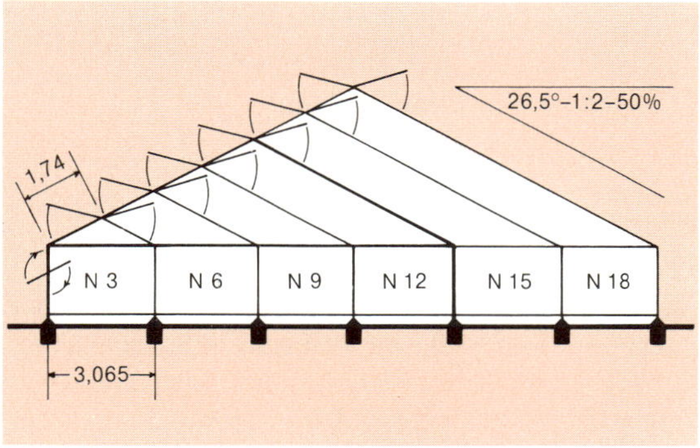

Abb. C 62. Das Rastersystem (N = Nennbreite).

Dachneigung:

Steigungsverhältnis 1:2. Das entspricht einem Winkel von 26,5°.

Stehwandhöhe:

Mind. 2,30 m und max. 2,80 m einschließlich Fundamenthöhe.

Scheibenmaß:

0,6 m × 1,74 m

Bei 2,30 m Stehwandhöhe: 0,6 m × 2,0 m für die Stehwand.

Lüftung:

Durchgehende Lüftung mit der Breite einer Scheibenlänge (1,74 m). Als Klappflügellüftung muß sie sich mind. 15° über die Waagerechte öffnen lassen.

Rinne:

Beidseitig, 20 cm Breite, Bindeglied bei mehrschiffiger Bauweise, sie soll begehbar sein.

Kontrolle und Vertiefung

Zeichnen Sie die Frontansicht eines Normgewächshauses im Maßstab 1:75 und beschriften Sie die Bauteile.

2.9 Kunststoffgewächshäuser

2.9.1 Entwicklung

1927 veröffentlichte der Chemiker Hermann Staudinger eine Arbeit über Makro- (Riesen-)Moleküle. 1953 erhielt er für seine Arbeit den Nobelpreis. Durch diese Erfindung begann der Siegeszug der makromolekularen Chemie. Im Gartenbau gewannen die Kunststoffe ab 1960 Bedeutung. 1971 betrug die Gesamtfläche der Kunststoffgewächshäuser in der Bundesrepublik Deutschland 120 ha. 1979 war diese Zahl schon auf 506 ha angestiegen. Diese Entwicklung läßt sich dadurch erklären, daß Kunststoffe leicht zu handhaben sind. Sie haben ein geringes Gewicht und lassen leichte Gewächshauskonstruktionen zu. Das ermöglicht eine kostengünstigere Bauweise, als sie der herkömmliche Gewächshausbau mit Glas zuläßt.

2.9.2 Material

Die Kunststoffe werden in verschiedene Gruppen eingeteilt. Wesentliches Unterscheidungsmerkmal ist dabei die Verbindung der Moleküle (s. Tab. C8). Im Gewächshausbau werden Folien und Lichtplatten (Kunststoffplatten) eingesetzt. Eine Übersicht über die am häufigsten verwendeten Kunststoffe und ihre Einsatzmöglichkeit gibt Tab. C9.

Tab. C8. Einteilung der Kunststoffe

Einteilung	Merkmale
Thermoplaste	– fadenförmige Makromoleküle, die nicht miteinander verbunden sind – **warm verformbar**
Duroplaste	– netzförmig verbundene Makromoleküle – **hart, elastisch, nicht ohne Zersetzung schmelzbar**

Tab. C9. Kunststoffarten

Kunststoff	Abkürzung	Verwendung beim Gewächshausbau
1. **Thermoplasten**		
Polyäthylen	PE	Folien
Ethyl**v**inyl**a**cetat	EVA	Folien
Poly**v**inyl**c**hlorid	PVC	Folien, Lichtplatten
Poly**v**inyl**f**luorid (Tedlarfolie)	PVF	Folien
Poly**m**ethyl**m**eth**a**crylat	PMMA	Stegdoppel- und 3fach-Platten
Poly**c**arbonat	PC	Stegdoppel- und 3fach-Platten
Teflon	FEP	Folien
2. **Duroplasten**		
Polyester	UP	Folien
Polyester, glasfaserverstärkt	GFUP	Lichtplatten, Stegdoppelplatten

2.9.3 Vergleich der Folien

Bisher haben nur PE-, PVC- und EVA-Folien eine Marktbedeutung. Sie werden meist in Stärken von 0,2 mm verwendet. Die anderen Folien sind noch sehr neu am Markt und haben bisher in der Bundesrepublik Deutschland nur geringe Bedeutung. Sie haben aber z. T. bessere Eigenschaften als die herkömmlichen Folien, wie z. B. sehr hohe Lichtdurchlässigkeit (Teflon-, Tedlarfolie), besonders hohe Stabilität der Lichtdurchlässigkeit (Tedlar), sehr geringe IR-Strahlungsdurchlässigkeit (Polyesterfolie) und hohe Festigkeit.

Neben der Verwendung von Folien als Bedachungsmaterial für Foliengewächshäuser werden sie auch für Folientunnel und Flachfolien zur Ernteverfrühung, als Energieschirme und zur Unter- oder Überspannung von einfachverglasten Gewächshäusern eingesetzt. Je nach Verwendungszweck finden auch andere Folienstärken Anwendung.

Insbesondere bei der Verwendung von PE-Folien zur Unterspannung muß auf sehr dichtes Verspannen geachtet werden. Nur dadurch wird die Wärmeübertragung an das Glas durch Kondensation und Konvektion (s. Seite 393) sowie die Luftwechselzahl vermindert, und es kann eine nennenswerte Energieeinsparung (25–30 %) erzielt werden.

Durch Unterspannen mit PVC oder EVA lassen sich

Tab. C10. Folien im Vergleich

	PE-Folien	PVC-Folien	EVA-Folien
Preis	niedrigster m^2-Preis aller Folien, PE-IR*-Folie und UV**-stabilisierte Folien sind teurer	3–4mal so hoher m^2-Preis wie bei PE	etwas teurer als PE-Folie, Preis ist abhängig vom VA***-Anteil
Lichtdurchlässigkeit	92–93 %, UV-stabilisiert, 89–92 %, PE-IR 86–92 %. Mit Gittereinlage geringere Durchlässigkeit	87–91 %, Lichtdurchlässigkeit nimmt bei langer Nutzungsdauer vor allem wegen Verschmutzung stark ab	93–94 %
UV-Stabilität	gering, deshalb verhältnismäßig rasche Verminderung der Lichtdurchlässigkeit. UV-stabilisierte Folien haben eine wesentlich höhere Stabilität	höher. Langsamere Verminderung der Lichtdurchlässigkeit	UV-stabilisiert, Verminderung der Lichtdurchlässigkeit entsprechend der stabilisierten PE-Folie
UV-Durchlässigkeit	Einzige Folie, die UV-Strahlung durchläßt, UV-stabilisierte Folie: keine Durchlässigkeit	keine	keine
IR-Durchlässigkeit	Sehr stark, hält keine Wärmestrahlung zurück. Die IR-Durchlässigkeit wird geringer durch Taubildung an der Folie. PE-IR-Folie hat eine wesentlich geringere Durchlässigkeit	nur geringere Durchlässigkeit, verhindert starke Wärmeabstrahlung besonders bei klaren Nächten und sorgt dadurch für eine höhere Pflanzentemperatur	hängt sehr stark vom Vinylacetat-Anteil der Folie ab. VA-Anteil sollte deshalb 18 % betragen, dann gleiche Eigenschaften wie PVC-Folie
Haltbarkeit	1 Jahr, sollte bei Foliengewächshäusern im Herbst wieder ausgewechselt werden. UV-stabilisierte Folien halten 2–3 Jahre, PE-Gitterfolien sind sehr hagelempfindlich	3–4 Jahre. PVC-Gitterfolien werden bei Hagel ebenfalls leicht zerstört	etwa 3 Jahre. Höhere Reißfestigkeit und Elastizität als PE-Folie
Sonst.	PE-Folie ist die in der Bundesrepublik Deutschland am häufigsten verwendete Folienart. Sie wird in Breiten bis 14 m angeboten. Es gibt sie auch als Noppenfolie	Wegen des hohen Preises bei uns relativ geringe Verbreitung. Nur in Breiten bis 1,5 m angeboten, lassen sich aber »kalt schweißen«. Verbrennen von PVC-Folien ist sehr umweltschädigend	EVA-Folien werden in Breiten bis 12 m angeboten. Es gibt sie auch als Noppenfolie. EVA-Folien vereinigen die Vorteile von PE- und PVC-Folien

* IR = infrarot, ** UV = ultraviolett, *** VA = Vinylacetat

sehr viel höhere Einsparungen erzielen, da sie ebenso wie Glas eine geringere Durchlässigkeit für IR-Strahlung haben als PE-Folie.

2.9.4 Foliengewächshäuser

Foliengewächshäuser lassen sich verhältnismäßig schnell im Eigenbau erstellen. Als Unterkonstruktion werden Rohr- oder Rechteckprofile aus verzinktem Stahl verwendet. Die Unterkonstruktion kann auch aus Holz sein. Rundbogenkonstruktionen lassen sich nur einschiffig erstellen, denn bei Blockbauweisen sind Stehwände erforderlich.

Die Folien selbst werden in Spezialprofile eingeklemmt oder bei Holzbauweise mit Leisten angenagelt (Abb. C63–64). Eine zusätzliche Absicherung kann durch Halteschnüre erfolgen. Oft wird auch Maschendraht über die Tragkonstruktion gespannt, darauf kommt die Folie und für die erforderliche Windsicherheit darüber wiederum Halteschnüre oder Maschendraht.

Foliengewächshäuser sind sehr dicht. Dadurch ist die relative Luftfeuchtigkeit in diesen Häusern höher als in vergleichbaren einfachen Gewächshäusern. Bei niedrigeren Außentemperaturen kommt es deshalb verstärkt zu Kondensation und dann zu Tropfenfall, weil das Wasser an der Folie nur schwer zur Seite ablaufen kann. Kondensation beeinträchtigt die Lichtdurchlässigkeit beträchtlich und verursacht Energieverluste (s. Seite 393). Tropfenfall verursacht Pflanzenschäden.

Abb. C63. Ein Kunststoffprofil wird in eine verzinkte Stahlschiene eingeklemmt. a = System Rupp, b = System Floratect.

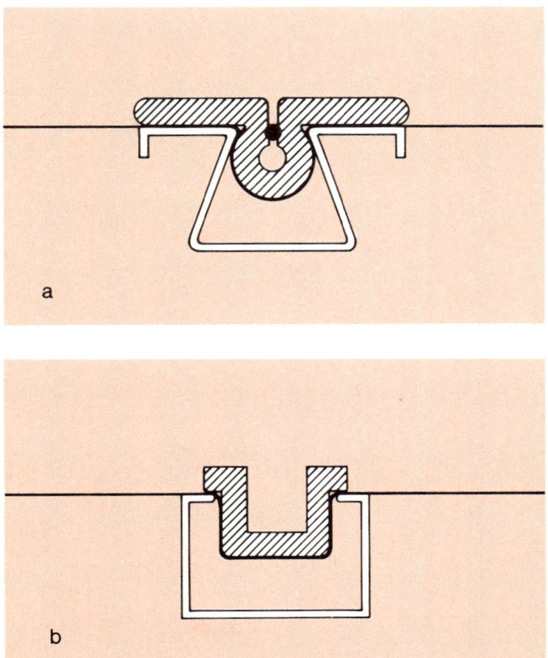

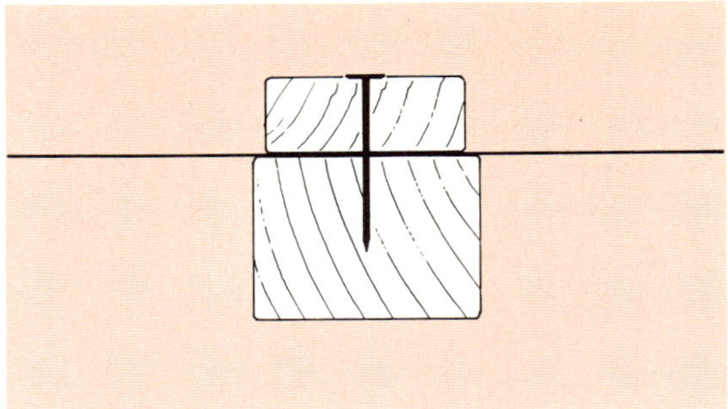

Abb. C64. Einfachbauweise mit Holzlatten.

Abhilfe schaffen chemische Mittel, die auf die Folie gesprüht werden, steilere Dachkonstruktionen, damit das Wasser eher abläuft oder Doppelfolien. Es gibt auch Folienhäuser, in die nur nachts zwischen zwei Folien Luft eingeblasen wird, um eine bessere Isolation zu erzielen. Tagsüber wird die Luft herausgesaugt und die beiden Folien haften »wie Einfachfolien« aneinander.

Tragluftgewächshäuser haben keine Unterkonstruktion. Die Folien werden verschweißt, im Boden eingegraben und durch einen Ventilator aufgeblasen. So entsteht eine Halle.

Über das Tragluftgewächshaus wird ein Haltenetz gespannt. Ein ständiger Überdruck sorgt für die Stabilität der Halle. Da der Luftdruck von dem Ventilator erzeugt wird, muß er beständig laufen. Bei Stromausfall muß ein Notstromaggregat eingeschaltet werden. Damit der Druck beim Betreten der Traglufthalle nicht abfallen kann, gelangt der Gärtner durch eine Schleuse mit zwei Türen in das Haus.

2.9.5 Gewächshäuser mit Lichtplatten

Lichtplatten sind durchsichtige oder durchscheinende Platten aus Kunststoff. Lichtplatten werden als Einfachplatten hergestellt. Zur Isolierbedachung gibt es sie als Doppelplatten oder Dreifachplatten (Steg- oder Hohlkammerplatten).

Glas- und Kunststoffplatten stehen als Bedachungsmaterial in einem Konkurrenzkampf. Die gesamte mit Lichtplatten eingedeckte Gewächshausfläche betrug 1979 152 ha bei 3400 ha Gesamtgewächshausfläche in der Bundesrepublik Deutschland. 1971 waren es erst 23 ha.

Die Unterkonstruktion von **einfachbedachten** Gewächshäusern mit Lichtplatten wird meist aus Aluminium- oder Stahlprofilen in Leichtbauweise erstellt oder aber für »Primitivgewächshäuser« aus Holz. Sprossen, die zusätzlich Lichtminderung verursachen, sind häufig nicht notwendig. Die Lichtplatten werden auf Stahlpfetten mit speziellen Haken befestigt, auf Holz- oder Aluminiumpfetten können sie direkt geschraubt werden.

Lichtplatten werden, um die Tragfähigkeit zu verbessern, mit Profilen hergestellt.

Tab. C11. Lichtplattenprofile für den Gewächshausbau

Profilart	Profilierung	Profilangaben*)	Fabrikate	Kunststoffart
Sinusprofil		32/9 und 76/18	Hishi-Nami Serralux-G Planta-Lux Fiberglas C 15	PVC GFUP GFUP GFUP
Trapezprofil	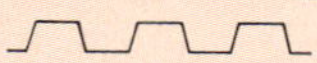 Diese Platten lassen sich aufgrund ihrer Profilierung nicht biegen!	76/18	Palram	PVC
Klemmprofil	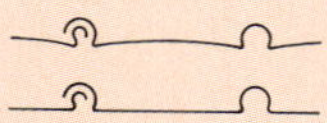	250/30 283/29	Grillodur (Filon) Polydet	GFUP GFUP

*) 1. Zahl: Wellenlänge
2. Zahl: Wellenhöhe

Vorteile der Lichtplatten

1. Einfachbedachung zu einem verhältnismäßig niedrigen Preis im Vergleich zu Glas.
2. Weitgehend undurchlässig für UV-Strahlung.
3. GFUP ist für IR-Strahlung undurchlässig, PVC-Platten haben nur geringe Durchlässigkeit.
4. Leicht und in größeren Breiten und Längen lieferbar und zu verarbeiten. Dies ermöglicht leichte Unterkonstruktionen.
5. Für Bogendächer geeignet.
6. Einfach zu verarbeiten, lassen sich sägen, bohren, schrauben und nageln.
7. Gute Hagelfestigkeit von GFUP.

Diesen Vorteilen, die die zunehmende Verbreitung bewirkt haben, stehen aber auch Nachteile gegenüber.

Nachteile der Lichtplatten

1. Alterung, ebenso wie Folien verlieren Lichtplatten einen Teil ihrer Lichtdurchlässigkeit. Für vergütete Lichtplatten, die dadurch teurer sind, geben Firmen 5–10 Jahre Garantie.
2. PVC-Platten sind sehr hagelempfindlich.
3. Leichte Entflammbarkeit von GFUP-Platten.
4. Kondensatbildung und Neigung zu Tropfenfall. Dies vor allem schränkt die Einsatzmöglichkeit von Lichtplatten-Gewächshäusern für wertvollere Kulturen z. B. im Zierpflanzenbau ein.

Bei den heutigen Energiepreisen hat neben der Einfachbedachung die **Isolierbedachung** an Bedeutung gewonnen. Die Preise von hochwertigen Lichtplatten mit geringen Wärmedurchgangszahlen sind jedoch z. T. höher als die von vergleichbaren Isolierverglasungen. Ihr Gewicht ist aber wesentlich geringer. Sie werden je nach Kunststoffart und Hersteller in Breiten von 0,6 m bis 2,10 m hergestellt. Außerdem lassen sie sich leicht be- und verarbeiten.

Stegdoppelplatten (SDP) bzw. **Hohlkammerplatten** (HKP) werden in der Regel auf Spezialsprossen aus

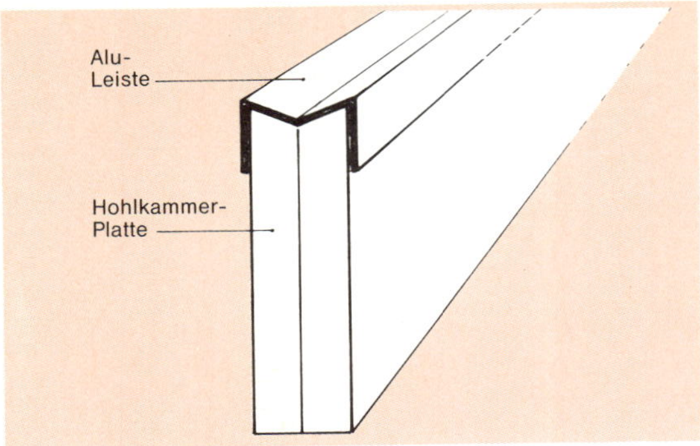

Abb. C 65. Abdichtprofile.

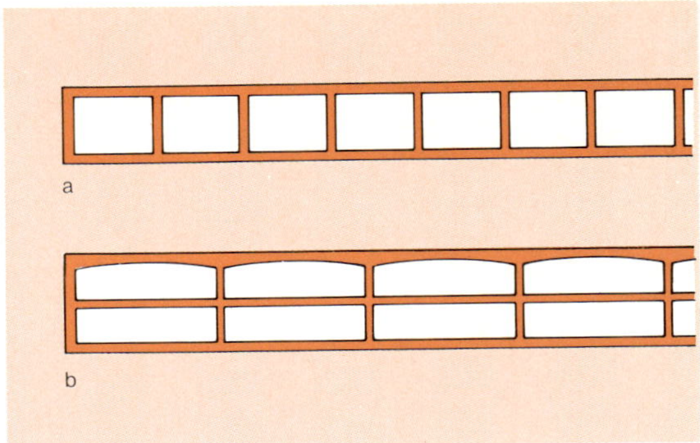

Abb. C 67. a = XT-Stegdoppelplatte aus PMMA. b = Doppelkammerplatte aus PC.

Aluminium oder Stahl verlegt. Bei Wärme und Feuchtigkeit dehnen sich die Platten aus. Deshalb ist beim Verlegen auf genügend Spielraum zu achten.

Da die verwendeten Kunststoffe wasserdampfdurchlässig sind, müssen die Platten so verlegt werden, daß das Kondenswasser leicht ablaufen kann. Sie dürfen nur oben abgedichtet werden, um das Einlaufen von Regenwasser zu verhindern (Abb. C 65).

Das geringe Gewicht von SDP und HKP ermöglicht ein problemloses Umrüsten von einfachverglasten Gewächshäusern auf Isolierbedachung (Abb. C 66).

Eine Kunststoffart, aus der SDP, aber auch Stegdreifachplatten (S3P) hergestellt werden, ist **Acrylglas (PMMA),** auch unter dem Handelsnamen **Plexiglas** bekannt. SDP sind in verschiedenen Dicken erhältlich. Nachteilig ist die leichte Entflammbarkeit von PMMA z. B. wenn im Gewächshaus geschweißt werden muß. Die Abnahme der Lichtdurchlässigkeit durch Alterung ist im Vergleich zu PVC – SDP gering.

Abb. C 66. Molanex-System zum Umrüsten auf T-Sprossen.

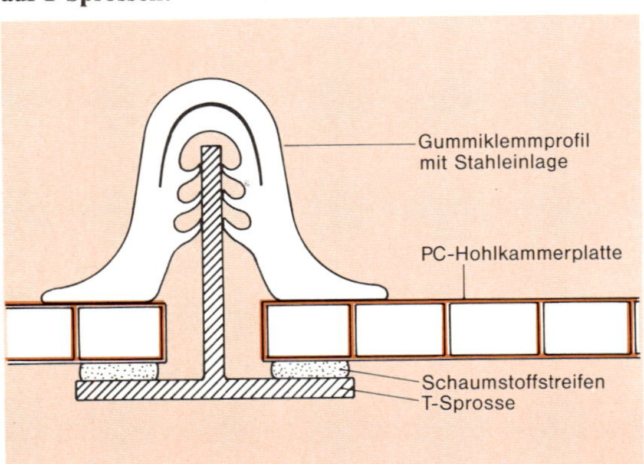

Neben PMMA findet auch Polycarbonat (PC) zunehmend Verwendung. PC – HKP sind extrem leicht und werden auch als sog. Doppelhohlkammerplatten mit noch besserer Isolierwirkung hergestellt (Abb. 67a und b). PC hat eine hohe Schlagzähigkeit und damit zunächst eine gute Hagelfestigkeit, außerdem ist es schwer entflammbar. Es hat sich allerdings herausgestellt, daß die Hagelfestigkeit mit zunehmender Alterung nachlassen kann.

Mit speziellen Klemmprofilen lassen sich mit PC-Lichtplatten Bogendächer erstellen. PC – HKP werden auch mit Magnetleisten als »Zusatzbedachung« angeboten. Sie sollten aber nur an Steh- und Giebelwänden angebracht werden, weil sie die Einstrahlung auf die Kulturen zu stark vermindern.

Kontrolle und Vertiefung

1. Für welche Zwecke werden in Ihrem Betrieb Folien eingesetzt und welche Folienarten werden verwendet? Berichten Sie, welche Erfahrungen über Haltbarkeit, Alterung usw. gemacht wurden.
2. Stellen Sie die Konstruktion eines Foliengewächshauses aus Ihrem Betrieb zeichnerisch dar.
3. Warum werden zunehmend herkömmliche Werkstoffe wie Glas, Metall, Kautschuk, Papier durch Kunststoffe verdrängt?
4. Nennen Sie weitere Anwendungsbereiche für Kunststoffe und finden Sie dazu die gebräuchlichen Kunststoffarten heraus.

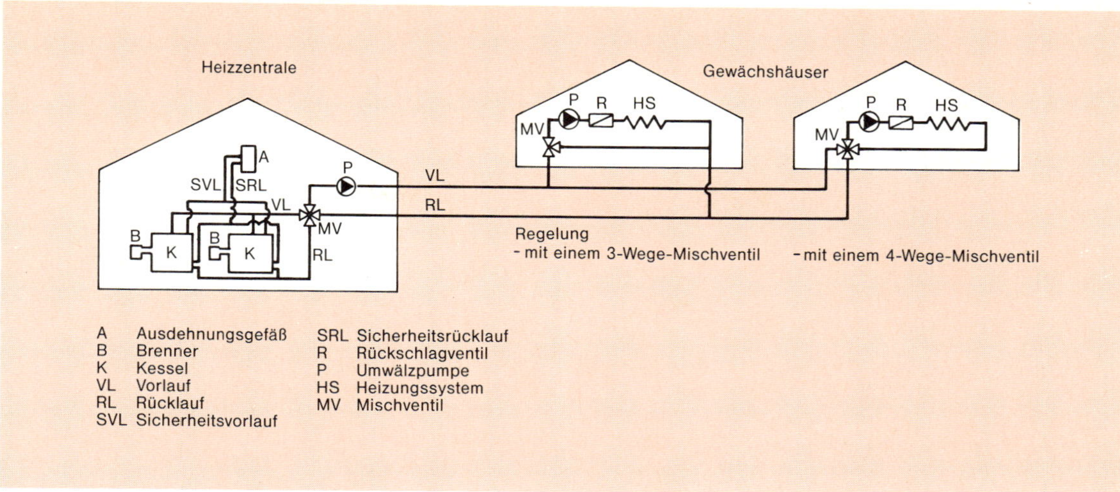

Abb. C 68. Überblick über eine Heizungsanlage.

3 Heizung

3.1 Heizungssysteme

3.1.1 Überblick, Grundlagen

Heizungen im Gartenbau bestehen im wesentlichen aus einem **Heizungssystem,** einer **Regelanlage** und der **Heizzentrale.** Das Heizungssystem sorgt für die Wärmeausbringung und Verteilung im Gewächshaus und die Erwärmung der Pflanzen. Kessel und Brenner sind Herzstück der Heizzentrale. Dort wird die Wärme aus einem Brennstoff (Energieträger) auf den Wärmeträger Wasser übertragen (Abb. C 68).

Nach dem **Wärmeträger** werden unterschieden:

- Warmwasserheizungen mit Vorlauftemperaturen bis 100 °C
- Heißwasserheizungen mit Vorlauftemperaturen über 100 °C
- Dampfheizungen

Warmwasserheizungen

Früher wurden Warmwasseranlagen als **Schwerkraftheizungen** betrieben. Der Transport des Wassers in der Heizung wird durch das unterschiedliche Gewicht von warmem und kaltem Wasser hervorgerufen. Kaltes Wasser ist, auf das Volumen bezogen, schwerer als warmes Wasser. Erhitztes Wasser steigt aus dem Kessel in den Vorlauf des Heizungssystems und fließt, wenn es abgekühlt ist, im Rücklauf zurück in den Kessel. Dabei drückt es erwärmtes Wasser aus dem Kessel in das Heizungssystem. Voraussetzung ist, daß der Kessel am tiefsten Punkt der Heizungsanlage steht.

Weil die Schwerkraft für einen nur sehr trägen Wärmetransport sorgt und Schwerkraftheizungen nur schlecht regelbar sind, werden Warmwasserheizungen heute nur noch als **Pumpenheizungen** betrieben, bei denen der Transport des Wassers durch Pumpen verursacht wird.

Warmwasserheizungen können als **offenes System** betrieben werden oder als **geschlossenes System.**

Offene Systeme haben im Kesselhaus über dem höchsten Punkt der Heizungsanlage ein offenes Ausdehnungsgefäß. Es nimmt das Expansionswasser auf. Expansionswasser entsteht, weil das Wasservolumen sich bei einer Temperaturerhöhung vergrößert.

In offenen Anlagen hat das Heizungswasser ständigen Kontakt zur Außenluft und nimmt dabei Sauerstoff auf. Dadurch kommt es zur Korrosion im Kessel, aber auch in den Heizungsrohren. Außerdem verdunstet ständig Wasser. Es können bauliche Probleme besonders bei größeren Heizanlagen auftreten, weil das Ausdehnungsgefäß immer der höchste Punkt der Heizungsanlage sein muß.

Bevorzugt werden deshalb heute die in der Anschaffung allerdings teureren **geschlossenen Systeme**. Das

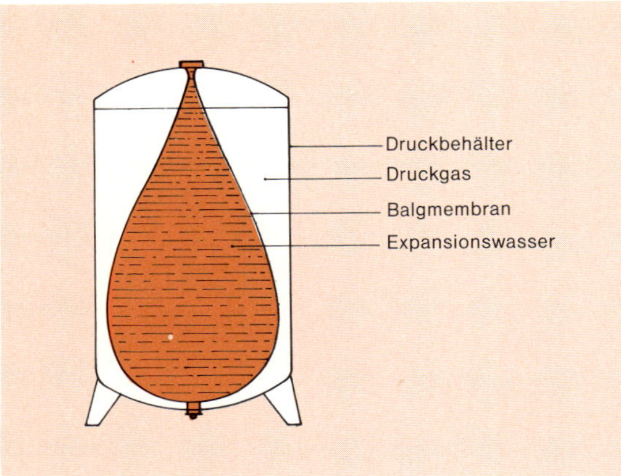

Abb. C 69. Balgmembran-Ausdehnungsgefäß.

Expansionswasser wird in einem Membranausdehnungsgefäß aufgenommen und nach Abkühlung in den Heizungskreislauf zurückgedrückt (Abb. C 69). Für Kessel in geschlossenen Systemen sind besondere Sicherheitsausrüstungen vorgeschrieben, um ein Überschreiten der maximalen Kesseltemperatur auszuschließen.

Heißwasserheizungen

Heißwasseranlagen werden im Gegensatz zu Warmwasserheizungen mit Wassertemperaturen über 100 °C betrieben. In Heißwasserheizungen treten durch die Erwärmung von Wasser über den Siedepunkt Überdrucke im Heizungssystem auf. Sie müssen deshalb immer als geschlossene Systeme gebaut werden. Von Vorteil kann der höhere Strahlungsanteil bei der Wärmeabgabe sein. Heißwasserheizungen müssen in der Regel mit speziellen Kesseln betrieben werden und unterliegen besonderen Sicherheitsvorschriften.

Dampfheizungen

Dampfheizungen als Niederdruck- (bis 1,5 bar ≙ 150000 Pa) oder Hochdruckdampfanlagen (über 1,5 bar) arbeiten nicht mit Wasser als Wärmeträger, sondern mit Wasserdampf. Er gibt bei der Kondensation Verdampfungswärme ab, die dann an die Umgebung abgegeben wird. Das kondensierte Wasser wird in den Kessel zurückgeführt. Auch Dampfheizungen unterliegen besonderen Sicherheitsvorschriften und müssen als geschlossene Systeme betrieben werden. Sie sind im Gartenbau relativ selten. Niederdruckdampfkessel finden aber bei der Boden- und Erddämpfung Verwendung.

Wärmeabgabe

Die Wärmeabgabe von der Heizung an die Umgebung kann auf vier verschiedenen Wegen geschehen:
- Strahlung
- Konvektion
- Leitung
- Latente Wärmeströme

Strahlung. Warme Körper, beispielsweise auch die Sonne, übertragen Energie in Form von elektromagnetischen Wellen. Diese Wellen breiten sich wie Lichtwellen, die auch zu den elektromagnetischen Wellen gehören, gleichmäßig in alle Richtungen aus. Die Strahlen werden, wenn sie auf Teilchen treffen, von diesen zum Teil absorbiert, d. h. in sich aufgenommen und in Wärme umgewandelt. Zum Teil wird die Strahlung aber auch reflektiert oder hindurchgelassen.
Die Abstrahlung, es wird auch von Emission gesprochen, ist abhängig von der Oberfläche des strahlenden Körpers. Blanke Metallflächen haben nur eine geringe Emission. Heizungslack oder gar schwarzer Lack erhöht die Emission beträchtlich.

Tab. C 12. Emissionskoeffizient (ε*) verschiedener Oberflächen und Stoffe

	ε
Aluminium	0,039
Alubronzeanstrich	0,2–0,4
Kupfer, poliert	0,02
Eisen, blank	0,24
Eisen, stark verrostet	0,85
Eisen, verzinkt	0,23–0,28
Glas	0,94
Heizkörperlack	0,93
schwarzer Lack	0,97

* ε ist ein Maß für die Abstrahlungsfähigkeit

Konvektion. Wenn an einem warmen Körper Luftteilchen vorbeiströmen, erwärmen sie sich, indem sie die Energie übernehmen.
Die bewegten Teilchen benötigen mehr Platz, und deswegen sind in einem erwärmten Luftraum weniger Teilchen als in einem mit kühler Luft gefüllten Raum gleichen Volumens. Warme Luft ist also leichter als kalte Luft. Deshalb steigt sie nach oben. Konvektion ist die Mitführung von Energie in einer

Strömung, z. B. einer Luftströmung. Der erwärmte Stoff wird transportiert.

Leitung. Darunter wird die Übertragung von Energie, also auch Wärme, von einem Stoffteilchen zum anderen bei direktem ständigen Kontakt verstanden. Sie findet vorwiegend in festen Körpern statt. Die Teilchen bewegen sich nicht gegeneinander.

Latente Wärmeströme. Latente, versteckte Wärmeströme sind z. B. in der Gewächshausluft zu finden. Der Wasserdampf, der in der Luft enthalten ist, ist ebenfalls ein Energieträger. Diese Wärme wird frei, wenn der Wasserdampf an kalten Flächen, z. B. Glas, kondensiert. Wasserdampf entsteht durch die Verdunstung aus Pflanzen, vom Boden und den Tischflächen. Die für die Verdunstung notwendige Wärme wird dabei der Umgebung entzogen.

Wärmeabgabe der Heizungssysteme

Rohrheizung	Luftheizung	Bodenheizung
durch Wärmestrahlung und Konvektion	durch Konvektion	durch Wärmeleitung

Das Heizungssystem soll die Wärmeenergie, sei es durch Strahlung, Konvektion oder Leitung, möglichst nur in den Pflanzenraum bringen, eine gute »vertikale Temperaturverteilung« wird angestrebt (Abb. C70). Die hineingebrachte Energie sollte nur dort verbraucht werden, wo sie benötigt wird.

Abb. C70. Temperaturverteilung im Gewächshausbau.

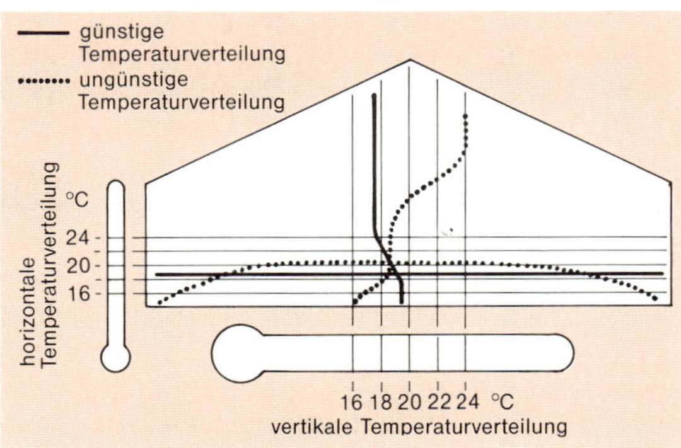

Angestrebt wird auch eine gleichmäßige Temperatur über die gesamte Gewächshausbreite, die Horizontale (Abb. C70).
Durch eine gute Stehwandabschirmung muß verhindert werden, daß Kaltluft von den Stehwänden in den Pflanzenbestand einfällt.
Auch bei wechselnden Außentemperaturen muß die Solltemperatur, also die angestrebte Temperatur, vom Heizungssystem konstant gehalten werden können.
Für den Luftaustausch im Pflanzenbereich ist auch eine durch das Heizungssystem hervorgerufene Luftbewegung im Pflanzenbestand wichtig.

3.1.2 Rohrheizungen

Als Rohre werden dünnwandige Stahlrohre verwendet. In den Betrieben sind sie in verzinkter Ausführung oder mit gestrichener Oberfläche zu finden (s. Seite 392). Warmwasser-Rohrheizungen geben die Wärme zu etwa 50% durch Konvektion und zu etwa 50% durch Wärmestrahlung ab.
Rohrheizungen haben einen verhältnismäßig großen Wasserinhalt. Sollte die Heizung einmal ausfallen, ist in den Rohren noch viel Wärme für das Gewächshaus gespeichert. Diesem Vorteil steht aber der Nachteil gegenüber, daß das Aufheizen viel Zeit in Anspruch nimmt.
Nach Verlegung und Anordnung werden folgende Rohrheizungssysteme unterschieden:

- Hohe Rohrheizung
- Stehwandheizung
- Niedrige Rohrheizung
- Vegetationsheizung
- Untertischheizung

Bis vor wenigen Jahren war die in Traufenhöhe angebrachte **hohe Rohrheizung** (Abb. C71) das am häufigsten eingebaute Heizungssystem.
Von Vorteil ist die relativ einfache und damit kostengünstige Konstruktion. Beim Arbeiten an den Kulturen ist sie nicht im Wege und sie verhindert eine Abstrahlung der Wärme von den Blättern an das kalte Dach. Die Pflanzentemperatur ist bei Rohrheizungen deswegen höher als bei anderen Heizungssystemen. Ein großer Nachteil aber ist, daß aufgrund der oben beschriebenen physikalischen Gegebenheiten die Temperatur im Dachraum höher ist als im Pflanzenbereich. Es schafft eine ungünstige vertikale Temperaturverteilung. Dadurch verursacht dieses Heizungssystem einen hohen Energieverbrauch, es ist energietechnisch ungünstig.

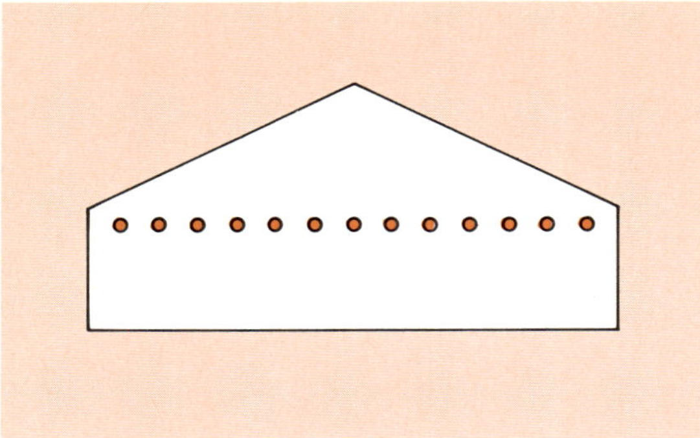

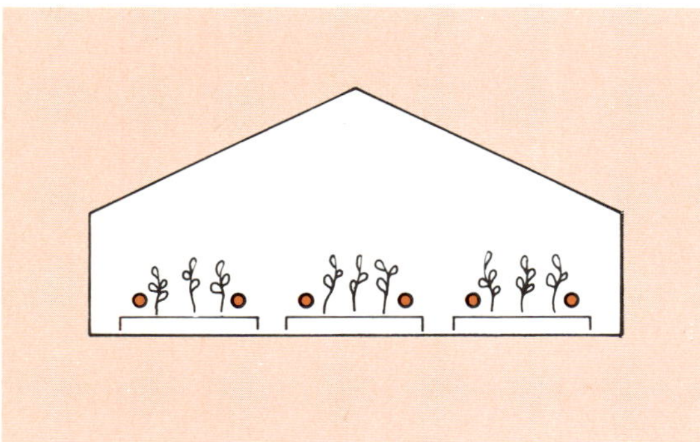

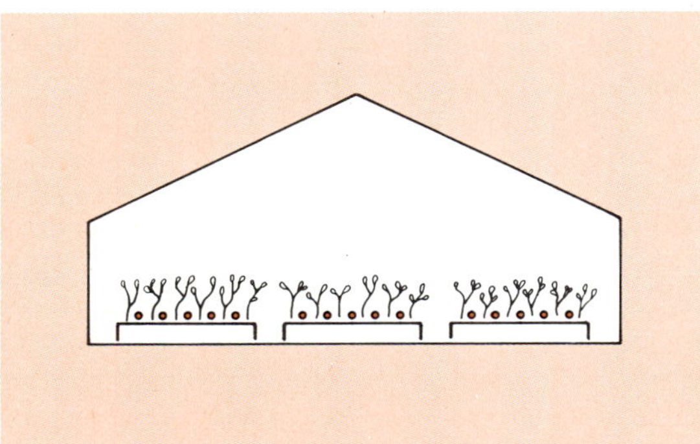

Dieses Heizungssystem schafft auch keine Luftbewegung im Pflanzenbestand. Das kann den CO_2-Mangel im Pflanzenbestand, der auch durch die dichte Bauweise isolierverglaster Gewächshäuser begünstigt wird, verstärken. Hinzu kommt die beträchtliche Verminderung des Lichteinfalls durch die in Traufenhöhe verlegten Rohre.

Zur **Stehwandheizung** (Abb. C 72) gehören auch die an der Giebelwand verlegten Heizungsrohre. Der Abstand zwischen den Rohren sollte, damit sie sich nicht gegenseitig an der Wärmeabgabe hindern, mindestens 30 cm betragen.

Wichtigste Aufgabe der an den Steh- und Giebelwänden angebrachten Rohre ist, den Kaltlufteinfall von dem Dach und den vier Seiten sowie der Rinne in den Pflanzenbestand zu verhindern (»Stehwandabschirmung«). Die Stehwandheizung soll eine gleichmäßige horizontale Temperaturverteilung sichern. Außerdem läßt sie Schnee in der Rinne schneller abschmelzen. Allerdings gibt auch sie 50% der Strahlung direkt an das Glas ab.

Bei der **niedrigen Rohrheizung** (Abb. C 73) werden die Heizungsrohre in die Nähe des Pflanzenbestandes verlegt, z. B. neben den Wegen an Grund- und Bodenbeeten oder an den Rändern von Bank- und Trogbeeten (s. Seite 383).

Die niedrige Verlegung der Heizungsrohre führt im Vergleich zur hohen Rohrheizung zu einer wesentlich günstigeren vertikalen Temperaturverteilung und zu besserer Luftbewegung. Die Wärme wird dort ausgebracht, wo sie benötigt wird. Allerdings ist das Heizungssystem u. U. arbeitswirtschaftlich ungünstig. Ggf. sollten die Anschlüsse entweder flexibel (z. B. Kunststoffschläuche) oder mit Schnellkupplungen versehen sein. Dann können sie z. B. bei der Bodenbearbeitung in Traufenhöhe aufgehängt werden.

Um Pflanzenschäden durch zu hohe Temperaturen zu verhindern, muß die Vorlauftemperatur auf max. 60°C begrenzt werden. Für Zeiten des Spitzenbedarfs bei sehr niedrigen Außentemperaturen muß ein zweites Heizungssystem vorhanden sein. Auch darf nicht auf eine Stehwandabschirmung verzichtet werden.

Bei der **Vegetationsheizung** (Abb. C 74) werden ½″–1″-PE-Rohre (sprich: ½ Zoll bis 1 Zoll) in den

Abb. C 71. Hohe Rohrheizung.
Abb. C 72. Stehwandheizung.
Abb. C 73. Niedrige Rohrzeizung.
Abb. C 74. Vegetationsheizung.

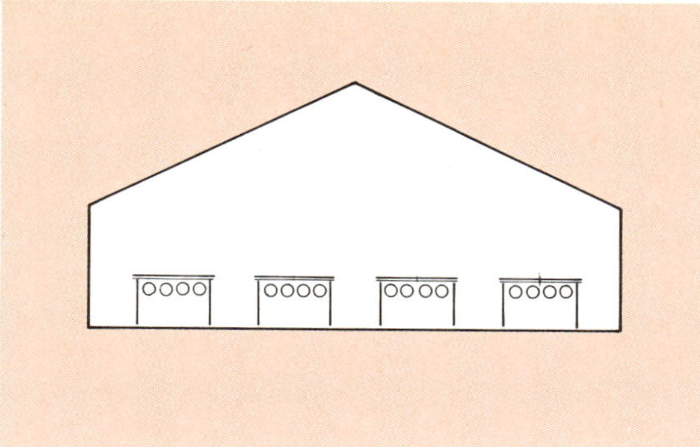

Abb. C75. Untertischheizung.

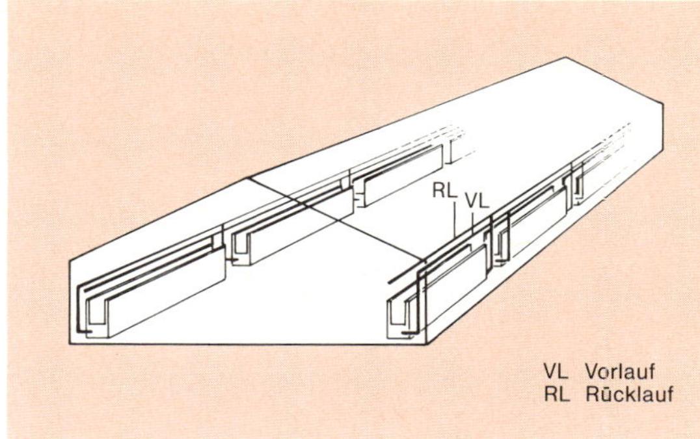

Abb. C76. Gewächshaus mit Konvektorheizung.

Pflanzenbestand auf die Tische oder Beete gelegt. Die Wärme wird also dort abgegeben, wo sie benötigt wird. Das Heizungssystem sorgt für eine gute Durchlüftung und gutes Abtrocknen des Pflanzenbestandes. Es schafft also dort ein ideales Kleinklima.

Die Vorlauftemperatur darf höchstens 60°C betragen. Die Vegetationsheizung eignet sich jedoch wegen der relativ geringen Leistungsfähigkeit nur als Zusatzheizung.

In Topfpflanzenbetrieben weit verbreitet ist die **Untertischheizung** (Abb. C75). 4–6 Rohre, bei Niedertemperaturheizungen auch wesentlich mehr, sind entweder unter dem Tisch verlegt oder sind Bestandteil der Tischkonstruktion. (Niedertemperaturheizungen sind Heizungsanlagen, die mit niedrigen Vorlauftemperaturen unter 50°C z. B. aus Wärmepumpen oder industrieller Abwärme arbeiten.)

Diese Anordnung sorgt für eine gute Erwärmung im Wurzelraum der Pflanzen, ist arbeitswirtschaftlich günstig und schafft eine gleichmäßigere vertikale Temperaturverteilung im Gewächshaus als die hohe Rohrheizung.

Wenn sich die Rohre sehr dicht unter der Tischunterseite befinden, muß die Vorlauftemperatur auf 60°C gesenkt werden. Bei sehr niedrigen Außentemperaturen ist dann evtl. ein 2. Heizungssystem als Zusatzheizung nötig. Zu hohe Vorlauftemperaturen können Pflanzenschäden hervorrufen.

3.1.3 Luftheizungen

Luftheizungen geben ihre Wärme vorwiegend durch Konvektion ab. Ein geringer Teil wird auch durch Strahlung an die Umgebung abgegeben. Sie verursachen, im Vergleich zu Rohrheizsystemen eine gute Luftumwälzung im Gewächshaus. Außerdem ermöglichen Luftheizsysteme eine schnelle Erwärmung des Kulturraumes und eine gute Regelung der Temperatur. Dies ist bedingt zum einen durch die Art der Wärmeabgabe, zum anderen dadurch, daß diese Heizungssysteme mit verhältnismäßig geringen Wassermengen arbeiten. Allerdings kühlt das Gewächshaus bei einem Heizungsdefekt auch sehr schnell aus.

Eines der Luftheizungssysteme ist die **Konvektorheizung** (Abb. C76). In Konvektoren wird das Vorlaufwasser durch dünne Kupfer- oder Stahlrohre geleitet. Von diesen Rohren wird die Wärme auf dünne aufgeschweißte oder aufgelötete Metall-Lamellen übertragen. Dadurch wird die Oberfläche etwa verzehnfacht. Zwischen diesen Lamellen streicht die Luft entlang und erwärmt sich.

Die Konvektoren stehen in einem Schacht aus zwei seitlich angebrachten Blechen, die wie ein Kamin wirken (Abb. C77). Dadurch erhöht sich die Luftgeschwindigkeit. Das abgekühlte Wasser wird in getrennt laufenden Rücklaufrohren gesammelt und zum Kessel zurückgeführt.

Abb. C77. Schnitt durch einen Konvektor.

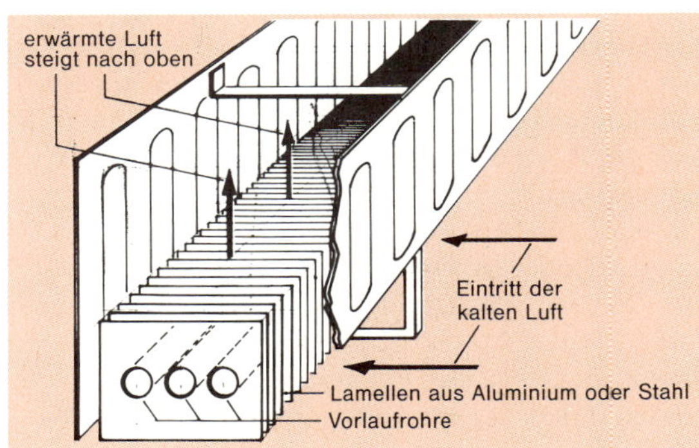

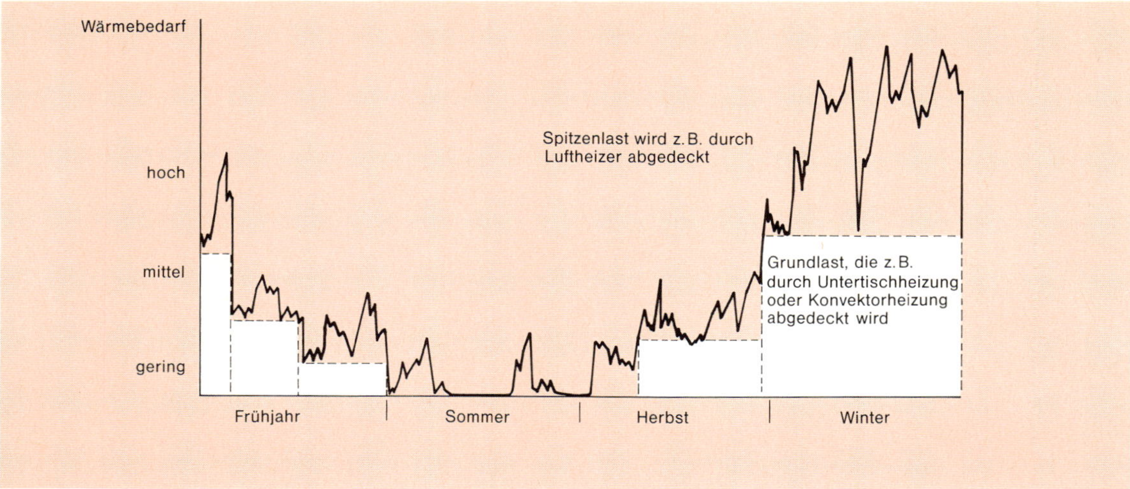

Abb. C 78. Wärmebedarf eines Betriebes in Abhängigkeit von der Jahreszeit.

Die Konvektoren sind im unteren Bereich entlang der Steh- und Giebelwände installiert. Sie beeinträchtigen kaum den Lichteinfall, bieten aber eine gute Stehwandabschirmung gegen den Kaltlufteinfall von den Stehwänden. Konvektoren können den Grundlastbedarf (Abb. C 78) decken, für Warmhauskulturen wird jedoch, wenn die Außentemperaturen sehr niedrig sind, ein zusätzliches Heizungssystem benötigt.

Die Konvektoren schaffen eine gleichmäßige Temperaturverteilung in der Vertikalen und in der Horizontalen. Nachteilig ist jedoch, daß die erwärmte Luft, bevor sie in den Pflanzenbestand kommt, erst an den kalten Stehwänden und Dachflächen entlangstreicht und daß sie keine Strahlungswärme an die Pflanzen abgibt.

Als Zusatzheizungssystem bieten sich **Luftheizer** (Abb. C 79–81) an. Luftheizer geben ihre Wärme durch **erzwungene Konvektion** ab. Die zu erwärmende Luft wird von einem Ventilator angesaugt und durch Heizlamellen gedrückt. Dabei nimmt die Luft die Wärme auf. Die Lamellen wirken als Wärmetauscher.

Luftheizer haben mehrere Schaltstufen mit jeweils unterschiedlichen Umdrehungszahlen des Ventilators. Je nach Schaltstufe ergibt sich ein unterschiedlicher Luftdurchsatz. Es wird aber auch die **Luftverteilung** im Gewächshaus beeinflußt. Zur energiesparenden Beheizung muß also auch die richtige Schaltstufe gewählt werden.

Die Heizleistung des Luftheizers hängt ab

- von der Vorlauftemperatur,
- der Ventilatorumdrehung und
- der Temperatur der angesaugten Luft.

Nach der Anbringung und Wärmeausbringung werden unterschieden:

- Deckenluftheizer
- Wandluftheizer
- Wandluftheizer mit Folienschlauch

Luftheizer werden entweder an den Vor- und Rücklauf der Warmwasserheizung angeschlossen oder z. B. mit Gas oder Heizöl befeuert (»Feuerlufterhitzer«).

Abb. C 79. Deckenluftheizer.

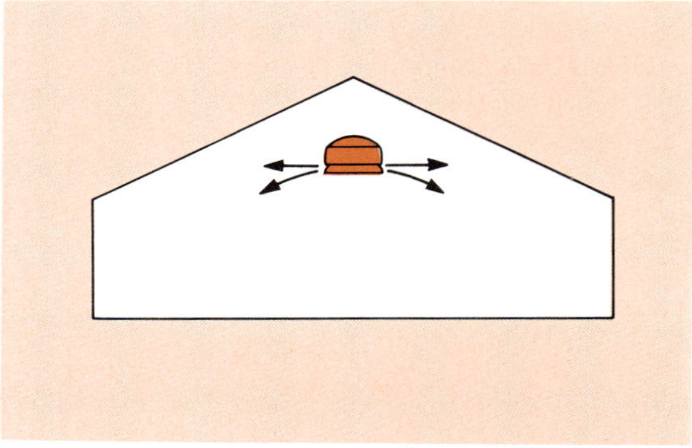

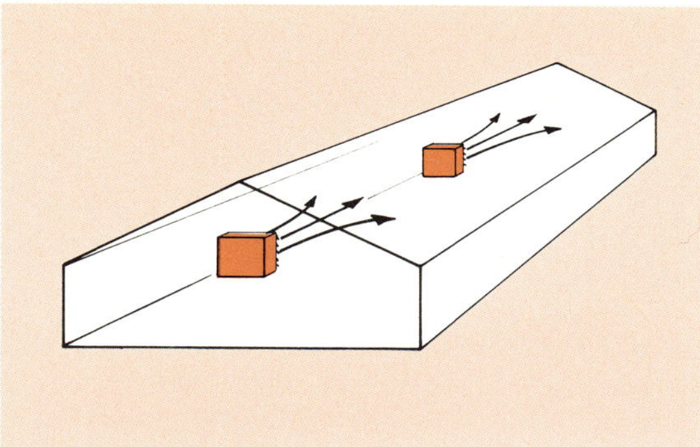

Abb. C 80. **Wandluftheizer.**

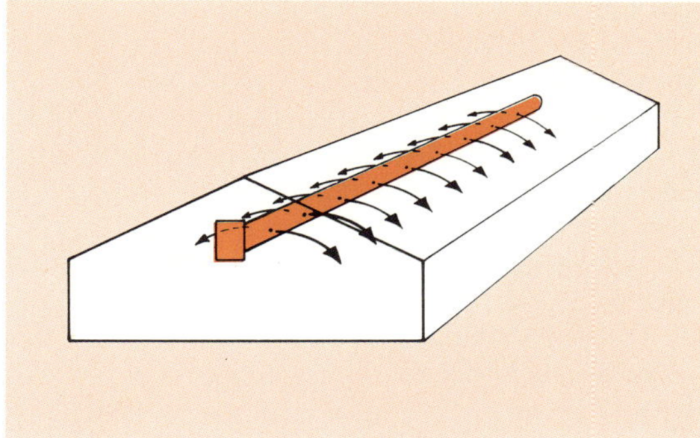

Abb. C 81. **Wandluftheizer mit Folienschlauch.**

Deckenluftheizer (Abb. C 79) werden waagerecht oben im Gewächshaus aufgehängt. Die erwärmte Luft wird durch Leitklappen in vier Richtungen in das Gewächshaus geblasen. Es wird ein »Primärluftstrom« erzeugt. Durch Vermischung mit der Luft im Gewächshaus kommt es zu weiteren Luftströmungen, den »Sekundärluftströmungen«.
Wandluftheizer (Abb. C 80) werden senkrecht im Gewächshaus aufgehängt und blasen die warme Luft einseitig horizontal aus. Um eine bessere Luftverteilung im Gewächshaus zu haben, kann ein Folienschlauch von 60–120 cm Durchmesser am Wandluftheizer befestigt sein (Abb. C 81). Der Folienschlauch sollte nicht höher als 2 m über dem Pflanzenbestand hängen, damit die Warmluft auch zu den Pflanzen gelangt.
Von einer »Luftvegetationsheizung« wird gesprochen, wenn der Folienschlauch (mit natürlich geringerem Durchmesser) direkt im Pflanzenbestand verlegt wird, was wärmetechnisch sehr günstig, aber nur bei wenigen Kulturen z. B. im Gemüsebau möglich ist.
Eine besondere Art der Luftheizung stellt die **Strahlluftheizung** dar. An der Unterseite von Steh- und Giebelwänden werden Blechrohre mit einem Durchmesser von 30–40 cm verlegt. Die warme Luft wird in einem Luftaufbereiter erzeugt, von einem Ventilator beschleunigt und dann in die Blechrohre geleitet. Durch Ausblasdüsen gelangt sie mit einer Geschwindigkeit von ca. 20 m/s in den Luftraum des Gewächshauses. Die Luftbewegung ist sehr gut und die Temperaturverteilung ist gleichmäßig.

3.1.4 Bodenheizung

Ein erwärmter Wurzelraum wirkt sich positiv auf das Wurzelwachstum und damit auf die Leistung der Kulturpflanzen aus. Angestrebt wird eine Bodentemperatur von etwa 20 °C.
Dazu werden in den Boden, aber auch in Trogbeete (Seite 383), Kunststoffrohre (meist PE ½″ oder ¾″) verlegt. Die Wärme wird von der Bodenheizung hauptsächlich durch **Leitung** übertragen.

Abb. C 82. Verlegung der Bodenheizung in Beeten mit einer Länge bis 50 m.
Abb. C 83. Verlegung der Bodenheizung in Beeten mit über 50 m Länge.

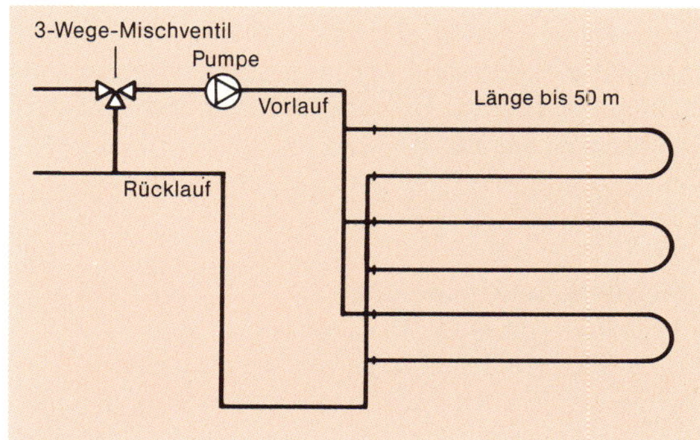

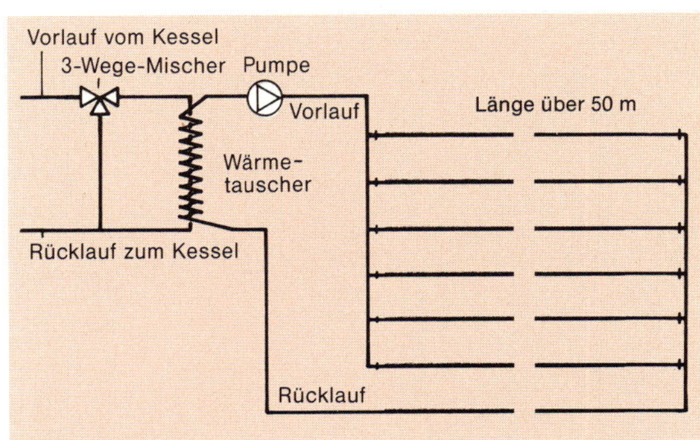

Eine Erhöhung der Lufttemperatur ist aber mit der Bodenheizung kaum zu erreichen, da der Teil der Wärme, der die – feuchte – Bodenoberfläche erreicht, durch latente Wärmeströme, d. h. Verdunsten, verloren geht. Ein Teil der Energie gelangt in tiefere Bodenschichten und geht dadurch den Pflanzen verloren.
Die Verlegungstiefe hängt ab von der Kultur, der notwendigen Bearbeitungstiefe und liegt in der Regel zwischen 20 und 40 cm. Damit nicht zu viel Wärme nach außen geleitet wird, sollten die Gewächshausfundamente besser als üblich isoliert werden.
Die Vorlauftemperatur muß, je nach Verlegungstiefe, auf 30–50 °C begrenzt werden, um Wurzelschäden zu vermeiden. Deshalb muß die Bodenheizung getrennt von den anderen Heizungssystemen mit einem Mischer geregelt werden.
Bei Beeten bis etwa 50 m Länge (Abb. C 82) kann die Bodenheizung in Schlaufen verlegt werden. Der Abstand richtet sich nach der erforderlichen Wärmemenge und damit nach der Verlegungstiefe.
Bei Beeten über 50 m werden die Rohre, wie in Abb. C 83 dargestellt, verlegt.
Die Kunststoffrohre der Bodenheizung sind besonders bei der Bodenbearbeitung stark gefährdet und es kann leicht Wasser aus dem Heizungssystem auslaufen. Die Bodenheizung sollte deshalb durch Absperrschieber leicht von der übrigen Heizung zu trennen sein. Besser, aber auch aufwendiger, ist ein eigener, getrennter Heizkreislauf, auf den in einem **Wärmetauscher** die Energie übertragen wird (Abb. C 83).

Kontrolle und Vertiefung

1. Stellen Sie die in 3.1.1 erklärten Wärmeübertragungsmöglichkeiten zeichnerisch dar.
2. Stellen Sie für alle hier beschriebenen Heizungssysteme die Wärmeausbreitung und die daraus folgenden Luftbewegungen im Gewächshaus zeichnerisch dar.
3. Beurteilen Sie die Heizungssysteme Ihres Ausbildungsbetriebes und begründen Sie Ihr Urteil.

3.2 Wärmeerzeugung

3.2.1 Brennstoffe

In den 60er Jahren hat Öl die Rolle als bedeutendster Brennstoff im Gartenbau von der Kohle übernommen. Heute haben aber, besonders wegen der starken Preiserhöhungen beim Öl, auch Gas und wieder Kohle stark an Bedeutung gewonnen.
Diese drei **konventionellen Brennstoffquellen** sind tierischen oder pflanzlichen Ursprungs und im Laufe der Entwicklung der Erde entstanden. In der Zeit, in der wir sie heute verbrauchen, sind sie nicht regenerierbar, d. h. wiederherstellbar.

Tab. C 13. Aggregatzustände der Brennstoffe

Brennstoff	Kohle	Heizöl	Gas
Aggregatzustand	fest	flüssig	gasförmig

In bisher geringem Umfang und z. T. auch erst in Versuchsanlagen werden sogenannte **alternative Energiequellen** eingesetzt. Dazu zählen z. B. Holz, Stroh, Sonnenenergie, Deponie- und Biogas, Wärmepumpen und Abfallwärme aus Industrie und Kraftwerken. Mit wachsender Energieverknappung werden sie in der Zukunft sicher an Bedeutung gewinnen.

Kohle

Kohle ist ein Brennstoff pflanzlichen Ursprungs. Im Verlauf der Erdgeschichte wurden Bäume und andere Pflanzen vom Meer überspült und dann wieder von Sand und Geröll zugedeckt. Durch den starken Druck infolge des Absinkens in größere Tiefen, Erdwärme und Luftabschluß entwickelte sich durch Inkohlung die Steinkohle. Inkohlung ist ein Entwicklungsprozeß, der über Torfe als erster Stufe, Braunkohle, Steinkohle bis zum Anthrazit führt. Die Entstehung der Steinkohle Mitteleuropas begann im Zeitalter des Karbons, also vor etwa 325–350 Mio. Jahren. Die Braunkohle ist wesentlich jünger und »nur« etwa 22–65 Mio. Jahre alt.
Die als Brennstoffe verwendeten Kohlearten lassen sich unterscheiden in:

natürliche Kohle	**aufbereitete Kohle**
– Braunkohle – Steinkohle als: Gasflammkohle 40–28 % Gasgehalt Fettkohle 28–19 % Gasgehalt Eßkohle 19–14 % Gasgehalt Magerkohle 14–10 % Gasgehalt Anthrazit 10–6 % Gasgehalt	– Braunkohlebriketts – gepreßt – – Steinkohlebriketts – gepreßt – – Koks Gasreiche Steinkohle wird unter Luftabschluß auf über 1000 °C erhitzt und entgast.

Abgesehen von besonderen regionalen Gegebenheiten finden im Gartenbau nur Gasflammkohle, Koks und Anthrazit als Brennstoff Verwendung.

Tab. C14. Heizwerte

Brennstoffe	MJ/kg		kWh/kg
Holz	14,650	≙	4,1
Anthrazit	33,500	≙	9,2
Gasflammkohle	30,500	≙	8,5
Koks	29,400	≙	8,1

Anthrazit und Koks werden in verschiedenen Körnungen angeboten. Kohlekessel sind jeweils für eine bestimmte Körnung geeignet.

Heizöl
Heizöl ist eines der Produkte, die durch Destillation oder Cracken und anschließender Raffination aus dem Naturprodukt **Erdöl** gewonnen werden.
Destillation ist die Aufteilung des Rohöls in Fraktionen, d. h. Bestandteile mit verschiedenen Siedebereichen.
Cracken ist das Zerbrechen großer Moleküle aus den schweren Destillaten (›Destillationsreste‹), um die Ausbeute an stärker nachgefragten Erdölprodukten z. B. Kraftstoffen bzw. Kraftstoffbestandteilen zu erhöhen.
Raffination ist die Aufbereitung der Destillations- und Crack-Produkte zu den Verkaufsprodukten.

Ausgangsmaterial für die Erdölbildung sind abgestorbene tierische und pflanzliche wasserbewohnende Kleinlebewesen.
Sie durchlaufen in tieferen, sauerstofffreien Stillwasserzonen einen Bituminierungsprozeß. Dabei wird von Bakterien unter anaeroben Bedingungen und bei niedrigen Temperaturen Faulschlamm im Verlauf der Erdgeschichte in Erdöl und Erdgas umgewandelt. Aus dem Erdöl werden neben Heizölen z. B. Benzine und Ausgangsstoffe für die Kunststoffherstellung und auch die Pflanzenschutzmittelherstellung gewonnen.
An Heizöle werden Mindestanforderungen gestellt. Unterschieden werden:

Heizöl EL (extraleichtflüssig)
Heizöl L (leichtflüssig)
Heizöl M (mittelflüssig)
Heizöl S (schwerflüssig)

Für den Gartenbau sind fast nur Heizöl EL und Heizöl S von Bedeutung. Nur in geringem Umfang findet auch Braun- und Steinkohlenteeröl Verwendung.
Die **Viskosität** beschreibt die **Zähflüssigkeit** der Öle. Nach der Viskosität werden die Heizöle in EL, L, M, S eingeteilt. Zum Transport der Heizöle z. B. vom Lager zum Brenner müssen Öle fließen und pumpfähig sein. Heizöl S muß auf etwa 50 °C erwärmt werden, bevor es pumpfähig ist. Dafür muß eine Vorwärmeinrichtung in den Tank eingebaut werden. Auch für eine gute Zerstäubung muß die Viskosität sehr gering sein und Heizöl S auf 80–130 °C je nach Brennertyp vorgewärmt werden.
Der **Pourpoint** eines Heizöles ist die Temperatur, bei der es eben noch wahrnehmbar fließt. Früher wurde der Stockpunkt, die Temperatur, bei der das Öl aufhört zu fließen, angegeben.
Für Heizöl S ist ein Pourpoint nicht allgemein bestimmbar, da er abhängig ist von der Vorbehandlung des Schweröls und sich auch durch die Lagerung verändert.
Flammpunkt ist die niedrigste Temperatur eines Öles, bei der es genügend brennbare Dämpfe entwickelt, um entflammt zu werden. Die Einteilung in Gefahrenklassen erfolgt nach dem Flammpunkt.
Heizöl EL hat einen relativ hohen Flammpunkt und ist wie Dieselkraftstoff in der Gefahrenklasse A III. Kraftstoffe für Ottomotoren sind wesentlich feuergefährlicher, weil schon bei normalen Temperaturen leicht brennbare Stoffe entstehen. Benzin ist deshalb in der Gefahrenklasse A I und es bestehen verschärfte Lagervorschriften.

Tab. C 15. Anforderungen an Heizöle

	Heizöl EL	Heizöl S
Viskosität	bei 20 °C max. 17 mm^2/s	bei 50 °C max. 450 mm^2/s
Pourpoint	max. −6 °C	–
Flammpunkt	mind. 55 °C	mind. 65 °C
Schwefelgehalt	max. 0,3 Gew. %	max. 2,8 Gew. % (im Handel meistens 2,0 Gew. %)
Heizwert	mind. 42,0 MJ/kg ≙ 11,7 kWh/kg	mind. 39,8 MJ/kg ≙ 11,1 kWh/kg
Handelseinheit	Volumen (Liter)	Masse, ›Gewicht‹ (Tonnen)

Der **Schwefelgehalt** eines Brennstoffes sollte so niedrig wie möglich sein. Die Höchstwerte sind gesetzlich festgelegt (s. o.). Er verursacht Schwefelkorrosion im Kessel und führt zu schweren Umweltschäden. Bei der Verbrennung von Heizöl S sind wegen der hohen Schwefelgehalte große Schornsteinhöhen vorgeschrieben.

Der **Heizwert** gibt die Wärmemenge an, die bei vollständiger Verbrennung frei wird.

Erdgas

Erdgas besteht je nach Herkunft zu 75–99 % aus Methan (CH_4). Weiterhin enthält es Stickstoff (N_2) und Kohlendioxid (CO_2). Schwefel (S) ist nur in verschwindend geringen Mengen im Erdgas enthalten. Die Höhe des Methangehaltes bestimmt den Heizwert des Erdgases.

Erdgasvorkommen gibt es in der Bundesrepublik Deutschland in Norddeutschland und Bayern. Importiert wird Erdgas vorwiegend aus den Niederlanden, Norwegen und der UdSSR. Entstanden sind die Erdgase entweder im Zusammenhang mit der Erdölbildung oder beim Inkohlungsprozeß.

Die Bedeutung von Erdgas als Brennstoff im Gartenbau ist stark gewachsen. 1982 lag sein Anteil bereits bei 18 %. Gründe für seine zunehmende Verwendung sind:

- Lagerkosten entfallen, da die Lieferung durch die Gasleitung erfolgt. Da keine Speicherung erfolgen kann, ist der Betrieb von einer zuverlässigen Versorgung abhängig.
- Keine Kapitalbindung durch den Brennstoffvorrat. Allerdings verlangen manche Versorgungsunternehmen eine monatlich zu zahlende Pauschale nach Abschätzung des Gesamtverbrauches. Bei anderen Versorgungsunternehmen sehen die Verträge die Bezahlung nach Verbrauch vor. Das bedeutet für den Betrieb eine Zinsersparnis.
- Ein hoher Gesamtwirkungsgrad ist bei Gasheizungen möglich, da kaum aggressive Schwefelgase entstehen können. Somit lassen sich die Abgasverluste durch hohe Abgastemperaturen verringern, die sich bei der Heizölverbrennung aus technischen Gründen ergeben und sich kaum wirtschaftlich vermindern lassen.
- Längere Kessellebensdauer infolge geringerer Korrosion.

Die Gaspreise werden in regelmäßigen Abständen an die Ölpreise angeglichen. Nachteilig am Brennstoff Erdgas ist, daß seine Verwendung nur in den Gegenden des Bundesgebietes möglich ist, die durch eine Gasleitung erschlossen sind. Die Anschlußkosten sind recht hoch. Es müssen langfristige Verträge mit den Versorgungsunternehmen abgeschlossen werden.

Tab. C 16. Erdgaseigenschaften

Brennwert (H_o)	34,9 MJ/m^3 – 40,3 MJ/m^3 ≙ 9,7–11,2 kWh/m^3
Heizwert (H_u)	31,7 MJ/m^3 – 36,7 MJ/m^3 ≙ 8,8–10,2 kWh/m^3
Luftbedarf (praktisch)	12–15 m^3/m^3
Zündtemperatur im Gemisch mit Luft	ø 640 °C

Der **Brennwert** (H_o) gibt die gesamte bei einer Verbrennung entstehende Wärme an. In diesem Wert ist auch die im Wasserdampf, der bei der Verbrennung entsteht, enthaltene Wärme mit erfaßt. Dieser Wasserdampf muß aber zur Vermeidung von Korrosion abgeführt werden und kann im Kessel nicht genutzt werden. Der **Heizwert** (H_u) ergibt sich aus dem Brennwert abzüglich der Verbrennungswärme aus dem Verbrennungswasser.

3.2.2 Brennstofflagerung

Brennstoffe dürfen sich nur in verhältnismäßig geringen Mengen im gleichen Raum wie die Feuerungsanlage befinden. Feste Brennstoffe sollen möglichst trocken lagern. Heizöl kann wahlweise oberirdisch oder unterirdisch gelagert werden. Die Behälter sind vorwiegend aus Stahl gefertigt, daneben gibt es aber auch Stahlbeton- und Kunststoffbehälter.
Die preiswerteste Möglichkeit zur Heizöllagerung bieten **oberirdisch** errichtete Behälter. Allerdings muß für sie ausreichender Platz in geeigneter Lage zur Verfügung stehen. Einwandige oberirdische Lagerbehälter müssen zusätzlich eine Auffangwanne haben, damit evtl. auslaufendes Öl aufgefangen wird. Eine andere Möglichkeit ist das Aufstellen von doppelwandigen Tanks, bei denen die zweite Wand auch eine Einlage aus Kunststoff sein kann. Zusätzlich ist dann eine Leckanzeige vorgeschrieben. Einwandige Tanks dürfen auch in begehbaren, ölundurchlässigen und aus feuerbeständigem Material erstellten Räumen, die dann als Auffangraum dienen, aufgestellt werden. Im Freien aufgestellte Stahlbehälter sind nicht nur von innen, sondern auch von außen gegen Korrosion zu schützen.
Für die unterirdische Lagerung bestehen besondere Bau- und Sicherheitsbestimmungen (Abb. C84). In der Regel finden doppelwandige Tanks Verwendung. Unterirdische Tanks müssen sehr sorgfältig verlegt werden. Die Beschädigung des Behälters und seiner äußeren Schutzschicht z. B. durch Steine muß ausgeschlossen sein. Vorgeschrieben ist eine optische und akustische Leckanzeige. Unterirdische Tanks werden alle 5 Jahre überprüft.
Zur Kontrolle der Befüllung, aber auch zur Information über den Heizölvorrat, ist im Dom eine Ölstandsmeßeinrichtung untergebracht, wie z. B. ein Peilstab oder eine mechanisch, pneumatisch oder elektronisch arbeitende Anzeigevorrichtung. Um eine Überfüllung auszuschließen, ist ein Grenzwertgeber vorgeschrieben. Der Tankvorgang ist vom Tankwagenfahrer ständig zu überwachen. Sollte Öl in den Boden gelangen, so ist sofort die Polizei und Verwaltung zu benachrichtigen.

Abb. C84. Unterirdische Lagerung eines doppelwandigen Heizöltanks.

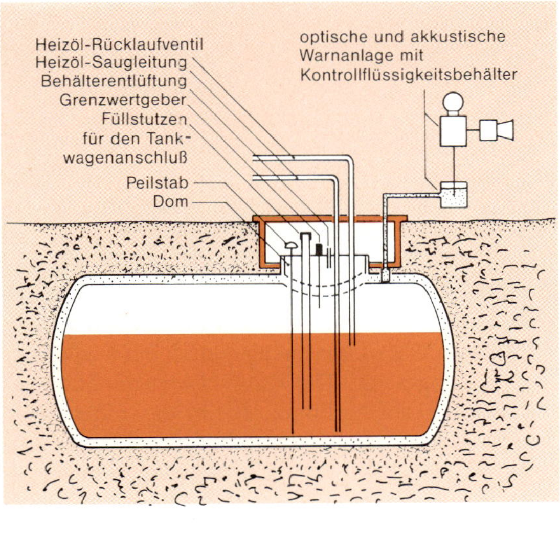

3.2.3 Verbrennung

Bei der Verbrennung verbindet sich ein Brennstoff mit Sauerstoff. Dieser Vorgang heißt Oxidation. Bei diesem Oxidationsvorgang wird Wärme frei.

Beispiel: $C + O_2 \rightarrow CO_2$ + Wärme

Voraussetzung für eine Verbrennung ist, neben einem brennbaren Stoff und Luft mit dem darin zu knapp 21% vorhandenen Sauerstoff, das Erreichen der erforderlichen Zündtemperatur des Brennstoffes.

Tab. C17. Zündtemperaturen

Brennstoff	°C
Holz	200–400
Anthrazit	440
Heizöl EL	360
Heizöl S	340
Erdgas	640

Der in den Brennstoffen enthaltene Schwefel verbrennt zu Schwefeldioxid (SO_2). Es wird mit den Rauchgasen abgeführt. Schwefeldioxid ist sehr umweltschädlich, schon deshalb sollte der Schwefelge-

halt der Brennstoffe so niedrig wie möglich sein. Die schwefelhaltigen Rauchgase verbinden sich infolge zu niedriger Temperaturen an den Rauchgasabzügen im Kessel mit dem kondensierten Wasserdampf (Taupunktunterschreitung).
Es entstehen schweflige Säure (H_2SO_3) und Schwefelsäure (H_2SO_4). Diese Säuren sind sehr aggressiv und bewirken **Kesselkorrosion**.
Zur Verbrennung ist in der Praxis ein Sauerstoffüberschuß, d. h. also ein Luftüberschuß, nötig, damit auch sicher alle Brennstoffteilchen mit Sauerstoff in Verbindung kommen. Bei der dann ablaufenden **vollständigen Verbrennung** entstehen als Abgase CO_2, SO_2, und Wasser.

der Meßflüssigkeit und so kann der CO_2-Gehalt an einer Skala abgelesen werden.
Wenn der Luftüberschuß bei der Verbrennung zu groß ist, sinkt auch die Verbrennungstemperatur. Es gibt dann mehr Abgase und Wärmeverluste, weil diese überschüssige Luft zusätzlich erwärmt werden muß. Dadurch wird aber auf den Wärmeträger Wasser im Kessel nicht soviel Energie übertragen. Die zu niedrige Verbrennungstemperatur kann auch zu Rußbildung führen.
Die Abgastemperatur soll beim Eintritt in den Schornstein dagegen so niedrig wie möglich sein, um die Wärmeverluste gering zu halten. Sie sollten am Kesselaustritt bei Ölheizungen zwischen 180 °C und

Tab. C18. Luftbedarf für die Verbrennung

Brennstoff	theoretischer Luftbedarf der Brennstoffe	Anhaltswert für den praktischen Luftbedarf
Koks	7,6 m^3/kg	10,6 m^3/kg
Anthrazit	8,55 m^3/kg	12,0 m^3/kg
Heizöl EL	10,7 m^3/kg	12,8 m^3/kg
Heizöl S	10,15 m^3/kg	13,2 m^3/kg
Erdgas	8,25 m^3/m^3	9,1 m^3/m^3

Der tatsächliche Luftbedarf ist abhängig von der Brennstoffgüte, der Brennerkonstruktion, der Brennereinstellung und der Kesselkonstruktion.
Wird bei der Verbrennung eine unzureichende Luftmenge zugeführt, kommt es zur **unvollständigen Verbrennung**. Der Brennstoff oxidiert nur unvollkommen und es wird nur ein Teil der Wärme frei. Die Abgase enthalten dann giftiges Kohlenmonoxid (CO), Wasserstoff und Ruß.
Wird der Brennstoff mit der genau erforderlichen Luftmenge verbrannt, so haben die Abgase einen bestimmten CO_2-Gehalt. Die max. CO_2-Konzentration ist 15,4% bei Heizöl EL, 16% bei Heizöl S, 11,9% bei Erdgas und um 20% bei Koks und Anthrazit. Wird nun mit Luftüberschuß verbrannt, so kann die überschüssige Luft keine C-Atome mehr binden. Der CO_2-Gehalt der Abgase sinkt. Über den CO_2-Gehalt kann der Luftüberschuß bestimmt werden.
CO_2 wird mit einem Gerät gemessen, das eine Meßflüssigkeit (z. B. Kalilauge) enthält. Abgas wird in das Gerät gepumpt, bis keine Luft mehr darin ist. Durch Schütteln werden Meßflüssigkeit und Abgas verbunden. Ein bestimmter Teil Abgas löst sich in

200 °C liegen. Bei der Verbrennung von Gas sollten die Abgastemperaturen 160–180 °C betragen.
Liegt die Abgastemperatur wesentlich darüber, ist der Kesselwirkungsgrad und damit die Wärmeausnutzung schlecht. Sinkt die Abgastemperatur zu tief, kommt es zur Kondensation und damit zur Durchfeuchtung des Schornsteins. Abgase sollten an der Schornsteinmündung noch 80–100 °C haben.
Ist in den Abgasen Ruß enthalten, hat nur eine unvollständige Verbrennung stattgefunden. Der Ruß wird mit den Abgasen abgeführt, lagert sich aber auch an den Heizflächen des Kessels ab und vermindert dadurch den Wärmeübergang von den Verbrennungsgasen an den Wärmeträger Wasser. 1 mm Ruß verschlechtert den Kesselwirkungsgrad schon um 2,5%.
Der Rußgehalt wird meist mit dem Rußtest nach Bacharach festgestellt. Mit einer Luftpumpe wird eine bestimmte Rauchgasmenge durch ein weißes Filterpapier angesaugt. Das Rußbild wird mit Hilfe der Bacharach-Skala bestimmt. Bleibt das Filterpapier weiß, ist kein Ruß enthalten, die Rußzahl ist 0. Anzustreben ist eine Rußzahl zwischen 0 und 1. Ab einer Rußzahl 2 bei Heizöl EL und Rußzahl 3 bei

Heizöl S ist eine Neueinstellung des Brenners vorgeschrieben.
Luftüberschuß, CO_2-Gehalt, Abgastemperatur und Rußbild stehen in einem bestimmten Verhältnis zueinander. Mit Hilfe dieser Werte läßt sich der Wirkungsgrad der Feuerung bestimmen. Messungen werden in regelmäßigen Abständen von dem Schornsteinfegermeister durchgeführt, der das Ergebnis in einer Bescheinigung festhält.

Kontrolle und Vertiefung

1. Stellen Sie in Form einer Tab. die für den Gärtner wichtigen Eigenschaften der verschiedenen Brennstoffe dar.
2. Ermitteln Sie Preise für die Brennstoffe und stellen Sie die Preisentwicklung über ein Jahr zeichnerisch dar.
3. Welche Bedeutung hat die Luft und besonders die Luftmenge für die Verbrennung.
4. Nennen Sie die »technischen Gründe«, die ausschließen, die Abgase der Ölverbrennung unter 180 °C zu senken.

3.3 Wärmeerzeugungsanlage

3.3.1 Heizraum

In kleineren Betrieben wird die Wärmeerzeugungsanlage manchmal nicht in einem »Kesselhaus« errichtet, sondern direkt im Gewächshaus.
Für eine Feuerstätte über 50 kW ist ein eigener Heizraum notwendig. Dieser Raum darf nicht für andere Zwecke z. B. als Lagerraum benutzt werden. Die Höhe beträgt mindestens 2,0 m, vor allem ist aber eine ungehinderte Vorlauf- und Rücklaufführung über dem Kessel zu ermöglichen. Wände, Dekken und Böden von Heizräumen sind aus nicht brennbaren Baustoffen (z. B. Beton) feuerbeständig zu errichten. Die Türen müssen nach außen aufgehen, feuerhemmend und selbstschließend sein. Sie sollen aber auch so groß sein, daß zum Auswechseln eines Kessels nicht unbedingt eine Wand eingerissen werden muß. Bei Anlagen über 350 kW muß der Heizraum zwei Ausgänge haben.
Mittlere und große Kessel werden als Überdruckkessel geliefert. Hier muß das Verbrennungsgebläse vor allem beim Anlaufen den Kesselwiderstand überwinden. Der Kesselwiderstand wird hervorgerufen durch die Reibung der Gase an den Wänden der Züge.
Die Rauch- und Abgase werden dann durch den Schornstein nach draußen abgeführt. Durch die Temperaturdifferenz gegenüber der Außenluft erhalten sie im **Schornstein** einen Auftrieb.
Ist der Schornsteinzug zu gering, kommt es zu unvollständiger Verbrennung und damit zu unbefriedigenden Kesselleistungen. Ein zu starker Zug dagegen verursacht durch zu hohe Abgastemperaturen Energieverluste.
Brenner, Kessel und Schornstein müssen also gut aufeinander abgestimmt sein. Eine Einstellung des Schornsteinzuges kann zusätzlich durch Rauchgasschieber oder Luftklappen erfolgen.
Eine Versottung des Schornsteins durch kondensierende schwefelhaltige Abgase läßt sich außer durch höhere Abgastemperaturen auch durch Isolierung des Schornsteins verhindern.

3.3.2 Brenner

Zur Verbrennung flüssiger und gasförmiger Brennstoffe sind Brenner erforderlich. Aufgabe des Brenners ist es, ein zünd- und brennbares Öl-Luft-Gemisch bzw. Gas-Luft-Gemisch zu bilden, es anschließend zu zünden und die Flamme zu überwachen.

Ölbrenner
In der Praxis finden im wesentlichen zwei Arten von **Zerstäubungsbrennern** Verwendung:

Zerstäubungsbrenner
- Druckzerstäubungsbrenner
- Rotationszerstäubungsbrenner

Verdampfungsbrenner ermöglichen keine wirtschaftliche Verbrennung in größeren Feuerungsanlagen.
Der **Rotationszerstäubungsbrenner** (Abb. C85), auch Drehzerstäubungsbrenner genannt, bewirkt das Zerstäuben durch die Zentrifugalkraft.
Heizöl fließt drucklos in den hinteren Teil eines konischen Zerstäubungsbechers, der von einem Motor sehr schnell gedreht wird. Durch die Form des Bechers wird das Öl nach vorn getrieben und reißt dort als feiner Film ab. Der Luftstrom des Zerstäuberge-

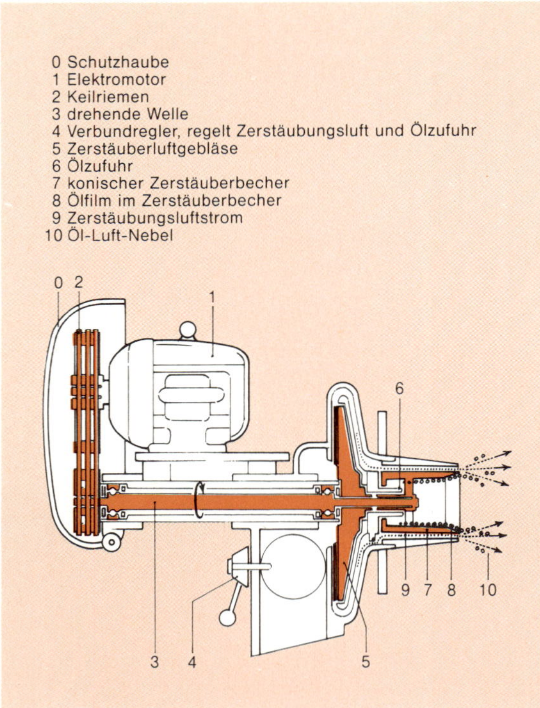

bläses, das auf der gleichen Welle angetrieben wird, reißt das Öl mit, zerstäubt es fein und mischt es mit Luft. Der Hauptanteil der notwendigen Verbrennungsluft wird über ein gesondertes »Verbrennungsluftgebläse« zugeführt. Das Öl-Luft-Gemisch wird durch eine Fremdflamme gezündet.

Drehzerstäubungsbrenner können eingesetzt werden sowohl für Ölfeuerung als auch für Gasfeuerung. Sie finden aber hauptsächlich bei der Schwerölverbrennung Verwendung, weil sie auch bei relativ hoher Viskosität das Öl gut zerstäuben. Das bedeutet, es braucht nur auf etwa 80–85 °C vorgewärmt werden. Diese Brenner sind ursprünglich für Schiffskessel entwickelt worden. Sie sind sehr robust und wenig störanfällig, es kann z. B. keine Düse verstopfen.

Weit häufiger werden **Druckzerstäubungsbrenner** (Abb. C 86) verwendet. In einem Druckzerstäuber wird von einer Ölpumpe das Öl mit hohem Druck durch eine Dralldüse (Abb. C 87) gepreßt und dabei zerstäubt. Die feinen Tröpfchen werden von einem

Abb. C 85. Schnittbild eines Saacke-Drehzerstäubungsbrenners.
Abb. C 86. Weishaupt-Ölbrenner »Monarch«.

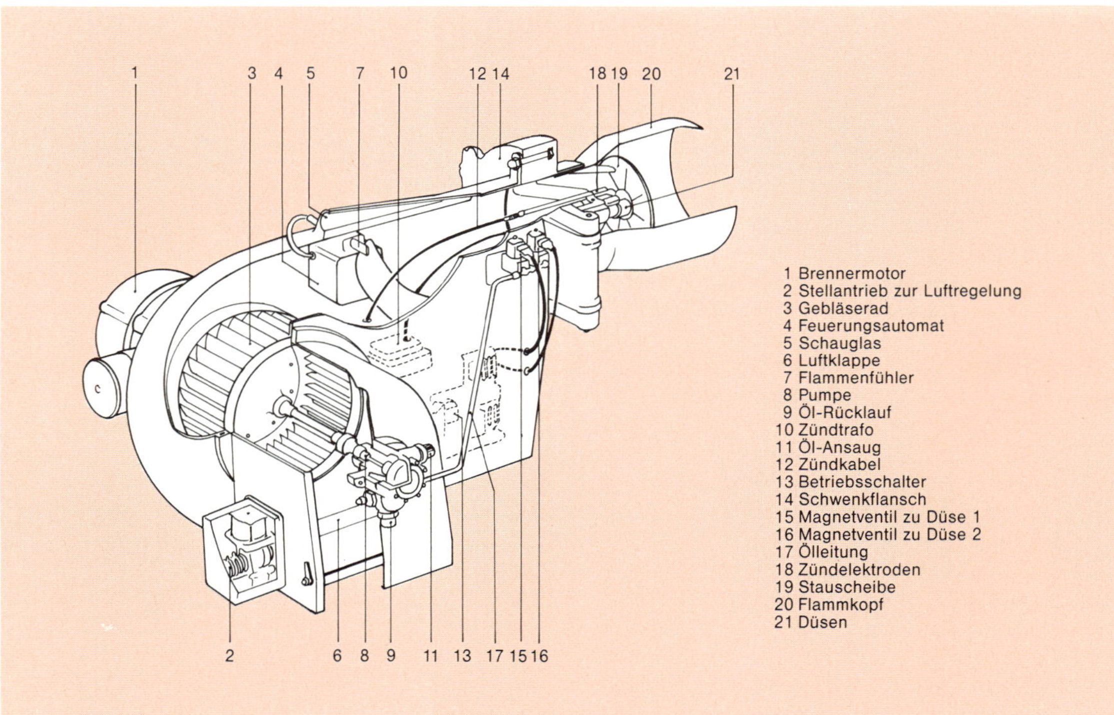

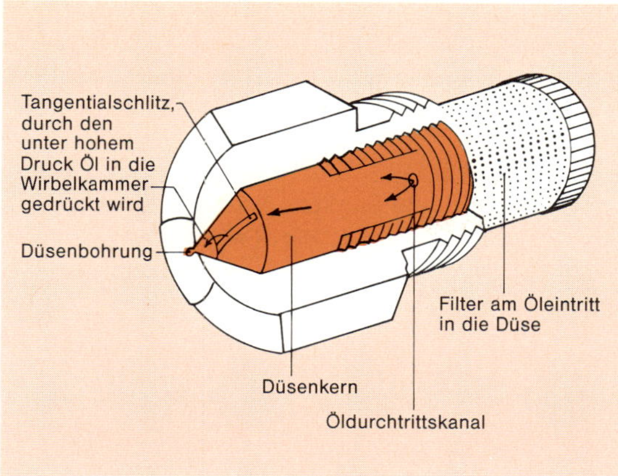

Abb. C 87. Schnitt durch die Dralldrüse eines Druckzerstäubers (Danfoss).

durch ein Gebläse erzeugten Luftstrom, der an der Düse vorbeiführt, mitgerissen und dabei zu einem feinen Nebel vermischt. Dieses Gemisch wird dann gezündet.

Das Kernstück des Ölbrenners ist die Ölbrennerdüse.

Aufgabe der Ölbrennerdüse

- Zerstäuben des Heizöls
- Festlegen der Flammform durch den Sprühwinkel
- Bestimmen der Brennerleistung

Die Leistung des Brenners ist abhängig vom **Öldurchsatz**. Er besagt, wieviel Öl in einer Stunde durch die Düse hindurchgeht. Der Öldurchsatz/h bei einem Pumpendruck von 700000 Pa (≙ 7 bar) ist in die Düse eingraviert, die Angabe bezieht sich auf US-Gallonen

1 US gal = 3,785 l

Ein höherer Öldruck bewirkt auch einen größeren Öldurchsatz.

Um eine gute Zerstäubung auch bei der Verbrennung von schwerflüssigem Öl zu erreichen, muß das Öl in einem **Ölvorwärmer** auf etwa 120–140 °C vorgeheizt werden. Dieser Ölvorwärmer ist zusätzlich am Brenner montiert. Für die S-Öl-Feuerung finden auch beheizte Düsenköpfe und Pumpen Verwendung.

Die **Ölpumpe** saugt das Öl zum Brenner und sorgt für den notwendigen Düsendruck. Er beträgt bis 2,5 Mio. Pa ≙ 25 bar. Die Pumpe wird auf der gleichen Welle angetrieben wie das Gebläserad. Überschüssiges Öl fließt über einen Ölrücklauf in den Tank zurück.

Beim Abschalten des Brenners wird der Ölstrom sofort von einem **Magnetventil** unterbrochen, um ein Nachspritzen des Öls in den Kessel zu vermeiden.

Das **Gebläse** muß die zur Zerstäubung und Verbrennung erforderliche Luft in Richtung Flammrohr (s. Abb. C 89) des Kessels führen. Um eine vollständige Verbrennung zu ermöglichen und CO-Bildung, Rußbildung und Energieverluste zu vermeiden, muß ein kleiner Luftüberschuß durch das Gebläse miterzeugt werden. Das Gebläse läuft etwas vor der Ölfreigabe und Zündung an, um den Feuerraum vorzubelüften und den Druck im Kessel zu vermindern – den Kesselwiderstand zu verringern –.

Die **Leitschaufeln** im Luftstrom und die **Stauscheibe** vor der Brennerdrüse versetzen die Luft in kreisende Bewegung und lenken den Luftstrom auf den Ölstrahl vor der Brennerdüse.

Zur Zündung ist eine Spannung von 10000 Volt erforderlich. Diese Spannung wird durch einen Transformator erzeugt. Die Funken springen zwischen den Spitzen der Elektroden über und entzünden das Öl-Luft-Gemisch. Die Elektroden dürfen nicht in den Ölnebel hineinragen, weil dann die Gefahr des Verkokens gegeben ist. Sie können dann nicht mehr zünden.

Bei Ausfall der Flammen bzw. bei Fehlzündungen muß der Kessel vor dem auslaufenden Öl bzw. vor Verpuffung geschützt werden. Aus diesem Grund wird eine Flammüberwachung eingebaut, die selbsttätig wirkt und den Brenner abschaltet. Die Flamme wird von einer Fotozelle oder einem Fotowiderstand überwacht.

Druckzerstäubungsbrenner arbeiten als

Einstufenbrenner: Die Leistungsregelung erfolgt durch Ein- und Ausschalten des Brenners (Abb. C 88).

Zweistufenbrenner: Sie ermöglichen eine dem Wärmebedarf angepaßte Feuerung bei »Schwachlast« bzw. »Vollast«. Um den Kesselwiderstand leichter zu überwinden, fahren Zweistufenbrenner in der Schwachlaststufe (⅔ der Vollast) und schalten später bei Bedarf auf Vollast.

Zweistufenbrenner arbeiten entweder mit einer Düse, der unterschiedliche Ölmengen zugeführt werden oder mit zwei Düsen, die von zwei Magnetventilen getrennt gesteuert werden (Abb. C 88).

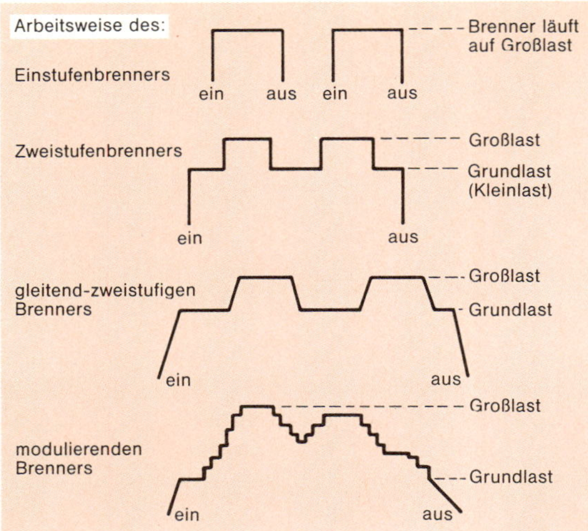

Abb. C 88. Arbeitsweise von Druckzerstäubungsbrennern.

Dreistufenbrenner arbeiten nach dem gleichen Prinzip mit 3 Leistungsstufen, die mit 3 getrennt gesteuerten Düsen erreicht werden.

Gleitend-zweistufige Brenner haben ein für Kessel und Verbrennung feuertechnisch besseres Anfahr- und Umschaltverhalten. Es wird dabei eine vollständigere und sauberere Verbrennung erreicht (Abb. C 88).

Die beste Möglichkeit zur bedarfsgerechten Feuerung, also der dem Wärmebedarf des Kessels angepaßte Energiezufuhr, ermöglichen **modulierende Brenner**. Sie lassen eine ständig laufende Feuerung zu und vermeiden damit Stillstandsverluste, die bei Kesseln mit nicht kontinuierlicher Feuerung auftreten (Abb. C 88).

Gasbrenner

Beim Gasgebläsebrenner regelt ein Gebläse die zur Verbrennung erforderliche Luftmenge. Luft und Gas gelangen durch eine entsprechende Mischeinrichtung zur Flammrohrmündung.

Für Gasbrenner sind eine Reihe von zusätzlichen Sicherungsarmaturen und Absperreinrichtungen vorgeschrieben. Unverbranntes Gas darf in keinem Fall austreten, es bestünde Explosionsgefahr.

Das Gas muß ab Brennermündung brennen. Es darf nicht zurückschlagen. Die Zündung erfolgt durch Funken zwischen den beiden Zündelektroden. Auch bei Gasbrennern muß verhindert werden, daß unverbranntes Gas in den Kessel strömt. Nach spätestens einer Sekunde muß der Flammwächter ansprechen. Auch bei Gasbrennern gibt es Einstufen- und Zweistufenbrenner sowie gleitend-zweistufige und modulierende Brenner. Der Gas- und Luftstrom muß jederzeit aufeinander abgestimmt sein.

Zweistoffbrenner

Da Gas und Öl sehr ähnliche Anforderungen an den Brenner stellen, gibt es die Zweistoffbrenner, die wahlweise eine Gas- oder Ölfeuerung zulassen.

3.3.3 Kessel

Aufgabe des Kessels ist es, die z. B. vom Brenner in Form der Flamme eingebrachte Energie möglichst vollständig auf den Wärmeträger Wasser zu übertragen.

Bauteile des Kessels
- Flammrohr
- Züge
- Anschlüsse für VL, RL, Sicherheits VL und Sicherheits RL
- Regelung, Thermostat
- Fuchs zwischen Kessel und Schornstein
- Isolierung

Die **Leistung** des Kessels wird gemessen in kW, früher kcal/h bzw. WE/h

1 kW = 860 kcal/h = 860 WE/h

1 WE/h = 1 kcal/h = 0,00163 kW.

Sie ist abhängig von
- der Größe des Kessels gemessen in m^2 Heizfläche
- der Bauart
- dem Brennstoff
- dem Wirkungsgrad.

Kessel lassen sich unterscheiden:
1. nach dem Werkstoff (Stahl, Gußeisen, Keramikstahl)
2. nach der Art des Brennstoffes (Spezialkessel für Festbrennstoffe Öl, Gas; Umstellbrandkessel; Wechselbrandkessel)
3. nach der Art des Wärmeträgers (Warmwasser-, Heißwasser-, Dampfkessel)

Die preiswerteste, kleinste und leichteste Kesselart ist der Stahlkessel. Das **Flammrohr** und die **Züge** sind aus Stahlblechen von mehreren mm Dicke angefertigt. Im Flammrohr (-Brennraum-) soll der Brennstoff vollständig ausbrennen. Dort wird auch der größte Teil der Energie auf das Wasser übertragen. Der Brennerkopf muß so ausgewählt sein, daß die Flamme der Brennraumform angepaßt ist. Die

Züge sind Rohre, in denen die heißen Abgase durch den Kessel geleitet werden.

Um das Flammrohr und die Züge herum erwärmt sich das Heizungswasser und steigt nach oben in den Vorlauf. Damit sich die Abgase in den Zügen nicht zu stark abkühlen und es zur Taupunktunterschreitung kommt (s. Seite 402), darf das in den Kessel zurückfließende Rücklaufwasser eine Temperatur von 60 °C nicht unterschreiten.

Die Summe aus den Oberflächen der Züge und des Flammrohrs ergeben die **Heizfläche**. Stahlkessel werden auch als Hochleistungskessel bezeichnet, weil sie eine hohe Heizflächenbelastung zulassen, d. h. pro m^2 Heizfläche kann sehr viel Wärme übertragen werden.

Der Kesselwirkungsgrad gibt an wie gut, d. h. zu wieviel Prozent, die eingesetzte Energie ausgenutzt wird. Bei Öl- und Gasfeuerung sollte er über 90%, bei Koks und Kohle 85–90% betragen.

Der Stahl und die Schweißnähte müssen von guter Qualität sein, um möglichst lange der Korrosion im Kessel zu widerstehen und so eine lange Lebensdauer zu ermöglichen. Zu unterscheiden ist die rauchgasseitige Korrosion und die wasserseitige Korrosion durch die Aggressivität des Wassers (s. Seite 400 und Seite 402).

Stahlkessel sind in der Regel Spezialkessel für Öl- und Gasfeuerung. Die im Gartenbau verwendeten Kessel sind entweder Dreizugkessel oder Zweizugkessel, die in Blockbauweise hergestellt werden.

Abb. C 89. Bäcker-Dreizugkessel.

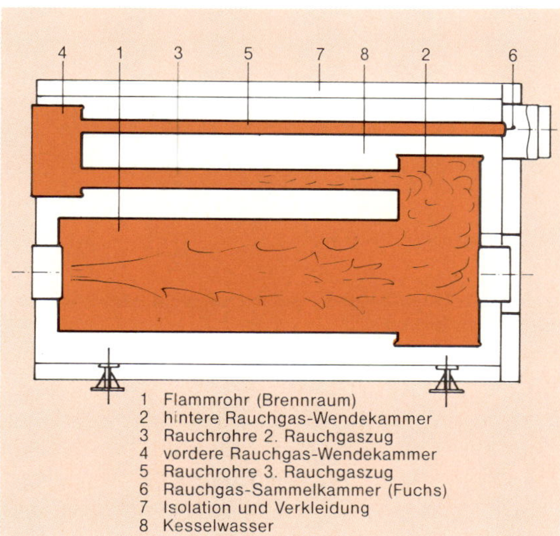

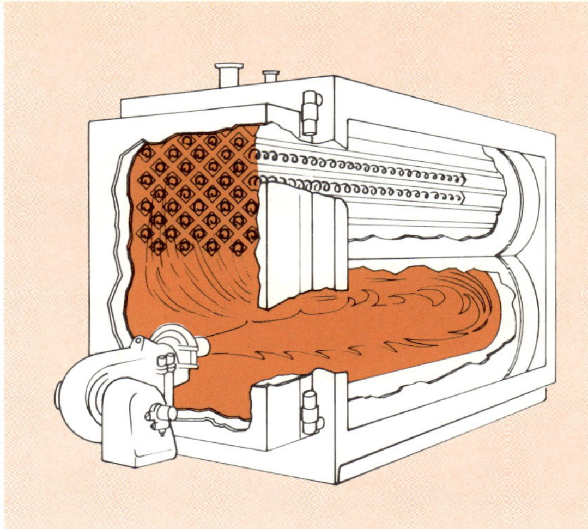

Abb. C 90. Bowastra-Zweizugkessel.

Dreizugkessel haben einen Feuerraum als 1. Zug. Durch die Rohre des 2. Zuges werden die Abgase zur Nutzung der Abgaswärme in die vordere Wendekammer geleitet und im 3. Zug noch einmal durch den Kessel zum Fuchs, als dem Verbindungsstück zwischen Kessel und Schornstein (Abb. C 89).

Zweizugkessel mit Dreizugfunktion haben einen Feuerraum, in dem die Abgase um die Flamme herum wieder nach vorn geführt werden. Dadurch wird eine besonders hohe Flammtemperatur ermöglicht und ein hoher Ausbrand des Brennstoffes erreicht.

Abb. C 91. Buderus Öl/Gas-Spezialheizkessel (Gußkessel).

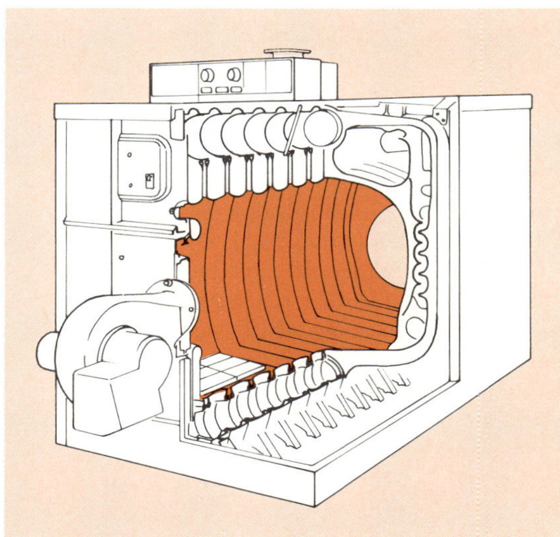

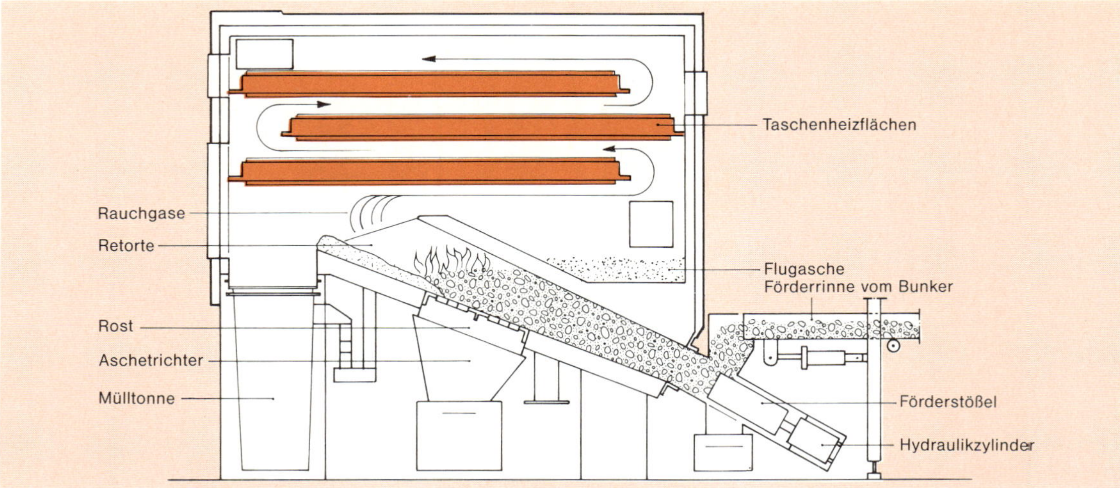

Abb. C 92. Automatischer Kohlekessel mit oberem Abbrand.

Im 2. Zug (für die Abgase der 3. Zug) werden die Abgase zur Wärmeabgabe durch den Kessel zum Fuchs geführt (Abb. C 90).

In die Züge können sog. Wirbulatoren oder Turbolatoren eingeschoben werden, die die Wärmeabgabe aus den Abgasen noch verbessern sollen.

Gußkessel werden in Gliederbauweise hergestellt. Die für den Gartenbaubetrieb erforderliche Heizleistung läßt sich durch das Zusammensetzen der erforderlichen Anzahl Einzelglieder erreichen, die mit Ankerschrauben zusammengehalten werden (Abb. C 91).

Gußeisen hat den Vorteil, daß es wesentlich korrosionsfester ist als Stahl. Gußkessel ermöglichen deshalb eine gute Anpassung der Kesseltemperatur an die jeweils erforderliche Heizleistung. Die mögliche Heizflächenbelastung ist jedoch nicht so groß. Deswegen müssen Gußkessel größere Abmessungen haben.

Eine gute Korrosionsfestigkeit haben Biferal-Heizkessel (aus Gußeisen und Stahl) und Keramik-Heizkessel. Sie werden jedoch nicht mit den im Gartenbau notwendigen Heizleistungen hergestellt.

Durch die stark gestiegenen Öl- und Gaspreise hat die Kohle- bzw. Koksfeuerung wieder stark an Bedeutung gewonnen. Voraussetzung für den Einsatz im Gartenbau ist jedoch heute eine automatische Beschickung.

Auch die Kessel für Festbrennstoffe sollen einen hohen Wirkungsgrad erreichen. Weil alle Festbrennstoffe unterschiedliche Ansprüche an die Verbrennung stellen (z. B. bei der Luftzufuhr, der Feuerungsart), sind sie meist nur für eine Brennstoffart z. B. Koks, Anthrazit, Gasflammkohle, Stroh usw. und für eine bestimmte Körnung konstruiert. Die Regelung der Wärmeerzeugung in Festbrennstoff-

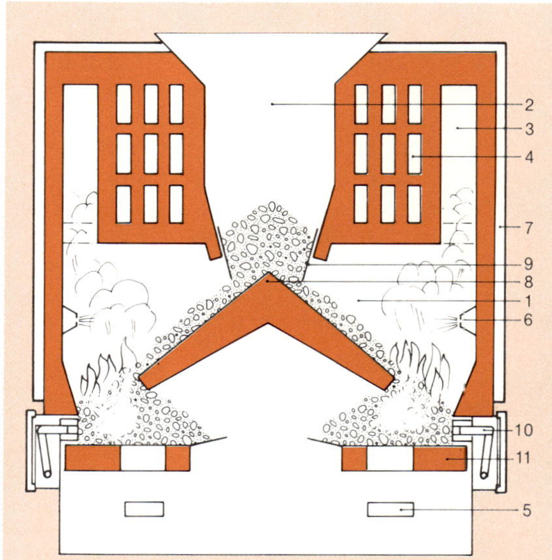

Abb. C 93. Dupatherm-Kessel mit unterem Abbrand und oberer Beschickung.

kesseln erfolgt durch die Veränderung der Luftzufuhr.
Nach der Art des Abbrandes wird unterschieden:
1. oberer Abbrand (Abb. C92)
   Die Füllung ist vollständig in Glut. Dadurch lassen sich kurzfristig höchste Leistungen erzielen, die Leistung sinkt aber beim Nachschüren.
2. unterer Abbrand (Abb. C93)
   Es entsteht eine gleichmäßige Glut und es treten keine Veränderungen beim Nachschüren auf.

Umstellbrandkessel sind für feste, flüssige und gasförmige Brennstoffe geeignet. Ein Ab- und Anbau von Kessel- und Feuerungsteilen ist für die Umstellung erforderlich. Bei den **Wechselbrandkesseln** ist beim Wechsel des Brennstoffes kein Umbau nötig. Diese Kessel können eine Brennkammer für Öl und auch eine Brennkammer für feste Brennstoffe haben.

Kontrolle und Vertiefung
1. Stellen Sie in einer Übersicht die unterschiedlichen Brennertypen zusammen und beschreiben Sie kurz die Unterschiede.
2. Zeichnen Sie die Flammformen, die durch verschiedene Sprühwinkel der Ölbrennerdüsen (30°, 45°, 60° und 80°) gegeben sind und überlegen Sie, welche Anforderungen sich daraus jeweils an den Kessel ergeben.

3.4 Heizungsregelung

Aufgabe der Heizungsregelung ist es, die vom Gärtner bestimmte Temperatur im Gewächshaus, aber auch z. B. im Verkaufsraum oder im Arbeitsraum, trotz niedriger Außentemperaturen zu erreichen und zu halten. Außerdem soll sie die Rücklauftemperatur vor Eintritt in den Kessel überwachen und ggf. anheben, um den Kessel vor Korrosion zu schützen.

Grundbegriffe der Regeltechnik

Regelstrecke ist das Gewächshaus, der Verkaufsraum . . . Dort soll die
Regelgröße gehalten bzw. verändert werden. Regelgröße ist bei der Heizungsregelung die Temperatur.
Regelabweichung ist die Temperaturabweichung, die von einem
Temperaturfühler oder einem Thermostaten beobachtet, gemessen wird. Die Temperaturabweichung wird verursacht durch
Störgrößen z. B. Außentemperatur, Wind, Bewölkung, Sonne, Wärmeabstrahlung des Gewächshauses usw. Ein
Zentralgerät (Regler) vergleicht die
Ist-Temperatur, das ist die tatsächliche vom Temperaturfühler gemessene Temperatur, mit der
Soll-Temperatur, auch **Führungsgröße** genannt. Das Zentralgerät veranlaßt eine Verstellung im
Stellglied (Mischventil, Durchgangsventil) um eine
Stellgröße oder ein Anlaufen der Pumpe, damit die Solltemperatur wieder erreicht wird. Zwischen der Verstellung des Stellgliedes und der Reaktion des Meßfühlers liegt die
Totzeit. Sie entsteht durch die Trägheit in der Regelstrecke, denn es dauert eine gewisse Zeit, bis eine Veränderung der Raumtemperatur erreicht wird und am Meßfühler festgestellt wird. Dieser Kreislauf von Wirkungen wird als
Regelkreis bezeichnet.

Eine gute Regelung läßt nur geringe Schwankungen um die Solltemperatur zu. Die gewünschte Temperatur soll also möglichst konstant gehalten werden.
Da der Wärmebedarf der Pflanzen für die Photosynthese u. a. abhängig von der Einstrahlungsstärke ist, werden Regelkreise z. T. zusätzlich durch die Lichtintensität beeinflußt. Die Temperatur wird also durch die Führungsgrößen Lichtintensität verändert.
Eine andere wichtige Zusatzfunktion ist die Nachtabsenkung. Die Führungsgröße ist dabei entweder die Zeit oder die Lichtintensität.
Diese Zusatzfunktionen verbessern die Regelung und sollen eine bedarfsgerechte Heizung ermöglichen und unnötigen Energieverbrauch verhindern.
Der Wärmebedarf eines Gewächshauses hängt zu einem großen Teil von der Außentemperatur ab (s. Abb. C94). Durch eine **Vorregelung** kann die Vorlauftemperatur in der Ringleitung der vom Außentemperaturfühler gemeldeten Außentemperatur

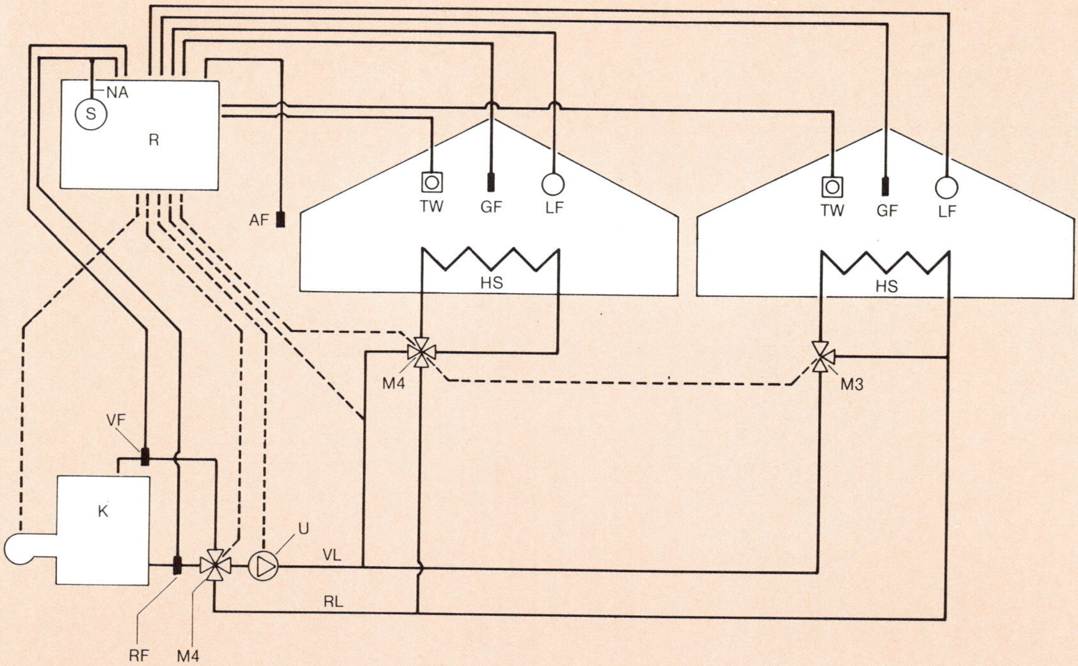

NA Nachtabsenkung
AF Außentemperaturfühler
S Schaltuhr
R Regelgerät
K Kessel
GF Temperaturfühler
LF Lichtfühler
M4 4-Wege-Motormischventil
M3 3-Wege-Motormischventil
——— Informationsleitungen
- - - - Schaltleitungen
RF Rücklauffühler
RL Rücklauf
VF Vorlauffühler
VL Vorlauf
TW Temperaturwähler für Solltemperatur
HS Heizungssystem
U Umwälzpumpe

Abb. C 94. Heizungsregelung eines Gartenbaubetriebes.

angepaßt werden. Mit dem 3-Wege-Mischventil oder 4-Wege-Mischventil wird dann schon im Kesselhaus bei verhältnismäßig hohen Außentemperaturen die Vorlauftemperatur gesenkt. Dadurch lassen sich auch die Energieverluste in den Zuleitungen, die auch bei guter Isolation auftreten, vermindern.
Eine **Nachregelung** aufgrund des tatsächlichen Wärmebedarfs entsprechend der Solltemperatur und der Einstrahlung erfolgt getrennt für jedes Gewächshaus.

Bei der Heizungsregelung wird die
- unstetige Regelung und die
- stetige Regelung

unterschieden.

Eine **unstetige Regelung** wird mit sog. Zweipunktreglern erreicht. Zweipunktregler haben nur zwei Schaltmöglichkeiten: Ein – Aus oder Auf – Zu. Als Zweipunktregler werden Thermostaten, Kontaktthermometer oder auch elektronische Regler eingesetzt.
Eine unstetige Regelung ermöglicht keine sehr gleichmäßige Temperaturführung. Durch lange Totzeiten der Regelstrecke läßt sich ein Schwanken der Temperatur um den Sollwert nicht vermeiden. Eine außentemperaturabhängige Vorregelung verbessert zwar das Ergebnis der Zweipunktregelung. Zweipunktregler sollten aber trotzdem nur in kleineren Gewächshauseinheiten Verwendung finden.
Eine wesentlich genauere und gleichmäßigere Regelung ermöglichen **stetige Regler** in Verbindung mit 3-Wege-Mischventilen oder 4-Wege-Mischventilen. Sie können das Stellglied entsprechend der Regelabweichung verstellen, d. h. sie regeln das Mischventil entsprechend dem Wärmebedarf. Dafür gibt es Inte-

gralregler (I-Regler), Proportionalregler (P-Regler) und Proportional-Integralregler (PI-Regler).

Nach dem heutigen Stand der Technik bietet der **Gartenbaucomputer** die beste Regelmöglichkeit für die Heizung. Er reagiert bei entsprechender Programmierung und Ausrüstung mit den notwendigen Witterungsfühlern nicht erst auf eine Regelabweichung, wie es bei der herkömmlichen Regelung geschieht. Es wird schon eine Verstellung der Stellglieder um die nötige Stellgröße vorgenommen, wenn eine Veränderung der Störgrößen auftritt. Die Regelung reagiert, bevor z. B. eine veränderte Einstrahlung oder eine plötzlich abfallende Außentemperatur eine Regelabweichung in der Regelstrecke verursacht.

Außerdem ermöglichen sie in einem Gerät die Regelung der anderen Einrichtungen zur Beeinflussung der Wachstumsfaktoren wie Lüftung, CO_2-Begasung, Bewässerung, Schattierung usw. Er zeichnet weiterhin ständig die Ist-Werte auf und ermöglicht so einem guten Gärtner, Folgerungen für die Verbesserung der Kulturführung zu ziehen.

Umwälzpumpen

In Pumpenheizungen wird der Wasserstrom von Umwälzpumpen aufrechterhalten. Sie sorgen für einen mit immer gleicher Geschwindigkeit fließenden Wasserstrom. Das ist eine Voraussetzung für eine gute Regelmöglichkeit der Heizung. Eine große Wassergeschwindigkeit verbessert die Wärmeabgabe der Rohre und ermöglicht dadurch verkleinerte Heizungssysteme und, durch den geringeren Wasserinhalt, eine bessere Regelung.

Heizungspumpen haben die Druckverluste im Heizungssystem zu überwinden, die durch Regelarmaturen (z. B. die Mischventile), durch Reibungsverluste in Rohren und durch Höhenunterschiede auftreten. Die Druckverluste insgesamt bestimmen die Rohrnetzkennlinie. Die Rohrnetzkennlinie zeigt für ein Heizungssystem die bei unterschiedlichem Druck durchfließenden Wassermengen auf.

Außerdem sorgen Pumpen als Kesselbeimischpumpen (Abb. C 101) dafür, daß das Kesselrücklaufwasser nicht unter 60 °C sinkt.

Heizungspumpen sind in der Regel Kreiselpumpen mit einem Flügelrad oder Laufrad. Bei sog. stopfbuchsenlosen Pumpen (Abb. C 95 und 96) liegen alle drehenden Teile im Förderwasser und werden von ihm geschmiert. Die Statorwicklung ist von dem im Wasser laufenden Rotor durch ein Spaltrohr getrennt.

Bei der anderen Pumpenbauart wird der Motor der Kreiselpumpe durch eine Stopfbuchse oder besser mit einer wartungsfreien Gleitringdichtung vom Wasser im Laufradgehäuse getrennt. Diese Pumpen haben einen höheren Wirkungsgrad, d. h. ein größerer Teil der eingesetzten elektrischen Energie wird in mechanische Arbeit umgewandelt (Abb. C 97).

Der Einbau von Heizungspumpen erfolgt direkt in gerade Rohrleitungen zwischen zwei **Absperrschiebern.** Diese ermöglichen im Falle eines Defektes ein problemloses Auswechseln der Pumpen.

Abb. C 95. Querschnitt durch eine stopfbuchsenlose Heizungspumpe.

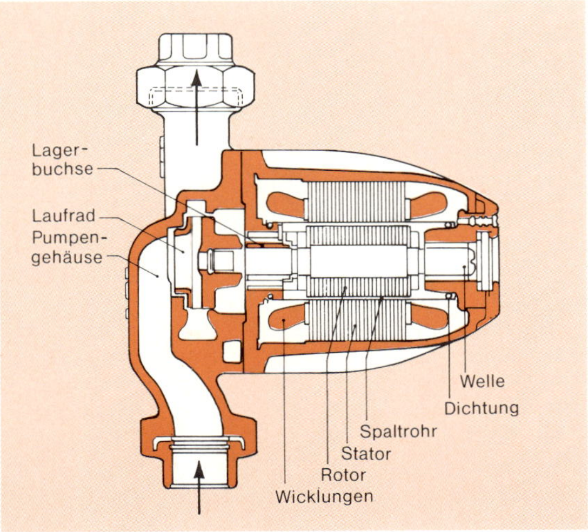

Abb. C 96. Wilo-Heizungspumpe.

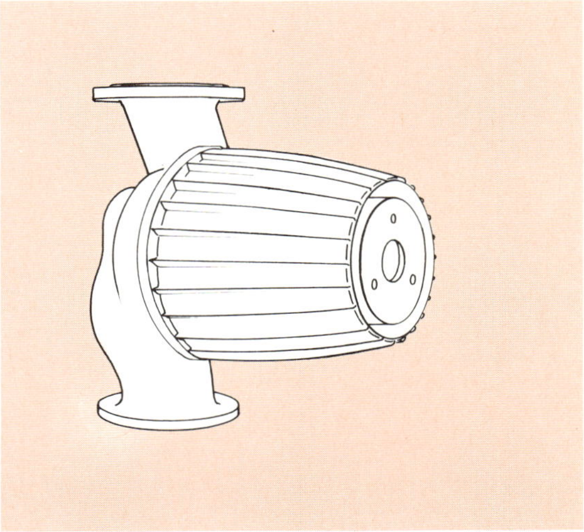

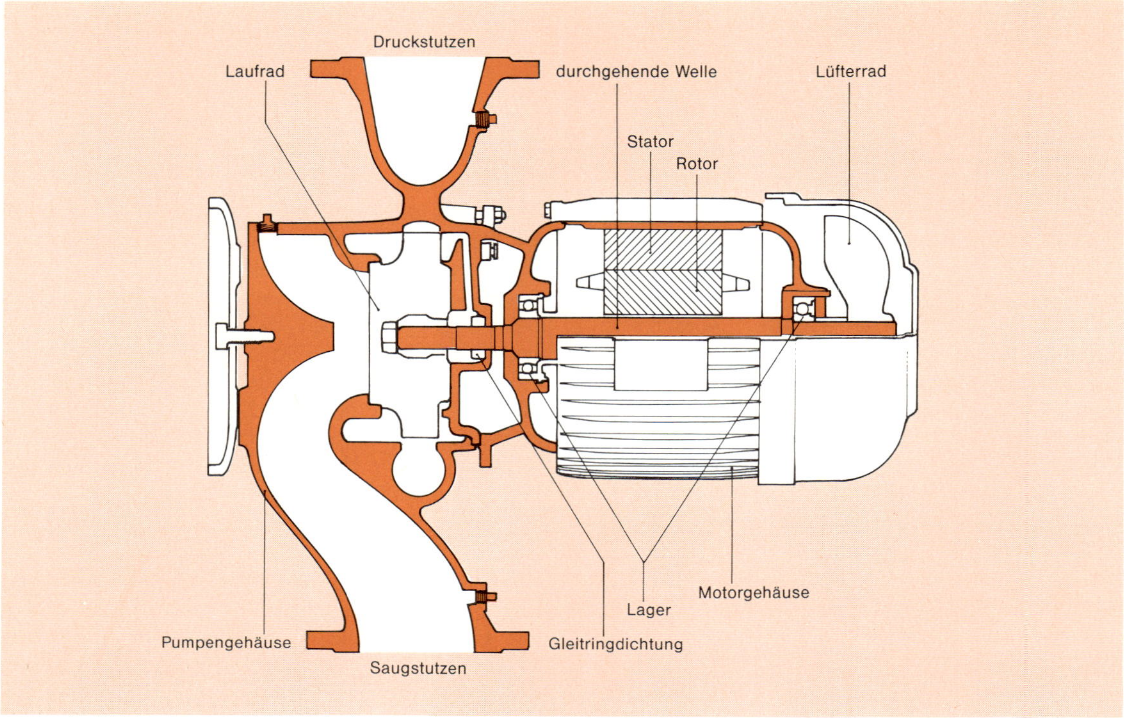

Abb. C 97. KSB-Heizungs-Kreiselpumpe mit Gleitringdichtung.

Wie bei den Beregnungspumpen stellt auch bei den Heizungspumpen die Pumpenkennlinie die Beziehung zwischen der Förderhöhe (H) in Pa bzw. bar und dem Fördervolumen (V) in m^3/h dar (s. Abb. C 4).

Steile Pumpenkennlinien zeigen an, daß sich das Fördervolumen nur geringfügig verändert, auch wenn durch eine Verstellung des Mischventils der Rohrnetzwiderstand vergrößert oder vermindert wird.

Zur besseren Anpassung an den Leistungsbedarf können regelbare oder mehrstufige Kreiselpumpen mit veränderbaren Drehzahlen eingebaut werden. Gesteuert werden sie durch Druck- oder Temperaturfühler.

Das Fördervolumen läßt sich durch Parallelschaltung zweier Pumpen vergrößern (Abb. C 98).

Eine größere Förderhöhe (= Druckerhöhung) dagegen ergibt sich durch das Hintereinanderschalten zweier Pumpen (Abb. C 99).

Durchgangsventile ermöglichen eine Veränderung der Durchflußmenge. Kleine Heizungssysteme las-

Abb. C 98. Zwei parallel geschaltete Pumpen.
Abb. C 99. Zwei hintereinander geschaltete Pumpen.

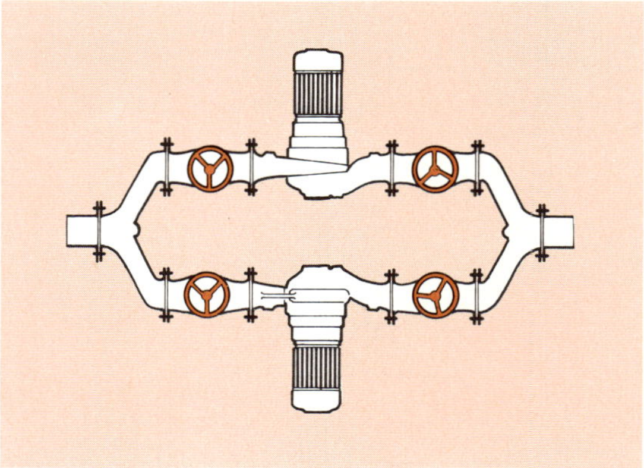

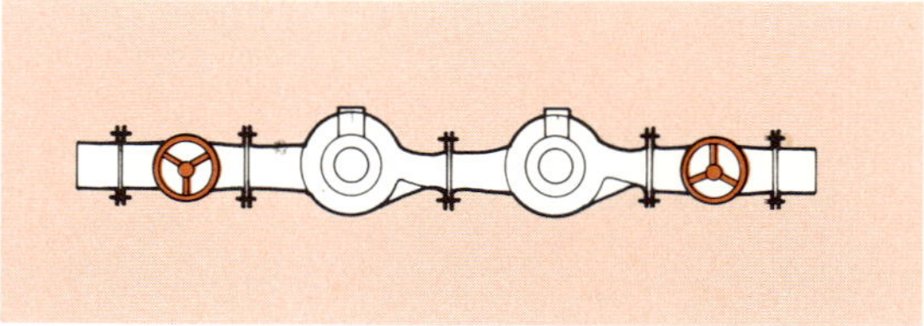

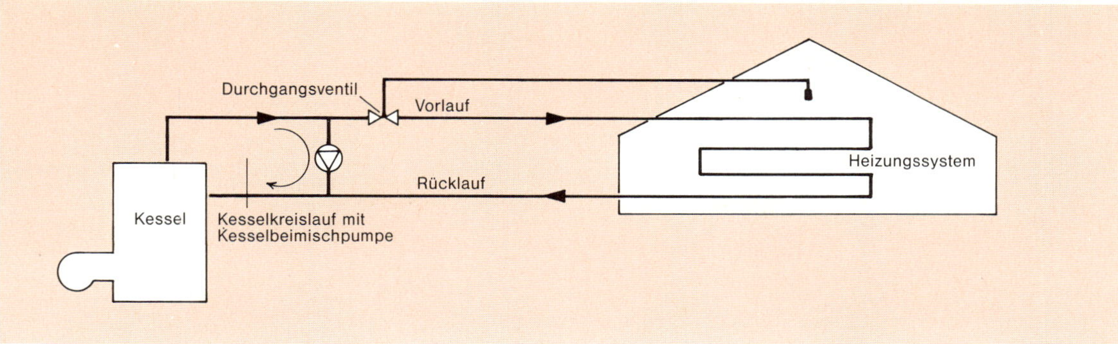

Abb. C100. Mengenregelung mit Durchgangsventil.

sen sich durch eine Veränderung der Menge des Energieträgers Wasser regeln, denn durch Verminderung der Wassermenge bei gleicher Temperatur wird weniger Wärme in das Gewächshaus gebracht (Abb. C100). Durchgangsventile, die sich schrittweise öffnen und schließen lassen, werden für die sog. **Mengenregelung** verwendet. »Thermostatventile« in Wohnhäusern regeln nach dem gleichen Prinzip.

Das **3-Wege-Mischventil** hat einen Ablauf (in das Heizungssystem) und zwei Zuläufe (aus dem Kesselvorlauf und dem Gewächshausrücklauf). Es läßt eine **Mischregelung** zu, also eine Regelung über die Temperatur des Wärmeträgers (Abb. C101). Das ist deshalb von Vorteil, weil sich die verschiedenen Heizkreise in einem Betrieb so nicht durch unterschiedliche Wassermengen, die auch unterschiedliche Drucke bewirken, beeinflussen können.

Für eine Mindestrücklauftemperatur zum Schutz des Kessels ist ein **Kesselkreislauf** aus einer Kurzschlußleitung zwischen Vorlauf und Rücklauf mit einer Umwälzpumpe nötig. Diese »Kesselbeimischpumpe« pumpt bei Bedarf heißes Vorlaufwasser in den Rücklauf.

Das 4-Wege-Mischventil hat zwei Abläufe und zwei Zuläufe. Es ermöglicht zugleich eine Mischregelung für den **Gewächshauskreislauf** und – vorrangig – für den Kesselkreislauf. Die Kesselrücklauftemperatur läßt sich so gleichmäßiger halten als mit einer Kesselbeimischpumpe. Die Gewächshaus-Vorlauftem-

Abb. C101. Mischregelung mit dem 3-Wege-Mischventil.

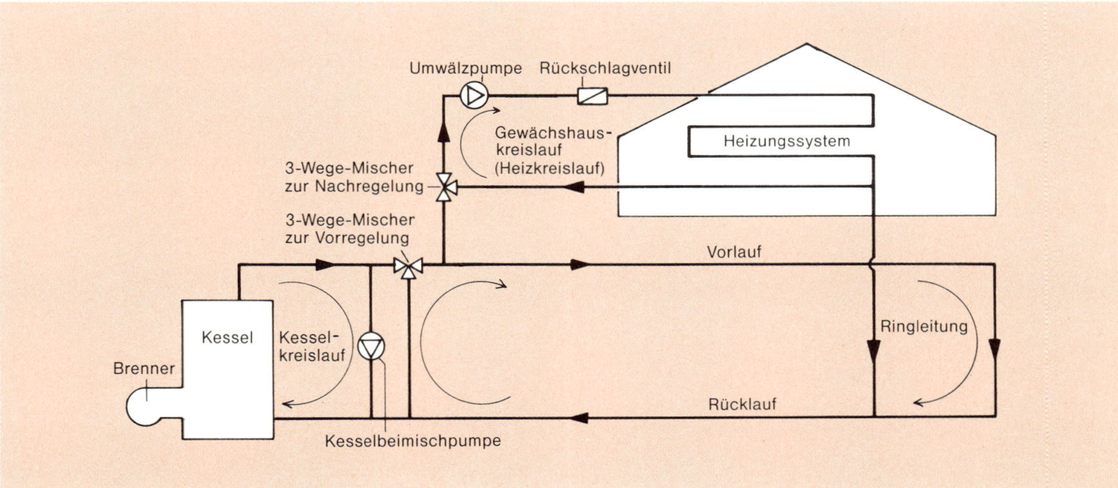

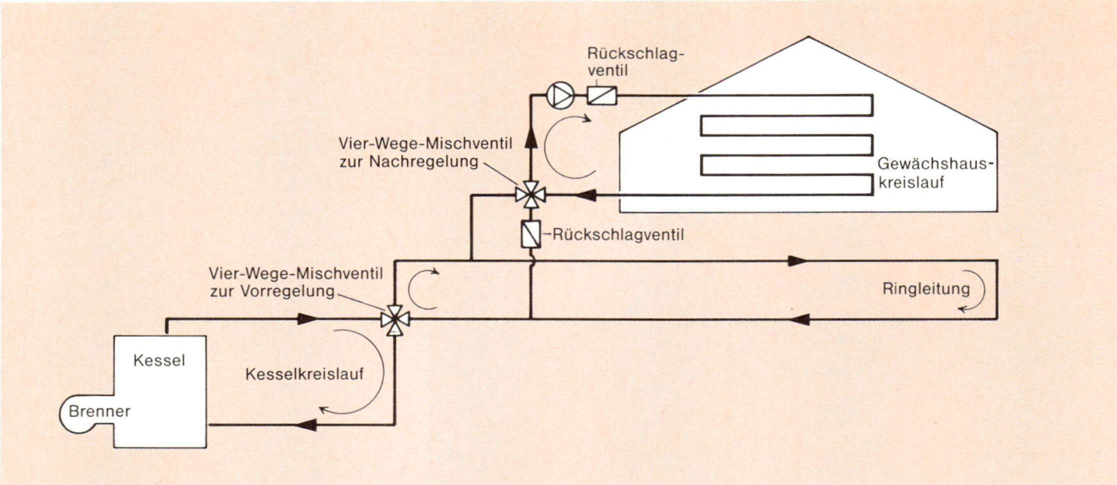

Abb. C102. Heizungsregelung mit dem 4-Wege-Mischventil.

peratur wird wie beim 3-Wege-Mischventil durch Beimischen von Rücklaufwasser dem tatsächlichen Wärmebedarf angepaßt (Abb. C102).

Durch die Arbeit der Pumpe entsteht vor der Pumpe ein Druck, hinter der Pumpe dagegen ein Sog. **Rückschlagventile,** die in die einzelnen Heizkreise eingebaut sind, verhindern, daß durch diesen Sog unbeabsichtigt benachbarte Heizkreise beeinflußt werden.

Kontrolle und Vertiefung

1. Welche Aufgabe hat eine Kesselbeimischpumpe, wann kann auf sie verzichtet werden?
2. Stellen Sie die Heizungsregelung Ihres Betriebes zeichnerisch dar und geben Sie eine ausführliche Beschreibung.
3. Stellen Sie die Heizungsregelung mit einem 3-Wege-Verteiler-Ventil zeichnerisch dar. Das 3-Wege-Verteiler-Ventil hat einen Zulauf und zwei Abläufe und teilt somit den Wasserstrom auf. Überlegen Sie weiterhin, ob es so zu einer Mengenregelung oder Mischregelung kommt.

3.5 Wärmebedarfsberechnung

Zur Planung oder Verbesserung einer Heizungsanlage muß eine Wärmebedarfsberechnung vorgenommen werden. Brenner, Kessel, Pumpen und Heizungssystem müssen entsprechend dem Wärmebedarf der Gewächshäuser ausgelegt werden. Auch ist häufig für die Wahl des Heizungssystems die Höhe des Wärmebedarfs von Bedeutung.

In Abb. C103 sind die Wärmeströme im Gewächshaus und um das Gewächshaus herum dargestellt.

Die Heizungsanlage muß insbesondere für die Nachtstunden ausgelegt werden, also für die Zeit, in der von außen keine Energie durch Strahlung zugeführt wird. Deshalb findet auch in der Nacht etwa 70% des Gesamtwärmeverbrauchs statt. Sie sollte aber auch nicht zu groß ausgelegt sein, da der Wirkungsgrad der Anlage bei zu geringer Auslastung abnimmt, Kessel und Brenner also nicht mehr wirtschaftlich arbeiten.

Der Wärmebedarf wird durch eine Vielzahl von Faktoren beeinflußt. Dazu gehören:

- Außentemperatur und Außenwitterung
- angestrebte Innentemperatur (Solltemperatur)
- Wärmedurchgang durch das Bedachungsmaterial
- Größe der Hüllfläche und damit die Bauweise (einschiffig oder Blockbauweise)
- Undichtigkeiten des Gewächshauses
- Heizungssystem im Gewächshaus
- Bewässerungssystem
- Einbauten zur Energieeinsparung

Der Gesamtwärmebedarf (Q) eines Gewächshauses ergibt sich aus dem Transmissionswärmebedarf (Q_T), hervorgerufen durch den Wärmeübergang an der Gewächshaushüllfläche und dem Lüftungswär-

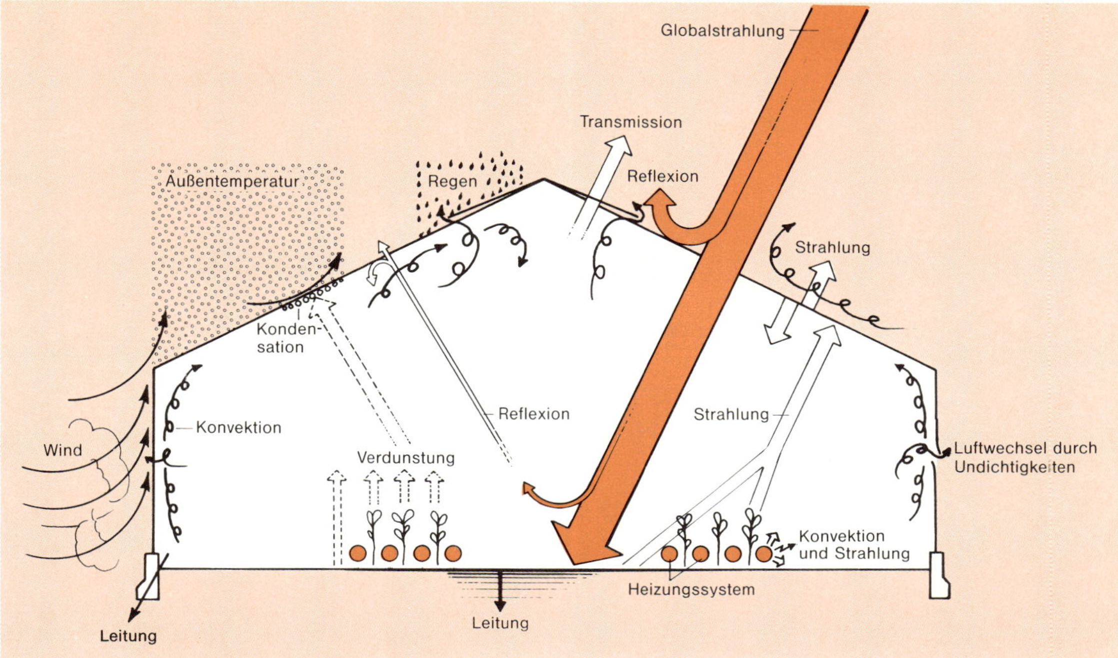

Abb. C103. Temperatureinflüsse auf das Gewächshaus, Wärmeverluste und Wärmeströme im und am Gewächshaus.

mebedarf (Q_L). Das ist die Wärme, die durch Undichtigkeiten verloren geht bzw. die Wärme, die nötig ist, um die eingedrungene kalte Außenluft zu erwärmen (Abb. C104).

Errechnen läßt sich der Wärmebedarf nach der Formel

$$Q = k' \times A_G \times (t_i - t_a) \langle \text{Watt} \rangle$$

Beispiel: Wärmebedarf eines einfach verglasten und mit EVA-Folie unterspannten Gewächshauses
Breite: 15,60 m; Firsthöhe: 6,80 m;
Stehwandhöhe: 2,80 m; Länge: 61,30 m;
$t_a = -15$ °C; $t_i = +15$ °C
$Q = 5 \times 1560 \times (15 - [-15])$

Ergebnis: Das Gewächshaus hat einen Wärmebedarf von 234 kW.

k' ist der Wärmeverbrauchskoeffizient. Er ist abhängig von dem **Wärmedurchgangskoeffizienten (k)** des Bedachungsmaterials. Außerdem bestimmt auch das **Heizungssystem** den Wärmeverbrauchskoeffizienten mit, ebenso wie die **Dichtigkeit** des Gewächshauses. Durch Einfachglas geht mehr Wärme hindurch als durch Isolierglas, EVA-Folie hält die Wärme besser zurück als PE-Folie.

Abb. C104. Gesamtwärmebedarf Q

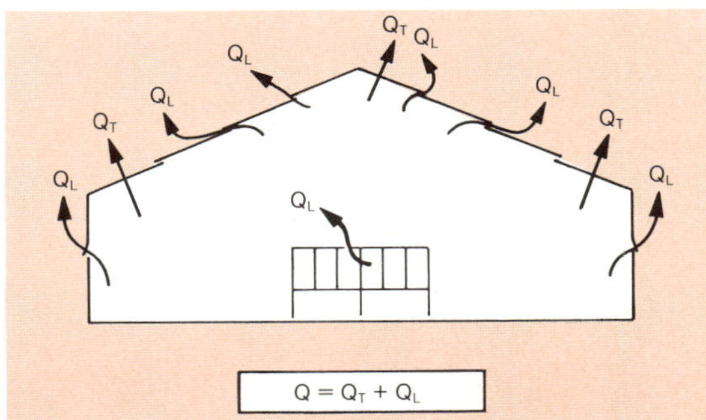

A_G ist die Hüllfläche des Gewächshauses. Sie läßt sich aus der Summe der Einzelflächen des Gewächshauses berechnen.

A_G = Dachflächen + Stehwandflächen + Giebelflächen

Für Gewächshäuser in Einzelbauweise ergibt sich deshalb je m^2 Grundfläche ein höherer Gesamtwärmebedarf Q als für Gewächshäuser in mehrschiffiger Bauweise.

Berücksichtigt werden muß natürlich auch, daß mit sinkender Außentemperatur t_a und mit steigender

Tab. C 19. Wärmedurchgangskoeffizienten

	k-Werte (berechnet)
Einfachglas (4 mm)	6,5
Sedoglas	3,2
PMMA-SDP 16 mm	3,4
PMMA S3P 32 mm	2,2
PC-Hohlkammerplatte 16 mm	3,3
PC-Doppel-HKP	2,2

Tab. C 20. Wärmeverbrauchskoeffizienten

	k'-Werte
Einfachglas bei hoher Rohrheizung	8,2
Einfachglas bei Luftheizung mit Folienschlauch	7,0
Einfachglas bei niedriger Rohrheizung	6,7
Sedo-Isolierglas bei Rohrheizung	4,2–4,7
X-Steg-Doppelplatten 16 mm Rohrheizung	4,2–4,7
PE-Folie 0,2 mm Rohrheizung	10,2–11,2
PE-Folie 0,2 mm Luftheizung	7,5–8,1
Einfachglas und EVA-Folie dicht verspannt bei Rohrheizung	5,0
Einfachglas und PE-Folie dicht verspannt bei Rohrheizung	6,4

Solltemperatur t_i der Wärmebedarf steigt. Für die meisten Gebiete der Bundesrepublik Deutschland ist für die Auslegung der Heizung mit einer max. Außentemperatur t_a bis – 15 °C zu rechnen. Die genannten Werte sind für jeden Ort in einer DIN festgelegt. t_i ist abhängig von den Kulturen und liegt häufig zwischen 15 und 20 °C.

Kontrolle und Vertiefung

Berechnen Sie den Wärmebedarf folgender Normgewächshäuser:

1. 3-schiffiges Normgewächshaus, 12 m Nennbreite, 25 Binderfelder lang, 2,30 m Stehwandhöhe, isolierverglast mit Rohrheizung, Solltemperatur 18 °C.
2. 1-schiffiges Normgewächshaus, 12 m Nennbreite, 13 Binderfelder lang, 2,80 m Stehwandhöhe, einfachverglast mit Rohrheizung, Solltemperatur 15 °C.

Vergleichen Sie zusätzlich den Wärmeverbrauch pro m^2.

4 Schlepper

4.1 Entwicklung und Aufgaben

Mit der Erfindung der Dampfmaschine durch James Watt im Jahr 1782 brach auch für die Feldarbeit ein neues Zeitalter an.

In einigen großen Betrieben wurden Dampflokomobile zum Pflügen eingesetzt. Nach der Erfindung des Otto- und Dieselmotors in der zweiten Hälfte des letzten Jahrhunderts wurde auch im Gartenbau das Zugmittel Pferd mehr und mehr durch Motoren ersetzt.

In den Vereinigten Staaten von Amerika gibt es schon seit 1916 die »Gartentraktoren«.

In Deutschland setzte die Mechanisierung im Gartenbau erst Anfang der 20er Jahre mit der Siemensfräse ein. 1930 brachte Holder einen Universal-Einachsschlepper mit mehreren Anbaugeräten heraus.

Ab 1949 wurde auch in der Bundesrepublik Deutschland von Firmen, wie Agria, Bungartz, Gutbrod, Hako und Holder die Entwicklung der verschiedenen Schlepperbauformen intensiv vorangetrieben.

Die fortschreitende Industrialisierung zwang auch den Gartenbau dazu, menschliche Arbeitskraft und Zugtiere durch Maschinen zu ersetzen.

Die Einführung der Motorzapfwelle in den 20er Jahren ermöglichte den kontinuierlichen Antrieb von Geräten im Stand oder unabhängig von der Fahrgeschwindigkeit. Damit lassen sich Fräsen, Spatenmaschinen, Düngerstreuer, Pflanzenschutzspritzen und auch Bewässerungspumpen antreiben.

Die Entwicklung nach dem Krieg ist durch eine Reihe von Erfindungen wie Frontlader, Geräteträger, Dreipunkthydraulik, Regelhydraulik und Systemschlepper gekennzeichnet.

Diese Entwicklungen haben den Ackerschlepper zur Universal-Arbeitsmaschine werden lassen. Daneben entwickelte er sich zur selbstfahrenden Vollerntemaschine z. B. für den Feldgemüse- und Obstbau oder zu Pflegemaschinen im Garten-, Landschafts- und Sportplatzbau.

Der Schlepper erfüllt im Betrieb vielfältige Aufgaben. Er ist **Zugmaschine** für Transportaufgaben, aber auch für Bodenbearbeitungsgeräte und Erntemaschinen. Er dient mit seiner Zapfwelle oder der Hydraulikanlage dem **Antrieb von Geräten** und er wird **zum Tragen** von Arbeitsgeräten und Behältern eingesetzt.

4.2 Bauarten von Ackerschleppern und ihre Einsatzmöglichkeiten

Der **Einrad-Einachsschlepper** wird im Gartenbau für leichte Arbeiten wie Hacken, Fräsen, Häufeln, aber auch für den Antrieb von Pumpen eingesetzt. Die Einradschlepper haben eine Masse bis 70 kg und eine Motorleistung zwischen 1 und 5 kW. Die Motorleistung wird über ein Rad auf den Boden übertragen. Der Motor treibt weiterhin bei Bedarf eine Hackwelle an.

Bei einigen Einradschleppern läßt sich das Rad abbauen. Dann wird die Motorleistung direkt auf das Bodenbearbeitungsgerät auf der Achse übertragen. Bei der triebradlosen Hacke sorgt das rotierende Werkzeug für den Vortrieb.

Mit den **Zweirad-Einachsschleppern** begann die Technisierung im Gartenbau. Sie finden hauptsächlich Verwendung für die Bodenbearbeitung, Bodenpflege und Kulturarbeiten in Baumschulen, im Gemüsebau, Schnittblumenbau und Gala-Bau sowie für kleinere Transportarbeiten. In Verbindung mit Hänger oder Arbeitsgerät bieten sie häufig sogar eine Aufsitzgelegenheit. Z. T. läßt sich zum Anbau von Arbeitsgeräten die Antriebsachse abbauen.

Zweirad-Einachsschlepper haben Motorleistungen bis 10 kW und eine Masse bis über 400 kg. Der Vorteil dieser Schlepper gegenüber den Zweiachsschleppern liegt in ihrer großen Wendigkeit, die besonders für Arbeiten in Gewächshäusern und kleineren Quartieren notwendig ist. Mit steigender Masse steigt zwar auch die Zugkraft, wichtig z. B. für das Pflügen, die Handhabung wird jedoch immer mühsamer.

Handgriffe für die Bedienung des Schleppers wie Getriebe-Zapfwelle, Fahrkupplung, Gas und Brem-

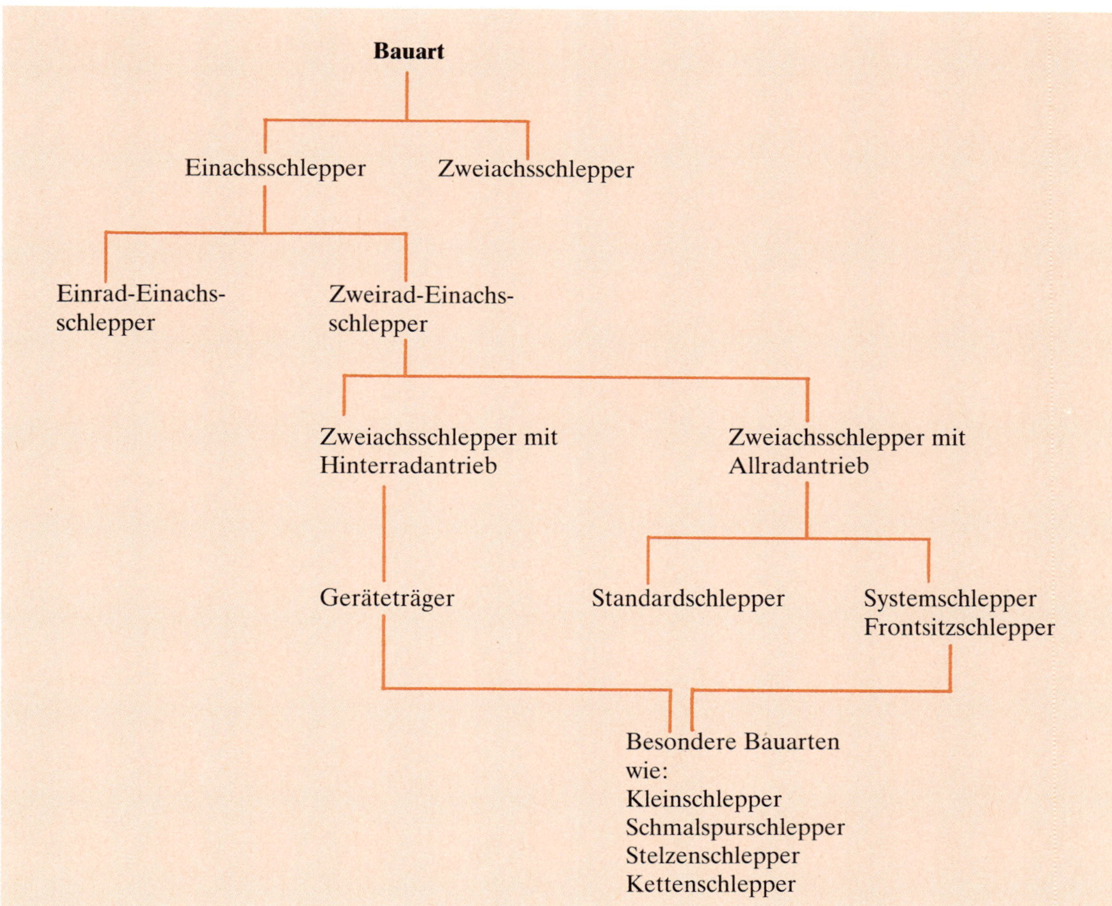

Abb. C105. Bauarten von Ackerschleppern. (Die dunklen Felder zeigen die Anbauzonen.)
a = Einrad-Einachsschlepper.
b = Zweirad-Einachsschlepper.
c = Geräteträger.
d = Standardschlepper.
e = Systemschlepper.
f = Frontsitzschlepper.
g = Kleinschlepper.

sen sowie elektrische Schalter befinden sich an den Holmen. Die Übertragung erfolgt durch Gestänge und Bowdenzüge.

Zweiachsschlepper ermöglichen eine wesentliche Arbeitserleichterung gegenüber Einachsschleppern. **Kleinschlepper** werden mit Leistungen ab 12 kW angeboten und bieten mit dem Anbau von Arbeitsgeräten im Frontbereich, am Heck oder im Zwischenachsbereich (für ein Mähwerk) vielfältige Anwendungsmöglichkeiten im Erwerbsgartenbau, Garten-, Landschafts- und Sportplatzbau sowie als Kommunalschlepper.

Es werden auch Kleinschlepper mit Allradantrieb angeboten. Der Übergang zwischen Kleinschleppern und Sonderbauarten ist fließend. **Schmalspurschlepper** werden benötigt in »Sonderkulturen« wie z. B. im Wein- und Hopfenbau, finden aber auch Verwendung z. B. im Obstbau und in der Forstwirtschaft. **Stelzenschlepper** sind ebenfalls im Wein- und Obstbau, aber auch in Baumschulen zu finden.

Beim Standardschlepper dienen die hinteren Räder dem Antrieb, gelenkt wird mit den Vorderrädern. Der Geräteanbau erfolgt vorwiegend an der Heck-Dreipunkt-Hydraulik und der evtl. notwendige Antrieb durch die Zapfwelle.

Durch die Verteilung der Masse auf zwei Achsen steht im Gegensatz zum Einachsschlepper beim Standardschlepper nur ein Teil der Gesamtmasse für die Zugleistung zur Verfügung. Eine wesentliche Erhöhung der Zugkraft besonders auf schwierigen Böden bringt der **Allradantrieb** durch die zusätzliche Triebkraft der Vorderräder. Dabei überwinden die Vorderräder ihren Fahrwiderstand und verhindern so die Bremswirkung, die beim hinterradgetriebenen Schlepper durch die Vorderräder auftritt.

Allerdings ist beim Standardschlepper mit Allradantrieb bauartbedingt immer eine Voreilung der Vorderachse notwendig. Voreilung bedeutet, die Vorderachse dreht etwas schneller als die Hinterachse. Das muß deswegen sein, weil sich durch den schnelleren Verschleiß der Vorderräder der Durchmesser und damit der pro Umdrehung zurückgelegte Weg schneller ändert als bei den Hinterrädern. Diese Voreilung verursacht Zwangsschlupf (3–5 %). Dieser Zwangsschlupf schädigt zusätzlich die Bodenstruktur. Bei Straßenfahrten muß der Allradantrieb der Standardschlepper ausgeschaltet werden.

Systemschlepper haben meist vier gleichgroße Räder und Allradantrieb ohne Voreilung der Vorderachse (»echter Allradantrieb«). Sie bieten die Möglichkeit des Front- und Heckanbaus mit Front- und Heckzapfwelle bei sehr guten Sichtverhältnissen auf die Arbeitsgeräte. Außerdem haben sie einen Aufbauraum mit Tragmöglichkeiten hinter der Kabine.

Geräteträger sind konstruiert für Heck-, Front- und Zwischenachsanbau oder den Aufbau einer Pritsche vor der Kabine. Zusätzlich zur Heckzapfwelle haben sie eine Zapfwelle vorn oder mittig. Durch den sehr kompakten Zusammenbau von Motor und Getriebe dicht an der Triebachse (nur Heckantrieb) und den großen Radstand liegen die Anbauräume gut im Blickfeld des Fahrers. Ihre übersichtliche Bauart macht sie besonders geeignet für die Anlage und Pflege von Kulturen, aber auch für Kleintransporte.

Kontrolle und Vertiefung

1. Suchen Sie technische Daten von Einachsschleppern verschiedener Fabrikate aus Katalogen heraus und stellen Sie die Daten tabellarisch zusammen.
2. Erläutern Sie, für welche Arbeiten in Ihrem Betrieb ein Schlepper eingesetzt wird oder eingesetzt werden könnte.

4.3 Die Bauteile des Schleppers

4.3.1 Verbrennungsmotoren – Übersicht und Zusammenfassung

Verbrennungsmotoren

Durch die Verbrennung (s. Kap. 3.2.3) erwärmen sich Gase, die dadurch ihr Volumen vergrößern. Diese explosionsartige Volumenausdehnung bewegt den Kolben.

Hubkolbenmotor
Die Volumenausdehnung wirkt auf ein Pleuel, das die Kurbelwelle dreht. Durch diesen Vorgang entsteht nutzbare mechanische Arbeit, das Drehmoment.
Motoren mit Turbo-Aufladung: In »Turbomotoren« treiben die aus den Brennräumen austretenden Abgase eine Turbine an. Durch ein zweites Turbinenrad wird die Verbrennungsluft vorverdichtet und in den Zylindern eine bessere Verbrennung und dadurch eine größere Kraftentfaltung und Kraftstoffausnutzung erreicht (s. Abb. C107).

Rotationskolbenmotor (Wankelmotor)
Der Kolben wird durch den Verbrennungsdruck in eine drehende Bewegung versetzt und treibt so die Antriebswelle unmittelbar an (s. Abb. C108).
Vorteil: wenig drehende Teile, dadurch weniger Belastung für die Bauteile, ruhiger Lauf, sehr geringes Leistungsgewicht (0,9–1,6 kg/kW).
Nachteil: schlechte Kraftstoffausnutzung durch unvollständige Verbrennung.

Ottomotor
Der Ottomotor benötigt als Kraftstoff Benzin. Benzin und Verbrennungsluft werden im Vergaser gemischt (»äußere Gemischbildung«, Ausnahme: Einspritzmotoren). Das **Gemisch** wird auf 6–11:1 verdichtet, erreicht dabei Temperaturen von 400–600 °C und wird dann durch die Zündkerze gezündet (Fremdzündung). Die Abgastemperatur beträgt bis 1.000 °C.
Eigenschaften: relativ geringes Leistungsgewicht (2–6 kg/kW), deshalb billiger, laufruhig, aber relativ geringer Wirkungsgrad (s. Abb. C109).

Dieselmotor
Dieselmotoren benötigen Dieselkraftstoff (≙ Heizöl EL). Der Kolben verdichtet die **Verbrennungsluft** auf 14–22:1 und erwärmt sie auf 700–900 °C. Zum Ende des Verdichtungstaktes wird Diesel eingespritzt – innere Gemischbildung – (Abb. C111 und 112). Durch die starke Verdichtung entzündet sich das Gemisch von selbst (Selbstzündung). Die Abgastemperatur beträgt bis 600 °C, die Verbrennungswärme wird also besser genutzt.
Eigenschaften: höherer Wirkungsgrad, hohes Leistungsgewicht (5,5–9,5 kg/kW), daher teurer, großes Drehmoment bei geringerer Drehzahl (s. Abb. C110).

Wasserkühlung / **Luftkühlung**
Die bei der Verbrennung entstehende Wärme, die nicht in Drehkraft umgesetzt wird, wird z.T. von den Abgasen abgeführt, erwärmt aber auch bewegliche und unbewegliche Motorteile. Sie werden durch **Luft** oder **Wasser** gekühlt, damit sie keinen Schaden nehmen.

2-Takt-Motor
2 Kolbenbewegungen (= 2 »Hübe«) pro Arbeitsspiel = 1 Kurbelwellenumdrehung
Eigenschaften: billig durch einfachen Aufbau (keine Ventile), aber hoher Kraftstoffverbrauch, weil Ansaug- und Ausstoßvorgang nicht getrennt sind (Abb. C113).

Reihenmotor
Die Zylinder sind hintereinander gebaut (Abb. C115).

Boxermotor
Je 2 Zylinder stehen sich gegenüber und arbeiten gegeneinander (Abb. C116).

V-Motor
Die Zylinder sind V-förmig angeordnet (Abb. C117)

Gasturbine

In Gasturbinen wird durch die Volumenausdehnung der Gase bei der Verbrennung ein Schaufelrad, die Turbine, bewegt. Dadurch wird den Abgasen die mechanische Energie entzogen. Die Turbine treibt zum einen die Antriebswelle für eine Maschine an, zum anderen wird durch eine weitere Turbine das Kraftstoff-Luft-Gemisch vorverdichtet.
Gasturbinen sind im Vergleich zur erbrachten Leistung sehr leicht und haben einen sehr hohen Wirkungsgrad. Sehr hohe Drehzahlen, starke Geräuschentwicklung, hohe Abgastemperaturen usw. schließen jedoch einen wirtschaftlichen Einsatz im Schlepperbau aus.

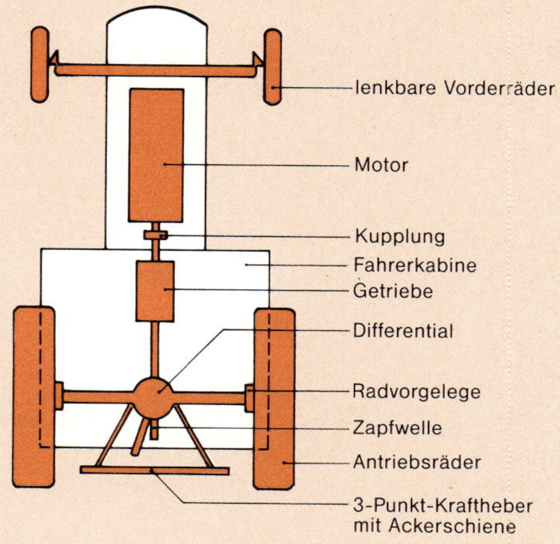

Abb. C 106. Bauteile des Schleppers.
Abb. C 107. Funktion des Turboladers.

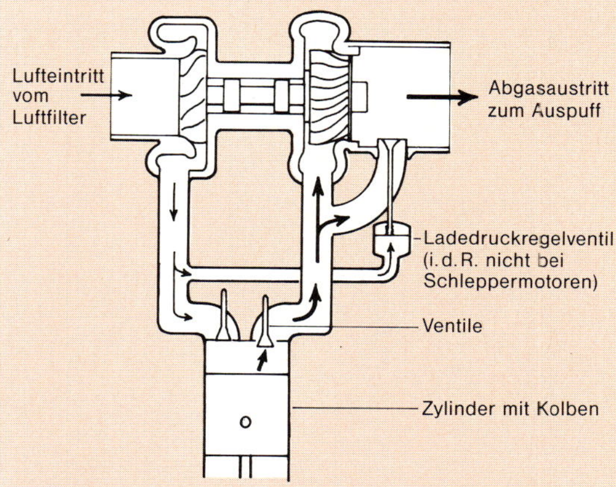

4-Takt-Motor

4 Kolbenbewegungen (= 4 »Hübe«) pro Arbeitsspiel = 2 Kurbelwellenumdrehungen
Eigenschaften: Ventile regeln Ansaug- und Auslaßvorgang, dadurch bessere Energieausnutzung (Abb. C 114).

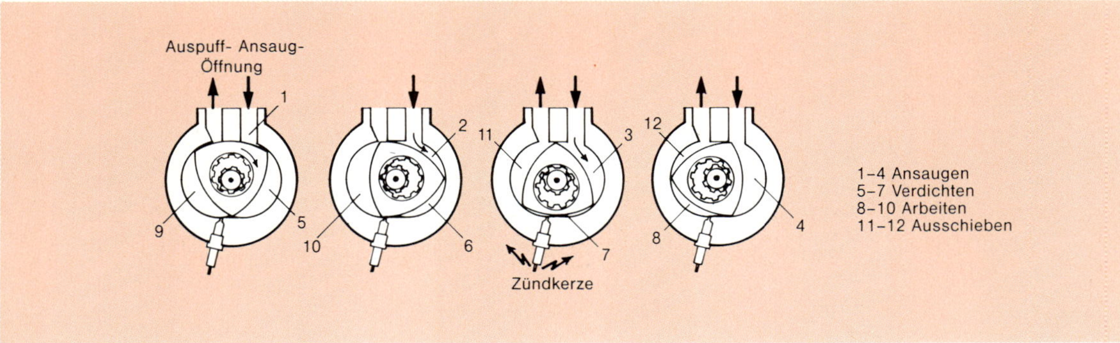

Abb. C108. Arbeitsweise des Wankelmotors.

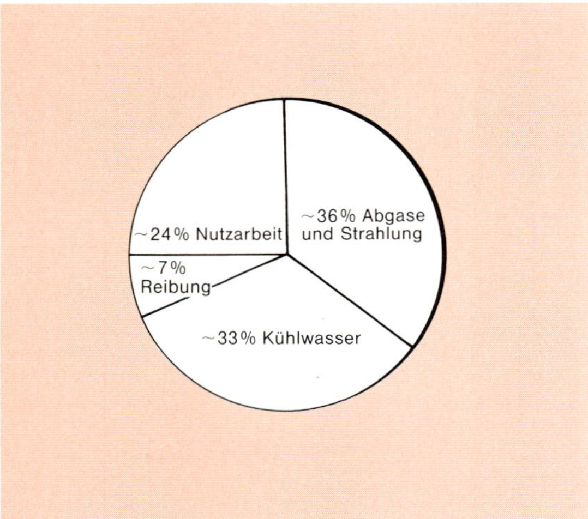

Abb. C109. Verbleib der Motorarbeit beim Ottomotor.

Abb. C110. Verbleib der Motorarbeit beim Dieselmotor.

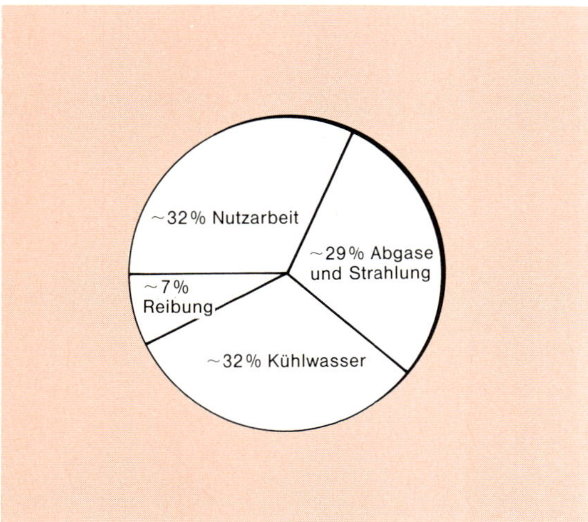

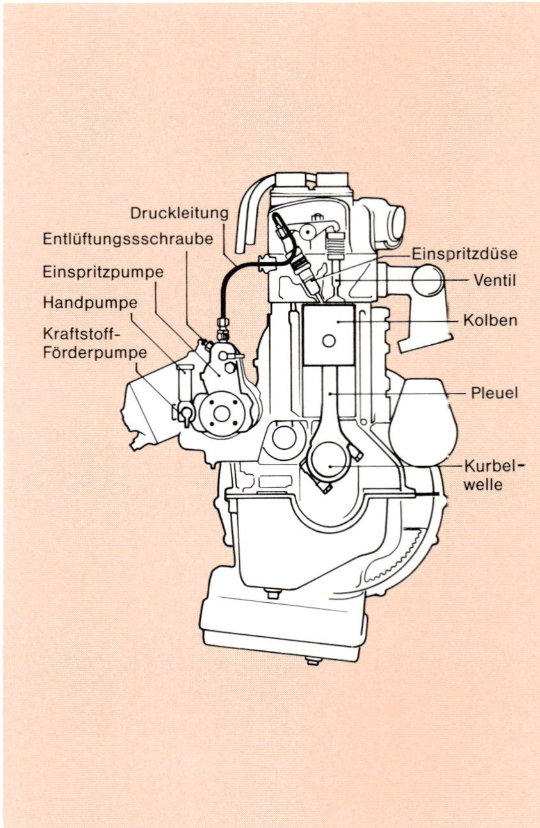

Abb. C111. Schnitt durch einen Dieselmotor.

Rechte Seite von oben nach unten:
Abb. C112. Direkteinspritzung.
Abb. C113. Arbeitsweise des 2-Takt-Ottomotors.
Abb. C114. Arbeitsweise des 4-Takt-Ottomotors.

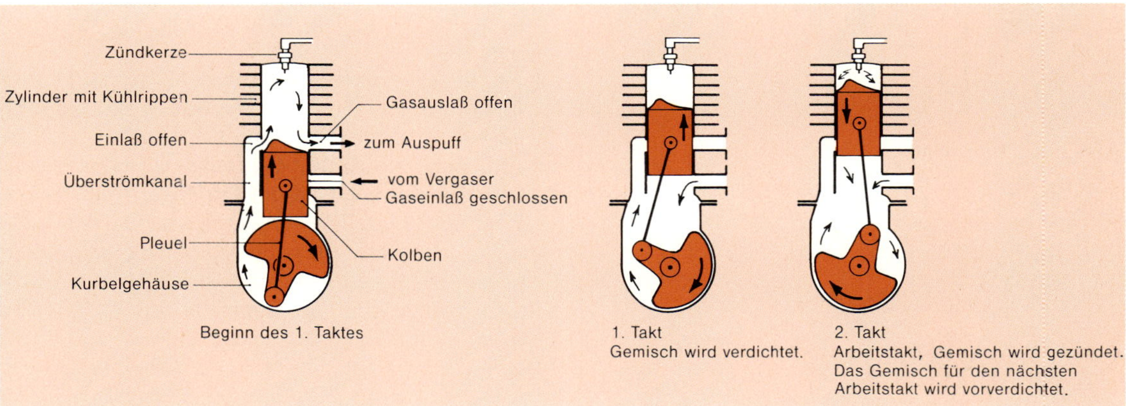

Zündkerze
Zylinder mit Kühlrippen
Einlaß offen
Überströmkanal
Pleuel
Kurbelgehäuse
Gasauslaß offen
zum Auspuff
vom Vergaser
Gaseinlaß geschlossen
Kolben
Beginn des 1. Taktes
1. Takt
Gemisch wird verdichtet.
2. Takt
Arbeitstakt, Gemisch wird gezündet.
Das Gemisch für den nächsten
Arbeitstakt wird vorverdichtet.

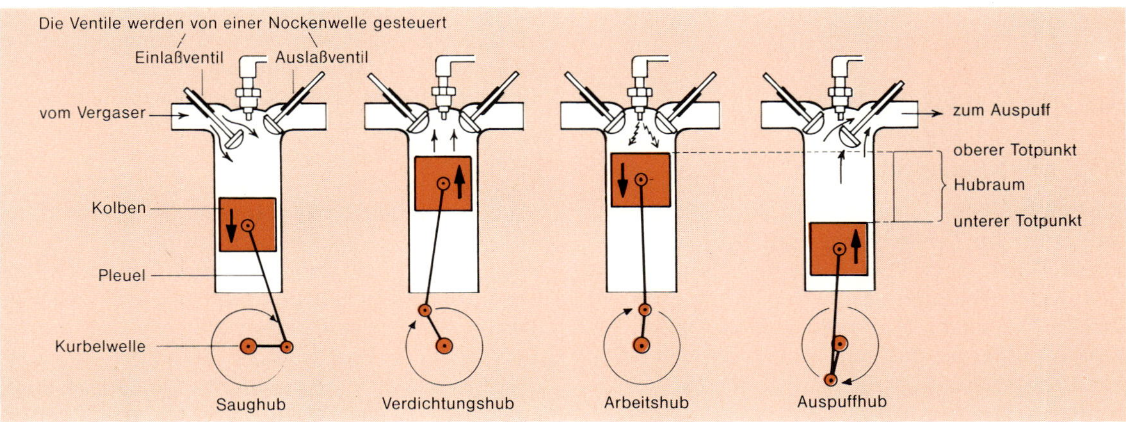

Die Ventile werden von einer Nockenwelle gesteuert
Einlaßventil
Auslaßventil
vom Vergaser
Kolben
Pleuel
Kurbelwelle
zum Auspuff
oberer Totpunkt
Hubraum
unterer Totpunkt
Saughub
Verdichtungshub
Arbeitshub
Auspuffhub

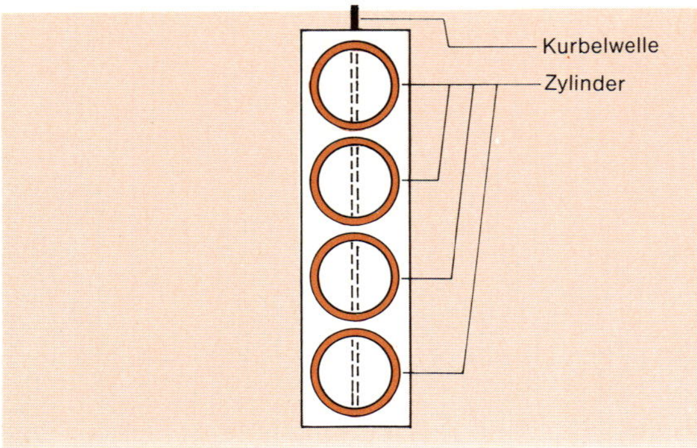

Abb. C115. Reihenmotor.

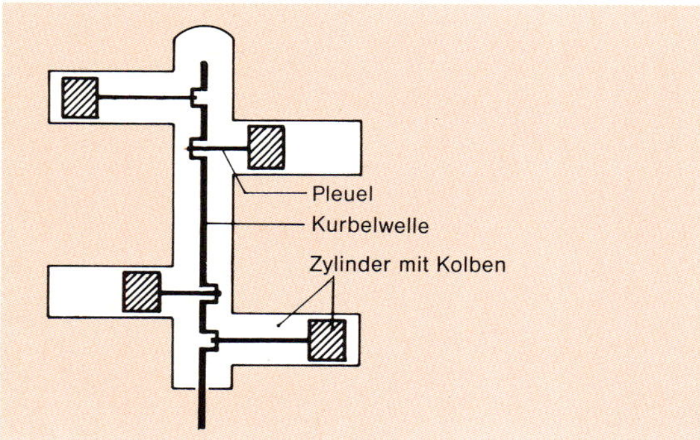

Abb. C116. Boxermotor.

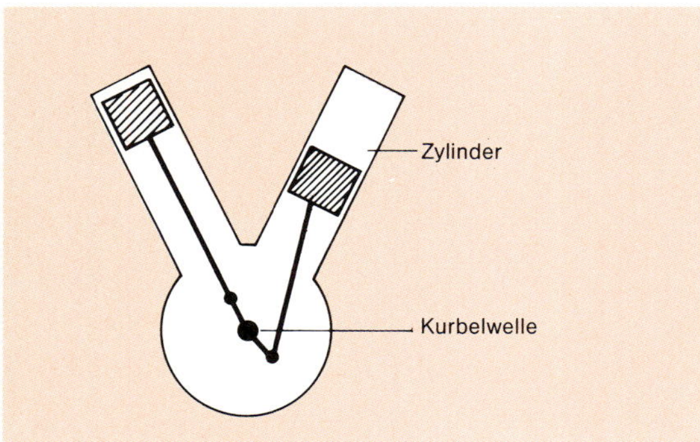

Abb. C117. V-Motor.

4.3.2 Die Kraftübertragung

An der Kurbelwelle des Motors wird, wie oben beschrieben, ein Drehmoment erzeugt (Abb. C118). Dieses Drehmoment liefert die Kraft für die Fortbewegung. Weiterhin muß es zum Antrieb von Arbeitsgeräten an der Zapfwelle und auch für die Hydraulikanlage, die z. B. mit dem Dreipunktkraftheber Hebearbeiten verrichten kann, nutzbar gemacht werden.

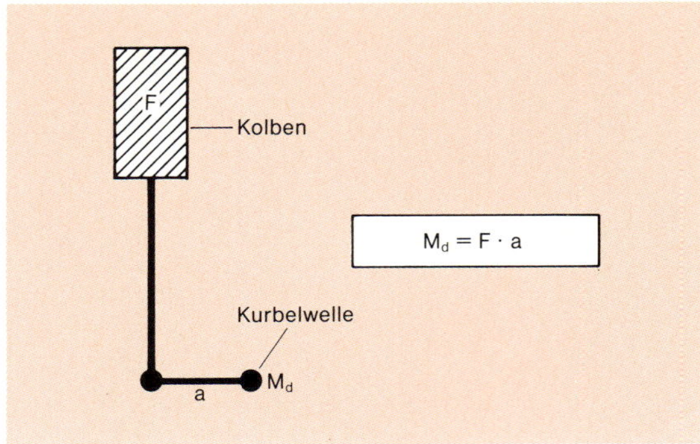

Abb. C118. Das Drehmoment.

Die wesentlichen Bauteile der Kraftübertragung sind
- Kupplung
- Getriebe
- Differential
- Radvorgelege
- Fahrwerk

Kupplung
Kupplungen haben die Aufgabe, Wellen z. B. zwischen Motor und Getriebe oder Motor und Zapfwelle lösbar zu verbinden. Damit wird Antrieb und Unterbrechung des Antriebes ermöglicht. Ohne Kupplung wäre ein Anlassen des Schleppers und Anfahren im nutzbaren Drehzahlbereich des Motors nicht möglich. Das Betätigen der Kupplung unterbricht den Antrieb einer Welle. Loslassen stellt den Kraftfluß wieder her, das Drehmoment des Motors wird wieder auf das Getriebe übertragen.
Bei Schleppern finden unterschiedliche mechanische oder hydraulische Kupplungen Verwendung. Die Fahrkupplungen und Zapfwellenkupplungen sind zumeist **Einscheiben-Trockenkupplungen,** eine mechanische Kupplungsart. Je eine Kupplungsscheibe dient dem Fahrantrieb und dem Zapfwellenantrieb. Sie sind getrennt oder mit einem Zwei-Stufenpedal (»Doppelkupplung«) schaltbar, erhalten also getrennt Reibschluß von der Schwungmasse der Kurbelwelle.
Andere mechanische Kupplungen, die besonders bei Einachs- und Kleinschleppern Verwendung finden, sind **Lamellenkupplungen, Kegel-(Konus-)Kupplungen, Keilriemenkupplungen** und **Fliehkraftkupplungen.** Lamellenkupplungen finden sich häufig auch im Zapfwellenantrieb der Schlepper.
Bei **hydraulischen** Kupplungen (**Strömungskupplung**) wird die Fliehkraft von Öl zur Kraftübertra-

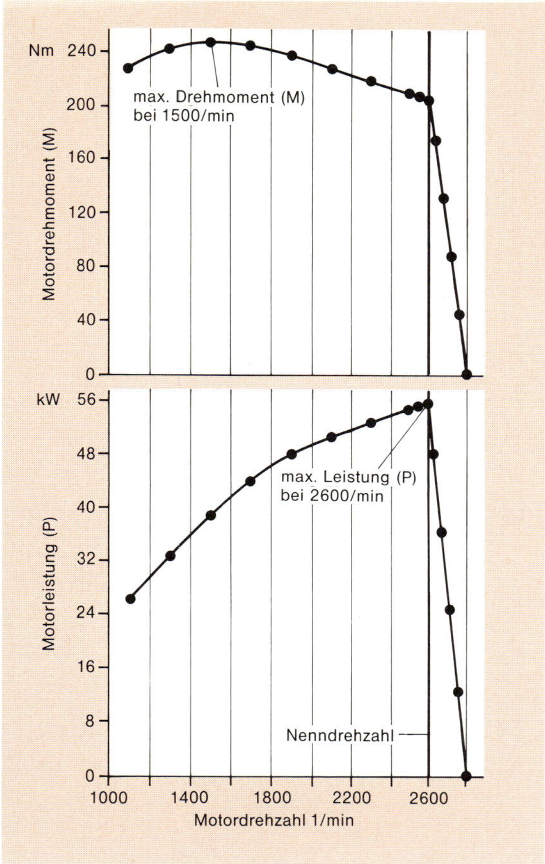

Abb. C119. Motorleistung und Motordrehmoment eines Schleppermotors (MB-trac 800).

gung genutzt. Die Fliehkraft wird von einem Pumpenrad erzeugt, das vom Motor angetrieben wird. Der Ölstrom stellt nun mit steigender Drehzahl einen Kraftschluß zum Turbinenrad her.
Kupplungen können mechanisch, hydraulisch (durch Flüssigkeitsdruck) oder pneumatisch (Gasdruck) betätigt werden.

Getriebe

Bei einem Verbrennungsmotor hängt die abgegebene Leistung von der Motordrehzahl ab. Sie ist nutzbar von einer Mindestdrehzahl an und steigt bis zur Höchstdrehzahl, der Nenndrehzahl und fällt dann wieder stark ab (Abb. C119).
Das maximale Drehmoment, also die maximale Kraftentfaltung haben Verbrennungsmotoren bei einer Drehzahl von ca. ⅔ der Nenndrehzahl, wenn eine optimale Verbrennung stattfindet (Abb. C119). Jeder Motor hat eine ihn kennzeichnende Drehmomentkurve.
Der Schlepper soll unabhängig von sich ändernden Belastungen und Geschwindigkeiten mit der günstigsten Motordrehzahl gefahren werden. In Tab. C21 sind für die unterschiedlichen Einsatzbereiche des Schleppers die Arbeitsgeschwindigkeiten aufgeführt. Das Getriebe mit seinen Übersetzungsstufen (unterschiedlich große Stirnzahnräder) in den verschiedenen Gängen ermöglicht, daß die volle Motorleistung bei den unterschiedlichen Fahrgeschwindigkeiten zur Verfügung gestellt wird. Wie Tab. C21 zeigt, sind richtige Getriebeabstufungen des Schleppers sehr wichtig für den Einsatz im Gartenbau.
Die Übersetzung beschreibt das Verhältnis der Zahl der Umdrehungen des Antriebsteils zur Zahl der Umdrehungen des angetriebenen Teils.

Beispiel:

1. Antreibende Welle n = 2000 1/min,
   angetriebene Welle n = 200 1/min
   Übersetzungsverhältnis des Getriebes 10:1
2. Antreibende Welle n = 2000 1/min,
   angetriebene Welle n = 500 1/min
   Übersetzungsverhältnis des Getriebes 4:1
   Übersetzungsverhältnis im Beispiel 1 größer als in Beispiel 2

Mit der Änderung der Übersetzung wird auch das Drehmoment gewandelt. Die Kraft an den Antriebsrädern ist um so größer, je größer die Übersetzung ist; je kleiner die Übersetzung ist, um so geringer ist die Kraft an den Antriebsrädern bei gleicher Motordrehzahl. Wenn an den Antriebsrädern eine große Kraft nötig ist wie beim Anfahren, beim Beschleunigen oder bei schweren Zugarbeiten, ist in einen kleineren Gang zurückzuschalten. Im 1. Gang ist das Drehmoment an den Antriebsrädern am größten. Sehr langsame Gänge dürfen meist nicht zur Zugkrafterhöhung verwendet werden, da sonst Getriebeschäden durch zu hohe Drehmomente im Getriebe auftreten können.
Eine weitere Aufgabe des Getriebes ist, das Rückwärtsfahren zu ermöglichen. Durch das Einschieben eines Umkehrzahnrades im Getriebe wird der Drehsinn der Antriebsachse geändert. Die Verbindung zwischen Getriebe und Antriebsachse wird durch eine Antriebswelle hergestellt.

Differential

Bei Geradeausfahrten drehen sich die beiden Antriebsräder an der Achse gleich schnell. Bei einer

Tab. C 21. Geschwindigkeitsbereiche für den Schleppereinsatz

Einsatzbereich	Arbeitsgeschwindigkeit
Pflanzen mit der Pflanzmaschine	0,5– 1 km/h
Hacken mit der Reihenfräse	2 – 3 km/h
Hacken mit der Hackmaschine	4 – 6 km/h
Flächenspritzen	5 – 8 km/h
Düngen	5 –10 km/h
Ernte von Möhren/Kohl	2 – 3 km/h
Ernte von Erbsen/Bohnen	5 – 8 km/h
Bodenbearbeitung mit dem Pflug	4 – 8 km/h
Bodenbearbeitung mit der Spatenmaschine	1 – 3 km/h
Bodenbearbeitung mit der Fräse	3 – 5 km/h
Bodenbearbeitung mit dem Grubber	6 – 9 km/h
Bodenbearbeitung mit der Egge	8 –12 km/h
Bodenbearbeitung mit der Saatbettkombination	8 –12 km/h
Mähen mit Balkenmähwerk	bis 12 km/h
Mähen mit Kreiselmähwerk	bis 15 km/h
Mähen mit Spindelmähwerk	bis 15 km/h
Transport	8 –30 km/h

Kurvenfahrt hat aber das äußere Rad einen längeren Weg zurückzulegen, als das innere Rad. Für die Kurvenfahrt muß beiden Rädern eine unterschiedliche Drehzahl und damit eine unterschiedliche Geschwindigkeit ermöglicht werden. Aus diesem Grund haben Schlepper, wie auch alle anderen Kraftfahrzeuge, ein **Ausgleichsgetriebe,** das **Differential** (Abb. C120).

Abb. C120. Das Differential.

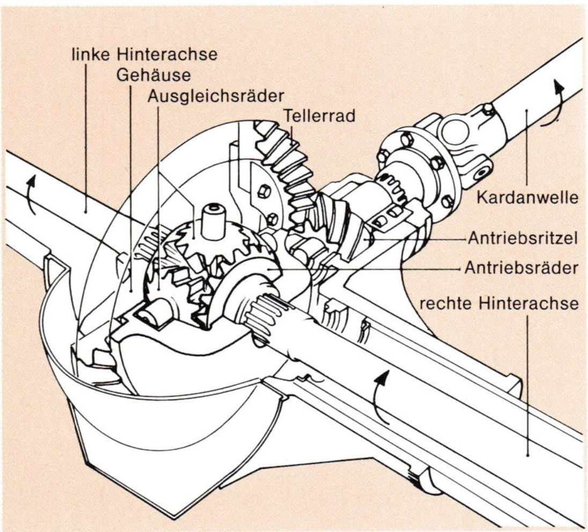

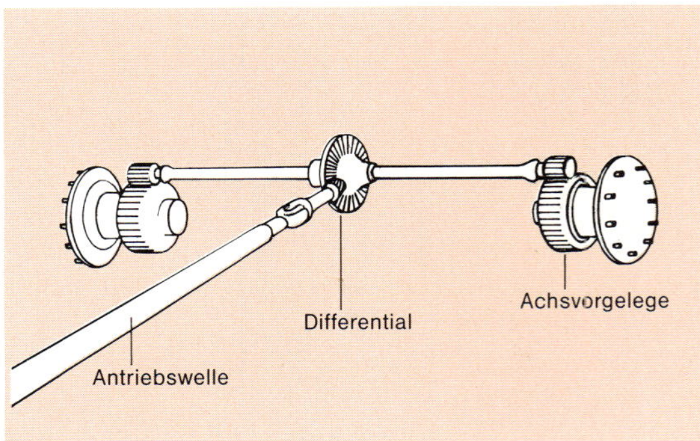

Abb. C121. Radvorgelege an der Hinterachse eines Schleppers (MB-trac).

Nachteilig wirkt sich jedoch ein Differential immer dann aus, wenn der Untergrund unter den beiden Achsen unterschiedlich ist. Das Rad auf dem weichen oder glatten Untergrund dreht und wühlt sich immer tiefer in den Untergrund ein, während durch das Ausgleichsgetriebe das Rad auf dem festen Untergrund infolge der Bodenhaftung stillsteht. Der Schlepper fährt sich fest. Deshalb haben Schlepper eine zuschaltbare Sperrmöglichkeit für das Ausgleichsgetriebe, die **Differentialsperre.** Der Achsantrieb wird damit zu einem starren System und der feste Untergrund unter dem einen Antriebsrad ermöglicht ein Weiterfahren. Wenn die Ausgleichssperre nicht mehr benötigt wird und besonders bei Kurvenfahrten, muß sie herausgenommen werden, damit es nicht zu einer unzulässigen Beanspruchung im Achsantrieb kommt.

Radvorgelege

Die hohen Drehmomente, die an den Rädern benötigt werden, können nicht auf das Differential und das Getriebe übernommen werden. Deshalb wird unmittelbar beim Rad eine Untersetzung, das Radvorgelege, eingebaut (Abb. C121).

4.3.3 Das Fahrwerk

Die wichtigsten Bestandteile des Fahrwerks sind Achsen, Lenkung, Bremsen und Reifen. Es hat den Schlepper manövrierbar zu machen und die Kraft des Motors möglichst gut auf den Boden zu übertragen und Fahrwiderstände, die aus Rollwiderstand und Steigungswiderstand entstehen, sowie Zugwiderstände zu überwinden. Weiterhin muß es dafür sorgen, daß der Schlepper sicher gefahren und abgebremst werden kann.

Der Standardschlepper hat eine angetriebene Hinterachse und eine lenkbare Vorderachse. Allradschlepper haben zusätzlich Vorderradantrieb. Das ermöglicht eine Erhöhung der Triebkraft, was bei schwierigen Bodenverhältnissen und an Hängen vorteilhaft ist. Auch bei Arbeiten mit einem Frontlader ist eine angetriebene Vorderachse sehr sinnvoll.

Die **Bereifung** stellt die Verbindung zwischen Schlepper und Boden her. Sie muß die Eigenmasse des Schleppers tragen und die Zugkraft des Schleppers auf den Boden übertragen. Reifen bestimmen zusammen mit der Schleppermasse und ihrer Verteilung auf die beiden Achsen sowie den Bodeneigenschaften, wieviel von der Motorleistung als Zug- und damit als Nutzleistung verbleibt. Anzustreben ist ein möglichst geringer Schlupf, d. h. eine möglichst geringe Verlustreibung. Die nicht angetriebenen Vorderräder sollen einen möglichst geringen Rollwiderstand, der durch Boden- und Reifenverformung entsteht, verursachen. Die richtige Bereifung ist weiterhin wichtig für ein gutes Spurverhalten, eine genaue Lenkung und z. T. für die Federung.

Durch das Befahren mit dem Schlepper soll die Bodenstruktur geschädigt werden. Auch deshalb ist eine richtige Abstimmung von Reifengröße, Schleppergewicht und Reifendruck wichtig.

Für Schlepperreifen finden Radialreifen (Gürtelreifen) und Diagonalreifen Verwendung (Abb. C122 und C123). Sie unterscheiden sich im Aufbau der Karkasse, dem Unterbau des Reifens. Bei Diagonalreifen sind die Gewebeschichten diagonal aufgebaut. Bei Gürtelreifen hat die Karkasse einen radialen Aufbau und darüber einen mehrlagigen Textilgürtel. Gürtelreifen haben bei gleicher Reifenabmessung und gleichem Luftdruck eine größere Auflagefläche als Diagonalreifen. Dadurch erhöht sich die Zugkraft des Schleppers.

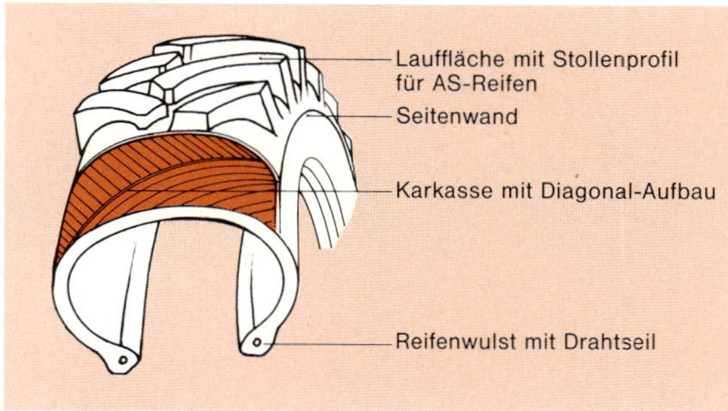

Abb. C122. Diagonalreifen.

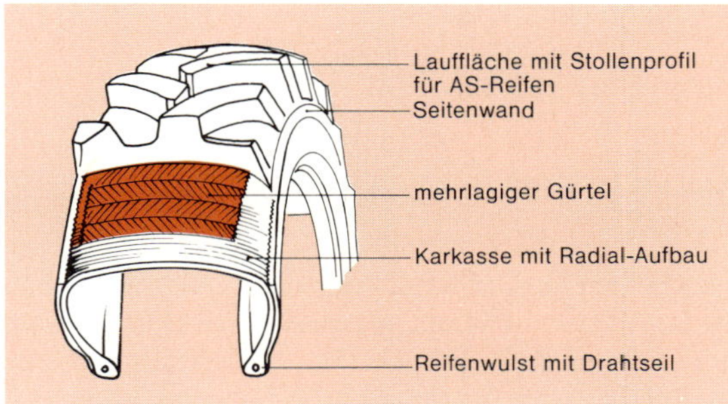

Abb. C123. Radialreifen (Gürtelreifen).

Die Laufflächen eines Reifens sind mit einem Profil versehen. Das Längsrillenprofil, besonders bei Frontreifen, verhindert seitliches Ausgleiten. Das Stollenprofil soll die Antriebskräfte übertragen.

Der Reifenwulst hat einen Drahtkern und sorgt für einen sicheren Sitz des Reifens auf der Felge.

Auf der Seitenwand ist immer die Reifenbezeichnung eingeprägt. Sie ist genormt.

Eine Reifenbezeichnung lautet z. B. 11,2 28 AS 6 PR

11,2	=	Reifenbreite in Zoll
28	=	Felgendurchmesser in Zoll
AS	=	**A**cker**s**chleppertriebradreifen
6 PR	=	Vergleichszahl für die Karkassenfestigkeit (**p**ly**r**ating-Zahl, früher Gewebslagenzahl)

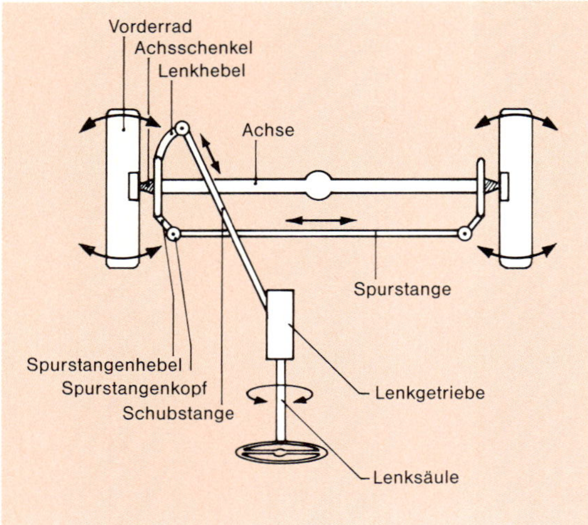

Abb. C124. Aufbau der Achsschenkellenkung.

Im Gartenbau sind häufig nur relativ kleine Flächen zu bearbeiten. Für ein genaues Fahren ist deshalb eine besondere Wendigkeit des Schleppers und eine exakte Lenkung Voraussetzung für seine Einsatzfähigkeit. Die meisten Schlepper verfügen über eine **Vorderradlenkung.** Sie besteht aus Lenkrad, Lenksäule, Lenkgetriebe und Lenkgestänge.

Die Lenkeinschläge werden über das Lenkgetriebe und das Lenkgestänge auf die Achsschenkel, an denen die Vorderräder befestigt sind, übertragen und zum gewünschten Einschlag gebracht (Abb. C124). Schwere Schlepper haben oft große Vorderräder, die den max. Lenkeinschlag verringern. Durch eine **Allradlenkung** (Ebenfalls als Achsschenkellenkung) läßt sich der Wendekreis verkleinern.

Das Lenkgetriebe kann voll mechanisch arbeiten oder mit einer hydraulischen Lenkhilfe versehen sein. Der für den Arbeitszylinder des Lenkgetriebes erforderliche Öldruck wird von einer Ölpumpe erzeugt. Durch den Öldruck wird der erforderliche Kraftaufwand für den Fahrer vermindert. Neben den mechanischen Lenkungen gibt es auch die vollhydraulische Lenkung. Bei ihr gibt es zwischen gelenkten Rädern und Lenkrad keine mechanische Verbindung.

Eine weitere Möglichkeit zur Verbesserung der Wendigkeit ist die **Knicklenkung.** Mit Hilfe zweier hydraulisch betätigter Lenkzylinder oder auch auf mechanischem Weg lassen sich Vorder- und Hinterteil des Schleppers und damit auch die Achsen gegeneinander verschwenken (Abb. C125).

Die Verkehrssicherheit von Schleppern hängt ganz wesentlich von den **Bremsen** ab. Die Straßenverkehrszulassungsordnung schreibt für alle Kraftfahrzeuge zwei unabhängig voneinander wirkende, wirksame Bremsen vor. Ausnahmen gelten z. B. für Einachsschlepper. Bei Standardschleppern wird meist nur die Hinterachse gebremst.

Die eine Bremse wird als Betriebs- oder Fußbremse bezeichnet, die zweite Bremse als Feststell- oder Handbremse. Sie dient dazu, den stehenden Schlepper vor unbeabsichtigtem Wegrollen zu sichern.

Im Schlepperbau finden unterschiedliche Bremsbauarten Verwendung, die mechanisch durch Hebel-

Abb. C125. Lenkungsarten.

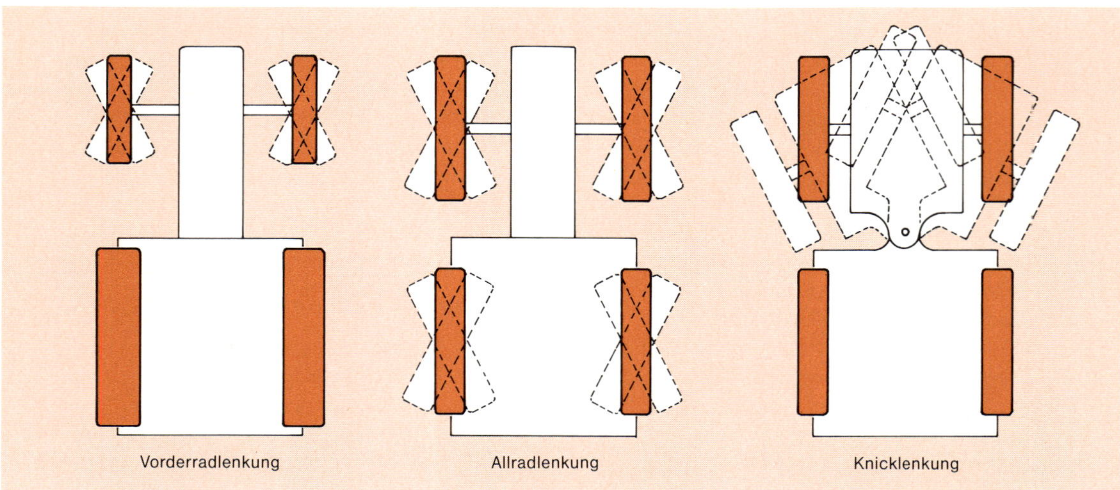

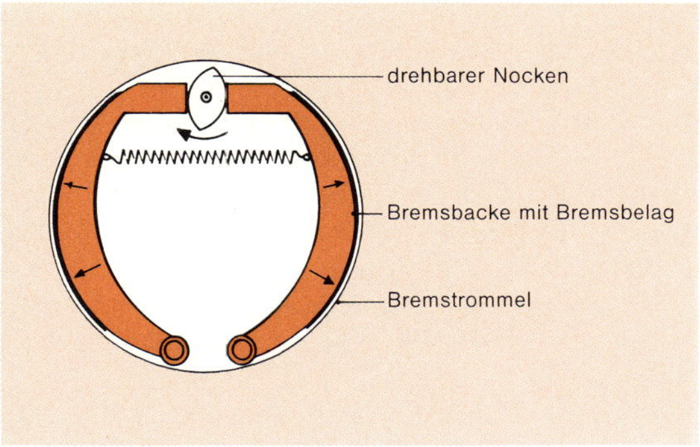

Abb. C126. Schema einer Trommelbremse.

Abb. C127. Schema einer Teilscheibenbremse.

Abb. C128. Schema einer Vollscheibenbremse.

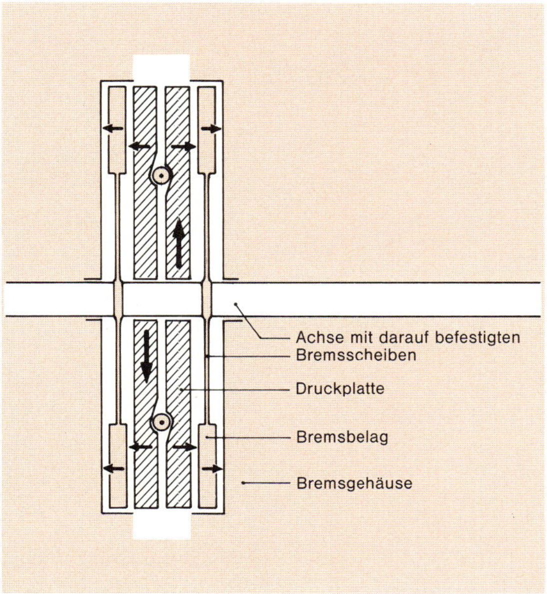

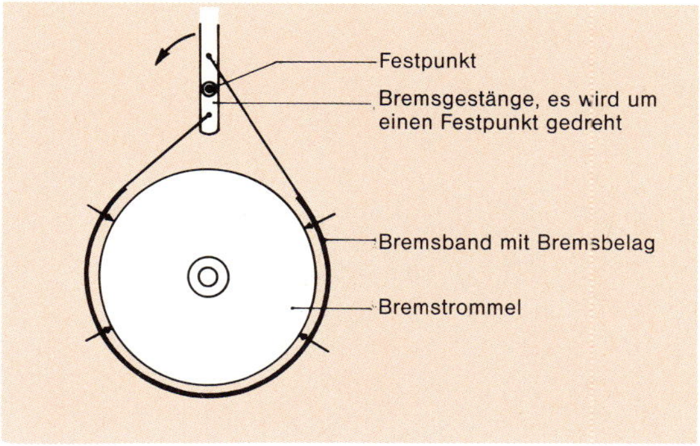

Abb. C129. Schema einer Bandbremse.

kraft verstärkt auf die Räder wirken. Bei schweren Schleppern werden auch hydraulische Bremsen eingebaut, bei denen die Kraftübertragung durch eine Flüssigkeit erfolgt. Zusätzlich können Schlepper mit einer Druckluftanhängerbremsanlage ausgerüstet sein.

Trommelbremsen wirken dadurch, daß durch Fußdruck ein drehbarer Nocken oder ein hydraulisch betätigter Radbremszylinder zwei Bremsbacken spreizt. Auf den Bremsbacken ist ein Bremsbelag aufgebracht. Sie werden von Innen gegen die sich drehende Bremstrommel gedrückt. Dadurch wird das an der Bremstrommel angeschraubte Rad abgebremst, »verzögert« (Abb. C126).

Einige Schlepper sind mit **Scheibenbremsen** ausgestattet. **Teilscheibenbremsen** wirken nur auf einen kleinen Teil der Bremsscheibe. Wie eine Zange greift der Bremsbelagträger beidseitig über die sich mit den Rädern drehende Bremsscheibe. Er verzögert die Bremsscheibe und damit die Räder, indem er sich zusammendrückt (Abb. C127).

Bei **Vollscheibenbremsen** drehen sich in einem Bremsgehäuse zwei Bremsscheiben mit. Diese sind beidseitig mit einem Bremsbelag versehen. Zwischen den Bremsscheiben befinden sich zwei Druckplatten. Wenn gebremst wird, werden die beiden Druckplatten gegeneinander verschoben. Stahlkugeln, die in einer Aussparung zwischen den beiden Druckplatten liegen drücken diese auseinander. Dadurch werden die Bremsscheiben zwischen Druckplatten und Bremsgehäuse abgebremst (Abb. C128).

Handbremsen arbeiten meist als Bandbremsen, die konstruktiv recht einfach ausgeführt sind (Abb. C129).

Schlepper mit Druckluftbremsen haben **Federspeicher-Feststellbremsen.** Durch **Druckluft** wird eine

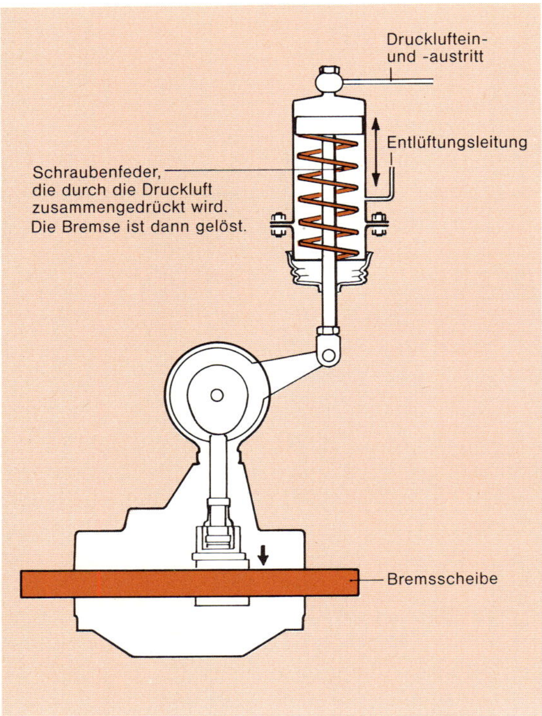

Abb. C130. Schema einer Federspeicher-Feststellbremse.

Schraubenfeder in einem Zylinder zusammengedrückt und die Feststellbremse gelöst. Durch Betätigung des Handbremsventils kann die Luft aus dem Zylinder weichen. Die Schraubenfeder drückt dann über einen Nocken die Bremsklötze an die Bremsscheiben. Federspeicherbremsen gewährleisten eine immer gleiche und gleichbleibende Bremskraft (Abb. C130).

4.3.4 Anbau und Antriebsmöglichkeiten von Arbeitsgeräten

Für den Heckanbau steht am Schlepper in der Regel das **Dreipunktgestänge** mit dem hydraulischen Kraftheber zur Verfügung. Die Abmessungen des Dreipunktgestänges sind genormt. Es besteht aus dem in seiner Länge verstellbaren Oberlenker und einem linken und einem rechten Unterlenker, evtl. verbunden durch eine Ackerschiene. Unter- und Oberlenker sollten für einen schnellen Geräteanund -abbau mit Schnellkupplern ausgerüstet sein.
Mit Hilfe einer Hydraulikanlage läßt sich das Dreipunktgestänge heben und senken. Die Krafthebeplanlage dient dazu, die Arbeitsgeräte zu tragen, in die richtige Arbeitshöhe zu bringen und mit einer Regelhydraulik evtl. zu führen, wie z. B. angebaute Bodenbearbeitungsgeräte, Erntemaschinen oder Düngerstreuer.
Die **Hydraulikanlage** dient zum einen als Antrieb für den Kraftheber des Dreipunktgestänges, zum anderen dem Antrieb von Arbeitsgeräten, der Krafterzeugung für Brems- und Lenkhilfen und zum Heben und Senken eines Frontladers.
Mit der **Zapfwelle** läßt sich das Drehmoment des Motors auf drehende Schlepperanbaugeräte übertragen.
Motorzapfwellen haben bei einer bestimmten Motordrehzahl eine genormte Drehzahl von 540 1/min und/oder 1000 1/min. Motorzapfwellen werden entweder über eine Doppelkupplung (2. Kupplungsstufe) oder durch eine zweite unabhängige Kupplung geschaltet. Die Profilierung des Zapfwellenendes ist ebenfalls genormt.
Wegzapfwellen sind heute nur noch an Geräteträgern zu finden. Da die Drehzahl abhängig von der Fahrgeschwindigkeit ist, eignen sie sich besonders für Pflanz- und Sämaschinen sowie für Düngerstreuer und Pflanzenschutzgeräte, aber beispielsweise nicht für den Antrieb einer Fräse.

Kontrolle und Vertiefung

1. Beschreiben Sie die Arbeitsweisen eines Dieselmotors und eines Ottomotors
2. Welche technischen Lösungen zur Optimierung von Otto- und Dieselmotoren gibt es im Motorbau?
3. Stellen Sie Hilfsaggregate des Motors zusammen (z. B. Luftfilter) und beschreiben Sie ihre Aufgaben.
4. Welche Unfallverhütungsvorschriften sind bei Arbeiten mit oder an dem Schlepper zu beachten?

4.4 Kraft- und Schmierstoffe

Kraftstoffe für unsere Kraftfahrzeuge werden, von einigen Ausnahmen wie z. B. Methanol, Rapsöl abgesehen, aus Erdöl hergestellt. Die Herstellung erfolgt wie die der Heizöle durch Destillation oder Cracken und anschließender Raffinierung (s. Seite 399).
Benzin ist der Bestandteil des Rohöls, der schon bei Siedetemperaturen unter 200 °C gewonnen wird.

Tab. C 22. Kennwerte von Kraftstoffen

	Normalbenzin	Superbenzin	Dieselkraftstoff
Dichte bei 15 °C kg/dm^3	~0,725	~ 0,75	~ 0,83
Flammpunkt (s. Seite 399)	unter 21 °C	unter 21°C	55–75 °C
Heizwert H_U in kJ/l (s. Seite 400)	~ 31800	~32700	~35500
Selbstentzündung-temperatur	550 °C	750 °C	350 °C
Luftbedarf in kg Luft/ kg Kraftstoff	14,9	14,7	14,8
	Das bedeutet, für die Verbrennung von einem Volumenteil Kraftstoff sind etwa 10000 Volumenteile Luft notwendig.		

Schlepper, außer den leichten Einachsschleppern, werden fast ausnahmslos mit Dieselkraftstoff betrieben, weil Dieselmotoren wirtschaftlicher arbeiten (s. Kap. 4.3.1). Heizöl EL und Dieselkraftstoff sind praktisch identisch und werden im Siedebereich zwischen 200 und 350 °C oder durch Cracken aus Rohöl gewonnen.
Heizöl wird allerdings seit einiger Zeit rot eingefärbt, um sicher zu verhindern, daß Dieselmotoren von Kraftfahrzeugen mit dem im Vergleich zu Kraftstoffen gering versteuerten Heizöl EL betrieben werden. Von den Finanzbehörden werden auch in den Betrieben Kontrollen durchgeführt.

Normal- und Superbenzin

Ein wichtiges Merkmal für Ottokraftstoffe ist ihre **Klopffestigkeit.** Motoren »klopfen« oder »klingeln«, wenn sich das Kraftstoff/Luftgemisch während des Verdichtungstaktes selbst und unkontrolliert entzündet. Durch die spontane Verbrennung werden Motorteile in schädliche Schwingungen versetzt. Der Motor verschleißt vorzeitig. Auch das schädliche »Nachdieseln« wird durch die Selbstentzündung von Restgasen im heißen Motor verursacht. Eine höhere Klopffestigkeit bedeutet also für ein Benzin einen höheren Widerstand gegen Selbstentzündung. Das Maß für die Klopffestigkeit ist die **Oktanzahl** (OZ). Je nach Prüfmethode wird zwischen der ROZ und der MOZ unterschieden.

Normalbenzin hat eine in der Bundesrepublik Deutschland ROZ von 91/93
Superbenzin hat in der Bundesrepublik Deutschland eine ROZ von 98/99

Die Klopffestigkeit wird durch Additive, wie z. B. Bleiverbindungen und in Zukunft auch Alkoholverbindungen, verbessert. Der zu verwendende Kraftstoff wird durch die Motorbauart, insbesondere die Verdichtung, bestimmt. Hoch verdichtende Motoren (ab ca. 9:1) benötigen Superbenzin.

Dieselkraftstoff

Dieselkraftstoff benötigt eine hohe Zündwilligkeit, damit der in die verdichtete und dadurch erhitzte Luft eingespritzte Kraftstoff sich so schnell wie möglich entzündet (-**Selbstzünder**!-). Die Maßzahl für die Zündwilligkeit ist die **Cetanzahl** (CZ). Ein Dieselkraftstoff mit einer hohen CZ verursacht einen geringen Zündverzug und dadurch einen weicheren Motorlauf. Außerdem wird das Anlassen erleichtert. In der Bundesrepublik Deutschland angebotene Dieselkraftstoffe haben eine CZ zwischen 45 und 55.
Ein weiteres Merkmal des Dieselöles ist sein Kälteverhalten. Wie Heizöl EL hat Dieselkraftstoff einen im Vergleich zum Ottomotor recht hohen Pourpoint (s. Seite 399).
Maß für das Kälteverhalten ist die Filtrierbarkeit, denn die Paraffinausscheidungen bei niedrigen Tem-

peraturen würden Leitungen, Kraftstoffilter und Einspritzpumpe verstopfen. Dem Winterkraftstoff werden deshalb Additive, die das Kälteverhalten verbessern, zugesetzt. Zu Paraffinausscheidungen kommt es ab −5 °C bei Sommerdiesel, ab −15 °C bei Winterdiesel. Auch Petroleum oder Normalbenzin kann dem Dieselöl zur Verbesserung des Kälteverhaltens beigemischt werden.

Schmierstoffe

Wenn bewegliche Teile z. B. im Motor, Getriebe, Lager, sich gegeneinander bewegen, tritt Reibung auf. Die Reibung hemmt zum einen die Bewegung, zum anderen führt sie zu Verschleiß. Um die Reibung zu vermindern und die für die Bewegung erforderlichen Kräfte zu verringern, wird ein Schmierfilm zwischen den Flächen aufgebracht.
Schmieröle werden neben Heizöl S, Bitumen usw. aus dem Destillationsrückstand gewonnen.
Schmieröle sollen folgende Aufgaben erfüllen:

- Verminderung des Verschleißes
- Verringerung des Energieaufwandes durch Verminderung der Reibung
- Kühlen, d. h. Wärme ableiten
- Abdichten, z. B. den Raum zwischen Kolben und Zylinderwand
- Reinigen, indem Schmutzstoffe im Schmieröl gebunden werden
- Korrosionsschutz, indem das an den Metallflächen haftende Öl ein Kondensieren von Feuchtigkeit an Metallflächen verhindert
- Geräuschdämpfung

Bei den Schmierstoffen müssen verschiedene Öle und Fette unterschieden werden:
- Motoröle
- Getriebeöle
- Fette, z. B. Fahrgestellschmierstoffe

Die richtige Auswahl für den gewünschten Zweck bei der Vielzahl der Schmierstoffe ermöglicht die **Ölkennzeichnung.**
Schmieröle sind wie die Heizöle nach der Dünn- bzw. Dickflüssigkeit in verschiedene **SAE-Viskositätsklassen** eingeteilt (**S**ociety of **A**utomotive **E**ngineers). Bei niedrigen Temperaturen benötigen Motoren und Getriebe Öle mit geringer Zähigkeit. Allerdings darf bei der Erhöhung der Öltemperatur das Öl auch nicht so dünnflüssig werden, daß der Ölfilm abreißt und es zu Trockenreibung kommt.

SAE 10 W ist ein Motoröl für den **W**interbetrieb
SAE 30 ist ein Motoröl für den Sommerbetrieb

An die Motoransprüche wesentlich besser angepaßt sind die Mehrbereichsöle, z. B. SAE 15 W/40. Sie decken mehrere SAE-Viskositätsklassen ab und sind für Winter- und Sommerbetrieb geeignet. Durch die Additive, mit denen sie legiert werden, wird auch die Gefahr vermindert, daß sie bei sehr hohen Motortemperaturen zu dünnflüssig werden. Heute sind fast alle Motoröle HD-Öle (**h**eavy **d**uty). Durch Additive, die auch bei schweren Betriebsbedingungen eine lange Schmierdauer haben, wird die Schmiersicherheit verbessert.
Getriebeöle sind weniger thermischen Belastungen (wechselnden Öltemperaturen) als die Motoröle ausgesetzt, sondern mehr mechanischen Belastungen wie den hohen Drücken zwischen den Zahnrädern. Deshalb werden in der Regel spezielle Getriebeöle wie z. B SAE 75, SAE 90 usw. verwendet (je höher die Zahl, desto dickflüssiger ist das Öl).
Über die Qualität von Motorölen gibt die **API-Klassifizierung** Auskunft (**A**merican **P**etroleum **I**nstitute), z. B. API CC, API CD, API SE, API SF. Die zu verwendende API-Klasse wird durch die Motorbauart und die Betriebsbedingungen bestimmt. Sie enthalten unterschiedliche Additive, die ihnen ihre Eigenschaften verleihen.
Weil Schmieröle speziell im Motor stark verschmutzt und beansprucht werden, verringern sie im Laufe der Zeit ihre Wirksamkeit. Deshalb müssen sie in regelmäßigen Abständen gewechselt werden. Von der Güte der Schmierstoffe hängt entscheidend die Betriebssicherheit und die Lebensdauer des Motors, Getriebes oder der Lager ab. Es sollten deshalb immer nur die vorgeschriebenen Öle bzw. Fette verwendet werden.

Fette

Radlager, Achsschenkel, Spurstangen, Gelenkwellen, Pedallager werden häufig nicht mit Ölen, sondern mit zähflüssigen bis wachsartigen Fetten geschmiert. Eine regelmäßige Schmierung mit geeignetem Fett ist Voraussetzung für einen störungsfreien Betrieb und eine lange Lebensdauer des Aggregats. Durch das richtige Abschmieren werden mit dem neuen Fett gleichzeitig Feuchtigkeit und Schmutzteilchen aus der Schmierstelle herausgedrückt.

Hydrauliköle

Hydrauliköle haben die Aufgabe, die Kräfte von der Hydraulikpumpe zu den Verbrauchern (wie Kraftheber, Mähwerk, Bremsen usw.) zu übertragen. Hydrauliköle haben – wie andere Flüssigkeiten auch –

die Eigenschaft, sich selbst bei hohen Drücken nicht zusammenpressen zu lassen. Auch Hydrauliköle dürfen für den Winterbetrieb nicht zu dickflüssig und für den Sommerbetrieb nicht zu dünnflüssig sein. Bei Schleppern finden für die Hydraulik häufig Motoröle (z. B. SAE 20) Verwendung. Um Verschmutzungen und Ablagerungen in der Hydraulikanlage zu beseitigen, sollen Hydrauliköle möglichst einmal im Jahr gewechselt werden.

Universalöle

In der Landwirtschaft finden heute vielfach Universalöle Verwendung, die sämtliche Aufgaben als Motoröl, Getriebeöl und Hydrauliköl erfüllen sollen. Von Vorteil ist, daß damit nur eine Ölsorte gelagert werden muß und auch Verwechslungsmöglichkeiten, die zu schweren Schäden führen können, ausgeschlossen sind.

Kontrolle und Vertiefung

1. Warum muß in bestimmten Zeitabschnitten ein Ölwechsel vorgenommen werden?
2. Welche Folgen kann es haben, wenn Sie in den Motor oder das Getriebe Öl mit falscher SAE-Viskositätsklasse gegeben haben?
3. Welchen Kraftstoff benötigt ein 2-Takt-Motor? Erklären Sie, warum er nicht mit Benzin betrieben werden kann.

4.5 Wartungsmaßnahmen am Schlepper

Viele Wartungsarbeiten, die die Betriebsbereitschaft des Schleppers sichern, lassen sich mit einfachen Werkzeugen im Betrieb durchführen. Für größere Reparaturen ist meist Spezialwerkzeug nötig. Deshalb bleiben sie der Fachwerkstatt vorbehalten. Besonders Arbeiten an den Bremsen, der Lenkung, der Regelhydraulik sowie Motorreparaturen und Motoreinstellung sollten nur vom Fachmann durchgeführt werden.

Zu den Wartungsarbeiten, die im Betrieb durchgeführt werden können, gehören:

- Motorölwechsel, Getriebeölwechsel, Hydraulikölwechsel
- Ölfilterwechsel
- Entlüftung der Hydraulikanlage
- Reifendruck korrigieren (~ 1,2–1,7 bar bei der Feldarbeit, ~ 2 bar und mehr bei Straßenfahrten)
- Luftfilter reinigen bzw. auswechseln
- Kraftstoffilter reinigen bzw. auswechseln
- Kraftstoffanlage entlüften
- Warten der Kühlanlage, wie Keilriemen für den Lüfter spannen und evtl. wechseln, Lamellen des Wasserkühlers sowie Kühlrippen des Motors reinigen
- Kontrolle und Reparatur der elektrischen Anlage (Beleuchtung, Batterie)
- Vorderachse, Kupplungslager usw. abschmieren

Kontrolle und Vertiefung

Berichten Sie, welche Wartungsarbeiten Sie an Schleppern durchgeführt haben und warum sie durchgeführt werden mußten.

D Einführung in die Arbeits- und Wirtschaftslehre

1 Arbeitslehre

1.1 Der Begriff »Arbeit«

»Ein Leben ohne Arbeit ist ein verschenktes Leben.«
»Ohne Fleiß kein Preis.«
»Müßiggang ist aller Laster Anfang.«
»Arbeit verdirbt den ganzen Tag.«
Von höchster Einschätzung als einziger Lebenszweck bis hin zu tiefster Verachtung geht die menschliche Einstellung zur Arbeit.
Ludwig Erhard hat als der »Vater des deutschen Wirtschaftswunders« die Arbeit als den Grundbaustein des Wiederaufbaus nach dem zweiten Weltkrieg bezeichnet; bei Karl Marx ist von den »Knechten der Arbeit«, den Proletariern, die Rede. Seit es menschliches Leben gibt, versucht der Mensch seine Umwelt zu gestalten, um seine Existenz zu sichern. Ein Teil dieser Gestaltungsmaßnahmen bezieht sich auf die Arbeit und die Einflüsse der Arbeit auf die Umwelt des Menschen.
Gearbeitet wird im Büro, in der Schule, in der Verwaltung usw. Dort wird vorwiegend geistige Arbeit erbracht. In der Gärtnerei und in Handwerksberufen wird überwiegend körperliche (physische) Arbeit geleistet. Dabei ergänzen sich beide Arten der Arbeit. Die körperliche Tätigkeit setzt meistens das vorherige Denken, das Planen voraus.

Arbeit: Eine zielgerichtete Tätigkeit zur Erfüllung einer bestimmten Aufgabe.

Im Laufe der Zeit haben sich rund um den Begriff Arbeit eine Reihe ergänzender Begriffe gebildet. Ein Teil dieser Begriffe wird in den folgenden Grundlagen der Arbeitslehre geklärt.

Kontrolle und Vertiefung
1. Wie schätzen Sie selber Arbeit und ihre Notwendigkeit ein?
2. Erklären Sie die Begriffe in Abb. D2. Ergänzen Sie um weitere Begriffe.

Abb. D1. Geistige und körperliche Arbeit. In der Gärtnerei ergänzen sich beide Arten der Tätigkeit gegenseitig.

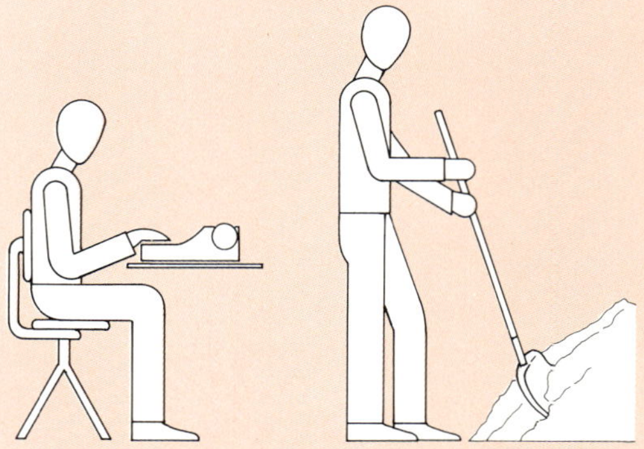

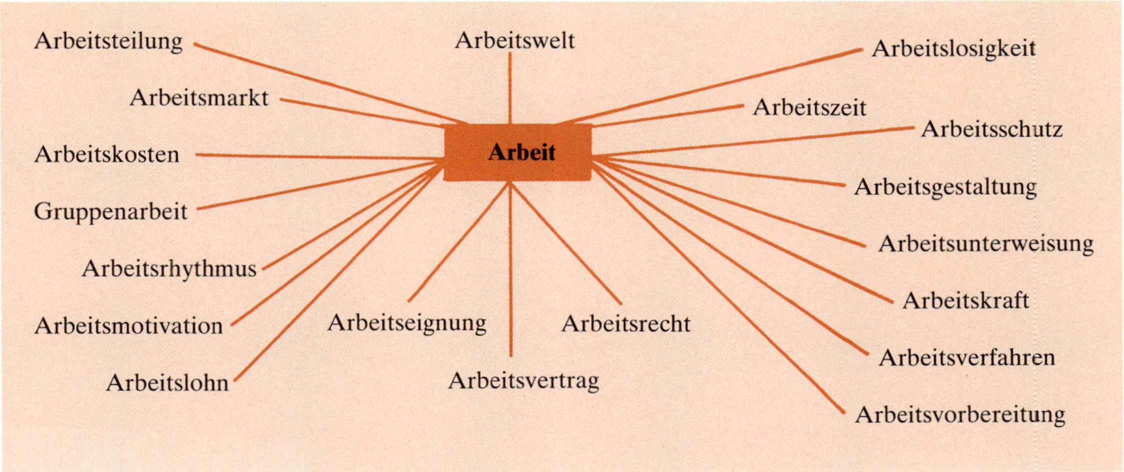

Abb. D 2. Arbeit und davon abgeleitete Begriffe.

1.2 Einflüsse auf die menschliche Arbeit

»Da habe ich aber ein Montagsauto erwischt.« Dieser Satz zeigt schon, daß menschliche Arbeit nicht maschinengleich ist; sie ist vielmehr Schwankungen und vielerlei Einflüssen unterworfen.

1.2.1 Der menschliche Leistungswille

Im Gegensatz zur Schulpflicht gibt es bei uns keine Arbeitspflicht – man geht zunächst freiwillig arbeiten, wenn auch der Selbsterhaltungstrieb einen indirekten Zwang ausübt. Darüber hinaus aber ist es wichtig, einen Teil der Freiwilligkeit und damit der Arbeitsfreude zu erhalten. Wie aber läßt sich solcher Arbeits- oder Leistungswille erhalten und fördern?

Es motiviert den Arbeitenden,
- wenn er das fertige Ergebnis seiner Arbeit sieht (z. B. den gestalteten Garten);
- wenn er gerecht entlohnt wird;
- wenn das Arbeitsklima im Betrieb in Ordnung ist;
- wenn er die Arbeit beherrscht (geistig und körperlich).

Die Arbeitslehre (Arbeitsstudium, Arbeitswissenschaft) besteht aus mehreren wichtigen Teilgebieten, eines davon ist die Ergonomie.

1.2.2 Ergonomie

Ergonomie ist die Lehre von der menschlichen Arbeit. Sie befaßt sich mit der Erforschung optimaler Arbeitsbedingungen des Menschen und liefert so die Voraussetzungen für die Anpassung der Arbeit an den Menschen.
Dem Gesundheitsschutz fällt dabei eine wichtige Rolle zu (s. Kap. D 2).
Durch die Beachtung der richtigen Arbeitshaltung können Haltungsschäden vermieden werden. Schmerzen in Schulter, Oberarm oder Nacken werden durch die richtige Höhe der Arbeitsplätze verhindert.

Abb. D 3. Gestaltung der Umwelteinflüsse.

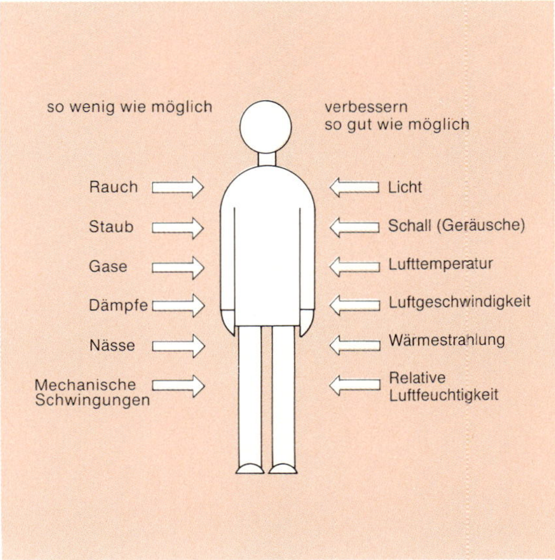

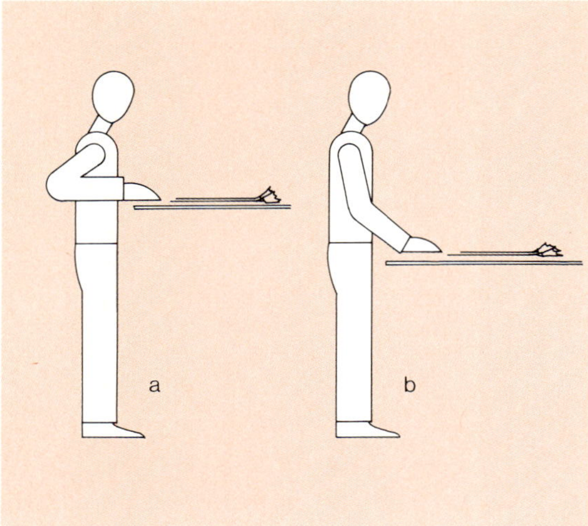

Abb. D 4. Wichtig ist die richtige Höhe der Arbeitsfläche. a = der Tisch ist zu hoch, b = richtige Arbeitshöhe.

Abb. D 5. Ein Arbeitsplatz sollte so gestaltet sein, daß der Gärtner wahlweise stehen oder sitzen kann.

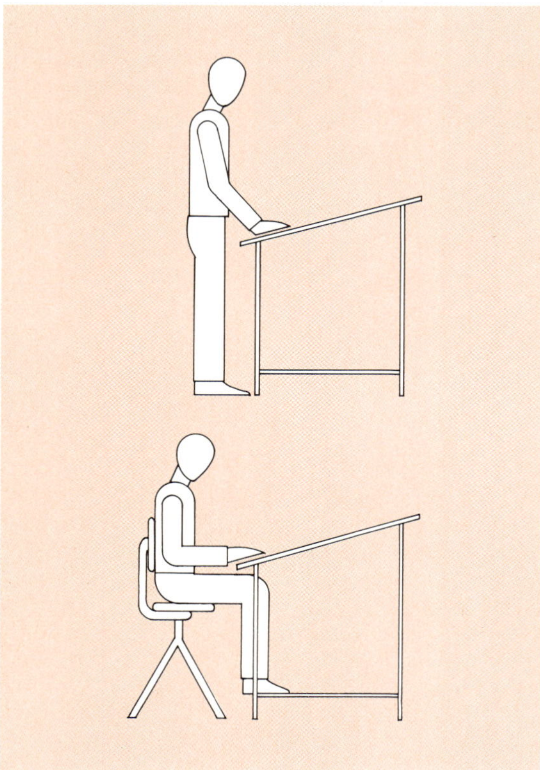

1.2.3 Körpermaße und Arbeitsplatzmaße

Menschen unterscheiden sich vielfach: nach Geschlecht, nach Alter und Größe, nach Körpergewicht und Temperament usw. Es gibt also kaum einen Arbeitsplatz, der für jeden bestens geeignet wäre – wohl aber die Möglichkeit, Arbeitsplätze den jeweiligen Gegebenheiten anzupassen.

Beispiel: Sortieren von Nelken
Auf Abb. D 4a ist entweder der Tisch zu hoch oder die arbeitende Person zu klein. Als Folge muß mit hochgezogenen Schultern und stark angehobenem Unterarm gearbeitet werden. Bei Arbeiten in dieser Haltung über längere Zeit, etwa zwei bis drei Stunden, kommt es zu Schmerzen in Nacken und Oberarm.

Abb. D 6. In der Praxis vorgefundener Arbeitsplatz. Fahrbarer Verpflanztisch mit Topfrollen.

Ist der Arbeitsplatz für die gleiche Arbeit – hier wieder das Beispiel Nelkensortieren – besser gestaltet, so kann der Gärtner mit leicht angewinkelten Armen arbeiten, wie Abb. D 4b zeigt.
Tischhöhe und Arbeitskraft stehen im richtigen Verhältnis zueinander.
Die beste Gestaltung eines solchen Arbeitsplatzes liegt vor, wenn es dem Gärtner ermöglicht wird, wahlweise zu stehen oder zu sitzen, ohne in seiner Arbeitsausführung behindert zu sein. Abb. D 5 und D 6 zeigen, wie ein Arbeitsplatz optimal gestaltet sein kann.
Gestandene Gärtner rümpfen die Nase über das Jungvolk, das beim Pikieren, Sortieren usw. zwischen Sitzen und Stehen abwechseln will. Tatsächlich aber ist der ständige Wechsel die mit Abstand beste Arbeitshaltung.

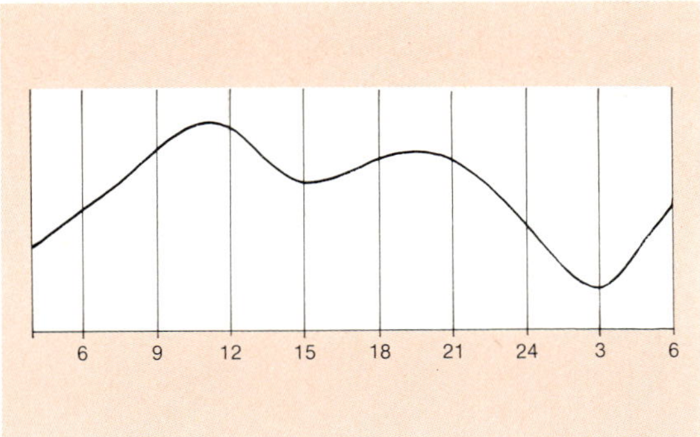

Abb. D 7. Schema des Verlaufes der Leistungsfähigkeit über 24 Stunden (nach Graf).

1.2.4 Menschlicher Körper und Ermüdung

Arbeit macht müde, körperlich anstrengende Arbeit verlangt nach mehr Erholungspausen als Schreibtischarbeit. Am Anfang einer Pause erfolgt eine rasche Erholung. Bei einer längeren Pausenzeit schreitet die Erholung nicht mehr so schnell voran wie zu Beginn.

Besonders anstrengend sind im Gartenbau schwere Arbeiten wie Erde schaufeln, Graben oder Schieben einer schweren Karre. Bei diesen Arbeiten kommt es zu Erschöpfung. Die Erschöpfung muß durch Erholung ausgeglichen werden. Der arbeitende Gärtner sollte wissen, daß seine Leistungsfähigkeit am größten ist, wenn er bei schweren Arbeiten kurze Intervalle von Arbeit und Pause einhält, d. h. wenn er nach kurzer starker Anstrengung eine kurze Pause macht.

Die menschliche Leistungsfähigkeit ist im Laufe des Tages Schwankungen unterworfen. Nach einem Leistungshöhepunkt am Vormittag folgt ein Leistungstal nach dem Essen (»Ein voller Bauch studiert nicht gern.«). Einem nochmaligen Anstieg der Leistung bis etwa 20 Uhr folgt ein Abfall bis gegen 3 Uhr.

1.2.5 Mensch und Klima

Im Gartenbau unter Glas treten für den arbeitenden Menschen besondere Belastungen auf:

- hohe Temperaturen im Sommer
- hohe Luftfeuchtigkeit

Temperaturen zwischen 35 und 45 °C sind im Sommer keine Seltenheit. Für Abhilfe sorgt hier z. T. die moderne Technik: Gute Lüftungsanlagen sollen bei hohen Außentemperaturen im Gewächshaus um 2–3 °C tiefere Temperaturen herbeiführen, als die jeweils herrschende Außentemperatur beträgt. Der Arbeitende selber sollte helle, luftige Kleidung tragen und öfter kleine Mengen trinken. Besonders schwere Arbeiten sind besser in den Morgen- oder Nachmittagsstunden zu erledigen als in der Mittagshitze.

In der kalten Jahreszeit reagiert der Körper auf Kälte durch Zittern, erhöhten Stoffwechsel und eine geringere Hautdurchblutung. Abhilfe schaffen kalorienhaltige Nahrung und wärmende Kleidung.

Kontrolle und Vertiefung

1. Welche gärtnerischen Arbeiten sind besonders gut im Sitzen zu verrichten?
2. Wo wären in Ihrem Betrieb Verbesserungsmöglichkeiten bezüglich Arbeitshöhe, Griffbereich, Sitzgelegenheiten?

1.3 Die Gestaltung der menschlichen Arbeit

»Gib fünf Gärtnern eine bestimmte Arbeit auf – z. B. eine Aussaat –, so werden sie mindestens sechs verschiedene Verfahren der Arbeitsausführung anwenden.« Diese leichte Übertreibung zeigt auf der einen Seite den individuellen Charakter handwerklicher Arbeit, auf der anderen Seite dürfte aber klar sein, daß in der Regel **nur eine Art** der Arbeitsausführung die beste, die durchdachteste sein kann. Dieses Verfahren zu finden, war und ist ein wesentliches Ziel bei der »Arbeit an der Arbeit«.

1.3.1 Einzelarbeit – Gruppenarbeit – Fließarbeit

Die klassische Arbeitsform ist die **Einzelarbeit** – ein Arbeiter bearbeitet eine Pflanze vom Anfang bis zur Fertigstellung oder führt einen bestimmten Arbeitsgang durch, z. B. Roden und Ballieren. Auch heute noch ist die Einzelarbeit in vielen Arbeitsbereichen üblich und durchaus auch angebracht.

Sie wurde in vielen Fällen abgelöst durch die **Gruppenarbeit** – eine abhängige Zusammenarbeit zur Erledigung einer bestimmten Arbeitsaufgabe. Die in Einzelschritte aufgeteilte Arbeit wird gemeinsam fertiggestellt (z. B. Veredeln: 1. Rosenwildling putzen, 2. Edelauge einsetzen, 3. Verbinden).

Ein berühmtes Beispiel für die durch Gruppenarbeit zu erzielende Arbeitssteigerung gab der Franzose Peronnet 1762: 10 Arbeiter fertigten pro Tag 200 Stecknadeln in Einzelarbeit. Nach der Aufteilung in Gruppenarbeit mit 18 Arbeitsvorgängen und der Entwicklung einfacher Vorrichtungen fertigten die 10 Arbeiter täglich 48000 Nadeln!
Die Arbeitsteilung wurde weiterentwickelt bis zur **Fließarbeit,** wobei sich der arbeitende Mensch dem Arbeitstakt eines Bandes anpassen muß.

1.3.2 Arbeitsunterweisung

Leichtes Kopfnicken in Richtung der Arbeit mit den ermunternden Worten: »Da, mach mal!« ist zwar eine Arbeits**anweisung,** aber keine Arbeits**unterweisung.** Eine Arbeitsunterweisung soll erreichen, daß eine Arbeit

> richtig – sicher – möglichst einfach – von jeder Arbeitskraft (AK, s. Kap. D 3.2)

durchgeführt wird.
Dazu ist zunächst eine genaue Beschreibung der auszuführenden Arbeit notwendig, denn mangelndes Wissen verursacht Unsicherheit; man glaubt, sich eine Blöße zu geben, wenn man mehrmals nachfragt. So schleichen sich Fehler ein. Die Arbeit wird unsachgemäß und mit hohen Zeitverlusten ausgeführt. Dies läßt sich durchaus vermeiden. Natürlich reicht dazu nicht das stumme Vorlegen einer Arbeitsbeschreibung aus. Das richtige Unterweisen sollte in vier Schritten erfolgen. Im Betrieb könnten die Beziehungen Ausbilder/Auszubildender beispielsweise folgendermaßen ablaufen:

1. Schritt
Das Arbeitsziel benennen, die Arbeit bezeichnen und die Arbeitsvorbereitungen (Arbeitsplatz) treffen.
2. Schritt
Vormachen, Erklären und Begründen durch den Unterweiser (Ausbilder).
3. Schritt
Nachmachen, Erklären und Begründen durch den Unterwiesenen (Auszubildenden).
4. Schritt
Einübung; Fertigkeit erlernen.

Die Arbeitsbeschreibung ist wesentlicher Teil dieser Art der Unterweisung; als Beispiel zunächst eine ausführliche Pikierunterweisung. Die Hervorhebung der Kernpunkte weist dabei auf das Wesentliche der

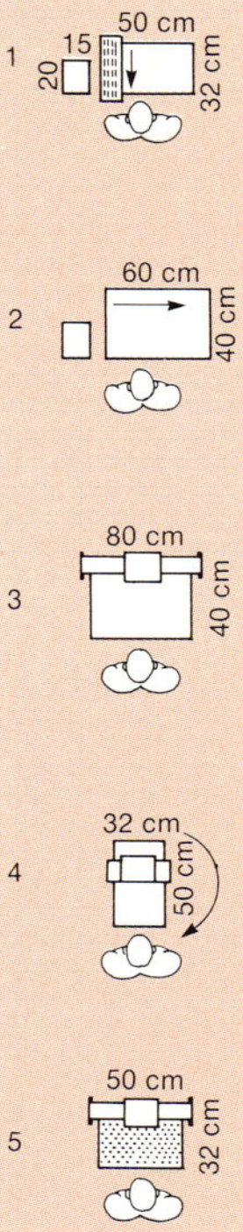

Arbeitsplatz	Arbeitszeitbedarf je Sämling	Arbeitsablauf
1	9,68 cmin 100%	Sämlinge entnehmen auf Glasablage vereinzeln mit Rundpinne pikieren 3- bis 4mal andrücken Kiste steht flach
2	6,35 cmin 65%	LH zieht einen Sämling RH pikiert mit Rundpinne 3- bis 4mal andrücken Kiste hinten angehoben
3	5,37 cmin 55%	LH zieht einen Sämling RH pikiert mit Rundpinne 3- bis 4mal andrücken Sämlingskiste steht auf Abstellbühne
4	4,74 cmin 49%	LH zieht einen Sämling RH pikiert mit Rundpinne 1 × andrücken 1. Hälfte pikieren Kiste drehen 2. Hälfte pikieren Sämlingskiste auf Glasplatte
5	4,44 cmin 46%	Pikierlöcher sind vorgelocht RH zieht einen Sämling RH legt Sämling in Loch Sämlingskiste auf Abstellbühne

LH = linke Hand
RH = rechte Hand

Abb. D 8. Unterschiedliche Arbeitsplatzgestaltung und Arbeitsverfahren beim Pikieren.

Arbeitsausführung hin, auf Punkte, die nach genügender Einübung in »Fleisch und Blut« übergehen müssen (s. Seite 439).
Hinreichend kann durchaus eine kurz gefaßte Beschreibung sein, zumal wenn die vier Unterweisungsschritte eingehalten werden. Dazu die Beschreibung der Handgriffe.

Beispiel: Topfen
Rechte Hand ergreift einen Topf und streift ihn halb voll Erde, setzt den Topf ab. Linke Hand ergreift eine Pflanze und hält sie in den Topf. Rechte Hand füllt einmal Erde in den Topf. Beide Hände drücken

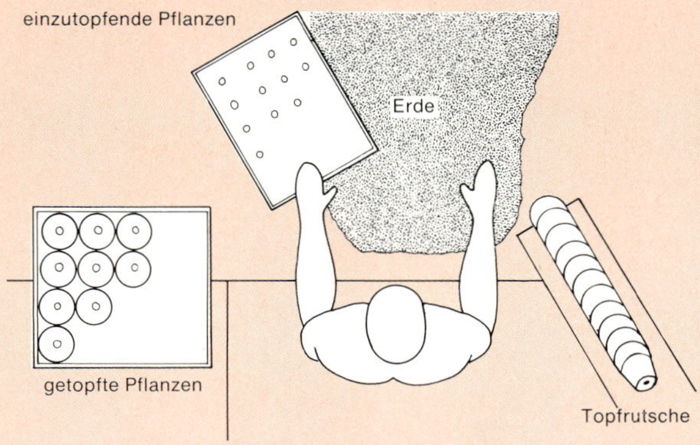

Abb. D 9. Optimale Arbeitsplatzgestaltung. Aufbau des Arbeitsplatzes zum Topfen mit Topfrutsche.

Arbeitsunterweisung zum Pikieren von Sämlingen in Kisten

Wichtige Teilvorgänge	**Kernpunkte**	**Begründung**
1. Stellen Sie die Pikierkiste mit einer leichten Neigung nach vorne so vor sich hin, daß Sie die Pikierkiste und die Aussaatschale bequem mit beiden Händen erreichen können und der Weg zur Kiste so kurz wie möglich ist.	Pikierkiste und Aussaatschale dicht und bequem erreichbar vor sich hinstellen.	Unnötige Wege der Hände sollen vermieden werden.
2. Nehmen Sie den Sämling bzw. die Pinzette mit der linken Hand auf, das Pikierholz mit der rechten Hand, fassen Sie den Sämling so, daß er nicht verletzt wird und lockern Sie vorsichtig die junge Pflanze, indem Sie mit der Spitze des Pikierholzes unter die Wurzeln greifen.	Sämling mit der linken Hand vorsichtig fassen, mit dem Pikierholz Erde lockern.	Wurzeln und Sproß des Sämlings sollen geschont werden.
3. Drücken Sie mit dem Pikierholz leicht ein Loch in die Erde der Pikierkiste an der linken oberen Ecke, etwa 3 cm vom Rand, etwa 1 cm tief.	Linke obere Ecke beginnen, etwa 3 cm vom Rand, 1 cm tief.	
4. Führen Sie den Sämling in das Pikierloch und halten Sie ihn eine Kleinigkeit tiefer, als er in der Aussaatschale stand.	Sämling in das Pikierloch halten, etwas tiefer als er stand.	Die Erde setzt sich mit der Zeit, Pflanze soll weder austrocknen noch bei zu tiefem Stand faulen.
5. Drücken Sie mit dem Pikierholz, das mit der Spitze etwa ½ cm unter der Erde steht, den Sämling einmal seitlich leicht an.	Sämling seitlich einmal andrücken.	Wurzeln sollen Erdkontakt erhalten, Pflanze festen Stand.

einmal mit den Fingerspitzen von Zeige- und Mittelfinger an. Linke Hand greift mit dem Daumen von außen an den Topfrand, hält mit dem Zeigefinger von innen dagegen und setzt den Topf in die Kiste ab.
Wichtig ist: Die Arbeitsbeschreibung muß **für jeden** nachvollziehbar sein. Man muß seine eigene Arbeitsausführung mit der vorgegebenen Methode vergleichen können.
Richtiges Lernen führt zur Arbeitsbeherrschung. Weiterhin gilt:

- Was man einmal falsch lernt, ist äußerst schwer wieder abzuändern.
- Jeder Mensch lernt anders. Darum gilt: Erklären – Vormachen – Schriftlich geben – Üben lassen.
- Was mit Interesse gelernt wird, lernt sich leichter.
- »Übung macht den Meister.«

Richtige Arbeitsunterweisung hilft somit Umwege, Desinteresse, Unverständnis und letztlich auch Kulturfehler zu vermeiden.

1.3.3 Arbeitsplatzgestaltung – Arbeitsverfahren

Arbeitsplatzgestaltung
Wird eine Arbeit nach entsprechender Übung wirklich beherrscht, wird man auch schon als Auszubildender den jeweiligen Arbeitsplatz durch kleine Verbesserungen idealen Bedingungen anpassen können.
Hier mag es darum gehen, eine Pikierkiste durch Unterlegen einer leeren Kiste in den richtigen Griffbereich zu stellen. Dort ist es vielleicht der Bau eines einfachen Vorratsbehälters, aus dem Tulpenzwiebeln beim Stecken am Arbeitstisch nachrutschen, wodurch ein beidhändiges Arbeiten ermöglicht wird.

Arbeitsverfahren
Die Überlegungen zur Arbeitsplatzgestaltung gehen nahezu selbstverständlich über in Überlegungen zum gesamten Arbeitsablauf. Ziel ist es, ein optimales Arbeitsverfahren zu finden. Genaue Planungen setzen die genaue Analyse einer Arbeit voraus. Vermutungen, »über den Daumen gepeilt«, reichen da nicht mehr aus. Um eine Arbeit zu beurteilen, kritisch zu bewerten und schließlich zu verbessern, muß sie in einzelne Schritte des Arbeitsablaufes aufgeteilt werden. Der tatsächliche Arbeitsablauf muß festgehalten werden; dies ist der Ist-Zustand. Aus ihm soll ein angestrebter, besserer Ablauf erarbeitet werden, der Soll-Zustand.

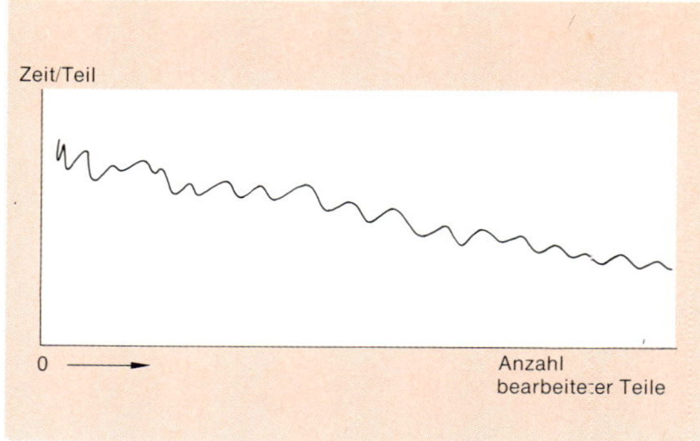

Abb. D10. Verringerung der Arbeitszeit durch Einübung.

Es ist verständlich, daß der Soll-Zustand ein anderes Arbeitsverfahren darstellt. Geringerer Arbeitszeitbedarf und Erleichterungen für den Gärtner stehen im Vordergrund der Überlegung. Sicherlich wird der Praktiker nicht solche ausführlichen Arbeitsstudien erstellen können und wollen. Die Verbesserung vorhandener Arbeitsverfahren aber bleibt in Zeiten steigender Kosten eine Notwendigkeit von zunehmender Bedeutung.
Als **Arbeitsverfahren** bezeichnet man dabei die Verfolgung eines bestimmten Arbeitszieles (also z. B. Stecken) mit oder ohne dafür geeignete Arbeitsmittel (z. B. Schubkarre) bei einer festgelegten Organisationsform. Wird das verbesserte Verfahren nicht im eigenen Betrieb erarbeitet, kann man Verfahren aus Fachzeitschriften oder aus anderen Betrieben überprüfen und vergleichen. Wie unterschiedlich dabei die Arbeitsleistungen sein können, zeigt das Beispiel der drei Arbeitsverfahren A–C (s. Kap. D 1.3.4).
Soll eine Arbeit gut gestaltet werden, so sind alle Faktoren zu untersuchen, die das Gelingen der Arbeit beeinflussen können. Beim Füllen von Kisten können wir folgende an der zu leistenden Arbeit beteiligte Faktoren feststellen:

1. Die Kiste
- Abmessungen
- Material
- Lagerungsart
- Sind Eckhölzer da?

2. Der Mensch
- Arbeitsmethode
- Arbeitsorganisation
- Wirksamkeit und Intensität, mit der die Arbeitskraft eine Arbeit ausführt.
- Übungsgrad der Arbeitskraft

3. Das Substrat
- Zusammensetzung
- Zustand (naß – trocken)
- Lagerungsart

4. Die Arbeitsmittel
- Füllhilfen
- Füllmaschinen

Alle vier Faktoren tragen zu dem erwarteten Arbeitsziel bei, aber die Erfüllung des Arbeitsziels ist von weiteren Faktoren abhängig:

- Substrathöhe in der Kiste
- Verdichtungsgrad des Substrates
- Oberflächenzustand des Substrates in der Kiste
- Endstandort der Kiste

Nun wird jeder sagen: »Bevor ich an so viele Kleinigkeiten denke oder darüber nachdenke, ist die Arbeit getan, also was soll's?«
Untersuchungen beim Füllen von vier verschiedenen Kistentypen zeigen den Einfluß der einzelnen Faktoren auf den Arbeitsablauf auf. Kistenabmessungen siehe Abb. D11.

1.3.4 Beschreibung der Arbeitsverfahren

Die Kisten werden auf verschieden hohen Arbeitsflächen (Boden, Plattenkarre, Tisch) auf unterschiedliche Art mit Substrat (Komposterde mit hohem Anteil von Einheitserde) gefüllt, das Substrat in den Ecken der Kisten angedrückt und das Zuviel an Substrat entfernt.
Beide Hände schieben von der Mitte der gefüllten Kiste her Substrat in die beiden äußeren Ecken der Kiste (vom Körper weg), drücken das Substrat einmal gleichzeitig in beiden Ecken an, werden in die Mitte der Kiste zurückgenommen, ziehen Substrat in die beiden Kistenecken (vor dem Körper) und drücken auch hier das Substrat einmal an.
Stehen mehrere Kisten zur Bearbeitung (mit der Kurzseite zur AK) nebeneinander, so werden zunächst alle Kisten mit Substrat gefüllt und angedrückt, bevor das Abstreifbrett aufgenommen wird. Bei der Bearbeitung von einzelnen Kisten (mit der Längsseite zur AK) wird das Abstreifbrett nach dem Füllen und Andrücken jeder Kiste aufgenommen. Das Abstreifbrett ist etwas länger als die jeweilige Kistenbreite. Das Abstreifen des nicht benötigten Stubstrates von Kisten ohne Eckhölzer erfolgt dadurch, daß das Brett senkrecht mit der langen Schmalseite auf den Kistenrand gesetzt und über die Kistenlänge hin und zurückgeführt wird.
Bei Kisten mit Eckhölzern erfolgt das Abstreifen des nicht benötigten Substrates dadurch, daß das Brett in der Kistenmitte auf den Kistenrand gesetzt und einmal bis zur linken Kistenseite und von hier aus über die ganze Kistenlänge zur rechten Kistenseite geführt wird. Dann wird das Brett so gehalten, daß es halbkreisförmig vor den beiden Eckhölzern der einen Seite (und später der anderen Seite) vorbeigeführt wird, damit das vor und zwischen den Eckhölzern liegende Substrat entfernt wird.

Beschreibung der Arbeitsmethode A
Eine leere Kiste wird vom Stapel auf der Plattenkarre genommen. Das Substrat liegt auf einem 85 cm hohen Tisch. Die Kiste wird von der vorderen Tischkante aus mit beiden Händen so gegen das

Arbeitsmethode A

	Arbeitseinheit 60 × 40 cm Kunststoffkiste	Arbeitszeitbedarf AK/min	Arbeitseinheit 51 × 34 cm Kunststoffkiste	Arbeitszeitbedarf AK/min
Kiste wechseln, füllen, andrücken und abstreifen	1 Kiste	0,279	1 Kiste	0,233
	Arbeitseinheit 60 × 40 cm Holzkiste	Arbeitszeitbedarf AK/min	Arbeitseinheit 40 × 30 cm Holzkiste	Arbeitszeitbedarf AK/min
Kiste wechseln, füllen, andrücken und abstreifen	1 Kiste	0,455	1 Kiste	0,338

Arbeitsmethode B

	Arbeitseinheit 60 × 40 cm Kunststoffkiste	Arbeitszeitbedarf AK/min	Arbeitseinheit 51 × 34 cm Kunststoffkiste	Arbeitszeitbedarf AK/min
Kiste wechseln, füllen, andrücken und abstreifen	1 Kiste	0,314	1 Kiste	0,254
	Arbeitseinheit 60 × 40 cm Holzkiste	Arbeitszeitbedarf AK/min	Arbeitseinheit 40 × 30 cm Holzkiste	Arbeitszeitbedarf AK/min
Kiste wechseln, füllen, andrücken und abstreifen	1 Kiste	0,442	1 Kiste	0,330

Substrat geschoben, daß es sich vor der Kiste aufhäuft. Beide Hände greifen dann über die Kiste in das Substrat und ziehen es mit 4 bis 6 Griffen in die Kiste. Andrücken und Abstreifen wie erklärt. Es steht jeweils nur eine Kiste auf dem Tisch; ist diese fertig bearbeitet, so wird sie mit beiden Händen gegriffen und bis maximal 1 m Weg zur Seite auf dem Tisch über Kreuz abgesetzt. Unmittelbar nach dem Absetzen wird eine leere Kiste gegriffen und auf den Tisch geschoben.

Beschreibung der Arbeitsmethode B
Die Kisten werden auf dem Boden mit den Händen gefüllt. AK kniet vor dem Substrathaufen auf dem Boden. In Griffweite befindet sich links ein Stapel leerer Kisten, nach rechts werden die gefüllten Kisten bis zu 7 Kisten hoch über Kreuz gestapelt. AK greift Kiste, schiebt sie mit beiden Händen etwas in den Substrathaufen und stellt die Kiste mit einer Längskante so auf den Oberschenkel, daß die Kistenfläche zum Substrathaufen hin geneigt ist. Beide Hände ziehen Substrat in die Kiste, gleichen das Substrat dabei aus und drücken es in den Ecken an. Rechte Hand ergreift Abstreifbrett, streift Substrat oberhalb des Kistenrandes ab und legt Brett zur Seite. Gefüllte Kiste mit beiden Händen greifen und nach rechts absetzen.

Beschreibung der Arbeitsmethode C
Kunststoffkisten stehen ineinander und Holzkisten über Kreuz bis zu 2 m hoch gestapelt neben dem Substrathaufen auf dem Boden. Plattenkarre (45 cm

Arbeitsmethode C

	Arbeitseinheit 60 × 40 cm Kunststoffkiste	Arbeitszeitbedarf AK/min	Arbeitseinheit 51 × 34 cm Kunststoffkiste	Arbeitszeitbedarf AK/min
Kisten aufstellen, füllen, andrücken und abstreifen	1 Kiste	0,434	1 Kiste	0,352
	Arbeitseinheit 60 × 40 cm Holzkiste	Arbeitszeitbedarf AK/min	Arbeitseinheit 40 × 30 cm Holzkiste	Arbeitszeitbedarf AK/min
Kisten aufstellen, füllen, andrücken und abstreifen	1 Kiste	0,567	1 Kiste	0,451

Arbeitsverfahren / Grundzeit AK/min je	Kunststoffkisten: Spritzguß, 60 cm × 40 cm × 7 cm (1)	Kunststoffkisten: tiefgezogen, 51 cm × 34 cm × 6,5 cm (2)	Holzkisten: 9 cm Eckhölzer, 60 cm × 40 cm × 4 cm (3)	Holzkisten: Eckhölzer 14,5 cm, 40 cm × 30 cm × 9 cm (4)	Zwischenlager der gefüllten Kisten
A 1 Kiste	0,279	0,233	0,455	0,338	
A 1 m² Nutzfläche	1,463	1,728	1,978	2,989	
B 1 Kiste	0,314	0,254	0,442	0,330	
B 1 m² Nutzfläche	1,647	1,883	1,921	2,981	
C 4–5 Kisten	0,434	0,352	0,567	0,451	
C	2,276	2,610	2,465	3,988	

Abb. D 11. Zeitbedarf für das Einfüllen von Kisten nach drei verschiedenen Arbeitsverfahren mit je vier Kistengrößen.

Höhe) steht ca. 1 m entfernt parallel zum Substrat. Holzkisten werden einzeln gegriffen und auf die Karre gesetzt. Kunststoffkisten werden 4- bzw- 5-stückweise beidhändig dem Stapel entnommen und mit der rechten Hand auf die Karre gesetzt. Die 60 × 40 cm-Kisten sind aus Spritzguß und lassen sich leicht trennen, während die 51 × 34 cm-Kisten aus tiefgezogenem Kunststoff klemmen.
Schaufel greifen, Substrat mit 3 bzw. 2 Schaufelhüben in Kisten füllen, Schaufel ablegen, Substrat andrücken und abstreifen. Stapelhöhe = maximal 4 Kisten übereinander auf der Karre.

1.3.5 Vergleich von Arbeitsverfahren

Soll-Arbeitszahlen dürfen nur von ausgebildeten Personen ermittelt werden. Nach einer Grundausbildung und den sich anschließenden Fachausbildungen sowie einem Praktikum neben einem erfahrenen Refa-Mann (Abkürzung für den 1924 gegründeten Reichsausschuß für Arbeitszeitermittlung, heute: Verband für Arbeitsstudien, REFA e.V.) kann der Ausgebildete selbständig Arbeitsstudien anfertigen. Dabei muß die Arbeitsbeschreibung so angefertigt sein, daß sich jeder die Vorgehensweise vorstellen und ausführen kann, ohne dabei gewesen zu sein (siehe Füllen der Kisten mit Substrat).

Der Vergleich von Arbeitsverfahren ist nur dann möglich, wenn die Bedingungen vergleichbar sind und keine Einflüsse die Leistungsfähigkeit beschränken. An einem Beispiel, dem Ausstellen von Töpfen, soll noch einmal auf die Wichtigkeit von Soll-Zahlen hingewiesen werden.

Arbeitsbedingungen

Wir wollen Pelargonien ausstellen. Ton- oder Kunststofftöpfe stehen in 40 × 60 cm Kisten so auf dem Tischbeet, daß ein Versetzen der Kisten beim Ausstellen nicht notwendig ist. Die Töpfe werden auf ein 80 cm hohes Tischbeet bis zur Beetmitte (100 cm Entfernung von der Tischkante) einhändig bzw. zweihändig ausgestellt. Die Töpfe werden nicht eingefüttert.
Bei diesen Arbeitsbedingungen haben wir zwei Möglichkeiten der Arbeitsausführung:

Arbeitsbeschreibung

1. Die rechte Hand ergreift den Topf, dabei faßt der Daumen über den Topfrand, der gekrümmte Mittelfinger legt sich unter den Absatz des Topfrandes und der ausgestreckte Zeigefinger legt sich der Topfwand an. Der Topf wird aus der Kiste herausgehoben und ca. 5 cm schiebend im richtigen Abstand auf dem Tisch abgestellt (siehe Tab. D 1).
2. Erfolgt zweihändiges Ausstellen, so führt die linke Hand parallel zur rechten Hand die gleichen Bewegungen aus. Topfabstand ist von Topfrand zu Topfrand gemessen (siehe Tabelle).

Tab. D1. Grundelemente (Arbeitsmethoden aus der KTBL-Datensammlung)

Topfgröße in cm	9	9	9	9	9	9	9
Topfabstand in cm	0	1	3	5	10	15	20
Einhandarbeit	×	×	×	×	×	×	×
Arbeitszeitbedarf AK/min je Topf	0,0301	0,0348	0,0360	0,0370	0,0380	0,0382	0,0395
Topfgröße in cm	9	9	9	9	9	9	9
Topfabstand in cm	0	1	3	5	10	15	20
Zweihandarbeit	×	×	×	×	×	×	×
Arbeitszeitbedarf AK/min je Topf	0,0221	0,0240	0,0245	0,0255	0,0265	0,0275	0,0280
Topfgröße in cm	11	11	11	11	11	11	11
Topfabstand in cm	0	1	3	5	10	15	20
Einhandarbeit	×	×	×	×	×	×	×
Arbeitszeitbedarf AK/min je Topf	0,0314	0,0334	0,0344	0,0358	0,0365	0,0370	0,0390
Topfgröße in cm	11	11	11	11	11	11	11
Topfabstand in cm	0	1	3	5	10	15	20
Zweihandarbeit	×	×	×	×	×	×	×
Arbeitszeitbedarf AK/min je Topf	0,0220	0,0235	0,0240	0,0245	0,0250	0,0255	0,0265

Ein Vergleich der in der Tabelle genannten Zahlen für das Aussetzen zeigt, daß der Übergang von Einhandarbeit zu Zweihandarbeit die Arbeitszeit nicht auf die Hälfte reduziert, sondern nur um ca. ein Drittel. Wir sehen hier deutlich, daß gleichsinnige (simultane) Arbeit von der Arbeitsperson eine erhöhte Aufmerksamkeit erfordert, die sich in etwas verlangsamten Bewegungen niederschlägt. Auch ein Vergleich bei den 11-cm-Töpfen wird diese Erkenntnis bestätigen.

Um einen exakten Arbeitsmethodenvergleich zu haben, können wir nur Arbeiten vergleichen, bei denen die gleichen Bedingungen vorliegen, zum Beispiel 9-cm-Töpfe in 3 cm Abstand aussetzen, als Einhand- oder Zweihandarbeit durchgeführt.

Im KTBL-Katalog (KTBL = Kuratorium für Technik und Bauwesen in der Landwirtschaft), einer Sammlung von Arbeitsdaten, sind unterschiedliche Arbeitsmethoden berücksichtigt.

Zusammenfassend ergeben sich folgende Kernpunkte

1. Voraussetzung für richtiges Arbeiten ist die richtige Gestaltung des Arbeitsplatzes, dabei sind individuelle Gegebenheiten zu berücksichtigen.
2. Optimale Arbeitsverfahren sind nur über genaue Arbeitsstudien und den Vergleich Ist- gegen Soll-Zustand zu finden.
3. Bereits kleine technische Hilfsmittel können ein Arbeitsverfahren dem Bestverfahren annähern.
4. Ziel bleibt das Finden eines bestmöglichen Verfahrens, bei dem ohne (wesentliche) Mehrbelastung der Arbeitskräfte das Arbeitsergebnis mengenmäßig (= quantitativ) und nicht selten auch qualitativ verbessert wird.

Kontrolle und Vertiefung

1. Nennen Sie Beispiele für Einzelarbeit, für Gruppenarbeit und für Fließarbeit.
2. Arbeiten Sie wesentliche Unterschiede der einzelnen Arbeitstypen heraus.
3. Bearbeiten Sie den Vorgang des Topfens nach dem Beispiel des Pikierens.
4. Erstellen Sie eine Arbeitsunterweisung von einer im Betrieb bekannten Arbeit.
5. Suchen Sie alle Einflußgrößen auf die Arbeiten im Betrieb.

6. Erarbeiten Sie Einflußfaktoren beim Ausstellen von Töpfen.
7. Errechnen Sie die unterschiedliche Anzahl von Kisten je m^2.
8. Errechnen Sie die Zeiten für je 1 m^2 gefüllte Kiste.
9. Suchen Sie das für Sie beste Verfahren heraus und begründen Sie Ihre Wahl.
10. Errechnen Sie die Zeit für das Ausstellen von 5500 Töpfen bei Einhand- und Zweihandarbeit für
    a) 9-cm-Töpfe,
    b) 11-cm-Töpfe.

1.4 Zeitvorgabe und Verfahrensvergleich

Im vorhergehenden Kapitel wurden mehrmals Leistungen AK/min erwähnt. Wie kommt man zu solchen Zahlen?

1.4.1 Zeitmessung

Erste Schritte waren Arbeitsplatzgestaltung und Arbeitsablaufstudie mit einem bestimmten Arbeitsverfahren als Ergebnis. Ein nächster – wesentlicher – Schritt ist es nun, die bei der Arbeitsstudie in einzelne Phasen unterteilte Arbeit mit speziellen Stoppuhren genau zu messen. Mehrere hundert Mal wird ein und derselbe Arbeitsvorgang zeitlich gemessen, bis man hinreichende Sicherheit hat, um z. B. folgende Aussagen treffen zu können (Tabellen in ähnlicher Form finden sich in den bereits erwähnten KTBL-Unterlagen):

Vn meint z. B. Anpassung der Kleidung an die Witterungsverhältnisse, persönliche Bedürfnisse, unvorhergesehene Arbeitsstörungen (wie der Bruch eines Spatenstiels) usw. Erholungszeiten sind nicht die Betriebspausen, sondern kurze Verschnaufpausen, Rauchpausen und ähnliches.

Je nach Schwere der Arbeit wird auf die mit der Uhr ermittelte Grundzeit ein Zuschlag von 10–30 % dieser Grundzeit gegeben, damit die Leistungsvorga-

Tab. D 2. Ermittlung der Arbeitsleistung

Stauden aus Topfquartieren ernten und in Kisten einstellen, Topfgröße 7–9 cm, Plastik- oder Tontopf, Beetwege betoniert, geringer Unkrautwuchs im Beet

	min. je Topf	AK/min je 100 Pflanzen		
Anzahl Stauden pro Kiste		50	40	25
Stauden austopfen und in Kisten einstellen, leichtes Aussortieren erforderlich	0,095	9,50		
Stauden aus Topf ziehen und in Kiste einstellen, leerer Topf verbleibt im Beet	0,07		7,00	
Stauden aufnehmen und mit Topf in Kiste einstellen	0,04			4,00
Weiterrücken der Kiste nach ca. 20–25 Pflanzen je lfd. m		0,10	0,10	0,10
Wechsel der Staudenkiste bis 10 m Weg	0,46	0,92	1,15	1,84
Grundzeit (GZ)		10,52	8,25	5,84
Vn + E = 20 % der GZ		2,10	1,65	1,17
Arbeitszeit = AZ je 100 Pflanzen		12,62	9,90	7,01
Leistung: Anzahl Pflanzen je AK/h		475	605	855

Vn = nicht vermeidbare Verlustzeiten, E = Erholungszeiten.

Tab. D 3. Nelken schneiden

Bedingungen: Nelken mit Messer schneiden, 1 AK	Anzahl Nelken je lfd. m	2 und mehr	2	1 und weniger	1 und weniger	0,25
	Pflanzenhöhe bis m	1	1,5	1,5	2	2
Bezeichnung der Grundelemente	Grundelementzeit in min	Arbeitszeitbedarf in AK/min je 100 Blüten				
Nelken mit Messer abschneiden, rechte Hand schneidet und legt auf linken Arm ab, mehr als 2 Nelken je lfd. m, Pflanzenhöhe bis 1 m, Nelken nach oben aus dem Netz ziehen 1 Blüte	0,06	6,0	–	–	–	–
Pflanzenhöhe bis 1,5 m, Nelken nach oben aus dem Netz ziehen, mehr als 2 Nelken je lfd. m 1 Blüte	0,085	–	8,5	–	–	–
weniger als 1 Nelke je lfd. m	0,1	–	–	10,0	–	–
Pflanzenhöhe bis 2 m, weniger als 1 Nelke je lfd. m, einschließlich weitergehen, Nelken nach unten aus dem Netz ziehen 1 Blüte	0,115	–	–	–	11,5	–
Pflanzenhöhe bis 2 m, 1 Nelke auf 4 lfd. m, einschließlich weitergehen, Nelken nach unten aus dem Netz ziehen 1 Blüte	0,16	–	–	–	–	16,0
Bund ablegen und weitergehen zur nächsten Reihe nach 100 Blüten	0,4	0,4	0,4	–	–	–
nach 40 Blüten	0,4	–	–	1,0	1,0	–
nach 10 Blüten	0,4	–	–	–	–	4,0
GZ		6,4	8,9	11,0	12,5	20,0
Vn + E = 10% der GZ		0,64	0,89	1,1	1,25	2,0
AZ je 100 Blüten		7,04	9,79	12,1	13,75	22,0
Leistung (Anzahl Blüten je AK/h)		850	610	495	430	270

ben – also z. B. 605 Stück pro AK/h – nicht zu hoch ausfallen.
Ziel ist, eine Leistung zu ermitteln, die von einer durchschnittlich geeigneten und eingeübten Arbeitskraft über einen längeren Zeitraum eingehalten werden kann. Mit ihr wird das Arbeitsziel (also z. B. die 605 Töpfe pro AK/h) zu 100% erreicht.
Es ist das Verdienst des KTBL, daß für den Gartenbau Tabellen mit Planzeiten für eine große Zahl gärtnerischer und landwirtschaftlicher Arbeiten vorliegen. Die einzelnen Zeitvorgaben dieser Tabellen kann man nun im Baukastenprinzip zusammensetzen und auf eigene Betriebsverhältnisse abstimmen (z. B. unterschiedliche Wegezeiten, Anzahl Pflanzen pro Kiste, Topfgrößen, Arbeitsverfahren usw.). Eine Tabelle soll dies verdeutlichen: Nelken werden geerntet, Unterschiede bestehen in der Höhe der Nelken und im Florreichtum, der sich in der Erntemenge je laufenden Meter bemerkbar macht und damit auch in den Wegezeiten.

Zeitermittlungen, Planzeiten dienen u. a.:
- dem Gärtner selbst zur Kontrolle seiner eigenen Leistung;
- zur Kalkulation benötigter Arbeitszeiten (wichtig z. B. bei der Festlegung von Stückzahlen, die produziert werden sollen und bei Ausschreibungen);
- der genauen Vorgabe von Leistungen für einzelne Arbeiter, Abteilungen oder Gruppen;
- als Grundlage für leistungsbezogene Lohnsysteme (z. B. Akkordlohn beim Veredeln oder in der Forstwirtschaft);
- als solide Grundlage für Verfahrensvergleiche.

1.4.2 Verfahrensvergleiche

Die Erklärung der Arbeitszeitermittlung rundet das Bild ab, wie Verfahrensvergleiche zustande kommen: erst Arbeitsablauf **und** Zeitvorgabe ergeben korrekte Vergleichsmöglichkeiten. Die Verfahrensvergleiche aus Kapitel D 1.3.5 (Töpfe ausstellen) können nun nach Kenntnis der Arbeitszeitermittlung ergänzt werden.

Tab. D 4

Töpfe in Bodenlöcher einbringen und zur nächsten Kiste weitergehen

	1/100 min je Topf	in %
Einhandarbeit 1 Topf aufnehmen und in Erdloch eindrücken	4,651	100
Einhandarbeit 1 Topf aufnehmen und in Erdloch einsetzen	3,435	74
Zweihandarbeit 2 Töpfe gleichzeitig aufnehmen und in Erdboden eindrücken	2,686	58
Zweihandarbeit 2 Töpfe gleichzeitig aufnehmen und in Erdlöcher einsetzen	2,411	52
Zweihandarbeit 2 Töpfe gleichzeitig aufnehmen und in zylindrische PVC-Einsätze leicht einwerfen	1,744	38

Beispiel: Eriken in Bodenlöcher einbringen
Hier geht ein kleines technisches Hilfsmittel in den Vergleich ein. Im letzten Fall werden die Eriken in PVC-Einsätze eingeworfen, die ständig im Beet verbleiben sollen. Um das Typische eines Vergleichs herauszustellen, wird hier die Zeitersparnis von Verfahren zu Verfahren aufgezeigt, wobei Verfahren 1 als 100 % gesetzt wird. Außerdem sind bei den Verfahren 1 bis 4 die vorgestanzten Bodenlöcher unterschiedlicher Qualität. Bei den Verfahren 1 und 3 = Löcher geringeren Durchmessers, so daß ein **Eindrücken** der Töpfe notwendig ist; bei Verfahren 2 und 4 brauchen die Töpfe nur in größere Löcher eingesetzt zu werden.
Arbeitsbedingungen: *Eríca grácilis* stehen in 60 × 40 cm Kunststoffkisten mit je 14 Tontöpfen (11 cm) im Beetweg. Füße der Arbeitskraft stehen jeweils rechts und links der Kiste im Beetweg. Topflöcher haben einen Abstand von 30 cm (Dreiecksverband) in der Reihe und 28 cm zwischen den Reihen. Vom Beetweg aus werden Töpfe in Bodenlöcher von drei Reihen (= Halbbeet) eingebracht. 62 cm Entfernung vom Wegrand bis zur Mitte der dritten Topfreihe.
Auffällig die Unterschiede zwischen Ein- und Zweihandarbeit. Beim Verfahren 4 liegen die Einsparungen bei 52 %, dies bedeutet nahezu eine Verdopplung der Leistung pro AK/h.
Will man ein Arbeitsverfahren mit einem neuen vergleichen, muß das Arbeitssystem so groß gewählt werden, daß Einflüsse, die durch eine Änderung des Verfahrens entstehen, mit einbezogen werden. Am Beispiel des Sortierens von Rosen soll dieses verdeutlicht werden.

Beispiel: Rosensortierung
Bei der Sortierung von Rosen muß man auf drei Sortierverfahren eingehen. Allen drei ist gemeinsam, daß unsortierte Rosen im Behälter zu Beginn vorliegen und daß am Ende der Arbeit je 20 Rosen exakt auf gleicher Höhe liegend sortiert, gebündelt und verpackt im Behälter gefordert sind.

1. Verfahren: Aus Behälter auf Arbeitstisch zu Haufen sortieren, anschließend Rosen einzeln aufnehmen, zu je 20 in der Hand zusammenlegen, mit Klebestreifen bündeln, mit Hebelschneider glattschneiden, in Papier einrollen, mit Klebestreifen Umhüllung zukleben, nach Handelsklassen sortiert in Behälter legen.

2. Verfahren: Aus Behälter greifen, auf Fächersortiertisch mit Rechtsablagen ablegen, einzeln aufnehmen, in Sortierfach abwerfen, nach Handelsklassen abwerfen; Rosen dem Sortierfach entnehmen, auf Arbeitsfläche ablegen, einzeln aufnehmen, zu je 20 in der Hand zusammenlegen, mit Klebestreifen bündeln, mit Hebelschneider glattschneiden, in Papier einrollen, nach Handelsklassen sortiert in Behälter legen.

3. Verfahren: Aus Behälter auf Sortier- und Zähltisch mit elektronischer Zählautomatik ablegen, einzeln aufnehmen und auf Anschlag in Sortierschale ablegen, 20 gezählte Rosen aufnehmen, mit Klebestreifen bündeln, mit Hebelschneider glattschneiden, in Papier einrollen, mit Klebestreifen Umhüllung zukleben, nach Handelsklassen sortiert in Behälter legen.
Nach Berechnung der Arbeitszeiten einschließlich aller Nebenarbeiten nach Zahlen des KTBL-Kataloges steht folgende Stundenleistung fest:

Verfahren 1	544 Stück/AK/h
Verfahren 2	628 Stück/AK/h
Verfahren 3	635 Stück/AK/h

Gehen wir bei der Betrachtung des Arbeitssystems noch einen Schritt weiter und sagen, die Blüten müssen nicht unbedingt auf einer Höhe liegen, sie können auch annähernd genau gerichtet im Bund liegen, so würde sich beim Verfahren 3 die Zeit für das Einlegen in die Sortierschale verkürzen und dadurch die Stundenleistung auf 671 Stück/AK/h steigen.

Kontrolle und Vertiefung

1. Erklären Sie die Unterschiede in der Leistung von 475 bis 855 Pflanzen je AK/h in Tab. D 2, Seite 445.
2. Warum beträgt die Arbeitsleistung in Tab. D 3, Seite 446, 850 und 270 Nelken je AK/h?
3. Erstellen Sie eine graphische Darstellung, die die Abnahme der Arbeitszeit verdeutlicht.
4. Errechnen Sie die Zeiten für das Ausstellen von 5000 Eriken.
5. Nehmen Sie Stellung, warum Sie ein bestimmtes Arbeitsverfahren auswählen würden.

1.5 Kultur-, Arbeits- und Produktionsverfahren

1.5.1 Kulturverfahren

Ein Kulturverfahren ist eine bestimmte Kombination aus gewählten und jahreszeitlich festgelegten Kulturmaßnahmen.
Jede einzelne Kulturmaßnahme ist durch die Beantwortung der Fragen **wann, was, wieviel** und **wo** festgelegt.

Kulturmaßnahmen

Vorbereitung einer Kultur	Beginn einer Kultur	Eingriffe zur Förderung und zum Schutz einer Kultur	Ernte einer Kultur	Beseitigung von Produktionsrückständen
Graben	Kohl pflanzen	angießen Bewässerungsmatten legen Düngen Pflanzenschutz Beregnen Bewässerungsmatten entfernen	Erntevermarktung	Pflanzenreste einfräsen

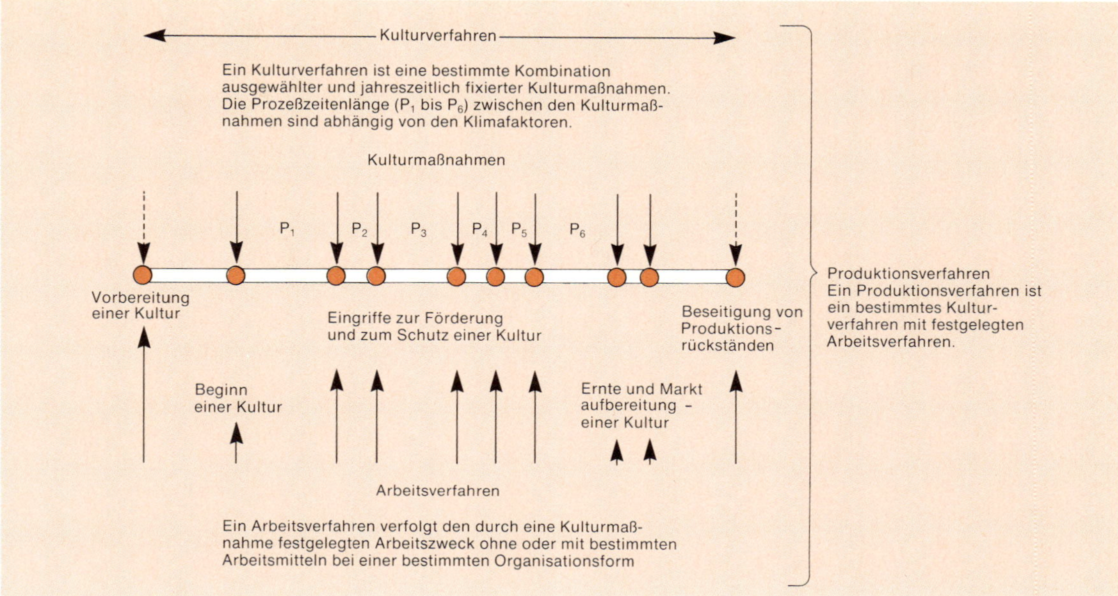

Abb. D 12. Schematische Darstellung eines Produktionsverfahrens.

1.5.2 Arbeitsverfahren – Definition

Ein Arbeitsverfahren verfolgt den durch eine Kulturmaßnahme festgelegten Arbeitszweck ohne (oder mit) bestimmten Arbeitsmitteln bei einer bestimmten Organisationsform.
Jedes einzelne Arbeitsverfahren ist durch die Beantwortung der Fragen **wer, wie, womit** festgelegt.

1.5.3 Produktionsverfahren

Das Produktionsverfahren setzt sich aus dem Arbeitsverfahren und dem Kulturverfahren zusammen.

Arbeitsverfahren
Das Arbeitsverfahren gibt Antwort auf die Fragen, **wer** eine Arbeit erledigt hat,
wie und **womit** eine Arbeit erledigt worden ist.

Kulturverfahren
Das Kulturverfahren sagt aus, **was** mit den zu erzeugenden Pflanzen oder Pflanzenteilen gemacht wurde, und zwar **wann, wo** und **wieviel.**

Ein Produktionsverfahren ist also ein ganz bestimmtes Kulturverfahren, dem bei den Eingriffen ganz genau beschriebene Arbeitsverfahren zugeordnet sind. Eine Änderung an den Bestandteilen, Kultur- oder Arbeitsverfahren ergibt ein neues Produktionsverfahren.
An einem Produktionsverfahren soll gezeigt werden, wie sich die mit einer Handbewegung abgetanen »Kleinigkeiten« des täglichen Arbeitsablaufes auswirken, hier am Beispiel von Petunien. Alle Zahlen befassen sich nur mit dieser Kultur und sind mit den Bedingungen eines Betriebes gerechnet.

Produktionsverfahren zur Erzeugung von Petunien

2. Februar
Zukauf von Saatkisten und Pikieren

24. März
Topfen in 9-cm-Töpfe, 30 × 40 cm Kiste

31. März
Stauchen

28. April
Düngen, Pflanzenschutz

4. Mai und 10. Mai
Verkauf ohne Töpfe, je 23 Stück/Kiste

Das beschriebene Produktionsverfahren hat einen Arbeitszeitbedarf von 49,36 AK/h bei 4000 Pflanzen.

Das gleiche Produktionsverfahren hätte, wäre eine Vergrößerung der Stückzahl auf 40000 möglich, aber noch längst nicht den zehnfachen Arbeitszeitbedarf, sondern 433,20 AK/h. Das sind bei 4000 Petunien 43,32 AK/h oder in Prozent 88 % für die gleiche Arbeit.

Durch Änderung von Betriebsmitteln läßt sich auch eine Verringerung des Arbeitszeitbedarfes erreichen.

	4000 Stück	40000 Stück
statt 9-cm-Töpfe jetzt 8-cm-Töpfe	47,04 AK/h	410,4 AK/h
statt 30 × 40 cm-Kiste jetzt 40 × 60 cm-Kiste	44,56 AK/h	381,5 AK/h
statt einer Karre mit 6 Kisten einen Etagenwagen mit 25 Kisten	43,08 AK/h	340,8 AK/h

Eine Senkung des Arbeitszeitbedarfes läßt sich aber nicht nur durch geänderte Betriebsmittel erreichen, sondern auch durch geänderte Arbeitsmethoden.

Geänderte, beste Pikiermethode	44,40 AK/h	387,2 AK/h
geänderte, beste Eintopfmethode	43,84 AK/h	378,8 AK/h
beste Pikier- und Eintopfmethode	38,88 AK/h	332,8 AK/h

Fassen wir nun die Änderung der Betriebsmittel und die der Arbeitmethode zusammen, so wird ein Arbeitszeitbedarf von 32,80 AK/h 241,6 AK/h ausgewiesen.

Befassen wir uns mit Arbeit, so können wir an diesem Beispiel sehen, daß eine Änderung zwar schon einen Zeitgewinn bringt, doch die kleinen Einflüsse machen in der Addition einen Zeitgewinn von über 50 % aus.

Kontrolle und Vertiefung

1. Erstellen Sie Kulturverfahren aus Ihrem Betrieb.
2. Erklären Sie den Unterschied zwischen Kultur- und Produktionsverfahren.
3. Errechnen Sie die Unterschiede des Arbeitszeitbedarfes für die Satzgröße von 1000 Petunien.

2 Unfallverhütung im Gartenbau

2.1 Natur – Technik – Chemie

»Was für einen schönen Beruf haben Sie – immer an der frischen Luft!«

Wer kennt nicht diesen Ausspruch von Kunden und Außenstehenden, oftmals reinen »Schön-Wetter-Gärtnern«.

Sie wissen meist nichts über das Arbeiten auch bei widrigsten Witterungsverhältnissen, über die Gegensätze zur »naturnahen« Arbeit.

Wo der technische Fortschritt alle Fachsparten des Gartenbaues zunehmend beeinflußt, wo komplizierte Maschinen und Geräte Verwendung finden, wo Gartenbau ohne Chemie kaum mehr denkbar ist, da lauern auch Gefahren.

Diese Gefahren zu erkennen ist wesentliches Ziel der Unfallverhütung; denn nur eine erkannte Gefahr ermöglicht Gegenmaßnahmen.

2.1.1 Unfälle in Zahlen

Daß tatsächlich Gefahren vorhanden sind, mögen die folgenden, wenigen Zahlen belegen.

In der Bundesrepublik Deutschland werden jährlich über 2 Millionen Arbeitsunfälle gemeldet; davon immerhin etwa 200000 pro Jahr im Gartenbau. Bei 500 Personen im Jahr hat der Unfall eine Minderung der Erwerbsfähigkeit zur Folge, ca. 30 Unfälle enden tödlich (jeweils nur Gartenbau).

2.1.2 Die Gartenbau-Berufsgenossenschaft

Wegen der großen Bedeutung des Unfallschutzes in allen Bereichen der Wirtschaft muß er geregelt, ständig überwacht und technischen Neuerungen angepaßt werden; außerdem müssen im Falle eines Unfalles die finanziellen Folgen abgesichert sein. Für unseren Beruf ist hier die Gartenbau-Berufsgenossenschaft mit Hauptsitz in Kassel die wichtigste Organisation.

Die Unternehmer des Gartenbaus (als Mitglieder) und die Arbeitnehmer (als Versicherte) gehören ihr an, immerhin ca. 340000 Personen. Der Versicherungsschutz erstreckt sich dabei auf Arbeits- und Wegeunfälle sowie auf Berufskrankheiten.

Als ihre wesentliche Aufgabe sieht die Berufsgenossenschaft die Unfallverhütung an, denn:

– **Unfälle verhüten ist besser als Unfälle vergüten!**

Dieses Ziel versucht sie u. a. mit Informationsbroschüren (die teilweise nach Gefahrenbereichen gegliedert sind, aber auch nach Fachsparten) zu unterstützen.
Die Broschüren sind bei der Hauptstelle, den Zweigstellen oder auch den örtlichen Niederlassungen der Gärtner-Ersatzkasse erhältlich.

2.1.3 Gesetze, Verordnungen, Bestimmungen

Grundlagen der Unfallverhütung bilden eine Reihe von Gesetzen und Verordnungen, die von den unterschiedlichsten Ministerien und Institutionen herausgegeben worden sind.

Aus der Vielzahl seien genannt:
- Düngemittelgesetz;
- Gesetz über gesundheitsschädliche oder feuergefährliche Arbeitsstoffe;
- Arbeitssicherungsgesetz;
- Pflanzenschutzgesetz;
- Richtlinien über »Vorsichtsmaßnahmen beim Umgang mit Pflanzenschutz- und Schädlingsbekämpfungsmitteln« von der Biologischen Bundesanstalt für Land- und Forstwirtschaft

und schließlich von der Berufsgenossenschaft mit Genehmigung des Bundesministers für Arbeit- und Sozialordnung die:

- Unfallverhütungsvorschriften (UVV).

Diese UVV berücksichtigen nun alle gefährlich erscheinenden Arbeiten in den gärtnerischen Fachsparten und führen detaillierte Vorsichtsmaßnahmen auf.
Einige dieser Vorschriften werden in den nächsten Kapiteln angesprochen.

Kontrolle und Vertiefung
1. Welche Ministerien, gewerbliche und gartenbauliche Institutionen befassen sich neben der Berufsgenossenschaft mit Unfallverhütung?
2. Überlegen Sie, was man unter »Berufskrankheiten« im Gartenbau und in anderen Berufen zu verstehen hat.
3. Besorgen Sie sich Broschüren über Gefahrenschwerpunkte bzw. fachspezifische Gefahren. Diskutieren Sie dieses Thema z. B. auf einem Junggärtner-Abend.

2.2 Ordnung als Schwerpunkt der Unfallverhütung

Die besten Vorschriften nutzen nichts bei nachlässiger Arbeitshaltung und mangelnder Ordnung im Arbeitsbereich!
Innerbetriebliche Verkehrswege, die mit Schläuchen, Töpfen oder Abfall blockiert sind, erhöhen die Unfallgefahr.
Falsch abgestelltes oder hingeworfenes Werkzeug erhöht die Unfallgefahr. Glas- oder Blechteile im Kompost passen später beim Eintopfen in jeden Finger!
Schlecht abgesicherte Baustellen, geflickte Leitern, schadhafte elektrische Installationen, die Beispiele lassen sich fortsetzen.
Der Schutz der eigenen Gesundheit durch korrektes Arbeiten und das Einhalten von Ordnungsregeln im Betrieb sollte nicht nur eine Frage der Vernunft und der Zeitersparnis sein, sondern **Gesundheitsschutz ist eine Pflicht** jedes Einzelnen.

Grundsätzliche Regeln, die jeder beachten sollte

Vorsicht und Verantwortungsgefühl Gründlichkeit und Umsicht Genauigkeit Planvolles Arbeiten Richtige und vollständige Arbeitsausrüstung	helfen Unfälle vermeiden	Eitelkeit und angeberischer Mut Bequemlichkeit und Lässigkeit Oberflächlichkeit Planlose Eile Sparen am falschen Platz	führen leicht zu Unfällen

Kontrolle und Vertiefung
1. Beschreiben Sie Maßnahmen ihres Ausbildungsbetriebes, die das »Ordnung halten« erleichtern.
2. Entwickeln Sie eigene Vorschläge, die Sicherheit im Betrieb durch mehr Ordnung zu fördern (Anregungen: Topflager, Maschinenhalle, Erdaufbereitung).

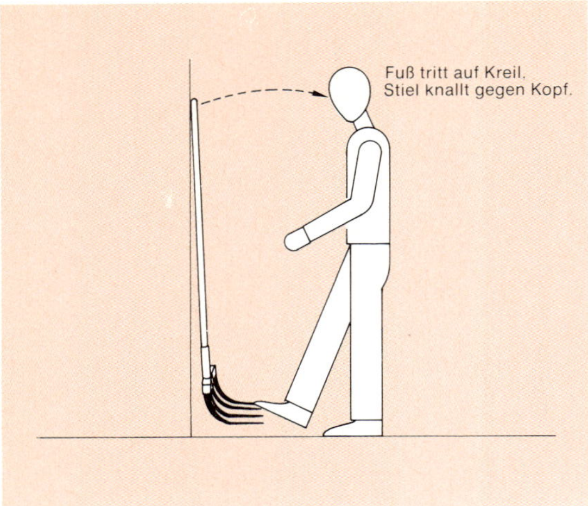

Abb. D 13. Unordentlich abgestellte Werkzeuge sind gefährlich.

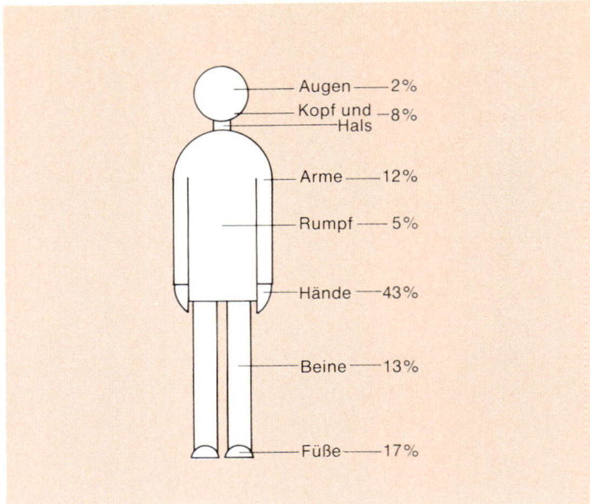

Abb. D 14. Verteilung der Verletzungen an einzelnen Körperteilen.

2.3 Unfallschwerpunkte im Gartenbau

2.3.1 Verletzungsgefahr am Körper

70% aller Unfälle – etwa 12000 im Jahr – betreffen Körperteile, die durch Körperschutz (also z. B. Handschuhe, Sicherheitsschuhe, Helm usw.) geschützt werden könnten.

Die Gesamtverteilung der Verletzungen zeigt Abb. D 14; die meisten gemeldeten Unfälle treten mit großem Abstand an den Händen auf (Messer, Sägen, Schlagwerkzeuge usw.).

2.3.2 Die UVV zum Thema Körperschutz

In den »Allgemeinen Vorschriften« der UVV heißt es im § 2 u. a.:

»... der Unternehmer ...« hat »... geeignete persönliche Schutzausrüstungen zur Verfügung zu halten.«

Der § 2 führt dann sogar die einzelnen Gefahrenbereiche auf:

»Der Unternehmer hat insbesondere zur Verfügung zu stellen:

- Kopfschutz, ...;
- Handschutz, ...;
- Fußschutz, ...;
- Augen- und Gesichtsschutz, ...;
- Atemschutz, ...;
- Gehörschutz, ...;
- Körperschutz (Gesamtschutz), ...«

Mit der Bereitstellung der Mittel durch den Unternehmer ist aber noch kein einziger Unfall verhütet. Für »Spätmerker« bestimmt deshalb der § 10 der UVV:

1. »Die Versicherten haben alle der Arbeitssicherheit dienenden Maßnahmen zu unterstützen. Sie sind verpflichtet, Weisungen des Unternehmers zum Zwecke der Arbeitssicherheit zu befolgen.«

...

3. »Die Versicherten haben die notwendigen, zur Verfügung gestellten persönlichen Schutzausrüstungen zu benutzen.«
4. »Durch geeignete Kopfbedeckung ist sicherzustelen, daß hängende Haare und Zöpfe nicht zur Gefährdung führen.«

Sogenannte »gefährliche Arbeiten« (z. B. Arbeit mit der Motorsäge, Pflege- und Sägearbeiten in der Baumkrone, Maschinenarbeiten) dürfen Jugendliche über 16 Jahre nur unter Aufsicht eines Fachkundigen ausführen, »... soweit dies zur Erreichung des Ausbildungszieles erforderlich ... ist« (§ 11).

2.3.3 Anwendungsbeispiele zur Unfallverhütung

Arbeit mit Maschinen

Bei der Arbeit mit gärtnerischen Maschinen stehen die **Rasenmäher** – und dabei besonders die Sichelmäher – mit 600 gemeldeten Unfällen pro Jahr an der Spitze der Maschinenunfälle.

Deshalb gilt:

- niemals während der Arbeit unter das Gehäuse fassen;
- Fremdkörper vor dem Mähen vom Rasen entfernen;
- Messer stets auf einwandfreien Zustand und auf festen Sitz überprüfen sowie auf Unwuchten achten; bei diesen Arbeiten stets Motor abstellen und Zündkerzenstecker ziehen;
- beim Fahren außerhalb der Pflegeflächen ist der Motor abzustellen.

Freischneidegeräte sind bei der Verwendung metallischer Schneidewerkzeuge besonders gefährlich und gehören zur Gruppe der »gefährlichen Arbeiten«. Bei ihrem Gebrauch ist zu achten auf richtig eingestellten Körpergurt; Schutzhandschuhe, Schutzbrille und Gehörschutz sollten zur Ausrüstung gehören. Selbst beim Betrieb von **Heckenscheren** werden 300 Unfälle pro Jahr gemeldet!
Als wichtigste Grundregel gilt hier, daß die Schere immer mit beiden Händen zu führen ist.
Bei **handgeführten Trennmaschinen** (Abb. D 15) können Trennscheiben durch falsches Aufspannen oder Verkanten im Schnitt zu Bruch gehen und wie Geschosse durch die Gegend fliegen. Außerdem stören der hohe Lärmpegel (Ohrenschutz) und die starke Staubentwicklung (Schutzbrille).
Die Gefährlichkeit der **Bodenfräsen** ist durch oft übel ausgehende Unfälle bekannt. Wie bei allen anderen möglichen Gefahrenpunkten gilt auch hier, daß »Der Unternehmer ... die Versicherten über die bei ihren Tätigkeiten auftretenden Gefahren sowie über die Maßnahmen zu ihrer Abwendung vor der Beschäftigung ... zu unterweisen ...« hat (§ 3 UVV).
Gesonderte Bestimmungen der UVV legen für Fräsen u. a. weiterhin fest, daß beim Einschalten des Rückwärtsganges das Fräswerkzeug nicht angetrieben werden kann (Zapfwellensperre) und daß ein

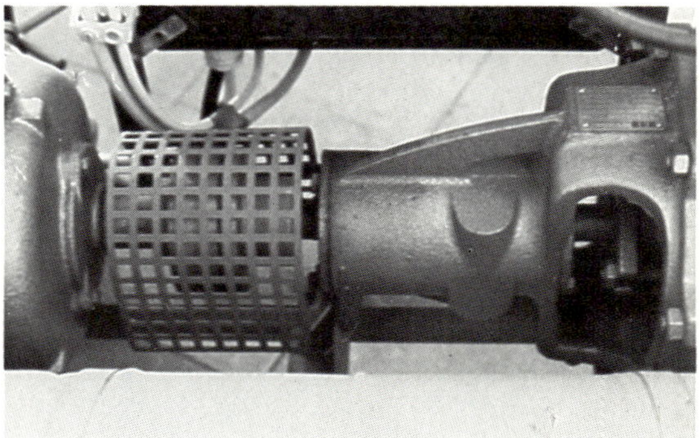

Abb. D 15. Handgeführte Trennmaschine. Gefahr durch falsches Aufspannen oder Verkanten.
Abb. D 16. Gelenkwellenschutz: Schutzrohr, Tülle, Schutzkopf, Kette. Nur die eingehängte Kette verhindert das Mitlaufen der Schutzvorrichtung.
Abb. D 17. Drehende Teile im Arbeits- und Verkehrsbereich – hier die Welle einer Pumpe – müssen verkleidet sein. Unzureichend verkleidete Wellen bedeuten Wickelgefahr.
Abb. D 18. Bei Antrieb mit Keilriemen sind wenigstens die Auflaufstellen zu sichern.

Abb. D 19. Maschinen und Geräte mit dieser Plakette entsprechen den Arbeitsschutzvorschriften.

eindeutig gekennzeichneter Notausschalter im direkten Zugriff des Bedienungspersonals liegt.
Daß, wie beim Rasenmäher, Sicherheitseinrichtungen wie Prallblech bzw. Sicherheitshaube stets ordnungsgemäß montiert sein müssen, sollte selbstverständlich sein.
Drehende Teile von Maschinen und Motoren, z. B. **Wellen** und **Keilriemen,** müssen ausreichend verkleidet sein, um der Wickelgefahr vorzubeugen. Ungeschützte Gelenkwellen können Arme und Beine abquetschen oder sogar zum Tode führen!
Bei Arbeiten an sich schnell drehenden Maschinenteilen, ist zudem ein Haarschutz zu tragen, nur allzu leicht gerät wehendes Langhaar z. B. in Bohrer von Topf- oder Pflanzmaschinen.
Motorsägen gefährden durch die laufende Kette und die Lärmbelastung. Bei neueren Geräten ist auf das Vorhandensein von Gashebelsperre, Kettenbremse und Handschutz zu achten.
Lärmschwerhörigkeit ist nicht mehr heilbar – deshalb ist unbedingt vorzubeugen!
Erreicht der Lärmpegel 90 dB (A), so ist ein Gehörschutz zu tragen. Außer bei Motorsägen wird dieser Wert oft erreicht bei Mähmaschinen, Erdbaumaschinen (Rüttelplatten!), Erdaufbereitungsmaschinen und Zerkleinern (Häcksler), Kreissägen, Schleppern und Geräteträgern.
Allgemein entsprechen Maschinen und Geräte den Arbeitsschutzvorschriften, die von einer anerkannten Prüfstelle zum Führen der Plakette »Geprüfte Sicherheit« berechtigt sind.
Beim Neukauf auf diese Plakette achten!

Umgang mit Pflanzenbehandlungsmitteln
Eine Gefahr besonderer Art stellt der Umgang mit Pflanzenbehandlungsmitteln dar.
Jederzeit muß man sich hier darüber im Klaren sein, daß es sich bei den Mitteln um Gifte im weiteren Sinne handelt, die zu schweren Gesundheitsschäden führen können.

– Äußerste Sorgfalt ist daher geboten.

In anderem Zusammenhang (z. B. Kap. »Pflanzenschutz«) werden die folgenden, eigentlich selbstverständlichen Regeln ausführlicher dargestellt; ihre große Bedeutung verlangt jedoch eine mehrfache Wiederholung:

- beim Kauf von Pflanzenbehandlungsmitteln auf das Prüfzeichen der Biologischen Bundesanstalt achten;
- Aufbewahrungsregeln (z. B. **nur** im Originalbehälter) immer einhalten;
- leere Mittelbehälter sachgemäß (z. B. spezielle Mülldeponie) beseitigen;
- Spritzmittelreste nicht in die öffentliche Kanalisation einleiten;
- Gebrauchsanleitungen peinlichst genau beachten, Wartezeiten eher über- als unterschreiten;
- auf den persönlichen Gesundheitszustand bei der Ausbringung achten. Vom Umgang mit Pflanzenbehandlungsmitteln sind z. B. Personen auszuschließen, die an einer Hauterkrankung leiden, die Haut- oder Augenverletzungen haben (ebenso bei akuten oder chronischen Augen-Bindehauterkrankungen), die an Erkrankungen des Magens, der Leber, der Niere, der Atemwege, des Herzens oder des Kreislaufs leiden.

Abb. D 20. Erforderliche Meßgeräte zum Abmessen der Pflanzenschutzmittel.

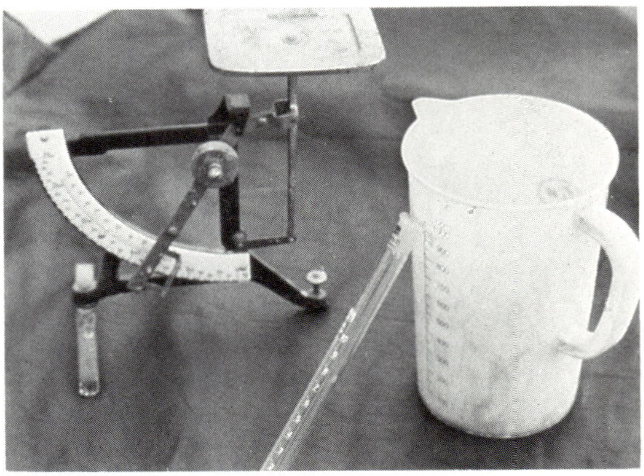

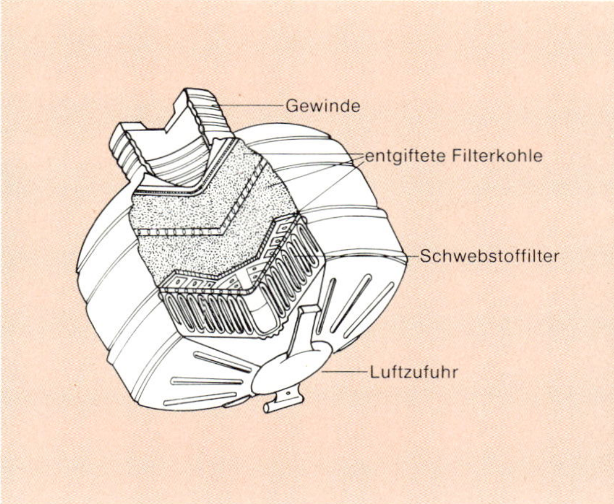

Abb. D 21. Aufbau eines Filtergeräts zum Atemschutz.

Abb. D 22. Die Vollmaske schützt auch Augen und Gesichtshaut. Mit Schutzanzug und Handschuhen ist für größte Sicherheit gesorgt.

Wesentliche Punkte sind hier der **Atemschutz** und der **Körperschutz.**

Atemschutzgeräte sind im Gartenbau in der Regel Filtergeräte (Aufbau s. Abb. D 21). Dies bedeutet, daß sie keinen Schutz bei Sauerstoffmangel geben (z. B. im Heizungskeller bei CO_2-Anreicherung der Luft).

Im Gartenbau finden sog. Kombinationsfilter Verwendung, die beim Ausbringen von Pflanzenbehandlungsmitteln vor Gasen und Stäuben, aber auch vor Nebel und Rauch schützen. Voraussetzung für diesen wirksamen Schutz ist die Einhaltung der Filter-Gebrauchsdauer. Hier gilt:

- die höchste Verwendungsdauer der Filter beträgt 12–15 Einsatzstunden und
- Filter dürfen insgesamt höchstens 6 Monate (auch bei nur wenigen Einsätzen) verwendet werden.

Damit die angegebene Gebrauchsdauer eingehalten wird, ist das Datum der erstmaligen Inbetriebnahme auf dem Filter zu vermerken.

Bei den eigentlichen Geräten für den Atemschutz ist zwischen Halbmasken und Vollmasken (Abb. D 22) zu unterscheiden. Nur die Vollmaske schützt auch die Augen und die Gesichtshaut. Gute Masken beschlagen innen nicht, was ja häufig als Vorwand genommen wird, auf das Maskentragen zu verzichten.

Wichtig ist die richtige Säuberung und Lagerung der Maske nach jedem Gebrauch: staubdicht im Beutel verpackt und nicht im Giftschrank mit den Pflanzenschutzmitteln wegen der Geruchsübertragung.

Zu erwähnen ist noch, daß die Atemschutzmaske aus hygienischen Gründen personengebunden sein sollte.

Der Gesamtschutz des Körpers erfolgt zusätzlich zum Atemschutz mit einem geschlossenen Anzug, langen Gummihandschuhen und Gummistiefeln.

Dieser Körperschutz ist bereits beim Ansetzen der Mittel zu tragen (s. Abb. D 23 und D 24).

Arbeit mit Werkzeugen

Bei der Arbeit mit Werkzeugen und anderen Hilfsmitteln ist stets auf deren optimalen Zustand zu achten.

Oft schlimmer in den Folgen als das berühmte »Brett vor dem Kopf« kann ein Hammer sein, der sich mit Wucht vom Stiel loslöst und seinen Flug am Schädel des Arbeitskollegen beendet.

Leitern gelten sogar als derart unfallträchtig, daß ihnen die UVV ein eigenes Kapitel widmet. Daraus nur einige wenige Regeln:

- Leitern müssen sicher begehbar (trittsicher) sein;
- Sprossen müssen durch beide Holme reichen und dürfen sich nicht verschieben oder drehen lassen;
- defekte Sprossen **nie annageln;**
- der richtige Anstellwinkel ist zu beachten (s. Abb. D 26);
- unbrauchbare Leitern sind zu vernichten.

Arbeit in Gewächshäusern

Den Gefahren, die mit der Arbeit in Gewächshäusern verbunden sind, versuchen »Besondere Bestimmungen für Gewächshäuser« vorzubeugen.

Abb. D 23. Dieser Gärtner handelt fahrlässig.

Abb. D 24. Der Körperschutz ist bereits beim Ansetzen der Mittel zu tragen.

Abb. D 25. Sorgfältige Verkeilung der Stiele an Werkzeugen ist wichtig.

Abb. D 26. Richtiger Anstellwinkel bei Anlegeleitern.

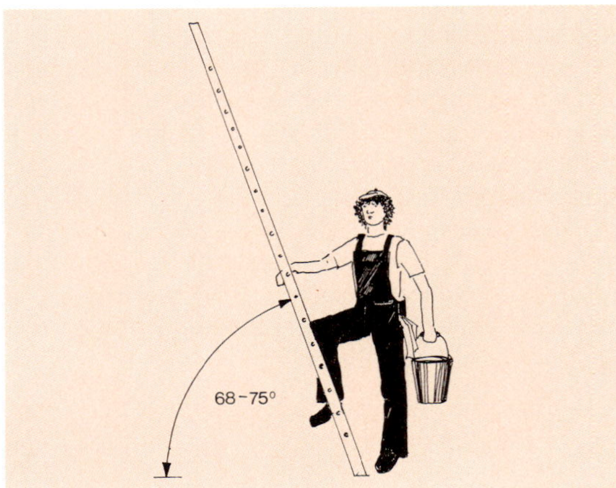

Hier geht es z. B. darum, daß elektrische Anlagen außerhalb des Einwirkungsbereiches von Bewässerungsanlagen mindestens **tropfwassergeschützt** sein müssen; es geht um die rechtzeitige Entfernung von Schneelasten und um die Anlage von Wegen in der Art, daß keine Pfützen entstehen, die die Wege zu Rutschbahnen werden lassen (hier hilft Längs- oder Querneigung). Defekte Glasscheiben erfordern nicht nur wegen der Wärmeverluste sofortige Reparatur.

Gewächshausdächer sind nur mit geeigneten Stegen, Leitern, Laufbrettern oder Dachtreppen zu betreten

Abb. D 27. Warnzeichen für Stehwandlüftung mit Kraftantrieb.

(also nicht das so beliebte Balancieren auf den Sprossen).
In Türen schützt bruchsicheres Material vor Verletzungen und Quetschungen an motorgetriebenen Stehwandlüftungen sind durch Absperrungen vermeidbar. Zumindest sind jedoch Warnschilder anzubringen (Abb. D 27).
Winden (z. B. an der Stehwandlüftung) müssen mit einer Rücklaufsicherung – dies kann eine selbsttätig einfallende Sperrklinke im Sperrad sein – versehen werden, da zurückschlagende Kurbeln nur allzu leicht zum Armbruch führen.

Arbeiten im Friedhofsbereich
Bei Arbeiten im Friedhofsbereich sind drei Gefahrenschwerpunkte zu nennen:
- Die Sicherheitsregeln beim Grabaushub. Hier stehen die erforderlichen Verbauarbeiten im Vordergrund, für die technisches Gerät auch bei Fließsand- und Rollkiesböden in genügender Auswahl zur Verfügung steht.
- Der Umgang mit Maschinen, hier ist besonders der Gräberbagger zu erwähnen. Man darf sich niemals im Gefahrenbereich eines Baggers aufhalten und nie in die Schalengreifer mit den Händen fassen. Besondere Vorsicht ist außerdem beim Hochziehen der Verbaukästen angebracht.
- Grabmale und Fundamente können ihre Standfestigkeit verlieren. Nicht standfeste Grabmale sind umzulegen oder der Gefahrenbereich ist abzusperren.

Schließlich muß noch eine Unfallverhütungsmaßnahme besonderer Art erwähnt werden:

Alkoholkonsum erhöht die Unfallgefahr

Dies gilt nicht nur im Zusammenhang mit der Ausbringung von Pflanzenbehandlungsmitteln, sondern ganz allgemein führt Alkohol zu Sorglosigkeit, Überschätzung und nachlassender Leistungsfähigkeit.
Bier, Wein oder gar Schnäpse gehören allenfalls in den privaten Feierabendbereich – im täglichen Arbeitsablauf aber haben sie nichts zu suchen.

Kontrolle und Vertiefung
1. Benennen Sie zu den einzelnen Bereichen entsprechende Schutzmöglichkeiten (also z. B.: Handschutz = Schutzhandschuhe).
2. Zählen Sie Arbeiten auf, bei denen die einzelnen Schutzausrüstungen zu tragen sind.
3. Benennen Sie die für Ihre Fachsparte typischen Unfallschwerpunkte. Beschreiben Sie Maßnahmen zur Verhütung der genannten Gefahrenpunkte.
4. Versuchen Sie zu beurteilen:
   sind die vorhandenen UVV
   - viel zu kleinlich, arbeitshindernd und weitgehend für Angsthasen gemacht
   - gerade richtig ausgewogen
   - noch viel zu wenig auf einzelne Gefahren eingehend
   - in Teilbereichen gut, z.T. aber auch übertrieben, z.T. auch Gefahren übersehend?

   Begründen Sie Ihre Meinung anhand von Beispielen.

2.4 Sicherheitskennzeichen, Warnzeichen, Gebotszeichen

Mehr als Vorschriften und viele Worte sagen oft Hinweisschilder aus (s. Abb. D 28 bis D 31).
- Verbotszeichen: rote Ränder und Balken, schwarze Symbole
- Gebotszeichen: weiße Ränder und Symbole, blauer Untergrund
- Warnzeichen: schwarze Ränder und Symbole, gelber Untergrund
- Rettungszeichen: weiße Ränder und Symbole, grüner Untergrund

Abb. D 28. Verbotszeichen.

Abb. D 29. Gebotszeichen.

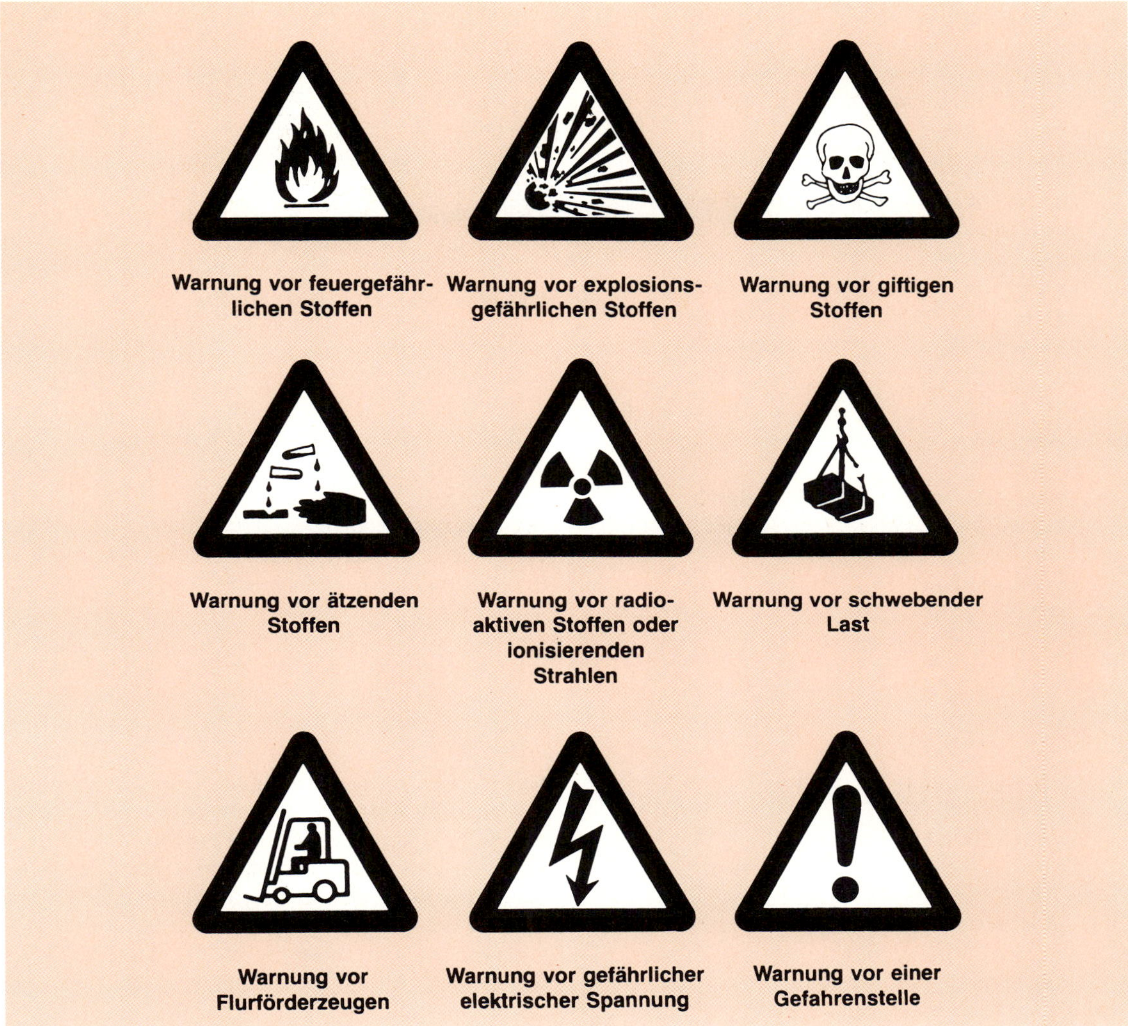

Abb. D 30. Warnzeichen.

Abb. D 31. Rettungszeichen.

2.5 Maßnahmen zur »Ersten Hilfe«

Ganz ohne Schramme geht es meistens auch bei gewissenhaftester Einhaltung aller Verhütungsmaßnahmen nicht aus.
In diesen Fällen helfen:

- Eine Person, die in der Lage ist, Erste Hilfe zu leisten. In jedem Unternehmen muß jemand dazu in der Lage sein, was aber im Zeitalter des Führerscheins kein Problem sein sollte (§ 8a StVZO).
- Erste-Hilfe-Material, das an einem deutlich gekennzeichneten Ort aufzubewahren ist.

Verbandskästen müssen dabei festgelegten Norm-Inhalten entsprechen. Auch dies ist vom Kraftwagen-Verbandskasten her bekannt.

Arbeitsunfälle werden vermieden durch
- Vorsicht und Verantwortungsgefühl
- Gründlichkeit und Umsicht
- Genauigkeit
- Planvolles Arbeiten in geordneter Umgebung
- Richtige und vollständige Arbeitsausrüstung

3 Wirtschaftslehre des Gartenbaues

3.1 Wirtschaften – warum?

»Wirtschaftslehre des Gartenbaues«, diese Überschrift mag den Leser schockieren. Verbindet er damit Vorstellungen wie »trockene, unverständliche Theorie« oder »Mittel zur Ausbeutung seiner Arbeitskraft« oder gar »Ursache für die Zerstörung unserer Umwelt«, so sollen die folgenden Kapitel diese Meinung ergänzen und korrigieren. Andernfalls werden viele Aussagen bestätigen, wie bedeutsam für unser Leben zielgerichtetes und bedachtes »Wirtschaften« ist und welche Möglichkeiten es jedem einzelnen von uns eröffnet.
Einmal abgesehen von der Lebensweise des steinzeitlichen Jägers und Sammlers, war unser menschliches Dasein immer geprägt von wirtschaftlichen Tätigkeiten. Die Vokabeln »Herstellung«, »Tausch«, »Handel«, »Verkauf«, »Arbeitslohn«, »Erwerb« und »Verbrauch« kennzeichnen Kreisläufe, Zusammenhänge und Abhängigkeiten, die jeden von uns betreffen und auf Schritt und Tritt begleiten. Der Tausch von Leistung gegen Leistung, sei es nun direkt oder durch Zwischenschaltung des Geldes, ist das Grundprinzip der **Wirtschaft.** Von Angebot und Nachfrage hängt es aber ab, welcher Wert einer Leistung (Produkt oder Dienstleistung) zugemessen wird.
Der Auszubildende und jeder andere Mitarbeiter stellt seine Leistungskraft einem Gartenbaubetrieb zur Verfügung, in welchem Nahrungsmittel erzeugt bzw. Zierpflanzen produziert bzw. Dienstleistungen für andere Menschen erbracht werden.

3.2 Der Gartenbaubetrieb als Arbeitsstätte

Mancher am Beginn seiner Ausbildung zum Gärtner empfindet sich ungeheuerlich bevormundet. Da ist der Auszubildende im 3. Ausbildungsjahr, der schon langjährig im Betrieb tätige Arbeiter, die Gärtner und der Meister. Sie alle geben ihm Anweisungen und erwarten, daß sie ausgeführt werden. Der Betriebsleiter ist natürlich nicht zu vergessen, der die Geschicke des Betriebes lenkt und letztendlich Entscheidungen fällt.
Aus dieser kurzen Aufzählung wird schon deutlich, daß sich die Belegschaft eines Gartenbaubetriebes aus sehr unterschiedlichen Personen zusammensetzt. Da sind zum einen **gelernte** Arbeitskräfte, die eine gärtnerische Ausbildung absolviert haben (z. B. **Gärtner** oder **Gärtnermeister**). Eine Reihe von Mitarbeitern ist aber nur **angelernt,** das heißt, sie haben nur gelernt, wie einige bestimmte gärtnerische Arbeiten ausgeführt werden.
Betriebswirtschaftlich bedeutsam ist auch, ob eine Arbeitskraft (AK) **ständig** im Betrieb, d. h. ganzjährig beschäftigt ist oder **nichtständig** als Aushilfs- oder Saisonarbeitskraft arbeitet. Der Arbeitsanfall im Betrieb entscheidet dabei, in welchem Umfang Saisonkräfte erforderlich werden. Ein Vergleich zwischen Zierpflanzenbau- und Beerenobstbaubetrieben macht den Unterschied deutlich. In einem Zierpflanzenbetrieb mit Gewächshäusern ist es leichter möglich, eine ganzjährige Produktion aufrecht zu erhalten und entsprechende Arbeitskräfte zu beschäftigen, als in einem Betrieb, der sich auf die Kultur von Erdbeeren spezialisiert hat und dessen aufwendigste Arbeit die Ernte der Früchte darstellt.
Eine weitere Unterscheidung kann nach **Familien-**

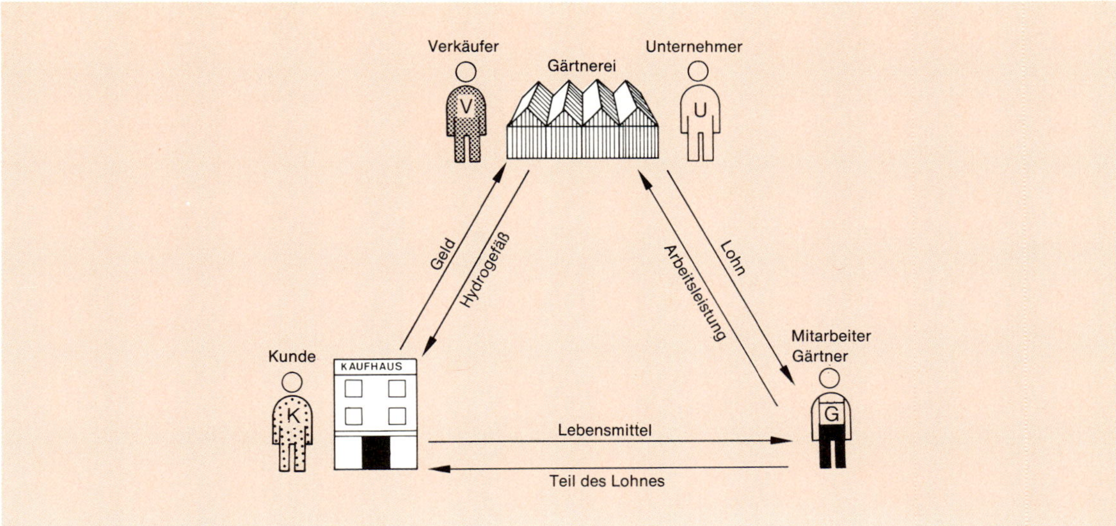

Abb. D 32. Beispiel für einen Wirtschaftskreislauf.

Arbeitskräften und **Fremd**-Arbeitskräften erfolgen. Familien-Arbeitskräfte sind Mitglieder der Unternehmerfamilie.

Mit diesen Unterscheidungsmerkmalen kann die Belegschaft eines Gartenbaubetriebes zwar beschrieben werden, ein meßbarer Vergleich der Arbeitskräfte zwischen verschiedenen Betrieben ist aber nicht möglich. So können zwei Betriebe, in denen jeweils 1 Betriebsleiter, 2 gelernte und 4 ungelernte Personen beschäftigt sind, eine unterschiedliche **Arbeitskapazität** aufweisen. Das bedeutet, daß die Summe der geleisteten Arbeitsstunden in beiden Betrieben unterschiedlich sein kann. Die Betriebswirtschaftler behelfen sich, indem sie festgelegt haben:

2200 Arbeitsstunden pro Jahr entsprechen 1 AK

Eine einzelne Person wird maximal als 1 AK gerechnet, auch wenn sie in Wirklichkeit mehr Stunden im Betrieb tätig ist. Eine Sonderregelung gilt für Arbeitskräfte, die jünger als 18 Jahre oder älter als 65 Jahre sind. Sie gehen generell mit 0,5 AK in die Berechnung der Arbeitskapazität ein.

Die Berechnung der Arbeitskapazität wenden wir im Betriebsvergleich an.

Die Arbeit in Gartenbaubetrieben bedeutet – wie Sie wissen – nicht nur körperliche Betätigung. Selbständiges Arbeiten ist gefragt und das heißt Handeln mit Händen und dem Verstand. Zwar schätzt jeder Betriebsleiter den fleißigen Mitarbeiter. Aber erst Verläßlichkeit, Selbständigkeit und Wissen befähigen ihn für leitende Aufgaben, z. B. als Vorarbeiter einer Kolonne im Garten- und Landschaftsbau, als Meister in der Produktion eines Zierpflanzenbaubetriebes oder als Verantwortlicher für andere betriebliche Funktionsbereiche.

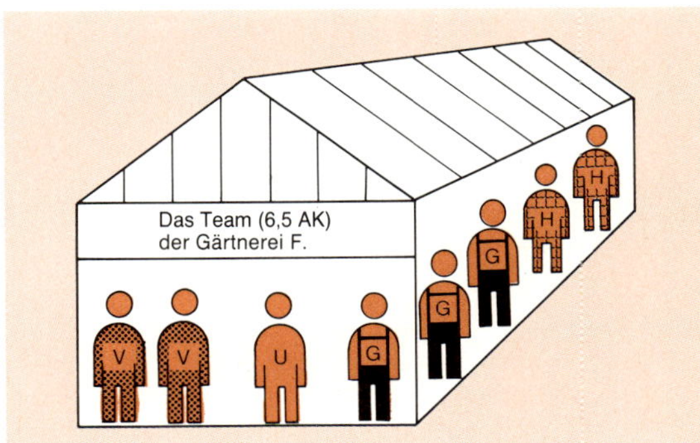

Abb. D 33. Arbeitskräfte der Gärtnerei F.

Kontrolle und Vertiefung

1. Was bedeutet es, wenn ein Betrieb 3,5 AK ausweist?
2. Nennen Sie mindestens zwei Merkmale, nach denen Mitarbeiter in Gartenbaubetrieben unterschieden werden.
3. Beurteilen Sie für mindestens drei Sparten die Notwendigkeit, Saisonarbeitskräfte in Gartenbaubetrieben einzusetzen.

3.3 Die Betriebsfunktionen in Gartenbaubetrieben

Die vielseitigen Aufgaben und Tätigkeiten, die in einem Betrieb zu bewältigen sind, lassen sich zu verschiedenen Funktionen oder Arbeitsbereichen zusammenfassen (s. Abb. D 34).

Produktion
Sie ist eine zentrale Aufgabe jedes Betriebes und umfaßt nicht nur die Tätigkeiten, die zur Anzucht eines Gehölzes oder einer Topfpflanze erforderlich

Abb. D 34. Funktionen und Arbeitsbereiche in einem Betrieb.

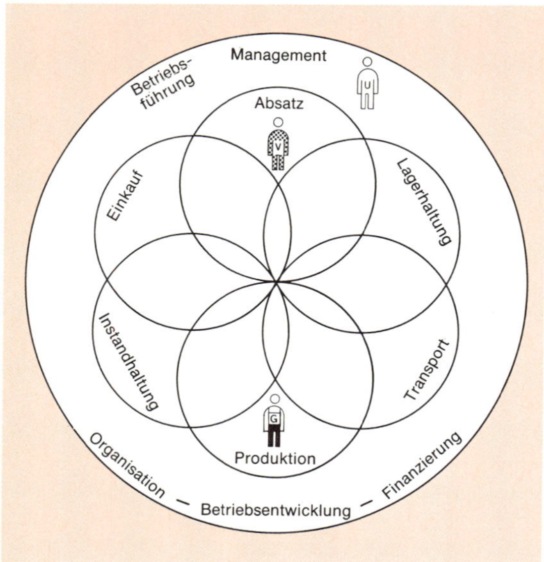

sind, sondern auch die Dienstleistung, wie etwa die Anlage und Pflege eines Grabes oder eines Hausgartens. Für den wirtschaftlichen Erfolg des Betriebes ist dabei wichtig, qualitativ hochwertige Waren und Dienstleistungen mit einem möglichst geringen Aufwand zu erzeugen und zu erbringen. Wirtschaftlicher Erfolg bedeutet aber nicht nur Vorteile für den Betriebseigner, sondern auch in der Regel höhere Einkommen und Sicherheit des Arbeitsplatzes für die Mitabeiter.

Merke: Aufwendige und nicht fachgerechte Produktion mindern die Möglichkeiten, die Ware zu verkaufen und bringen wirtschaftlichen Mißerfolg für den Betrieb, was gleichbedeutend ist mit Nachteilen für das Einkommen und die Sicherheit des Arbeitsplatzes der Mitarbeiter und des Betriebseigners.

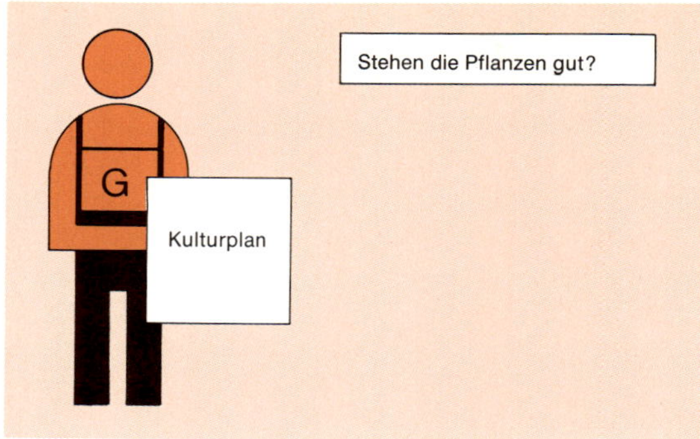

Abb. D 35. Arbeitsbereich Produktion.

Lagerhaltung
Auf den ersten Blick scheint diese Tätigkeit im Gartenbau keine große Bedeutung zu besitzen. Doch nicht nur Hilfs- und Betriebsstoffe wie z. B. Töpfe, Dünger und Heizmaterial müssen gelagert werden und in einem Mindestbestand vorhanden sein, damit der Betrieb reibungslos verläuft. Auch Fertigwaren stehen in Gartenbaubetrieben »auf Lager«. Denken Sie an das Kernobst, lagerfähiges Gemüse oder Pflanzschalen. Hierbei handelt es sich um verkaufsfertige Produkte, deren Lagerbestand über die Lieferbereitschaft eines Betriebes entscheidet. Auch für Baumschulen, Staudengärtnereien oder Topfpflanzenbetriebe ist es wichtig, über den verkaufsfertigen Bestand Bescheid zu wissen. Dazu werden in vielen Betrieben Bestandslisten oder Quartierbücher geführt.

Abb. D 36. Arbeitsbereich Lagerhaltung.

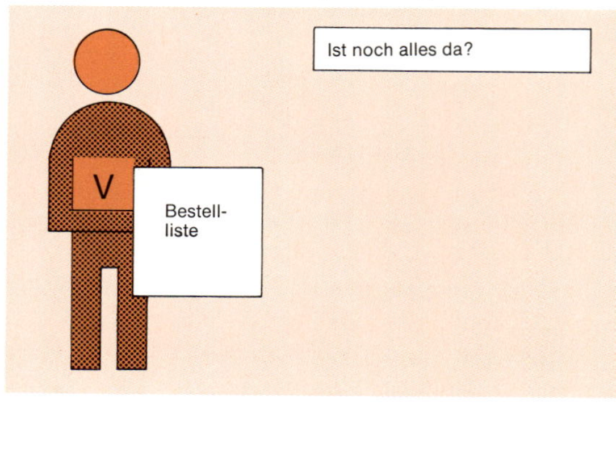

Merke: Mangelhafte Lagerhaltung führt bei den Hilfsstoffen zu höheren Kosten, z. B. wenn der Meister kurzfristig wegfahren muß, um drei Säcke Torf oder einen Sack Dünger zu beschaffen, damit weitergetopft werden kann. Bei den Fertigprodukten führt mangelnde Sorgfalt leicht zu geringeren Einnahmen, z. B. wenn ein Kundenwunsch nicht erfüllt werden kann, weil die entsprechende Ware nicht rechtzeitig beschafft wurde oder auch zu höheren Kosten, wenn z. B. Ware im Einschlag verdirbt.

Transport

Gartenbauprodukte werden sowohl innerhalb eines Betriebes als auch zwischen Betrieben und zum Markt transportiert. Innerbetrieblich müssen z. B. getopfte Jungpflanzen zu Pflanztischen oder Beeten, Kisten mit geerntetem Kopfsalat ins Kühllager, Gehölze zum Versand oder Schnittblumen zu den Sortiertischen gebracht werden. Außerbetrieblich werden Jungpflanzen vom Kollegen geholt, Gehölze oder Stauden per Bahn an Garten-Center oder Garten-Baumschulen gesandt, Topfpflanzen zum Großmarkt gefahren oder Schnittblumen an Blumengeschäfte ausgeliefert.

Abb. D 37. Arbeitsbereich Transport.

Die zu transportierenden Güter im Gartenbau weisen folgende Unterschiede auf:

- Gewicht: die Transportmittel müssen entsprechend stabil sein. Vergleiche z. B. den Transport von Schnittblumen mit dem von Topfpflanzen.
- Form und Größe: die Abmessungen von Verpackungen und Fahrzeugen müssen dem Transportgut Rechnung tragen. Vergleiche den Transport von einem Solitärgehölz mit Wurzelballen mit dem von Bodendeckern in Containern.
- Haltbarkeit: Kühleinrichtungen und ein schneller Transport sind bei vielen leichtverderblichen Gartenbauprodukten erforderlich. Vergleiche die Anlieferung von Himbeeren mit der von Äpfeln.
- Belastbarkeit: die Transportgefäße können entsprechend groß sein. Vergleiche, wie Feldsalat und Weißkohl transportiert werden.

Die Transportkosten sind in vielen Gartenbaubetrieben sehr hoch. Im folgenden sind einige Faktoren aufgeführt, die deren Höhe beeinflussen:

- Länge der Transportwege,
- Geschwindigkeit des Transports,
- Fassungsvermögen eines Transportmittels,
- Auslastung des Transportmittels,
- Anschaffungs- und Betriebskosten des Transportmittels

Merke: Ein schlechtes Transportwesen im Betrieb führt zu geringeren Einnahmen, wenn dadurch Produkte geschädigt oder Liefertermine nicht eingehalten werden. Es entstehen höhere Kosten, wenn zu weit, zu langsam oder mit dem falschen Transportmittel die Ware befördert wird.

Instandhaltung

Die Nutzung von Betriebsgebäuden, Maschinen und Geräten bringt es mit sich, daß durch Abnutzung, technische Störungen oder unsachgemäße Handhabung Schäden auftreten, die behoben werden müssen, soll der Betriebsablauf nicht darunter leiden. Rostende Heizungsrohre, verstopfte Vergaser an Fräsen oder der Ausfall der Temperatursteuerung in der Heizung sollen hier als einfache Beispiele für eine Vielzahl von Vorfällen stehen.

Die Reparaturen können an Firmen vergeben werden oder durch eigene Mitarbeiter erfolgen, sofern

Abb. D 38. Arbeitsbereich Instandhaltung.

deren handwerkliche und technische Fertigkeiten dies erlauben.
Betriebswirtschaftlich gesehen sind Reparaturen immer Kosten gleichzusetzen. Der wirtschaftliche Erfolg des Betriebes kann also auch gesteigert werden, wenn Reparaturen durch pflegliche Behandlung und regelmäßige Wartung der Geräte vermieden werden. Gleiches gilt, wenn einfache Instandhaltungsarbeiten durch eigene Mitarbeiter zu Zeiten erledigt werden, in denen sie nicht voll beschäftigt sind. Vergibt der Betriebsleiter Reparaturarbeiten, so achtet er auf eine möglichst kostengünstige Erledigung des Auftrages, z. B. indem er sich vorab Angebote bei verschiedenen Firmen einholt.
Rechtzeitiges Erkennen und Reparieren von Schäden ist aber eine Grundvoraussetzung, damit Behinderungen der Arbeitsabläufe und eine Vergrößerung des Schadens vermieden werden kann. Hierbei ist jeder Mitarbeiter gefordert.
Merke: Der Instandhaltung in den Gartenbaubetrieben kommt mit zunehmendem Einsatz der Technik eine immer größere Bedeutung zu. Betriebswirtschaftlich gesehen stehen die Vermeidung von Schäden bzw. eine möglichst kostengünstige Erledigung von Reparaturen im Vordergrund der Überlegungen eines Betriebsleiters.

Einkauf

Mit der Beschaffung von Handelsware (z. B. Schnittblumen fürs Blumengeschäft), von Jungpflanzen (z. B. Cyclamen zur Weiterkultur im Topfpflanzenbetrieb), von Düngemitteln oder anderen Hilfs- und Betriebsstoffen beginnt der Kreislauf zur Erzeugung von Gartenbauprodukten oder der Erstellung von gärtnerischen Dienstleistungen. Die Bedeutung des Einkaufs läßt sich daher auch gut mit dem Start zu einem Wettlauf vergleichen. Wird er verpatzt, so haben die Konkurrenten bereits einen Vorteil errungen, der sich nur schwer wieder aufholen läßt.
Auf Folgendes sollte daher im Einkauf geachtet werden:

1. Die Qualität des Gutes: schlechtes Ausgangsmaterial mindert auch die Qualität des Endproduktes, verringert die Möglichkeiten, einen guten Erlös zu erzielen und verursacht Zusatzkosten.
2. Die Lieferbedingungen: die Lieferung per Bahn bzw. per Lkw, frei Hof oder frei Baustelle unterscheiden sich nicht nur bezüglich der Kosten. Es ist auch von Bedeutung, wie schnell die betreffende Ware am Zielort ist – besonders bei der Lieferung von empfindlichen Pflanzen.

Abb. D 39. Arbeitsbereich Einkauf.

3. Die Zahlungsbedingungen: viele Lieferfirmen gewähren einen Nachlaß (Skonto) von 2–3 % der Rechnungssumme, wenn innerhalb eines festgelegten Zahlungszieles (z. B. 10 Tage) die Rechnung beglichen wird. Andere sind bereit, längere Zahlungsziele (z. B. 6 Monate) zu akzeptieren. Sie räumen damit dem Betrieb einen Kredit (Lieferantenkredit) ein. Je nach der finanziellen Situation des Betriebes kann das eine oder andere von Vorteil sein.
4. Der Preis: nicht zuletzt wird ein Einkäufer auf den Preis der Ware achten, da niedrige Einkaufspreise zu einer kostengünstigen Produktion und Dienstleistung wesentlich beitragen.

Merke: Schlechter Einkauf verteuert die eigene Ware, mindert die Qualität und verursacht Ärger im betrieblichen Ablauf. Durch Qualitätskontrolle zugekaufter Güter kann jeder Mitarbeiter den Einkäufer unterstützen.

Absatz

Für jeden Betrieb ist die Vermarktung seiner Produkte zu einer der wichtigsten Betriebsaufgaben geworden. Nur der Verkauf der Ware oder Dienstleistung zu einem guten Preis und in ausreichender Menge gewährleistet, daß alle Kosten des Betriebes abgedeckt sind und ein erforderlicher Gewinn erzielt wird. Was als guter Preis oder ausreichende Menge bezeichnet werden kann, wird in Kap. D 3.5.2 »Kostenrechnung« ermittelt.
Zwischen den gartenbaulichen Sparten, ja sogar von Betrieb zu Betrieb, weist der Absatz große Unterschiede auf. Die Palette reicht vom genossenschaftlichen Absatz im Obst- und Gemüsebau bis zur Vermarktung von Ware und Dienstleistung direkt an den Verbraucher als Friedhofsgärtner. Im ersten

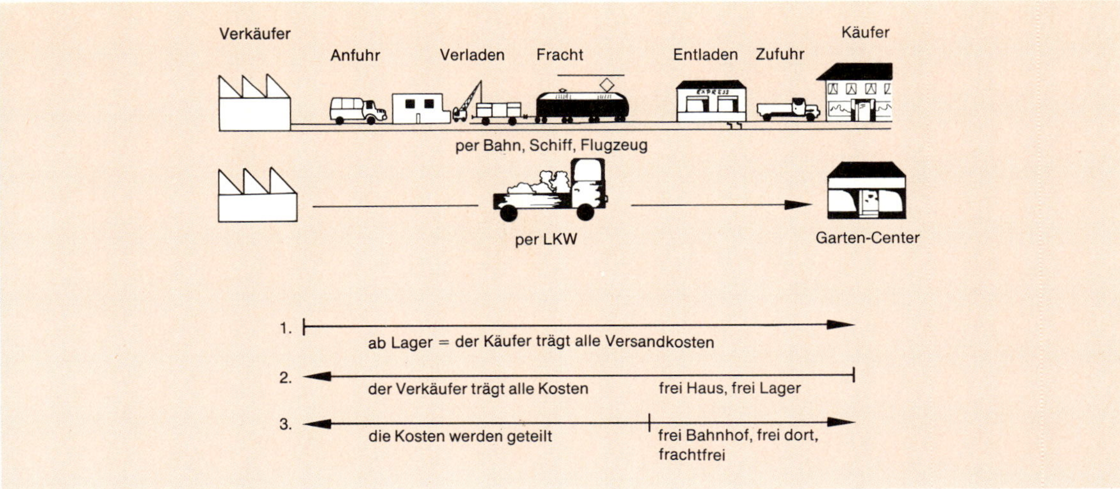

Abb. D 40. Lieferbedingungen für Güter.

Fall wird der Verkauf von der Geschäftsführung einer Genossenschaft für alle Mitgliedsbetriebe vorgenommen, so daß sich für den einzelnen Mitgliedsbetrieb die Absatzfunktion auf Ernte und Anlieferung beschränkt. Der Friedhofsgärtner hingegen bereitet nicht nur seine Pflanzen für den Verkauf vor, er gestaltet mit ihnen Grabflächen, rechnet direkt mit dem Kunden ab und muß sich darüber hinaus auch noch persönlich um neue Kunden bemühen. Die einzelnen Bereiche der Vermarktung, wie z. B. die Absatzwege für gärtnerische Produkte, der Wettbewerb und die Möglichkeiten des Marketing in Gartenbaubetrieben werden in Kap. D 3.7 ausführlich besprochen.

Betriebswirtschaftlich gesehen ist der Absatz von Ware zunächst mit Kosten verbunden. Viel Arbeitszeit und Material wird aufgewendet, um Obst, Gemüse oder Pflanzen sauber und ansprechend zum Verkauf anzubieten. Der Aufwand hierfür ist aber je nach Sparte und nach der Wahl des Absatzweges sehr unterschiedlich. So muß z. B. von einem Betrieb für den Verkauf von 10 Kisten Kopfsalat auf dem Wochenmarkt mehr Zeit aufgewendet werden im Vergleich zur Anlieferung dieser Ware an einen Einzelhändler. Jeder Betriebsleiter wird daher auf eine gute Arbeitsorganisation und eine sparsame Verwendung des Materials auch im Funktionsbereich Absatz achten.

Abb. D 41. Arbeitsbereich Absatz.

Die beiden genannten Absatzmöglichkeiten für Salat unterscheiden sich auch in bezug auf den Preis, der erzielt werden kann. Ebenso ist die Abhängigkeit von einzelnen Abnehmern in beiden Absatzwegen verschieden. Zusammengefaßt sind für den Absatzbereich folgende Faktoren entscheidend:

- Absatzkosten
- Preisniveau
- Absatzsicherheit

Merke: Wenn der Absatz in einem Betrieb unbefriedigend und schlecht organisiert ist, hat das unmittelbare und große Auswirkungen auf Erfolg und Erhaltung des Betriebes. Alle Mitarbeiter, besonders aber die direkt im Verkauf Beschäftigten, können viel zum Erfolg beitragen, wenn sie sich jedem Kunden gegenüber so verhalten, daß dieser seine Wünsche befriedigt sieht. Das reicht von der Vorbereitung und Behandlung der Ware über die sachkundige Beratung bis hin zum freundlichen Auftreten als Verkäufer.

Betriebsführung
Sie steht über allen bisher genannten Betriebsfunktionen. Sie wird durch die Betriebseigner selbst, durch Geschäftsführer oder durch Leitungsgremien wahrgenommen. Ihr bleiben Entscheidungen im Bereich der Betriebsentwicklung, der Finanzierung und der Arbeitsorganisation vorbehalten. Sie legt für den Gesamtbetrieb fest, was zu tun ist, stimmt die Tätigkeiten aller Arbeitsbereiche aufeinander ab und kontrolliert, ob erfolgreich gearbeitet wurde.
Diese Tätigkeit läßt sich anschaulich in Form eines Kreislaufes beschreiben, der als Management-Regelkreis bezeichnet wird; hier ein vereinfachtes Modell.

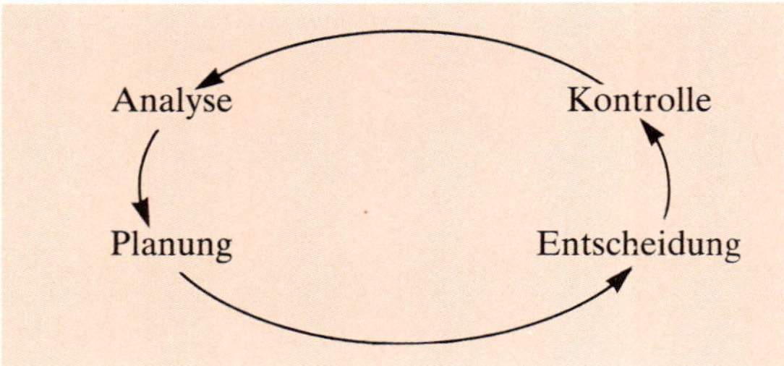

- Analyse bedeutet hierbei, sich über die betriebliche Situation, anstehende Probleme und die Wirkungen einzelner Einflußfaktoren Klarheit zu verschaffen.
- Planung ist das systematische Suchen nach Handlungsmöglichkeiten unter Zuhilfenahme bestimmter betriebswirtschaftlicher Methoden, wie z. B. der Anbauplanung.
- Entscheidung stellt nicht nur die Auswahl der besten Handlungsweise dar, sondern verlangt auch die Durchsetzung der gefällten Entscheidung im Betrieb.
- Kontrolle umfaßt die Überprüfung der Betriebsergebnisse. Gleichzeitig wird festgestellt, ob die einzelnen Arbeitsbereiche erfolgreich waren.

  Die einzelnen Schritte folgen aufeinander, daher kann man von einem Kreislauf sprechen, der ständig im Betrieb abläuft. Folgendes Beispiel soll dies verdeutlichen:

  Gärtner F. kann bereits zum zweitenmal nicht alle Pelargonien verkaufen. 800 Stück landen auf dem

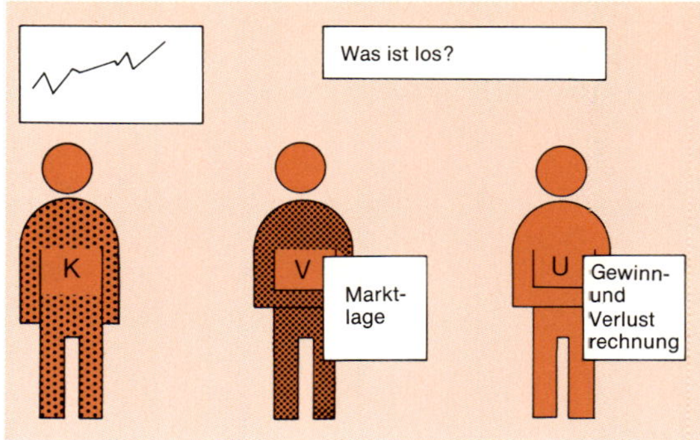

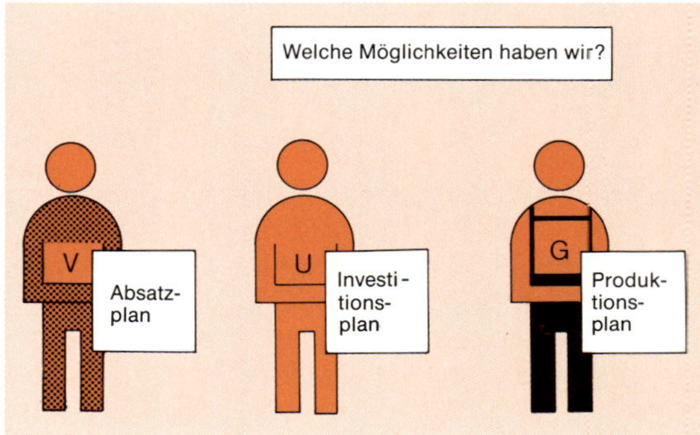

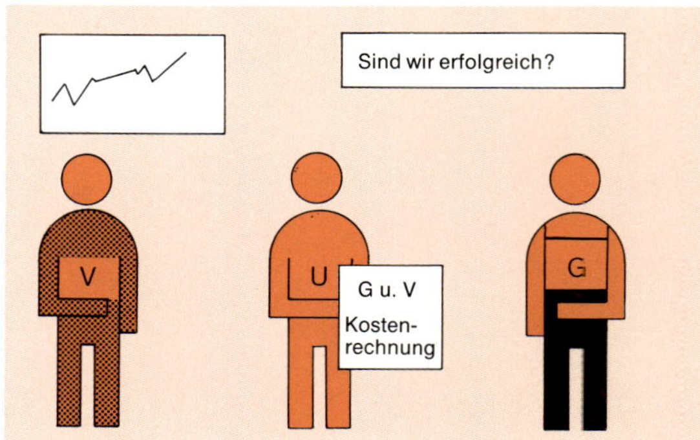

Abb. D 42. Arbeitsbereich Betriebsführung – Analyse.
Abb. D 43. Arbeitsbereich Betriebsführung – Planung.
Abb. D 44. Arbeitsbereich Betriebsführung – Entscheidung.
Abb. D 45. Arbeitsbereich Betriebsführung – Kontrolle.

Kompost. Durch Befragung seiner Verkäufer und einiger Kunden stellt er fest, daß bei der Balkonbepflanzung Pelargonien nicht mehr so stark wie in den vergangenen Jahren gefragt werden und buntere Bepflanzungen mit Petunien, Verbenen, Lobelien und Strauchmargeriten mehr verlangt werden. Bestätigt findet er diese Feststellungen durch die Tatsache, daß die Petunien und Lobelien aus eigener Produktion ausverkauft waren, während Strauchmargeriten und Verbenen zugekauft werden mußten.

Das Anbauprogramm des kommenden Jahres plant Gärtner F. auf der Basis der letztjährigen Daten, er reduziert aber die Kultur von Pelargonien um 800 Pflanzen. Die freiwerdende Produktionsfläche soll mit anderen Kulturen genutzt werden. Da Petunien, Lobelien, Strauchmargeriten und Verbenen gut verkauft werden konnten, stehen sie als Ersatzkulturen zur Debatte, zumal ein Trend der Verbraucher zu diesen Pflanzenarten zu verzeichnen war. Herr F. prüft die Rentabilität dieser 4 Kulturen und findet, daß bei allen 4 Kulturen der erzielte Preis über den Produktionskosten lag und stellt folgende Reihenfolge in der Rentabilität fest:

1. Strauchmargeriten,
2. Lobelien,
3. Verbenen,
4. Petunien.

Bei der Entscheidung berücksichtigt Gärtner F. zwar diese Planungsergebnisse, die eine Steigerung seines Betriebserfolges erwarten lassen; da er für die Strauchmargeriten eine sehr gute und preisgünstige Bezugsquelle hat und ihm diese Kultur auch nicht liegt, erweitert er die Produktion von Lobelien um 800 Stück und nimmt neu die Verbenen mit 600 Pflanzen ins Anbauprogramm auf.

Die Kontrolle dieser Maßnahme am Ende der Saison zeigt zwar, daß nun 300 Lobelien nicht verkauft werden konnten, wogegen nicht genügend Strauchmargeriten zu beschaffen waren. Die Entscheidung hat sich zwar positiv ausgewirkt, dennoch beginnen die Überlegungen für die kommende Periode aufs neue.

Merke: Die Leitung von Betrieben erfordert besondere Anstrengungen und Fähigkeiten. Eine falsche Einschätzung von Gegebenheiten und Entwicklungen, mangelhafte Planung und Vorbereitung der Entscheidungen, Unsicherheit bei deren Durchsetzung und eine ungenügende Kontrolle der Ergebnisse führen schnell zum Niedergang eines ganzen Betriebes.

In Kleinbetrieben erfüllt oftmals der Betriebsleiter alle Aufgaben selbst. Das bedeutet z. B.:

- Er ist in der Produktion tätig.
- Er kontrolliert das Lager.
- Er transportiert versandfertige Ware.
- Er repariert Maschinen und Geräte.
- Er fährt persönlich zum Kollegen, um einzukaufen.
- Er bedient die Kunden auf dem Wochenmarkt.
- Er leitet den Betrieb, indem er plant und entscheidet.

Kontrolle und Vertiefung

1. Fassen Sie zusammen, in welchen Funktionsbereichen Sie tätig sind.
2. Nennen Sie die Betriebsfunktionen in einem Gartenbaubetrieb.
3. Beschreiben Sie die Möglichkeiten der Lagerhaltung in Ihrem Betrieb und die Auswirkungen einer mangelhaften Lagerhaltung.
4. Nennen Sie mindestens 3 Faktoren, die die Höhe der Transportkosten beeinflussen.
5. Wann lohnt es sich für eine Gärtnerei, Reparaturarbeiten von eigenem Personal durchführen zu lassen?
6. Nennen Sie mindestens 3 Punkte, auf die im Einkauf geachtet werden sollte.
7. Worin unterscheidet sich der Absatz von Äpfeln über eine Erzeugergenossenschaft vom Verkauf von Blumen an den Verbraucher in einer Gärtnerei?
8. Nennen Sie mindestens 3 Aufgabengebiete der Betriebsführung.

3.4 Beschreibung von Gartenbaubetrieben

Die Beschreibung eines Betriebes kann verschiedenen Zwecken dienen, z. B. der Planung, dem zwischenbetrieblichen Vergleich oder auch der statistischen Erfassung durch staatliche Stellen. Es sollten im wesentlichen folgende Punkte enthalten sein, die den Aufbau eines Betriebes erläutern.

- Die Betriebsgröße
- Die Arbeitskräfte
- Der Produktions- und Dienstleistungsumfang

3.4.1 Die Betriebsgröße

Die Betriebsgröße einer Gärtnerei kann durch verschiedene Maßstäbe gemessen werden:

1. Die Produktionsfläche ist für Baumschulen, Obst-, Gemüse- und Zierpflanzenbaubetriebe ein gebräuchliches Maß. Im Freiland wird die Grundfläche der Gartengewächse (GG) in Hektar (ha) verwendet, unter Glas die GG in Quadratmetern (m^2). So wurde durch die Gartenbauerhebung 1972/73 bei 21824 Gärtnereien in der Bundesrepublik Deutschland, die Gewächshausflächen auswiesen, folgende Größenverteilung festgestellt:

Tab. D 5. Gewächshausflächen in Zierpflanzenbaubetrieben

Gewächshausfläche in m^2	Anzahl Betriebe in %
unter 250	25
250– 500	17
500–1000	21
1000–2000	18
2000–5000	15
5000 und mehr	4

Quelle: Stat. Bundesamt: Gartenbauerhebung 1972/73

Wie Sie sehen, bewirtschafteten zu diesem Zeitpunkt über 40% der Gartenbaubetriebe mit Gewächshausflächen weniger als 500 m^2. Diese Betriebe dürften ihr Haupteinkommen aus Handel und Dienstleistungen ziehen. Seit 1972 hat der Anteil größerer Betriebe zugenommen, wie regionale Teilerhebungen gezeigt haben. Genaue Ergebnisse wird erst die Gartenbauerhebung 1983/84 liefern.
Beschaffen Sie sich die Ergebnisse und vergleichen Sie mit denen des Jahres 1972.

2. Der Arbeitskräftebesatz ist ein weiterer Maßstab für die Betriebsgröße, besonders bei arbeitsintensiven Sparten. Sie wissen sicher selbst, daß Dienstleistungsbetriebe, wie z. B. Friedhofsgärtnereien, um so größer sind, je mehr Arbeitskräfte sie beschäftigt haben.
So wurden auf der Grundlage der Gartenbauerhebung für verschiedene Sparten des Gartenbaues die Betriebsgrößen anhand der Anzahl ständig beschäftigter Arbeitskräfte geschätzt und berechnet:

Tab. D 6. Arbeitskräfte in Gartenbaubetrieben

Sparte	Zahl der Betriebe in % mit ständigen Arbeitskräften		
	1–2	3–4	5 und mehr
Obstbaubetriebe	78	22	–
Gemüsebaubetriebe	72	25	3
Zierpflanzenbetriebe	74	8	18
Mehrspartenbetriebe	49	51	–
Baumschulen	34	29	37

Quelle: Storck in ZVG (Hrsg.) Aspekte des Strukturwandels im Gartenbau

Auch aus dieser Zusammenstellung wird deutlich, daß die kleineren Familienbetriebe im Gartenbau überwiegen, wenngleich Unterschiede zwischen den einzelnen Sparten bestehen.
Weitere Maßstäbe zur Beschreibung der Betriebsgröße sind:
- Der Umsatz: Er stellt die in Geld ausgedrückte Bruttoleistung eines Betriebes dar, das ist die Summe der Einnahmen aus dem Verkauf von Waren und Dienstleistungen.
- Das Standardbetriebseinkommen: Es stellt eine Nettoleistung des Betriebes dar, wobei von festgelegten Werten in Abhängigkeit von den Strukturdaten des Betriebes ausgegangen wird. So wird z. B. für 1000 m^2 Gemüseanbaufläche ein Standardbetriebseinkommen von ca. 18000 DM berechnet.
- Der Einheitsquadratmeter (Eqm): Er basiert ebenfalls auf Normwerten. Es wurde z. B. festgelegt, daß 1 m^2 folgenden Eqm entspricht:

mit Gemüse genutzt	im Freiland	1 Eqm
	unter Glas heizbar	9 Eqm
mit Zierpflanzen genutzt	im Freiland	2 Eqm
	unter Glas heizbar	20 Eqm

3.4.2 Die Arbeitskräfte

Die Arbeitskräfte werden für statistische Zwecke meist nur rein zahlenmäßig erfaßt. Nähere Einzelheiten z. B. über Arbeitszeiten und Einsatzmöglichkeiten sind erforderlich, soll eine Beschreibung der Entscheidungsfindung dienen.
Folgende zwei betriebliche Situationen sollen beispielhaft die Möglichkeit und die Anwendung aufzeigen.

1. In Gartenbaubetrieben ist der Arbeitsanfall oft sehr unterschiedlich. Zum einen weisen die meisten Sparten einen typischen Saisonverlauf auf (z. B. die Frühjahrssaison für Baumschulen und Zierpflanzenbaubetriebe), zum anderen sind es einzelne Tage oder Wochenenden, die einen besonderen Arbeitseinsatz erfordern (z. B. der Valentinstag). Nur eine genaue Kenntnis der Arbeitskapazität pro Tag bzw. pro Woche ermöglicht dem Betriebsleiter eine sinnvolle Planung des Arbeitseinsatzes.
2. Der Ausbildungsstand bzw. eine Beschreibung der Fähigkeiten einzelner Mitarbeiter läßt unter anderem Rückschlüsse auf deren Einsatzmöglichkeit und das Leistungsangebot eines Betriebes zu. Ein Garten- und Landschaftsbaubetrieb, der zufällig einen Zimmermann in seiner Gärtnerkolonne beschäftigt hat, wird sicherlich Holzarbeiten (z. B. Pergolen) gut ausführen können.

3.4.3 Beschreibung des Produktions- und Dienstleistungsumfanges

Die Beschreibung des Produktions- und Dienstleistungsumfanges ist durch die Nennung der Spartenzugehörigkeit nur unzureichend. So zählt zum Zierpflanzenbau der Staudenbetrieb, der per Post seine Pflanzen an Kunden schickt ebenso wie der Schnittblumenbetrieb, der seine Rosen auf dem Blumengroßmarkt anbietet, wie auch der Endverkaufsbetrieb mit Blumengeschäft, der zudem noch 200 Gräber jedes Jahr bepflanzt und pflegt.
Die Nennung der einzelnen Kulturen bzw. deren Satzgröße und eine genaue Schilderung der angebotenen Dienstleistungen ergeben erst – zusammen mit der Beschreibung des Absatzes – ein umfassendes Bild vom Gesamtbetrieb.
Merke: Die Betriebsstrukturen der Gartenbaubetriebe sind so unterschiedlich, daß es schwer fällt, vergleichbare Betriebe zu finden, die sich annähernd in der Größe, dem Arbeitskräftebesatz und dem Leistungsumfang gleichen.

Kontrolle und Vertiefung
1. Wie kann die Betriebsgröße einer Gärtnerei gemessen werden?
2. Beurteilen Sie die Größe Ihres Ausbildungsbetriebes im Vergleich zu anderen Betrieben Ihrer Sparte.
3. Beschreiben Sie den Leistungsumfang Ihres Ausbildungsbetriebes.

3.5 Betriebskontrolle

Erinnern Sie sich noch an die betriebswirtschaftlichen Aufgaben im Management-Regelkreis? Richtig: »Analyse« – »Planung« – »Entscheidung« – »Kontrolle«!
Da die Kontrollergebnisse aber vielfach den Ausschlag für genauere Analysen geben, wollen wir mit der Vorstellung einiger Kontrollberechnungen (-instrumente) beginnen, die dem Betriebsleiter zur Verfügung stehen. Dazu zählen unter anderem die Kostenrechnung und der Kennzahlenvergleich. Die Anwendung der Berechnungen erfordert aber umfangreiche Daten, aus denen zahlenmäßig die verschiedensten wirtschaftlichen Tätigkeiten des Betriebes hervorgehen.

3.5.1 Datenquellen

Die Buchführung
Sie haben sicher schon bemerkt, daß in Ihrem Betrieb jede Rechnung eines Lieferanten, aber auch die Durchschläge von Rechnungen, die für Kunden ausgefertigt wurden, sorgfältig aufbewahrt werden. »Für die Buchhaltung«, heißt es dann.
In der Buchhaltung werden demnach Belege über Käufe, Verkäufe, Zahlungen und Zahlungseingänge gesammelt. Werden diese nach bestimmten Prinzipien geordnet und ihre Werte in Bücher oder Listen eingetragen (gebucht) so sprechen wir von Buchführung. Dort steht dann:

20. Juli	Dünger (gekauft für)	263,75 DM
oder		
21. Juli	Topfpflanzen (verkauft an) Blumenhaus Maier	184,30 DM
oder		
31. Juli	Lohn (bezahlt an) Franz Huber	1256,45 DM
oder		
31. Juli	Krankenversicherung (bezahlt an) Gärtnerkrankenkasse	148,50 DM

In bestimmten Zeitabständen (monatlich, vierteljährlich, jährlich) werden nun diese einzelnen Buchungen zusammengefaßt. So werden z. B. alle Zahlungen für Heizöl addiert, ebenso die für den Kauf von Pflanzen, oder Zahlung von Löhnen. Gleichzeitig werden die Buchungen geordnet. Alle Zahlungen, die der Betrieb zu leisten hatte, werden auf eine Hälfte eines Blattes – die Aufwandsseite – geschrieben, alle Zahlungen, die der Betrieb erhalten hat, auf die Ertragsseite. Dies ergibt die Gewinn- und Verlustrechnung (G + V). Das ganze sieht dann vereinfacht und auszugsweise wie in Tab. D 7 aus. Zwei Begriffe sind dazu zu erläutern: Abschreibung und Gewinn.

Abschreibung. Angenommen, für die Gärtnerei wird eine Spatenmaschine gekauft. Der Gärtner bezahlt dafür 10000 DM. Da die Maschine aber nicht innerhalb eines Jahres **verbraucht** wird, wie z. B. Dünger, sondern mehrere Jahre **gebraucht** werden kann, ist es sinnvoll, den Anschaffungswert auf die Jahre der Nutzung zu verteilen. Da Spatenmaschinen, wie Erfahrungswerte auch bei gleichartigen Geräten gezeigt haben, im Durchschnitt mindestens 10 Jahre genutzt werden können, werden die 10000 DM in gleichen Beträgen auf die einzelnen Jahre verteilt. Diese Beträge werden Abschreibungsbeträge genannt. Die Abschreibung der Spatenmaschine beträgt 1000 DM und stellt damit eine jährliche Wertminderung der Maschine dar. Sie ist ein Wert der Gewinn- und Verlustrechung, der nicht unmittelbar mit einer Zahlung zusammenhängt, sondern kalkuliert wurde (kalkulatorischer Wert).

Gewinn. Er ist rein rechnerisch die Differenz zwischen dem Ertrag einer Periode und dem entsprechenden Aufwand – sofern der Ertrag den Aufwand übersteigt. Sollte es umgekehrt sein, ergibt sich ein Verlust. Da die jeweilige Summe der beiden Spalten Ertrag und Aufwand gleich groß sein müssen, erscheint der Gewinn auf der Aufwandsseite und der Verlust entsprechend auf der Ertragsseite der G + V. Wie der Gewinn und seine Höhe zu bewerten sind, ist in Kap. D 3.5.3 »Die Bilanz- und Betriebsanalyse« behandelt.

Aus der Gewinn- und Verlustrechnung kann der Betriebsleiter die geschäftliche Entwicklung des Betriebes im Abrechnungszeitraum (in der Regel 1 Jahr) ersehen und für Planungs- und Kontrollrechnungen einzelne Daten entnehmen. Sie ist eine der wichtigsten Datenquellen.

Der 2. Teil eines Buchführungsabschlusses wird als Bilanz bezeichnet. Aus dem Italienischen abgeleitet von bilancia = die Waage erfaßt sie die Vermögens- und Kapitalverhältnisse des Betriebes. Ein vereinfachtes Beispiel zeigt Tab. D 8.

Die Summe des Vermögens ist – sofern die Buchführung ordnungsgemäß geführt wurde – gleich groß wie das eingesetzte Kapital (Waage). Der Bilanz sind einerseits Angaben über den Wert einzelner Vermögensbestandteile zu entnehmen und auf der anderen Seite, wer das Geld für diese Güter bereitgestellt hat, der Eigentümer, Banken oder andere Geldgeber. Bedeutsam werden Daten der Bilanz unter anderem, wenn ein Betrieb verkauft werden soll oder neue Kredite für Anschaffungen benötigt werden. Ist der Betrieb z. B. bereits hoch verschuldet, wird es schwer sein, neue Geldgeber zu finden.

Gewinn- und Verlustrechnung und die Bilanz sind die wesentlichen Bestandteile der Abschlußrechnung einer Buchführung. Heute ist die »Doppelte Buchführung« gebräuchlich. Sie wird so genannt, weil jeder Geschäftsvorfall, z. B. Düngerkauf, 2 Buchungen zur Folge hat. Zum einen erhöht sich der Düngeraufwand um diesen Betrag, zum anderen

Tab. D 7. Beispiel einer Gewinn- und Verlustrechnung

Aufwand		Ertrag	
Löhne	55500 DM	Blumenverkauf	225000 DM
Jungpflanzen	14000 DM	Grabanlagen und Grabpflege	31000 DM
Handelsware, Fertigpflanzen	47000 DM	Mieteinnahmen	3500 DM
Dünger, Erden, Pflanzenschutz	9000 DM	Zinseinnahmen	500 DM
Heizmaterial	29000 DM		
Strom, Wasser	3500 DM		
Unterhaltungsaufwand, Reparaturen	16000 DM		
Versicherungen, Steuern	4000 DM		
Pachten	3500 DM		
Zinsen für Fremdkapital	11000 DM		
Abschreibungen	22000 DM		
Gewinn	45000 DM		
Summe	260000 DM		260000 DM

Tab. D 8. Schema einer Bilanz

Aktiva	Passiva
Anlagevermögen, z. B. – Gebäude – Maschinen – Kraftfahrzeuge Umlaufvermögen, z. B. – Warenbestand – Kassenbestand – Bankguthaben – Forderungen	Eigenkapital Fremdkapital, z. B. – Bankdarlehen – Kredit – Lieferantenkredit
Summe des Vermögens = Verwendung der Geldmittel	Summe des Kapitals = Herkunft der Geldmittel

verringert sich das Bankkonto, falls per Überweisung bezahlt wird.

Betriebsaufzeichnungen

Eine zweite wichtige Quelle für betriebswirtschaftliche Daten sind Aufzeichnungen im Betrieb. So enthalten Maschineneinsatzbücher, Anbau- und Ernteverzeichnisse, Spritz- und Düngepläne eine Menge Informationen, die für kontrollierende Vergleiche herangezogen werden können. Stellvertretend für viele verschiedene Möglichkeiten und Formularmuster werden im folgenden 2 Beispiele erläutert:

Arbeitsaufzeichnungen. Da Löhne und Gehälter für viele Betriebe einen großen Teil des Aufwandes ausmachen, werden in einer Reihe von Betrieben von den Beschäftigten Arbeitszettel oder Arbeitstagebücher geführt. Hier ein vereinfachtes Beispiel:

Datum:	Name:	Abteilung:	
Uhrzeit	Beschreibung der Arbeit	Arbeitsort	Material
8.00–11.00	Pflegearbeiten, Hacken, Jäten, Düngen	Hausgarten Maier	10 kg Blaukorn
11.15–12.00	Bodenvorbereitung für eine Heckenpflanzung 20 lfd. m	Hausgarten Maier	Fräse Rinde 1 m³

Diese Aufzeichnungen dienen zwar auch der Erfassung der Arbeitsleistung von Mitarbeitern, in erster Linie werden sie aber zum Schreiben der Rechnungen und für die Kostenrechnung benötigt.

Kulturaufzeichnungen. Ebenfalls der Kosten- und Preisermittlung dient eine andere Möglichkeit der Datenerhebung. Hierbei werden die Daten von einzelnen Kulturen (z. B. *Pícea omórika*), von Kulturfolgen (z. B. Rettich – Tomaten – Feldsalat) oder von einzelnen Sätzen (z. B. *Begónia*-Elatior-Hybriden Satz III von Mitte Januar bis Ende April) erfaßt. Hier tragen alle, die mit Arbeiten an dieser Kultur beschäftigt sind, ihre Arbeitszeiten und weitere Angaben ein. Abb. D 46 zeigt ein Formular mit Aufzeichnungen aus dem Zierpflanzenbau.

Die Fülle von Angaben, die in diesem Beispiel enthalten sind, ergeben folgende Informationen für den Betriebsleiter:

KULTURAUFZEICHNUNGEN — Betrieb: F. — Jahr: 1984

Kultur: Topfchrysanthemen	Dat.	Arbeit Nr.[1]	Zeitaufw. Std.	Zeitaufw. Min.	Temperatur Tag	Temperatur Nacht	Pflanzen je m²	Ernte Stück	Ø Preis	Bemerkungen
Sorte: diverse	30.7.	4	25		18	18	55			
Satz: dekorative	7.8.	5	1		"	"				Poly-Crescal 2‰
Kulturbeginn: 30.7.	13.8.	6	9		"	"	23			
Kulturende: 28.10.	19.8.	5	1	25	"	"	"			
Stückzahlen bei	⋮									
Kulturbeginn: 3 330	18.9.	3	15							Ausbrechen
Topfpflanzen: Topfgröße:	19.9.	3	15							Ausbrechen
13 cm	20.9.	3	15							Ausbrechen
Erde m³:	21.9.	3	15							Ausbrechen
3,5										
verkaufte Stückzahl:	27.9.	3	1	20						
3 330										
Gemüse/Schnittblumen: Anbaufläche unter	7.10.	3	10							Ausbrechen
Glas:	8.10.	3	8							Ausbrechen
Anbaufläche im										
Freiland	20.10.	5	1					530	3.90	
verkaufte Stückzahl:	22.10.	5	2	30				1300	3.80	
	23.10.	6		30						
Ausfall:	24.10.	5	3					1200	3.70	
	27.10.	5	2					300	3.40	

[1] Art der Arbeit

1 = Saatbeet herrichten
2 = Aussaat, Vermehrung
3 = Pikieren, Pflanzen
4 = Topfen
5 = Pflege (Gießen, Düngen)
6 = Rücken, Einräumen
7 = Ernten und Marktfertigmachen
8 = Abräumen und Stellfläche herrichten

Einzelkosten	Gesamt DM
Saatgut	
Jungpflanzen	1 570.–
Töpfe	524.–
Erde	130.–
Dünger, Pflanzenschutz	
Verpackungsmaterial	220.–
sonst. Folie	110.–

Abb. D 46. Kulturaufzeichnungen.

– Arbeitszeit und Art der Arbeit sind für die Kostenrechnung wichtig, ermöglichen Vergleiche der Arbeitsleistung und die Planung des Arbeitseinsatzes.
– Geerntete Mengen und die durchschnittlich erzielten Preise sind erforderlich zur Berechnung der Erlöse einer bestimmten Kultur bzw. eines Satzes.
– Die Angaben über Kulturdauer, Platzbedarf sowie der Tag- und Nachttemperaturen sind wichtig zur Ermittlung der Heizkosten bei Unterglaskulturen.
– Der Verbrauch an Töpfen, Erde, Verpackungsmaterial und anderem werden ebenfalls zur Feststellung der Kosten und zur Anbauplanung benötigt.

Merke: Ohne betriebliche Daten und Informationen sind planvolles Handeln und Kontrollen unmöglich.

Kontrolle und Vertiefung

1. Nennen Sie mindestens 2 Quellen, aus denen Sie Daten zur Betriebskontrolle ziehen können.
2. Erscheint die Position Löhne in der G + V oder in der Bilanz?
3. Auf welche Positionen der Bilanz wird eine Bank bei der Vergabe eines Kredites besonders achten?
4. Beurteilen Sie den Aussagewert von Kulturaufzeichnungen.

3.5.2 Kostenrechnung

Eines der wichtigsten Kontrollinstrumente ist die Berechnung der Kosten, die in einem Unternehmen entstehen. Ein Vergleich der Entwicklung verschie-

dener Kosten, z. B. der Lohnkosten, ist dabei ebenso unerläßlich wie die Klärung der Frage, was kostet die Produktion und der Absatz eines Produktes oder einer Leistung.
Ein Betriebsleiter spricht möglicherweise einmal von einer ungünstigen Aufwands-/Ertragsrelation oder von kostendeckenden Preisen. Diese Begriffe sind vorab zu klären.

Ausgaben – Aufwand – Kosten
Diese drei Begriffe stiften oftmals Verwirrung, da sie gerne verwechselt werden. Die Unterschiede sind am Beispiel der Löhne zu erklären:

Abb. D 47. Ausgaben – Aufwand – Kosten.

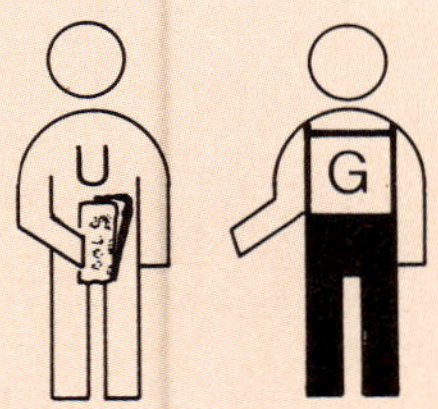

Die wöchentliche oder monatliche Auszahlung des Lohnes an die Mitarbeiter ist für den Betrieb eine **Ausgabe.**

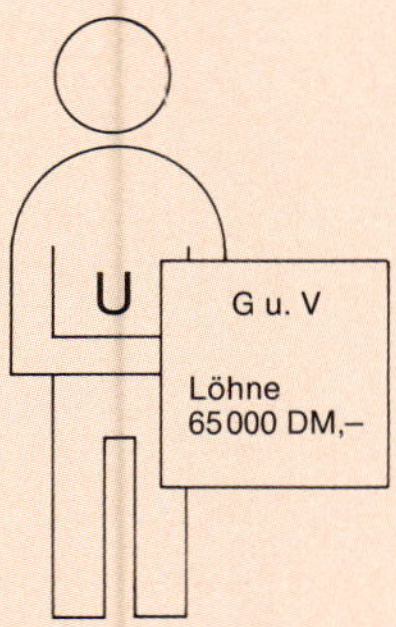

Die Summe der Löhne (bare Lohnzahlungen und Naturallöhne) und der sozialen Abgaben (Krankenkassen- und Rentenversicherungsbeiträge u. a.) eines Abrechnungszeitraumes (z. B. 1 Jahr) stellen den **Lohnaufwand** dar.

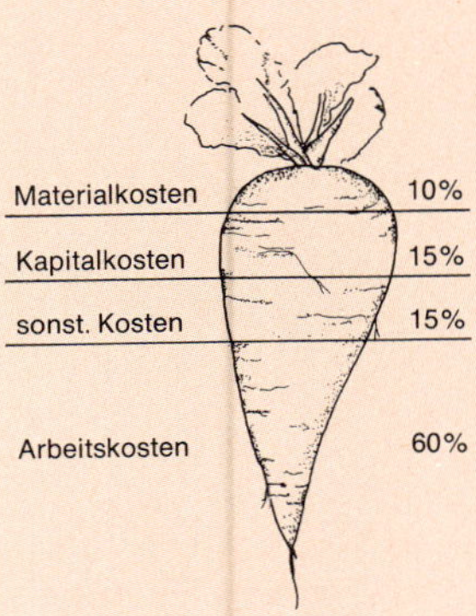

Den Lohnaufwand, den der Betrieb zu einer Leistungserstellung, z. B. für die gesamte Produktion und Vermarktung von Rettich benötigt, bezeichnet man als **Arbeitskosten.**

Kostenarten im Gartenbaubetrieb
Kosten können nach verschiedenen Gesichtspunkten gruppiert werden. Eine Möglichkeit ist die Ordnung von Kosten nach ihrer sachlichen Zusammengehörigkeit.

Folgende Kosten sind zu unterscheiden:

Arbeitskosten: Löhne, Gehälter, Naturallöhne, Sozialversicherungsbeiträge, freiwillige Sozialleistungen und auch der Lohnanspruch des Unternehmers.
Kosten des Kapitaleinsatzes: Abschreibung, Reparaturen, Unterhalt und Instandsetzung, Versicherungen, Zinsen für das Fremdkapital und Zinsanspruch des Eigenkapitals.
Materialkosten: Samen, Pflanzen, Düngemittel, Wasser, Strom, Heizmaterial, Treibstoffe, Erde, Baustoffe (Galabau), Töpfe u. a.
Sonstige Kosten: Steuern, Abgaben, Buchführung, Porto, Telefongebühren.

Neben den aufgezeigten gibt es noch eine Vielzahl von Gliederungsmöglichkeiten und Begriffen für Kosten. Zwei Begriffspaare haben für betriebswirtschaftliche Berechnungen und Aussagen besonders große Bedeutung:
– variable Kosten und fixe Kosten
– Einzelkosten und Gemeinkosten

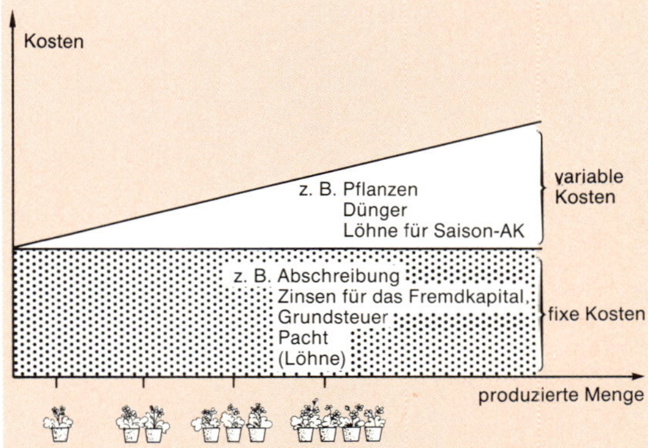

Abb. D 48. Verlauf von variablen und fixen Kosten.

Variable Kosten verändern sich in Abhängigkeit vom Produktionsumfang. Sie nehmen mit steigender Produktion meist proportional zu. So benötigen Sie zur Pflanzung von 10 m Hecke z. B. 25 Thuja – für 20 m sicher das Doppelte. Entsprechend verhalten sich die Materialkosten für diese Anlage.

Fixe Kosten bleiben bei geändertem Produktionsumfang konstant. So verändern sich die Zinsen für das Fremdkapital oder die Abschreibungen für ein Gewächshaus nicht, gleichgültig, wieviel im Betrieb produziert wird.

Einzelkosten können einem Produkt oder einer Leistung direkt zugerechnet werden. So läßt sich genau ermitteln, was die Jungpflanze zur Anzucht einer Pelargonie gekostet hat oder wie hoch die Arbeitskosten bei der Anlage und Pflege eines Grabes sind.

Gemeinkosten lassen sich dagegen nicht unmittelbar einem Produkt oder einer Leistung zurechnen, z. B. die Kosten des Kapitaleinsatzes.

Die Ermittlung von Kosten

Bereits die Jahressummen einzelner Aufwendungen enthalten eine Menge Informationen für den Betriebsleiter. Aber erst der Vergleich mit der entsprechenden Leistung ermöglicht die Aussage, ob für ein Produkt oder eine Leistung ein alle Kosten abdeckender Preis erzielt werden konnte oder nicht. Bevor die erforderlichen Kalkulationen durchgeführt werden können, bedarf es einiger vorbereitender Berechnungen verschiedener Kostenarten.

Die Materialkosten sind den einzelnen Kulturen oder Anlagen zuzurechnen, wenn Aufzeichnungen über den mengenmäßigen Verbrauch gemacht wurden. Das gilt für das Saatgut ebenso wie für Jungpflanzen oder Fertigware. Auch Gefäße, Substrat oder Steine (z. B. im Garten- und Landschaftsbau) sind einem Objekt zuzuordnen. Schwieriger ist die verursachungsgerechte Zuordnung von Dünger und Pflanzenschutzmitteln oder gar von Heizmaterial, das besonders in Zierpflanzenbaubetrieben und für Gemüsebaubetriebe mit Unterglasproduktion zu einem wichtigen Kostenfaktor geworden ist.

Tab. D 9. Berechnung von Heizkosten

Monat	Monatshälfte	Heizmaterialverbrauch in l EL-Öl je m² Gewächshausfläche und Halbmonat bei einer Heiztemperatur von				
		5 °C	10 °C	15 °C	20 °C	25 °C
Januar	1	1,7	3,7	5,8	7,8	9,9
	2	1,8	3,9	6,2	8,4	10,6
Februar	1	1,5	3,3	5,4	7,4	9,5
	2	1,3	2,6	4,3	6,1	7,9
März	1	1,0	2,2	3,7	5,6	7,6
	2	0,2	1,5	2,9	4,6	6,6
April	1	0,1	0,9	2,1	3,4	5,0
	2	–	0,5	1,5	2,7	4,0
Mai	1	–	0,2	1,0	2,1	3,4
	2	–	–	0,8	1,8	3,0
Juni	1	–	–	0,4	1,3	2,3
	2	–	–	0,2	1,0	1,9
Juli	1	–	–	0,1	0,9	1,8
	2	–	–	0,1	1,0	2,1
August	1	–	–	0,2	1,0	2,1
	2	–	–	0,3	1,4	2,6
September	1	–	–	0,5	1,6	2,9
	2	–	–	1,0	2,2	3,6
Oktober	1	–	0,4	1,7	3,0	4,6
	2	–	0,8	2,3	4,2	6,4
November	1	–	1,4	3,1	5,2	7,4
	2	0,5	2,1	4,2	6,3	8,4
Dezember	1	1,0	2,8	4,9	7,1	9,1
	2	1,4	3,7	5,8	8,1	10,3

Quelle: KTBL-Taschenbuch, Gartenbau, Hiltrup, 1981

Bei den Erstgenannten behilft sich der Betriebsleiter oftmals mit Normwerten, die sich auf seine Erfahrungen stützen oder aus Datensammlungen entnommen werden können. Zur Berechnung der Heizkosten gibt es Tabellen, aus denen der Heizmaterialverbrauch pro m^2 Gewächshausfläche und pro Zeiteinheit abgelesen werden kann. Folgendes Beispiel ist vereinfacht und nur ein Auszug aus sehr detaillierten Tabellen, die auch noch kleinere Zeiträume, unterschiedliche Tages- und Nachttemperaturen und verschiedene Klimabedingungen (Standorte) berücksichtigen.

Anwendungsbeispiel. 100 m^2 Kopfsalat werden am 2. März ins Gewächshaus gepflanzt. Heiztemperatur 10 °C. Ende April wird er geerntet. Folgender Heizmaterialverbrauch fällt an:

1. Märzhälfte	2,2 l pro $m^2 \times 100\ m^2$ = 220 l
2. Märzhälfte	1,5 l pro $m^2 \times 100\ m^2$ = 150 l
1. Aprilhälfte	0,9 l pro $m^2 \times 100\ m^2$ = 90 l
2. Aprilhälfte	0,5 l pro $m^2 \times 100\ m^2$ = 50 l
Gesamt	5,1 l pro $m^2 \times 100\ m^2$ = 510 l

Wird der Verbrauch mit dem Preis pro Liter multipliziert, ergeben sich die Heizkosten für diese Kultur.

Die Arbeitskosten in einer Gärtnerei lassen sich für die Arbeiter und Angestellten aus dem in der G + V ausgewiesenen Lohnaufwand oder aus der Lohnbuchhaltung entnehmen. Dabei wird offensichtlich, daß zwischen dem vereinbarten Bruttolohn und dem Betrag, der für eine geleistete Arbeitsstunde zu kalkulieren ist, ein erheblicher Unterschied besteht. Durch die Arbeitgeberanteile zur Sozialversicherung, durch Urlaubs- und Feiertagsvergütungen, Lohnfortzahlung und andere soziale Leistungen, können die Arbeitskosten pro geleistete Stunde bis zu 70 % über dem vereinbarten Bruttolohn liegen. Das bedeutet, daß für einen Gärtner, der einen Stundenlohn von 10,– DM bekommt, Arbeitskosten pro geleistete Stunde von 17,– DM entstehen.

Vor allem im Dienstleistungsgartenbau müssen durch die in Rechnung gestellten Arbeitskosten andere Kostenpositionen abgedeckt werden, z. B. die Gemeinkosten. Zu den Stundenlöhnen müssen dann bis zu 200 % und mehr hinzugerechnet werden, um alle Kosten in der Preiskalkulation zu berücksichtigen.

Der Betriebseigner in einem gärtnerischen Einzelunternehmen (s. Kap. D 3.5.3) zieht das Entgelt für seinen Arbeitseinsatz aus dem Gewinn des Betriebes. Bei der Ermittlung der Arbeitskosten für den Gesamtbetrieb dürfen der Betriebsleiter und sonstige mithelfende Familienarbeitskräfte nicht vergessen werden. Sie erwarten schließlich ebenfalls einen angemessenen Lohn für ihren Arbeitseinsatz. Berücksichtigt wird dies in der Kostenrechnung mit kalkulatorischen Werten, dem sogenannten Lohnansatz für familieneigene Arbeitskräfte.

Abb. D 49. Arbeitskosten und Bruttolohn.

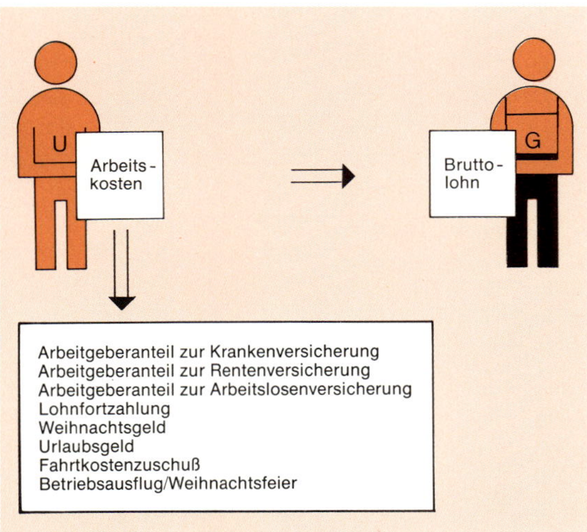

Tab. D 10. Ermittlung des Betriebsdurchschnittslohns

	geleistete Arbeitsstunden pro Jahr	Arbeitskosten in DM pro Jahr
Betriebsleiter	2300	41400
Ehefrau	1500	21000
Gärtnermeister	2000	36000
Gärtner	1900	24700
Auszubildender	1000	6200
angelernte Arbeitskraft	1900	20900
Aushilfskräfte (4 Personen)	2400	18000
Summe	13000	168200

Die Summe der Arbeitskosten, dividiert durch die Summe der geleisteten Arbeitsstunden ergibt den Betriebsdurchschnittslohn.

$$\frac{168200\ \text{DM}}{13000\ \text{h}} = 12{,}93\ \text{DM}$$

In einer Gärtnerei arbeiten meistens verschiedene Arbeitskräfte an einer Kultur oder einer Leistung, deren Löhne zudem unterschiedlich sind. Der zeitliche Aufwand für die Verteilung der direkt zurechenbaren Arbeitskosten auf einzelne Kulturen wäre unverhältnismäßig hoch, wollte man die Arbeitskosten jedes einzelnen Mitarbeiters nur auf die Kulturen übertragen, an denen er gearbeitet hat. Der Rechenaufwand ist zu reduzieren, indem für den gesamten Betrieb die durchschnittlichen Arbeitskosten für eine Stunde ermittelt werden. Dieser Durchschnittswert ist der **Betriebsdurchschnittslohn.** Zur Erläuterung siehe Tab. D 10 als Beispiel.

Die Kapital- und Unterhaltungskosten werden durch die Anschaffung und Nutzung von langlebigen Produktionsmitteln verursacht. Langlebige Produktionsmittel sind Gebäude, Gewächshäuser, deren Einrichtung, Maschinen, Kraftfahrzeuge und andere Geräte, die mehrere Jahre genutzt werden können. Folgende Kosten sind zu unterscheiden:

1. Die Abschreibung. Schon im Kapitel D 3.5.1 hatten wir festgestellt, daß die Ausgaben für die Anschaffung eines langlebigen Wirtschaftsgutes, der sogenannte Anschaffungswert, nicht im 1. Jahr voll als Kostenfaktor geltend gemacht werden darf, sondern, daß er in der Regel gleichmäßig auf die Nutzungsdauer des Gutes verteilt wird. Jährlich wird also nur ein bestimmter Prozentsatz des Anschaffungswertes als Kosten berechnet.

Tab. D 11. Abschreibungssätze einiger Gebrauchsgüter

	Nutzungsdauer in Jahren	Abschreibung in %
Gewächshaus (Fundamente, Konstruktion, Bedachung, Heizrohre, Betontische)	20	5
Innenausstattung		
– Heizung, Lüftung, Schattierung	10	10
– Belichtung und Verdunkelung	5	20
Einachsschlepper	10	10
Gabelstapler	10	10
Erdaufbereitungsmaschine	8	12
Sämaschinen	12	8
Lastkraftwagen	5	20

2. Die Zinskosten. Die Anschaffung einer Maschine erfordert Geld. Bekommt der Betriebsleiter es von einer Bank, so muß er dafür Zinsen bezahlen (1984 ca. 7–14% je nach Kreditart). Hat er eigene Mittel zur Verfügung, so erwartet er von dieser Investition (Kauf eines langlebigen Wirtschaftsgutes), daß sie ihm einen Gewinn erbringt, der zumindest so hoch ist, wie der, den er dafür auf der Bank erzielen könnte. Er erwartet eine Verzinsung des eingesetzten Kapitals.

In der Kostenrechnung wird diese Gewinnerwartung berücksichtigt, indem man für das Wirtschaftsgut die durchschnittlichen Zinskosten kalkuliert.

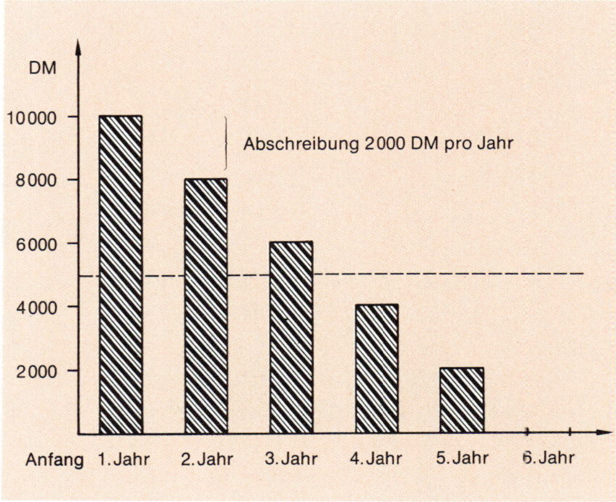

Abb. D 50. Abschreibung einer Maschine.

Der Wert des Wirtschaftsgutes nimmt von Jahr zu Jahr gleichmäßig ab. Entsprechend verringert sich auch der Zinsanspruch. Der durchschnittliche Wert über die gesamte Nutzungsdauer entspricht genau der Hälfte des Anschaffungswertes. Die durchschnittlichen jährlichen Zinskosten sind nach folgender Formel zu berechnen:

$$\frac{\text{Anschaffungswert}}{2} \times \text{Zinssatz} = \text{Jährliche Zinskosten}$$

Beispiel:

Anschaffungswert: 10000 DM
Nutzungsdauer: 5 Jahre
Zinssatz: 6 %

$$\frac{10000\ \text{DM}}{2} \times \frac{6}{100} = 300\ \text{DM jährliche Zinskosten}$$

3. Reparatur- und Wartungskosten. Für Gebäude, Maschinen und Geräte sind ständig Wartungsarbeiten und Reparaturen erforderlich, wie z. B. Inspektionen bei Kraftfahrzeugen oder die Kesselreinigung der Heizanlage. Die Kosten sind aus der Gewinn- und Verlustrechnung zu entnehmen. Da vor allem bei Großreparaturen die Kosten nur von Zeit zu Zeit auftreten und sehr stark schwanken können, wird in der Kostenrechnung mit Normwerten kalkuliert. Die Grundlage für diese Normwerte bilden Untersuchungen des Kuratoriums für Technik und Bauwesen in der Landwirtschaft (KTBL). Sie ergeben, daß z. B. für eine Fräse durchschnittlich 5% der Anschaffungskosten pro Jahr für Reparaturen aufgewendet werden müssen.

4. Versicherungen und Betriebssteuern. Diese Kosten umfassen vor allem die Grund- und Kraftfahrzeugsteuer, die Hagel-, Sturm-, Feuer-, Verderbschaden- und Kraftfahrzeugversicherung. Die jährlichen Kosten lassen sich aus der Buchführung entnehmen.

5. Betriebsstoffkosten. Hierunter werden die Aufwendungen für Benzin, Diesel oder Schmieröl zum Betrieb der Fahrzeuge und Maschinen zusammengefaßt. Auch hier dient die Buchhaltung als Datenquelle. Es gibt aber auch dafür Normwerte des KTBL, die als Kalkulationsgrundlage verwendet werden können.

Berechnungsbeispiele

a) Kapital- und Unterhaltungskosten einer Maschine
Zu berechnen sind die jährlichen Kapital- und Unterhaltungskosten eines Pkw, dessen Anschaffungspreis 15000 DM beträgt, bei einer Nutzungsdauer von 5 Jahren, unter der Vorgabe eines Zinssatzes von 6% und einem durchschnittlichen Verbrauch von 8 l Superbenzin auf 100 km. Berechnung s. unten.

b) Kapital- und Unterhaltungskosten eines Gewächshauses
Zu berechnen sind die jährlichen Kapital- und Unterhaltskosten eines Gewächshauses bei

a) Kapital- und Unterhaltungskosten einer Maschine

1. Abschreibung	20% von 15000 DM	3000 DM
2. Zinskosten	6% von 7500 DM	450 DM
3. Reparaturen, Wartung	5% von 15000 DM	750 DM
4. Steuern und Versicherung	lt. Buchhaltung	850 DM
5. Betriebsstoffkosten	bei 20000 km pro Jahr	2320 DM
Gesamtkosten		7370 DM
das sind pro gefahrener Kilometer		ca. –,37 DM

b) Kapital- und Unterhaltungskosten eines Gewächshauses

zu a)		
1. Abschreibung	5% von 185,— DM	9,25 DM
2. Zins	6% von 92,50 DM	5,55 DM
3. Reparaturen, Wartung	1% von 185,— DM	1,85 DM
4. Steuern und Versicherung	1% von 185,— DM	1,85 DM
5. Betriebsstoffkosten	–	–
zu b)		
1. Abschreibung	10% von 35,— DM	3,50 DM
2. Zins	6% von 17,50 DM	1,05 DM
3. Reparaturen, Wartung	3% von 35,— DM	1,05 DM
4. Steuern und Versicherung	1% von 35,— DM	–,35 DM
5. Betriebsstoffkosten	können vernachlässigt werden	–
Gesamtkosten je m^2 Gewächshausfläche		24,45 DM

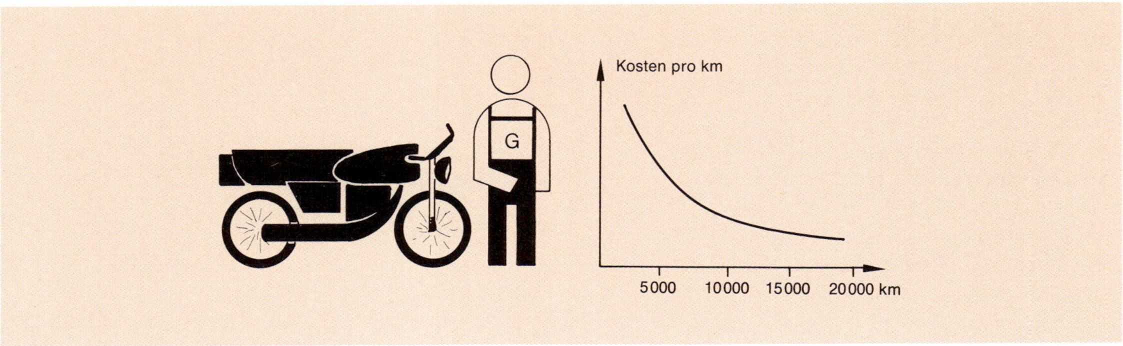

Abb. D 51. Je größer die Anzahl gefahrener Kilometer, um so geringer die Kosten – oder?

a) 1200 m^2 Hochglas, schwere Bauart mit Bandstahlrohren und Betontischen; Anschaffungswert pro m^2 185 DM; Nutzungsdauer (N) 20 Jahre.
b) Heizungsregelung, Lüftung und Schattierung; Anschaffungswert pro m^2 35 DM; Nutzungsdauer (N) 10 Jahre; Zinssatz 6%. Berechnung s. Seite 477 unten.

Es ist üblich, die einzelnen Bauteile, z. B. die Lüftung getrennt zu kalkulieren, da so die einzelnen Kostenelemente genauer erfaßt werden können, z.B. die Reparatur- und Instandhaltungskosten. Aus Gründen der Übersichtlichkeit wurden hier aber die Bauteile zu 2 Gruppen zusammengefaßt.
Das Ergebnis besagt, daß jeder m^2 Gewächshausfläche pro Jahr durchschnittlich 24,45 DM an Kapital- und Unterhaltungskosten verursacht, gleichgültig, ob die Fläche genutzt wird oder nicht.
Es hat sich als günstig herausgestellt, diese Kosten auf kleinere Zeiteinheiten zu verteilen, z. B. auf den Monat oder den Tag. 24,45 DM pro m^2 und Jahr entsprechen dann ca. 2,04 DM pro m^2 und Monat (pro Monatsquadratmeter = Mqm).

Merke: Kapital- und Unterhaltungskosten entstehen, gleich ob ein Wirtschaftsgut, das angeschafft ist, genutzt wird oder nicht. Sie sind – mit Ausnahme der Betriebsstoffkosten – Fixkosten. Sie belasten den Betrieb vor allem bei schlechter Auslastung.

Die Teilkostenrechnung (Deckungsbeitragsrechnung)

Im Rahmen der Betriebskontrolle überprüft jeder Betriebsleiter auch sein Produktionsprogramm oder Leistungsangebot, ob die einzelne Kultur oder Leistung noch rentabel ist oder ob Überlegungen angebracht sind, Änderungen vorzubereiten. Ein aussagekräftiges Hilfsmittel ist die Teilkosten- oder Deckungsbeitragsrechnung.
Bei der systematischen Einordnung von Kosten wurde bereits festgestellt, daß es Kosten gibt, die einzelnen Produkten oder Leistungen direkt zuzuordnen sind, die Einzelkosten. Andere, die Gemeinkosten, entstehen unabhängig von der Leistungserstellung und können daher nicht direkt zugerechnet werden.
Subtrahiert man von den Erlösen der verschiedenen Einzelleistungen – man nennt sie Kostenträger – die Einzelkosten, so erhält man die **Einzelkostenfreie Leistung.** Sie ist der Beitrag dieser Leistungen oder Kulturen zur Abdeckung der Gemeinkosten des Betriebes (»Deckungsbeitrag«). Je größer der Deckungsbeitrag einer einzelnen Kultur oder Leistung ist, um so rentabler und damit wichtiger ist sie für das Produktionsprogramm eines Betriebes. Zur Erläuterung sollen die beiden Beispiele auf der nächsten Seite aus dem Gemüsebau dienen:
Diese Kontrollberechnung – auch Nachkalkulation genannt – zeigt, daß in diesem Betrieb und in dem abgerechneten Zeitraum mit der Tomatenkultur im Vergleich zur Gurkenkultur ein höherer Beitrag zur Abdeckung der Gemeinkosten erwirtschaftet wurde.
Berechnungen nach diesem Schema lassen sich – von den methodischen Grundsätzen her gesehen – für alle gärtnerischen Produkte und Leistungen durchführen. Dennoch ergeben sich in der praktischen Anwendung Unterschiede zwischen einzelnen Sparten und Produktgruppen. So ist z. B. der Deckungsbeitrag einer Gehölzkultur schwieriger zu berechnen und zu beurteilen als der eines Satzes Usambaraveilchen.
Für die abgerechnete Leistung hat das Ergebnis zwar keine unmittelbare Bedeutung mehr, es wird

Berechnungsbeispiel

Kultur: 1000 m^2	Gurken	Tomaten
Kulturbeginn	Anfang April	Anfang April
Kulturende	Ende September	Ende September
Kulturdauer in Mqm	6000	6000
Pflanzenbedarf	1000	3000
Mengenertrag	32000 Stück	10500 kg
Verkaufspreis pro Einheit	0,52 DM	1,32 DM
zurechenbare Arbeitskraftstunden	500 AKh	400 AKh
Verkaufserlös	16640 DM	13860 DM
Einzelkosten:		
Saatgut	400 DM	120 DM
Substrat zur Anzucht	90 DM	200 DM
Dünger	160 DM	110 DM
Pflanzenschutz	170 DM	110 DM
Wasser	260 DM	380 DM
Heizmaterial	5820 DM	3560 DM
Verpackungsmaterial (Leihverpackung)	470 DM	520 DM
Absatzkosten (Marktgebühren)	1600 DM	1400 DM
Arbeitskosten bei 12,93 DM Betriebsdurchschnittslohn	6465 DM	5172 DM
Summe der Einzelkosten	15435 DM	11572 DM
Einzelkostenfreie Leistung	1205 DM	2288 DM
pro Mqm	0,20 DM	0,38 DM
pro AKh	2,41 DM	5,72 DM

Quelle: Datensammlung für die Betriebsplanung im Intensivgemüsebau des Arbeitskreises Betriebswirtschaft im Gartenbau, Hannover

Abb. D 52. Um einen Gewinn zu erwirtschaften, muß die Summe der Deckungsbeiträge größer sein, als die Gemeinkosten.

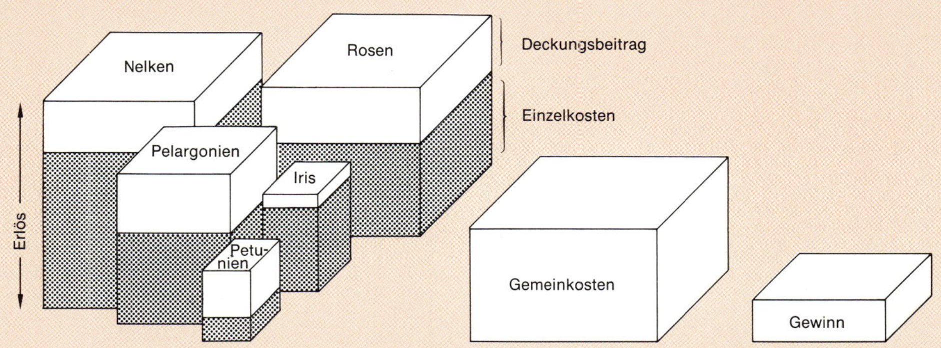

aber wichtig für die Produktionsplanung des kommenden Jahres. Dazu wird die Berechnung um zufällige und außergewöhnliche Positionen bereinigt. Verwendet werden Daten, die für das kommende Jahr zu erwarten sind. Das Ergebnis dieser »Vorauskalkulation« zeigt auf, ob die Erweiterung oder Reduzierung einer Leistung (Kultur) sich voraussichtlich positiv oder negativ auf das Betriebsergebnis auswirken wird.
So ist es sinnvoll, eine Kultur mit einem geringen Deckungsbeitrag zugunsten einer rentableren zu reduzieren, wenn zu erwarten ist, daß die geschätzten Daten, z. B. die Preise, mit großer Wahrscheinlichkeit eintreffen werden.
Die Probleme der Datengewinnung und die Schwierigkeiten, die richtigen Schlüsse aus den Berechnungsergebnissen zu ziehen, haben dazu geführt, daß es in den Gartenbaubetrieben noch nicht generell üblich ist, solche Vergleichsrechnungen anzustellen. Das schmälert aber nicht die Bedeutung dieses Verfahrens für die Vorbereitung betriebswirtschaftlich sinnvoller Entscheidungen.

Die Preiskalkulation (Vollkostenrechnung)
Jeder Betriebsleiter steht regelmäßig vor der Frage: »Was soll ich für mein Produkt vom Kunden verlangen?«

- Er wird sich als Erstes die Preise der Konkurrenz beschaffen, an denen er sich orientieren kann.
- Er wird sich auch die Frage stellen: »Was werden meine Kunden bereit sein zu bezahlen?«
- Er wird aber auch überlegen: »Was kostet mich das Produkt?«

Will er die letzte Frage genau beantworten, muß er eine Preiskalkulation durchführen. Dazu geht er folgendermaßen vor (hier vereinfacht am Beispiel einer Pelargonienkultur mit 1000 Pflanzen gezeigt):

1. Er summiert alle Einzelkosten dieser Kultur:

Jungpflanzen	720,— DM
+ Töpfe, Substrat	290,— DM
+ Heizmaterial	440,— DM
+ zurechenbare Arbeitskosten	490,— DM
= Summe der Einzelkosten	1940,— DM
das sind pro Stück	1,94 DM

2. Er addiert die anteiligen Gemeinkosten hinzu, wobei er als Verteilungsschlüssel die in Anspruch genommene Fläche in Monatsquadratmeter verwendet:

Abb. D 53. Preisgestaltung.

In diesem Fall betragen die Gemeinkosten pro Mqm 2,75 DM – die Pflanzen belegen 140 Mqm

Einzelkosten	1940,— DM
+ Gemeinkostenzuschlag	385,— DM
= Gesamtkosten	2325,— DM
das sind pro Stück	2,33 DM

3. Er rechnet einen Gewinn- und Risikozuschlag hinzu, der in seinem Ermessen liegt.
In unserem Fall wollen wir 10% dazurechnen:

Gesamtkosten pro Stück	2,33 DM
+ 10% Gewinn	–,23 DM
Voller Preis	2,55 DM

Die Vollkostenrechnung unterscheidet sich von der Teilkostenrechnung – wie aus den beiden Beispielen deutlich geworden ist – durch die Verteilung sämtlicher Kosten auf das jeweilige Produkt. Der Betriebsleiter erhält als Ergebnis die Information, welche Produkte gewinnbringend waren bzw. welchen Preis er für seine Erzeugnisse künftig verlangen sollte. Er hat damit einen Anhaltspunkt über Verhandlungsspielräume bei der Preisgestaltung.
An dieser Stelle ist aber gleich einzufügen, daß viele Gartenbaubetriebe nur einen geringen Einfluß auf die Preise ihrer Produkte haben, z. B. Gemüse- und Obstbaubetriebe, die über ihre Genossenschaften vermarkten. Die Vollkostenrechnung bringt diesen Betrieben nur geringfügige zusätzliche Informationen im Vergleich zur Teilkostenrechnung. Diese Betriebe können sich daher meist mit der Berechnung der Deckungsbeiträge begnügen, die ihnen bei der Anbauplanung des kommenden Jahres hilfreich sind.
Die Grundlage für alle diese Berechnungen bilden die Daten, die im Betrieb erhoben und notiert werden.

Kontrolle und Vertiefung

1. Erläutern Sie den Unterschied zwischen den Begriffen Ausgaben, Aufwand und Kosten.
2. Nennen Sie mindestens drei Kostenarten.
3. Worin unterscheiden sich Einzelkosten von Gemeinkosten?
4. Nennen Sie Einzelkosten, die bei der Anlage eines Gartenteiches entstehen.
5. Welche Gemeinkosten belasten eine Gurkenkultur unter Glas?
6. Ermitteln Sie anhand der vorliegenden Heizkostentabelle den Heizkostenverbrauch einer Freesienkultur.
   Daten: Kulturbeginn Anfang XII, Ende IV, durchschnittliche Temperatur 15 °C, Fläche 20 m^2
7. Nennen Sie mindestens 4 Bestandteile der Kapital- und Unterhaltungskosten.
8. Berechnen Sie die Zinskosten eines Pkw: Anschaffungswert 22000 DM, Nutzungsdauer 5 Jahre, Zinssatz 4 %.
9. Vergleichen Sie folgende Sachverhalte aus einem Betrieb:
   Kapital- und Unterhaltungskosten eines Foliengewächshauses = 12 DM/m^2, Gewächshaus (schwere Bauart) 25 DM/m^2.
10. Beschreiben Sie die Vorgehensweise bei der Teilkostenrechnung.
11. Worin unterscheidet sich die Vollkostenrechnung von der Teilkostenrechnung?

3.5.3 Bilanz- und Betriebsanalyse

Ein weiteres wichtiges Kontrollinstrument stellt für den Betriebsleiter die betriebswirtschaftliche Analyse des jeweils vergangenen Abrechnungszeitraumes dar. Er möchte wissen, wie die Ergebnisse des vergangenen Jahres zu beurteilen sind. Daß ein Betrieb nicht unter finanziellen Schwierigkeiten leidet, sagt eben noch nicht aus, daß auch erfolgreich und rentabel gewirtschaftet wurde.
Wichtigste Datenquelle ist wiederum die Buchführung, insbesondere der Jahresabschluß (Bilanz und G + V). Aus ihr kann der Betriebsleiter absolute Werte entnehmen, z. B. den **Gewinn** (Beispiel 50000 DM). Er ist die Differenz zwischen den Erträgen eines Unternehmens und seinen Aufwendungen während eines Jahres. Die Beurteilung der Höhe des Gewinnes ist nicht immer einfach, da sie unter anderem auch von der Rechtsform des Unternehmens abhängt.

Rechtsformen von Unternehmen

Bei Rechtsformen von Unternehmen wird unterschieden in privatwirtschaftliche, die auf einen wirtschaftlichen Erfolg ausgerichtet sind, und gemeinwirtschaftliche, die der Allgemeinheit dienen, z. B. Genossenschaften.
Die privatwirtschaftlich organisierten Betriebe unterscheiden sich wiederum bezüglich der Haftung, der Eigentumsanteile und auch des Gewinnanspruchs. Es gibt Rechtsformen, bei denen die familieneigenen Arbeitskräfte und der Betriebseigner wie jeder andere Mitarbeiter entlohnt werden. Der Lohnanspruch ist dann durch die Lohnzahlungen abgedeckt und im Lohnaufwand enthalten. Dies ist z. B. immer der Fall, wenn es sich bei dem Unternehmen um eine Kapitalgesellschaft handelt. Dazu zählen in erster Linie die Gesellschaft mit beschränkter Haftung (GmbH) und die Aktiengesellschaft (AG). Kapitalgesellschaften sind im Gartenbau noch nicht sehr verbreitet.
Die meisten Unternehmen des Gartenbaues sind heute noch sog. **Einzelunternehmen,** mit einem Betriebseigner oder **Personengesellschaften,** mit meh-

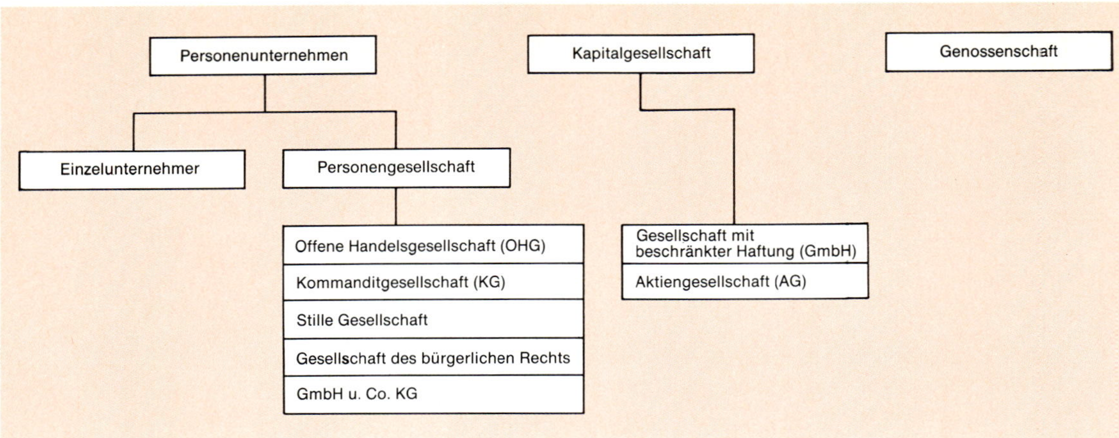

Abb. D 54. Unternehmensformen.

reren Betriebseignern, wie z. B. die Offene Handelsgesellschaft (OHG) oder die Kommanditgesellschaft (KG). In diesen Unternehmen wird für den Betriebseigner kein eigenes Gehaltskonto geführt. Er muß seine privaten Ausgaben durch Gewinnentnahmen abdecken.

Der einzelbetriebliche Vergleich

Stehen einem Betriebsleiter nur die Daten seines eigenen Betriebes zur Verfügung, so wird er durch Vergleich der absoluten Werte mit denen des Vorjahres versuchen, Veränderungen zu ergründen.
(Die im folgenden aufgezeichneten Beispiele stellen jeweils die Durchschnittswerte von Originalergebnissen aus Testbetrieben der angegebenen Sparte dar. Sie könnten aber ebenso für ein Einzelergebnis stehen. Quelle: Durchschnittsergebnisse aus nordrheinischen Gartenbaubetrieben, Heft 20, 1982, Hrsg. Landwirtschaftskammer Rheinland.)
Er kann z. B. vergleichen:

Beispiel Gemüsebau

	1979	1980	1981
Die Arbeitskapazität in AK	2,37	2,34	2,26
Das Fremdkapital in 1000 DM	140	138	133
oder			
Den Unternehmensertrag, ebenfalls in 1000 DM	150	155	186

Werte der Buchhaltung können aber auch zu anderen betrieblichen Daten ins Verhältnis gesetzt werden, z. B. zu den Flächen oder den Arbeitskräften. Hier zwei Beispiele:

Beispiel Topfpflanzenbetrieb

	1979	1980	1981
Der Aufwand an Heizmaterial pro m^2 heizbare Glasfläche in DM	12	14	14
oder			
Lohnaufwand je entlohnte Arbeitskraft in DM	17882	19396	21071

Eine weitere Vergleichsmöglichkeit ergibt sich, wenn verschiedene Daten zueinander in Relation gesetzt werden, z. B. die Aufwendungen zu den Erträgen oder die Gewinne zu den Erträgen.

Beispiel Schnittblumenbetriebe

	1979	1980	1981
Gewinn in % des Unternehmensertrages	16	17	15
oder			
Betriebsaufwand in % des Betriebsertrages	99,6	99,7	101,2

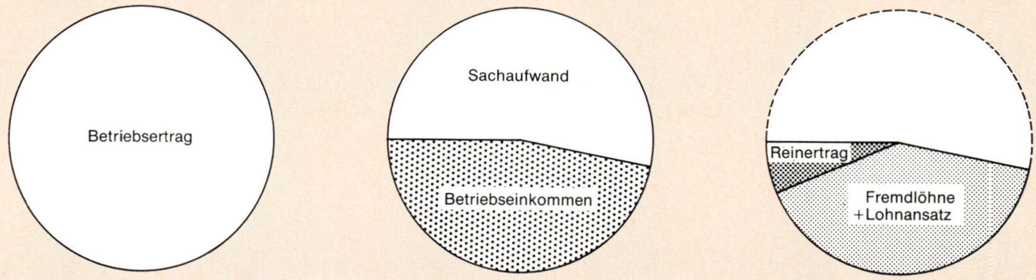

Abb. D 55. Erfolgsmaßstäbe.

Besonders aussagekräftig sind für einen Betriebsleiter Kennzahlen, die den Erfolg beschreiben. Sie werden Erfolgsmaßstäbe genannt. Die wichtigsten werden wie folgt ermittelt (vereinfacht):

Man geht aus vom	→	Betriebsertrag (1)
subtrahiert den	→	Sachaufwand (2)
und erhält das	→	Betriebseinkommen (3)
subtrahiert den	→	Lohnaufwand (4)
und erhält den	→	Reinertrag (5)

Erläuterungen:

zu (1) Der Betriebsertrag ist die Summe aller Erträge des Unternehmens, abzüglich der Zinserträge und außerordentlicher Erträge – z. B. Verkauf eines Traktors – (vgl. dazu die G + V).

zu (2) Der Sachaufwand ist die Summe aller Aufwendungen, abzüglich des Lohnaufwandes und der Zinsen für das Fremdkapital.

zu (3) Das Betriebseinkommen stellt den Überschuß des Betriebes dar, der für die Produktionsfaktoren Arbeit und Kapital übrigbleibt.

zu (4) Der Lohnaufwand beinhaltet die Löhne für die Mitarbeiter zuzüglich des Lohnansatzes für den Betriebsleiter und nichtentlohnte Familienarbeitskräfte.

zu (5) Der Reinertrag ist derjenige Überschuß, der für den Faktor Kapital übrigbleibt.

Werden diese Erfolgsgrößen auf eine Arbeitskraft (AK) bezogen, so spricht man von der **Arbeitsproduktivität** (z. B. Betriebsertrag je AK).

Bezieht man einen dieser Erfolgswerte auf eine Flächeneinheit, z. B. den Einheitsquadratmeter, so spricht man von der **Flächenproduktivität.**

Beispiel Obstbau

	1979	1980	1981
Betriebsertrag je AK in 1000 DM	44	59	58
oder			
Betriebseinkommen je AK in DM	19116	25830	27362
oder			
Reinertrag je Eqm in DM	0,05	0,10	0,24

Die im letzten Beispiel aufgezeigte positive Entwicklung dieser Testbetriebe ist aber keineswegs für alle Obstbaubetriebe typisch und auch nicht beispielhaft für die Gartenbaubetriebe anderer Sparten. Vielmehr sind die Reinerträge oftmals negativ, d. h. die Betriebsleiter müssen auf einen Teil ihres Lohnanspruches verzichten, wollen sie nicht von geliehenem Geld leben oder die Betriebssubstanz verbrauchen.

Der zwischenbetriebliche Vergleich

Die Untersuchung der eigenen betrieblichen Daten kann noch wirkungsvoller vorgenommen werden, wenn Vergleichswerte aus anderen Gartenbaubetrieben oder aus einer Gruppe von Betrieben derselben Sparte vorliegen. Die Vergleichsbetriebe sollten eine ähnliche Betriebsstruktur aufweisen, damit die Ergebnisse auch sinnvolle Aussagen ermöglichen.

So lassen Daten der Bilanz einen Vergleich der Ausstattung der Betriebe bzw. der finanziellen Situation zu.

Beispiel Unterglasgemüsebau

Betrieb Nr.	1	2	3
Kapital je AK in 1000 DM	129	178	90
oder			
Fremdkapital in % des Gesamtkapitals	48	58	45

Werden Aufwandskennzahlen anhand von Daten der G + V gebildet und verglichen, so können meist erste Hinweise entnommen werden, wo im Unternehmen zu hohe Aufwendungen getätigt werden.

Beispiel Dienstleistungsbetriebe

Betrieb Nr.	1	2	3
Lohnaufwand in % des Betriebsertrages	45,6	44,8	55,1
oder			
Heizmaterial in % des Betriebsertrages	3,0	2,9	5,1
oder			
Unterhaltungs-aufwand in % des Betriebsertrages	4,8	2,4	9,6

Kennzahlen dieser Art werden heute aus vielen Gartenbaubetrieben gesammelt und als Mittelwerte in sogenannten Kennzahlenheften den Betrieben wieder zu Vergleichszwecken zur Verfügung gestellt. Neben einer Reihe von regionalen Veröffentlichungen sind als bundesweite Datenquellen hervorzuheben:

1. Der Agrarbericht der Bundesregierung.
2. Das Kennzahlenheft des Arbeitskreises für Betriebswirtschaft im Gartenbau.

Weitere Möglichkeiten der Betriebsanalyse

Der Kennzahlenvergleich ist zwar in erster Linie ein betriebswirtschaftliches Kontrollinstrument, er leitet aber über zur Analyse, die hier als eine wichtige Stufe im Management-Regelkreis vorgestellt wurde. Oftmals bilden die Ergebnisse, die aus den Berechnungen gezogen werden, nur den Anstoß für weitergehende Fragen nach den Ursachen.

Ein Betriebsleiter, der festgestellt hat, daß seine Heizkosten pro m² Gewächshausfläche über dem Mittelwert anderer Betriebe liegt, wird weiter nach Gründen suchen und versuchen, Fragen zu klären, wie:

- Ist die Wärmedämmung unzureichend?
- Ist die Regeltechnik auf dem neuesten Stand und ist sie voll funktionsfähig?
- Sind die eingestellten Temperaturen für die Kulturen zu hoch?
- Ist der verwendete Energieträger der zur Zeit kostengünstigste?

Sicher lassen sich noch eine ganze Reihe weiterer Fragen anschließen. Ihnen sollte an diesem Beispiel lediglich das Vorgehen deutlich werden. Der Betriebsleiter sucht demnach aufgrund einer von Vergleichswerten abweichenden Kennzahl nach den menschlichen, technischen, absatzbedingten, pflanzenbaulichen oder anderen Ursachen. Er sucht nach Schwachstellen.

Kontrolle und Vertiefung

1. Nennen Sie mindestens 5 betriebswirtschaftliche Kennzahlen.
2. Vergleichen Sie den einzelbetrieblichen Vergleich mit dem zwischenbetrieblichen Vergleich.
3. Formulieren Sie mindestens drei weitergehende Fragen, wenn der Unterhaltungsaufwand in Ihrem Ausbildungsbetrieb über dem vergleichbarer Betriebe liegt.

3.6 Betriebsplanung

Will ein Betriebsleiter erfolgreich sein, so muß er stets versuchen, betriebliche Mängel abzubauen, neue Chancen zu erkennen und den Betrieb sich verändernden Bedingungen anzupassen. Dazu stellt er sich die Frage: »Wie soll es künftig sein?« Diese in die Zukunft gerichteten Überlegungen nennen wir Planung.

Planungen werden als kurzfristig bezeichnet, wenn sie den Zeitraum bis zu einem Jahr umfassen. Gehen sie darüber hinaus, so sind sie langfristig.

Planerische Überlegungen sind für alle betrieblichen Funktionsbereiche anzustellen. Entsprechend vielfältig sind die Bezeichnungen und die betriebswirtschaftlichen Methoden, die angewendet werden. Im folgenden sind einige von ihnen mit den entsprechenden Fragestellungen aufgelistet.

Absatzpläne sollen klären, was, wann, wie und in welchen Mengen voraussichtlich verkauft werden kann. Grundlage sind hierfür Verkaufsstatistiken der vergangenen Jahre oder auch Ergebnisse aus der Marktforschung. Für Baumschulen, Garten-Center und Zierpflanzenbaubetriebe ergeben sich hieraus wertvolle Aussagen für die Anbau- und Zukaufspläne.

Flächenbelegungspläne sollen sicherstellen, daß die Produktionsflächen gut ausgelastet sind. Diese Aufgabe stellt sich besonders bei Betrieben, die Pflanzen mit kurzen Kulturzeiten kultivieren, z. B. Topfpflanzenbetriebe.

Arbeitsvoranschläge dienen der sinnvollen Anpassung der Arbeitskapazität an den voraussehbaren Arbeitsbedarf. In Friedhofsgärtnereien oder im Garten- und Landschaftsbau sind sie ein unentbehrliches Hilfsmittel, um die Kolonnenstärke für einzelne Arbeitsstätten festzulegen.

Maschineneinsatzpläne sind immer dann erforderlich, wenn verschiedene Arbeitsgruppen dasselbe Gerät benötigen. Denken Sie z. B. an den Bagger im Garten- und Landschaftsbau, Rode- und Transportgeräte in Baumschulen und an Lastkraftwagen zum Versand von Zierpflanzen oder im Fahrverkauf an Blumengeschäfte.

Investitionspläne erstellt ein Betriebsleiter, wenn er Gebäude, Maschinen und Geräte oder ein neues Gelände erwerben möchte. So müssen dem Bau eines Verkaufsgewächshauses oder der Anlage eines Container-Quartiers mit beweglicher Beregnung umfangreiche Überlegungen vorangehen, sollen sie nicht zum finanziellen Fehlschlag führen.

Finanz- und Finanzierungspläne sind für jedes Unternehmen wichtig, sollen die Ausgaben immer fristgerecht bezahlt werden können. In einem Erdbeer-Spezialbetrieb sind die Einnahmen begrenzt auf 2–3 Monate. Ausgaben fallen aber das ganze Jahr hindurch an. Welche Geldsumme in einem solchen Fall als Reserve zurückgelegt werden muß, ist eine der Fragestellungen, die z. B. durch einen Finanzplan gelöst werden kann.

Da die Planung eine typische Aufgabe der Betriebsleitung ist, werden wir nur auf 2 Planungsbereiche etwas näher eingehen, die Produktionsplanung und die Arbeitsplanung.

3.6.1 Produktionsplanung (Anbauplanung)

Die Produktionsplanung hat zum Ziel, die zur Verfügung stehenden Produktionsfaktoren Boden (Anbaufläche), Arbeit (Arbeitskapazität) und Kapital (Gewächshäuser, Maschinen) möglichst gut zu nutzen.

Für einen Zierpflanzenbaubetrieb bedeutet dies z. B., daß die zeitliche Abfolge eines Kulturprogrammes und der mengenmäßige Umfang einzelner Kulturen so aufeinander abgestimmt sein sollten, daß die Summe der erzielten Deckungsbeiträge möglichst hoch ist. Dieses Ziel wird normalerweise erreicht, wenn die Fläche immer gut belegt ist und die Arbeitskräfte ausgelastet sind.

Durch Erfahrungen im Betrieb ist bekannt, daß die Produktion auf bestimmte Absatzhöhepunkte hin ausgerichtet ist, z. B. die Frühjahrssaison mit Ostern und Muttertag oder die Herbstsaison mit Allerheiligen und Totensonntag. Die Absatzmöglichkeiten sind also ein weiterer Einflußfaktor auf das Anbauprogramm.

Zur Erläuterung sind im folgenden die Flächenbelegung und der Arbeitsbedarf in einem Topfpflanzenbetrieb dargestellt.

Die Darstellungen verdeutlichen, daß der Arbeitsanfall und die Flächenbelegung in den seltensten Fällen schön gleichmäßig verlaufen.

Planungen können von Hand durchgeführt werden. Anhand der Daten über Flächenansprüche und Arbeitskräftebedarf verschiedener Kulturen wird durch Alternativrechnungen versucht, die bestehenden Kapazitäten gut auszulasten. Der Einsatz von Computern in Betrieben und in der Beratung vereinfacht diese Planungsrechnungen. Es existieren bereits mathematische Rechenverfahren, die als Ergebnis optimale, d. h. beste Lösungen ergeben.

3.6.2 Arbeitsplanung (Arbeitsvoranschlag)

Aus den Buchführungsunterlagen ist festzustellen, daß die Arbeitskosten in den meisten Betrieben der wichtigste Kostenfaktor sind. Eine sorgfältige Einteilung der Arbeitskräfte auf die verschiedenen Einsatzorte ist daher für jeden Betrieb wichtig. Je größer der Gartenbaubetrieb und je weiter die verschiedenen Arbeitsstätten voneinander getrennt sind, um so bedeutungsvoller wird eine systematische Vorbereitung (Planung) der Arbeitseinsätze, z. B. in einem großen Betrieb im Garten-, Landschafts- und Sportplatzbau mit verschiedenen Baustellen oder in Baumschulen mit räumlich getrennten Quartieren.

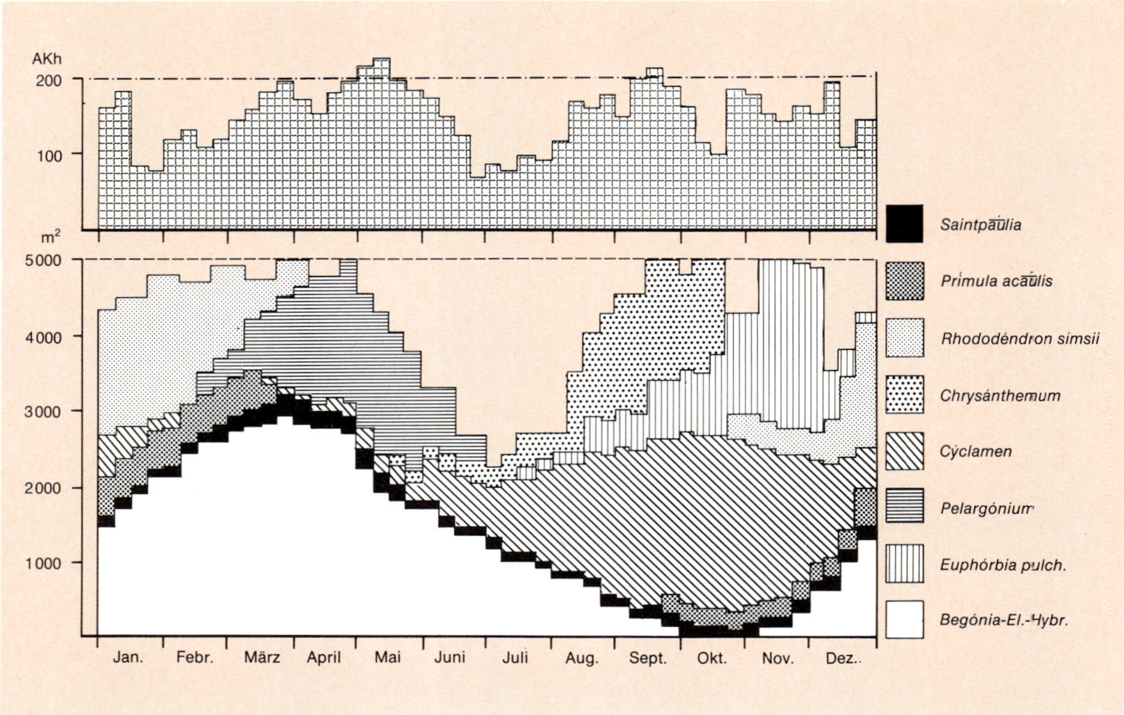

Abb. D 56. Arbeits- und Flächenbelegungsplan in einem Topfpflanzenbetrieb.

Im Arbeitsvoranschlag wird der Arbeitszeitbedarf für bestimmte Arbeiten festgestellt, die sich im Zierpflanzenbau z. B. auf eine einzelne Kultur beziehen, im Garten- und Landschaftsbau z. B. auf eine Baustelle.

Als Datengrundlage werden Erfahrungswerte aufgrund von Aufzeichnungen oder von Tagesberichten und Stundennachweisen gebildet (vgl. dazu Kap. D 3.5.1).

Aufgrund der Werte für den Arbeitszeitbedarf kann nun für eine Kultur, ein Kulturprogramm oder auch eine Baustelle errechnet werden, wieviele Arbeitsstunden für welche Zeiträume benötigt werden. Zur Erläuterung 2 Beispiele:

Beispiel Zierpflanzenbau

Arbeitszeitbedarf für dekorative Topfchrysanthemen, 1000 Stück; Kulturbeginn 1. August			
Vorbereiten der Fläche	1.	Woche August	1 AKh
Eintopfen	1.	Woche August	8 AKh
Pflege und Verdunkelung	1.–4.	Woche August	8 AKh
1. Rücken	3.	Woche August	2 AKh
Pflege und Verdunkelung	1.–4.	Woche September	7 AKh
2. Rücken	1.	Woche September	3 AKh
Ausbrechen	3.	Woche September	21 AKh
Pflege	1.–4.	Woche Oktober	3 AKh
Herrichten für den Markt	3.–4.	Woche Oktober	10 AKh
Zurechenbare Kulturarbeiten insgesamt			63 AKh

Beispiel Garten-, Landschafts- und Sportplatzbau	
Baustelle: Grillplatz und Auffahrt	
Auftraggeber: Bildungsstätte des deutschen Gartenbaues in Grünberg	
Beschreibung der Leistung	voraussichtliche Arbeitszeit
– Rohplanum der Fläche (500 m^2) mit Bagger	6,5 Std.
– Aushub des Fundamentgrabens und Einbau der Erde hinter den Palisaden, ca. 50 m^3	16,5 Std.
– Einbau von Holzpalisaden mit Drainage, 26 m	62,0 Std.
– Einbau von Natursteinen zu einer Trockenmauer, 8 m	24,5 Std.
– Einbau von Waldstufen, 6 m	4,0 Std.
– 2 Stück Hofablauf setzen	5,5 Std.
– 28 m Abwasserleitung verlegen und an vorhandenen Kontrollschacht anschließen	16,5 Std.
– 18 m^3 Split einbauen	4,0 Std.
– Bodenvorbereitung 350 m^2	5,5 Std.
insgesamt	145,0 Std.

Die beiden Zusammenstellungen des Arbeitszeitbedarfs bilden die Grundlage zur Einteilung der Arbeitsgruppen oder im Falle des Zierpflanzenbaues zur Festlegung des leistbaren Arbeitsumfanges.

Kontrolle und Vertiefung

1. Nennen Sie mindestens vier Bereiche, für die planerische Überlegungen nötig sind.
2. Erläutern Sie das Ziel der Produktionsplanung.
3. Beurteilen Sie die Arbeitsplanung beim Garten- und Landschaftsbaubetrieb.
4. Ermitteln Sie den Arbeitszeitaufwand für eine gärtnerische Kultur bzw. Leistung Ihres Ausbildungsbetriebes.

3.7 Der Absatz von gärtnerischen Waren und Dienstleistungen

Bei der Besprechung der Betriebsfunktionen wurde erläutert, daß der Absatz mit zu den wichtigen Funktionen eines Gartenbaubetriebes zählt. Er umfaßt alle Tätigkeiten, die erforderlich sind, um die Produkte verkaufen zu können. Dazu gehören:

- die Zusammenstellung und das Angebot von geeigneten Sortimenten für den entsprechenden Kundenkreis,
- die Verpackung und der Transport der Ware,
- die Verteilung und der Verkauf,
- die Erfassung und Auswertung von Marktinformationen.

Die Anforderungen an den einzelnen Gartenbaubetrieb in bezug auf diese Tätigkeiten sind von Sparte zu Sparte und je nach Wahl des Absatzweges sehr unterschiedlich. Zur Verdeutlichung zwei Beispiele:

- Die Versandbaumschule, die vorwiegend Zulieferer für andere Baumschulen ist, wird sich im Sortiment, dem Verkauf und den Marktaktivitäten wesentlich von einer Baumschule unterscheiden, die ihre Waren in erster Linie an den Privatkunden verkauft.
- Derjenige Gemüsebaubetrieb, der Einzelhandelsgeschäfte in seiner Umgebung beliefert, wird sein Angebot sowohl in der zeitlichen Verteilung, als auch in bezug auf Verpackung und Serviceleistungen deutlich anders unterbreiten müssen wie z. B. ein Betrieb, der für die Konservenindustrie produziert.

In jedem Fall werden die Betriebe versuchen, ihre Aufgaben im Absatzbereich bestmöglich zu erfüllen, da hierin die entscheidenden Vorteile gegenüber einem Mitbewerber liegen können.

3.7.1 Die Gartenbaubetriebe im Wettbewerb

Der freie Wettbewerb von Betrieben um Marktanteile ist eines der wesentlichen Merkmale unserer

Abb. D 57. Standorte von Großmärkten und Erzeuger-Absatzorganisationen für Zierpflanzen in der Bundesrepublik Deutschland.

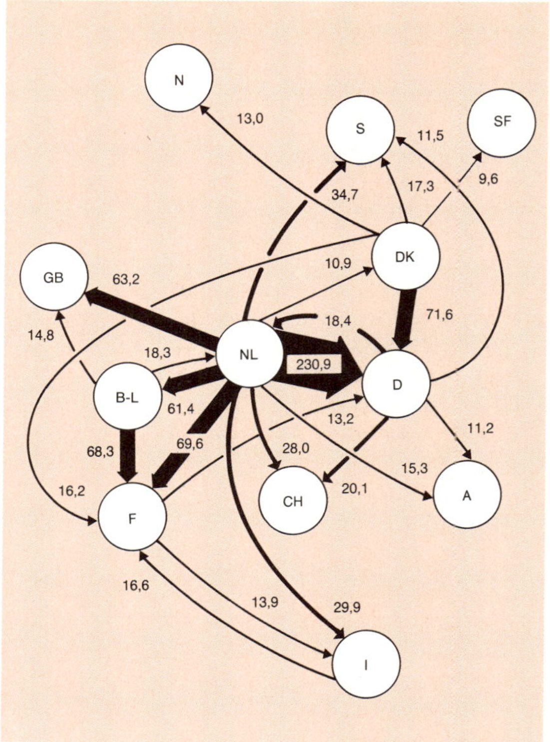

Abb. D 58. Warenaustausch von Topfpflanzen in Europa. (1980, in Millionen Schweizer Franken)

Marktwirtschaft. Dieser Wettbewerb findet auch innerhalb des Gartenbaubereiches statt, d. h. verschiedene Gartenbauunternehmen stehen in Konkurrenz zueinander.

- Begrenzt auf eine Ortschaft ist der Wettbewerb, wenn z. B. zwei Friedhofsgärtner um die Anlage von Gräbern, die Lieferung von Trauerdekorationen und den Verkauf von Schnittblumen konkurrieren.
- Da Garten-Baumschulen und Garten-Center über größere Einzugsgebiete verfügen, findet hier der Wettbewerb zwar regional begrenzt, aber doch über größere Entferungen hinweg statt.
- Überregional, meist sogar auf das ganze Bundesgebiet und darüber hinaus, erstreckt sich z. B. die Konkurrenz von Staudenbetrieben.

Der Wettbewerb um Kunden findet aber nicht nur auf der Ebene des Absatzes an den Verbraucher statt. Auch Marktorganisationen versuchen ihren Kundenkreis zu erweitern und zielen mit ihren Werbemaßnahmen oftmals auf den Einzugsbereich anderer Märkte. Die Abb. D 57 verdeutlicht, wie sich aus der Lage der Großmärkte oft zwangsläufig eine Konkurrenzsituation ergibt, hier am Beispiel der Blumengroßmärkte und Erzeugerabsatzorganisationen.

Verstärkt wird in diesem Fall die Konkurrenzsituation noch durch Blumengroßhändler, die ebenfalls Gärtnereien und Blumengeschäfte beliefern.

Stark bedrängt werden die heimischen Gartenbaubetriebe seit vielen Jahren durch den internationalen Wettbewerb. Dies gilt für alle produzierenden Sparten. Lediglich im Dienstleistungsbereich ist dieser Konkurrenzdruck noch kaum vorhanden. Die Absatzmöglichkeiten, das Preisniveau, gute Verkehrsverbindungen und die freien Handelsmöglichkeiten sind die Voraussetzungen, die ausländische Anbieter dazu bewegen, ihre Ware auf den deutschen Markt zu bringen.

Ein Grund für die Zunahme der Importe liegt in den klimatischen Vorzügen einiger Anbaugebiete in

Süd- und Südwesteuropa. Nehmen wir als Beispiel Äpfel aus Südtirol oder Gemüse aus Italien und Südfrankreich. Die Freilandproduktion dieser Gebiete kommt oftmals zur selben Zeit auf den Markt wie unsere heimische Produktion aus Gewächshäusern und dem Anbau unter Folien.
Ein weiterer Wettbewerbsvorteil einiger ausländischer Anbieter liegt in niedrigeren Lohnkosten begründet. Das führt dazu, daß deren Ware – trotz hoher Transportkosten – noch billiger angeboten werden kann als die heimische Produktion.
Auch die Marktorganisation spielt vor allem im internationalen Wettbewerb eine herausragende Rolle. Am Beispiel der holländischen Versteigerungen wird deutlich, wie durch eine starke Zusammenfassung der angebotenen Ware auf Dauer Vorteile in der Lieferbereitschaft und der Sortimentsbreite errungen werden können.
Zusammengefaßt ergeben sich folgende Einflußfaktoren, die über Erfolg oder Mißerfolg im Wettbewerb entscheiden.

1. Standorts- und Betriebsbedingungen
- die Erträge, bedingt durch klimatische und kulturtechnische Einflüsse;
- die Angebotstermine, bedingt durch Klima, Kultursteuerung und Anbauplanung;
- die Qualität der Erzeugnisse, bedingt durch Kulturführung und richtige Nacherntebehandlung;
- die Produktionskosten, bedingt u. a. durch das Lohnniveau und die Preise der Betriebsmittel;
- die Transportkosten, bedingt u. a. durch das Gewicht der Erzeugnisse und die Entfernungen.

2. Vermarktungsleistungen
- die Angebotspalette, z. B. in bezug auf die Sortimentsbreite und -tiefe (s. Kap. D 3.7.3);
- die Lieferbereitschaft, z. B. in bezug auf die zeitlichen und mengenmäßigen Wünsche der Kunden;
- die Vorbereitung der Erzeugnisse, z. B. in bezug auf Sauberkeit, Portionierung und Verpackung;
- die Bedienung und Betreuung der Kunden, z. B. in bezug auf Freundlichkeit und Pünktlichkeit.

Die Vermarktungsleistungen werden in den folgenden Kapiteln noch näher erläutert.

Kontrolle und Vertiefung
1. Nennen Sie mindestens vier Standorts- und Betriebsbedingungen, die die Stellung Ihres Betriebes im Wettbewerb positiv beeinflussen.
2. Beschreiben Sie die Wettbewerbssituation Ihres Betriebes.

3.7.2 Absatzwege für gärtnerische Waren und Dienstleistungen

Die freie Entwicklung der Märkte in unserem Wirtschaftssystem hat es mit sich gebracht, daß inzwischen eine Vielzahl von Einrichtungen vorhanden sind, die der Vermarktung der Gartenbauerzeugnisse dienen. Gärtnerische Waren können demnach auf den verschiedensten Wegen zum Endverbraucher gelangen. Abb. D 59 gibt eine Übersicht über wichtige und typische Absatzwege.
Eine statistische Erfassung der Warenmengen, die über die verschiedenen Absatzwege vermarktet werden, ist schwierig. Dennoch sind für die Inlandserzeugung im Zierpflanzenbau einige Werte geschätzt und berechnet worden:

- Absatz direkt an den Endverbraucher 35 %
- Absatz an den Einzelhandel wie z. B. Blumengeschäfte, an Garten-Center, auf Blumengroßmärkten und im Fahrverkauf 37 %
- Absatz an den Großhandel 8 %
- Absatz an Erzeuger-Absatzorganisationen 20 %

Diese wertmäßigen Anteile auf der Basis von Großhandelspreisen lassen sich nicht auf andere Sparten übertragen. Im Obst- und Gemüsebau steht z. B. der Absatz über Erzeuger-Absatzorganisationen im Vordergrund, in den Baumschulen der Verkauf an andere Betriebe mit Direktabsatz (Absatz an den Verbraucher). Dennoch können wir feststellen, daß, abgesehen vom Dienstleistungsbereich, die aufgezeigten Absatzwege in allen Sparten vertreten sind.
Für den einzelnen Betrieb ist bei der Wahl des Absatzweges wichtig, daß er:

1. eine kostengünstige Vermarktung ermöglicht,
2. ein angemessenes Preisniveau garantiert und
3. eine ausreichende Sicherheit bietet.

Die höchsten Vermarktungskosten entstehen durch den Absatz im Blumengeschäft oder im Garten-Center. Das Vorhalten eines breiten Sortimentes an verschiedenen Waren, die intensive Beratung im Verkauf, die Aufbereitung und das Angebot von Zusatzleistungen, wie z. B. Bepflanzen oder Transport frei Haus, lassen Lohn- und Kapitalkosten entstehen, die 100 % und mehr des Wareneinstandspreises betragen.
Geringer sind die Kosten, die der Absatz auf Wochenmärkten und im Straßenverkauf verursacht. Das Angebot muß nicht so breitgefächert sein und

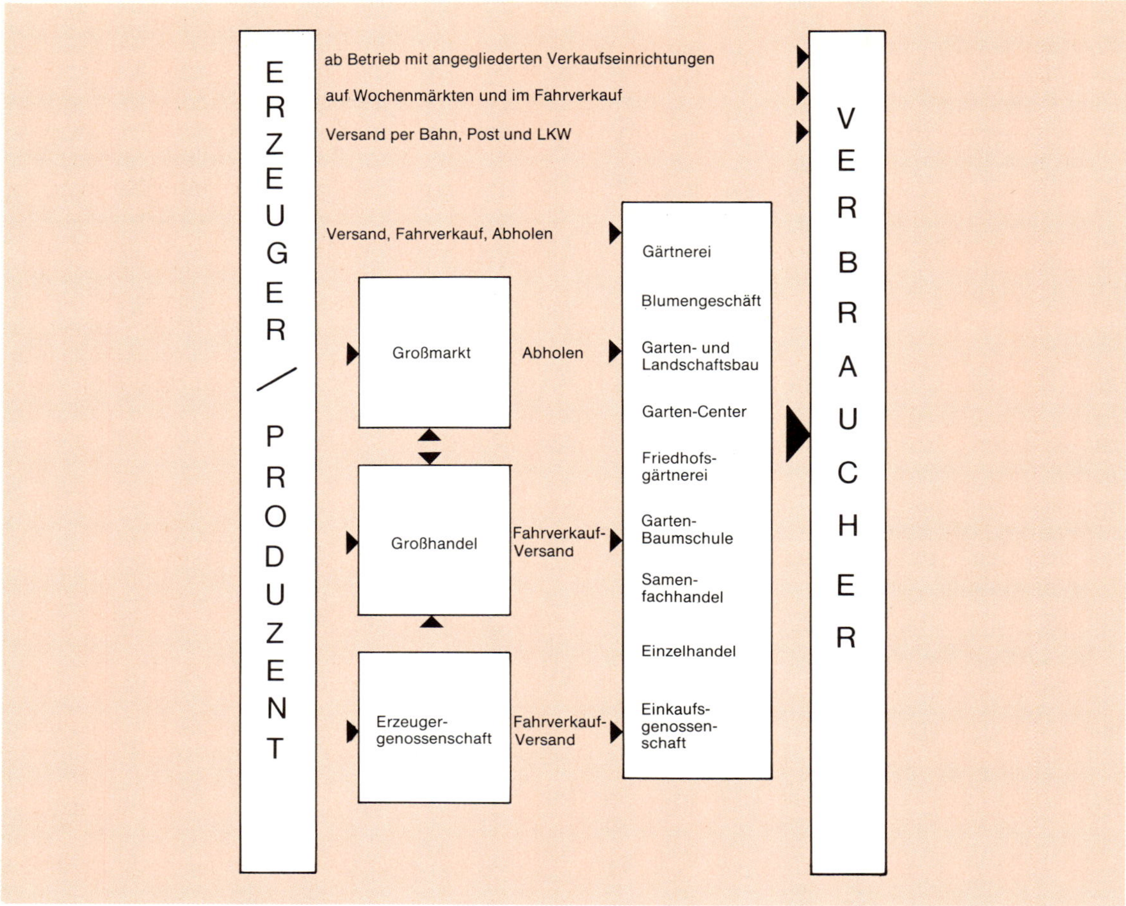

Abb. D 59. Absatzwege im Gartenbau.

auch die Zusatzleistungen werden nicht in dem Maße erwartet wie z. B. in einem Blumenfachgeschäft. Allerdings sind durch Witterungseinflüsse und fehlende Pflegemöglichkeiten auch höhere Ausfälle zu verzeichnen.

Der Absatz von Erzeugnissen an Wiederverkäufer, z. B. Gärtner aus direktabsetzenden Betrieben oder Gemüseeinzelhändler, ist noch kostengünstiger, wenn er durch Beliefern dieser Kunden im Fahrverkauf, durch Versand der Ware wie z. B. in Baumschulen oder durch den Verkauf ab Betrieb erfolgt. Der einzelne Produzent muß auch bei diesen Absatzwegen ein breites Sortiment seinen Kunden anbieten. Er kann aber die Produktpalette der Eigenproduktion um zugekaufte Waren erweitern.

Der Absatz über Großmärkte ist vor allem im Gemüse-, Obst- und Zierpflanzenbau zu finden. Teilweise verkaufen die einzelnen Produzenten ihre Erzeugnisse dort selbst auf angemieteten Verkaufsflächen, teilweise liefern sie ihre Ware zum gemeinschaftlichen Verkauf an. Als Kunden treten dort Einzelhändler auf, z. B. Floristen oder Lebensmitteleinzelhändler, aber auch Gärtner aus direktabsetzenden Betrieben. Dieser Absatzweg ist nicht so aufwendig wie der Fahrverkauf, aber dennoch teurer als der Verkauf ab Betrieb.

Der gemeinschaftliche Verkauf von Erzeugnissen über Erzeuger-Absatzorganisationen erfordert die geringsten Vermarktungskosten für einen Produktionsbetrieb, nur etwa 10% des Warenwertes. Dazu muß der Gärtner Mitglied in einer Absatzgenossenschaft sein. Dort werden die Partien der einzelnen Erzeuger zusammengefaßt, aufbereitet und teilweise auch gelagert (Obst). Der Verkauf erfolgt durch

Versteigerung oder per Telefonverkauf. Die Zusammenfassung der Erzeugung macht das gesamte Angebot einer Anbauregion überschaubarer, sie verbessert die Marktstellung und damit die Absatzsicherheit für das einzelne Mitglied.
Die Absatzkosten hängen stark von den übernommenen Funktionen ab. Sie werden um so höher, je umfangreicher die Handels- und Absatztätigkeiten sind (z. B. Lagerung, Verpackung, Transport). Entsprechend höher sind meistens auch die erzielbaren Preise.

Kontrolle und Vertiefung
1. Nennen Sie mindestens fünf Absatzwege für gärtnerische Waren und Dienstleistungen.
2. Vergleichen Sie die betrieblichen Vermarktungskosten für einen Absatz der Ware über den Wochenmarkt mit dem einer Erzeugergenossenschaft.
3. Beschreiben Sie die Vor- und Nachteile des Telefonverkaufes.

3.7.3 Sortimentsgestaltung und Leistungsumfang

Der gewählte Absatzweg beeinflußt ganz entscheidend das Sortiment und das Dienstleistungsangebot. Direktabsetzende Gärtnereien produzieren eine große Anzahl von Arten und Sorten in kleinen Stückzahlen. Sie benötigen ein breitgefächertes Angebot für ihren Kundenkreis und ergänzen das Warenangebot meist um Dienstleistungen. Dazu sind auch Verkaufseinrichtungen erforderlich, wie z. B. Verkaufsgewächshäuser, Flächen für den Pflanzeneinschlag und Parkplätze.

Abb. D 60. Sortimentsbreite und -tiefe in Gartenbaubetrieben.

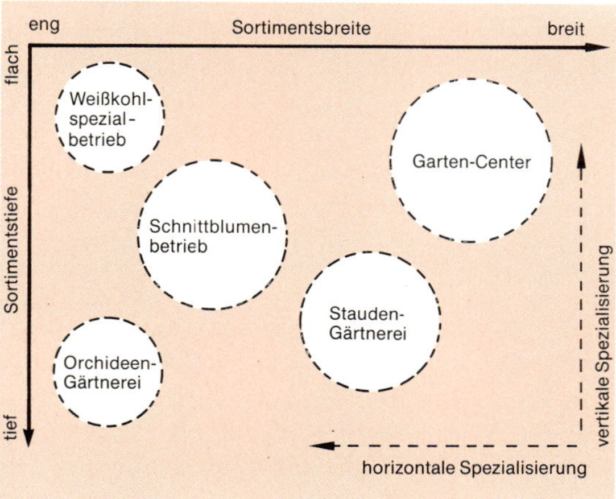

Gärtnereien, die an andere Kollegen, über Großmärkte, Absatzgenossenschaften oder im Fahrverkauf vermarkten, haben dagegen die Möglichkeit, große Stückzahlen weniger Arten zu produzieren. Sie können sich spezialisieren. Die technische Einrichtung muß in diesen Betrieben durch Sortier-, Verpackungs- und Transporteinrichtungen auf den Absatz größerer Warenmengen abgestimmt sein.
Dieser vereinfacht dargestellte Zusammenhang zwischen den Spezialisierungsmöglichkeiten und der Wahl des Absatzweges ist in der gärtnerischen Praxis wesentlich komplizierter. Dort entscheiden über das Sortiment z. B. auch:
- Tradition,
- persönliche Neigungen,
- Aktivitäten eines Marktführers,
- Beratungsempfehlungen oder auch die
- Produktionsbedingungen.

Betriebseinrichtungen, einmal angeschafft, führen oft zum Festhalten an eingefahrenen Kulturverfahren und Leistungsangeboten. Eine flexible Anpassung an sich verändernde Absatzbedingungen wird dadurch behindert.
Informationen über die Marktbedingungen, eine sich verändernde Nachfrage oder über die Pläne eines Mitbewerbers gehören zu den wichtigen Grundlagen für eine gezielte Sortimentsgestaltung. Schlecht informierten und unflexiblen Betriebsleitern bleibt meist nur als einzige Möglichkeit der Preiskampf, um die Ware absetzen zu können. Schlaue Betriebsleiter suchen die Marktnische für neue Produkte und Leistungen oder passen ihre Erzeugnisse schneller geänderten Wünschen der Verbraucher an. Die Art der Verpackung, die Größe der Portionen aber auch die Beschreibung eines Leistungsangebotes können damit zum entscheidenden Impuls für den Verkaufserfolg werden.
Jeder Mitarbeiter kann seinen Betrieb unterstützen, indem er z. B. nicht erfüllte Kundenwünsche notiert, Informationen über interessante Neuerungen weitergibt und sich selbst weiterbildet.

Kontrolle und Vertiefung
1. Erläutern Sie die Möglichkeiten der Spezialisierung in einem direktabsetzenden Zierpflanzenbaubetrieb.
2. Nennen Sie Gründe für eine Änderung des Produktions- und Leistungsumfanges.

3.7.4 Qualität, Qualitätsnormen und Qualitätszeichen

Die Absatzwege unterscheiden sich, wie bereits gesagt, unter anderem auch bezüglich der erzielbaren Preise und der Absatzsicherheit. Auf die Wahl des Absatzweges hat ein Auszubildender zwar keinen Einfluß, er kann aber unmittelbar dazu beitragen, daß der Betrieb höhere Preise erzielen und seine Erzeugnisse besser verkaufen kann, indem er mithilft, daß Waren von möglichst guter und einheitlicher Qualität den Betrieb verlassen.

Die **Qualität** eines Erzeugnisses ist die Summe vieler Wertmerkmale. So wird z. B. von einer Qualitätsstaude erwartet, daß sie sortenecht, von arttypischem Wuchs, gesund und unkrautfrei, mit einem gut durchwurzelten Wurzelballen versehen und in einem Topf mit einer vorgeschriebenen Mindestgröße kultiviert worden ist.

Bei Obst und Gemüse wird sogar in äußere und innere Qualitätsmerkmale unterschieden. Zu den äußeren zählen die Form, Farbe, Festigkeit und Größe, die inneren beziehen sich auf den Reifezustand, den Geschmack und den Gehalt an Vitaminen, Mineralien, Ballaststoffen, also die Bestandteile, die maßgeblich den Gesundheitswert dieser Nahrungsmittel ausmachen.

In jüngster Zeit achten die Verbraucher verstärkt darauf, daß auf und in den Erzeugnissen keine unerwünschten Stoffe enthalten sind. Wer den Nachweis führen kann, daß seine Produkte rückstandsfrei sind oder sich in dieser Beziehung das besondere Vertrauen seiner Kundschaft erworben hat, wird diesen qualitativen Vorteil in höhere Preise und sicheren Absatz ummünzen können.

Für die Qualität von Baumschulpflanzen sind Wertmerkmale in Form von Mindestbestimmungen erstellt worden.

Diese Gütebestimmungen verlangen, daß Qualitätsgehölze »sortenecht, gut bewurzelt und gesund« sein müssen. »Ihr Wuchs muß der jeweiligen Art und Sorte entsprechen und sie müssen gemäß den Größenordnungen für Höhe, Breite, Triebzahl, Stammumfang und Durchmesser sortiert sein.«

Auch für Schnittblumen sind Güteeigenschaften festgelegt worden. Sie besagen, daß Qualitätserzeugnisse der Art entsprechend geschnitten und schnittreif sein müssen. Es wird weiterhin erwartet, daß alle Teile ganz, frisch, frei von pflanzlichen und tierischen Schädlingen und ihren Schädigungen und frei von Resten der Pflanzenbehandlungsmittel sind, die das Aussehen der Ware beeinträchtigen.

Diese allgemeinen Güte- und Qualitätsbeschreibungen, die sich die einzelnen gartenbaulichen Fachsparten erarbeitet haben und denen sie sich freiwillig unterwerfen, sind nicht zu verwechseln mit den Qualitätsnormen, die Bestandteil der Marktorganisation der Europäischen Gemeinschaft sind. Die **Qualitätsnormen** sind durch Verordnung verbindlich für den Handel innerhalb der Gemeinschaft und auch für die Einfuhr und Ausfuhr von und nach dritten Ländern. EG-Qualitätsnormen existieren für Obst, Gemüse und Schnittblumen, wenngleich sie nicht für alle Arten verbindlich sind. In den Bestimmungen sind enthalten:

- die bereits beschriebenen Güteeigenschaften,
- Angaben über Größensortierungen bzw. Mindestgewichte,
- Gütetoleranzen, d. h. Werte über den maximalen Anteil von abweichenden Qualitäten,
- Beschreibungen über zulässige Verpackungen,
- Vorschriften über die Kennzeichnung.

Eine Qualitätseinstufung der Ware erfolgt nach **Güteklassen:**

Klasse **Extra** bedeutet höchstmögliche Qualität.

Erzeugnisse der **Klasse I** müssen von guter Qualität sein, sie dürfen jedoch je nach der Art und innerhalb der Toleranzen leichte Fehler aufweisen.

Klasse II umfaßt Erzeugnisse, die den Mindestanforderungen der Güteeigenschaften entsprechen und demnach marktfähig sind, aber nicht in Extra oder I eingestuft werden können.

Obst und Gemüse, das nicht mehr der Klasse II entspricht oder die Toleranzen überschreitet, wird in

Klasse III eingeordnet. Für Schnittblumen ist keine Klasse III vorgesehen.

Durch die Einführung der Qualitätsnormen wurden die Handelsbezeichnungen international vereinheitlicht. Der Handel wurde dadurch erleichtert, die Möglichkeiten eines unlauteren Wettbewerbs eingeengt. Ferner ist es gelungen, Erzeugnisse von unzureichender Qualität fast vollständig vom Markt fernzuhalten.

Für den Einzelbetrieb ist eine Steigerung der Qualität gleichzusetzen mit einer Verbesserung der Wettbewerbsfähigkeit. Aus diesem Grunde verleihen einige Verbände des Gartenbaues an Betriebe, die bestimmten Anforderungen genügen, die Berechtigung, ein spezielles **Qualitätszeichen** zu führen. Die Zeichen »Deutsche Markenbaumschule«, verliehen

Abb. D 61. Qualitätszeichen.

durch den Bund deutscher Baumschulen, und »Geprüfter Fachbetrieb«, »Überprüfter Fachbetrieb Friedhofsgärtnerei«, »Qualitätszeichen Azerca«, »Qualitätszeichen Stauden« und »Deutsche Hydrokultur«, verliehen durch den Zentralverband Gartenbau, sind Beispiele dafür. Die Betriebe werden regelmäßig durch Komissionen überprüft, denen ne-

Abb. D 62. Zeichen von Verbänden des Deutschen Gartenbaues. Bundesverband Garten- und Landschaftsbau, Verband deutscher Garten-Center, Bundesverband deutscher Samenkaufleute und Pflanzenzüchter.

ben Betriebsleitern und Vertretern des Verbandes auch Berater der staatlichen Verwaltung angehören. Andere Sparten, wie z. B. der Bundesverband Garten-, Landschafts- und Sportplatzbau (BGL) oder der Verband deutscher Garten-Center grenzen ihre Mitgliedsbetriebe durch rechtlich geschützte Zeichen von anderen ab.

Aus der Sicht der Markt- und Betriebswirtschaft dienen auch diese Zeichen der Schaffung eines Wettbewerbsvorteils. Dem Verbraucher und anderen Kunden wird durch das Zeichen signalisiert, daß die jeweiligen Betriebe besonders leistungsfähig sind und damit ein Garant für hochwertige Qualitäten bei Produkten und Dienstleistungen.

Kontrolle und Vertiefung

1. Nennen Sie mindestens fünf Qualitätsmerkmale eines Apfels.
2. Nennen Sie mindestens drei Güteklassen der EG-Qualitätsnormen.
3. Beschreiben Sie den Wert eines Qualitätszeichens für einen Gartenbaubetrieb.
4. Wie wird die Qualität der Ware in Ihrem Ausbildungsbetrieb kontrolliert?

3.7.5 Werbung

Unter Werbung verstehen wir alle Informationen über Erzeugnisse, die zum Ziel haben, Kunden zum Kauf von Waren zu veranlassen. Sie soll über das Angebot informieren, Bedarf wecken oder aber Bedürfnisse verstärken, die unterschwellig bei Kunden schon vorhanden sind.

Auf Gartenbaubetriebe übertragen können die verschiedenen Ziele einer Werbeaktion sein:

- Ein Unternehmen des Garten- und Landschaftsbaues macht auf sich und sein Leistungsangebot aufmerksam. Ziel ist eine Steigerung des Bekanntheitsgrades.
- Eine Baumschule stellt besonders ihre Leistungsfähigkeit, wie z. B. die Qualität der Ware oder die ständige Lieferbereitschaft heraus. Sie will damit ihren Ruf (Image) erhalten oder verbessern.
- Ein Zierpflanzenbetrieb informiert über die Vorteile der Hydrokultur und stellt das Pflanzensortiment vor, das verwendet werden kann. Neue Kunden sollen sich von diesem Angebot angesprochen fühlen.
- Obstbaubetriebe informieren über den Gesundheitswert des Obstes. Damit soll die Einstellung der Kunden zum Obst verbessert werden.
- Ein Garten-Center wirbt für die Möglichkeit auch im Sommer pflanzen zu können durch die Verwendung von Container-Pflanzen. Gewohntes Verbraucherverhalten soll damit beeinflußt werden.
- Ein Gemüsebaubetrieb stellt Einzelhandelsbetrieben seine Produktpalette, die Produktionsbedingungen und seine Leistungsfähigkeit vor. Er will damit seinen Kundenkreis erhalten.

Die vorgestellten Beispiele könnten noch erweitert werden, sie enthalten aber die wesentlichen Ziele der Werbung.

Um diese Ziele zu erreichen, können verschiedene Werbemittel eingesetzt werden. Dazu zählen unter anderem:

Werbeanzeigen in Zeitungen und Zeitschriften: die lokale Presse ist die geeignete Werbeplattform für Endverkaufsbetriebe, wenn sie auf bestimmte Anlässe, z. B. einen »Tag der offenen Tür«, auf ein günstiges Angebot oder auf die besonderen Vorzüge der Firma hinweisen wollen.

Anzeigen in überregionalen Zeitschriften richten sich ebenfalls an den Verbraucher. Sie dienen meist zur Werbung für ganze gärtnerische Produktgruppen, z. B. Schnittblumenwerbung zum Muttertag,

Abb. D 63. Verkaufsförderung: Das Plakat ist Werbung und Information zugleich.

Seite 495:

Abb. D 64. Ansprechende Gestaltung des Zugangsbereiches einer Gärtnerei und großzügige Verkaufsflächen wirken verkaufsfördernd.
Abb. D 65. Sachkundige Beratung auf dem Großmarkt.

BLUMEN MELLE

6.-
3.-
6.-

Werbung für den Balkonschmuck oder Stauden und Gehölze.
In Fachzeitschriften sind Anzeigen sinnvoll, die sich an Kollegen richten. Werbung für Jungpflanzen, Rohware zur Weiterkultur oder Fertigpflanzen zur Weiterverwendung haben hier gute Aussicht auf Erfolg.
Werbeprospekte, z. B. Handzettel, Kataloge, Broschüren und Preislisten sind meist für einen kleineren Kreis von Interessenten bestimmt. Die Informationen sind umfangreicher und konkreter als bei Anzeigen. Sie reichen von einer genauen Beschreibung der Erzeugnisse, z. B. Baumschulkatalog über Verwendungshinweise, z. B. »Stauden-Journal« bis hin zu Rezepten für Obst- und Gemüsegerichte.
Werbebriefe richten sich an einen ausgewählten Kundenkreis, dem ein bestimmtes Angebot unterbreitet oder der auf einen besonderen Anlaß hingewiesen werden soll. Der Erfolg ist in der Regel um so größer, je persönlicher sich der Kunde angesprochen fühlt.
Werbeveranstaltungen, z. B. Ausstellungen, Gartenschauen, Tage der offenen Tür oder Börsen dienen dazu, dem Kunden bestimmte Erzeugnisse und Leistungen unmittelbar nahe zu bringen. Hier ist oft ein persönliches Gespräch zwischen Anbieter und Kunden möglich.
Werbefunk und -fernsehen sind aufgrund der sehr hohen Kosten für den einzelnen Gartenbaubetrieb nicht erschwinglich und auch nicht sinnvoll. Eine gemeinschaftliche Werbung vieler Betriebe, z. B. über die »Centrale Marketing Gesellschaft der Agrarwirtschaft« (CMA), wird jedoch schon seit Jahren erfolgreich durchgeführt, z. B. bei der Schnittblumenwerbung zum Muttertag.
Bei der Wahl eines geeigneten Werbemittels sind von Bedeutung:

1. **Die Kosten;** hierzu einige Beispiele:
   - 1 Fernsehminute, ohne Kosten der Filmerstellung, z. B. ZDF, 70000 bis 90000 DM.
   - ¼ Seite in einer gärtnerischen Fachzeitschrift ca. 300 bis 400 DM.
   - ¼ Seite in einer regionalen Tageszeitung 600 bis 10000 DM.

2. **Die verbreitete Auflage** bzw. die Personen, die durch die Maßnahme erreicht werden können, z. B.
   - ZDF erreicht 21 Millionen angemeldete Fernsehgeräte bei unterschiedlicher Einschaltquote.
   - Die Zeitschrift »Deutscher Gartenbau« hat eine Auflagenhöhe von ca. 8000.
   - Die Badische Zeitung hat eine Auflagenhöhe von ca. 200000.
3. **Die Wirksamkeit der Maßnahme** bezüglich des angestrebten Werbezieles.

Kontrolle und Vertiefung
1. Nennen Sie mindestens drei Ziele einer Werbeaktion.
2. Erläutern Sie den Unterschied von Werbeanzeigen und Werbeveranstaltungen in bezug auf mögliche Zielgruppen und Wirkungen.
3. Welche Werbemittel werden in Ihrem Betrieb eingesetzt?

3.7.6 Verkaufsförderung in Gartenbaubetrieben

Werbung und Verkaufsförderung sind zwei Begriffe des Marketing, die nicht selten gleichbedeutend verwendet werden. Folgende Unterscheidung ist zu treffen:
Werbung betrifft alle Maßnahmen, die – räumlich nicht festgelegt – zur Information über ein Produkt, eine Leistung oder einen Betrieb genutzt werden.

Verkaufsförderung findet dagegen immer am Ort des Verkaufs statt, z. B. in den Verkaufsquartieren einer Baumschule oder dem Verkaufsgewächshaus eines Endverkaufsbetriebes. Sie umfaßt alle Maßnahmen, die einem Verkäufer das Verkaufen und einem Käufer das Kaufen erleichtern sollen. Durch sie soll der Kunde am Ort des Einkaufs an das Produkt herangeführt werden.
Einige Beispiele sollen die Funktion verdeutlichen:
Plakate weisen auf ein spezielles Angebot, die Verwendung eines Produktes oder eine besonders günstige Gelegenheit hin.
Hinweisschilder oder Deckenhänger sollen den Käufer auf einen Verkaufsbereich aufmerksam machen, ihn zu einer bestimmten Produktgruppe führen.
Bildetiketten mit Verwendungs- und Pflegehinweisen sollen dem Kunden ein Bild über das Erzeugnis vermitteln, da eine Reihe von Pflanzen, z. B. Stauden und Gehölze nicht im blühenden bzw. belaubten Stadium verkauft werden.
Schaupflanzungen sollen Anregungen für die Verwendung der Erzeugnisse geben, z. B. Musterpflanzungen von Balkonkästen oder Gräbern.

Bildkataloge, z. B. über Brautsträuße, Gartenanlagen oder Grabbepflanzungen helfen dem Kunden, seine Wünsche genauer auszudrücken und vermitteln ihm neue Anregungen.
Beleuchtungseffekte heben bestimmte Waren besonders hervor.
Dia-Schauen und Video-Filme informieren über Verwendung und richtige Pflege der Erzeugnisse.
Diese Liste von Beispielen läßt sich beliebig erweitern. Sie verdeutlicht eine grundsätzliche Zielsetzung der Verkaufsförderung: »Wie kann ich anschaulich und ansprechend einem Kunden die Vorzüge eines Produktes nahebringen« und zwar an einem Ort, an dem die Kaufentscheidung fällt.
Hier ist der Erfindungsreichtum aller Mitarbeiter im Verkauf gefordert, immer wieder nach neuen Möglichkeiten zu suchen.
Die bedeutsamste verkaufsfördernde Maßnahme ist aber eine gute Schulung und Vorbereitung der Verkäufer. Gerade für das gärtnerische Fachgeschäft sind die fachkundige Beratung, die handwerklich und gestalterisch richtige Verwendung von Pflanzen und Werkstoffen sowie das auf persönlichen Kontakt aufbauende Vertrauen die wichtigsten Säulen für den Erfolg im Verkauf.
Drei wesentlichen Bereichen muß dabei besondere Beachtung geschenkt werden:

1. Erweiterung des Fachwissens. Das Waren- und Dienstleistungsangebot der Gartenbaubetriebe hat sich in den vergangenen Jahren schnell erweitert und diese Entwicklung scheint sich noch zu beschleunigen. Die Vermehrung der kultivierten Pflanzenarten und Sorten, völlig neuartige Verwendungsmöglichkeiten, geänderte Anschauungen in der Verwendung von Pflanzen und Werkstoffen und neue Dienstleistungen stellen an jeden Verkäufer die Aufgabe einer stetigen Weiterbildung. Fachzeitschriften, Bücher, Ausstellungen und Seminare helfen dabei.
Überzeugen kann nur derjenige, der genauestens weiß, wovon er spricht.

2. Entwicklung der Persönlichkeit. Vornehmlich über die persönliche Erscheinung gelingt es einem Verkäufer, einen Kunden nachhaltig zu interessieren. Zu den wichtigsten Kontaktbrücken zählen die Haltung, der Augenkontakt und die Sprache. Aber auch das äußere Erscheinungsbild und die Gestik sind von Bedeutung. Seminare und eine bewußte Führung und Förderung durch den Meister im Betrieb helfen hier weiter.

3. Anwendung einer gezielten Gesprächsführung. Jeder Verkäufer kann aus seiner Erfahrung berichten, daß ein und dieselbe Verhaltensweise beim einen Kunden gut ankommt und zu positiven Verkaufsergebnissen führt, während ein anderer Kunde eher Mißfallen und Ablehnung spüren läßt. Je nachdem, welche Wesensart bei ihm besonders ausgeprägt ist, kann er zum Beispiel besonders positiv auf gefühlsbetonte Äußerungen reagieren. Ein anderer liebt mehr den verstandesmäßig ausgerichteten, sachlichen Dialog. Bei einem dritten kann zum Beispiel die Willensstärke der entscheidende Ausdruck seiner Persönlichkeit sein. Kenntnisse über die Typologie des Menschen können uns behilflich sein, einen Kunden auf die ihn anprechendste Art zu beraten. Das Erkennen der Wesensart eines Kunden ermöglicht eine bewußte und gezielte Steuerung des Gesprächsverlaufs. Es erhöht zudem die eigene Selbstsicherheit und läßt damit auch schwierige Situationen besser meistern.
Verkäuferschulungen vermitteln diese Kenntnisse und Fertigkeiten.

Die Bedeutung der Verkaufsförderung hat in den vergangenen Jahren ständig zugenommen, da

- immer mehr Kunden ihre Kaufentscheidung erst im Geschäft fällen,
- neue Produkte zwar einen Vorsprung vor der Konkurrenz verschaffen, aber auch einer besonderen Unterstützung durch Beratung im Verkauf bedürfen,
- sie gerade für Klein- und Mittelbetriebe oftmals wesentlich wirkungsvoller sind als aufwendige Werbeaktionen.

Kontrolle und Vertiefung

1. Nennen Sie vier Maßnahmen der Verkaufsförderung.
2. Beschreiben Sie den Unterschied von Verkaufsförderung und Werbung.
3. Nennen Sie die drei Ziele der Verkäuferschulung.
4. Beurteilen Sie die Bedeutung der Verkaufsförderung für Ihren Betrieb.

3.7.7 Marktmechanismen

Die Handlungsmöglichkeiten eines Unternehmens im Absatzbereich werden stark durch das Wirtschaftssystem und die damit verbundenen rechtlichen Vorschriften geprägt. So unterscheiden sich marktwirtschaftlich organisierte Volkswirtschaften von Planwirtschaften durch den freien Ausgleich von Angebot und Nachfrage. Als **Markt** gilt dabei jeder Ort, an dem ein Angebot an Waren und Dienstleistungen und die Nachfrage nach diesen Gütern aufeinander treffen.
Einige Merkmale des Marktgeschehens werden im folgenden am Beispiel des Blumenkohls vorgestellt:

- Der erste Blumenkohl im Frühjahr wird meistens recht teuer, da noch wenig Ware angeboten werden kann.
- Nimmt die angebotene Menge in der Folgezeit zu, so fallen die Preise.
- Eine Blumenkohlschwemme »Weiße Wochen« aufgrund einer sommerlichen Hitzewelle führt sogar vielfach zum Preisverfall.
- Ist das Preisniveau für Blumenkohl während eines Jahres insgesamt schlecht, so wird sich ein Gärtner sicher überlegen, ob er im kommenden Jahr diese Kultur nicht zugunsten einer anderen reduzieren soll (vgl. Aufgaben der Betriebsführung, Seite 466). Das Angebot nimmt voraussichtlich ab.
- Umgekehrt führt ein hohes Preisniveau fast immer zu einer Ausweitung des Angebotes.
- Die Nachfrage entwickelt sich genau entgegengesetzt. Niedrige Preise regen Kunden eher an, eine Ware zu kaufen. Hohe Preise führen in der Regel zu einer sinkenden Nachfrage.

Dieses freie Wechselspiel bestimmt auch den Absatz der gärtnerischen Waren und Dienstleistungen. Daneben gibt es aber noch eine ganze Reihe von Gründen, die mit darüber entscheiden, in welchem Umfang ein Produkt gekauft wird.

- Die Bevölkerungszahl
- Das verfügbare Einkommen
- Die Bedürfnisse der Menschen
- Die Preise für andere Produkte

Wichtig für den Absatz eines Gartenbauunternehmens ist auch seine Stellung am Markt. Ist er der einzige Anbieter einer bestimmten Ware (Monopolist), so besitzt er wesentlich größere Spielräume bei der Preis- und Mengengestaltung als ein Kollege, der mit vielen anderen (Polypolist) um die Gunst der Kunden konkurriert.

Kontrolle und Vertiefung

1. Nennen Sie mindestens zwei Gründe, die darüber entscheiden, in welchem Umfang ein Produkt gekauft wird.
2. Beschreiben Sie die Auswirkung von hohen Preisen auf das Angebot und die Nachfrage.
3. Welche gärtnerische Sparte ist Ihrer Meinung nach am stärksten von kurzfristigen Preisschwankungen betroffen und warum?

3.8 Der Gartenbau als Teil der Volkswirtschaft

Der Beruf Gärtner hat eine lange Tradition. Seine Existenz läßt sich weit in die Zeit vor Christus nachweisen. An Höfen und in Klöstern entwickelte sich der Gartenbau über die Anzucht von höherwertigen Nahrungsmitteln wie Obst, Gemüse und Wein bis hin zur Züchtung von Zierpflanzen sowie die Anlage und Pflege von Gärten und Parks. Im Mittelalter bildeten sich Gärtnerzünfte, die zu den sogenannten »niederen Zünften« gehörten. Nach wechselvollen Zeiten mit mehr oder weniger großer Abhängigkeit von der gesamten Landwirtschaft, nahm die wirtschaftliche Entwicklung der Gärtnereien nach dem 2. Weltkrieg einen enormen Aufschwung. Der Anbau unter Glas wurde ausgeweitet, Zierpflanzen verstärkt produziert, neue Kulturverfahren entwickelt und vor allem verstärkt Dienstleistungen angeboten.

Dieser Aufschwung war aber nur möglich, weil
1. die gesamtwirtschaftliche Entwicklung eine stärkere Nachfrage nach gärtnerischen Produkten und Dienstleistungen mit sich brachte und
2. die Gärtnereien sich der Entwicklung ständig anpaßten.

3.8.1 Gartenbaubetriebe als wirtschaftliche Einheit

In den vorangegangenen Kapiteln wurde versucht zu verdeutlichen, wie kompliziert die Zusammenhänge in einem Gartenbauunternehmen sind und welche Einflüsse bedacht werden müssen, um gut und erfolgreich zu wirtschaften. In Abb. D 66 sind einige dieser Abhängigkeiten nochmals zusammengefaßt.
Der Betrieb als kleinste produzierende Einheit der Wirtschaft wird immer getragen von den Fähigkeiten und dem Können des Betriebsleiters und seiner

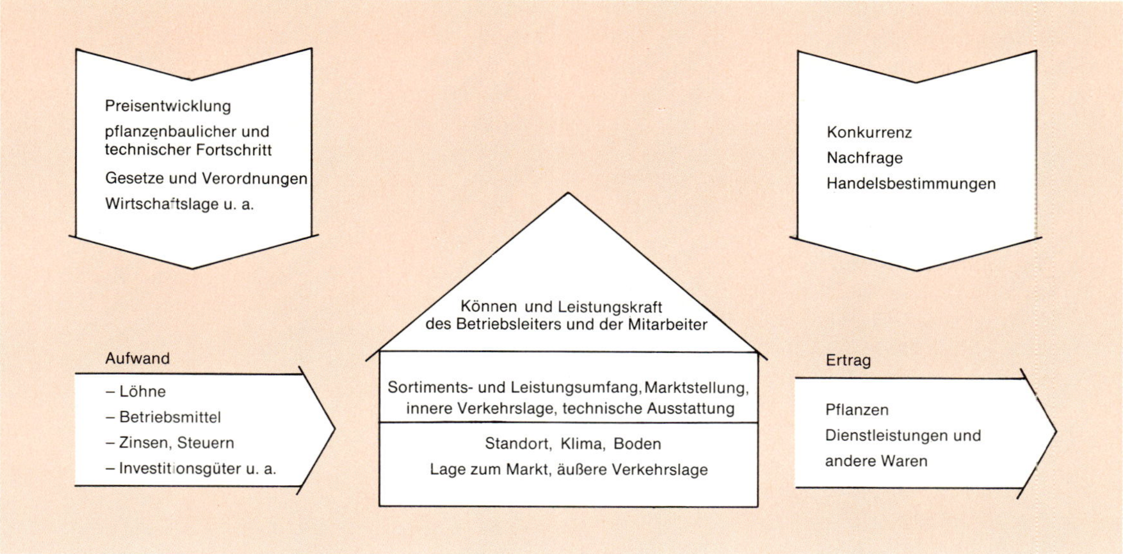

Abb. D 66. Zusammenhänge und Abhängigkeiten im Gartenbaubetrieb.

Mitarbeiter. Die menschliche Arbeitskraft ist der wichtigste Produktionsfaktor. Leistungswille, Ideenreichtum, eine positive Grundeinstellung zu sich und anderen Menschen, Ausdauer und zielgerechtes Arbeiten sind auch heute noch die wichtigsten Triebfedern jeder persönlichen und wirtschaftlichen Entwicklung. Nur durch sie gelingt es, mehr und bessere Güter zu produzieren, die Personen, Haushalten oder wiederum Betrieben zum Gebrauch und Verbrauch zur Verfügung stehen. Auch für Gartenbaubetriebe gilt dieser Grundsatz.

Den Rahmen, in dem wirtschaftliche Tätigkeit für Gartenbaubetriebe möglich ist, setzen die **Standortbedingungen** eines Betriebes. Sie können nur bei Neugründung oder Verlagerung grundlegend geändert werden.

Dazu zählen:

1. die Lage des Betriebes (z. B. Hanglage – nach Süden ausgerichtet – aufgegliedert in verschiedene, nicht zusammenhängende Einzelparzellen – umgeben von Gewerbebetrieben – ohne Erweiterungsmöglichkeiten);
2. das Klima (z. B. mildes Klima – geringe Frostgefahr – hohe jährliche Niederschläge – hohe Sonnenscheindauer – nicht windbruch- und hagelgefährdet);
3. der Boden (z. B. sandiger Lehm – humusreich – hoher Grundwasserstand – schwach sauer);
4. die Umwelteinflüsse (z. B. ohne Belastung durch angrenzende Industriebetriebe – ausreichend reines Grundwasser zur Bewässerung aus eigenem Brunnen – ohne Lärm- und Abgasbelästigung durch angrenzende Hauptverkehrsstraßen);
5. die Lage zum Markt (z. B. Stadtnähe erleichtert den Absatz direkt an den Verbraucher oder die Beschickung eines Großmarktes, nahegelegene Verarbeitungsbetriebe verringern die Transportkosten);
6. die äußere Verkehrslage (z. B. breite Zufahrtswege in gutem Zustand – kurze Wege zu Autobahnen oder Bundesstraßen – naheliegender Güterbahnhof).

Betriebswirtschaftlich gesehen müssen Entscheidungen, die bei Neugründungen oder Standortverlagerungen zu fällen sind, immer mit Investitionsplanungen, die weit in die Zukunft reichen, vorbereitet werden. Es gibt dafür spezielle betriebswirtschaftliche Planungsmethoden und Hilfsmittel.

Die **innere Struktur und Organisation** eines Betriebes kann aber geändert und angepaßt werden. Wir zählen dazu:

1. den Sortiments- und Leistungsumfang (z. B. Topfpflanzenproduktion – hoher horizontaler und vertikaler Spezialisierungsgrad – vgl. auch Kap. D 3.7.3);

2. die Marktstellung (z. B. Belieferung von Einzelhandelsgeschäften mit eigenem Gemüse – Marktführer der Region mit hohem Qualitätsstandard – feste Bindung der Kunden durch langfristige Lieferverträge sowie durch produktbezogene Werbung und Verkaufsförderung – vgl. Kap. D 3.7);
3. die innere Verkehrslage (z. B. kurze, gut ausgebaute Transportwege – gut abgestimmte Transportmittel);
4. die technische Ausstattung (z. B. großräumige, gut isolierte Gewächshäuser – computergesteuerte Klimaregelung – automatische Bewässerung – moderne Verpackungs- und Sortiereinrichtungen – Kühllager – attraktive Verkaufseinrichtung).

Alle drei Bereiche, Mensch, Standort und Struktur bestimmen die Leistungskraft eines Betriebes. Zwar gibt es noch eine Reihe von Einflüssen, die Aufwand und Ertrag eines Gartenbaubetriebes beeinträchtigen können. Die eigene Leistungsstärke wird aber immer der wichtigste Baustein zum wirtschaftlichen Erfolg sein.

Kontrolle und Vertiefung
1. Nennen Sie mindestens vier Standortbedingungen eines Betriebes.
2. Erläutern Sie den Begriff der inneren Verkehrslage.
3. Beurteilen Sie die Marktstellung Ihres Betriebes.

3.8.2 Berufsständische Organisationen

Die Vielfalt der gartenbaulichen Produktion und Dienstleistung spiegelt sich auch in den berufsständischen Organisationen wider. So kennen wir eine Vielzahl von Vereinigungen der Gartenbaubetriebe. Baumschulbetriebe haben sich im Bund deutscher Baumschulen (BdB), Obstbaubetriebe in der Bundesfachgruppe Obstbau, die des GaLa-Baues im Bundesverband Garten-, Landschafts- und Sportplatzbau (BGL) zusammengeschlossen. Die meisten Gartenbaubetriebe sind aber Mitglieder in den verschiedenen Landesverbänden. Deren Einzugsgebiete sind oft nicht identisch mit den politischen Grenzen der Bundesländer, sondern sind durch traditionelle Gebietszusammenschlüsse oder zweckgebundene Entwicklungen entstanden. Als Beispiele für die 14 Landesverbände sei auf den Gartenbauverband Nord und den Verband Badischer Gartenbaubetriebe verwiesen.
Der **Zentralverband Gartenbau** (ZVG) ist die Dachorganisation der verschiedenen Einzelverbände und -gruppen. Welche Organisationen in ihm durch Mitgliedschaft zusammengefaßt sind, verdeutlicht Abb. D 67.

Zu den Aufgaben der Verbände gehören unter anderem:
- Vertretung der Mitglieder in nationalen und internationalen Organisationen, die für Gartenbaubetriebe wichtig sind.
- Überwachung und Beeinflussung von Gesetzen und Verordnungen im Sinne der berufsständischen Interessen.
- Information und Betreuung der Mitglieder.
- Darstellung des Berufsstandes in der Öffentlichkeit.
- Unterstützung und Begleitung der Aus- und Weiterbildung aller im Gartenbau Tätigen.
- Zusammenarbeit mit staatlichen Verwaltungs- und Forschungseinrichtungen.
- Verhandlung mit den Vertretern der Gewerkschaft über die tariflichen Bedingungen der Arbeitnehmer in Gartenbaubetrieben.

Der Gartenbau versteht sich als ein Teil der Landwirtschaft. Das **Bundesministerium für Ernährung, Landwirtschaft und Forsten** (BML) und die entsprechenden Länderministerien sind daher für dessen politische Belange zuständig. Die unmittelbar zuständigen Stellen sind jedoch die Gartenbauabteilungen der Ämter für Landwirtschaft und Gartenbau (Bayern), der Regierungspräsidien (Baden-Württemberg), der Landesämter (Hessen) und der Landwirtschaftskammern (übrige Bundesländer).

Sie übernehmen unter anderem folgende Aufgaben:
- Beratung und Unterstützung der Gartenbaubetriebe in Einzel- und Gruppenberatungen, z. B. in den Bereichen Pflanzenschutz, Anbauverfahren, Betriebswirtschaft und Technik;
- Bearbeitung von Anträgen zur Vergabe von staatlichen Fördermitteln;
- Überwachung der Vorschriften in den Bereichen Ausbildung, Pflanzenschutz und Umwelt;
- Durchführung von Lehrgängen der beruflichen Aus- und Weiterbildung an Fachschulen und Lehr- und Versuchsanstalten.

Interessant für junge Mitglieder des Berufsstandes ist die **Arbeitsgemeinschaft deutscher Junggärtner** (AdJ). Sie ist eine eigenständige Organisation, die

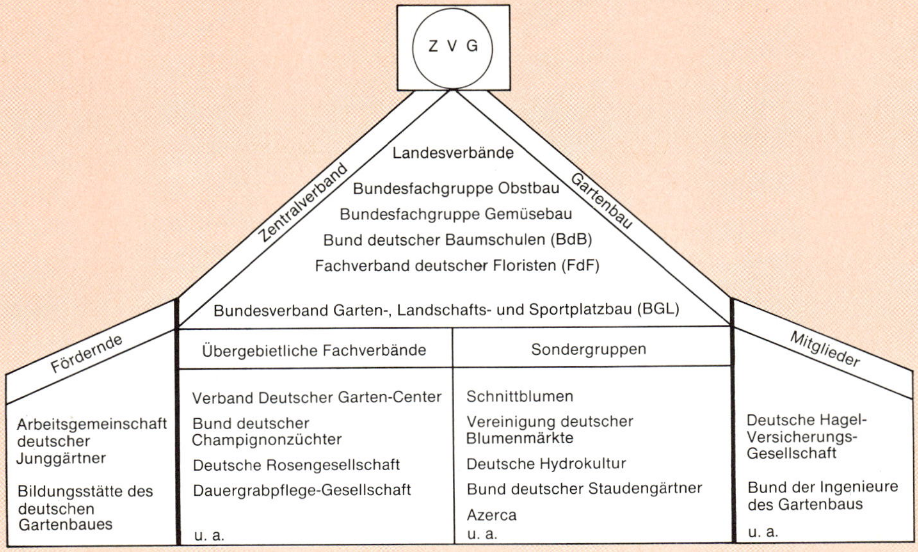

Abb. D 67. Berufsständische Organisationen.

sich zum Ziel gesetzt hat, ihren Mitgliedern im beruflichen und persönlichen Bereich zu helfen. Dies geschieht durch:

- Weiterbildungsseminare mit beruflichen und allgemeinbildenden Themen,
- Vermittlung von Arbeitsplätzen im Ausland,
- gemeinsame Freizeitgestaltung und Aktivitäten in den Bereichen Umwelt, Sport und Kultur,
- Veranstaltung von Betriebsbesichtigungen, Exkursionen und Reisen,
- Durchführung von Berufswettkämpfen.

Anschrift:
Arbeitsgemeinschaft deutscher Junggärtner
Godesberger Allee 142–148
5300 Bonn 2

Die **Gewerkschaft Gartenbau, Land- und Forstwirtschaft** (GGLF) vertritt die Interessen der Arbeitnehmer im Gartenbau. Sie berät ihre Mitglieder in arbeits- und sozialrechtlichen Fragen, schließt die Tarifverträge mit den Arbeitgeberverbänden ab und wirkt an der Vorbereitung von Gesetzen und Verordnungen mit.

Kontrolle und Vertiefung

1. Nennen Sie mindestens fünf Mitgliedsorganisationen des ZVG.
2. Erläutern Sie die Aufgaben der Arbeitsgemeinschaft deutscher Junggärtner.
3. Nennen Sie mindestens zwei staatliche Stellen, die für den Gartenbau zuständig sind.

3.8.3 Aus- und Weiterbildung

Die Vielgestaltigkeit des gärtnerischen Berufsstandes spiegelt sich nicht nur in den Organisationen wider, sondern auch in der Aus- und Weiterbildung. Sie haben Ihre Ausbildung in einem Gartenbaubetrieb begonnen, der einer bestimmten Sparte zugehört. Entsprechend werden Sie auch in dieser Sparte Ihre Abschlußprüfung absolvieren, sofern Sie sich nicht noch für einen anderen Schwerpunkt entscheiden. Der Ausbildungsberuf **Gärtner** ist staatlich anerkannt. Folgende Schwerpunkte können gewählt werden:

- Obstbau
- Baumschulen
- Friedhofsgärtnerei
- Garten- und Landschaftsbau
- Pflanzenzüchtung und Samenbau
- Gemüsebau einschließlich Pilzanbau
- Zierpflanzenbau einschließlich Staudengärtnerei

Trotz der Spezialisierung im Betrieb auf bestimmte Schwerpunkte sollte die Ausbildung immer so breit angelegt sein, daß nach der Abschlußprüfung dennoch eine Tätigkeit in verschiedenen Sparten möglich ist.

Die Ausbildung erfolgt im **dualen System,** das bedeutet, die fachpraktische Ausbildung in den Betrieben wird durch einen fachtheoretischen Unterricht in Berufsschulen begleitet.

Zusätzliche Lehrgänge, z. B. an Deula-Schulen, sollen Wissen und Fertigkeiten vermitteln, für die in Betrieben und in den Schulen vielfach nicht die erforderlichen Einrichtungen vorhanden sind, z. B. Maschinen und Geräte.

Aufbauend auf dem Berufsabschluß »Gärtner« lassen sich verschiedene Berufswege beschreiten. Jeder Gärtner kann sich, nachdem er weitere drei Jahre praktisch tätig war, zur Meisterprüfung anmelden. Allerdings ist es sehr zu empfehlen, sich durch den Besuch einer »einjährigen Fachschule« (Meisterschule) auf diese Prüfung vorzubereiten. Nach erfolgreichem Abschluß ist er **Gärtnermeister.**

Ein weiterer Berufsweg, der auf der erfolgreichen Abschlußprüfung zum Gärtner aufbaut, führt zum Abschluß **Staatlich geprüfter Techniker** in den Fachrichtungen Gartenbau, Garten- und Landschaftsbau und Friedhofsgärtnerei. Dazu ist eine zweijährige Praxis erforderlich. Die schulische Ausbildung an einer zweijährigen Fachschule (Technikerschule) ist aufgeteilt in vier Semester. Neben naturwissenschaftlichen und allgemeinbildenden Fächern wird der Schwerpunkt auf die Anbaufächer (z. B. Zierpflanzenbau) sowie auf Markt- und Betriebswirtschaft gelegt. Techniker werden gesucht als Betriebsleiter und Mitarbeiter in größeren Gartenbaubetrieben und Märkten, aber auch im Versuchs- und Betratungswesen.

Gärtnerinnen bietet sich als Berufsziel die **Gartenbausekretärin** an. Folgende Voraussetzungen sind erforderlich:

- erfolgreiche Abschlußprüfung zum Gärtner
- einjährige Praxis
- Grundkenntnisse in Stenografie und Maschinenschreiben

Der Lehrgang dauert ein halbes Jahr. Schriftverkehr, Geschäftskunde und Buchführung bilden die Schwerpunkte neben anderen Wirtschaftskundlichen Fächern.

Zwei weitere Berufswege im Gartenbau bieten sich den Absolventen einer Realschule oder eines Gymnasiums.

Voraussetzung zum Studium an einer Fachhochschule ist die Fachhochschulreife, die durch den Besuch einer Fachoberschule oder die 12. Klasse eines Gymnasiums erworben werden kann. Das Studium dauert einschließlich des Praktikums 8 Semester und kann in den Fachrichtungen »Gartenbau« und »Landespflege« ergriffen werden. Durch erfolgreichen Abschluß erwirbt der Studierende den Grad **Diplom-Ingenieur** (FH).

Das Gartenbaustudium an einer (Technischen) Universität kann aufnehmen, wer die Reifeprüfung besitzt bzw. den Abschluß einer Fachhochschule erreicht hat. Zudem ist ein halbjähriges Praktikum erforderlich. Das Studium dauert im Regelfall mindestens 8 Semester. Wie im Fachhochschulstudium können zwei Fachrichtungen gewählt werden. Die Abschlüsse führen zu den akademischen Graden **Diplom-Agraringenieur** (Dipl.-Ing. agr.), Fach-

Abb. D 68. Standorte von Institutionen zur Weiterbildung.

richtung Gartenbau, und **Diplom-Ingenieur** (Dipl.-Ing.), Fachrichtung Landespflege.

Diplom-Ingenieure und Diplom-Agraringenieure können nach Anfertigung einer wissenschaftlichen Arbeit (Dissertation) und erfolgreicher Prüfung den Grad **Doktor der Gartenbauwissenschaften** (Dr. rer. hort.) bzw. **Doktor der Landwirtschaft** (Dr. agr.) verliehen bekommen.

Neben diesen staatlich anerkannten Bildungsgängen gibt es eine Vielzahl von Weiterbildungsmöglichkeiten, die unabhängig von Lehrplänen aktuelles Wissen vermitteln.

Regional bieten Fachschulen und Lehr- und Versuchsanstalten regelmäßig Kurzlehrgänge und Seminare zu fachlichen Themen an.

Überregional ausgerichtet sind die Weiterbildungsveranstaltungen an der Bildungsstätte des deutschen Gartenbaues, Giessener Str. 47, 6310 Grünberg.

An den Wünschen junger Gärtner orientieren sich vornehmlich die Kurse, Seminare und Lehrfahrten der Arbeitsgemeinschaft deutscher Junggärtner.

Weiterbildung darf aber nicht nur in Verbindung mit Veranstaltungen und Aktivitäten anderer gesehen werden. Selbständige Weiterentwicklung erfordert die ständige Bereitschaft Neues aufzunehmen, abzuwägen und in die Tat umzusetzen, gleichgültig ob die Information aus Zeitschriften, Büchern, auf Exkursionen oder in Versammlungen und Seminaren gewonnen wird.

Kontrolle und Vertiefung

1. Nennen Sie vier Berufsabschlüsse im Gartenbau.
2. Nennen Sie mindestens zwei Zeitschriften des Gartenbaues.
3. Beurteilen Sie die Notwendigkeit von Weiterbildungsseminaren.

3.8.4 Die volkswirtschaftliche Bedeutung des Gartenbaues

Der Gartenbau ist ein Wirtschaftszweig unserer Volkswirtschaft, der wie viele andere in den vergangenen Jahrzehnten starken strukturellen Veränderungen unterworfen war. Hervorgegangen aus der Landwirtschaft, und damit einem Zweig der Urproduktion, bauten sehr viele Betriebe ihre Tätigkeit in Richtung Handel und Dienstleistungen aus. Das

Abb. D 69. Die Stellung der Gartenbaubetriebe in der Volkswirtschaft.

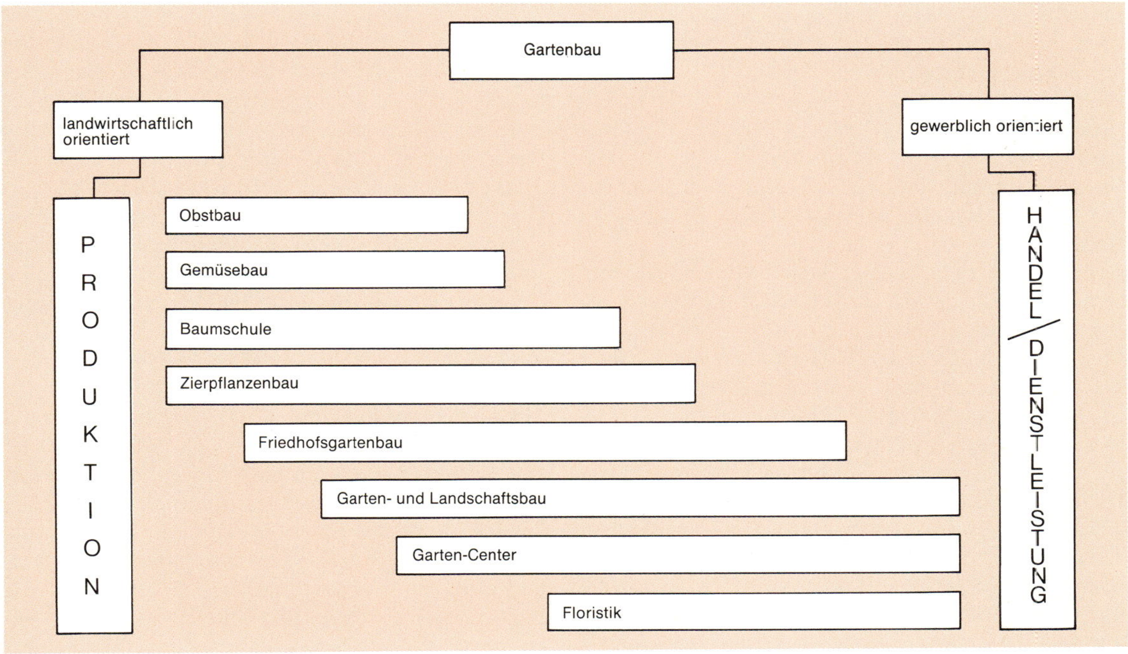

führte dazu, daß heute die Spannbreite der Unternehmen vom reinen Produktionsbetrieb, z. B. im Obstbau, bis zum Blumengeschäft ohne eigene Produktion reicht.

Der Gesetzgeber ordnet die einzelnen Betriebe je nach der überwiegenden Tätigkeit in landwirtschaftliche Betriebe oder gewerbliche Betriebe ein. So werden z. B. reine Blumengeschäfte ohne Eigenproduktion dem Volkswirtschaftssektor Handel und Verkehr zugeordnet. Diese Betriebe unterliegen der Gewerbeordnung und werden damit von Gewerbeaufsichtsämtern sowie Industrie- und Handelskammern beaufsichtigt und betreut. Gartenbaubetriebe mit überwiegendem Produktionsteil werden dagegen von den Verwaltungsorganen der Landwirtschaftsministerien betreut. Sie genießen steuerrechliche Vorteile (z. B. keine Gewerbesteuer, ermäßigte Umsatzsteuer auf erzeugte Waren und Sonderabschreibungsmöglichkeiten), kostenlose staatliche Betreuung und Beratung sowie staatliche Unterstützung im Rahmen landwirtschaftlicher Förderungsmaßnahmen.

Für die Betriebe des Gartenbaues ergeben sich fließende Übergänge zwischen Urproduktion und Gewerbe. Besonders deutlich wird der Übergang im Zierpflanzenbau, wo in den vergangenen Jahren viele Betriebe den Schritt vom landwirtschaftlichen zum gewerblichen Betrieb getan haben. Vielfach wurden Gartenbauunternehmen rechtlich getrennt, in einen landwirtschaftlichen und einen gewerblichen Betrieb. Abb. D 69 verdeutlicht nochmals diesen Zusammenhang.

Aus den Schwierigkeiten, alle Betriebe eindeutig zuordnen zu können, ergeben sich auch die Probleme bei der Messung der volkswirtschaftlichen Bedeutung des Gartenbaues. Je nach Zuordnung sind daher in der Literatur unterschiedliche Angaben zu finden.

Läßt man die gewerblichen Betriebe des Blumeneinzelhandels (ca. 2,1 Mrd. DM Umsatz) außer acht, so erwirtschaften die Betriebe aller gartenbaulichen Sparten einen jährlichen Umsatz von etwa 12 Mrd. DM. Die prozentualen Anteile der verschiedenen Sparten können Sie Abb. D 70 entnehmen.

Wird zu diesen Umsätzen der Wert der Gartenbauprodukte aus privaten Gärten und staatlichen Betrieben hinzugerechnet, so ergibt sich eine volkswirtschaftliche Leistung des Gartenbaues von mehr als 15 Mrd. DM.

Reine Gartenbaubetriebe gibt es zur Zeit ca. 32000 mit etwa 180000 beschäftigten Personen. Daneben gibt es eine große Anzahl von Betrieben in der

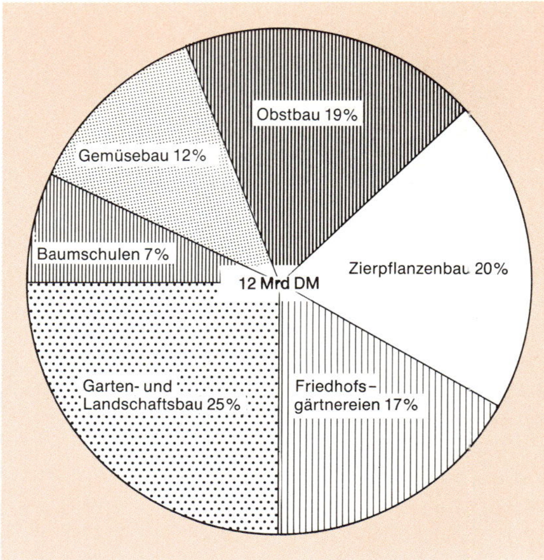

Abb. D 70. Verkaufserlöse des Gartenbaues.

Landwirtschaft, im Handel oder auch als nebenberufliche Tätigkeit, die ebenfalls gärtnerische Produkte erzeugen und Dienstleistungen erbringen.

Gartenbauliche Produktion unterscheidet sich von der landwirtschaftlichen durch die intensivere Nutzung. Der Vergleich des Getreideanbaues mit einer Kulturfolge Rettich – Salat im Freiland bzw. Radies – Gurken – Feldsalat im Gewächshaus eines Gemüsebaubetriebes verdeutlicht die Unterschiede. So erzielen die gärtnerischen Betriebe auf 1% der landwirtschaftlichen Fläche über 10% der Verkaufserlöse der gesamten Landwirtschaft (Faustzahl).

Die Anbauflächen für gärtnerische Erzeugnisse sind ständig Veränderungen unterworfen. So nehmen seit Jahren die Anbauflächen für Gemüse ab. Im einzelnen werden zur Zeit (1982, gerundete Werte) genutzt mit:

– Obst	52000 ha
– Gemüse	45000 ha
– Gehölze und Stauden	18500 ha
– Zierpflanzen	7300 ha

Die Bedeutung des Gartenbaues sollte aber nicht nur in Anteilen am Brutto-Sozialprodukt gemessen werden. Vielmehr steigt die Bedeutung des Berufsstandes in den letzten Jahren durch neue Aufgaben. Die Gestaltung einer lebenswerten Umwelt durch Pflanzungen im städtischen Bereich oder durch Rekultivierungsmaßnahmen bieten neue Betätigungsfelder, in denen Kenntnisse über die standortgerechte Verwendung von Pflanzen eine immer größere Rolle spielt.

Die Versorgung der Bevölkerung mit gesundem Obst und Gemüse bei steigender Umweltbelastung ist eine weitere Herausforderung, der sich der Berufsstand stellen muß. Auch bei der Erhaltung und Vermehrung gefährdeter Pflanzenarten, für die Ausbringung in Biotopen und für Hausgärten ist gärtnerisches Können und Wissen gefragt. Die Arbeit in diesen Bereichen erfordert aber, daß sich Gärtner neues Wissen und Fertigkeiten aneignen.

Welche Bedeutung der Gartenbau und welchen sozialen Rang der Gärtner künftig in unserer Gesellschaft einnimmt, wird daher gerade auch vom Engagement abhängen, das die Mitglieder des Berufsstandes für aktuelle politische und soziale Fragen aufbringen.

Kontrolle und Vertiefung

1. Wie hoch ist der jährliche Umsatz aller gärtnerischen Sparten?
2. Erläutern Sie die Entwicklung der verschiedenen Sparten des Gartenbaues der vergangenen 10 Jahre.
3. Beschreiben Sie einige für Sie bedeutsame Aufgabengebiete des Gartenbaues innerhalb der Volkswirtschaft.

Informationsquellen und Literatur für den interessierten Gärtner

1. Fachbuch-Verlage

(Kataloge im Buchhandel oder bei den Verlagen anfordern)

Verlag Rudolf Georgi, Aachen (Buch und Spaten)
Verlagsbuchhandlung Paul Parey, Berlin/Hamburg
Verlag Bernhard Thalacker (TASPO), Braunschweig
Verlag Eugen Ulmer, Stuttgart
Verlagsunion Agrar (BLV Verlagsgesellschaft mbH, München; Deutsche Landwirtschaftsgesellschaft-Verlags-GmbH, Frankfurt/M.; Landwirtschaftsverlag GmbH Münster-Hiltrup; Österreichischer Agrarverlag Wien; Verlag Verbandsdruckerei – Betadruck AG, Bern)

2. Verlage mit Büchern für Bumenfreunde und Hobby-Gärtner

(sehr wertvolle Informationen, auch für den Gärtner)

BLV-Verlagsgesellschaft mbH, München
Falken-Verlag, Niedernhausen
Franckh'sche Verlagshandlung, Stuttgart
Hallwag Verlagsgesellschaft mbH, Ostfildern
Lehrmeister-Bücherei, Minden
Verlag Neumann-Neudamm, Melsungen
Verlagsbuchhandlung Paul Parey, Berlin/Hamburg
Südwest Verlag, München
Verlag Eugen Ulmer, Stuttgart

3. Öffentliche und industrielle Beratung

AID Auswertungs- und Informationsdienst für Ernährung, Landwirtschaft und Forsten e.V., Bonn-Bad Godesberg, Postfach 200708, Konstantinstr. 124, 5300 Bonn 2

Bundesforschungsanstalt für Naturschutz und Landesökologie, Konstantinstr. 110, 5300 Bonn 2

Deutscher Naturschutzring (DNR), Kalkuhlstr. 24, 5300 Bonn 3

Hersteller von Düngemitteln, Pflanzenschutzmitteln, Substraten, Gewächshäusern, Maschinen und Geräten

Anschriften der Firmen stehen auf Verpackungen oder an den Gegenständen (z. T. sehr gute Informationen)

Bücherauswahl für Teil A – Grundlagen des Pflanzenwachstums

A 1

Heß, D.: Entwicklungsphysiologie der Pflanzen. Studio visuell. Verlag Herder, Freiburg/Br. 1976, 2. Aufl.

Heß, D.: Die Blüte. Verlag Eugen Ulmer, Stuttgart 1983.

Jessen, H., und H. Schulze: Botanik in Frage und Antwort. Verlag M. und H. Schaper, Hannover 1981, 9. Aufl.

Molisch, H., und K. Dobat: Botanische Versuche und Beobachtungen mit einfachen Mitteln. Gustav Fischer Verlag, Stuttgart 1979, 5. Aufl.

Reich, H.: Pflanzenphysiologische Schulversuche mit einfachen Mitteln. Praxis-Schriftenreihe Biologie, Band 14. Aulis Verlag Deubner & Co., Köln 1975, 3. Aufl.

Vogellehner, D.: Baupläne der Pflanzen. Studio visuell. Verlag Herder, Freiburg/Br. 1981.

Weber, W.: Biologie in Stichworten. I. Botanik: Morphologie–Anatomie–Systematik. II. Botanik: Physiologie–Ökologie–Fortpflanzung–Geobotanik. Verlag Ferdinand Hirt, Kiel 1972.

Welle, E. F.: Kleines Repetitorium der Botanik.

Privatdruck E. F. Welle, Lövenicher Weg 21, 5000 Köln 41, 1979, 2. Aufl.

A 2

Baer, H. W.: Biologische Versuche im Unterricht. Aulis Verlag Deubner & Co., Köln 1977, 3. Aufl.

Finck, A.: Pflanzenernährung in Stichworten. Verlag Ferdinand Hirt, Kiel 1975, 2. Aufl.

Finck, A.: Dünger und Düngung. Verlag Chemie, Weinheim 1979.

AID-Broschüren (Schriftenliste anfordern).

Informationsmaterial der Düngemittelindustrie.

A 3

Baer, H. W.: Biologische Versuche im Unterricht. Aulis Verlag Deubner & Co., Köln 1977, 3. Aufl.

Dörfler, J., und H. Hüffmeier: Die Landwirtschaft. Band 1: Pflanzliche Erzeugung. Teil A: Grundlagen. BLV Verlagsgesellschaft, München/Landwirtschaftsverlag, Münster–Hiltrup 1981, 8. Aufl.

Estler, M., H. Knittel und E. Zeltner: Bodenbearbeitung aktuell. Verlagsunion Agrar; DLG-Verlag, Frankfurt/M. 1983.

Götz, A., und J. Konrad: Landwirtschaftliches Lehrbuch. Band 1: Pflanzenbau. Verlag Eugen Ulmer, Stuttgart 1978, 5. Aufl.

Oehmichen, J., und W. Wecke: Pflanzenproduktion. Band 1: Grundlagen. Verlag Paul Parey, Hamburg/Berlin 1983.

Schroeder, D.: Bodenkunde in Stichworten. Verlag Ferdinand Hirt, Kiel 1972, 2. Aufl.

Schumann, W.: Steine und Mineralien. BLV-Bestimmungsbuch, Sonderausgabe. BLV Verlagsgesellschaft, München 1982.

AID-Broschüren (Schriftenliste anfordern).

Informationsmaterial der Düngemittelindustrie.

Bücherauswahl für Teil B – Grundlagen gärtnerischer Pflanzenproduktion

B 1

Aichele, D.: Was blüht denn da? Kosmos Naturführer. Franckh'sche Verlagshandlung, Stuttgart 1984, 45. Aufl.

Amann, G.: Bäume und Sträucher des Waldes. Verlag J. Neumann-Neudamm, Melsungen 1983, 14. Aufl.

Boerner, F.: Taschenwörterbuch der botanischen Pflanzennamen für Gärtner, Baumschuler, Garten- und Pflanzenfreunde, Land- und Forstwirte. Verlag Paul Parey, Hamburg/Berlin 1978, 3. Aufl.

Bund deutscher Baumschulen (BdB) e. V., Pinneberg (Hrsg.): BdB Handbuch. Teil I: Laubgehölze; Teil II: Nadelgehölze und Rhododendren; Teil III:Stauden, Gräser, Farne, Sumpf- und Wasserpflanzen; Teil IV: Rosen; Teil V: Gehölzsortimente und ihre Verwendung; Teil VI: Obst/Beerenobst. Der neue Zierpflanzenratgeber. (Vertrieb durch Mitgliedsorganisationen der Vereinigung, über Blumengeschäfte, Blumengroßmärkte und Blumenabsatzgenossenschaften).

Encke, F., G. Buchheim und S. Seybold: Zander Handwörterbuch der Pflanzennamen. Verlag Eugen Ulmer, Stuttgart 1980, 12. Aufl. (13. Aufl. in Vorbereitung).

Fitschen, J., und F. Boerner: Gehölzflora. Überarb. von F. H. Meyer. Verlag Quelle & Meyer, Heidelberg 1983, 7. Aufl.

Godet, J. D.: Blüten der einheimischen Baum- und Straucharten. Verlag J. Neumann-Neudamm, Melsungen 1983.

Godet, J. D.: Knospen und Zweige der einheimischen Baum- und Straucharten. Verlag J. Neumann-Neudamm, Melsungen 1983.

Kreuzer, J.: Kreuzers Gartenpflanzenlexikon. Band 1: Laubgehölze, Schlingpflanzen, Koniferen, 1982, 4. Aufl. Band 2: Winterharte Blütenstauden, Ziergräser, Farne, Sumpf- und Wasserpflanzen, 1982, 2. Aufl. Gartenbuchverlag Johannes Kreuzer, Tittmoning/Obb.

Schmeil/Fitschen: Flora von Deutschland und seinen angrenzenden Gebieten. Überarb. von R. Werner und K. Senghas. Verlag Quelle & Meyer, Heidelberg 1982, 87. Aufl.

Vereinigte Blumenversteigerung Aalsmeer (Hrsg.): Katalog Schnittblumen und Topfpflanzen (fragen Sie einen Blumengroßhändler nach dieser Ausgabe).

Walter, H.: Vegetation und Klimazonen. Verlag Eugen Ulmer, Stuttgart 1984, 5. Aufl.

AID-Broschüren (Schriftenliste anfordern).

Sehr gute Bücher finden Sie auch unter 2. Verlage mit Büchern für Blumenfreunde und Hobby-Gärtner.

B 2 und B 3

Boerner, F., und H. Koch: Gehölzschnitt. Verlag Eugen Ulmer, Stuttgart 1981, 6. Aufl.

Grounds, R.: So schneidet man Zier- und Obstgehölze. Verlag Paul Parey, Hamburg/Berlin 1982, 2. Aufl.

Jansen, H., E. Bachthaler, E. Fölster und H.-C.

Scharpf: Gärtnerischer Pflanzenbau. Verlag Eugen Ulmer, Stuttgart 1984.
Rünger, W.: Blütenbildung und Blütenentwicklung. Verlag Paul Parey, Hamburg/Berlin 1971.

B 4

Franz, J. M., und A. Krieg: Biologische Schädlingsbekämpfung unter Berücksichtigung integrierter Verfahren. Verlag Paul Parey, Hamburg/Berlin 1982, 3. Aufl.
Heddergott, H.: Gärtners Pflanzenarzt. Landwirtschaftsverlag Münster-Hiltrup 1982, 5. Folge.
Heddergott, H.: Taschenbuch des Pflanzenarztes. Landwirtschaftsverlag Münster-Hiltrup, 1984, 33. neubearb. Folge.
Michel, H. G., und H. Umgelter: Pflanzenschutz im Garten. Verlag Eugen Ulmer, Stuttgart 1982.
AID-Broschüren (Schriftenliste anfordern).

Bücherauswahl für Teil C – Grundlagen der Technik im Gartenbau

C 1 bis C 4

Bohn, R. (Hrsg.): Die Technik im Gartenbau. Band 1: Technik 1, 1971; Band 2: Technik 2, 1973. Verlag Eugen Ulmer, Stuttgart, 3. Aufl.
Bünger, C. H.: Abschlußprüfung Gärtner. Verlag Paul Parey, Hamburg/Berlin 1983.
Dohne, E., F. Feldmann und H.-J. Kämmerling: Feldwirtschaft. Taschenhandbuch Landtechnik 1. Verlag Eugen Ulmer, Stuttgart 1969.
Kirnich, G.: Traktor-Lexikon. Vogel-Verlag, Würzburg 1983, 4. Aufl.
KTBL-Schrift 239: Bewässerung im Gartenbau. Verlagsunion Agrar; Landwirtschaftsverlag Münster-Hiltrup 1979.
Storck, H. (Hrsg.): Taschenbuch des Gartenbaues. Verlag Eugen Ulmer, Stuttgart 1983, 2. Aufl.
Tantau, H. J.: Heizungsanlagen im Gartenbau. Verlag Eugen Ulmer, Stuttgart 1983.
Zabeltitz, C. von: Gewächshäuser. Verlag Eugen Ulmer, Stuttgart 1978.
Zabeltitz, C. von (Hrsg.): Energieeinsparung und alternative Energiequellen im Gartenbau. Verlag Eugen Ulmer, Stuttgart 1982.
AID-Broschüren (Schriftenliste anfordern).
DEULA-Informations- und Unterrichtsblätter.

Bücherauswahl für Teil D – Einführung in die Arbeits- und Betriebslehre

D 1

KTBL-Arbeitsblätter Gartenbau. Verlag Bernhard Thalacker, Braunschweig.
KTBL-Arbeitspapiere. Band 1: Erwerbsgartenbau. Kuratorium für Technik und Bauwesen in der Landwirtschaft e.V.
KTBL-Taschenbuch Gartenbau. Verlagsunion Agrar 1981.
Storck, H. (Hrsg.): Taschenbuch des Gartenbaues. Verlag Eugen Ulmer, Stuttgart 1983, 2. Aufl.

D 2

AID-Broschüren (Schriftenliste anfordern).
Informationsmaterial der Gartenbau-Berufsgenossenschaft, 3500 Kassel, Goethestr. 27.

D 3

Carlsson, M., und E. Schürmer: Gärtnerische Betriebslehre. Verlag Paul Parey, Hamburg/Berlin 1976.
Schalt, W., und H. Peper: Betriebswirtschaftliche Buchführung im Gartenbau. Verlag Paul Parey, Hamburg/Berlin 1979.
Storck, H. (Hrsg.): Taschenbuch des Gartenbaues. Verlag Eugen Ulmer, Stuttgart 1983, 2. Aufl.
AID-Broschüren (Schriftenliste anfordern).
Blätter zur Berufskunde. Prospekt bei W. Bertelsmann Verlag KG, Bielefeld, anfordern.

Fachzeitschriften/Fachzeitungen

1. Gartenbau allgemein bzw. mehrere Sparten

Deutscher Gartenbau
(erscheint wöchentlich)
Verlag Eugen Ulmer, Stuttgart
Gartenpraxis
(erscheint monatlich)
Verlag Eugen Ulmer, Stuttgart
Gb + GW (Gärtnerbörse und Gartenwelt)
(erscheint wöchentlich)
Verlag Dr. Rudolf Georgi, Aachen
Verlag Paul Parey, Hamburg/Berlin
Rheinische Monatszeitschrift für Gemüse, Obst, Schnittblumen
Organ des Provinzialverbandes
Rheinischer Obst- und Gemüsebauern e.V.
(erscheint monatlich)
Verlagsort Bonn.

TASPO (Thalacker Allgemeine Samen- und Pflanzenofferte)
(erscheint wöchentlich)
Verlag Bernhard Thalacker, Braunschweig
Taspo-Magazin
(erscheint 8 × jährlich)
Verlag Bernhard Thalacker, Braunschweig.

2. Spartenbezogene Fachzeitschriften

Baumschule

Baumschulpraxis
Internationales Baumschulmagazin
(erscheint monatlich) Freunder Landstr. 25
Verlag Klette Druck + Verlag 5100
Euroflora-Verlag GmbH, Aachen – Brand
Deutsche Baumschule
(erscheint monatlich)
Verlag Dr. Rudolf Georgi, Aachen.

Friedhofsgärtner

Deutsche Friedhofskultur
Zeitschrift für das gesamte Friedhofswesen
(erscheint monatlich)
Verlag Dr. Rudolf Georgi, Aachen.

Garten- und Landschaftsbau

Die Neue Landschaft
Fachzeitschrift für Garten-, Landschafts-, Spiel- und Sportplatzbau (erscheint wöchentlich)
Patzer Verlag, Berlin/Hannover.

Gemüsebau

Gemüse
Spezialzeitschrift für Feld- und Intensivgemüsebau (erscheint monatlich)
herausgegeben von den Verlagen BLV-Verlagsgesellschaft, München, und Eugen Ulmer, Stuttgart.

Obstbau

Obstbau
Organ der Fachgruppe Obstbau im Bundesausschuß Obst- und Gemüse (erscheint monatlich)
Verlag Fachgruppe Obstbau im Bundesausschuß Obst und Gemüse, Bonn.

Zierpflanzenbau

Zb (Zierpflanzenbau mit internationaler Gartenbautechnik)
(erscheint monatlich)
Verlag Klette Druck + Verlag
Eruoflora-Verlag GmbH, Aachen. 5100

Sachregister

Seitenzahlen mit Sternchen * verweisen auf Tabellen und Abbildungen, halbfette Seitenzahlen auf Schwerpunkte

C

Bildquellen

Die Zeichnungen fertigten Rainer Benz (Teil C), Sabine Laib (Kap. D3), Ena Lindenbaur (alle übrigen) nach Vorlagen der Autoren unter Verwendung der nachfolgend genannten Quellen. Alle anderen Zeichnungen nach Angaben und Entwürfen der Autoren.

AID (Auswertung und Informationsdienst für Ernährung, Landwirtschaft und Forsten e. V.), Bonn-Bad Godesberg. 442, 1979: B58.

Bärtels, A.: Gartengehölze. Verlag Eugen Ulmer, Stuttgart 1981, 2. Aufl.: A20.

–: Gehölzvermehrung. Verlag Eugen Ulmer, Stuttgart 1982, 2. Aufl.: B50.

Bauer, W. (Hrsg.): CVK Biologie. Verlag Cornelsen-Velhagen & Klasing, Berlin 1981, 11. Druck: A2, A4.

Bemmann, W. und andere: Lehrbuch der Biologie. Deutscher Bauernverlag, Berlin 1957: A76.

Berg, B.: Gartenbauliche Berufsschule. Band 1: Grundwissen des Gärtners. Verlag Eugen Ulmer, Stuttgart 1976, 7. Aufl.: A14, A64.

Boerner, F. und H. Koch: Gehölzschnitt. Verlag Eugen Ulmer, Stuttgart 1981, 6. Aufl.: B57, B59–B66, B82.

Czihak, G. und andere: Biologie. Springer-Verlag, Berlin, Heidelberg, New York 1981, 3. Aufl.: A25, A68, A71, A77, A86, A87, A89.

dtv-Atlas zur Biologie. Deutscher Taschenbuch Verlag, München 1968: A63, B2, B3.

Duddington, C. L.: Baupläne der Pflanze. Suhrkamp Verlag, Frankfurt 1972: B17.

Ellenberg, H.: Vegetation Mitteleuropas mit den Alpen. Verlag Eugen Ulmer, Stuttgart 1982, 3. Aufl.: B28.

Finck, A.: Pflanzenernährung in Stichworten. Verlag Ferdinand Hirt, Kiel 1976, 3. Aufl.: A101, A144, A156.

Gartenbau-Berufsgenossenschaft, Kassel: D21.

Goltzsch, F. und andere: Botanik. Fachkunde für Gärtner. VEB Volk und Wissen, Berlin 1956: A18, A22 (r. oben und l. Mitte), A60.

Götz, A. und J. Konrad (Hrsg.): Landwirtschaftliches Lehrbuch. Band 1: Pflanzenbau. Verlag Eugen Ulmer, Stuttgart 1978, 5. Aufl.: B1.

Jacob, F. und andere: Kompendium der Botanik. Gustav Fischer Verlag, Stuttgart 1981: A3, A27.

Jahrbuch der Internationalen Gartenbaustatistik, Band 29: D58.

Jung-Heiliger, H. und B. Synowsk: Moderne Labormethoden in der Gewebekultur. Deutscher Gartenbau. Verlag Eugen Ulmer, Stuttgart, Heft 29, 1981: B56.

Köhlein, F.: Pflanzen vermehren. Verlag Eugen Ulmer, Stuttgart 1983, 6. Aufl.: B35, B48.

Larcher, W.: Ökologie der Pflanzen. Verlag Eugen Ulmer, Stuttgart 1984, 4. Aufl.: B18–B20.

Menzel-Tettenborn, H.: Das Reich der Pflanzen. Lexikothek Verlag, Gütersloh 1977: A26, A50, A51, A81, A85.

Metzner, R.: Das Schneiden der Obstbäume und Beerensträucher. Verlag Eugen Ulmer, Stuttgart 1979, 14. Aufl.: B83–B86.

Mitscherlich, E. A.: Bodenkunde. Verlag Paul Parey, Berlin 1954: A103.

Nachtigall, W.: Unbekannte Umwelt. Verlag Hoffmann & Campe, Hamburg 1979: B21, B23, B24.

Nultsch, W.: Allgemeine Botanik. Georg Thieme Verlag, Stuttgart 1974, 5. Aufl.: A5b, A12, A31, A35, A81, A91.

Reuther, G.: Regeneration von Kulturpflanzen aus Gewebekultur. Deutscher Gartenbau, Verlag Eugen Ulmer, Stuttgart, Heft 29, 1981: B55.

Scheffer, F. und P. Schachtschabel: Lehrbuch der Bodenkunde. Ferdinand Enke Verlag, Stuttgart 1979, 10. Aufl.: A174, A182.

Schroeder, D.: Bodenkunde in Stichworten. Verlag Ferdinand Hirt, Kiel 1972, 2. Aufl.: A166, A167, A170, A175, A177, A191, A203.

Soosten, R. von: Merkblatt: Grundlagen zum Obstbaumschnitt: B67–B77.

Stocker, O.: Grundrisse der Botanik. Springer-Verlag, Berlin, Göttingen, Heidelberg 1952: A79.

Stoffert, G., Hannover: D12.

Strasburger, E. und andere: Lehrbuch der Botanik für Hochschulen. Gustav Fischer Verlag, Stuttgart 1968, 28. Aufl.: A16, A23 (l. unten), A32, A65, B4–B16.

Tantau, H. J.: Heizungsanlagen im Gartenbau. Verlag Eugen Ulmer, Stuttgart 1983: C95.

Troll, W.: Allgemeine Botanik. Ferdinand Enke Verlag, Stuttgart 1973, 4. Aufl.: A21, A83, A88.

Türich, H.: Botanik im Gartenbau. VEB Deutscher Landwirtschaftsverlag, Berlin: A22 (l. oben), A23 (u. Mitte).

Walter, H.: Grundlagen des Pflanzenlebens. Verlag Eugen Ulmer, Stuttgart 1962, 4. Aufl.: A6.

Welle, E. F.: Kleines Repetitorium der Botanik. Privatdruck, Köln 1979, 2. Aufl.: A22 (r. Mitte, unten), A28, A29, A30, A71 (r. oben und unten), A72–A74.

Zeichnungen nach Werkfotos und Firmendrucksachen, soweit nicht in der Zeichnung angegeben:

Daimler-Benz: C111.

Perrot: C14, C17.

Rainbird: C16.

Wilo: C2, C96.

Andere: C6, C7, C98, C99, C107, C108, C112–C114, C119, C120, C122, C123.

Farb- und Schwarzweißfotos

BASF in: Gartenpraxis (Fachzeitschrift), Verlag Eugen Ulmer, Stuttgart, Heft 11, 1979: A133–A135.

Bechtel, H., Düsseldorf: A36–A40, A53–A58, A62.

Bott, H., Köln: D6.

Fiedler, A., Kiel: C13.

Gartenbau-Berufsgenossenschaft, Kassel: D15–D20, D22–D25, D27–D31.

Heß, D.: Die Blüte. Verlag Eugen Ulmer, Stuttgart 1983: A44–A49.

Kloke, K. in: Gartenpraxis (Fachzeitschrift) Verlag Eugen Ulmer, Stuttgart, Heft 1, 1983: A138.

Melber, T. und K. F. von Moser: Der Florist. Band 3. Verlag Eugen Ulmer, Stuttgart 1981, 2. Aufl.: D26.

Rid, H.: Das Buch vom Boden. Verlag Eugen Ulmer, Stuttgart 1984: A192–A202.

Rothenburger, Freising-Weihenstephan: D46.

Scholz, S., Grünberg: D63–D65.

Störmer, H., Münster: B22, B25–B27, B30.

Störmer, M., Münster: B29.

Volk, F.: B81.

Winter, F. und andere: Lucas' Anleitung zum Obstbau. Verlag Eugen Ulmer, Stuttgart 1981, 30. Aufl.: B78–B80.

Witt, H.-H., Bad Zwischenahn: A 125–A 132, A 136, A 137, A 139–A 143.

Wohanka, W., Geisenheim: B 87–B 89, B 93–B 99, B 106–B 110, B 112, B 113.

Zentralverband Gartenbau e.V., Bonn: D 61, D 62.